伯林文集

以赛亚·伯林爵士

（Sir Isaiah Berlin，1909—1997）

英国哲学家、观念史学家、20世纪著名自由主义知识分子。生于俄国犹太家庭，童年目睹俄国革命，1921年随父母前往英国。1928年进入牛津大学攻读哲学，1939年撰写《卡尔·马克思》，1944年转向观念史研究。1957年就任牛津大学社会与政治理论教授，发表具有开创性的“两种自由概念”演说，同年获封爵士。1966年参与创办牛津大学沃尔夫森学院并出任首任院长。作为杰出的观念史学家和学科主要奠基人，先后被授予耶路撒冷文学奖和伊拉斯谟奖。

伯林文集

卡尔·马克思（1939）
启蒙的时代（1956）
俄国思想家（1978）
概念与范畴（1978）
反潮流（1979）
个人印象（1980）
扭曲的人性之材（1990）
现实感（1996）
人类的恰当研究（文选，1997）
浪漫主义的根源（1999）
观念的力量（2000）
启蒙的三个批评者（2000）
自由及其背叛（2002）
自由论（2002）
苏联的心灵（2004）
浪漫主义时代的政治观念（2006）
伯林书信集 卷一（2004）
伯林书信集 卷二（2009）
伯林书信集 卷三（2013）
伯林书信集 卷四（2015）

特别收录

伯林谈话录（1992）
伯林传（1998）
未完的对话（2006）

伯林书信集

Flourishing:
Letters 1928 – 1946

卷一

飞扬年华:1928—1946(上)

[英国] 以赛亚·伯林____著

[英国] 亨利·哈代____编

陈小慰　叶长缨____译

陈小慰____统校

译林出版社

图书在版编目（CIP）数据

伯林书信集（卷一），飞扬年华：1928—1946/（英）以赛亚·伯林（Isaiah Berlin）著；（英）亨利·哈代（Henry Hardy）编；陈小慰，叶长缨译．—南京：译林出版社，2020.8

（伯林文集）

书名原文：Flourishing: Letters 1928—1946

ISBN 978-7-5447-8291-3

I. ①伯… II. ①以… ②亨… ③陈… ④叶… III. ①伯林（Berlin, Isaiah 1909—1997）- 书信集 IV. ①B561.59

中国版本图书馆 CIP 数据核字（2020）第 079883 号

For more information about Isaiah Berlin visit: http://Isaiah-berlin.wolfson.ox.ac.uk

伯林书信集（卷一），飞扬年华：1928—1946　[英国] 以赛亚·伯林／著　陈小慰　叶长缨／译

责任编辑　陈　锐　许　昆
装帧设计　韦　枫
校　　对　蒋　燕
责任印制　单　莉

原文出版　Chatto & Windus, 2004
出版发行　译林出版社
地　　址　南京市湖南路 1 号 A 楼
邮　　箱　yilin@yilin.com
网　　址　www.yilin.com
市场热线　025-86633278
排　　版　南京展望文化发展有限公司
印　　刷　恒美印务（广州）有限公司
开　　本　850 毫米 ×1168 毫米　1/32
印　　张　44
插　　页　4
版　　次　2020 年 8 月第 1 版
印　　次　2020 年 8 月第 1 次印刷
书　　号　ISBN 978-7-5447-8291-3
定　　价　188.00 元

编　　辑：亨利·哈代
助　　手：塞琳娜·摩尔
档案研究：迈克尔·休斯
资料补充：詹妮弗·霍姆斯　凯特·佩恩
俄语专家顾问：海伦·拉帕波特

一位有造诣的作家，所做注释尽可以不成体系，杂乱无章，甚至离题千里，随意旁征博引，处处暗藏玄机，但若是评注家，不论是哪一位，却万万不可如此。

——塞缪尔·约翰逊

纪念詹妮弗·哈特（1914—2005）

过而无度。

——十六岁的以赛亚·伯林[1]

过度赞美——这是你的短处！

——约翰·斯帕洛[2]

先生们，重要的是，千万不可热情过度。

——夏尔—莫里斯·德·塔列朗[3]

[1] 伯林此处原文为：παντα αγαν。仿拟希腊谚语“抑而有度”（μηδὲν ἄγαν），伯林 1925 年写于圣保罗学校的日记的首页。

[2] 对伯林手稿《理查德·佩尔斯》的评注。这是一篇讣告，刊登于《巴利奥学院年鉴》（1958）。“过度”即“过头”，这里指在评价人时好用过度赞美之词——例如，将佩尔斯描绘成“我所认识的最好和最受敬仰的人”（伯林，《个人印象》第 2 版，第 124 页）。

[3] 伯林此处原文为：Surtout，Messieurs，point de zèle。这一格言常被伯林视为座右铭，相关的文献信息，见以赛亚·伯林，《自由论》，第 92 页注 2。

目　录

书　信

附　录

征信启事

亲爱的读者，您拥有与以赛亚·伯林往来的信件吗？您听说过哪里有此类信件吗？在此，我谨向各位发出最热切的请求：只要您觉得有哪些信件我可能尚未读过，敬请告知。

自1990年末，我辞去牛津大学出版社的职位，全力以赴编纂伯林未曾公开发表的作品以来，为了编辑本书，我一直致力于收集以赛亚·伯林的书信。虽然多方追寻各种线索，有时甚至因为过于穷追不舍，到了惹人厌烦的地步，但一定还会有些信件我鞭长莫及，甚至全然不知。与伯林有过书信往来的人不胜其数，必定还有很大一部分我不曾了解到。原因有很多：或者是已经过世的人把文件交给了家人或某个机构，没有留下任何线索；或者是信件在毫不相关的人士手中；又或者是某些信件至今仍待在最初搁置的地方，尚未被人发现。

希望《伯林书信集》第一卷的出版，可以唤起读者们的记忆，以便将来陆续出版的几卷能够更具有代表性。新发现的书信，只要属于本卷时间段，可以在将来重印时加入本书，也可以放在第二卷之前。为此特为刊发本启事，征求信件和相关信息。伯林本人没有保存自己手写信的复印件，他的秘书一般也不会保存打字稿的原稿，即便他们把原稿保存下来，打印的正本也往往会有添加或修改的内容，这些他们是不会再抄到原稿上的。因此，有赖于信件拥有者们慷慨相助，我们得以从浩如烟海的伯林书信中精选出上佳之作，并确保用到的是最终稿（假如它们还幸存于世）。

对我看到的信件，我保证会谨慎对待，并且尊重通信人的意愿，不引用甚至不发表某些信件或信中段落，或者在某一特定时期内不予引用和发表。如果信件主人不愿借给我信件原件，复印件也完全可以（我很乐意承担复印费用）。所有暂借的原件一经复印，将迅速返还。

这一请求还包含一个动机，那就是，尽可能及时完整地搜集伯林的信件，以免错失良机。同时把补充收集的材料（必要时可以适当限制使用）与目前存放在牛津大学博德莱安图书馆的伯林著作文件一起保存，该图书馆同时也拥有这些著作文件的所有权。事实上，随着时间的流逝以及一些通信人的离世，已经有大量信件流失或销毁。

ix 利用这个机会，我还想同时征集其他类型的档案材料——例如，以赛亚·伯林网上图书馆[1]目录中未曾收入的照片、访谈记录或讲座材料（录音或文字稿），以及任何可以为现有资料增色添彩的趣闻逸事。

[1] http:// Isaiah-berlin.wolfson.ox.ac.uk/，以赛亚·伯林著作托管会的官方网站。

我的通信地址：Wolfson College，Oxford, OX2 6UD, UK；我的电子邮箱地址：henry.hardy@wolfson.ox.ac.uk。

亨利·哈代

序　言

没有序言的书向来令我失望。这就好比到某人家赴宴，进门便直接被带到餐厅。序言是私人的，充满个性特点，而书的正文却往往相反。通过序言，我们可以了解作者对著作所倾注的情感，至少是部分情感。那些希望与作者保持距离的读者尽可以跳过序言不看而没有任何损失，但对有心近距离了解作者的人而言，我觉得，他们是应该得到这个权利的。

——迈克尔·达米特[1]

我第一次向以赛亚·伯林提起出版其书信集的事，是在20世纪80年代末。当时，我们俩在牛津大学的全灵学院刚吃完午餐。两人一边喝咖啡，一边交谈，话题是我打算离开牛津大学出版社，专门来整理出版他的书信文集。谈到书信时，我说要出版的话得经过精心挑选。主要出于几点考虑，一是信件数量庞大，二是出版商对该书投放市场可能持有的

[1] 见弗雷格，《语言哲学》（伦敦，1973），序言的第一段。虽然达米特这里用的是作者而不是编者的口吻，但同样适用于本书。

想法，再就是一些书信比较乏味，或有重复，没有必要收入面向普通读者的集子。当时他的回答不假思索，令我颇感意外，因为这完全不像他惯有的作风。过去对待有关出版其学术著作的意见，他总是态度谦和，耐心听取。而这次不同，他对我精挑细选后再予出版的建议完全置之不理，说此事要做就一定要做彻底。书信集“必须有大容量”，绝不让步。

总体而言，此后我便根据他这一明确的态度开展工作，当然也不是轻率地盲目依从。以上提到的那些编选因素确实不得不加以考虑，但是具体贯彻起来可以灵活掌握，既可严苛死板也可委婉巧妙。死板的做法是按照一些出版商的要求，出一卷本的选集。但那样不仅有悖伯林的愿望，也有损原始素材的质量。即便是目前这样的编选，也已经要求极大的自我克制了。

目前的出版计划暂定为三卷本。以1966年沃尔夫森学院成立，或者也可能以1975年伯林从学院院长一职退休为界，分为第二、第三卷。但这些计划均未最后确定。事实也确实如此。以此第一卷为例，最初我打算以1940年伯林离开英国首次赴美作为结尾，但出版商的想法与我不同，他们都倾向于少出几卷，把伯林战时与战前的书信一起收编进来，使读者对
xv 伯林有更完整的印象。因此，我把收入年份延长至1946年。

书信来往

> [伯林]之所以享有国际威望，不仅因为他身为哲

学家、知识分子、教授、作家和公众人物所做出的赫赫成就，还因为他跻身于众多不同领域，与众多同时代的杰出人物有接触往来，同时还参加过许多意义重大的政治与文化活动。对许多人而言，他是一位受人敬爱的朋友和导师。[1]

毋庸讳言，伯林是20世纪最引人注目的思想家之一。作为一位他所在时代杰出的自由主义思想家，更确切地说是战后时期最著名的英国思想家之一，直到今天他仍然是普遍关注和探讨的焦点，是各种会议以及许多用不同语言撰写的书籍和出版物的主题——这不仅是因为他的重要思想以及记录这些思想的别具一格的文章，还在于伯林其人的风范。这里不是要讲他的生平故事——稍后会有一篇小传交代他的主要生平情况[2]，此外，迈克尔·伊格纳季耶夫得到普遍认可的传记[3]以其富有洞察力的笔触，已经为我们奉上了一部经典之作——不过，这里还是要谈谈伯林通信往来的情况。

伯林终其一生，都是一位无人可比的多产书信作家。至今仍有数量浩大的书信幸存于世，使我们得以出版一套多卷书信选集，全面反映他视角纷呈的书信话题和多姿多彩的人格面貌。我知道的第一封现存书信写于1928年3月，当时的

[1] 牛津大学博德莱安图书馆伯林书信文件编目资助申请的匿名审阅人。
[2]“对以赛亚·伯林的个人印象”（见本书）是我为伯林写的讣文，发表于1997年11月7日伦敦《独立报》。在此略有修订。
[3] 迈克尔·伊格纳季耶夫（叶礼庭），《伯林传》（伦敦及纽约，1998）。

伯林是圣保罗学校的一名十八岁男生，信是写给作家G.K.切斯特顿的，请他为新创办的校刊投稿。最后一封信则写于
xvi 1997年10月底，离伯林去世前不到一个星期[1]，收信人为诗人阿纳托利·奈曼。在两者之间大约七十年的跨度中，共有数千封其他信件，贯穿伯林充满活力、著述丰硕的漫长一生，涉及其中各个阶段和方方面面：牛津大学的本科生、研究员、教师、讲师、教授，直至沃尔夫森学院成立时的第一任院长；对北美、欧洲、巴勒斯坦/以色列及其他地区进行过的多次访问；二战期间在纽约、华盛顿和莫斯科从事的工作；作为行政管理人员、作家、批评家和广播员开展的各种活动。贯穿于信件中的主题有些是反复出现的，包括父母在世时伯林与他们的关系，特别是与母亲的关系；20世纪50年代起与妻子艾琳的关系；庞杂而广泛的社交圈子；评头论足、讲述趣闻逸事的爱好；以及后来越来越多就他的作品与学生和批评者展开的交流讨论。这些信件远远超越了牛津大学和学术问题，进入许多国家的许多其他领域，尤其是艺术和政治领域。

他的通讯录中包括众多杰出人士，这些人不仅活跃在学术界，而且活跃在政治、新闻、社会、文学、音乐和艺术等领域：这中间包括美国著名记者约瑟夫·艾尔索普、作家

[1] 此信日期为1997年10月31日，11月5日伯林去世。给人强烈印象的是，这封遗信他是用俄语签的名，而且用的是儿时在家人和朋友当中常用的教名“沙耶”。

诺埃尔·安南、英国语言哲学家艾耶尔、美国著名女演员劳伦·巴考尔、英国摄影大师塞西尔·比顿、美国思想家马克斯·贝洛夫、社会活动家薇奥莱特·伯纳姆·卡特、英国小说家伊丽莎白·鲍恩、牛津大学教授兼校长莫里斯·鲍拉、奥地利钢琴家阿尔弗雷德·布伦德尔、英国苏俄史专家E.H.卡尔、美国语言学家诺姆·乔姆斯基、英国首相温斯顿·丘吉尔、英国家装业潮流领先人物西比尔·科尔法克斯夫人、美国女富豪爱默拉·卡那夫人、历史学家阿巴·埃班、美国诗人T.S.艾略特、英国女芭蕾演员玛歌·芳婷、美国最高法院大法官菲利克斯及其遗孀玛丽安·法兰克福特、英国哲学家汉普希尔爵士、美国第一夫人杰奎琳·肯尼迪、导演泰迪·科莱克、英国前首相哈罗德·麦克米兰、小提琴大师耶胡迪·梅纽因、作曲家尼古拉斯·纳博科夫、英国史学家L.B.纳米尔、哲学家卡尔·波普尔、英国小说家安东尼·鲍威尔、哲学家伯特兰·罗素、历史学家小阿瑟·施莱辛格、牛津大学全灵学院院长约翰·斯帕洛、英国诗人兼批评家斯蒂芬·斯彭德、美籍俄罗斯作曲家伊戈尔·斯特拉文斯基、著名英国历史学家A.J.P.泰勒、威尔士亲王、作家艾娃·韦弗利、以色列第一任总统哈伊姆·魏茨曼博士、英国哲学家伯纳德·威廉斯、美国文学和社会评论家埃德蒙·威尔逊等许多人。但往往还有这样的情况：一些最富有真知灼见的信件的收信人只是一些无名之辈，这表明，伯林是一位不问来头、有信必回的慷慨之人，待人诚恳，细致认真。当然，对挚友近交他更是不惜笔墨。

贯穿所有信件（和几百张明信片）的是一种颇似社会喜剧的基调，真实反映出伯林奔放乐观的性格：他是一个好伙伴，一个杰出的谈话高手，一个真正快乐的人，一个热爱多彩生活的人。他常常自嘲："我总是抱有偏见地描述次要现

xvii 象。"[1]他的信很少干巴巴地探讨学问。比起思想和事件，他更多时候是在写人——人是他最感兴趣的对象。这一点在本卷书信集中表现得尤为突出。他像闲聊一样写道："人只有做到可以在好朋友面前肆无忌惮地说话，活着才有意义。"[2]他常常下令说"把这封信撕掉"，幸运的是，这种命令往往被置若罔闻。

在最初的这段时期里，伯林从坐落在伦敦哈默史密斯区的圣保罗学校毕业，来到牛津大学的圣体学院。在那里，他分别于1931年和1932年获古典学课程和PPE综合课程一等学位。[3]1932年10月，伯林在新学院得到了哲学讲师的职位，后来，很快又在全灵学院举行的绩优奖学金考试中获奖——

[1] 致玛丽安·法兰克福特，1936年6月3日。其他信摘见伯林网上图书馆"伯林语录"。

[2] 致默顿·怀特，1970年5月7日。

[3] 指牛津大学的古典人文学科课程，更具体地说，就是今天的古典历史和哲学研究，在本科学位课程中贯穿最后七个学期。该课程优等文学士学位的第一次考试内容涵盖希腊语、拉丁语和文学，全部上完要五个学期。由于伯林在古典语言上不是很强，他选择了普通文学士学位，在第一学期末参加了第一次考试，并在三年后参加了结业考试（完整的课程为四年）。PPE综合课程（Philosophy，Politics and Economics），即哲学、政治学加经济学综合课程，通常为三年，但伯林仅用一年时间便全部修完。

他是首位获选进入该学院的犹太人。1938年，在完成了《卡尔·马克思》的写作后（这是他在全灵学院从事的主要工作），他成为新学院的研究员。1940年7月初，伯林与朋友盖伊·伯吉斯前往美国，打算从那里前往莫斯科，但最终留在了美国，直至1946年4月初。本卷也就是在这个时间告一段落。中间他回过几次国，并在1945—1946年完成了著名的访苏之行。

战前的书信均为伯林亲笔书写，不过在美国，他学会了使用秘书。而他的秘书也必须学会如何为他工作。以下这些文字可以为证，它们摘自一位叫蕾丽亚·布洛德森[1]的秘书给朋友的信件，信写于1952年：

> 他说话带牛津口音，口齿不清，不会发r音[2]，delivery（发信）一词说得飞快，除了急口歌，在其他场合我还从未听到有谁说得这么快。[……]星期二，我手里提着打字机，满心绝望地来到他所在的院长办公室。[……]我直接在打字机上敲入他口述的信件内容，这样可以让他不得不稍加停顿，因为打字机的声响本身就能起到这样的作用。他很高兴看到内容写上去，或者画掉，

[1] 蕾丽亚·布洛德森，后来成为布林·马沃儿童心理诊所的主治心理医生。伯林在学院任教时，她曾短暂担任过秘书工作。当时她正在那里读硕士学位，由于手头拮据，就利用各种机会挣钱。这些信是她写给西玛·Z.布恩的，邮戳日期分别为1952年3月2日和17日。信件全文见伯林网上图书馆“有关伯林的信件”。
[2] 这两点不足后来已改正。

xviii

几乎所有信件他都亲自签名。他的书信妙语连珠，偶尔哀婉动人。他害羞无助，文质彬彬，总是主动认错。星期四，我再次去他办公室，正好他出去接电话，于是我拿起他放在书桌上的“列夫·托尔斯泰的历史怀疑论”重印本[1]翻看。立刻被书中内容吸引。他回屋后，我问他是否可以借阅几天。“尽管拿去，拿去，”他满口答应着，一边手忙脚乱地翻找文件，“我拿来就是送人的，拿去吧，留着。”于是我拿走了书。读完之后，我彻底被折服。此人即便不是真正的伟人，但至少与伟人相差无几，这一印象从此铭刻在我心中。[……]

我越来越喜欢他，这种感觉颇为奇特。结束秘书工作我不会感到遗憾，但他的离开却令我依依不舍。在他身上，有一种与常人不同的温文尔雅和非同寻常的魅力，让人在几乎不知不觉中越来越喜欢他。那的确是一种十分独特的经历。

工匠与管家

我看不惯你家仆人的举止。[……]他谈笑风生，仿

[1] 该文初刊于《牛津斯拉夫民族研究论文集》第2期（1951），第17—54页；后重印，增补了一些论文，更名为《刺猬与狐狸：论托尔斯泰的历史观》（伦敦及纽约，1953），该文同时也收入《俄国思想家》和论文集《人类的恰当研究》。

佛与我们平起平坐……[1]

要想说服编辑，让他相信自己无足轻重，这是绝对办不到的。

——威廉·哈兹利特[2]

英国散文作家兼评论家哈兹利特以上针对编辑所说的话不无道理。然而，这个让人烦恼、靠文字过活的寄生虫，只要牢记自己的位置，有时却能够发挥建设性的作用。至于这一位置意味着什么，答案可能千差万别，大不一样。确实，编辑这一概念无所不包，有时不由得让人惊叹它的作用究竟能有多大。一个激扬文字、指点国际大事的《泰晤士报》编辑，与整理古希腊悲剧作家埃斯库罗斯剧作的编辑，或是出版社孜孜矻矻地校对标点的编辑之间，有何相似之处？所幸的是，各个编辑所处的环境大致能决定他在广阔的编辑领域中所起的作用，当然，对具体工作职责的进一步详细阐述，会帮助他们更好地了解自己的职责。

每当思忖自己所承担的编辑任务，我总会想起两个大相径庭的比喻。在我看来，它们似乎体现了我所从事的工作中许多

[1] 对亚历山大·赫尔岑母亲路易莎·海格说的话，见英国现代剧作家汤姆·斯托帕的《沉船》（伦敦，2002）第 28 页。《沉船》为三部曲剧作《乌托邦之岸》的第二部。
[2] 引自《论编辑》（1830）：P.P. 豪编，《威廉·哈兹利特全集》，卷 17，第 361 页（伦敦及多伦多，1930—1934）。

最重要的特征，至少按我个人理解是这样。一个比喻是把我的工作比作石匠，他用一块块石头，速度缓慢地建造着某座宏伟大厦，例如大教堂。给他的石料中有切割齐整的，也有需要修琢加工的。另一个比喻是把我的工作比作管家，他总是沉默寡言地藏身于绿色粗呢门之后，由于局限于家中的有限空间，他目光狭窄，但同时又因为专注于某一领域而格外敏锐。

xix 建造一座教堂，虽然石匠比不上建筑师（当今而言更是如此），但建筑师的思想必须靠建筑工人领会，在实际建造中利用所给的材料予以实现。例如，建筑用的石料可能是事先准备好的，但需要石匠砌得严丝合缝；一旦有什么预料之外的问题出现，有时还必须反复调整加工；接合处的砂浆必须按比例调配，边角要磨平，不容许出现一点缝隙。工作完成之后，若是石匠活儿干得出色，整个建筑将成为一座纪念碑式的作品，展示的不仅是使之成为可能的艺术构想，同时还有赋予这种构想以形体的精湛技艺。换一个石匠也许一样能够把活儿干好甚至更好，但耸立在众人眼前的这座建筑却是“这一位”建造的。

管家的活动范围在楼下，这既给了他特权，同时也使他目光受到局限，所见失真变形。主人家发生的一切，除了纯属隐私的部分，多数他都能目睹或耳闻。但视野狭窄的他往往只能关注到自己小圈子里林林总总的细节，不会以巧妙或神通广大的方式将其与广阔的外界联系起来，那对他而言不要说难，简直完全不可能办到。他对自己操办的各类社交聚会的程序了如指掌，无所不知，但往往容易就此断定所有宴会都是同一模式，因为他根本没见过别人家如何操办。主人的所作所为，他无不了解，就连最微小的细枝末节也悉数尽知。但往往只是就事论事地简单看待，体会不到其内在含义，无法感受它的弦外之音，也不能与之产生共鸣。再有，和主人不同，从某种意义上来说，管家是可以替代的，但是，要保证整座房子的基础设施正常运转，却全都得靠他一手掌控。

至于说编辑，至少是本书编辑，本质上而言是作者的副手，负责处理作者的作品。在编辑履行职责的时候，他不希望过分突出自己的作用，因为这不是他行使职责的目的。编辑者的目的，是建构一座精神大厦，实现设计者内心怀有的梦想，即便有些设想直至设计者去世，还只是些模糊的碎片。编辑者的目的，是安排一场社交聚会，充分展示主人的个性，而不是极尽夸张，耍噱头突出自己，分散客人们的注意力。聚会上的酒杯，似乎是自动斟满。谁会欢迎一个打断客人谈话的侍者？而倘若这个侍者企图加入谈话，那更是无法容忍，除非他的话别开生面，并且说的是不容争辩的事实。谁又会邀请一位建筑工匠来主讲一场关于建筑学的讲座，或者邀请一位管家来讲授家政管理课程？

在本卷书信集中，看不到一只强有力的批评之手引导读者，除了全然不胜任而外，以上所述便是根本原因。比如说，有些人或许会试图通过简介性文字寻找20世纪30年代牛津生活的美妙插曲，或者是战时美国社会的概况。即便此类辅助 xx

确有用处，我也无从提供，因为我不是一位社会历史学家，甚至什么类型的历史学家都不是。[1]此外，在本书附录中收入的两篇文章里，伯林本人已经详细描述了他在战时所从事的工作及背景，而信件本身则不但清晰地展现了它们产生的时代背景,同时也揭示了作者的性格。不论出于什么样的理由，我都不愿在文本和读者之间设置眼镜，这么做仿佛意味着我能够教他们如何阅读伯林的文字。我的目的，如下文中将要稍加详述的那样,就是要消极地而不是积极地“解放”读者（这是伯林的说法，同时也是伯林的精神），使他们多元的意愿能够在伯林的著作中得以实现。为了达到这个目的，我为读者提供了他们所需的最低限度的真实信息，以帮助他们理解伯林的著作，让读者以自己认为合适的方式做出反应。[2]本书提供的是原始素材，而不是一本经过预先加工的评论文集。

电子革命

我认为，有两个要素构成了20世纪的人类历史，

[1]“我什么类型的历史学家都不是”，有时伯林本人也这样说，但显然缺乏可信度。

[2] 不可避免的是，我未能时时都遵循这一克己的既定规则。例如，卷首用的引言就是一个例子。那些文字一样可以有不同的解读，但是，我想提出几个要点，也许会对解读有所帮助：(a) 伯林在风格和概念上的洋溢丰赡，他将自己对生活的洞见加诸观点相异者的令人震惊的能力，二者独具魅力而又引人入胜地结合起来；(b) 伯林的文字逐渐发展成熟，从年少青涩的本科时期所写的不无拘谨、辞藻华丽的散文，蜕变成他在华盛顿时期所写的游刃有余、庄重稳健的篇章（魅力丝毫不减）。

其中之一是自然科学和技术的发展，毋庸置疑，这是当今时代最伟大的成就。

——以赛亚·伯林[1]

以上这句话是1988年伯林题为“追求理想”的遗嘱式演讲的开头。自那时起，技术进步不断发展和扩大，其中令世人瞩目的成就之一就是因特网和电子邮件这样包举一切的发明。二者早已从根本上影响了人类彼此交流的方式，同时也改变着我们对通信者的选择，以及有效开展各种研究的手段。如今，个人书信急剧减少（这既是由于电脑的影响，也是由现代生活日益加剧的压力所致），从前在图书馆寻找研究资料要花上数小时，如今运用电脑搜索引擎只需数秒即可完成。

伯林的书信，以及为出版他的书信所做的全部编写工作，顺乎天意而又适逢其时地遭遇了这一人类学分水岭所划分的两个时代。在书信艺术遭受电子时代的突变性影响之前，伯林是这门艺术最后也是最好的支持者。而编辑这些信件，则是第一批从电子研究和电子交际方式的不断变化发展所激发的潜能中获益匪浅的工程之一。对此，我深感幸运：一方面，我所使用的素材的质量，不仅是由作者非凡的天赋，也是由这些素材形成于电子革命到来之前这个因素决定的；另 xxi

[1] 见《人类的恰当研究》，第1页。至于另外一个因素，伯林写道，“在于改变了几乎全人类生活的强大的意识形态风暴”。

一方面，倘若在准备出版这些书信时，这场革命尚未积聚势能，那么整个工作就很可能大大减缓，甚至大打折扣，无法像如今这样进行得迅速、及时、充分。[1]

给批评者

> 我书桌前面钉着一张字条，上面写着：精准／切题／简洁／有趣；这些就是我的目标。
>
> ——安娜·奥利维尔·贝尔[2]

> 理解他书信的困难之一，就是信中旁征博引极多，含义难以捉摸。如果不详加注释，普通读者恐怕难以把握精髓。
>
> ——约翰·希尔顿[3]

要编辑出版这样一位多产且涉猎广泛的写信者的信件，尤其是在他的信件还没有搜集整理完整的时候，所要进行的准备工作，绝非一位耐心不足或有着完美主义性格的人可以担任。这一工作耗时长，进展缓慢，整个过程充满了永远也找不到答案的探寻和疑问，对那些习惯于一切按部就

[1] 与这一革命的开端更为接近的时期所产生的有关思想，可见《泰晤士报文学副刊》上我的“观点”专栏，1980 年 12 月 26 日，第 1464 页。
[2] 安娜·奥利维尔·贝尔，《弗吉尼亚·伍尔夫日记的编辑经历》（伦敦，1990），第 22 页。
[3] 致本编辑的信，1991 年 11 月 1 日。

班、习惯于让每个细节都各得其所的人而言，这些探寻和疑问几乎会令人绝望，甚至精神崩溃。要找到多少封信件才算足够？关于信件中提到的人物、地点和事件的背景信息，要提供多少才算可以？如果对这些事实根据附带一些点评或议论，那么这个度要如何把握才算合适？在信件中，作者说了关于一些人的不那么中听的话，可能会伤害到这些当事人或是他们仍然在世的亲友们，这样的段落，又该如何处理？

这些只是必须面对和解决的众多难题中的主要几个，对于这些难题的处理，我做了既是实用主义又带有原则性的选择，这么做可能不会令所有的评论者都感到满意。为了方便这类评论者，同时也为了引入接下来要做的有关本书编辑过程的介绍，这里有个段落，来自一篇假想的持批判态度的书评，这类评论者会乐于借鉴的： xxii

> 读者从编辑那里获取的帮助少之又少。这一点表现在几个重要方面：脚注中提供的信息，绝大多数都干巴乏味，就事论事，这使得注释越发空泛苍白；书中零散出现的一些背景知识或介绍性的段落，也存在同样问题，看不出编辑是在何种原则的驱使之下如此操作。具有传记性质的一些细节单调死板，叙事淡而无味，就像一份官方报告，全然不像出自传记作家之手。我们本该读到苏格兰著名散文家詹姆斯·鲍斯韦尔风格的文字，可是

我们却遭遇了苏格兰“最糟糕”的诗人威廉·麦戈纳格尔支离破碎的散文诗，就仿佛用报纸充当桌布，准备上桌的却是烹饪大师烧制的佳肴。对于这位常常被过高估计和过度赞扬的作家，编书者可以使用人性的眼光来看待他，可以做出感性的反应，但是从某种程度上说，此书弥漫着使人腻味的、丝毫不加批判的谄媚气息。就算是按照编书者自己的标准，其编辑也缺乏一致性：所提及的个人言论，多数都有相关日期说明，但不是所有的都有；信件中提及的地位同等的人物，编者所给的相关资料数量不一；少量的遐想猜测和逸闻趣事好比零星的葡萄干，随意而莫名其妙地嵌入事实的生面团里。还有无数错误，使人们不敢轻信编辑工作的可靠性。[这里可插入两三个错误例子，最好是令人难堪、滑稽可笑的错误。[1]]不过，终归是聊胜于无，但是错过了把这样一本书编好的机会，的确是一个莫大的遗憾。一旦编纂者听任自己信马由缰，某种程度的平庸便不可避免，但即便是平庸也有高下之分。

至此，人们应该已经清楚，本书中低调的解释性文字是编者的有意之举，这些低调的解释性文字的不足之处，在上面的

[1] 完成这样一项艰巨庞大的工程，发生此类错误不可避免。对每一个话题，都有人比我了解得更多，并且常常来自第一手资料，所以会做出比我更好的注释。资料来源可信度有高有低，誊写错误在所难免。一旦得知出错，我会把错误记录在伯林网上图书馆中，欢迎读者发现错误并帮助我纠正。

段落中被夸大了（希望这样的夸大仅仅只是我的假想），用伯林的话来说，这是“让挑剔的读者接受或者反驳”[1]。依照我所奉行的编辑者的首要原则和解释惯例，这些低调的解释性文字仅供介绍有关章节和段落之用。

筛　选

本书信集为首卷，其中所选的书信，会比以后几卷更加全面，这是出于三方面的原因。首先，早期的信件保存下来的数量较少；其次，正如人们所期望的那样，那些书信一旦保存下来，整体质量比后期的书信要高（尽管后期高质量的书信依然数量众多，而且日趋成熟），因此，早期的书信只要能够保存下来，就没有经过太多筛选；再次，如果要控制书的篇幅，后期总体数量巨大的书信，需要更加无情的筛 xxiii
选，而在本卷中，被略去和删节的书信并不多。如有删略，也许是出于我对相关信件或段落本身重要程度的判断，或者，在极少数的情况下，这么做是为了保护某些依然在世者免受敏感问题的打扰。但是，省略的素材可能会对本书中伯林的整体印象造成影响，这一点我当然要无条件地加以考虑。在本书中，要让伯林充分地展现自己，包括他的致命弱点，一切的一切。

[1]《来自北方的先知》一书作者前言的结尾。见伯林，《启蒙的三个批评者》，第 252 页。

还有一点需要提及。有一类伯林书信并没有收集在本书中。伯林在英国驻华盛顿使馆任职期间[1]，写了不少信件，显然属于“公务”信函的范畴。除了一两封比较有代表性的被收入本书之外，这些信函的大多数更适合另外结集出版，面向研究那个时期英美关系的专家们，并可作为由H.G.尼古拉斯编辑[2]、伯林为英国大使（哈利法克斯勋爵）起草的官方快讯的合集的补充。虽然这些信件往往既生动有趣又不乏洞见（除了很少的时候，伯林的工作信函中一般都带有他的个性特征），普通读者还是可能觉得这些信件过于晦涩，不是内行根本难以读懂。一些当时无足轻重的人物和事件在信中比比皆是，如果没有大大超乎比例的注释的帮助，多数现代人对这些人物和事件几乎一无所知。由于伯林那个时期和H.G.尼古拉斯有着“夹带私货”的通信，他的工作信函预设“对美国政治局势较为了解，而大多数［……］读者不一定拥有这么多相关知识”。[3]

[1] 这个时期伯林的许多私人信件经他本人口授、由他的办公室秘书打字记录，所以这些信件只是作为副本保存下来。在这种情况下，副本上常常会有错误以及一些辨识不清的文字，在正本上可能都校正过了。一些明显的错误，我已经改了过来，但是如果不确定，我则保留原样，在日期后标以“[副本]”的记号以提醒读者。这些信件与最终实际发送出去的可能不太一样，更何况伯林总是亲笔修改（常常还是大量地修改）这些口授信件的最后定稿。

[2] H.G.尼古拉斯编，《华盛顿快讯，1941—1945：来自英国大使馆的每周政治报告》（伦敦及芝加哥，1981）。

[3] 见原文第660页。

编　排

这些信件，我尽可能地按照时间顺序编排。[1]常常有人问我，是否要把信件按照话题分类，或者至少分成私人信函和学术信函两类，但我很快就决定放弃这样的做法。主要是因为就生性热爱写信的伯林而言，他的信件是很难分门别类的。此外，如果以时间顺序来编排，读者可以清楚地看出这 xxiv 些信件具有连续性，可以相互参照；反之则会失去这种连续性和参照性，还不得不额外添加标志以做弥补。而以时间顺序来编排，如果有读者不喜欢某个题材或者某个通信人，要跳过相关信件找到自己喜欢的内容，也并非难事。

编　辑

我时不时在书中插入伯林称之为“结缔组织”的段落，为紧随其后的信件提供背景信息。至于何时以这样的方式提供背景信息、何时在脚注中提供背景信息，我没有遵循什么严格的规则。不过，我会本能地选择使用脚注，因为在其他方面相同的条件下，读者更喜欢直接接触第一手资料，而不是被插入的评论分散注意力，使用脚注可以更加方便这类读

[1] 伯林的许多信件没有日期，为了确定日期，编者必须多方寻找可能获得的线索。有时只能做出近似的猜测。欢迎读者提供任何可以帮助我确定这些信件日期的有关信息。

者。尽管如此，有时候，给出几句提要，或者在一组信件之前加入一两段对这些信件共同背景的介绍，这种做法更经济，而且我想对读者也更有帮助。有时候，这样的介绍文字由我本人撰写，有时候，我会从别的来源引用一些相关材料，比如，伯林父亲门德尔·伯林1946年及以后所写的家族回忆录；1971年至1972年由玛丽·伯林口授的自传体文件；还有迈克尔·伊格纳季耶夫录制的内容精彩丰富的伯林访谈录音。如果在伊格纳季耶夫所写的《伯林传》[1]中已经有了附加的背景信息，就没有必要进行价值不高的信息解释。所以在这种情况下，我会放心地让读者直接查阅《伯林传》中的相关内容。事实上，每一位想从伯林信件中获得最大收益的读者，在开始读这本书之前，都应该先读过这本《伯林传》，或者至少读过相关章节。

我们能够找到的最好的"结缔组织"，当然来自伯林本人。这类材料以这样或那样的形式存在——也许，某一天足以凑成一本差强人意的自传——但是这些材料比较分散，在风格上也很不一致。在伯林的《个人印象》中，这类资料最为集中，伯林另外的著述中也有一些同类的资料，本系列随后出版的集子中，肯定会收入从这些伯林著作中节选的相关材料。作为伯林书信集的第一卷，伯林本人出版的回忆录中最具参考价值的当属为H.G.尼古拉斯编选的他本人在华盛

[1] 按页码提供，如：迈克尔·伊格纳季耶夫，《伯林传》，第279页。访谈部分按档案号查询，如：迈克尔·伊格纳季耶夫采访伯林录音之七。

顿起草的官方快讯集（上文提到过）所作的序，以及伯林1972年所做的雅各布·赫佐格纪念讲座，题为“战时华盛顿的犹太复国主义政治”。由于这些材料与本书收入的伯林后来所写的书信关系十分密切，而对于那些想参照材料所提供的背景来阅读信件的读者，获取材料并非易事，因此我在 xxv
附录里面收入了这些资料。

注　释

关于本卷的注释，在前文我曾引用了安娜·奥利维尔·贝尔的话，与其说是本书注释的预期目标，不如说是我的个人希望，与其说是对贝尔的仿效，不如说是出于对她的敬仰。尤其是贝尔提到的“有趣”二字。[1]总体而言，我只提供必不可少的信息来帮助读者确认信件日期，基本上，我不会在注释中着力描绘信件中提到的某个人或其他值得关注的事件，除非我认为某些信息与某一特定背景相关。我并没有打算在读者和他们所拥有的百科全书之间长期插足（在那些人物和话题已经有文字记载的情况下）：无论怎样，空间和时间上的因素都排除了我插足的可能；我也不喜欢细述或者浓缩在任何一个普通图书馆都可以找到的有关信息，因为对信息的选择往往免不了厚此薄彼。只要我所说的足以让读

[1] 贝尔编辑的弗吉尼亚·伍尔夫的日记，以及由奈吉尔·尼科尔森和乔安妮·特劳特曼编辑的弗吉尼亚·伍尔夫信件集，在许多方面的确是我的榜样。

者自己动手，快速查询到相关资料，我便心满意足。[1]

关于信件中的当事人，在以下情形中我就不加注释了：当事人的姓名（尤其是全名）；无须过多的查证就可以确认的有关日期[2]；通信时当事人的职业以及之前相关的职业；本书截稿之后发生、伯林本人和他的通信人在通信时期内并不知晓的事件；等等。这些情况下，本书一律不提供相关注释，除非这些事件对确认信件内容比较重要。在书中我时不时会加入一些逸闻，即使这么做会使注释内容混杂不一，但这正是伯林喜欢的风格。上述的注释原则同样适用于重要人物生平的条目（下文对此有进一步说明），此部分内容通常不是对当事人的素描，而只是集中了基本信息，重点选择介绍主要人物以及（或是）在书中反复出现的关键人物，以便读者查阅。

信件抬头

xxvi 信件抬头的人名、地址和日期的格式，本书中一律统一，最常用的地址[3]缩略方式如下：

[1] 对少数名人，本书未提供注释。
[2] 为了找到那些不曾在公开信息来源中出现过，只是在信件中匆匆带过的当事人的有关日期，而这些具体日期对他们并不重要，为此开展广泛的家谱调查，并因此大大延迟本书的出版，这么做是否值得？我希望，这不是懒惰的决策，而是为了避免因过分拘泥于面面俱到而受束缚。只要出于必要（偶尔也不一定如此），我会不厌其烦，令人满意地列出一长串复杂别致的调查结果，足以令时间管理专家瞠目。
[3] 信笺抬头所示地点，不一定就是作者写信时的所在地：以赛亚·伯林常使用从别处拿来的印刷办公用纸。

圣体学院	牛津大学圣体学院
新学院	牛津大学新学院
全灵学院	牛津大学全灵学院
霍里克罗夫特大道	伦敦西北3区霍里克罗夫特大道49号（自1928年起为伯林居所）
英国情报处	纽约洛克菲勒广场30号，英国新闻处和英国情报处
华盛顿特区英国大使馆	华盛顿特区马萨诸塞大道3100号，英国大使馆

一些信的原件存在档案馆，存档地点和查询方法本书在信件文本的末尾都一一给出，以免人们误会，以为这些信件、信件的复印本或副本都保存在牛津博德莱安图书馆的伯林文件中，或以为这些信件由原收信人或其后人提供。

补充事项

需要注释的人物和其他事项，本书通常只在首次出现的时候以脚注方式提供。如果在后文中该人该事重新被提及，读者可以通过索引很快找到相关注释。前面已经提到，对伯林格外重要的人物，以及一些出现频率比较高的人物，在书后会有篇幅较长的生平简介：在索引或是脚注中，此类人物姓氏前会加上星号，提示读者在书后的重要人物生平中有其词条。

本书正文前提供的伯林家谱，由家谱学家詹妮弗·霍姆斯整理编辑，其调查能力令人惊叹；这份家谱可以方便读者查找伯林的亲戚，本书后面附录的年表，由塞琳娜·摩尔和詹妮弗·霍姆斯汇编，读者可据此确认伯林写信时所在地和所从事的职业。

编辑程序

标以“伦敦”、“牛津”和“纽约”字样的信件原稿均为
xxvii 手写稿，除非特别说明。其后专题中收入的信件除非特别说明，原件均为打字稿。手写信件一般完全照原文打出，而打字信件则稍做编辑处理，删去打字员由于打字风格、习惯和自身不足所添加的一些会干扰读者、与信件无关的内容。手写信件的分段[1]错误数不胜数：伯林常常在窄长的纸张上面写信，很自然地会用加大行间距、换页或者分行等方法来表示分段，而不是采用首行缩进的格式，如果过度拘泥于原稿的布局安排，这样的分段标示就会消失殆尽。同样，伯林对标点符号的运用颇为随意，带有很强的个人风格，（有时）甚至让人不明就里[2]——手写稿中，往往到了行末，标点符号便踪迹全无；尽管如此，总的来说，我并不会补上伯林遗

[1] 伯林极少使用的一种手段。
[2] 例如，他经常单引号和双引号同时使用。

漏的标点，因为根据上下文，哪里该有什么符号可以看得清清楚楚。但是，如果无视这些遗漏的确于读者无益，我会不动声色，悄悄加上标点；有时候，一些在我看来尤其会产生误导作用的标点，我会删除或者修改它们。 xxviii

致　谢

> 我知道，在这类书的末尾，按惯例是要由在书名页上署名的那个人做些说明，这本书的作者和编者实际上是另外的好些人，而所谓的作者和编者不过是做了一些曲解剽窃，插入一些错误的引文而已。
>
> ——R.D. 道[1]

> 我非常感谢多年来与人们的对话［……］我不会恣意于例行惯例，愚昧地宣称这些人士与本书可能包含的错误无关。不错，一切错误是要由我个人负责，但是，如果我能够发现这些错误，我原本可以改正它们，可是，既然我不能发现这些错误，由于客观原因，我也无法知悉这些错误是否可以追溯到那些对我发生影响的人士所持的观点上。
>
> ——迈克尔・达米特[2]

[1] R.D. 道，《埃斯库罗斯手稿之校对与研究》（剑桥，1964），序言，第 viii 页。
[2] 出处同上（原文第 xv 页注 1）。引用的目的相同。

这个问题太琐碎，恐怕这次我们无能为力。

——丘吉尔协会秘书[1]

伯林的其他十四本著作，迄今为止我编辑或者参与编辑了大部分，从合作这一点来看，本书表现得最甚。它的确是一个多方合作的项目，而我不过是让各方专业人士会集在一起，为他们提供一个合作的渠道。如前所述，网络资源，尤其是神奇的Google搜索引擎，还有牛津的图书馆综合电子系统的资源，尤其是牛津大学图书馆信息系统（它的电子目录）和网络版的《名人录》以及《英国国家人物传记大辞典》，这些资源改变了我的工作性质；但我还是要大量地求助于众多学者的专业知识和伯林的朋友提供的信息，他们慷慨地为本书奉献出他们积累多年的知识和智慧。叙述他们善举的文
xxix 字，足以写成一篇独立的长文。但是在这里我还是要对几位主要人物说几句话，以表示我的感激之情，即便这种做法不免厚此薄彼。

首先我要感谢收信人、他们的继承人以及受让人，如果没有他们，我就无信可编了。从各方面来看，无论是向我提供背景信息还是在其他方面，他们都对我非常有帮助，也非常友善。他们所做出的至关重要的贡献，和我在收集资料中偶尔遭遇到的一些人的沉默回应和拒绝，形成了鲜明的对比。

[1] 2003 年 3 月 6 日致凯特·佩恩的电子邮件，对要求确认丘吉尔某篇演讲中部分内容的信件的答复。

我不是要抱怨那些不愿提供信件的人，但是我很高兴这样的人只是极少数。

接下来要感谢的人是伯林的著作管理人。[1]伯林夫人一直都非常亲切慷慨，富有耐心，偶尔我和她对一些事情的判断起初并不一致，即便这时候她也很耐心。她还对信件选集的初稿提出了有益的意见。彼得·哈尔本总是毫无保留地向我提供帮助、支持和建议。由于伯林夫人的慷慨，我还得以一直享有我的出色助手塞琳娜·摩尔的服务，她化名萨莉·登霍尔姆—扬，1972年时曾经是伯林在沃尔夫森学院的秘书。除了对本书的信件整理做出直接贡献外，自1998年塞琳娜成为我的助手起，她还以圆通的工作方式和圣徒般的执着管理着我的办公室，在她的概念里，她的职责范围涵盖面极广，这使我得以腾出大量的时间和精力专注于编辑工作，我每天都意识到自己无比依赖于她的忠诚支持。

要感谢的人中还包括帕特·乌特钦，伯林的私人秘书。从我认识伯林以来，她就一直担任这个职位。正如我在自己先前出版的有关书籍的鸣谢词中记载的那样，在那些年里，她是伯林和他的创作活动之间的主要纽带。她一样也成为我最亲近的朋友。她无微不至地为我所做的一切，难以用寥寥数语概括。我这个宏大出书计划主要就是依靠她的专业知识

[1] 1996年，以赛亚·伯林指定伯林夫人、彼得·哈尔本和我为他的著作管理人。2000年伯林夫人指定了第四位著作管理人阿兰·莱恩，莱恩知识广博，非常乐意向我提供帮助。

和热情。她对我的支持始终如一，即使是在伯林去世之后，伯林的遗作全部移交给了博德莱安图书馆，她的日常事务不可避免地减少了，但影响仍在继续。她不辞辛苦地阅读那些信件打字稿，提出了无数有益的意见和建议。

特别要提到的是伯林的四位老友，他们成为不可取代的私人信息来源，尤其是关于本书所涉及的伯林早期的背景信息，这样的帮助已经越来越难得，因而弥足珍贵。玛丽·班纳特，婚前姓费希尔，自20世纪30年代初就熟识伯林；詹妮弗·哈特，婚前姓威廉斯；斯图尔特·汉普希尔，1935
xxx 年成为伯林的朋友；琼·弗拉德认识伯林较晚，但是同样对本书所涉及的年代所知颇多。他们都乐意向我解释伯林引用的典故，并回答大量问题。詹妮弗·哈特帮助更大，她花费大量时间为本书脚注查找材料，并记录下来给我。出于对她无私侠义协助的感激，当艾琳·伯林向我建议这本书应该献给她的时候，我感到格外欣喜，因为她是再合适不过的人选。

另一位无可匹敌的与伯林同时代的第一手信息来源是小阿瑟·施莱辛格，他于1943年至1944年冬在华盛顿与伯林相识。尽管他还有其他许多事务缠身，还是读完了伯林在战时所写的信件，为我注释信件中出现的许多名字提供了帮助，让我节省了大量时间。他还告诉我许多我尚未发现的信息。苏姗·布鲁尔（著有《为了赢得和平：二战期间英国在美的宣传活动》）和尼古拉斯·卡尔（著有《推销战争：第二次世界大战期间英国针对美国“中立”态度的战争宣传运动》）同样慷慨地用专业眼光阅读了这些信件，他们解释了信中许多典故的出处，如果没有他们的帮助，查找这些典故将非常艰难耗时。

2000年末，伯林研究专家乔舒亚·彻尼斯，当时还是耶鲁大学四年级的本科生，在访问了伯林著作托管会的网站后，通过电子邮件毛遂自荐。如今他已成为我的好朋友，他是一位坚持不懈的通信者，一位富有效率且善解人意的协助者。如今他愉快地来到牛津大学从事研究工作，这意味着只要有可能，我可以比以前更加无所顾忌地使唤他了。

迈克尔·休斯，博德莱安图书馆伯林文件的保管员，在精明强干的马修·尼利的帮助之下，兴高采烈地投入这项工作。对于他所负责保管的文件，凡是索取相关信息和文件副本的来函，他都耐心予以答复。在为文件编目分类时，他发现了一些被我忽略或者遗忘的文本（有的非常重要），并且提醒我留意其重要性，这对本书的编辑非常有益。

迈克尔·伊格纳季耶夫，伯林的传记作者，把他和伯林谈话的录音和文字记录，以及他所有的工作文稿，都捐给了我所负责的伯林著作托管会，这些资料最后都移交给了博德莱安图书馆。我非常感激他堪称典范的开放胸襟，毫无保留地让我享用他花费了很长时间、好不容易才积累起来的工作成果。

大约十三年来，贝蒂·科洪一直在为我打字录入伯林

（和其他人的）难以辨认的手稿，以及伯林历任秘书记录的口述稿，她解读伯林潦草笔迹的能力无人能及。这本书所需
xxxi 的大部分录入工作是她完成的。对她的优秀技能、坚韧毅力、不懈意志和谦恭态度，我赞赏不已。

在过去的十三年里，我的工作得到了众多捐助人的慷慨支持。他们默默奉献，不求回报。在本书的编辑过程中，他们也是如此，我像以往一样对他们心怀感激和依赖；我还要感谢已故的布洛克勋爵，开始时是他为我筹措启动资金，后来又一直关注该资金的情况。而最近，在肯尼斯·B.威尔逊的促成之下，福特基金会又给予帮助，我得以开展一些长期压在我心头、琐屑耗时的补充工作，我的电子资源也得以补充改善。为此，我热忱地感谢肯尼斯和基金会的雪中送炭之举，他们的帮助所产生的主要成果在接下来的段落中会有描述。

两位不知疲倦、认真细心、富有想象力却谦逊低调的研究学者，詹妮弗·霍姆斯和凯特·佩恩，在最近几个月不仅挽救了这项出书计划，也救了本书编者一命。我还没开始编辑，凯特就在位于英国皇家植物园邱园的英国国家档案馆完成了调查，并且发现了几份之前我从未听说、极为重要的文件。她还耐心复核了本书的大量注释，使我在想要无限期地延后填补注释的缺漏之时，能够不懈地坚持原来的标准。她还草拟了许多遗漏的注释，做了大量默默无闻的工作，给本书带来巨大的帮助。而且，她和詹妮弗还找到了许多人的

下落，这些人躲过了先前我和其他人对他们的所有查访；关于她们某些寻访经历的传奇故事，若不是亲耳听到，真是难以置信。除了担任本书的家谱学家之外，詹妮弗还补充了遗漏的注释，在我心有旁骛之时，她着手填补了一些导致过多知识空白的缺漏之处。特别要说的是，她草拟了本书大部分编辑方面的“结缔组织”，还检查了之前出现严重错误的信件日期和排序。的确，在编写本书的最后阶段，我得到了各方面专家的协助，尤其是这两位能力出众的研究者，她们成为我们这个编辑团队的主要力量，特别是对伯林在二战期间所写的那部分信件的编辑起了很大作用。

有关俄文方面的问题，我主要还是求助于海伦·拉帕波特，在编辑伯林的其他著作时，她已经提供过帮助。而且我还像以往一样依赖于（就像依赖于詹妮弗·霍姆斯和凯特·佩恩那样）她广博的专业知识和堪为典范的工作效率。关于希伯来文／犹太语方面的问题，我主要求教丹尼尔·弗兰克，以及像他的名字一样富有智慧的诺曼·所罗门。意第绪语方面的问题，我求教根纳季·艾斯特赖。

虽然我本该继续一一说明每个人对本书做出的贡献，以及他们如何为本书提供协助，但是人数众多，这里只能列出 xxxii
一个名单以表谢意。这个名单里的许多人以各自不同的方式，对本书提供了具体协助，发挥了同样重要的作用。在此，我谨向名字被我遗漏的人表示歉意，希望他们向我投诉，好让我有机会采取补救措施。我要感谢的其他人是——当然，还包括本书的读者——保琳·亚当斯、戴维·阿兰、布丽吉德·爱伦、苏姗·玛丽·艾尔索普、克里斯托弗·安德鲁、苏姗·阿什克罗夫特—琼斯、诺尔玛·奥贝坦—波特、琳达·贝利、西蒙·贝利、克莱尔·贝克、贡纳尔·贝克、凯特·贝拉诺瓦、理查德·贝尔、鲁斯·本·艾里、玛格丽特·本特、贝里尔·布莱尔、伊丽莎白·波德曼、约翰·波德利、玛丽·波恩、彼得·博斯维尔、巴鲁克·布兰德尔、迈克尔·布洛克、蕾丽亚·布洛德森、杰弗里·布朗、萨莉·布朗、伊恩·布伦斯基尔、菲利普·伯纳姆—理查兹、罗恩·布什、贝奇·凯普、厄休拉·卡莱尔、特瑞尔·卡弗、约翰·卡森、唐·查普曼、伊丽莎白·奇尔弗、玛丽·克莱普森、杰瑞·科恩、珍妮特·科里尔、朱迪思·科索伊斯、朱丽·柯蒂斯、卡罗琳·道尔顿[1]、西尔维亚·丹尼尔、罗宾·达尔沃尔—史密斯、凯特·戴、提摩西·戴、杰奎琳·迪恩及其同事、厄内斯托·德尔·瓦尔·莱纳、约翰·唐纳德森、詹姆斯·道格拉斯、罗斯玛丽·邓希尔、马斯坦·伊博特哈伊、瓦莱丽·艾略特[2]、肯沃德·埃尔姆斯利、罗伯特·伊万斯、琼·法斯曼、儒勒·菲尔德曼[3]、扬·费勒乐、塞夫·弗勒斯、罗伊·福斯特、奈杰尔·弗朗西斯、露西·加斯特、约翰·格迪斯、古德哈特勋爵、西瑞

[1] 这里我得打破自己的规则，补上牛津大学新学院档案管理员卡罗琳的名字。我没完没了地向她咨询了无数问题，她都耐心、宽厚、娴熟地解答了。
[2] 蒙其许可，我得以出版来自费伯档案的、伯林给 T.S. 艾略特的信件。
[3] 以色列一位养牛的农夫，感谢他愉快地回答了伯林网上图书馆提出的问题。

尔·古德曼和马丁·古德曼、阿兰·戈登、斯蒂芬·高尔、米查·格罗斯、斯特芬·格罗斯、约翰·戈内、塞缪尔·葛滕普兰、阿德莱安·黑尔、安·哈代、爱伦·哈代、罗宾·哈兰德、伊恩·哈里斯、布赖恩·哈里森、斯蒂芬·哈里森、塞琳娜·哈斯廷斯、罗杰·豪泽尔、彼得·西尔斯、乔安娜·海恩斯、艾米丽·海伦斯、里奥弗兰克·霍尔福德—斯特瑞文斯、帕克·霍南、戴维·霍普金森和黛安娜·霍普金森、吉尔·休斯、罗杰·哈钦斯、阿拉斯戴尔·詹姆斯、彼得·杰伊、约翰·詹金斯、杰里米·约翰斯、迈拉·琼斯、亚历山大·卡比谢夫及其家人、吉姆·凯茨、多弗—伯尔·柯勒、查尔斯·L.科克、莱昂内尔·科尚、芭芭拉·克拉夫特、克里夫·莱西、尼古拉·莱西、菲利普·兰伯特、约翰·兰德斯、马特·兰德鲁斯、斯蒂芬·拉萨姆、米吉·列维、安德鲁·罗尼、亨利·卢斯三世[1]、保罗·鲁纳、克里斯·麦克道尔、彼得·麦金纳利、理查德·麦凯恩、阿奇·麦肯兹、约翰·马蒂科特、布赖恩·马吉、亨利·O.马龙、克里斯蒂娜·梅森、道格拉斯·马修斯、德温特·梅、玛丽·梅瑞、克莱尔·米勒、戴维·米勒、安·米切尔、盖尔·莫纳汉、珍妮特·莫里斯、爱德华·莫蒂默、阿纳托利·奈曼、彼得·内尔森、奥布里·纽曼、琼·纽曼、佩内洛普·纽萨姆、希拉·诺贝尔、朱迪·诺克斯、欧诺拉·奥尼尔、韦雷娜·昂肯—冯·特罗特、阿曼达·欧平斯基、彼

[1] 感谢他允许我发表1945年8月13日他父亲给伯林的电报。

得·奥本海默、波利·彭伯顿、克里斯·佩尼、约翰·佩
尼、欧弗拉·佩尔穆特、埃利奥特·菲利普、罗兰德·菲利
xxxiii 普斯、杰拉德·菲利普森、埃琳娜·派克、莱斯利·皮特
曼、简·波特、奥利弗·雷迪、戴维·瑞克特、詹姆斯·里
德、朱丽安·瑞德、菲尔·瑞德、马里奥·里恰尔第、迈克
尔·赖尔登、克里斯丁·里奇、罗伯持·里特、提摩西·罗
宾斯、加雷思·罗伯茨、本·罗杰斯、肯·罗斯、米利亚
姆·罗斯柴尔德、乔迪·鲁塞尔、阿兰·瑞安、米奇·萨切尔、
珍妮特·桑普尔、露比·桑斯特、罗纳德·舒哈德、索菲
亚·舒茨、伊冯娜·斯科特、朱迪·塞巴、萨姆·塞巴、米
拉弗·西格尔、艾维·施莱姆、罗伯特·西尔弗斯、本·辛
普森、罗伊纳·斯科尔顿—华莱士、吉尔·斯基德莫尔、
安·帕斯捷尔纳克·斯拉特、R.E.F.史密斯、乔安娜·斯内
林、娜塔莎·斯彭德和斯蒂芬·斯彭德、迈克尔·斯坦斯菲
尔德、罗伯塔·斯特普尔斯、威尔·萨尔金、约翰·萨瑟兰、
马乔瑞·苏尔科、阿兰·塔迪艾罗、沙伯泰·特福斯、卡斯
帕·提阿克斯、迪尔德丽·图米、布伦达·特里普、克莱丽
塔·冯·特罗特、杰夫·瓦尔登、朱利安·瓦尔顿、贝尔纳
德·瓦塞尔斯坦、斯蒂芬·温德霍斯特、奈杰尔·韦斯特、
克里斯多夫·威克姆、玛丽—凯·威尔玛斯、迈克尔·沃尔
夫斯、麦克·乌丁、克里斯蒂娜·伍德兰德和玛丽·约。在
本书酝酿形成的数年中，上面提到的人中有一些已然辞世，
但我仍要对他们表示感谢。

跋

艺术，以及像夏日闪电般短暂的个人快乐：这些是我们唯一真正拥有的东西。

——亚历山大·赫尔岑[1]

在本该对读者表示欢迎的前言部分，我却在结尾列出一份感谢名单，虽然这份功劳簿非常有必要，而且出自我的真心，但是这样的结尾还是给人以苍白无力之感。所以，接下来我要为自己说上几句。

我认识以赛亚·伯林长达二十五个年头。了解他这样一个完美的人[2]，成为他的朋友，与他合作编辑出版他散落各处的文字，这都是我从未敢奢望或追求的目标。我生性喜爱周密再周密地事先计划，喜欢理性再理性地照章行事，可是我生命的很大一部分却花在了一项不可预测的任务之上。由于接二连三的意外变故，我出过错，如果这样的错误发生在别的地方，我可能就失去如今这份职业了，这真可谓既有趣，

[1] A.I. 葛特森，《我的过去和我的思想》（莫斯科，1954—1966），卷 16，第 135 页，伯林在《赫尔岑和他的回忆录》中翻译并引用，见《人类的恰当研究》，第 524 页。

[2] 我利用这个机会，把让我印象深刻的一次遭遇记录下来，也许可以用来支持我的这一评价。我偶遇讽刺作家约翰·威尔士（1936—1998），以前我们从未见过面，那是在 1996 年 2 月 17 日，伦敦布鲁克斯俱乐部，伯林四十周年结婚纪念庆祝会之后，当时他正要离开。他已经知道自己患有淋巴瘤，活不过两年。我们相互说明了和伯林的关系，临别，他戴上围巾，转向楼梯，对我说“（他是）我所认识的最好的人”。我怀疑，这是否也属于过度赞美？

又令人啼笑皆非。如果伯林是一位圣人，我得说他是邋遢鬼
xxxiv 的守护神；在许多方面，我感觉这个身份很适合他。不管怎么说，幸运之神最终向我绽开了笑靥。而说到与伯林的相处，蕾丽亚·布洛德森的结论真是再好不过，那就是：我们在一起的经历的确非同寻常。

亨利·哈代

丹麦诺斯加兰德，提斯维尔德·伦德，2002年8月

xxxv 牛津大学沃尔夫森学院，2004年2月

附言：我怀着悲伤谨记于此，本书所题献的詹妮弗·哈特，于2005年3月19日去世。

对以赛亚·伯林的个人印象

以赛亚·伯林是其时代最伟大的人物之一，也是20世纪最杰出的自由主义思想家之一。这位俄裔英籍犹太人，既是一位哲学家、政治理论家、思想史家，也是一位散文家、评论家和教授。他充满智慧，对人类的各种动机、希望与恐惧有着与生俱来的非凡洞察力；他精力充沛，善于享受生活，喜欢结交各类朋友，研究他们的思想和气质。对文学、音乐和艺术也情有独钟。

他捍卫并发展了在他看来是自由思想的精髓，并使之取得了经典地位。这一思想在现代思想界享有的地位和声誉在很大程度上要归功于他。他还率先提出和发展了关于人类终极理想的多元主义观点，这个观点支持了他的自由主义立场，也值得我们将它牢牢植根于自己的世界观中。与人类已产生的大多数思想和信条相反，他认为，并非所有的价值观都可以在人的一生中，或是在某个社会或某个特定的历史时期同时实现，许多理想甚至根本无法在同一层面上进行比较，因而也就不存在唯一客观的目标等次和唯一正确的生活准则。

基于以上这一点，不论是个体还是群体，都应该有选择自己的指导思想和人生观的自由（在纯粹由人性需求所设定的重要而广阔的范围之内）。同时，或许更加极端的看法是，一个完美和谐、没有摩擦的社会原则上应该是以各种不同观点并存为理想的，虽然现实中不可能有这样的社会。类似观念对今天的一些人来说可能不足为奇，但是正如伯林所言，它们并未像人们所想象的那么早就提出来，也没有那么广为人知和牢不可破。这些观念有利于社会的发展，其中伯林功不可没。

像其他伟人一样，伯林有一种促成事物趋向完美的才能。有幸认识他的人都可以证明，与他相伴，倾听他滔滔不绝的精彩谈话是一种特别鼓舞人心、催人向上的愉快经历。他是一位富有传奇色彩的谈话者，一方面是因为他那语速飞快、音节含糊的讲话方式，这是可以模仿的；另一方面则是因为他的广博知识，这个谁也模仿不了。他阅读过大量的各国作品，认识（并深深影响了）英国本土和本土之外的许多名人雅士，他的谈话和作品中经常夹杂着众多人名，多到令人困
xxxvii 惑（但不是借此抬高身价，而是为了方便起见，用人名来代表他们的观点）。

除了二战期间为政府服务的一段经历，他的整个职业生涯都是以一位牛津学者的身份度过的，但他从来不把自己束缚在这个领域。他常常同时活跃在许多其他领域，游刃有余，却不事张扬。他的日程总是被各种不同活动安排得满满当当，但他日复一日，毫不倦怠。他曾经在许多国家向学识渊博的

名人发表演讲，与学生社团（不仅是牛津大学）、教育学院和大学预科班的学生进行交谈。向他求教的人越来越多，他总是毫不吝啬自己的时间，乐于回答。在这些人中，有正陷于困境的他从前的学生，有研究他作品的学者，有就自己从事的工作向他征求意见或寻求帮助的陌生人。他经常在广播里做演讲，特别是英国广播公司的第三套节目，他频繁接受采访，尤其是外国记者的采访。对于其他人觉得难以承受的压力，他总能积极面对，在需要的场合他会一本正经，但也会时不时调侃一下。

他不是圣人，也从未想过成为某一类圣人。但他是一个不折不扣的好人,充满了在别人身上他会称之为“道德魅力”的东西。这种魅力在他的谈话方式中表现得尤为明显，有时这会使不了解他谈话方式的人感到局促不安。他在谈话时不会紧扣一个话题，他会时不时地往椅背上放松地靠靠，抬起头，然后随兴而至地谈下去。他总是饶有兴致地岔开话题，漫无边际地扯开去，然后猛地又回到原来的话题，或者干脆换个话题，显然完全忘了对方在这期间所说的话，即便是颇为深入的交谈也是如此。

以上这个特点放在别人身上也许会显得缺少礼貌，但他显然完全出于无意，同时也反映出他全神贯注于思考头脑中的问题。他总是以玩笑的方式进行思考，经常不循常轨。与他交谈，你需要飞速思考，但你要是想搞清问题，进而得出清晰的结论,只会感到沮丧。他并不总是认真倾听别人讲话，有时这是因为对方尚未开口，他已经清楚知道对方要说什么。

他不喜欢（也不善于）玩弄文字游戏，不过总的来说他的智慧无人可比。他理解问题异常迅速，而且能够同样迅速地给出富有启发性的答案。他直言直语，令人耳目一新；作为那个时代的人，他的思想格外开放。牛津体制中某些过于谨慎的做法与他比起来显得那么小家子气和缺乏活力。他喜欢说东道西，满肚子逸闻趣事，但都不带恶意。实际上他不善于讽刺挖苦，也不想在这方面有所表现。即使他发表不喜欢某人的议论，对他来说也更像是棋局中的一步，而不是什
xxxviii 么诋毁性的断言。他喜欢评价别人，并将他们分门别类。众所周知，他将人分为两类：刺猬和狐狸——刺猬指那些自以为无所不包、自成一统的人，狐狸则指那些乐于兼收并蓄的人。事实上，他这种轻松随意地将人分类的爱好，从一个侧面显示了他善于挖掘和展示一个人或者一个深奥作家的本质的能力。

作为一位演说家，他对所讲内容了如指掌，他的演说引人入胜（令人庆幸的是他的部分演说留有录音，可以在伦敦的国家声音档案馆听到）。[1]他始终牢记自己是犹太人，但从不对此感到不自在。他终生支持犹太复国主义，对以色列的建国起到了重要作用。他是伦敦皇家歌剧院的监事，是一位忠实的歌剧迷，也是国家美术馆董事会的成员。他荣誉等

[1] 伯林 1965 年所做的关于浪漫主义的梅隆讲座录音在美国华盛顿的国家美术馆也可听到。

身：曾被授予爵士称号、英国功绩勋章和许多名誉博士头衔，任过梅隆讲席教授和不列颠学会主席，获得过耶路撒冷奖、伊拉斯谟奖、阿涅利奖和利平科特奖，但他总是谦虚地认为这些荣誉大于自己的实际成就，觉得人们高估了他。他超越生活，特立独行，是一位无法替代的杰出人物。

以赛亚·门德列维奇·伯林1909年出生于里加，父母是讲俄语的犹太人。里加当时归俄国统治，后来才成为拉脱维亚的首都。他父亲门德尔开了一家木材公司（主要是为俄罗斯铁路提供枕木），母亲玛丽性格活泼，富有教养，对艺术特别痴迷，她把这种痴迷全部传给了自己唯一活下来的儿子。伯林对音乐的偏爱，尤其是歌剧，当然不仅是歌剧，是从孩提到长大成人贯穿他一生的一条主线，对他起着深刻而重要的作用，这种作用随着年龄增长，越来越明显。

1915年，德军包围了里加，伯林一家于是搬到俄国境内其他地区，先是住在安德烈亚波尔，从1917年起住在彼得格勒。那一年，以赛亚先后目睹了社会民主党革命和布尔什维克革命。有一次，他看到一个惊恐万分、脸色苍白的人在街上被一群暴徒又拉又打，这次经历使他后来痛恨任何形式的暴力。

1920年，伯林一家与共产党人签订了协议，重新回到里加。但是父亲决定将全家迁往英国，他在那里有朋友和生意伙伴。1921年初，他们到了英国，先是住在瑟比顿，后来搬到伦敦，住在肯辛顿区，几年后搬到汉普斯特区。他先在一所预备学校上学，后来进入圣保罗中学。在保持自己俄裔犹太身份的同时，他将自己完全融入英国社会，这使他能够成为那个时代英国文化界的一位重要人物。

1928年，他进入牛津大学的圣体学院学习，1931年和1932年，先后在古典人文学科课程和PPE综合课程上获一等学位。之后他去《曼彻斯特卫报》面试，但没有成功，于是他又准备攻读法律。但是时任牛津大学新学院教授的理查德·克罗斯曼给了他第一份差事，让他教哲学。几乎同时，他被遴选为全灵学院的研究员，他一直在此工作，直到1938年成为新学院的研究员。正是在全灵学院的最初几年,他为霍姆大学图书馆出版社写了著名的马克思传记（《卡尔·马克思：生平与环境》，1939）。具有讽刺意味的是，该系列丛书的编辑在挑选作者时，首先考虑的对象并不是伯林。

二战初期，伯林继续教书。1941年他被英国情报部派往纽约，1942年又被转派到位于华盛顿的英国使馆，在那里他一直工作到1946年（中间在莫斯科待了几个月）。他领导一个团队，负责起草有关美国政治舆论变化的报告。从华盛顿寄往白厅的报告虽然没有署他的名，但大部分都由他起草，这些报告一直以文笔优美著称，并引起了丘吉尔首相的注意。报告的部分选集于1981年出版（《华盛顿快讯，1941—1945》，H.G.尼古拉斯编）。

伯林曾经深情地追忆那段经历，其中有关他在苏联之行中与鲍里斯·帕斯捷尔纳克和安娜·阿赫玛托娃等作家会面的描写尤其感人。他和阿赫玛托娃的会面对他影响特别深远，而阿赫玛托娃在其诗作的许多段落中提到他也证明了伯林对她的深刻影响。她写道：“他不会成为我深爱的丈夫/但我们共同完成的作品，我与他/将惊扰20世纪。”她坚信斯大林对他们1945年会面的反应与1946年开始的冷战有直接关系。

到二战末，伯林决定放弃哲学，改为研究思想史——“一个你在生命结束时有可能比在生命开始时了解更多东西的领域”[1]。抱着这个想法，1950年他回到了全灵学院，并于1957年接替G.D.H.科尔成为牛津大学社会学及政治理论齐切利讲席教授。他的就职演说《自由的两种概念》是他最著名的作品之一，当然也最有影响力。在演讲中他以奔放的热情和巧妙的言辞，明确表态支持“消极”自由，即免受他人干涉 xl
以及按照自己意愿进行选择的自由，并向我们展示了“积极”自由，即自我控制的“自由”（人们通常向往的自由），如何轻易地转变为根据那些自认为是人类生活目标的仲裁者所制定并强制实施的标准而进行“自我实现”的“自由”。他对自由的讨论成了此后其他人思考自由时必不可少的参照，并且已经渗透到对这个话题的所有讨论当中。但是，或许他过于低调，或许他的思想有意不成体系，或许他拒绝提供任何类型的“放之四海而皆准”的万应灵药，严格来说，他没有

[1] 伯林，《概念与范畴》，第viii页。

思想继承人，也没有创立什么思想学派（他自己对此深感欣慰）。

在当选齐切利讲席教授的前一年，他放弃了显然已经习惯的独身生活，娶艾琳·哈尔本为妻（婚前姓德·甘茨堡）。在将近五十岁时，他找到了人生伴侣，妻子从此成了他生活中的一个重要部分。他的三个继子（他自己没有生育）也使他体会到了家人之间的关爱之情。他经常建议别人结婚。

1966年，伯林成了牛津大学新成立的研究生院沃尔夫森学院的首任院长，并于次年辞掉了教授职位。这之后，他一直在沃尔夫森学院工作，直到1975年"退休"。要不是他善于筹集资金，积极倡导建立新的体制，发扬优良传统和忠诚作风，沃尔夫森学院不会有如今这个规模，也不会有现在这个院名（最初叫作伊夫雷学院）。沃尔夫森与福特基金会能够慷慨捐资兴建教学楼，捐赠物品，都与他个人的亲自参与有直接关系。

除了沃尔夫森学院，伯林留给后人的主要遗产是他的著作：他写了大量风格各异、个性突出、富有洞察力的作品。据他自己客观评价，他最主要的工作是对四个领域进行研究探索，即自由主义、多元主义、19世纪的俄罗斯思想以及浪漫主义运动的起源与发展。他在这些领域里阐明了许多问题，即使在今天，他阐述这些问题的方式仍像当年他的观点首次公开发表时那样令人振奋。

在他一生中的大部分时间里，伯林作为作家的声望远不及他的实际成就，大多数作品只是应景之作（他说，“我就像一辆出租车，等着人们招手搭载”），而且匿名发表。以书的形式出现的很少，主要有《卡尔·马克思》、《刺猬与狐狸》（这是一本关于托尔斯泰历史观的长文）以及《自由四论》，这本文集里收录了他的就职演讲。但他在1976年出版了《维柯与赫尔德》，之后不久又出版了四卷选集（1978— xli 1980）。基于这些力作，当伯林在1971年被授予英国功绩勋章时，他的朋友莫里斯·鲍拉说：“他就像耶稣和苏格拉底一样，问世的作品不多，但是思考得很多，讲得也很多，他对我们的时代产生了巨大的影响。”[1]他的其他作品发表于20世纪90年代，包括两部当初写完后没有马上发表的作品，还有一部在他去世那一年的年初出版的回顾性文集，书名叫《人类的恰当研究》。

令人高兴的是，与莫里斯·鲍拉不同，伯林的许多讲话方式记录在他已发表的论著当中。他讲话很有个性，经常通过分析别人的思想来阐述自己思考的重要问题，而且条理清楚，新论迭出。其著作最吸引人的一个特点是，他从来不超然世外，始终牢记思考探索的最终目的是增进理解、深化对道德的认识。他的朋友诺埃尔·安南说，“在一个词不够的时候，他总是要用两个词”[2]，如果不去掉他的表达特色，就

[1] 致诺埃尔·安南的信，摘自安南的《一位我热爱的人》，休·劳埃德—琼斯主编，《莫里斯·鲍拉颂》（伦敦，1974），第53页。
[2] 伯林，《个人印象》第2版，第xxiii页。

根本无法总结出他所要传达的信息——他不喜欢“信息”这个词。但中心内容还是显而易见的。

伯林曾经说他作品的主旨是“不相信任何宣称掌握全部有关人类行为已知事实和理论的言论”[1]。他的基本观念是，对于“人应该怎样活着”这个至关重要的道德问题，不存在什么统一的、普遍的、最终的、完全的、显而易见的答案。他在别人的作品中看到这个观点，十分认同，于是在自己的作品中加以采用并发扬光大。西方思想界最古老、最重要的命题之一，是18世纪在法国启蒙运动的旗帜下以一种毫不妥协的姿态提出来的，而他的观念否定了这个命题。

与启蒙家们认为存在一个最终囊括所有目标和理想的不受干扰的有序综合体不同，伯林坚持认为存在无限多的相互竞争、互不相容的终极价值和理想，每个人经常不得不在其中做出选择。我们无法为这些选择做出最终的理性辩护，因此不管我们多么相信自己的选择，都不能将其强加于人。“人们可以透过多扇窗户观察生活，并不存在哪一扇看得更清楚，
xlii 哪一扇看得更模糊，哪一扇看到的更真实，哪一扇看到的更失真的问题。”[2]

每个人，每个文化，每个国家，每个历史时期，都有不同的目标和标准，不管在实践上还是在理论上，都不能将这些目标和标准合并为一个能够实现全部目标而不引起任何损

[1] 伯林，《俄国思想家》，第 viii 页。
[2] 伯林，《个人印象》，第 4 页。

失、妥协和冲突的包罗万象的统一体系，每个人的意识里也存在着同样的矛盾冲突。更多平等意味着不够优秀，或不够自由；正义会阻碍仁慈；坦白会排斥善良；自知会危及创造和幸福；高效会阻碍自然。这些都不是暂时的局部问题；它们是道德领域里普遍的、无法回避的，有时甚至导致悲剧的特征；悲剧实际上远不是由可避免的错误引起的，它是人生状态的一个特有现象。不存在完美的统一体系，存在的只是一个永恒的、有时令人痛苦的、对各种互相冲突的观点进行无序选择和审慎权衡的渐进过程。

人们有时将他的多元主义误认为相对主义，对此他予以否认，实际上两者差别很明显。与多元主义密切相关的是这样一种信念，即自由不应该受到干涉，特别是不应受到那些自以为高人一等、自以为可以替我们做出更明智选择的人的干涉。伯林的多元主义佐证了他一直以来奉行的态度，坚决反对由任何独裁者和极权者进行的压迫和操纵，包括法西斯分子、官僚主义者、传教士、恐怖主义者、革命者、暴君、平均主义者，以及“有组织的幸福”的组织者和提供者。伯林眼中的英雄之一是俄罗斯思想家亚历山大·赫尔岑，他自己身上也体现出很多赫尔岑的特点，跟赫尔岑一样，他害怕为实现在遥远未来的某一未知时刻才能实现的乌托邦理想而做出牺牲：现实中活生生的人不应该为了最终的共同幸福这个幻想而受苦乃至送命。

伯林知道观念只有能影响人们的生活才有意义，因此他总是从具体的个体而不是从抽象的角度来阐述自己以上这些观点。他有一种非同寻常的能力，能够在思想上认同那些彼此之间观点迥异、同时也与自己观点悬殊的人，这使他受益匪浅，使他能够对各种各样的历史人物和当代人物进行丰富翔实的描述，这些人包括别林斯基、哈曼、赫尔德、赫尔岑、马基亚维利、迈斯特、托尔斯泰、屠格涅夫、维柯、丘吉尔、纳米尔、罗斯福、魏茨曼等。他对那些与自己关系非常密切的人的描写经常带有自传的味道。写别人时他总是称赞有加，
xliii 对自己却十分低调，似乎觉得自己不具备这些优点，其实他对别人的称赞有时完全适合他自己。只要他对自己的一生和言行予以足够的关注，他完全可以成为替自己生平立传的最合适人选；不过，这样的话，他也许就不成其为我们认识的以赛亚·伯林了。

人们常常用最高级的形容词来描述以赛亚·伯林，特别是在他晚年岁月里，称他是“世界上最伟大的谈话者”、“本世纪最富于灵感的读者”、“当今时代最高贵的心灵之一”，人们甚至说他是“天才”。也许现在相信这些盛誉为时过早，不过可以肯定的是，他从多个角度向人们展示了人类潜力的无限可能，展示了人类正确使用聪明才智，以一种既不故作正经，又不含糊其词的方式阐明人类所面临的基本道德问题的巨大力量。

亨利·哈代

家　谱

以下注释说明了下文所示三份家谱图依据的惯例。

楷体人名在别处有详细的介绍。

家谱图中仅列出部分家庭成员。入选者主要是伯林提及的亲戚。

19世纪之前，东欧犹太人一直没有固定姓氏；所以家谱图中施内尔森家族最初几代人没有姓氏。即使在19世纪以后，他们的姓氏还是不断改变，比如在弗拉德金家族中，有一些成员使用的是“雷迪埃”这个姓。

名字则更加复杂。任何一个名字，在不同地方和不同时间，会以多种形式出现：希伯来文的、意第绪语的、俄语的与英语的都有，在每一种语言里还有不同的昵称。在家谱图中“艾萨克”的许多变体就是这种变异的体现。家谱图中早几代人的名字主要为意第绪语，包括伯林的祖父母。后来的名字就是伯林所使用的。 xlix

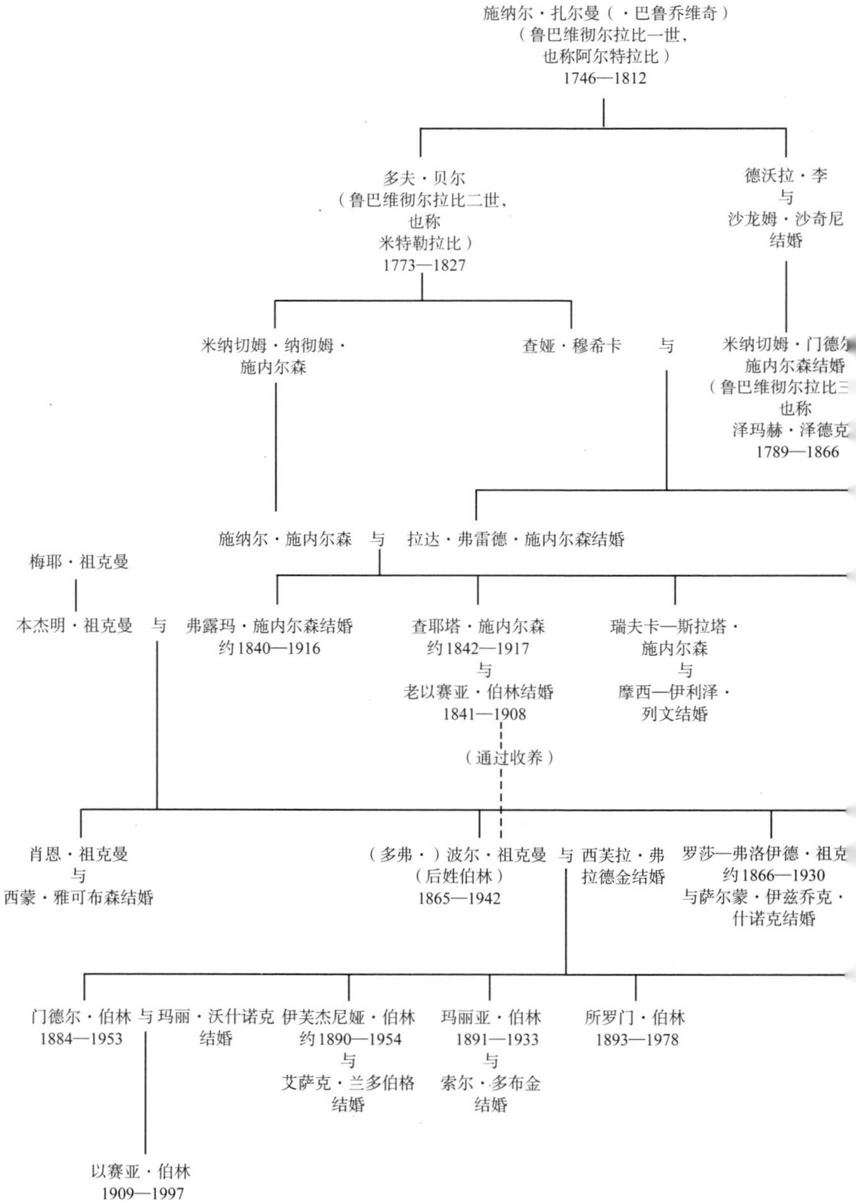
施纳尔·扎尔曼（·巴鲁乔维奇）
（鲁巴维彻尔拉比一世，
也称阿尔特拉比）
1746—1812
多夫·贝尔
（鲁巴维彻尔拉比二世，
也称
米特勒拉比）
1773—1827
德沃拉·李
与
沙龙姆·沙奇尼
结婚
米纳切姆·纳彻姆·
施内尔森
查娅·穆希卡
与
米纳切姆·门德尔
施内尔森结婚
（鲁巴维彻尔拉比三
也称
泽玛赫·泽德克
1789—1866
施纳尔·施内尔森
与
拉达·弗雷德·施内尔森结婚
梅耶·祖克曼
本杰明·祖克曼
与
弗露玛·施内尔森结婚
约1840—1916
查耶塔·施内尔森
约1842—1917
与
老以赛亚·伯林结婚
1841—1908
瑞夫卡—斯拉塔·
施内尔森
与
摩西—伊利泽·
列文结婚
（通过收养）
肖恩·祖克曼
与
西蒙·雅可布森结婚
（多弗·）波尔·祖克曼
（后姓伯林）
1865—1942
与
西芙拉·弗
拉德金结婚
罗莎—弗洛伊德·祖克
约1866—1930
与萨尔蒙·伊兹乔克·
什诺克结婚
门德尔·伯林
1884—1953
与
玛丽·沃什诺克
结婚
伊芙杰尼娅·伯林
约1890—1954
与
艾萨克·兰多伯格
结婚
玛丽亚·伯林
1891—1933
与
索尔·多布金
结婚
所罗门·伯林
1893—1978
以赛亚·伯林
1909—1997

伯林家族

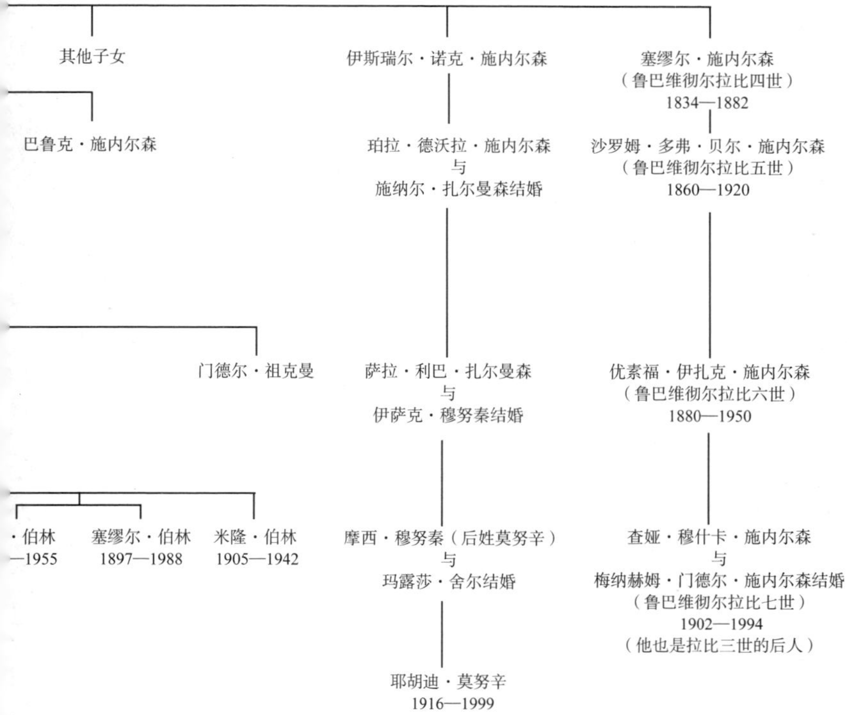
其他子女
伊斯瑞尔·诺克·施内尔森
塞缪尔·施内尔森
（鲁巴维彻尔拉比四世）
1834—1882
巴鲁克·施内尔森
珀拉·德沃拉·施内尔森
与
施纳尔·扎尔曼森结婚
沙罗姆·多弗·贝尔·施内尔森
（鲁巴维彻尔拉比五世）
1860—1920
门德尔·祖克曼
萨拉·利巴·扎尔曼森
与
伊萨克·穆努秦结婚
优素福·伊扎克·施内尔森
（鲁巴维彻尔拉比六世）
1880—1950
·伯林
—1955
塞缪尔·伯林
1897—1988
米隆·伯林
1905—1942
摩西·穆努秦（后姓莫努辛）
与
玛露莎·舍尔结婚
查娅·穆什卡·施内尔森
与
梅纳赫姆·门德尔·施内尔森结婚
（鲁巴维彻尔拉比七世）
1902—1994
（他也是拉比三世的后人）
耶胡迪·莫努辛
1916—1999

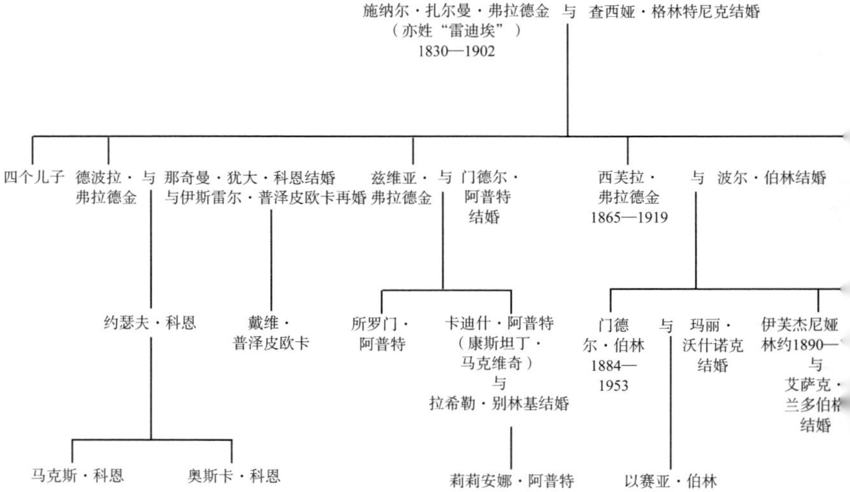
施纳尔·扎尔曼·弗拉德金 与 查西娅·格林特尼克结婚
（亦姓“雷迪埃”）
1830—1902
四个儿子
德波拉·弗拉德金 与 那奇曼·犹大·科恩结婚
与伊斯雷尔·普泽皮欧卡再婚
约瑟夫·科恩
马克斯·科恩
奥斯卡·科恩
戴维·普泽皮欧卡
兹维亚·弗拉德金 与 门德尔·阿普特结婚
所罗门·阿普特
卡迪什·阿普特（康斯坦丁·马克维奇）与拉希勒·别林基结婚
莉莉安娜·阿普特
西芙拉·弗拉德金
1865—1919
与 波尔·伯林结婚
门德尔·伯林
1884—1953
与 玛丽·沃什诺克结婚
以赛亚·伯林
伊芙杰尼娅
林约1890—
与
艾萨克·
兰多伯
结婚

弗拉德金家族

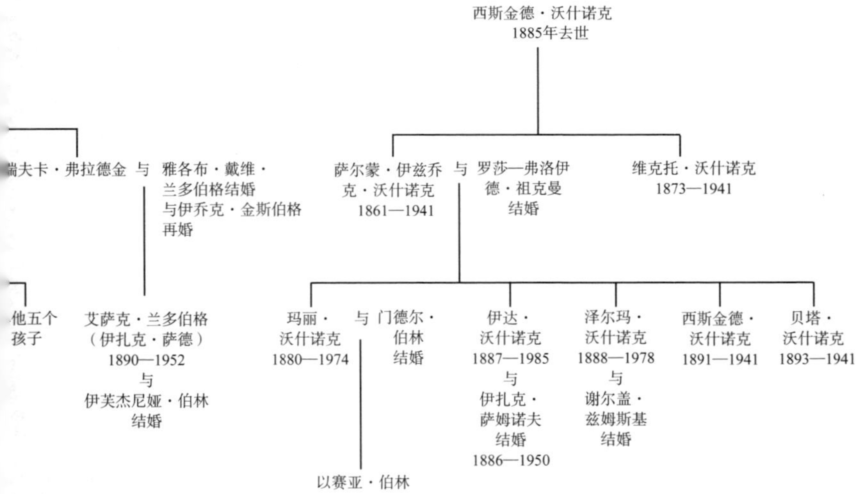
西斯金德·沃什诺克
1885年去世
…瑞夫卡·弗拉德金 与 雅各布·戴维·兰多伯格结婚
与伊乔克·金斯伯格再婚
萨尔蒙·伊兹乔克·沃什诺克
1861—1941
与 罗莎—弗洛伊德·祖克曼结婚
维克托·沃什诺克
1873—1941
…他五个孩子
艾萨克·兰多伯格
（伊扎克·萨德）
1890—1952
与
伊芙杰尼娅·伯林
结婚
玛丽·沃什诺克
1880—1974
与 门德尔·伯林结婚
以赛亚·伯林
伊达·沃什诺克
1887—1985
与
伊扎克·萨姆诺夫
结婚
1886—1950
泽尔玛·沃什诺克
1888—1978
与
谢尔盖·兹姆斯基
结婚
西斯金德·沃什诺克
1891—1941
贝塔·沃什诺克
1893—1941

沃什诺克家族

书 信

伦　敦

儿子健康成长，在视他为聪明善良的人群中读书学习，这是我生命中的最大满足。除此之外，我别无他求。

——玛丽·伯林，自传注释[1]

[1] 玛丽·伯林*（1880—1974，星号表示收入“重要人物生平”），以赛亚·伯林*的母亲。

伯林于1927年7月[1]在位于伦敦哈默史密斯区的圣保罗学校首次参加高级证书考试。他通过了考试，但成绩一般。1927年12月，在被牛津大学的巴利奥学院拒绝两次后（一次是申请奖学金，另一次是申请入学资格），第二年春，他得到了圣体学院的奖学金[2]，去那里读“现代课程”，即先参加古典学第一次考试[3]，再读历史，不久以后他同牛津大学圣体学院的研究员G.B.格伦迪[4]进行了一次面谈，格伦迪向他确保奖学金没有问题，于是改历史专业为古典学。

[1] 他提出修古典学（拉丁语、希腊语、古代历史、文学），以英国文学作为副科。见牛津、剑桥大学考试委员会证书考试，1927年7月录取名单（剑桥大学，1927，剑桥大学档案中心，合订本编号10/43），第21页。
[2] 据伯林说：“我可能是在作文上占据优势。作文题目是‘历史的偏见’。我们是伦敦一所颇为前卫的学校，学生常常读一些高雅杂志，如T.S.艾略特的《批评标准》。那上面不久前刚登载了一篇反西方的文章，是一个印度人写的，名字叫什么我忘了。文章题目叫‘历史的偏见’，它正是作文的命题，于是我凭着记忆如法炮制，就这么选上了。”这段话出自他给布赖恩·哈里森主编的投稿，《颗粒：牛津大学圣体学院20世纪院史》，由其成员编写（牛津大学，1994），第44—50页，在第44页上。他提到的文章作者是维苏狄欧·B.梅塔，其“历史的偏见”登于《批评标准》卷六，第5期（1927年11月），第418—425页。作为奖励，牛津大学赠给他一本英国语言学家洛根·皮尔索尔·史密斯编的《乔治·桑塔亚纳小品文选集》（伦敦，1920）。
[3] 关于牛津大学文学士第一次考试和古典人文学科，见“序言”第xviii页注2。
[4] 乔治·贝尔多·格伦迪（1861—1948），1903—1931年任圣体学院研究员及古代历史学导师，1928—1931年任高级导师。

致G.K.切斯特顿[1]

1928年3月31日

伦敦西14区西肯辛顿上艾迪逊花园33号

尊敬的切斯特顿先生：

我和我的朋友冒昧地给您写这封信，因为我们觉得自己在某种意义上正在延续您和您的朋友们在圣保罗学校开创的一个传统。长期以来，这所学校一直引以自豪的特色是，它从不向大学输送缺乏个性、千篇一律的学生：圣保罗人与其他学校的学生完全不同，而且圣保罗人之间也各不相同。这一点就其自身而言，在一所日校里并无什么卓越之处，不同寻常的是目前这个特色完全没有得到表达。各类演讲协会，
也就是学生会主办的演讲协会和高中一年级的辩论协会，虽 5
然两者背后都有强有力的传统作为支撑，现在却几乎变成了松软瘫痪的团体。《圣保罗人》杂志仍然死气沉沉，丝毫没有反映我们的校园生活。《辩论家》从理论上说应该代表反叛的声音，现在却沦落成了温顺听话、专门登载获奖文章

[1] 吉尔伯特·基斯·切斯特顿（1874—1936），新闻记者、小说家、文艺评论家、诗人。与埃德蒙·克莱里休·本特利共同编写《首部克莱里休诗选》（牛津，1982）并负责其插图。此为笔记本传真版，收集了埃德蒙·克莱里休·本特利（见原文第485页注8）和圣保罗学校同窗一起收集的一些最早的克莱里休四行体诙谐诗（其格式为首句包含一个名人的名字，四行，长度不一。——译者注），包括G.K.切斯特顿所作的两首（有关塞万提斯和托马斯·卡莱尔），后来以本特利之名发表。G.K.切斯特顿十六岁时在圣保罗学校创办了高中一年级辩论俱乐部，以及同人杂志《辩论家》。G.K.切斯特顿与伯林分别于1887—1892年和1922—1928年就读于圣保罗学校。

的刊物，与生动活泼的校园生活完全失去了联系。[1]毫无疑问，与往昔一样，这所学校仍然到处充满富有原创力的天才，但是他们特别害羞，不愿意公开展露自己的才华，因此有必要耐心细致地引导他们。鉴于此，我们觉得应该创办一份新的杂志，这份杂志的唯一目的是发表由学生提交的各类文章。只要稿子写得漂亮，有真情实感，不管看起来多么不负责任、多么幼稚或多么疯狂都可以发表。我们并不看重文风是否优美，主要看稿件是否言之有物、充满朝气。基于以上考虑，我们从学校最不循规蹈矩的学生中挑选出一批人，组成一个编委会，这份杂志将代表学生会和低年级学生。我们自然希望稿件由在读的学生，而不是已经毕业的校友提供。不过，最为重要的是，《辐射》杂志应该一炮打响，一发行就吸引很多读者。要是您在上面发表一些东西，必将大大提高杂志的销售量，为此恳请您帮助我们实现目标。《辐射》的第一期会在6月1号左右发行（校长[2]已经允许出版一份“新的讽刺期刊”）。不管您寄给我们什么东西，我们都十分感激。不论是诗、散文或公开信，我们都十分欢迎。富有活力、敢于直言将是这份杂志的鲜明特色。让我再一次以我们杂志的名义，恳请您支持我们！

[1] 1928年，伯林自己也给《圣保罗人》和《辩论家》投过稿。其中一篇（见原文第631页注1）收入本卷，其他可在伯林网上图书馆阅读，栏目为“未结集出版的作品”。显然他为第1期《辐射》（卷一，第1期，1928年夏，稿费六便士）也写了一些其他文字以及下两页上的文章，但均未署名。
[2] 约翰·贝尔（1890—1958），1927—1938年任圣保罗学校校长。

您始终诚挚的

以赛亚·M.[1]伯林

（合编者）

大英图书馆馆藏手稿补遗73232A号

切斯特顿先生给这封信加了以下注解："收到约稿信后，于1928年5月17日答应供稿。"《辐射》的第一期出版于6月5日，由于时间太紧，没能发表切斯特顿先生答应提供的 6
稿件，但其中刊登了下面这篇描述与切斯特顿先生见面情景的未署名文章（作者显然为伯林）[2]：

访G.K.切斯特顿先生

我们怀着激动的心情前往目的地——位于比肯斯菲尔德[3]的托普梅多，路程不算长。在温暖的阳光照射下，先生的房子微微闪着光，呈现出一幅安逸舒适的画面。我们感觉有点胆怯，沿着石板路几步一停地走到那扇橡木门前，毕恭毕敬地按了电铃，向开门人客气地说出了我们的来意。开门人说先生现在很忙，但答应接见我们。听到这里，我们都抢着往前站，想第一个和他握手，情急之中大家差点跌倒。先生突然出现在我们面前

[1] M全称Mendelevich（门德列维奇），后为伯林弃用。
[2] 在第24—25页。
[3] 切斯特顿和妻子弗朗西丝（逝于1938年）余生一直住在这里。

(不知从哪里走出来)，他招手示意我们坐下，于是大家慌乱地挤坐在垫着橙色大垫子的沙发边上，上身挺得笔直，手杖在宽大的地毯上无意识地划弄着。屋里似乎到处都是垫子，橙色的大垫子。我们感觉恍恍惚惚。先生挥了一下手，也许这就是**那只**曾经写出某部巨著的手。我们正幻想着，突然被一个声音唤醒，“美国人……”，我们侧耳倾听，听他讲述某位了不起的美国人如何异想天开地想到说切斯特顿家族中世纪时就已兴建了这座房子，以后切斯特顿家一代代后人又如何继续修整扩建，一直到切斯特顿先生这一代，此刻坐在这座古老的房子里写故事，讲述被称为“星期四”的人和天真的布朗神父的趣闻逸事。[1]他身子埋在沙发里，一边说，一边发出轻快的笑声……“不过，这是我们十二年前自己建造的……”[2]是的，橡木**看起来**确实挺古老；但我们想象着天花板很低的都铎式房子，还是禁不住战栗了一下。

这就代表着舒适。我们为美国人感到可怜，就像某个人可怜一个不为啤酒唱颂歌的民族。

“当我再看到月亮的影子，”(多么惬意的词！)从沙发里传来先生轻柔的声音，“我总会想起迪格比·拉

[1] 切斯特顿所著《被称为星期四的人》出版于1928年，《天真的布朗神父》出版于1911年。
[2] 房子的确是切斯特顿夫妇根据自己的设计建造的。

莫特先生。[1]他还是那么年轻，依然像我小时候看到的样子。我真想把他带在口袋里到处走，随时可以拿出来说：'看啊，我多么年轻！这就是我，一个声名狼藉的老记者，而这位是我的老校长！'"他咯咯地笑个不停。

大家握手告别。

我们最后听到的是他洪亮的声音："十字路口……
温莎……穿过镇子……走好，再见……" 7

我们觉得自己见到了真正的伟人，而伟人也没有让我们失望。

切斯特顿先生履行了自己的诺言，他寄了一首诗，叫作《别为战争感到自豪》[2]，发表在杂志的第二期[3]，这时杂志改名为《圣保罗校刊：辐射》，因为位于格拉斯哥的阿尔比恩电动机公司的行业杂志也叫《辐射》，他们向学校提出抗议。

1928年5月到10月，伯林一家从肯辛顿区搬到汉普斯特区，暂时住在肯辛顿的王宫酒店。在此期间，伯林的父母

[1] 迪格比·拉莫特（1861—1946），切斯特顿在圣保罗学校读书时的年轻校长。
[2] 该题目出自维吉尔《埃涅阿斯纪》卷六，第853页。这首诗未收入《G.K.切斯特顿诗集》第3版（伦敦，1933）。伯林曾对该诗集第1版（伦敦，1927）发表过评论文章，在1928年2月号的《圣保罗人》上匿名发表——卷四十六（1928），第13—15页。该诗也未列入约翰·沙利文《切斯特顿作品目录》（伦敦，1958）。
[3] 1928年冬季号，第39页。

和姨妈伊达[1]去里加探访亲戚，帮助他的另一个姨妈贝塔[2]照看年老体衰的外婆。[3]伯林的时间似乎分为两半，一半住在酒店，一半住在位于辛克莱路的伊达家，那里靠近圣保罗学校，而且他姨父伊扎克[4]（伊达的丈夫）可以陪他。伊扎克也是他父亲门德尔·伯林[5]的生意伙伴。他父亲显然比母亲早回到英国：参看后面寄自鹿特丹的信。[6]

致玛丽和门德尔·伯林

星期日［1928年6月3日］

辛克莱路57号

亲爱的爸爸、妈妈：

伊切克[7]和他姐姐都认为我越来越会照顾自己了。比如我不会在饮食方面犯什么大错，我自己熨衣服，起床睡觉也很准时。我原来一直就像个施莱米尔[8]，现在我的表现总的来说比他好，比如，今天我就给I.戈德斯顿先生寄了七封信，

[1] 伊达·萨姆诺夫（1887—1985）。
[2] 贝塔·沃什诺克（1893—1941），伯林母亲玛丽的妹妹，终身未嫁。
[3] 罗莎—弗洛伊德（“罗莎”）·沃什诺克（约1866—1930）。
[4] 伊扎克·萨姆诺夫（1886—1950）。他的姓“萨姆诺夫”有时会按德语发音念作“柴门霍夫”，发明了世界语的那位波兰犹太人名字就叫柴门霍夫（1859—1917），他也说俄语，伯林一度认为自己与他有某种亲戚关系。
[5] 门德尔·伯林*（1884—1953），伯林父亲。
[6] 原文第12页。
[7] 希伯来语“艾萨克”在意第绪语中的音译（在说希伯来语的人群中通常读作“伊扎克”或“伊切克”）。
[8] 伯林此处原文为：Schlemihl。意第绪语，意为“不幸但又可爱的笨拙者”。

告诉他要是他能给伦敦新西区的犹太教会堂[1]捐一千英镑的话，爸爸就会高兴得跳起来。不过爸爸现在不在，他可能要 8
回来以后才能高兴；对于犹太复国主义妇女协会里的那些女同胞[2]，我写信告诉她们，只要妈妈不在，她们就甭想干成任何事，因为您就是她们的头脑、她们的灵魂、她们的力量、她们的智慧、她们的能量（哦，妈妈，您真伟大！）。对于阿瑟·豪伊特议员[3]，我则写信告诉他你们将无法参加他为刚开办的犹太礼拜日学校[4]举行的典礼，或许他可以延期？没有你们，场面会冷清很多。至于圣约协会[5]，他们已经决定，要是你们不帮他们，他们就只能盘点解散。一千个斯诺曼家族[6]的人也比不上你们中的一个，更何况其他人。你们的社会义务似乎从阿伯丁夫人[7]延伸到哈罗斯先生，他很生气，父亲好像向他购买了一些香水和古龙水，他要求付款。圣体学院[8]院长P.S.艾伦[9]先生写信向我要高级证书，我只能回信

[1] 一座时尚人物经常光顾的犹太教会堂，位于圣彼得堡街区（伦敦西2区）。戈德斯顿先生似乎在发起募捐。

[2] 玛丽一直积极支持犹太复国主义。多年来担任布朗德斯布里区妇女协会主席。该协会是大不列颠及爱尔兰犹太复国主义联合会的分会。

[3] 伦敦西南部里士满地区的议员，曾任里士满市长（1924—1925）。

[4] 专门为犹太儿童开办的中等教会学校，在礼拜日上学。

[5] 著名的犹太慈善协会，机构遍布世界各地。

[6] 汉普斯特一个著名的犹太家庭。参见原文第529页注4。

[7]（伊斯贝尔·玛丽亚）·阿伯丁夫人（1857—1939），婚前姓马奇班克斯，其夫为第七代阿伯丁伯爵及第一代阿伯丁和特麦尔侯爵约翰·坎贝尔·戈登，第一代崔德默男爵的小女儿。

[8] 1928年10月伯林进入该校学习。

[9] 珀西·斯塔福·艾伦（1869—1933），1924—1933年任牛津大学圣体学院院长。

说暂时拿不到。也许爸爸能给伊切克写封信，告诉他证书在哪里，毕竟没有人愿意让大学久等。看到爸爸有这么多的衣服和鞋子，酒店服务员一脸吃惊的表情，但他没说什么，只是恭恭敬敬地服侍我（我不等于也拥有这些东西吗？）。

酒店门卫把自己当作我的养父，一收到信就打电话通知伊切克。我们之间的关系，即便不是真的那么亲密无间，也应该算是非同寻常了。[1]我现在住在两个地方，生活很舒适。大部分时候我和伊切克一起住在这里，有时会在酒店过夜。昨晚
9 我和艾廷豪森[2]去看戏，为了不打扰别人，我就睡在酒店。有课或周末时我都在这里吃饭。斯旺太太[3]对哈勒维的婚约[4]特别高兴，她对我的照料也无微不至。现在他们俩的婚约已经正式公布（我也可以在信里口气肯定地说这事了，但是**请**在一天后发祝贺电报，一定要记得哦）。今天新郎和新娘[5]去听贾沙·海菲兹[6]的音乐会，算是度准蜜月。他们都很高兴，伊切

[1] 伯林此处原文为：деликатность。

[2] 沃特·乔治·艾廷豪森（1910—2001），生于慕尼黑，一位出色书商的儿子，兄弟姐妹三人。1923—1928年与伯林同在圣保罗学校读书，后来又同学于牛津大学（主修标准现代语，1928—1932）。战后他改姓伊坦，并成为以色列外交部总干事（1948—1959）。

[3] 极可能是管家。

[4] 指伊扎克姐姐里维卡和埃拉扎·哈勒维的婚约，二人生下的孩子埃弗拉姆·哈勒维后来成为以色列情报局局长（1998—2002）。

[5] 伯林此处原文为：Braut和Bräutigam。

[6] 贾沙·海菲兹（1901—1987），俄裔美国小提琴家。1928年6月3日星期日下午，他在阿尔伯特剧院举办了个人演奏会，当时担任他伴奏的是伊斯多·阿赫龙。演奏曲目有格里格的C小调奏鸣曲以及拉罗的《西班牙交响曲》。

克最担心的事也没有发生，因为哈勒维穿了一套新衣服，衣领的款式也是新的。我打趣说我要经常去他们家接受他们的款待，他们听了似乎也没怎么紧张。真是美满的一对，只是年龄都有点大。他们会有小孩吗？哦，我真是越来越没谱了。里维卡正在进度缓慢地学习英语，但她坚持不让我说土耳其语，好像她特别讨厌土耳其语。俄语属于土耳其语，英语也是，法语也是，希伯来语几乎也是，但意第绪语不是，为什么呢？真搞不懂。回来时记得带上贝莎。（我消化功能很好，伊诺用水果腌制的饮料特别好喝，我的气色也越来越不错。）

爱你们的

沙耶

附言：看到哈勒维和里维卡在彼此面前脸红的样子真是一件浪漫又奇妙的事，没见过的人是想象不出的。

以赛亚·门德尔·伯林

致伊达·萨姆诺夫[1]

[1928 年 6 月]

[伦敦西 14 区辛克莱路 57 号？]

亲爱的伊杜莎：

最近我们新办了一份难以出版的校刊[2]，我担任编辑，

[1] 此为附言，回复伊扎克致伊达的信，该信仅存最后一页（第2页）。

[2] 指《辐射》，见原文第5—6页。

可以说正忙着追求文学声誉，这令我很是兴奋。这是一份完全办给低年级学生看的报刊，甚至张贴到美术馆，感觉十分快乐有趣。没有人可以一直飞翔在智慧的高空：有时哪怕只是过得平常一点都会让自己放松。我也给你寄了一本。跟
10 往常一样，我还是写自己，老实说，我找不到更有趣的话题了。我对甘地[1]的崇拜与日俱增，他真的非常伟大。我的获奖文章[2]是关于莎士比亚和卡莱尔的。

爱您的

沙耶

附言：我对哈勒维的婚约非常高兴。亲眼看到他们恋情的发展令人高兴，同时也是难得的经历。整个过程相当完美，犹太人的婚姻方式还是挺不错的。[3]不管怎么说，这都是一件

[1] 莫罕达斯·卡拉姆昌德·甘地（1869—1984），当时正全心致力于和平解决印度社会的暴力冲突。他对种族暴力行为采取的应对方法为绝食。

[2] 巴特沃斯文学奖（7月25日颁奖典礼上颁发），授予在复活节假日后专题考试中成绩出色的学生。该考试在复活节后（4月4日—5月1日）举行。考试内容为莎士比亚戏剧《亨利四世》第一场和第二场，以及托马斯·卡莱尔（1795—1881）创作的《论英雄和英雄崇拜》（全名为《论英雄、英雄崇拜和历史上的英雄业绩》）。卡莱尔为英国历史学家、翻译家和散文家，在他看来，勇敢坚强的个人，能够以他们在各自领域的影响力，对民众发挥重要领袖作用。乔舒亚·怀特黑德·巴特沃斯（1817—1895）为办公用品公司掌权人，同时还是舰队街著名法律出版公司负责人。他于1828—1832年就读于圣保罗学校，1889年以自己的名字设立英国文学奖。伯林还获得过英国政府大法官奖和特鲁罗奖章（由特鲁罗男爵，有时也被称为“大法官”的托马斯·王尔德捐助。他曾就读于圣保罗学校）。获奖文章以自由为主题，规定在夏季学期开学第一天（5月2日）上交。见本书后面重印的“论自由”一文。

[3] 此话暗示由媒人介绍。

值得庆贺[1]的事。斯旺太太觉得这是她个人的功劳，为此特别自豪。现在全家都在欢喜地期待着，大家心情都很好。本来就应该这样。不管怎样，尽管我发誓终身不娶，现在却很高兴，这就足够了。当然这对佳偶也很高兴，这就好上加好了。

您的

沙耶

1928年7月，伯林再次参加了高级证书考试，拉丁语和希腊语两门课程成绩突出，英国文学[2]再次通过。同月，圣保罗学校的董事会为其举办了古典人文课程成绩毕业展。[3]在给伯林的毕业评语中，校长这样写道："他极有可能在牛津大学有突出表现，这是他班主任的看法，对此我完全认同。他在英语语言领域的表现证明他是古典人文学科的一流人才：他的思想远比年龄成熟。"[4] 11

[1] 伯林此处原文为：Mazal Tov。该词既有"祝贺"之意，也有"好运气"的字面义。

[2] 见牛津和剑桥考试委员会1928年7月证书考试的通过者名单［剑桥，1928，牛津大学档案馆合订本（10/44），第22页］。

[3] 见圣保罗学校董事会《会议记录》卷十六，1925—1930（内部印制），1928年7月25日（伦敦绸布商公司档案室）。伯林的"第二名毕业展"奖励为连续四年每年六十英镑（第13页）。伯林在总分为1350分的古典人文学考试中，获得1001分，并且在圣保罗学校九名考生中名列第二（第11页）。

[4] 这一说法与伯林对自己的看法不太一样。他始终坚持认为，自己与其他学生别无两样。在同一份成绩单上，他的英语老师莱斯丽·亨利·斯达沃顿·马修斯（1875—1946）也写了类似的评语："虽然他可能缺乏潜心研究的耐心，但他的文笔却是我所教过的学生中最优美、最动人的。"1927年秋，马修斯写道："他有时喜欢直奔结论，而不是有针对性地解决眼前的问题。"此外，伯林还曾获得多种

致玛丽·伯林

[1928年?]

鹿特丹威玛大酒店

亲爱的妈妈：

今天我参观了阿姆斯特丹的博物馆，感触很深。我打算明天去伦敦（爸爸星期五从比利时奥斯坦德过去）。总之，我们都会到伦敦，我是在上午九点到，他比我迟十二个小时，晚上九点到。也许我会与他同行，到时再看吧。不管怎样，星期五我们都会在伦敦。贝莎她怎么啦？[1]是外婆的身体状况让她走不开，还是她根本不想走？如果是第一个原因，我只能说您最了解她什么时候可以离开。如果是第二个，看在上帝的分上，不要对她说这是她最后的机会这样残忍的话，您就劝她说您觉得她和加贝［?］挺配的，让她权当只是一次旅行，离开目前这种阴暗的环境，不要把它看作一次相亲之旅。即使她觉得加贝有什么毛病，谁也不会说她什么，事情会顺顺当当了结。跟她说她**必须**结婚的事不是我们家的负担。这个想法令她在过去备受折磨，因为她觉

奖项，包括1923年低五年级一等奖、1925年低八年级一等奖，以及中八年级一等奖。见里伦纳德·韦伯利主编，《希腊语研究指南》（剑桥大学出版社，1916）。1926年，他还与他人同时获得作文奖。1928年，他获得八年级二等奖。奖品多为图书，其中好些书他一直保存在身边，直到去世。由于多数书没有藏书标签，无法将赠书和奖项一一对应。

[1] 原文happenned一词的正确拼法为happened。早年伯林常常拼错这个词，还有其他类似的错误。

得自己为了父母牺牲了自己的事业。跟她说我们每个人都对她心怀感激。我知道您的处境有点尴尬。但是，您心灵高尚，个性非凡，应该比我们这些人承担更大的责任。所以您即使心中充满痛苦，也应该义不容辞地减轻别人的痛苦，这很不容易。好在现在情况并非如此：您心中没有痛苦，您心中永远不会有痛苦，因为您无比坚强，不会被任
何困难吓倒。不过，您应该抚慰像贝莎这样的人，也让伊 12
达和外公变得开朗起来，同时保持您所说的来自希望而非绝望的人类本性。我知道您会说现在情况一团糟，没工夫听我的长篇大论。也许的确如此。不过我知道，您单凭直觉就能意识到我所说的或想说但没说出口的话：我知道您已经意识到自己的责任了。爸爸非常需要您{的}（以后我把他称作“爱人”，把您称作“远方的爱人”）[1]，您知道该做什么。

我所说的似乎都是老生常谈。记住，生活是美好的，不管它外表有多么丑陋，它永远是美好的，但美好并不一定就是美妙。好了，空洞的大道理我就不再说了。

吻您，爱您的儿子

沙耶 13

[1] 伯林此处原文为：An die ferne Geliebte（《致远方的爱人》）。此为贝多芬创作的组歌。

牛　津

我喜欢闲聊，喜欢描述事物，喜欢观察事物，对人类及其本性有浓厚的兴趣，也喜欢探究人与人之间的相互影响。所有这些都是天性使然，完全独立于我在知识方面的追求之外。

——以赛亚·伯林与迈克尔·伊格纳季耶夫的谈话[1]

[1] 迈克尔·伊格纳季耶夫采访伯林录音之二十一。

以赛亚·伯林于1928年的圣米迦勒学期（10月14日开始）来到牛津大学。10月16日，他被牛津大学正式录取。伯林到来之际，正值牛津大学所谓的黄金时代末期。据伯林日后的描述，这一时期的特点是两大学生派别之间的对立：

> 当时学生分为两派，运动派和文艺派。运动派们身体强壮，肌肉发达，围着宽大的羊毛围巾，喜欢喧闹争吵，常常在校园里成群结队，上酒吧喝酒闹事。而文艺派则喜欢独来独往。他们身穿做工考究的昂贵服装，行为举止中充满刻意表现的脂粉气。因此，运动派们见到文艺派们的时候，总是恨不得上去将他们痛打一顿。[……] 而文艺派们则通常把从厕所卸下的链条绑在手臂上充当武器：把它从手臂上解下挥舞，便足以将运动派们吓跑，不敢靠前。[……] 我敢说，这是一所与众不同的大学，与你知道的任何其他大学都不相同。我入学的时候，牛津已开始进入衰落期。这一过程一直持续到1931年——在那场著名的经济危机中期，牛津完全败落。[……] 要想在校园里当一个文艺派，你必须每年有四百英镑，因为你知道自己将会被开除出校。你知道要是不能在这里获得学位的话，你最好能有一些收入。但是到了1931年之后，家长们再也无法支付文艺派们那些昂贵的衣服或为他们提供私人收入了。
>
> 接着 [……] 出现了共产主义者。比起文艺派，他

> 们给教授们造成的麻烦可要多得多。文艺派不学无术，游手好闲，醉酒闹事且行为不端，顶多就是被开除而已，而这些共产主义者却在他们的文章中提出了许多问题，这给教授们出了更多的难题。[……] 文学学会似乎在一夜之间销声匿迹，取而代之的是政治学会。我在牛津大学求学的最后一年，整个生活都被政治化了。[1]

幸运的是，圣体学院是一个小型、内敛的学院。相对而言，它并没有受到这些对立活动的影响。正如伯林后来回忆道：

> 在我那个时代，圣体学院是个包容的社会。[……] 总体气氛安逸而友好。本科生几乎个个都喜欢穿深蓝色的套装，全都是一副教授或校长的模样。校园里感觉不到太多的浮躁：总体气氛安逸而友好。在圣体学院里，人与人之间平等相处，没有人特别突出自己或是指使别人。我在圣体学院过得十分开心。[2]

17 然而，这种生活与他和父母共同度过的日子还是大不相同。

[1] 迈克尔·伊格纳季耶夫采访伯林录音之十二。
[2] 见布赖恩·哈里森主编，《颗粒：牛津大学圣体学院20世纪院史》，第49页。

致玛丽·伯林

星期日［1928 年秋］

圣体学院

亲爱的母亲：

非常感谢您的来信以及您的善解人意。您对我的心思如此了解，字里行间，将我内心的想法揣摩得淋漓尽致，读来几乎令我感到诧异。非常感谢您，妈妈。我在学院的生活十分惬意；艾廷豪森也表现得十分开心，唯有哈尔彭有点不太满意。[1]上帝保佑，这里没有人来打扰我的学习。我非常希望您或父亲能在下周日过来与我共进午餐，请来信告知您和父亲谁能来，因为我不可能同时见你们二人[2]，但我确实非常希望在下周日和下下周日能见到您和父亲。所以，请来信告知到达时间，我会去车站迎接。至于钱的问题，这里先简单汇报一下：父亲给我的钱还有六英镑没有花掉。银行存款中，我也只用了一英镑五先令[3]买书，还用十七先令六便士买了一条旧的保罗牌领带，一顶学士帽，还有一条白领带。每周的膳宿及学杂费[4]是二英镑七先令一便士，与其他

[1] 沃尔夫·阿比兰（“阿贝”）·哈尔彭（1909—1943），出生于德国，与伯林同时期求学于圣保罗学校（1923—1928）以及牛津大学（1928—1932，在埃克塞特学院主修古典人文学科课程，以及PPE专业），于1932年加入英国国籍，毕业后为德比公司以及伦敦金属中介公司工作。后与芭芭拉·斯特雷奇结婚，1943年执行飞行任务时遇难。

[2] 可能因为玛丽太能说，使得伯林和他父亲门德尔没有机会交流。

[3] 伯林对于货币单位英镑、先令、便士的写法有点与众不同，但十分清楚。

[4] 大学的内部账单。

同学相比，开销并不算多。这些费用可以等到下学期再交，但其中并不包括参加学院和大学学术团体的费用以及学习费用，等等。[1]

致门德尔·伯林

星期二［1928年秋？，明信片］

圣体学院

亲爱的父亲：

我的膳宿及学杂费开销如下：

伙食费：十五英镑一先令六便士

其他食品（如苹果酒、饼干、奶酪、黄油等）：十六先令七便士

大学和学院的会费及其他规定费用：一英镑十八先令八便士

公共服务：七英镑

18 邮差：二先令六便士

逾时返校的罚金：七先令一便士

邮费：五便士

洗衣费：一英镑十五先令二便士

房租：五英镑六先令八便士

燃料费：二英镑十一先令

[1] 信的其余部分丢失。

学费：九英镑

学生活动室费用：五先令

家具租赁费：一英镑六先令八便士

电灯：一英镑

学院俱乐部费用（体育活动）：五英镑

保险费：二先令

捐赠教会：一先令

考试费：八英镑

《鹈鹕记》（杂志）[1]：五先令

总计：五十九英镑十九先令三便士

除去奖学金：十英镑

共计：四十九英镑十九先令三便士

这些费用需要在两三天之内交清。此外，我买书还需要很多钱，大约十英镑。因此，总共需要五十九英镑十九先令三便士。如果您寄给我三十英镑的话，那么交了这些费用后剩下的只有九便士。如果可能的话，请您寄给我四十英镑或者五十英镑。

1928年12月5日伯林开始了他的《圣经》文句考试[2]，

[1] 见原文第22页注4。

[2] 所有本科生均需参加此项考试，但允许犹太教学生考《圣经》之外的文本。1928年考试内容为柏拉图的《申辩篇》和《美诺篇》。

12月10日通过牛津大学文学士学位的第一次正式考试[1]，其
19 中包括拉丁语、希腊语、希腊文学，以及逻辑学考试。[2]伯林顺利通过了这两项考试。1927年入学的学生需在下一个学期（即春季学期）参加文学士学位第一次正式考试。因此伯林比大多数学生早一个学期开始修读古典学课程。

致玛丽·伯林

1929年5月18日［原信为印有好莱坞明星鲁道夫·瓦伦蒂诺头像的明信片］

圣体学院

亲爱的夫人：

我打算在下个星期左右把我们学校最杰出、最有天分的电影明星介绍给您认识，其中有些人可能您已不再感兴趣。

[1] 见“序言”第xviii页注2。学生可以选择在三个学期中的任何一个学期参加这门考试。

[2] 包括西塞罗的《反腓力辞》第一部分和第二部分，维吉尔的《埃涅阿斯纪》第2，4，6卷的论文和随堂翻译；荷马的《奥德赛》第7—11卷的随堂翻译；公元前5世纪希腊悲剧历史，特别是亚里士多德的《诗学》、埃斯库罗斯的《欧墨尼德斯》、索福克勒斯的《安提戈涅》以及欧里庇德斯的《酒神巴克斯》的相关章节内容；以及演绎逻辑和归纳逻辑的相关内容，详细地说，包括托马斯·福勒编纂的《演绎逻辑原理》和《归纳逻辑原理》前五章（除去分类、学术用语、术语以及每章节后的注释等）中归纳逻辑和演绎逻辑相关章节的内容；这一科目的学习可以参考福勒或W.S.杰文斯的《逻辑学基础教程：演绎法与归纳法》，或S.H.梅洛的《逻辑学简介》，或课程的其他任何相关书目。以赛亚·伯林挑选的参考书目来自牛津大学的手写本《大学生入学须知》（1928—1929年卷A—C）。他所选读的书目列于《考试章程》［……］牛津大学1928年7月7日修订，第43—45页（通过文学士学位第一次正式考试的规定）和第39页（《圣经》文句考试的规定）。考试日期在同一卷的第7页。

这套精致漂亮的照片就是由那些伟大的艺术家们，即我向您推荐过的沃尔华兹的先生们发行的，这是一家有着独特品位和魅力的商店。很快会给你们去一封好好写的信。

以赛亚·伯林大学生活的前两年，主要活动都在校园内进行。但是他的社交能力已经明显表现出来。他回忆道："我想我属于圣体学院的每个社团。我和几乎每个人都成了朋友。自认为是一些评论家所说的那种在择友方面对所有人都一视同仁的人。"[1]如同圣体学院的院长后来描述的："他的房间简直就是一个热闹场所。"[2]里面通常挤满了想要找人说话或是找个玩伴的学生。尽管圣体学院的学生们在校内相互之间走动不多，他们常常有外来的访客。例如，路易斯·麦克尼斯[3]就曾计划带一些游客到牛津参观：

> 他告诉了他在圣体学院唯一认识的人——约翰·希尔顿[4][……]，说他准备带游客来牛津大学参观。

[1]《颗粒》，第50页。
[2] 出处同上，第49页。
[3]（弗雷德里克·）路易斯·麦克尼斯（1907—1963），诗人、剧作家；1926—1930年就读于默顿学院古典学专业，1930—1936年在伯明翰大学教授古典学，1936—1940年在伦敦贝德福德大学教授希腊语，1940—1949年为BBC做新闻特写记者和制片人。
[4] 约翰·罗伯特·希尔顿（1908—1994），1926—1929年就读于基督圣体学院古典学专业，后成为建筑师和考古学家（1934—1936年任塞浦路斯古遗物部主任）；1933年与玛格丽特（"佩吉"）·弗朗西丝结婚。

游客们很喜欢观看典礼，如果他能在学校举行典礼的时
候带他们来，一定能给他们留下深刻印象。其中一些游
客颇为富有——他们有可能为牛津大学或是伦敦大学捐
20 款。因此，我和希尔顿［还有其他一两个同学］就穿着
学士服，戴着学士帽站在学院的鹈鹕雕像[1]前，把一只
小银壶扔来扔去，每次接到银壶我们都要鞠躬，接着把
它扔给另一个人。我们围着鹈鹕雕像一共扔了四十四次，
最后像举行宗教仪式一样迈着庄严的步子离开。这只是
一个为了迎合旅游者们而自创的“仪式”，但是游客们
却睁大眼睛看得十分入神。[2]

以赛亚·伯林对大学生活记忆犹新：“我在圣体学院所享有的快乐和舒适［……］的确给了我从别处得不到的安宁。”[3]

致门德尔·伯林

1929年10月20日［明信片］[4]

［圣体学院］

您身体都好吗？我一切安好。就此。

[1] 石雕鹈鹕是圣体学院的象征，原雕像位于前方院的一根立柱上。
[2] 1992年10月19日为《颗粒》采访布赖恩·哈里森。
[3] 出处同上。
[4] 在明信片的另一面，地址的上方，伯林用他最熟悉的六种语言（英语、法语、意大利语、德语、俄语和希伯来语）分别写了“明信片”一词。

孝敬您的儿子

以赛亚·伯林

于牛津大学圣体学院

以赛亚·伯林成为与牛津大学同呼吸、共命运的一分子始于他与别人共同担任《牛津展望》编辑一职，“这是一份品位颇高的大学期刊”[1]。尽管伯林接受这份编辑工作的前提是他不用和投稿人（其中一些很可能是文艺派）见面，但是他所担任的新角色使他与牛津大学以及校外的名流和学者有了广泛的接触和交往。正如他自己后来坦言的那样，担任《牛津展望》编辑一职“让我自身也得到了发展”[2]。 21

致 T.S. 艾略特

1930 年 5 月 27 日

圣体学院

亲爱的艾略特先生[3]：

谨将一份《牛津展望》期刊寄给您过目。因为我们想您或许会对它所写内容感兴趣，这些内容是目前的热门话题，

[1] 为撰写《颗粒》进行的采访。以赛亚·伯林共编辑了这份大学本科期刊中的六期：从1930年5月第10期（总第52期）到1932年2月第12期（总第57期），其中第52期与阿瑟·卡尔德—马歇尔合编，第55期（1932年6月出版）与理查德·古德曼合编。他自己为《牛津展望》写了12篇稿子。

[2] 迈克尔·伊格纳季耶夫采访伯林录音之五。

[3] 托马斯·斯特恩·艾略特（1888—1965），诗人、出版商、批评家、剧作家。1922年起担任《标准》杂志主编。

极有可能也是牛津学人信奉的东西。该刊最为显著之特色是几乎全部篇目均为评论文章，而三年之前，这本期刊只登载诗歌和短篇小说。希望您不会因为贸然给您寄书而怪罪我。

您忠实的

以赛亚·伯林

费伯档案

致约翰·希尔顿

[1930 年 11 月]

圣体学院

我和哈迪[1]为您获得约翰·洛克奖学金[2]而感到由衷高兴。为了庆祝，我们刚才在中庭里跳了一会儿快步舞。《鹈鹕记》[3]也正准备刊发一篇有关您的特别报道。哈迪不愿意用黑体印刷“前主编大获成功”这几个字，但同意用小字号印刷。无论如何，您取得了令人震惊的成就。此话只是纯粹的恭维，实际上我们对您的成功丝毫不觉惊讶。

您的

22 以赛亚·伯林

[1] 威廉·弗朗西斯·罗斯·哈迪*（1902—1990），1926—1950年任牛津大学基督圣体学院研究员和导师；1950—1969年任基督圣体学院院长。

[2] 当时约翰·罗伯特·希尔顿刚刚获得精神哲学学科约翰·洛克奖学金。该奖学金每年根据考试成绩颁发一次，主要对象为哲学方向的研究生和大四学生。1931年以赛亚·伯林和默顿学院的西德尼·布登同获这一奖项。

[3]《鹈鹕记》为牛津大学基督圣体学院的学报。以赛亚·伯林曾是1929年第4期（1929年12月出版）到1932年第4期（1932年6月出版）的编辑之一。

致约翰·希尔顿

1930 年 12 月

圣体学院

亲爱的约翰·洛克奖学金获得者约翰·希尔顿：

迟复为歉。我很喜欢那个故事和那首诗。喜欢那个故事主要是因为我曾尝试写过类似的东西，但没有成功，太不成功了。那首诗则内涵深厚，富有张力。不知您是否承认这一点。

但愿[1]这两件作品都能顺利发表。[2]

同时，我和哈迪决定在《鹈鹕记》上为您做一次宣传介绍[3]，为的是能够小小地伤害一下格伦迪博士[4]的感情。哈迪和亨德森[5]删去了我原本打算单独印在一页上的一小段引

[1] 伯林此处原文为：hoffentlich。

[2] 这两篇文章都发表在1931年3月出版的第11期（总第54期）《牛津展望》上，一篇名为“拍击声”（第4—7页），一篇名为“诗”（第16—17页）。

[3] 所写的介绍没有标题，全文如下：“我们的学长J.R.希尔顿先生获得了精神哲学学科约翰·洛克奖学金，在此谨向他表示热烈祝贺！希尔顿先生在1929年的考试中获得第一名并获得这一奖项。也许我们的读者中有些人会记得希尔顿先生是我们学院第一个学‘近代古典历史和哲学课程’的人（但绝不是最后一个）。我们确信他也是本校第一个获得这个奖项的现代派。之前，这个奖项都一直被攻读‘古代古典历史和哲学课程’的人所占有。希尔顿先生所取得的成绩更为伟大之处在于，他去年一年都在伦敦大学为成为一名建筑师而做准备，而以往这个奖项的获得者后来都成了哲学教师。我们再次为希尔顿先生以与众不同的方式获奖而向他表示祝贺和敬意！”载1930年12月第1期《鹈鹕记》。以赛亚·伯林后来成为圣体学院第二个主修PPE专业的本科生。

[4] 格伦迪博士强烈反对开设PPE专业。（这些科目是“近代古典历史和哲学研究”的一部分。）

[5] 查尔斯·戈登·亨德森（1900—1933），1928年任圣体学院历史学讲师，1929—1933年任研究员和导师；与萨莫维尔学院的古代历史研究员和导师伊索贝尔·蒙罗结为夫妇。

文，即："听着，狄基先生[1]将要取得的地位完全取决于考官们对他论文的印象。"哈迪态度坚决，但我还是觉得要是能把它单独印在一页上会非常精彩。[2]

您会如何使用获得的一百英镑奖学金，如何应对获得的荣誉？您会不会把奖学金捐助给学院，设立一个近代古典历史和哲学的小额研究奖，要求获奖者必须在座无虚席的礼堂里背诵该奖项设立者的故事，讲述他当初如何克服了一切艰难险阻，如何战胜了学院的黑暗势力，才最终得以维护光明
23 和真理？为什么不这么做呢？

我听说A.H.H.M.狄基刚刚答应，下学期会来宣读一篇有关亨尼克·西顿[3]的论文，H.保罗·金登[4]将为其有关某前总统的珍贵回忆的文章进行答辩，哈迪也会说几句话。我认为H.D.的胡来有些过了头，不仅会严重损害他人名誉，

[1] 亚历山大·休·哈蒙·马西·狄基（1907—1987），1926—1930年就读于圣体学院古典学专业，后成为伦敦富而德律师事务所律师，该律师事务所后来专门代理以赛亚·伯林的法律事务。

[2] J.R.希尔顿对此评论道："伯林和哈迪二人任何一点'疯狂'的想法都无法获得编辑的首肯（也许根本就没有到达编辑那里），对此我只能表示遗憾。也许这是因为编辑认为在格伦迪博士（他的槌球打得极好）快退休时开这个高级导师的玩笑不太得体。格伦迪博士和菲尔普斯院长是我改修PPE专业的主要反对者。学院应该清楚，在它发给我数学奖学金时，我就已经有了改修其他科目的打算。但是他们却取消了我的奖学金——后来得以恢复——只保留了我的荣誉。"见1991年11月21日J.R.希尔顿与编辑有关女生修读古典历史和哲学课程、避重就轻的选择等话题的长谈。

[3] 彼得·约瑟夫·亨尼克·西顿（1907—1976），记者，1926—1930年就读于圣体学院古典学专业；1929年任鹈鹕写作俱乐部主席。

[4] 亨利·保罗·金登（1907—1989），神学家，1926—1931年就读于圣体学院古典学专业；1934年成为牧师。

而且非常可笑。据说他（H.H.）父亲曾对别人说他的儿子有着拜伦式的外表。

就此搁笔。祝好并提醒您在闲暇时予以回复。

以赛亚·伯林

致贝拉·沙利特[1]

[1930年12月13日]

霍里克罗夫特大道49号

信写于该月的13号，它反过来看的话就是31号，是《圣经》中**决战的日子**，如果用圣文希伯来语的计算方法，两个日子相隔的是**整整一生**。此处有意写得模糊不清。 24

贝拉·沙利特小姐对适合以赛亚·伯林的发展方向发表了鞭辟入里的建议，伯林先生诚惶诚恐地表示感谢，并不得不承认这一方向适合自己。[2]

他十分后悔在前一个星期没能及时回复。那时他正在反思自己的命运，并为所剩不多的时日做好最后的打算，导致心情十分压抑。

[1] 里加的里普曼·沙利特之女。其父为伯林父亲的生意伙伴和朋友，同时移民到英国。她的生卒年为1909—1997，与伯林相同。

[2] 这封信是回复贝拉·沙利特二十一岁生日宴会请柬的（她出生于1909年12月30日）。请柬内容如下：入此门者，莫怀希望（无聊的希望）/ 贝拉·沙利特小姐诚邀阁下与其共度新年前夜。地点：地狱（为此庆典特移至西北3区阿克赖特路28号）/ 按照礼节，适合冥府的各类服装均可入内。当然，只要彬彬有礼，就算身穿晚礼服，冥府守门犬刻尔帕洛斯也不会阻拦 / 时间：晚上九点到凌晨，备有扫帚（女巫乘骑的）和轻便马车送客 / 请回复。

他很清楚地意识到掩饰自己的身份是没有用的；他认为犯罪和放荡不羁的生活（谁能说他的生活不是这样呢？）已经使他成了地狱判官眼中的突出人物。但是，比起他一些笨拙的行为，简朴的着装更能给人留下愉快的印象，使判官的心肠软化。因此，无论他衣着如何，冥府守门犬刻尔帕洛斯*都不会剥夺他进入这个环境的权力，更何况他在这个环境中如鱼得水、左右逢源。

在两种选择之间，他希望能给他一辆轻便马车。即便他不能出人头地，流芳后世，还是希望身后留下的一点点东西可以在冥府里被虔诚地记录下来，再加上一些说明文字。因为他在坟墓里把自己的真实本性隐藏得如此巧妙，普通人无法觉察……

*或许一块蘸蜜的饼干会起作用，至少文字记载中有一个例子证明它发挥了作用。[1]

以赛亚·伯林在1931年夏天取得了古典学课程的一等学位。[2]因为在圣体学院四年的奖学金还剩下一年，因此他计划在开始学术或法律职业生涯之前，再修读一门本科学

[1] 古神话中，刻尔帕洛斯是一只长着三个脑袋、守卫着通往冥界大门的狗。但是，在维吉尔的《埃涅阿斯纪》中，库马的女巫陪伴埃涅阿斯来到此处，她将一块蘸了蜜和罂粟果的饼干扔给了冥府守门犬，使它昏昏睡去，他们顺利进入了冥界。

[2] 牛津当时的学位分为四等，此为一等学位。

位课程。他曾考虑修读历史，但最后还是选择了PPE课程。在其间的长假中，他第二次去音乐圣地萨尔茨堡[1]聆听美妙 25
的音乐。

致查尔斯·亨德森

1931年8月14日

萨尔茨堡波斯坦大街6号墨索尼膳宿公寓等地

亲爱的查尔斯[2]：

从信中可以感觉到您心情极佳。这一好心情[3]的力量如此之大，就连不可言喻的乖戾天气也不会使您败兴。我无意破坏您的好心情，只是想让［您］略为羡慕一下我们所在的萨尔茨堡的迷人风情。要说这个地方的弊病，显而易见：无休无止的暴风雨，还有为躲雨拥进咖啡屋和小餐馆的一群群游人，踉踉跄跄的人流和令人心烦的大雨令它显得纷乱无序。尽管如此，它却不乏种种令人赞美之处：世界上没有哪个交响乐团演绎的莫扎特第41号《朱庇特交响曲》的最后两章可以与这儿黑格[4]指挥的维也纳交响乐团相媲美。也没有哪个单簧管演奏者的颤音可以像艺术造诣无与伦比的维克

[1] 有关伯林去萨尔茨堡的内容见伊格纳季耶夫采访伯林录音之五十四至五十五。
[2] 伯林此处原文为：Чарльэъ。
[3] 伯林此处原文为：Stimmung。
[4] 罗伯特·黑格（1886—1978），20世纪30年代在萨尔茨堡任客座指挥。

托·波拉茨切克[1]教授那样震撼整个卡宾大厅[2]的所有听众。最引人入胜的是莫扎特《女人心》在市剧院的表演[3]，从未有人给观众的视听带来如此可爱、动人、和谐的完美享受。那种感受简直无法言传。遗憾的是，演出的幕间休息却被一个来自新学院的年轻人给破坏了。此人曾经以司空见惯的方式致人死亡，即在一年一度的校庆舞会结束后开车撞死了人，这次显然是得到特批来到萨尔茨堡。一见面，他就高声大嗓地向我介绍自己，以我和他来自同一所大学为幌子套近乎，还抓住机会把他的姐妹们一一介绍给我，那群女人一个比一个乏味，一个比一个丑，一个比一个更难以诉诸笔墨。她们和那些在萨尔茨堡大街上、咖啡吧或其他娱乐场所[4]单独或成群结队地拦住我的女人别无两样。不过莫扎特《女人心》的表演实在太棒了，哪怕有一百个杀手，带着一千个奇丑无比的姐妹再来剧场休息室和我攀谈，我还是会来的。

除此之外，我十分享受自己的安逸生活（的确**非常**安
26 逸）。我天天睡到将近九点半，只有一个早晨例外，那是因为我们学院的沃森[5]来访。他与一位慕尼黑女男爵一起生

[1] 维克托·波拉茨切克（1889—1948），曾在维也纳音乐学院执教，同时在维也纳歌剧院和维也纳交响乐团演奏。后赴美成为波士顿交响乐团的首席单簧管演奏者。
[2] 伯林此处原文为：Karabienersaal，但该词应为Karabinersaal［原文如此］：字面义为“卡宾大厅”。
[3] 伯林此处原文为：Aufführung。
[4] 伯林此处原文为：Vergnügungsort。
[5] 约翰·帕克·沃森（1909—1989），律师，1927—1931年就读于圣体学院古典学专业。

活，并且与神秘莫测的人类学家克拉克洪[1]有过多次严肃的探讨。克拉克洪从维也纳逃到慕尼黑，表面上说是因为怕热来避暑，但你我都知道，事实上是为了避开**那些人**。他朝着沃森喋喋不休，大肆谩骂剑桥哲学欠缺生理学解释力，说得沃森一头雾水。沃森即将成为爱丁堡的一名事务律师，但他似乎对自己的事业深感不满。我问他是否愿意成为一名律师，他的回答是从来不敢问自己这个问题。他的父亲是一名律师，所以想当然地认为他也应该成为一名律师。他说话时语调低沉，很不开心，当时我立刻意识到不知有多少人都是这样草率地陷入同样的境地，我也不再为此费神了。

我们会在这儿待到25日，而后我就回去，去伦敦或梅兰[2]。

全民公决[3]那天，我第一次看到了真正的纳粹的模样：一个臃肿的大胖子穿着一件褐色的制服，袖子上戴着红底黑字的纳粹党徽，头戴一顶镶着银色刺绣的小羊羔皮帽子。他醉得厉害，当时我正在一间咖啡屋里，只见他摇摇晃晃地进了门，之后便被三个侍应带了出去。桑迪·兰德尔[4]给我

[1] 克莱德·凯·梅本·克拉克洪（1905—1960），人类学家，美国罗兹奖学金获得者。1928—1932年在圣体学院修读古典学专业；1948—1954年任哈佛大学俄罗斯研究中心第一任院长。以赛亚·伯林对其不抱好感。他身受多疑症的折磨，一直幻想自己遭受不知名的敌人的追杀。

[2] 即蒂罗尔南部的意大利小镇梅拉诺。

[3] 纳粹分子发起全民公决，希望借此推翻普鲁士社会民主党，但未能取得多数同意票。

[4] 亚历山大·迈德斯·兰德尔（1910—1991），1929—1933年就读于圣体学院古典学专业。先后担任外交官与事务律师，战时曾任克里特希腊抵抗力量的特工。

来了一封信，让我十分开心，可惜我没有他的地址，如果您写信给他，请代我向他表示诚挚的谢意。若是您觉得一个具有历史意义的环境[1]可以给您的个性带来重要改变，请您务必告诉我，因为环境确实有此功效，而且它所带来的远不止于此。

您的

沙耶[2]

致玛丽·伯林

1931 年 9 月 2 日

霍里克罗夫特大道 49 号

亲爱的妈妈：

爸爸昨晚启程去了荷兰（今天是星期三），星期四晚到
27 柏林，星期天回伦敦。临走前他的心情一般，但比我来时要好。真正承受压力并坚强挺过来的人是比克[3]，他的处境真是令人绝望。总体来说沙利特一家的处境看上去令人担忧，而我们则好得多，我将您鼓励父亲的信寄给了他，希望他可以收到。我读了那封信，觉得您写得很好，除了您在信中提到比克，这让人有点不舒服。因为我们的伙伴关系注定将很

[1] 伯林此处原文为：Umgebung。
[2] 伯林此处原文为：Шая。
[3] 梅耶·奥斯卡·比克（1865—1940），伯林父亲门德尔的生意伙伴。他们与沙利特一家合资在俄罗斯木材市场做生意，当时生意陷入窘境。

快走到尽头。

告诉您一条比较有趣的消息，也是**最重要的**消息：

院长先生写信告诉我，他的一位朋友是《曼彻斯特卫报》的编辑[1]，目前需要为人事部门招聘一名“优秀的古典学学者，对外国事务感兴趣”，问我意向如何。这真是个诱人的机会，他告诉我这个消息实在是太好了。我回信告诉他，我十分感谢他的好意，更不会拒绝，只是我目前正在考虑准备走学术道路。

所以我会写信给哈迪，我的哲学导师，看我能否在某所高等学府获得研究员职位，如果他认为这不可能，我才会考虑去《卫报》工作。正如院长所说，它看上去是份好职业，《卫报》是欧洲最具权威的报纸之一，对我而言，二十二岁就成为这家大报的员工，每月有稳定的工资收入，的确是个不错的选择。我很遗憾父亲和您都不在我身边，无法给我指导。所以我只能自己拿主意。我刚才说了，我现在别无他法，只能在得到哈迪的答复前，拖延一周回复《卫报》。“对外国事务感兴趣”，我认为这意味着我必须读法语或德语报刊，还要能写得出简短的读报摘要，这很吸引我。但同时它也意味着我必须放弃我在牛津第四年的学业。请好好帮我想想，回家时给我些建议。当然，我在为《卫报》工作的同时

[1] 查尔斯·普雷斯特维奇·斯科特（1846—1932），1865—1869年就读于圣体学院古典学专业，当时严格地说他担任的是《曼彻斯特卫报》的经理（1872—1929年任编辑）。

可以继续攻读法律课程。[1]这么一想就不由得有点兴奋。

爱您（我一切都好，乔安娜的厨艺棒极了，家里一切井然有序。）

28 沙耶

致查尔斯·亨德森[2]

[1931年9月20日前几日]

霍里克罗夫特大道49号

最亲爱的查尔斯[3]：

给您写这封信时，已是夜半过后。想到您和桑迪·兰德尔在奥地利近代政治史上所扮演的震惊世人的角色，我辗转难眠。据当地媒体报道，兰伯格伯爵[4]入狱了。您告诉我说您（a）和他的一位近亲住在一起，而且（b）与城堡主人来往密切，这些人显然已经牵扯其中。这种情况下，您又如何能不陷入旋涡？这是一个充满浪漫气息、美丽绝伦的国家，在平淡乏味的统治下慢慢消亡。我一点也不怪您。这是无法避免的事。任何一位开明绅士都会这么做。我明

[1] 以赛亚·伯林当时曾考虑在律师界发展。

[2] 此信由奥地利兰伯格伯爵夫人转交。

[3] 伯林此处原文为：Милейший Чарлъэ。

[4] 卡尔·奥托玛尔·康士坦丁·安东·雷蒙德·麦克尔·兰伯格伯爵（1898—1942），住在奥地利斯提里亚的施泰因巴赫小镇旁的匹齐兰城堡，与沃尔特·普里莫领导的政变有关。沃尔特·普里莫为地方保安团领袖，该团体是奥地利内战时强大的右翼准军事组织。1931年9月12日和13日，普里莫试图接管斯提里亚及其周边地区。兰伯格死于奥斯维辛集中营。

白，我都明白。最初，您毫无热情，只求太平，牢记法国路易十八的做法，谨慎为上，小心做人，但在双目炯炯有神的桑迪·兰德尔怂恿下介入了此事。施塔恩贝格亲王[1]和兰伯格伯爵夫人十分了解你们俩在世界观方面的差异。先从他入手，您就不会甘居其后。司汤达的著作，您烂熟于心，现在的情形多么相似；而桑迪·兰德尔则对詹达堡与卢宫[2]等耳熟能详。你们俩出于不同的目的投身其中。要是您此刻坐在破旧的小车厢里被押往联邦监狱会怎么样？要是您因破坏禁令[3]而遭审判又会怎么样？ 但我认为这一切都值得，特别是这一切都是为了建立您心目中美好的奥地利，于是您以自己的权威号召民众起来反抗。

[如果您不是蛛网后的蜘蛛，为什么单单“他”没有被政府拘捕？显然是您无疑。我承认您的布局巧妙至极。][4]

您从监狱里寄出的信件在教师休息室里备受关注，众人 29
争相阅读。目前您在这里已经臭名远扬。我肯定老拉格比俱乐部会对此采取行动。但我已经准备打印您寄给《牛津展望》的所有稿件；因为它有一天必将热卖；就像美味蛋糕

[1] 恩斯特·吕迪格·施塔恩贝格亲王（1899—1956），奥地利内战中著名的政治家，法西斯武装家庭卫队总指挥。1934—1936年在许士尼格总理领导下任副总理。是右翼政坛中最具有超凡魅力的人物，他后来与希特勒政见不合，在希特勒占领奥地利后逃亡。

[2] 安东尼·霍普的小说《詹达堡的囚犯》与《卢宫秘史》。

[3] 伯林此处原文为：verboten。

[4] 方括号为以赛亚·伯林所加。

等美食佳肴一样，以独特的风味大受欢迎，等等等等。

您一定注意到我思路混乱不堪，很显然，这都是因为我近来过度兴奋的缘故。院长先生突然超乎寻常地关心起我的前途，并由此引起我疯狂的举动。我开始与他和别人频频书信来往，激动人心的事件连续不断（最近这件事子虚乌有，但却是一个很好的创意）[1]。我整个人目前纠缠于忠诚、情感、深思等一团乱麻之中。如果您在近期有相对固定的确切地址，我迫切需要向您请教。不用您费神追根究底，虽然我的确是有些焦虑不安，但我明白这实在不是什么大事。一切问题都围绕着去报社工作还是继续在牛津攻读PPE专业、去全灵学院深造这一对矛盾，没什么别的事情。如果实在忙，您完全可以等到回英国后再和我联系。

不知您最近是否有机会读到《泰晤士报》，如果您读了，相信生性保守的您也会对一些主打文章大感震惊：其中有两三篇简直厚颜无耻，虚假谄媚，反动至极，毫无价值。以至于这些文章见诸报端后[2]，不仅《新政治家》大光其火，谈到了共产主义的合理性，就连一贯保守的《周末新闻回

[1] 伯林此处原文为：bene trovato。
[2] 1931年9月12日出版的《新政治家与民族》第302—303页“伦敦日记”中的《评论家》（第303页）用这些字眼提到《泰晤士报》“城市”栏目的报道，以及有关“周二论战的主打文章”。很可能指的是头版文章《反对案》（1931年9月8日出版，第13页）。

顾》[1]，甚至更保守的《曼彻斯特卫报》[2]也对这些报道表示不满。从内容上看，这些报道有可能出自布伦特福德勋爵[3]与温斯顿·丘吉尔先生[4]之手。但即便对他们而言那些报道也未免过于恶毒。政治变得如此有趣，就连我也开始带着几分迫切追随其后；我们平静的城郊生活将被甘地先生的到来打破。他将成为离我们距离不太远的邻居。[5]慕名而来的人不计其数，影响超过这二十五年来的任何一位名人，就连道格拉斯·费尔班克斯和查理·卓别林[6]也不能望其项背。 30

杰瑞[7]的事业看来已经完全稳定，对此我的喜悦无以言表。倒是意外收到一封克鲁克香克[8]关于非洲的来信，内容

[1] 可能指《周末新闻回顾》中一篇言辞温和的未署名文章《本周评论》。1931年9月12日出版，第293页。

[2] 所指不清。

[3] 威廉·乔因森—希克斯（1865—1932），1924—1929年任内政大臣；1929年成为布伦特福德子爵一世，极端保守主义者与反共产主义者。

[4] 温斯顿·雷奥纳德·斯宾塞·丘吉尔阁下（1874—1965），先后任士兵、记者、作家和政治家（政治立场变化无常）。1924—1929年任财政大臣；1939—1940年任海军大臣；1940—1945年任首相；1945—1951年任反对党领袖。在希特勒兴起、法西斯主义成为主要威胁之前，丘吉尔坚持反布尔什维克主义的立场。

[5] 有一个夸张的说法：甘地在1931年底与英国政府谈判印度未来期间，曾在伦敦东区堡贝门利的金斯利馆居住区住了三个月。

[6] 道格拉斯·埃尔顿·托马斯·厄尔曼·费尔班克斯（1883—1939），美国著名演员，出演了众多著名无声影片，例如《佐罗的面具》（1920）和《三剑客》（1921）。其子为演员小道格拉斯·费尔班克斯。查尔斯（“查理”）·斯宾塞·卓别林（1889—1977），英国出生的电影演员、制片人、导演，主演《寻子遇仙记》（1921）、《淘金记》（1925）等。

[7] 约翰·弗雷德里克（“杰瑞”）·科纳斯，1928—1931年就读于圣体学院历史专业；1931年加入殖民地公职机构。

[8] 约翰·奥古斯塔斯·库克本·克鲁克香克，1927—1930年就读于圣体学院历史专业；1930年加入尼日利亚殖民地公职机构。

让我感到有些悲惨。

我最终得到一本名为《辩证唯物主义哲学入门》[1]的书。书的作者是政治哲学家和苏联科学院哲学研究所所长德波林[2]。这部著作冗长、枯燥，缺乏睿智，但我兴趣十足地埋头阅读，它的论点越是糟糕反倒越让我感到趣味盎然。它的风格与其他在英国出版的哲学、经济领域的书截然不同。这一点我深信不疑。它仿佛来自另外一个星球，那里的环境条件比地球更加残酷。但它宣传的信条却似乎比卢梭[3]的思想更富有影响力。这本书除了作者令人乏味，一切都是那么有趣和令人兴奋，但它显然不适合外国人阅读。我相信罗斯[4]应该会被它吸引，尽管他一看到便会着手对它进行重写。我希望你在奥地利见过克拉克教授[5]：他在奥地利美丽田园风

[1] 伯林此处原文为：ВВЕДЕНИЕ В ФИЛОСОФИЮ ДИАЛЕКТИЧЕСКОГО МАТЕРИАЛИЗМА，1922年莫斯科出版。

[2] 艾布拉姆·莫伊谢耶维奇·德波林（1881—1963），苏联马克思主义者、哲学家、政治理论家。

[3] 让—雅克·卢梭（1712—1778），瑞士籍法国哲学家、小说家和作曲家，一生中大多时间在法国生活。他宣称现有的人类社会体系正在侵蚀人类善良的本性，倡导对政治、社会及教育领域进行重大变革以应对此危机。他的理论对政治理论的发展做出了巨大贡献（其中包括在浪漫主义时期唤起人们对自然的理性认识）。

[4]（阿尔弗雷德）·莱斯利·罗斯（1903—1997），英国著名历史学家。1925—1974年任牛津大学全灵学院研究员。早年为社会主义者，晚年成为保守派。他坚决反对绥靖主义；极端自我中心主义。以赛亚·伯林对其深恶痛绝。

[5] 阿尔伯特·柯蒂斯·克拉克（1859—1937），1913—1934年在圣体学院任拉丁语教授。在《颗粒：牛津大学圣体学院20世纪院史》（第48页）中，以赛亚·伯林曾提到克拉克是“一位朋友。他年老、古怪、难以捉摸。我曾带他去看电影。每个人，尤其是哈迪和罗纳德·希姆，都模仿他的声音，他的声音总是那么洪亮。最常被引用的话是：‘我住在意大利的一个饭店里，与一位非常美丽的女士在一起。

光的映衬下应该更可爱了吧。

您的

沙耶 31

为了方便奥地利警方出于无意打开此信，特此申明，这里所述的一切不过是一个愚蠢至极的笑话——抱歉！[1]

以赛亚·伯林

致查尔斯·亨德森

1931年9月20日

霍里克罗夫特大道49号

亲爱的查尔斯：

我想这将是一封内容丰富的长信。我要说的是，我会尽可能地压缩想要表达的意思，但我怀疑自己的表述是否真的能忠实于我的本意。

一

首先我要表达一个劝告，也是一个道歉和请求。几天

一次她来到我屋里，说她被一只苍蝇叮了。我说：“哦，多么幸运的尤物啊！”’；以及‘新鲜的番茄可以成为一首诗；而炖番茄则是宿舍的肮脏环境中最肮脏的东西’。克拉克是一位杰出的学者，对圣体学院的生活深感无聊。我与他常常在全灵学院共进午餐。‘我讨厌盐，’他尖着嗓子高声说，‘但我对胡椒情有独钟’”。

[1] 伯林此处原文为：Alles was darin steht ist ja nur ein dummer dummer Witz—Verzeihet!

前，我在清晨两三点的时候起床给您写了封信。[1]我当时一定十分疲惫，或者也许是因为听了一晚上古怪的现代音乐让我有些暂时性的疯癫：无论怎样，总之我写了一封完全缺乏理智、荒唐可笑的信：信的内容我现在已经记不太清了，但我确信它是满纸荒唐愚蠢的胡说八道。我把它寄给了兰伯格伯爵夫人，十有八九她已将信转寄给了您：多么希望您没有把地址留下：因为我并不希望您读到它：我确实认为那是竭力表现幽默，但却弄巧成拙，表现得尴尬、枯燥而又笨拙的一封信。没有这种无聊的风趣，那封信可能还好些。然而我必须面对现实：如果您已经收到此信，那么，假如您不去读它，毁了它，我会感谢您帮了一个大忙。若是这个要求太过分——毕竟信寄给您后便合法地成为您不可剥夺的私有财产——我只能请求您忘了它。我将以您选择的方式惩罚自己表示忏悔。我想说的第一个问题就此。

二

虽然有些语无伦次，但我确实想尽量告诉您一些无关紧要的事件，关于院长如何让我心神不宁的事。我现在试着按照时间顺序向您讲述这些事，间或会夹杂一些心理活动。

32

[1] 指上封信。

I

大约十天或更早以前，艾伦[1]来信告诉我说，《曼彻斯特卫报》的编辑斯科特给他写了封信，提到他正在招募一名员工，要求此人必须是“优秀的古典学学者，对外国事务感兴趣”。因为他需要的人必须处理“外国事务”并且具有“能够轻松写作的技能”。艾伦告诉我，他认为这是我“进入公众生活的一个大好机会”，值得放弃我第四年的学业；并要我尽快回信告知是否愿意接受这份工作。

当时我孤身一人在伦敦，没有亲友在身边给我指点，而我偏偏又是一个优柔寡断、没有自信心、总需要别人在精神上给予支持与鼓励的人。因此，思考了一整晚后，我写了一封信（1）给艾伦，在那封信里我告诉他虽然我之前从未思考过类似问题，但我获得的一等学位却使我的自负陡然膨胀，让我开始考虑，虽然只是模模糊糊的想法，自己是否应该从事学术事业。目前我对学术的兴趣主要在哲学上，对此我兴趣极大，超越了任何其他领域。我还问他我是否有可能获得研究员职位。如果不可能，与其成为一名律师，我更愿意投身新闻业。我很喜欢新闻业，但在那方面的尝试却总是半心半意。我在言辞上极尽夸张做作之能事，然后颤抖着手将信投寄出去。

[1] P.S. 艾伦。

（2）我还写了另一封信给爱丁堡的哈迪，这封信写得好得多也更直接，开诚布公地对他提出了同样的问题，也请求他就我的哲学潜能给我一些私人建议。

Ⅱ

（1）院长回复我说，不一定拿得到研究员职位，这一点与拿到PPE学位、获得约翰·洛克奖，以及在其他方面取得杰出成就一样，每个人都**仅只**是有望获得。然而《曼彻斯特卫报》的工作却是一个现成的大好机会，他还说了这份工作的许多好处。很明显他在鼓动我接受《卫报》的工作。

（2）哈迪回了我一封长信，出乎我意料的是，一贯冷静沉稳的他会如此热情洋溢地帮助我。对此我真是万分感激。他也说，考虑到牛津哲学家们的平均年龄，我取得研究员职位的概率虽说不是完全没有，但也微乎其微。然而他鼓励我继续PPE专业，因为无论我将来做什么，这都有帮助。他
33 还提到了全灵学院和《泰晤士报》的编辑[1]，但他并没有试图阻止我从事自己喜欢的事，只是十分睿智地告诫我接不接受《曼彻斯特卫报》的工作完全取决于这份工作的性质。

于是我在两个世界间徘徊不定，拿不准是选择宁静的哲

[1] 杰弗里·道森（1874—1944），原姓罗宾逊，历史学家，时任《泰晤士报》编辑；1898—1906年和1911—1944年任职于全灵学院。哈迪这里可能是在暗示作者道森在为编辑部招募合适的年轻研究员（道森于1917年由于继承权问题改姓）。

学家书斋生活（如果这是现实可行的话），还是继续读PPE专业，然后到全灵学院谋职，最后一个可能就是立刻前往《曼彻斯特卫报》应聘，之后或许会被派到国外，莫斯科甚至……不管怎么说我还是写信给院长，请他让斯科特为我安排一场面试，并告诉他在面试中我将请教斯科特是否允许我在报社工作之余找个恰当的时候回牛津读完我的PPE专业，在学习期间我可以到全灵学院谋职，同时与《卫报》继续保持联系。毕竟作为一份报纸，《卫报》是我一直敬佩和喜爱的。

院长写信告诉我他已经写信给斯科特，并转告哈迪的建议，在牛津大学最古老的默顿学院有一项考试，可以申请三年的研究员职位。（我谢绝了，因为对我毫无意义。）事情暂时就这么了结，情况大体来说就是这样。艾伦一直想劝服我去《卫报》，虽然表面上他保持中立。哈迪竭力支持我继续PPE专业的学习。我自己则举棋不定，在苦苦挣扎。

所有这些事都发生在大约一周前。第一集故事结束。

三

我在汉普斯特又逗留了一周，偶尔去汉普斯特野外的池塘喂喂天鹅。本周没有发生任何事件，一种平静无波的俄国气氛越来越浓烈。院长明确表示，下一步就是等待斯科特回复。但迄今为止，斯科特却一直没有走出这一步。天知道艾伦给斯科特的信中是怎么描述我的，另外我肯定，他一定也让哈迪写过信，介绍我的情况。

在空等一周后，我在上周二晚写信给艾伦，告知他现在这种停滞不前的状态，并表示《卫报》显然不打算聘用我，我是否应该继续PPE专业的学习。还有，无论如何，斯科特不明确通知我而让我空等的做法是不礼貌的。所有这一切我都尽可能婉转地表达，艾伦在周五便该收到我的信，但一直到周六（也就是昨天）我还是没有收到回信；可能他去外地了，或许整周都不在，而斯科特又偏偏写信给他而不是我，导致那封信和我的信一道，搁在牛津圣体学院无人问
34 津。或许我在周一便可以得到答复。也许斯科特是希望我直接写信给他并附上一份自吹自擂的个人简历？在这种情况下，我真不知道该怎么办。同时，我明年预租的房间又出了点小麻烦。如果我行动迅速些，这些麻烦都是可以避免的。而我却白白拖延了一周的时间，这些便成了不大但颇具破坏力的麻烦，让我坐立不安。

正如您所见，我现在处在充满矛盾的情绪、处境与希望中，这种不快的感觉，由于对所发生的一切不知就里而变得更加强烈。

不过，好好权衡一下这些事实，其实我也应该十分满足与感激。（我想我已经说了我所知道的一切，如果需要，还可以告诉您更详细的信息，但我认为没有那种必要。）请您回信告知，您觉得我该怎么做，或者如果您处在这种两难的境地中会怎么做。

您让我写一封内容详尽的信，我想您不会否认这的确是封洋洋万言的信。虽然我们不久前已达成共识，认为过分地关注自己和自己的需求，不考虑他人感受应该受到谴责。然而在这种情况下，我想我不得不在信里通篇说我自己的事，应该情有可原。您看，我又拿处境来做借口了。

*　　　　*　　　　*

我非常同意德国越往北越腐败的事实：我不太喜欢巴伐利亚，拿维尔茨堡与萨尔茨堡做比较简直就是污辱。维尔茨堡是一座沉重、黑暗而又无聊的城市，虽然它曾经风光一时。萨尔茨堡却是一颗年轻美丽的新星。我现在越来越喜欢它。但科隆的居民令人反感，街道也不例外。无论何时何地，比利时总给人说不尽道不出的感觉。但在维尔茨堡与科隆之间，法兰克福附近的巴登—符腾堡州，却居住着一个迷人的民族，那里的男人们快乐善良，虽然女人们有点丑。

我的确为杰瑞感到十分高兴。他一度因为自己的成绩[1]而抬不起头，但自从在我这里得到了出于道义上的夸奖和缺乏根据的评价（热情洋溢并假我之名）后，目前他已渐渐回复本性。我屏住气息，焦急等待您的回信。请速回。

您的

沙耶 35

[1] 杰瑞·科纳斯获得二等学位。

致查尔斯·亨德森

1931 年 9 月 24 日

霍里克罗夫特大道 49 号

亲爱的查尔斯：

匆匆落笔，告知您关于《曼彻斯特卫报》问题的暂时解决方案：斯科特来信称情况有所变化，虽然他们仍希望见我，但职位需求不再迫在眉睫。我如释重负。这意味着我赢得了一年。只要他们想见我，必会怀有好奇心带来的愉悦，尽管我怀疑可能什么结果也没有。对您论点的基础，我表示强烈怀疑，不然的话，那只没能爬出船舱的老鼠怎么就成了鼠洞满员的原因，而这个洞原本是指望我去填补的。难道这只老鼠就是人们曾经和我说起过的某个艾尔斯特？[1] 奥里尔学院的那位？难道我的假设缺乏证据？如果这些问题均属无稽之谈，那您一个都不用回答。[2]

知道吗，杰瑞终于被列入ICS[3] 人员名录，虽然他如今已不再想要这个职位。还有克罗夫顿[4] 和狄克逊[5]。

我特别欣赏不左不右的人，就我所知，那是一种理想的

[1] 戴维·乔治·奥吉尔维·艾尔斯特（1904—1992），1923—1926 年就读于牛津基督教堂学院历史专业；1929—1931 年和 1932—1934 年任《曼彻斯特卫报》记者。后撰写《卫报小传》一书（伦敦，1971），编辑《卫报汇编，1821—1971：卫报一百五十年作品选》（伦敦，1973）。

[2] 这些问题即便是本书的编辑也无从作答，甚至很难完全理解。

[3] 印度公职机构（Indian Civil Service）。

[4] 丹尼斯·海斯·克罗夫顿，1927—1932 年就读于圣体学院古典学专业。

[5] 阿尔杰农·德鲁·狄克逊，1926—1930 年就读于圣体学院古典学专业。

生活。

我扪心自问，发现自己很高兴可以在牛津再待一年——虽然远离奢华的惠灵顿广场[1]。

您的

沙耶

10月，作为PPE专业的组成部分，伯林开始学习政治学（主要靠自学，因为这门课他没有得到正规的授课）。此举恰逢一段有趣的历史时期。1931年的金融危机使得作为牛津现象的文艺派宣告终结，1931年9月日本入侵中国东北，掀起了大学生学习政治的热潮，在以后的十多年中一直以或快或慢的速度持续着。 36

如今好多伯林的同学已经离开牛津开始创业。而伯林则在为出版商们撰写报告，就他们的出版计划提出建议。现存下来的最早的样本（可能也是他写的第一篇）是受杰弗里·费伯[2]委托，费伯是费伯出版社的创始人，他当时在全灵学院，后来成为伯林的同事。虽然这些报告有时以书信的形式写成，但因为篇幅和独有的特点，还是以附录形式印刷出版，而非按照它们原先在文中的先后顺序。第一篇报告写于1932年1月。

[1] 当时和后来许多牛津大学本科学生的宿舍。
[2] 杰弗里·卡斯特·费伯（1889—1961），律师、记者，1919—1961年任全灵学院研究员（1923—1951年任校区财务主管）。

以下这封信展现了伯林在文学批评方面的天赋。

致戈伦韦·里斯[1]

1932年7月4日［明信片］

萨尔茨堡波斯坦大街6号墨索尼膳宿公寓

我抛开自尊，先给您写信。我坚持认为在这点上有必要开诚布公地表明我的观点。在我看来，对您的作品[2]，所有评论者正面和反面的表述都不够正确。开学第二周我读完了您的小说，说真的，我认为这本书确实存在以下几点不足：(1)不够成熟；(2)形式上有点古怪做作；(3)部分内容枯燥乏味；(4)哈米什那部分索然无味，我记得是那个部分。[3]但是，这部作品也有优点，表现在：(1)绝非寻常之作；(2)不存在过于自省一说；(3)不干巴巴，具有浪漫色彩，思想丰富，既不过于呆板，也不墨守成规，是早期的一种极具潜力的原创作品；(3)［原文如此］对话有趣、亲切、令

[1]（摩根）·戈伦韦·里斯*（1909—1979），历史学家、记者。在完成第一年PPE课程后，1928—1931年到新学院改修历史学；1931—1946年任全灵学院研究员。

[2] 里斯刚出版他的第一部小说《夏日洪水》（伦敦，1932），他的勇气使其获得"盖人威·里斯"的绰号。

[3] 指书中一段精彩的章节，关于主人公欧文·摩根和其牛津大学朋友萨沙间的同性恋。伯林推断，这一情节基于戈伦韦·里斯与詹姆斯（"哈米什"）·亚历山大·威德伯恩·圣克莱尔—厄斯凯恩（1909—1973）的关系。他1928年到1931年左右就读于新学院（未获学位），是南希·米特福德的初恋，但未结婚。详见第四章"草莓般香甜的恋人"。

人愉快[1]；(4) 平淡无奇但并非传统意义上的冗词赘句，而
是未能充分体会或挖掘原始素材，这些素材本身生动真实，
如果您的阅历多一些，会处理得更富有感染力，更能够激起
读者兴趣。我这里想强调的是，您确实大量依赖于亲身经
历，这部作品的价值很大程度上在于它的真实性，这么说并
非认为您属于自然主义流派或要您去尝试自然主义。但即便
运用象征手法，您要做的也是象征性地表现现实的本来面
目[2]——将其用作象征符号，而不是考虑它应该如何，或可 37
能如何，不可能篇篇都像童话故事。每当我读某部作品，从
中对作家有所了解，我的评论都会因无法将作品与作者截然
分开而有失偏颇，这也影响了我对您和斯蒂芬·斯彭德[3]的
判断。我边读边看着作者的面孔，听着他的声音。因此我的
评论往往有失客观。这么说是因为您曾经问过我对您作品的
看法，我当时无法作答，原因就是那会儿我尚未读过您的小
说。我敢断言针对您作品的那些评论者们和汉弗莱[4]很可能
都对，我却大错特错。但假如我的观点对他们无足轻重，他
们也不会对我产生什么影响。我写作完全出于个人原因。在

[1] 伯林此处原文为：sympathisch。
[2] 伯林此处原文为：wie es eigentlichist。
[3] 斯蒂芬·哈罗德·斯彭德*（1909—1995），诗人、评论家；从1929年或1930年开始成为以赛亚·伯林的终身朋友；1927—1930年就读于牛津大学PPE专业。
[4]（阿瑟）·汉弗莱·豪斯*（1908—1955），1925—1929年就读于哈特福学院古典学专业，1929—1930年修读历史；1930—1931年在雷普顿学校任教师；1931—1932年在瓦德汉姆学院任牧师、研究员兼英语讲师（因信仰危机辞职）；1933—1935年任埃克塞特大学学院古典学特别助理讲师。

这一点上，我不适合评论所谓真理。我喜欢您的小说，还会再次拜读。

以赛亚·伯林

以赛亚·伯林1932年夏获得PPE专业一等学位。理查德·霍华德·克罗斯曼[1]为他提供了一份讲师职位，在新学院教哲学。这份工作将在10月开始。这之前，他按照计划，前往萨尔茨堡进行一年一度的旅行。

致约翰·希尔顿

邮戳日期1932年8月11日

萨尔茨堡墨索尼别墅

[……]

这里一切正常，英国味十足。西勒·林德[2]由费利克斯·马卡姆[3]陪同来到这里，并请我转达对您的问候。这里私下告诉您，我很喜欢她。无论如何，她的到来给我很大的宽慰，一是因为哈迪昨天离开了，最终[4]还是以无聊收场；

[1] 理查德（“迪克”）·霍华德·斯塔福·克罗斯曼*（1907—1974），1926—1930年就读于新学院古典学专业，1930—1937年任哲学研究员和导师。

[2] 西勒·林德*（1910—1976），1929—1930年就读于萨莫维尔学院化学和生物学专业，四个学期后辍学（忙于跳舞）；俄国共产党员；在维克托·戈兰茨出版公司工作，直到1939年，同年嫁给彼得·惠勒。

[3] 费利克斯·莫里斯·希皮斯利·马卡姆（1908—1992），1931—1973年任哈特福学院研究员和历史学导师。

[4] 伯林此处原文为：höchstens。

二是我领略了牛津全灵学院和新学院年轻一代女生与众不同的理想追求和高尚情操。她们不停地讨论美好生活（最后都落到新学院和约瑟夫[1]身上），寻找奋斗目标。不管怎么说，她是个很好的姑娘。 38

告诉卡赫纳先生[2]（他在遥远的记忆中迅速成为一头固执乖戾的青红色怪兽），他的书在我这儿十分安全，一回去就替他给您，或是用他认为合适的方式。我着实对他感到极度敬畏。但我估计这是我熟知的英式风格在充满生机的大陆派面前受到惊吓所致。不过不要对我的话过于认真。我没有读过《毁灭之日》[3]，但我见汉弗莱·豪斯读过，并在他身后瞄了几页。看上去的确是本好书。我16号离开这里直接回去。这些天我正在选购各种德国哲学书籍，专门挑那些封面设计与众不同的，准备把它们打开放在我的桌子上，此为我不得已的最后一招，希望能就此镇镇那帮温切斯特学院[4]

[1] 霍勒斯·威廉·布林德利·约瑟夫（1867—1943），哲学家；1891—1932年任新学院研究员，1932—1943年为临时研究员。一些朋友称他“约伯斯”（音同“工作包”——译注）。

[2] J.R.希尔顿写道：“尤利尔·卡赫纳（1903—1965），是我在巴特利特建筑学院的同学（伦敦大学学院）。经过选拔考试（1933），我们成为合作伙伴，直到第二年我去了塞浦路斯。他出生在俄罗斯，来伦敦之前他一直在柏林工作；我走后他去了建筑师埃里克·门德尔松的公司工作，在那里干得并不愉快；后来在以色列成立了自己的工作室。在完成沙洛姆—阿莱赫姆楼‘98%的制图’后于1965年9月1日去世（该楼献给他妻子的‘杰出的祖父’，一位著名作家）。说话雄辩有力，实力超群。”见J.R.希尔顿1991年11月7日写给编辑的信。

[3] D.H.劳伦斯的作品（佛罗伦萨，1931；伦敦，[1932]）。

[4] 指来自英国最好的公学（也即私立学校）温切斯特学院的学生。

派头十足的学生。我正在非常认真地思考与您相关的所有事情，回来后我会就这一方面尝试给您一些有趣的建议。一到家就会给您写信或打电话。

爱您

以赛亚·伯林

10月份，以赛亚·伯林开始了大学教师的新生活。他对新学院同事的第一印象不是很好。他后来这样描述他们，“我所遇见的最乏味、最古板、最自负的一帮人”[1]。虽然他很喜欢教书，但对当时新学院缺乏学术氛围感到失望：“这是像我这样的年轻人第一次发现自己不能畅所欲言。那里的人太传统。他们顾左右而言他，谈论汽车，谈论在报纸上读
39 到的新闻。但绝不可能发表任何独到见解。”[2]

致谢拉·格兰特·达夫[3]

星期四［1932年10月13日］

新学院

亲爱的谢拉：

（虽然戈伦韦有他称呼的方式，我还是必须称您为格兰

[1] 迈克尔·伊格纳季耶夫采访伯林录音之五。

[2] 迈克尔·伊格纳季耶夫采访伯林录音之十。

[3] 谢拉·格兰特·达夫*（1913—2004），1931—1934年就读于玛格丽特夫人学院PPE专业，后成为驻德国和捷克斯洛伐克通讯记者；1939—1941年供职于对外研究和新闻处；1941—1944年在英国广播公司对外机构工作。

特·达夫小姐。但另一方面，亚当·特罗特[1]又认为我跟您已足够熟悉。我绝对相信他，这让我消除了疑虑。)

我听说您不能参加今晚在仓楼[2]举行的晚宴，真是失望至极。毕竟，其他出席宴会的人我有机会常常碰面，本期望在宴会开始之前和您聊聊。您不能来真是太遗憾了。不仅如此，这还让我没有机会用无可辩驳的逻辑和道德诉求证明给您看，为什么您必须来考察一下斯蒂芬·斯彭德。我不打算此刻就这个话题长篇大论一番，只是送上我直接、诚挚而淳朴的请求，期待它能打动您的价值观，让您意识到周六如能来吃午餐我们会多么感激。不过如果您真的不能来，我也无能为力。期盼尽快见到您。我们甚至可以一起去散散步。

您忠实的

以赛亚·伯林

以赛亚·伯林对新学院的不满使他愈加向往全灵学院研究员的职位。他的父亲后来回忆起那年发生的事：

[1] 按照以赛亚·伯林的说法，亚当·冯·特罗特是“一位获得罗兹奖学金的德国学者，他参与了1944年密谋刺杀希特勒的行动，被希特勒残忍杀害。他在牛津时，我们成为朋友，我非常喜欢并崇拜他”。他还提到“他的某些观点和行为对于他当时的一些挚友来说不可思议”。见伯林登载于1968年12月22日第17期《观察家》“年度最佳图书：个人选择”栏目的文章，推荐克里斯托弗·赛克斯写的关于特罗特的传记《被困扰的忠诚》(伦敦，1968)。

[2] 位于新学院路的一座新学院建筑，当时为理查德·克罗斯曼和他的德国妻子艾丽卡的家。

[1932年] 春，我去牛津看你。当时你正在为是否申请埃克塞特学院（如果我没有记错）的教职而烦躁不安。你不是非常向往埃克塞特学院，但觉得任何你渴望
40 去的学院都不会接受你。不过你仍决定等待，随后便有到新学院执教的机会，于是便接受了。

不久，全灵学院开始选拔考试。我不知道你怎么打算，但很可能是在一些朋友，特别是哈迪[1]的鼓励下参加了考试。我心里非常清楚，这所学院以选拔优秀人才著称，因主教和政治家云集而闻名，不会欢迎一个出生在外国的犹太人。我确信在全灵学院很难找到犹太人成为学院研究员的记录，同时还敢肯定全灵学院的院长[2]在你考试后的第一反应是“我不希望他进入我们学院”[3]。我记得，为了减轻预料中的拒绝对你的打击，我还专门写信给你，说你若能入选[4]只能是奇迹，而如今这样的奇迹不会发生。第二天你回了一封电报说：“奇迹真的发生了。”我想在里斯[5]被派去通知你被选中的那一刻，一定是你生命中最感自豪的时刻。我记得，弗伊·摩根公司的老列纳

[1] 指W.F.R.哈迪。

[2] 弗雷德里克·约翰·内皮尔·塞西格（1868—1933），切姆斯福德子爵一世，1932—1933年任全灵学院院长。

[3] 关于他的第一反应，伯林通常的说法是“至少我们不必非得要那个人”。

[4] 选拔结果在11月3日公布。

[5] 指戈伦韦·里斯。

顿[1]打电话来祝贺。他以为我不清楚成为全灵学院研究员的荣耀和意义，向我反复解释其中的含义以及这件事令他多么兴奋，特别是他十分熟悉你的背景。《犹太纪事报》为此专门发表了一篇文章[2]，庆祝这一犹太历史上的重大事件，大拉比写信来祝贺你（如果我记得不错的话，他称你为："欧文"·伯林）。[3]这次入选确立了你在牛津的地位。[4] 41

没几天，伯林便从新学院搬到全灵学院[5]，过度的兴奋使他无心睡眠，滔滔不绝地说个不停，之后便患了神经衰弱

[1] 威廉·雷·列纳顿（1863—1944），杰拉德的父亲。弗伊·摩根公司是伦敦一家木材经纪公司。

[2]《一位牛津的犹太人》，1932年11月11日，第8版。文中指出，以前这所大学唯一的犹太人研究员是"五十年前的塞缪尔·亚历山大教授。西尔维斯特教授的情况有所不同，他入选是因为他的教授职位"。剑桥则不同，已经有五位犹太籍研究员。研究哲学的塞缪尔·亚历山大教授（1859—1938），1882—1893年在林肯学院任研究员；数学家詹姆斯·约瑟夫·西尔维斯特（1814—1897）是几何学萨维里安讲席教授，从1883年到去世一直是新学院的研究员（年老后光荣退休）；两人的人格、智慧都很出众。

[3] 确实如此。信写于1932年11月25日，写信人为约瑟夫·赫尔曼·赫兹（1872—1946），他从1913年开始任大拉比。收信人为"新学院，尊敬的欧文·伯林"。

[4] 门德尔·伯林，《家族传记》。这份手稿日期为1946年3月11日，是写给以赛亚·伯林的。写作原因在开头就已说明："我几次为了儿子，动笔写自己的经历以及生活中的方方面面。但在一战期间，我无暇集中精力写作。现在已经证实我妻子和我们家的几乎所有成员都被纳粹杀害，深感有必要真实地把这些事实记录下来。而这根连接过去和未来的活着的纽带，这根仍然牢记过去的纽带，实际上就只有我。"

[5] 虽然换了学院，他仍然在新学院教授哲学。

的毛病，回家休养。

致斯蒂芬·斯彭德

[1932年] 12月5日

霍里克罗夫特大道49号

亲爱的斯蒂芬：

感谢您的来信。我好多了，尽管生活无聊，但心满意足，将来再回首这段时光，别人一定厌恶非常，而我却欣然自得。最近我兴致忽来，开始阅读俄国作家屠格涅夫的原著，沉醉其中。已经读了《罗亭》、《前夜》、《春潮》（重读）、《烟》、《初恋》和其他十五篇短篇小说和戏剧。接下来准备欣赏他的诗歌。《罗亭》对人们（为什么我要说“人们”？我说的就是自己）有一种可畏的抑制和约束力量，我偶尔会做一些有关书或人物的演讲，想起那些热情洋溢却轻率任意的言谈，便不禁感到羞愧难当。一口气读完《罗亭》[1]的几个章节后，我感到越是如愿给听众留下了深刻印象，心里就越加不安。我相信屠格涅夫本意并非如此。他所写的作品比他的本意要出色得多。一开始，他是要笼统地勾

[1] 使屠格涅夫一举成名的是他的第一部小说《罗亭》(1856)。据说中心人物罗亭的原型是他的朋友巴枯宁。巴枯宁是19世纪40年代不满现实的知识分子的典型代表。在书中，罗亭的激情被浪漫的理想主义和他在大学里所经历的哲学辩论点燃。他竭力鼓吹人生和自由，但收效甚微。面对美丽少女娜塔莉娅的追求，望而却步、不敢告白，充分暴露了他政治和情感上的软弱。在俄国终日漂泊流浪，最后投身1848年的巴黎革命，在巷战中无谓地牺牲，很快被后人遗忘。

勒出一些有代表性的俄国人类型，在此过程中，他情不自禁地留意到和这些类型毫不相关的各种个性，最终创作出栩栩如生、个性鲜明的人物形象。和他相比，托尔斯泰总是有意识地，甚至刻意地不让自己湮没在笼统的描写中，不断成功地在塑造的人物中注入性情和血肉，这一切都是有意识地完成的。[1]屠格涅夫雄心勃勃地希望创造出普遍适用的人物类型，但是他更像一位艺术家，而不太像知识分子，因此他不能避免创作出来的人物形象个性鲜明，而普遍适用性则退居其后。我想这对于这些书籍的读者来说是不言而喻的，而我
仅仅是发现了这个事实而已。很遗憾你离开了马拉加，我正 42
在试图说服我的父母去那里，快要劝说成功时收到了您的第二封来信。于是说动他们去法国南部，那里正是烈日炎炎，想想都让人害怕。不过最后还是决定让他们买去那不勒斯的车票，我会让他们在阿马尔菲待上一阵，然后带他们去西西里岛：准备带他们去看看陶尔米纳。真希望您能乘上一艘游艇，漂洋过海，穿越马略卡岛和撒丁岛，来到西西里。但我知道这显然是不切实际的空想。

很高兴您喜欢举止优雅的赫尔穆特。[2]我对下个学期要去牛津心怀恐惧：使我越来越感到不自在的并非整体枯燥的学术作风，而是因为我的同事们，特别是年轻人沉湎于口

[1] 这个论题是伯林论文《刺猬与狐狸》的早期轮廓（“序言”，第11页注4）。
[2] 赫尔穆特·施罗德，一位年轻的德国人，斯彭德与其在西班牙交往甚密。

角之争的轻浮言行。因此，我打算大量阅读黑格尔[1]、马克思[2]、恩格斯[3]和俄国人的书籍，借此抽身进入一个虽谈不上更加广阔但完全不同的精神世界。当然，约瑟夫等人肯定会对我提出质疑……这是件好事。

恳请您复活节留在西班牙。[4]

我想下学期得为"小宝贝"（即林德[5]，那个充满诗意的女孩）和谢拉·格兰特·达夫开哲学课。这让我颇感惊恐。对我而言，哲学偶尔是属于我个人的东西，每当讨论陷入分歧，闹得不可开交时，我便会诉诸学生的内在意识。尽管不无尴尬，对我却可能是件好事。我虽对人明显存有过多兴趣，但更倾向于生活在一种美好却显然空洞浅薄的抽象空间中。迄今为止，我经历了一些挫折，例如我发现学生没有如

[1] 格奥尔格·威廉·弗里德里希·黑格尔（1770—1831），德国历史学家、哲学家。对马克思产生了重要影响；参见伯林《自由及其背叛》中相关章节。

[2] 卡尔·亨利希·马克思（1818—1883），德国社会学家、共产主义创立人（与弗里德里希·恩格斯共同创立）。1849年起定居伦敦，参见《卡尔·马克思》。他的主要著作《资本论》（1867—1894）详细阐述了他的经济、社会、政治观点，极大地推动了马克思思想的广泛传播。

[3] 弗里德里希·恩格斯（1820—1895），德国社会学家、商人。与马克思合著《共产党宣言》（伦敦，1848），马克思逝世后，恩格斯编辑出版了《资本论》卷二、卷三。

[4] 这句话之前删掉了一段话，内容如下："从某种意义上说，我想可以让父母去西班牙，但我不能要求你在任何时候都按我的意志安排行程，尽管我还是这么做了。"接下来的内容是："我再说一遍，我确实非常想去马拉加，我会和父母商量，但是去的概率很渺茫，我们等等看吧。"

[5] 莫伊拉·林德*（"小宝贝"是林德幼时的爱称）（1912—1990），1930—1934年牛津大学古典学专业走读生，之后成为著名的威廉·海涅曼出版公司特约审稿人，1938年与杰克·加斯特结婚，俄国共产党员。

实说出他们的所想所感，抑或他们的感受和我完全不同，等等，这类现象令我兴奋不已，同时也让我思考，并对过去自己在牛津学哲学时对公众意见持有的想当然的看法得出独立的个人见解。只要这些女孩不害怕（天知道我有什么好害怕 43
的，可就连西勒·林德——想象得到吗——也有好几个小时感到惊恐不安），只要她们不紧张，诚心诚意学，那就太好了。[1]

致谢拉·格兰特·达夫

[1932年12月] 8日星期四

全灵学院

亲爱的谢拉：

您的信充满忧郁和同情。几个星期来我一直沉浸在让人萎靡不振的屠格涅夫的佳作中，处于一种软弱无力的状态。对这样的我，即便是一丝丝鼓励也让我渴望无比。这是一种如此少见的状态，无法划归于正常内省的范畴（正常的内省没有必要，并且总体而言不是一种好的日常消遣。对此我们看法相同），而是真正客观好奇心的观察对象。然而，这一切绝非你的过错。现在不是去维也纳的好时节，那里很冷，很可能像牛津一样。科林伍德[2]善于活跃气氛，喜欢冒险，

[1] 信未写完？

[2] 罗宾·乔治·科林伍德（1889—1943），1912—1935年彭布罗克学院研究员，大学学院哲学和罗马史讲师。他的作品《知识考古学》于1924年出版。

是一个非常机灵乖巧的大陆型哲学家。我想如果他对您感兴趣的话，您也会发现他很有趣，甚至很煽情。实际上，我对［他］了解很少，不过我总是看到他对人幽默风趣，足智多谋，招摇撞骗，一肚子坏水。在牛津，他是唯一一位真正具有高度文化修养的哲学导师。这一切真是太好了，希望他也能教我。我很高兴富尔顿[1]喜剧终于宣告结束。就连像我的好导师哈迪那么谨慎的人，也公开断言他是一位可笑的哲学家。

如果戈伦韦能够认真对待他的工作[2]，就目前来说，应该做得比任何其他工作都好。为了他，我真希望哪里能够发起一场战争，那么他一定能写出精彩的报道。或者发生骚乱也行。他老是那样，过着赚多少用多少的生活，我一直这么说他，到现在还是这么说。但显然，那种能将精力集中在所有事情上的能力，对于任何一个描述实际事态的人来说都十分有用。我不安地意识到我又要开始对某人的性格进行冗长的描述了，对于这一点，我们已有共识，就此打住。您看过您未来导师的杰作《知识考古学》吗？我当学生时读过，现在已全部忘记了。我认为这是一部肤浅和令人兴奋的作品。
44 也许我这么说太过偏颇。至于和您讨论哲学，可以完全根据您的所好，因此不存在任何问题。如果您写信给戈伦韦，请

[1] 约翰·斯科特·富尔顿（1902—1986），1928—1947年任巴利奥学院研究员和导师（1928—1935年，哲学；1935—1947年，政治学），曾做过谢拉·格兰特·达夫的导师（据说不太令她满意）。
[2] 新闻记者。

告诉他斯蒂芬·斯彭德已经离开马拉加，目前正在他不喜欢的巴塞罗那逗留。我怕会忘记，但我想他对此事十分关心。他的地址是巴塞罗那，由库克斯转交。我希望您能来西西里，在这里随便聊什么，甚至聊哲学家洛克都会比在牛津更加愉快。当然您是不会来的，而鲍恩[1]他们会来。希望您在周三的晚会上玩得开心。诱骗我参加的计谋惨遭失败，任何了解我的人都知道最终肯定是这个结果。但今天上午我在去牛津的途中，看到对面两个素不相识的年轻人在那里对人评头论足，说的都是我熟悉的人，我竟然听得兴致勃勃。最后，我终于无法抵制诱惑，把遮住面孔的《泰晤士报》移开，向他们问了一个相关的个人问题。他们又惊又喜，觉得很不好意思。因为到站了，他们只来得及问我是否认为西勒·林德看起来不太像惠灵顿伯爵。这封信里我原本打算为您提供我查到的关于童年、少年[2]等的大量资料，另外就是要好好赞颂一下亚当·冯·特罗特。不想却成了闲聊。真是对不起。

沙耶

[1]（艾弗）·伊恩·鲍恩（1908—1984），经济学家；1930—1937年任全灵学院研究员，1931—1940年任牛津大学布雷齐诺斯学院讲师，1940—1945年任建筑工程部首席统计员，1946—1947年任哈特福学院讲师；1934年与艾丽卡·贝利结婚（1959年离婚）；与约翰·克雷西合作，以笔名“查尔斯·霍格斯”创作了《拉尔戈岛上的谋杀》（伦敦，1944）。
[2] 托尔斯泰自传体小说（于1852—1857年陆续出版，1886年结集出版），通常翻译为《童年、少年和青年》。

说到托尔斯泰，请注意，关于以下两点的描述非常重要：(1) 他怎么老是觉得自己的脸孔非常丑陋；(2) 对于他自杀后人们如何评论的推测。两者都是我早年生活的重要组成部分。

致谢拉·格兰特·达夫

[1932年12月] 12日星期一

霍里克罗夫特大道49号

亲爱的谢拉：

我希望附信[1]没有太过时。信是几天前写好的，放进口袋后就忘了。今天早上才又发现，内心里我反倒对自己的心不在焉暗暗感到几分高兴。我不记得里面都写了哪些内
45 容，只记得写信时心里充满温暖和感激。我甚至不知道值不值得寄出去。后天我去西西里，无人陪伴。无趣和长时间不说话对我而言显然是件好事。我突然发现笛卡尔[2]的东西棒极了。过去我一直不喜欢他的作品，总认为他写的东西不过是一些零散碎片的拼凑，每一个事件都要来回引证，很多出自责任感的说教，读起来令人厌烦。而现在，我却觉得他的作品像一块完整坚固的磐石。这种感觉着实不错。我真真切

[1] 指1932年12月8日的信。

[2] 勒内·笛卡尔（1596—1650），法国科学家、数学家及哲学家，常被称作当代哲学之“父”。他通过解构和重构人类信念，努力调和哲学与科学的关系（同时也不抛弃宗教），这一巨大变革在哲学领域产生了深远影响。

切地产生了从一个地方到另一个地方的感受，这种感受很少有。我甚至记不得之前什么时候曾有过这种感受。

您的

沙耶

致约翰·希尔顿

[1932年12月] 26日

阿马尔菲圣卡泰丽娜酒店

亲爱的约翰：

您的担心毫无来由。我不可能去西西里。父母亲完全赞同莫尔[1]的观点：除非回家，他们哪里都不愿动，而三四天后我们就准备打道回府。途经的线路是那不勒斯、罗马、佛罗伦萨，准备一路上优哉游哉，不赶时间。我没去散步，不能怪我，因为每次散步对我而言都是一种折磨。父母亲切地与每个人交谈，我则像修道士一般阴沉着脸。在人们眼中，我是一对受人尊重的父母的不肖之子，提到我，他们总是小心翼翼，面带怯色，这使我乐不可支。我停止了所有锻炼，脸色反倒一天天好起来。我读了许多坏书，蛮开心的，赴圣诞晚宴也不用衣冠楚楚。圣诞晚宴、圣诞树、阿马尔菲的孩子们从慈爱的英国贵妇人那里收到丰盛的礼物，所有这一切

[1]（庞森比）·莫尔·科洛思维特*（1907—1989），1926—1930年就读于圣体学院古典学专业，1931—1932年任牛津大学女王学院初级研究员；1932年起在外交部任职。

如期而至。遗憾的是，整个喜庆活动被一个喝醉的美国人给搅黄了。这位老兄喝过了头，丑态百出，弄得舞会都没法举行。因为夫人太太们都害怕他酒性大发，做出更为不端的举动。此人最终强拉住我无奈的父亲，拿了一瓶香槟（我敢肯定他把香槟叫作泡泡酒）坐到一张小桌子旁，两人旁若无人地对饮起来。随后，他又开始侮辱酒店老板，用挑衅傲慢的态度说他比老板要富上四倍。如今，我是唯一一个与他打过招呼的人（我绝不是喜欢追求轰动效应，但似乎我做的每
46 一件事都确实在让自己讨人嫌），他告诉我说，我是一个见过世面、通晓世事的人。他太太企图说服我同意她的观点：生活就像旋转木马，周而复始，一成不变。我说我的生活不是如此，说完便转身离开，把她也得罪了。看到这里，你会猜出个大概，我们这里是一套英美膳宿公寓，一对倒霉的意大利夫妇曾经走错门，误入客厅，里面全是说英语的人，英国移民正在举办晚间聚会，结果当晚他们被赶了出去。（客厅里还有一两个丹麦人或挪威人，他们只敢说英语。）

至于我，生活得非常开心：日子过得安逸而闲散，比在牛津时舒服多了。对不起，就写到此。实在太困了，准备看点书小睡一会儿。书是埃米尔·梅尔森写的《身份与现实》[1]，此书平淡乏味、合情合理、文辞优美，用来催眠再好不过。

晚安。

[1] 埃米尔·梅尔森，《身份与现实》，第4版（巴黎，1932）。

我7日左右返回？到时给我电话？

以赛亚·伯林

致谢拉·格兰特·达夫（在柏林）

星期二［邮戳日期1933年4月？］

霍里克罗夫特大道49号

亲爱的谢拉：

感谢您优美动人的来信，它让我倍感安慰。当时我正为一些事焦躁不安，但这封信很快就让我平静下来。我对荷兰的记忆十分奇特。去年夏天，我在那里度过了一段时间，当时我正在等待参加PPE专业的口试。每天，我或是徜徉在海边，或是去听音乐会，我还收到了莫里斯[1]的多封来信，那会儿他好像正在意大利的维罗那。我喜爱荷兰，这个国家表现出来的完全是战前的气氛：到处流行的是令人愉悦的曲子，音乐会票价低廉，且大都是高水平的演奏。我想1912年应该到处都充满着这样的景象吧：每个人都单调乏味却快活惬意；一切都老式、舒适、朴素、好客、古板，且带有令人感动的童真；那里有风车、木屐以及来自马来国家患疟疾般抖动个不停的种植机，这一切都名不虚传。我在那里度过了一段非常愉悦的时光，我喜欢荷兰人，因为他

[1]（塞西尔）·莫里斯·鲍拉*（1898—1971），1918—1922年在新学院读古典学专业；1922—1938年在瓦德汉姆学院任研究员和导师，1938—1970年任瓦德汉姆学院院长。

们小资味十足，举止文雅，穿着整洁。但与此同时，我又有一种极强的恐惧感，因为我突然发现他们正是我一直以来唯恐自己会成为的那种人。我突然发现自己置身于战前温和的自由世界，这个世界里，任何一点激烈活动都被压制，没有生机，没有活力（一切都如您所言，除了您对新建楼房的形
47 象描绘，说我所在的西部城市海牙附近最好的建筑是一座疯味十足的多边形精神病院。在我看来，海牙是一个舒适且具有维多利亚气息的地方，宁静得令人难以置信。英国没有一个城镇像海牙一样端庄秀丽。它真是一个非常可爱的地方）。发现了这一点后，原来的我当即回到我身上，审视起像荷兰人的我，我立刻感到难为情和闷闷不乐。于是，我马上离开了。在我对此浑然不觉之前，我还是很喜爱这个地方的。一个天性容易激动的波兰指挥家教给我许多音乐方面的知识；一个头秃得厉害但热情友善的荷兰人开车带我转遍了整个国家。在那里所经历的一切都让我觉得开心。特别是年纪大的女士，其中有两位是德国人，她们按铃要茶（这里我要解释一下，在荷兰语中意为“按铃”的词，在德语中却是狗叫的意思），侍者出现时会说：“您按铃了吗？”听起来就像“您刚才汪汪叫了吗？”[1]这让我忍俊不禁，因为实在是太滑稽了。那里的饭菜很不错，也只有这一次与父母共度的时光是完全称心如意的。其间遇到一位贵宾，也就是被人们称为伍

[1] 伯林此处原文为：Haben Sie gebellt。

德爵士[1]的音乐家，当地媒体形容他“才华横溢”[2]。我和他聊了几句，人是不错，但愚蠢至极。不，不，不。我已经不再担心您和戈伦韦。为什么非向西勒等人说这事呢？和斯蒂芬倒可以说说，因为他是我认识的最富同情心的人，深知人与人之间该如何相处。对道格拉斯[3]我不是很熟。不管怎样，我警告自己将人际关系这片领域视为近似于神圣，当然也害怕去踏及，因为这是人们平时闲聊时常提及的话题。我开始对政治进行思考。政治是极其令人生厌的东西。我对政治一无所知，只知道我得尝试以某种方式让步；唯有忘我地投身其中，才能彻底了解内幕。但那样做的话又会与我原来的立场产生矛盾。所以我打算先让自己出尽丑态，遭人嗤笑。没人做过比这更大胆勇猛的事。这是人们根本不想去做却不得不选择去做的正确举动。尚未收到戈伦韦的信，但既然您说我会收到，就肯定没错。

至于这次的音乐会，我很可能会同汉弗莱·斯彭德[4]一

[1] 指挥家亨利·伍德爵士（1869—1944）。
[2] 伯林此处原文为：mächtig。
[3] 道格拉斯·帕特里克·托马斯·杰伊*（1907—1996），经济学家；1930—1937年任全灵学院研究员；1933年与玛格丽特（“佩吉”）·加内特结婚；1929—1940年任新闻记者。
[4] 斯蒂芬·斯彭德的弟弟，（约翰）·汉弗莱·斯彭德（生于1910年），建筑师、摄影师和艺术家。当时以“摄影人”之名在《每日邮报》担任摄影师一职；1937—1938年是社会调研项目——“大众观察”的首席摄影师，其间他拍摄了八百多张照片，详细调查并记录了博尔顿和布莱克浦两地工人阶级的生活状况；1938—1942年担任《图片邮报》杂志的摄影记者，之后加入英国情报局从事照片判读工作。

48 起去，因为他真的是个很不错的人。

戈伦韦若是和您一起去的话，可能就会取消学院里那场不无重要性的会议。但您一定要让他跟您去，是我的话，我也会这么做。休谟的因果论至关重要。他的所有言论，或者说几乎所有言论，都是千真万确的真理。他提出的这一观点，使整个讨论为康德所接受，并因此变得不同寻常、令人兴奋且意义无比重大。[1]我想多了解一些那个玩具商。他来自纽伦堡吗？如果他是我认识的那个人（肥胖，皮肤白皙红润，坏脾气，像只身披羊毛的羊，羊毛般的白色头发十分浓密，从中间分开），那么他的孩子全都很丑。

很期待再次见到您，这个夏天将是个非常不错的夏天（对此道格拉斯一直都在我耳边喋喋不休），而且我不会再举止不当了，会变得温文有礼。

爱您

沙耶

附言：如果在柏林有时间，（1）一定要去听听布勒希[2]

[1] 休谟指出因果关系不可通过对自身的观察得出，只能通过对陆续出现的、我们认为有一定因果联系的现象进行观察而得出。这就表明我们有一种把因果关联归因于某种一直与之联系的现象的倾向。这一观点反过来又导致了之后康德理论的产生。他认为人的思想与“先验”范畴密切相关（正如我们现在的说法），它（如对时间与空间的经验）促使我们以某种特殊方式来认识我们的经历，这样才使这些经历为人类所理解。

[2] 莱奥·布勒希（1871—1958），犹太指挥家、作曲家。1913—1923年和1926—1937年担任柏林国家歌剧院的音乐总监。

指挥的卡门或是莫扎特曲目的音乐会。(2) 原本说是要换克伦佩勒[1]指挥，但现在不是。

致约翰·希尔顿

星期三［1933年6月?］

全灵学院

亲爱的约翰：

这里无声无息，一片静寂。我本打算为您写一篇关于上帝追踪其预言的故事，但因为一直在瞎忙碌，尚未找到片刻凉爽闲暇。我正被这里的炎热小小地折磨着，而您恰恰是喜欢这种炎热的，所以为什么不来呢？来吧，我们马上就要离开牛津，到其他地方去。如果您有车的话更好。没有也没关系。这里唯一令人兴奋但又不宜议论（一定要小心保密）的传闻是，院长身体虚弱，奄奄一息，急需输血。[2]学院的教
师们挺身而出，纷纷捐献自己的鲜血。查尔斯·亨德森也想 49
献血，但遭到他未来岳父的阻挠，理由是如果真这么做，将来也许会断子绝孙。人的血就那么多，这是他岳父的想法。哈迪的血不能用。彼达克和菲尔普斯[3]的血管里虽然奔涌着

[1] 奥托·克伦佩勒（1885—1973），指挥家。

[2] 补充说明：艾伦于1933年6月16日去世。

[3] 他们均为圣体学院的研究员：弗雷德里克·伯纳德·彼达克（1883—1952），数学家，1921—1950年任学院研究员；威廉·菲尔普斯（1882—1963），古典学者，1906—1950年任学院研究员，1924—1950年任导师。在《颗粒：牛津大学圣体学院20世纪院史》（第48页）中，以赛亚·伯林写道："彼达克为《泰晤士

流动的物质，但这种物质不是血液，而是某种不好的、质量低劣的液体。这种液体充斥着他们的血管（您觉得我这种极端虚假做作的文风如何？），但不是血液。所以布莱克威[1]捐了两品脱的血。现在他们是血脉相通的兄弟了。布莱克威也将被邀参加各种家庭聚会。这个说法挺有意思。您一定要来。要不要我写封信给达尼丁[2]或鲍拉，说服他们来，鲍拉是真心想干点事呢。

爱您的

沙耶

1933年6月下旬（以及1934年、1935年和1938年），以赛亚·伯林和他的三位牛津朋友去爱尔兰度假。这三位朋友分别是：当时新学院的院长H.A.L.费希尔[3]的女儿玛

报》撰写牛津成员的讣告，并且说每当他改变对某人的看法时，会修改写好的讣告，改为轻蔑的口吻［……］菲尔普斯知识渊博、聪明能干、出类拔萃、人品很好。他喜欢有绅士气度的运动派，不喜欢书呆子和文艺派。他是一个性格直率、保守老派的典型英国人。”

[1] 布莱克威，阿兰·艾伯特·安提斯代尔（1898—1936），古希腊考古学家。1931—1936年任圣体学院研究员和导师；1936年任雅典不列颠学校校长；1935年与艾丽森·霍普（后成为安东尼［托尼］·安德鲁斯的夫人）结婚，于1936年10月1日在温切斯特学院死于败血症（1924—1931年他任该院院长）。“既令人生畏又讨人喜爱”（玛丽·班纳特1996年9月2日致编者的信）。

[2] 如果此人是法官安德鲁·格雷厄姆·穆雷爵士，达尼丁子爵（1849—1942），那么，以他和以赛亚·伯林的关系，为什么伯林要写信让约翰·希尔顿说服他来，我就不清楚了。但更有可能是“Dunbabin”的笔误（原文为Dunedin）。如果事实如此，应该是指权威考古学家托马斯·詹姆斯·丹巴宾（原文第211页注1），他才是能够帮助希尔顿圆考古梦的人。

[3] 赫伯特·艾伯特·劳伦斯·费希尔*（1865—1940），历史学家、政治活动

丽·费希尔[1]；伯林的学生莫伊拉·林德，外号叫“小宝贝”，在牛津时与费希尔一家同住；克里斯托弗·考克斯[2]，牛津新学院古代世界史的导师。他们最后去了戈尔韦郡曼高仕附近的安尼朗湖，住在这片小湖中的一个小岛上。小岛归马塔莎伯爵夫人所有，她是克里斯托弗·考克斯一个朋友的岳母。这位伯爵夫人就住在那里附近一个叫奥特拉德的地方。此次旅行北上时，他们临时决定拜访小说家伊丽莎白·鲍恩[3]（即艾伦·卡梅伦夫人），鲍恩宅邸是鲍恩在科克郡基德里附近的家（她在牛津附近的海丁顿也有一座房子）。此次拜访是伯林的朋友汉弗莱·豪斯的提议，他是瓦德汉姆学院的一位英语导师，也是鲍恩的情人。他当时住在鲍恩宅邸。后来，伯林和鲍恩成了好朋友，经常通信。1938年，伯林在鲍恩宅邸完成了马克思传记。 50

玛丽·费希尔6月27日在鲍恩宅邸给她母亲去了一封信，由于之前她不清楚汉弗莱·豪斯教名的拼写，在信中还更正了人们对汉弗莱在鲍恩宅邸地位的误解，并对此行做了生动的描述：

家，1925—1940年任院长。

[1] 玛丽·利蒂希亚·萨默维尔·费希尔*（1913—2005），1931—1935年就读于萨莫维尔学院古典学专业。

[2] 克里斯托弗·威廉·马切尔·考克斯*（1899—1982），古代史学家，1926—1970年任新学院研究员。

[3] 伊丽莎白·鲍恩*（1899—1973），小说家。

附近18世纪建造的房子中，至今尚未被烧毁的[1]只有这一幢了。这幢大房子十分宽敞，但样子丑陋，就像一个灰色的石头盒子，坐落在到处是树林、绵羊和苍鹭的辽阔的公园里［……］顺便说一下，这幢房子不太可能为汉弗莱·豪斯（有点驼背，神情严肃的年轻人）拥有，更可能是伊丽莎白·鲍恩，也就是卡梅伦夫人的。她非常可爱，而且热情好客，虽然妆容糟糕得让你无法想象：整张脸都擦了白白的湿粉，胭脂也涂得乱七八糟［……］一路开车过来，到达时我们的样子可谓狼狈不堪、体面扫地：地图、雨衣和克里斯托弗牌布帽都滴着水，真把人吓坏了。下车后一眼看到的便是两位女士[伊丽莎白和她的朋友布朗小姐]，穿着美丽的条纹丝绸连衣裙，坐在门前的石阶上，动作优雅地摘除莓果上的梗蒂［……］这两天充满惊险刺激，我从未笑得那么多，林德和我一直都在咯咯地笑，以赛亚则在汽车的后座上用假嗓子引吭高歌。

两天之后，在克莱尔郡海边的柯尔克度过了沮丧的一天后，玛丽在基拉卢小镇写了一封信（基拉卢位于利默里克的东北部，德格湾的南端，香农河的岸边），信中她写道："'小宝贝'让以赛亚来真是个不错的主意，因为即便是在最

[1] 在十多年前的动荡年代，许多盎格鲁—爱尔兰式的房屋被爱尔兰人视为强权压迫的象征而被烧毁。

阴郁的时候，他也是大家的开心果。”周五，在戈尔韦郡经历了一场“小小的灾难”（接下来的信描述了这场事故）后，她又补充道：

> 以赛亚真的是上帝的恩赐。他做事极有效率，同时不断逗大家开心［……］他真的很可爱，一点不像我想象的那样讨人厌。如果没有他，天知道“小宝贝”和我在这次小小的灾难中会怎样［……］身边有个可以依靠的男士真是令人心安。

51

致伊丽莎白·鲍恩

1933年6月30日

戈尔韦郡南方大酒店

亲爱的卡梅伦夫人：

我想告诉您，对于在您家中度过，并且有您陪伴的一天一夜，我真的心怀感激。因为突然发生的意外事件，这次旅行也成了少有的美好经历。与汉弗莱[1]度过的清闲日子舒服惬意，和平时一样，我大多沉浸在自导自演的温柔白日梦

[1] 按照以赛亚·伯林的描述，汉弗莱·豪斯当时“闷闷不乐，没有工作，为对宗教的怀疑所折磨，随时准备恋爱”。他第一眼就觉得莫伊拉·林德具有“让人无法抵抗的魅力”，“像一条害相思病的大狗”般在鲍恩宅邸围着莫伊拉转，几个小时之内就说自己“深深地、无可救药地”爱上了她（伯林对此持反对态度）。第二天，他们继续旅程时，豪斯坚持要陪同一段路。见伯林1982年1月致莫伊拉·加斯特的信。

中，而其他人则一直在谈论鸟类的话题。之后，我们的车撞上了一个小个子老妇的驴车，她的驴车散了架。那是一个完全无人居住的地方，但很快就聚集了七十几个人。相比受伤，那位老妇人更多是受了惊吓。但她却开始不怀好意地夸大自己的伤势。

如果您对这种事有兴趣的话，就让我告诉您接下来发生的既严肃又滑稽的一幕吧。爱尔兰警察[1]都是些热情可敬的人，我们很快成了好朋友。接着到警察局做笔录（“林德小姐努力保持小姐派头，伯林先生则眼冒金星，恍然间看见一只驴身上插着断箭向他冲来……”，等等），这番情景完全就是雷内·克莱尔《最后一个百万富翁》[2]的翻版，希望我永远不会忘记。不过这一切很快就被一条坏消息破坏了。考克斯的一根手指受了重伤，现在还在医院里。于是其他人一直在沮丧地奔波，从修车铺到警察局，从警察局到医院，再从医院到铁路宾馆。整个小镇的人好像都知道了这件事，因为我们老是被陌生人拦住，问我们一些表示同情的问题。我们尽力不让此事见诸报端，您知道我们这两位年轻小姐是极具新闻价值的，而且她们非常害怕让父母知道，所以必须将此事高度保密，并且编出一个巧妙的谎言来解释为什么考克斯的手指短了一节。我只能解释说我和他打了一架，把他的手

[1] 伯林此处原文为：Gardai。
[2] 雷内·克莱尔（1898—1981），于1931年写了《最后一个百万富翁》的电影剧本，并导演了这部早期经典电影。

指咬断了。我的语气声调应该恰如其分，不让别人看穿其中的真假，否则会成为一个让人怀疑的烂笑话。因为绝不能让这次事故走漏风声，“小宝贝”表现出超凡绝伦的智慧，打点一切大小事宜，没有任何人协助，便营造出一种真实（有
点像战争时期）的浪漫氛围。在其中，我只觉得自己很笨拙 52
很没用，但对这种氛围很是欣赏。

对不起，我没想扯远：原先只想告诉您，对您的盛情款待，我们真的不胜感激。如果您愿意，我们真的很希望能在牛津再次见到您，尽尽地主之谊。顺便说一句，马塔莎伯爵夫人是个身材高大、善良慈祥的人，而她的儿子却热情过头，十分令人生厌。

您极为真诚的

以赛亚·伯林

致西勒·林德

星期六［邮戳日期 1933 年 7 月 1 日］

戈尔韦郡南方大酒店

亲爱的西勒：

这是一个十分有趣并且令人愉快的旅行团队。对于其间发生的种种趣闻逸事，我只希望能够尽可能多记住，以便回去后向您一一述说。现在我确信，意大利之旅将会获得圆满成功：如果之前的旅行没有失败，接下来的就更不必说，一定会十分顺利。“小宝贝”变得日益温柔可爱，玛丽也愈

加活泼开朗，越来越有北欧人之风。

克里斯托弗一直兴高采烈，片刻也安静不下来，我则长时间保持沉默，沉浸在自己的白日梦中。那晚和我们共度时光的卡梅伦夫人很有魅力，是我喜欢的那种类型。若是在牛津，她肯定大受欢迎。我们在那里没吃别的，成天就是大量的茶、鸡蛋和培根。当地人都很可爱浪漫，没什么时间观念，但有时比较务实，因为说话意思含糊，有点烦人。不过对此我没什么可抱怨的。如果我要结婚，一定会选择爱尔兰人做妻子。我差不多可以完全确定我会去参加您的聚会，是6号还是7号举行？对于这次旅行，我并不期待它会是一段多么有收获的经历，只把它当作繁忙工作中一段令人愉悦的间歇，一个轻松的无所事事的真空状态。在这个状态下，我什么也不干，也没有人要求我干什么。您看我啰啰唆唆，肯定会破坏我对意大利之行的描述。考克斯组织的这个旅行小队真的很有意思。

您的

沙耶

第二天，玛丽·费希尔从安尼朗湖写了封信回家，内
53 容如下：

好开心呀！我们住在湖心岛中央的两座小木屋里，湖的四周群山环绕。刚进去时，木屋里简直肮脏透顶。

尽管如此，它还是像个天堂。想不到以赛亚在做家务方面居然是个能手——昨天进去时，我还没回过神来，他就已迅速脱下大衣，把水槽清洗好了。之后又欣然接受了我们的建议，挖了一个坑，把蛋壳、罐子之类的东西掩埋掉[……]清晨，趁他们还在阳台熟睡之际，我和“小宝贝”脱去衣裳在幽深清冽的湖水里游了个晨泳，感觉真不错。

他们在岛上又待了两个晚上，于7月5日星期三乘坐往返爱尔兰首都都柏林与荷利赫德之间的轮船回家。之后，以赛亚与父亲共度了一段假期，才与牛津同伴们再次踏上旅途。

致玛丽·伯林

[1933年7月]

乐图凯大西洋酒店

亲爱的妈妈：

我把父亲送到赌场玩，自个儿待在这里看信写信。我很好，明天要出发去巴黎和意大利。您发的电报迟迟未到，在这里引起了一些不安，不过随着今晨电报到达，不安情绪立刻一扫而光。我们的假期非常愉快。至于瑞士，在父亲眼中，是个物价过于昂贵的国家。但他真正担心的是连比克都走后，银行放假时他有什么事可做。他正处在既没有朋友，又必须依赖别人陪伴的丢脸处境中。我也依赖别人的陪伴，但至少不会没有朋友。希望您经过德国时一切顺利。[1]这里没有一个犹太人。有天晚上，我们曾透过一家咖啡店的窗户看到苍老疲惫、穿着褴褛的弗丽达·马可夫娜正和一个人跌跌撞撞地快速走过，之后就再也没有见到她。爸爸看起来神采奕奕，精力充沛，我也不错。在我和科洛思维特去布拉格之前，会在意大利或瑞士等地待上十天。科洛思维特让我转达他对您和父亲的问候。在某些方面，他是个标准的美洲人，到四十岁时他会成为自命不凡的人，但现在还好。

到波托菲诺之后我会再给您写信。父亲还没回来，所以我会把这封信寄出，而不让他知道。和他度假期间根本无法工作——他阅读的时间从不超过三刻钟，**而且**讨厌一个人待着。但他是个很好的人。偶尔我会对他做出客观的评价，不是从儿子的角度，而是纯然出于客观，他确实是个优
54 秀的人，就连他的自我中心都是带有人情味的，是和蔼可亲的。看到他没有被生活侵蚀的确是件快事。您会说是您撑起的保护伞使他避免与外界产生摩擦。或许是的。但有些人却专门要找棱角磨炼自己。[2]您不让他经历风浪，他自然也就不会树起保护自己的天然屏障。对于这一点，我要感谢您，祝愿您和比克先生玩得愉快。他是个十足的多愁

[1] 自希特勒1月份成为德国总理后，纳粹统治下的德国掀起反犹太人运动并颁布反犹太人的法令，受纳粹主义鼓动的人们开始公开压迫犹太人。
[2] 伯林此处原文为：потереться о них。

善感的人。

爱您

沙耶

在波托菲诺，与以赛亚·伯林结伴度假的人包括罗伊·哈罗德[1]和他的母亲弗朗西丝[2]、托马斯·霍奇金[3]以及林德姐妹。但之后大家发现所住的旅馆有诸多不便，而且波托菲诺实在太拥挤，所以于8月2日搬到了加尔达湖的圣维基里奥饭店。德瑞克·凯恩[4]和爱德华（“泰迪”）·霍奇金[5]原计划不久后与他们在波托菲诺碰面，所以托马斯给泰迪写了封信，告诉他们计划变更，但未能联系到德瑞克，于是德瑞克去了波托菲诺。8月4日德瑞克发电报让大家在博尔扎诺与他碰面，但未说明具体会面地点。以赛亚、托马斯和泰迪在博尔扎诺四处寻找德瑞克未果。之后，伯林途经因

[1]（亨利·）罗伊·福布斯·哈罗德*（1900—1978），经济学家，1924—1967年任牛津基督教堂学院学者（研究员）和导师。

[2] 弗朗西丝·玛丽·迪赛里·哈罗德（1866—1956），小说家。丧夫。演员约翰斯顿·福布斯—罗伯逊的妹妹。

[3] 托马斯·莱昂内尔·霍奇金*（1910—1982），1928—1932年就读于巴利奥学院古典学专业，1933年在莫德林学院读研究生，1932年12月26日到1933年7月24日作为实习考古学家居住在巴勒斯坦，之后经由欧洲回到英国。

[4] 德瑞克·爱德华·沃特·布莱基（1912—1944），原姓凯恩，1930—1934年就读于巴利奥学院古典学专业，1933年更改姓氏，1944年2月14日于缅甸阵亡。

[5] 托马斯·霍奇金的弟弟爱德华·克里斯蒂安·霍奇金（生于1913年），家里人称他“泰迪”。1932—1935年就读于巴利奥学院历史专业，之后（1969—1972）任《泰晤士报》副主编。

斯布鲁克到达马里昂巴德城，接着前往萨尔茨堡。此前，他已邀请霍奇金兄弟8月20日在那里会面。

致克里斯托弗·考克斯

1933年［8月］[1]14日

寄自萨尔茨堡邮政总局待收保管处

亲爱的X：

最近好吗？怎么都不来信呢？对于牛津的古典人文学课程，您还满意吧？您的手指怎样了？“小宝贝”自意大利
55 回来后是不是变得更消沉了？[2]还是恰恰相反？能告诉我古典人文学课程的一些详情吗？福特[3]的大房子是否正在举行葬礼？您是否觉得我慢慢变得像伊夫林·沃笔下的首相[4]一样，常常抱怨说别人什么都瞒着他？很显然，对此问题，我想您的答案很多，那就填完以上问卷吧。看在上帝的分上，对我的地址您一定要保密。如果让林德她们知道，后果就严重了。在这里，我正迅速变成一名斯拉夫哲学家：当地的名流均为教授，极有智慧。对于邮票上的这个人，您不觉得

[1] 原文误写为7月。
[2] 其中的原因不明，据推测与恋爱有关。
[3] 爱德华·威廉·斯宾塞·福特（生于1910年），1929—1933年就读于新学院古典学专业；1934—1935年获哈姆斯沃思奖学金，成为中殿律师公会法律系学生；之后（1975）担任勋位册授登记员和书记官；出身显赫，可惜未能取得新学院古典人文学科大考的一等学位。
[4] 即“愤怒先生”，见伊夫林·沃的小说《邪恶的肉体》中“上个星期的首相”（但很快官复原职）一章。

他既拥有校长的严肃高贵气质，又拥有克拉克教授温文尔雅的魅力吗？[1]

沙耶

古典人文学课程成绩应该还不错吧？

新学院档案

致罗伊·哈罗德

1933年8月15日

马里昂巴德克林格G.饭店

感谢您热情洋溢的来信。我的财务问题确实日益突出[2]，而且金钱问题带来的忧虑我想您也非常清楚。但和您比起来，我需要补充钱的理由还不够充分。博尔扎诺是个舒适的好地方，但完全找不到德瑞克·凯恩的踪迹，这里姓凯恩的人很多，就是没有叫德瑞克的，我想德瑞克一定会觉得自己被人冷落了，原本忧郁的心情会变得更加阴暗。从博尔扎诺出发，我们又去了因斯布鲁克，在一个荒凉的高坡上与汤米·霍奇金兄弟道了别。他[3]的订婚吹了，但仍表现得十

[1] 这张捷克邮票印着当时的（也是第一任）总统托马斯·马沙利克的画像。这里的校长即伍斯特学院院长弗朗西斯·约翰·利斯（1863—1947）；克拉克教授指A.C.克拉克。

[2] 从这封回信可以看出似乎罗伊·哈罗德的母亲不知何故介入伯林的财务问题，认为他在国外旅行时应该再补充些现金。

[3]“小宝贝”林德曾和汤米订过婚，但在汤米去巴勒斯坦之前两人解除了婚约。

分洒脱。马里昂巴德因中欧各种思想的交汇而大放异彩。这里到处是流亡者、革命家、煽动家和反煽动家。实际上，这也是一座宜人的城市。在因斯布鲁克，我与斯特雷奇小姐[1]和她的年轻男友不期而遇，他们居然也在马里昂巴德旅游，
56 令我惊讶不已。真是太巧了。之后我们便结伴同行。我们在她那位年轻男友的父亲[2]面前出演了一幕荒诞剧，我不得已将斯特雷奇小姐以琳达·格莉尔[3]的身份介绍给他。我很想把事情的来龙去脉告诉您，但信里实在写不下。在这里，一名来自洛克菲勒家族的叫迈克尔·安吉洛·黑尔普林[4]的学生很想见您。请转告您母亲我们真的玩得很开心愉快，谢谢她的关心。

沙耶

希望您注意到了这张邮票上的人物长得与克拉克教授以及/或那位院长是多么惊人地相似。

大英图书馆馆藏手稿补遗71191号

[1] 芭芭拉·斯特雷奇（1912—1999），奥利弗（利顿的兄弟）和雷·斯特雷奇的女儿。1930—1933年就读于剑桥大学玛格丽特夫人学院历史专业；1940—1941年在情报部工作；1940—1974年在BBC任职（1942年任国际新闻助理）；1934年1月17日与奥雷夫·休尔汀结婚（二人于1937年离婚），后与沃尔夫·哈尔彭结婚，即文中提到的所谓“年轻男友”。
[2] 指乔治·格德·哈尔彭（原文第93页注3）。
[3] 大概是想到了玛格丽特夫人学院的校长琳达·格莉尔的名字（原文第250页注1）。
[4] 迈克尔·安吉洛·黑尔普林（生于1909年），经济学家。1935—1938年任日内瓦国际研究所国际货币关系学教授。

致克里斯托弗·考克斯

26日星期五［即1933年8月25日］

萨尔茨堡普兰斯塔斯街59号

理查德·艾德勒·冯·科萨茨基中校宅邸

不过最好把信直接寄往邮政总局

亲爱的X：

一直没给您回信，我的无礼还请您原谅。个中原因是我这里的邮局送信服务糟糕透顶，您的三封信[1]在同一时间到达。把三封信按日期顺序一气读完后，我的整个感觉是受宠若惊，深受感动，喜悦万分，虽然孤身一人也不再惶恐不安。但临到末了，还是对眼前明摆着的困难深感苦恼。这些困难或许在别人看来不算什么，具体包括（我一贯的专业化做法就是把它们用1、2、3罗列出来）：

1. 钱。因为手头太紧的缘故而根本去不了，这是最大的问题。我不能确切地说我手头还有多少钱，但我不想一到那里便开始借钱。

2. 我已在外漂泊太长时间，这是一种不道德的行为，是浪费工作时间，是精神折磨，这个行程使我的思乡之情不断滋长。而我最多只能在那里待上两天左右，这似乎有些不合

[1] 克里斯托弗·考克斯邀请伯林到“黑人”厄克特在法国阿尔卑斯山区的乡村木屋度假（位于欧洲第一高峰勃朗峰山麓的圣日珥维勒邦）。在那里他接替身体抱恙的厄克特，组织了一场新学院的读书会。

常理。

57 我现在已经不太想去鲁塞尼亚[1]了，但是G.和S.[2]已经抵达这里（这仅仅是因为之前我坚持他们俩从不同的道路出发，在不同的时间抵达。S.在G.来之前非常忧虑不安，现在他们公开的爱意已经融化了每一个人的心，只有我除外。我冒着极大的危险试图制止他们），我觉得自己应该遵守诺言。真是左右为难呵：我们都认为萨尔茨堡是我们实现梦想的地方（我过去四年的梦想），所以想留下来；可是如果现在不去鲁塞尼亚，以后也许就再也去不了了，并可能会因此错过一些东西。而且谢拉一直渴望去那个地方。我试着用鲁塞尼亚人被各种可怕的疾病缠身、政局动荡等种种传闻来吓唬他们，但最后还是失败了。所以现在我们正要前往那里。我们将于周一早上离开这个天堂般的地方，由水路前往并于周二抵达伯拉第斯拉瓦，周三抵达科希策以及乌日霍罗德，这些地名都很吸引人。我不想在那里停留超过三天。如果我4号，即周日出发，可能会在5号晚些时候抵达苏黎世，如果要去木屋别墅，可能就会在6号的某个时间抵达，然后可以待至8号或9号。不知这么做是否值得？当然，不可否

[1] 乌克兰鲁塞尼亚现在分属斯洛伐克和乌克兰。

[2] 指戈伦韦·里斯和谢拉·格兰特·达夫。谢拉对此次前往乌克兰鲁塞尼亚旅行的评价很高。（是以赛亚·伯林建议他们去的："他希望深入了解'基础斯拉夫语'。据他所知，这是捷克斯洛伐克东部流行的语言。"）在她的书中，曾提到匈牙利于1920年把乌克兰的鲁塞尼亚归还给了捷克斯洛伐克。《分道扬镳：30年代之我见》（伦敦，波士顿，1982），第50—53页。

认以下事实：

（1）我很想见您。夏初和夏末都有您相伴，会让我的夏天变得圆满而且回味无穷。

（2）倘若我不在哪个地方终止这趟旅行，到最后它只会变成折磨。因为连续四十小时待在三等车厢里无疑会使人变得形容枯槁，不成人样。花费、良心，还有我父母越来越不耐烦的样子都令我心情沉重。您收到这封信后，如果想空邮一封信到科希策［koschau］[1]的邮局待领处，请在信中告诉我信从苏黎世或巴塞尔寄到你处的路径，是否两天左右能寄到，因为相距遥远，路上存在各种困难。如果您能那么做，我想就可以开心地给您发电报了（顺便说一下，您的电报昨天下午才收到）。有很多话想对您说，但这里只能简单说说，以免打扰您的工作。霍奇金兄弟此时也在意大利。我和汤米不熟，但他性格随和，是个很好相处的人。他和"小宝贝"的关系那么甜蜜，那么守规矩，有时还不免冒些傻气，真让人心动。罗伊·哈罗德认为年轻人就是应该享受生活，但西勒却不同意，认为这是感情用事，"小宝贝"不值得他那样。光是哈罗德夫人就值得写上六七十页，她总是一惊一乍，问遍所有人她的背是否露得太多。想当年，她可是个富有且身材出挑的美人儿。现在这么做与其说好笑，倒不如说令人厌恶。

所以，一定要写信给我。

[1] 此标注和括号为伯林本人所作。这里及上文的正确形式是"Košice"。

58 不管怎样，大约在9月4日左右，我会在某个地方给您发电报的。

我同意，古典人文学科还是很公平的。假如斯多福[1]获得哲学一等学位，哲学的水平肯定会下降。

谢拉和戈伦韦今天爬山去了，就剩我一人和艾德勒·冯·科萨茨基相处。他谈论着塞尔维亚人、克罗地亚人的丰功伟绩，谈论着他的前任院长约瑟夫大公[2]（?）。这座小城从哪方面看都像天堂，但是政治的阴影已经逐渐开始笼罩这里，这极可能是我最后一次来此地。我在这里变得如此多愁善感，一定想不到吧。显然我该就此搁笔了。

您的

沙耶

非常非常感谢您提供的书单，但我已有康德的书，也就别无他求了。

离开萨尔茨堡后，伯林和戈伦韦·里斯以及谢拉·格兰特·达夫在外喀尔巴阡的鲁塞尼亚短暂停留。回伦敦的路上，他在维也纳（9月3日）和苏黎世（9月4日）各逗留了一天，之后前往法国阿尔卑斯山厄克特的一处乡村木屋别

[1] 爱德华·肯尼迪·斯多福（1911—1983），1930—1933年就读于新学院古典学专业；1936年加入英国战时国防部。
[2] 应该指约瑟夫·卡尔大公（1833—1905），奥地利皇室匈牙利分支的家族成员。

墅，与克里斯托弗·考克斯等朋友聚了几天。[1]

致门德尔·伯林

星期日［1933年9月3日，明信片］

日利纳（离维也纳五小时车程）

我已踏上归途，但行程缓慢。外喀尔巴阡的鲁塞尼亚是一个自然景观贫乏的地方，所以我计划在萨瓦省圣日珥维勒邦的一所小木屋住两三天。新学院有好些人在那里买了避暑小木屋，他们发了七八封信和电报邀请我到那里度假。希望周六或周日能回到伦敦。

爱您的

沙耶 59

致克里斯托弗·考克斯

［邮戳日期1933年9月］12日

霍里克罗夫特大道49号

亲爱的X：

同您一样，我也在身心疲惫地日夜兼程。关在七英镑换

[1] 在木屋的访客留言簿里，伯林记录的日期是9月5—10日（克里斯托弗·威廉·马切尔·考克斯的记录日期是9月2—22日，而且伯林在那里照了很多相）。伯林逗留此地期间（显然他仅此一回到过木屋），当时在一起的还有理查德·奇尔弗（原文第60页注1）、赫伯特·哈特*、弗雷德里克·沃尔特·豪、托马斯·乔治·欧德林、马克·戴尔科·坦南特、理查德·韦尔伯弗斯（原文第65页注5）、奥利弗·弗雷德里克·约翰·布拉德利·伍兹、夏恩·怀利。后六人均来自新学院（韦尔伯弗斯如今不在新学院）。

来的三等卧铺车中，车上乘客很友好，上车或到站离开时都会礼貌地相互握手。和我同座的是一位英俊潇洒的骑兵军官，对意大利威胁论发表了颇为有趣的见解，提及那些大人物时总是骂骂咧咧。谢谢您邀请我到小木屋度假，我在那里过得非常开心，它使我从长时间的抑郁与疾病中恢复过来。总之，我对那里的一切心怀感激，每位住客都那么友好，以各自不同的方式表达诚意。请转告理查德[1]，他的长信已经安全寄出。道格拉斯带头撰写的关于《棕皮书》的文章[2]，使《经济学家》杂志在德国遭到没收，为此道格拉斯兴高采烈，大家也都心情舒畅，就连雷顿[3]也没那么暴躁了。戈伦韦和谢拉也在这儿，他们原准备同杰伊一家出去共度周末，但现在闹翻了。目前我们个个都很开心，听说"小宝贝"也不例外。一切看起来都不错。至于我，接下来不会和什么人见面，准备埋头工作。希望我能在这里待得久一些。最近这里阴雨不断，除了几场婚礼[4]，其他乏善可陈。上帝，真是

[1] 理查德·克莱蒙森·奇尔弗（1912—1985），1931—1934年就读于新学院古典学专业，1934年成为公务员，1937年与萨莉·格雷夫斯结婚。

[2] 指《经济学家》1933年9月2日刊出的未署名的文章"恶魔希特勒"（第440—441页）。《棕皮书》全称为《关于恶魔希特勒与国会纵火案的棕皮书》，由以爱因斯坦为首的"德国法西斯主义受害者国际委员会"撰写（伦敦，1933）。有趣的是（鉴于后来不确定伯林对希特勒种族灭绝政策的了解程度），该书第8章"迫害犹太人"中有一小节（第283页）标题为"犹太人问题的清算"，这里是指"针对六十多万犹太人的灭绝之战"。不知伯林是否读到了这一小节？

[3] 沃特·托马斯·雷顿（1884—1966），1922—1938年任《经济学家》杂志编辑。

[4] 包括查尔斯·亨德森与伊索贝尔的婚礼。

无聊透顶。抱歉。

沙耶

新学院档案

致伊索贝尔·亨德森 [1]

1933年9月28日

霍里克罗夫特大道49号

亲爱的亨德森夫人：

真不知该如何表达我想说的话。直至现在，我仍无法使自己完全明白昨天几乎是偶然在《泰晤士报》上看到的几行消息。为此，我请求您的宽恕。看到这则消息，我才意识到我对查尔斯是多么依赖。意识到他为我并与我一道做［了］那么多的事。这一觉悟居然要靠这种方式唤醒，60
真让我感到羞愧难当。他与我同年同日进入圣体学院，我们俩曾经都很失落，终日郁郁寡欢。此刻我多么希望自己在过去就已经明明白白地告诉他，我真的很感谢他在芸芸众生中选中我成为他的朋友。在教师休息室里，他是唯一真正有人情味、有教养的人。他的高雅品位、他的羞怯、他的温和、他的亲切使他在那冷冰冰的气氛中倍感孤立，但他却拒绝被同化。他的居室是当时唯一能让我，想必也让他后来在牛津结识的朋友们，找到温暖和同情的地方。

[1] 查尔斯·亨德森于9月24日在罗马度蜜月时死于胸膜炎。

而这在牛津的其他地方几乎不存在。同时，他也极其理智成熟（当然，就某种意义而言，我从未感到两人年龄的差距。想必这是因为在许多方面我自己也十分老成。但在实际生活中，我却显得十分幼稚愚蠢，是他给了我很大帮助）。每当我冒傻气或情绪低落的时候，总是他为我指点迷津。是他力排众议，为我安排好在圣体学院的整个职业生涯，同时送我到全灵学院，从各方面支持我，扶持我。很抱歉，我这样似乎是硬拿我自己和自己的事叨扰您。但我确实对他心怀莫大感激。这份感激之情超过了四年大学时光里对牛津或其他任何地方的任何人：这是我表示感谢的唯一方式。在其他方面，您比我更了解他：他的敏感和典型的欧洲人特征，对资产阶级迂腐的厌恶与不适应，以及对牛津大学里呆板、狭隘的学术兴趣的不满，让他在整个四年中闷闷不乐。实际上，这一切直到他遇见您之后才有所改变。想当年，他变得越来越焦躁不安、可悲可怜，同时也变得像普通人和贵族阶层一样保守。尽管与他关系甚密，但我不会也不想为他写讣告。我所能做的只是写下这封冰冷而又笨拙的信，其中原因或许将来某一天会告诉您。他订婚后我遇到过他几次，那时他幸福洋溢，深陷爱河，整个人也发福了，一副有钱人的模样。他的离世是我人生当中遇到的最感悲伤的事。虽然我生性害羞，口拙笔笨，未能用适当的言辞来表达我的慰问，但我还是希望您能够体会并理解我力图表达的同情之心。很抱歉，原谅我词不达意。

您永远的

以赛亚·伯林

以赛亚·伯林认为离开言论贫瘠的新学院是一种“彻底解放”[1]。全灵学院是一个完全不同的环境：“那里的人个个朝气蓬勃、充满智慧且活泼健谈。年长者都得小心处事，因为他们的人数少得多。”[2]这里所说的年长者是指那 61
些在学术界和大众眼中身居要职、颇具影响的老一辈学者，他们大都持保守观点。那些平常不在牛津的往往会在全灵学院度周末。虽然他们和年轻一辈学者保持着友好的关系，但因为年轻学者绝大多数持“左翼”观点，这群人还是分为泾渭分明的两派。把他们联系在一起的是对于辩论的热爱，特别是政治方面的辩论，国际政策、英国的治理、欧洲的未来都是拥有敏锐头脑的他们辩论的焦点问题。听他们的对话就仿佛上了一堂堂精彩的政治学课。[3]当然，下一封信所记载的对话显然并未达到这一水准。

[1] 迈克尔·伊格纳季耶夫采访伯林录音之五。

[2] 迈克尔·伊格纳季耶夫采访伯林录音之十。

[3] 见伯林与弗朗索瓦斯·索比尔的访谈，“以赛亚·伯林先生，一个敢作敢为的人”，出自《牛津，1919—1939》（巴黎，1991），第66页。

致亚当·冯·特罗特

[1933年] 10月26日

[全灵学院]

亲爱的亚当：

早该给您写信的。此刻写这封信时，全灵学院的一切如常运转。炉火旁罗斯和里斯正在谈论德国的政治前景。我实在听不进去，因为罗斯又在老调重弹。他们的对话一直在原地打转，同样的问题讨论了三四遍甚至五遍。候选人都很差劲。（您**为什么**不来呢？大家心情郁闷，以至于谁都不想选。）汉弗莱·豪斯没写出好论文，恐怕他的身体要为此遭罪了。卡西尔也来了，正饶有兴味地与不同学派的年轻哲学家们分享他的成功故事。受他的影响，我逐渐恢复了精气神。福斯特[1]、赖尔[2]、普莱斯[3]和艾耶尔[4]懒洋洋地并排躺着听他高谈阔论。之所以毫无顾忌地对您说这些，是因为我觉

[1] 迈克尔·贝瑞斯福德·福斯特（1903—1959），1930—1948年为牛津大学基督教堂学院研究学者和哲学导师。

[2] 吉尔伯特·赖尔（1900—1976），1925—1945年就读于牛津大学基督教堂学院，毕业后留任哲学导师；1945—1968年是韦恩福利特形而上学哲学教授，莫德林学院研究员。

[3] 亨利·哈勃雷·普莱斯*（1899—1984），1924—1935年任三一学院的研究员兼哲学讲师；1935—1959年成为逻辑学威克汉姆讲席教授，同时担任新学院研究员；1939—1940年任心理研究协会的会长。

[4] 阿尔弗雷德（“弗雷迪”）·朱尔斯·艾耶尔*（1910—1989），1928—1932年就读于基督教堂学院古典学专业；1932年与（格雷丝·伊莎贝尔·）勒内·里斯结婚；1932—1935年任基督教堂学院哲学讲师，1935—1944年为研究学者；1944—1946年任瓦德汉姆学院研究员兼哲学讲师。

得您不会认为这只是些鸡毛蒜皮的琐事。在我看来，它们绝**非**小事。卡西尔思路清晰，言谈风趣，而且博学多才。此 62
刻，我总算渐渐可以专注于某件事了。

我的暑假过得十分痛快。从爱尔兰到意大利，从意大利到奥地利，从奥地利到鲁塞尼亚（一个狂妄的国家，那里的人肮脏卑劣，同时又十分有趣，雄心勃勃。不存在什么占大多数的东西。他们有五种主要语言，七个分支语言，七块边境地带，性格独特而又狂热的犹太人，还有爱争吵的心胸狭窄的乌克兰人），从鲁塞尼亚到瑞士，之后还去了法国，最后才回家。中欧人口拥挤，个个野心勃勃，妒贤嫉能。巴尔干式各自为政、分裂敌对的特点丝毫未见减弱，不久肯定要再出事端。他们不可能永远这样自作自受。我没法继续写了，因为罗斯在我身边喋喋不休，说个没完，同样的话重复了一遍又一遍，让我觉得头脑发晕，想象力迟缓，精神疲倦。他的观点或许都很正确，只不过需要证据支撑。比如“我亲爱的戈伦韦，重要的**不是**听人们**说**他们在想什么，而要看他们在**做**什么。马克思说过，人民之所以下决心在政治领域有所作为，归根结底，是因为他们建立在民族意识基础上的民族精神使然，这种意识是根据他们所经历的一切而产生，而不是靠他们认为自己打算做什么而形成……”，等等。我写不下去了。务必写信给我。我需要从思想活跃的人们那里得到支持，任何形式都欢迎。

您的

沙耶

查尔斯[1]的死让我悲痛欲绝，好一段时间无法平静。没想到我这么喜欢他。我真的无法接受再也看不到他的事实。

致黛安娜·哈贝克[2]

星期一［1933年10月30日］

全灵学院

亲爱的黛安娜：

真希望能在更合适的场合见到您。那次我身边到处都是人，而且我不太喜欢斯佩里小姐。这也许是我的错，因为大家都说她拥有一双美丽且充满智慧、如天鹅绒般温柔的眼睛。但事实是，她和讨人喜欢但与我们毫不相关的人物——哈德逊[3]的出现，使整个场面过于张扬。我想您应该不会在短
63 时间内再来牛津吧，我也不在伦敦。因此，要想再次见到您（除了这门课的种种优点外，上次的会面令人遗憾，我们绝不能让它成为最后的记忆），只有到12月，中间还有好长一段时间。我的生活圈子非但没有扩大，反而正急剧缩小，圈中富有生气、待人热情的人因为稀缺而变得越来越有价值。

[1] 指查尔斯·亨德森。

[2] 黛安娜·玛丽·哈贝克（生于1912年），简·奥斯丁的第五个兄弟弗朗西斯的曾曾侄孙女；1931年就读于玛格丽特夫人学院的圣保罗女子学校；亚当·冯·特罗特的好友；受过专门培训的广告撰稿人；1936—1940年受聘从事西班牙巴斯克地区、德国以及捷克儿童难民的救助工作；1939年与戴维·霍普金森结婚。

[3] 杰弗里·弗朗西斯·哈德逊（1903—1974），东方学家，1926—1954年任全灵学院研究员。

您那篇关于马丁·库珀[1]的评论有结果吗？我能写信问他吗？这么做的话会怎样？请一定告诉我。[2]他迫不及待地想赚钱，肯定会回伦敦来为这些写字幕。不管怎样，他圣诞节也会回来。另外有件事我忍不住要告诉您，就在十分钟之前，在我写这封信时，恩斯特·卡西尔教授[3]过来问他的专题研讨会是否准备在圣诞节举行，我真是搞不明白。我希望自己没有对他失礼，可他看我的眼神就仿佛我是个疯子。正如您猜到的，圣诞节最后成了基督堂市。[4]原谅我，告诉您这么一件乏味的琐事，只是因为它刚刚发生，而且这里的人实在缺乏欣赏能力，我才顺便提提。请回信告诉我关于马丁的消息，以及随便其他什么事情。很遗憾，您没能来与[A.C.] 克拉克教授共进午餐，那次经历真是令人难忘。

您的

沙耶·伯林

[1] 马丁·杜·普耶·库珀（1910—1986），音乐评论人兼音乐家；1928—1931年就读于圣埃德蒙德学院现代语言学专业；1934—1939年担任《伦敦信使》杂志音乐评论人，1942—1950年担任《每日先驱报》的音乐评论人。

[2] 库珀似乎请求黛安娜·哈贝克做了某种形式的推荐。

[3] 思想史家恩斯特·卡西尔（1873—1945），德国难民，1933年9月受全灵学院的邀请，以及全灵学院和圣体学院的资助，与其妻托妮来到牛津，担任齐切利讲席讲师（主讲“法律原理”），1935年离开；他的《启蒙运动的哲学》一书于1932年出版。

[4] 此处伯林犯了他很少犯的错误，将牛津的学院“基督教堂学院”（Christ Church）误写为“基督堂市”（Christchurch）。新西兰和多塞特郡才有基督堂市。该错误在其他地方还出现过。

致托马斯·霍奇金

[1933年11月初] [1]

全灵学院

亲爱的T.H.：

在不违反保密誓言的前提下，我将尽可能把一切和盘托出。您没能入选我们学院[2]，因为审查委员会只推选了奥斯丁[3]一人。于是，那些没有机会看到您的论文或是相信审查
64 委员会的人把票全投给了奥斯丁。但是有很多人是站在您这边的，包括您求之不得一见的大人物。整个评选过程为时漫长，严格保密，您的失利只是分毫之差而已。好长一段时间里，老老少少，不管是想选您还是不想选您的人都替您说了话。说您是个非常不错的人，说您与认识的人都能相处融洽，说您讲话富有见地且趣味盎然。还说每一个认识您的人都非常喜欢您。院长[4]在得知结果后甚至难过得流了泪。格兰特·罗伯逊[5]对此提出了尖锐批评。伍德沃德[6]和

[1] 托马斯·霍奇金的回信日期为1933年11月8日。

[2] 指申请全灵学院研究员一职。

[3] 约翰·兰索·奥斯丁*（1911—1960），1933—1935年任全灵学院研究员，1935—1952年任莫德林学院研究员兼哲学导师。

[4]（威廉）·乔治·斯图尔特·亚当斯*（1874—1966），1933—1945年任全灵学院院长。

[5] 查尔斯·格兰特·罗伯逊爵士（1869—1948），历史学家，1893—1948年任全灵学院研究员，1927—1938年任伯明翰大学校长。

[6] 欧内斯特·卢埃林·伍德沃德（1890—1971），历史学家，1919—1944年为全灵学院研究员，1922—1939年任新学院讲师，1944—1947年任国际关系学蒙塔古·伯顿讲席教授。

佩尔斯[1]也对此结果暗暗表示不满。许多很可能会投票给您的人那天因种种原因缺席。总之，您在每个人心里留下了不可磨灭的印象。我个人认为您应该再次申请进入这个学院，虽然您可能会怒不可遏地拒绝接受这一提议。因为兰格大主教和韦尔伯弗斯[2]当时也是反复申请后才进来的。我已把我能说的都告诉您母亲了，但我没敢对她说我心里的想法，那就是，我认为学院让您再来申请的做法对您太不公了。没人敢说您的论文不如从前，似乎是这些评审委员们的评判标准变了，我只能这么解释。而且我要告诉您，没有一个第二次申请的人成功通过（如菲利克斯、豪斯、普利斯顿、菲格斯、巴格等）[3]，但那些申请了三次的人都成功了（如前提及的）。真是这样，我想您完全没有必要难过或就此放弃

[1] 理查德·佩尔斯（1902—1958），历史学家，分别于1921—1945年和1954—1958年任全灵学院研究员，1929—1939年任新学院的讲师，1945—1954年任爱丁堡大学历史系教授；1939—1958年任《英国历史评论》的编辑；伯林在《个人印象》一书中回忆过他。

[2] 科兹莫·戈登·兰格（1864—1945），分别于1889—1893年和1897—1938年任研究员，1928—1942年任坎特伯雷大主教。仅在1886年和1889年两次申请成为全灵学院研究员，而不是伯林接下来所说的三次，所以他是在第二次申请时就成功了。这是伯林所说的“没有一个第二次申请的人成功通过”的规律的特例。理查德·欧姆·韦尔伯弗斯（1907—2003），1964年成为韦尔伯弗斯男爵，大律师，1932—2003年为全灵学院研究员，但1930年和1931年两次申请未获成功。

[3] 菲利克斯·马卡姆（1929年和1931年申请）、阿瑟·汉弗莱·豪斯（1930年和1933年申请）、塞西尔·赫伯特·桑索姆·普利斯顿（1932年和1933年申请）、弗兰克·爱德华·菲格斯（1931年和1932年申请）、艾弗特·休·巴格（只在1932年申请了一次，伯林显然是笔误，把他也概括进了两次失败的名单里）。

（我希望您并未感到难过，而是把它当作一种荣耀）。尤其是想到您可以像瑞里[1]一样，通过写现代史买通他们，进入学院。

至于我个人，我确实觉得在您的论文中，一些地方，特别是那篇文章，您没有尽力做好（您并未请我提意见，我却如此妄加评论，您也许会认为我太好为人师。千万别这么想。否则我向您道歉。愿意怎么做就看您的了）。

65 我不知这样的安慰对您而言是否有任何作用。但不管怎样，您应该知道那些曾经失败过的人都进行了极其漫长而且顽强的斗争。如果您希望在牛津谋职（上帝，我说话的口气俨然自己就是肯尼思·贝尔[2]或什么大人物似的。原谅我，那太可怕了），您至少可以从当地权威人士那里得到十到十五条左右的宝贵建议，就不要说我们这些小人物了。如果这学期中间您回来，请来找我。愿上帝无数次保佑您。这封信真是写得一团糟。

以赛亚·伯林

[1]（达西）·帕特里克·瑞里（1909—1999），历史学家、外交家，1932—1939年和1960—1999年任全灵学院研究员。

[2] 肯尼思·诺曼·贝尔（1884—1951），1903—1907年就读于巴利奥学院历史专业；1907—1914年任全灵学院研究员；1914—1941年任巴利奥学院研究员和历史导师；1946年被任命为神职人员。

致托马斯·霍奇金

[1933年11月][1]

全灵学院

亲爱的托马斯：

我希望能去，但实在去不了。您提到的莫尔小姐也许是最最天才的钢琴演奏家，可是，唉，我被诊断不出的莫名病症缠身，躺在床上已经四天了。现在这病才刚刚好转，根本无法经受旅途颠簸。真令人扫兴，我深感遗憾。而听您信中的口气，您不会来牛津了，这更让我觉得遗憾。您的信比我写得好——但愿我没给您留下逞英雄却无功而返的印象。我本应该付出努力的，却没能做到。上帝保佑，比起您的其他崇拜者，我的行为无知多了。说出这些话，想着因为这场大病造成的后果，怀揣不要等到太久之后才见到您的希望（对不起，“不久”的反义词是什么？），我心情更郁闷（院长隔天就会打电话来，但除了说“您一定要继续吃橘子，亲爱的朋友，它们对您的身体的确很好”之外，就没有其他话了）。回家后没怎么看书，所以，校工在我生病期间从我的书当中清理出了一大捆信，让我很是惊讶。它们是如何到达这里的？我想是弗劳·俄伯斯列特南[2]打的包，本想留着自己看，却发现这些信晦涩枯燥，或者是读完后为了减轻负罪感

[1] 此信是对托马斯11月8日和13日来信的回复。古典钢琴家维拉·莫尔于11月16日在伦敦举行音乐会，托马斯邀伯林一起吃饭，然后去听音乐会。

[2] 伯林8月在萨尔茨堡期间的女房东，理查德·艾德勒·冯·科萨茨基的妻子。

而送回我家。

您的

66 以赛亚·伯林

这段时间，以赛亚·伯林接受了一个任务，这个任务占据了他接下来五年的主要时间，也使他的兴趣转向一个全新的、持续一生的学术领域：

> 1933年，新学院的院长H.A.L.费希尔叫我为家庭大学丛书[1]撰写其中的“卡尔·马克思”卷。起初是邀请拉斯基[2]，但他拒绝了。又请弗兰克·帕肯汉姆[3]，同样被拒绝。后来还请过科尔[4]，也被拒绝。我猜想他之后至少还请了四五个人。[5]他最后一筹莫展[6]，才来找我。

[1] 家庭大学现代知识丛书当时由桑顿·巴特沃思公司出版，费希尔为主编之一。
[2] 1932年2月的事。哈罗德·约瑟夫·拉斯基（1893—1950），自1926年起任伦敦经济学院政治学教授。
[3] 弗朗西斯（“弗兰克”）·安吉尔·帕肯汉姆（1905—2001），1945年成为帕肯汉姆男爵，后（1961）受封朗福德伯爵七世；1924—1927年就读于新学院PPE专业；1932年任基督教堂学院政治讲师，1934—1946年任研究员；之后成为工党领袖，是刑法改革的发起人和参与者。
[4]（乔治）·道格拉斯·霍华德·科尔（1889—1959），社会主义者、政治理论家、经济学家、工党运动历史学家、记者。其妻为侦探小说家玛格丽特（原文第155页注7），费希尔资料中存留的信件中未见有邀请科尔的记录，但确实有邀请帕斯菲尔德勋爵西德尼·韦伯的记载。
[5] 没有证据表明事实如此。
[6] 1933年11月6日费希尔在给一位合编者的信中说：“伯林是我们这里年轻学者中最优秀的，我想他一定会为我们写出一部好书。”

嗯，我想，在学PPE专业时，自己读过一些马克思的书，当时他的《资本论》是必读书。但我怎么也无法读完，只读了其中的一部分——很明显，马克思会［逐渐变得］越来越重要。如果不是因为要写这本书，我是永远读不完的，也就永远无法了解其中说了些什么——就像我没有读完弗洛伊德[1]的书，也就永远不了解其中内容一样，因为他的书太长太枯燥［……］所以我回答说："好的，可以。"之后，我开始读共产主义先驱们的著作，开始读自18世纪50年代以来法国百科全书编撰者[2]写的《百科全书》，它们引起了我极大的兴趣，我认为写得真是不错。普列汉诺夫[3]用吊人胃口的方式描写了这些人。我还看了爱尔维修[4]、霍尔巴赫[5]、狄德罗和卢梭等人的

[1] 西格蒙德·弗洛伊德（1856—1939），奥地利精神分析学家，后转变为心理学家，创立了全新的具有广泛影响的精神分析理论和分析方法。在弗洛伊德患口腔癌晚期，伯林曾到他在伦敦的家探望。见迈克尔·伊格纳季耶夫采访伯林录音之九十一至九十二。

[2] 指当时的一群哲学家和作家，其中最著名的是两位编辑，德尼·狄德罗（1713—1784）和让·勒朗·达朗贝尔（1717—1783），他们编撰了极具影响力的《百科全书》（1751年初版），广泛介绍科学和人文知识，是启蒙运动的《圣经》式读物。这部巨著提倡理性、俗世以及怀疑精神，为法国大革命奠定了思想基础。

[3] 格奥尔吉·瓦伦丁诺维奇·普列汉诺夫（1856—1918），苏联马克思主义的创始人，可参见伯林在其《观念的力量》中发表的一篇研究他的文章。伯林在录音采访中还对他补充评价说："普列汉诺夫是一位笔锋尖锐、思想清晰敏锐的作家，在所有马克思主义者当中，他的著作最具可读性。"

[4] 克劳德·阿德里恩·爱尔维修（1715—1771），法国实用主义哲学家，《百科全书》编撰者。伯林在《自由及其背叛》中介绍了他。

[5] 保尔·亨利·西瑞·霍尔巴赫男爵（1723—1789），出生于德国，生长在法

67 书，也看了很多德国作品［……］罗德伯图斯、冯·施泰因［……］斐迪南·拉萨尔[1]，让我对他们有了大致的了解。最后在伦敦，我到了伦敦图书馆，在那里纯属偶然地读到赫尔岑[2]的书［……］我先是看到一位长胡子的哲人像——19世纪，很厚的一摞——接着看到他的名字。完全是好奇心使然，我拿出一卷，从此就再也放不下了。他成了占据我生活中心的人物。［……］后来，我的讲课内容开始围绕这些法国百科全书的编撰者。牛津没人对这个感兴趣，不过我还是有听众。天知道他们是哪里来的。［……］就这样，为了写一部关于马克思[3]的书，我进入了这个世界。

月底，弗吉尼亚·伍尔夫[4]到新学院赴宴。以赛亚也在

国；《百科全书》编撰者，对宗教持强烈反对态度。

[1] 卡尔·约翰·罗德伯图斯（1805—1875），经济理论家，温和的社会主义者；洛伦茨·冯·施泰因（1815—1890），德国社会学家和经济学家；斐迪南·拉萨尔（1825—1864），杰出的社会主义者，在《卡尔·马克思》中有论述。

[2] 亚历山大·伊凡诺维奇·赫尔岑（1812—1870），俄国革命思想家、新闻记者兼作家。1852年起侨居伦敦，创办《钟声》（1857—1867）等革命报刊，对俄国的政治改革起到很大的推动作用。主要作品为政治文章，后以《彼岸书，1847—1850》为名结集出版。他的回忆录《往事与随想》在伯林看来是世界文库中最伟大的巨著之一；伯林为康斯坦斯·加内特的译本（1968）所作的序均重印在《反潮流：观念史论文集》和《人类的恰当研究》两本文集中。

[3] 迈克尔·伊格纳季耶夫采访伯林录音之六。

[4]（艾德琳）·弗吉尼亚·伍尔夫（1882—1941），婚前姓斯蒂芬，作家、短篇小说家、散文作家、文学批评家。不堪间歇性精神疾病的长年折磨，于1941年3月31日溺水自杀。

被邀的客人当中。在以下两封信中他讲述了两人的见面经过，并且在1989年撰写的纪念伍尔夫的文章[1]中又补充了一些细节（某些地方存在矛盾之处）。院长夫人莱迪丝·费希尔的资料中还保留着晚宴的座位安排表[2]：

院长

伍尔夫夫人	伯林先生
约翰·斯帕洛[3]	“小宝贝”
玛丽	克罗斯曼先生
阿兰·科尔[4]	刘易斯先生[5]

莱迪丝·费希尔 68

伍尔夫本人则在12月3日致其侄子昆丁·贝尔[6]的信中

[1]“追忆弗吉尼亚·伍尔夫”，《个人印象》（第2版）。

[2] 莱迪丝·费希尔*（1875—1956），经济学家兼历史学家。1899年嫁给H.A.L.费希尔。

[3] 约翰·汉柏里·安格斯·斯帕洛*（1906—1992），律师、古典学家。1929—1952年任全灵学院研究员，著有《维吉尔的射线和叠影》（牛津，1931），后（1952—1977）成为全灵学院的院长。

[4] 阿兰·科尔（1904—1967），1923—1927年就读于新学院古典学专业；1931—1946年任牛津布雷齐诺斯学院研究员。

[5] 克利夫·史戴普·刘易斯（1898—1963），1925—1954年任牛津莫德林学院研究员及英语导师，著有《天路回程：为基督教、理性和浪漫主义辩护的寓言》（伦敦，1933）。

[6] 昆丁·克劳迪安·斯蒂芬·贝尔（1910—1996），伍尔夫姐姐维尼莎与克莱夫·贝尔之子；艺术家、陶匠、作家、评论家；后（1972）成为伍尔夫的传记作家。其夫人安娜·奥利维尔·贝尔（参见“序言”，第16页）编辑了伍尔夫的日记，日记中并未提到这次晚宴。

写道："参加的人中有了不起的以赛亚·伯林，牛津的重要人物，外表看起来像葡萄牙犹太人；我想应该是个共产党员，一个玩吞火把戏的人"；但在1934年给伊丽莎白·鲍恩的信中她却写道："我搞不清（一百五十名本科生当中）哪位是伯林先生，唯有从后来对他的种种描写中，他的形象才逐渐在我眼前完整丰满起来。"[1]

致玛丽·费希尔

[1933年11月30日]

全灵学院

亲爱的玛丽：

回家的途中，X[2]一路搞笑。他说："院长谈起罗斯伯里[3]，兴致勃勃。弗吉尼亚不时口气温和地提出疑问。突然，桌子那头响起一声高喊——您知道我说的是谁——那个叫克罗斯曼还是克罗斯帕奇或其他什么名字的——'阿宾汉姆是一所亲切友好的学校，我**喜欢**阿宾汉姆学校'。"等等。*我确实认为弗吉尼亚是我见过的最美丽的女性。另外，我也

[1]《弯月的暗影，弗吉尼亚·伍尔夫书信集之四：1932—1935》，奈杰尔·尼克尔森编（伦敦，1979），第255、360页。

[2] 玛丽·班纳特认为这是指约翰·斯帕洛。（以赛亚·伯林通常喜欢用"X"指克里斯托弗·考克斯。虽然他后来也一同被介绍给了伍尔夫，如下封信所述，但那天晚宴并不在场。）

[3] 阿奇博尔德·菲利普·普里姆罗斯·罗斯伯里伯爵五世（1847—1929），1894—1895年任英国首相。

能想象她生气的时候是什么样，偶尔她也会生气。我真是开心死了。明天晚上在克拉克[1]家里要有一半好玩我就谢天谢地了。

您的

沙耶

于凌晨一点

*很不真实吧？我是指X和他的声音，不是说阿宾汉姆 69
学校。[2]

致伊丽莎白・鲍恩

1933年11月30日凌晨一点

全灵学院

亲爱的伊丽莎白：

这是拖延回信的最不值一提的借口，但我还是希望您能因此原谅我。事情是这样的：经过大量的前期准备、咨询和反复安排，伍尔夫夫人最后同意拜访新学院院长——她的

[1] 这里可能是指乔治・诺曼・克拉克（1890—1979）。1931—1943年任全灵学院经济学史齐切利讲席教授和研究员，1943—1947年任剑桥大学近代史钦定讲席教授，1947—1957年任奥里尔学院院长。其妻为芭芭拉。

[2] 在接下来这封致伊丽莎白・鲍恩的信中，伯林说的是费希尔夫人滔滔不绝，大谈特谈阿宾汉姆学校。这么做可能是在暗示斯帕洛把那些关于阿宾汉姆学校的话错安在了克罗斯曼的头上（此人也被称为“X”，有点令人困惑但也很自然）。

嫡表兄弟，并逗留一晚。主人本来希望她能在此度完周末，但她对此建议感到惶恐不安，只肯待一晚。约翰·斯帕洛专门从伦敦城里赶来，由我从中介绍引见。七点四十五分，晚宴开始。我问前晚见到的费希尔太太，伍尔夫夫人是否如传闻所说，非常害羞，尤其是在见到生面孔的时候，费希尔太太回答说："的确如此，这种场合伍尔夫夫人得强打精神，勉力应付，一直是这样。上一次我见到伍尔夫时，她只有十七岁，当时我认为她非常古板，性格乖僻，希望她自那时起有所改善。不管怎么说，今晚生面孔不多，只有二三十张而已。"

晚餐时我坐在她对面，不发一言，惊讶而又心满意足地欣赏着她超凡脱俗的美丽。院长轻声细语，谈了不少关于罗斯伯里的话题，伍尔夫夫人文雅巧妙地鼓励他继续说，约翰·斯帕洛时不时插话，嘟哝个只言片语，但既不是要争论，也不是想打岔。然后我们成群走出餐厅，费希尔太太尖叫着说她爱死了阿宾汉姆学校，这所学校对学生无比真诚热情。几名男女本科学生等候在餐厅外面，都是经过挑选的，其中一两位是有贵族头衔的富家子女，还有一两位真正出身卑微的学生，后者因为是穷学生并通过自学饱读诗书而拥有了更大优势。("光是有关莎士比亚的书他就读了七百本，其中有的书非常好，弗吉尼亚，您一定得和他聊聊，"院长说，"他非常贫穷。")这些新学院男女生（其中有考克斯）睁大眼睛，带着仰慕的神情，围坐在伍尔夫周围，听她气定神闲地谈论梅瑞狄斯。[1]（她言谈举止非常高贵。）但是我们没法在一旁听，因为躁动不安、无所事事的费希尔太太让大家玩随着音乐抢椅子的游戏，大家彼此间的交谈不超过两分钟。我没和他们一起玩，由于对此感到厌倦，而且和伍尔夫的谈话又不断被人打断，我感到绝望，郁郁不乐地退到角落，和一个叫路易斯的人谈起了上帝、莎士比亚以及生活喜剧。（不夸张地说，此人是一个虔诚的信徒，坚信上帝是一位不折不扣的戏剧家，这一点很令人兴奋，真的。）玛丽·费希尔、"小宝贝"，还有其他人逛到我们旁边，又被如此令人敬而远之的话题和我们兴高采烈的声音给吓跑了（我让对方的声音提高到滑稽可笑的地步）。费希尔太太就像《战争与和 70
平》中的安娜·帕夫洛夫娜·什热尔，不断改变着她那个不安分的小群体，结果却使组合变得越发不和谐了。只有弗吉尼亚他们那个角落笼罩着圣洁的气氛，但我却找不到什么机会可以加入他们。就这样聊到了十点半，费希尔太太开始坐立不安，我对自己度过的这个意兴阑珊的夜晚感到生气，不过也不是一点意思都没有，我很欣赏弗吉尼亚的外表和她的仪态（虽然这听起来粗俗，但我的确觉得她赏心悦目，的确）；十一点，我们终于站起身，主人传递饮料，我想那应该是水。伍尔夫夫人和斯帕洛交谈着："……鲍恩夫人"（原

[1] 乔治·梅瑞狄斯（1828—1909），小说家、诗人，伍尔夫认为他对自己早年创作的作品有影响。

文如此)，她说道，“小宝贝”和我不由自主地转向她，“我们也认识她”，我们俩都想这么说，好把握住这个交谈的机会。借助上帝的力量，这里应该记上一笔，因为我做出了令我汗颜的举动。当时我走上前。“鲍恩夫人在美国。”“小宝贝”说。我则说：“我收到了她的明信片。”我说话的时候脸红得厉害，您想象它有多红就有多红。伍尔夫夫人问：“她说了什么？”我嘟哝了一些不知所云的话，很快又把话吞了回去，转而问了“您认为哪一位诗人将得到国王新颁发的勋章？”等等类似的问题。我无法告诉您，明天我会怎样认为自己说出那样的谎言有多么善意，但今晚我肯定不觉得自己是善意的，就像那些荒唐可笑的爱写自传的俄罗斯人一样，我所编造的谎言在头脑中翻来覆去。我真觉得自己就像一个毫无道德原则的人，做了胆大妄为之举，却为此得到了片刻的极大欢愉。我这是尽可能用契诃夫的方式来记叙整个事件（我确实认为这个主题值得一写，而这个作家由契诃夫来当最合适)。这么做是要让您心软，不仅原谅我（虽然我不值得原谅，但我希望，看在我如此谦卑的分上，您能宽恕我所做的事)，而且不觉得此事过于可笑，不要像我那样，倘若此事发生在别人身上，我定会冷酷无情地加以耻笑。相反，您倒要为此感动不已。我说了谎话之后，这个故事就戛然而止了，我们就希腊诸神在奥林匹斯山的话题谈了大约三分钟，我告诉自己必须听从意志安排，院长已经打起哈欠，这提醒我得在大家都筋疲力尽之前告辞，于是我僵硬地鞠躬告别。我从来没有觉得自己如此像俄罗斯小说中的一个小人物，将所经历的一切细微的情绪变化无限地戏剧化，其中，哪怕是一桩小小的罪过，都会一直逼迫他，纠缠在他的心头，最后变身为复仇之神。[1]伍尔夫夫人真是一位最美丽的女神般的人物，很遗憾人们只能在小圈子里认识她。我希望能够再见到她。

我既没有见到汉弗莱[2]，也没有给他写信，也没有收到他的来信，也没有给他发过电报或是别的什么，因为我卧病在床两个星期，得了一种连医生都诊断不出来的病：我的 71
邻居莱昂内尔·柯蒂斯[3]认为我是被一种可导致不育的杆菌感染，这种细菌侵入牲畜的体内时可导致不育，无其他危害（请原谅，我写信就像说话一样没个完，这总是令人厌烦，但是我不能因此停笔），我的症状在温特顿夫人[4]那里就开始有了。我希望他没事（我指的是汉弗莱，不是指这种细菌），就像我现在一样健康，而且打算用两年时间写一本关

[1] 伯林此处原文为：alastor。
[2] 汉弗莱·豪斯当时住在埃克塞特（英国英格兰西南部城市，德文郡首府）。
[3] 莱昂内尔·乔治·柯蒂斯（1872—1995），公务员、历史学家。1921—1955年为牛津全灵学院研究员，当时正在写《上帝之城》，该书在1934—1937年分三卷出版，书中他讨论了世界民主统一体；（他是）“一个大英帝国的狂热信徒，作为一个在幕后很有影响的决策者，成立了英国皇家国际事务研究所。他并不富有，也无意权势，但是他可以操纵人：如果你想要两位大主教给你的信件签字，只需一天工夫，他独自一人就能办到”（迈克尔·伊格纳季耶夫采访伯林录音之八）。
[4]（塞西莉亚）·莫尼卡·温特顿（1902—1974），爱德华·特诺·温特顿伯爵六世之妻。

于马克思的书[1]：罗伊现在同意了这个计划，只要我和他一起担任经济学课程的导师，并且（在书中）吸收他的观点。能够在书中借用他的观点，并写上“对此我负全责”，再也没有什么比这更令我自豪。说到这里，我想起曾对伍尔夫夫人说您三周内就会回来，对此我当然要负全责——我希望对这样一个我盼望已久、结果却有点死气沉沉的夜晚的描述能够让您觉得有趣，但是也许我絮叨得太多了：**我**话题的中心，**我的**重点，就是我所编造的关于您的谎言，毕竟，这是由于您承诺要给我写信，结果却食言所致，或者，也许是由于信件在路上走得太慢，唯有如此，通过把我的负罪感转化成对您的不忿，我才能解脱。

我在读哲学家马勒伯朗士[2]，他说一个比我们现在的世界更好的世界也许存在，但是它要复杂得多，上帝是个好心人，希望给我们一个不是完全不可理喻的世界，所以就建造了这样一个介于简单和美好之间的折中的世界，因为他认为简单和美好二者不可调和（多么奇怪而有趣的想法啊！），于是就有了我们如今这个悲惨的、权宜的世界。的确，如果我们的世界是可能存在的世界中最好的，那么其他的世界会是什么模样？（我不知道这个想法是否贴切。）康德不是说过吗？“以扭曲的人性之材，决然造不出任何笔直的

[1] 他五年后完成该书。
[2] 尼古拉·马勒伯朗士（1638—1715），法国哲学家，试图调和科学和基督教神学。

东西。”[1]这句话似乎无甚关联，但是令人印象深刻，您同意吗？我真诚地希望您回来［时］能告诉我您的看法，来信就寄到我上面这个地址，因为我不知道到时候我会在哪里，也许是在伦敦吧。为了填补信纸的空白，我抄写了一段18世纪的法文版法国戏剧，这会有助于您记住这些法文词，这段 72
戏在普希金[2]的作品中也出现过。

您的

沙耶·B.

悲剧

独幕

独场

[1] 这是伯林现存的对这句话最早的引用（他第一次听到这句话是在科林伍德的讲座上），这句话由于他后来常常引用，如今已经为人熟知。由我整理出版的他的一本文集就用这句名言作为题目，即《扭曲的人性之材》（1990）：这句话和科林伍德的渊源，见该书前言倒数第二段。这句名言引自康德《世界公民观念之下的普遍历史观念》（1784）：参见《康德全集》（柏林，1900— ）卷八，第23页，第22行。（也可参见《圣经·旧约·传道书》7章13节：你要查看神的作为，因神使为曲的，谁能变为直呢？）

[2] 亚历山大·谢尔盖耶维奇·普希金（1799—1837），俄罗斯民族诗人。他最著名的作品是诗体小说《叶甫盖尼·奥涅金》（1823—1831），小说中的关键事件是一场由于决斗所导致的死亡，这也成为普希金自己的命运（原文第578页注3）。这里提到的“这段戏”是在普希金的《三十卷全集》中，由M.A.恰亚夫洛夫斯基编辑（莫斯科/列宁格勒，1936），卷五，第454页。伯林在《牛津展望II》（1931）中发表的评论文章中，引用了这出“悲剧”的另一版本。在这个版本中，正确的“amant”（情人）一词，取代了错误的“aimant”（喜欢着），但是伯林没有用正确的“hache”（斧头）来替换不正确的“hâche”一词，普希金的错误各有不同。

人物：厄诺王子，公主的情人；伊卡埃拉公主；修道院院长佩索，王子的情敌；埃克斯，伊格瑞特，塞得，书童。

厄诺王子："院长！靠边站吧！"

修道院院长："呃？呼呼呼……"（因为愤怒而喘不过气来）

厄诺王子："我有斧头！"

公主："伊卡埃拉爱厄诺。"

厄诺王子（转向修道院院长，后者剧烈颤抖）："佩索没走？（厌恶地）嗨！埃克斯、伊格瑞特、塞得，抓住院长先生，把他扔到窗外去！"

剧终

凌晨两点

致黛安娜·哈贝克

[1933年11月]

霍里克罗夫特大道49号

亲爱的黛安娜：

我将要跟您说的事令我极其羞惭：上帝保佑，希望您不会像我一样感到这件事很严重：因为我不得不向您承认，我和贼差不多。我从心头卸下这份负罪感，现在我可以恢复

平静，重新开始了（最近我一直在读奥斯丁小姐的书，所以
就拙劣地模仿了她的风格）。您会记得，我亲爱的黛安娜，
您会记得，上星期六您亲切地举办了让大家兴高采烈的生日 73
派对[1]，派对中我突然发现自己与一个仅有一面之交的男人
不期而遇，而且那次见面是在五年前。他非常热情友善地向
我打招呼，问长问短，我有点紧张，心不在焉地拿起了桌子
上一只外形精巧、银质框架的小火柴盒把玩。我把弄着这个
小玩意儿，不时从里面拿出火柴，自己用也给别人用。过了
大约四十分钟，也许更久，和斯蒂芬·斯彭德聊天时，我
伸手到自己衣袋里摸火柴，于是就拿出了前面说到的这只银
质火柴盒。我佯作厌恶地惊呼，告诉斯蒂芬我有这种古怪
的盗窃癖。结果引来斯蒂芬一阵大笑，他无拘无束就像自然
之子，有洞察力的德国人常常称这样的人是“阳光儿童”[2]。
他从我手中抢过火柴盒，发疯似的咯咯直笑，把它放进自己
里层衣服的胸前口袋。我以为（多鲁莽啊！）他很快就会玩
厌，把它还给我，但是我想错了。整晚余下的时间我都和他
在一起：心中一直很有负罪感，后来他还是拿出那只要命
的小盒子，还给了我。我温和地向他抗议，并且决定第二天
送还火柴盒，同时附上一封得体的道歉信。那天晚上晚些时
候，我们都去了皇家咖啡馆，同伴越来越多，火柴盒又被我

[1] 黛安娜·哈贝克生于1912年11月26日，这场她二十一岁的生日派对有可能是在1933年11月25日举行的。

[2] 伯林此处原文为：Sonnenkind。

拿出来用了，因为它所装的火柴实在是很多（您说它的大小是不是2.5英寸 ×1.5英寸？）。后来我们就回家了，我把这事忘得一干二净。可是到了星期一早晨，我一觉醒来，心中怀着对某件事的强烈负罪感，猛地想起了那只盒子，赶忙焦急地四处搜寻。但翻遍所有的衣袋，它不见了。昨天我给斯蒂芬打了电话，给皇家咖啡店也打了电话：他们都不知道火柴盒的下落。昨晚，这只火柴盒在我的噩梦中非常恐怖地出现，我快要精神崩溃了。我对家人吼叫，对女佣很无礼，我像白痴一样，一见到闪着银光的东西就扑过去，像极了埃德加·爱伦·坡[1]小说中的某个人物。现在我该怎么办？我真希望你们没有留意它的遗失（它太小了），而且希望你们还没有怀疑到我。我本该早一点告诉您的，非常抱歉，我想我最好去另买一只尽可能相似的火柴盒，再寄给您的祖母，并附上一封道歉信：我心中充满愧疚，怎么赔礼都愿意。

同时，星期五一点半您是否愿意和我一起在（比如说）商业街吃午餐？然后帮我挑一只相似的火柴盒？就是说，如果我还可以和有自尊的人继续往来。请答应我。

您的陷入深深痛苦之中的

74 沙耶·B.

[1] 埃德加·爱伦·坡（1809—1849），美国诗人、短篇小说家，经常在作品中描述有负罪感的神经质人物的狂乱行为。

“小宝贝”说自己总是私底下提建议，她建议我恳请您什么也别和您的祖母说，如果她还没有产生怀疑：我买的那只作为替代的盒子，希望没人注意到它是调包的。

黛安娜·霍普金森（后来改名）在她的自传《香树》（伦敦，1968）的第121页引用了这封信，但是她应伯林的要求做了一些小小的修改，因为伯林对自己写信的语气感到难为情。

致谢拉·格兰特·达夫

凌晨一点［1933？］

全灵学院

亲爱的S.：

我想我做了错事，而且令人厌烦，我常常会突然感到抑郁和孤独无助，这不能成为我做错事的理由，不过至少可以权当解释。我猜想，可能是我患过疟疾，身体比较虚弱，面对一桌精美而又没有实际意义的午餐，不论你还是我都不能好好享用，不管怎样，这使我本来就不太好的心境变得更糟糕了。整件事情仅仅是我生命中所做的又一桩蠢事，而我却想要因此责怪你，现在我觉得自己大错特错了，而且不可原谅：我极其抱歉，你表现得非常得体，我完全忠实于你。

你的

沙耶

I

如果你把这封信给戈伦韦看，我会很不好意思。他只会说，我这么做是由于爱上了你或是出于别的什么愚蠢的理由，我有时候希望自己的确爱上了你：如果我没有爱上你，原因不在你身上（你可以说“如果我爱上了你，原因也不在你身上”[1]）。

II

75 你有没有发现一本《贸易与工业》，一个名叫马歇尔[2]的人写的书？

III

星期一。[3]

致谢拉·格兰特·达夫

[1933年?]

霍里克罗夫特大道49号

亲爱的S.：

我坐下来给我的亲友们写信时，原没有打算给你写：然

[1] 这是以赛亚·伯林和谢拉·格兰特·达夫的通信中常说的一句话，后者认为这句话来自她七岁起照看她的保姆，她总是因这句话前后矛盾而觉得有趣。
[2] 阿尔弗雷德·马歇尔，《贸易与工业》（伦敦，1919，第3版，1920）。
[3] 伯林忘了把这封信写完吗？

而想给你写信的冲动愈来愈强烈，变得难以阻挡。这是一个无礼的恭维：你肯定会把它理解成一种伤害，可是这不会改变这封信的本质。无论何时，当你要误读我的意思时，你要对自己说，就像你对戈伦韦说："不，不，不！"

我现在必须谈谈我很少触及的话题，那就是我自己。

我花了许多时间读书，记笔记，就像我还是本科生的时候那样，那是我快乐无比的一段日子。因此即便到现在，读书记笔记的时光还是宁静而舒心的。这一回吸引我的人是卡尔·马克思、海因德曼（他和托尼有点亲戚关系）[1]，还有你们家的J.鲁伯克爵士[2]，最后这位一定不会让你吃惊。很奇怪，也很有趣，所有这些在自然科学方面著书立说的人，文笔居然都这么好。赫胥黎[3]的文字很优美，达尔文（你知道他还要给他写的每个故事都加上一个大团圆的结局吗？他说，既然这个主人公是个美丽女子，那么何不让结局更美好一点呢？）、华莱士[4]、丁达尔[5]都很出色。大众科普这个题

[1] 亨利·梅尔斯·海因德曼（1842—1921），社会学的领袖人物和作家，1881年（后来的社会）民主联邦党的主要创立者。托马斯·阿瑟·洛维特（"托尼"）·海因德曼（1911—1980），在20世纪30年代是斯蒂芬·斯彭德的男友，在西班牙内战中参加了战斗。

[2] 谢拉·格兰特·达夫的祖父，约翰·鲁伯克爵士，埃夫布里男爵一世（1834—1913），科学家、自由党下院议员。

[3] 托马斯·亨利·赫胥黎（1825—1895），生物学家，达尔文和不可知论的拥护者、教育家。

[4] 阿尔弗雷德·罗素·华莱士（1823—1913），自然主义者，和达尔文共同提出自然选择进化论。

[5] 约翰·丁达尔（1820—1893），科学家、科普作家，鲁伯克的好友，著作被译

材是讨厌的最低级写作门类，但是他们都写得很好：J. 鲁伯
76 克爵士不像他的朋友们那么有趣，但是却更加可亲：所以我更喜欢他。他驳斥了勃洛克[1]关于整个19世纪处于神经过敏和恐慌状态的描述，尽管这显然符合俄罗斯和德国的情况。我从来不知道卡尔·马克思是一位爱国者：普法战争中，他拒绝在一份和平宣言上签名，除非宣言上写明德国打的是一场自卫战争。J. 鲁伯克爵士的乐观主义如今会令人无法接受：但是他一直都是个敏锐的人：想想吧，想想他对柏格森[2]的评论，那是多么富有才华，他一定是到了晚年才读到柏格森的书的：柏格森写的东西论及理智的怪异本质和信赖直觉的必要性，对此你的祖父评论说，这让他想到了一个故事：有个人在黑暗的森林中凭借着手中一盏灯发出的微弱灯光摸索道路，“熄灭你的灯”，恶尔精[3]说，“相信你的直觉，你会更容易找到道路”，此话说完，接下来是一个引人注目的举动，每个人都跪下了，对恶尔精顶礼膜拜。

为多种语言。

[1] 亚历山大·亚历山大洛维奇·勃洛克（1880—1921），备受尊崇的革命时期象征主义诗人，其叙事诗《十二个》（1918）最为著名，该诗生动描述了十月革命的动乱时期。勃洛克被十月革命激发了灵感，梦想着建立一个崭新的世界道德政治秩序，但是他的梦想在1917年之后很快就破灭了，他陷入深度抑郁，作品很少，死于贫困。这里，伯林提到的是勃洛克的史诗《因果报应》（写于1910—1921年）。

[2] 亨利·柏格森（1859—1941），法国哲学家。

[3] 在德国神话故事中，恶尔精是个邪恶的小妖怪，它在森林里游荡，把没有防备之心的人诱向灭亡。

我承认每次想起他，我就想起巴纳特牧师[1]，我为什么要对你写这么多呢？你一定会认为我很傻。

你必须哲学地思考。假如，你说一把椅子变了，你的意思是什么呢？你的意思肯定就是说，这把椅子的一些特征消失了，被新的特征取而代之，一些原本就有的特征还在。那么，是什么改变了？改变的不是这些特征，它们只能消失或者产生：它们的消失或者产生让你认为椅子变了：比如，这把椅子1929年的红色消失了，现在它是1933年的红色，但是椅子已消失的特征不是改变，而是消失了。现在椅子所具有的特征也没有改变，它只是依然存在着。但是，也不能说特征的拥有者发生了改变（即便有什么改变，贝克莱也加以否认，你记得的）。因为，如果如今的这把椅子在某种意义上仍然和1929年那张椅子是同一把，"它"一定没有变，尽管它可能失去了某些特质，又得到了另一些特质。如果它没有保持不变，那么什么也不会保持不变，如果什么都没有保持不变，"改变"就失去了意义。我们之所以说一些东西改变了，那只是针对另一些相对而言没有发生改变的东西。所以什么也没有改变。但是，改变是确乎存在的吧？布拉德利[2]曾经大胆地否认改变的存在，着实大胆，因为他的观点无法令人信服。

[1] 塞缪尔·奥古斯特·巴纳特（1844—1913），神学、社会学改革家，英国汤恩比馆（世界上第一个社区公社——今天遍布全球的社区服务中心的前身）的首任馆长。

[2] 弗朗西斯·赫伯特·布拉德利（1846—1924），英国重要的唯心主义哲学家。

我希望这么说能使你有所领悟。现在我想知道罗素小姐[1]是从哪里听说，你和我两个人给伊恩·[鲍恩] 写了表示同情的信？我想不出答案。那真是很令人尴尬的时刻。我大声吼叫，但什么也没有说。我不小心将道格拉斯的克里斯多夫[2]踢了一
77 脚，现在它伤愈了，道格拉斯私底下跟佩格说，如果他的小猫好不了，他就不再和我说话。真是万幸。但是想到他是否与我说话维系于如此纤细的一线，我觉得颇为尴尬。

斯蒂芬关于符号和诗歌的观点颇为有趣。他认为诗人可以分为两类：一类诗人以散文方式思维，通过诗歌来转化和强化他的散文思维；另一类利用诗歌来传递情感，就像可以用散文或者药物，即一种并列独立的手段，来传递情感那样。这两种诗人永远都不会相互转换，除非出于偶然。我要把斯蒂芬的这个发现告诉我那些理想主义的学生。你知道詹姆斯[3]把哲学家和普通人划分为讲求实际的和理想主义的两种吗？斯宾诺莎、康德、[T.H.] 格林是理想主义的，休谟、密尔和詹姆斯是讲求实际的。你呢？我想，对我而言，确切的说法是，就像海岸，一部分是细沙，一部分是砂石，一部分是美丽的贝壳，捡到贝壳的人是你，而我只能碰巧捡到那些鹅卵石，而且还不

[1] 贝蒂·帕尔·罗素（1912—2000），1931—1934 年就读于玛格丽特夫人学院现代语言专业，1941 年与威廉·H. 怀特布瑞德结婚。

[2] 可能指的是道格拉斯·杰伊养的猫（他讨厌狗，但喜欢猫）。佩格（通常称佩吉）是杰伊的妻子玛格丽特。

[3] 威廉·詹姆斯（1842—1910），哲学家，他的《实用主义：一些旧思想方法的新名称》（1907），（简单地）划分了空想式的理性主义者和讲求实际的经验主义者。

是最光滑的。但是我已经感到难以名状的快乐了。

沙耶

致伊丽莎白·鲍恩

[1934 年] 1 月 2 日

霍里克罗夫特大道 49 号

亲爱的伊丽莎白：

十分感激你的来信[1]：它正好在我有些郁闷的时候到来，让我郁闷的原因是我收到两三封老朋友寄来的信，他们在信中以尽可能友善的方式坦白地指责我，指责我完全不理解他们以及他们与其他的老朋友之间过去、现在和将来可能存在的关系。这种指责常常发生，每次我总是不由自主地先是感到愤怒，而后做出一些任性之举，随后就感到悲伤，然后是矫揉造作同时又不无自负地决定承认：我自身的不近人情是不可忽视但也无可辩驳的事实。我将自己归类于我特别借鉴了笛卡尔的动物即自动机器的论点所抽象出来的概念，并将此假说延伸到我的几位通信者身上。我可以冷静地指出，我身上被他们如此粗俗地指责的所谓缺点，正是他们永远也不能理解的一项美德。不幸的是，我总是没等自己表明态度，就先将了自己一军。我发现我一直都知道，自己对人以及人 78

[1] 在其1933年12月18日给伯林11月30日信的回复中，鲍恩写道："它使我——我是指你的来信——不像我原先料想的那样茫然思家了。"［想纽约，她最近才从纽约回到英国］

与人之间的关系的兴趣，和对数学预设条件的兴趣差不多一样索然。这既令人羞愧，同时也令人高兴。你的信到了，这起了决定作用，它真的很令我愉快，我不再介意人们说什么了，尽管我这样刀枪不入、麻木不仁，有时似乎蛮吸引人，但是在另一些人看来却粗鄙、渺小和粗俗。

不不，你说的关于美国的事一点也不乏味，那两位林德小姐也许这么说过，但是这一次你所说的真的很吸引人。我现在第一次真的很想去那个国家了：尽管我总是太害怕，不敢真正成行，除非被谁拖去或者拽去。人们在牛津遇见的美国人大多滑稽可笑，我记得最清楚的两个，一个发疯地在女子学院寻找情妇，他说（是对A.H.史密斯[1]说！），以前他一直都是找同校女生，但是在这个该死的地方，他不得不挑一个堕落的女子。（后面这几个字是对史密斯特有言辞方式的绝妙让步。）另一个美国人是个有趣的疯子，名叫克拉克霍恩，他怂恿两个牛津校队球员去了美国，结果一个差一点自杀，另一个立即去了英国人的聚居地。他（那个美国人）英俊有趣，和弗洛伊德以及阿德勒[2]定期通信。我所知道的第三个美国人是个疯子，在巴利奥学院，他写了一本愚蠢的书《病态社会》[3]，在寒冷的季节，他在牛津跑来跑去，只要

[1] 阿利克·哈尔福德·史密斯*（1883—1958），1914—1944年任新学院研究员及哲学导师，1940—1944年任执行院长，1944—1958年任院长。

[2] 阿尔弗雷德·阿德勒（1870—1937），奥地利心理学家，早期和弗洛伊德有联系，后来二人对人类行为解释的分歧日渐加深。

[3] 阿瑟·詹姆斯·以色列·克劳斯（生于1896年），1928—1930年就读于巴利

见到两个说话的人，他就把两人挤在一块儿，往他们口袋里塞绿苹果。第四个美国人是我的学生，他每个学期都以相同顺序交给我四篇相同的文章，每次交作业都像第一次一样充满新鲜感，还咧开嘴冲我笑。每次辅导课结束，他就向我表示感谢，告诉我他能够聆听我的教诲，是多么荣幸。我正在四处游荡。但我还是非常想去美国，只是很担心会在那里见到和我极其相似的人：我永远也忘不了，当我发现自己和荷兰居民脾性极其相近的时候，我是多么恐惧。

你对伍尔夫夫人非常好，我一直都很敬仰她，但我非常**非常**害怕见到她。[1]她在感到紧张和难堪的时候，态度很是简慢生硬，就像一只受惊吓的猎犬会紧张地吠叫。由于见到她我多半就会感到局促不安，我的感受也许会传染给她，那将是悲剧性的。我害怕遭遇这种结果，所以差不多宁愿不见
她了。不不，这个想法很愚蠢，很幼稚。在这里我忍不住要 79
插一句，“小宝贝”和她一起吃过饭，结果头脑空空，只是一味地被伦纳德·W.[2]揪住谈哲学，不怀好意地搞得她居然说出哲学虽然晦涩难懂，却神圣无比的蠢话。西尔维亚·林[德][3]被“小宝贝”强烈的激情给吓坏了，不知该如何是好，身为人母，她甚至比费希尔太太更蠢些。

奥学院，写有《病态社会》（芝加哥，1929）。

[1] 指在一次由伊丽莎白·鲍恩主办的私人晚宴上。

[2] 伦纳德·伍尔夫（1880—1969），弗吉尼亚的丈夫，出版商、作家、编辑。

[3] 西尔维亚·林德（1888—1952），婚前姓德莱赫丝特，诗人、小说家，爱尔兰记者罗伯特·林德（1879—1949）的妻子，西勒和莫伊拉的母亲。

亲爱的伊丽莎白，我非常想尽快见到你。我在伦敦会待到11号，然后回牛津，你会在伦敦吗？我住在西北3区霍里克罗夫特大道49号，我的门牌号是“汉姆 0912”。别的就交给你了。至于汉弗莱：我手上有一张简短的、疲倦的、语气宽容的字条，说他有多累，对结婚日期[1]稀里糊涂。这张字条之后，我又收到他一封表示歉意的长信，曲意迎合，典型的汉弗莱口吻。信中宣称他很幸福，充满了对玛德琳（？）的爱。典型的汉弗莱文体："最后我可以在这里安顿下来做我的工作了，过上平静的生活，硕果累累的生活。"庄严的男低音，节奏感，全都有了。明天我得把我的哑仆人[2]送过去。

我今年冬天看书不多，除了一些专业哲学家的书（噢，你不能想象，美国一个名叫雅各布·康托[3]的人发明的超限数字符号√-1，或者甚至是一个ℵ形的符号[4]，能够让人多么兴奋），我强迫自己抛开俄国人的书（在订购了一本附有六十五张屠格涅夫照片的书之后），集中精力只读简·奥斯丁和亨利·詹姆斯的书。奥斯丁小姐全部注意力都在婚姻，全部（这是不是自明之理？），无论是分析感情，描述情景，一切都服从于婚姻这个唯一的目的：很可怕，太可以拿来进行精神分析了。很奇怪莫里斯·B.读不了她的书（"是的，是的，奥斯

[1] 豪斯和玛德琳（原文如此）·伊迪斯·丘奇（1903—1978）于1933年12月结婚（此事令伊丽莎白很不高兴）。
[2] 可能是给豪斯夫妇的结婚礼物。
[3] 实际上是乔治·费迪南德·路德维希·菲利普·康托（1845—1918），创立集合论。
[4] 伯林这么说，表明他不知道这个符号是希伯来字母“aleph”。

丁，我受不了她，别说她，她根本就不算个话题……”）。至于《大使》，这本小说是斯蒂芬胁迫我看的，这是一本极其忧郁、过度自怜、充满悲剧色彩、令人恐惧的书。我认为每个人都会由詹姆斯想到普鲁斯特；[1]但是普鲁斯特的经验更广阔、更深刻，当他的语言像绳股一般被拆分平放在桌上的时候，他的分析不仅仅是展开再展开，而且产生了犹如蛛网一样的千丝万缕的联系：彼此**相交**。也许是因为詹姆斯的书我读得不多，他给我的印象是，他具有缓慢地、文雅地、无情地抽取每个场景 80
的精华的天赋，但是却不能从他的直接体验中找到足够真实的素材来满足他的写作技艺。他常常写些附录式的文字，我对此不满，这些文字虚假而了无生气，而普鲁斯特，甚至是托尔斯泰，他们说得越多，向读者揭示的也越多，他们隐匿不说的越多，读者就越发能感受到精准细微的差异，读者就越能［读出小说中?］丰富的、似乎互相渗透的、流动的体验。而在詹姆斯的小说中，一切都太粗糙，分析也太随意，就像验尸，即使你等待，你的研究材料也不会流失或变化，而且还有望彻底地进行分析和分辨，毫发不剩。一场心理胜利：一旦真正的体验终结，想象力本身就有意识地通过类比添加了更多东西：不过人们会立刻感到裂缝的存在，“真实”和艺术家的成就之间的差距，虚假的“真”的延续，这“会欺骗所有人，除了最老练

[1]（瓦伦丁—路易—乔治—欧仁—）马塞尔·普鲁斯特（1871—1922），法国小说家，《追忆似水年华》的作者。

的眼睛”。所以自我意识是上层结构，然而它不能欺骗任何人，它越完美，越能实现它的目的，越接近自身的最初形态，就越没有生气，越令人忧郁。

我真的不能一直写下去了。请原谅我。下一次我要看看在一张明信片上我能写多少东西。

你的

沙耶

致玛丽·伯林

无日期［1934 年 1 月中旬?］

新学院

我亲爱的妈妈：

我按顺序回答你的问题：

1. 我在吃药。

2. 我觉得好多了。胃的毛病不那么严重了。我一直都注意饮食。

3. 就我所知，我没有拿那些新手帕。我会再找找，但是我想我没有拿。

4. 我洗了两次澡!

5. 指甲等，还好，不是非常干净，我尽力而为。

6. 请继续提醒我注意形象。但是我不敢保证都能按照你所说的去做。

7. 如果有可能，请在星期二送斯达德们过来，但是如果你只在星期三送他们过来，也不要紧。

8. 我不确定星期五晚上是否要陪弗里德曼[1]吃饭，因为 81
我可能得和卡梅伦夫人一起吃晚饭，如果她也请了伍尔夫。所以我建议，你最好在邀请名单上加上弗里德曼的名字，在星期五**之后**，这样等我们定下来就可以立即邀请他。

9. 衣服已经送到，但我还没有穿。牛津现在一派雪中梦境的景象，就像19世纪俄罗斯的油画。[2]

致玛丽·伯林

星期二晚十点

全灵学院

亲爱的妈妈：

我迫不及待地要告诉你，你走后十五分钟（你走得太早了！），我还没服用帮助通便的马里昂巴德盐，消化系统的毛病就突然好转了[3]，不管怎样，我还是会找一点来服用，但这说明在这一点上我的身体状况还是不错的。我没法跟你说，你走以后我有多么难过，你在这里又是多么好，没有你在身边我有多么忧伤，我是多么地期待在星期五见到你。这几乎是封情书了，尽管它的开头缺乏诗意，可是它既不是

[1] 可能指乔治·弗里德曼（1902—1977），法国哲学家和社会学家。

[2] 这封信没有写完，而且／或者没有签名。

[3] 伯林此处原文为：желудок。该词字面意思是“胃”，但在这里显然是消化系统问题好转的委婉语。

“几乎”，也不是“像”，它就是一封情书。

沙耶

致谢拉·格兰特·达夫

[1934年3月14日之前不久]

全灵学院

亲爱的谢拉：

在走之前，你一个字也没有给我，一句话也没有给我，至少我以为你已经离开牛津。这是为什么？即便是恩索尔先生[1]，虽然我和他的交情最浅，在他离开之前还会给我留下一张友好的便条。你真不该对我如此薄情，不论你可能[有]多忙，但你应该不会比我更忙吧。

你能帮我个忙吗？告诉我戈伦韦的电话。我星期三进
82 城，计划去看BBC交响乐团的歌剧《沃采克》[2]，想知道他想不想去。卡[梅伦]太太告诉我，她见过他，还有另外一个我从来都没有碰过面的人，叫西瑞尔·康诺利[3]，听说他是世上最恶毒的人。你能不能告诉戈伦韦，说话要格外谨慎，

[1] 罗伯特·查尔斯·柯克伍德·恩索尔（1877—1958），记者、历史学家，在亚当斯辞去全灵学院院长一职之后，于1933年秋季学期和1934年第二学期被任命为牛津大学政治理论与制度研究方向的代理格莱斯顿讲席教授（全灵学院附设的一个教职）；1934年第三学期该教职由阿瑟·索尔特爵士接任。

[2]《沃采克》，阿尔班·贝尔格（1885—1935）的歌剧，1934年3月14日在女王音乐厅由BBC交响乐团演奏，阿德里安·博尔特指挥。

[3] 西瑞尔·弗农·康诺利（1903—1974），记者、作家。

尤其是提到帕尔斯或莫里斯的时候。争吵的确是令人难受的事，希望此信平安到达。知足常乐。

你的

沙耶

1.《泰晤士报》真**恶心**：它这个层次的其他报纸不会像它这样，一方面拒绝刊登克里普斯[1]这样身份的人的信，另一方面却刊登了罗斯的信，就因为罗斯是全灵学院的研究员。它刊登的那条奥地利新闻[2]，是疯狂而且讨厌的家伙阿瑟·巴克——厄内斯特[3]的儿子写的，比《早报》上的报道更虚情假意、更反动。相形之下，《早报》反而保持了一定的高贵姿态，没有公开表现出狂喜。

2. 我已经八年没有读《前夜》[4]了。昨晚我在床上读了

[1]（理查德）·斯塔福·克里普斯爵士（1889—1952），1931—1950年任东布里斯托工党下院议员，1940—1942年任英国驻苏联大使，1947—1950年任英国财政大臣。“政策和政党”是罗斯写的一封信，论及克里普斯关于宪法改革的提案，登载在《泰晤士报》1934年1月26日第8版。那段时间该报的确并没有登载克里普斯的信件。

[2] 恩格尔伯特·陶尔斐斯总理（1892—1934），为了让奥地利免受纳粹和共产主义的统治，1933年在奥地利建立一党原则；社会主义者对这项措施的反对，导致了1934年2月一场短暂而激烈的内战，政府武装轰炸了维也纳的一个住房建筑项目，政府和保安团镇压了“保护同盟”（原文为德语，即“保护武装”，社会民主党民兵组织）。社会党领袖纷纷逃亡或者被捕。数月后，陶尔斐斯被纳粹刺杀。

[3] 厄内斯特·巴克（1874—1960），1928—1939年任剑桥政治科学教授。

[4] 屠格涅夫1860年的小说。

它的开头。关于给予和接受的内容似乎要表明，幼稚而絮叨［?］的理想主义费力而贴切地表达了我对这个话题的思考——人们很少会感到自己被小说家一眼看穿，这真的非常尴尬，不，别再说了。

以赛亚·伯林

这一时期，众所周知，德国纳粹政权开始迫害犹太人。所以，当亚当·冯·特罗特1934年2月给《曼彻斯特卫报》写信驳斥有关德国法庭对犹太人歧视的报道时，伯林非常愤
83 怒，并且把自己的看法告诉他和特罗特共同的朋友，而朋友们大多对特罗特抱有同情。

致谢拉·格兰特·达夫

[1934年3月][1]

霍里克罗夫特大道49号

亲爱的S.：

写这封信是因为碰巧读到你关于亚当的便条，我突然感

[1] 日期为谢拉·格兰特·达夫所注，亚当·冯·特罗特给《曼彻斯特卫报》的信在1934年2月14日发表，驳斥有关德国法庭歧视犹太人的报道，她对此也是支持的。见克里斯托弗·赛克斯所著《被困扰的忠诚：亚当·冯·特罗特·楚·索茨传》（伦敦，1968），第104—111页。在这个插曲之后，伯林对特罗特的看法通过保罗·戈尔—布斯1944年9月25日发自华盛顿的信件传达到英国外交部："以赛亚·伯林非常了解亚当·冯·特罗特，对他的评价曾经很不错，可是1934年的事情发生之后，证明特罗特的德意志爱国主义显然要比他对社会民主党的忠诚来得更加强烈。"外交部文件371/39066。

到，虽然你为他所做的辩护并不见得有理，但我还是必须收回对他的指责。我时不时想，是否自己真能不偏不倚地审视所发生的事，我对他的批评是否有客观依据。我用了一分钟时间诚实地内省，证明我的批评并不乐观。在纳粹和犹太人的问题上，我不可救药地怀有先入为主的看法：这也许影响了我对纳粹的基本态度。我对意大利人就几乎没有这样强烈的情绪，而实际上，他们玩世不恭，更坏。我唯一可以说亚当的，就是他并非英雄，事实并不像他所声称的那样，我或多或少更相信所有报纸的记者所达成的共识。自然，他会寻找他提及的那些更有声望的人——在一切情况还没有明朗化时，他这么说是出于爱国。我不能说自己认为他是一个道德水准非常高的人。我喜欢他这个人，并仰慕他的非凡气度，虽然这样的气度会土崩瓦解，但在瓦解之前，它确实是很有震撼力的。他的确很有魅力，但是他作为知识分子的诚实度却一般。不过我对德国人的所为怀有偏见：这点我很难自控，我请求你了解这种偏见有夸大的成分。我的愤怒是事实，和我自己有关。我对你和克里斯托弗表达了我的愤怒，虽然我的愤怒是经过了对事实的冷静思考的，但是无意间会有一些不诚实的因素在作怪，而且，我想，显然这只是我的个人看法。我很清楚自己这种情绪及会导致的后果，我也肯定亚当在写这封信的时候，已经感觉到了我的情绪。虽然，我曾猜想他看待此事的眼光应该不像我这样有局限性，可事实上他的见解却很狭隘。但是我这样把对他的看法暗中强加于他，相较他的局限性而言，更不可原谅。真正让我感到痛苦的是，他应该像我一样，在一些我所能区分辨别的领域，和我一样黑白分明，我坚信他应该永远如此，因为我非
84 常喜欢他。（目前我还是喜欢他，我想。）我写这封信，主要是因为我独自在家，无事可做（也没有书看）。而且，我的洋洋千言显然要比对一个朋友所犯错误的小小不悦强烈得多，我发现自己是如何恶劣地欺骗了自己，我迫不及待要立刻忏悔。如果，或是当你给黛安娜写信的时候，一定要告诉她在这个问题上我很难保持理性。明天我们一起去散步！

你的

沙耶

致玛丽·伯林

星期三［1934 年 3 月 21 日？］

全灵学院

亲爱的妈妈：

游荡了一周之后，我回到全灵学院。莫扎特的两部歌剧令人非常非常愉快，天籁之音，和汉弗莱·豪斯一起去德文郡也非常愉快。在那里，我发现豪斯一家人情绪忧郁，于是不得不扮演起打碎坚冰的角色。你知道，即便是在你的儿子和丈夫感到忧郁并需要恢复心情的时候，想让他们开心一点都不是件容易的事呢。但是如果你想让自己过得愉快一点，你就得让你的主人快乐起来。回到牛津我筋疲力尽，和

弗吉尼亚·伍尔夫见面吃饭，她对我很有吸引力：非常美丽、非常冷漠，也非常友善。现在我得坐下来，工作一个月。父亲对你的沉默不语感到十分焦虑，他总是打电话，发电报，每年如此，如你所知，尤其是我不在他身边分散他注意力的时候，对此你不要介意。你跟我说过“就是寄一张小小的明信片什么的也好”，现在这对爸爸也适用，因为他也是一个人。[1]我在这里很高兴，这里很安静，我可以工作。布莱顿那里可能就**不行**。写信告诉我有关医生的事，简短一点，但是一定要写。我还遇见了诗人T.S.艾略特，他也是个很好的人。

爱你的

沙耶

致谢拉·格兰特·达夫

[1934？年5月]

全灵学院

亲爱的谢拉：

你的信（我是在辅导课的间隙读的）突然让我非常快乐，
它将我心中最后一点愤恨都冲刷得一干二净。是的是的，我会 85
带你和戈伦韦（他一定想去）去看歌剧，我之前所说的和所提议的一切是愚蠢的，我感到不无羞愧。至于星期天，为了让你

[1] 这可能是伯林家每年的固定安排，春季门德尔留在伦敦料理生意，玛丽则一个人在布莱顿的旅馆休假一段时间。

看看我有多么感动，多么充满深情，我宣布我会早早起床——九点或者差不多的时间，然后和你一起去阿宾顿——或者随便什么地方都行——甚至是杰伊禁猎区。[1]但是如果我真的做到了，你一定要推迟午餐时间。我不能，真的不能让一项活动的结束时间如此逼近它的开始，不管如何，这都要由你决定。读完你的信之后，原本令人昏昏欲睡的辅导课一下子充满了活力，无拘无束，我那些反应迟钝的学生们也几乎兴奋起来了。

说到歌剧《奥泰罗》，除非你来，和我一起去，否则我是一定不去的。我把你的伤感情绪进一步放大，觉得不和你一起去要比不去看歌剧更糟。像往常一样，我成功地使自己处于尴尬难堪的境地。我现在买了我所听过的唱片中最棒的几张。你能否告诉我早晨几点在哪里接你？你坐公交巴士过来吗？

你的

沙耶

致伊丽莎白·鲍恩

星期二［1934 年 7 月 6 日之后不久］

多内加尔班贝格的布雷齐诺斯林饭店

亲爱的伊丽莎白：

我不能就着烛光写日记，但是我发现在烛光下读一两个

[1] 在伯林这封信所回复的来信中，只注明了“星期二”，谢拉·格兰特·达夫写道：“［星期日］在阿宾顿和你一起吃早餐会是多么美好的事情，但是你不喜欢早起。”

小时的书感觉很好。通常我看书很快，在这儿考克斯和玛丽
睡得早，就剩下我和“小宝贝”两个人，所以我也得早早上
床睡觉，否则，我就得要么殷勤地向“小宝贝”示爱，要么
像理想主义者似的和她说话，温柔地奉承她，不这么做她就
会变得忧郁，变得像《凯尔特的薄暮》[1]中描绘的人物，而
且还是最浅薄、最矫揉造作的翻版。为了避免如此，我也
早早休息，然而我难以改变自己的生活习惯，还是睡不着：
于是就读叶芝先生的自传[2]，非常喜欢，经过在牛津的一个
学期之后，他的自负和自然很对我的胃口。考克斯则抱怨叶
芝没有幽默感，而且，考克斯突然愤愤地说，作为男人他鄙 86
视叶芝。考克斯记得，1922年叶芝在牛津的时候[3]是多么虚
荣，多么爱炫耀，多么愚蠢而怯懦，多么迫切要沉醉在人们
对他滔滔不绝的恭维之中。我总是喜欢玩一种游戏：先是
强词夺理支持另一方，然后突然收回观点、改变立场。这一
回考克斯被我激怒了，他抱怨说叶芝的模样多么难看，他应
该多到户外活动，只谈论他的本行就行。考克斯最后的话让
我不再妄求这是一次开心的谈话了，我们几乎吵了起来，但
是玛丽和“小宝贝”的惊骇神情让我住口了。现在所有老生
常谈的笑话再次成为我们的主要话题，我们又和好如初。他

[1] W.B.叶芝，《凯尔特的薄暮：男人和女人，恶魔和仙女》（伦敦，1893，以及后来的增订版）。

[2]《自传》（伦敦，1926)。威廉·巴特勒·叶芝（1865—1939），爱尔兰诗人和剧作家，1923年获诺贝尔文学奖。

[3] 叶芝是牛津大学的常客，1919年在布洛德大街租下一所住房。

们去爬山，我和美丽迷人但乏味无趣的年轻人一起聊天，他们无拘无束地谈论政治和自己的私生活。很快我们就会到达我们的岛屿和亲爱的伯爵夫人那里，我要让自己适应收获甚丰的独居生活。汉弗莱，“收获甚丰”这个词总是让我想起他，在贝尔法斯特我们看见他和玛德琳在一起。她更活泼，更无忧无虑，更有人情味了，也快要做妈妈了；[1]汉弗莱消瘦了，我想他心情很不好，整个人垂头丧气的，温顺得不太自然，像是被拔去了利齿的雄狮，和善得很，简直让我心中发怵。他显然希望我们叫他出来寻欢作乐，但不要同时叫上玛德琳，我的伙伴们认为那是不可想象的。因此他很失望。不管怎么说，他已经结婚了，怎么能允许他忘了这一点？听起来这有点狠心，可是人们不该故意引诱他，让他抛开自己的妻子。毫无疑问，现在他过得不幸福。

乡下疏落的小村庄和潮湿的天气舒适宜人，我发现我喜欢爱尔兰的村庄，星星点点的房屋蜿蜒排开，中间时不时可以看到几乎是18世纪的老房子，这类房子很多。村民有着美丽的脸庞。很难理解，他们奇怪地畏惧海洋，去海边的路很少，爱尔兰人令人诧异地不尚海事，连渔村都为数不多。我想，他们的冒险精神可能在16世纪被扼杀了，但是在一个岛上看到居民如此一致地无视海洋的存在，还是一种怪异的现象。我发现［我］极其喜欢玩沙子，在海浪间嬉戏，我

[1] 此时玛德琳正怀着第一个孩子。

堆起巨大的沙堡，等着海浪淹没它们，淹没我。我注意到
“小宝贝”吃惊而又鄙视地看着我，仿佛不情愿地发现了我
身上也有最为人所不齿的阿喀琉斯之踵，考克斯则带着体育
教师般的赞许看着我，至为感人，两者的态度让我快乐得难
以言说。但我只是喜欢孩子气的行为，而不是为了寻求新鲜
刺激或是人们的惊叹，尽管没有人相信我，包括你在内，哪
怕只相信片刻。我承认这是不可避免的。昨晚“小宝贝”给
我一本你写的新书，题目是《猫跳和其他故事》[1]，她是从她
姐姐那里拿到的。接下来的一周，我就看你写的书，不读叶
芝了，读完你的书我再提笔写点什么。昨晚我朗读了《猫
跳》，吓坏“小宝贝”了，以至于她要玛丽陪她去卧室。我 87
很喜欢这个短篇。在我看来，小说成功地实现了所有效果：
开头很有趣，很精彩，恰到好处地制造了模糊而尖锐的不适
之感；小说真切地让人恐怖，不是因为它已经说出来的话，
而是因为它省略掉的人与人之间的关系；小说结尾既恐怖
又有趣。读者想得越多，这些元素就益发相互作用，相互加
强。所以，如果我一个人在家里，又不害怕后果，我应该会
半歇斯底里地咯咯直笑，而且事实上我也会这样，然后拒绝
把这本书给家人看。就是现在我也没有缓过劲来——我真的
很容易受惊吓，我陷入令人愉快的抑郁的沉思中，引起考克

[1] 戈兰茨出版社1934年7月出版，西勒·林德在那里工作，书中和小说集同名的短篇故事的背景是一所发生过一起恐怖谋杀案的房子，小说中的歇斯底里愈演愈烈，在小说结尾，所有人物都恐惧地把自己锁在卧室中。

斯善意的取笑。这一回这个有同情心的人就像铁皮烟盒上面广告里的人物，帽子遮眼，叼着烟斗，衬衫的前后襟被风吹得鼓起来，脸上是邪恶而满足的神情。我不能这么恶毒，我很喜欢他，根据私立学校的校规，他能和我一起出来是很大的让步了。但是他不像我所喜欢的那类人那么中立，我很尊敬他，毕竟他自己发现了关于戈伦韦的真相。我的伙伴们在叫我，我必须走了。我会从岛上再给你写信，我十分喜爱爱尔兰。

你的

沙耶

致约翰·希尔顿和佩吉·希尔顿

星期二［邮戳日期 1934 年 7 月，明信片］

爱尔兰

我希望你们在这里。村子看着很可爱，一切都令人惊叹，居民相貌非常俊美，性格比较乏味。我们很快就到了岛上（在安尼朗湖）和亲爱的伯爵夫人那里。

你们的英格丽·沃伯格小姐[1]真的研究了17世纪卢克莱修的译本吗？我那天在牛津见到了路易斯·麦克尼斯[2]，

[1] 英格丽·沃伯格—斯宾纳里*（1910—2000），父母来自汉堡，1932年在萨莫维尔学院以非正式学生身份修过英文，1941年她和维尼埃罗·斯宾纳里在美国结婚，约翰·罗伯特·希尔顿是她的表哥和堂兄。

[2] 麦克尼斯后来在与W.H.奥登合写的《冰岛来信》（1937）中的“奥登和麦克尼斯：最后的遗嘱和声明”一篇中，遗赠给伯林“一碟牛奶”，从那以后伯林对

我认为，他是一个非常非常好的人，我很喜欢。我要在这个月的最后一周打个电话。 88

致亚当·冯·特罗特

[1934年7月底]

德罗伊特维奇

亲爱的亚当：

请原谅我长时间的沉默。你的来信让我十分感动，不仅是因为信的内容，而且因为你给我写信这个事实本身。我向来无意在你我之间引发争执。我承认，《曼彻斯特卫报》的事件导致了我这边一次小小的爆发，这是因为首先我觉得这件事本身就是有害的，而不是因为你要坚持你的个性和信念，更重要的原因在于你的所有其他朋友以不加辨别的忠诚态度为你所做的愚蠢的辩护。后面的这个原因一定让你很高兴，如果是我处在你的位置，这会让我感到巨大的快乐。我认为自己仅此一次是以毫无私心的热诚来争论的，没想到我的所有论点都被认为是个人背叛的证据，不值一提[1]，对此我感到恼怒。你本人要比你的同盟更加清楚这种行为的利弊。如果我是你，我真的该宣布“这种场合不需要那样的辩护者的帮助”[2]。我非常乐于见到你：在8月末我可能会经萨

他的评价就没有那么高了。

[1]“以他们自己的话来说”。

[2] 拉丁文，维吉尔的《埃涅阿斯纪》卷二，第521页，第二行开头。

尔茨堡去威尼斯，有机会见个面吗？我非常非常想见你。想见你的理由各种各样，因为我依恋你，因为我想要学习你对各类问题的看法，因为人需要定期见见面，说说过去和将来，因为一想到要见到你，我的心就感到激动。只要有哪怕丝毫的见面机会，就请告诉我，好吗？我打算从威尼斯乘船，和我们学院的约翰·福斯特[1]一起，先去埃及，然后从那里去耶路撒冷，在那儿我要拜访汤米，你的表亲汤米。[2]他似乎已成为耶路撒冷督学的秘书，写一些反对帝国主义的信件。至于牛津，我应该尽一切努力让你在下个学期回到那里，明年那里要成为一个巨大的陵墓了，固定人员留下来，流动人员走了。这个最后的夏日标志着一次中断，一段个人生活时期的结束。所有的年轻姑娘们都将离校，比如谢拉，她已体面地获得PPE专业第二名（我在她面前表现得十分讨厌）；还有“小宝贝”（不，你叫她莫伊拉），她在古典人文学这门课上得了一个了不起的3^{D}。相比起来，她们的离开也许会使考克斯的生活产生空白，而不是我。戈伦韦不会
89 在牛津，不会让人着迷也不会让人烦了——他的无礼行为持续时间之久已经超出了我们认为可能的限度。我还真积累了一定的写书的素材，10月，一条漫长、黑暗、我希望是温暖和连续的隧道，将在我面前开启。每晚我都会谦恭地和霍

[1] 关于约翰·福斯特，见原文第694页。
[2] 这里提到的可能是冯·特罗特和霍奇金二人共同的朋友圈子；据我所知这些人之间并无亲戚关系。

兹沃思[1]谈话，会经常被亲爱的院长拥抱，我每次说完一句话，他就会说，“了解到你的想法，我真高兴”，他对其他人也是这样。我将见不到哈罗德，更没有什么必要见到鲍拉先生。这一切让我心满意足。就时间和情感精力而言，1932—1934年是一个花费颇多的时期，它留下了一些美好回忆，但是对平凡琐事的体会被夸大了，变成了一派因循守旧的道德主义前景，以及严格遵守生活规则的需要，就像一个无忧无虑的靡费的夏季之后被令人遗憾的一系列小危机所打断的秋天。没办法见到你吗？你一定得在全灵学院告诉我。我非常看重我们的相见。

我认为，你的英格丽·W.小姐是一个聪明而有教养的女孩。我应该去中东一趟，为一些她大加赞赏却不甚了解的事物收集实物图片，而这也正是我去那儿的目的。

我们的朋友们都好，至于我反对你的行为，在这点上我以前从未如此激烈。我的确认为无须瞒骗，你是在允许一种必将导致严重伤害的事态发展，你本人也了解这一点。但是我确实向来对人际关系比较迟钝，而且我也几乎总是做错，我不能忘记自己有这样的毛病，所以我就暂停对你的评判了。对于你的私生活，我真的没什么好议论的，而且也永远

[1] 威廉·塞尔·霍兹沃思爵士（1871—1944），1922—1944年任英国法弗尼林讲席教授，全灵学院研究员，以所著十二卷《英国法律史》（伦敦，1903—1938）而著名。

不会去议论。请原谅，我得停笔了。为了探望我的母亲[1]，我住进这家可怕的饭店。我原打算住两个星期的，可是待了三十个小时之后我再过五分钟就要离开——这里的食物是李子虾冻和大米布丁，整个餐厅的人都在我的头顶上大声说话——我坐在中间，两个独立的通风系统的交汇处——他们谈论天气、过去、现在和将来，谈论荒谬可笑的、可怕的、未能满足的事情，谈论贝德灵顿和西里汉姆幼犬的死亡率，而我却属于地中海文化。我还没有真正充分表达我想要表达的意思：不让人写东西是多么令人不愉快，收到你的信我又有多么宽慰（我是多愁善感的，你使我非常感动），我是多么想见到你，牛津的一切是多么不可动摇、不可更改，你是多么应该在假期时来这里待上一个星期，在假期开始的时候就来，在全灵学院。我得走了，一定给我写信。

90 沙耶

以赛亚·伯林后来在巴黎对谢拉·格兰特·达夫再次重申了他的感受，她9月4日从巴塞尔给亚当·冯·特罗特的信中说："我在巴黎见到了沙耶和斯图尔特·汉普希尔。[2]关于你，沙耶谈了许多——他是多么仰慕你，认为你所做的

[1] 可能玛丽正在德罗伊特维奇享受水疗。

[2] 斯图尔特·牛顿·汉普希尔*（1914—2004），1933—1936年就读于巴利奥学院古典学专业，1936—1940年任全灵学院研究员，1936—1939年任女王学院哲学讲师，1940—1945年从事军事情报工作。

一切是多么高尚和善意！我说我们谁也不相信他或者他的仰慕之情，他表示抗议，但是他知道你不相信他，而且似乎希望你不相信他。”[1]

致玛丽·费希尔

星期六［1934年8月］

布莱顿大都会酒店

亲爱的玛丽：

这个酒店今晚一片欢歌笑语。我相信，我的父母正在疯狂地饮酒、喧闹、作乐。这意味着我，以一种严肃和老式的方式，应该休息去了。我不得不告诉你，我喜欢这个镇子，这一点连我自己都感到惊奇。它的快乐粗俗而毫不做作，这个酒店既粗俗又炫耀，既消沉又花哨，我难以用语言形容。“花哨”这个词我过去不常用到，但它十分贴切。我强烈地怀疑外喀尔巴阡地区的鲁塞尼亚、耶路撒冷的现代部分和我此时置身其中的环境属于同一种现实存在。

我的旅程越来越艰难了：对我必须绕道去萨尔茨堡的事，我不得不欺骗父母，我想同伴们已经在那里了。像卡西尔教授说的那样，我精心编织的托词现在是如此复杂，以至

[1] 引自克里斯特贝尔·比伦贝格记录的信件，我未能找到这封信件如今的下落（如果它依然存在）。

于要麻烦比尔·艾特肯[1]和约翰·彭特兰德[2]。我想他们俩
91 应该是比弗布鲁克勋爵[3]的外甥和儿子，也许彭特兰德本人就是勋爵。你听了一定会高兴，他们就是西瑞尔·斯特劳斯[4]的朋友。所有这些人都以某种含糊不清的方式充当我的代理人，帮我寄出蒙骗父母的信。也许你应该见见这些要人？比弗布鲁克的亲戚们也许有点落拓不羁，但是彭特兰德勋爵呢？你已经见过他了，他被人带来一起喝茶，“小宝贝”试图让他对G.M.霍普金斯[5]的书感兴趣却没能成功，她可很少遭遇这样的失败。也许我把名字弄错了……

我这封信是真诚地感谢你寄来的帕金斯[6]的照片。我们的关系，就我所知，如果不算非常密切，也算是很好

[1] 也许是威廉·特拉文·艾特肯（1905—1964），报人、政客。

[2] 亨利·约翰·辛克莱（1907—1984），凯思内斯郡里斯的彭特兰德男爵二世，其父男爵一世为约翰·辛克莱。

[3] 威廉·马克斯韦尔·艾特肯（1879—1964），1917年成为比弗布鲁克男爵一世，报业所有人；1940—1941年任飞机制造大臣，1941年任国务大臣，1941—1942年任供应大臣，1943年9月—1945年7月任英国掌玺大臣。

[4] 可能指西瑞尔·安东尼·斯特劳斯（1913—1944），其日记由德里克·帕特摩尔编辑为《士兵向后看》（伦敦，1951）一书。

[5] 诗人杰拉德·曼雷·霍普金斯（1844—1889）。

[6] 约翰·布赖恩·沃德—帕金斯（1910—1990），1931—1934年就读于新学院古典学专业，1934—1936年就读于莫德林学院，高级半公费学生，是伯林的同龄人和朋友，古典学家和考古学家，后来成为英国驻罗马研究院院长（1946—1974）。这里提到的照片是1934年6月19日星期二参加新学院一年一度的校庆舞会的朋友们所拍的照片，其中有：理查德·奇尔弗、盖伊·奇尔弗（原文第111页注4）、沃德—帕金斯、赫伯特·哈特、玛丽·费希尔、“小宝贝”、茱莉亚夫人（阿格涅斯·辛西亚）、帕肯汉姆（1913—1956，朗福德伯爵五世的女儿，1931—1934年就读于萨莫维尔学院PPE专业）、雷切尔（“小费”）·沃克、普丽西拉·奇尔弗（盖伊和理查德的姊妹）和伯林。

的，我坚决地把这归因于我的羞怯。这里是一条消息：斯蒂芬·斯彭德［顺便说一下，他也会在萨尔茨堡。你的朋友，我的学生[1]想见他吗？或者是那个前近卫团士兵？他很讨人喜欢，你想象一下这样的一行人，包括他、斯蒂芬、托尼·海因德曼（前近卫团士兵）、另外一个托尼[2]、沃克小姐，还有西勒和J.小姐，以及五位少不了的老相识——都是温切斯特学院的学生，你比我更能想象，我只会迟疑躲闪］写信说他遇见一个年轻人，叫拉斐特，他不太喜欢，此人议论别的事情的时候说到，自从莫伊拉·林德变成共产主义者，牛津当然已经不再是从前的牛津了。我把这事告诉了“小宝贝”，但是我怀疑这样的话不那么让人高兴。远处依稀的乐曲，我想是伦巴（我喜欢这老式的姿态，我希望它不会让我觉得无趣），慢慢地渗入这个房间，房间里面只剩我和一对俄罗斯夫妇。我认为男的是哥萨克人——富裕、成功、圆滑的哥萨克人，这是我的奇怪印象。他此时正忙着告诉自己那个小个子、先天愚型的妻子，她太胖了，**必须**节食。她答非所问地回应道，她“今天下午花了三个小时的时间找他，可是没有找到，绝望中她错把伯林当成自己的丈夫，还

[1] 雷切尔（“小费”）·沃克*（1913—1992），1931—1934年就读于萨莫维尔学院PPE专业，伯林的学生和亲密朋友，后来罹患精神疾病。
[2] 安东尼·安德鲁斯（1910—1990），古代史学家；1929—1933年就读于新学院古典学专业，1933—1946年任彭布罗克学院研究员，和艾丽森·布莱克威（婚前姓霍普）结婚。1941—1945年在谍报队任职；后（1953—1977）成为古代史威克汉姆讲席教授，新学院研究员。

跟伯林说话（这就更奇怪了），而他却到了偏僻的小酒馆，点了双份威士忌和苏打水”（她是语调甜美、吐字清晰地说这番话的）。我发现要想看起来很严厉，并且表现得对所发生的事情不理解，并不容易。伦巴（兰巴？隆巴？仁巴？费希尔小姐，我说得对吗？是的，是的，我肯定你知道）的旋
92 律让我想起艾耶尔太太[1]，很奇怪的是，我还想起了你那位香农小姐，还有她唱过的歌，那首歌让我至今依然心怀感激。[2]再也没有比她唱那一首歌更美好的时刻、更感人的情景了。什么时候一定要替我再次谢谢她。我真是说个没完。

你的

沙耶

我要告诉你，普莱斯写给我的信末尾说："你当林德小姐［此话不要告诉“小宝贝”］的老师一定很有趣——要我说会给她个αδ！”［是成绩报告单吗］？[3]

[1] 勒内·艾耶尔，与A.J.艾耶尔于1932年结婚。

[2] 这首歌是《弗兰奇和约翰尼》。据玛丽·班纳特说，她记得谢拉·邓巴·香农（1913—2002）（于1945年和帕特里克·迪金森结婚）曾在新学院路唱过这首歌（但具体在什么“情形”下，两人却都不记得了）。

[3] 附言中的两个方括号均为伯林所加。至于其中的希腊字母，牛津的考试常常以头几个希腊字母作为评分等级——α，β，γ，δ，ε（相当于英文字母A，B，C，D，E。希腊字母中γ排第三，而英文字母中C排第三）。它们以各种组合和排列出现（例如，1936年7月29日致盖尔斯·罗伯逊的信），这一字母标识体系当时（现在也仍然如此）在口头评判中使用较多，所以这里的“αδ”说明学生的卷子既具备一等的特征，也具备四等的特征（哪个字母顺序居前则以哪个字母所表示的等级为主）。

伯林在他的直系亲属中是赴巴勒斯坦第一人。由于他的母亲是忠诚的犹太复国主义者，而且还是犹太复国主义妇女联盟的积极成员，像主流犹太复国主义者在巴勒斯坦所加入的圈子一样，他的家人在伦敦可能也加入了同样的圈子。（凯伦·海伊索德基金会，世界犹太复国组织中央财政机构的基金会，于1920年设立于伦敦，一直到1926年才迁至耶路撒冷。它的首任董事有：伯索尔德·费韦尔[1]、乔治·哈尔彭[2]、施马尔亚·列文[3]和西列尔·兹拉托普尔斯基[4]。）伯林的访问恰逢种族暴力冲突双方短暂的和平期，他似乎对犹太复国主义名流进行了一轮礼节性的拜访，他寄回家中的信件如实记录了他的所见。但是在他后来的回忆录里，他强调了这些信件中的别的方面：他热切地吸收这个既陌生又熟悉的新世界为他提供的所有不同体验，他热切地、尽可能多地和这片土地上的居民见面，包括犹太人、阿拉伯人、英国人、犹太
复国主义者、反犹主义者、官员、政客、学者、商人，还有 93
普通人。

[1] 伯索尔德·费韦尔（1875—1937），诗人、犹太复国运动领袖。
[2] 乔治·格德·哈尔彭（1878—1962），德国出生的经济学家，犹太复国运动领袖，1921—1933年任犹太殖民地信托基金董事，凯伦·海伊索德基金会的创始人；1933年从伦敦移民至巴勒斯坦，在耶路撒冷成立米格达尔保险公司。
[3] 施马尔亚·列文（1867—1935），犹太复国运动政治家、作家。
[4] 西列尔·兹拉托普尔斯基（1868—1932），犹太复国运动领袖、实业家、慈善家，生于俄罗斯，1919年离开俄罗斯，在巴黎遇刺。

致克里斯托弗·考克斯

1934年9月5日［明信片］

埃及

我从来都不知道天能热成这样，动一动都是痛苦的折磨。到处都是抢劫犯：我坐的这艘船[1]很奇怪，船上坐满了大声喧哗、俊美高大的犹太复国主义女性，埃及代理高级专员[2]和他的一行，真正意义上的军人（我通过福斯特结交了他们！非常奇特的经历），还有国王[3]的朋友。福斯特的阿拉伯语发挥了很大作用。

以赛亚·伯林

新学院档案

致玛丽和门德尔·伯林

星期二［1934年9月6日］

耶路撒冷乔治王大道隆姆公寓

我亲爱的父母：

从开罗到耶路撒冷的旅行确实令我非常开心。对巴勒斯坦的第一眼印象真是美极了，这里不是太热。我正常的作息

[1]“奥索尼亚”号汽轮，1934年9月4日下午停靠在亚历山大港。

[2] 莫里斯·德拉蒙德·皮特森（1889—1952），在埃及高级专员请假期间代理高级专员一职；1938—1939年任驻伊拉克大使，1939—1940年任驻西班牙大使，1940—1941年任英国情报部海外宣传负责官员，1942年任外交部副国务大臣，1944—1946年任驻安卡拉大使，1946—1949年任驻莫斯科大使。

[3] 福阿德一世（1868—1936），1917—1922年任苏丹，1922—1936年任国王。

时间准备这样：早晨八点到十二点工作，然后休息，下午四点至晚间，甚至也许是七点到十一点工作。在这样的天气，人很容易醒来，也很容易睡着。我同伊扎克和伊达[1]住在一起，福斯特住在大卫王饭店[2]。那里有点麻烦：由于劳资纠纷，所有的犹太雇员突然被遣散了，所以此时在此逗留的犹太人是不太受欢迎的。我住的公寓很好，房间通透凉爽。我想在哪里吃饭就去哪里。我得说开罗相当炎热，但是我顺利地挺过来了。这里首先迎接我的是艾廷豪森和马摩斯坦[3]。后者在《巴勒斯坦报》有份工作，非法的*，他没有居留权，
他快乐极了。艾廷豪森也许没有那么开心，他正生气呢，他 94
的母亲竟给他寄来一件衬衫，他觉得她很可笑。纽塔·施内尔森[4]居然问伊达我何时结婚！显然戈德伯格太太编了一个谣言，说我订婚了，而且很快就结婚！真烦人，但是我不打算费神辟谣，只是感觉荒唐，这个“无中生有”[5]的谣言充满嫉妒，她是一个非常不好的女人。今晚，福斯特和我要

[1] 萨姆诺夫夫妇都是热忱的犹太复国主义者，早在1934年就从伦敦移民至巴勒斯坦，在有自己的住所之前住在公寓里。
[2] 大卫王饭店，1931年建，中东最著名的饭店，耶路撒冷最引人注目的建筑物；后来（1946年7月）该建筑的一翼被伊尔根犹太复国主义右翼组织炸毁，当时该建筑是英国军事和行政管理所在地。
[3] 埃米尔·马摩斯坦（1909—1983），圣保罗学校伯林的同代人，在BBC欧洲部工作。
[4] 伯林此处原文为：Нюта Шнеерсонь，也许是A.M.施内尔森，希伯来大学财务长的妻子，可能是伯林的远亲。
[5] 伯林独有的意第绪语用语“gurnisht”，意思大约是“什么也不是”或者“垃圾”（参照德语“gar nichts”）。

跟许多年轻的官员吃饭，伊扎克想让我向他们“多多打听消息”，我不会这么做。伊达有点儿一心想着对英国的不公正之举，像《泰晤士报》上面登的文章等，进行“暴行宣传”，但这不是新闻了。这座城市很可爱，我看过的地方还不多。马摩斯坦对整座古城很了解，所有的布哈拉犹太人都向他鞠躬，这是一个犹太国家。人们大多讲希伯来语，阿拉伯人都说希伯来语。英国底层官员是贫穷、失去活力的一群人，高层官员则是充满耐心、理想破灭、冷漠淡然的警察。我将拜访费韦尔[1]，那位代理高级专员[2]，也许还要拜访乌西斯金[3]，还要看看再决定。香蕉很好吃，我从没有吃过这么新鲜的味道。你看，我非常快乐。每个人都很迷人，这里的犹太官员是地球上最粗鲁的人，是大胆放肆和自卑情结的混合体，除官员外，其他犹太人似乎都很可亲。你们先别急，我以后会向你们一一道来。我很好。

爱你们的

沙耶

*切记，上面这些话你们对谁也不能说。这里什么话都

[1] 伯索尔德·费韦尔的妻子斯特娜（婚前姓施内尔森）是伯林的远房表亲。

[2] 约翰·哈桑·霍尔（1894—1979），从严格的法律意义上说，他是在高级专员休假时担任“政府行政军事官”。

[3] 阿弗拉汉姆·梅纳赫姆·门德尔·乌西斯金（1863—1941），1923—1941年任犹太国家基金会主席，1937年任第二十届犹太复国主义大会主席，世界犹太复国主义组织复国行动委员会常务主席，犹太代理机构执行委员会成员。

会在二十四小时内传开，人们没有秘密可言。 95

致门德尔和玛丽·伯林[1]

罗许·哈沙纳[2]

星期一［1934年9月10日］

寄自耶路撒冷乔治王大道隆姆公寓

我亲爱的父母亲：

我在这里过得很快乐。每个人都很和蔼友善。这三天里我见到了以下这些人：

1. 英国官员，级别不高，但是很友好。伊扎克认为他们都是反犹主义者，不用说伊达也这么认为。霍奇金[3]很乐于助人。

2. 我和布卢姆斯伯里本地人，即罗斯教授[4]，一起喝茶吃晚饭，他让一些人来见福斯特和我，这些人有：

阿哈德·哈姆[5]的儿子，大学教务长；施马尔亚·列

[1] 此处的希伯来文笔迹不是很清晰，可能是惯用表达“借着上帝的帮助”的简写，通常用于信件开头。

[2] 意为犹太新年，在提市黎月即犹太教历7月的月初，一般相当于公历9月。

[3] 以赛亚·伯林的朋友托马斯·霍奇金当时为英国派驻的高级专员工作。

[4] 莱昂·罗斯（1896—1963），耶路撒冷希伯来大学的首位哲学教授，历史学家塞西尔·罗斯的哥哥。

[5] 阿哈德·哈姆（阿谢·赫施·金斯伯格，1856—1927），杰出希伯来语散文家，文化犹太复国主义的支持者；他的儿子是莫尔德赛·扎尔曼·（施罗莫）·金斯伯格。

文；卡巴拉主义者肖勒姆博士[1]；阿文诺亚姆·耶林[2]，戴维·Y.[3]的儿子；还有一位政府官员，维特雷斯先生[4]，他是美国大商业、犹太代理机构[5]和巴勒斯坦、卢森尼亚、罗马尼亚、波兰等国合作性组织的负责人。在咖啡店我见到了工
96 党领袖们和费伊·奥格尔[6]，我向后者承诺去特拉维夫时会和他联络，我还没有去。两天前我亲眼见到纳布卢斯的警察运动会！基利心山和以巴路山[7]巍峨壮观，在境内；今天早

[1] 戈逊·格哈德·肖勒姆（1897—1982），希伯来大学犹太神秘主义和犹太教神秘哲学教授。在以赛亚·伯林记忆中，他"年轻、活泼、略带疯狂，四处乱窜，显然是想要得到别人的注意［……］他很有天分，浪漫，是个有趣的男人"（迈克尔·伊格纳季耶夫采访伯林录音之十一）。

[2] 阿拉伯语教师（1900—1937），在犹太教育机构大力推广阿拉伯语教学的主要人物；后来是托管政府的学校督察。1937年10月被阿拉伯恐怖分子杀害。

[3] 戴维·耶林（1864—1941），希伯来语言文学家、犹太复国主义者、教育家，之前是耶路撒冷的副市长，该城首家公共图书馆的创办人。主要因其在德国和希伯来民族之间的"语言战争"中的领导作用而留名，在这场运动中，他的名望仅次于"希伯来语复兴者"埃利泽·本·耶胡达。

[4] 哈利·维特雷斯（1894—1971），写了大量有关合作性组织和以色列合作农场的著述。

[5] 巴勒斯坦犹太代理机构（现在是以色列犹太代理机构），一个代表世界犹太复国主义组织的国际机构，主要职能是支持世界各地希望直接或间接参加以色列定居和发展的犹太人。

[6] 费伊·奥格尔，父母居住在伦敦，为黎凡特交易会宣传局工作，1937年在特拉维夫与加布里埃尔·莫斯科维茨结婚。他的父亲卡尔曼·奥格尔（逝于1946年）是积极的犹太复国主义者。

[7] 紧挨着纳布卢斯南边的双峰山（《圣经》里的示剑），见《圣经·申命记》2章29节。五十五年之后伯林依然记得这个情景："我们受邀去观看纳布卢斯警察运动会。我们去了，坐在那儿，警察运动会开始了，乏味得令人难以置信！一种竞技表演，人们骑着摩托车，汽车嗖嗖开过。我坐在一个穿着短裤的男人旁边，他显然是个英国官员［地区专员］，我对他说：'我们在望着两座山：我想它们一定是《圣经》中的以巴路山和基利心山，［……］哪一座是以巴路，哪一座是基利

上我和H.E.去了奥马尔清真寺[1]，这令伊茨乔克不是太满意，高级专员的阿拉伯秘书喜欢大学里的巴内斯。[2]巴内斯带我看了大学图书馆，馆藏十分丰富，很好，哲学类书籍比牛津还多。罗斯蛮讨人喜欢，纯粹的“布朗德斯布里的约柜子孙”[3]，他的妻子有过之无不及，他有点儿疯疯癫癫[4]，但对我很好。

施马尔亚·列文告诉我一个笑话：他和一个英国人聊过，对方说自己完全同情犹太复国主义，除了以下三点：

1. 为什么要有希伯来语？难以使用、费解难学，完全不同于欧洲语言，等等（韦奇伍德[5]也这么认为）。

2. 如果开拓殖民地是可以接受的，那么为什么选择巴

心？’他说：‘我不知道，对我们来说它们只是山，问我这样的问题没有啥意义。’后来，他成为卡拉登勋爵［休·麦金托什·富特（1907—1990），1964年成为卡拉登男爵］。”（迈克尔·伊格纳季耶夫采访伯林录音之十一）

[1] 7世纪穆斯林圣地，今天被人们称为圆顶清真寺，耶路撒冷著名地标式建筑，伊斯兰最神圣的圣地之一。穆斯林相信，穆罕默德从这块岩石上升天，于是就在这块石头上建造了圆顶。以赛亚·伯林的描述在当时是普遍的说法，但显然不当：这里是朝圣的地方，而不是清真寺，尽管这里在过去有时和耶路撒冷的第一位征服者奥马尔哈里发联系在一起，但它实际上是奥马尔去世半个世纪之后由阿比德·艾尔·马里克哈里发建造的。

[2] 这位高级专员是陆军中将阿瑟·格伦菲尔·沃乔普爵士（1874—1947）；戴维·哈特维格·巴内斯（1893—1973）是希伯来大学阿拉伯语讲师。

[3]“布朗德斯布里”是讽刺的说法，指的是英裔犹太人，民族同化主义者，当时市郊的小资产阶级知识分子，集中在伦敦布朗德斯布里、基尔伯恩、梅达谷等地区。

[4] 伯林此处原文为希伯来文。

[5] 乔塞亚·克莱门特·韦奇伍德（1872—1943），1906—1942年任纽卡斯尔安德莱姆下院议员（1919年起为工党成员），是一个“非犹太人的犹太复国主义者”，1934年访问巴勒斯坦。

勒斯坦？贫瘠、乏味、炎热，到处是阿拉伯人？

3. 如果英格兰决定开始实验，为什么在这么多的民族中，偏偏选择犹太人？别的就没有什么异议。

昨晚我们拜访了梅耶·伯林[1]，一个聪明狡猾的男人，有个不讨人喜欢的念法律的儿子，在大学里教《塔木德经》[2]。

我和一个名叫安东尼厄斯[3]的反犹的叙利亚人一起吃了
97 午饭，他有魅力，有教养，受过很高的教育，聪明、肆无忌惮，是个非常难对付的敌人。如果我能够和穆夫提[4]吃午餐，我会去的。今天我将拜访杜坎[5]，我在街上碰见他，他问起你们两个；我要拜访费韦尔，他和我联系了；我还要拜访雷波维茨一家；最后我还要见著名的沙亚·L.[6]。星期四我可能要去圣巴勒斯坦和外约旦旅行，如果能够成行，我就至少有四天不能给你们写信。这里的邮政和电话服务糟糕

[1] 梅耶·伯林·（巴里兰）(1880—1949)，宗教犹太复国主义的主要倡导者，"米兹腊希"（先发生在欧洲后又发生在以色列的宗教犹太复国运动）的首领。

[2] 耶路撒冷或巴勒斯坦的《塔木德经》。

[3] 乔治·安东尼厄斯（1891—1941)，《苏醒的阿拉伯》（伦敦，1958）的作者。

[4] 哈基·阿明·阿尔—侯赛尼（约1895—1974)，耶路撒冷和阿拉伯国家主义者的宗教领袖。

[5] 也许是摩西·杜坎，来自圣彼得堡的专门律师，担任巴勒斯坦土地部的副主任，直至1936年。

[6] 耶沙亚胡·雷波维茨（1903—1994)，科学家、哲学家和犹太复国主义者（后来是希伯来大学有机化学、生物化学和神经生理学教授)，是伯林所写的一篇颂词中的称赞对象（以希伯来文出版的译本为《以色列的良知》，发表于1983年3月4日*Ha'aretz*的第8版)，书中还提到了雷波维茨的姐妹内查玛，一位很受欢迎的《圣经》学者。这家人都非同凡响：虔诚、博学、直言。

透顶。我还没有去殖民区那里看看，等合适的时候再去。耶路撒冷、西方墙[1]等，棒极了，非常美丽，这片土地的其余地方也很美丽，风景如画。圆顶清真寺，还有矗立在摩利亚上的阿克萨清真寺雄伟壮观。[2]有趣的是寺院下面的所罗门马厩。沃乔普不在，所以我可能不会穿小礼服。我现在热情洋溢，身体健康，心情舒畅，一点不觉得热！（这里的炎热可以忍受，不会比伦敦更热，一天只热三个小时。）

你们的

沙耶

在以赛亚·伯林访问期间，他和托马斯·霍奇金一起去了外约旦，他记得，霍奇金“是左翼的、强烈地持反犹主义观点的本地人［……］我想他可能会强烈地否认自己是反犹的［……］我们骑在驴背上回到耶路撒冷，那是星期五下午，虔诚的犹太人向我们投掷石块，我们像耶稣似的—— 98

[1] 原文为希伯来语，希律王建造、后被罗马人摧毁的犹太圣殿遗迹。传统上以“哭泣墙”之名而为人所知，是全世界犹太人朝圣的集中地。
[2] 在《创世记》22章中，上帝拜访亚伯拉罕，要以他的儿子以撒作为牺牲，供奉在“摩利亚地”一座无名的山上。传统上这个地方被确认就是这座山，并定名为“摩利亚山”，这里建有耶路撒冷第一座和第二座犹太圣殿。今天残留的遗迹是座巨大的平台，犹太人心目中的圣殿山，穆斯林心中的崇高圣地。圣殿山现在的主体建筑物是圆顶清真寺和阿克萨清真寺，是耶路撒冷最重要的地方，穆斯林认为这里是仅次于麦加和麦地那的圣地。附近的一段石阶把人带向所谓的所罗门的马厩，一个巨大的穹顶区域（曾被十字军用作马厩），支撑穹顶的立柱支撑了圣殿山的东南角。

‘和撒那！’” [1]。

致克里斯托弗·考克斯

[1934年，明信片]

巴勒斯坦

自从福斯特走后，我陷入了传教士的圈子。这真是一个非常有趣的国家。市政选举非常激动人心，选票交换的过程[2]悬念迭起，令人惊叹，我差点也被给予了投票权。考古界的人正焦急地期待着你的到来。我在哈德良的杰拉萨[3]的有趣铭文上度过了一晚，那个字母“D”巨大无

[1] 迈克尔·伊格纳季耶夫采访伯林录音之十一，这里伯林引用了《圣经》典故：在接受审判前，耶稣骑着驴子进入耶路撒冷，人们热情地欢迎他，喊着“和撒那”赞美他（具体细节在基督教诸多《福音书》中各有不同）。

[2] 这里提到的是犹太街区选票和阿拉伯街区选票的交换。市政选举以选区投票的方式举行，选区是根据种族界限划分的，每个选区占主导地位的种族通常推出一位大家同意的候选人，所以在这样的选区并不要求选举。虽然如此，1934年耶路撒冷的种族团体没能达成一致，在有的选区两位候选人互相反对。有时候竞争非常激烈，占主导的种族团体就在本选区的少数派种族社区寻求支持。结果不同的选区之间犹太人的选票和阿拉伯人的选票就“交换”了。

[3] 今天约旦的罗曼·杰拉萨（低加波利的一座城市）。这里有一座为纪念哈德良大帝公元130年造访该地而建的凯旋门。在它建成后不久，也许是由于地震，凯旋门上的铭刻掉了下来，一直到1934年6月才在废墟之下被发现。它躺在地上等待被重新竖起期间，以赛亚·伯林似乎将它当床在上面睡了一晚。后来伯林解释说，在安曼（往南约二十英里）他找不到床位，“因为我站在那里看了太久杰拉萨的遗迹，结果只好睡在一方石刻上，石刻上记载了哈德良大帝访问这座城市的经过，经过一整晚，上面的每一个字母都印在了我的背上”（迈克尔·伊格纳季耶夫采访伯林录音之二）。由于铭文是希腊语，“D”也许是“Δ”；但是整个铭文都有环形饰纹，尤其是这些字母刻得并不深，字体也不太大。

比，但还是很精美。每个人都把艾立夫[1]称作“博物馆公务员”。

爱你的

以赛亚·伯林

新学院档案

致门德尔和玛丽·伯林

星期一［1934年9月24日］

［耶路撒冷大卫王酒店］

我亲爱的父母亲：

我的巴勒斯坦之行结束了，我要在这里休息一周，乘坐“皮尔斯纳”号离开（船长是犹太人斯坦德勒先生），艾廷豪森也和我一样，3号走，9号抵达伦敦。我将和你们一起住 99
两天，然后我就去牛津，争取回去前返回度周末。我身体状态很好，现在我要跟你们好好说说我始自伦敦的这次旅行。我的行李最终给我招致的麻烦比我当时让你们想象的还要大，它在意大利与瑞士的边境被拦住，经过无休止的谈判，我不得不从维罗纳回去取它，还有［托尼·］安德鲁斯带来的我的钥匙。晚上我和安德鲁斯一起到达那里，安德鲁斯非要我和他一起返回萨尔茨堡，在那里逗留一晚，听一场托斯

[1] 约翰·亨利·艾立夫（1902—1960），1931—1948年任耶路撒冷巴勒斯坦考古博物馆的首任馆长（以受托的“保管人”而闻名）。

卡尼尼的音乐会[1]，而不是返回维罗纳，那里我们已经待够了。也许你们注意到了，我的信件中间隔了三十六个小时，这是由于我秘密地去了萨尔茨堡并在那里住了两夜一天。我本来会写信说这事的，可是害怕爸爸因此担心。听那场音乐会是我有生以来最难得的经历，托斯卡尼尼是位了不起的天才。谢拉·林德离开了，我所有的朋友也走了，除了哈迪兄弟[2]和J. 帕肯汉姆夫人之外，他们热烈地欢迎我的到来。我对你们隐瞒了这件事，感到可怕的负罪感，所以我尽可能地缩短在那里逗留的时间——就一天，在这一天里我见到了两个人，其中一个我很乐意见，另外一个我就不太乐意了。一个是福斯特！虽然他是坐汽车来的，我只是在威尼斯见到他。另外一个是施内尔森太太！[3]她说她是微服私行。问我能否不要让她的孩子们知道她也在。于是我说我也是微服私行——你们知道我在中欧，但不知道我的具体位置——人们认为奥地利不安全，我不想让你们为我担心，如果她想要我保守她的秘密，她能否也为我保守秘密。当然，我这么

[1] 阿图洛·托斯卡尼尼（1867—1957），意大利指挥家，1934—1937年担任萨尔茨堡音乐节的客座指挥，因反对纳粹而在道德方面，同时也在音乐成就上成为伯林敬仰的英雄之一。托斯卡尼尼1934年8月23日、26日和30日在萨尔茨堡指挥，第一场似乎最有可能是“[伯林] 有生以来最难得的经历”，因为演奏曲目包括莫扎特、勃拉姆斯和贝多芬。第二场音乐会是瓦格纳专场，伯林向来不太喜欢，最后一场是大杂烩式的演奏会，而且与伯林9月初到达埃及的日子非常接近。

[2] 也许指的是W.F.R.哈迪和他的弟弟科林·格雷厄姆·哈迪（1906—1998），后者1936—1973年任莫德林学院研究员，古典学导师。

[3] L.施内尔森太太是布朗德斯布里区妇女犹太复国主义联合会的成员，伯林母亲熟知这个团体，施内尔森太太是主要人物。

说是开玩笑的。但是如果你们见到她，不要提到这件事，因
为她会觉得我背叛了她，我不知道她为什么要躲躲闪闪，而
且她会想报复的，人不能挡了坏人的路。我希望你们不会介
意我这次短暂的越轨，当时这件事让我有强烈的负罪感，但
是萨尔茨堡很安全，安德鲁斯非常急迫，我只在那里待了一
天。那里很可爱，**到处**是犹太人。我不知道为什么——我想
是因为托斯卡尼尼——第二天我和我的行李一起出发前往威
尼斯，威尼斯简直奇妙无比。一定要给我写信，说原谅了我
的萨尔茨堡之行，否则我将饱受折磨。威尼斯像天堂，简直
像玩具一样不真实。海上的旅行平安无事。巴勒斯坦有趣**极** 100
了：我不介意没有入住大卫王饭店，它没有什么客人，费用
昂贵，但我还是常常在这里吃饭。我目前见到的人有：移民
部门负责人米尔斯[1]，聪明、绝望、愤世嫉俗的一个人，对
英国人进行的这项种族实验既不相信也不感兴趣，对世界犹
太复国主义组织怀有深深的蔑视，他认为他们都只有二等智
力。我和霍奇金的关系很亲近，他带着我到处去：我遇见了
一个重要的叙利亚反犹太复国主义者安东尼厄斯，如果我可
以见伟大的穆夫提，我会去。艾廷豪森在巴勒斯坦快乐地游
荡，我想罗斯柴尔德的皮卡[2]也许会给他一份小差事。特拉

[1] 埃里克·米尔斯（1892—1961），1934年4月被任命为巴勒斯坦移民和统计署专员（早前被称为“移民署长”）。

[2] 巴勒斯坦犹太人殖民地开拓协会，由埃德蒙·德·罗斯柴尔德男爵在1923年成立，目的是促进犹太人在巴勒斯坦的农业定居。（因为“I”几乎可以和“J”互换使用，PICA中的“I”由此而来。两个字母起源相同。事实上，作为缩写名

维夫很可怕，像（曾经被发现有金矿的）克朗代克，想象一下吧，一大帮犹太淘金者突然降临此地，他们有的住楼房，有的住棚屋、简陋木屋或是铁皮屋子，吵闹、肮脏，街道因缺少空间而变得狭窄。犹太人没有品位。哈达尔·哈卡梅尔[1]也一样。然而虽然氛围繁忙，但还是美妙的：犹太人，到处都是犹太人。假日让你感到安宁：在耶路撒冷的市郊，许多希伯来人一起歌唱，歌声既不过于响亮，也不粗俗，人们披着“塔里斯”[2]公开四处走动，等等。

我和萨姆诺夫一家一起拜访了乌西斯金和杜坎，后者非常热情，她是个很和善的女人。我们还拜访了费韦尔一家。伯尔索德**没有**下来，推说自己病了，第二天却又在街上见到他，他**非常**无礼，不是对我而是对萨姆诺夫，显然伯尔索德不想见他。我想他们经受了不少冷遇[3]，伊达总是不开心。等我回去我会告诉你们关于他们的一切。伊扎克很乐意待在巴勒斯坦，但是无业的压力越来越大。为了让他分心，我和他一起去北方旅行，去梅图拉[4]等地，他极其有趣，真

称，“PICA”也比“PJCA”更上口。）

[1] 地中海港口海法的中心区域，是那里最早的犹太社区，同时也是购物和商贸中心。

[2] 犹太人祷告时披在肩上的有穗饰长方形披巾（今天通常音译为“塔里斯姆”）。

[3] 伊扎克·萨姆诺夫，和梅耶·伯林拉比是远亲，与巴勒斯坦的犹太复国主义领袖走得很近；但是他似乎是个令人生厌的钻营拍马之徒，他移民到此，似乎没有得到他所期待的对他事业上的帮助。

[4] 位于黎巴嫩边境的小镇（在国境的最北端），1896年俄罗斯移民在这片由埃德蒙·德·罗斯柴尔德购买的土地上建立农业定居地。

是优秀的人。小集体农场[1]的人们非常**温厚**、好客，没有无
礼的无产阶级式傲慢。这是一个迷人的国家：各种气候和
形形色色的人都很**迷人**。在海法的赎罪日。卡梅尔**山顶**[2]， 101
不是哈达尔，很美。如果要建一所房子，那要么就在里哈
维亚[3]，那里就像建成之前的乐图凯——白色房子的周围有
着连续、开阔的大片空地，要么就在卡梅尔山顶。如果有
点钱——只要一点，比如两百英镑，那就可以在贝尔谢巴[4]
投资，很不安全。我回去再向你们报告。伊扎克现在不能
来，准备来过逾越节[5]，我希望他能通过考试。在赎罪日的
晚上[6]，福斯特和我正好都离贝鲁特很近，在那儿发现有一
群逃离了妻子**和**犹太公众舆论的丈夫们（还记得哈尔彭的
事吗？）来度赎罪日，他们一行四人，有范·福莱斯兰德[7]、

[1] 小型集体农场是巴勒斯坦的一种集体定居点，一般要比以色列的集体农场小，小型集体农场的建立始于1909年。
[2] 海法城有三层：老城区、港口区、主城区哈达尔，上面是更高档的卡梅尔山居住区。
[3] 耶路撒冷的时尚住宅区，20世纪20年代至30年代建造，是知识分子、犹太复国主义者、政治家和许多逃离了纳粹统治的德国犹太人的居住地。
[4] 内盖夫沙漠边缘的城镇，距耶路撒冷西南约五十英里，《圣经》中经常作为以色列领土最南端的边界标志。
[5] 伯林此处原文为：Peisach。
[6] 伯林此处原文为：Erev，意为“［在］……［的］晚上”。
[7] 扎多克·A.范·福莱斯兰德（1886—1939），1923—1938年巴勒斯坦迫塔什公司总经理，后为海务信托基金总经理，该基金机构管理特拉维夫港，自1929年起为荷兰总领事，后开枪自杀。

斯莫瓦拉（律师）[1]、普弗罗姆（语文学家）[2]和一位医生，我和他谈了话。碰见我们他们很吃惊，但是很有礼貌。雷波维茨夫妇也是（我的意思是他们也很有礼貌），我还看见穆利亚·沙利特[3]和他们在一起——他很好，很满足，还有梅耶·伯林[4]，他对我特别彬彬有礼。犹太人对英国人的看法很尖锐，不是对英国人的总体政策有看法，而是对他们所犯的一些粗鲁、残暴、侮辱人的小过错有意见。英国人**是**三等人。

明天我要拜访舒克雷·贝·塔吉·艾尔·法鲁吉，我的阿拉伯学生的百万富翁父亲[5]，他把土地卖给犹太人，然后又写文章反对这样的行为。所以你们看，我谁都见。回去时我将收集到**大量**的素材。当我见到《圣经》中的遗址时我并没有什么感慨，它们现在已经不一样了，也许父亲会有感慨。你们一定要来。我非常健康，非常快乐，没有

[1] 摩西·斯莫瓦拉（1888—1961），犹太律师协会主席，后为以色列最高法院院长和首席法官。

[2] 海因茨·普弗罗姆（1900—1962），生于柏林，1925年移民至巴勒斯坦，后（1949）改名为希拉姆·佩里；1934年10月起在希伯来大学担任罗曼语和中世纪文学讲师。

[3] 塞缪尔（“穆利亚”）·沙利特，伦敦的马克·（默多克）·沙利特（早先来自里加）之子，莱昂内尔和贝拉·沙利特的表亲，穆利亚移民到巴勒斯坦，终身居住在那里。

[4] 就是1934年9月的信件中提及的梅耶·伯林。

[5] 阿布杜尔·马吉德·塔吉·法鲁吉（1912—1986），先在贝鲁特的美国大学就读，1932—1935年在新学院读PPE专业，他的父亲艾哈迈德·舒克雷·塔吉是来自巴勒斯坦侯奈因谷地的土地所有人。

贪图美食佳肴！我期待着和米尔斯再次交谈，期待着在特拉维夫逗留三天，我将拜访路希亚·沙利特[1]和帕思茨[2]，然后就回家。我没法每天记日记。我晚上太累，早早就睡了。 102

爱你们的

沙耶

致莫伊拉·林德

邮戳日期1934年10月26日

全灵学院

亲爱的“小宝贝”：

我太富有同情心了，也就是说，无论何时，我想到那些必然发生的既无意义又消耗精力的情景，自己便陷入了抑郁。我该想到你的母亲会面对实际，坦然接受这种情况；你的父亲[3]则会表现出我强烈地渴望自己也能拥有的那种老派的高贵。因此，照目前的情况，你对P.太太[4]的造访完全

[1] 莱昂内尔（“路希亚”）·利奥波德·沙利特（1906—1985），伦敦里普曼·沙利特（早先来自里加）的儿子。莱昂内尔1934年迁居巴勒斯坦，但是1937年因其父生病又回到伦敦。

[2] 阿齐瓦·帕思茨（1912—1983），1930—1933年就读于大学学院法律专业，后来在特拉维夫当律师，他的母亲肖沙纳是西列尔·兹拉托普尔斯基（原文第93页注5）的女儿，是特拉维夫杰出的犹太复国主义政治家。

[3] 罗伯特·林德（原文第80页注2）。

[4] 指皮尔金顿太太。她的儿子（爱德华·塞西尔）·阿诺德·皮尔金顿（“皮尔克斯”）（1907—1994），1926—1929年就读于新学院PPE专业。“小宝贝”和他有过一段不甚强烈的感情纠葛——就是这封信开头几句话的背景。皮尔金顿一家

是对的，是一种慰藉，等等。

这里的人在等着戈伦韦到来，我想，那时学校里会挤满人，我讨厌这样。此外，我想以此事为由来见你，总而言之我想见你。至于要做什么，我唯一能提议的就是星期天午饭之前，大约十二点十五分，一起在新学院花园散步。我会让勤杂工提前半个小时提醒我，否则什么情况都有可能发生。我的记忆和心智正变得支离破碎。如果我在房间里，和朋友们一起胡吹海侃，或者没有在适当的时间起床，那我就需要最紧急的提醒，提醒我要做的事，而不是无限地延续现状。我知道我是冒着冒犯你的危险，但这是一个心理事实：在正常情况下我的行为表现都是负责任、忠诚和理智的。如果我和六个人以上在一块儿，就会变得稀里糊涂、昏头昏脑、高兴满足、醺醺然，把什么都抛到脑后。虽然我写了这么多，现在倒真的不会发生我忘记和你会面的危险了，无论如何都不会。因此如果你在十二点十五分到新学院，十二点半就更好了，我就会在那里，分秒不差，如果你不回复，我就认为你同意了。

爱你的

103 沙耶

是圣海伦一个制造玻璃的家族的成员，住在野猪山，牛津城外西郊。

致玛丽安和菲利克斯·法兰克福特[1]

1934年12月7日

全灵学院

亲爱的玛丽安和F.F.：

这几周的时间，我都在努力从夏日的旅行中恢复过来，此刻，那段经历似乎已经无限遥远，就像你说牛津对你很遥远那样。那是非常特殊的一次旅行，旅行之初我很恐惧，旅行结束的时候我松了口气，在这次旅行中，我没有一刻感到沉闷乏味。我唯一知道的记事方法就是按照时间顺序记录，这会让我的记录很长，但是能让我记住所有不能抗拒的事，因而带给我如此多的快乐，这么做就像生活在过去一样。我短暂地造访了萨尔茨堡，听了托斯卡尼尼的音乐会，由于我父母对流弹的恐惧，我不得不安排让我所有的信件都从维罗纳寄出；之后，我去了威尼斯，那里奇妙极了，我压根儿就不能把它当作城市，只是把它看成堆簇在水里的一团干土块：人们，尤其是女人，美丽而堕落，一切的节奏都如此缓慢，就这点而言我几乎觉得自己回到了牛津。我在那里遇见了福斯特。他快乐、好脾气、宽容，如果需要，他就可以变得严肃、实际、乐于助人、嘲讽，甚至友善，一直如此。

[1] 菲利克斯·法兰克福特*（1882—1965），1914—1939年任哈佛大学行政法贝尔纳讲席教授，1933—1934年任牛津乔治·伊斯特曼客座教授。关于法兰克福特和他的妻子玛丽安·A.法兰克福特*（1890—1975，婚前姓丹曼）访问牛津的详情，见迈克尔·伊格纳季耶夫的《伯林传》第82页，以赛亚·伯林《个人印象》第112页。

他是一个无可挑剔的旅伴。不管莫里斯怎么说，他都**不是**讨厌的人。但是他喜欢无赖男子，我们一路上总遇见这类人，他欣赏他们，而他们越是俊美斯文，我就越恨他们，我受过的所有传统和严格的宗教教导这时候都冒了出来。最后我们坐船来到亚历山大港，如果一个人没有来过这里，他不会知道什么是噪声。突然来了一大帮黑鬼——类属名称，他们穿着彩色的长睡衣冲上甲板，其中一个抢下我的包往前冲去。我忧心忡忡，没有护照，热得要命，跟着人们缓慢地前进。突然他把我的包扔到我脚下，说“我不是搬运工，我是生意人”，他是一个搬运工的代理，而这个搬运工只能送我一段路，然后把我交给另外一个搬运工，诸如此类。最后我发现自己和三个搬运工一起坐在出租车里走了一段相当于从全灵学院到瓦德汉姆的距离[1]。我们讨价还价，他们大声尖叫，一切就像喜剧中描述的那样。开罗炎热却无比壮观。博物馆令人兴奋。但是整个埃及却可怕得很，污秽、消沉、腐败，什么都可能发生，你什么也不能依靠，谁也不能依靠，一切都油腻、黏糊、衰败、野蛮，一切就像在精疲力竭之后沉浸在永远的宿醉之中，哦，真是无耻至极。乘坐筏子经过
104 运河的体验激动人心，凌晨一点钟，我看见像《一千零一夜》故事中的阿拉伯人、希腊女人、警察，以及难以名状的

[1] 不到四百米。

一切。东堪塔拉[1]的海关颇有油水可捞，由于海关官员得到承诺，他们以及家人可以得到他们所发现的违禁品的90%，所以他们把你的包当成了摸彩袋，搜完一遍，如果没有发现什么，他们就重新搜一遍——时间没关系，火车可以等——然后就搜身检查有没有武器。轮到我时，福斯特说“哦，我建议你们仔细地搜搜他，他是臭名昭著的走私犯，身上至少有四五把手枪”。埃及人没有幽默感，他们把他的话当了真。你不知道身侧被一个埃及海关人员上下抚摸是什么滋味，累死人了。我承认，那一晚我整夜没睡，福斯特窃笑不已，但我其实是因为第一眼看到的这个国家而感到激动。在加沙和艾尔—阿里什之间出现的第一片绿洲简直就是舞台布景，虽然不是那么浪漫，但是迄今为止，我的所见所闻都是琐屑小事。我一到那里就找到了一些亲戚，从那时起我过着两种分裂的生活，一种生活是和福斯特、英国官员霍奇金一起。（他是我所知的最诚实的伪浪漫主义者，孩子气、正直、善于循规蹈矩而拙于把握全局，也是最幼稚和最恼人的理想主义者，但是人非常好，友善、慷慨，阿拉伯人喜欢他认真而磕巴的阿拉伯语，犹太人喜欢他，因为他透明而真诚，两派的人都认为他很容易受骗，又很容易犯大错。每个人都爱他，却没有人尊敬他，有些人想利用他，有些人又想保护

[1] 在苏伊士运河以东，伊斯梅利亚以北30公里，位于从伊斯梅利亚至萨义德港的主干道路上，是去往巴勒斯坦的铁路线的起点。

他，因而可以得出结论，他根本不该来这里，但是他又比表一上的他的继任者好得多。关于他，我说得够多了。）表一中有一些享受官方恩惠的阿拉伯人（关于他们后面再接着说），还有一些官方喜欢的犹太人。我在一次由哲学教授罗斯先生为我们举行的知识分子和精英的派对上见到了后者，派对上，维特雷斯一家、耶林一家、各类商业巨子和老犹太复国主义者都来了：他们都很拘谨，没啥意思。由于他们和福斯特的英国人长相，官方导游J.戈登被指派给我们，带着我们四处看。这次观光官僚得令人难以置信，他很和善，我们确实从他的车上看到了一切，但是这样看到的一切都属于第一种生活。第二种生活是和我的亲戚们在耶路撒冷和殖民地的私宅中度过的。两个巴勒斯坦完全不同，官方的生活情景就像由私立学校的教职人员管理的一所巨大中学——还要低一等，甚至还不如温切斯特学院的学生们——这些私立学校的教职人员敏锐地感觉到等级的差异，而且形成了只有中下阶层才有的那种势利。高级专员（总是休假不在）显然被看作校长，起着装点门面的作用，充满了真诚和高贵的情
105 感，略微有点落伍，是非常有代表性的人物，和家长以及督学（殖民军官和贵宾）关系甚好，但由于过于超凡脱俗而不能清楚地了解日常问题，因此他总是需要受到适度的、有计划的、有步骤的操纵。殖民局由督学董事会组成，他们富裕、愚蠢、冷漠，不断地派遣督察员，而这些督察员不得不被领着四处走走看看，然后就被尽快打发回去，偶尔督学们

会事先提示当地的助理教员如何回答问题，从而使检查过程变得容易些。男生们全是阿拉伯人：快乐、充满爱心、情绪高昂、强硬，时常容易发脾气，来点恶作剧，打破一些犹太人或者英国人的颅骨，如果发生这样的事，校方就罚他们抄写，或是对他们处以禁闭，以期教化他们，加深他们对英国式公正原则的认识。而这，我要补充一下，不是虚伪的而是当地政府真诚的信念。问题在于犹太学生：他们比别的男孩们更有能力也更富裕，他们的父母给他们过多的零花钱，他们无礼、自以为是、丑陋、炫耀，人们怀疑他们以不公平的方式和别的男生交换邮票。他们往往自以为是，勤勉过人，不和别的孩子玩耍。这就是我在这里看到的总的氛围。政府似乎根本没有什么政策：也就是头痛医头脚痛医脚行使一下正义，仿佛没有委任统治权，只有两个容易激动的民族，他们都高度缺乏理智，不诚实，企图欺骗政府。当然犹太人一点也不让人省心，他们根本不会相信可能存在单纯的动机。如果一位英国官员取消了约见去打网球，这不会被看成普通的无礼，而是被看作和殖民局之间复杂的勾结，于是犹太人立刻采取相应措施。这些，当然，就没完没了地使一切复杂化了。在大多数来自波兰和俄罗斯的犹太人看来——在我有些亲戚们看来依然如此——法律制定出来仅仅是为了被规避的。我遇见一个愤怒的男人，当地护照机构挑剔他护照的漏洞，因为护照上他五十三岁，他的妻子五十四岁，而女儿是五十九岁。他申辩说，在俄罗斯，每个人都提高自己的年龄好避免征兵，这样的理由对女人来说有点奇怪——他解释说由于男人提高了年龄，女人为了和他们一致也提高了自己的年龄。当他的申辩被认为是令人不满的答复时，他很愤怒，非常愤怒。但即便有这种情况，那些官员们的态度还是冷漠、无礼和不公正的。一般的官员或是像我所遇见并且谈过话的米尔斯那样，是不满、忧郁、愤恨而聪明的失意者；或者就像热切、愚蠢地寻找上帝的年轻传教士，什么也不懂，以为会见到这里的人们举止殷勤谦恭而泰然自若。他们想去黄金海岸，因为那里人们非黑即白，身份和责任都简单明了。我遇见了许多后一种类型的人，并和他们一起去死海野餐，那里美丽而动人心魄。苏格兰犹太人的“卡利
106 亚”咖啡馆使风景大为减色，那里有肥胖的阿拉伯人领着新入境的德国犹太妓女，缓慢而且带着压抑的兴奋感，走进肮脏的水中，走进外约旦的杰拉什。这是一个十分美丽的希腊式城市，到处都是留着长须的古怪的切尔克斯人，我一度以为切尔克斯人都是女的。杰拉什离安曼不远，阿布杜拉埃米尔[1]住在那里，那是一座装满了古板的维多利亚时期小饰物的宫殿，一幅巨型歌手牌缝纫机［原文如此］广告贴在宫殿背后。在这些野餐会上我真正了解了他们，他们高贵正直，相当快活，但是在巴勒斯坦他们是不被接受的：过于简单

[1] 阿布杜拉·伊本·侯赛因（1882—1951），1921—1946年为约旦埃米尔，后来成为外约旦国王（1946—1950），而且是约旦哈希姆王国的国王；在耶路撒冷遇刺。

愚蠢，缺乏耐心。他们说他们知道犹太复国主义很神秘，但是他们什么也不懂。他们分成两派，一派认为犹太人的有趣和可爱要甚于他们的粗俗，另一派的观点相反。至于那些犹太人，他们是最奇怪和最迷人的，我和他们在一起觉得不自在，不和他们在一起也觉得不自在，就像那些三十多年没有见面的亲戚，你知道甚至感觉你和他们是亲戚，但是你又从未真正认识他们，你害怕他们，又必须以一种奇怪的熟悉的方式对待他们，即使你对他们一无所知，甚至害怕他们。耶路撒冷是最美丽的城市，你会同意这一点，圆顶清真寺的美难以名状，老城区就像《一千零一夜》中描述的景象。小毛驴、铃铛、慢条斯理地干活的制陶工、灯光昏暗的洞穴、蒙着眼缓慢地拉着磨磨芝麻的骆驼，这一切都会让最狂热的中世纪研究专家感到高兴。有时候阿拉伯人非常美丽，他们就像学生一样你擂我一拳、我擂你一拳；犹太人严肃一点，在德国人的新公寓区，他们克制而出人意料地流露出高贵的快乐心情。特拉维夫令人难以置信，就像我印象中的克朗代克一样，到处是淘金的人流，整座城市从各种意义上看都建在流沙之上。这里的人打电话比纽约人还勤，虽然只有十万多人，生活节奏却像一座有六十万人口的城市，炎热，黏糊糊的，海里挤满了人，你都看不见海了。德国难民到处都是，他们腋下夹着公文包，在所有的地方做生意——咖啡馆里、公共汽车上、洗浴房里、海里，所有地方，除了他们的办公室。警察们像挥动指挥棒一样挥着棍子，让车流停下来，冷静的时候他们说希伯来语，但激动的时候就大声而充满激情地说意第绪语。汽车司机都在大声嚷嚷，提出建议，咒骂，像已经黎凡特化的希腊人或者叙利亚人那样大笑。车流突然又被一支长长的骆驼队拦住，这样的景象美得就像旅游广告，领头的是一个小个子波兰犹太人，戴着一顶黑色的圆顶高帽，对骆驼发出恰如其分的阿拉伯式吆喝，这是他一夜之间学会的，后面跟着一群官方知识分子，有诗人、编辑等，一个漫步中的学园，争论着造出一个新词汇的可能性，等等，等等。令人难以置信，就像在俯瞰摩押群山和死海的大学剧场里，用希伯来语演出的佩尔戈莱西的《管家女仆》[1]。
107 佩尔戈莱西一定从来没有想到他的剧本用希伯来语来演出的命运。后来我参观了一座十字军教堂，用磕磕巴巴的法语和一位无比斯文的修士聊天。你看我正在跑题，我的脑子里装了太多印象，我们甚至都还没有到殖民区，或者是北方的瀑布区，或者是加利利海，以及《圣经》中那座令人难以置信的被拯救的迦南城市和它的神秘传说。我得停笔和卡梅伦太太喝茶去了，我还要弄清楚弗兰克尔[2]是不是当上拉丁语教授了——投票就在今天。我一回来就接着和你再叙。

[1]《管家女仆》，传统意大利短小喜歌剧，这种剧主要在大剧的幕间演出。该剧由乔瓦尼·巴蒂斯塔·佩尔戈莱西（1710—1736）作曲，杰那若·安东尼奥·菲德里克（卒于1745年）编剧。1733年第一次演出。
[2] 艾德瓦德·戴维·莫蒂尔·弗兰克尔（1888—1970），来自德国的犹太移民，1935—1953年任牛津圣体学院拉丁文教授。

12月8日

有人刚刚带来弗兰克尔选上拉丁语教授一职的消息，真是好极了，至少是暂时，所有黑暗力量都被打败了。我刚刚给德国的莫里斯发去电报：他读了布希奥斯[1]的来信感到非常高兴和有趣，同样读了来信的罗伊、西尔维斯特·盖茨[2]、艾耶尔等人也是，大家觉得“热爱生活的希腊人”很好。莫里斯愿意为任何人写任何东西，如果报酬很高，他这么说。能够开得起这样的玩笑是好的。同时艾耶尔越来越忧郁了[3]，勒内肯定不能继续在牛津生活了，不管发生什么，她将住在伦敦，让弗雷迪选上极为重要，如果现在被排斥他就会被彻底毁掉——唯一的出路就是得到美国的教职：也许有些进展了？那么这对他、对文明、对我们所有人都将是有益的（以此顺序），如果他能够在美国某个地方得到什么，

[1] 希腊学生巴西尔·尼古拉斯·海伦纳葛拉斯·布希奥斯1934年11月5日给菲利克斯·法兰克福特，“20世纪教育界领袖”，写了一封带点喜剧感的信，请他参与编写一本关于古希腊文化对世界的影响的书。法兰克福特12月8日回复，推荐鲍拉是更适合的人选，同时给伯林寄去往来信件，请他确认鲍拉是否留意此事，并建议“在一个亲密的小圈子内，比如说罗伊、西尔维斯特·盖茨和艾耶尔等，一起阅读这封信是很有意思的”。

[2] 西尔维斯特·格威特·盖茨（1901—1972），英国专门律师，（后为）银行家。1925—1927年任哈佛大学联邦基金研究员（国际私法），时为菲利克斯·法兰克福特的学生；1941—1944年任英国情报部国内宣传部门负责人；1944年被委派至重建大臣办公室。

[3] 艾耶尔希望在牛津基督教堂学院得到的奖学金被授给了弗兰克·帕肯汉姆，而他的讲师职位只能延续到1935年6月，由于看不到可以得到更好的哲学方面职位的确切前景，艾耶尔正在考虑改行，虽然他正非常投入地写《语言、真理与逻辑》一书。

108 他们立刻就会来，我想即使是和他最对立的敌人现在都会认识到他的确很好——即使那些四五个月之前否认这点的人也不例外。你很快就会见到弗兰克尔，他真的很优秀。我有次问他对莫里斯怎么看，他很快回答道“他是一个非常博学和温柔的人”。当听到别人使用具体的形容词，而不是像“迷人的”、“可爱的”或“很好”这样的模糊通用词语，你知道，牛津人是会微微发抖的。弗兰克尔会告诉你，所有人都因为艾耶尔家的状况而感到烦恼，他将直接继承基督教堂学院的智慧和才华，而我就得不到。罗伊坚持要把他的一些作品寄给怀特海[1]：重要的是，这些成果理应得到赞扬，也许你能够解释这种情况，这件事比我们中的任何人所必须经历的都要严酷。我不知道为什么弗雷迪要受到这样的惩罚。不论怎样，我希望你能为他做点什么，也许为他推荐一个哲学职位——除了作为一个哲学家所具有的价值，他比一般的在职哲学老师都**更**催人上进，或者为他说点什么，以免怀特海把他当成一个有着不良思想态度的枯燥无味、生硬渺小的诡辩家而将其弃之不用。这真的很重要。而且——我如此声泪俱下，简直就像在为自己写一封恳求信——你是他在美国唯一的朋友。

回到关于巴勒斯坦的话题：住在殖民区的人要比那些

[1] 阿尔弗雷德·诺斯·怀特海（1861—1947），英国数学家，1924—1937年任哈佛大学哲学教授。

快活的小个子城里人更英俊、更坦率、更有趣、更稳定，在危机中也更可靠。我非常喜欢和那些来自俄罗斯的前社会民主党人谈话，他们是老式的1848年欧洲革命的理想主义者，不管怎样，他们真的是白天在地里干活，晚上阅读诗歌，但这样的生活方式却一点不让人觉得他们附庸风雅、装腔作势、令人难以置信。我从来都没有如此喜欢过一群人，虽然我不能生活在他们中间，他们太高尚、太单纯、太压抑而又太可敬，但探望他们的经历令人愉快。

从朱迪亚陡峻的红色山脉到相对丰饶的撒马利亚起伏地
带的旅途本身就很有趣，人们可以看见犹太人的各族系是如
何形成的。所有的出租车司机谈论的尽是他们走私贩运非法
移民时有多么勇猛，以及手中有多么便宜的土地可以出卖，
他们的外表和举止都像西西里的匪徒。叙利亚是个奇妙的地
方：大马士革肮脏邋遢，但是在巴尔贝克、贝鲁特和通往
南边的大路上，左边是黎巴嫩绵延的绿色壮丽山坡，右边是
大海——真的是这样美丽，以至于我这样有眼无珠的人都彻
底地感到惊叹，停下来不说话了，即使像福斯特这样讨厌大
自然的人都被打动了。西登是最可爱的渔村，红色和黄色的
船帆在深蓝的海面漂浮，渔夫们头上包裹着雪白的头巾，把 109
刚捕获的一网网鳞光闪闪的海鱼倾倒出来——对我本人而
言，我变得诗意了，因此感到难为情，该适可而止了。我的
确认为巴勒斯坦的犹太人是我所遇见的最快乐、最有安全感
的。我并没有感到和他们有血缘上的绝对联系，唉，但是如

果我在那里住上一段时间，我肯定就会有那样的感觉了。我得走了，要赶火车，等过几天我会再接着写这次旅行的所见所闻——更严肃，更不带个人色彩，写政府、大学和越来越地中海东部化的人们，但是现在我得停笔了。

谢谢斯彭德的书评[1]：就连《纽约客》都开他的玩笑，没有人希望遭受如此过分的嘲笑。我真希望你能信守诺言，6月份来这里。请来吧，我在学期结束之后在这里待上多久都可以，如果你来，我会等你，我庄严承诺我不会编出荒谬的借口缺席，而是待在这里，你所有的朋友也一样。关于他们消息不多：莫里斯坚定地安下心来，说服自己研究中世纪；罗伊在和玛丽·斯托普斯博士[2]通信，谈论关于生育控制的问题；里斯已经放弃研究，现在《泰晤士报》任职，可真热闹啊；克罗斯曼又在试着出卖他的灵魂了，但是即便是在相信他拥有灵魂的人中，他也没有找到买主。

我为自己的长篇大论道歉，这封信东一榔头西一棒槌，内容又空洞。我希望我能写一封更好的信，我很快就会试着再写一封。弗兰克尔刚才自己打来电话，他不能去美国，他说那些老家伙不让他去，为了投他的票，他们已经表现出了极大的勇气，所以现阶段他不能制造摩擦。

6月一定要来，我很抱歉写了这么封信，我甚至不能把

[1] 关于斯彭德作品的评论还是斯彭德所写的书评？此文无处查找，《纽约客》的玩笑也无从查找。

[2] 玛丽·夏洛特·卡麦克尔·斯托普斯（1880—1958），科学家、性改革家。

它重读一遍，它传达的意义是这么少。

爱你的

沙耶

致玛丽·费希尔

[1934年，前六页遗失]

全灵学院

[……] 至于基希小姐[1]，我希望她的文章对你而言能够像它们对我一样，是新奇信息的宝库。她真可以写一本关于哲学奇事的书，但我觉得她有关历史的文章非常出色。她过去常常 110 笨拙地挑动布莱克威和我相斗，最后反而是我们两人互通意见，联手将她逼入困境，这是最迫不得已和令人不齿的行径了。

"小宝贝"每天早上都看《泰晤士报》，她告诉我可能会有考克斯先生[2]的讣告。我非常粗心，什么消息都会错过，如果这真的发生了，你能告诉她吗？我对我从未见过的人没什么感觉：除非他们的确非常伟大，我刚刚收到他[3]写的一张善意而愚蠢的便条，里面流露出带有死亡意味的欢乐情绪，我希望他没事。除了一次茶会的片段之外，这里没有什么新闻，茶会上的客人有：奥托琳·莫瑞尔夫人[4]，但是我

[1] 伊夫（林）·迈拉·基希（1912—1945），1931—1934年就读于萨莫维尔学院古典文学专业，1933年在牛津大学文学士学位的第一次考试之后转学音乐。

[2] 克里斯托弗·考克斯的父亲正在弥留之际。

[3] 即克里斯托弗·考克斯。

[4] 奥托琳·薇奥莱特·安·莫瑞尔夫人（1873—1938），戴维·塞西尔（原文第

还没有充分核对信息，好细细描述此事。一等积累了足够的素材，我就把它写出来，然后寄给你一篇花边小短文，不然我的日子就过得正气凛然、波澜不惊了（这个学期末真是累死人），直到我7日去佛罗伦萨，在那里见到盖伊[1]。我对他很和气，因为他受到了最差的待遇，却抱怨最少。

星期三我和迪克一起坐火车回伦敦，遇见的那位戴着无框眼镜、坐在餐车角落的老夫人就不同了。迪克很大声地用德语引用他的纳粹朋友所说的话，接着为了强调真诚的情感还以手捶桌，老夫人见此就没有目标地抱怨道“我希望外国人在英国的火车上要注意言行”，然后她的脸就涨成猩红色，一头扎进菜单中，极其难为情。我把这件事告诉了迪克，但是，我想他既没有听也没有听进去。

我从来不知道林德太太竟然这么迷信，但确有其事。“小宝贝”的蛋白石耳环或是别的首饰得扔进白石池[2]，让她的女儿们感到烦恼的是，她的脸颊突然就好转了。

你的

沙耶

153页注6）在《英国名人辞典》中描绘她是“一个波希米亚人和知识分子圈子的中心和女赞助人，圈中人包括当时最杰出的艺术家和作家”。其中著名的人物有她曾经的情人伯特兰·罗素。

[1] 盖伊·爱德华·法夸尔·奇尔弗*（1910—1982），1932—1934年就读于默顿学院古典学专业；1934—1963年任女王学院研究员和讲师。

[2] 位于伦敦西北3区汉普斯特的一处水库。

我没有从头再读一遍，不过你是非常慎重的。 111

致玛丽·费希尔

[1934年12月16日之后][1]

全灵学院

亲爱的玛丽：

显然你喜欢巴黎，我真的好羡慕你。我已经开始热爱这座城市。我强烈地想听到关于拉兰德先生[2]的外貌和个人习惯的介绍。请感谢我先前的学生[3]，谢谢她所写的庄重、友善、文雅以及措辞得当的便条。唉，我刚刚冒犯了赖尔先生，我在一场婚礼上遇见他，他把头埋在双手中，看上去非常虔诚和感动。事实上他是感到厌烦，而且（真的）睡着了。我认为他的手势和表情总是不知不觉地传递比实际内容更加丰富的意味，使人更加迷惑。不管怎么说，当别人问我为什么不想和他一起去婚礼后的招待会时，我说我的衣着不够好，只有在说那话时，我才注意到赖尔先生穿着色彩艳丽的格子衣服。赖尔先生脸红了，生气地说“你衣着没有问题”，然后离开了。我要请他吃饭，请一**定**来。

关于弗兰克尔的消息太棒了，他冲进我的房间，感谢我给他写信，他非常感动。你是否看到《每日电讯报》上登出

[1] 在圣诞节假期，玛丽·费希尔拜访了巴黎的雷切尔·沃克和她的法国朋友。
[2] 安德烈·拉兰德（1867—1963），自1904年起为巴黎大学教授，科学哲学家。
[3] 雷切尔·沃克。

的针对他的那些可恶的信件？先是一个叫阿瑟·J.M.科恩的卑鄙小人，他像英国犹太人和老牛津人一样被感情用事的因素占据了头脑，而反对牛津所做的决定；而后一位梅小姐，其实就是雅利安人，但是跟巴勒斯坦有点血缘联系，恰当地回应道，一个英国犹太人要向后倾斜很大幅度才能够看起来
112 比较挺拔。* 我赞同这样的情绪。[1]不论何时如果你得到一本巴林[2]写的书，不要告知收悉。

社会新闻：

1. 我确实看见盖伊和欧佩[3]小姐显然是在进行热情而友好的谈话。这时，一位瑞士外交官，也是法国神秘主义者比画着手势，对我慷慨陈词，评说基督徒圣约翰（被称为圣

[1] 这个通告在12月13日的《每日电讯报》第16版登出，标题为“德国人当选牛津教席：纳粹难民”，文章开头是这样的一段话：“牛津大学依照有关建议采取行动，在有才华的学者被纳粹统治下的德国大学拒之门外时，有人建议应该在英国的大学里为他们提供相应的职位。”直到1933年辞职前，弗兰克尔一直都是弗莱堡的教授，他现在接替A.C.克拉克担任圣体学院拉丁语教授；阿瑟·科恩的来信是在12月14日第14版上登出的，D.H.C.梅的来信在12月15日第10版上刊登。多丽丝·赫敏·克洛克斯顿·梅（1899—1968），1917—1920年就读于萨莫维尔学院现代语言专业，1929—1948年任哈伊姆·魏茨曼的秘书。她的来信开头是这么说的：“一个英国犹太人要向后倾斜很大幅度，才能够看起来十分挺拔，如A.J.M.科恩先生……”12月17日第9版，还有三封支持梅小姐的来信。
[2] 莫里斯·巴林（1875—1945），英国外交官、记者、作家，写过小说、评论、散文、诗歌和一本自传；才华横溢的语言学家，俄国革命前是忠诚的亲俄分子。伯林对他写的书甚为推崇。
[3] 阿米德·莱昂内斯·托勒马奇·欧佩（生于1910年），1928—1932年就读于萨莫维尔学院古典学专业，雷切尔·沃克的妹妹玛丽的朋友。

让·德拉·克鲁兹）和J.伯麦[1]之间的差异，他手舞足蹈，许多温切斯特学院的人还有爱德华都咯咯直笑，我感到无助和尴尬。

2. 佩吉·杰伊相信一个有关她的不好传闻正在“到处流传”，她正在试着查出是什么传闻，要找到发布传闻的源头。她见到博厄斯[2]，问他这个可怕的传闻是什么，然而他立刻就向她抛出九套赞美之辞。她真的觉得受到了令人愉快的恭维。坦白地说，其实这是我开的玩笑，没想到这玩笑开得还很值得。

3. 奇尔弗小姐和戴维森先生[3]，我的天，据说**订婚**了，**要结婚**了！但是这是个**大**秘密，**谁**也不该听到。如果消息属实，这桩婚事是非常中庸而平衡的，目前为止不会招致什么反对。我得赶着收邮件去。好好过圣诞节，你母亲送我铅笔，这让我很感动。

你的

沙耶

[1] 基督徒圣约翰（原文第273页注2）和神秘主义者雅各布·伯麦（1575—1624）。

[2] 托马斯（“汤姆”）·谢里尔·罗斯·博厄斯（1898—1974），1922—1937年任哈特福学院研究员和历史学导师（教授并考核詹妮弗·威廉斯）；1937—1947年任伦敦考陶尔德美术馆主任。据伯林回忆，他“有一只玻璃假眼，不时会流泪”（与布赖恩·哈里森的访谈，1988年4月25日）。

[3] 普丽西拉·奇尔弗在1935年确实和布赖恩·戴维森（1909—1995）结婚了，戴维森1928—1932年就读于新学院古典学专业，后来成为律师。

*鲍拉先生在柏林狂喜不已，他说某种巨大的打击就要降临，这可太好了。

致詹妮弗·威廉斯[1]

[1935年1月下旬][2]

全灵学院

亲爱的F.-W.小姐：

我和你同样相信，如果可能，我们的书信往来所遵循的那些精细微妙的原则绝不能坍塌。另外，我也同意有时候即使只是有那样的企图，也会使人陷入无限沉闷的矫揉造作之
113 中。因此我直接更新和确认我的请求，请你下个星期六和往常一样来吃午饭，尽管我不再能保证A.史密斯先生一定能来（我只是刚刚得知艾里克·布朗的存在）[3]；或者，由于你对年轻人的狂妄无礼深为遗憾[4]，因此我恢复谦恭有礼的教养，这里，我宣布我怀着迫切的心情盼望着你的到来。至于有趣的信件所占的比例，我能说什么，你又希望我说什么呢？除了赞赏你为这个媒介所做的贡献，什么言语也没有

[1] 詹妮弗·玛格丽特·威廉斯*（1914—2005），1932—1935年就读于萨莫维尔学院历史专业，1936—1947年任公务员；1941年与赫伯特·哈特结婚，是伯林一生的亲密朋友。

[2] 詹妮弗·威廉斯的回复日期是1月31日。

[3] 可能是艾里克·约翰·查尔斯·布朗（1900—1962），革命社会主义小说家、诗人和翻译家。

[4] 据詹妮弗·哈特称，这里提到的是一封来自维也纳的信。

了。的确，我非常不确定我是否理解你要传达的含义：剩下的只有不完全令人愉快的模糊的“同情”[1]，一种轻微的受迫害感、博厄斯化、博厄斯性、博厄斯症。[2] 而且我还知道，在所有的人中，你是知道这种现象和它的灾难性影响的。因而，我不能宣告你的所为出自无辜的动机，从而徒劳地问自己，是什么使我成为这样的行为的目标。[3] 但这是一种非常短暂的感觉，很快就消弭无踪，这是一个规律，到明天我就会完全恢复。但是任何萦绕于心挥之不去的东西都是烦人的。你一定同意这一点。

你真诚的

以赛亚·伯林

致詹妮弗·威廉斯

[1935 年 2 月初？]

全灵学院

亲爱的F.-W.！

由于我极不愿令人难堪，我发现自己不得不故态复萌，回到了一种很不舒服的状态。你提议要引发一些小争执，对这样的想法我是要斥责的。我的意思是，即使你是对的，而

[1] 伯林此处原文为：nachgefühl。

[2] 指的是汤姆·博厄斯，詹妮弗·威廉斯的导师和主考。

[3] 詹妮弗·哈特记不得是什么事了。在这里和别的地方，（她认为）也许指出这点有助于理解信件内容：伯林生活中，尤其在这个阶段，有一点夸张的倾向，至少是在通信中，所以一些小插曲也会被他描绘成意义重大的事件。

且有必要使用这些手段，我还是不愿实施，因为它们干扰人们的平和心态，而且也不是打发时间的愉快方式。至于暂时中止我的习惯，即沉默节制同时又轻松自如，我只承诺会这样做，因为我猜想这样的做法会遭受你的批评。我打算接受你的批评，认为它们是公正的，并采取相应的修正行为。但如果你得到了失实的报告，或者，这样的限制导致不可预测
114 的抑制产生，我只会非常高兴地恢复我所熟悉的喋喋不休的方式。由于我低沉的嗓音，现在这种方式在新学院院长那边很是奏效，比较令人心旷神怡的个性反而不成功。我必须指出A.[1]是阿利克而不是艾里克：这个名字不仅怪诞，甚至有点儿传奇色彩（诗人普希金写过一位叫“爱雷克”[2]的吉卜赛英雄），但极其非政治性。很高兴你看到了他的性格之美。希望你会分担我的愤怒，如果你看到有着如此敏锐鉴赏力的人却被新学院现任统治者如此对待[3]，你会感到这一切是惊人地熟悉。显然，从你所采取的行动看得出你确实注意到了谈吐方式，它使我一下子退却了（参见）。真的非常高兴你要来。

你真诚的

以赛亚·伯林

[1] 即“A.史密斯”（见之前的信件）：关于阿利克［*原文如此*］·史密斯，见原文第79页注1。

[2] 在普希金著《吉卜赛人》（1824）。

[3] R.H.S.克罗斯曼，副院长，在费希尔因病休假期间代理院长一职。

此时，伯林已经习惯于一种生活模式，但是据他回忆，“教授哲学和研究马克思及与之相关的一切相距甚远，我过着两种生活”。[1]他对卡尔·马克思的探究是费力的：

> 我读了大量资料，因为我总是非常紧张，生怕自己无知。所以我坐在那儿如饥似渴地一卷接一卷地阅读马克思—恩格斯的德语原著[2]，我的德语不好，要查字典，但是如果我可以读到任何译本，我就读，和我在学校时利用对照译文的方法学习一样。这个版本到了1933年就停印了，希特勒下令的。然后它开始以俄文出版，我从苏联的书店里面买到了几卷，所以我读了他的所有著作，全部，而且记了笔记。

作为对比，这里是一个牛津教师的日常生活：

> 我住在学院里，平日教书，每天五个小时，早上和下午，我和奥斯丁谈话，他是在我之后一年选上的。我和他一起散步，或者和莫里斯·鲍拉，或者和别的朋友。我每晚在全灵学院吃饭，平日吃饭的人有七八个，周末约有二十五个。我的生活很有规律。我绝对是个牛津人，

[1] 迈克尔·伊格纳季耶夫录音之八，上面的前言中还引用了该录音其他部分的内容。

[2] 伯林此处原文为：Ausgabe。

比以往任何时候都更是，更能融入牛津的机制，绝对如此——牛津的学术生活让我感到非常自在舒适，而且我非常非常学究气，在那些日子里我是个超级牛津人。我
115 和别的哲学家很友好，我过去常常见他们，和他们在一起也很舒服，我们谈论同样的题目。我过去常常和赖尔吃晚饭，或者赖尔和我吃晚饭，我会邀请哲学家们一起吃晚饭，或者一起喝茶，或者我在布莱克韦尔[1]书店见他们，和他们谈话。但是我主要和伙伴们在一起，过的是纯粹的教师生活，我不了解这个大千世界，不常去伦敦。在伦敦，没有谁请我出去吃晚饭。我不去乡下。这样的活动在我以后的生活中才发生。

致伊丽莎白·鲍恩

星期三［1935年3月13日］下午两点半

全灵学院

亲爱的伊丽莎白：

你没有接电话，就像你声称打我的电话也没有人接听一样，三分钟前就是这样。许多天来，我一直有充分的理由想见到［你］，我能否星期天来？你会在这儿吗？星期五我本来是愿意来的，可是我周六有课，为此，每个星期五我都处于迷糊状态，不过还好，这个星期六是最后一次课了。[2]上

[1] 牛津主要的书店，1879年由本杰明·亨利·布莱克韦尔建立。
[2] 以赛亚·伯林关于“休谟的道德观”的系列讲座安排在全灵学院该学年第二

一次课，在我讲完关于同情的主题之后，一个男人走过来，安静而高贵地问："那么怜悯呢？"我很感动他也关注这个题目，从那时起他就盯上了我，给我寄便条，告诉我他自己的经历。如果说我从事什么职业会比较危险，那就是当精神分析师，因为我没有识别力，我会快乐而冷酷地践踏人们所表达的不同层次、有着细微差别的意思，所以我要结束和他的通信，但是这很令人烦恼。我可以星期天下午过来吗？如果你在上午十一点至下午一点之间的任何时间打电话过来，我**总是**在的[1]，而且下午五点半到七点之间我也基本都在。我得向你叙述一下莫里斯星期六晚上喝醉后如何胡闹。我在通读斯蒂芬·S.写的一本评论亨利·詹姆斯和艾略特等人的书的校样[2]，书的一些部分是不错的，但是整本书十分晦涩、非常说教、极端抑郁，而且容易诱发内疚感。晚会的快乐在你走后也结束了：斯帕洛和里斯二人之间的无礼态度令人无法容忍，里斯喝得越来越醉、越来越好斗和粗俗，斯帕洛则变得越来越卖弄学问、越来越不随和、越来越令人不快。希望这话最好别传到他们的耳朵里。

爱你的

沙耶 116

学期，星期六上午十点开始。最后一次讲座约在该学期的最后一个星期六，即3月16日。

[1] 和J.L.奥斯丁讨论哲学，他大多数早上都是如此安排的。

[2] 斯蒂芬·斯彭德所著的《毁灭性元素：现代作家及信仰研究》，1935年4月由乔纳森·凯恩于伦敦出版。

致约翰·希尔顿

星期四，最可能是3月14日［1935年3月14日］

全灵学院

亲爱的约翰：

你怎么能够这样沉默呢？这么多崭新和强烈的印象一定使你想说话[1]，因此你的沉默是由于我的压抑，而我其实并不怎么压抑。我保持沉默是很自然的事，因为这里正在进行着某个策划，或者说是小题大做，即为了向国王陛下表示敬意[2]，我们是否应该在全灵学院上空悬挂一个闪闪发光的乔治国王，如果要挂上一个，要不要用红灯，或者我们能否像皮卡迪利大街那样使用电子招牌，国王在招牌上面每隔五分钟就脱下他的高礼帽致意，与此同时，一只机械的绿头鸭子，我们学院的标志，就“嘎”地叫一声，要么，使用泛光灯是不是就可以了，国王对我们来说值多少钱，二百英镑，或是只有2.1英镑，或是一文不值？而如今你和佩吉正过着美好的生活，叛乱[3]是否对你们有所影响？塞浦路斯人是不

[1] 约翰·希尔顿1934—1936年是塞浦路斯的古迹管理部门的负责人，他于1934年秋和妻子一起来到塞浦路斯，受命（在试用期）负责建立和指导古迹管理部门的工作。罗纳尔德·斯多尔斯爵士（1881—1955），1926—1932年任塞浦路斯总督和最高统帅，在他离岛时，任命他的副师长鲁伯特·甘尼斯为“古迹视察员”。斯多尔斯也曾在巴勒斯坦和罗得西亚供职（1917—1926年担任耶路撒冷总督）。鲁伯特·福布斯·甘尼斯（1899—1965），古文物收藏家、艺术史学家，著有《历史的塞浦路斯：村镇、寺院及城堡指南》（1936）和《英国雕塑家辞典，1660—1851》（1953），经常让希尔顿苦恼。

[2] 1935年5月6日乔治国王的二十五周年纪念日即将到来。

[3] 由希腊前总统艾留瑟里奥斯·温尼泽罗斯发起的未遂政变（3月12日被挫败）。

是就像这里的罗纳尔德·斯多尔斯对耶路撒冷犹太人的评论那样，既是肆无忌惮、令人厌倦的，但又从来都不乏味？你有没有摆平或者压制住甘尼斯先生？诸如此类。

我们正处于选举教授的混乱时期，哲学教授J.A.和约阿
希姆要走了，科林伍德和普莱斯成为核心，这个劳动力市场
就像一只水母一样收放伸缩，逻辑实证论者布雷思维特和艾
耶尔等人正在到处制造混乱。[1]我让斯特宾小姐[2]进入新学
院的谋划也许会奏效。一位叫威斯登的先生[3]出版了一本杰
作[4]，他在书中证明，如果一个人是决定论者，他就应该相 117
信出生前的存在，因为这个存在是由于一次偶然发生的、称
为“出生”的事件而被不合理地中止了，他解释这个论点所
引用的事实是，他的父亲是加尔文主义者，但是他的观点引
起了别人的指责。与此同时，布罗德正在写一本从表面上看
是关于麦克塔格特[5]的有趣的新书，一直在开不成体统的玩

[1]“J.A.”是约翰·亚历山大·史密斯（1863—1939），1910—1935年任道德和形而上学哲学韦恩福利特讲席教授。哈罗德·亨利·约阿希姆（1868—1938）是逻辑学威克汉姆讲席教授。罗宾·乔治·科林伍德（1889—1943）接替史密斯，普莱斯接替约阿希姆。理查德·贝文·布雷思维特（1900—1990），1934—1953年任剑桥道德科学西奇威克讲席讲师，之后成为诡辩学、道德神学和道德哲学的奈特布里奇讲席教授。

[2]（丽吉）·苏珊·斯特宾（1885—1943），从1933年起是伦敦哲学教授。

[3] 阿瑟·约翰·特伦斯·迪本·威斯登，剑桥三一学院道德科学讲师，1952年成为剑桥哲学教授。

[4] 约翰·威斯登：《心理与物质的问题》（剑桥，1934）。

[5] 约翰·麦克塔格特·埃里斯·麦克塔格特（1866—1925），哲学家，他对这个领域的主要贡献是写了两卷本的《存在的本质》（剑桥，1921—1927），布罗德因此写了两卷本的《检验麦克塔格特的哲学》（剑桥，1933—1938）。查理·邓

笑，如“这个可能性首先是罗素先生[1]提出来的，但是就像在为非婚生子建立幼儿福利中心的过程中抛弃了婚生子一样，他在为自己的不合理构想创立收容体系的过程中抛弃了自己的许多思想成果，而他也偏离了初衷，试图引诱一位叫作行为主义的诚实女人”。[2]这是我根据自己的记忆引述的，就是说我查阅过，但是没有很留心。路易斯·麦克尼斯在《新诗歌》上发表了一首有意思的诗[3]，人们对斯彭德的《维也纳》[4]大惊小怪：(最后记下来的句子是“现在我发现我爱女人我不再那么介意人们如何评论我的诗了”，还有“可怜的托尼［·海因德曼］，他是如此同性恋”。) 这是一件非常小的丑闻，我要让它流传。我明天要见的艾琳·莱昂小姐[5]是谁？我收到一封关于她的信，说她想谈谈Diamat*，墨索

巴·布罗德（1887—1971）是剑桥奈特布里奇讲席教授（1933—1953），布雷思维特的前任（原文第117页注4）。

[1] 伯特兰·阿瑟·威廉·罗素（1872—1970），罗素伯爵三世，哲学家。

[2] 前引书（原文第118页注1），卷一，第61—62页：“没有人，就我所知，在罗素之前，提出这个重要观点，认为判断关系也许比并向量更重要；我认为，当他决定引诱一个名为行为主义的诚实女人的时候，他放弃了这个观点，就像在为因非婚生的弃婴建立收容医院的过程中，抛弃了许多婚生子一样，他在为他的不合理构想建立收容体系的过程中，放弃了许多合理的哲学思想成果。”

[3] 也许是《伯明翰》，《新诗》第7号（1934年2月），第3—4页。

[4] 一首1934年由费伯出版社以书的形式出版的诗。

[5] 艾琳·奥古斯塔·莱昂（1891—1964），哲学家，接受家庭教育并在罗马大学读书，1926—1930年获玛格丽特夫人学院奖学金，在那里获得文学士学位和哲学博士学位，伯林收到的信来自萨莫维尔学院古代史学家伊索贝尔·亨德森，亨德森在信中特别写道，艾琳·莱昂是乔瓦尼·真蒂莱的学生，已经出版了一本关于法西斯哲学的书《法西斯的血统：关于西方政治哲学的通俗论文》（伦敦，[1927]），现在莱昂在罗丁中学教书。

里尼[1]以“你”来称呼她，她没有成为玛格丽特夫人学院的学生，因为她“以罗马方式”[2]搞恶作剧。你听说过她吗？

夏天来萨尔茨堡吧。托斯卡尼尼将指挥《奥泰罗》，还有交响乐，[布鲁诺·]沃尔特指挥其余的节目。西勒会说，这将是天籁之音。你认识她的戴维[·华莱士][3]吗？他是一个坚定、可敬、可靠而又乏味的人，除了对他的党有
影响的事，别的他什么也不谈。也许列宁也像他那样，只是 118
在苏联美学家关于艺术和无产阶级文化运动的著作的页边空白处[4]，他常常写个“哈—哈！”。告诉佩吉我爱她，请来信，这样我就可以更认真地写信了。[5]

*辩证唯物主义

[1] 贝尼托·阿米尔卡尔·安德里亚·墨索里尼（1883—1945），1922—1943年任意大利首相。
[2]“以罗马方式”，这里伯林使用的隐喻来自烹饪术。
[3] 戴维·约翰·华莱士*（1914—1944），1933—1936年就读于巴利奥学院古典学专业，1939年与普鲁丹斯·梅杰结婚，在希腊阵亡。
[4] 无产阶级文化运动（Proletarskie kulturno-prosvetitel’skie organizatsii，即“无产阶级文化和教育组织”）1917年2月成立，10月被置于文化和教育委员卢那察尔斯基的领导之下。它取代原有的按阶级划分的文化体系，为苏联工人创建了崭新的无产阶级文化和教育体系，虽然列宁经常批评它偏离了官方路线，但这个机构一直持续到1932年。虽然伯林做了强调，但是不能确定伯林了解某位美学家，不过当时最主要的无产阶级文化运动理论家是亚历山大·亚历山大洛维奇·波格达诺夫（1873—1928），他的著作包括《论无产阶级文化运动，1904—1924》（列宁格勒，1924）。
[5] 这封信如果是完整的，那它是没有签名的。

致菲利克斯·法兰克福特

1935 年 3 月 20 日

全灵学院

亲爱的F.F.：

非常感谢你的文件[1]。我认为，我同意每一个字。我唯一不明白的是，你肯定是始终和身份较高的人生活在一起，但你说的话和我这样和下层人生活在一起的人竟十分相似。只有你能说得比其他人更好。我就不打算一一列举我所赞同的要点了，但是有一两点不同的意见我不妨提一下，也许它们不算是真正的不同意见，而只是侧重点不同。如果我卖弄学问、咬文嚼字，列举一二三，你会原谅我的。显然如果一个人态度很严肃，对卖弄学问的恐惧就成了最严重的恐惧。

1. 英国人没有恶意，但是也并不仁慈。阁下也许是有同情心的，那三四个霍奇金、当地打零工的人、建筑师等，也许会试一下，并兴奋起来。其余的人出于本能排斥，如果他们的确要采取什么建设性的策略，那也不是他们的本意，我的意思是，那是违背他们个性的，他们所做的每件事，不是屈尊俯就、不得已而为之，就是为了娱乐消遣，或是三种因素兼而有之。斯多尔斯来这里，我想，他和马尔科姆[2]

[1] 法兰克福特关于他1934年4月3—14日的巴勒斯坦之行的秘密报告（日期是1934年6月8日），他寄给伯林的副本保存了下来。

[2] 道格尔·欧尔姆·马尔科姆（1877—1955），古典学家，1899—1915年任全灵学院研究员，1924—1947年任英国南非公司经理。

一起吃了早饭，并且对福斯特说（我当时不在这儿），犹太人大胆放肆，令人讨厌，但是却从来不乏味，从更低的层次 119 上看，这是米尔斯[1]主义。在印度，有责任心和自欺欺人的公务员们都认为自己是某种“文化媒介”[2]；在巴勒斯坦，犹太人显然就是那个样子，所以公务员们就无法营造道德的表象了。仅仅当交通警察是不太荣耀的，唯一可能的道德实现途径（所有传教士和温切斯特学院的学生们都拥有这种道德实现途径，除非他们其实来自我的母校圣保罗，相对要低人一等）就是把自己当成是阿拉伯人的保护者，抵抗被认为是不可抗拒地向前发展的犹太运动。这就像其他因素一样可能导致修正主义。卡普兰德[3]认为英格兰在那儿陷入了一场不道德的混乱局面，如果是卡普兰德来统治我，我也会变得暴力。显然如果托管意味着领土统治仅仅是让当时那里的居民实现自治，那么就没有正当理由让犹太人在那里定居了。犹太复国主义可以保证的重大权利、世界的利益，不会对阿拉伯人等带来伤害，从英国人的角度看，这是实行托管的真正道德理由，但它却不是威尔逊提出的途径[4]，虽然它本身是非常好的。只有当人们相信整个群体的移入是正当的，我个人才会相信它是正当的。普通的英国公务员对移入者只持有

[1] 关于米尔斯见原文第101页注1。

[2] 伯林此处原文为：Kulturträger。

[3] 雷吉纳德·卡普兰德（1884—1952），1920—1948年任全灵学院大英帝国历史拜特讲席教授、研究员。

[4] 这里指的是伍德罗·威尔逊的民族自决主张。

两种观点：要么恶意剥削，要么任其采取自由主义的自决政策。犹太人的巴勒斯坦不适用这两种方案中的任何一种。不管从哪一种政策的角度来看，犹太人都是令人讨厌的。所有思想崇高的牛津学者，所有巴利奥学院的“伦理学”[1]都会像那些人一样。除非派来一个视野更开阔的人，看出阿拉伯人真正的委屈——阿拉伯人说，他们强烈地希望自治，而不是被“犹太化”[2]，不论程度有多么温和——认真考虑这些委屈，而不是一些官员对他们的委屈让步，另一些官员艰难地忽视他们的委屈，还有一些官员鄙视他们的委屈，等等。当前在英国巴勒斯坦圈中相当强烈的负罪情结将会持续下去，它和传统政策一样，会导致决策缺失，以及对采取行动和特定步骤的普遍恐惧。至于犹太人，他们感到遭受了太不公平的对待，他们太快乐，太像占有者了，因而不能持有一种“超乎摩擦”[3]的立场，也不能解释他们的权利，而他们不仅仅揭露阿拉伯人是一伙收了钱的煽动者。当然如今的安东尼厄斯们和穆夫提们[4]是极度腐败的。但是只要再过十五年，巴勒斯坦民族主义者就会变成纯粹的、不可腐蚀的、十
120 分残忍的法西斯分子。到了那时，事情就开始好玩了。除非现在做点什么，通过自我解释，否则机会就会错过。而且，

[1] 伯林此处原文为：Sittlichkeit。
[2] 伯林此处原文为：verjudet。
[3] 伯林此处原文为：au-dessus de la mêlée。
[4] 关于乔治·安东尼厄斯和穆夫提，见伯林1934年9月写给他父母的信件，原文第96—98页。

这么做而不被当成叛徒轰下台，对每个人，即使是对魏茨曼来说[1]，都是很难的事。劳工问题意义重大，你说得很对。

2. 不该雇用阿拉伯劳动力，但不是因为那些原因，骇人听闻的原因。政府的职责是制定某种社会法规，以削弱上流社会，并使人们不因为阿拉伯人更便宜而拒绝雇用犹太人，或者为了表示姿态而慷慨地雇用犹太人。以色列总工会[2]是相当可敬的一群人，我们的院长[3]会这么说，但是他们有官僚做派，略微有一点僵化。因为一个社会主义者的利益观是非常纯正的。

3. 修正主义者[4]是一群邪恶的人。他们的政治态度比那些中心人物更政治化。这就是说，他们不是机会主义者。毫无疑问，具有灵活性、判断力和渐进观是必要的。但是这种说法如果持续得太久，人们就有可能变得冷酷厌世，变得很厌烦，变得习惯于温和而具欺诈性的"互相推诿"[5]，习惯于

[1] 哈伊姆·魏茨曼*（1874—1952），化学家、政治家，1921—1931年和1935—1946年任总统，世界犹太复国主义组织和犹太代理机构主席。

[2] 巴勒斯坦最大的犹太贸易组织。

[3] 亚当斯。

[4] 修正主义犹太复国党（利库德的前身），1925年由泽耶夫·（弗拉基米尔）·亚博京斯基建立（原文第332页注4），想要在约旦河两岸建立一个犹太国家，占领整个托管的巴勒斯坦。该党采取的是军事策略，并拒绝让步接受巴勒斯坦阿拉伯人的民族愿望。这些强硬的政策导致修正主义者和渐进派劳动党犹太复国主义者之间的冲突，后者由哈伊姆·魏茨曼和戴维·本—古里安领导。该党产生了两个军事组织，ETZEL（或是伊尔根），由梅纳赫姆·贝京领导，以及LEHI（利海），更为人熟知的名字是斯特恩帮，因它的创立人阿弗拉汉姆·斯特恩而得名。

[5] 伯林此处原文为：manus manum lavat。

完全无所顾忌的政府。一个人，只有在不仅具备而且还时不时重申某些严格的原则时，才能保持（a）诚实（b）热情。巴勒斯坦劳工利益派不这么做。他们吹嘘机会主义，他们乐于被视为讲求实际的人而不是梦想者。这没有吸引力且让人丧气。我希望你告诉他们别这样。为什么亚博京斯基就应该独具犹太政客们仅在某种程度上拥有的健全意识？也许规避法律的习惯在很大程度上是不可改变的，但是某些高层次的人能否清楚地申明他们的信仰，而不是陈述惯例和常规，不是攒一些印出来后令人反感、乏味、机械的东西，就像昨日新闻？

4．为什么在巴勒斯坦就没有一个高层次的人？只有像施马尔亚·列文这样和蔼可亲、有想象力的政论家，和像本—古里安[1]这样有效率的煽动家？如果有什么是英国所尊敬的，那就是实实在在的规模。但是我认为这是不可
121 避免的。

上帝才知道我为什么要这样语无伦次地一直说。你是很忙碌的人，总有事情缠身，不该让你从国家事务中分心，我们这学期要结束了，我感到很放松，无法收心研究伟大而令人头痛的马克思以及游手好闲却迷人的休谟。[2]当地有一些

[1] 后来以色列的首任总理，戴维·本—古里安（1886—1973）。1930年以色列工人党成立，他是该党领袖；1935年成为犹太复国执行委员会主席，巴勒斯坦犹太代理机构负责人。
[2] 参见原文第253页注3。

闲话，不过我还是要让你免受它们的干扰，我要继续和法兰克福特太太说这些［事］，她比较有空，因此更愿意听这样的流言蜚语。

你这个夏天没机会回来吗？如果你能回来，我们都愿意放假后继续等你。

你的

沙耶·B.

4月，伯林和盖伊·奇尔弗一起拜访了雷切尔（“小费”）·沃克[1]，他以前的学生，她在巴黎学习哲学。“小费”曾经向伯林表达过强烈的感情，但是此时法国哲学家让·卡瓦耶[2]刚刚向她求婚。在“小费”和她的闺中密友，当时也在巴黎逗留的玛丽·费希尔去法国南部度假之前，伯林、盖伊·奇尔弗和她们一起去听歌剧（贝多芬的《费德里欧》）。

致玛丽·伯林

1935年5月7日

全灵学院

亲爱的妈妈：

我又没有什么时间写信了，这很糟糕。我明天真得坐下

[1] 见原文第719—720页。
[2] 让·卡瓦耶（1903—1944），法国哲学家，后来是法国抵抗运动的英雄，被盖世太保枪杀。

来，给你写一封像样的信。意识到周末的纪念日[1]爸爸将感到“很无聊”，用科洛尔太太[2]的话来说，所以我星期六晚是在伦敦过的。他似乎很好，看起来好极了，甚至很开心。牛津的街上挤满了人，但是大家都很安静、克制，显然在等着有人能做点什么。本科生和那些来自国外的人是**如此**不同，他们要更温和、更有礼貌、更愚蠢、更幼稚、更无趣、
122 更可亲、更令人愉快、更容易相处，也更不会那么野蛮。我就是不理解，他们怎么能既有成为法西斯分子，也有成为共产主义分子的素质。所有的人，成年人和孩子们都如此幼稚可爱。我现在要和H.A.L.费希尔一起去听音乐会，我会很喜欢的。

爱你的

沙耶

致斯蒂芬·斯彭德

[1935年5月19日]

全灵学院

亲爱的斯蒂芬：

这么久没有给你回信非常无礼，但是我的确是怀着一份责任感来给你回信的，我只是不想像说话一样给你写信，也

[1] 1935年5月6日是英国国王乔治登基二十五周年纪念日。

[2] 科洛尔太太可能是伯林小时候的德语教师。

就是说，我不想把信写得零碎松散。黛安娜说你在南斯拉夫或是什么别的地方，我不知道这封信是否能寄到你的手里。不管怎样我在里面放了去萨尔茨堡的票，我订的。如果还想要，我记得你曾经说过这话，写信告诉我，我会再买一些。唯一的差别是再买的票会差很多，但是这不要紧。你关于格奥尔格[1]的评论我认为完全正确，我想他是个非凡的诗人，他的《生活的织锦》[2]有时候是异彩华章，他其他著作中的奇特文字也是如此。关于你所引的段落，我的理解是，他是一个遭到迫害的夸大狂，即便是他最亲密的追随者为他做申辩，也不能回避这样的事实，那就是他是一个持有使人反感的人生观或是实际上就遵循着使人反感的生活方式的人，他毁掉了许多朋友，他剥削他们，利用他们，等等，就像瓦格纳有时候所做的那样，不是像乔治·桑或者陀思妥耶夫斯基那样仅仅使他们精疲力竭，或是像劳伦斯有时候所做的那样（我这是胡言乱语吗？），而是冷酷地利用他们，他这么做不是出于他的本性，而是因为他相信他具有这样的本性，或者至少，是出于他决心要承担的角色使命。

格奥尔格圈子的这种偏执，对里尔克[3]这样的人的彻底无视，这种廉价的个人权势，有时候的确会导致令人羞愧而

[1] 德国诗人斯特凡·格奥尔格（1868—1933）。

[2] 伯林此处原文为：Teppich des Lebens，即1900年格奥尔格出版的诗集《生活的织锦》。

[3] 莱纳·马利亚·里尔克（1875—1926），德国抒情诗人。

又自命不凡的陈词滥调，或者甚至是纳粹主义。显然格奥尔
123 格派们都忙着为他辩护，企图表明他并未造成这一切。但是甘道夫[1]和他的争吵，就是出于他认为可怕的政治和个人观点上的分歧。如你所说，他和叶芝都忙着支持正在崩溃和已经崩溃的体系。两个人的差异在于，叶芝这么做是根据他自己真正的自发想象，这样的想象看起来的确像是充满了神话学传统等内涵，而且如果没有拟古主义的东西，叶芝是不高兴的；然而格奥尔格就像瓦格纳，他并未直接感受到这样的情绪，而只是希望凭借智力或者情感信念来感知它们，所以，就像瓦格纳不得不问自己“什么是色欲激情？什么是妒忌？”，然后就煞费苦心地创作出精巧非凡、充满才华，然而却糟糕和不真实的结构体，这样的结构体只是一种释义，一种要描述自己从未得到过的体验的企图，是对他所不熟悉的东西的无限近似的模仿（威尔第则更天然地记录下他所了解的东西），所以格奥尔格创作出来的是俘获情感的口号，那根本就不是发乎内心的，都是第二手的创作，这似乎也是所有德国艺术家们的命运，就是歌德、席勒，虽然他们的创作确乎是直接而真实的，但有时候还是免不了如此而为。我猜想这是浪漫主义的部分特质，它能够通过虚假的东西幻想出来，只不过它们的人工斧凿痕迹有时是显而易见的，或者显然是低级的，以至于对更乏味但也更有自我批判意识的人

[1] 弗里德里希·甘道夫（1880—1931），德国诗人和批评家。

来说，它看起来很奇怪，如此的创造天赋和敏锐感受竟能和如此彻底的盲目并存，盲目到了错误地把对某种心理状态的渴望当成了这种心理状态。我说的全是一派胡言吗？可是如果不这么看，我就不知道怎么理解德国人了。我想英雄特质总是伴有可怕的愚蠢和听起来吓人的胡言乱语：非常小心严肃的法国人是避免如此的，宁可因此丧失了德国式的崇高。

换个话题：除了麦卡锡[1]写的那篇关于你的书的评论，别的书评我都没有读过。我能够明白他的想法，他是这么想的：我如此经常地和亨利·詹姆斯一起吃午饭，他是这么喜欢美食和富人，称他为共产主义者简直就是胡说八道，一定很蠢。我不记得你对他的界定到了何种极端的程度：你所说的是（也许我记错了），他对社会中的个人的分析，使得任何人读了他的小说都一定知道，社会是如此令人窒息，如此贫困，它需要来一次爆发，而后彻底改变。我想这说的没错，而且我认为，他看到了这些，他是个忧郁的作者，但我认为说他革命就不对了，因为他确实喜欢富人，喜欢和他们一起沉沦，当他看到太富裕、太粗俗、太残忍的人时，他所固有的新英格兰人品质就会促使他痛斥他们。但是他讨厌任何形式的革命，他有一种悲剧意识，但是不想寻求解决悲剧问题的答案。他是一个头脑清楚、饱受折磨、不抱幻想的 124

[1] 戴斯蒙德·麦卡锡（1877—1952），评论家、作家。这里提到的评论《毁灭性元素》的文章是“共产主义和亨利·詹姆斯：斯彭德先生的理论”，1935年5月5日《星期日泰晤士报》第8版。

反动分子。这就是麦卡锡想要声明的一切。他抱怨你没有提及萧伯纳[1]和威尔斯[2]，可是你为什么就要提到他们呢？每代人都有他们的官方讽刺作家和鼓吹者，这些人猛烈抨击那些更明显的反常事物。在这方面，詹姆斯和劳伦斯并没有大叫大嚷，不会像萧伯纳或是共产主义作家，或者甚至是维克托·雨果或是狄更斯那样有倾向性，而是表现了衰败的个人和社会，这是比短文和传单要严厉得多的指控。只是因为他们的作品中没有使用形容词，或者引入明显的笑声和呻吟，读完萧伯纳—威尔斯，没有人体会到自杀或是发生暴力动乱的迫切需要。他们的信徒是像乔德[3]或是罗斯或是A.索尔特爵士[4]那样的沾沾自喜、自我陶醉的人物。就像马克思的经济史作为宣传手段，远比后来的社会主义者们，甚至是列宁的论著还要有效千倍，同样，詹姆斯的分析的杀伤力也远甚于在公众头上响彻的声声霹雳。所以我至少是这么认为的：麦卡锡看来像是个傻瓜，虽然我看得出他的好意。我想他说你的书比较松散是有道理的，但我不认为那是什么缺陷，虽

[1] 乔治·伯纳德·萧（1856—1950）（即萧伯纳），爱尔兰剧作家、作家和社会主义者，他的作品通常体现了道德或者政治意义，1925年获得诺贝尔奖。

[2] 赫伯特·乔治·威尔斯（1866—1946），英国小说家和社会思想家，见原文第145页注4。

[3] 西瑞尔·埃德温·米钦森·乔德（1891—1953），伦敦伯克贝克学院哲学系主任、大众宣传家、哲学作家，因在广播节目《智囊团》中回答问题时总是先说“这都取决于你的意思……”而出名。

[4]（詹姆斯）·阿瑟·索尔特*（1881—1975），1934—1944年任全灵学院政治理论与制度格莱斯顿讲席教授兼研究员，1937—1950年任牛津大学（独立）下院议员。

然我猜想十年后你的书会更有整体性。难道我没有把“斯宾诺沙派”校正为“莱布尼兹派”？如果不是这点，那么我还能做什么呢？我想我已经这么做了，真令人羞愧啊。

T.E. 劳伦斯[1]今天早晨去世了。他一定曾经是个有意思的人，因为他所有的朋友都这么说：一个神秘的终结。可以说，他一定是唯一一个既著名又有价值的骑摩托车的人，这是有阶级觉悟的情绪。我很遗憾我没有在这个学院遇见过他，他总是大约凌晨两点才进来，差不多是我的入睡时间了。听说他很单纯，有魅力，我们也许能处得很好的。在你的书里，你说卡夫卡怀疑他的眼光，我还想更进一步说，他极尽所能地对此冷嘲热讽，拿这来开玩笑，就像由于人们非常熟悉某一处景物，它就理所当然地成为经常被提及、被嘲笑，以及凡此种种的对象了。这就是它之所以是如此清晰、如此慑人、如此自然而又不自然、如此天才、如此与众不同而又如此才华奇绝的原因。我不能再往下写了，我累坏了，我努力地工作，上很多课，就像是在香皂上面划火柴。 125

冯·特罗特在这里，谢拉·格兰特·达夫、黛安娜、伯纳德[2]，每个人都在，这个周末我快要死了。《诺里斯先

[1] 托马斯·爱德华·劳伦斯（1888—1935），“阿拉伯的劳伦斯”，英国军人，强烈同情阿拉伯人的作家（1927年正式改姓“萧”）；1919—1926年任全灵学院研究员，据伯林说，他的加入是“想使全灵学院成为自由帝国主义的中心”，尽管“他从来没有在我在的时候来过学院”（迈克尔·伊格纳季耶夫采访伯林录音之八）。劳伦斯死于几天前发生的一起摩托车事故。

[2] 查尔斯·伯纳德·斯宾塞（1909—1963），1928—1932年就读于牛津大学圣体

生》[1]让人很快乐。阿奇[2]说他不喜欢人家说他的下巴像六角形手风琴，说别的他同意。有关安排的事我还会写信。

替我向托尼[3]转达我的爱

沙耶

致斯蒂芬·斯彭德

星期三［1935年6月26日］

全灵学院

亲爱的斯蒂芬：

我这封信写得很匆忙，你看，从此时起，我将开始连续一个星期从一个地方去另一个地方，最后7月再回到这里连续工作五周，我盼望着这五周，无法跟你说我有多么盼望它。我希望能找到我留在同事［伊恩·］鲍恩桌上的你写

学院古典学专业，诗人、教师。伯林在圣约翰街修PPE课程时，曾经和他（还有另外两个人）一起寄宿。伯林在1992年描绘他是“有才华的诗人，他的诗句依然能在不止一部选集中找到［……］坚定的唯美主义者，路易斯·麦克尼斯的朋友和信徒”，引自1992年8月，第二学期，《牛津杂志》；名为“混合”的信件。

[1] 这里提到的是《诺里斯先生换乘火车》，1935年出版，作者克里斯托弗·（威廉·布拉德肖）·伊舍伍德（1904—1986），英国小说家和剧作家，1939年和他的亲密朋友W.H.奥登一起移民美国，像奥登一样，1946年成为美国公民。这是有关20世纪30年代柏林的小说中的第一部，第二部是《再见，柏林》，1939年出版。

[2] 阿奇博尔德·亨特·坎贝尔（1902—1989），1928—1930年和1936—1989年任全灵学院研究员，1930—1935年任大学学院斯托维尔民法研究员，1935—1945年任伯明翰大学法学巴博讲席教授，1945—1972年任爱丁堡公共法瑞吉尔斯讲席教授；伯林、斯图尔特·汉普希尔、奥登、伊舍伍德和奥登的其他在柏林的友人的朋友；同性恋者，波希米亚人；1930年将斯图尔特·汉普希尔介绍给奥登。

[3] 海因德曼。

的诗，因为我当时在那里听托斯卡尼尼的音乐会，然后它就不见了。我很快地读了一遍，记得不太清了，我甚至不记得读它的时候我是怎么想的。如果你还有另外一份，我将十分感激。在《水星》上的那一首我非常喜欢，包括它的印刷错误以及所有的一切。[1]

费伯今天带艾略特一起来吃校庆典礼[2]的午餐，并介绍我与他认识。我认为他人很好，我想我和他的谈话太随心所欲了，我说得太快，又手舞足蹈地，如果你见到就知道我的样子了。他似乎想谈论严肃的话题，但是在那种场合，和主教、海军将军、勋爵们，还有我自己的客人们在一起，打岔实际上是不可能的。 126

现在我稀里糊涂地被淹没在美酒、谈话以及像托马斯·巴兹雷爵士[3]这样在草地上走来走去的白痴们中间。莫里斯不停地打电话来说他情绪很低落，或者告诉我最新的消息。每次他把最新消息告诉我，我就祝福他，因为这样的祝福对人而言肯定是坚定而愉快的支持，一种积极的调子，就像诗人勃洛克说每当他想到普希金这个名字，他就精神振

[1] 斯彭德所写的《诗三首》：《一间小学教室》《在晚上》《放逐》，刊登在《伦敦水星》第187号（1935年5月），第8—11页。

[2] 牛津大学校庆典礼是牛津一年一度的夏季典礼，是牛津为给杰出人士颁发荣誉学位和纪念捐助者而举行的。典礼“Encaenia”一词是希腊语，意为“复兴和奉献的节日”，相当于“毕业典礼”的意思，源自拉丁语，许多北美大学学年中的重要典礼都使用这一名词。1935年，牛津大学夏季典礼在6月26日举行。

[3] 托马斯·（斯塔福）·巴兹雷爵士（1907—1997），哈罗毕业生，1927—1930年就读于莫德林学院（普通学士）。

奋，他说那是个快乐的名字。

奥登—伊舍伍德的剧本[1]不是非常好，其中插入的奥登的诗有一些的确很美，但是对话不够好。它的目的是为了让人觉得好玩，它也确实好玩，但不是非常好玩，有时候比诺埃尔·考沃德[2]或者吉尔伯特[3]的要好，有时候不如他们，在这个类型中绝非出类拔萃，可以和伯特·布莱希特[4]这样的相媲美，但是略有不及。我很生气，因为必须得这样：既然它很简单也很容易读懂，我想它应该有广大的读者群，所有的斯帕洛们[5]将得到一根新棍子，这一回是用他们宣称的大众性来打败新诗人们，这是比晦涩难解还更有效的侮辱。我将非常乐于在萨尔茨堡见到你，我想那里会挤满了人。我一定会住在噶斯托霍夫酒店。《皮下之狗》的主要优点是它的可读性，但是它不够好，它甚至都不算是有野心的失败。

[1]《皮下之狗：或者，弗朗西斯在哪里?》(伦敦，1935)。维斯坦·休·奥登(1907—1973)，英国诗人、批评家、散文家和剧作家；1925—1928年在基督教堂学院主修自然科学，后转学英文；1939年迁居美国，1946年成为美国公民。

[2] 诺埃尔·皮尔斯·考沃德（1899—1973），英国演员、剧作家、小说家、轻音乐作曲家。

[3] 威廉·什温克·吉尔伯特（1836—1911），英国剧作家和萨伏依歌剧的歌词作者，阿瑟·（西莫尔）·萨利文爵士（1842—1900）为其谱曲。

[4] 贝托尔特（原名尤金·伯托尔德·弗里德里希）·布莱希特（1898—1956），德国诗人、剧作家，他的具有创新精神的戏剧手法，尤其是他后期的作品，与其说激发了观众的情感，不如说激发了（马克思主义）思想。这里，伯林可能指的是布莱希特的早期作品《三文钱的歌剧》(1928)，也可能指的是《马哈哥尼城的兴衰》(1930)。

[5] 这里提到的是约翰·斯帕洛有争议的书《理智与诗歌：当代诗歌的意义》(伦敦，1934)。

不管怎么说失败（我很不安地意识到格言警句就要从我这里脱口而出了）意味着没有树立很高的目标，却试着要说服自己（或者是愚蠢地认为）已经成功了，而实际上他知道自己还没开始呢。这是一种酸葡萄策略。为这本书辩护说它是联合 127
阵线的一部分，我想那是骗人，感谢上帝我不必给它写书评。

替我告诉托尼我爱他

沙耶

你能否在你的账上再记上六十先令？我记不住。

致玛丽·费希尔

[可能是 1935 年 7 月初]

全灵学院

亲爱的玛丽：

有一班略微有些抑郁的学院研究员，外来的主考人，他们在公共休息室的时候总是设法要逗乐大家，精力充沛地使气氛变得活泼。在彭布鲁克的伙伴们就是这样的人，他们都很随和，讨人喜欢，我度过了一个意想不到的快乐的夜晚。如果佩尔斯是可信的，你也一样，据我所知，这是他有生以来第一次表现出好奇心，想知道你是谁。我向托尼提议定在星期六，托尼承认在等你，但是我觉得让你自己来这里是失礼的。由于依照惯例不能公开探知一群人中的某一位成员的想象中的反应，或者就是知道了这种反应也不能泄露，因而无法获知他们或者他们中的大多数人的最大快乐，这一点总是显得那么滑稽可笑。同时，惯例本身是如此令人愉快而必要，为了得到快乐而质疑它们是错的：这使得对惯例本身的遵守越是无用，它们就越是有价值。简单的结论就是，我希望你能够过来看看，待几天，如果来参加长时间的口试；或者多待些日子，如果是短时间的口试。这确乎是我对你说过的最晦涩难懂的话了。我真不明白是什么使得我用这种伪亨利·詹姆斯风格来说这么简单的事。我道歉。

你的

沙耶

我真的和“小费”还有米尔·帕洛蒂[1]会面了大约六秒
128 钟的时间。我们见面的时间如此短暂，所以顾不上难为情。

致玛丽·伯林

[1935 年 7 月？]

全灵学院

亲爱的妈妈：

我现在工作勤奋而且顺利。这里绝对寂静，我偶尔见

[1] 杰奎琳·帕洛蒂，雷切尔·沃克当时在巴黎的主要朋友，法国国家教育总监察官多米尼克·帕洛蒂的小女儿。多米尼克·帕洛蒂同时还是历史学家艾丽·哈雷维的老朋友。雷切尔·沃克经费希尔家人介绍进入哈雷维的社交圈，后者是哈雷维家的多年朋友。

到佩尔斯（你有一次问他是不是我的学生）和你喜欢的哈迪。鲍拉先生要走了，生活很宁静。马克思具有**非常**典型的犹太性格。像我早先写信跟你所说的，他早年糟糕的诗作，他对社会的嘲讽，他的多愁善感、势利和学识，一切都和雅各布·夏皮罗[1]如此相似。二者甚至连反犹立场都相似。埃弗巴克小姐[2]又写信了，我想这一次我要再次忽略她的来信，或者正式地回复她。如果她想对谁倾诉心声，这不是我的错。我**不是**适合年轻女人倾诉秘密的对象，不喜欢自己被放在错误的位置上。但是你可以指望我会采取行动，如果这太冷淡。你必须要有一个“恢复期”[3]，如果是在8月初，我会来和你一起住。你要多吃点，这很清楚，否则你会很虚弱，也会很抑郁。我很好，爸爸似乎也很好，虽然他觉得烦闷。

爱你的

沙耶

[1] 雅各布·萨尔温·夏皮罗（1879—1973），纽约城市大学历史教授，写了许多关于知识史的书。

[2] 十八岁的希尔达·埃弗巴克主要是在1935年5月5日至6月27日期间从以色列海法给伯林写信。她说她的父亲是“你（伯林）母亲多年前的一位老朋友，来自里加”，并且补充说“我们三年半之前在伦敦见过你”。希尔达就在伦敦学习的事向伯林征求意见，但是后来由于经济原因选择了耶路撒冷的希伯来大学的一个专业。

[3] 伯林此处原文为：Nachkur（经过在卡尔斯巴德的健康治疗之后，在此进行恢复休养）。

致玛丽·伯林

[1935年7月底]

全灵学院

亲爱的妈妈：

非常感谢你的两封来信、贝多芬的“纪念品”[1]、你自己的照片（我发现很迷人），还有关于R.斯特劳斯的文章等。

我的工作仍然进展顺利。你提到马沙利克关于马克思的书[2]：我所认识的唯一提到这本书的另一个人，是耶路撒冷
129 的施马尔亚·列文，他说这本书很好。我必须读到它，但是德语书尤其是大部头让我恐惧，这一本就约有四百页。也许你可以帮我弄一本带回来？或者寄一本过来更好。任何关于马克思的材料，即使是马沙利克写的反马克思的书，要从德国带出来都是不安全的。但是你能否帮我在卡尔斯巴德的书店订购一本，让书店寄给我？我会很感激的，你用克朗支付比我用先令支付要便宜。是的，牛津空荡荡、暖融融、喜洋洋的，一切都低沉而轻柔，就是谈话也变得暗淡无光。与此同时，有件事让我进退两难：最近发生了一起空难，一位五十五岁的纽豪斯先生遇难了，汉斯·纽豪斯，证券经纪人，他是不是威廉·马丁妻子[3]的父亲？如果是，那我就

[1] 伯林此处原文为：Denkmal。可能是一尊小石膏半身像，伯林收集了许多这样的纪念品，有的他还漆成蓝色。

[2] T.G.马沙利克，《社会问题：马克思主义的哲学和社会基础》（布拉格，1898）。

[3] 玛格丽·马丁，婚前姓纽豪斯，她的确是这场空难受害者的女儿。她后来

要写封安慰信，如果不是，而我却寄去这封信，该多糟啊。我不知道如何证实这件事，但是我会试试的。我所有的学生现在都在接受口试，激动地冲进来告诉我他们都遇到了什么考题。没有什么新闻，有一桩公共丑闻被揭露了，海军招待会[1]上没有提供足够的食物：有一张照片显示，法国大使给了葡萄牙大使一些冷豌豆，很滑稽。毫无疑问，现在有些重要官员要被免职。你最后决定在哪里度过恢复期呢？你必须要经过这么一个时期，我不介意这是否是当地医生扩充捷克国库的手段，它对你是有好处的。请不要急着回家，父亲很孤独，但是撑得住，我周末去看他。我现在必须走了，要去理发，我如今的外表十分体面。

爱你的

沙耶

我不知道斯特劳斯的儿媳[2]是一个犹太女人！他们都是白痴。

伯林对马克思的研究工作因他患上扁桃体周脓肿而中断，他在私人疗养院接受治疗。康复后他前往萨尔茨堡和一 130

(1962) 成为伦敦大学学院古典艺术与考古学耶茨教授彼得·科贝特的第二任妻子。

[1] 也许这场招待会的举行和6月8日签署的英–德海军谅解协议有关，该协议允许德国人建立他们的海军力量。

[2] 伯林此处原文为：schwiegertochter。理查德·斯特劳斯与纳粹党有联系。

帮朋友会合，后取道巴黎返回家中。

致莱迪丝·费希尔

1935年8月27日

蒂罗尔的阿亨霍夫

亲爱的费希尔太太：

我早就该感谢你寄到阿克兰德[1]来的信。我无法对你说，当一个人患上扁桃体周脓肿时，能收到慰问信是多么令人感动的一件事；莱福特教授[2]来看望我是我所得到的主要慰藉，否则生病期间是极其难过的。我不知道自己是如何得的扁桃体周脓肿。我开始时患上的扁桃体炎听起来还比较体面，但是扁桃体周脓肿，我总觉得是老婆婆和非常小的孩子才会生的病，而我的生活无可指摘，很有规律——我估计可能是我说得太多，这是在我看来唯一合理和符合我身份的解释了。

我的身体一恢复到能够出行，我就赶到了萨尔茨堡，那是我所知道的唯一一座让我感到彻底快乐的城市，在那里我见到了无比健康、美丽、开心的玛丽和“小宝贝”。理查德·佩尔斯也住在同一家饭店，他也一直都是个非常友好、斯文有礼的伙伴。托斯卡尼尼太精彩了，我们都过得很开

[1] 阿克兰德疗养院，位于牛津班布里路的一所私人疗养院（后来成为医院）。
[2] 罗伯特·亨利·莱福特牧师（1883—1953），1921—1949年任新学院研究员；1934—1949年任爱尔兰《圣经》诠释教授，在此期间还一度担任导师和牧师。

心。我们现在已经搬到湖边，住到星期六。“小宝贝”和玛丽看起来很健康，和她们在爱尔兰时一样心满意足，这已足够说明问题。这里就像天堂一样，山峦叠嶂，湖水湛蓝，小虫子飞来飞去，让“小宝贝”很喜欢，我们都希望克里斯托弗可以在从维也纳返回的途中到我们这里来，但是我估计他的时间太紧，也许在沿途的每个城镇他都得约见学生，迅速地辅导他们一下，造访我们只能被他视作纯粹的找乐子，所以他肯定要把我们排除在计划之外了。

你的

以赛亚・伯林

致伊丽莎白・鲍恩

星期四［1935年9月27日之前不久］[1]

霍里克罗夫特大道49号

亲爱的伊丽莎白：

今晚我的家人很早就上床休息去了，而我则旋弄着我的 131
无线收音机，烦躁地想着有关自己的书的事，在我心头这本书的阴影变得越来越大，越来越浓重了。我劝说自己，这样是无益的，于是我坐下来，像莫里斯一样，盘点这个夏天我的得与失。一切都有点混乱，我想这是因为我在阿克兰德住了一些日子。萨尔茨堡之行的确非常像喜剧。我到那里见到

[1] 此为伊丽莎白・鲍恩回信的日期。

了六个人，彼时他们中大多数人都已经各自加入了彼此对抗的小集团。我以前从未见到年轻女人们如此互相为难，也从未被置于如此一个位置，不得不公开保护其中的受害者。她是个严格意义上的漂亮女子，年轻，相当令人反感，她在美国很成功，但是在这里却被许多自视甚高的人所冷落，因此她就不断地发出银铃般的笑声，大呼小叫，大声朗读，快乐地尖叫，以为这样就很有女人味了。她的女伴是个丑陋却聪明的年轻家庭女教师，一张长脸简直像哈哈镜里的影像，二十八岁左右，复杂的法国犹太人血统（就像你的艾伯哈特先生[1]一样，但这方面我以后再细说），有某种程度的受迫害妄想，她常在深夜造访，询问我是否知道“爱”这个字意味着什么，一个女人又如何把自己的一切奉献给一个实际上并不认识的男人，如果她在森林里被“迷奸”（这个词是她的原话），那么她该怎么办？最后的这个问题实在太不现实了，我不得不一度离开房间，好让自己镇定下来。这里都是英国音乐人，还有许多在威尼斯拥有别墅的人；斯蒂芬突然闯入我们这一群冷静的人中，被男孩女孩所包围。每一年，都有惊人的美国崇拜者追随着他，但是今年他来的时候身边是一帮基本固定的崇拜者。托尼不在其中，我不知道是因为什么，是怎么回事；斯蒂芬到处游荡，身边疏疏落落

[1] 麦克斯·艾伯哈特，伊丽莎白·鲍恩的小说《巴黎之屋》（原文第133页注3）中的主人公，见原文第135页。

地跟着两个年轻女人、一个上了年纪的老处女、两个滑稽有趣的小男孩，一个是“突破了边界”的盖尔斯·罗米利[1]，你记得的，另一个是剑桥的诗人。我现在知道什么要素能够吸引斯蒂芬了，至少是在女人方面：一张长得“诗意”的脸，蛇形拳曲的黑发。斯蒂芬在谈话间常常插一句，要么是“女孩们去哪儿了？”，要么就是“男孩们去哪儿了？”，他对 132
着一大群听众谈论荷尔德林[2]，很有趣但也有点太沉重。听众中只有“小宝贝”打算安坐在那里，毫不批判，顶礼膜拜。格雷夫斯小姐[3]一天下午到了，根本就没有和斯蒂芬一起下来，我担心她不够诗意，他认为她太世俗了。她非常熟悉莫里斯，认为她不是适合他的类型，打算退出。她的母亲刚在德国去世，我应该写封信去？但又怎么写？音乐会上那些绝妙的音乐为我，也为所有的美国人，把粗俗的托斯卡

[1] 这里引用的是《突破边界》的典故，这是一本和私立学校精神特质相对立的期刊，1934年由艾斯蒙德·罗米利（1918—1941）创办。艾斯蒙德是盖尔斯·萨缪尔·伯特兰姆·罗米利（1916—1967）的弟弟，他十五岁就离开威灵顿他所就读的学校。盖尔斯是这份期刊的投稿人，在1935年11月他们合出了一本书，题目也是《突破边界》，书中收入他们的自传，讲述了他们接受教育和转变信仰成为激进主义者的经过。盖尔斯也在威灵顿读书，1934—1936年在林肯学院读古典学专业期间，突然离校去了西班牙，一场考试都没有参加。更详细内容见1966—1967年《林肯学院记录》的第28—29页。战争期间他作为重要战俘被关在科尔迪茨城堡两年（他是丘吉尔的侄儿），后来在纽伦堡做证。

[2]（约翰·克里斯蒂安）·弗里德里希·荷尔德林（1770—1843），德国诗人。

[3] 伊丽莎白·雷拉·米里森特（“萨莉”）·格雷夫斯（生于1914年），1932—1935年就读于萨莫维尔学院历史专业，1937年和理查德·奇尔弗结婚，后来成为伦敦贝德福德学院（1964—1971）和玛格丽特夫人学院（1971—1979）的院长。

尼尼崇拜给具体化了。我买了二十张有关他的明信片，怀着极其幼稚的感情看着它们。我心怀感激地逃离萨尔茨堡，来到蒂罗尔的阿亨湖，只是我被那位黝黑的家庭女教师追逐，迫使我不得不一直进行有智慧的谈话，真是累死人。我去了巴黎，给玛丽·费希尔送行，她要去迪皮和她的朋友亨利埃特·诺弗拉德[1]见面：想象一下，当我不久之后翻开你的书[2]，费希尔小姐和恩里埃特立刻出现，我是多么激动啊。我很享受这份激动，但同时又感到痛苦，因为在过去的两周，我的经历在某些方面和你惊人的犀利描述中的某些东西太相似了，于是真实事件和你书中的描绘融合在一起，成为更加鲜明、更加痛苦的意识状态。我至少是短暂地结束了和沃克小姐的关系。我想我的表现很自我放纵、很糟糕，她只是害怕我，而且在激情的幻觉中认为，应该为了我的幸福而奉献她的一生。我们在动物园蟒蛇馆的对面相见，兴奋极了，也痛苦极了。你关于种族间对话的严肃性和刻板性的言论是完全正确的。自始至终我都感到自己在极其努力地说话，完全不知道我的话语造成的影响（这是一种非常陌生的感觉），自始至终我都感到自己所说的一切都是最可怕、最不可理喻、最复杂的胡言乱语。我们都朝向对方，但是又总

[1] 亨利埃特·诺弗拉德是艾丽·哈雷维的外甥。
[2]《巴黎之屋》（戈兰茨，1935）。书中的人物包括恩里埃特·芒特乔伊，一个旅行经过巴黎的英国孩子，也包括纳奥米·费希尔，小说主人公麦克斯·艾伯哈特的有英法血统的未婚妻。

是因为引力过大而偏离了目标。天哪，我不可能和她结婚
的。她却认为我能。我们会立刻感到痛苦。最后，我强迫自
己明智一点，干巴巴地、平静地分析形势，宣布我必须停止
了，这个场景无法用语言来形容。我总是发现自己不得不重
新开始，首先谈论的基本上是天气，然后是沉默。然后我站
起身，似乎要走，我们都意识到必须说点什么，我们欲言又
止、支支吾吾，我觉得自己大胆放肆、粗俗无礼。当她问到 133
我最近的一次声明和我与西勒·林德[1]分手时的有多么相似
时，高潮来临了，令人完全无法忍受。但是当我和她在一起
的时候，我总是爱着她，此后一连数天都沉浸在触电般的兴
奋之中，但是这种兴奋延续不了几周。和西勒的爱情就相对
要简单庸俗一些了，我们彼此充分了解，她对所受到的冷遇
的抱怨减轻了我的负罪感。（我对这一切的记录显示出我惊
人的冷漠。）而沃克小姐的情形是，所有这些都比我曾经经
历的一切更加真切，更加灿烂，更加令人颤抖。我，普通意
义上的大叔，竟变身成为戏剧中的男主角，这样的事实常常
让我感到不真实。天哪，发生了多么愚蠢的难题啊。我曾经
寄给她三本介绍托尔斯泰的童年和青年时期的书，《可怕的
孩子们》和《尴尬年龄》[2]，我太不敏感了（真的，皮薄却又
不敏感，这个特质和卡尔·马克思一样），从来就没有想到

[1] 1931年的夏天伯林短暂而克制地爱慕着西勒·林德。迈克尔·伊格纳季耶夫采访伯林录音之五十七。
[2] 后面提到的书分别是让·科克托和亨利·詹姆斯所著。

把这两本书放在一起会带来什么后果，这被理解成对她的种种幼稚行为的无情的含沙射影。我本来差一点就要给她寄去《论老年》[1]的，这本书就会比较有趣和有益。你知道我从来就没有想到《尴尬年龄》有这样的含意吗？我只把它当成对某个历史时期的精彩描述了，小说中的两个女孩的命运——简直就是我对她的未来的预示——似乎使她疯狂到了极点。她的母亲在家里发现这本书，十分震惊，这当然令人反感，我想，我寄这本书之前并没有读过它。

任何一个以为我的所为有象征意义或者别有深意的人都错了，呜，诚实地说我不能生活在这样的高山上。我总是同情和我一样的胖子，皮埃尔·别祖霍夫、桑丘，甚至是《夜与日》中的威廉，我痛恨安德烈亲王和戴尔·冬格。[2]沃克小姐去威尼斯和一位A.劳伦斯爵士[3]住一段时间，我，就像有四肢的低等有机物，迅速地恢复了。我不知道巴黎之行是否是个错误，但是当然，我很高兴犯了这个错。奇特的是，我们从没有从兴奋的高空下降到平凡的低谷，尽管她生活中的大多数时候是这样的，令人讨厌。（最后一句话用的是汉

[1] 西塞罗著。

[2] 皮埃尔·别祖霍夫和安德烈·保尔康斯基亲王是托尔斯泰的《战争与和平》中的人物，桑丘·潘扎是塞万提斯小说《堂吉诃德》中堂吉诃德的随从，威廉·罗德尼是弗吉尼亚·伍尔夫的小说《夜与日》中的人物，法布里斯·戴尔·冬格是司汤达小说《巴马修道院》中的主人公。

[3] 亚历山大·（瓦尔德马）·劳伦斯（1874—1939），新学院毕业生，萨默塞特郡的治安法官。他有三个住所，其中之一在帕多瓦北边威尼托区的阿索罗。

弗莱式的格律。）我不否认，我是因为怀着某种骄傲和喜悦，
才能轻视次级生物和次级的浪漫故事，就像“小宝贝”和吉 134
尼斯先生[1]之间从伦敦到都柏林一路上所发生的故事那样。是的，通过写信就草率唐突地建立关系的莫里斯：观察到葡萄牙人既幼稚又非常非常绝望，在你还睡在床上时他们建起又拆毁了你卧室的四面墙，并报告说罗伊今年夏天差一点就结婚了，对方是某个身份通常被描述成介于中上和上等阶层之间的人，我们问自己，是海德勒姆·莫雷小姐吗？之后，我们必须通信。亲爱的莫里斯，他是一个非常好的、非常有智慧的人，艾略特先生还是认为他不会成为希腊语教授，这很糟糕。为了我们自己，他必须快一点成为伟大人物。列奥波德的表现和弗雷迪相似吗？[2]我肯定，作为一个孩子，他很可能如此。我突然把弗雷迪当成我和沃克小姐生的孩子，为此大笑了一场。母亲问我笑什么。我只好编了个谎，说我遇见了一个美国人，他说“有人告诉我教皇住在阿维尼翁，但是我认为那不可能，因为如果他真住在那里，我们肯定会听到有关的消息”。天哪，我变得多么傻。你读过凯琳·米凯利斯[3]的书吗？我认为她是一位在世的著名的丹麦作家，

[1] 布赖恩·吉尼斯，在他（与黛安娜·米特福德的）第一次婚姻结束和第二次婚姻开始之间的那段时期，是“小宝贝”的仰慕者之一。

[2] 在《巴黎之屋》一书中，列奥波德·格兰特·穆迪是麦克斯·艾伯哈特和女主人公凯伦·米凯利斯的极度善于分析、过度好奇的私生子：伯林似乎认为 A.J.（“弗雷迪”）·艾耶尔有可能是人物原型。

[3] 凯琳·米凯利斯（1872—1950），丹麦小说家，《危险年代》（1910）的作者。

也许是个丹麦犹太女人，非常独特有趣的人，还有布雷思维特[1]，所有这些可爱而熟悉的名字，费希尔小姐、恩里埃特，等等，除了费希尔夫人（我想她就是你的精彩化身，对话读来令人血冷而又着迷。我和沃克小姐的未来直接而深刻地受到那本书的影响，这一定不是你有意所为，我也不会相信你能了解那本书所包含的意义）一点也不像那位写了许多友好而又令人反感的信件的H.A.L.费希尔太太以外。

麦克斯是一个恐怖的人物，谢天谢地，我不像他。总的来说，这本书对我的影响就像一部戏剧，观众对剧中角色的境遇有认同感，他曾经有过这样的噩梦或是梦境，在梦中他替一个角色说台词，把角色从他们的背景中抽离出来，使他们像自己的牵线木偶一样举手投足。弗雷迪·列奥波德在
135 我的脑中久久拂之不去。但是我的确认为这是一本有趣而且吸引人的书，一旦我沉静下来，我就重读一遍，如果你允许，我会和你再谈谈它。

我希望能去爱尔兰，但是我父亲在莫斯科[2]，我不能离开母亲，她似乎身体不太好，虽然非常快乐。我听说普罗默

也许伊丽莎白·鲍恩读过她的书，并让自己小说中的女主人公借用了她的名字。小说中的男主人公麦克斯，是才华出众的法籍犹太金融家，后来自杀了。麦克斯和他所爱的英籍女主人公凯伦之间的种族界限是主要因素，因此伯林对小说做出这样的评论，有这样强烈的反应，显然他在阅读的时候想到了他和雷切尔·沃克小姐之间的关系。

[1] 小说中米凯利斯家族在伦敦摄政公园切斯特街住宅的管家，有关现实生活中的布雷思维特的情况，见1935年3月14日致约翰·希尔顿的信。

[2] 伯林父亲在莫斯科联系木材生意。

先生[1]在你那里，人们告诉我他很可爱、聪明、愉快。我真的得回到牛津安顿下来，过平静的生活，那才是我要营造的印象。不要年轻女人。对我这种总是急切地要让别人开心的人来说，女人们很烦人。我愉快地盼望着那些空虚而乏味的日子，和莫里斯一起散步。我什么时候会见到你？现在这取决于你，你知道的。我大约10月1日左右去牛津，你什么时候来伦敦？这是我生命中最严肃的一个夏天，我只是一个外向的人，讨厌真实的经历。但是与此相矛盾的事实是，正如这封信中所体现的，我似乎只能谈论自己的事。这很糟糕，我道歉。

沙耶

我问你：你是否曾经处于一种氛围，你所说的和所做的一切都具有象征意义，有可预见的重要性，惊人地严肃，有决定意义？

致约翰·希尔顿

[收于1935年10月13日]

霍里克罗夫特大道49号

最亲爱的约翰：

这是很不恰当的。[2]我认为，你的任命一定是由于巴克勒

[1] 作家威廉·普罗默（1903—1973），伊丽莎白·鲍恩的亲密朋友，当时在鲍恩宅邸逗留。

[2] 此时，约翰·希尔顿被告知他的试用期结束，虽然允许他以辞职的方式离开。

们[1]良心发现，同时甘尼斯不受欢迎。一年时间流逝了，负罪感平息了，原来的弯道又出现了。当我见到巴克勒先生的时候，我会不太友善地盘问他一番。不，我没有交新朋友。如你所想，因为要让他们彼此间和平共处，我的麻烦已经够
136 多了。我敦促所有的人都开诚布公，我所做的事不甚光彩，但是有时候又是令人愉快的。我的这个夏天很特别：我绝望地试图写一本关于马克思的书，结果发现自己（a）在准备动笔后至少一个小时内根本无法写出什么；(b) 一旦开始写，我突然滔滔不绝地说了一通卢梭对浪漫主义风格的影响，然后才想起来卢梭和马克思之间的相关性需要证明。这真是折磨人。不管怎么说，我这样度过了一个月，然后患上扁桃体周脓肿病倒了，如我所猜想和写信所说的那样。然后我去了萨尔茨堡，在那里我的伙伴们互相妒忌，我迷迷糊糊地到处逛，部分是由于我那犯病的扁桃体，部分是由于那整整两个星期的强烈感情经历。这份经历到了英格兰也没有结束，在那里我突然从这种情景的观察者，费加罗式的

伯林这封信是回复希尔顿写给伯林的无标注日期的信，希尔顿在信中说不知道谁将取代自己，但是说“《每日镜报》八卦专栏已经提到一位‘奈杰尔·甘尼斯，塞浦路斯古迹总部主任’”。

[1] 威廉·赫本·巴克勒（1867—1952），美国律师，1925—1952年在巴利奥学院教授考古学，他的妻子是乔吉娜。约翰·希尔顿在信中写道：“通过一系列奇怪的机遇，巴克勒［……］还有比兹雷、威斯和诺曼·巴涅斯等教授知道了我。建筑物在坍塌。虽然我自认为是‘现代建筑’的先锋，但他们还同时给了我一个伯明翰的哲学教职，还有——在由大英博物馆的乔治·希尔和古迹分部艺术品部的查尔斯·皮尔斯审查过之后——在塞浦路斯的工作（同时希尔还警告要留心甘尼斯）。”1991年11月7日希尔顿把这封信给了编者。

角色，变成了一股积极的力量。这个变化如此突然和惊人，可怕的是，我发现我无疑一直表现出令人难以置信的幼稚和轻信。然而不管怎样，这个时期现在已经被我抛到身后。艾丽卡·克罗斯曼太太当时也在萨尔茨堡，她把她的男人介绍给别人的方式如此奇怪：她前些年习惯称呼他为她的叔叔，但是今年她只是说“这是我的……呃……我的……呃？”，然后就会意地斜睨着他，等等。这一切都很令人愉快。托斯卡尼尼，无论如何，都是世界上最伟大的人。我昨天在邦德街遇见了费希尔院长，他问了一些关于我认为谁是最伟大的人这类问题。我毫不犹豫地回答“托斯卡尼尼”。他有没有可能生气呢？我想，我本应该提到一些最近去世的人。

当你回来时（你会让我知道吗？），你真正想做什么？让我向你介绍一下目前哲学劳务市场的现状吧：普莱斯晋升，得到了约阿希姆讲席教授的职位，于是三一学院就有了一个空缺；巴利奥学院正以某种方式分解；富尔顿要去美国一年；莫里斯[1]嘟哝着想去某个地方的贫民窟体验生活（这让我想起爱尔兰新闻界的一份关于伊丽莎白·帕肯汉姆太太[2]演讲的报道，她的听众是许多农夫，演讲主题

[1] 查尔斯·理查德·莫里斯（1898—1990），哲学家，1922—1941年任巴利奥学院研究员和古典学导师。
[2] 伊丽莎白·帕肯汉姆（1906—2002），婚前姓哈曼，1931年和弗兰克结婚，1929—1935年在工人教育协会讲课。

是女人不能充分发挥积极作用。“在牛津只有两位学哲学的女学生，”她评论说，“这是我唯一比较了解的地方。”很奇怪），我想，在斯旺西，希思教授[1]手下有一个讲师职位，在开罗也有一个教授职位，每年九百五十埃及镑，扣除七十镑左右的“印花税”。这就是我个人知道的全部情况，哈迪可能知道得更多一点。在伯明翰顶替你的人是个灾难。

137 小组剧团[2]的建立动摇了文学世界，产生了艾略特、奥登先生等人。第一晚演的是《肌肉萎缩》和《死亡之舞》。非同凡响的主要是观众们：他们都是1927—1928届的牛津人，还有一定数量的“漫步者”，看起来就像是唯美主义者们的《笨拙画报》上登出的常见图片。你读过《死亡之舞》，或者是《皮下之狗》[3]吗？后者插入了不少诗，我觉得很好，还有许多急口插词，没有吉尔伯特的好，有的略逊于考沃德。无疑，两部剧作的意图都是要以某种方式帮助挣扎的人性，至于以什么方式就很难说了。行动似乎得到宣扬，于是人们沐浴在阳光下，附庸风雅地生活着，等等，等等。因

[1] 阿奇·爱德华·希思（1887—1961），1925—1952年任斯旺西大学学院的哲学教授。

[2] 一家创新剧团，委托一流作家从事创作，并排演他们的作品。这些作家包括奥登、艾略特、麦克尼斯和斯彭德。这里提到的是两个同场演出的节目——奥登的《死亡之舞》（伦敦，1933）和艾略特的《肌肉萎缩》（伦敦，1932）——10月1—12日在伦敦威斯敏斯特剧院上演。

[3]《皮下之狗》是专为小组剧团创作的，该剧团1936年演出该剧，也是在威斯敏斯特剧院。

为人必须行动，所以奥登先生也写道，因为人必须在做事情。别的主旨我就发掘不出来了。在《狗》剧中，有两处对纳粹分子的模仿嘲弄不是很有效，对私立学校学生的打击更重；犹太金融家和其他不真实的人物入场了；对白不够娴熟巧妙；最感人的台词是从敌人口中说出的。《死亡之舞》也是如此：尽管奥登基本上是一位爱国诗人，但是他表现模糊的法西斯主义时却口才最好，他只得有良心地把这种口才赋予剧中的敌人，因为他所尊敬的人都是左翼的。奥登和艾略特的总体竞争氛围激起了我自大的意识形态反思：这真的和我想象中的1926—1927年的柏林很像，同样急切的游民阶层观众，同样相当空泛的表演。戈培尔先生[1]会发现这很不健康，愤世嫉俗，威胁到了大约1942年英格兰的法西斯主义，除非它先在别的什么地方崩溃。一种很奇怪的客观趋势，一场历史共相之舞，等等，我猜想有人能把这种现象描写得十分到位。或者，马克思主义坚持认为，这些因饱食而厌腻的帝国主义国家，在摧毁了它们更饥饿也更年轻的竞争者之后，在竞争者们内部促成了左翼革命，然后它们自己就变成法西斯主义者，以此作为保存来之不易的成果和保持现状的最后手段。这样的看法是否更正统？我不理解世界运动，每个人似乎都满不在乎地讨论着即将来临的欧洲文明的坍塌，尽管我

[1]（保罗）· 约瑟夫 · 戈培尔（1897—1945），1933—1945年任纳粹宣传部长与国民教育部长，他试图清除德国艺术中一切与纳粹理想不相容的东西。

不能洞见这可能意味着什么。我的信正在变得像一封托普西的信[1]。

138 在你回来之前一定要去耶路撒冷看看，如果可以。那里非常雄伟美丽：死海令人目眩神迷。至于特拉维夫，除非你也和A.蒙德的女儿[2]一样有返祖的渴望，否则那里除了冰淇淋之外就没有什么吸引人的东西了，他们说米茨帕茨是美味的橘子水。不要戴软木帽，因为你会被误认为是从布加勒斯蒂[3]新来的注重衣着的移民，或是一个阿拉伯小部族的族长的顾问，他们必须戴这样的帽子，因为他们穿别的传统衣服很容易被人弄混。我必须停笔了［……］

告诉佩吉我爱她。你回来时，能否告诉我。我有两个关于爱尔兰人的滑稽故事要说。

你的

沙耶

[1] A.P.赫伯特的《托普西的审判》（伦敦，1928）收集了他虚构的托普西写给特雷克斯的信，首次刊登于《笨拙画报》。信件的风格令人喘不过气、难以理解，充满了许多荒唐的用词错误，例如第一封信“与自命不凡者的一次小冲突”的第一页（第7页）中写道：“昨晚我和安顿斯一家去了一个绝对令人失望的派对，我的天，所有的俄罗斯人和高尚艺术和胡须和一切一切啊。”
[2] 这里提到的是阿尔弗雷德·莫里茨·蒙德爵士（1868—1930）的三个女儿，蒙德1910年成为准男爵一世，1928年成为梅尔切特男爵。奥尔德斯·赫胥黎的《美丽新世界》中的人物穆斯塔法·蒙德的名字就源于他。
[3] 布加勒斯特。

致玛丽·费希尔

[1935年10月中旬]

全灵学院

亲爱的玛丽：

你指的是不是普维斯·德·夏凡纳[1]？一位令人震惊的画家，善于使用灰蓝色。但是我在读那本书时所感到的忧郁前所未有，也不可能与之相同。我在给一本书写书评，这本书满是令人尴尬的玩笑，让人精神崩溃。[2]我几乎不想把这样的玩笑付诸纸上，如斯帕洛会说的那样：像门德尔松们、舒曼们、斯特拉文斯基们这样的词。作者是一位值得尊敬的英国作曲家，大约和G.N.克拉克一样像荷兰人，他的名字是范·迪埃伦。我感受不到的心理状态，我无法置评。我不知道，在某种程度上，那和《巴黎之屋》[3]的情况是否一样。虽然这不是这封信最初的结束语，但是看在上帝的分上，你能否星期天和赛小姐[4]一起来吃午餐？我已经给她写信了。考虑到第一批本科生们[5]等情况，这是否会让你母亲

[1] 皮埃尔·普维斯·德·夏凡纳（1824—1898），法国壁画家。

[2] 贝纳德·范·迪埃伦，《与亡者同沉》，书评为“昔日的音乐家”，登于《观察家》，1935年11月1日，第732页（另见伯林发表在该杂志11月29日那期上的信，第906页）。

[3] 伊丽莎白·鲍恩的小说。

[4] 安妮·赛，彼得的姐妹，1935年初在萨尔茨堡与玛丽·费希尔、“小宝贝”和伯林相遇，和他们一起去阿亨湖旅行。

[5] 费希尔一家通常在学期中的星期天举行本科生午餐会，这个学年第一次这样的聚会大约是在10月13日或20日。

很不高兴？如果是这样，那么我可以改成星期一（是她给我
139 写信，请我邀请她的，我得要有人捧场）。我不知道还能叫谁来，理查德·佩尔斯、克里斯托弗可能会来；莫里斯说他讨厌彼得·赛[1]，所以肯定不喜欢见安妮，所以就只能那样了。如果我们定在星期一见，恐怕盖伊就不能来。这就太不寻常了。如果还有别的什么人选，在你回复之前，我也不能确定。你能否在午饭前打个电话？我会非常感激的。我发现今晚自己身处女王大厅的门廊，被人挤来挤去，凝视着林克先生[2]的眼睛。招待候选人的结果是，我已经收到了许多反对温切斯特学院学生的新论点了。

你的

沙耶

伯林终身对音乐充满热爱，他常常写到音乐。他最早的文章发表在《牛津展望》上的“音乐纪事”专栏，他从1930年至1932年为这个专栏写文章，起初他用的笔名是“阿尔伯特·阿尔弗雷德·阿普利克特”[3]。自1934年起，他不时为《观察家》写音乐书籍的书评。然而，在接下来的

[1] 彼得·亨利·赛（1910—1963），1929—1933年就读于新学院古典学专业，1933—1934年为哈姆斯沃思法学学者，1935年接受聘任进入律师界。

[2] 乔治·阿诺德·林克（1902—1983），律师，雷切尔·沃克的一个不受欢迎的仰慕者。

[3] 是否可以认为这个笔名的灵感来自阿兰·艾伯特·安提斯代尔·布莱克威（原文第50页注2）？

数封信中提到的对无线电收音机的需要，更有可能和他对音乐会和唱片的评论有关，在1936年直至1940年他离开牛津之间的时期，这些评论文章不时出现在牛津的刊物上。

致玛丽·伯林

[1935年11月初]

全灵学院

亲爱的妈妈：

谢谢你的来信。关于选举，由于我们没有自由党候选人，我会投J.L.斯多克斯爵士[1]一票。他是曼彻斯特的哲学教授，喜欢犹太人，持社会主义立场，实际上他是一个温和左倾的自由党。我很好，感冒已经彻底好了，我在一场音乐会上见到霍布森博士[2]，他温柔地询问我的情况。艾廷豪森正在慢慢地恢复。当一个音乐评论家太好了！如果你能够真正把握这个专业。至于父亲问到我是怎么知道布索尼[3]的，我承认我是从可靠的拉什米利耶维奇[4]那里得到有关他的一 140

[1] 约翰·里奥弗里克·斯多克斯（1882—1937），1906—1924年任圣约翰学院研究员、导师，1924—1937年任曼彻斯特大学哲学教授，1937年任利物浦大学副校长；1935年作为牛津大学工党候选人竞选失败。

[2] 弗雷德里克·格雷戈·霍布森博士（1891—1961），伯林和许多牛津学生的医生；酗酒，声名狼藉。

[3] 费卢奇奥·但丁·米开朗琪罗·布索尼（1866—1924），意大利钢琴家和作曲家。

[4] 所罗门·拉什米利耶维奇（人们通常叫他“拉什”）（约1892—1953），俄罗斯犹太知识分子，生于里加，流亡在伦敦，是伯林亲密和有影响力的朋友，伯林是通过沙利特一家认识他的。伯林在关于马克思的专著的前言中，对他的帮助表示

切知识的。只要有可能，我宁愿不去伦敦。但是如果你担心我的健康状况，让爸爸过来，在某个工作日和我一起吃饭。他可以乘四点四十五分的火车过来（五点十五分也行），晚上九点三十七分回去，甚至星期六也可以。那样你就会相信我的健康情况了。

再见

沙耶

我很高兴他们对竞选席位采取了行动，我从未想到我尖锐的信件会有作用，但是你瞧！

关于无线电收音机：它不会妨碍我的工作，只会使我更多地待在房间里，这是一件好事。我给圣体学院写了一封关于贝洛夫[1]的充满善意的信，他很感激。

以赛亚·伯林

我大约在12月15日回这里，但是1月之前不回家，为什么要在英格兰过可怕的圣诞节啊。

感谢；他还说："他是第一个使我尝试了解普遍观念的人，那些原封不动的有趣观念。"（迈克尔·伊格纳季耶夫采访伯林录音之六）另见迈克尔·伊格纳季耶夫，《伯林传》，第42—44页。

[1] 马克斯·贝洛夫（1913—1999），1932—1935年就读于牛津大学圣体学院历史专业，后来被封为伍尔弗科特的贝洛夫男爵；1935年取得头等优异成绩。

致斯蒂芬·斯彭德

星期三［1935年11月13日］

全灵学院

亲爱的斯蒂芬：

我的脚趾扭伤了，现在一点也不快乐，如今我一瘸一拐地到处走，十分痛苦。我读了太多关于残疾人心理的书，也想了太多这些事，在短暂的时限之内体验这种心理是多么有趣啊。但是，我会在你到来的时候完全康复的。唯一的难题是周日晚上，我已经向我的客人承诺在学校食堂请他吃饭了，我现在不能不请他在那里吃饭。莫里斯会来剑桥。我真的很想在星期天和你一起吃午饭（我可以邀请你想见的任何人，或者谁也不请），和托尼一起，和卡里特[1]一家一起吃午饭或是晚饭。那样可不可以？如果不行，我更希望由我自己来请你和我的客人吃饭，他很想见你，不会介意我在学校食堂请他吃饭的承诺。你能否让我知道？这是我虚假的小题大做，但是如果你能来卡里特家里吃晚饭，然后大约在十点三十分回去（现在牛津的出租车很便宜），那就很理想了。但是要让我立刻知道。我非常盼望见到你和托尼。［西瑞尔·］康诺利在最新一期《新政治家》[2]上发表的对一位 141

[1] 埃德加·弗雷德里克·卡里特（1876—1964），牛津大学学院哲学研究员、讲师，有段时间是斯蒂芬·斯彭德的导师。

[2] 西瑞尔·康诺利，《新小说》，1935年11月9日《新政治家》，第699—700页，开篇是J.C.玛斯特曼的评论文章《命运不能伤害我》（伦敦，1935）。

牛津人所写的小说的评论，是我读过的最有趣、最聪明的文章。也许只有对一个人充分了解才能够写出这样的评论，但是西瑞尔的恶意确乎是一种社交能力。莫里斯因为憎恨康诺利，而拒绝欣赏他的恶意，是一件多么令人难过的事。我试图劝说莫里斯，一个人要是痛恨着两个人，那么他是乐于看见毒蛇在这两个人之间缠绕的，但是莫里斯似乎对此半信半疑。同一期的《新政治家》上还发表了达迪·莱兰兹[1]写的一篇关于牛津的糟糕的文章。当我向莫里斯指出这一点时，他说："闭嘴。我自己就是这么写的。"

爱你的

沙耶

致玛丽·伯林

星期二［1935年11月中／下旬］

全灵学院

亲爱的妈妈：

谢谢你的来信和寄来的小册子[2]。这本小册子最初在

[1] 乔治（"达迪"）·莱兰兹（原文第216页注1），《雄心勃勃的选集》，即《英国诗歌新选集》（伦敦，1935）的评论文章的第1250—1900页，写到（阿瑟·）奎（勒—考奇）的《牛津英国诗歌选集》（牛津，1900）："奎勒的顾问是一个令人仰慕的梦想者，她的心灵是如此浪漫，她是如此毫不吝惜地奉献自己，但是对一窍不通的门外汉则不屑一顾。这座美丽的城市，由于本世纪狂热的知识分子生活而得以保全，它是如此安宁；纽曼、阿诺德、乔维特和帕特的牛津。"
[2] 尚不清楚是什么小册子。

《泰晤士报》上发表时，我已经读到了。它很直率，但是还是没有说出一切。昨晚我对犹太社团[1]说：这是一次人数众多的聚会。我想我这么说很令人满意，但是我还说到一句关于特拉维夫肮脏的街道和杂乱无序的建筑的话，这句话冒犯了一些人，所以我就中途退出了，除此之外，我想他们还是喜欢我的。我必须请塞巴[2]喝茶。我把列文[3]彻底忘了：我知道他要来，心里隐约想着要去看他，但是
后来忘了，我很抱歉，但是只好这样了。也许，如果你见 142
到他，你可以告诉他我的脚受伤了，那天不能行走。（这是真的，我撞伤了脚趾，虽然现在已经完全好了，但是当时痛了两天，我甚至请了一位男按摩师帮我按摩。他做得很好。这不是真正意义上的受伤，我只是碰到了一块石头；我现在甚至记不起那是什么感觉了；除此之外我很好，只是有两天不能走路。）关于无线电收音机：求你一定一定帮帮我，我**无计可施**，在非音乐类杂志上评论音乐书籍不是充分的理由。你说什么都行，但是肯定对我不起任何作用。赶紧帮我想想办法吧，我这个学期还需要用无线电收音机。求你了。至于爸爸，他是否会考虑下周六来？

[1] 一个本科生社团。
[2] 萨姆·塞巴（1915—2003），1934—1937年在圣约翰学院主修法学。和伯林一样来自里加，而且伯林在进牛津之前就认识他了。塞巴在牛津接任犹太社团主席。他曾在圣保罗学校就读。
[3] 艾弗莱姆·列文牧师（1885—1966），伦敦新西区犹太教会堂牧师（原文第9页注1），作家、著名演说家。

我要出去吃午饭，所以也许这不是个好主意：为什么他不乘坐四点四十五分发自伦敦的火车，比如说在星期一，甚至更晚一些，比如说五点，然后在七点左右到，和我一起在这里吃晚饭，然后九点半左右回去？我肯定这个时间对我最方便。但是，关于无线电收音机，你一定一定得想点办法。

爱你的

沙耶

我附上了一些俄罗斯邮票，还有我的同事寄给我的一些书。

我无法向你描述**此时此刻我的身体有多好**。我的头发也理了，指甲也很干净，一切都好。

致玛丽和门德尔·伯林

[1935年11月下旬]

全灵学院

亲爱的爸爸妈妈：

我真的非常好。一是关于来访的事：如果你们俩都想见到我，我也许会想办法下周一过来和你们一起吃饭；另一方面，如果爸爸确实想来这里，那么我建议他星期天来或者12月1日过来。

明天有两个犹太人，伊萨克·索尔先生和亚伯拉罕·哈尔曼先生[1]要来和我一起喝茶。增进团结。

关于无线电收音机：我**不能**对当地人说，我是个音乐人，我写乐评，等等。如果你们喜欢这样，我会试试，但是如果我失败了，我能否得到你们的允许，以全价订购一台？请给我这样的权利吧。艾廷豪森更好。此时，我真的没有什么别的要告诉你们了，真的。

爱你的

沙耶 143

抱歉，如果我今天接电话时声音听起来很含糊，那是因为当时我嘴上都是剃须皂！

致玛丽·伯林

[1935年11月下旬]

全灵学院

亲爱的妈妈：

现在我**非常**好，**所有**感冒的症状都离我而去了。至于麦克麦克尔[2]，我不能自己写信向任何人推销自己。你瞧，我不是一个音乐批评家，说自己是这样的一个人（评论关于音

[1] 阿弗拉汉姆·哈尔曼（1914—1992），生于英国，后来成为以色列外交官（1960—1967年任驻美大使），其后担任耶路撒冷希伯来大学校长，伊萨克·索尔身份尚未确认。

[2] 无线电收音机的一个牌子。

乐的书不=音乐批评）是会因犯诈骗罪而受到法办的。我对你所做的就不负有责任，如果有必要，可以说我对于此事什么也不知道，所以你和詹克斯先生之间的交易和我没有关系。所以，请你让他给我送一台无线电，越早越好，如果他想知道为什么我不能给他写信，跟他说我不在，或者生病了，你想说什么都行。我只是不能让自己和这种不精确的说法有牵连。

爱你的

沙耶

致詹妮弗·威廉斯

[1935年11月?]

全灵学院

我在信里附上了一份文件，也许会让你感到一点温和的喜悦。[1]整封信温文尔雅，让我感到莫名的快乐。老人们讲究礼节是多么好的一件事。但是你不同意，我想。道格拉斯这封信到了1970年会有多么不同啊。信上的铅笔题字[2]是鲍拉先生写的。这是他所使用的最著名的方法，意在分清读过的和未读的信件。这意思就是读过的信件可以清理掉，这

[1] 乔治·詹姆斯·特纳（1867—1946）的来信，律师（1937年任牛津福特讲师）、全灵学院访问研究员。他邀请伯林晚餐，在来信附言中写道："你无疑注意到了去年夏天历史学院一班詹妮弗·F.W.这个名字。"

[2] "做记号的"。

样，在人家出去时他就不用为了摸出那些烦人的熟悉文字而在人家的桌上翻找不停了。

伯林 144

致斯图尔特·汉普希尔

[1935？]

全灵学院

[……][1]在小木屋里发生的转折。我们都同意威廉三世对他所研究的东西了如指掌，可能已经得到PPE专业考官们的祝贺了，虽然他们中没有他的朋友；亨利八世和伊丽莎白也会得到这样的祝贺；乔治二世可能会差距颇大，刚够二等；维多利亚会因为名列榜首而被高度赞扬，然而她并没有得到一等学位；詹姆斯一世作为一个聪明的傻瓜，会得到二等学位；查理二世得了二等，因为他是一个维利尔斯；斯蒂芬得了四等；等等。记得我非常喜欢这些。

我根本不相信麦考利[2]是一个反动分子。他也许是个难以忍受的角色，而且什么都搞砸了，但是他的价值观是参照正确的理想而建构的，那就是说（a）他不是科贝特—贝洛克[3]那种法西斯主义的反动分子；(b）他的言论不像威尔

[1] 信件开头部分遗失。

[2] 托马斯·巴宾顿·麦考利（1800—约1860），麦考利男爵一世，英国诗人、历史学家、辉格党政客、政治改革的倡导者。

[3] 威廉·科贝特（1763—1835），记者，致力于以重建农业社会为目标的政治和社会改革。(约瑟夫)·希莱尔·皮埃尔·贝洛克（1870—1953），多产作家，有

斯—赫胥黎[1]那样阴郁和庸俗，不像不具可读性的乌托邦社会改良计划那样是冗词废话和修饰语的集合；(c) 最重要的是，不是规则，也就说，不是说教的、不合逻辑的、令人厌恶的。你可以说他自鸣得意，自欺欺人，几乎彻底地闭目塞听，被他自己的雄辩所欺骗。也许，他真实的理想是不光彩的、粗陋的，缺乏想象力，毫无价值。你会说，任何抵制边沁功利主义学说的人都会这么做，因为他们有意识或者无意识地怀有不光彩的动机，即为了逃避真相，或是担心被排斥在有利的虚构世界之外，等等。这一点，我想，是很正确的。虽然如此，还是有一些怯懦的形式，它们极为相似，远超过它们与其他形式之间的相似程度。柏拉图也逃避，尤其是他的《法律篇》，它是对道德问题的冷血的无视，但是他的避难所确实令人厌恶。

麦考利的美德在于，不再为他所怀疑的词汇、意象等，确切而言是理想主义的；那就是说，对他而言词汇不仅仅是词汇，不是如你所断言的那样，革命的短语变成了反动的武器（即法西斯主义），词汇很大程度上仍保持着最初的意义，而且无须修改就能够服务于激进的目的。这些词汇只能

法国血统，但是在英国长大，在他的《奴性的国家》一书中，提醒人们防范日益增强的国家控制（包括社会福利）的危险性。

[1] 威尔斯的许多小说描绘了乌托邦社会的图景，尤其在《未来事物的形态》（伦敦，1933）中，在一场灾难性的战争结束之后，由科学家们统治世界。奥尔德斯·赫胥黎（1894—1963），英国小说家和散文家，最著名的作品《美丽新世界》（1932）以讽刺手法警告世人，被技术所统治的社会将是什么模样。

以仿佛是用来描述实际事态的方式来使用，因此就产生了自我满足的感觉，而事实上它们不是，而且这样暗示是一种有 145 罪的盲目行为。但是它们依然保持着一种被隔离的完整性，没有受到如法西斯主义这样与黑暗原因间接而又不可分割地联系在一起的意识形态的污染，任何时候我们都可以重新解读和应用它们，因而它们没有受到腐蚀，也不会经受不住缜密思量。鲍德温[1]根本不是思想理论家，他只是利用口号，避免不公正的政治理论赤裸裸地出现。这是常见的政治欺骗，意欲伪饰的东西甚至都不能算是经过深思熟虑的、明目张胆的反动政策，只能算是缺乏明确目的的政客们的勾心斗角。然而，麦考利的价值标准是极容易理解的，而且整体看来是真正的自由主义，不是非人道的政治纲要，它既不推翻理性，又不使人反感，因为它是现实主义的（不像有些人的主义那样使人反感，比如说穆勒主义，它虽然要诚实得多，正直得多，也真实得多，但它也是令人抑郁的，除非人们能够提供渴望，即各种对生活、性格、色彩、姿态等自我的积极崇拜）。

我认为，斯特雷奇[2]对社会特征和社会意识都毫无兴趣，他专门研究个人、个人的情绪以及对重大情况的特定反应。呼喊出或说出带有最少个人联想的话语因此就一样容

[1] 斯坦利・鲍德温（1867—1947），1937年成为鲍德温男爵一世，保守党政客；1923—1924年、1924—1929年及1935—1937年任英国首相。

[2]（盖尔斯）・利顿・斯特雷奇（1880—1932），英国批评家和传记作家。

易，也因此会让他如此生气，因为这样的话语是没有预设任何私人性质或个人风格。不论麦考利个人的行动如何骇人听闻，他如何与自己的作家身份背离，他还是足以传达出这样的意思：一种生活，总体看来是好的，哪怕通过它产生了多么可厌的个人，而另一种生活，不论通过它能够创造出如何有价值的个人，却还是糟糕的生活，这就是穆勒主义［?］。这是对斯特雷奇观点的正面攻击，这是不加掩饰的、装模作样的，使他无话可说，但这却不是敌对和轻蔑的。

以赛亚·伯林

我得穿衣服出门了，另外我该写点新鲜事儿。

致约翰·希尔顿

[1935年6月，明信片]

全灵学院

亲爱的约翰：

146 我不知道你在哪里，如果我知道，我就会给你写信，我也许会来，并完全受到激励而做出友好和善解人意的举动。这让我想到，职业诱惑者卡兹曼[1]的邪恶之举，全面而强烈

[1] 俄裔美国籍犹太人查尔斯·卡兹曼（1909—1979），1934年末（持罗林斯学院的文学士学位）来到布雷齐诺斯学院攻读俄罗斯文学的文学士学位，他和比兹雷一家住在一起，通过他们认识了路易斯·麦克尼斯的妻子玛丽，即比兹雷太太和前夫所生的女儿。1935年11月，玛丽离开了她的丈夫，次年初，卡兹曼和玛丽前往美国，比兹雷太太曾企图阻止他们获得签证。详情见约翰·斯托尔沃思的

地重新激发了比兹雷太太[1]对你的热情，在一场历时三到四个小时、充满喋喋不休的美狄亚式道白的集会上，我成了卡兹曼罪行的受害者。集凶悍、乏味和致命诱惑于一身是很奇特的，结果导致了幽闭恐惧症以及对独处的渴望，对我来说这种状态很罕见。告诉佩吉我爱她。

以赛亚·伯林

致盖尔斯·罗伯逊[2]

[1936年] 1月20日

全灵学院

亲爱的罗伯逊：

我满心欢喜，无比感激，再也不愿把它归还给你（除非你自己出于严肃的理由迫切地需要它），就像文艺复兴时期的一个无名小卒不愿归还像戈佐利[3]这样的画家为他的人生所画下的一个场景；但是，虽然我欣喜若狂，不愿把它归还给你，但同时也不愿让你为我承担画框和画布的费用——

《路易斯·麦克尼斯》（伦敦和波士顿，1995），第171页和第176页，也可以参见本书原文第155—156页。

[1] 玛丽，1919年起成为约翰·戴维森·比兹雷（1885—1970）的妻子，约翰是牛津古典考古学和艺术学的教授。

[2] 盖尔斯·亨利·罗伯逊（1913—1987），1933—1936年就读于新学院古典学专业，伯林的哲学专业学生；自1946年起在爱丁堡大学教授美术，1972—1981年成为美术沃森·戈登讲席教授。

[3] 贝诺佐·迪·列斯·迪·桑德洛·戈佐利（1420—1497），佛罗伦萨派画家，主要以湿壁画而闻名。

如果我不会失去我的画[1]，你就必须让我承担这些花费。而且，我非常坚决地要保存它，要每天愉快地看着它，因为在这幅画上，我也许可以获得个人的热情和情感，而这正是我的批判力中所缺乏的成分。我认为它比我多年来在美术馆所
147 看见的画作更吸引人：在过去的几个小时里，见到这幅画的每个人都被它打动。我的快乐在增加，增加。至于布伦特和伯吉斯[2]，他们天性如此，他们微醺时比头脑清醒时更能看到真相。如果他们的醺醺然等同于，或者应该是他们温暖的赞许，那么他们一定是支持的。如果我在那里，这会是我非常乐于享受的。同时，我要亲自谢谢你，所以，下个星期天（1月26日）七点半你愿意过来和我一起共进高桌晚餐吗？要着正装。如果弗兰克尔教授对此确实有帮助，那么他的席位是应得的，而且，我也要感谢他。是的，你的杰作实在太好了，色彩如此充满活力，如此饱满，整个画面如此快乐，充满人情味。刚去世的罗杰·弗莱[3]会很喜欢它的，对我来说它太珍贵，我不能接受这样的礼物。你希望得到什么样的回报，不论回报是多么的不足？什么是我个人拥有的最

[1] 盖尔斯·罗伯逊给了伯林一幅画，画中描绘了伯林童年的一段小插曲：伯林说过，他两岁时在里加，非常危险地趴在窗台上，焦急的大人们站在楼下，怕他跌落（结果他没有跌落下去）。伯林去世后，艾琳·伯林把这幅画送给了斯图尔特·汉普希尔。

[2] 安东尼·弗雷德里克·布伦特（1907—1983），艺术史学家，剑桥三一学院研究员。盖伊·弗朗西斯·德·芒西·伯吉斯（1911—1963），1930—1933年就读于剑桥三一学院历史专业。二人后来都被发现是苏联共产党的间谍。

[3] 罗杰·艾略特·弗莱（1866—1934），艺术家和艺术评论家。

有价值的财产？我的贝多芬团体[1]唱片，全部，或者几乎是全部，都可以归你。但是即使你不要，星期天还是要来吃饭。和这个故事有关的，一份恰当的铭文将被刻下并随信附上，像杜米埃或戈雅[2]的作品那样。我希望你能来。

你的感动的、再次充满感激的受惠者

沙耶·伯林

在这件事之后，继续称呼我“先生”有点可笑了。如果你不好意思使用没有头衔的称谓，那就根本不要使用任何呼格词。但是你一定不要再叫我“先生”了。

致黛安娜·哈贝克

[1936年2月7日之前不久][3]

全灵学院

亲爱的黛安娜：

在你的派对之后，我想立即给你写信致谢，因为我过得

[1] 该团体音乐作品系列是伟大作曲家作品的唱片合集。贝多芬团体系列的全部钢琴奏鸣曲由阿特·施纳贝尔演奏，1932年至1939年间由“主人的声音”（HMV）唱片公司发行，该系列总共十五张专辑，其中前九张专辑列在1936年的目录中。这个发行计划还包括贝多芬的小提琴奏鸣曲，由弗里茨·克莱斯勒（小提琴）和弗兰克·卢普（钢琴）演奏，专辑第一张和第二张收在1936年的目录中。

[2] 奥诺雷·杜米埃（1808—1879），法国艺术家、石版画家和讽刺漫画家，因为画了讽刺路易—菲利普国王的漫画而入狱。弗朗西斯科·德·戈雅·吕西恩特斯（1746—1828），西班牙画家。这封信没有附上什么铭文。

[3] 黛安娜·哈贝克的回复日期。

148 非常愉快，在派对上可以畅所欲言。（这是纯粹为了表示感谢而写的回忆。）我对那些以前没有见过面的年轻人印象很好，尤其是一个叫戴维森[1]（?）的，他有一张端正而流露出同情心的脸，像是用虽然昂贵却还没有涂上清漆的木材制成。你们那位格拉克曼先生[2]显然是个专家，人很好，百里挑一。这个学期你会来牛津吗？如果来，会是什么时候？如果你提前告诉我，我会确保那些不相干的事情不会干扰我们的会面。希望你的妹妹不要太讨厌我，因为我回家的路上一直都躺着，谈论自己的生活方式。我非常仔细地向她解释，纤弱的牛津学子们的生活是如何充实而又丰富，甚至炫耀了只有内行才懂的见识，我希望这样能够给人留下深刻印象。但是她却告诉我，对她而言，我只是个名字，并请我说说我自己，我便几乎没辙了。

写信安慰你的祖母是否妥当？[3]我非常尊敬你祖父这样的人，这个阶层的人太少了，很少能见到这样的英国犹太人，和他在一起无论怎样都不会感到尴尬，这实在难能可贵。

沙耶

刚刚看了我写给你祖母的信，信中的口气有点自大——比

[1] 也许是霍华德·威廉·戴维森（1911—1995），1931—1934年就读于奥里尔学院古典学专业，后来加入殖民地公职机构。
[2]（赫尔曼）·麦克斯·格拉克曼（1911—1975），南非的罗兹奖学金学者，社会人类学家。
[3] 写信吊唁黛安娜·哈贝克的祖父，梅耶·斯皮尔曼爵士（1856—1936）。

"有点"更甚，但是很真诚。我希望她不会认为这是无礼之举。

致詹妮弗·威廉斯

星期三［1936 年 2 月 25 日］

全灵学院

亲爱的詹妮弗：

我今晚有点困惑，因为和G.施泰因小姐[1]一起度过了愉快而紧张的时光，她用清晰流畅、简洁明了的英语说话，提出极好且颇有新意的命题供人思考。所以在某种意义上，讲座令人失望，但是在另一方面又不是这样。我渴望站起来说，"请您能否稍微含糊一点，就一点点？而且放低音调， 149
因为我们听得很清楚，您还没说我们就都明白了"；但是她对诘问者很强势，她告诉他们，他们的生活错在哪里，问他们在哪一所学院读书，然后给他们难堪，践踏他们，还常常向艾丽丝·B.托克拉斯[2]和伯纳斯勋爵[3]眨眼示意。我看不

[1] 格特鲁德·施泰因小姐（1874—1946），美国作家。杰斯帕·里德利在他2月25日那天的日记中写道："和［N.O.布朗］一起去乔维特［社团］，听美国来的施泰因小姐（她面容柔和，但是声音嘶哑如公牛）的讲座，她讲的是因果相互作用，她使用的是怀特海的摄受概念，等等，不可理解，但很有趣。法雷尔以一个六十岁男人肤浅地谈论哲学大道理的严肃和荒谬感来回应她。"

[2] 艾丽丝·巴贝特·托克拉斯（1877—1967），施泰因的同伴、秘书、总组织者和厨师。

[3] 杰拉德·休·特威特—威尔森（1883—1950），伯纳斯男爵十四世，作曲家、作家、怪人，著有《远离疯狂的战争》（伦敦，1941），书中人物耶利哥先生是以伯林为原型的，见马克·阿莫里，《伯纳斯勋爵：最后的怪人》（伦敦，1998），第182—184页。

出有什么理由要用这种发问的方式自我牺牲，所以就非常随和地坐在那里，保持沉默，而我的学生们一个又一个地起来提问，结果却遭到施泰因小姐的充沛精力和天才智力的无情屠戮。博厄斯先生（我极其珍惜我和你对他怀有的同样情绪）不仅仁慈地出席了讲座，随后还跟着我来到全灵学院（顺路拜访那位比埃维耶伯爵[1]）。唯一的问题就是他对我们两个怀有极大的好意，这反而使他比以往更让人感到不适了。抱歉，我本不想写这些思维错乱的书信导语，只想告诉你，你的来信让我感到多么高兴，如他们所说的那样。而且重读你的来信让我的心情愈发愉快，非常感谢你。我还怀着纯粹的快乐记起那个下午的早些时候：至于那个下午的后半部分时光，我们在普莱斯教授引领下爬那座大山，虽然我们对收集到的感官素材进行了深入细致的实地调查，但这还是不能减轻我所经历的艰辛，当时我呆呆地直视地平线、落日（道格拉斯发出痴迷的惊叹，命令大家观看并描述感受，迫使我不得不看。你不会介意吧，在这里我对他的介绍如此微不足道），在心里绝望地想，如果提议坐在某块形状别致的石头上休息一会儿，是否会被视为道德上可鄙以及不认真对

[1] 安·德·比埃维耶，一个来自古老的新教徒家庭的法国贵族，沉默寡言、自恋，同性恋（有国际影响力的同性恋秘密团体的成员），1933年，他来到牛津（没有正式职位）。他住在布罗德大街布莱克韦尔出版社楼上的公寓，在巴利奥学院吃饭，坐在戴维·华莱士旁边。他和华莱士、本·尼克尔森和斯图尔特·汉普希尔一起成立了一个法国人社团：格特鲁德·施泰因、普伦克和（当晚施泰因对该社团讲话，伯林这封信中所说的施泰因对乔维特学会的讲话是在次日）萨尔瓦多·达利接受了邀请，达利还带去了妻子加拉。

待别人感受的证据？我要愤慨地跟你说，所有温切斯特学院派都怀着一种强烈的道德观来对待一切，他们根据一个人的行为来判断这个人的好坏，他们到处给自己戴上枷锁，四处强迫那些已经自由的人获得自由，结果只是把想象中的锁链套在别人的身上，然后再由他们戏剧性地卸去这些所谓的锁链。如果我的说法有所夸大，那么这也只是在正确描述的基础上稍加渲染，每当置身于温切斯特学院学者之中或者和他们相处时，我都有这样的强烈感觉。我突然激动地向普莱斯教授说出了我这种看法，他看起来吃了一惊，于是结束了我 150
们的散步。现在大约是凌晨3点，我从长相英俊的布兰奇[1]（那天下午他也说了博厄斯先生的坏话）那里回来。我对他的拜访一连四天，每晚都从午夜至早晨五点，虽然愉快，但也令人筋疲力尽，浑身无力，我现在嗓子哑了，说不出话，无精打采。凌晨两点半左右，人会产生一种无限闲暇和温柔感伤的情绪，现在这种情绪已经开始了，我必须严厉地终止它。如果你什么时候能过来一起喝茶那就太好了，比如说下个星期五。请一定不要为了喝茶专门来牛津，但是如果你真的专程来了，我会为你备好我们这里闻名遐迩的好茶。

你的

沙耶・伯林

[1] 盖伊・罗斯特朗・布兰奇（1913—1940），1932—1935年就读于巴利奥学院英文专业；伯林在牛津的朋友，牛津大学戏剧协会成员；1939年和普鲁丹斯・佩尔哈姆・马奇夫人结婚；加入英国文化协会；在不列颠战役中牺牲。

啊，对了，由于道格拉斯滔滔不绝地介绍你，我的同事里斯强烈表示要见你。我不明白为什么我必须如此安排，除非是在你的要求之下，或者至少经过你的许可，带着你和我辈中（自始至终[1]）最著名的情人同行。如果你希望如此，那么这当然可以。但是如果你不愿意，我也看不出自己有什么理由要再次充当我那古老而蹩脚的女伴角色，更不用说我有可能招致道格拉斯的愤怒（他是会采取行动的，烧人家的房子，把东西倒在人家的头上，等等），他和佩吉一起把里斯看作撒旦一般的人物。如果他果真是那样，我应该让你得到这种罕见现象带给人的快乐。不过他不是，除非你有所示意，我是不会采取行动的。我已经认为（a）使自己引人注目（b）或者使别人引人注目都是最令人震惊的犯罪。顺便提一句，你知道法语中有一个迷人的词“生活奋斗者”[2]吗？这是一个很好的新概念，我不太肯定你是否喜欢它。

以赛亚·伯林

[1] 伯林此处原文为：suite et fin。写于附言卡的开头。

[2] Le stuggleforlifeur。约翰·鲍尔戏仿伯林的《刺猬与狐狸》，作“猫头鹰与猫咪”一文，其中用了“stuggleforlifeur”一词，见《笨拙画报》1954年2月24日，第264页。

致斯蒂芬·斯彭德

[1936年] 2月26日[1]

全灵学院

亲爱的斯蒂芬：

我非常非常抱歉，这么久没有给你回信，但这是我有生以来度过的最忙碌的一个学期。我不知道为什么会这样，我 151 这边要写书，那边要打理开办研讨班的诸多事宜，一些很聪明的人逼得我不得不着手准备这个研讨班[2]，还必须写一篇在剑桥宣读的论文[3]，我睡得很晚，这一切让我脑力不足以进行思维、写作，以及从事除了说话以外的其他任何事，真的。我希望你能过得更悠闲一点，不要像我这样，日子过得支离破碎的。我讨厌任何打断，这只是我做事上手很慢的另外一种说法，我讨厌被连根拔起搬到别的地方，莫里斯有一次这样说我：结果我热切地为所有小社团、死板的纪律辩护，这仅仅合理解释了我为什么希望得到一个小窝（一个看得到风景的小窝，一个属于我自己的小窝，等等）。

米盖尔·德·乌纳姆诺先生[4]来这里做讲座。他看起来

[1] 日期依据伯林这封信所回复的、斯蒂芬·斯彭德［1936年］1月10日给伯林的信。

[2] 1936年第二学期每星期一晚五点三十分，伯林和J.L.奥斯丁在全灵学院讲授一门关于C.I.刘易斯的《心智和世界秩序》（纽约，1929）的课。伯林认为那是牛津首次对当代哲学著作开设课程。

[3] 2月28日伯林向剑桥道德科学社递交了一篇论文，也许是关于“快乐”的。

[4] 米盖尔·德·乌纳姆诺·伊·胡戈（1864—1936），西班牙作家和哲学家。他和伯林提到的另外三个人一样，都留胡子。

很棒，一个留着小胡子的空想家，是安纳托尔·法朗士[1]、弗勒里奥[2]和马志尼[3]的混合体。他说，我们被我们的历史过度压迫，因而失去了行动能力，对过去的了解使我们虚弱无力，因而犹豫不决，也许卢梭是对的，我们需要以一种新的野蛮方式来卸去我们的负担。我想这只适用于高雅脱俗的当今西班牙人或是1917年的俄国人，他们生活在1848年的某个地方；别人似乎不会因为连绵不断的历史记忆的存在，对任何东西没完没了的赞成和反对，而感到负担过重，也许除了犹太人。漫长的记忆显然是丑陋的缺陷，它会以可能的腐烂味道毒侵一切。美国人似乎以一种奇异的非历史的方式具有这样的缺陷，就像是人工合成的记忆，合成酷似他们如此强烈需要的真正的记忆，这样的记忆是人工的、经过脱水处理的、虚假的，如果你明白我的意思。

乌纳姆诺先生使我想起格特鲁德·施泰因也在这里做过讲座。她无疑是头脑太清楚了，很好。她说，美国人必须去巴黎，因为他们需要神话，英格兰做不到，因为它的历史发生过了，肯定发生过了，而且可能会和美国的历史混在一起，横行霸道，侵犯他人，奴役他人，就像它对亨利·詹姆

[1] 安纳托尔·法朗士，雅克·安纳托尔·第波尔特（1844—1924）的笔名，法国小说家，古典传统的批判者，1921年获得诺贝尔文学奖。
[2] 艾梅·约瑟夫·德·弗勒里奥（1870—1938），1924—1933年任法国驻伦敦大使。
[3] 朱塞佩·马志尼（1805—1872），意大利民族主义领袖，意大利统一运动的中心人物。

斯所做的那样；而法国的历史还没有发生（在美国时间序列中它没有发生过），巴黎没有从人们那里夺去什么，却把人们拥有的一切都留给了他们，至少是在战前，并且提供了一 152
个神话。“在19世纪，所有的巴黎画家都是法国人，”她说，“但是在20世纪，他们都是西班牙人，这很说明问题。”还有，“事情就必须和一切有点关系吗？”还有，“我们在做的时候，并非做我们做的事，但仍在做”。有人问，“你如何表达意思？”“既做又不做？”“哈，难道我们不是这样的吗？”她说，“难道我们不是在做，同时也不在做我们所做的事？我的意思是难道**不是**如此吗？”她很会对付诘问者：“坐下，我的小伙子，你**不想**知道我的意思，你只想让我使用你们的语言。哎！我不会那么做的。我不是为公众创造，我是为自己，等等。”她显然非常聪明，在某种意义上是真诚的。她说，所有的美国文字在风格上都自成一类，假如你不知道作者是谁，你也能认出它是美国作品，甚至是亨利·詹姆斯的作品。“海明威[1]？”有人说，“为什么厄内斯特·海明威让我觉得他就像是一个二十岁的孩子？”她说：“我教他如何写作，就像你们这里的教授那样：我告诉他做什么，如何做。当然他**与众不同**，那是因为我教过他。”我得说，她对我们的教授的看法纯属臆想。伯纳斯勋爵+六位贵族夫人+艾丽

[1] 厄内斯特·米勒·海明威（1899—1961），美国小说家、记者、短篇小说家、散文家。

丝·B.托克拉斯+施泰因的组合棒极了，很像罗伊风格。总的来说，在法国胡格诺教派贵族阶层领袖比埃维耶伯爵的带领下，我们享受着完全的美学文艺复兴。萨尔瓦多·达利[1]今晚在这里，显然打算完成他的艺术作品，这包括把一个女人的头发剃去一半，然后在她的头上煎蛋饼，再加上许多常见的污言秽行。本·尼克尔森[2]害怕他可能会再做一次。在牛津的高雅文化圈，他和哈钦森[3]像国际象棋中的国王和王后。本举止缓慢，一次就动一步，脆弱、体面、可敬、圆胖、有深度而且又头等重要。如果他要走，整个团体就四分五裂了。杰里米尖刻、活跃、有力，在董事会横冲直撞，把想法塞进人们的脑子里，但是他绝对只是二号人物。

我像以往一样喜欢社会学。共产主义暂时陷入僵局，对政治的所有兴趣都消退了，人们又在谈论超现实主义。显然这是非常暂时的。这是现在唯一活跃的运动。由于每一个社团中都有一些残留分子，他们就做他们做得不好或者做得好的事，但是在任何时候都做这些事，像戴维·加内特[4]和塞西尔[5]，或者卡梅伦太太，或者莫里斯，或者我，而且，鉴

[1] 萨尔瓦多·达利（1904—1989），西班牙超现实画家。

[2]（莱昂内尔）·本（尼迪克特）·尼克尔森*（1914—1978），哈罗德·尼克尔森和维塔·萨克威尔—韦斯特的儿子，1933—1936年就读于巴利奥学院历史专业，后来成为艺术史学家。

[3] 杰里米·尼古拉斯·圣约翰·哈钦森*（生于1915年），1933—1936年就读于莫德林学院PPE专业，在博蒙特街与斯图尔特·汉普希尔和本·尼克尔森同住。

[4] 作家戴维·加内特（1892—1981）。

[5]（爱德华·克里斯蒂安）·戴维·（加斯科涅）·塞西尔勋爵*（1902—1986），

于还是那个因素在导致差异生成（无论那个因素是好是坏，无论是什么差异），像1907年的布卢姆斯伯里（那时，他们 153
抗议对自由性爱的抗议是真切的态度，是争论不下的问题等），现在又有所谓的共产主义者，他们大多像你一样是真正的自由主义者，也就是说，他们不希望发生一场现实的流血革命，而且也不太知道如果这样的革命真的发生，他们该怎么办，他们只是觉得社会主义没有效果，没有增加负担，官僚主义，不可信任，在某种意义上是高雅的个人主义的空头理论家进行的一场高雅起义……［一场］纯粹的知识阶层运动，只不过是因为有真正的工人阶级的加入而稍稍调和了一点。共产主义者似乎可以理解语言，而社会主义者通常要喋喋不休得多，也更粗俗一点。我说的这些一点都不是对二者表面的描述，共产主义是如此真切地充斥着概念，这对它而言是致命的。在文化世界[1]中，不管怎么说，是他们，也只有他们似乎在前进。我想，因为这是以高尚的神话供给饥饿的知识分子的又一个例子。我想所有那些伟大而因袭相传的诗歌都是伪神话，只有勉强糊口的抒情诗人不需要它，像卡图卢斯和海涅[2]。他们可以直接通过诗歌表达，不用插入

1924—1930年任瓦德汉姆学院研究员，1939—1969年任新学院研究员（1948年起任英国文学戈德史密斯讲席教授）。

[1] 伯林此处原文为：Kulturwelt。

[2] 盖尤斯·瓦雷里乌斯·卡图卢斯（约公元前84—前54），罗马抒情诗人。（克里斯蒂安·约翰）·海因里希（原姓哈利）·海涅（1797—1856），德国诗人，作品包括爱情抒情诗。二人都从自身的爱情经历中获得灵感。

一个体系框架，一个特别建造的非日常的世界。贝多芬的音乐可以说一定含有神话，而舒伯特的音乐则没有，柏辽兹肯定有，瓦格纳、穆索尔斯基也有，但是柏辽兹之后的法国作曲家们没有。不过我认为，法国人已经拥有一种如此传统而有序的语言，他们不需要神话了。

你说到阅读希腊语著作[1]，如果我是你，我会读有注释的柏拉图和希罗多德的著作：《斐德罗篇》《飨宴篇》《斐多篇》，也许还有《伊翁篇》；希罗多德的早期著述，至于悲剧：《阿伽门农》《俄狄浦斯在科罗诺斯》《酒神的女祭司》是你一定会喜欢的，别的作品就可看可不看了。叶芝翻译的《俄狄浦斯在科罗诺斯》我觉得很美。欧里庇得斯的《阿尔刻提斯》很容易读，说得上有点意思。

我本该认为牛津集[2]太难了——对我来说它整体上是这样的，莫里斯刚刚出版了他关于希腊抒情诗歌的大作[3]，我还没有读，这本书的出版时间安排得很好：感谢上帝他得
154 到了教授职位，如果他没有得到，我们都会很不安。[4]罗斯

[1] 斯彭德解释说，他的终极目标是阅读希腊悲剧。
[2]《牛津希腊诗歌集》（牛津，1930）。
[3] C.M.鲍拉，《希腊抒情诗歌：从阿尔克曼到西摩尼得斯》（牛津，1936）。
[4] 鲍拉是希腊语瑞吉尔斯讲席教授一职的候选人，该职位后来由埃里克·罗伯特森·多兹（1893—1979）获得。多兹自1924年起在伯明翰大学任希腊语教授。另外一位候选人是约翰·迪沃·丹尼斯顿（1887—1949），1913—1949年任哈特福学院研究员和古典学导师。在希腊语方面，丹尼斯顿是最好的人选，但是当时的教授、基督教堂学院研究学者吉尔伯特·穆雷（原文第169页注4）认为丹尼斯顿缺乏独创性，因而更倾向比鲍拉优秀得多的多兹。

教授（在庞德—普洛佩提乌斯问题上是你的敌人）[1]是他的主要竞争对手，一个滑稽的人[2]。请再写一次。我非常非常累了，必须上床睡觉。斯帕洛发表了一篇关于N.米奇森的最后一本书的有趣而又恶意的文章[3]，文中引用了诸如“一块挂着的松弛美味的女性肉体”或是“一个社会主义女人应该做什么”，还刻薄地穿插了《圣经》中约瑟的故事，伊丽莎白·帕肯汉姆说她真的经常那样问自己——她日益乏味和愚蠢了。克罗斯曼正在做关于“战争罪的哲学”的糟糕的反民主讲座，他现在淫秽丑闻缠身。给我写信。

沙耶

你能否寄给我一些你写的剧本？你剧本中的一些想法确实让我兴奋。告诉我更多关于葡萄牙等地的事，我非常清楚地看到关于拜伦和洞穴的事了。[4]

[1] 赫伯特·詹宁思·罗斯（1883—1961），1927—1953年任圣安德鲁学院希腊语教授。埃兹拉·庞德所译的普洛佩提乌斯诗作既可以认为是诗人向诗人的致敬，也可以认为是错误大全。例如，庞德把意思为“令人渴望的”的单词“sitiens”，译成了“坐着的”，《向普洛佩提乌斯致意》（伦敦，1934），2.6（第12页）。
[2] 伯林此处原文为：lächerliche Figur。
[3] 约翰·斯帕洛，“一个社会主义女人做什么？”，评论纳奥米·米奇森《我们被警告过了：一部小说》（伦敦，1935）的文章，《观察家》，1936年2月7日，第209—210页。第一句让伯林印象深刻的文中引用语是对小说中一个角色——俄国女孩奥克萨娜的描述：“一块松弛美味的女性肉体。”
[4] 这个剧本以标题“法官的审判：五幕悲剧”（伦敦，[1938]）出版，但是1936年3月斯彭德寄给伯林的更早的版本的标题是“法官之死”。斯彭德和朋友们在葡萄牙买了房子，他描绘房子后面的山上“有许多浪漫的岩石”，还说：“拜伦认为辛特拉是他去过的最美的地方。人们可以明白这是为什么，因为那里非常像18

题外话

新闻：汉弗莱乘船去印度了。弗雷迪·艾耶尔生了个女儿（摩尔会说，可能**怀不上**男孩），取名瓦莱丽[1]。科洛思维特太太写信询问，大意是我们这代人对容忍妻子通奸的丈夫是什么看法？[2]我想，科尔—米奇森会说，在事业上帮助妻
155 子的情人是他的职责。[3]路易斯·麦克尼斯因妻子与一个名叫卡兹曼的美国犹太人私奔而饱受折磨[4]，但是比兹雷太太据说已经阻止了她和他去美国的签证。到处都是闲言碎语。罗斯令人作呕地引用兰波的诗句（我想是关于阿比西尼亚的那一首诗）[5]，今晚他还激烈地攻击了我，因为我对他嘲笑太

世纪。在这些山上，人们就会明白什么是岩洞。那里有许多岩洞，现在很潮湿，在岩脊上，美丽而略微冰冷黏湿的水螈在冬眠。”

[1] 1936年2月21日出生，1981年去世。

[2] 这封信的日期是1936年2月2日，来自莫尔·科洛思维特的母亲，她信中说的是被她称为“扬扬自得的丈夫”。

[3] 这里提到两对已婚夫妇：（乔治）·道格拉斯·霍华德·科尔（1889—1959）和玛格丽特·伊莎贝尔·科尔（1893—1980）；他们的亲密朋友（吉尔伯特）·理查德·米奇森（1890—1970）和纳奥米·玛格丽特·米奇森（1897—1998），婚前姓哈尔丹。玛格丽特·科尔和迪克·米奇森之间有特殊的亲密关系，可能是性关系，这种关系被温和而性冷淡的道格拉斯和进步的纳奥米所接受；道格拉斯还在事业上帮助迪克。见贝蒂·D.弗农，《玛格丽特·科尔，1893—1980：政治传记》（伦敦，1986），第67—71页，以及詹妮·卡尔德，《纳奥米·米奇森的九条命》（伦敦，1997），第103页。

[4] 原文第147页注2。

[5] 法国诗人（让—尼古拉斯—）阿图尔·兰波（1854—1891），1880—1881年在阿比西尼亚的哈拉从事了一年的皮毛和咖啡贸易；在写这封信的时候，墨索里尼正在攻打阿比西尼亚。

过了。我挠痒，他抱怨说我应该经常修剪指甲。你会同意这是一个非常不真实的大学教师公用休息室的场景，阿奇·坎贝尔也许会喜欢这样。

附言：关于陈述和描述[1]：陈述是否总是要使用直接的语言，而且没有神话人物，而描述则涉及始终试图提供连贯的对象征的热爱，甚至在简短地表述某一特定的神话故事时也是如此？“神话故事”这些词有太多的暗示，人们不想得到这样浮华的东西，但是毕竟私人世界，或者是私人世界的碎片，暗示了所揭示的东西还没有完成，还有无限的东西在那里，等等。我很抱歉这么说太晦涩难懂，但是我的确认为，你不会被希腊语貌似无修饰的本质所欺骗，而这样的本质只在译本中存在：《圣经》也可以被**译成**这样，而我认为它存在大量描述。你说呢？

斯蒂芬·斯彭德3月2日回信，信中说他正在写一本关于自由主义和共产主义的书，伯林在给一位不知名的朋友的这张便条中为斯彭德的信做了注解：

如果出版，这本书必定会引发报纸上的争议和引用，等

[1] 在关于希腊语的讨论中，斯彭德提出“希腊诗歌总是在陈述，而我们的诗歌总是在描述”。

等。也许得有人告诉他现在不能写这本书。我这边的强烈抗议如何才能阻止他这么做，请告诉我你的想法［……］

杰斯帕·里德利[1]3月4日的日记开头一段，使人想起在这个时期伯林房间的气氛：

> 去了伯林的房间，用无线电收音机收听柏辽兹的《安魂弥撒曲》和《葬礼与凯旋交响曲》，读伯林拿出来的1953年的弥撒书（虫蛀过的、庄严非凡的、华美的那种）
> 156 中的《最后审判日》［……］
>
> 盖尔斯·罗伯逊中间进来了，矮个儿，腆着肚子，体态僵直，咧着厚嘴唇笑，把一切话题都变成剑桥的八卦，像极了癞蛤蟆，难以形容，令人讨厌，伯林说如果他是一幅画就会喜欢他，可是他不是一幅画。
>
> 伯林用华丽的语言报告他怎样在剑桥宣读关于快乐的文章——尤其是哈代[2]对瓦勒里安·韦尔兹利[3]刨根

[1] 杰斯帕·莫里斯·亚历山大·里德利（1913—1943），1932—1936年就读于巴利奥学院古典学专业，1939年和克里西达·伯纳姆·卡特结婚，在战争中遇难。

[2] 格德弗雷·哈罗德·哈代（1877—1947），1919—1931年任新学院几何学萨维里安讲席教授、研究员（1936—1947年为荣誉研究员）；1931—1942年任剑桥大学纯粹数学萨德勒里安讲席教授。

[3] 阿瑟·瓦勒里安·韦尔兹利（生于1915年），后（1972）成为惠灵顿公爵八世，1934—1938年在新学院就读并获得历史和法语的普通学士学位。

问底的情形。在他桌上的显眼位置摆放着加利[1]的照片（他觉得加利生气勃勃），这是模仿莫尔[2]，疯狂的智慧。别人都没有说话，但是气氛很和谐。奥斯丁中间进来过，罗素也来过——他看上去与其说容易琢磨，不如说害羞、难为情、不开心——因为房间里的每个人都对他挺无礼。然后他走了，他身上穿着一件格子大衣，系着腰带，爱尔兰共和军革命者们如果丢了雨衣就会这么打扮。

3月5日，星期四

和伯林一起吃午饭——去了他的房间，发现维利尔斯[3]完成了他的论文。戏剧化的相遇。伯林在刮胡子，以古怪的方式播放厄尔巴赫[4]的唱片——从自然音阶转变成无调，最终变成华丽的呜咽声。瓦格纳如果敢于尝试，也会写出这样的曲子，因为他作品中的自然音阶过渡清楚地表明会产生这样的效果。谄媚的潘柏[5]走进来了，他七十四岁，白发、悠闲、英俊。佩尔斯也进来了。奥斯

[1] 也许是（沃尔特）·布莱斯·加利（1915—1998），1931—1935年就读于巴利奥学院古典学专业，1935—1938年任斯旺西大学学院哲学助理讲师。
[2] 乔治·爱德华·莫尔（1873—1958），1925—1939年任剑桥大学哲学教授。
[3] 查尔斯·海德·维利尔斯（1912—1992），1933—1936年就读于新学院PPE专业，后（1976）成为英国钢铁公司主席。
[4] 也许是作曲家菲利普·海因里希·厄尔巴赫（1657—1714）之误，他写的一些歌曲被录制成唱片，一张唱片如果放在唱盘的边上（“以古怪的方式”）播放就会发出这样的声音。
[5] 弗朗西斯·威廉·潘柏（1862—1954），律师，1914—1932年任全灵学院院长，1932—1954年为荣誉研究员。

丁后来出现在伯林的房中，像人们预见的那样，他打开了“快乐的分量有多少？”这个话题，然后讨论了半个小时。

致斯蒂芬·斯彭德

[1936年3月中旬]

全灵学院

亲爱的斯蒂芬：

157 你的剧本安全寄到了。我还没有读它，一旦我读完了，就会立刻通过巴塞罗那的库克转交，给你写封稍长的信，除非你告诉我其他的地址。这里，[戴斯蒙德·] 麦卡锡已经在写垃圾文章了，是关于里德研究雪莱的书[1]的；这是受到了斯帕洛写的小书[2]的鼓励，老一辈现在都大胆地说斯帕洛的书是“垃圾”，“无知”，等等，对普通人来说，它不太令人兴奋，不过论题还是清楚的，给人的印象是江湖骗子的虚张声势，没有危险的报复紧随其后，就像希特勒占领莱茵兰[3]。政治局势似乎有点令人害怕：道森在《泰晤士报》进

[1] 赫伯特·里德，《为雪莱辩护及其他文章》（伦敦，[1936]），戴斯蒙德的书评“雪莱和精神分析：赫伯特·里德先生的批评”，发表于《星期日泰晤士报》1936年3月1日第8版。

[2]《理智与诗歌》（原文第127页注6）。

[3] 3月7日，德国军队再度进入非军事化的莱茵兰，此举直接违反了1925年签订的《洛迦诺公约》，公约永久性确认《凡尔赛条约》规定的德、法、比利时三国之间的边境线，德国保证它的军队不会进入莱茵兰。德国声称法国和苏联最新达成的军事联盟违反了《洛迦诺公约》，因此德国的行动是正当的自卫。在不久之后召开的国际联盟会议上，英国和比利时等国家同意，不论德国重占莱茵兰的合法性如何，此事件不足以成为战争的理由。

行伟大的反俄行动，而洛克—兰普森[1]在散发反希特勒的宣传小册子，上面说“苏醒吧，英格兰！”“德国的间谍在收买英国机密！”等。在这样的气氛中，真实的战前恐慌情绪慢慢地制造出来了。我看不出能做什么，除了（a）表示无论发生什么我们都不会参战；或是（b）对德国人彻底地表示不赞成。这些都是政治层面的事，其余的似乎就是阴谋了。

把你下一步的去向写信告诉我。我可能会和父母一起去尼斯[2]，我希望看见法国人的敌对情绪，这甚至会影响到我这样的外侨[3]。我们选了一个甚至比我更不像英国人的人，即一个名叫J.佩特罗夫·普拉门内兹的黑山人[4]，我希望他在学院会议上能够制造更多的恐怖主义。他来自一个古老的 158
采蒂涅家族，看起来像个土匪。

爱你的

沙耶

[1] 奥利弗·斯蒂林弗利特·洛克—兰普森指挥官（1880—1954），律师、记者；作为一战中皇家海军俄罗斯装甲师指挥官，他的业绩包括参与策划俄国沙皇的逃亡；1922—1945年任伯明翰汉兹沃斯选区保守党下院议员；丘吉尔的朋友，像丘吉尔一样，洛克—兰普森从布尔什维克的强烈反对者变成了更强烈的反纳粹者；是爱因斯坦逃离纳粹德国的主要促成者。他发起的反对迫害犹太人的运动，后来导致一位指控英国犹太人借宗教仪式谋杀的作家入狱。

[2] 去过逾越节。

[3] 伯林最喜欢的对自己和一些朋友的描述。“metic”（外侨）源自古希腊语，意即居住在希腊城市中的享有一些公民特权的外来人。

[4] 约翰·佩特罗夫·普拉门内兹（1912—1975），1936—1951年任全灵学院研究员，后来接替伯林成为社会和政治哲学齐切利讲席教授。伯林的《个人印象》一书中出现了伯林关于普拉门内兹的讲话，伯林还在《英国名人辞典》中提供了一条关于他的条目。很明显，从这些叙述中，普拉门内兹并没有实现伯林当初吓人的预期。

致玛丽·费希尔（在西班牙）

邮戳日期 1936 年 3 月 23 日

全灵学院

亲爱的玛丽：

“小宝贝”说她已经把理查德·佩尔斯的命运[1]告诉你了。我的朋友特纳先生[2]可能会评论说，佩尔斯堕落了。然而我真的不太乐意用我拼凑的瓦格纳唱片中的歌词惊呼“哦痛苦，/ 哦灾难，/ 哦不可避免的悲剧结局”。[3]当然我并不认识鲍维克小姐：假如是像我所担心的那样，她名叫谢拉，是爱丽卡·林赛的侄女，那么这看起来就像是一场彻头彻尾的王朝联姻，在一个某些头衔会导致不可否认的联想的世界，这些化名的入侵让人感到很不方便，很烦恼。虽然鲍维克小姐显然符合我曾从理查德那里打探到的那份著名的理想一览表，她圆脸、温顺，尚属不爱外出的人，把北牛津看成不可避免地要常住的宜人地方，在别的方面她像理想中的女黑人——牛津的女黑人，我们认定他想要这种类型。莫德

[1] 与詹妮特·林赛·鲍维克结婚，詹妮特是（弗雷德里克）·莫里斯·鲍维克（1879—1963）的女儿；1928—1947年，莫里斯·鲍维克任现代史瑞吉尔斯讲席教授及奥里尔学院研究员，其妻苏珊（婚前姓林赛）是亚历山大·邓洛普·林赛（1879—1952）的侄女；亚历山大·邓洛普·林赛，哲学家、基督教社会主义者，1924—1949年任巴利奥学院院长，1935—1938年任副校长，他的妻子是爱丽卡（婚前姓施托尔）。伯林把詹妮特·鲍维克的名字弄错了。

[2] 也许是G.J.特纳（原文第144页注2）。

[3] 关于这张唱片，见原文第694页。

太太[1]在得知这个消息时，说“我得马上把这个消息告诉莫德[2]”。但在说这话之前，她还说了“哦，那个红脸的女人呀”。抱歉我甚至把这样的话语都记下来了，但是我必须把这话告诉某个会产生共鸣的人。那三个用烫金信封把电报寄给佩尔斯的人现在找到了，他们是柯蒂斯、卡普兰德和考克斯。这个名字都以C打头的三人帮不像史密斯帮那样名声显赫，讨人喜欢（我向你列举过史密斯帮的名单没有？这个不可贬低的群体包括亚当·史密斯，西德尼·史密斯们，“地
址查无此人而被退回”的史密斯们，F.E.史密斯，J.A.史密 159
斯，乔治·亚当·史密斯爵士和A.H.史密斯，所有的史密斯都是非常积极和强壮的人物，天性快乐、坚定，但是不会无礼，虽然有时候有点粗俗）。[3]我无法认为，像他们说的那样，婚姻会导致改变，我认为他是为了这样的改变而结

[1]（玛格丽特）·琼·海·雷德克利夫—莫德（1904—1993），婚前姓汉密尔顿，约翰·雷德克利夫—莫德的妻子，见下注。

[2] 约翰·普利马特·雷德克利夫·雷德克利夫—莫德（1906—1982），1967年成为（布里斯托尔城及郡的）雷德克利夫—莫德男爵；1932—1939年任大学学院研究员、政治与经济学导师；1933—1939年任系主任；1939—1943年任伦敦伯克贝克学院院长；1941—1944年任食品部代理秘书，后任二等秘书；1944—1945年任重建部大臣办公室二等秘书；1945年任枢密院长办公室秘书；1945—1952年任教育部常务次官。

[3] 前文中没有确认过这些史密斯的身份（这是否重要？）：政治经济学家亚当·史密斯（亚当·斯密）（1723—1790）；作家西德尼·史密斯（1771—1845），圣保罗大教堂教士；其他的西德尼·史密斯们可能是西德尼·古德瑟·史密斯（1915—1974），诗人、剧作家、批评家；弗里德里克·埃德温·史密斯（1872—1930），伯肯海德伯爵一世，1919—1922年任大法官；乔治·亚当·史密斯（1856—1942），《圣经》学者，任阿伯丁大学院长和副校长直至1935年。

婚的。我认为一切都还将是老样子，尽管如果他们突然决定，比如，明年夏天去萨尔茨堡，我承认，一切就不会全都是老样子了。我对她一点也不了解，除了在她的朋友圈中突然碰见他三次，我做了一些不太得体的评论，并被告知，鲍维克太太的确非常好，然后我就更不得体地吃吃地笑了，对方则回以可爱的简·奥斯丁式的难为情和羞红的脸，我意识到自己入侵了人家的地盘，于是有意回避更多的评论，因为我既善解人意又机敏，对方于是早早对我坦白了。如果你认为这很糟糕，我还是坚持相信我明白你的意思。他本可能变得更加尖酸刻薄，这从艺术角度来说更好，但是让人很不自在，所以在某种意义上，如果是我，我会选择传统的美满结局，尽管这样的结局是多么粗陋，多么缺乏美感而令人反感。我想，谁也不应认为，他可能会和非凡出众或是高贵雅致的女人结婚。记住，无论如何，佩尔斯都是普莱斯—盖伊时代[1]的温切斯特学院校友，因此他寻求的是安稳和体面的生活，而且，作为佩尔斯，他与世无争，拥有一个实至名归的妻子。凭着这份明细单是不能得到非常昂贵的东西的，只能得到耐用、实用、体面的东西。不过我必须停止毁谤一个不认识的人了（似乎我曾经这么阻止过自己……）。[2]我的

[1] 也许是横跨或者包括H.H.普莱斯（1899—1984）和盖伊·奇尔弗（1910—1982）在温切斯特学院的时期，理查德·佩尔斯（1902—1958）在温切斯特学院的时期可能和普莱斯的相重合。

[2] 伯林后来对佩尔斯太太的评论也许会热情一些。的确，在他为佩尔斯所拟的讣告中，他提到“他的妻子对他的挚爱和关怀”，这表明伯林后来意识到这是成

时光都奉献给了马克思和对逻辑实证主义的详细研究上面了（例如卡尔纳普[1]说，所有的归纳命题一定要么就是同义反复，要么就是自相矛盾，这太让我快乐了）。[2]我已经读了E.M.福斯特的杂文集[3]，非常有趣，痛苦而敏锐，使读者 160
害怕见到作者，因为作者显然敏感、有敏锐的观察力、能够使人对自己所说的每一句话、所做的每一件事都感到难为情，而且他总是能拿出不可辩驳的理由使人如此难堪，就像人们认为的萨姆纳[4]（哦，他是如此虚假）那样的人。斯蒂芬也给我寄来了一本韵文剧本，他扬言要成为V.雨果那样的人，只关注"事物的眼泪"[5]，并坚信一句格言：诗歌的确很可悲。这永远"可怜的"[6]诉求，仔细地安插在每三行韵文中的"眼泪"[7]，太过火了一点。我打算给他写一封严厉的

功的婚姻，而且，对佩尔斯太太以勇气和智慧照顾她日益丧失行动能力的丈夫，伯林和大家一样怀有敬佩。

[1] 鲁道夫·卡尔纳普（1891—1970），德国逻辑实证派哲学家，维也纳学会的领导人物。

[2] 伯林在写一篇论文（是对玛格丽特·麦克唐纳的回复），题为"归纳与假设"，发表于《亚里士多德学会公报》增刊卷十六（1937），第63—102页。

[3]（爱德华）·摩根·福斯特（1879—1970），小说家。该杂集是《阿宾哲收获集》（伦敦，1936），收入文学批评、散文、诗歌和小说，杂集是以萨里郡的一个村庄命名的，福斯特在那里继承了一所房子。

[4]（本笃）·汉弗莱·萨姆纳（1893—1951），1925—1944年任巴利奥学院研究员、历史学导师；1944—1945年任爱丁堡大学历史学教授；1945—1951年任全灵学院院长。

[5] 伯林此处原文为：lacrimae rerum。该拉丁文短语来自维吉尔的《埃涅阿斯纪》卷一，第642页，几不可译；此为字面意义。

[6] 伯林此处原文为：ad misericordiam。

[7] 伯林此处原文为：larmes。

信，打击一下他的兴致。我不是生性如此，只是斯蒂芬总是不自觉地使我想卖弄学问，几乎立即就对他管头管脚起来。现在，我的天，是布莱克威的最后一场聚会。你不能否认（能否认吗？）他举行的所有聚会都带有一种真正宏大的令人惊惧之感，不是艾丽森[1]所有的矫情能够完全破坏的。那惊人的、蕴含激情的气氛，**一切**都不真实，每个人都在为着什么目的而游戏，为了制造效果，恶作剧，或是为了安全感，或者只是为了有在家的感觉，这样的气氛是对绝对独特的、不属于我们这个世纪的东西的称颂。很高兴我能够拒绝参加实际上的晚餐，因为有个叫戈迪的人来了，晚上十一点到。这样的场景一点都不沉闷。想象一下布莱克威在圣体学院的房间，中间是一张沙发，沙发上坐着三个人物：中间是格雷夫斯小姐，有点醉醺醺的了，但还沉着镇定；她的左边是R.奇尔弗，神情专注而疲惫；格雷夫斯小姐右边是莫里斯，深紫色的皮肤，很有进攻性，喝了不少酒，对理查德嚷嚷着。他们就像打了二十七回合的拳击手，得分都已经很高，都非常非常累了，摇摇晃晃地挥着拳头，常常打不中对手，但是还是一直一直打下去。我后来知道理查德在吃晚餐的时候受了很多惩罚，如果一个人没有他那么强悍的

[1] 艾丽森·布莱克威（1913—1983），婚前姓霍普，1932—1935年就读于萨莫维尔学院英文专业，后成为《星期日泰晤士报》的文学评论员。她于1935年和阿兰·布莱克威结婚，后者1936年去世，她1938年与托尼·安德鲁斯结婚（原文第92页注4）。

话，可能就承受不住那样的打击了。我无法向你形容这场
130°的决斗，它甚至使凶猛的布莱克威也变得微不足道了。
托尼坐在那里，快乐，不觉有任何不适。布莱克威通过让 161
房间里的其他人（莫蒂默夫妇[1]、库克小姐[2]、费希尔—W.小
姐[3]、盖伊）保持活跃，一直不断地对托尼说，“你知道克罗
斯曼的弟弟[4]要来圣体学院了吗？我的天，等等”。到此时
为止，这产生了魔咒般的效果，如果你明白我的意思，那指
的是一句那天晚上他肯定重复说了二十遍的话，他一定是想
对托尼这么说的，正如我们所了解的，他喜欢没完没了地重
复同样的刺激，然后感激地释放被禁锢的情绪。盖伊和詹妮
弗站在窗里，他们是非常安静和担惊受怕的一对，却是台风
中一处宁静的深潭，悠闲的群落。显然莫里斯晚上一来就太
快活了，他猛烈地摇晃着莫蒂默太太的肩膀，像欧佩小姐甚
至是“小宝贝”等人也许会喜欢这样，但是莫蒂默太太就不
太喜欢了。然后他坐在库克小姐和艾丽森的中间，这意味着
往两个方向进行艰苦的上山运动。等我到的时候，他正在以

[1] 罗伯特·莫蒂默（1902—1976），1930—1944年为基督教堂学院研究学者；1944—1949年任大学教堂牧师，道德和教牧神学瑞吉尔斯讲席教授；后来（1949—1973）成为埃克塞特主教。他的妻子玛丽（“莫丽”）婚前姓沃克，是雷切尔·沃克的姐姐。

[2] 也许是海伦·库克，20世纪30年代在牛津爱慕者甚多，她是1914—1936年任基督教堂学院教士以及希伯来语瑞吉尔斯讲席教授的乔治·阿尔伯特·库克牧师的女儿。

[3] 詹妮弗·威廉斯。

[4] 托马斯·爱德华·斯塔福·克罗斯曼（1917—1940），1936年就读于圣体学院古典学专业。

令人眩晕的愤怒[1]复仇。他只要一移动，我就逃往相反的方向，寻求庇护所和琐屑的谈话。即使是布莱克威，也似乎为自己不明智地唤起他人的激情而感到尴尬了。真是可怕，莫里斯因为格雷夫斯小姐而沦落至此，她可以说具有文艺复兴时期的特有姿态（多么好的一句话），据悉，两个被她拒绝的追求者，贝尔先生[2]和麦克米兰先生[3]（在“小宝贝”的公司工作），心中燃烧着嫉妒的怒火，联合起来，在这个周末也来到牛津，要密切注视这个女唐璜的一举一动（文学中是否有这样的场景，堂吉诃德和唐璜狭路相逢？我不记得二者相遇发生了什么，但这一定需要天才的笔触来描述）。最后，我，像往常一样充当姨妈的角色，解散聚会，把盖伊和费希尔—W.小姐塞进出租车，带着大声唱歌、急着要叫醒整个全灵学院的莫里斯回去。我回到聚会，见斯帕洛和里斯正在争论生性敏感和后天形成的敏感或是别的什么之间的差别。
162 然而，这些插曲（+赛小姐的聚会，理查德的洋相+格雷夫斯小姐+斯科特—詹姆斯小姐[4]，所有人都艰难地保持沉默，

[1] 伯林此处原文为：vertiginoso con furia。
[2] 奥利弗·西德尼·贝尔（1913—1980），1932—1935年就读于巴利奥学院PPE专业，后来（1949—1957）成为《纽约时报》编辑，肯尼思·贝尔（原文第66页注1）之子。
[3] 1934年，“小宝贝”一毕业离开牛津就作为特约审稿人加盟威廉·海因曼出版社，周薪三英镑。她的同事约翰·麦克米兰后来赴美成为《纽约时报书评》的图书评论家。
[4] 在和萨莉·格雷夫斯小姐结婚之前，理查德·奇尔弗曾与作家安·斯科特—詹姆斯（生于1913年）恋爱。当时斯科特—詹姆斯为《时尚》杂志工作。虽然她在萨莫维尔学院古典文学士学位初试得了第一名，可是她没有适应古典人文学科课程的学习，因此念到第三年时离开了学校。

也没有因为忍受大量极为讨厌的人和事而得到心灵感通的回报）越来越少见了，我吃惊地发现（承认这一点很屈辱）我花了三倍于以往的时间专门用于闲谈。我相信，据安排，安雷普小姐[1]将成为莫德林学院的斯蒂文斯先生[2]的奴隶。请给我写信（谈谈我真心渴望去的西班牙[3]），你父亲怎么样了？全灵学院选了一位名叫约翰·佩特罗夫·普拉门内兹的黑山人，给他研究员基金，你认为这个消息会让你父亲兴奋吗？“他是哪国人？”欧曼[4]问。别人回答了他。“黑山人！！！！！！”他说道，几乎要昏倒，很滑稽。海德勒姆[5]说，在他走进学院会议室之前，应该搜身检查看看他身上是否藏有炸弹。他支持南方斯拉夫人，因为他建议，米斯特洛维奇[6]为他雕塑的塑像，应该选用白色大理石，并且竖立在格洛斯特教堂的外面（教士们本来是建议画一幅画像）。

[1] 安娜斯塔西亚·安雷普（1912—1995），波里斯和海伦（罗杰·弗莱的情妇）的女儿，是詹妮弗·威廉斯和萨莉·格雷夫斯在萨莫维尔学院的同届。1932—1934年攻读历史专业，1935—1936年攻读英语专业，没能获得学历。

[2] 科特内·爱德华·斯蒂文斯（原文如此）（1905—1976；由于某种原因得绰号“汤姆·布朗”并因而为人所知），古代史学家，1933—1972年任莫德林学院研究员。他喜欢让学生为他做实践工作，学生们也乐于默许这样的安排，因此这里提到的奴役是善意的。

[3] 在H.A.L.费希尔大病一场之后，三位费希尔正同莱迪丝·费希尔的姐姐和姐夫、乔治爵士和扬夫人（杰西，有时候叫“海伦”）住在一起，扬家在托雷莫里诺斯有一所房子，那时那里还只是一个小村庄。

[4] 查尔斯·（威廉·查德维克）·欧曼爵士（1860—1946），历史学家，1883—1946年任全灵学院研究员。

[5] 阿瑟·凯雷·海德勒姆主教大人（1862—1947），历史学家，格罗斯特郡主教，1885—1897年和1924—1947年担任全灵学院研究员。

[6] 伊万·米斯特洛维奇（1883—1962），克罗地亚巨像雕塑家。

普拉门内兹奇丑无比，看起来像贩卖加仑子和海枣的商人，竟是个哲学家。你能否记得提醒我跟你谈谈：(a) 在讨论到人类学时，欧曼关于心理学的论述；(b) 欧曼关于女人在图书馆进行非正常的学习研究的论述；(c) 卡普兰德关于巴巴多斯的科德灵顿学院[1]的评论（“他们在那里，我现在看得见他们，十五个黑人，五个咖啡色皮肤的，五个白皮肤的”）。一句莫里斯语录：我告诉他，我从来就没有见过有谁像艾迪·萨克威尔—韦斯特[2]这样有这么多约会的。“约会，约会，”他说，“约会，为什么他是个约会匣子？”你说这能得β+[3]吗？你是否会考虑去萨尔茨堡？

163 沙耶

致詹妮弗·威廉斯

[1936年3月？]

全灵学院

亲爱的詹妮弗：

能够向你解释阿尔弗雷德·J.艾耶尔的书[4]中所犯的错

[1] 克里斯托弗·科德灵顿（1668—1710），军人。1690—1697年任全灵学院研究员；(根据他的遗嘱) 他慷慨捐助建立了全灵学院的科德灵顿图书馆和巴巴多斯的科德灵顿学院。

[2] 爱德华（“艾迪”）·查尔斯·萨克威尔—韦斯特（1901—1965），音乐评论家和作家，后（1962）成为萨克威尔男爵。

[3] 有关希腊字母见原文第93页注1。

[4]《语言、真理与逻辑》(伦敦，1936)。

误，再没有别的什么事比此事更让我乐意做了。我坚持认为这些错误对艾耶尔的书有负面影响，尤其我要第一次亲自明确地审视这些错误。其中一些错误我会在明天开院会时记下来，其余的我到星期天晚上再写。我怀着真诚的愉快心情期待着做这件事。同时让我向你推荐普莱斯教授写的一篇引人入胜的文章，我想是1935年发表在一份名为《哲学》的杂志上，题为“神学和逻辑实证主义”[1]，文章也是充满错误，但无论哪一方面读来都很令人愉悦；也许不是充满错误，而是在中间部分出了很多错。我怀着复杂的心情想着明天的拜访。希望等我到的时候，注定要发生的事要么已经发生了，要么就别发生。[2]

也许我还不能这么快就完成我的小文章[3]，如果是那样的话（这句话是专门为了这样结束而写的），它可以成为你的威尔士之旅中新奇的读物。我认为，这是我深夜中想到的，人类有三**种**区分方法：

（1）托尔斯泰式的区分：有理解力的，没有理解力的。

（2）对人类事务有同情心的，对人类事务没有同情心的，以及疯子和怪人。

[1] H.H.普莱斯，《逻辑实证主义与神学》，《哲学》，第10期（1935），第313—331页。

[2] 詹妮弗·哈特不记得指的是什么事。

[3] 詹妮弗·哈特不知道这指的是哪一篇文章。她有一封来自杰斯帕·里德利、日期为1936年3月的信，要求她读一篇伯林写的、提到他的小文章，如果就是这封信，那么信一定是写于1936年3月间或是之前。

（3）有限却达到圆满的人，无限但毫无特点的人。

这么表述不是很让人开心，但是这么区分很有意思，很有指导意义，不是闲扯，可以认真并有创造性地应用这样的区分法。

我大胆地结束这封不对称的信。

你永远的

164 沙耶

致斯蒂芬·斯彭德

1936 年 4 月 25 日

全灵学院

亲爱的斯蒂芬：

很抱歉这么久都没有给你写信，我在法国，非常勤奋地工作，然后回来，我的学生乱成一团，这需要时间。我已经读了两遍你的《法官的审判》[1]，并且，当然，你知道，我喜欢你所写的一切文字本身[2]。如你所说，我们已经谈论过主题，如果我要发表有用的评论，我就必须把主题和对你作品

[1]《法官的审判》（原文第155页注4）。提及法西斯对司法政治独立的毁灭，斯彭德通过描述德国司法展现主题。法官（根据法律）以谋杀佩特拉——一个半犹太半基督徒波兰人的罪名判处一伙纳粹恶棍死刑，另外三名共产主义者也因为较轻的自卫和散发宣传品的罪行而被判处死刑。法官认为出于良心的考虑，共产主义者应该被总统准予缓刑，然而发生了一场纳粹暴乱，之后内政大臣撤销了这个判决，于是只有谋杀佩特拉的罪犯获得缓刑。法官辞职表示抗议，而后被枪杀。

[2] 伯林此处原文为：für sich。

的天然喜爱放在一边。无论你的诗歌多好，你的场景安排多么有效——剧作的渐增效果甚至和你到目前为止所写的，我认为非常动人、非常美的文字一样强烈——迄今为止我所看到的危险是，剧作中有太强的道德观，蓄意的道德观，字里行间都有，有太多的眼泪，这对任何诗人都是危险的。我原本以为（请原谅我像导师般地说话），诗人就自己真正感到激动的社会问题写作，除非他像托勒[1]一样尖叫——这么做根本就是愚蠢的，你无论从哪个方面都不像他，你其实有一部分像古德曼[2]——否则，就是变成雨果那样的人。你记得雨果在观看了莎拉·伯恩哈特的演出之后，送去一块未经切割的钻石，上面镌刻着“维克托·雨果的一滴泪”。我认为这是极其诚挚的表示，然而问题不仅仅在于这很愚蠢或是修辞化，而在于他的确成了一位善于感动和流泪的专家，而且后来以他的真实身份感动和流泪了，而不是扮演感动和流泪的角色。我想，你不像他那样，你不会垄断被政治不公和政治悲剧所激起的情绪。然而在你的诗作中使人宽慰的轻松调剂太少了，就像艾略特作品中的歌唱和朗诵，当写得很好的时候，是纯粹的诗歌，既不描述，也不陈述，而只是表达，是对他的说教和辩论内容的调剂。在你的剧本中，每一行，每一字（这么说夸张了），都紧紧揪着要害，浓缩的感

[1] 移居国外的德国作家恩斯特·托勒（1893—1939）。
[2] 也许是理查德·哈克特·古德曼，1929—1932年就读于新学院PPE专业，和伯林共同主编《牛津展望》（原文第21页注5）。

情太多了，希望你能明白我的意思。

165 我对诗歌一无所知，对戏剧一无所知，我理应认为（如果我是一个不偏不倚的批评者）我的批评以及建议，都毫无用处。我想说的是，我，不是别的什么人，需要某种无拘无束和抽象，一种没有先入之见的元素，在我看来，这些都被你的句子中为一时权宜而具有的目的性所淹没。我觉得，剧本中有一些非常可爱的句子，其余的部分我也非常乐意读，其实我认为剧本很好，因为我相信我的道德观和你一样。我目前能说的也就只有这些了，我还要做不少功课，这样才能就某个问题和你做更进一步讨论——我已经列出一个小小的修改单，需要时我可以寄给你。目前我还不知道我的信要寄到哪个地址。

读了福斯特的书[1]，我很钦佩他，但是我不断地对似乎渗透了他所写的一切的那个破碎的、充满怨恨的、自我折磨的、残疾的、爱国的、尖锐的元素感到排斥，他扭曲它，留下痛苦的味道，不客观地，充满道德色彩地，强烈地，像是浪漫主义的愤怒，或是真正的痛楚，但是又有点恶意，拘束，自恋的阵痛，这使得他的恶意，他的多愁善感，变得比例如哈弗洛克·埃利斯[2]的伤感（埃利斯关于瑞斯蒂夫·德·拉·布勒托尼的文章很有趣）或是例如艾略特的

[1]《阿宾哲收获集》（原文第161页注1）。
[2]（亨利）·哈弗洛克·埃利斯（1859—1939），医生、作家、性行为研究者，他认为应该对性行为进行公开讨论。

恶意更加难以忍受。福斯特在报复，而且使用的是一种令人恐惧的、扭曲的、间接的方式。但是他的书确实很好：个人的东西极其独特，充满了我非常喜欢并且崇拜的知识分子的真诚。同时，愚蠢的戴斯蒙德·麦卡锡（借用罗斯的话说）显然是受到斯帕洛的书[1]的鼓励，指责赫伯特·里德（里德所写的关于雪莱的书）[2]愚蠢、含糊、难懂、变态，等等，并且引用了书中类似“思想的轮廓”这样的语句，作为不可理解的典型（“只有群山有轮廓，思想没有”），而事实上这不过是大白话。我记得，他认为斯帕洛的书太好了，让人觉得就像假的东西，他认为斯帕洛是一个说出了在老人们心中积累多年的话的年轻人，所以，现在虚张声势的现代主义者被召唤来了，人们终于能大胆地让他们现身。这使我实在很愤怒，如果我见到麦卡锡，我想我一定不会和他说话，虽然作为人，麦卡锡和里德相比，我可能会更喜欢麦卡锡一点。

弗雷迪·艾耶尔说林德曼[3]说他看见你在巴塞罗那。我 166
想他是个很可怕的人，罗伊非常崇拜他，莫里斯对他的看

[1]《理智与诗歌》（原文第127页注6）。

[2] 见原文第158页注1。

[3] 弗里德里克·亚历山大·林德曼（1866—1957），物理学家、政治家、政府科学顾问、牛津实验哲学教授。1919—1956年任瓦德汉姆学院研究员，1921—1957年任李博士实验哲学高级讲师和基督教堂学院学者。自1939年起任温斯顿·丘吉尔个人助理，1941年受封切维尔勋爵。

法模棱两可。你怎么看他？有消息（从格里格森[1]那里传来的）说，你已经加入了共产党，这在我看来什么也没有改变。在英格兰，你这么做是对的。在欧洲大陆，那里总是有政府迫害的传统，革命党派自动成为阴谋集团，他们在国外会面，除了战术和革命以外什么也不谈，没有时间享受生活和艺术，就好比列宁。在英格兰就不是这样，共产党，如你所说，是新自由派。英国的共产主义运动是对抗工党的官僚主义和国家腐败的激进知识分子暴动，也就是说，20世纪20年代的那些社会主义者就是如今的共产主义者，他们并不真正希望革命，他们比社会主义者更高雅、更聪明，不像后者那么粗俗。西勒·林德说这只适用于一小撮不那么重要的知识分子，而真正的政党是不同的。也许，只有前者真正使革命进程变调了。

范·迪埃伦，作曲家，我评论过他的书，于是他写信攻击过我，我也回过信[2]。他昨天去世了。现在我觉得自己像洛克哈特，他以一篇评论文章要了济慈的命[3]（或者像卡

[1] 乔弗雷·爱德华·哈维·格里格森（1905—1985），诗人、评论家。
[2] 详见原文第139页注4。
[3] 约翰·吉布森·洛克哈特（1794—1854），以沃尔特·斯科特的传记作者而闻名，他被认为是恶意批评济慈的《恩底弥翁》（1818）的评论文章的匿名作者“Z”，该文章以“伦敦土话派的五号诗作”为题发表在《布莱克伍德爱丁堡杂志》第3卷第17期（1818年8月），第519—524页。这篇评论文章和另外一篇十分恶毒的评论文章［作者为约翰·威尔森·克罗克，匿名发表于《季度评论》第19卷第37期（1818年4月），第204—208页］激怒了济慈，虽然不能说导致了济慈的去世（1821）。

丹[1]，据福斯特说，他差一点就被斯卡利杰[2]杀死了），也就是说，这很了不得，很伤人；但是真的，如果我知道他的病情有多严重，我会让自己的语气温和一点。莫里斯说，在戴·刘易斯的新小说里，有一个学究低级庸俗，像他一样[3]，让他很难为情。这我一定得看看。

我的同事奥尼尔[4]从德国写信来，有趣极了。他说在海德堡，英文教授做战后英国文学的讲座，选择了J.B.普利斯特里[5]、玛丽·韦伯[6]和菲利普·吉布斯爵士[7]。他还去了法庭，那里有个人因为向小鸟扔石头而被判四个月的监禁—— 167

[1] 杰洛拉莫·卡丹诺（1501—1576），英文译名杰罗姆·卡丹，意大利医生和数学家。

[2] 朱利叶斯·凯撒·斯卡利杰（1484—1558），古典学者、文学批评家。见《阿宾哲收获集》（原文第161页注1），第194—195页。事实上，据福斯特说，卡丹并没有真的"被杀"，虽然因为斯卡利杰发表的抨击文章，卡丹确实深受打击，但据报道他的死讯只是一个玩笑。

[3] 菲利普·斯塔林，"全圣学院的研究员，英格兰关于荷马文明与文学的顶级权威"（第47页），是《你的死亡之壳》（伦敦，1936）中的人物，该书以尼古拉斯·布莱克的笔名匿名出版，戴·刘易斯还用这个名字写侦探小说。戴·刘易斯的遗孀怀疑，斯塔林是以鲍拉为原型的，鲍拉是她丈夫的忠实朋友。

[4] 道格拉斯·沃尔特·奥尼尔阁下（1912—1988），律师，1935—1946年任全灵学院研究员，1936—1939年在外交部门供职。

[5] 约翰·波因顿·普利斯特里（1894—1984），英国多产记者、小说家、剧作家和散文家，出版了超过120本书，题材广泛。《好伙伴》（1929）和《天使之路》（1930）是广受欢迎的通俗小说；他的剧作《探长打电话了》（1945）经常重演。

[6] 玛丽·格莱迪斯·韦伯（1881—1927），英国小说家，作品多和她的家乡什罗普郡的风光联系在一起。她的小说《珍贵的痛苦》（伦敦，1924）很成功，被斯黛拉·吉布森在《寒冷舒适的农场》（伦敦，1932）一书中仿拟。

[7] 菲利普·吉布斯爵士（1877—1962），罗马天主教作家、记者，在两次世界大战中都担任战地记者，写了几本政治题材和自传体的书；因成为首位采访教皇（本笃十五世，在1919年）的记者而闻名。

他违反了戈林颁布的新《帝国狩猎法规》[1]，因为这种行为像野兽一样残忍，而国家社会主义政体反对任何形式的残忍行为。他滑稽地引用《浮士德》中的句子：在“奥尔巴赫的凯勒”，大家都醉醺醺的。

所有人（唱着歌）：哦，现在我们在享受食人盛宴
就像五百只猪那样快活！
靡菲斯特：这帮恶棍无法无天……[2]

这很有趣，我想。他宣称（我对他的来信越来越有兴趣，但我十分尊重他），德国就像一只巨型雌蜘蛛，懒洋洋地躺在中欧许多年，而欧洲其他的地方则徒劳地想使她受孕。他们最后成功了，产下一粒小小的蜘蛛卵。雌蜘蛛不祥地转身，无限深情地凝望她的伴侣，打算吞噬他[3]。请写信告诉我你的地址，关于西班牙、希腊，一切，我会给你写一

[1] 伯林此处原文为：Reichsjagdgesetzbuch。
[2] 伯林此处原文为：Alle（Singen）：Uns geht es ganz kanibalisch gut/Als wie fünfhundert Säuen / Mephisto：Das Volk ist frei...，这里是根据戴维·卢克的英文译文（牛津，1987）翻译而来的。这里的引用有点错误，是伯林特有的毛病（歌德写的是“Uns ist ganz kanibalisch wohl / Als wie fünfhundert Säuen!”）。奥尼尔是对的，他给了出处（浮士德，第一部，第2293—2295行）。“奥尔巴赫的凯勒”指的是莱比锡的一家地下啤酒吧。
[3] 奥尼尔接着说：“但是无疑，这餐饭要得体地预订，就像圣餐，受害者将会因为他自己的善行和新宗教更辉煌的荣光而遭受苦难。”伯林引用的奥尼尔的这番话来自他日期为3月25日、寄自海德堡的信，以及日期为4月20日、寄自弗莱堡的信。

封更好的信。

告诉托尼我爱他

沙耶

168

《燃烧的仙人掌》[1]今天寄到了，我还没有时间看。你喜欢康诺利发表在我想是《每日电讯报》上的书评吗？

致玛丽安·法兰克福特

1936年6月3日

全灵学院

亲爱的玛丽安：

有这么一封信，事实上，我四个月之前就开始给你写了，当时你似乎不大可能回信，我不但没有毁掉它，反而越写越长，使它的篇幅几乎和日记差不多，更是无法寄出了，因为它写得太详细，太不连贯，太枯燥。所以写完现在这封信，那一封今晚就得销毁了。[2]首先，我很遗憾你们俩没有一起来，但后来我患扁桃体周脓肿病倒了，被隔离治疗，然后慢慢恢复，不能待在牛津或是任何可能见到你的地方。在

[1] 斯蒂芬·斯彭德，《燃烧的仙人掌》（1936），短篇小说集，同名的小说首先在《新牛津展望》第1卷第1期（1933年5月）上刊登（是献给伯林的），第24—42页。这篇小说早先的版本后来没有在书中提及，也没有保留对伯林的题献，也许是因为整本书都是献给W.H.奥登和托尼·海因德曼的。

[2] 他没有销毁它，而且附在日期为1951年7月26日的信中寄给玛丽安·法兰克福特。

那之后，我的生活呆板、精确地重复着，我像以往一样去萨尔茨堡，春天则和父母一起去里维埃拉，等等。我假装这样的重复正是我所需要的，它提供了框架，使一些小变化等成为可能，而事实是，我一成不变，不喜欢任何我不知道的事物，不喜欢被连根拔起，等等。这很丢人。结果，我的生活，或是这里的任何人，都没有什么变化。你会发现牛津一点都没有改变，还是你离开时的那个水族馆。古德哈特[1]一家的确住在一所白色的大房子里，真的很白。谁都没有什么改变。自从莫里斯停止大规模地款待宾客，社交生活就不复存在（万幸）。一切事情，如果还有任何事的话，和你在这里的时候相比，都更加沉闷了，没有那么活跃，也没有那么恶意了。莫里斯自己（没法子不从他说起）为了教授职位坐立不安，我怀疑他是否能得到它。穆雷[2]本人就是个积极推
169 广者，对严格的禁欲主义有天生的热情，并怀疑莫里斯不够严谨，等等。玛丽小姐讨厌他。[3]他手下的教职人员是一群

[1] 阿瑟·莱曼·古德哈特（1891—1978），1931—1951年任法学教授和大学学院研究员，后来（1951—1963）任院长，他的妻子是赛西丽。

[2]（乔治）·吉尔伯特·艾梅·穆雷（1866—1957），生于澳大利亚，在英格兰受教育，希腊学者、作家、翻译家和国际主义者；1889—1899年任格拉斯哥学院希腊语教授；1908—1936年牛津希腊语瑞吉尔斯讲席教授；倾向和平主义，国际联盟的积极支持者，女权运动家。是萧伯纳的剧本《芭芭拉上校》中阿道尔夫·卡辛斯的原型。

[3] 玛丽·（亨丽埃塔）·穆雷夫人（1865—1956），婚前姓霍华德，卡莱尔伯爵九世的女儿。她是一个有坚定信仰的贵族夫人，持左翼政治观点，主张绝对戒酒和素食，因为支持她的兄弟，她拒绝接受身为女权主义者的母亲留给她的家产——约克郡的霍华德城堡。

嫉妒的人，充满怨恨，私底下讨厌自己的学科。我希望这种紧张关系无论如何都要结束，因为这很折磨人。他还是我所知道的最有吸引力的人，对每一个变音和重音都极其敏锐，但他有点太甘于接受学术失败了。不过我也许错了。艾耶尔家生了一个孩子，很快乐。有弗雷迪的地方就不会有绝对的安宁，未来的危机已经逼近，但是总的来说他们似乎安顿下来了。他们的富足、他们在伦敦的生活等，都使他们十分安定，但他们还是最稀奇古怪的人，总是千变万化，是人们可能会遇见的最与众不同的、最活跃的类型。弗雷迪对他的朋友们的执着的忠诚是孩子气的、可怜的，非常令人喜爱，总是让我感动至极。世故和单纯的混合体既非常奇怪，又很吸引人。他没有变老，似乎永远都是那个样子，还是急切地要做个像使人难堪的孩子一样的哲学家。在这方面他成功了，只是现在他的同事比以往更喜欢更尊敬他。伊丽莎白·卡梅伦的最新小说[1]在这里获得了近乎和在美国一样的成功，我想。她住在伦敦，她的丈夫在那里工作，她重新陷入了非牛津的氛围，不完全是布卢姆斯伯里的氛围。她仍旧令人愉快，理解每个人说的话，喜欢恶棍、暴徒、鲜血和任何暴力的东西。我不常见到她，见到她时总是很高兴。她使人感到自己比实际更聪明、更有同情心、更沉着，她使人不说空洞的话，使人表现出最好的一面，她从来不会对人漠然不理，

[1]《巴黎之屋》（原文第133页注3）。

而总是以某种方式回应对方说的话、做的事，这令人感觉很好。我怀着不多的快乐读她的书，读她的书就像进行高质量的谈话，但这样的谈话是静止的，没有方向，就像是一个人工建造的世界，有意地把任何大一点的东西都拒之门外。每一页每一章都很好，但是整体却比较松散，没有主题，章节之间彼此关系任意多变，同时非常拘束。我没有很好地表达我的意思，我的观点是，书中没有一行了不起的文字，所有的一切都零零碎碎，总是极其死板，总是非常诡异[1]，几乎令人毛骨悚然。完全不像她的日常谈话。她在位于雷根特公
170 园的房子里接待了戴维·塞西尔，伍尔夫太太，那里舒适美丽，就像一件艺术品。艾伦·卡梅伦[2]日益和蔼了，也更令人难以忍受了。

接着就是里斯，他比以前更人微言轻了，他和女友[3]吵完架，现在甚为自由快活。他就是一个顽童，非常不可靠，非常快活。实际上去年夏天不像我说的这样简单，莫里斯遭遇了一些事，甚至我也遭遇了一些事，这些事我无法写信说，甚至也无法通过交谈说出来。如果你问我问题，我希望自己会回答，但是我不能保持冷静。我不喜欢如此毁掉我平

[1] 伯林此处原文为：unheimlich。
[2] 艾伦·查尔斯·卡梅伦（1893—1952），教育家，自1923年起成为伊丽莎白·鲍恩的丈夫。他近来开始为BBC工作，所以卡梅伦夫妇从沃尔登寇特搬出来，住进了他们位于牛津东北部老海丁顿的摄政公园附近的老房子。
[3] 可能是谢拉·格兰特·达夫。如果里斯在三周之后有了情妇（原文第174页注7），也许他美好的自由生活就要终结了。

静的心情，即使是对这些事的回忆也令人厌烦。不过如果你有兴趣，我们就必须一起散步，谈谈这个话题。

新学院的院长，我真切地景仰他的大家风范，景仰他通过艺术修身养性而形成的人品。他生病了，现在回来了，人苍白而坦诚，还是满口格言警句，运用自如。他最近向我形容一个门生，说他“有着摇摆不定和闪烁着乳白色光泽的才智，四十岁的时候也许会有趣些”。他比这里的任何人都年轻得多，出众得多，你什么时候一定要见见他。我向你保证那会很有趣。这里主要的真正不同在于，危机已经结束。我们学院今年选出来的研究员是战后类型，或者说至少是后政治类型。显然到处都和以前不同了。社交界对莫扎特产生了兴趣，本科生们鼓捣的政治活动越来越少，十八个月前真正令人害怕的紧张政治形势结束了。前景一点也不光明：人们变得更整齐、干净、勤奋、有序、明智、亲切、礼貌、可敬，也更冷酷无情、乏味、一本正经。对自己最好的门生，人们有一种对待奢华的铝制品的感觉。学生们是如此讨人喜欢、彬彬有礼、体面正派、聪明伶俐、勤勤勉勉、魅力十足。从任何方面都看不出人性的特征。我说得夸张了，但那的确是一种麻木，一种可敬的、急于为社会所用的、经过绝妙拿捏的，然而却十分冷淡呆板的优雅与得体，这让我感到十分恐怖。我更喜欢小市民，他们时不时摆出不必要的姿态。不过你自己可以去看看。我希望你能见到斯蒂芬·斯彭德，我想他还在希腊。他是如今有点过时的浪漫主义的象征

171 人物，仅仅这一点对我来说就很有意思了。目前所有年轻人对艺术，对关于艺术的事实、年代、归属以及细节等，都抱有强烈兴趣。他们都享有声望、具有学者风范、充满理智，然而，他们洞察事物的实际感悟却被忽视了。你能否想象一个充斥着有知识的、宽容的、友善的、英俊的、绝对令人厌恶的人的世界？不过我总是抱有偏见地描述次要现象。将再次见到你真是太好了。告诉菲利克斯·法兰克福特，我爱他。我要告诉莫里斯等人，罗伊状态好极了，正在写一本书，他相信这本书终将大获成功。他疯狂、快乐、古怪、自命不凡而又可爱。再见，我真的很高兴，你要来了。

沙耶

致斯蒂芬·斯彭德

[1936年] 6月20日

全灵学院

亲爱的斯蒂芬：

非常感谢你寄来的信和明信片。[1]读你在信中所说的一切让我乐在其中。我真的认为，如果能和你更频繁地通信，我就能从你那里获益更多，我应该这么做。你若确保可以办到，我就会多给你写信，否则，我写信的动力就太小，因为近来我没有什么可说。牛津的情绪又变了，你知道我对此很

[1] 即1936年5月6日的来信与1936年6月10日的明信片。

重视，因为，正如柯蒂斯[1]有一次正确指出的那样，英格兰
文化的晴雨表在牛津和剑桥，而不是伦敦。尽管现在那里活
动着一群持自由论观点的知识分子，都是了不起的法国人，
纪德、马尔罗等人。而英国人这边的名字一开始就突然降了
好几级：贝茨[2]、福斯特，还有赫胥黎，他们显然由于放弃
共产主义而紧张不安，让赫德[3]来做他们的代言人——他们
相信他非但不是政治人物，还是个和平主义者。我刚刚才买
了奥尔德斯·赫胥黎的《加沙的盲人》[4],还没有读。看起来
这本书很吓人，但就像他写的所有书那样，它所包含的同情
心最后能压倒人们的反感，然而他制造了许多不必要的障
碍：他的人物形象很龌龊，令人恶心，而且他似乎无法阻止
这种形象；一切都以一种邪恶的、轻描淡写的方式进行；我 172
们习惯了战争恐怖，于是他制造了这样的场景：一枚小猎犬
航空导弹的残片从飞机上落下，砸在屋顶上一对赤身裸体的
恋人身上，弹片如同阵雨一般击打他们的身体，鲜血淋漓。
安静的恐惧是上个世纪法国人的专长，但是波德莱尔和于斯

[1] 人文学者欧内斯特·罗伯特·柯蒂斯（1884—1956），不过他是在什么地方说过这番话？也许是在谈话中吧。

[2] 赫伯特·欧内斯特·贝茨（1905—1974），英国长短篇小说家，他的大部分作品是对英国乡村生活的赞美。

[3] 亨利·菲茨杰拉德（“杰拉德”）·赫德（1889—1971），爱尔兰后裔，在英格兰出生和接受教育；1930—1934年任BBC科学记者；1937年移居美国；宗教、神秘主义、人类学以及人类发展方面的作家；被称为H.F.赫德，神秘小说的作者。

[4] 伦敦，1936年。

曼[1]这么做是出于纯粹的艺术上的原因，而且他们对它保持超然的距离，仅仅表现它，而不评论它。赫胥黎，这个道德主义清教徒则对它进行了某种宣传，结果只是使这样的场景更低劣，更污秽不堪。人会在某种程度上因此受到触动，感到恶心，被击穿，却不会被感动，或是受到任何深刻影响，或是因此能够洞悉什么或领悟到什么，除了抽象的普遍命题之外。他聪明，有人情味，有道德上的同情心，但怀着一份被围困的憎恨，使人读他的书时总是感到不安，正如与的确出众而真诚的人们在一起，如果他们内心一直慢慢酝酿着什么，时不时使他们所做的一切大为减色时，你会产生的那种感觉。在读这本书之前我就想到这些了，读完还有更多体会。

莫里斯·鲍拉处境困难。吉尔伯特·穆雷已经告诉鲍德温[2]任命别人担任希腊语教职，莫里斯被人抛来抛去。我受命［要］极其胆大妄为地、坚决地对新学院院长发动进攻。[3]如果他没能获得任命，我就得离开牛津，这样的压力令人无法承受。我想今年我不会去萨尔茨堡，莫尔会去的，

[1] 乔里斯·卡尔·于斯曼（原姓查尔斯—玛丽—乔治）（1848—1907），法—荷公务员，小说家和艺术评论家。他早期小说中的自然主义精神先是被异域的颓废气息所取代，接着被他对撒旦崇拜的兴趣所替代，后来又被他所专注的引领他最后皈依罗马天主教的精神之旅所取代。

[2] 希腊语瑞吉尔斯教席由当时的首相斯坦利·鲍德温授权委任。

[3] 也许鲍拉（他碰巧曾经在新学院念本科）觉得鲍德温会听取费希尔的意见，而伯林可以劝说费希尔在那个决策圈中支持他。

我想。那里的氛围甚至已经开始使我感到压抑了；庞大的听众群，心怀畏惧而又十分聪明，我一点隐私都没有。说到托斯卡尼尼，人们必须为他做一点什么，而不是不倾听他，我真切想做的就是9月在耶路撒冷听他演奏，那场景定会非同凡响：他将会在一座红色的山上指挥演奏，成千上万形形色色的犹太人围绕着他，对他顶礼膜拜，而阿拉伯人的炸弹也有可能投掷过来。我可以想象得到这样的情景会被诸如斯特凡·茨威格[1]等人如何描述，它无疑会是我读过的最令人厌恶的段落：第七交响乐第三乐章最后的和弦，然后是一颗炸弹，等等。但是我会很乐于出现在那儿。你什么时候回英国？不论什么时候回来，如果我在，而且又逢假期，我想去乡下和你待上至少三到四天，把没有对你讲清楚的事儿再好好说说。我相信又一代人要终结了（在牛津则表现出倒退），现在不像前些年，我们这里会来一些聪明而敏感的马 173
克思主义者。马克思主义现在是一场运动。现在有太多愚蠢的反马克思主义的攻击不一定能够成功，而因为这样的乱弹而纠缠于梦魇般的精神压力是不必要的。这里有一些本科生，不，我后悔这么说了，被莫里斯或是罗伊大加鼓励，他们很友善，又聪明，没有剑桥科学家们那种强烈而狭隘的宗派骄傲。罗伊现在明确地反对社会主义，我认为：他在性

[1] 出生于奥地利的传记作家、小说家和散文家（1881—1942），托斯卡尼尼的亲密好友。

方面或是其他方面彻底爆发了。但此事我只能在谈话中说，这事太有意思了。康诺利出了一本书，卖五十法郎，名为《岩池》[1]，费伯出版社拒绝出版，理由是它写了一小群巴黎的颓废派艺术家，没有人会对此感兴趣。伦敦举行的超现实主义艺术展引起了一场震动[2]，每个人，甚至是《标准晚报》都迫切地要避免重复那次应对后印象派时所犯下的错误。[3]据说这次艺术展很吸引人，气氛平和宁静，是安德烈·布雷东[4]举办的。他是个活泼敏捷、衣冠楚楚的小个子，他从硬弹簧沙发上站起来，摇晃了一下，然后坚决洪亮地吼道："改变生活！"[5] 这个段子来自戈伦韦。他最后抛弃了谢拉，换了一个可怕的情人，一位帕米拉·沃伯格太太[6]。对她我不知道说什么好，她狂妄做作、邪恶堕落、令人厌烦，甚至

[1] 巴黎，1936年，奥伯里斯克出版社。由于担心这本书会被认为是淫秽出版物，没有英国出版商出版它。

[2] 首届"国际超现实主义艺术展"，6月至7月在伯灵顿美术馆举行，有二万五千人观看了展览，开幕当天引发了大面积交通堵塞。

[3] 也许指的是1910年与1912年举办的后印象派艺术展，由罗杰·弗莱组织，这场艺术展首次为英国观众带去了法国绘画的最新发展成果，并引起轰动。《标准晚报》有厌恶"现代艺术"的倾向。

[4] 安德烈·布雷东（1896—1966），超现实主义的主要创立者。

[5] 伯林此处原文为：Changez la Vie! 来自《地狱的一季》（1873）中的一句战斗口号，十几岁的法国叛逆同性恋诗人阿图尔·兰波（原文第156页注2）写道："因改变生活而产生的秘密，可能有吗？"阿图尔·兰波，《诗歌：地狱的一季》，《启明》，路易·福雷斯蒂尔主编（[巴黎]，1999）。这句话成为超现实主义的核心信条。

[6] 帕米拉·德·贝尤，弗雷德里克·约翰·沃伯格（1898—1981）的妻子。弗雷德里克·约翰·沃伯格是伦敦马丁·塞克与沃伯格出版公司的主席（他们于1936年4月4日出版了第一本书）。

也不漂亮。卡森[1]？你把好形容词浪费在他身上了[2]，我想。你说的没错，但是他还没有到你形容的那个程度，他完全是
个无足轻重、不学无术的矮个子小丑，他称自己为共产主义 174
者，因此在新学院引人发笑，他的举止粗俗轻佻，没有人把他当回事。你说他害臊，没错儿，是这样，他的恶意只是出于自我保护，他的恶劣与卑鄙也是出于同样的原因。林德曼是个程度严重得多的坏人，他是真正可怕的，他象征着人们最憎恨的一切，他这个人方方面面城府都很深，又势利，爱给弱者施加痛苦，他仇恨自己。罗伊宣称忠［于］他，还赞扬他的聪明与敏锐，我夸大其词地把他描绘成一个全民公敌[3]，而且比谁都更恨他。我想，他是我唯一迫切想杀死的人。我内心竟有这样不寻常的感情，你可以感受得到。

我要拿你的剧本[4]怎么办呢？我又读了一遍，读了并再读了你的信。我理解你说的一切，我一［点］都不认为你是个失败主义者，像赫胥黎或者甚至是福斯特，我甚至理解他为什么本该假谨慎一点，为什么害怕承认任何可能的自我认同。我所抱怨的，不是你笔下角色的悲伤，而是你有时让个人哀恸伴随着他们。你自己曾说过，诗人不该把自己塞进作

[1] 斯坦利·卡森（1889—1944），古典考古学家，1920—1944年任新学院研究员；阵亡。

[2] 斯蒂芬·斯彭德在明信片中形容他是“虚荣、拘谨、不怀好意、害臊、健谈而又紧张的男人”。

[3] 伯林此处原文为：hostis generis humani。

[4] 原文第155页注4。

品。在你的剧本里，你离角色太近，怜悯太多，过于频繁地被恐惧和痛苦扭曲；而艾略特，他则是冲向了另一个极端，他用的是一种表现癖的克制，还有挖苦的笑话。假无情也是荒唐的。但是我肯定，布莱克说“咒骂准备好了，祈福休息吧”[1]，除了表层的意思，他也是说咒骂变僵硬了，赐福就可以休矣，人因此必须给角色本身注入一种坚硬的、有恢复能力的、不屈不挠的特质。否则观众只会受到触动，而不是感动；他们只能看你表达同情，而不会关心你的作品，不会看见作品的内涵；你的作品会变成你和你这代人的象征，仅此而已（参见你对《维特》的评论[2]）。马洛，甚至卡夫卡作品中的恐惧与毁灭感（更不消说亨利·詹姆斯了，还是你帮我发现这点的），是通过可怕的外化与压抑的描述来表现的，而不是通过陈述。我的指责是，你有时忘了使自己足够冷峻精确，而有些微微颤抖了。但是就像以前我跟你说过的，我大为感动，就像我为你写的所有一切而感动那样。

175 你能否写信跟我说说你的近况呢？我要在英格兰待到8

[1]“咒骂准备好了，祈福休息吧。”威廉·布莱克，《天堂和地狱的婚礼》，“地狱的谚语”。

[2] 在信中的开头部分，他写道：“我想我现在正在经历一个浪漫的、维特式的时期，既在我的作品中，也在我的生活中，对此我看不出也感觉不到轻松，除非我能通过写作来把它消耗掉……”歌德的《少年维特之烦恼》（1774）（马斯内的歌剧《维特》即改编自这篇小说），小说赞美了光荣自杀的浪漫想法。

月20日，然后可能会去爱尔兰。巴勒斯坦的局势[1]让我很抑郁，我敢肯定这在很大程度上是政府的错，它根本就没有任何应对政策，而且总是对双方都给予安抚。人们有时要靠莫里斯说的有趣笑话来生存，最新的一个是关于博厄斯的。你知道博厄斯系列：博厄斯，波西，博厄斯眼，博厄斯—莱昂，博斯林博斯林博斯林来自荒野的小红玫瑰。[2]现在，给“博厄斯之眼”加冕吧，它对应于“美丽之眼”。

告诉托尼我爱他。

你的

沙耶

我天性不善表达强烈的情感，但只要你寄给我你写的任何东西，在读它之前我就会颤抖，我开始读你的东西时（通常读完时也是如此），真的几乎停止呼吸。你一定要让我一直能读到你的文字，我是你最热切的崇拜者，你要留心为我对你的崇拜之火加柴添薪，这在我写自传和为你立传时会派

[1] 阿拉伯人和犹太人的紧张关系持续了数月，之后，阿拉伯政党在4月份举行罢工，抗议进入巴勒斯坦的犹太移民不断增多，对立双方发生了暴力冲突。5月，英国政府宣布成立调查委员会（原文第246页注3）。

[2]“波西”是奥斯卡·王尔德的朋友阿尔弗雷德·道格拉斯公爵的昵称；博厄斯—莱昂是已故王太后的姓氏；“博斯林”是个新造词，仿拟歌德的诗“罗丝琳，罗丝琳，罗丝琳·洛特，/ 来自荒野的小红玫瑰”，引自歌德的《野玫瑰》(1771)（魏玛，1887—1919），卷一，第16页。“博斯林”意指“邪恶的小东西”；“美丽之眼”原文为法语“beaux yeux”，“oeil”是法语“yeux”（眼睛）一词的单数形式。

上用场的，这都是有趣而且有价值的记录。

莫尔极其骄傲地向我炫耀他的裁缝寄来的账单[1]：

上衣——四十五英镑

裤子——十二英镑

佩剑、肩带、匕首鞘等——八英镑十六先令

光是上衣就用了四十克拉黄金，还有燕尾服后襟上的纽扣。他的生活很诱人：一天只工作几个小时，从中午十一点到下午一点，下午三点到五点。不过我想我的工作不允许
176 我嘲笑或者愤怒。我希望我们能够在西西里、西班牙或是马略卡之间的某个岛上见面。12日，即星期一，我将离开这里。如果你把信寄到伦敦，他们会帮我转寄的。对马拉加所怀的希望没有全部落空，不过也差不多了。我会把你的话报告给伯纳德［·斯宾塞?］。他正脚踏实地并快乐地拍电影，那是家又小又穷的公司，所以每个人什么都得干，龌龊，可悲，但是他非常喜欢。我还没有见到O.P.[2]。

爱你的

沙耶

[1] 英国外交部的规章详细说明了海外服役人员所穿制服的细节。伯林指的也许是科洛思维特接受接见时所穿的礼服，包括上衣、裤子、帽子、佩剑（有剑把和皮带）和靴子。虽然他的职位（三等秘书）所规定的制服饰件比更高级官员的简单，但他的上衣领口、袖口、后背和口袋袋盖应有绣金装饰，前襟和后襟应有镀金纽扣（上有皇家军队和帝冠图案）。

[2]《牛津诗选》，牛津毕业生和本科生的诗作一年一度结集出版，1910年由巴希尔·布莱克韦尔出版社首开先河。斯彭德1929年至1930年担任诗集编辑，但从1932年至1936年该诗集中断出版。

致伊丽莎白·鲍恩

[1936 年 6 月]

全灵学院

亲爱的伊丽莎白：

我太久没有见到你了，你的电话据称不灵光，戈伦韦提起你几次，这使我的感觉更强烈了，必须采取措施改变这种感觉，那么怎么办呢？我星期五上午可能会在伦敦，到时能否见得到你？或者是星期四下午早些时候？我不知道何时才能再回伦敦，估计是周一，我还有一个在八九月晚些时候去爱尔兰的模糊计划,和一位准前学生（男的）[1]。你会在吗？在这儿我遭受着莫里斯反射给我的愤怒和恐慌的煎熬。他刚刚得到消息，穆雷推荐了一个姓多兹的人来任那个教授职务。还没有正式的通知，一场最后一刻的绝望战斗正在进行：我被告知要非常大胆而坚决地向费希尔发起进攻；罗伊对基督教堂学院的院长发动了进攻；K. 克拉克[2]很奸诈，什么也没有做。人们认为戴维·塞西尔有可能接触到鲍德温所爱的（据说如此）奥姆斯比—戈尔[3]，但他的反应太慢

[1] 斯图尔特·汉普希尔。

[2] 肯尼斯·麦肯兹·克拉克（1903—1983），1931—1933 年任牛津大学阿什莫里安博物馆艺术部主任，1934—1945 年任国家美术馆馆长，1931—1941 年任职英国情报部，后（1969）成为克拉克男爵。

[3] 威廉·乔治·阿瑟·奥姆斯比—戈尔（1885—1964），保守政治家。1936—1938 年任殖民地国务卿，1918—1938 年任斯特福德郡的下院议员，1938 年成为哈莱克男爵四世，1913 年与戴维·塞西尔的姐姐比阿特丽丝·塞西尔结婚。

了，根本就不能采取行动，而且他还过于无精打采，不足为友。不过，如果你碰巧见到他……我肯定我们将失败，但就
177 像威尼斯起义，在审美上无愧的情况下被打败，是神圣的责任。罗斯先生写信对比利说了什么？在信封上写上你房客的住址让我很是兴奋。[1]

爱你的

沙耶

法兰克福特一家明天要在这里发布通告了，你认为这件事重要吗？

致玛丽安·法兰克福特

[1936年6月24日]

全灵学院

亲爱的玛丽安：

我给弗雷迪·艾耶尔打电话，从而发现了你的到来，还有你的住址。我给艾耶尔打电话是为了表达我对三波接连发生的、一波比一波强的灾难的沮丧心情。我把这三起不幸告诉你，让你来判断一下它们的相对强度：

[1] 威廉·德·莱格勒·巴肯（生于1916年，作家约翰·巴肯的次子），1996年成为特威兹穆尔男爵三世；1934年升入新学院，但两度没能通过文学士学位的第一次考试；1935年离校，有一段时间是卡梅伦位于伦敦克拉伦斯街宅邸的房客，他们是在1935年8月左右入住此宅邸的。

1. 一位名叫施利克[1]的很有价值的哲学家被刺。他是个美男子，也许是被一名嫉妒他的奥地利竞争对手刺杀的。

2. 莫里斯没有升任希腊语教授，一个姓多兹的男人得到了这个职位。消息发布，引起了真正的恐慌，但大多出于错误的原因，比如说他在战时是个负责任的反对者，或者他是个新芬党人，真正的反对理由是他对晚期和神秘的希腊作家感兴趣，身为杰出人物的他是个奇特的空想家，他不在意风格和形式这些东西，这些特质暗地里（至少是从莫里斯那里）吸引像我这样的人，但显然不适合一个希腊语教授：希腊语唯一的机会就在于它的形式特点，而不在于它说了什么。可我们都分成鲍拉派和丹尼斯顿派[2]，这成为无端的侮辱。我立刻冲到莫里斯那里看望他，和他待了一个晚上，你可以确信，太不容易了。我充满激情地指出，在牛津和剑桥，只有人品，而不是职位，才是最重要的，引人注目和有创新的人物总是遮盖了暗淡无光的教授们，等等。这么说有点荒唐，但他似乎需要听这样的话，因为这些话被他热切地接受了。今天他已经差不多完全恢复，轻松活泼、无忧 178
无虑地和另几个失望的候选人一起吃饭去了，还带了两瓶红酒。他痛恨地抱怨［A.D.］林赛和穆雷，他们似乎与他的落选有关，肯定不仅没有把战时服役算作对候选人有利的条

[1] 莫里茨·施利克（1882—1936），维也纳归纳科学哲学教授，维也纳学会的创立者和主要领导成员，6月22日去世，一名患精神病的学生枪杀了他。
[2] J.D.丹尼斯顿的支持者（原文第154页注6）。

件——他也同意，他们这么做是对的——而且确实把这看成对候选人不利的条件了，这就很苛刻了。

3. 对巴希尔·穆雷的审判，人们一定认为他这个人不是很好，一个名叫弗拉德的本科生（至今仍被拘留）被指控破坏了一场莫斯雷集会。[1]那些法西斯证人都是可怕的神经质人物，都是戈培尔和戈林那样的人，警方似乎也受制于他们，不可能说真话，而且他们显然受到了女市长的鼓励[2]，她是个有着钢铁意志的死硬女人。整个审判让人脊梁骨发冷颤抖，因为人们还从没有真正面对过这样不公的审判，你的男主人[3]在他的书中说到的英格兰司法偏见似乎最生动地、最令人恐惧地成了现实。

所以我今天感到虚弱和疲惫，就像经历了一次令人沮丧的旅行，充满了恼人的小事，时不时还看到可怕的景象。弗雷迪告诉我你到来的消息，这是目前这种状况中唯一的快乐

[1] 5月25日在牛津卡法克斯礼堂举行的法西斯分子集会。巴希尔·安德鲁·穆雷（1902—1937），记者，吉尔伯特的次子；共产主义者贝尔纳德·弗朗西斯·卡索尔·弗拉德（1915—1967），1934—1937年就读于瓦德汉姆学院历史学专业，后（1964）成为阿克顿工党下院议员。两人均被指控"举止失控"并"煽动他人举止失控"。这场审判于6月23日进行，穆雷被罚为他的每一项违法行为交纳两英镑的罚款，并支付三镑三先令的诉讼费用；弗拉德的案子被驳回，不予受理。

[2] 市政委员玛丽·乔治安娜·汤森德太太，1935年、1936年（当时她是接替在任内去世的市长）和1958年任牛津市长。

[3] 也许是哈罗德·拉斯基，他是菲利克斯·法兰克福特的长期朋友，此时持共产主义观点。

因素。院长的受勋[1]很有趣，很不错，于人无害，没有人会不希望他得到这样的荣誉。我们都以水代酒，快活地祝他健康。你什么时候到？我希望很快，不知道你有没有收到我的长信。

爱你的

沙耶

这里我得补充一些事实：

1. 法庭上，罗伊出场时，身着他去哪里都穿戴着的方顶帽和长袍，一旁跟着伯肯海德伯爵和夫人[2]、帕肯汉姆夫妇[3]、玛丽·穆雷夫人、莫里斯以及我那些生于富贵之家的学生们。整个法庭因他们的出现而突［然］变得喜气洋洋，179 仿佛牛津大学的校庆典礼。他们和那些个法西斯暴徒、蔬菜水果零售商、男女青年共产党人、（正在罢工的）公共汽车司机一道，中间零星地夹杂着几个形迹诡异的人，活像莎士比亚戏剧场景再现。既令人兴奋，又带着点恐怖（这个词在信中出现得太频繁了）。

2. 索尔特非常想念菲利克斯·法兰克福特，佩尔斯也是。我这里有个学生很想让他见见。佩尔斯已经订婚，准备结婚，说起你时，把你夸得天花乱坠。

[1] W.G.S. 亚当斯新近被任命为全灵学院院长，并被授予荣誉侍从勋章。

[2] 弗里德里克·温斯顿·福诺·史密斯（1907—1975），伯肯海德伯爵二世，以及他的妻子谢拉（1913—1992），婚前姓伯里，两人均为传记作家。

[3] 弗兰克（原文第67页注3）和伊丽莎白（原文第137页注2）。

致 A.J. 艾耶尔

星期五[1] [1936 年夏，明信片]

全灵学院

[……] 我对法兰克福特夫人的评价仍是α++[2]。给怀特海[3]的文章你看了吗？

你的

沙耶

致伊丽莎白·鲍恩

[1936 年夏]

全灵学院

亲爱的伊丽莎白：

我怀着既兴奋又尴尬的心情（我想更多的是尴尬）审阅了《牛津展望》的文章。我觉得自己写的东西全都措辞笨拙，拘泥古板，有时还有点粗俗不雅。没有一个句子读起来自然得体，每一句话的笔调都是那么压抑而又矫揉造作。笑话是那么生硬，思考是那么无力乏味、装腔作势。而其他人的文章读起来都那么精致美妙，如斯蒂芬写的关于《海浪》的书评；戈伦韦写的关于艾略特和"塔楼中的少年"的文章；阿

[1] 地址为摄政街福伯特寓所11号，但没有贴邮票，也许并未寄出。

[2] 即，A++。希腊字母的具体用法参见原文第93页注1。

[3] F.S.C. 诺斯洛普等著，《致阿尔弗雷德·诺斯·怀特海的哲学论文集，1936年2月15日》（伦敦，1936年 [3月]）。

瑟·卡尔德—马歇尔[1]写的简要感人的讣告；还有弗雷迪等 180
人写的极具启迪意义、让人有触电般感觉的优美文章等。[2]随信附上载有斯蒂芬小说[3]的期刊一份。这个故事至今读来仍让我觉得亲切感人。文章的主要人物如下：克罗斯曼是个恶棍；小笛手是个斯文格勒[4]式的人物，常写些不讨人厌的诗歌；拉姆齐夫人，也就是卡里特夫人，是那位瘦弱的大学讲师的夫人；小说中的那个姑娘可能是杜撰出来的，与加布里埃尔·卡里特[5]隐约有点关系。斯蒂芬爱上了她，但是她却每隔两个学期就要离开他去找克罗斯曼，极有规律。克罗斯曼是个愚蠢、善良、有点女孩气的小男孩，他勇敢、多愁善感，并不十分英俊，是奥登的朋友。这几乎令他在基督教堂学院

[1] 阿瑟·卡尔德—马歇尔（1908—1992），作家，与伯林同时期就读于圣保罗学校，1927—1930年就读于哈特福学院古典学专业。

[2] 阿瑟·卡尔德—马歇尔写的关于诗人克赖尔·特拉弗·詹姆斯·赫伯特·帕森斯（1908—1931）的讣告，载于《牛津展望》第2卷，第55期（1931年6月），第138—140页；A.J.艾耶尔的文章“行为主义个案研究”载于《新牛津展望》第1卷，第2期（1933年11月），第229—242页；戈伦韦·里斯的文章“艾略特先生及其他”，载于同期《新牛津展望》，第243—247页。作为奥登派的别名，“塔楼中的少年”这个名字又被罗伊·坎贝尔称为“马克斯班代”，见《野马谈》（伦敦，1946），第79页。这一名字来源于斯彭德的诗《塔楼》，见《诗歌集》（伦敦，1933）。

[3]“晒牧草（致加布里埃尔·卡里特）”，见《牛津展望》第10卷，第53期（1930年11月），第579—597页。“拉姆齐夫人”，伯林指的是格雷厄姆夫人。

[4] 兰德尔·卡莱恩·斯文格勒（1909—1967），1928—1932年就读于新学院古典学专业，克罗斯曼的门生。克罗斯曼的诗歌发表于《牛津展望》上。

[5] 加布里埃尔·C.卡里特，E.F.卡里特之子；即斯彭德自传中的“特里斯坦”，见《世界中的世界》（伦敦，1951），这本书是献给伯林的（见该书第70—72页）。伯林所说的卡里特与这位姑娘的关系似乎不合情理，因为卡里特就是故事中三兄弟之一的原型。

名誉扫地，如今，我想，他已经成为共产主义者。或许是因为熟悉的背景打动了我，但我确实觉得它比斯蒂芬以往发表过的小说都好，就像他早期的诗歌一样，更为简洁，更为抒情，因此不可避免地有些狂放不羁，但就其自身而言，还是比他后来发表的那些艰深严谨、一丝不苟的作品来得要好。

发现自己是个多么自命不凡的人之后，我几乎松了口气。现在我终于明白了一些事情，例如为什么我会发明一系列关于金、银、纸等东西的隐喻，为什么我会指责莫里斯不够严谨，指责戈伦韦剽窃，等等：这分明是在为马克思主义者认为即将崩溃的世界的价值观辩护，而这些价值观就连处于早期健康发展时期的资产阶级自身都会嗤之以鼻，也就是说，为康诺利在其书中进行道德说教的章节里所深恶痛绝的价值观做辩护。[1] 顺便问一句，我能做些什么呢？我的意思是，你是想让我把书寄到某处，还是把它留着等你回伦敦？抑或是让我把它偷偷地带到鲍恩宅邸？我可不敢把它拿给奥尼尔看，因为我怕这样会让他高尚而又忧郁的头脑更为消沉；我也不敢把它拿给汉普希尔看，因为他对汉弗莱充满了崇敬和敬仰之情（发现这一点让我倍感宽慰）。我想，我自命不凡的性格正是我喜欢他的原因，我确定自己之前仰慕汉弗莱也是基于这些原因：那种了不起的个性，保守中带着狂热，有着法西斯式的严厉坚定，与我在牛津第一年见

[1] 见《岩池》（巴黎，[1936]）。

到的那些超现实主义的本科生形成鲜明对照。我如饥似渴地阅读M.马尔罗[1]的著作，怀着对他身上那最软弱、最夸张 181 的个性成分的一种特别喜爱之情，即怀抱炸弹卧于蒋介石[2]的轿车之下准备与他同归于尽的宿命。在我看来，这一举动显得非常坚定、高尚和值得信赖。

前几天，我见到了莫里斯，他正为你因戈伦韦[3]而发的指责深感苦恼。如今，他认为戈伦韦已经把你争取到自己那边，而他与你之间原本平静的关系也受到了干扰。他抱怨说戈伦韦在哪里，哪里就迟早会有麻烦——这一古老法则比以往任何时候都英明正确。他去了哈佛[4]，我对此深感宽慰，否则的话，他会用更为激烈的言辞攻击戈伦韦，因为他相信这样做能把你这个他无法攻击的对象牵涉进来。我拒绝加入其中，并已对他坦言相告。

前些天晚上我和戈伦韦共进晚餐，他真是个好人，友善、真诚又招人喜欢，我永远不会再说他的坏话。我还记得去年

[1] 安德烈·马尔罗（1901—1976），法国小说家；反对法国政府在东南亚采取的帝国主义政策，西班牙内战中为共和党而战，二战时参加法国保卫战，后于1960—1969年任法国文化部部长。

[2] 蒋介石1928—1949年是中国国民党主席。此处指的是马尔罗1933年发表的小说《人的命运》(1934年该书第一个英文版面世，名为《上海风暴》)。小说中描述了一位年轻的陈姓革命者，坚信必须通过行动来表达自己的信仰，因此他怀抱炸弹冲向蒋介石的轿车，试图谋杀蒋介石。

[3] 我找不到这方面的记载。但是鲍恩近来与戈伦韦·里斯关系十分密切，她一定是向莫里斯·鲍拉说了不满他对里斯所为的话。从下文可以看出里斯引发了来自各方的复杂情感。

[4] 鲍拉于1936年9月上旬至1937年2月上旬在哈佛大学。

在牛津大学生病期间，他给了我莫大的帮助。如今我对他充满了喜爱之情，就连过去曾经有过的忌妒之心也减弱了不少。我已决定痛改前非，与他建立平和的友谊，并在他背后保持对朋友的忠诚。但这可能只是个不切实际的愿望，我知道一旦我站在那儿，手上抓着一把戈伦韦贴在我背上的五彩缤纷的字条，上面写着令人兴奋、胡编乱造的语言（“里斯，那个鬼灵精在哪儿?”猜得出来此话是谁说的吗?答案：汉弗莱），我就会重新变成恼羞成怒、一败涂地的资产阶级一员，满脑子的事后机敏之词[1]，满嘴大话地发誓要狠狠报复。不过从另一方面来看，我的决心也许会持续下去。目前我根本无法想象对他义愤填膺是什么感觉，就好比对法国人的轻率和福楼拜的好色（这一点据说屠格涅夫感觉到了）感到愤慨一样。但不久，斯蒂芬就会从奥地利回来了，又要一遍遍听他诉说渴望，富有创意的忧郁症也快回来了，新找的每一位女
182 人都长得像沃克小姐（即便现在，我已经开始每天都生活在奇妙的恐惧中），我又要无法忍受了。非常盼望去鲍恩宅邸拜访您。哪怕就面对面交谈一次，不知意下如何?

爱你的

沙耶

[1] 伯林此处原文为：pensées d’escalier，指在和别人争辩完下楼时才想到的机敏之词。

致玛丽·伯林

星期三［1936年7月22日］

全灵学院

亲爱的妈妈：

得知您平安抵达，非常高兴。关于我，没什么可说的。在牛津我过得很开心，每天工作，这里人迹稀少，没什么能让我分心的事情，但也不至于让我孤独到发疯。艾廷豪森夫人和沃尔特今天来找我一起喝茶，她对特拉维夫极有好感，根本听不得任何对巴勒斯坦不利的言论。您是否知道里加的布卢姆伯格这个名字？一个叫威廉（！）·布卢姆伯格的人在《观察家》上发表了一篇带有反犹太人倾向的文章。但在我看来，这篇关于巴勒斯坦的文章写得颇为出色。作者在文中指责犹太人一开始就没有让阿拉伯人融入他们的经济体系，也没有将阿拉伯人当敌人看待，而是根本当他们不存在，一直到阿拉伯人带来麻烦后才开始注意他们。[1]这似乎有点夸大其词，但却是事实。艾廷豪森夫人给我们讲述了一则发生在特拉维夫的趣事：德裔犹太人一到特拉维夫就买公共汽车的发车时刻表[2]，因为时刻表是他们首先想到的事情。他们上午十点到达，却没有见到公共汽车，于是他们就问是否一会儿会有车来。一位当班的犹太人回答他们说，不，不

[1] 威廉·布卢姆伯格，“阿拉伯人与犹太复国主义政策”，《观察家》，1936年7月17日，第96页。

[2] 伯林此处原文为：Fahrplan。

会有车来，别指望有车来。德裔犹太人就开始念叨“可是时间表上说……”[1]，另外一个犹太人打断他们道：“是有犹太人为了能轻松地挣上一美元将时刻表非法卖给你们，但这并不意味着我们必须按照他所写的时间来发车！”[2] 与通常人们见惯了的“禁止与司机交谈”的告示不同，在犹太人的公共汽车里写的却是“你们大家非得跟司机说话吗？”[3] 或是“如将头和手伸出窗外，很快就会知道有什么后果”[4] 之类的告示。一语双关。[5]

爱你的

183 沙耶

致盖尔斯·罗伯逊

邮戳日期 1936 年 7 月 29 日

全灵学院

亲爱的盖尔斯：

此刻了解到你的成绩，同情之心比起没看到成绩时又增添了许多。如此接近于中等的成绩现在已经不多见了。你的

[1] 伯林此处原文为：aber im Fahrplan。
[2] 原文为德语和意第绪语混合：Weil en Jid will machen gutes geschäft und verkaüft aich a Fahrplan，missen wir fahren wie er willt!
[3] 伯林此处原文为：müssen sie ausgerechnet mit dem chauffeur sprechen。
[4] 伯林此处原文为：Lehnen sie sich schon aus，werden schon sehen was wird passieren。
[5] 伯林此处原文为：Каламбуры。

成绩如下：

逻辑学	β=[1]
道德与政治	β
腓立比书	γβ
古代史	β
希腊史	β?+
罗马史	β
腓立比书翻译	βδ
希腊史翻译	β?+
罗马史翻译	β++
即席翻译	γ
拉丁散文	γ
希腊散文	γ

光亚里士多德这一门课就完全让你应付不暇了。赖尔和哈迪两人都认为你是个聪明人，但不擅长考试，哈迪还特地说了他们打出这些分数时的不安心情，并且说了要是在口试时你的表现能有任何一点加分的余地，或是卷面上有任何能够加分的地方，他们一定会毫不犹豫地给你加分的。我绝对

[1] 关于希腊字母中前五个表示的完整意思（α=A，β=B，γ=C，δ=D，ε=E），见原文第93页注1。此处的“β=”指的是B−−，即比B低两个级别。“γβ”代表“CB”，也就是三等偏上的成绩。

相信，从某种程度上来说，你深受德·伯格体制[1]的毒害，并且你一直处于它所导致的颓废状态之中，久久没有缓过气来。然而，反正你以后也不想当校长或是公务员，我想这也无伤大雅。比兹雷夫人[2]总说我已经对她和她的事情感到无比厌烦，这真是让我烦扰不已。她把生活弄得一团糟，不说
184 无法忍受，至少也像闹剧似的荒唐可笑，让人极不舒服。然而，基本上来说，她还是个好人，也很喜欢你。她怀疑你因为她的缘故而嫉妒卡斯曼先生。请让她继续这么认为下去吧，因为这样的想法才会令她高兴，也只有这种想法才能最终满足她那些单纯的欲望。我发现我不由自主地开始喜欢她了。

（杰斯帕·）里德利的成绩很棒：在逻辑学这门课的口试中表现异常出色，在哲学科目方面也得到老师们的高度评价，只是在他几乎一窍不通的历史科目方面得了一些诸如δ或者γε这样的成绩。[3]我认为你们俩都是因为不够细心才

[1] 此处大概指的是威（廉）·乔（治）·德·伯格（1866—1943），《古代世界遗产》（伦敦/纽约，1924）一书的作者。这本书要是不那么艰涩难懂的话，盖尔斯·罗伯逊可能就会陷入一种虚假颓废的安全感，对他的考试结果毫不担心。

[2] 见原文第147页。

[3] 里德利在8月7日的日记中对情况描述如下："莫里斯来信告诉我具体成绩：逻辑学βα，道德与政治αβ，柏拉图与亚里士多德αβ，古代史βγ，希腊史γδ，罗马史γδ，历史口试δγ，哲学α。γδ令人难以置信。正如约瑟夫［·格里蒙德，巴利奥学院同届生］所说的，δ基本上就表示你的操行没有通过，但对获得二等学位还是大有帮助，特别是赖尔寄来的明信片上写着'哲学成绩一流，尤其口试成绩极好'。无论如何，我对口试成绩的幻想总算没有破灭。伯林说'但愿你的成绩能提升到γ级'。可是，活见鬼，如果我真那样，那会是一个多么惬意的［原文如此］一等。本来二等学位就要门门都不错，一等学位的成绩更要漂亮十倍。"亚当·里德利爵士（杰斯帕·里德利之子）想起他父亲口试的时候，"教古

没有得到应有的名次。[1]M.J.史密斯[2]获得了年级最佳优等生，但是你们绝不愿意把你们所尊敬的任何人的思想与他交换，更不用说你们自己的思想了。说到这点，需要提出各种命题，我就不一一进行推理让你们难堪了。戴维·华莱士的一等成绩非常勉强，是通过历史课的口试取得的。我想，要是考试成绩有二等上[3]的话，他的成绩应该属于这个等级。汉普希尔是他同年级学生中哲学学得最好的。[4]而关于杰里米[5],没什么特别之处值得一提。欧哲斯[6]的口试进行了九十分钟，最后还是在历史这一科目上降级了。据我判断，原因是他总体表现不佳。无论如何，他这些科目上也都没拿到α，而其他特殊科目的成绩总是给人以错觉。达尔比[7]的成绩乏善可陈，清一色的β或是β？+，显然是他觉醒后严于律己才取得的成绩。莱帕[8]的历史成绩很好，他一定在这方面下

代史的老师们绞尽脑汁想出一个，至少一个能让他回答正确的问题。但是他连马拉松之战的日期都记不住，他们只好作罢”。

[1] 里德利在古典人文学科课程中获二等学位，罗伯逊获三等学位。

[2] 莫里斯·贾德森·史密斯（生于1913年），1932—1936年就读于新学院古典学专业。

[3] 即在期末考试成绩中分不同的二等。牛津大学于1986年首次采用这一体制。

[4] 他在古典人文学科课程中获一等学位。

[5] 杰里米·哈钦森在PPE专业中获二等学位。

[6] 保罗·兰德尔·欧哲斯（生于1915年），1933—1936年就读于新学院古典学专业，在古典人文学科课程中获二等学位。

[7] 萨穆埃尔·里奥纳多·达尔比（1914—2002），1932—1936年就读于新学院古典学专业，在古典人文学科课程中获二等学位。

[8] 弗朗西斯·（弗兰克）·阿尔弗雷德·莱帕（生于1913年），1932—1936年就读于新学院古典学专业，1939—1980年在牛津大学圣体学院任教，1940—1980年任古代史导师，获一等学位。

了很大的工夫。约翰·格里菲斯[1]则在伦理学科目上成绩优
185 异，大概是得了βα这样的分数吧，对他而言，并不算特别满意，但还是让他感到高兴。PPE专业方面，大家的成绩惨不忍睹。麦克拉伦[2]不太走运，斯文格勒[3]则更倒霉——因为法语这一科，他降级了。可怜的罗宾逊[4]被指责没有阅读康德的书（史密斯要是有点良心的话……），而梅纳茨哈根[5]则因为回答似是而非而受到批评。我现在才意识到，总体来说，那些课程并不重要——就像能否获得奖学金这件事本身一样无关紧要，无论就最有利的一面还是最不利的一面来看，充其量只有经济方面的影响罢了。老师们的教学往往基于一种错误的观点，即这份工作的目的是制造出一批专家和专业人员，所幸这种观点是错误的。要是它正确的话，则害处甚大。如今，我认为正是它的荒谬证明了你我在过去三四年里存在的价值。我常情不自禁地想，你的离开带走了最后一点世代延续下来、可感可触的传统，一种由K.克拉克、凯

[1] 约翰·戈德弗雷·格里菲斯（1913—1991），1932—1936年就读于新学院古典学专业，获二等学位；1938—1980年任基督教堂学院研究员及古典学教师。

[2] 马丁·麦克拉伦（1914—1979），1933—1936年就读于新学院PPE专业，获二等学位；后当过士兵、政治活动家。

[3] 斯蒂芬·托马斯·斯文格勒（1915—1969），1933—1936年就读于新学院PPE专业，获三等学位。兰德尔·斯文格勒（原文第181页注3）的弟弟，后（1945）成为工党议员。

[4] 弗雷德里克·詹姆斯·罗宾逊（1906—1988），1934—1936年就读于新学院PPE专业，获三等学位。

[5] 丹尼尔·梅纳茨哈根（1915—1991），1933—1936年就读于新学院PPE专业，获三等学位。

恩，甚至是布莱特[1]和古德哈特—兰德尔[2]传承下来的传统，一种积极向上、可以用言语表达的文化，如同布卢姆斯伯里文化圈一样具体和可以检验。你会很高兴地发现，不论从一代代的传承延续还是从个人角度，你都是这个传统的一分子，它欢快有趣、生气勃勃，有时甚至灿烂夺目，达到完美的巅峰状态。对这种传统，我常怀有淡淡的恋旧之情，但如同我所有的感觉一样，它只是隐隐地存在，只有在自我反省中才会急剧放大。我对你的思念比对你的同窗都多，这一点也许会令你吃惊，但对我而言，这是再清楚不过的事实。具体原因，我尚无闲暇去深究。领取学位之时，务必过来住上几天，并告知我具体日期。

你的

沙耶·伯林

要是没有其他事情干扰，我会接着给莫里斯·鲍拉写信，让他转告K.克拉克，将你安排在国家美术馆，本安排在泰特美术馆。为什么安东尼·布［伦特］不去罗马呢？

1936年，刚刚设立了社会人类学教授一职的全灵学

[1] 雷吉纳德·巴利奥·布莱特（1852—1930），厄舍尔子爵二世；自由党政治家、历史学家，1901—1930年任温莎城堡副主管和主管。

[2] 哈里·斯图尔特·古德哈特—兰德尔（1887—1959），建筑师，牛津大学美术斯雷德讲席教授。

院（首次担任该职的是A.R.拉德克里夫—布朗）准备任命一位心理学教授。在伯林的文件中，有一封写给学院院长（W.G.S.亚当斯）的信件的初稿，以及有关这一问题的备忘录草稿。虽然是草稿，大部分内容已经基本确定。这些材料
186 的最终稿（如果还幸存于世的话）一直没有找到。此信和备忘录曾在别处发表过[1]，但本书信集还是收入了这封信，并认为放在这里比较合适。

备忘录似乎是在9月末开始传阅。在一封日期为10月2日的信件中，杰弗里·费伯写道："昨晚看了你写的关于心理学问题的备忘录［……］这是我见过的对一个复杂事件的最清晰的表述。要是学院不认同这一文件，那就无可救药了。"但是提议的任命并未下达。

致 W.G.S. 亚当斯
全灵学院院长
1936 年 8 月 5 日［草稿］

全灵学院

亲爱的院长先生：

获悉去年由伍德沃德和费伯二人签名提交、在学院传阅的关于设立心理学教授一职的提案，眼下正由相关的委员会成员

[1] 见以赛亚·伯林"1936年的心理学现状"，载《心理学的历史和哲学》第3卷，第1期（2001），第76—83页。

加以研究考虑。本人对这一提案的宗旨深表赞同（尽管我个人认为，在当前牛津缺乏心理学相关设施的起步阶段，研究员一职会比全职教授一职更为合适，因为后者不见得会获得高级讲师或组织有序的本科学院的支持），谨此提交一份关于目前英国和其他地方心理学研究现状的备忘录作为参考，正如您本人所言，希望它对委员会或整个学院就此事达成一致意见有所帮助。

在心理学方面，本人恐怕连业余爱好者都称不上，关于这方面的知识都是从零散的文献阅读和与相关专家学者的交谈中获得。因此，唯恐提交的文件既不够精确也不够详尽。然而，我深信提交的材料都是确凿之言。本人已就文中提到的分类法在业已出版发行的心理学书刊上求证，并就相关问题咨询了剑桥大学的心理学教授和诺丁汉大学的高级讲师[1]，他们都与我就该学科当前的研究范围和分类进行了探讨，但并不了解我提这些问题的动机，这一点显然目前我不便随意透露。 187

随信附上一份我自认为是根据所收集的材料得出的结论。若此材料对提案有所助益，希望您能将此信和备忘录提交相关的委员会或学院传阅，我将不胜感激。具体事宜，烦请尊意定夺。

您诚挚的

以赛亚·伯林

[1] 弗雷德里克·查尔斯·巴雷特（1886—1969），1931—1952年任剑桥大学实验心理学（首位）教授；沃尔特·约翰·赫尔伯特（“杰克”）·斯普洛特（1897—1971），1928—1948年任诺丁汉大学高级哲学讲师。

7月份西班牙内战爆发，加剧了牛津大学校园内部政治观点的分歧，全国也意见不一。与大多数圈子里的人一样，伯林对佛朗哥[1]也持坚决反对的态度，并为帮助西班牙共和党人做出了自己微薄的贡献："我已整装待发，迫切希望前往西班牙。"[2]但俄国革命期间伯林在彼得格勒的经历让他始终没有像他的许多朋友那样，被共产主义诱惑。

致谢拉·格兰特·达夫

[1936年8月10日]

全灵学院

亲爱的谢拉：

戈伦韦告诉我你想要奥尔登夫人[3]的地址。戈伦韦现在出门未归，我只好把你要的地址寄给切尔西。地址是：维也纳八区摩尔克格斯大道5号舒茨博士转。

希望你一切都好。西班牙事件[4]是世上最有效的石蕊试验[5]：人们只需问一下对方的想法，其他任何关于其政治立

[1] 弗朗西斯科·佛朗哥·巴蒙德将军（1892—1975），1936—1939年西班牙内战时民族独立主义力量首领，继而成为西班牙国家元首，直至去世。

[2] 迈克尔·伊格纳季耶夫采访伯林录音之七。

[3] 鲁道夫·奥尔登与其夫人伊卡（1908—1940）是坚定的反纳粹主义者，伊卡是乔治·哈尔彭之女。他们曾受到吉尔伯特·穆雷夫妇的款待。1940年，在作为敌国侨民被拘押后，奥尔登在纽约得到一个职位。他们与约一百名英国儿童死于"贝拿勒斯"号船难。

[4] 不到四周之前，一群叛军将领武装反抗左翼共和政府，导致了西班牙内战的爆发。英国的大多数公共知识分子很快表明了立场，站在共和政府一方。

[5] 此处伯林原文为：Farbekenner。

场的问题都属多余。此事比以往发生过的任何事件都更加耸人听闻。清楚在事关个人安危、前所未有的紧急形势下自己准备怎么做很必要，西班牙问题是唯一来不得半点含糊的问题，赫胥黎[1]的立场，反法西斯，等等，但也是唯一明显虚假的问题。在其他任何问题上（例如巴勒斯坦问题），任何 188
清晰表达的主张，必然会对某一方造成一定程度的不公。我喜欢马尔罗的原因（我非常欣赏他的小说，如饥似渴地一本接一本飞快阅读）是他总是用金子付账，从来不用纸币或者支票——他写的每一句话都经过检验和认证，读他书的人不计其数。不知汉弗莱现在是什么样的看法？我记得他经历过一段类似法西斯主义的时期，时不时有流言说信件会被中途截获。在我听来，这无比滑稽荒谬，但对此事我确实知之不详。

我在伦敦见过（英格丽·）沃伯格小姐一两次。她为人诚实，富有同情心，应该让她负责一些真正的事业。

大学生们再度变得严肃和令人尊敬，他们对知识充满渴求，对政治也有令人称道的深入了解。如同“小宝贝”说的那样，这没什么稀奇，同样也没什么好自命不凡，更不会令人生厌。一切都与1830年相仿，因此大众起义、血腥镇压、唯美主义衰败，以及出现注定会消亡或沦为反动派的理想主义一代均属正常。

[1] 奥尔德斯·赫胥黎曾为《作家们在西班牙内战问题上采取的立场》（伦敦，[1937]）一书撰稿，主张和平。

真心希望你一切都好。

你的

沙耶

致约翰·希尔顿（在多塞特郡）

邮戳日期 1936 年 8 月 18 日［明信片］

霍里克罗夫特大道 49 号

在给您带来不用说的麻烦之后，未能登门拜访致谢，对此我深感歉疚和不安。事实上，我本不至于如此无礼。只是近来赶着写一本关于卡尔·马克思的书，快马加鞭，难有空暇。我很不喜欢这个工作，恨不得尽早从中脱身。不知道有什么办法能让自己变成一个对社会现状愤愤不平之人，但唯有这样才能对我笔下这位令人不快的平民英雄做出公正的评价。我承认西班牙事件在这方面帮了不少忙，它使一切事情都简单化了：例如关于政治问题，一旦有人表明对当前局势的观点，任何关于其政治立场的疑问便都多余，因此这一事件是理想的石蕊试验。回到刚才的话题，我的目标是寸步不离这座房子，哪怕只是一个晚上，因为那会使我人为营造的、非自然的持续紧张状态中断。不过还是请你告知：（1）在26号之前你和/或佩吉会在伦敦吗？那段时间我会去爱尔兰待上两周。如果在的话，在哪里，什么时候？我发誓我一定会飞去见你们。（2）大约9月12号和13号这两天是否有空陪我？只要你稍稍表示一点欢迎，我一定会前去拜访。请回信。

以赛亚·伯林 189

请原谅。但是在乡下过周末对我而言意味着至少四天生活紊乱。目前我的自律能力少有的好。

致伊丽莎白·鲍恩

[1936年8月26日之前]

霍里克罗夫特大道49号

亲爱的伊丽莎白：

十分感谢你的来信。对一个充斥着叫嚣要坚守金本位制，无论该制度是否有助于社会繁荣兴盛的自命不凡者的社会进行反思，着实是一件让人愉悦的事情。斯蒂芬显然就是其中一员，他昨天刚到（并且非常想见你一面）。而他的忠实好友托尼（这个阵营的另一位成员——E.M.福斯特先生，一位最需要防卫，也最具有防卫意识的人物为他找了一份工作）也明显属于这一类人。和戈伦韦一样，我现在终于有了志趣相投之人，也觉得快乐多了。让我澄清一下上封信里关于莫里斯的夸大之词[1]可能造成的不良印象。那些言辞不过是恶作剧的产物，这种风气十分盛行，几乎无处不在，我也受到了些许影响。事实上，他并没有为此而恼怒，而只是有

[1] 指前一封致伊丽莎白·鲍恩的信（原文第182页）中关于鲍拉的内容。

一些惶恐不安。也就是说，相对于已知的事情，他更为未知的感到惶恐不安。他不相信戈伦韦会在背后不带私心地为他辩解，比如在不喜欢他的库珀夫妇[1]面前，而是怀疑戈伦韦的存在总会出乎意料地在不同场合和不同时间造成麻烦。我想，只是对一个已知的不忠者的不安使他感到惶恐。对他而言，攻击自然是防卫的一种方法，因此他偶尔带给人的亲切之感，比如在萨伏依饭店请吃饭等，只有在希望借此达到什么目的之时才会显露。如今，这一切已经形成周期性的循环：首先莫里斯开始攻击，随后戈伦韦开始发牢骚，而莫里斯又把这牢骚当成最具危险性的反攻，于是开始反宣传，组织新一轮更加严厉的攻击，从而再次引发新的麻烦。我对这场论战的缓和不抱希望，并且表示坚决反对，纯粹因为它本身就是无事生非，自找麻烦。无论起因如何，如今这场口舌之战可以说已经不涉及任何实际利害关系，也不关乎什么重要原则，但就是不肯停歇。因此，我希望能扮演像中立国瑞士那样的角色，营造良好关系，希望双方的弹药很快就会耗尽，进入停战期。这期间，除非被外来因素破坏，这些因素包括既无动于衷又激情澎湃的军火商们，以及那些为双方提供武器，营造恐怖气氛，并在过程中逐渐积累财富的人
190 们（莫里斯曾认为康诺利就是这种人。不知如今他的想法如

[1]（阿尔弗雷德）· 达夫 · 库珀（1890—1954），下院议员、作家，1944—1948年为英国驻法国大使；其妻为黛安娜 · 库珀夫人（1892—1986），二人于1952年受封为诺维奇子爵和子爵夫人。

何），双方将慢慢进入报纸上所称的持久和平时期。无论如何，我都认为你是其中一支有重大作用的友好力量，出人意料地签发了一项有助于双方重归于好的外交方针。你说要写一封表示同情的信——哪怕只是表示一丝丝同情的温馨话语，一定会让人对你产生巨大感激之情。但若我有何夸大不实之词，在此谨向你道歉。实际上并未出现什么危险局面，而周围的善心仁行也依然匮乏。

我于［8月］26日晚动身前往贝尔法斯特，并在那里见到了奥尼尔，接着我去了斯莱戈小镇，从那里前往布拉斯克特岛。我不害怕下雨。出生于一个有几分斯堪的纳维亚特点[1]的小镇，我认为淡淡的柔和色彩是最自然亲和的，而意大利—巴勒斯坦的风景，则仿佛人间仙境，如梦如幻。我唯一不喜欢的是险象环生、高耸入云的陡峭山脉，如同彼得·弗莱明[2]笔下的那些，还有很深的山谷、激流和白雪皑皑的山峰。自然界的壮观景色会让我很自然地联想起T.E.劳伦斯等反纳粹英雄，以及戴·刘易斯先生笔下那些关于奥登的诗行。[3]在诗中，他被比作凶猛的老鹰，无耻的流氓，等等，不讲公理，恃强凌弱。这些想法反过来又让我产生了一些反动的浪漫主义情绪，想起了诸如德国人、骑士精神、危险之美，以及赫胥黎先生劝诫我们要做好准备迎接的那种

[1] 里加，拉脱维亚首都，靠近波罗的海海岸。
[2]（罗伯特）·彼得·弗莱明（1907—1971），士兵、旅行作家。
[3] 载于《磁山》（伦敦，1933年），第3章，第16节（第29页）。

比奥林匹克竞赛还更重要的竞赛。[1]我想不通自己为什么突然之间会有这些想法，除非是袒护某一方让人感觉良好吧，这似乎可以解释为什么我会这样。

如果需要，你可以把那本《牛津展望》留着，我另有一本。要是没有记错的话，其中有一篇A.A.阿普利克特（就是鄙人）[2]的拙作，引起了整整一年尖刻辛辣的激烈反响，也让我获得了马丁·库珀的友谊。我认为怀旧并不是恶习，而赫胥黎先生让普鲁斯特坐在浴缸里整杯整杯地喝洗澡水的做法确实恶心俗气得让人无法忍受。[3]

我对到达鲍恩宅邸的确切时间不十分清楚，这取决于奥尼尔的安排。汉弗莱是个脾气温和的老好人，不管要他去还是留下，他都不会有二话。我想大约在28号或29号就会知
191 道确切的抵达日期，到时会马上写信告诉你。我喜欢罗莎蒙德[4]的小说，相信森豪斯[5]的也不错（比起布卢姆斯伯里这

[1] 奥尔德斯·赫胥黎，《你能做些什么？有关建设性和平的论点》（伦敦，1936），第34页："建设性的反战主义者就像为了一个比奥运会还重要的赛事而接受训练的运动员。"

[2] 这篇文章名为"音乐纪事"，载于《牛津展望》第10期（1930），第616—627页。1930—1932年间，伯林用同样的标题为《牛津展望》写了五篇关于音乐的评论文章。第一篇（本篇）署名为阿尔伯特·阿尔弗雷德·阿普利克特，两篇署名A.A.A.，还有两篇用的是他本名的缩写。

[3] 见《加沙的盲人》（原文第172页注5），第8页。

[4] 罗莎蒙德·尼娜·莱曼*（1901—1990），小说家，1928年嫁给沃根·菲利普阁下（1944年婚姻破裂）。

[5] 罗杰·亨利·普克林顿·森豪斯（1899—1970），原为立顿·斯特雷奇的私人助理，后与弗雷德里克·沃伯格于1936年共同创办了马丁·塞克与沃伯格出版公司。

个名字，我更喜欢布卢姆斯伯里的小说)。

关于我的同伴们，还有什么没说的可以告诉你呢？大致转述一下他们各自的评论也许会有帮助。罗斯认为奥尼尔很难相处，戈伦韦认为他十分迷人，莫里斯认为他生性敏感，鲍恩先生认为他傲慢势利，而博厄斯则认为他十分可爱。我很喜欢他，因他过分腼腆和安静感到压抑，又为他出众的人品所折服。汉普希尔学生气十足，莫里斯很喜欢他，认为他热爱生活，而且忠诚可靠；戈伦韦则觉得他傻里傻气；林德认为他不太合群，而弗雷迪·艾耶尔又对他赞赏有加。至于我，对他是又敬又爱，敬是因为他身上充满剑桥气质，睿智、正直、淳朴、笨拙，学究气十足；而喜爱他也是出于同样的原因，同时，可能还因为他比起其他人更能理解我说的话题，在政治上比我更有见解。他看上去温和斯文，事实上也是如此。我刚才又读了一遍《巴黎之屋》，它让我联想起许多事情，可以说比我读过的任何其他作品都更触动我和让我感伤，的确是特别值得关注的好作品。我真的认为它写得极好。我刚刚订购了你的全部作品，还有M.马尔罗的。

爱你的

沙耶

你的野餐提议着实让我充满快乐和期许。我想，我们不应该只去一次，而应该去两次。至于汉弗莱那边，我还是等见了你后再给他写信吧，不然，在什么都不知情的情形下就热情洋溢地写信催他早日归来[1]，总会感觉不太自然。

爱尔兰之行结束后，伯林、斯图尔特·汉普希尔以及考恩·奥尼尔一起到鲍恩宅邸，参加了由伊丽莎白·鲍恩和她的丈夫艾伦·卡梅伦举办的家庭茶会。在鲍恩宅邸期间，伯林发现和他同来做客的戈伦韦·里斯——这个鲍恩深爱的人——和鲍恩的朋友罗莎蒙德·莱曼有了暧昧关系。
192 后来，莱曼将这一插曲称为“多事之周末”[2]。伯林没有和鲍恩说什么，并告诫其他人也千万别说，然后就前往湖区与斯蒂芬·斯彭德待了一段时间。伊丽莎白·鲍恩直到数周后才发现事情的真相。

致伊丽莎白·鲍恩

星期一[3] [1936年9月14日]

坎伯兰郡凯希克镇纽兰峡谷斯格尔吉尔农场

亲爱的伊丽莎白：

现在我心态平和而自然，可以来描述一下我们近来在

[1] 从加尔各答。很明显，鲍恩得到伯林的支持，一起怂恿汉弗莱早日回来，这样大家可以经常见面。

[2] 原文为“the Weekend where a Great Deal Happened”，没用“when”，很怪：见罗莎蒙德·莱曼，《罗莎蒙德·莱曼影集》（伦敦，1985），第98页。这些事件成了伊丽莎白·鲍恩的小说《心之死》（伦敦，1938）的开篇序章，见原文第288页注5。

[3] 9月8日到15日这段时间，以赛亚·伯林在凯希克湖区。

此地的经历了。这儿的田园生活平静祥和。乡村风光优美但绝不枯燥，而那长长的步行道明显就是要让人用脚走的，沿途一张长凳也没有，令我望而生畏。爬山的时候我无法思考，无法说话，但或许正因如此，上到山顶时才感到无比愉悦。斯蒂芬可不这样。他对这块土地有一种发自内心的虔诚，比我虔诚多了。与此同时，我们最大的乐趣来源于沃尔波尔[1]先生。前几天我们还去他那儿喝茶了。你还记得沃尔波尔先生吗？他说他对你写的书崇拜得五体投地。这位身材肥胖、面色红润的先生，脸上有两个大酒窝，满面笑容地蹦着出来迎接我们，很腼腆地为我们倒茶，急切地询问是否需要在茶里加牛奶和糖，仿佛一位害羞的乡村老处女。他先蹦到威廉·普罗默和伍尔夫夫人跟前，为自己能与他们两位相识而倍感荣幸，谈及他们时总带着一种同时夹杂着恩赐与景仰的奇特语气。沃尔波尔先生说伍尔夫夫人是位很幽默的女性，尽管总令他左右为难，无比痛苦。伍尔夫写给他的信确实十分幽默。他想让大家知道，他们相处得十分随意、十分融洽，都以平和、愉快、无忧无虑的态度对待生活，两人都很出众，但属于互不相争的两个领域。他对每一样东西都极为喜爱，喜欢优秀的文学作品、好看的影片、可口的食物，对这些东西带着种天真的热情。他活像一个葛兰素公司的广告宝宝，总是与奶油、蜂蜜、果酱等相联系。他很宽容，一

[1] 休·西摩·沃尔波尔（1884—1941），流行小说作家，1937年受封为骑士。

点也不挑剔：认为《海浪》一书很好，他自己写的书也很好。他认为自娱自乐很重要，而不应该像彼得·奎奈尔般郁郁寡欢。[1]对彼得·奎奈尔这个人——绝对是个案——沃尔波尔先生并不喜欢。这在一些评论中有所表现。即便是普罗默先生在这一点上也曾有过失；所以沃尔波尔先生写了封信
193 给普罗默先生，警告他写那些评论的可能后果。从那以后他们俩就相安无事了。沃尔波尔先生谈到亨利·詹姆斯，要知道，他曾经喜欢过他，带着热忱、喜爱之情，此外还必须加上理解。他谈及和作家普利斯特利先生的关系时，显得有些难为情；谈起布卢姆斯伯里文化圈时，小心翼翼——他与那群男女结成了特殊关系；说到自己的世界时，则又满脸不屑：他们中的大部分人每年收入一千英镑以上，对此总的来说他有点蔑视。克罗宁[2]找他时得到的是一些刺耳的言语。他在凯希克镇可是个受人崇拜、家喻户晓的人物。每一个橱窗都挂着他和小狗的照片或是和普利斯特利的照片。他身后总是跟随着一大批跟他长得很像的私人侦探，一心一意地跟着他。唯一有所区别的是他们的表情：闷闷不乐、警觉多疑，或者明显不苟言笑。休本人喜欢闲聊，他为人和善，不嫉妒别人，喜欢詹姆斯，性格可爱。他特别喜欢与年

[1] 彼得·奎奈尔（1905—1993），诗人、批评家、传记作家。
[2] 阿奇博尔德·约瑟夫·克罗宁（1896—1981），苏格兰小说家，他的作品结合了现实主义、浪漫主义和社会批评等多种元素，通常反映他作为医生的经历。他在第一本小说大获成功后弃医从文，如今他的许多小说已改编为电影或电视剧。

轻人交往——了解到我并没有打算搞创新性实验时，他松了一口气，这着实令人感动。他喜欢乘船游爱琴海眺望希腊古迹，喜欢去好莱坞，喜欢参加加冕礼。[1]他过去常去德国，用他自己的话说，是为了去“欣赏音乐”，但因为纳粹的缘故，现在不再去了。他无时无刻地喜爱一切事物，尤其喜欢蜂蜜。在配有专门向导的游学旅行中，他兴趣广泛，行程中充满了各种脍炙人口的趣闻逸事：其间，当手下隆重地高举起他新拍的巨幅照片时，他虽有些尴尬，但很快便克服了矜持，表现出由衷的高兴。在如此豪爽的个性面前，人们怎么能不开心呢？我和斯蒂芬出色地配合了这一切：斯蒂芬对读书会严肃认真的批评文章是捍卫正直诚信的唯一有力之举；而我对评论家威廉·普罗默的表扬没有得到认同也是出于以上原因，否则的话我们都将被无休无止的阿谀奉承所包围。他用同样的方式赞扬了罗莎蒙德（我相信是出于真心）和伊舍伍德，并真诚慷慨地对萨默塞特·毛姆[2]说了许多好话，尽管毛姆曾给他带来过痛苦。他告诉了我们一些我们之前不知道的情况，即詹姆斯对了解各种性经验的胃口贪得无厌，每个人都和他讲了自己的私生活，可是他仍不满足。他对哈罗德·尼克尔森[3]的性格、他妻子的作品、奥尔德 194

[1] 这里可能指沃尔波尔打算参加1937年5月爱德华八世的加冕礼。
[2] 威廉·萨默塞特·毛姆（1879—1968），剧作家、小说家、短篇小说作家。
[3] 哈罗德·乔治·尼克尔森阁下（1886—1968），外交家、作家，本·尼克尔森之父。其妻为作家维塔·萨克威尔—韦斯特；1935—1945年任西莱斯特议员（国家工党）。

斯·赫胥黎的绅士风度、马丁·塞克的诗歌都赞赏有加。离开时，我们觉得很是温暖贴心。今天下午他来和我们一起喝茶，带来了他那一如既往的友善态度。上次忘了夸赞的人他都记得，这次带着无比的真诚对他们倍加赞扬。他很喜欢珍贵独特的东西，对那种外面裹着糖粉的胶质土耳其软糖十分着迷。我们建议他像福斯特一样写同性恋题材的小说，并告诉他写出来一定是反映现实的旷世巨著，这让他无比兴奋，并因此受宠若惊，高兴异常，不断地把话题往这方面扯，不时偷偷瞅我和斯蒂芬，内心悄悄猜测我们俩的关系。他好几次重重地把手臂架到我的肩膀上，然后向我解释说亨利·詹姆斯常对他喜爱的人这么做。他双手都戴着硕大的宝石，雕刻成甲虫形状。斯蒂芬认为这个饰品很精美，也想买几个便宜货回来自己戴。他向我们提及了他和希特维尔夫妇以及哈钦森夫人[1]的关系。我们刚一提到某个名字，赞美之词就从他口中源源而出。谈到伍尔夫精神失常时，他忽而欣喜，忽而慈祥，忽而严肃；谈到巴肯夫妇[2]时，他高兴异常；谈到我们，他深表理解；谈到伊舍伍德和他的儿子，他则深表同情。凡此种种，不一而足。我不由得为他着迷，因为他如此兼收并蓄，又如此麻木不仁。他有着强烈的自卑感，却从不

[1] 玛丽·巴恩斯·哈钦森（1889—1977），作家，布卢姆斯伯里文化圈成员，杰里米·哈钦森及芭芭拉·罗斯柴尔德（原文第215页注3）之母；克莱夫·贝尔的情妇。
[2] 约翰·巴肯（1875—1940），作家，1935年受封为特威兹穆尔男爵一世，1935—1940年任加拿大总督；其妻为苏珊，他们住在牛津艾尔斯菲尔德庄园。

顾影自怜，也从未见他有不开心的时候。他有着能够包容一切复杂情感和欢乐的超能力。他和福楼拜毫无相像之处。事实上，他更像是一个美化版的布瓦尔[1]：我终于可以明白为什么毛姆，为什么任何尖牙利齿之人，都无法抵抗那专门为同类相食者所准备的细皮嫩肉的诱惑，而迫不及待地想咬上一口。康诺利先生可能会不喜欢他，他最大的特点就是那发自内心的情真意切和纯澈透明的性格。我希望能再见到他，在我们这个世界里，像他这样远离迫害者和受迫害者的人物已经很少见了。即便他在哪个人受到贬毁时表现出幸灾乐祸，也一样天真无邪。每当他参与布卢姆斯伯里文化圈子时，总要受到他们的唾骂和讥讽，他是如何熬过那种痛苦的，这一点确实让人惊叹。我相信他会给你带来无尽的欢乐。他是一个值得交往的朋友。

昨天晚上斯蒂芬和我玩了一个新游戏，以艾略特先生的方式回答问题。一旦玩起来，你就很难停下来。回答问题时必须十分缓慢，小心谨慎，要避免明显的陈词滥调，用精挑细选的
词语加以修饰。最重要的是，速度要缓慢平和，再普通平常的 195
东西也要说出口来。比如，我说：“要充分了解人，只有通过见面。很难有其他方法能够留下令人满意的印象。”斯蒂芬回答：“是的，伯林，此话不假。可是怎样才能了解死人呢？”等等。就这样我们来来回回舌战了三个小时，发现我们加深了对

[1] 福楼拜一部未完成的反英雄小说《布瓦尔与佩居谢》中的人物。小说写的是两个抄写员为了写一部关于整个人类知识领域的文章而离职的故事。他们最后以失败告终。

艾略特性格的了解，也加深了对新英格兰散文的了解。这一切都很真实。测试的关键在于说“是的”，要用适度悲伤的心情和真诚而忧愁的语调。把他们两人联系起来虽然别扭，但艾略特先生和沃尔波尔先生的性格都很怡人，两人都忠心耿耿、富有爱心，没太多想法。事实上，我把古老的、牛津式的推论重点放在了心灵品质上。只要和斯蒂芬待在一起，就很难抵制这样的倾向。于是我力图矫正自己，想象莫里斯会怎么说，“是的，是的，是一个很好、很好、非常好的人”（我想G.霍普金斯上一次也是被这样描述的）。然而，想到这个值得信赖的特点仍然存在于我们的宇宙当中，还是令人倍感愉悦。他们俩的主要差别在于，沃尔波尔先生拥有美丽的雷诺阿，而艾略特先生则没有，但他们的作品都堪称当代经典。

如果戈伦韦还和你在一起的话，请替我向他和艾伦转达我的问候。我的爱尔兰之旅在结构上就像一首交响乐，开始是一段不稳定而急促的快板，充满了零散的插曲，相互之间缺乏巧妙和谐的组织。接着是一段在鲍恩宅邸的行板，优美而充满欢乐，主题鲜明，张弛有序，变化匀称均衡，有一种令人陶醉的韵味。然后是一段无聊却开心愉快的小步舞曲和三重奏，由沃尔波尔先生，外带斯蒂芬提供的浓浓的宗教情感加入其中。我星期三回家。我的家人对悠闲自在的快板和平淡无奇的终曲总是特别拿手。

爱你的

沙耶

这封信是否写得太附庸风雅了？斯蒂芬让我向你问好。他的性格真是很可爱。为什么艾略特先生不为他专门写一个短篇小说？我必须停笔了。尽早回信！ 196

致约瑟夫·赫兹[1]

1936年9月19日

全灵学院

亲爱的赫兹博士：

我谨向悲伤中的您表达我深切的哀悼与同情。四天前我才在爱尔兰[2]惊悉您爱子英年早逝的消息，否则我会早些时间给您写信。自从在圣保罗学校三年级开始同窗学习，我和您的儿子便已认识，虽谈不上交往密切，却相处甚好。在牛津大学时我们偶尔也会见面。我很喜欢他，他的性格、他的才华、他的生活作风、他作为一名犹太人和作为一个人的尊严，一直以来越来越受到我的尊敬。不论是他的同学还是老师（其中一些现在已成为我的同事），说起他时，总是喜爱赞赏之情溢于言表。令我特别高兴的是，他得以在牛津大学

[1] 这封信件的部分内容出现在《纪念丹尼尔·亨利·赫兹》（伦敦，1936，未公开发行版本），第7页。丹尼尔·赫兹为大拉比约瑟夫·赫兹博士之子，是一位有成就的医生和医学研究者。他于1909年出生于约翰内斯堡，1936年8月29日自杀。关于他的死，有许多传言。有人认为是因为他将所患的腺热病误以为是淋巴肉芽肿病，还有人认为是因为在一次打网球受伤使用鸦片后沉溺其中不能自拔。他于1928—1931年就读于新学院，并在动物生理学课程中获一等学位。
[2] 事实上，伯林在坎伯兰郡。

读书，因为在那种地方，能够不卑不亢、与非犹太人保持适度关系而又获得认可和善意的犹太人实在是凤毛麟角。丹尼尔独立的性格、作为科学家和人的正直，以及他的严谨和他的魅力，这些都为他在新学院赢得了众多的仰慕者。这一点也许他自己还没有察觉到，可事实上正是因为他对此毫不在意的态度，他那纯洁的性格才得到同窗们有意识和无意识的尊敬与爱戴。我相信，很多人，包括我认识和不认识的人，都和我一样，对他的不幸去世感到极大的震惊和悲痛。这种真诚浩大的同情之心倘若能够减轻您的悲痛，我敢保证，所有认识您儿子的人都会心怀同感，并将长存于心。我的父母以及我本人，希望借此机会表达我们深切的同情。

您诚挚的

以赛亚·伯林

197 南安普敦大学赫兹档案

致伊丽莎白·鲍恩

[1936 年 9 月 23 日之后不久] [1]

全灵学院

亲爱的伊丽莎白：

请原谅今天才归还这本书，为此我附上莫里斯的信作

[1] 伊丽莎白·鲍恩的来信日期，此为以赛亚·伯林的回信。

为补偿。罗斯[1]先生有些不适，因此他变得态度温和而有礼貌，总是低声细语，也不喜欢别人大声嚷嚷。您知道平时他总是让我极为心烦，所以对他无微不至的关切无动于衷也不是什么难事。说到外国佬，我觉得犹太人要比凯尔特人可靠稳重得多。他只轻狂过一次，当时他说："这两个新来的同事我必须得要一个。我一直都有的，特别是现在理查德（·佩尔斯）就要结婚了。您想要汉普希尔吗？"你说得对极了，一个人要是与难以理喻的色情狂们待在一起，他对一切事物的估计，对每一个词语的运用都会失去理智，变得不正常。希望你不会认为我对菲利普太太的事情表现得太软弱或者过于悲观。要想结束此类胡言乱语，这是最简便的办法。否则戈伦韦就会无休止地来信指责，而且她肯定会向斯蒂芬诉苦，我还得向他费尽口舌解释，怎么说也说不清。要想快刀斩乱麻，结束这一切，我更倾向于一旦发现有事态扩大的危险，便防患于未然，采取保护性的防卫措施。这就是我的动机（我肯定能成功），但我也很苦恼，觉得这样可能会让人觉得不忠实，即便是表面现象也不能让其横加干扰。请在星期一告诉我你的真实想法，好吗？

沙耶

[1] A.L.罗斯。

致詹妮弗·威廉斯

[大约在 1936 年 9 月 30 日]

写于“厄尔斯特女王”号客轮信纸上

“寄自全灵学院”[1]

亲爱的詹妮弗：

不管从哪方面来说，这封信都回得太迟了，我向你道歉。整个周末我都因反胃和偏头痛而卧病在床，这病总是在
198 一些特定的时令发作。我在床上很开心，思维很活跃，心情也很舒畅。但这种时候，我通常无法思考马克思和公务员等问题。说说前者。[2]你必须承认这个结果相当令人满意。今晚我会和道格拉斯一起用餐，我想除此之外，我们不会谈及其他话题，我相信他确实如你说的，高兴得要发疯了。[3]特纳先生[4]虽一贯沉静，毋庸置疑也会对此感到高兴，真希望现在就能见到他。至于我，我觉得我可以简明扼要地描述一下我的感受。我得知你排名第三[5]，居然是（马克斯·）贝洛夫先生告诉我的，他来找我——我真的没法用其他词语——询问有关全灵学院的情况。这则消息使人从内心由衷地绽放出微笑[6]，让人立刻产生一种身体上的愉悦。的确如

[1] 可能确实是从那里寄出的信件，但肯定不是写于他之前撕下这张信纸的船上。
[2] 即后者。
[3] 道格拉斯·杰伊是詹妮弗·威廉斯的密友和仰慕者。
[4] G. J.特纳（原文第144页注2）。
[5] 名单按公务员考试的成绩排名。
[6] 这句话在1936年9月23日伊丽莎白·鲍恩给以赛亚·伯林的信中也出现过，

此，我很高兴能表明这些。其他那些肉麻的套话你肯定在纷至沓来的众多信件中读到不少了（艾耶尔先生和里德利先生肯定会用那些语言），请从中挑出最富感情又最不让人尴尬的，就当作是我写的。天哪，我真的很开心，但依照我们的习惯又不能直接表达这种感情。话能说到这里，我已然很抱歉了。对索尔特或道格拉斯来说就容易多了，他们直截了当地表达感情，就像两点之间的直线一样不拐弯抹角。（至少前者是这样，后者偶尔也会如此，或许不是什么优点。但这种自由仍令人羡慕，表达的方式简洁干脆。）您要去哪个部门呢？我是说刚开始的时候？我觉得在内政部给亨德森先生[1]工作肯定不错。不要太急着拒绝这个美差，想想能掌握保护同伙的大权有多好。这就把我们带到了下一个话题。

关于马克思：我刚刚读了尼古拉耶夫斯基先生和奥托·迈恩琴—黑尔芬先生[2]的书，从它自身提供的内证来看，我判断后者写了前半部分，而前者写了后半部分。如 199
果是这样，前者写得更为出色。第一章不错，也没有理由不

应该是之前他们中的一位曾在谈话或书信中用过。

[1] 约翰·F.亨德森（生于约1902年），内政大臣助理，主管儿童事务。见詹妮弗·哈特《别再问我：自传》（伦敦，1998），第83—85页。

[2] 鲍里斯·尼古拉耶夫斯基和奥托·迈恩琴—黑尔芬，《卡尔·马克思：人与战士》（伦敦，1936）。詹妮弗·威廉斯应朋友道格拉斯·杰伊的邀请在《经济学家》上为该书写评论。道格拉斯是杂志的编辑人员。詹妮弗因力所不及，请求以赛亚的帮助。她写的短评刊登在1936年12月12日的《经济学家》第56页上，没有署名，其中大部分内容出自这封信。该书于1970年修订后以法语版重新发行（添加了参考文献），1973年发行英文版；以下注释中参考文献的页码标注里斜杠前是1936版的页码，斜杠后是1973年版的页码，如382/407。

好，但并不比卡尔先生[1]的强多少。卡尔先生写了一本很肤浅且傲慢的书，一副施恩于人的口气。他认为卡尔·马克思是个老怪兽，有魄力，求知欲强，也很有意思。他时不时告诉别人他是天才，却又不拿出什么真凭实据。但他还是试图回答有关马克思的各种问题：关于思想进化论，以及他与赫斯、拉萨尔以及巴枯宁[2]等人之间的关系问题。他总是很肤浅，可笑到让人难以忍受，而且错误百出。但他至少模模糊糊地知道，自己并没有解决什么问题。可这两个人对此就一无所知了。他们只管快乐地勇往直前，根本不去尝试询问或回答诸如"真正的社会主义"和马克思主义之间的区别，或者为什么在柏林时他喜欢黑格尔学说的授课者甘斯[3]而非保守派的萨维尼[4]（这点很有意思而且极具启发性），或者自由党人怎样转变成革命党人，为什么恩格斯参加威利希[5]的民主军队属正确之举，而赫尔威克[6]出于相同目的在巴黎组织大众支持暴动却犯了大错。我提这些是因为作者肯定在这

[1] 爱德华·哈（雷特）·卡尔，《卡尔·马克思：对狂热的研究》（伦敦，[1934]）。有关爱德华·卡尔见原文第694页。

[2] 摩西·赫斯（1812—1875），德国新闻记者、社会主义者，在《反潮流：观念史论文集》中有论述；费迪南德·拉萨尔（1825—1864），著名的德国社会主义者，马克思在著作中曾讨论过他；米哈依尔·巴枯宁（1814—1876），俄国无政府主义者，在《俄国思想家》中被比为亚历山大·赫尔岑。

[3] 爱德华·甘斯（1798—1839），黑格尔的追随者，德国法学家。

[4] 弗雷德里希·卡尔·冯·萨维尼（1779—1861），德国法学家。

[5] 奥古斯特·威利希（1810—1878），革命家，曾为普鲁士军官，见第201/213页。

[6] 格奥尔格·赫尔威克（1817—1875），德国诗人、革命家。

个问题上花费了不少笔墨，却又什么都没有讲清楚。但你想了解里面有没有所谓之前未曾披露过的信息：我只知道梅林[1]、卡尔先生和我的新俄国年鉴[2]所知道的，因此什么都不能确定，但以下这些内容我认为比较新颖，要么就是我孤陋寡闻：

1. 他在波恩与人决斗。[3]

2. 因俄国政府[4]的干预，《新莱茵报》[5]被迫停止发行。我认为这倒是个真正的爆料，幸好马克思狂热的反斯拉夫主义还没怎么被深究。

3. 这位教授写的有关工人教育协会在伦敦举行会议的内容很有意思，我认为也是之前不曾提及的。[6] 200

4. 我之前并不知道恩格斯在不来梅和巴门时曾经被丹麦间谍监视。[7]

[1] 弗朗兹·梅林，《卡尔·马克思》第5版，爱德华·菲茨杰拉德译（伦敦，1936；第1版德文版于1918年出版，第5版于1933年出版）。

[2] 应该为卡尔·马克思的《德法年鉴》（莫斯科，1934），所谓“俄国”只是因为本书是由莫斯科的马恩列学院出版。

[3] 见第20/21—22页。

[4] 见第59/64页。

[5] 一份自由民主报刊，1842年初创办。马克思到10月份为止都是该报的编辑，该报于1843年3月遭封杀。

[6] 大概在第204—205/217页，引用了一则新闻报道，说的是德国共产主义工人教育联盟的成员在南非港市东伦敦的一家德国皮毛厂给刚剥下的毛皮盖戳，他们的汗水使皮子变得更为柔软耐用。所以“贵夫人戴着毛皮的围巾和暖手筒，尽管她们并不知道，她们实际上穿戴的是民主党人的汗水”。

[7] 第90/96—97页。

5. 普鲁士间谍[1]所描述的马克思在伦敦的生活很好笑，但光顾路易·布朗[2]集会的故事更滑稽，可是书中一个字都没有提及。如果一个人的书里充斥着这类逸事——当然总体而言这么做不错——那就应该包括最有趣的那些，不是吗？他们漏掉了安年可夫关于马克思的描述，只摘录了一小段，而那个故事毫无疑问是最好的。[3]

6. 书中提到了比利时那位不太受人注意的德·帕普的一些情况，对我来说也很新颖。[4]这似乎在共产国际历史上颇为重要。

7. 有关巴枯宁的章节[5]要比关于马克思的精彩。纪尧

[1] 第241—242/255—257页。

[2] 让—约瑟夫·夏尔—路易·布朗（1811—1882），法国社会主义者，为了纪念1848年二月革命，他于1851年2月24日在海布瑞酒馆（现位于伦敦伊斯灵顿区）组织了一次共产党人集会。马克思被排除在外，因为他属于对立派别。但马克思派了两个密探去打听。当晚其中一人回来汇报后，马克思给恩格斯写了封信，讲到一件事，以赛亚·伯林指的可能就是这个。聚会的人们“开始失控。他们开始叫喊‘间谍，间谍’［……］史拉姆和派普被人拖出大厅，扯掉帽子，在大厅外的院子里铐上双手，被人又踢又踩，差点撕成碎片，大把大把的头发被扯了下来”。信上日期为1851年2月24日，《马克思恩格斯选集》（伦敦，1975—　），第38卷，第298页（大写部分由马克思用英语撰写）。

[3] 第118/125页。帕维尔·瓦西里维奇·安年可夫（1812—1887）在1846年见过马克思辩论。引用的章节出自他《辉煌十年》，第31章，1880年首次发表在《欧洲公报》第2期（3—4月），见第497页。另见P. V. 安年可夫的《回忆与评论文集》（圣彼得堡，1877—1881）卷三，《辉煌十年，1838—1848》，第156页。

[4] 只是在第274/292，第300/319页粗略提及。西萨·德·帕普（1842—1890），比利时无政府工团主义者，巴枯宁的追随者。

[5] 第18章。

姆[1]和上了年纪的弗兰格尔[2]的故事也不错，值得再版。目前我们看到的大都还是轻松的传记类文字。整个尼察夫的故事[3]本身不错，但恐怕不太相干。我觉得是因为尼古拉耶夫斯基了解俄国革命党人，所以喜欢讲述他们的故事。一定是这样的。

8. 爆料二。恩格斯曾计划帮助巴黎公社。[4]挺新鲜的。

9. 他们拿1927年发现的拉萨尔和俾斯麦的通信[5]大做
文章，却雷声大雨点小，对信件的实际内容只字未提。简直 201
要让人发疯。

10. 对马克思的描述有时很可笑[6]：

“一个真诚的好人”（弗莱里格拉特[7]）

[1] 詹姆斯·纪尧姆，《卡尔·马克思，1864年国际工人协会成立宣言》（巴黎，1915），引自（以赛亚·伯林提到的“再版”）第290—292/308—311页。

[2] 尼古拉·埃戈洛维奇·弗兰格尔男爵（1847—1920），著名的（白俄）将军彼得·尼古拉耶维奇·弗兰格尔（1878—1928）的父亲。彼得·尼古拉耶维奇·弗兰格尔1919年到1920年在俄国南部攻打布尔什维克党人，见第286/303页。“N.弗兰格尔”男爵，《传记：从农奴到布尔什维克》于1924年在柏林出版（后出版经过删节的法译本，又从该译本翻译成英文）。第285/303页上引用了有关巴枯宁演讲风格的一段文字（第61—62页）。

[3] 见第345—353/368—376页。

[4] 以赛亚·伯林似乎弄错了第318—319/339—340页上的一段文字。

[5] 见第258/275页。

[6] 第100/106页（“那个善良、有趣、谦逊、刚毅果断的家伙”），第359/382页（马克思给他［荷兰海牙一位比利时新闻记者］留下的印象就是“一个很绅士的农民”），第241/256页。

[7]（赫曼）·费迪南德·弗莱里格拉特（1810—1876），德国政治诗人，马克思的朋友。

“就像一个很绅士的农民”（匿名荷兰人）

“不称职的主人”（普鲁士间谍）

结论：我实在看不出来他们的研究得出了什么实质上的不同结果。他们像避讳毒药一样脱离一切理论。我不确定是否应该在这方面效仿他们，如今似乎自己要不变得晦涩而且夸张就没有办法讨论黑格尔或者他那些讨厌的追随者。我一直在整理概括他们的观点，但写出来的东西读起来全都像狂热的呓语，于是我把那些要点总结都撕碎了。再写出来的东西就枯燥多了，但仍在某些方面显出无可救药的愚蠢。

描写1848—1949年德国的章节[1]混乱得让人吃惊，整个1849—1862年这个时期也是如此。写到巴枯宁和俄国人，文风才逐渐清晰起来。而将马克思与赫斯、海涅、拉萨尔的关系整个遗漏掉简直令人无法容忍。关于这些人，书中只穿插了一些带丑闻性质的糗事。就连既傲慢又爱炫耀的卡尔先生，也写得比他们细致精彩。除了那两处爆料，我没发现任何划时代的东西，就算这两处爆料其实也谈不上有什么重大意义。时不时会发现一些好笑的引语，比如有关土耳其的，参见第373页。但他们却言之凿凿地夸下海口，宣称自己阐明了共产国际的历史。我不知道他们关于共产国际海牙会

[1] 第14章。

议[1]的叙述以及马克思和恩格斯组织暗杀的说法是否令你信服，我觉得他们只给原本就模糊不清的状况又投下了浓浓的暗影。

但是我以为这也算不上一本坏书。虽然它没能自圆其说，证明马克思是位伟人，但它毕竟驳斥了迪克·克［罗斯曼］等完全无知之流，他居然公开提出马克思只会纸上谈兵。但梅林毫不费力就能让这种说法不攻自破。我认为这传达了一种普通常识。但除了从巴枯宁开始的结尾的一小部分，这部分看起来像是从俄语翻译过来的，的确描写得还算生动，除此之外，整本书可谓死气沉沉，毫无生气。对 202
1848年二月革命的描写是一项重要检验，写得如此单调乏味真是好比犯罪，尽管我自己恐怕也犯下了这种罪行。如果真是如此，那我就当罪加一等。我即使不是第一个承认，至少也会是第一个在意这类批评的人。很抱歉这封信写得如此零乱，而我又那么无知。但请不要以为N.O.布朗[2]就能做得更好。也许他能，但我无法忍受这个想法。我准备前往海丁顿的一间乡村居室，在那儿隐姓埋名，与一名教育委员会的成员一起住到星期一。假如你回来，请一定让我知道，我

[1] 于1872年9月召开，第358—367/381—391页。

[2] 诺曼·奥利弗·布朗（1913—2002），共产主义者，见詹妮弗·哈特前引书（原文第199页注6），第103页。1932—1936年就读于巴利奥学院古典学专业（师从以赛亚·伯林）；离开牛津后他在威斯康星攻读博士学位，尽管在战时他作为研究分析员为美国战略工作处工作，但一直没有离开美国学术界。

很想听听K.小姐[1]的事情。我不能给您打电话，因为我不能跟陌生人说话。

你的

沙耶

提起你的信，我发现我还没有回答你的问题呢。那两处爆料对我来说的确很有趣，但一点意义也没有。文献看起来倒是一手的资料，可以相信。

致罗莎蒙德·莱曼

[1936年10月初]

全灵学院

亲爱的罗莎蒙德：

这份通知发得太仓促了，原因是之前一直没有你的地址。忠诚的斯图尔特现正在我们学院参加考试，是他告诉了我你的地址。不知他是如何知道的，但他把地址给我时的样子，俨然那是属于他的私人资料。他和其他一些可爱的本科生——我认为个个都非常可爱迷人——正翘首盼望与你见面。抱歉我还是没有向你表达我的邀请，请你下周日到这里

[1] 指伊夫·基希与詹妮弗·威廉斯、赫伯特·哈特以及阿诺德·皮尔金顿一起去南斯拉夫度假之事。她与詹妮弗·威廉斯并不是很亲密，詹妮弗请她参加只是为了满足父母的要求，因为他们认为应当有另外一名女孩参加。她在学术上颇有造诣，但人际关系方面却总是过于敏感，作为度假伙伴她当然不那么好相处。因此或许以赛亚·伯林对此感兴趣。

来吃午饭。那些本科生们——事实上他们刚刚到校——分别是戴维·华莱士和杰斯帕·里德利，他们俩彼此认识并与你也认识，是通过一位里德利太太，对吗？据说你也认识她。如果可以，请你过来，我很想跟你们说说爱尔兰和其他事情。

我刚离开一个令人陶醉的环境。戈伦韦形容我们所有的
人都以不变的图鲁兹—劳特累克姿态静坐着，他的描述栩栩 203
如生地再现了所有场景，还有那个系着黑领带的男人、罗杰［·森豪斯］戴的瑞士格子图案领带、艾伦那突出的蓝眼睛、伊丽莎白［·鲍恩］莫名的烦躁，使一切都染上了触电般的惊悚特质。外加那位美国部长[1]，那无比悠闲的感觉，以及对可怕的事情很快就要发生并将相互发生作用的预感。最后是戈伦韦上场，什么也没有带，但带来了他的天才，就像年轻的卢梭，身处一群18世纪中叶官方启蒙哲学家之间。一切就像艺术品一样美好，我永远忘不了也不可能忘记。

请你尽可能过来。

你的

沙耶

剑桥国王学院现代档案中心莱曼档案

[1] 也许是埃尔文·曼斯菲尔德·欧斯里（1888—1967），1935—1937年任派往爱尔兰自由邦的美国部长；一位健壮的得克萨斯民主党人。

致斯蒂芬·斯彭德

[1936年10月8/9日]

全灵学院

亲爱的斯蒂芬：

我得出结论，一定要表示道歉。[1]我并不像刚刚离开的莫尔说的那样，**不可救药地**错了，不过当然，正义肯定在你那边。事情是这样的：你应该记得，我写了信，说如果没有得到你的回复，我就过去找你。突然我忧心忡忡起来，不知信是否寄到了，倘若你没有收到我的去信，自然就不会回复，而非像我信中约定的那样，以不回复表示同意我的提议。这个念头让我坐立不安，我开始不断地打阿伯康和江滨[2]的电话，使自己陷入焦虑不安的期待中，江滨的建筑工们很友善，但无法提供任何情况。星期二我按阿伯康—伦道夫的地址发了一封绝望的电报，结果仍然没有得到你的回复。我以为不论你在哪里，他们都会把那封电报送到你的手中。我给莫尔写信，他又和托尼联络，托尼说你要到星期四才能回来。如此一来，我便以为你已经忘了我们的约定了。
204 想到可能要孤独地与难听的音乐为伴，度过一个夜晚，我就感到害怕，于是我请求[马丁·]库珀邀请我吃晚饭——

[1] 斯彭德10月8日写信，温和地抗议伯林10月7日星期三那天没有在他自己提议的见面地点露面。

[2] 江滨3990是斯彭德位于伦敦西6区布鲁克格林女王公馆11号住所的电话号码；阿伯康1763是斯彭德先前的住址，伦敦西9区伦道夫新月街道25号的电话号码。

特别是在斯帕洛和莫里斯在我面前描绘了一幅他与拉尔夫·里基茨[1]荒谬有趣的婚姻画面之后，库珀是一位高大温和、滑稽有趣的男人，用伊丽莎白·鲍恩的话说，像块松饼。这顿饭吃得很值得，对此我打算通过一般性的奖赏方式恶意地对待你。我留下了一张票，另一张票我以卑鄙的条件卖给了J.斯凯尔爵士[2]，他很讨人厌（是里基茨的朋友）。你没有损失什么，整场音乐会就像受难，从心理上或是病理学上看十分罕见，但从音乐角度来看却是一种虔诚、真挚、诚实的混成作品：就像文森特·丁迪[3]之于拉丁传统那样，范·迪［埃伦］的作品似乎是英国17世纪音乐的混种。不能确切地说它就是模仿，也不能说它比别的作品更像戴留斯的创作，虽然有一些片段的确相似。同时，它并不独立，也不具有独创性，甚至不算好，可以想象一下，一种真正自视甚高的附庸风雅，不粗俗，很拘谨，被昔日的纯真情感所影响，学习着，承受着，等等，总体来说它具备文化上而不是音乐上的意义。特纳先生没有去，倒是见到一帮姓布勒的

[1] 拉尔夫·罗伯特·里基茨（1902—1998），作家，1921—1925年就读于莫德林学院（通过考试，没有学位）；1934—1939年任《伦敦水星》审稿人；后来成为蔬菜种植者和农场主。
[2] 约翰·柯林斯·斯凯尔爵士（1884—1958），乔治时代一位名气不大的诗人；1919—1934年任《伦敦水星》编辑，和约翰·劳埃德·巴尔德斯顿共同创作了戏剧《伯克利广场》（1926）。
[3]（保罗—玛丽·西奥多—）文森特·丁迪（1851—1931），法国作曲家。

人[1]，肖·泰勒[2]等，这多少有点让我心烦。而在另一方面，现在我已经不会因为无意中迫害了一个天才而感到不安了。[3]

对我的爽约我非常抱歉，坐等一个不来的人绝对是糟糕透顶的事，我不知道有什么比这个更加糟糕。为此，你理应得到回报。回报一，库珀的晚餐具有了不起的教导作用，它让我对人类变形的可能性豁然开朗。你会说你早就看到这个过程了，没什么奇怪。回报二，那场音乐会令人痛苦。回报三，由于急着赶回牛津，我把一件外套和一顶帽子[4]落在出租车上了。回报四，莫尔长篇大论地好好教导了我一番。回报五，我处于更加窘迫的处境之中。你也许还不知道，罗莎蒙德和你本周日都要来这里吃午饭。我已经请了汉普希尔、杰斯帕·里德利（一个可爱的怪人）和戴维·华莱士，还有那位人也许不错，但你说他长相丑陋的格雷厄姆—哈里森[5]来和你会面，这样就有六个男人对一个女人。不过，至少大家都很友好。现在库珀写信来，问我能否请R.莱曼星

[1] 也许指的是画家爱德华·约翰·布勒（1905—1976），为芭蕾舞和歌剧做设计。

[2] 德斯蒙德·克里斯托弗·肖—泰勒（*原文如此*）（1907—1995），音乐评论家；此时为《泰晤士报》和《观察家》撰稿，主要是文学方面的，虽然有时候也写音乐方面的文章。

[3] 也许指的是伯林对范·迪埃伦的作品《与亡者同沉》的评论文章（原文第139页注4）。

[4] 即一顶圆顶高帽？

[5] 弗朗西斯·劳伦斯·西奥多·格雷厄姆—哈里森（1914—2001），1933—1937年就读于莫德林学院古典学专业；1938年起为公务员，《卡尔·马克思》的索引员。

期天吃午饭，说我认识她，因为拉尔夫和他都想见她，所以到时候会过来。碰到这种事通常我总是束手无策，我能做什么呢？这纯粹是一次可怕的巧合。八个男人对一个女人，简直就是异想天开。不管怎么说，你不喜欢马丁·库珀，而里基茨，虽然宽厚无害，但于事无补，正如莫里斯所说的，对他没必要像对马丁·库珀那么当心。要想对这两人说谎可不容易，因为最终总会穿帮，而且这么做也未免有些卑鄙。而充当女主人角色的我，只会比作为聚会一分子的我更加可笑。真希望休·沃尔波尔能在这里帮帮我。我相信他和亨利·詹姆斯一定有应付这类局势的明确法则。可这会儿我该怎么办？快告诉我（像“小宝贝”说的那样）。如果最坏的情况发生，即没有解决问题的方案，我会邀请所有人参加，聚会上将有很多人，你就不会在意库珀了，他将如我们希望的那样[1]淹没在人群当中。那将像一次王室聚会，也许我该把众人分为午餐和下午茶两组，让我看看这样可不可以。请告诉我你是不是绝对不能忍受马丁·库珀，如果确实如此，不论怎样这将帮我做出决定，快刀斩乱麻。我会请盖尔斯·罗米利吃饭，弄明白奥地利俱乐部的事。[2]快点来信。你一定会说，“这么可怕的混乱状态，亲爱的以赛亚，你怎么能让它发生”。 205

沙耶

[1] 伯林此处原文为：hoffentlich。

[2] 伯林受邀与斯彭德和其他朋友在一个奥地利小村庄米德斯逗留，该村庄位于因斯布鲁克南面的蒂罗尔，但后来伯林没有参加。

致约翰·希尔顿

[1936年10月中旬，明信片]

全灵学院

你认识多兹吗？他外表很友善，受人尊重，实际却非常阴郁，城府很深，拘谨褊狭，平庸黯淡。如同艾略特先生一样，他相信漂白的东西。虽然没有人同意我的看法，但他长得的确很像比弗布鲁克，抑或是布莱克威？他在咽气之时，唇边还隐约嘟哝了一句对牛津圣体学院充满敌意的话。鲍拉先生从剑桥弥撒会写信来，认为这是上帝给新希腊主义者的第三巴掌，第一巴掌是佩因之死[1]，然后是他本人争夺教授职位失败，现在是布莱克威，这说明上帝遵循三分律。布莱克威的直接死因是肾炎+静脉炎，而终极原因则是导致他衰竭的任何因素。哈迪立誓独身，逃开了圣体学院对结婚成家的年轻研究员的诅咒，这一诅咒无疑是由菲尔普斯强加的。

你的

206 沙耶

[1] 汉弗莱·吉尔伯特·加斯·佩因（1902—1936），自1929年起担任雅典不列颠考古学院院长。他是布莱克威在这个职位上的前任，也于1936年5月9日因血中毒早逝。

致斯图尔特·汉普希尔[1]

邮戳日期 1936 年 10 月 21 日

全灵学院

亲爱的斯图尔特：

非常喜欢读到你的来信，真的。很遗憾你没有把院长也写进去，毕竟他是一位丰富多彩的奇人。此外，你也没有提到那位沉默而神经质的亨德森先生[2]，我把你丢下，让你和他待在一起，饱受痛苦，就为了弄清伍德沃德对你的看法。他觉得你很好。他就说了这句话。无疑，因为他是考官，其他事自会通过行动来表示，这个话题目前我真的不能说得太多。只能说你做出了自己应做的努力，那么，不公的评判就不可能落在你的头上。但谁也不敢打保票，真的，只知道你在哲学试卷中体现出来的专业优势起到了决定作用，索尔特和伍德沃德告诉我，我那该死的考题招致的麻烦在于考官们看不懂答案，然后他们就把试卷给我看，让我写报告，他们也给伍兹雷[3]看了试卷。我提交了一份书面报告，对每一份试卷都做了独一无二的描述，对此我很享受。别离开英格

[1] 伦敦西南7区，克莱维尔街8号。汉普希尔刚刚参加了全灵学院的研究员考试。

[2] 哈伯特·道格拉斯·亨德森（1890—1952），1942年受封为骑士，经济学家；1930—1934年任经济顾问委员会联合书记；1934—1952年任全灵学院研究员（1951年当选院长，但由于患病而从未赴任）；1939—1944年任财政部经济顾问；1945—1951年任牛津政治经济学教授。

[3] 安东尼·道格拉斯·伍兹雷（生于1912年），哲学家，1935—1937年任全灵学院研究员。

兰，好吗？很高兴你见到了索尔特。他被罗斯迷住了[1]，认为他是同辈人当中他见过的最有魅力的男子，这种调情既令人开心又令人恶心。恶心是因为索尔特现在是罗斯和他心目中所谓权力的唯一联系人，而事实并非如此，也就是说，索尔特在某种意义上奇怪地身处局外，他们形成了一个二元封闭结构，一种孤立的椭圆，或者也许是像儒勒·凡尔纳月球旅行那样的东西[2]：抛射体中间的旅行者们被发射到月球上，直线发射，直至他们遭遇了一颗小行星，小行星沿着一条模糊而非常遥远的路径运行，他们受到小行星的吸引，乘坐的飞行器即成为小行星的卫星。他们依然想象着去往月球的道路是什么模样，想象着一个以异乎寻常的高速运行着的新世界。最后，我想，他们掉进了太平洋，被捞起来的时候还在飞行器里面玩多米诺骨牌。不过也许，索尔特不像那颗
207 流星，他不会爆炸，而是重新回到月球系。这会儿他跟人说的是，即便是副大臣的职位，也别想收买他。至于你的哲学观点，我很高兴你在思考元语言，而总的来说，你拒绝深入研究这个题目。你（正确地）说，从非自然产生的语言的意义来看，这不是同义反复，但你倾向于暗示如果真是这样，则［丝］毫意义也没有，或者，假使有意义，假使能够

[1] 此处伯林原文为：bezaubert。
[2] 儒勒·凡尔纳，《从地球到月球：97小时20分钟》（巴黎，1865）。伯林孩童时期读过俄语译本（在他的那套凡尔纳小说中，《儒勒·凡尔纳作品全集》，圣彼得堡，1906—1907），他喜欢俄语版甚于英文版（1873）；看来他保留了对小说情节的近乎完美的记忆。

使感情产生共鸣，例如，发布“马是动物”的指令，如你所言，并不意味着命令“使用马，等等”，而是说明这是如何被遵守的：刘易斯先生的概念在起作用[1]等。然而人们想知道的是，人是如何产生概念的；人在以任何方便并带任意性的模式整理资料的过程中，有些什么样的预设；换句话说，这是对于语言提出的唯一超验问题，而不是物理法则；必要性通过文字表达（“我作为人有权这么说”，里德利在某个地方这样说道），这怎么可能？语言不可能与象棋等同，否则我们只能有说话的行为而不能说出具体的内容。那么有意思的话语，换成别人，一半都写不出来。你扼杀有色—延展的东西有点儿太容易了，既然在这种情形下，通过广度和深度的二维操作，色彩的神秘（对我而言）属性看起来完全不像词源惯例：热是怎样的呢？延展的东西肯定摸上去一直都是热的，但热的尖锐刺激感却似乎不能被称为延展。

所有［H.H.］普莱斯的学生或受其影响的人（例如佩克[2]），兴高采烈地将事物分成淡蓝淡紫等颜色来讨论，似乎没有意识到景色的特异性。这显然是飞行员对色

[1] 克拉伦斯·埃尔文·刘易斯（1883—1964），美国哲学家，著有《心智和世界秩序》一书（原文第152页注1）。

[2] 安东尼（托尼）·迪尔文·佩克（1914—1987），哲学家，1933—1936年就读于三一学院PPE专业（H.H.普莱斯的学生）；1938—1946年任研究员，后为公务员。

彩的看法[1]，不过很奇怪，这样的看法被广为普及并且机械化了。

关于查尔斯·莫里斯的隐喻[2]很令人反感，但确实如此。正如我应该记录下来，我的将PPE作为课程的提议显然是个错误。也许它属于纯粹的复制主义，也就是说，由于我自己被胁迫而修了这门课程，所以希望别人也遭同样的罪；因为我不得不被迫获得自由，所以我不能理解什么是没有受到强迫的自由（早期马克思会这样胡诌“……因此我可
208 以自由地施加武力了”这样的话，或是别的一样恐怖的话）。不管怎样，萨姆纳等人显然是对的。不管怎么说，这或许会成为一个学术问题。什么时候我得向你报告一下斯帕洛和普拉门内兹的谈话，他们的对话很奇特。

至于罗莎蒙德·莱曼，我不太知道答案。[3]慢着，我也不太理解这事，你说讨厌自己这样缺乏自我意识，使事态逐渐减弱，变得微不足道（你指的是缺乏自知之明还是对周围

[1] 普莱斯的主要爱好是飞行，他是牛津城市滑翔俱乐部的主要创立成员。
[2] 莫里斯在巴利奥学院的学生SNH向编辑这样描绘莫里斯，“糟糕的哲学家，后来成为出色的战后时期校长［里兹大学（1948—1963）］，公众人物”，再后来（1967）他成为格拉斯米尔的莫里斯男爵。在未写日期的信件中，SNH写道：“查尔斯·莫里斯”对我和逻辑实证主义的态度，依旧是一位贝多芬之夜漫步音乐会的常客对兴德米斯演奏的态度，或者不妨说，他愿意以这种方式表现。
[3] 在同一封信中SNH还写道：“如果你可以告诉我在罗莎蒙德·莱曼眼里我的人格面貌如何，我将不胜感激［*原文如此*］。我觉得她进入了一个到处是戴着面具的人物的圆形舞台，我昨天突然想到也许我扮演了不恰当的角色。我不喜欢在我缺乏自我意识的情况下，使事情逐渐减弱，变得微不足道，但在我看来这样的情形正在发生。”

环境无知无觉？你不可能对别的什么缺乏意识），比如说，即使给你一座桥梁，你能否走过去？或者，你只想要奢侈地拒绝这么做，而不是仅仅意识到河水，意识到河对岸的人所看到的你在水中的倒影，却不知道可以走过那座桥，充分展示自己，让自己得到那些神秘人物实实在在的对待。如果你愿意，尽可以做一番解释。不管怎样，我是绝不想得到什么桥梁的，在这方面，正如［戈伦韦·］里斯不止一次痛苦地注意到的那样，我是一个狂人，一头怪兽，将去那毫无浪漫色彩的对岸做一次短暂拜访，自身难保。换言之，再次会面看来不可避免，我得确保（怪兽特性在此充分暴露）这是按照我提出的条件进行的会面。之后，我将更加精确地向你报告别人是如何看你的。我同意，你完全有权利知道，什么都不知道是很折磨人的。我将直接提问，然后直接给你答案。我肯定他们是那样。没有微妙含意就没有真正的谈话。杰里米来看望了我，本给我寄来了明信片。杰里米确实为人随和，他待在我这里，和我聊天，看来的确已经决定适应周围环境，并认为所有人都很可爱（除了博厄斯之外。我突然想到博厄斯阻挡了人们与美好事物的联系，就像比利时挡在通往巴黎的道路上）。本多愁善感，令人难以置信，他说“难道我永远都不会再见到牧场，见到被雨水打湿的牧场了吗？”或是诸如此类的问题：这是豪斯曼还是他母亲？

你的

沙耶

致玛丽·费希尔（在巴黎）

邮戳日期1936年10月23日

全灵学院

亲爱的玛丽：

209 毫无疑问，这是值得引以为傲的品质，我说的是一种美德。迄今为止，仅有布莱克威太太和我表现出了这种美德，我想盖伊也有这样的美德，我要根据具体情况给他们（我们？）打分。一系列事件重叠交汇，而我恰处于事件的正中央。它们分别是：(1) 布莱克威的去世。(2) 爱尔兰之行的回响。首先，克里斯托弗激动不安地在新学院的前院走来走去，典型神经衰弱的表现，毫无必要。其次，爱尔兰的绯闻真的只让人觉得卑劣。莱曼小姐对此负主要责任，布卢姆斯伯里式的胡言乱语四起，大家相互怀疑，各自都说自己不会和别的某个人发生绯闻，滑稽的迫害由此产生。我甚至开始无法严肃对待这些事。气氛基本上是古怪的，没有什么真正意义上的受苦，只有许多似真似假的行为，而且每个人都向我咨询信息，因为我被（正确地）认为是这些事件的公正无私的旁观者。看来大家有一点不太清楚，那就是，在卑劣之事发生之时，即便是我，好奇心也有限度。最后一击来自莱曼小姐的信件，充斥着令人尴尬的语句，让人无法避而不答。她也许是个很美丽也很重要的女人，但我认为她既乏味又情绪化，而且显然不够善良。不过，正如你可能猜想到的，我从中捣乱，给每个人写安慰信，觉得自己是克里斯托弗，渴望就这件事和某个人开个玩笑，只是唯一可能的听众似乎都成了事件的主人公。

关于布莱克威：我是从哈迪那里听到他去世的消息的，合情合理。这是自然法则的灾难，人们以前从来没有经历过，并最终标志着青春[1]的终结。邓得斯[2]写了一篇很好的讣告登在《牛津杂志》[3]上，想要的话我可以给你寄一份。韦德—格里[4]也写了一篇十分精彩又别具特色的讣告，登在《泰晤士报》上[5]，你可能已经读到了，他说布莱克威是一个充满着烈焰激情的人，粗俗、直接、热情，或是类似的描述。里森[6]先生召集了一群温切斯特学院学生到他身边，把“一盏伟大的明灯熄灭了”的话结结巴巴地说了两遍，然后抱怨讣告内容，因为它“只字未提逝者内在的温文尔雅”。

很抱歉我的信变得如此怨天尤人，但是你会理解的。210
继续：盖伊表现极好，两星期没有假装自己不能笑；艾丽

[1] 伯林此处原文为：jeunesse。

[2] 罗伯特·汉密尔顿·邓得斯（1884—1960），古典学家，1910—1957年任基督教堂学院研究学者和导师。

[3] 一份非正式的大学杂志，那时和现在都在学期期间每周发行。讣告“阿兰·艾伯特·安提斯代尔·布莱克威”，作者“R.H.D.”，发表于第50期上，发行日期为1936年10月22日。

[4] 亨利·西奥多·韦德—格里（1888—1972），古代史学家，1914—1939年任瓦德汉姆学院研究员，后来成为古代史学威克汉姆讲席教授，新学院研究员。

[5]“阿兰·布莱克威先生：雅典不列颠学院院长”（未署名），《泰晤士报》1936年10月12日第19版。文中，韦德—格里说布莱克威是一个“暴烈的人，充满火焰和精力，有着与这种性格相匹配的身体”，他还说“他将作为一个不计后果、充满活力的人而被人们记住”，以及“他是一个不妥协的斗士，粗俗、个人化、直接［……］”。

[6] 斯宾塞·里森（1892—1956），1935—1946年任温切斯特学院院长。

森·布莱克威的表现恰到好处，令人吃惊，既未崩溃也没有故作坚强。我想，其中部分原因是她对世态炎凉一无所知，以为自己还可以在伦敦文学界获得重要的事业发展，等等。不管出于什么原因，总之，她表现出色。我肯定R.奇尔弗—格雷夫斯小姐在某些场合某个方面举止奇怪或是不当，但缺乏证据。托尼的确非常非常难以相处，但他有充分理由这样。如果有谁无依无靠，那就是他了。后来有三天他和我一起吃饭，一次也没有提到阿兰的名字，对此我有点怨恨。我认为托尼并未戏剧性地夸大自己的处境，毕竟戏剧化的夸大只是对现有事物的夸张（甚至几乎不是陈词滥调），而已经发展到了极限的局面是不可能再被夸大的，只是因为偏离了焦点，会显得有点模糊不清。不管怎样，托尼闷闷不乐，闷声离开房间，悲哀地大笑，在别人正在说无害的话时朝人喊“停下，停下”，而且几乎压根儿就没什么生活乐趣。

如果莫里斯在这里，相信他一定会采取坚决手段，让每个人都更规矩：罗伊和赖尔算不上是已故的布莱克威的朋友，却在追悼会上出现，不知其中缘由，不过他们就像国家官员出席一个获罪革命者的葬礼似的，这个革命者太伟大了，尽管发生过哗变，还是要视为一位伟大的民族英雄。丹巴宾[1]举止得体，突然变得英俊多了，就像某地俊美的土著

[1] 托马斯·詹姆斯·丹巴宾（1911—1955），1936—1945年任雅典不列颠考古学院院长助理，1937—1955年任全灵学院研究员，克里特抵抗运动英雄。

人，非常典型，就像波利尼西亚人，他似乎为办公事动身去了波拉考拉。[1]据说，已故的布莱克威是快乐地死去的，临死之前对圣体学院说了几句含糊但充满敌意的话。你不介意这些关于葬礼的细节吧？即便是和人这样密切联系着的事件，在我眼中，也无法克制地缺乏真实性，就像艺术品之类。

顺便问一下，如何判定一个人文化品位很高呢？我只能想到对此极有品位的叙述：（事情与赫尔·科普勒[2]有关，他有一次被［弗兰克·］帕肯汉姆形容成迪克的黑用人，这个德国人也住在仓楼，他想知道为什么自己不属于品位高雅之人，因为提出的所有条件他都符合，而他显然（在所有人看来，除了他自己以外）恰恰是与之相反的。）一个趣味高雅的人熟知（不是通过描述才知道）艺术作品和艺术家那些不可定义的特质，他也可以在自然中找到这些特质。当他发 211
现这些时，不感到兴奋吗？不管怎么说，如果一个人把生活中X与Y的关系抽象化，X与Y相对不重要，然后做几何运算，也就是说，使它们扩展，提出问题，正如X之于Y，那么对Z如何？福斯特先生认为在某种情况下“一切事物定有相似物，这件物品像什么［我记不清了］？”[3]那确乎是一个

[1] 希腊考古遗址（在科林斯以北），不列颠学院当时在那里进行挖掘。

[2] 海因兹／亨利·科普勒（1912—1979）最近在莫德林学院读完理学博士，1937年他成为该学院享受半津贴的研究员。后来被英国聘请对德国人进行再教育。

[3]“一切事物定有相似物，这件物品像什么？”E.M.福斯特，“我们的娱乐”，3，“玩偶之扑”（1924）：《阿宾哲收获集》（原文第161页注1），第49页。“这”是指

典型的唯美主义者的问题（也偶尔和论战场所、系列讲演、分配的角色等有关，它使你我两人成为一流的审美家，对此，无论如何，我感到惬意……虽然如此，省略号总是代表一般文化品位，梅格斯先生[1]就用得很多！感叹号是上层和下层的人用的，或者说这一切全是胡扯？我是这么想的）；顺着我们得到的思路继续探究：唯美主义者往往歪曲事物，因为他们总是把相关或具有细微差别或类似的东西抽象化，以令人惊讶的媒介运作它们；或者偏离事物可能有的样子，例如托尔斯泰，他创作了《战争与和平》，其中事件发生在现实生活的条件之下，这是因为他选择以这种方式表现只有他才熟悉的关系，那恰巧成为他的媒介，不过这只是巧合，因此具有一般文化品位的人也喜欢读他的书，是因为它恰好成为合情合理的摄影般的记录，对这一点的模仿，必然导致《好伙伴》[2]的产生，本质上它更像普鲁斯特（你父亲不会同意）。低级趣味的人或是下层人通常只熟悉感官刺激，对别的不感兴趣；品位高雅的人才能清楚了解这些情感、激情等会带来什么样的感受；一般文化品位的人对此根本一窍不通，他们像孩子，只懂得把头的另一侧画成轮廓，因为他们知道那儿有那一半，当然，要做到这点也并不简单。说到

玛丽女王的洋娃娃房子。参看早前引用过的格特鲁德·施泰因的话（原文第153页），“事物就必须和一切有点关系吗？”

[1] 罗素·梅格斯（1902—1989），古代史学家。1930—1939年任基布尔学院研究员，1939—1970年在巴利奥学院工作。

[2] J.B.普利斯特利所著的流浪汉无赖冒险题材的小说（伦敦，1929）。

法国画家马奈，他们根本就视而不见，却对此浑然不知，因此才会单方宣称（非常错误地），希望人们在作品中“就像在真实生活中”那样活动，换句话说，也就是机械地活动。例如，伍德沃德就是一个文化教养一般的典型例证。他清楚地表明自己的立场，反对电影，因为电影没有提供信息，而是重复生活，那样过于乏味，当然，如果有新鲜内容，他还是会去看的。日常生活的干扰和真正有趣的事实、新闻等，既不是为了真正低品位的人而存在，也不是为了真正高品位的人存在。比如你父亲，他喜欢看到历史上人与人之间和场景与场景之间存在生动别致、充满戏剧性的关系，巴不得它们经常发生，称赞拿破仑[1]是因为他很有风度（我认为这一切确实是对这最后一个品质的夸张赞歌），简直就是极端的高品位。在平庸之辈中享有既得利益的［H.G.］威尔斯并非如此。 212

从这一点可以进一步引申：冒牌的高品位者是这样一些人，他们知道有一种熟悉但难以确切表达的状态需要去了解，但他们自己从未接触到它们，于是就表现得仿佛很难发现它们一样，因为，假设这些物体不可解释，人没有通灵术就不知道自己是否了解它们，那么人必须根据行为来进行推理，如果这个演绎过程完成得很有技巧（那些旧世界的牛津唯美派），就经得起严格的检验。假冒的一般文化品位者（a）萨姆纳和考克斯，不同程度地意识到真相，但他们

[1] 见H.A.L.费希尔，《拿破仑》（伦敦，1912）。

压抑了这样的意识，用想象中普通人的不自然语言来说话；（b）鲍恩夫人，一个天生的低级趣味者，用一听就很令人厌烦的语言傲慢地说话，这些话显然是超过她的理解力的。天哪，我似乎总是在结尾说同一件事，真对不起，这封信一半是关于讣告的闲扯，另一半是审美理论，而我本来是打算好好写一封信的。这个学期过得很慢，到处是低谷，很快要选举了，也许是汉普希尔先生上（我希望）（出于某种原因），也许是鲁斯[1]，或者是博蒙特：阿拉伯人和犹太人都在局外。[2]一旦有什么事发生，我会立刻给你写信。

爱你的

沙耶

致伊丽莎白·鲍恩

[1936年秋?]

全灵学院

亲爱的伊丽莎白：

离开摄政公园后，我带着几乎是飘飘然的心情抵达学

[1] 丹尼斯·阿兰·鲁斯（1912—1991），1931—1935年就读于新学院PPE专业；1935—1936年为女王学院雷明访问学者；1936—1961年任全灵学院研究员；1940—1948年任职中央情报部。

[2] 罗伯特·莱斯利·博蒙特（1914—1938），1932—1935年就读于基督教堂学院古典学专业；1937—1938年任圣体学院研究员，古代史导师。阿拉伯人可能是指阿尔伯特·胡拉尼（原文第292页注6）；犹太人也许是指马克斯·贝洛夫（原文第141页注2），当时是莫德林学院享受半额津贴的研究员。

院。一群人早就等候着迎接我，他们一定对我兴高采烈的表
现[1]大感惊讶，因为那一点不像我的作风。我被问及谁领导
了16世纪的哲学复兴。后来听他们说，我当时回答是文艺
复兴的那帮人，那帮意大利家伙——难道他们没听说吗？后
来，我就患了旷日持久的感冒，到现在也没痊愈。因此我
最好明天（星期一）不去听音乐会了。上午我试着打电话告
诉你，但那边说你不在，要到晚上回来。本星期这里平静得 213
出奇，部分原因是大雾笼罩，外出走动一下便会感到寒气
逼人，无法忍受，每个人看上去都那么无助，显出貌似真
实的善良仁慈。在那种情况下，人们很自然会变得既善良
又愚蠢，既顽固又随和，同时还有点自艾自怜。但也有杰
弗里·费伯之类坚定不变的人。我与他进行了三次毫无意
义、推心置腹的交谈，内容包括（1）现代诗歌与哲学：极
其愚昧。（2）关于性罪犯的处理问题。他眉飞色舞地谈到国
际组织的所有成员。（3）海沃德先生[2]，令他望而生畏的人
物。他极其难得地对海沃德先生进行了异常生动的描述，长
达四十秒钟，好比一只紧贴在司机脖子上的猴子。他想到这
一点便兴奋无比：他，费伯，一个性格实在、缺乏想象力
的健壮小伙（我的夸大其词），居然会如此无拘无束地穿行

[1] 或许以赛亚·伯林发表了一番讲话。

[2] 约翰·戴维·海沃德（1905—1965），作家、人类学家、藏书家，患肌肉萎缩疾病。杰弗里·费伯是他伦敦小型沙龙的成员。

在这些出类拔萃的名流政要之间，仿佛弗拉德[1]周旋于印象派画家当中。荒唐可笑的是，他就像是一位年轻的老人，因为他老爱问“什么是哲学？”什么是艺术，等等，而我们也都很乐意给予解释。但是他出于无意的自我戏剧化达到那样一种程度，足以严肃地警示人们，这么做是多么地轻而易举却又不可救药，它多么迅速地让所有真实感都毁于一旦。它是一种诱惑，从来没有完全脱离过我们，除非一个人事实上占有了某个属于自己的极其简单而且独特的位置，比如像斯蒂芬。要想抵制这种诱惑，需要保持警惕，小心提防，它会让人感到紧张，但回想起成功避免的危险和耻辱，却会给人带来愉悦。当我们遇到他人（比如像你这样的。很抱歉如此不加掩盖地把你归类。但我们在这点上有过共识，认为个性因素无论如何、自始至终都**必须**避免。因此，它只是一个修辞上的搪塞之词罢了），这个人要么成功避免了诱惑，要么做得更好，有意识地对诱惑持怀疑态度并消灭它，我们会得到一种美妙的感受。例如，我很抱歉地列举屠格涅夫《罗亭》[2]中某个坏脾气的人物，通过“聪明人万岁”的喊叫表达出来。或许只是假象，但我感觉自己已经全副武装，能够抵御各种一般的欺骗，对冠冕堂皇的诱惑也能抵御一些。我或许因为太胆小或懒散，没有对诱惑加以抨击，但只要完全

[1] 安布罗斯·弗拉德（1836—1939），艺术商人。
[2] 屠格涅夫的第一部小说，1856年出版。

不去逢迎讨好，甚至连表面敷衍都拒绝，几乎到打哈欠闹瞌睡的地步，那么，似乎也能够导致诱惑自然蒸发，这种办法一样有效，而且留下的伤疤还可能更少。或者这不过是另一种自我戏剧化的表现形式，同样不堪一击？就像魔鬼最致命的手段，让人对自身存在产生怀疑？我不知道。你说得对。我的确是生活在受抑制和不完全受抑制的疯子社会当中，他们靠各种方式弥补自己：有时循规蹈矩，通过学习，等等；有时则卑鄙下作，通过填塞空洞无物的内容或高谈阔论或自以为是，沉溺于精美细腻的情感之中，全然没有任何价值。 214
对我个人而言，我真的无法抱怨什么。当戈伦韦大声叫嚷抗议，说我们的同事全都是些没有理性的禽兽时，我明白他的意思，甚至可以看出他的话或许在理。但说实话，这对我来说没有任何实际意义，我的话实实在在，像纯金一样不掺半点虚假。只有出于偶然我才会介入其中，或者被人蓄意拖入一个事先并未包括我在内的复杂事件中，那时，我会像一个惊慌失措的游客，慌不择路地跑到兵营之类的地方去。（就像匹克威克先生，一不小心便卷入查塔姆的阅兵仪式。审判官一声令下："此罪当判死刑"，不过法庭书记员更正了他的话。他肯定做对了吗？）

爱你的

沙耶

我得写信给菲利普斯夫人，推迟与她的约会。从内心里，我并不希望这是最后一次拖延。

致伊丽莎白·鲍恩

[1936年11月/12月?]

全灵学院

亲爱的伊丽莎白：

星期六我和里斯先生见了大约四分钟的面，他说你整个人很疲倦，上床睡了，又听汉普希尔先生说你准备去日本。[1]我对他们俩所言的权威性并未置疑，但还是希望你无论如何写封信来澄清前面那个传言，它让人十分担心。至于日本，你也许会很喜欢，和勒内·艾耶尔又有了一个新的话题，他善于挖掘发现，胜过任何其他人，就连以潜心研究见长的我也望尘莫及。我与里斯先生和弗斯科伊尔[2]先生的见面时间非常短暂，几乎他们刚到，我就去剑桥了。我住在罗斯柴尔德夫妇[3]那里，和我一样的客人还有一位，是奥尔德斯·赫胥黎。他说话时口气冷淡，带着不屑的腔调，这使他说的每句话听起来都像是发牢骚。我甚至觉得他也不是太聪明，只是知道的东西不少，思维清楚。他总是坐在那

[1] 与其夫艾伦·卡梅伦同行，后来他取消了这一计划，令伊丽莎白·鲍恩大为欣喜。

[2] 德里克·雨果·弗斯科伊尔（1911—1973），1932—1940年任《观察家》文学编辑。

[3]（纳撒尼尔·梅耶）·维克托（1910—1990），罗斯柴尔德男爵三世*，及其第一任太太芭芭拉·朱迪丝·罗斯柴尔德（1911—1989），婚前姓哈钦森。

里，手里捧着一部《百科全书》（新出的哥伦比亚一卷本），离眼睛大约只有三公分，不时地读出书中内容，有关于疾病的，还有关于小说家欧仁·苏[1]的。我们一到，就去三一学 215
院参加了一个由剑桥大学的艺术史教授安东尼·布伦特举办的聚会，它着实让人感觉仿佛1931年左右在牛津消亡的生活在剑桥得到了延续：在莱兰兹[2]先生、（雷蒙德·）莫蒂默[3]先生、毕肖普[4]先生（他非常可爱）等欣喜的目光下，一群脸蛋红润、穿着裘皮上衣的年轻人轮番登场。大厅内四处可见与年轻小伙挽手而行的年长美国女士，他们显然无聊至极却摆出十足的骑士风度。赫胥黎先生立刻找人谈起有关尼古拉斯·普桑[5]的高深话题。一个我根本不认识的人潇洒地在我肩上拍了拍，声音很大地说："别听他的，老兄，别听他胡扯。这就是生活（不怀好意地一瞥），就连现

[1] 玛丽—约瑟夫·苏（1804—1857）的笔名。她擅长写有关都市堕落生活的煽情小说。

[2] 乔治·汉弗莱·沃夫斯坦（"达迪"）·莱兰兹（1902—1999），剑桥大学国王学院研究员。

[3]（查尔斯）·雷蒙德·（贝尔）·莫蒂默（1895—1980），批评家，1935—1947年任《新政治家》文学编辑。

[4] 赫伯特·弗朗西斯（"阿德里安"）·毕肖普（约为1898—1942），1919—1923年就读于剑桥国王学院古典学专业；同性恋者；在不同国家从事教育和新闻工作多年；一场病后的宗教体验促使其成为僧侣；自愿参战，后成为驻埃及和波斯的情报官员；去世前为英国驻巴格达使馆人员；鲍拉的朋友，见鲍拉的《追忆》（伦敦，1966）。

[5] 尼古拉斯·普桑（1594—1665），法国画家，大部分创作生涯在意大利度过。他的原则是，艺术作品在令人赏心悦目的同时，还应该启迪心智。这一观点成为其后法国两百多年古典艺术传统的基础。

在那种东西也不多见。”一种强烈的历史感油然而生，但和怀旧心理又截然不同。我想，莫蒂默先生在赞扬剑桥社交生活时，指的就是这点。总体而言，这个周末过得相当愉快：住房极其舒适，主人虽然对好友和知交粗暴无礼，对我却礼貌有加。美中不足的是赫胥黎先生太过单调乏味。无论跟他说什么事情，他总会有片刻时间毫无反应，在经过吸收、消化、分类、对照等种种程序之后，才能听到他小心翼翼地给你一点迟延缓慢的回应。那么字斟句酌、有气无力地吐出几句，没有丝毫生气和内容。他这样完全不是出于害羞，说到巴利奥学院[1]时，他情绪激动，咬牙切齿，可一样也是那副德行，仿佛要从身边现成的反击话语中慢慢调制出一服灵丹妙药似的，不带任何神秘或不祥的气氛，甚至连语速都不太快，慢条斯理，不慌不忙，了无生气。他的谈话虽然见闻广博，内容充实，却永远缺乏趣味，唯一能够在他身上擦出一星半点火花的情绪是厌恶，就像剑桥大学的科学家厌恶自己的太太，巴尔扎克厌恶农民一样。他几乎可以堪称一类中学
216 生的典范：他们聪明过人，不苟言笑，自学成才，却因为充满忌妒心而显得丑陋无比。他们诋毁一切，不是靠计划周密的抨击，而是千篇一律，通过采用软弱无力、毫无色彩的

[1] 1918年奥尔德斯·赫胥黎试着向巴利奥学院打听是否能获得一个职位。他曾经在那里度过了经常郁郁寡欢的本科时光（英语专业，1913—1917）。但校方告诉他，他们在战争期间已经雇用了一位好教师，并希望继续用他。有关赫胥黎的这番描述，比较《个人印象》第191页。

方式对一切进行描述，从而达到令人反感的效果。这么做自然会产生一种过度补偿，表现为主要针对音乐的、极度无病呻吟和柔弱的情调。这一点他也不能幸免。但我想，他这种对知识的卖弄是他一个极其值得赞扬的品质，而且他很可能是一位善良之人，慷慨、敏感、令人钦佩。但想必严重缺乏同情心。

我发现阿利斯泰尔·巴肯[1]先生令人惊叹。不过我还是将他留到其他时候再细细述说。他让人产生奇特的联想。罗斯柴尔德先生用自己的飞机送我回家，飞行经历妙不可言。整个周末像体验了一回富人的生活，真希望我是一位作家。星期天的晚宴风格杂陈：既像伦敦西区的富人集会，又弥漫着文人聚集的剑桥—布卢姆斯伯里之风；既充满上流社会的浮躁喧闹（诸如“你是想说你**闻所未闻**吗？你这枯燥无味、令人讨厌的家伙！”），又不乏剑桥科学态度的严谨求实（赫胥黎先生把什么都扯到某人肺部长了某个肿瘤的事上，并且很快就被维克托·罗斯柴尔德大肆渲染，把客人吓得够呛。那里发生的一切均采取了突击战术[2]），而一旦有我加入，

[1] 阿利斯泰尔·弗朗西斯·巴肯阁下（1918—1976），约翰·巴肯的第三个儿子；1936—1939年就读于基督教堂学院历史专业；“一位根深蒂固的苏格兰人，具有超人的工作精力以及岩石般刚硬的气节，这点给人印象极为深刻，甚至超过他的学识水平和继承自他父亲的流利的写作能力”（迈克尔·赫华德，《英国名人辞典》）。他在读书时成绩平平，但1972年以后成为牛津大学国际关系学蒙塔古·伯顿讲席教授。
[2] 伯林此处原文为：par épatage。

则又多了点哲学的成分。我不断地有创作冲动，觉得这些都是一部好小说的绝妙题材。罗斯柴尔德夫妇不是那么和蔼可亲，但他们极其独特，充满个性，毫不掩饰自己的情感，和他们待在一起感觉很好。我喜欢他们的程度，远远超过与人交往的原则。不过珀恩小姐[1]就不同了。人们都说，对恋爱中的人劝说反对是没有用的，无数事实已证明这是颠扑不破的真理。从这一著名假设出发，我会尽量接受伊内兹。第一步是努力帮助斯蒂芬摆脱尴尬处境，劝她将“伊内兹”改为“阿格尼斯”。她同意了。你会说那个名字不是挺好的吗？可我们得为斯蒂芬着想。不错，她是一位女冒险家，善于投机取巧，对此我毫不怀疑。但愿她的野心到此为止，不要没完没了，又转到艾略特先生身上。她是那么冷酷无情，那种情况不是没有可能，但至少也还需要几年。你说她之所以行为如此恶俗，部分原因是出于对你的恐惧。这证明不了什么，因为恐惧而做出的行为是一种绝对肯定的标记，如同微笑。
217 她至少像赫胥黎先生一样单调乏味，缺乏自主性。我会尽我所能对她保持礼貌。甚至我会像过去对待托尼，以及所有和斯蒂芬有过交往、反复无常的其他该死的家伙一样对待她。我可以在海沃德先生走后去你那里待一晚上吗？在七点或七

[1] 斯蒂芬·斯彭德的第一任太太，玛丽·阿格尼斯（“伊内兹”）·珀恩（1913—1976），1933—1936年就读于萨莫维尔学院当代语言学专业。她与斯蒂芬·斯彭德于1936年12月15日结婚，1941年离婚；1942年她又嫁给查尔斯·玛吉，查尔斯之前曾与苏格兰诗人凯瑟琳·雷恩结为夫妻。

点十分打电话合适吗？法兰克福特来电报说，莫里斯在哈佛获得了一份了不起的职位。如果他接受那才真是疯了。不过也可能只是为了抬高身价，增加讨价还价的筹码。

爱你

沙耶

致约翰·希尔顿

[1936年12月初，明信片]

全灵学院

亲爱的约翰：

现在我逐个回答以下问题。

无政府主义：有非意大利语或西班牙语的后巴枯宁文学吗？就连对暴力的思考[1]，也更具工团主义而不是无政府主义色彩。克鲁泡特金[2]的小书，文字温和，是纯罗斯金和托尔斯泰风格。普列汉诺夫强烈抨击名为《无政府主义和职能政府论》的小册子。我想如果翻译过来，会脍炙人口，大受欢迎。否则会只有一大帮西班牙读者。

《时代》周刊：是的，合法。但是你应该像我一样从芝

[1] 乔治·索雷尔的提法。

[2] 彼得·阿历克谢耶维奇·克鲁泡特金王子（1842—1921），俄国地理学家、探险家（在沙皇军队服役期间），于1876年逃往欧洲，在那里成为一名革命宣传员和无政府主义理论领袖，写下著作如《互助论：进化因素之一》（1892，1902年出英文版），但他最出名的著作是现已成为经典的《一个革命家的传记》，1899年于波士顿首印英文版。

加哥购买，上面有关于辛普森太太、坎特伯雷主教、辛普森先生、H.M.等的无数详细报道，给人带来前所未有的愉快体验。《恋爱中的国王》《君主为美人构筑爱巢》，等等。我写的书就不要了吧，因为想不起你那里有哪些。《卡尔·马克思》明年应该会出版。

在年轻一些的教师和本科生当中，有相当一部分人对外交政策问题意见一致。但涉及国王爱德华八世退位这件国家大事却各执己见。以下是伯林的回忆：

218

> 退位引发了激烈的争论。埃克塞特学院里，一位研究员朝另一位研究员扔酒杯，因为此人反对国王爱德华八世。大家情绪激动。罗伊·哈罗德对从伦敦到牛津的火车进行了随车调查，一个车厢一个车厢地询问，想知道人们在某位主教揭露了辛普森太太[1]的事件后，是支持还是反对国王，结果发现总体来说，大部分还都支持国王。我支持国王应该退位的观点，认为他犯下了大错，因为辛普森太太对纳粹党的支持和同情尽人皆知。[2]

[1] 沃利斯·华菲德·辛普森（1896—1986），欧内斯特·奥尔德里奇·辛普森的美国妻子，辛普森是她的第二任丈夫。1937年6月与英国前国王爱德华八世（1894—1972）结婚，被封为温莎女公爵。布拉德福德的主教，阿尔弗雷德·沃尔特·弗兰克·布朗特博士（1879—1957），在12月1日的演讲上批评了这位国王，使他与辛普森太太的关系首次在英国媒体曝光。
[2] 迈克尔·伊格纳季耶夫采访伯林录音之八。

致玛丽·费希尔

[大约在 1936 年 12 月 17 日]

全灵学院

亲爱的玛丽：

我一直都想给你写信，出于各种理由，也为了写信本身。学期末总是忙得令人无法忍受，接踵而至的奖学金评定要不是有克罗斯曼和亨德森[1]（我们一起担任考官）交战不休，简直让人无聊透顶、心情郁闷。情况常常是这样的：只要三人碰面，他们俩就必定要围绕口试的本质和目的唇枪舌战一番。克罗斯曼说："我的目的是要**尽可能选出最好的人**。"亨德森（雄火鸡一样趾高气扬地咯咯回应），"奇怪了，这同样是我的目的。你想不到吧"，等等，然后由我出面调停，平息战火。

首先，请让我表达深深的感激之情，非常感谢你寄来的托斯卡尼尼[2]，真是太漂亮了。我把它摆在壁炉台上，希望两者可以交相辉映。这位指挥家的衣领上有个地方令人费解，看不出到底有没有饰扣，搭襻也是。这段时间里，各种大事不可逆转地相继发生，都是些灾难性的事件：

1. 国王爱德华八世[3]退位。你可能会惊讶地发现，它被看作一个私人事件。但我确定它就是私人事件。我听了他的

[1] 理查德·克罗斯曼和H.D.亨德森。

[2] 明信片。

[3] 于1936年12月11日退位。

离职演说，场面激动人心，感人至深。它对个人的意义是标志着二十岁年纪的彻底结束，代表着老一代人的胜利和进入四十岁年纪。这令人深感忧郁。他用自己平庸而又庄严的方式，表示了对魏玛共和国和自由主义的支持，并为自主行为
219 和言论自由等叫好。教会的胜利影响了一个人的私生活，让博厄斯先生获得了名不副实的社会价值，对不值得尊敬的人也予以尊重（佩尔斯—考克斯。这未免令人沮丧，但我很抱歉地说，也令人不无同情）。以下事件加深了这种感觉：

2. 身在哈佛大学的莫里斯被聘请担任那里的希腊语教授职位。我出乎意料地收到法兰克福特的一封电报，上面写道“我们这里以优越条件聘请莫里斯，牛津要留住他得出大价钱了。法兰克福特”。我真的不知该如何是好，我推断是教授职位，但不知是否如此。于是打电话给迈纳斯[1]、韦德—格里和邓得斯，建议四十个人联名请求他不要离开大家。弗兰克尔也表示支持。我觉得目前最好的办法是让邓得斯和韦德—格里给他写几封情真意切的挽留信，除此之外，别无他法。迈纳斯火速赶到我房间，神情关切。随后我又收到法兰克福特夫人令人愉快的来信，信上证实莫里斯正在那里自得其乐，他近来的座右铭是：“美国人的麻烦是他们不知道自己什么时候会觉得厌烦。”他还精神振奋地投入总统

[1] 罗杰·奥布里·巴斯克维尔·迈纳斯（1903—1989），古典学家，1926—1944年任巴利奥学院研究员。

竞选，通宵达旦守在收音机旁，不时地问:“阿肯色州怎么样了?”“印第安纳州还没有消息?”他一定快活死了。我不清楚莫里斯得到什么样的聘请待遇，但我想他如果接受就一定是疯了。他肯定很快就会厌烦，而且美国人也很快就会对他那极端夸张的性格特点耿耿于怀。(三四天之后。)

我从“小宝贝”那里得知你回来了。这使我更加内疚(作为补偿，随信附上一份有关法兰克福特夫人的剪报和传真)，但却不能阻止我继续讲述。你可能会再次意识到，正如莫里斯说的，不论是眼前还是长远，上帝都遵守事必有三的法则。11月份的第三个打击是斯蒂芬·斯彭德和伊内兹·珀恩小姐订婚。或许你已经听说这个消息。不知我是否应该对此事多费点笔墨?从某种意义上说，我是罪魁祸首，因为他们是在我房间里碰面的。那回我邀请了莱曼小姐一行，考虑到只有她一位女士，正好碰到比彻姆小姐[1]和珀恩小姐代表寡妇那方前来吊唁(布莱克威)，我就在铁门口很勉强地把她们两个都请了进来(这点珀恩小姐过后已对斯蒂芬如实相告)。无论如何那都是一次荒唐可笑的午餐聚会，随之而来的便是客人们琐碎烦人、肤浅低级的情感纠葛和我的文书工作。随后一次见面是斯蒂芬来牛津，他说他四 220
点半要去萨莫维尔学院喝茶。我问是和谁呢?他说是伊内

[1] (海伦)·奥黛丽·比彻姆(1915—1989)，1934—1937年就读于萨莫维尔学院PPE专业，之后曾与莫里斯·鲍拉订婚。

兹。接着，鬼使神差地，我突然问道："你要和她结婚吗？"必须承认，当时他脸唰地通红："是的，事实上我是这么想，我是说我想和她结婚。"他们两天前结婚了，虽然我没有正式表示反对，但是我没办法让自己去参加婚礼。我认为所有诗人的妻子都令人讨厌，她是很漂亮，为人也很好，但是她（1）徒有其表；(2）极其无趣，对西班牙所知甚多，却虚假造作，毫无生气；(3）是个尽人皆知的女冒险家。她会满意斯蒂芬的地位吗？（他们声称彼此相爱。这些话什么时候有人相信过？）她会不会为了艾略特先生而抛弃他？伊丽莎白·卡梅伦给我写了一封关于这个女人的信，言辞激烈，说她是一个庸俗的人，吃东西狼吞虎咽，那种贪婪的样子令人恶心；还有，在她全神贯注地盯着天花板时，一旦有人跟她说话，会很不情愿地回过神来，好像打断了她颇有价值且深奥的冥想；等等。事实上信中写了她种种势利表现。在某种意义上，她很适合做他的妻子，因为要是他和一个粗俗又温柔的人结婚，反而会让人惊骇。应该是像她这样的：粗俗而又强悍，普普通通却又野心勃勃。

这封信写了一半停下，重新提起笔来已经又过去了几天。在这期间，我在公共汽车上碰到了佩吉，她告诉我（在热情地向我打招呼后。我想人们那么喜欢见到她至少有一半原因是出于这点：她是那么热情[1]而且诚恳，见到任何一个

[1] 伯林此处原文为：chaleur。

人都兴高采烈），杜格尔刚刚获得一个年薪一千英镑的职位，还有私人秘书，等等；有钱的佩吉最令人愉快，她会低声告诉你她购买每样东西付出的昂贵价钱，并且由赫伯特·哈特先生[1]陪同，一起去印度支那或者奥里诺科河（他肯定是我们最有前途的朋友之一，斯帕洛也会赚钱，但那只意味着身上的衣服更加寒酸）；顺便说一下，卡梅伦太太希望取消之前的判断，如今她发觉斯彭德太太非常可爱；此外，《新政治家》的康诺利先生说，希望我们都可以突击攻读一番塞万提斯之前的西班牙文学，至于说去布鲁塞尔读点东西，那完全是扯淡，因为那里的公共图书馆是世界上最糟糕的；报刊新闻总体而言质量不高。总之，我的态度就像纳粹媒体对爱德华八世的态度，矫揉造作，虚假的中立，根本就是拒绝卷入任何事端。我看到拉斯基小姐[2]再也按捺不住，紧 221
随格雷夫斯小姐、珀恩小姐和霍普小姐[3]之后，在《泰晤士报》上宣布了自己的订婚消息。她那可恶的父亲所担任的政府职位[4a]将在非印欧语的报刊上激起强烈抗议。想到会因此

[1] 赫伯特·莱昂内尔·阿道弗斯·哈特（1907—1992），1926—1929年就读于牛津新学院古典学专业，1932—1940年任大法官法庭律师，詹妮弗·威廉斯的未来丈夫。

[2] 玛甘妮塔·拉斯基（1915—1988），小说家、批评家、新闻记者、广播员；1937年与出版商约翰·埃尔德雷德·霍华德结婚。

[3] 萨莫维尔学院玛丽·费希尔的同窗，当时都已结婚。

[4] (a) 奈维尔·尤纳斯·拉斯基（1890—1969），1930年任英国王室法律顾问，1933—1940年任英国犹太人代表伦敦委员会会长，1935—1956年任伯恩利刑事法院法官；(b) 有关亨利·路德维希·亨德森见原文第694页。

带来奇妙而有价值的小道新闻，我感到非常高兴。

我现在（这里会产生点贬损的联想）每天晚上都和亨利·路德维希·亨德森先生[4b]见面。我们俩的口味在餐厅和剧院里完全一致（我们看了《帕内尔》[1]，表演令人反感，却把亨德森感动得稀里哗啦。但我必须准确地为你重现餐厅的场景，知道吗，他居然突然从后面抱住我，嘴里咕哝着事先准备好的台词）。此外，因为我在剑桥待了一个周末，还发生了一系列可怕的灾难性事件。里斯先生（现在就连最亲近的朋友也常这么叫他）搜查了我的房间，发现了一封有关他的信，言辞激烈，于是便开始大惊小怪起来。[2]

不过，还是让我们想想这个周末的愉快之处吧。我去拜访了罗斯柴尔德夫妇，和他们待了两天。奢侈得有点恬不知耻。男仆不停地伺候我，让我心情沉重却又倍感惬意。另一个客人是奥尔德斯·赫胥黎先生，我很遗憾地说他是个了无情趣的人。他正患感冒，透过三英寸厚的眼镜片盯着每样东西看，不停地抽鼻子，吃维他命，一开口说话就是“想到这点真是奇妙又稀奇”或者“这是多么不同寻常啊”，而其实稀松平常。在这点上，他很像伍德沃德，在其他方面也像：完全是受伤者的形象，急于敞开心扉供他人考察，希望得到

[1] 埃尔希·T.夏弗勒的一出戏剧，内容有关爱尔兰民族主义政治家查尔斯·斯图尔特·帕内尔（1846—1891），曾任英国议会中自治党的领袖。
[2] 1936年9月23日伊丽莎白·鲍恩写给以赛亚·伯林的信，信中详细描述了那个臭名昭著的家庭聚会上发生的事情，提到了里斯“肆无忌惮的放纵行为”。

别人的信任，答应会尊重他们，绝不让他们烦恼。他希望发现人类行为的精确机制，甚至连朋友也不放过，不断问些科学问题，使屋里完全失去怡然自在的氛围。他是一个非常善良、敏感、温和又仁慈的人。但我不得不充满遗憾地重申，他实在是个毫无生气而又令人厌烦的人。不能说无聊透顶，但的确够呛。当我抱怨经由布莱奇利回牛津很困难时，主人问为什么不坐飞机呢？我以为他是指为什么不坐地铁之类。早上起床时，维克托·罗斯柴尔德已经去自己的实验室了，罗斯柴尔德太太还在睡觉。和我一起吃早饭的是一位弗尼夏·蒙塔古[1]太太（已故印度事务大臣埃德温·蒙塔古的夫人，是位端庄、智慧的女士，令人敬畏。据说她的交际才能相当出众，而且十分机敏有趣，不过就是会让人产生敬畏之心。她有两条忠犬和三架飞机，由一位出色的年轻人[2]驾 222
驶，他们曾一起到过波斯和西藏等地），她也帮不上什么忙。这时，男管家走过来说车已经备好，我可以随时出行。我的难题似乎解决了。（这个故事可以按照史密斯—考克斯的方式扩展开来：有谁知道他们中的哪位首先采用了无限弹性的方法？ 或是预定和谐论？）我钻进车子，却被送到了飞

[1]（比阿特丽丝）·弗尼夏·斯坦利（1887—1948），于1915年结婚，令深爱她的首相H.H.阿斯奎斯大为伤心。她的丈夫埃德温·塞缪尔·蒙塔古（1879—1924）是自由党政治活动家斯韦思林男爵一世的儿子，在1917—1922年任印度国务卿期间，为印度实现宪法改革起到了很大作用。
[2] 一位叫鲁珀特·贝尔维尔（1905—1962）的年轻人，莱斯特郡帕皮隆·霍尔的继承人，曾在西班牙内战中为佛朗哥将军而战。

机场。说实话，我非常非常害怕。有两种飞机供我选择，一种是有顶盖的，另一种没有。我选择了第一种。上了飞机，我又坐错了位子。费了好大劲才把我移到合适的位子。机上飞行员看上去和其他飞行员一个模样，都很英俊，修剪整洁的小胡子，极其好听的嗓音，非常帅气。我们飞越了贝德福德郡的众多乡村别墅，其中有些这位飞行员曾经待过或运送过客人到那里，总之，他问我是否到过那里，并说那些别墅一定非常舒适，因为就连像他主人那么顽固的老家伙都喜欢那里，等等。之后我们到达斯坦顿圣约翰，着陆时差点撞到树木或房子。下了飞机，城市出租车公司的出租车[1]已经等在那里。我和飞行员握手道别，出租车司机上前问："先生，您要去哪儿？"眼前景象很不真实，但是你看，事实确实如此。我在晚上十二点十分离开了剑桥，十二点五十五分就到了全灵学院。我强烈推荐这种旅行方式，从空中俯看，整个国家非常美丽，在变化极为缓慢、图案整齐的混合体（如街道、树木和汽车道等）上空停留的感觉十分特别。不过我的耳咽管因为乘飞机出现了一些紊乱，耳朵先是听到隐约的喃喃声，接着变成持续的嗡嗡声，随后声音越来越大，让我觉得自己和外面的世界无法协调。有关感官数据的实地考察工作（向普莱斯汇报我的所见所闻）并不足以酬劳受难的耳

[1] 伯林此处原文为：Citax，由city（城市）和tax（出租汽车）两个单词构成。

朵，最后还是靠麦克白医生[1]给我的鼓膜充气，我的耳朵才恢复过来。真是太怪异了。请代我向你父母问好，告诉他们我非常喜欢11月份的那次晚餐：品种丰富，式样美观，无时无刻不令人感到愉快舒适。务必来信。

我可能1月份会去巴黎。

你的

沙耶

另外简单再说两点：

您母亲离得那么远真是太棒了；关于赛一家的突然亲近，我和你的观点一致；

[贝蒂·] 罗素小姐如今被盖伊视为讨厌的人，她带来 223
了许多麻烦。

致谢拉·格兰特·达夫

[1936年？，两张明信片]

[全灵学院？]

讨厌以赛亚。[2]

亲爱的谢拉：

（以下各点按轻重缓急排列）

[1] 可能指罗纳德·格莱美·麦克白（1903—1992），英国皇家外科医师学会会员，牛津大学耳科医生。

[2] 可能指两张明信片后的图片。上面是斯里兰卡的彩绘木头面具，“驱魔舞者”戴着它治疗盲人或病人。

1. 能否找个时间把参考休谟著作的确切出处告诉我，摘要和页码，因为我准备为你也为我自己仔细看一下这方面的信息。

2. 你能不能向戈伦韦重申（用潘柏院长[1]铿锵有力的话语），斯蒂芬有点觉得被骗去了一个周末，或许可以趁他在开学初来阿普尔顿[2]之际做点补救工作？

3. 一旦戈伦韦提出欠我一封信的问题，那么，如果他没有（他没有理由这样）丢失或销毁那封从我这里收到而导致所谓欠债的信，我想你最好不要去读它。所谓最好，我只是说如果知道你读了那信，我会极为尴尬；我并不想收回里面写的任何内容，并重申它是一封我本人也很乐意收到的信，但还是恳求你不要去读它（毕竟，你不像我们这帮人一样那么爱打听别人隐私）（虽然你读了或没读实际上完全无关紧要，即便对我也是如此）。不过还是请你相信，为这封信我得到的回报极为不公，也远远不足。我得承认，一直到最近，我才发现受伤的感觉是多么奢侈的享受。顺便说一句，我坚持认为，我不仅感觉受了伤，而且确实受了伤害，不是作为观察者或外人，而是作为被观察的对象，作为内在或真实的自我。实在想不通你为什么想重新打造我。

4. 请你将这张空白支票转交戈伦韦。

[1] 弗朗西斯·潘柏（原文第157页注7）；大概是以赛亚·伯林希望戈伦韦·里斯邀请斯蒂芬·斯彭德来全灵学院。
[2] 牛津西面的一个村庄。

这样没完没了地让你传递消息，我深感抱歉。盼望能有机会选择一场真正重要的音乐会，花上半天时间，好好跟你解释一番它为何将对你产生如此独特奇妙的功效。在电话里，道格拉斯的笑声极其好听，被艾丽卡或《一点一点的艾力克》故事[1]逗的。祝开心。

爱你的

沙耶 224

致伊丽莎白·鲍恩

[1937年1月中旬?]

全灵学院

亲爱的伊丽莎白：

你什么时候过来吃饭？这学期因为莫里斯不在，一下子增加了许多工作，课也多了许多，我个人觉得蛮好的。事实上，必须承认，莫里斯不在，晚上得加班干很多事。但是，尽管有博厄斯先生（我从未见过哪一个人比他更希望莫里斯留在美国），想让莫里斯回来的主要原因之一是为了让那些对此事［感到］高兴的人快乐。[2]博厄斯表现强烈，戈

[1] 艾丽卡·克罗斯曼为理查德·克罗斯曼的第一任妻子（但他在《名人词典》的自我简介中没有提及），“艾丽卡”之称通常被作为笑话。由F.W.法拉尔所写的《一点一点的艾力克》（1858）是一本流行儿童书，故事中艾力克“一点一点地”逐渐变坏。

[2] 这句话的实际意思为“想要他回来的主要原因之一是为了（挫败）那些（对他留在那儿）感到高兴的人的快乐”。

伦韦表现公开，他的同事则表现一般。弗雷迪（很奇怪，没有公开承认，但却是实情。莫里斯的存在隐隐约约地有些令人他不安）。还有隆登先生[1]和斯帕洛（态度十分隐秘）。因此你看，真让人受不了。罗伊给他写了封信，一定写得很好。你还记得那封信吗，关于莫里斯获得钦定讲席教授一职的信？他在信中称，“作为学者和才子，如今你的名望已如日中天”。还有其他挽留的话，如当不当教授实际并不重要，写到在瓦德汉姆学院的生活之美（还引用了戴维·塞西尔的话），写到重要的不是莫里斯出书或是有关那些书的评论，而是他对叶芝的见解，还有他对瓦雷里[2]的评论文字。总之，那封信诚挚感人，充满朋友真情。昨晚我遇见了老J.A.斯彭德[3]。根据斯蒂芬的叙述，别人会以为他叔叔是一个让人讨厌的怪物，愚不可及、恃强凌弱、极端反动。见了面才发现，他的确十分愚蠢，但相当可爱，极为绅士，满肚子有关德国皇帝的搞笑故事，本质上极其友善而且很有教养。我相信，自己这辈的人到了他那个年纪，没有一个能够像他那样如此远离痛苦，远离怨恨，乐天快活，慈祥可亲，同时按良心处世，一丝不苟，诚实坦率，令人为之感动。他的见

[1] 罗伯特（“波比”）·佩顿·隆登（1903—1940），1929—1940年为基督教堂学院研究学者，1937—1940年为惠灵顿学院教师（在德国空袭学校时遇难）。
[2]（安布罗斯—）保罗（—杜桑—儒尔）·瓦雷里（1871—1945），法国诗人和散文家。
[3]（约翰）·阿尔弗雷德·斯彭德（1862—1942），新闻记者、作家，1896—1922年任《威斯敏斯特公报》编辑，斯蒂芬·斯彭德的叔叔。

解让人敬畏，而有关斯蒂芬的趣事又十分可笑。“斯蒂芬是个好孩子，**好**孩子。问题是他那些朋友，老是怂恿他干一些与他真诚善良、无忧无虑的个性背道而驰的事。我知道是奥登先生。无时无刻，无孔不入。这个奥登。就是他，我敢保证，就是他让斯蒂芬写什么烂牙之类的东西。我相信斯蒂芬自己根本想都想不到那些东西。”可是到头来，每次我一张口，他就会冲着我嚷，“我知道你要说什么”（他说这话时脸上带着哈罗德太太的那种表情——“你想说帕特爱上的那个女人与斯温伯恩和梅瑞狄斯也打得火热”[1]，还说了其他。唯 225
独没提自己在1908年的时候相当知名）。他的话听起来是那么哀婉可怜，还有点卑鄙下作。真是一位非常卑微的旧时代自由主义知识分子。

你准备为麦考利小姐[2]和康诺利先生写关于宠物的谬误故事吗？我极其荣幸地发现自己拥有这样的朋友，但实在不知该如何回答。为什么艾略特先生没有包括进来？他会非常乐意的。还有约翰·海沃德。塔楼中的少年们[3]被排除在外倒是再正确不过。

你很快会到牛津来吗？下个星期就来，好吗？只要你方便，哪一天都行。希望你一切都好。今天上午我给你挂了电

[1] 未找到出处。
[2]（艾米丽）·罗斯·麦考利（1881—1958），多产小说作家、诗人、新闻记者、历史学家、旅行作家。这里提到的写作工程最后似乎无果而终。
[3] 原文第181页注1。

话，他们说你出门了，不知哪天回来。我想你的手术应该没有留下什么不好的后果。方便时，请尽快来。

你的

沙耶

附言：听说你认识布里斯[1]先生，不知是否方便麻烦你问他一下，能否找个时间，过来给这里的本科生和老师们开个音乐讲座，看他喜欢，谈什么都行。这儿似乎没有人认识他，而我又负责一个类似音乐佛罗伦萨社团[2]的工作。

致伊丽莎白·鲍恩

[1937年1月下旬][3]

全灵学院

亲爱的伊丽莎白：

请于星期二过来共进午餐。就你我两人，没请别人。但为了让你去除可能产生的犯罪感，或因此而希望早早离开，或许我会请博厄斯先生和汉普希尔先生一起来喝茶。这样安排怎么样？假如你觉得有何不妥，请一定告知，否则我会邀请他们。我欠他们一份人情，不过你完全有理由抗议，不应

[1] 阿瑟·爱德华·德拉蒙德·布里斯（1891—1975），作曲家，后（1953）担任女王音乐学院教师。

[2] 一个名为佛罗伦萨俱乐部的沙龙。见迈克尔·伊格纳季耶夫采访伯林录音之九十。

[3] 伊丽莎白·鲍恩的回信提到2月1日为“下个星期一”。

该把你当作回报的手段。这些话深受斯帕洛—全灵学院式俏皮风格的影响，我必须尽力避免。说到讲话缺少机智，我想到了阿瑟·C-M。我会买他[1]和汉弗莱的书[2]，并打算给他 226
们俩写信祝贺。我同意你的意见，确实有必要加以美化（我克制不住地讨厌这个词，它使波希米亚派和市俗之人大行其道，对扼杀浪漫主义的福楼拜也是，我很赞同马克思的思想，认为波希米亚派和市俗之人都是中产阶级思想的庸俗化体现），但强烈反对注入苛刻或做作的评判（即你所说的胡说八道型），同时也反对评论时任意释放作者情感，想当然地认可某种情真意切但却俗不可耐的自我表现方式，完全没有自我、夸大其词地由衷展示根深蒂固的肤浅特质。对这些，我甚至在生理上都会觉得不舒服。例如阿瑟的前几本书。但我还是会读这本以及《死点》。[3]星期二我们可以聊聊罗斯·麦考利的小说——我觉得它可能不太行，个别地方甚至很虚假，缺乏真实感。结果就像你说的，显出在个人品行和专业知识上的浮躁和虚荣，等等。我不知该怎么办。我这就准备去图书馆，读读T.布朗爵士[4]的书，我知道自己读完后会拒绝。

[1] 阿瑟·卡尔德—马歇尔，《空头支票》（伦敦，1937年1月）。
[2] 汉弗莱·豪斯版的《吉拉德·曼雷·霍普金斯的笔记和论文》（伦敦，1937年1月）。
[3] 阿瑟·卡尔德—马歇尔，《死点》（伦敦，1935）。
[4] 托马斯·布朗爵士（1605—1685），医生、作家，创作了《一个医生的信仰》（伦敦，1643）和《低级错误及众所公认的真理》（伦敦，1646）。

“希望你不要称我为Hants”[1]，瞪羚羊语气坚决地对我们爱随便开玩笑的麦克格雷格[2]教授说。他坚决认为，他人不应有强烈的情感；宇宙不应该跨越性地迅速转动；人们不应该持续不断地从一个模式跳跃至另一个模式而不留下任何碎片。他本人就极力回避戈伦韦粗俗的表述，并且对纸上游戏有一种孩子般神经质的恐惧。我经常因为讨厌变革，并且努力维护和仔细修复人生中重大事件的古老要旨而遭人挖苦，却发现这种攻击充满高尚的精神，十分令人愉快。他们给我长者的感觉，那种既像老师，又像伯父，又像保姆，又像艾略特的仁慈之情也非常有趣。的确感觉非常非常之好。也许世上的确存在过度缺乏自怜这种东西，与正常方向相反。我相信自己正处于这一反常心态。不敢肯定你就没有这种心态。

爱你的

沙耶

我还会跟你讲格雷夫斯小姐的婚礼[3]，以及弗斯科伊尔
227 先生和德·贝尤[4]小姐的事。

[1] Hants为英国汉普希尔郡的邮编标准缩写。斯图尔特·汉普希尔另一个绰号的来由是因为他身材瘦小，动作优雅。
[2] 戴维·哈钦森·麦克格雷格（1877—1953），政治经济学德拉蒙德讲席教授，1922—1945年任全灵学院研究员。
[3] 她嫁给了理查德·奇尔弗。
[4] 可能指戈伦韦·里斯从前的情妇帕米拉·德·贝尤（原文第174页注7）。

致 H.A.L. 费希尔

新学院院长

1937 年 2 月 1 日

全灵学院

亲爱的院长先生：

我谨为您获得功绩勋章[1]表示最热烈的祝贺！勋章本身的高贵内涵不言而喻，而您赋予这枚勋章的特殊荣耀更是大于您可能从它那里获得的荣耀。长久以来，您获得这枚勋章的资格不言自明，我们学院的同事和我经常谈到这枚勋章的颁发是多么恰当，因为现在您拥有了它，人们才体会到价值和存在（请原谅我使用了自己的专业用语）之间的均衡，而不是将其视为世界上发生的一桩崭新而非凡的事件。我十分怀疑，所有那些无论多么真诚地表现出尊敬的人群，是否能够使您明了自己在师生们，尤其是那些能够见到您并和您交谈的师生们心目中所占据的绝无仅有的地位。牛津是一个非常严密、自给自足的体系，拥有一套个人的、有时候不真实和有悖常情的象征和价值观系统，总是与外界格格不入，我不能想象，在本世纪，还有谁，还有哪个人，能够使这个镇上的所有居民产生如此无条件的、坦率的崇拜。我本可

[1] 功绩勋章，君主的个人赠予，成员仅限二十四人，1902年由爱德华七世设立，它“授予为王室服务性事业或是对艺术、学术、文学和科学及其他我所了解到的特殊领域的发展，做出非凡贡献的人士”。伯林本人于1971年被女王授予功绩勋章。

以仅代表自己说这番话，但是我深信在私人问题上以集体名义发言的好处，不过作为历史学家的您也许不会赞成这一点。

您真诚的

以赛亚·伯林

牛津大学博德莱安图书馆费希尔档案74号文件，第82页

在患上流感引起的并发症后，伯林在疗养院调养了一
228 个月。

致伊丽莎白·鲍恩

星期三［1937年3月3日］

全灵学院

亲爱的伊丽莎白：

四个星期的慵懒一点都不会令人不适。最初的恐惧之后，我发现雪白的墙壁、爱尔兰护士以及无限的闲暇几乎是怡人的，我感到非常宁静和极端坚韧，处于某种绝对的休息之中。我知道自己的状况不正常，因为我意识到自己不想见任何人，回忆起以往发生的一些不愉快的事情，我也不感到痛苦，意识到自己几乎可能正处于伍尔夫太太的状态，一切都极其明晰、戏剧性地发生，不过这只是在一层薄壳之下发生，不是玻璃壳，而是冰壳，这层薄壳吸收所有原始的品质，只允许一切以图式化的，然而却非常充实和生动

的形式出现。这种状态对我来说的确非同寻常，我是一个现挣现吃的人，目前的状况太让我喜欢了，这种状态的延续像是天堂。我怀着有意识的、一本正经的平静心情，缓慢地读书，每天和我的两三个访客愉快而琐屑地交谈。你送来鲜花，我很感激，它们完成了病房戏的演出场景，使一切都很有气派、很完美。真的很好。慢慢地读书，清楚地理解每一个字，海纳百川，无懈可击，因为从科学观察者的层面来看，这是最舒适的状态。失去它，我很遗憾。我现在过着严格控制的、疑心自己有病其实又没病的生活，更早起，更早睡。下个月，我想去意大利，或者任何有炎热太阳的地方。我一时养成了弗雷迪那样的热带习性，一冷就感到痛苦，如果你想象一下，对我而言，这可是和以往很不一样的状态。

莫里斯非常快活，简直就决定不回来了。菲利克斯·法兰克福特写信跟我说，莫里斯将会得到耐心的、敬仰他的听众来听他的故事，在他面前美国没有受到贬低，他将会像英雄一样受到欢迎。此外，总而言之，等等，也许他们周围的环境一点也不适宜。显然他会留下来，我很高兴。我试图劝他也请罗杰·森豪斯留下来，他不肯。他同意森豪斯是个很不错的人，但又说他不能容忍客人，因为他们四处闲逛。博厄斯先生对莫里斯想留下来的愿望感到不悦，莫里斯回应说，博厄斯先生**喜欢**所有人，不过他喜欢其中一些人要比另一些人多些。斯蒂芬公开放弃他书中的观 229

点[1]并加入共产党，这使我感到害怕和不安，一部分是由于感到自己受到轻视而被激怒，因为我的口才都白费了（你记得，午餐的时候）。[2]我认为这都是因为托尼，因为感情用事，所以这必定导致令人难堪的愚蠢之举。我收到他从布港[3]寄来的最热情洋溢的明信片，像以往一样，我会打击他的热情；我认为他收入多布雷的汇编[4]中的关于济慈和雪莱的文章非常好，约翰·海沃德关于斯威夫特的虚弱身体[5]的描述极其令人感动，斯帕洛所写的关于曼斯菲尔德勋爵[6]的自传体和喜剧式的文章也是如此，但是艾略特关于拜伦[7]的文章——他被当成一个有着难看面孔的苏格兰宗教诗人来看待——有过度臃肿的倾向，非常棒，非常出人意表。你读过

[1] 在他的《从自由主义前进》（伦敦，1937）一书中，斯彭德认为，对季诺维耶夫和其他托派分子的所谓公审和处决（1936年8月）表明，需要在苏联以民主宪法的形式实现自由主义，允许批判苏联政府。不久，哈利·波利特，英国的共产党领袖，劝服斯彭德，让他相信那些被处决者有叛国行为。斯彭德2月16日加入共产党，2月19日在《每日工人报》上发文，收回他在书中表述的自由主义观点（斯蒂芬·斯彭德，“我加入……共产党”［省略号部分究竟是什么意思？］《每日工人报》1937年2月19日第4版）。

[2] 也许是指伯林“下跪”恳求斯彭德不要加入共产党（迈克尔·伊格纳季耶夫录音之九）。

[3] 在西班牙东北海岸，离法国边境不远。

[4] 斯蒂芬·斯彭德，“济慈与雪莱（1795—1821；1792—1822）”，伯纳米·多布雷编，《从安妮到维多利亚：多位作者文章汇编》（伦敦等，1937），第574—587页。

[5] 约翰·海沃德，“乔纳森·斯威夫特（1667—1745）”，出处同上，第29—40页。

[6] 约翰·斯帕洛，“曼斯菲尔德勋爵（1705—1793）”，出处同上，第252—264页。

[7] T.S.艾略特，“拜伦（1788—1824）”，出处同上，第601—619页。

吗？很聪明的一篇文章，体现出他有多么好的脾气。

沃尔波尔先生今晚要对一个反残酷协会讲演，我不知为什么觉得这件事如此滑稽。[1]

尽管汉普希尔是瞪羚羊，我还是得出结论，他是吸血鬼。我每次和他谈话之后都觉得自己流失了一点血液。而他的脸色就说明他是从某处汲取了鲜血。很抱歉我明天不能来，据说旅行对我是致命的。

爱你的

沙耶

接着，伯林陪同他的父母去意大利度春假。

致玛丽·费希尔（在罗马）

星期五［1937 年 4 月 9 日，明信片］

威尼斯达涅利酒店

你的来信给了我莫大的快乐。[2]我难以表达自己对罗马的热爱之情，四周群山不可抗拒的向心作用造就了它的和谐，它是唯一一座使我产生虽不高尚却很强烈的文学上的惊叹感情的城市。这绝非一座可以忽视的城市。我刚刚才读 230

[1] 休·沃尔波尔，废除残酷运动国家团体副主席，在3月3日晚卡法克斯礼堂对反残酷运动牛津大学联合会演讲。

[2] 玛丽·费希尔3月29日的来信描述了她对罗马的美好印象，她的这次旅行使用的是萨莫维尔学院提供的奖学金，名义上是为了研究罗马历史。

了《阿斯本文稿》[1]，被这里的一切所感动。我希望我能有一本恰逢其时的书，书中有人说“这是一个令人愉快和有说服力的事实，夫人，这一点不常有人注意到，有的人能够让别的地方更吸引人或者更令人惧怕”，等等。“是的，的确。”她说，然后又说了一次，“是的，的确。”你读过《流年》[2]吗？我在云一样的物质间飘荡，发现为《亚里士多德学会公报》写一篇关于归纳的论文可真难。[3]

沙耶

致谢拉·格兰特·达夫（在布拉格）

1937 年 5 月 3 日

全灵学院

亲爱的谢拉：

真的非常感谢你的来信。我会立即回复，如果有任何看得见摸得着的机会去普拉哈［布拉格］。但是没有，我恪尽职守，陪着父母去梅拉诺，中欧布尔乔亚朝圣的中心之一。我完全被马里昂巴德—梅拉诺的城镇迷住了。无论如何，你知道，我喜欢一切战前的东西，荷兰、爱尔兰等。然后，我去了维琴察，那里就是天堂。你知道我实际上没有什么眼力，而且也不把时间花在看风景上面，然而帕多瓦或是维罗

[1] 亨利·詹姆斯的中短篇小说《阿斯本文稿》（1888）的背景在威尼斯。
[2] 弗吉尼亚·伍尔夫的小说《流年》，1937年出版。
[3] 这篇论文（原文第160页注5）在7月10日星期六早上寄到布里斯托大学。

纳是那么华丽宏伟，到处是美丽的、令人难忘的、极其古老
的、非常有文学色彩的、非常迷人的建筑和街道，不过人不
能因为这样的理由就住在那儿。而维琴察就是纯文艺复兴风
格的了，到处是绿叶，四周环绕着长着树木的小山，欢快的
帕拉迪奥建筑，连续不断的、没有压迫感的、不会导致幽闭
恐怖症的拱廊，还有一座饰有远景油画的文艺复兴剧院，我
无法跟你说它有多美。我应该从中国来，去听听蒙特威尔第
在那里歌唱。抱歉，我所说的这一切听起来像是鉴赏家的语
气，但这表达了我真实的感受。然后我去了威尼斯，但如果
住在维琴察是很棒的，我也不反对死在那儿，尤其是死亡本 231
身已经没有思想了，如果你明白我的意思，不是生命中的一
个事件。[1]威尼斯很邪恶，如果真有上帝，那么它就一定会
被毁灭（我真的要道歉，整个这封信现在已经开始变成有点
荒诞的书信体了）。

这里是如此美丽，如此与世隔绝，强烈的幽闭恐怖困扰着人，使人想逃避许多事。而在另一方面，我开始对图画有了真正的感觉——我不记得你有没有这些画。人们往往不太讨论它们，我准备好讨论了。你读过《阿斯本文稿》吗？在威尼斯读这本书是一次最直接的文学体验，还有就是《前夜》[2]。然而，愉快和愚蠢的事就是登上一艘刚朵拉，穿行在

[1] 参看路德维希·维特根斯坦，《逻辑哲学论》（伦敦，1922），6.4311命题“死亡不是生命中的一个事件”。
[2] 屠格涅夫的小说（1860）。

一条很肮脏的运河上，意识到这就像一本二流小说，然后突然听到从一座不太美丽的大厦窗户里传来肖邦的乐曲，于是意识到这是一部多愁善感而且滑稽的电影中的场景：说实在话，这是很迷人的感受。米兰的歌剧院是无法描述的司汤达式的华丽场景，首先，它有六层包厢；其次，包厢里面坐满了身着华丽礼服的市民，以及比我所见过的衣着还要更大胆更美丽的女人；再次，正厅前座区坐满了人，如果你从楼上往下看，那些雪白的衬衫前胸就像水波一样闪闪发光，包厢里的幽暗灯光营造出19世纪初最奢华的歌剧效果。唱的还是多尼采蒂的歌曲。我还完成了为亚里士多德学会写的论文，很有成就感。我希望你在那里，那是如此宏大的场景，你不仅会喜欢它，也会喜欢谈论它。歌剧名为《爱的万灵药》[1]，很赏心悦目。我希望，我真的希望能够对你说这一切，使用语调和手势，而不是使用形容词。在一段冷淡期之后，我们在伯克利广场的某个地方一起喝茶，我对你的感情重新被唤起，而后你的来信又使它更加强烈，现在它就像汹涌的潮水。[2]我很遗憾你在伦敦逗留两天时或是别的什么时

[1] 伯林此处原文为：Elisir d'Amore。
[2] 伯林和谢拉·格兰特·达夫的关系似乎经历了一系列的冷淡期和协调期。在对伯林这封信的回复（5月11日，布拉格）中，她写道："我担心你对我的感情总是像潮汐，在这个国家时，它巨大的退潮从未因为另一次巨大的涨潮而得到弥补和平衡。也许这次涨潮是巨大的。""巨大的退潮"也许指的是他们在1933年9月初同游外喀尔巴阡地区的鲁塞尼亚，关于那次旅行，达夫写了一封没有注明日期的信："在你面前，我会永远表现得美丽，并努力记住你在日利纳说的话。"

候我没有见到你。后来，有人在亚当和我之间挑拨，我不知道是谁，我的注意力都在那件事上了，度过了深受折磨的几个星期后，我又发现了你的来信（但是道格拉斯说地址无效），河水又涨了起来，此时河水正没过河堤。

我去参加了简·兰德尔[1]举行的派对，每个认识的人都适时出现了，甚至你的母亲和兄弟也来了，还有佩吉等人。我不知道这是为何，但是整件事似乎极不自然，就像对过去情景画的一张友善的讽刺漫画：一点也不纠缠，非常和谐，但隐约有点傻。另一方面，有些人物，例如斯蒂芬、戈伦韦，还有，我想是莫里斯，依然可敬，不喜欢约会。克里斯托弗走了，目前不再和我们在一起。据说，他烦了。你能相信吗？我坚持认为，他将经历一次可怕的冲突，然后在夏天恋旧地回来。关于克罗斯曼的绯闻，人们大惊小怪了一场。在贝克太太[2]的离婚案中，他有没有作为共同被告而被传唤？有人说没有，但是皮尔金顿[3]发誓说他看见报纸上这么说了，阿瑟·索尔特爵士不太确定他没见到。院长[4]把他 232

[1] 简·兰德尔（1912—1991），1931—1935年就读于玛格丽特夫人学院PPE专业，曾任圣保罗女子学校班长。

[2] 伊内兹（"伊内兹塔"/"兹塔"）·希尔塔·贝克（1900—1952），1923年起为约翰·兰达尔·贝克（1900—1984）的妻子，1918—1921年就读于新学院动物学专业，自1932年起为大学教师，1937年任大学动物学和解剖学示教讲师和讲师。克罗斯曼1937年12月18日和兹塔·贝克结婚。

[3] 阿诺德·皮尔金顿（在新学院和克罗斯曼在一起），也许是他的父亲。

[4] H.A.L.费希尔当时敦促克罗斯曼进入政界。克罗斯曼确实辞去了他的研究员职位，使学院管理层免于陷入不得不决定对离婚案做出何种反应的尴尬境地。

从政界赶走了吗？或者其实他只是辞职了？没有人知道。目前，这是我们这里最大的丑闻，不过人们对它不像以前那样怀着狂热的兴趣了。我还没有读戈伦韦的小说[1]，他受到不温不火的欢迎，我会读它，而且相信自己一定会感动，因为只要当我认识一个人时，我就会听到他的声音。你的生活是一个深邃的谜：你做什么？你认识谁？在世界顶端（这是不是一个俗词？）你的价值几何？人什么时候才见到你？我会高兴地在7月末或者8月末去布拉格，那是否合适？如果不合适，就不要考虑这件事了。同时，我想见你。你是否能再给我写封信？上一封太短。还有，你知道连续性本身就是我的目的。请写信。

你冬天在雪中会见道格拉斯，经他叙述，成了一段纯粹的杰伊浪漫故事。我想我应该结婚。

爱你的

沙耶

此时，伯林每日和J.L.奥斯丁的哲学讨论渐渐演变成了规模更大的论坛。奥斯丁和伯林邀请了弗雷迪·艾耶尔、
233 斯图尔特·汉普希尔、唐纳德·麦金农[2]、唐纳德·麦克纳

[1]《分隔他们的桥梁》（伦敦，1937）。

[2] 唐纳德·麦肯兹·麦金农（1913—1994），1937—1947年任基布尔学院研究员与哲学导师，1942—1945年任牛津皇家海军和皇家空军军官候补生哲学特殊课程主任，1945—1947年任巴利奥学院哲学讲师。

伯[1]以及安东尼·伍兹雷参加他们的活动。1937—1939年，他们每周四晚在伯林的房间聚会，这个团体的“普通语言”方式成为“牛津哲学”的典型特点。他们主要讨论的问题包括：奥斯丁和艾耶尔相对立的观点，就哲学而言，他们两人无论怎么说也是不共戴天的仇敌，这促成了动态的思想交流。“[他]们总是处于几乎是不断冲撞的状态中，艾耶尔像一枚不可抵御的导弹，奥斯丁就像不可动摇的障碍物”。据伯林说，这形成了“我所知道的最有趣、最自由、最活跃的哲学讨论”。[2]

致阿尔弗雷德·齐默恩[3]

[约1937年6月10日]

全灵学院

亲爱的齐默恩：

关于星期天早上召开的PPE专业会议[4]，以及你邀请大家写写自己的想法一事，我想列出一些建议提纲，也许对讨论有利。

[1] 唐纳德·乔治·塞西尔·麦克纳伯（1905—1991），哲学家，1935—1969年任彭布罗克学院研究员。
[2]《个人印象》第2版，第144页。
[3] 阿尔弗雷德·（埃克哈特）·齐默恩爵士（1879—1957），1898—1902年就读于新学院古典学专业，1904—1909年任古代史研究员与讲师，1930—1944年任（首位）国际关系学蒙塔古·伯顿讲席教授，自1931年起任新学院编外研究员。
[4] 1937年6月13日。

我的观点是——我不知道哲学系的同事对此观点有几分赞同——目前，PPE学科负荷过重，它达到的统一性常常很不自然，并因此放弃了它本该致力于实现的目的，即促进知识的积累与提高清晰思维的能力。这是得到广泛认同的事实，实际上，没人可以把精力全部奉献给这三门科目，并指望在这三个领域都表现优秀，然而，这三门科目却都是重点。结果，本科生惯常的做法是忽略其中一门，这种做法没有哪个导师可以控制得了，因为他还不至于要求他的学生做不可能做到的事。这种情况使得整个学科建立在了悲观的基础之上，因为它在个例方面的成功是以系统性地破坏一门或者其他两门科目为必要条件的。如果这些前提［是］正确的，那么结论就是这种局面只能通过减少科目而得到纠正。最自然的解决办法似乎是允许学生们在三门科目中选择两
234 门，任何两门都行。这样的提议也许会遭到反对，我想这样的反对并非全无道理，那就是认为当本科生上大学时，并不知道他们擅长其中的哪两门；而且只有三门都学过才知道。针对这一点，我提议如下方案：

1. 在第三或者更好是第四学期（为了不损失第一次长假），即PPE专业学习的中期，对现有的三门科目采用中级选拔考试的办法。选拔分三个等级：一等、二等以及及格。这样可以激发学生力求上进和勤勉用功。我想，具体细节问题不需要太麻烦就能够解决。

2. 第二阶段的学习仅有两门科目，任何两门科目组合

均可[1]；在我看来，就优先性而言，政治更容易和哲学或经济学组合，而经济学与哲学的组合就没有那么容易。不过在这点上我很可能是错的。

3. 语言，我认为是这个学科不可缺少的组成部分，如果不懂除英语之外的至少两种语言，没有人可以毕业，因此语言课程应该被包括在学科的第一学习阶段之内，以规定的德语或法语教材授课。现行的当场翻译测试可以取消，这个做法实在没什么可取的。

4. 学生免去了其中一门课的学习之后，就可以投入更多精力学习所选的两门课，就可以达到更高的水平。这看来是不错的。似乎人们通常认为，学习PPE专业的学生的哲学水平要低于学习人文学的学生。对二者不对称状态［的］改变也许能够弥补这一点。

5. 尽管学生们可以在三年学习后获得优秀生荣誉学位，我认为，应该允许想要进行专门学习的毕业生获得专门学习的机会，做法是类似于BCL[2]专业，让他们只学习一门课程。对于任何想在某一科目学到专门知识的人而言，三年时间并不真正足够，如果提供第四年的课程，并颁发专门学位，就会吸引那些现今为了获得文学士而在犹豫中写论文的

[1] PPE专业双科荣誉专业自1970年10月起实行，1971年进行了第一次考试。见1969年《牛津大学公报》第91页理事会周会（负责牛津大学学术政策的制定）有关条例中篇幅较长的注释文字。
[2] 民法学士（Bachelor of Civil Law）。

学生。一个管理有序、带研究性质的学科对他们来说会好得多，在某些领域，例如哲学，这会吸引那些学过人文学的学生，同样还有PPE的学生。最后这项计划，尽管也适用于其余方案，就其对形成日益专门化的学术金字塔塔尖的意义而言，可以被视作独立于其余方案，因为它可以被嫁接到目
235 前未经改革的学院，同样会取得成功。

这就是我的建议，还没有经过论证。不知道下个星期日在新学院讨论它们是否合适，但如果你同意，也许你可以告诉我，你认为它们是否值得考虑，是否可以在其他同事写给你的建议中看到对我的建议的支持。这份零乱的文件当然不值得对别人说，但是也许可以允许我在会上就此建议说一两句话。

你真诚的

以赛亚·伯林

牛津大学博德莱安图书馆齐默恩档案116号文件，第67—68页。

在下面这封信的最后一段，伯林提到了1937年6月8日在牛津新剧院为牛津大学募捐基金而举行的托斯卡尼尼与BBC交响乐团合作的音乐会，伯林匿名为这次音乐会写了评论并发表在《牛津杂志》上。[1]在伯林即将走完他

[1] 1937年6月10日，第719—720页。在第二天《牛津邮报》（第3版“牛津日记”）上这篇未署名文章一点不乏诗意。

的人生旅途之时，我请他确认他本人就是这篇评论文章的作者，他回答说："我不能否认那篇关于托斯卡尼尼的评论就出自我的手笔，文中所有的情感与我如今对他的感觉还是如此一致（其他的则不会）……"他在评论中写道：

> 当代最伟大的指挥家的宏伟姿势可能会作为本世纪的这个时期、牛津大学历史上最值得注意的艺术盛事而被世人铭记。也许，自一个半世纪前，以一部著名的交响乐题名作为纪念的约瑟夫·海顿对此地的拜访以来，这是牛津所获得的最伟大的音乐荣誉。对每一位在场者而言，这都是一次极为重要的个人经历，那些之前从来没有听过他指挥演奏的人们发现，对他们来说，这次音乐会改变了艺术可能触及的界限，并在这一方面彻底改变了他们的音乐体验。[1]

致斯蒂芬·斯彭德

[1937年夏]

全灵学院

亲爱的斯蒂芬：

几个星期前就该给你写信了，为托斯卡尼尼道歉：在最后一刻，完全出于个人原因，我无法如约：一位马沙克博 236

[1] 第719页。

士[1]正在审读关于我这个学科的一篇论文。我想没什么人会去他那里，他人很亲切、博学，还是难民，等等，所以我必须去一趟，如果你能理解我的意思。我让西勒·林德去见你，很大程度上是因为我太久没有见她，没有和她联络，而怀有强烈的负罪感。在这一点上，你会公平地说，让她来见你不能补偿我的缺席。这正是我道歉的原因。第二次我正同盖伊·布兰奇一起走，照你和伊内兹的话说，他是我的一位忠实信徒，德瑞克［·凯恩］突然出现在我们面前，用沙哑而轻松的声音向我们打招呼“你们好，小伙子！”，我不明所以，但是他的态度导致了我生理上的震动（这种事不常发生），于是我仓皇逃离，躲到人多的地方去了。希望他没有生气，不管怎么说，我不可能有别的行为表现。比［彻姆］小姐会接受莫里斯的求婚吗？我很好奇，知道不论结果如何，即使是什么也没发生，我都会感到遗憾。上星期我第一次见到卡里特太太[2]，那是在莫德家举行的晚会上，我们俩都很不喜欢这次晚会。我觉得她很可爱。她提到你的造访，看起来对你很关心，她谈到维斯坦和海因茨[3]。我还

[1] 雅各布·马沙克（1898—1977），1933—1935年任全灵学院经济学齐切利讲师，1935—1939年任统计学高级讲师和牛津统计机构主任，1939—1942年任纽约社会研究新学院经济学教授，1943—1948年任耶鲁考尔斯经济学研究基金会主任。

[2] 威妮弗雷德·玛格丽特·弗兰普顿·卡里特，婚前姓埃提，E.F.卡里特的妻子。

[3] 德国人海因茨·内德梅耶自1932年起是斯蒂芬·斯彭德的朋友克里斯托弗·伊舍伍德的男友。在从卢森堡被驱逐期间，他逃避征兵直至1937年5月。他返回德国，并因同性恋行为被监禁。

从来没有在一间传统的客厅和一位上了年纪的人如此自由地交谈，并十分享受这点。如果你见到她，请告诉她我的感受。她让我给她打电话，任何一个星期天都可以拜访他们家，这一点我做不到，但我还是想以某种方式表达我的感激。

我收到克罗斯曼的书[1]的赠阅本。写得很好，非常令人震惊，很真诚；卖得不是很好，尽管有那些很好的评论文章。我奇怪为什么不好卖。罗斯终于带着他的书[2]劲头十足地着手那个领域了。他不惜花时间告诉我他是如何摆平了评论家，人永远也不能平心静气地倾听这样的事（就像一些维多利亚时期的理性主义圣人的书信摘录那样），我想我憎恨机会主义者的炫耀，甚于憎恨圆滑和扬扬自得，你也一样吗？

托斯卡尼尼在这里的演出棒极了，然而勃拉姆斯第一交响乐的第一乐章，就像汤一样，不能被他那样拆解，就像通心粉似的，我是说，它经不起这样折腾，听起来不好，而且不和谐。

为什么V.伍尔夫使用这么多套话？

沙耶 237

[1]《今日柏拉图》（伦敦，1937年5月）。
[2]《复仇的理查德·克伦威尔爵士：一位伊丽莎白时代的英雄》（伦敦，1937年6月）。

致伊丽莎白·鲍恩

[1937 年 7 月？]

全灵学院

亲爱的伊丽莎白：

没有写信，我恐惧地感到有罪，星期天我也不能来吃午饭，要访问贫民区。你会见到我的客人（盖伊·布兰奇）和主教先生（现在是个宗教狂人）。我随后很快就到（我访问贫民区＝厄莱勋爵[1]、纳米尔教授[2]、犹太复国主义者），请你在莫德林学院散步，并且来喝茶。萨尔茨堡的安排发生了古怪的变化，我是指房子。现在有人提供了一座古老的房子，里面都是旧世界的玩意儿，我相信那一定会讨你的喜欢，房子在老镇上的不知什么地方。不知道我们最后会怎样，除非你反对，我就接受下来了，如果你有好的意见，请一定要说，我讨厌负责任。昨天约翰·海沃德和罗杰·森豪斯一起在这里露面了，在试用过罗伊牌护肤油之后，恶狠狠地给了几句评价——很令人愉快。罗杰提到哈罗德·安提帕斯，随后我们作鸟兽散，心满意足地上床睡觉，瞪羚羊异常享受这一切。

爱你的

沙耶

[1] 杰拉德·卢夫斯·伊萨克斯（1889—1960），瑞丁侯爵二世、瑞丁伯爵、厄莱子爵、瑞丁子爵、瑞丁男爵，中殿律师学院律师协会主管委员。

[2] 刘易斯·（伯恩斯坦）·纳米尔（1888—1960），1929—1931 年任巴勒斯坦犹太人代理机构政治书记，1931—1953 年任曼彻斯特大学现代历史教授。见伯林在《个人印象》中关于他的文章。

致斯图尔特·汉普希尔

星期二［1937 年 7 月？］

布莱顿大都会酒店

亲爱的斯图尔特：

强烈反感。我想我现在的行为称得上残暴。这种时候要让你控制并调整自己，根本就是没有为你着想。[1]因此，如果你留在伦敦，我在布莱顿，直至下周的任何时候再见面，这样最好。这么做有许多好处。特别是你所经历的，回头想想，它会自我安排，重要的事和琐屑的事自动归位，你将不会因为此时以巨大的情感力量强调了不重要的东西，之后又因为对其夸大、使其膨胀，甚至自我消耗而羞愧，而因此遭受折磨（我常常受到这样的折磨）。当然我会要求你告诉我，你是很正确的，告诉 238
我一切或者什么都不说。但是你最好什么也别告诉我，直到你相信自己不会陷入尴尬或是半途懊悔。我知道，自己会决定开口，用一种装腔作势的平稳音调，假装强硬地说话，这种伪强硬我可以在奇尔弗太太[2]那里找到共鸣，我这么做的时候，知道这种伪强硬有同样的成分——客观化的决心，这样就能避免把主观自我的需求、恐惧投射到对事实的陈述中，以免每一次对话都成为个人的独自表演，成为前进或是撤退的信号，不管怎么说这也是一次情感战役，一次个人冲突，而这正是我，还

[1] 这封信是关于斯图尔特·汉普希尔与A.J.艾耶尔的妻子勒内的关系的（汉普希尔1961年与勒内结婚），伯林对此持否定态度。

[2] 萨莉·格雷夫斯1937年春和理查德·奇尔弗结婚。

有她，无论如何都极力要避免的。我不知道你是否不需要用更长的时间调整自己，回到我这种直线的生活方式上来。至于弗雷迪，从他的角度来看，对所处环境的麻木不是邪恶，而是美德，像他这样才能幸存下来，像一块表面擦得锃亮、什么东西都沾不上去的铁板（一块磐石也许有点愚蠢）。如果他突然开始做出反应，那么这件事就会变得不可忍受、有损尊严。他根本就不能调适，仅靠这种麻木，勒内想要多少就得付出多少，不再疑心有更多的感情存在，也不再要求什么，婚姻就有可能维持。我尊敬并喜欢他，无论怎样都是非中立的。我不写关于马克思书的时候，就读赫尔岑，他在生活和政治上的充满活力的道德标准，我是多么认同，多么钦佩，无法用言语表达。你所说的面对现实（虽然这不适用于你、普鲁斯特或是亨利·詹姆斯的情况），常常是情感中立的假面，是对明暗对照法本身的喜爱，是不确定的哈罗德式的颤抖，为了那模糊的、甜蜜的、温柔地使人心烦的事情。霍夫曼斯塔尔、斯特劳斯[1]是行家。我憎恶他们。伊丽莎白［·鲍恩］喜欢让鲜血以史诗剧的方式流淌，这很不一样，和美国流派有区别。你对弗雷迪的快活感到烦躁，我看得一清二楚，但是我不明白你怎么没能理解，那恰恰就是我钦佩、喜欢他，却和他亲密不起来的原因，对我来说他是一组非凡特征。如果你给别人加上敏锐的感觉，你不是使他们更突出，而是使他们失去光泽，使他们变成像潮湿而揉成团的纸

[1] 雨果·冯·霍夫曼斯塔尔（1874—1929），德国戏剧家，与理查德·斯特劳斯（1864—1949）合作了许多歌剧。

张一样：嫉妒、戏剧化、肮脏的景象随后就发生了。他归根结底是个二维而不是三维的生物——没有谁比勒内更清楚这一点，清楚这一点使她免受伤害，或多或少允许她像她希望的那样生活。你会希望他继续盲目下去，或者至少这种蒙昧状态延续下去，只是积极利用这样的状态在我看来是不道德的。停止吧，我开始说教了。关于伦理中立的题目，见面时我会对你做一番
布道：抽象的、文学的，而且不引经据典。同时，和我保持通 239
信，至少让我知道你的心思：你是否兴奋、心碎，或是迷茫。我会试着猜测我也许永远也不会证明的事实。我现在不能想明白，我们为什么如此愚蠢，一刻也想不到勒内会毫无必要地告诉弗雷迪一切，使这一切变成灾难，完全失控。无论如何，我想从你的描述中，由于她赋予词汇的意义和价值，她在巴黎感知到的距离比你的要小，而你已经把暗示当成四分之三的事实了。

爱你的

沙耶

致伊丽莎白·鲍恩

星期四［1937 年 7 月？］[1]

［寄自布莱顿大都会酒店］全灵学院

亲爱的伊丽莎白：

我住在面向布莱顿大街的一间很大的客房里，我确实很

[1] 也许这封信是和上一封信同时写的，当然是在布莱顿大都会酒店，也许是在暑假。由于伯林提到没有去爱尔兰拜访伊丽莎白·鲍恩，这一点也暗示了这封信写于夏天。

喜欢它。外面那强烈的生活气息营造出一种间接的活动情景，使人不必从事任何激烈的运动，比如散步。于是我很顺利地写马克思，完全只有自己一个人，这很不同寻常。我的母亲在国外，我的父亲在伦敦。在度过充满强烈的忧郁和被遗弃感的一天之后，我的心情不知不觉调整过来了，确乎变得心满意足。一个人的时候，每次发生这样的情况，我都会重新感到惊奇。而只有在这样的情形下，或是只有一个人陪伴，而这个人我也只有在吃饭的时候才见到时，我才能做到愿意工作多久就工作多久。真的这就是我决定不去爱尔兰的动机。我无法形容有多么想去——我积累了大量的材料，如果能给你审阅，我会感激不尽——我对鲍恩宅邸的热爱（加上戈伦韦认为如此虚假和缺乏生气的崇敬），你知道，是很强烈的。我喜欢艾伦，他和福丁布拉斯有一些共同的特点，你是唯一一个（不排除莫里斯和斯蒂芬），除了其他更单纯更温暖的感情之外，还让我感到绝对信任、尊敬和敬仰的人：我与生俱来的教条主义和自负（相对于并不伟大的虚荣）彻底崩塌了，对此我感到十分快乐。关于绝对信任的话语通常会导向点什么，是特别令人害怕的霸道行为，是向别
240 人施加让人特别不能忍受的负担的前奏。而在这里，我的话语并不预示什么。而且，我确实已经对我的语句中的情感感到厌恶了，请你对这些语句抽象理解，当然语句的意思不是模糊的，而且我看不出为什么就不能说出这些话来。不过，还是回到原来的话题：我认为自己最好不要去爱尔兰：这

确实不是因为要上演讲技巧课[1]（悲喜剧即将开始：如果我不能够把它转变成一种有回报的有趣的东西，我将就此打住），而是因为如果面前放着有吸引力的其他选择，我就无法从事任何工作了。这一点已经一次又一次地被事实证明。你说到塞西尔一家和［E.M.］福斯特先生，当然我很想见到他们。但是总的来说我的工作成果太少，所以不工作导致的负罪感恐怕会超过它带来的快乐：而且，毕竟，我必须给自己一个交代，我在其他许多方面对那些比我更年轻的同辈人表现得一本正经和严于律己（"人们似乎没有意识到的是，人是有**欲望**的。"奇尔弗太太如是说），所以我才时不时对自己做一些严厉的事：也就是说，毋庸置疑，是在可能获得某种利益的时候才这么做，而不是在苦修。

那些都是我的理由：如果我认为我能坚决地和K.M.一起去爱尔兰，我就毫不犹豫地去了，压根儿不会等你第二次邀请。哦亲爱的，为什么我要让费希尔先生来劝说我？这里，下着灰蒙蒙的雨，加上不时的貌似艺术作品的日落，某种亨利·詹姆斯笔下的天气。我慢慢地讨厌这位伟大的作家了。受到斯蒂芬和斯图尔特的胁迫，我开始如饥似渴地读他的书，我承认他显而易见的成就，他是一位严肃的作家：他无疑说了真话，关于虚荣和屈辱的本质、保护性面具的必

[1] 伯林上课是为了让打字员不至于误解他的意思吗？见1937年7月31日和1938年4月15日和玛丽·费希尔的通信，见原文第244页和第270页。

要性、语言的惊人力量、非存在的各种虚构想象，例如“世界”或纯粹的行动。但是我反对他的中立态度。中立性假装没有态度，假装面对现实，不受情感和道德偏见左右：没有立场，反俄，反巴尔扎克，最后反司汤达和福楼拜（二者对浪漫主义和各种形式的令人窒息的阴郁都持非常积极的、几乎是残酷的党派态度：司汤达对反动的仇恨、对中产阶级上层的热情，福楼拜对中产阶级和资产阶级民主的厌恶、对知识分子的固执和风格的仰慕，这些都比雨果和左拉及那些“党徒们”的观点更不加掩饰：从他们身上我希望推论出，那些后自然主义者，詹姆斯、普鲁斯特，甚至某种意义上的伍尔夫太太［虽然她并没有一本正经地假装应付局势：和诗歌中一样不再追求“现实主义”[1]］都有意地抽象了，不是出自更细微的视角、更伟大的宽容心，或是冷静客观，而是出自直接的胆怯，准确地说还不是因为缺乏活力，但肯定是出自缺乏安全感，惧怕承担义务，惧怕说出不可收回的话：
241 普鲁斯特比詹姆斯更勇敢：的确，人必须更勇敢，因为法语不允许把情感上的胆怯翻译成英语中不确定的模糊语言）。我发现詹姆斯没有同情心，不是因为他所有的角色都痛苦地惧怕失去某些显然会被夺走的东西——在他的世界里没有什么是不可摧毁的，我更喜欢19世纪对爱情、荣誉、永恒特质和内心自由等的赞美修辞。詹姆斯笔下的人物全部都着了

[1] 伯林此处原文为：verisme。

魔，全都紧张不安，因为他们的私人世界会被他们自己剥夺（当这确实发生时，就是终极的悲剧），这一切的前提就是，所有人类关系都是互相掠夺的，问题就在于你放弃了多少领地，再有就是因一次投入了太多赌注而产生的恐惧，害怕由于派遣了自己所有的军队去守卫一个阵地，结果却使自己在另外某个方面毫无防护。在早先的作者那里，由于构成你自身的材质，你不会**彻底**失败：在詹姆斯等人那里，只有你的**秘密**武器完好无损，你才能够幸存，你为了逃避而选择的另一种人生，这个体系永远具有双重性。也因为如此，没有人可以沿着任何方向完成四分之三的路程，风险太大了。这当然不是有意的方法，而是情感倾向，几乎是一种瘟疫。在卡夫卡的作品里，人也是无助的，他提出了一个更深刻的（讨厌的词语）命题：既然在某种意义上失败不可避免，那么就应该视其不存在：它不能因为有秘密储备而被避免：确实，拥有秘密储备以及对秘密储备的需求使你在未开始时就已经有失败的症状了：你被诅咒了：所以你不妨继续下去，就好像失败可以避免，采取行动，妥善应对，知道这很绝望，但承认这一点却是愚蠢和耻辱的。这一点更真实，因为它不会以为人的力量可以彻底毁灭其他人（这是肤浅的悲观主义，恰恰是浪漫主义所摒弃的，福楼拜也否定这点：的确，人所崇拜的每个人，俄国人，甚至日本人：只是没有德国人：在这个方面歌德的东西是虚伪的修辞，19世纪的作家令人难为情，就因为他们的悲观主义在这一点上是错误的，一种乔治和沃瑟曼[1]身上的可怕的迫害妄想症：尼采则过分强调了相反的情况：这说明那还是他的同代人深陷其中的泥淖）。但是，接着说卡夫卡，只有超自然的力量改变了问题，摧毁廉价自怜的可能（例如，这甚至在契诃夫——至今看来都是个世纪末论者——那里都可以找到）。

詹姆斯（唉，还有福斯特先生）所关注的过度敏感的问题，逻辑上导致这个理论，那就是我们这些知识分子、敏感者、观察者、讨论者是残疾人，能够从任何异常的角度窥
242 视，能够同时沿**各个**方向移动9/10的距离，不过因此我们就剥夺了自己的生活权利。詹姆斯含糊地把这样的权利给予了那些稀有的正常人，他们出现在詹姆斯世界的边缘。福斯特很公开地提供了五大三粗的运动员的纳粹画像，不允许我们和他们之间有联系纽带。我能明白为什么斯蒂芬，或者斯图尔特，或者福斯特先生、[雷蒙德·] 莫蒂默先生也许会采用他们自己的此类理论。（虽然也许这是自我辩护，可是，如果在足够的恶意和技巧的压力下，什么话语又不是自我辩护呢？）我希望认为，这种学说压根就是错的，关系是可能的，每天发生，在光天化日之下，也许是神经质，但直接，不是永久性的生成和腐化，而是人们之间的直接活动。托尔斯泰也许过度简化了，但从根本上说，他，甚至维多利

[1] 雅可布·沃瑟曼（1873—1934），德国小说家，有时被拿来与陀思妥耶夫斯基比较。

亚时期的常规也是对的：人们完全地给予自己，并没有不可挽回地失去什么：除非人确实如此，信心满满，却蒙受欺骗，一头栽入、猛撞、卷入，一种封闭隐蔽的气氛将继续包围和削弱所有这样或那样稳定自己的企图，没有什么会比别的什么更是任何什么，人将无休止地滑倒，失去把握。无疑可以像普鲁斯特那样生产珍珠，不过是以对男人和女人之间可能关系的极端错误理解为代价的。逐个来看，他说的一切都真实无比，但是累加起来就是错的，因为他不相信可能的格局，我认为这是由于个人原因，或者是年代环境，但不是耐心观察的结果。陀思妥耶夫斯基、托尔斯泰，甚至包括特罗洛普这个痛苦、目光短浅、技巧娴熟、供人娱乐的雇佣文人，都声称这个格局存在，甚至对它进行了描绘。我不知道自己为何如此激进，需要有人挫挫我的气焰。但由于莫蒂默先生感到自己受到了年轻人的欺负，所以不断有证据表明，最好的组合是拼缝物，可能会被拆解，其他人剪去他们喜欢的部分，做成他们自己的被子，接着他们又被掠夺，又被抢劫，或者是令人厌烦，所有的安排都是临时的，每个人都在影响别的人，用别人点燃的火焰温暖自己，这些火焰也许是为了要使某些人烦恼才点燃的，温度也各不相同，总是眼见就要燃烧完了。所有这些多么费解？我是多么简单、幼稚、没有竞争力，不过很合作？整件事情距离愿望的实现有多远？因为我寻求稳定和安慰，不喜欢一次朝着九个方向突飞猛进？我不能再往下写了。请写信到伦敦，渴望见到你。

爱你的

沙耶

这里有许多胡扯的理论。我对自己没有信心，向来不敢重读自己写的信，因为我害怕会厌恶自己说的话。想象一
243 下，对一种如此低级的怯懦行为，福楼拜会多么愤怒地鄙视。如果得到鼓励，我会接着说短篇小说。

稍后[1]

说点隐私八卦：我隐约收集到一些消息，弗雷迪·艾耶尔和斯蒂芬之间疏远了，因为前者不妥地向斯彭德太太求婚[2]。这事情太龌龊，我不想再探究下去了。不过斯蒂芬对我的沉默也许是合乎逻辑的。我相信戈伦韦有权威消息，但**首先**他应该不知道我也听到风声了。别的可怕的事情也有可

[1] 这段话写在另外一张明信片上，被认为和这封信是一起的，因为在伊丽莎白·鲍恩去世后，这张卡片就放在这封信的后面和其他的信件一起交还给了伯林。如果这张卡片和信是一起的，那么它的日期似乎要比7月早一点，因为艾耶尔和斯彭德之间的疏远是在1937年1月间开始的，见本·罗杰斯，《艾耶尔传》（伦敦，1999），第138页。所以也许这张卡片属于另一封日期早一点的信，虽然卡片墨迹似乎和这封信的相同。

[2] 据斯彭德的遗孀娜塔莎说，导致两人之间疏远的原因不仅仅是“不合适的求婚”（里斯是个不可靠的告密者）。艾耶尔和斯彭德即将合作一本书，但是当斯彭德得知，在斯彭德和伊内兹结婚之前，甚至一直到求婚时，艾耶尔和伊内兹都有私情，斯彭德就退出了那本书的合作。两人的私情在斯彭德结婚后也许没有再继续。伊内兹同时还和菲利普·汤因比有私情，这些事被汤因比记在日记里。

能发生。弗雷迪是一个绝对的意大利人，但使我惊奇的是，伊内兹短暂的躁动也被认为情有可原。这陌生的语言啊！我还没有给莫里斯写信[1]，我会的，但我真不知道要说什么。

致玛丽·费希尔

1937 年 7 月 31 日

彼得堡艾什顿·沃尔德[2]

亲爱的玛丽：

现在是七点四十五分，很快就得吃饭了。一刻工夫都没有，有的话也已经花在采访K.巴恩斯先生[3]提供的演说家以及感谢你的父母上面了。对于罗斯柴尔德的房产来说，这是再合适不过的。这些人不是坐飞机来的那些[4]，而是他们的母亲，一位很高贵的老夫人，祖上来自匈牙利。房子里都是堕落的贵族成员，例如，普鲁丹斯·佩尔哈姆夫人[5]，她是 244

[1] 也许（假如7月这个日期是对的）是为了祝贺他和奥黛丽·比彻姆的（短暂）订婚。

[2] 洛丝卡·罗斯柴尔德（1870—1940）的家，她婚前姓冯·沃塞姆斯坦，（纳撒尼尔）·查尔斯·罗斯柴尔德（1877—1923）的遗孀，维克托和米利亚姆·罗斯柴尔德的母亲，后者终身住在这里。

[3] 也许是肯尼斯·拉尔夫·巴恩斯（1878—1957），1938年受封骑士，1909—1955年任皇家戏剧艺术学院院长。

[4] 维克托和芭芭拉（原文第215页注3）。

[5] 奇彻斯特伯爵六世、乔赛琳·布鲁登内尔·佩尔哈姆的小女儿（1910—1952），普鲁丹斯·佩尔哈姆是一位雕塑家，埃里克·吉尔的得意门生和朋友，也是画家和诗人戴维·琼斯的朋友；维克托·罗斯柴尔德在结婚前爱上了她。1939年她与盖伊·布兰奇结婚，后者在二战中阵亡；她后来与画家罗伯特·布勒同居，依据单方契约改姓布勒，但是没有和他结婚（她需要作为寡妇领取年金）。

霍奇金一家的朋友，还有四位这样的人：卡麦尔山勋爵[1]的名叫戈德弗雷·塞缪尔[2]的儿子、福斯特、菲力摩尔勋爵[3]、一位皮特—里夫斯太太[4]，等等。这房子并不像瓦德斯东[5]那样富有而粗俗。詹［姆斯］·德·罗斯柴尔德是一个有着非凡管理能力的人，但是除了某种大众化的格调，对任何东西都谈不上有品位。我赞同犹太人没有好眼力［原文如此］的看法，即使他们在绘画上有正确的品位，那常常也是商业利益方面的功能而已。我猜想，这样的品位一部分是由于《圣经》中的雕刻形象，一部分则是由于中世纪他们居住的邋遢环境。我还是喜欢福斯特，不过，我想也许因为五年前就认

她称心理学家为"窥心间谍"，还教一个朋友如何倒着驾车，她的理论是，相比之下，这就使向前驾车变得容易了。她死于多发性硬化，最后眼睛失明了。她叫伯林"布勒熊"，还和E.C.霍奇金一起写了一首关于伯林的五行打油诗："……/他不喜欢太早被人叫醒/他打探所有朋友的秘密/不过是让他们改过自新/他和新入社交圈的女孩调情。"（开头一句来自多尼采蒂的歌剧《唐·帕斯卡莱》中的咏叹调"Com'è gentil notte a mezzo april!"；"与新入社交圈的女孩调情"指的是人们看到伯林和帕吉特家的双胞胎西里亚和玛曼尼中的一位谈话。）

[1] 赫伯特·（路易斯）·塞缪尔（1870—1963），自由党政治家，1920—1925年（首任）巴勒斯坦高级专员；1937年受封为首任利物浦卡麦尔山和托克斯特斯的塞缪尔子爵，并被任命为上议院自由党领袖。

[2] 戈德弗雷·赫伯特·塞缪尔（1904—1982），赫伯特·塞缪尔的第三个儿子，建筑师，1933年伦敦动物园现代主义猩猩房（如今列为一级）的设计师（属于特克顿建筑公司）。

[3] 戈德弗雷·沃尔特·菲力摩尔，菲力摩尔男爵二世（1879—1947）。

[4] 也许是罗莎林德·维尼希亚·皮特—里夫斯博士（1907—1990），化学家，乔治·亨利·雷恩·福克斯·皮特—里夫斯上尉的妻子。

[5] 瓦德斯东庄园，詹姆斯·阿芒·埃德蒙·德·罗斯柴尔德*（1878—1957）位于白金汉郡的家，他是洛丝卡丈夫的远房堂兄弟；1929—1945年任伊利岛的下院议员；1945年任供应部联合政务次官。

识他，那时他基本还没有如此粗俗。现在，我承认，他已经
落拓不羁到了无拘无束、无法无天的地步。我避开了弗兰克
尔太太[1]的问题，我确实没有向她推荐你，但是我承认为了
让我自己开心，我不断拿“仓楼”[2]的事刺激她。关于奇尔
弗太太，你是对的，她极其缺乏品位，自信、豪放，我很高
兴她要来萨尔茨堡，因为说得粗鄙一点儿，显然需要有个人
陪伊丽莎白·卡梅伦，才能使她兴奋起来，汉普希尔或是
我都做不到这一点，奇尔弗太太是里斯的替补。我一点都不
知道那将是什么样子，我会从那里向你汇报的。奇尔弗太太
的一大好处就是，她无论怎样都能做好自己的分内事；而
且，任何一位像她那样随和、同时又可以成行的人，我都欢 245
迎，因为自体运动[3]是极为罕见的。听说克里斯托弗在英格
兰，但除了“小宝贝”，他似乎没有向任何人透露出生命迹
象，因此我不了解他的情况。他似乎本来想去爱尔兰的，那
就好了。我很抱歉，真的非常非常抱歉，我不能去。哦亲爱
的，我得下去吃饭了。从一辆车上刚刚下来了几位金发的女
人，还有一位留着胡子的大个子罗斯柴尔德。为什么犹太人
这么喜欢如此霸道的人，我不知道。但是他们确实喜欢。我

[1] 鲁斯·弗兰克尔，艾德瓦德的妻子。
[2] 也许那是一位房客，伯林没有把玛丽·费希尔推荐给弗兰克尔太太，也许仓楼（见1932年10月13日致谢拉·格兰特·达夫的信）是牛津教师和他们的妻子不正当性行为的象征，因为克罗斯曼一直到伯林写这封信时都住在那里，他和一位大学同事的妻子有私情。
[3] 字面意思是“错觉造成的静止物体仿佛自行运动的现象”。

不喜欢吃饭，我讨厌在时髦人群中谈话，也讨厌不说话，做什么都很沮丧。但回想起来，整件事情还是很有趣的，总是如此。我会从萨尔茨堡给你写信。

爱你的

伯林

至于米利亚姆·R.[1]，我喜欢她的老式犹太风格[2]的外表和异乎常人的机智。

致菲利克斯·法兰克福特

1937年8月23日

萨尔茨堡

亲爱的菲利克斯：

你的信经过了无数手才刚刚到我手里。如果我试图充分和充满感情地回答你的问题，不知道我的答案会有多长。可以说，所有的问题都十分火暴。我真的很高兴有机会接触这些问题。第一步，就是建立秩序和纪律。别忘了托斯卡尼尼，他完全占领了这一带。就连写信，我认为，也要小心翼翼不失去控制。我将开始以我迂腐的职业习惯，把事情分成

[1] 米利亚姆·路易莎·罗斯柴尔德（1908—2005）阁下（1938年起），昆虫学家，1943年和乔治·雷恩结婚（1957年离婚）。

[2] 伯林此处原文为：altjüdisch。意思就是她看上去像《圣经》中的犹太人，一生如此；她同意并且喜欢人们这样形容她。

A：公共消息，B：私人消息。

A．犹太人。《皮尔报告》[1]大部分是由我们的朋友C.[2]写的（他希望提到他时要保持神秘）。你有没有听到他在全灵学院私底下向人提起B.K.D.等人？很好，令人印象深刻。那就是，他写了承诺的历史部分（你难道不认为这写得很可信？虽然包含着经过精巧装饰的核心谎言，我指的是那些激烈地相互冲突的承诺，例如，对犹太人承诺建立一个自治的 246
国家，结果使他们之间的关系要多不和谐就有多不和谐。于是在犹太人看来，开始时提供的比他们敢于梦想得到的还要多，而这么做是为了最后把这一切全部拿走。在伦敦，他们像折叠任何东西那样把它折叠起来，出版那天大罗素街77号[3]简直成了欢乐之地，他们打折出售报告的复本，真的。我从他们那里买了一份，价格很便宜，他们的车装不下了。一群不太高贵也不太聪明的人），他还在报告最后匆匆写了建议。他对报告结尾关于三重圣地的那句话[4]甚为得意。他告诉我，他不是一个反犹太复国主义者，但是他意识到他会

[1]《皮尔报告》（1937年7月），英国皇家特派巴勒斯坦专门调查委员会报告，该委员会由（罗伯特·）皮尔勋爵领导，1936年英国政府委任他调查巴勒斯坦阿拉伯人和犹太人之间的紧张关系。

[2] 卡普兰德。

[3] 20世纪30年代至40年代，大罗素街是英国犹太复国运动总部所在地。伦敦犹太人代理执行机构设在大罗素街77号，大不列颠与爱尔兰犹太复国主义联盟设在75号。犹太代理机构事实上和世界犹太复国组织一样。

[4] 这句话在报告主体的结尾，即“如果，三重圣地上的冲突和流血能够在某种程度上得以终结，全世界无数的男人和女人会感到深深的宽慰”（第297页）。

变得多么不受欢迎。他说“民族之家”这几个词的发音方式也很让人不舒服，他是一位温和老派的反犹主义者，就像雷内尔勋爵[1]那样，你也许已经读到他发表在《泰晤士报》上的信了，他引用了纳粹关于犹太人喜欢颠覆破坏的话，无言地提醒读者公元40年的犹太人是如何不受欢迎，并建议所有的犹太人也许都可以成为归化的巴勒斯坦人，“这样就可以使他们多得到几码贫瘠的领土”[2]。你不可能看不到德国人快乐地尖叫着，把犹太人送上车船，遣返他们吧？然而，还是回到关于这份报告的话题上来吧。

似乎没有人确切地知道这份报告是谁写的，除了卡普兰德，调查委员会中其他人对此也不太热心。菲尔比在《时代与浪潮》上发表文章，有力驳斥本威茨写的一篇苍白无力的东西，说不是一半面包而是95%的面包都已给了阿拉伯人，此话一点不假[3]，调查委员会着实感到尴尬。自从1935

[1] 詹姆斯·雷内尔·洛德，雷内尔男爵一世（1858—1941），外交官、学者。他的来信以“民族之家：国家组织的重要性：犹太人的公民身份和护照”为题发表在《泰晤士报》1937年7月26日第13版。

[2] 雷内尔实际上写道，如果“犹太人愿意接受”皮尔喜欢的“民族之家这个概念，即给犹太人提供的好处要远远多于另外几平方英里的领土，那么，他们对该报告适时的信奉和遵从也许可以部分消解阿拉伯人抢先占领这片土地的不利因素，阿拉伯人具有完全自治的抱负，因此应该会认同犹太人建立他们本种族合法地位的愿望”。

[3] 诺曼·德·玛托斯·本威茨和H.圣约翰·菲尔比，《巴勒斯坦报告》，《时代与浪潮》杂志第18卷，第29期（1937年7月17日），第969—973页。诺曼·本威茨（1883—1971），1920—1931年任巴勒斯坦政府首席检察官，1932—1951年任耶路撒冷希伯来大学国际关系学教授。他持温和的犹太复国主义政见，致力于建立双民族国家。哈利·圣约翰·布里杰·菲尔比（1885—1960），东方学者、

年卡普兰德和我谈话以来，他的话就没有改变过：巴勒斯坦很令人头疼，是英帝国道德形象的一个严重瑕疵，如［莱昂内尔·］柯蒂斯所辩护和理想化的那样。这继续被证明为尴尬可笑的来源，不值得继续下去。要做的事就是，哄抬价码，然后把它作为一份诱人的礼物送给一群困惑不解的聪明傻瓜，就这样促进实现报告中写到的目标。卡普兰德肯定是这么一个人选，和期望相反，他比别的任何人都更直接地对一切负责：对我，他大力赞扬舍托克[1]，称他为最佳证人，他又高度称颂魏茨曼，魏茨曼编了一个关于这片被许诺给多人的土地的笑话，并宣称这片土地在他眼里极其丑陋，还说纳米尔有一次表现出政治家的机智。虽然同在一家饭店，他从不主动说话，除非别人和他说话。我最后见到了纳米尔。一个可怕的人，我认为，他必［须］发挥一点作用。如果他遭受挫折，事情会变得糟糕得多。与此同时，伦敦执行委员会威胁说，如果纳米尔加入进来，他们就准备辞职。他差一点就要加入了，在成功游说了劳工利益派成员之后——他说我总是追随贵族阶级。我以为卡普兰德个人对一切负责，因为（a）别的所有人都这么认为；（b）莫德不断神秘地暗示，在撰写这份报告的过程中，卡普兰德在某些方面很 247

探险者、阿拉伯事务专家，成了穆斯林，当时在吉达。他说（第972页）："用算术的方法来说，阿拉伯人赢得他们提出价码的96%。［……］一块面包的96%（不是委员会宣称的一半），总比没有面包要好。"

[1] 摩西·舍托克·（夏里特）（1894—1965），1933—1948年任犹太代理机构政治部负责人。

不得了；(c) 因为他说话算话。分治肯定是他的主意。我希望你能告诉我将会发生什么，看起来似乎每个人都会向所有人敞开大门，而且这种形势将可怕地崩溃，直到巴勒斯坦最后被某个国家吞并。但我也许是错的。魏茨曼看起来肯定已越过议会首脑们，直接向奥［姆斯比］—戈尔承诺接受领土分治。我猜想，目前他已认识他们。你能猜得到后果吗？一座巨大的柱形城镇，从海法一直到充斥着塔里斯[1]贩子的特拉维夫，就像犹太男孩十三岁时举行成人仪式那样，让这个城镇在圣地获得“承认”，让一个充斥着犹太酒店店主和纪念品贩子的国家来接纳他们？那就是一个有着一百五十万人口的国家将来一定会变成的模样。我希望我大错而特错了，而它会变成像卢森堡那样稳固的“血与土地”[2]。卡普兰德被认为是这个问题的历史专家。和他一起待上三个小时意味着你会稀释进他自有的、无法效仿的泛综合性酱汁，他在所有遇见的问题上面都浇上一层这种酱汁。不管怎么说，你显然为犹太人提供了他们最需要的服务：既然他优越的知识使他高兴，使他比同事们更有权威，在某种意义上总比他变成反犹主义者要好。与此同时，柯蒂斯已经在全灵学
248 院接待沙特阿拉伯人，他们是非常英俊的一群人；“今天学院里有许多哈拉伯人，先生，”我的校工在给我打电话的时

[1] 祈祷巾，参见原文第101页注4。
[2] 伯林此处原文为：Blut & Boden。这个德语短语在纳粹的意识形态中，用来表示德意志民族（或是人民）与它的土地之间所谓独有的联系。

候说，“哈拉伯人，先生，很多哈拉伯人。柯蒂斯先生，据说他对他们很好，对哈拉伯人，先生。到处都是哈拉伯人，今天。”

我想卡普兰德会得到他的爵士身份，但是他很不满意在议会的争论，他认为自己得到了奥姆斯比—戈尔一票，魏茨曼也是这么认为的，贝菲[1]也这么认为。我希望他们都能得到。据说张伯伦[2]对向他询问此事的卡洛尔国王[3]解释，内阁对这些建议不热心，也不在意托管委员会发生了什么[4]，所以没有人了解此事，而戈尔很生气，因为国会没有做出决定。赫伯特·塞缪尔[5]的生命受到了修正主义者的威胁，应该称他为卡麦尔山和托克斯特斯勋爵，时髦的犹太人社交圈称他为图庭勋爵[6]。他再一次让所有人不高兴了，除了纳沙什比派[7]的人以外。这是我所知道的不完全公开化的事

[1] 布兰奇·伊丽莎白·坎贝尔·达格代尔（1880—1948），婚前姓贝尔福，热情的非犹太裔犹太复国主义者；政治家阿瑟·詹姆斯·贝尔福（贝尔福伯爵一世）的侄女和传记作者；1920—1928年的国际联盟情报部负责人，1932年国际联盟大会英国代表团成员。幼年时她试图念“贝尔福”时却错念成“贝菲”，于是这就成为她的昵称了。

[2]（阿瑟）·内维尔·张伯伦（1869—1940），起初为自由党，后来成为保守派政治家；1937—1940年任英国首相。

[3] 罗马尼亚国王卡洛尔二世（1893—1953）。

[4] 即英国皇家特派巴勒斯坦专门调查委员会（原文第246页注3）。

[5] 赫伯特·路易斯·塞缪尔（1870—1963），塞缪尔子爵一世，政治家；1920—1925年任巴勒斯坦高级专员，1944—1955年为上议院自由党领袖。

[6] 伦敦一个过时的地区，也许这是暗指塞缪尔选择利物浦过时的托克斯特斯区（他的出生地）作为他封号的一部分。

[7] 纳沙什比家族的支持者，侯赛尼家族的主要反对派别。巴勒斯坦显赫家族（尤其是这两个派别）之间的竞争主导着托管之下的巴勒斯坦政界。侯赛尼家族

情。如果有你认识的人想研究卡普兰德的生平，并考虑以此为题作博士论文，我很乐意提供精确的、不无恶意的描述，描述他混杂着骄傲和轻率从事的意愿、温切斯特学院的拘谨、生动描述自己进步的热情的形象，他回来后在全灵学院对我说这一切时正怀着这样的热情。他认为实行领土分治是强有力的、英雄的、非学院派的行为，是拯救英帝国的极其大胆和坚决的举动。他心底是真诚而幼稚的，我想，但是表面上没有吸引力。关于这方面，就说这么多了。另一个趣闻也许会给你一点快乐，赴哥廷根的代表团[1]因为忙乱而沮
249 丧。第一次理事会会议投票派我去：十三票对七票（会议程序当然是非常保密的）。然后索尔特非常体面和出人意料地给林赛写信抗议，于是召集了另一次会议。事实上，我采取行动了，我请莫里斯和他的朋友说说，请罗伊对格莉尔小姐[2]说说，还请你那健谈的德比伴侣奥斯丁去胁迫帕克[3]，等等。那天早上（真的很激动人心）每个人都戏剧性地打了

由哈吉·阿明·阿尔—侯赛尼领导，他是耶路撒冷大穆夫提，侯赛尼反对领土分割，而纳沙什比家族至少在私下里倾向于接受领土分割。

[1] 1937年3月1日召开的理事会周会备忘录表明，会议上十票对九票同意派遣一位代表出席哥廷根大学二百周年庆典，并送去一份呈文；4月26日的备忘录表明，十四票对七票决定反对理事会派遣代表的决议，但支持送一份呈文的决定。

[2]（玛丽）·琳达·多萝西娅·格莉尔（1880—1967），经济学家、行政人员，1921—1945年任玛格丽特夫人学院院长；1926—1945年为理事会成员。

[3] 亨利·迈克尔·丹尼·帕克（1894—1971），罗马史学家，莫德林学院研究员，1928—1941年为理事会成员。奥斯丁也是莫德林学院研究员，可能会接近帕克。看来他和法兰克福特一起去了德比。

一通电话，结果决议还是被否决了，十三票对十二票。下一个话题是罗素，芝加哥那边似乎向（伯特兰）[1]提供了教授职位。于是开始了又一次的密谋、陷阱、小团体，策划让他在牛津上一个学期的课。我不能复述我和院长的对话，谈话棒极了。他十分讨厌罗素，以及和他有关的一切，但是最后，他说："我想，从本质上看，他还是很可爱的类型？"我真的不知道说什么，我认为，也许我应该说："许多女人似乎已经发现这一点了，先生。"但是我没有这么说，只有这样了。耶稣学院的院长[2]说，如果罗素来牛津，他会把这个地方的道德规范转变成牲畜饲养栏里的道德规范：法吉[3]支持这个说法：有人态度暧昧地提到阿玛努拉的品行，他在这里拿到了荣誉博士学位。[4]罗素得到了多数票：十三比十二。哦亲爱的，这一切非常令人兴奋，这些运动，但是损失的风险，还有此后造成的伤害太大了。迄今为止，还没有什么损失。附带问一句：巴勒斯坦犹太人外交代表该如何

[1] 伯特兰·阿瑟·威廉·罗素，罗素伯爵一世（1872—1970），哲学家、数学家，反战主义者及自由性爱的倡导者。

[2] 阿尔弗雷德·厄内斯特·威廉·海泽尔（1869—1944），律师，1925—1944年任耶稣学院院长。

[3] 名誉晋级陆军中校阿瑟·斯宾塞·鲁特·法克哈森（1871—1942），哲学家，1899—1942年任大学学院研究员与导师。

[4] 阿富汗国王阿玛努拉1928年3月23日被牛津授予民法博士学位（严格意义上说不是荣誉学位）。

称呼？犹太部长？马图克牧师[1]与霍尔—别利沙先生[2]会说什么？

私人事务

莫里斯：彻底的灾难。在我看来，这是一次疯狂的选择，她[3]本会立即使他厌烦的，一个年轻、狂热、冲动、信奉女权主义的无政府主义者：然而经过一场旋风式的调情，貌似真实的接受，朋友们庄严的审查，等等，她似乎在最后一刻拒绝了，显而易见而且正确无比，我认为，是被前景吓
250 怕了，她要是早一点这么做就好了。现在莫里斯感到屈辱、生气，花时间回复来自欧洲各地的祝贺信。这里有他写给我的信，说奥黛丽——这样你就知道她的名字了——遭到“一连串疑虑的袭击”。我以为一切都结束了，否则他不会这么写。我无法说我感到多么难过，这一个又一个的打击，都是令人垂头丧气的那种。祈求上帝保佑他被选为沃德汉姆学院院长，我压根儿就不知道写信对他说什么好。他的确热切地想有位妻子，因为他再也无法忍受自己无性的存在（他会这么说），而且他显然也不能像佩尔斯所做的那样，娶一个无

[1] 以色列·以西多尔·马图克拉比（1883—1954），1912—1948年任圣约翰·伍德教堂自由派犹太教会牧师。生于立陶宛，在美国受训，他是英国自由派犹太人运动的先驱之一，该派认为犹太教教义不包括犹太复国主义。
[2]（艾萨克）·莱斯利·霍尔—别利沙（1893—1957），犹太人，自由派政治家，1937—1940年任战时事务大臣及军队委员会主席。
[3] 奥黛丽·比彻姆（原文第220页注2）。

足轻重的、邻家女孩般的小傻瓜（鲍维克的女儿，林赛的侄女），连批评也不值得［……］。不过话说回来：不能否认，我认为他在追求对方的过程中，缺乏急切的心意，他认为只要一次猛攻就能够攻陷村镇，并继续占领它们，他无视他想施加巨大影响力的人所做出的不太易察觉的反应。而且，他生活在聚光灯下：《夜与日》[1]撰稿人（私下里）的嘲讽比他们可能达到的程度还要更令人心烦：问题是，哦为什么你们不在美国为他找一个更聪明、更漂亮的妻子，年龄在二十五到三十五岁之间，而且出身高贵？《夜与日》真的不太好。只有伊丽莎白·鲍恩和伊夫林·沃的才称得上佳作。贝杰曼写的是令人难堪的垃圾，彼得·弗莱明更糟糕。它没有一个段落，甚至一个段落的十分之一，比得上它所模仿的《纽约客》。

W.诺特斯坦[2]教授在全灵学院逗留，他怎么样？我还从来没有见到哪个人如此急切地要取悦他人，要使自己适应这个陌生而著名的英国。斯帕洛很喜欢他，罗斯和佩尔斯也是。我禁不住觉得他讨人喜欢但是又觉得他（a）卑鄙

[1] 一份短命的周刊，某些方面是模仿《纽约客》，1937年7月至12月由格雷厄姆·格林主编，查托与温杜斯出版。另有一本同名选集在1985年，由同一家出版社出版，克里斯托弗·豪特里主编。弗吉尼亚·伍尔夫在1937年12月28日写给她的姐姐瓦妮莎·贝尔的信中说，莉迪亚·凯恩斯（原文第500页注1），J.M.凯恩斯（见下注）的妻子，喜欢《夜与日》要多于《新政治家》。

[2] 华莱士·诺特斯坦（1878—1969），17世纪英国史学家，1928—1947年任耶鲁大学历史学斯特林讲席教授。

(b) 反动，以某种谨慎而卑鄙的方式。我希望他真的是一个不错的人。他所扮演的角色是一个令人愉快的老学术骗子。请说说他吧。罗伊在寻欢作乐，每个星期人们都看见他在学院花园和一两个微醉、肥胖、嘴唇鲜红的年轻女人在一起，几乎迈不开步子去喝酒了。关于他的描述令人心向往之，头靠在某个人的腿上，在一家低级地下饮食店，温柔而严肃地谈论商业周期。他丝毫也不会改变。凯恩斯先生[1]生
251 病了，住在疗养院：如果人们去看他，他的第一句话总是，他一分钟的时间都挤不出来，他的床上都是期刊杂志，周围的病房住着肥胖的同龄人，试图要减肥。每天他们开展竞技活动，并向凯恩斯先生报告结果。他管他们叫大象。1939年前后将会有一场新的艾耶尔危机。你必须原谅我对此纠缠不休，但能否在美国对他采取一点措施？他现在真的很有名了，不再是曾经的那个说话肆无忌惮的孩子。如果他出版一本巨著，会不会好一点？如果你能帮忙，那将会对整个世界大有好处，我会感激不尽，如果你告诉我。牛津诸学院荒唐地害怕他，难道他不能被邀请去美国讲学一个学期吗，在美国某个很著名的地方，即使不是哈佛？还有，他和勒内的生活也陷入危机了，我不能告诉你我现在多么佩服玛丽安[2]的分析，说得确切一点，是对这事的预测，在我们上次见面

[1] 约翰·梅纳德·凯恩斯（1883—1946），经济学家（1942年受封为提尔顿的凯恩斯男爵），5月患心脏病。
[2] 玛丽安·法兰克福特。

的时候。美国也会解决这个问题，因为这场危机从根本上说是经得起风吹雨打的，取决于环境因素而非永久性的情感状况。现在我不敢说得比这更多了。你们是否会都到这儿，考察一下形势，现在形势还绝谈不上绝望或是悲惨，只是在走下坡路。在全灵学院我们选拔了一位来自巴利奥学院的年轻人，名叫斯图尔特·汉普希尔，我喜欢他；另一个叫鲁斯，佩尔斯和索尔特的门生，我就很不那么喜欢了，他是个颇为得力的温切斯特学院式的雇佣文人。我吃惊地告诉你，克罗斯曼也许要离开我们。我担心对我们来说，这非但无益，反倒是更大的损失。出于实用主义的原因，我们需要留住他，没有害处。如果他走了，那就将给我造成小损失。我想我能轻易地解决这个问题。

我真的必须停笔了，你知道。多语症是不太有吸引力的特质，应该受到约束。

还有一件事：我一个年轻的学生，名叫帕特·诺维尔—史密斯[1]，是持激进观点的哲学学者。他本人是一个机灵、有点孩子气的小个子，聪明、举止得体、勤奋刻苦、整洁、有责任心、有点做作，非常像他的父亲，一位专业的、心胸宽广的前牛津人和中学校长——国际联盟的总秘书长。帕特作为英联邦研究员要动身去剑桥，他将会受到C.I.刘易

[1] 帕特里克·贺拉斯·诺维尔—史密斯（生于1914年），1933—1937年就读于新学院古典学专业，1937—1939年在哈佛大学任英联邦研究员，1939—1945年在军队服役，1946—1957年任三一学院哲学研究员和讲师。

斯的辅导。我想他在你看来会是个令人愉快的人，你不必为他费心，但是如果他来看你，我向你热情地推荐他。他说不上有趣，但却聪明、灵巧，而且我想，非常机灵。他今年拿了古典人文学的一等学位，是我最优秀的学生，他请我把他推荐给你。他是在温切斯特受的教育，是个好孩子，受到所
252 有中学老师和大学老师的喜爱，包括我在内。他具有讨人喜欢的魅力。

我何时才能再见到你和玛丽安？你们何时才回欧洲？我不能相信我可以漂洋过海，尽管莫里斯对哈佛学生的描述在某种程度上热情洋溢，他们显然表示出了妥当的敬意。他对尼古拉斯·M.巴特勒博士[1]过分严厉，却令人愤恨地尊敬柯南特[2]。对此我会写信给玛丽安继续说，很快。

爱你们的

沙耶·B.

马克思明年面世，休谟在1940年。[3]

[1] 尼古拉斯·穆雷·巴特勒（1862—1947），1902—1945年任哥伦比亚大学校长。

[2] 詹姆斯·布莱恩特·柯南特（1893—1978），有机化学家、教育家，1933—1953年任哈佛大学校长。

[3] 从致法兰克福特的信（7月23日）来看，显然，伯林此时计划写一本关于休谟的书（参见原文第122页），但是这本书没有写出来。1940年2月13日，伊扎克·萨姆诺夫写信给伯林的父母："他现在在写休谟吗？我希望那会是一本和《卡尔·马克思》一样吸引人的书。"

我无法把这封信读一遍，我希望它不是过于无休止的东拉西扯，而且还能有点可读性。

致玛丽·伯林

星期四［1937年9月初］

伦敦西1区英国—巴勒斯坦俱乐部

亲爱的妈妈：

我们刚在这里吃了一顿不错的饭：食物很新鲜，便宜，上菜服务也很好。这里是素食主义饭店的氛围，而不是犹太餐馆的氛围。我星期二从巴黎到达伦敦。你一定要经过巴黎，看看展览[1]，里面的东西不是非常有趣，但是总体气氛却快活得令人惊叹。家里就不喧闹了：女佣安静、有礼貌、有效率。我在家吃午饭。在城里和爸爸吃晚饭。迄今为止我们吃的都是犹太食物，而不是什么“异邦”食物。星期六、星期日、星期一和星期二不是工作日，你的丈夫喜欢“娱乐活动”[2]，我想我们要去布莱顿度过一个长周末，在星期中间回来。菲利普太太[3]说霍里克罗夫特大道53号是非常体面的犹太人家庭旅馆，也许你回来时我们可以在那里吃饭，直到 253
你找到女佣。不管怎样，我打算试试那里。晚饭后，我们回

[1] 巴黎世博会（现代生活艺术与科技国际博览会），1937年5—11月。
[2] 伯林此处原文为：развлечения。
[3] 克拉丽丝·菲利普（原文如此）（1888—1971），伯林家的近邻和朋友。她和她的丈夫奥斯卡（原文第316页注6）住在芬克罗夫特大道，毗邻霍里克罗夫特大道：从菲利普家可以看得到伯林家。

家，没有出门，安静得多也舒服得多。

我希望里加[1]很好：当然替我向所有的人问好：他们很长寿，例如贝尼斯·伯林[2]、沙耶·伯林先生[3]，等等。我的朋友罗斯柴尔德[4]也在这里，但是我不能祝贺他！

你的

沙耶

致本·尼克尔森

[1937年9月底？]

寄自全灵学院

亲爱的本：

很高兴收到你的信。[5]首先，你对威尼斯的感受，我很有共鸣，太有共鸣了，我几乎为你也有这样的感受而感到高兴，虽然我觉得这让我很难为情、很痛苦。这是世界上最与

[1] 玛丽正在探访她在那里的家人。

[2] 也许是贝纳斯，伯林的曾叔公与过继的曾爷爷、老以赛亚·伯林的侄儿（生于约1867年），在老以赛亚·伯林去世后（在伯林婴儿时期），贝纳斯与门德尔有短暂的合伙关系。门德尔在他的回忆录里描绘贝纳斯是“最不可预料、不可靠、不诚实的人，撒谎者”。

[3] 也许是远房亲戚，门德尔、玛丽和以赛亚·伯林1920年回里加时短期住在他家，也许是贝纳斯的妹夫。

[4] 维克托·罗斯柴尔德刚刚继承他的叔叔（莱昂内尔）·瓦尔特·罗斯柴尔德，罗斯柴尔德男爵二世（在8月27日去世，享年六十九岁，不算高龄），成为罗斯柴尔德勋爵。

[5] 本的来信日期为1937年9月18日。他对伯林这封信的回信的日期是10月2日。

世隔绝、最不真实的城市。亨利·詹姆斯关于欧洲客厅的说法不仅是不真实的，而且是侮辱，如果人们感觉和我一样，正如我想象在某种程度上你和我的感觉一样。那种幽闭恐怖感，觉得自己被隔绝在一个狭小、惊恐、堕落、反人道、削弱个性而又具腐蚀性的世界，不是什么东西的终结，而是惬意地渐渐沦入绝境，在那个地方，只有自己，没有什么东西来吞噬自己或是侵犯自己，那是一个封闭而阴森的同类相食的地方，庞大的人群和不希望见到的熟人使那个地方更加凶险，就像熟人常常会给你的感觉那样，就像在噩梦里一样。

哦亲爱的，我像往常一样夸张了。我想要说的是，这是世界上唯一一座让我对环境的反应不是很轻松的城市，感觉自己有点发疯。我一个人待了两天，然后盖尔斯［·罗伯逊］到了，他在外面的世界急促地跑来跑去，他的八卦消息、他那熟悉的坏心眼、他的喜乐、牛津和剑桥又回来了，于是我恢复了平静。为此我当时非常感激他，但是在他到达之前我还是发出了几封疯狂的信和电报。 254

我并不想以这样的语调开始这封信：但现在威尼斯对我是个象征了，我对亨利·詹姆斯与日俱增的厌恶是这个象征的一部分：它们之间没有不同：他笔下的人物一样具有骇人的特性，他们不让事情发生在自己身上，而是寻找体验，挖掘体验，有时候还搜索体验：他们就像情感吸血鬼那样准备好吸取和积累：永远萦绕在他们心头的恐惧是，这样的体验也许会不足，也许会没有足够的血液，也许血有一天会流干：而且最坏的是，他们根本就不能在这样的寻找中**活下来**，于是逃避。他们把躲避开的危机堆积在身后，密密麻麻，一层又一层，这些经过精心包扎的情感和智力事件数量巨大，它们被绳索迅速地捆绑好，害怕它们爆炸、导致粗俗的屈辱、高潮发生在结束之前而不引向其他情景。这些拙劣地混杂起来的死亡物质，或者不如说是死气沉沉的物质，就是读者所读到的东西。我不喜欢它，但是又崇拜它：我崇拜它，因为就像陀思妥耶夫斯基那样，亨利·詹姆斯探查并确立了一个真相，每个人都**必须**承认它是真的：最可怕的悲剧，最戏剧化、最刺激、最动人、最真实的灾难所发生的地方，人们什么都不做，只是谈话和理解，在别人靠近的时候拘谨地发抖，在信封上写字，或是见到帘穗举起都会引起一场混乱，比所谓的行动可能导致的混乱更为强烈。我立即承认我憎恶曙光，我不相信所有原色、所有貌似坚实的基本情感关系、所有托尔斯泰小说中的三维结构，在被更仔细审视时，它们分裂成无限渐变的几乎不可分隔的乳白色（参见H.A.L.F.，你还记得达尔比先生的叙述吗？）[1]阴影，它们融合、消失，以及它们的孤立存在都是真实的，于是仅以它们就能适当地描述一切了。普鲁斯特，在他的叙述中更尖锐、更大胆，因为别人（包括你自己）已不能（或者躲避了）探究和描述情感、动机、表象，而他完成了这样的探究

[1] 见1936年7月29日致盖尔斯·罗伯逊的信，原文第185页。

和描述，于是就诱使我们接受那个错误的命题，即仅仅这个是真实的，因此对普通人或是普通小说家来说，别的什么都不会过于吓人或是过于模棱两可了。从一开始，我就否认：没有人生活在阳光之下，所有的关系都是掠夺性的，一个人必须吃人或者被吃，一切都处于不平衡与紧张中，敏感和仁慈因此就成为仅有的真实美德（加上在某地、以某种方式表现出来的聪明），它们当然一定是在战时、在前线、在距离红十字急救站不远，在那里不能期望有和平，那些宣称的停战日不过是为了缓解紧张气氛，为筹措新军备提供时间。粗 255
俗地说，这也是奥尔德斯·赫胥黎的假想，即每个人宣讲仁慈和宽容的必要，但对人与人之间不断的侵犯、人与人之间相互利用、情感的剥削以及同类相食却无动于衷，我想世界上没有比这些更让我不喜欢的了。

这会儿有人叫我出去，虽然我不打算重读一遍我写的东西，我对自己强烈的情绪和把一封私信转变成一篇宣传文章的动机感到吃惊。让我们说回私人话题吧。萨尔茨堡总的来说很令人享受，雨、狭窄的房间等使弗朗西斯一周的期望落空了，这加剧了他天生的缺乏自信与自我折磨的倾向，也许使他痛苦。里德利们，我指的是J.和克里西达·B.C.[1]到了，说在他们看来，弗朗西斯很不快活，他们这话暗示我们对此

[1]（海伦·劳拉）·克里西达·伯纳姆·卡特（1917—1998），莫里斯·伯纳姆·卡特爵士与薇奥莱特·伯纳姆·卡特夫人的女儿，1939年与杰斯帕结婚。

视若无睹，什么也不做，简直就是怪兽，等等。我不认为他们所发现的问题存在。弗朗西斯啮咬着自己，扭曲自己，做出种种痛苦的姿势，这些是真的。但这并不是剧变，我的意思是，没有什么压倒一切的无聊感突然占据了他的心灵，这是现挣现吃、勉强应付、日复一日、不连续的紧张痛苦状态，任何事都能短时间内治愈它，但没有任何事可以对它的产生负责。我怀疑里德利在找事，不一定像罗莎蒙德·莱曼那样，是出于对他人明确的爱，而是在发泄自己的不满。

现在说到那件斗篷[1]：这个丑陋的谣言部分是有点道理的：是有这么一个东西，最好称为斗篷，我拥有它至今已经五年，是受了霍奇金兄弟的影响买的，它丑陋、深蓝色、没有形状，在奥地利像热带地区一样的雨天里极其有用，很温暖，只在奥地利糟糕的天气里才穿，和它搭配的是一顶丑陋扁平的德国式帽子，这件斗篷是奥地利资产阶级城里人的外套，但帽子却是最底层的中产阶级戴的。那顶帽子，我得承认，是蒂罗尔式的，它没有毛刷式的饰物，没有羽毛、缎带，也没有什么形状，同样只有在雨天里才戴，很暖和，又防水。没有人觉得那件斗篷有什么艺术价值（它的确没有），我戴着它也没人说什么：斯图尔特和卡［梅伦］太太正式赞扬过它。而那顶帽子，由于它绝对丑陋，遭到斯图尔

[1] 在尼克尔森9月18日的信中记录道："邪恶的谣言……说有人在萨尔茨堡看见你身披蒂罗尔式的斗篷，头戴蒂罗尔式的帽子，被里德利一把抢走，后来又被里德利太太重重踩在地上。"

特的严厉抨击，但是既然我戴上它并不意味着什么，它既不
是什么象征、姿态，也不表示什么心理状态，所以它也被接
受了。直到里德利要了这顶帽子，使它变成了可怕的东西，
如果是斯图尔特戴它，那也只不过是怪异丑陋，如果是我戴
它，那也还说得过去。我把帽子给了里德利，松了一口气，
十分开心，他戴着它看上去很英俊，就像中欧人，他的女伴
B.C.小姐对如此突然的抢掠表示抗议，但是别人什么都不许 256
她说。我和他们的会面充满了最强烈的难为情：无法说出
原因，这主要是里德利的错：他感到拘束，语速比以往快，
抓住了一个话题，就绝不放弃，如果谁哪怕是稍微表示要
转移一下这个题目，他都觉得自己被激怒或是受到侮辱了。
B.C.小姐极为紧张，害怕有什么可怕的事故，伤及虚荣或是
误解，解释不当，而且不看我（斯图尔特受到的有关她的指
控，我相信）。我因为尴尬而激动，网球越打越快——这实
际上更像是羽毛球，球斜着飞过来，如果斜着把它打回去，
打到它制作粗劣的羽毛部分，球就沿着意想不到的角度飞出
去，如果它落下来，下落的姿态也很不雅，这球很晦气，它
不会回弹，而是停在一边，只能让人笨拙地捡起它——和里
德利一起，然后我们上气不接下气地离开，一无所得，只是
表现出了我们的风格。每次见到她，总是跟他在一起——我
所有的调解才能都无用武之地——结果我们现在处于一种习
惯之中，只有难为情。我认为这并不重要，因为我再没去见
她，这有点讨厌。至于斯图尔特，为什么他主动对她表示好

感就那么重要？我相信，他很喜欢［她］，但还是那个问题，只要单独和里德利在一起，与她见面，这出戏的舞台就是里德利的，目标以他那种奇特的方式设立了，正常关系变得不可能。如果你想让他们在一起，既不产生摩擦也不显得勉强，你得让他们去没有里德利的地方——但是为什么你和华莱士都精力充沛地包围这座不论攻占与否都无关紧要的要塞呢？请解释，我对此有兴趣。[1]

这件斗篷留在了一个座位上，被拿到警察局去了，斯图尔特试图领回它，但没成功，因为他不熟悉奥地利的官员，我请佩尔斯（他的妻子在萨尔茨堡比在牛津还可怕，不可言说。学术女黑人太好了）帮我取它，因为我必须离开，把这件斗篷给里德利，如果他不想要（显然他不会不想要）。但你说里德利太太要它来做什么？把它扔到地上？追逐它？限制它？你的那个词我念不来[2]：人怎么能限制一件斗篷？追逐斗篷我是可以理解的，这是一副充满生气的美丽画面，但是那不是你说的吗？也请解释这句话。里德利和B.C.小姐简直非常不想见我们，或者也许是因为我尤其使她难为情

[1] 本·尼克尔森10月2日的认真回信无法简短概括，但是开头是这样的："这当然部分是一个人的天然喜好，想使非常不错，却又因为荒谬的肤浅理由而彼此害怕的两个人互相认识。"他还热心于防止全灵学院与伦敦大学之间产生"裂痕"。

[2] 在同一封信中，本·尼克尔森写道："我希望我写的是'追逐'这个好词，但实际上我用的是完美的英文词'重击'，像咖啡或是花岗岩。"

了，也欢迎你解释这一点。[1]请研究并告诉我结果：我不喜 257
欢模棱两可的情景，我无法自己来探究这一切，不能因此改变这种状况：我就指望你能够准确了解此事。我总是不明白别人的感受。在萨尔茨堡必须使用，也的确使用了手腕：否则就有摩擦了：真讨厌。我只从舒适方面来分析一切，我认为她的情绪被严重地卷入其中，于是这种态度变得轻浮和粗鄙：也许我又错了，你还得阐明一下这件事：我非常信任你的敏锐。

比埃维耶：我本没想要见他，他对我而言毫无意义，也许只是有点好玩而已。斯图尔特不太坚决，但是他不同意，这件事就没成：为此我也没有让我的学生来。事实上，我们不被纠缠的计划令人惊奇地成功实现了。在萨尔茨堡，这是绝对关键的。这使我面对广义上的帮伙问题。我赞成帮伙，斯图尔特反对。他正确地指出，在公众面前生活是令人讨厌的，三个人在一起就会导致混乱局面，因为即使在非情爱的关系中，假如有A，B，C三人，B可能会告诉C，他根本就不理解A，这种情况总是会有，而反之亦然，于是麻烦就产生了。所有这一切都对。另一方面，我要引用我那高贵的19世纪俄罗斯人说的话，坚持认为只有在集体中，事物才值得发展，除非一个人是非凡的陀思妥耶夫斯基式的

[1] 本·尼克尔森解释说，克里西达不赞同伯林即使是在萨尔茨堡也表现得像个牛津要人："她有一种'全灵学院的人8月都在萨尔茨堡偶遇'［原文如此］的概念，很令人不满。"

隐士，才能通过被观察和他人的反应而取得巨大的收益，人永远都不知道别人在想什么或感受到什么，除非这个人说出来，而且是在一定的语境和地方说出来，那里没有限制，只有绝对的信心，一面无私的友谊之墙使人避免了在公开场合中约束人的一切事物，甚至单独一人，他也可以面对一个敌对的（真实的或是想象中的，这无关紧要）世界，在这个人们居住的文明地域，人是自由的、自然的、快乐的，这一切的形成，在大多数情况下，是因为自发讨论机制的建立，非自我意识，无语法规则的交流，没有可遵循的标准，人知道自己的话语受到重视，仅仅只是因为这是他自己的话语，而不是因为它们的关联、内容、影响力与意图，于是才有了我的亲俄罗斯、反佛罗伦萨的本性。你每天给B.C.家的信在我看来——我是坚持这类学说的——十分出色，尤其是自然的叙述，不是刻意的堆珠砌玉，不是崇拜和批评，而是信赖与喜爱的累加效果。是否只有我坚持认为，如果人打算表达
258 自己，而不是发现自己置身于一个私人的、处处是鬼魂和恐怖景象的世界中，就必须能够经常向别人简单而又大量地表达自己？普鲁斯特说朋友浪费时间，真正的世界是一个艺术家得以放松地退居的私人天地。这也仅仅是那些受伤的、受辱的、有缺陷的人的观点，即使他们只热爱真理，即使他们是天才。神秘主义的偏执狂、诗人、普鲁斯特式的作家也许能够加剧自己的恐惧症以达到天才的境界，但是作为生活品质，再没有什么比这更让我激烈反对的了。他们之外有其他

人存在，人和人相互喜欢而不求回报，窗口才可以保持敞开。我永远都不会停止相信，因此我逃入19世纪的文学中，就像堂吉诃德和他的游侠骑士情结，他常常说高卢的阿玛迪斯不会这么说，希腊的那个贝尔什么的会如何如何做，等等，所以我以赫尔岑或别林斯基[1]对某些事的反应来看：你为这个目的使用了想象的斯图尔特画像（在我看来你似乎大大地把他戏剧化和理想化了，但是这只表明了以上A，B，C模式的正确性，B对C的看法在A看来总是稀奇古怪）：除非人生活在人群之中，尊重这个人群的反应（这样一个人对别人的反应才不会不可信，就像在那些令人半信半疑的情形中那样），人如何能给自己定位？不这么做是最大的灾难。至于盖尔斯，我确实很明白你的意思。杰里米会说他很龌龊：的确，他有一种吹毛求疵、嫉妒、利用他人的性格，我不介意这些，因为我欣赏邪恶的美德，那就是说，他是为数不多的人中的一个，能够真正同情一个人所有最低级、最琐屑的失败，而不使人对此感到羞耻，不会通过暗示在道德上使人难堪，在一个充斥着以严格标准对人进行测试的世界，他这种特质是最珍贵的。当一个人所作所为低级时，盖尔斯对他是同情的，盖尔斯烦躁、挑剔、喋喋不休，但是有同情心。他的恶意是绝妙的非抑制性的，他有品位，有真正的敏感，他不一本正经，他喜欢人。他的机会主义是高尚

[1] 有关这些思想家，见《俄国思想家》。

的，而他不被喜欢和被轻视的苦恼，使人喜爱他。至于你们的关系，你也许不能真正喜欢一个人，除非你（a）崇拜并且（b）尊敬他。你根本就不崇拜盖尔斯，你只是有选择地尊敬他的几个特质，而不是他这种类型，因此你和他的关系不是自发产生的，而是通过推理得到的，他有那些特质，值得尊敬，于是你必须尊敬。另外，你不可能认真地不喜欢或者不赞成他，因为你视为神圣的理念，他既没有真正意义上背叛，也从不顶礼膜拜。所以你们之间的关系总是保持在这种始终不稳定的状态中，牢牢地铆在悬崖边缘，你永远为危险而担心困扰，于是就可能和他发生小争吵，他因此就烦躁而爱激怒人，在小事上不怀好意，但在大事上却心无旁骛地忠
259 实于你。我确信在这样特殊的情况下，你什么也不用担心：永远都不可能有大事情发生，不论好还是坏：度量盖尔斯的尺度太狭小了：构成他的材料太昂贵了，不过还是有缺口，被用低劣的材料弥补了：他意识到这一点，于是就时不时对你庄严的品德发出尖锐的叫声以及细长的微弱呻吟。他对你的依恋要多于你对他的依恋，与给予者相比，这对于接受者——或者至少是被给予者——绝不会令人完全不满。

你对H.太太[1]的描绘，我非常喜欢。恰当地说，我还没有见过她，感觉比真的见到她还要更害怕。我必须停笔了，要去全灵学院，帮忙改哲学试卷：这场考试像往常一

[1] 玛丽·哈钦森。

样是家事，有华莱士、戴维斯[1]、弗朗西斯等，都在。我希望举行一次人数众多的午餐派对，这样的派对之后，总会有人和另外一个不太合适的人结婚。我希望你能在信中简要而出其不意地对我说点野蛮的事（这几乎是直接的手法了），但是不论你是否这样写，你还是要给我写信。我恳请你下学期来看我，说说B.C.的情况。显然，要消除所有的困难是容易的：把虚假的事大题小做一番，是莫大的快乐。

沙耶

致谢拉·格兰特·达夫

[1937年10月18日星期一之后不久]

全灵学院

亲爱的谢拉：

我们的关系继续良好地发展。[2]关于午餐，我准备好了，准备得非常充分，下星期三请你和**阿格尼丝**[3]来，假如你允许我，作为回报，同时邀请博厄斯和佩尔斯夫妇[4]：对

[1] 亨利·维特克里夫（“比尔”）·戴维斯（*原文如此*）（1914—1942），共产主义者；1933—1937年就读于巴利奥学院古典学专业，1938—1942年任全灵学院研究员，1942年2月27日在爪哇海战役的海军军事行动中阵亡。

[2] 谢拉·格兰特·达夫在10月18日的来信中问：“我们的关系依然非常诚挚吗？”

[3] 阿格尼丝·海德勒姆—莫雷（1902—1986），谢拉·格兰特·达夫的政治经济学导师；著有《欧洲新民主宪法：战后欧洲宪法比较研究，包括德国、捷克斯洛伐克、波兰、芬兰、塞尔维亚、克罗地亚和斯洛文尼亚王国与波罗的海三国》（牛津，1928），1932—1970年任圣休学院研究员与历史政治学导师。

[4] 理查德·佩尔斯和他的妻子詹妮特。

于博厄斯，我并不坚持，但是我请求一定让佩尔斯夫妇来：麦卡特尼[1]似乎不在这里：如果他来了，他那恶毒的妻子也
260 要接到邀请。这些情况你能接受吗？我感到这就像人们在市场上头脑清醒地讨价还价。请告诉我你的最低要求。考虑到如果你和其他客人一起走了，那这次聚会就没有什么意思了，我请你留下来——让阿格尼丝小姐先走，也许你可以留下，一直到喝完茶。请告诉我你默认这一切的安排，如果的确如此，那么我将热切地盼望这次聚会。[2]

爱你的

沙耶

致斯蒂芬·斯彭德

1938 年 1 月 5 日

滨海博利厄[3]的布里斯托酒店

寄自全灵学院

亲爱的斯蒂芬：

这个海滨避寒胜地阴郁而无趣，令人难以置信。我没有

[1] 卡利·埃尔默·麦卡特尼（1895—1978），研究匈牙利的专家和作家；与保加利亚女人内德拉·玛玛切夫结婚；1928—1936 年为国际联盟情报部工作（在马克斯韦尔·加内特手下），1936—1965 年任全灵学院研究员。

[2] 在这里，伯林写下了“戈伦韦”，但是又把它删去了，并注释说：“这是新的迫害方法，我抱歉。但我此前从来没有想到这一点。这只是一个用于阐明问题的例子，不是真实的。”

[3] Beaulieu-sur-Mer 位于法国南海岸尼斯以东七公里。

别的地方可去，因为我想把马克思写完，我要完成马克思这本书，同时又不能使自己彻底与世隔绝，如果处于绝对的孤独中，我会发疯的。于是我住在豪华酒店，有强烈的小资感觉：看着西蒙爵士[1]和你的叔叔坐在异国情调的花园树下：不过写得很快，速度令人吃惊。天气很好，这我不喜欢，因为这样的天气给许多讨厌的人带来公开的快乐。真的你应该来这里，了解一下这个在1880年至1890年间制造出无政府主义者和炸药手的社会。你是否认识他们，拉瓦科尔[2]、威兰特[3]等人？极端可怕的人，但也很有趣。我在读赫尔岑，我越来越喜欢他了：我喜欢他的修辞、他的单调以及一切。他对英国人的描述的确很贴切，他坚持认为德国人把英语看作跟他们自己同样的商品的高级品牌，在完全不必要时用英文而不是德文说“是”。

如果我给你买一本《我的生活和思想》，你是否会读它？
我对那份评论季刊还没有失去希望；[4]但关于这份季刊和它的运 261
营方式，想法却乱成一片。1月到2月你是否会在伦敦？或者

[1] 约翰·奥斯布鲁克·西蒙爵士（1873—1954），律师、自由派政治家，1937—1940年任财政大臣，1940年成为斯塔克珀尔·艾利多的西蒙子爵一世。

[2] 弗朗索瓦·克劳迪亚斯·肯宁斯坦（“拉瓦科尔”）（1859—1892），荷兰—法国无政府主义者，1892年3月在克里希和富尔米引爆炸弹。

[3] 奥古斯特·威兰特（1861—1894），法国无政府主义者，1893年12月9日在法国议院引爆炸弹。

[4] 1937年10月22日斯蒂芬·斯彭德的信中提到在霍格斯出版社与伦纳德和弗吉尼亚·伍尔夫就该出版计划进行讨论，并建议找其他可能的出版商。看来伯林似乎也对同一个问题提出了计划。

你会在牛津住一个晚上吗？一定要写信，因为我想见你。汉弗莱·豪斯写了一本奇怪而又吓人的小册子，题为《我用我的小眼睛偷窥》[1]，并通过伊丽莎白［·鲍恩］把它寄给了［威廉·］普罗默。这本小册子十分偏执，宣告它与遥远的弥尔顿之间的亲密关系，攻击艾略特对希腊语的无知。要么不是那本小册子，反对英国在印度的那本，而是附在它后面的那封信。我颤抖地想，在这个有许多低劣的穆尔克·阿南德[2]的同质社会，他那天生就十分丰茂的心灵容易想到许多又长又黑又潮湿的爬行动物，在他身上发生了什么？老实说，我害怕右翼—左翼、神秘—肉体之间的暴力，倒转了的叶芝—布朗[3]。不过这也许纯属我的个人幻想。由于无法形容的、四处繁盛生长的生物，我似乎内心怀有高度恶意，如莫尔会说的那样。给我写信。

沙耶

致伊丽莎白·鲍恩

［1938年1月？］

滨海博利厄的布里斯托酒店

亲爱的伊丽莎白：

我一直打算写信来着，但如此低级的生活使我除了完成

[1] 来源不能确定。

[2] 穆尔克·拉吉·阿南德（生于1905年），印度小说家。

[3] 弗朗西斯·查尔斯·克雷朋·叶芝—布朗（1886—1944），作家，曾在印度服役，从事有关印度题材的写作；他从实施身体暴力行为（作为“孟加拉长矛轻骑兵”）转而爱好瑜伽和印度哲学。豪斯的转变方向似乎与他相反。

日常工作，什么也干不了。我每天状态神勇地写马克思，一本计划256页的书，我已经写到第290页了，仿佛要仓促地兑现承诺，在1937年秋季之前完成这本书。

我们家住的酒店很糟糕，我不能用更简单或是更有意义的词了。它是最糟糕意义上的英国人酒店，里面也住了一两名德国人，如伟大的赫尔岑在19世纪初发现的（这句话真的一直萦绕在我心头），与英国人相比，德国认为自己是同一台机器生产出的劣质产品，同一棵树上结出的粗劣果实，加上相应的行为，就成为糟糕的英国人。这些行为是：一个英国帆船运动员加上一个讨厌的、外表还算好看的、长得像鱼似的妻子，一个世故的美国电影人：查尔斯·劳顿[1]住了 262
两天（极其兴奋），以及一位前肯辛顿市长，每天建议我和他一起打高尔夫。登高到拉特比[2]，试着感受艾略特先生说他感受到的荒凉感，喜欢在那里的感觉，除此之外，我感觉不到快乐。但马克思传却进展顺利，只需再写一章半便可完成，我忧郁地感到满意，不过是真的满意。在这个可憎、混乱的动物园中，很难不加入共产主义、无政府主义，或是任何一派。没有感觉，没有行为，甚至也没有规矩：我很喜

[1] 查尔斯·劳顿（1899—1962），电影演员，出生于英国，以扮演亨利八世（《亨利八世的私生活》，1933）与布莱船长（《叛舰喋血计》，1935）等角色而著名。

[2] 博利厄的一座美丽村庄，以罗马帝国遗迹与极佳的风光而著名。T.S.艾略特在手术后的康复期，即1925年11月至12月住在那里的萨沃伊酒店，并着手准备他1926年所做的关于玄学派诗歌的克拉克讲座。

欢小资产阶级，在他们那里至少能发生一些事，真的，令人难以置信的事。我去尼斯看了歌剧，很吓人，为了和比我阶层低的邻居聊天，他们至少提供了生活色彩。[1]我的父母对我很有耐心，社会愤怒以前从来没有震撼过我：无疑，当我回到全灵学院，罗斯、鲁斯、里斯等人会使我重新接受温和变革。同时我要大声抗议：我像一个烦躁的、领取周薪的奴隶，写着关于马克思的书，心中充满社会自卑感。这里（新闻界）每个人都提到马尔罗关于西班牙的新书[2]，以及塞利纳先生[3]出乎意料的反犹主义。我买了蒙特兰的书[4]，但是现在我什么也读不了，除了每日的巴黎报纸，读起来有咖啡或者是《北方车站》般惬意的苦味。这个星期我就回来。

爱你的

沙耶

这是一封十分愚蠢的信，我想：如果真是这样，请你原谅。离群索居使我对这种喇嘛般的生活条件感到愤怒。

[1] 即本地色彩。

[2]《希望》（巴黎，1937），英文版为《希望岁月》（伦敦，1938）。

[3] 路易—费迪南德·塞利纳，路易—费迪南德·迪斯图奇（1894—1961）的笔名，法国医生、作家。他的三本臭名昭著的小册子中的第一本《屠杀琐事》于1937年出现在巴黎。

[4] 亨利·德·蒙特兰（1896—1972），法国小说家，还写了游记《南方的尖塔》（巴黎，1937）。这里无法确认伯林指的是哪一本。

致玛丽·费希尔

转递邮戳日期 1938 年 1 月 12 日［星期三］［明信片］

法国博利厄

一切都没有节制、低俗、奢靡。哪里都听不到一个法语词。只有意大利语和英语。当地的消息提供者对贝克莱先 263
生[1]的名字一无所知。肯辛顿市长日益熟稔也日益烦人了，旅店老板的儿子在戛纳学哲学，他认为在温泉小城艾克斯莱班受教育更好。我已经向他推荐了比两者都好的夏蒙尼。旅店老板宣称，他后悔没有送儿子去伊顿公学。我星期二回来，参加基督教堂学院的庆典。

沙耶

致玛丽与门德尔·伯林

星期二［1938 年 1 月 13 日之后］

全灵学院

亲爱的妈、爸：

我很抱歉，我们才说了那么一会儿的话——昨晚打电话的时候，我的房间里都是学生。我九点半就起床了，十一点上床睡觉。有时候上午十一点到下午一点我在图书馆写马克

[1] 乔治·菲茨—哈丁吉·贝克莱（1870—1955），1889—1893 年在基布尔学院主修历史，玛丽·费希尔父母的朋友；玛丽认为他此时就在博利厄或者附近，也许在写他的三卷本《意大利的形成》（剑桥，1932—1940，1968 年再版），该书系他与第二任妻子琼合作完成的。

思传记（例如，星期天我就从十二点到一点，或是三点到五点），或者从四点十五分到七点，所以我的写作在进展中。汉普希尔在伦敦患了窦炎（这是受了全灵学院空气等的影响），于是我没有人可以说话，只能更勤奋地工作。

在基督教堂学院我坐在名叫克莱夫的秘密犹太人旁边，他在厄兰格银行[1]工作，只有犹太人，尤其是想假装自己不是犹太人的犹太人，才会像他那样称赞布鲁姆[2]，我的另一边坐着一位虚张声势的BBC工作人员，他说不论我何时想得到演出票，他都会送给我。小萨彻先生[3]今天来接受教育了，他长得像他的母亲，有一副纤细而粗俗的曼彻斯特嗓音，我相信我们可以处得很好，至少我希望如此。鲍拉先生很好，玛丽·费希尔也很好，他们都向你们问好。杰伊和索尔特都预测了1940年至1941年之间的衰退，那个时候军备热将告结束，但这种衰退很快就会过去，因为制造业（例如棉）又会发达起来。但是即将到来的衰退是**可怕**的，也许现在已经到来了，只是由于军备开销人为转移了大家的视线。这些听起来都很合理，因而就有了巅峰的兴盛期与压抑的衰落期的混合气氛，就像在这剂阿司匹林产生的药效之下，头痛被压抑，一旦药效消失，头

[1] 厄兰格家族的银行设在法兰克福、巴黎和伦敦。

[2] 莱昂·布鲁姆（1872—1950），第一位犹太裔（同时还是首位社会主义者）法兰西首相。

[3] 加布里尔·戴维·萨彻（1920—2001），1937—1940年就读于新学院PPE专业；他的哥哥迈克尔·摩西·萨彻（1917—1986，同样主修PPE专业），比他早两年就读于新学院。

痛症状就会立即重新出现：当然除非有一场战争介入，就像1914年衰落与战争同时开始一样。哈罗德·尼克尔森在这里吃完饭，坐在我旁边，非常和蔼可亲，他说做一名全灵学院的研究员是多么好的一件事，他多么希望自己也是其中一员，但他 264
参加选聘失败了。[1]他总是觉得自己是个失败者，一个有趣、聪明，但是不太好的人，有点龌龊心理，像W.伍尔夫，但是没有她那么尖刻。卡尔先生，写巴枯宁的，给我写了一封很讨我欢喜的信[2]，我回信的时候会转寄给你们看。我突然觉得自己就像一位强大的评论家，可怜的作者们必须奉承讨好我。很快我自己也要成为一个可怜的作者了，费希尔太太已经提出来帮我校对书稿。我很健康，很快乐。

爱你们的

沙耶

致玛丽与门德尔·伯林

[1938年1月14日之后]

全灵学院

亲爱的爸、妈：

谢谢你们的来信。我还是很好，工作相当努力，又写完

[1] 我找不到证据证明此事属实。
[2] 伯林在《观察家》杂志上（1937年12月31日）发表对E.H.卡尔所写的《米哈依尔·巴枯宁》一书的评论文章，卡尔给伯林写了回信作为感谢，回信日期为[1938年] 1月6日。

一章了，还要再写一章半，随信附上卡尔的来信，不要销毁，我写信写得有点累了，刚刚给他写了五页有关巴枯宁的信[1]：毕竟他是一位教授，也许有点用，所以假如最近没有我的信，请原谅我：因为实在没有什么可说的：贝洛夫十五分钟后过来喝茶，和我说说一位罗马尼亚犹太人的事，还有关于在内盖夫地区开拓殖民地的疯狂提议。星期天十一点三十分左右务必给我打电话。

爱你们的

沙耶

致克里西达·伯纳姆·卡特

[1938年] 1月30日

全灵学院

亲爱的伯纳姆·卡特小姐：

你能否来这里和我一起吃午饭，在全灵学院，下个月？看起来，在多雨和风暴的2月，邀请任何人进行一趟不太舒适的牛津之旅，似乎都过分了一点儿（被可怕的强风穿过卧
265 室的纸板墙从床上吹起来，这种体验很奇怪，这样的形象更是稀奇古怪，就像德国的《马科斯与莫里茨》故事书[2]中

[1] 这封信现在找不到。
[2]《马科斯与莫里茨》，儿童书，作者威廉·布施（1832—1908），1865年出版（英译本1874年出版），该书为诗体劝诫故事，讲述两个男孩对他们的邻居搞残酷、危险的恶作剧，最后的结局令人毛骨悚然，这本书当时很有名。

的画面，不过这样的体会是不可言传的），而我只能保证，如果你会来，例如在9日星期三那天，三点钟有克莱斯勒[1]的演出，那本身就是值得一看的场面：而他，无论怎么说，都是有史以来了不起的天才。节目不是太有吸引力：都是装饰音[2]。真的，如果你来吃午饭，我会十分高兴，在那天或是星期三以后，或者任何一个星期三，或者下个月的某一天。

你真诚的

以赛亚·伯林

致克里西达·伯纳姆·卡特

[1938年2月]

全灵学院

亲爱的伯纳姆·卡特小姐：

我感激之至。我没有想到马勒—阿斯奎斯[3]下周三来，虽然这不需要重新组织，但是需要重新安排一下那天的日程：这样我会心满意足：如果你也去参加马勒的音乐会，这样的安排是不是太过度了一点？我不这么看，因为克莱斯勒的演出令人震惊：先是弗兰克奏鸣曲，很快就

[1] 弗里茨·克莱斯勒（1875—1962），小提琴家与作曲家。

[2] 伯林此处原文为：fioriture。

[3] 电影导演安东尼·阿斯奎斯（1902—1968），克里西达的叔叔，马勒的狂热情人，一位不容忽视的业余音乐家，他在伦敦组织了一次马勒的音乐会。

下降成为普格纳尼—克莱斯勒、纳蒂尼—克莱斯勒、维奥提—克莱斯勒[1]，诸如此类。所以我说的关于他的悔恨等似乎很不对，你还是可以拒绝来。另一位星期三在这里演出的行家是伯特兰·罗素，他的讲座[2]时间在五点，而要去听马勒音乐会最迟也必须乘坐五点五十分的火车：不过，如
266 果你从来都没有听过他的演讲，也许会想去：他真的想挽救他的灵魂，而且在那一刻他也做得非常出色：他的听众很棒，[新]学院院长[3]用法语说他非常**权威**，整个演出非常庄严[4]，很好。至于火车车次：诚然，十一点二十分从帕丁顿来的火车下午一点二十五分到，而十一点十五分的火车大约是十二点四十分到，所以后者无论从哪个方面看都要合适得多：但是你在这两个时间到我都很高兴，而且我会去接早一班的火车，除非你告知我你乘坐的是晚一班的。

你的

沙耶

[1] 弗里茨·克莱斯勒模仿早期作曲家的风格写了许多作品，并假称这些都是出自那些作曲家之手，1935年他承认那是骗人的玩笑。
[2] 伯特兰·罗素自1月26日星期三起，在星期三和星期五下午五点在考试学院做讲座，题为“语言与事实”。
[3] H.A.L.费希尔。
[4] 伯林此处原文为：feierlich。

致克里西达·伯纳姆·卡特

[1938 年 2 月?]

全灵学院

亲爱的克里西达：

我匆忙之中给你写这封信，向你恳求，如果书到了，千万不要认为必须致谢，真的**不必要**。萧［伯纳］，我不太有把握：巴赛托[1]，恐怕此时你已经买到了：托尔斯泰[2]，我全心全意地推荐：一个人生命中的插曲在书中是可无限归集的流畅插曲：它就是焦点、标准、弦。一切都与某个现实相像，等等。

我真太享受上个星期三了。从一开始到最后结束，当我和一群有点恶劣的人一起回来的时候，罗伊·F.哈罗德先生和太太有点醉了，非常和蔼。华莱士想知道我们进来的时候，为什么脸上是一副要合谋对付他的表情：我以很不自信、另有含意的声音向他保证，他弄错了。我无法说我有多么开心，因为你公开信守宇宙中被太阳照射的那些部分，它们包含坚实的三维物体，而不是要求立即对之做出反应的、需要触角的光与影的快速连续变化，因为它们本身就是目的而无须保留：我什么都不想坚持，这

[1]《科诺·迪·巴赛托听到的1888—1889年的伦敦音乐，及更深入的自传性详情》（伦敦，1937）（科诺·迪·巴赛托后来以萧伯纳这个名字为人所知），巴赛托的化名音乐评论文章合集。

[2]《童年、少年和青年》（1852—1857）。

些状态不能被保留，不能被一次又一次复制，不能被修改以适应新的情境，然后又都被拯救和重新审视，并且被重新确认，可以说，这些状态不能具有任何价值或者令人保持兴趣。没有画框的画仅仅是装饰墙纸，碎片只是碎
267 片，而不是超验领域的标识。但是在此刻（我的仇恨在增加，我的学生在等待，在不满，这一切按照我的标准来看都非常不道德），我还是快快跟你说吧，卡夫卡被排除在一般谴责之外：他是幼稚的，并不多愁善感：他的形象栩栩如生、实实在在，没有夸大，没有变小，没有透明，没有过度流动。他的价值观是民主派中产阶级的狂热类型，这种类型如此赤裸裸地表现出来，得到如此热烈的维护，看起来简直疯狂而神秘。然而神秘只是因为它们是通过自身，以一种无时间也无空间的方式，被孤立被表现的，不是因为不能表达在世界之外的所见，像真正的神秘主义那样：它几乎是我知道的最现实的宇宙，只不过非常贫瘠，对任何一种低级的触角都没有什么可以想见的用处。所以，这只是一个人朝着自己的方向的夸大，人们为这样的夸大喝彩。唉，我必须走了，非常希望我们再次见面。

你的

沙耶·B.

致门德尔·伯林

[1938年初][1]

全灵学院

亲爱的爸爸：

我很高兴，托斯卡尼尼是顶级音乐会的典范（我所欣赏到的这一场），我唯一关心的就是自己能有一个座位，其余的票也尽可能多弄一点。剩下来的很容易处理：最好弄到票，否则售票处会在下一次记起这件事，为难我们。我非常好：这里速记的酬劳是一个小时三英镑，很贵。也许我得开始自己打字？你能否给我买一台打字机并寄过来？我是认真的：我准备每晚把自己写的东西打出来，我想我会学得很快，会真正喜欢打字。下周五我回来。 268

致斯蒂芬·斯彭德

[1938年3月18日之后不久]

全灵学院

亲爱的斯蒂芬：

我希望星期五晚上演出之后[2]能够和你见上长于几分钟的面，但是那天晚上太交际化了：康纳利他们本来就可以让我活跃起来的，更不用说莫尔（很可爱）、伯纳姆—卡特

[1] 1938年5月和6月，托斯卡尼尼在伦敦女王音乐厅为BBC指挥一系列音乐会，演奏许多作曲家的作品。

[2]《法官的审判》（原文第155页注4，第165页注1），3月18日在群体剧院上演。

夫人[1]了，她是一副令人难以置信的上流社会女子回报性漫画形象，但愿你能够明白我的意思，我的意思是一种纽约女主人，用英国人的话来说，所有严肃的品质都被去除，喜剧的成分大大程式化了。不过我希望说说这出戏，我被它极大地感动了，不是更感动，而是和读到剧本时一样感动：我现在已经读了两遍剧本，所产生的累加效果很强烈。说到制作，法官有点太性格演员了，他能够把诗歌朗诵成诗歌，但正因为如此，他不能这么做：也许人必须表达出那种徒劳无益、破碎、正直、迂腐的感觉，通过别的方法，而不是使用徒劳、迂腐的声音和念台词的方式：否则就不能成为恰当的普遍象征了：但他很高贵、真诚，没有过度表演：纳粹们演得很好，尤其是他们的头子，他的残暴令人放心，因为我想，他是一个共产主义者：但即便是他们，也还是太男孩子气了，不够兽性：我想你不希望他们成为私立学校的受害者，通常意义上的被宠坏的[2]形象，而是野兽般的形象：如果是这样，你就得选择更野蛮的类型。演出本身在我看来好得惊人，效果极佳：除了法官的妻子，她过早而又幼稚地开始激发出自身所有的腐败和可怕的因素：如果让她这个角色逐步发展，是否要比突然爆发，并给所有旧的、坏的、腐败的一切加上省字号更好？整出戏音乐的元

[1] 夏洛特（1893—1989），克里西达的叔叔埃德加·伯纳姆—卡特（1870—1956）爵士的妻子。
[2] 伯林此处原文为：gâtés。

素很强，具有很突出的散文剧特征，简直就像一出歌剧中
的清唱部分，所以我希望演员们有更好的歌唱嗓音，以更
不着痕迹的弱重音来诵读你的诗篇。我现在转而使用“计
时”[1]这个之前真念不出来的词。我很不喜欢舞台，从来不
去看戏，我更喜欢读剧本，因为在读剧本的时候，我会听
到一个声音在念着台词，读这个剧本我听到的是你的声音，
除了别的因素之外，要比你的演员们的声音更合适。我现 269
在要读第三遍，所以记住了一部分：整个费德里奥—毁灭
的主题令人产生共鸣，我无法言说。我在读伊舍伍德[2]：有
点令人失望，但还不是太强烈的失望，查默斯是谁？有些
地方他太愚蠢，对他的描述也太模式化了：还有芒若的情
节在我看来太像狄更斯，了解了他是多么徒有虚名的音乐
家，知道他的演奏有多糟糕，真是很扫兴。我已经读了夏多
布里昂[3]，我认为他非常杰出：堕落，但是纯洁，贝里尼式
的坎蒂列那，疏离、强化、装饰基本情感的强大能力，尽
管是新中世纪风格，尽管是华而不实的文体，他的散文体

[1] 在第三幕（第66页），一个角色说“以原始时间计时的太阳”。

[2]《狮子和影子》（伦敦，1938）。“查默斯”是爱德华·阿普沃德（生于1903年），小学校长、作家。伊舍伍德曾经在切尔西给比利时小提琴家安德烈·芒若的弦乐四人组当了一年的秘书，后来一直是芒若的分居妻子奥丽芙·芒若（《狮子和影子》中的“舍雷夫人”）的朋友，和她有恋情。

[3] 弗朗索瓦·奥古斯特·勒内，夏多布里昂子爵（1768—1848），法国政治家（曾忠诚于不同派别）、作家、有影响的浪漫主义文学运动的先驱。伯林也许指的是夏多布里昂死后出版的自传《墓畔回忆录》（巴黎，1849—1850），伯林提到他在北美和欧洲的旅行，或者是他的小说《阿塔拉》（1801）和《勒内》（1802），他的作品中对基督教的颂扬似乎不太可能令伯林产生热情。

确实高贵、富于表现力，具有弥尔顿的特点，从每句的开始就创造出宏大的力量和美。你读过他的书吗？我想见见［你］和伊内兹。这周或是下周，甚至下周以后，我是否可以来和你们一起喝茶？希望你的书得到好评，我还没有读到有关评论。我想自己从某个人那里听说，戈伦韦很是愤怒，因为莱昂内尔·黑尔[1]出言不逊：你会这么认为，他向来都是令人厌恶而且卑鄙的人，是河畔唯美主义者，为数寥寥的真正意义上的军事外行，时机成熟时就是个基督教法西斯。

沙耶

致玛丽·费希尔

邮戳日期 1938 年 4 月 15 日［明信片］

［霍里克罗夫特大道 49 号］

我希望我能来：但是我的日子充斥着一种新的不舒适。我开始口述马克思传记让人记录，我的打字员生产出来的东西不仅讨厌而且让我感到羞耻：比如，我说“后来”，她打下“信件”；我说“犹太人”，她打出“到期”：这太糟糕了，把“聪明”打成了“办法”：我上的演讲技巧课[2]显然

[1] 莱昂内尔·拉姆赛·黑尔（1909—1977），记者、剧作家，1937—1940年任《新闻纪事》的戏剧评论员。

[2] 见发自布莱顿的1937年7月致伊丽莎白·鲍恩的信，以及1937年7月31日致玛丽·费希尔的信，原文第241页与第244页。

什么效果都没有：打字错误不是因为我的声音含糊不清，而是因为它是上流社会的口音。这本书太长了，是预想的两倍 270 半：我也许要办一件大胆的事，提议在不久的将来就此拜访一下你的父亲：那天我突然把道格拉斯看作唐·乔［瓦尼］，把佩吉看作唱着咏叹调[1]的莱波雷诺了。

两点：1. 你下周是否在牛津？

2. 7月8日你是否愿意来参加格林德波恩音乐节，观看《帕斯夸莱先生》[2]？我有两张票。

致詹妮弗·威廉斯

［1938年？］[3]

全灵学院

亲爱的詹妮弗：

我承认我感到惊奇了，当你的皮雷小姐[4]听到足有一两页长的句子时，哼都不哼一声就把它们记下来了，我时不时说，“你可以加入一些括号和逗号，等等”。她点点头，好像她一直都认识我似的。我本该感谢你的，不过，她顺口说的话还带给我许多题外的快乐：“整篇一直都会这样吗，先

[1] 在莫扎特的歌剧《唐·乔瓦尼》中，唐·乔瓦尼的仆人莱波雷诺唱给阿尔薇拉听的咏叹调，列举唐·乔瓦尼的征战功绩。

[2] 多尼采蒂的歌剧。

[3] 见前一封信。

[4] 也许是内政部的一位速记打字员，经詹妮弗·威廉斯介绍为伯林工作。

生？”或是“我想威廉斯小姐是打算读您的书来着，先生，不过，您可让她不太轻松啊”：我还知道她想要什么：她希望马克思是个富翁的儿子，放弃了一切，最后在距离皮雷小姐家不太远的地方死于贫困之中。我或多或少实现了她的第二个愿望，但是对于她的第一个愿望，我无法对她撒谎了：有一两次她充满渴望地问我，马克思是否放弃了自己的家庭财产而投身斗争，我尽可能向她推荐了恩格斯：有时候，她会惊呼“您看起来不太喜欢马克思先生”，我完成［了］关于马克思夫人的满篇华丽辞藻的小短文后，她说“她似乎具有所有的美德”。“她很乏味的。”我说。“啊，”皮雷小姐快活地说，“事情从来就不是**那样**。”她对你的职位感到伤心，怀疑你是否喜欢这份工作，对［J.F.］亨德森先生很同情，在她看来亨德森是应该流眼泪的（也应该以任何方式表示抗议）。你能否恳请她打字快一点？当我想到要让你来评判这些孤立的句子时，就感到忽冷忽热：这样的想法要排
271 除。道格拉斯本周末在这里，安静、顺从、彬彬有礼、毕恭毕敬、谦虚：我猜想这是因为讨论哲学使他的心中充满了感伤的敬畏之情。今年夏天你会在牛津吗？你会告诉我吗？

沙耶

我忘了汉普斯特广场的号码了，7月你和赫伯特[1]会一

[1] 詹妮弗·威廉斯和赫伯特·哈特于1937年至1939年一起住在汉普斯特广场。

起来看《帕斯夸莱先生》吗？

致克里西达·伯纳姆·卡特

[1938年？]

全灵学院

亲爱的克里西达：

布施四重奏乐队[1]、贝多芬、托尔斯泰、卡夫卡都属于同一个道德空间，那里有清晰划分的边界，严格的价值观体系，人们可以接受也可以反对，或者最重要的是，可以公开辩护或者攻击，知道因此会得到或者失去什么。我想，说起卡夫卡，我指的是《城堡》，而不是《中国长城》[2]，关于这篇小说我想说：亨利·詹姆斯和德彪西都很精确，极其正确，但卡夫卡的小说却把正常世界扭曲了不止半个音阶，那样会很可怕：在某种意义上，那就像是一场噩梦，但是这场噩梦是如此清晰，如此出乎意料，它不断产生沮丧感，不管人往哪个方向走，不管人采取何种行动，都会和它相遇，这种沮丧感不是渐生渐长的恐惧或绝望，相反，它给人宽慰，拉辛式的高贵宽慰，小说情节所围绕的角色和特质没有夸张也没有被扭曲，既不是恶意的，也一点儿不神经质，并

[1] 在伯林（和其他人）看来，两次大战之间最好的弦乐四人组，由阿道夫·布施（1891—1952）组建，成员持坚定的反纳粹立场，在20世纪30年代初期自我放逐，离开德国。

[2] 弗朗茨·卡夫卡（1883—1924）所写的短篇小说，写于1918年或1919年，生前未发表。

且，首先它们都是可以传达的，而神秘主义不能也不愿被明确表达，无调主义者都在利用某些东西，发明新的接受方式，把旧的、稍微整理过的牌重洗一遍，因而使人震惊，并唤起被忽略的感受，等等。卡夫卡的人物是精确的、栩栩如生的，他们所承认的价值观是清晰易懂的、为人熟知的，只有当人故意忽略了他的半宗教式的答案与正当理由时，才会产生恐怖：他的意图是，如果你用他的视野来考虑这一切，那么就没有什么可怖的。

这个反讽不是一个“来自外部的”[1]嘲笑与拙劣模仿，相反，它是任何人对他所处的熟悉的环境，这里指的是他
272 的神秘视野，都会开的，也开得起的正常玩笑，不过对于卡夫卡而言，那些神秘的东西和公共世界的轮廓有关，而**不是**和私人世界的轮廓有关（尽管所有的翻译者和评论者都谈论他的私密世界，迟钝地误将他的感情深度[2]当作隐私。对于德彪西或是普鲁斯特或者甚至是福斯特先生，这样的理解是对的，但对卡夫卡则不然。根据事实本身，就外部事务、外交事务、共同世界而言，卡夫卡是一位道德家），而且，卡夫卡的视野不像戴十字架的基督徒圣约翰[3]等人那样，是盲目的启示，而是一个用人类行为及其与因果客体的无生命

[1] 伯林此处原文为：ab extra。
[2] 伯林此处原文为：innigkeit。
[3] 戴十字架的基督徒圣约翰，原名胡安·德·耶普斯·伊·阿尔瓦雷斯（1542—1591），西班牙基督教神秘主义者，加尔默罗修士会改革者。

世界之间关系的资料严谨细致地、有条不紊地构建的综合体系，这些资料是经过观察、未经篡改的。其意图是发现并宣布获得自由的手段，而不仅仅只是对其进行描述、分析或是解释——这又是资产阶级的美德了，不容侵犯的个人权利的热切运转和贝多芬、托尔斯泰、布施弦乐四重奏等的主题（在布施家族表演的所有吓人的急口歌中，个人的自我实现与服从法律的自由等显得无懈可击而且确凿无疑，希望我不必如此频繁地重复布什的名字，因为这个名字很傻），以这些音乐进行类比，我承认，一部分在巴托克作品中，一部分在贝尔格作品中，但主要是在全部的四重奏遗作中，尤其是在A小调中，因为那些扭曲，当它们确实发生时，不是对陈词滥调的新用法，而是试图对永恒主题做更深刻、更明确的强调，这迫使人们注意它，甚至害怕它，因为呈现在他们面前的是赤裸裸的罕见的严肃性。你是否记得在托尔斯泰的书C.A.&Y.[1]中与众不同的叙述？有一个学生，获得了口试中坚持让他不及格的教授的资助，或者大概差不多的那么一个情节：他是作者笔下的一个巨大的人类象征，一个纯粹的卡夫卡式的人物，毫不夸张，不感人，在某种意义上相当令人厌恶，在内心深处也许很粗俗，但极其能令人产生负疚和被感动。然而，施利克的谋杀犯[2]和陀思

[1]《童年、少年和青年》（原文第45页注2）。
[2] 见原文第178页注2。

妥耶夫斯基的农民基督徒等则被排除在外，他们是某些夸张的、非人类的、疯狂的、非世俗的使命的承担者，非常令人恐惧，非常神圣，但他们不是人性化的，与那些常见的、重复出现的、显而易见的问题无关，因此民主派对他们没有兴趣。

我深感抱歉，现在已是凌晨三点钟，我真的不能再往下写了，否则谁知道这封信也许会变得多么长、多么严肃，又多么重复、多么乏味？读它不难，但是说它好就难了，我必须停笔了，反正今晚会见到你。我从上星期一的见面中获取
273 了许多幼稚的快乐：没想到我很享受和华莱士的简短谈话：我发现自己很喜欢他，只是也许有必要因为他时不时故意的不当行为，以及对弗朗西斯的神圣形象赞赏不足而夸张地惩罚他一下。

我完全同意，人自有飞离未获解释的黑暗、过度赞扬光明以及重复对错的动机，因为人不能不受惩罚地做X，Y和Z，而A和B做了却什么事都没有，而且每个人（包括你自己）都很喜欢这样；但我看不出有什么办法能解决这样的问题：人宣布自己只在阳光下交易：公开、清楚地这么说，人对于月亮的酸葡萄心理就是十分可敬的，而且人把这看得太重：人有时候甚至无所顾忌、不无残酷地说，不能够承受阳光的，就根本不能承受审查。最好就不要承受审查，梦游的一方尖刻地回应。而人又对此做出回答；既然是这样的人，那还能怎么办，当然，根据一切等价、人不必对任何

事大惊小怪的道理，这比伪公平更好，只要不引人注目地行动，做个好人就可以了？

你的

沙耶

我必须立刻说，我非常喜欢读你的来信：你乐于和我讨论，这真是太好了。

1938年夏天一系列重大政治事件导致《慕尼黑协定》签订，对伯林个人来说，他的主要事件是出版商要求他缩短关于马克思的书稿。由于这本书即将完成，新学院又给他提供了研究员职位，他辞去了一年前通过考试获得、为期七年的全灵学院研究员一职（从1937—1938学年年底生效）。伯林准备搬进新学院。

致汉弗莱·豪斯

邮戳日期1938年8月2日

霍里克罗夫特大道49号

亲爱的汉弗莱：

我深深抱歉，直到现在才给你写信，不过有个发现让我很沮丧，不算是太出乎意料的——关于我的书，它打乱了我 274
所有的计划。这个发现是，我受托为《家庭大学现代知识丛书》写五万字，结果我实际上写了八万五千字。他们没有办法，只能要求我删减，可是怎么能删去两万五千字呢？[1]无论如何，像我这样的人怎么能做到？我原打算自由发挥，有空的时候就修改一下，惬意地调换一下内容，再插入一点别的什么，现在我不幸要遭受折磨了。至少他们不会接受我的大胆计划，原定写一本书，现在变成写两本书，如果他们反对——他们怎么会不反对呢——我就不可能离开伦敦了，只因为我需要这样一个环境，吃饭的时候我可以公开地表现出急躁。你也许想象不到这种可能性，但这不幸发生了。如果他们真的接受把这本书一分为二，我会三天内写完第一本，然后就有空去你那里，我会很乐于和你待在一起，把这本书写完。我同意，在伦敦市区见面很不好，而且受限制，但是你为什么不过来，在西斯坐一个下午或者一个晚上？那里让人产生错觉，以为自己置身于山高路远的地方，而且环境极其宜人，凉爽，人不少也不多，有一两家不讨厌的露天啤酒店，那里有趣，而且不令人反感。这样的会面任何一天都行：我依然希望能去找你：如果不能，你不会过来吗？比如在星期四的下午？

沙耶

[1]“我的数学不好。”1988年4月，伯林接受比塔·波拉诺夫斯卡—西古尔斯卡的访谈时说。

致伊丽莎白·约阿希姆[1]

1938年8月5日

全灵学院

亲爱的约阿希姆太太：

我无法说，《泰晤士报》上意外登出的讣告[2]给我带来了多么痛苦的影响。我想说，我，我们哲学界是多么尊敬甚至敬畏您已故的丈夫。早在我遇见他之前，我就意识到在牛津他拥有最杰出、最美丽的哲学头脑，他确实代表了纯粹道德力量与精深欧洲文化的结合体，仅凭他的存在，就创造了标准并使周围环境更加文明。我在新学院遇见他之后，产生了并保持着对他的个人品质的喜爱和景仰。的确，我向您担 275
保，所有与我同时代的哲学人，不论观点如何，是否存在认识差异，都深深地欣赏约阿希姆教授。他非凡和谐的一生，他的信念，他的品位，在所有人中，他独自教导他人，照顾他人，他的确拥有真正的、独一无二的世界观，一［种］综合的人生观，体现在他所说和所做的一切中，并使我们都认识到高贵的人生观主体，以及在对其真正的培养中度过的一生：仅仅在某一科目上有能力或者甚至表现突出，只是一种技术上的成就，并不能传达这种可能性。我担心我没有说

[1] 伊丽莎白·约阿希姆，哈罗德·亨利·约阿希姆（1868—1938）的遗孀，约阿希姆先生于1919—1935年任新学院逻辑学威克汉姆讲席教授与研究员，1938年7月30日去世。

[2] 1938年8月2日第12版。

出我想要表达出来的心意——您的丈夫拥有智力、道德、个人方面的高尚与尊贵品质，以及魅力与无私情怀，当别人在议论和挑剔的时候，他不仅进行哲学思考，而且使他的听众和同事认识到这一事实。我不奢望还能再遇见像他这样的人。我再次恳求您接受我最温暖、最真挚的同情。

您真诚的

以赛亚·伯林

请勿烦扰回复此信。

新学院档案

致约翰·希尔顿

[1938年8月?]

霍里克罗夫特大道49号

最亲爱的约翰：

我耐心地坐在听力所及的范围内，等了一整天。所以你看到调情和轻狂许诺的后果了吧。我见到了你的表妹兼堂妹[1]，她人很大方，精力充沛，表示出热切想见你的愿望。至于我，我无法形容你对K.马克思的评论往我的伤口上泼了什么样的醋。今天（星期一）我的确要动身去福克斯通（大都会酒店，很开心），要在四天内从我的手稿中删去三万

[1] 英格丽·沃伯格：见原文第88页注1。

字。[1]上帝才知道怎样才能做到这一点。然后我去爱尔兰，在那里一直待到大约9月12日，然后也许去牛津。你**什么时候**会在波福德？请寄信到福克斯通或是全灵学院：有些事可以得到很好的安排，只要你放弃对我的成见，以为我一般都不在那里或是无所事事。向佩吉转达我的爱，我有十年没有 276
见到她了，真的。[2]我心里忠诚地记着她程式化的形象，并渴望见到真实的她。

你的

沙耶

致门德尔·伯林

星期五［1938年8月26日，明信片］

爱尔兰安尼朗湖

从删除的角度来看，我的书可以算完成了：剩下五万八千字。现在要做的事是：引文，插入，誊抄。的确很好。星期天离开这里，也许中间会去都柏林一天。

沙耶

[1] 伯林的原稿与他的第一份更长的打字稿都几乎完整保存了下来（尽管伯林自称把它们扔了）。也许完整的版本，或者是那些被删除的最重要的段落，有一天能够出版。

[2] 夸张的说法，据约翰·希尔顿说，伯林不可能在1930年之前见过她。

致克里西达·伯纳姆·卡特

[1938年8月28日]

都柏林谢尔本酒店

亲爱的克里西达：

你一定要相信我说的话。我坐在都柏林谢尔本酒店的读写室里，左边，是从西部来的两个渔民，他们在谈论鱼。而在我的右边（相信我）是叶芝先生，在角落里向一位年轻的女人以及一位像是她弟弟的[1]人吟唱诗篇。他念的我听得很清楚，也许是那个女人写的诗，因为在我听来比较生疏。我被迫独自一人在这里过夜，在涨潮的时候，突然见到叶芝先生，很荒谬也很肃穆。上个星期我是在超乎寻常的原生态并且真的很怡人的湖中岛上度过的，在那里我有机会做了我拿手的奥地利菜［？］。有个人刚刚进来，就立刻讲起话来（对着主人），“你知道我是共和党参议员：从
277 政治角度说，我恨罗斯福[2]，但我喜欢有想法的人……”，等

[1] 伊索尔·伊迪斯·曼宁（1900—1984），通俗小说家，和她的未婚夫（她在当年晚些时候和他结婚）雷吉纳尔德·雷诺兹（1905—1958）。雷诺兹是贵格会教徒、反战主义者、作家、旅行家，甘地的朋友。他们长得相像，所以伯林以为他们是姐弟。叶芝，几年前与曼宁有过情史，和她依然保持亲密关系，8月28日那天在酒店请他们吃饭。

[2] 富兰克林·德拉诺·罗斯福（1882—1945），律师、民主党人，1933—1945年大萧条与二战时期美国总统（唯一一位连任三次的美国总统），为应对大萧条，他促成通过他的“新经济法案”。珍珠港事件（1941年12月）之后，他使美国参战，他在胜利在望时去世，距离他所促成的联合国成立大会的召开仅两周。20世纪20年代，他患了脊髓灰质炎，双腿再也没有复原。美国硬币（十分币）上面有他的头像。

等。这些话本身不是特别有趣：但是，这座城市绝对有令人难以抗拒之处，如果你能理解我所说的意思，这里的每个人都有充分的倾向性，每个人总是清楚地或是过分清楚地说出自己的意思，甚至都到了经常撒谎的程度，为了使他们自己也使别人相信他们所拥有的特质，这个国家美丽得不可救药，就像艺术品：草绿得炫目：成行的树、河流，人们的脸庞，都极尽表现力，在这家酒店吸烟室里的人们，不论有没有长着狂乱的眼睛或是胡须，都像是屠格涅夫短篇小说里面的人物。我事实上又快乐又怀旧，因为，当然，19世纪的一小部分得以保留，这样的事实是异乎寻常的，它本身并不这样令人兴奋。然而住在岛上——不知道你有多热爱这样的岛上生活[1]——在烛光下，从容自在地，做个业余垂钓者，享受非常悠闲的感觉，这些就是我对19世纪俄罗斯小贵族们的想象，我所说的我如此喜欢俄罗斯，指的就是这个意思，而不是指那些真正的贵族生活，那是最可怕、最腐朽也最枯燥的。这又让我们回到赫尔岑这个题目，真的很高兴你喜欢它，你到底觉不觉得它枯燥呢？你看，比如说，如果一个人真的喜欢法国或者拉丁文学甚于俄罗斯—德国的文学，那么他怎么会不觉得它枯燥呢？至少是在读到冗长的段落的时候？我非常钦佩法国人对第一手体验等的好奇、敏锐，以及一种非感情用事的胃口，就

[1] 伯林此处原文为来自希腊语的新造词：nesophile。

像在比如说狄德罗、巴尔扎克、莫泊桑的作品中那样。但是真的，我总体而言恐惧地感到自己和他们之间没有共鸣：我不能忍受这样的删减，如此直线式迫切地紧扣要点，只说一遍，然后继续。然而俄罗斯人（在某种程度上，德国人总体而言也是如此），除了陀思妥耶夫斯基之外，总是描述长期的、实在的感情与人物，而这不可避免地需要说教，加入不相干的言论；但在另一方面，这很吸引人，不像读像亨利·詹姆斯或是福楼拜的作品时产生的看法，人们在读俄罗斯人的作品时，并不总是意识到它们有多好，或是文字的表现力有多出色：然而在水面之下，作品继续向前发展，我所读到的被吸收与拓展了，甚至没有留意流水的质量，就这样一页一页文字、一段一段描述地读下去，或者甚至没有注意到自己实际上身在水中，水有多深：这就像在读一份星期天的报纸。叶芝先生和他的朋友们身体前倾，围坐桌边，点燃的香烟发出微弱的光芒，而他们的说话声被两个美国政客一直喧闹不已的单调声音遮盖了。我希望有勇气向叶芝先生介绍自己，跟他解释说曾有一次我坐在他身边吃午餐，然而实际上这样的事情是不能做的。
278 明天我去伊丽莎白·卡梅伦那里，然后回牛津。那里开始装修了。我想，艾耶尔太太突然意兴阑珊了，她的木匠不会回复我的信。如果住在爱尔兰，所有的色彩问题会轻而易举地解决。你某一天会来爱尔兰吗？真的，我向你保证，你不会像一个半吊子行家那样好奇地四处张望：你会真正地体验情感。我和考恩[1]聊过，但不会去他家住，我怕他的家人。在长途电话中，他的声音充满柔情，比现实中更亲切，他一直说“嗯?”，我认为，他语言生动很大程度是因为这里所有的景色。我希望美国人会停止他们的闲聊：此时叶芝先生看起来很高贵。我也收到戴维［·塞西尔］的信了，另一封是本寄来的，他显然很生杰里米的气，于是简短地告诉我他（戴维）是不会让他（本）住下来的，因为杰里米在卡斯尔巴德很嫌恶他；卡尔斯巴德是个**丑陋的**镇子，我很为戴维难过，他对他称之为“做过一次他母亲”的人[2]的态度很有趣。本对人的判断没有品位，不管怎么说。他刚刚遇见了一个可怕的讨厌鬼，却对人家表示了热烈的仰慕之情。然而，我自问并发现自己是喜欢他的，没有确切的理由，很喜欢，远远多于对杰里米的喜欢。赫尔岑对两者都不会喜欢的，我认为。哦天哪，赫尔岑，再没有别的作家，为人与文笔是我更愿意仿效的了。我同意他的每一个评价与看法，无论何时，只要读他的十卷书中的任何部分，我就会立即被吸引、被打动。那种纯粹的、很生硬的、道德家的态度，那份机智、恶意、想象力、人性[3]、无拘无束，只要道德情感能够持续，就一直在文字中

[1] 考恩·奥尼尔（他的父亲是休·奥尼尔爵士，后来成为拉斯卡文勋爵）一家住在安特里姆郡的巴利米纳。
[2] 纳姆利?
[3] 伯林此处原文为：umanitá。

天马行空，那种快乐、文明感，等等。我无法形容对他有多么钦佩。他的短篇小说具有微弱的屠格涅夫风格，但这样又使人更仰慕作者了，沉闷而高贵的人物，结尾如此令人感同身受，对作品的考验真的不是根据读者是否会感到厌烦就可以得出结论的。我必须停笔了，如果我不打算效法这位作家最不好的特点。三周前，我的确给你写了信，就在我们去过剧院之后四天，信的内容写得很琐碎，有点前言不搭后语，我想问你是在哪里见到那些马的，以及帘子所用的材料，还有许多关于《颓废的巴黎人》[1]的事，我才看过演出。我的信开始是一张明信片，然后我从前面一直写到背面，我找不到能装得下这张明信片的大信封，于是就放进了两个信封，我想实际上已经到了要贴上邮票的时候了，但终究没有把它寄出去，因为它读起来太傻了。
279 总体而言，我相信这是一个错误：人应该想写什么就写什么，并且要甘冒伤害通信人感受的风险。收到因为想写才写出来的信，是极令人惬意的，那几乎是最好的事情，我因此很感激你写给我的信。在烛光下读什么都是令人无比愉快的，人会读得更慢，也更享受。我相信，当你说你的信写得很糟糕等等时，你的确这样认为，因为我是多么熟悉这样的感受啊：此时，我就在体验着这样的心情，真的，不过因为我是个话痨子，而你并不是，对我来说这样的体

[1]《颓废的巴黎人》是芭蕾舞剧，1938年用奥芬巴赫的音乐拼合整理而成。

会更符合事实。叶芝先生走了，美国人令人难以忍受。明天我回到烛光下（不怀好意的话语突然涌上心头——任何人都可以从戴维·W.那里得到任何东西，只要有足够的酒和内尔·格温蜡烛），我必须写完K.马克思，现在只要再删掉七千字就行了。这绝对是可恨的过程，每天晚上我数着一小滴一小滴的血，读着杯子上的刻度：所有辞藻华丽的段落都没有了，现在要处理有关事实的部分了，对此我有报复的快感，所以删得很高兴。关于赫尔岑，最后再说一句：倘若世上有谁能够像他那样说话——参见别人所写的关于他的回忆录——别人的话就绝不会有人愿意倾听了。我对这段非常愚蠢而且又七零八落的文字感到抱歉。

沙耶

我觉得就连这[1]都很吸引人，它吸引人吗？或者都柏林对我而言仅仅是因为读完了《欢迎与告别》[2]就熠熠生辉吗？

我一个字都还没读。即使对我来说，这也绝对是一片不着边际的丛林。至于本、戴维、萨姆森和德利亚，你**当然**知道那种感受，怀着一种舒服的宿命感，无缘无故地说着自己

[1] 到目前为止，这封信写着写着，已经写到了另一张卡片上，上面印有绿色三叶草图案以及酒店的名字。
[2] 爱尔兰作家乔治·莫尔的三卷本自传（1911—1914）。

知道不该说的话；甚至没有感到目眩神迷？

致门德尔·伯林

星期天［1938 年 8 月 28 日，明信片］

都柏林谢尔本酒店

我在这里，又回到文明世界了。明天我要去鲍恩宅邸，在科克郡的吉尔多热里。马克思31日寄出。因为（出版［商］的来信说）允许我多保留六千五百字[1]，真是如释重负，乌拉！

280 沙耶

致克里西达·伯纳姆·卡特

［1938 年 8 月 28 日］

科克郡吉尔多热里鲍恩宅邸

［……］[2]都柏林极度疯狂了吗？如果是这样，那么我道歉。由于身处的确很古怪的环境中，［……］被置身于一种状态之中，周围是叶芝先生，那位［……］以及参议员们，等等。无论怎样，我都处于突出的状态，就像人步履蹒跚地走完了非常漫长的旅途，或是在斋戒结束可以进餐的时刻，突然被所有的伙伴都抛弃了。我身处的场景再一次改变了：

[1] 该书出版后字数达到七万五千字。
[2] 明信片上的邮票被剪去了，所以相应文字空缺，在这里以及后文中，伯林显然在一开始就询问他8月28日从谢尔本酒店寄出的信（原文第277—280页）。

我现在认真地听写自己的手稿，在一间极其高大、空旷、漂亮的房间里，点着四根蜡烛，还有伦勃朗（的）一位将军［？］画像，这种情景非常戏剧化。蝙蝠飞扑到窗上，鹭鸟呱呱鸣叫，人很快乐地慢慢写信。我唯一不变的是对赫尔岑的感觉，那种公开性与私密性的结合，既有人道主义又有庄园主式的不可一世，对笑话以及老派的崇高心领神会。不过我又得停笔了。

伯林

［……］说到帘子，你是否［……］——这里，或者到全灵学院：但是［……］爱尔兰更好，我现在相信［……］维琴察，还有大量提埃波罗的巨幅壁画：你知道海斯[1]吗？

致门德尔·伯林

邮戳日期 1938 年 9 月 8 日［明信片］

［爱尔兰科克郡］

谢谢您的来信。我**下周**回家。《卡尔·马克思》这个周末就写完了。仅仅是把无法读明白的部分听写下来就花了这么长的时间。我今晚在科克，非常宜人的一个镇子。

爱您的

沙耶 281

[1] 在肯特郡，靠近福克斯通，伊丽莎白·鲍恩童年住在那里。

致门德尔·伯林

邮戳日期［星期六］1938年9月10日［明信片］

鲍恩宅邸

我现在有些明确的计划：马克思星期一寄出，我星期三动身，星期四到达牛津，看着伙计给我的房间刷涂料：也许当晚会回家，然后回去搬家具。好吗？[1]你星期一寄信，好吗？如果看上去是比较私人的信件，还寄这儿？

爱你的

沙耶

伯林回到英格兰，当时正处于政治危机之时。首相内维尔·张伯伦开始和希特勒进行一系列的会面，就德国吞并苏台德区的要求进行讨论，试图避开战争威胁。9月15日，双方在贝希特斯加登举行[2]首次会面，唤起了战争也许可以避免的希望，但是分歧和随之而来的战争准备一直持续到9月29—30日的慕尼黑会议，英国和法国在会议上同意捷克把苏台德区割让给德国。

[1] 伯林此处原文为：Plait-il？

[2] 在那里，外交大臣哈利法克斯勋爵因误把希特勒当成门卫而闻名。

致伊丽莎白·鲍恩

星期六［1938 年 9 月 15 日之后］

全灵学院

亲爱的伊丽莎白：

千真万确，我一生中从未要表示这么多的感谢，我压根儿就不知道如何表达。对我在英格兰与牛津的生活、对于我的情感之母的过度补偿至今已使我所有与生俱来的直接表达个人感受的能力退化了。我必然期望，通过我说的一切别的话语所产生的某种渐增效果，能够表达出我的感激，另一种选择就是可怕的亨利·詹姆斯的迂回方式，通过间接提及某种由于过于神圣而无法开启或是描述的状态等等，来表示感激。这所有的尴尬之情，是因为我不知道怎么说，我过得极其愉快，在这样的快乐中，我意识到自己无法回报。理论上，我谴责复杂的付出而后回报的模式，但由于我得到的一切，我感到自己欠缺回报的敏感 282
度，我的心灵因而深受纠缠。我希望，我那众所周知的笨拙的不善适应的性格没有惹得你过分心烦，平静完成关于卡尔·马克思的书完全依赖于你了，我的喜爱之情、仰慕之情，以及那千回百转、难以名状的复杂感情都上升到了一定高度，如果说得出来，我应该会生气的。我不能再说了，真心希望我表达出了我的意思。还是让我说说接下来的事吧。

一从弗莫伊[1]离开你们大家（我甚至渴望那苦涩的场景），如你所知，我发现自己身边有了沃尔顿太太[2]的陪伴，她和我说话的特别语气适用于文学中的滑稽人物和无赖福斯特[3]的朋友。那就是说，她谈话的语速很慢，一提到当地生活就道歉，哀叹她丈夫坚定地忠于他在爱尔兰的家[4]，哀叹她那快乐的青春和伦敦岁月；她也抱怨她丈夫头脑愚蠢，预言他在雪利酒会之后，在鲍恩宅邸吃饭并见到列诺克斯·罗宾逊先生[5]时，会举止失当。她猜测以后她就会听说这样的事发生过不止一次，她厌倦了专门为此编造解释，安抚震惊的邻居们。我以一连串充气浮筒般的、莫里斯式的“是，是”回应着，这鼓励了她，她对我越发亲近了。这时，她的一位朋友来了，打破了这种亲密气氛，他肯定叫瑞吉，也许也叫斯登，或是斯蒂尔登，或是斯蒂恩。他很友善

[1] 科克郡的一座城镇。

[2] 戴安娜·弗洛伦丝·沃尔顿（1904—1983），伊丽莎白·鲍恩的邻居。她的一个儿子记得她说过从弗莫伊和伯林乘火车同行，他说伯林“坚决鄙视任何往窗外看的兴致”。20世纪20年代，她住在艾斯利普，靠近牛津。在那里，作为一位住在附近的美女，她在本科生舞会上很受欢迎。也许这就是她所悼念的“快乐的青春”，也是她为什么遗憾“她丈夫坚定地忠于他在爱尔兰的家”，而她也对这样的安排负有责任。

[3] 约翰·福斯特据称和戴安娜·沃尔顿的一个亲戚戴安娜·希尔（1911—1998）有绯闻，该说法的真实性也许被伯林夸大了，它可能被夸大很多，福斯特“睡过的女人无以计数，在这点上，20世纪无人可与其匹敌”（根据迈克尔·伊格纳季耶夫采访伯林录音之二十）。

[4] 克里福德，在科克郡北部，景色壮丽，俯瞰黑水河。

[5]（艾斯梅·斯图尔特）·列诺克斯·罗宾逊（1886—1958），爱尔兰剧作家和戏剧导演。

地问候了我，跟我讲侮辱外国火车站长的勇敢故事，沃尔顿太太走了以后，终于只剩我们俩了。于是我们坐下来，讨论了整整一小时的马匹交易，我询问了关于一岁的小马、狩猎用马等问题，对此我真的还不算过分愚钝，在我同伴的眼中也没有看到失望的神色，我确实感到高兴。我了解到科克养马人的许多习惯，证实了总统[1]的血统。总的来说，我和一
个高雅的陌生人交往而没有过度丧失尊严，我很享受这份快 283
乐。我们在那列英国火车上变得很亲密，他是个烦人的小个子——车上很挤，我们共享一间包厢。早晨六点，在某个停靠站，穿着睡袍的男人们冲出来买报纸，上面说到张伯伦的旅行。“战争推迟了”，我的马匹交易商说，然后又说了句类似“极好”这样的话，接着又睡着了。我从未，像屠格涅夫会说的那样，再见到他。他是1870年那个时代的底层小市民，维系着和过去的情感纽带，直到人到伦敦才啪地断了。牛津极其迷人，阳光灿烂，镇上空无一人，美丽极了。新学院的院长非常缓慢地散着步，戴着一顶巴拿马帽，罗斯先生很温和，几乎可以算得上是恭顺。我在那里待了几个小时，无眠的夜晚，无处不在的不安使我漂浮不定——我肯定你了解这样的状态，处在反常的极度敏感中，无理性的强烈情感，假死状态，直至人到伦敦，这才回复到像我父母那样平

[1] 道格拉斯·海德（1860—1949），伊丽莎白时期开拓者的后人，1938年成为爱尔兰的首任总统。

淡的情绪中。第二天早上，整个第二天，我经历了一段痛苦的怀旧时期，这样的感觉一直还在，没有什么可以治愈它。所有普通路人的脸孔，甚至朋友们都丢失了光彩。我拜访了弗雷迪，他说他是多么希望去了爱尔兰——我指的是鲍恩宅邸；我碰到斯图尔特，他在等勒内，他看着我，真的像一只受了惊吓的瞪羚羊，害怕她来了发现我们在一起，并要求我们给出解释，后来我离开了他；我觉得自己至少比他老二十五岁，非常严肃，留着胡子，像歌剧人物一样，忧郁而聪明。在经历了科克郡的精彩气质，流光溢彩的一切，人、物体、天气之后，我不知道还有别的什么方法来表述。我见到了斯彭德，他几乎不再希望和某个人取得联系，他悲哀地说伊内兹悲伤地写完了一部很棒的小说，然后就不停地说西班牙的事。被驱逐出伊甸园的感觉是如此痛苦、强烈——我想屠格涅夫也感觉到了这一点，那时他不得不离开西方，回到他在俄罗斯的文人圈子——我决心不让这样的事如此轻易地发生，我要制造回爱尔兰的机会，每隔一段固定的时间，哪怕时间隔得很久，但我一定要去，这样我的希望就会变得坚定。你也许会准确地怀疑这是又一个萨尔茨堡，也许，不过萨尔茨堡的情景总是戏剧化地重现，确实像莱因哈特[1]或是谁那样有意为之而且情绪化，而在我的记忆中留下的是与世隔绝的地方，还有在鲍恩宅邸的时光：尤其是那些宽阔

[1] 马克斯·莱因哈特（原文第429页注1）。

的阶梯，早晨转动餐厅门把手之前的瞬间，令人心醉的生活的开始（抱歉，如果这样的表述很糟糕），举着蜡烛架从一个房间走到另一个房间的时刻，安妮姑姑[1]房间中的严酷现实，庄严、圣洁而历经苦难的奉献的一生，之后睡床带给我的无限快乐，在烛光下读《文学奇事》[2]和《向北方》[3]（对于后者，我感觉迟钝，星期四把它留在了牛津，星期二我回来时才能读完，然后我会很快寄回给你），（我认为）与你以及戴维·C.一起散步的路程太短。我又像德·夏吕斯先生[4]，为什么这不能一直继续下去？在它的第二部分释放，然后让人谈论各种各样的事情？甚至官方剧院也让我怀念：穿着灯笼裤的欧马洪尼先生[5]，在楼梯上装模作样地喝着干红葡萄酒，以他满腹的学识、魅力款待他的同伴。晚上在打喷嚏的人群中散步，甚至那时对我而言也是完全令人难以置信的事（在那个时候，我**无论如何**都不敢把这样的感觉告诉你，我确信），最要紧的是一切都成为一切的典故，我没法说下去了；这儿是短暂的平静，报纸读来就像廉价的连载故事， 284

[1] 安妮·马尔切利亚·科尔·鲍恩，伊丽莎白·鲍恩的一位姑姑。
[2]《文学奇事》（伦敦，1791），由本杰明·迪斯累利的父亲，艾萨克·迪斯累利出版，作者佚名。
[3] 伊丽莎白·鲍恩的小说，1932年由戈兰茨出版。
[4]（帕拉梅德）·德·夏吕斯男爵，马塞尔·普鲁斯特的小说《追忆似水年华》（巴黎，1913—1927）中的一个人物。也许指的是在最后一卷《寻回的时光》前面的部分写到的男妓院场景，夏吕斯感到沮丧，然后留下来聊天。
[5] 约恩·"波普"·欧马洪尼（1904—1970），职业律师，极为擅长讲故事，广播员，经常在广播电台讨论家族历史，经常在爱尔兰旅行，是爱尔兰路上常见的一个留着胡子的人物，鲍恩宅邸的著名访客。

原本形象悲哀、卑鄙、黏湿肮脏的张伯伦，成了国家英雄；伦希曼[1]一块一块地把捷克卖了，虽然我想他本打算把捷克批发卖掉的。格兰特·达夫小姐在鹈鹕出版社的关于捷克的书[2]明天发行50万本——剧院空了半场，看芭蕾舞的人更是。我将回到牛津，松一口气，泰然自若，冷淡呆板。我几乎不能相信，我像以往一样快乐。我要把艾伦的侦探小说还给他，书很不错。把我的爱给完美无瑕的诺琳[3]，也给汉弗莱，他一来，我就没法写完这封信了。我必须走了。

这完全不够——这些，而不是《卡尔·马克思》，才是我真心渴望写的，这是一种完全真实地表达出来的情感——并且会受到福楼拜或托尔斯泰的轻视。这就像无法入睡的感觉。怀旧带来的快乐太强烈了。我现在突然记起在科克郡度
285 过的维多利亚式的夜晚，所有人都在包厢里出现，感觉直接而敏锐，仿佛经过它们所发生的时代的框架过滤和强化了。我必须收尾了。当我乘坐出租车离开牛津时，布罗德那里被堵住了，经过瓦德汉姆学院时，我看见莫里斯心满意足地站在入口处，审视、赞赏着那所房子。我停下出租车，立即被他领着把整栋房子匆匆参观了一遍，红色的地毯、维多利亚

[1] 沃尔特·伦希曼，多克斯福德的伦希曼子爵一世（1870—1949），1938年7—9月任赴捷克外交使团负责人。见谢拉·格兰特·达夫，《分道扬镳》（原文第57页注6），第173页。
[2] 格兰特·达夫，《欧洲和捷克》（哈蒙兹沃思，1938）。
[3] 诺琳·科雷，比伊丽莎白·鲍恩小很多的表妹，伊丽莎白的姨妈伊迪·科雷的女儿。

晚期式的桌子（我想我得承认那太难看了，对莫里斯而言，显得古怪粗俗，这是戴维·C.的病毒不知不觉在发生作用吗？我**必须立即**找到解药）、地窖、阁楼、盥洗室、卧室、炊具洗涤室和厨房。他很好，仁慈，极其大方，异常快活，有点像马基[1]——这个我始终愿意维护并为他向别人宣战的人物。

爱你的

沙耶

[费希尔［院长］对《卡尔·马克思》甚为客气。][2]

致伊丽莎白·鲍恩

星期二［1938年9月27日］

全灵学院

亲爱的伊丽莎白：

现在我在这儿，在搬家，这真的是最出乎意料的忧郁过程。天上微微飘着细雨，人搬家的时候总是如此，我所有的同事都坐在我旁边，沉默阴郁，即使总在长者和自命不凡的人面前自惭的爱闹而不负责任的人也是这样。莫里斯的确一直在咆哮着，但是比往常安静，韦德—格里已经断言自由主

[1]《向北方》中以莫里斯·鲍拉为原型的人物：原文第288页注4。

[2] 中括号为伯林所加。

义走到末日了，人要坚决地采取行动，他宣布；他给花园除草的动作也比以往凶猛了许多，拔草，砍伐，充满仇恨。我从我那一半已被搬空的房间逃到市政大厅，在那里，我被分派收集毒气面罩，我很喜欢这项工作。这是一幅无法形容的混乱景象。有人弹奏着风琴，众多牛津教师的妻子躬身坐在桌旁，打结、裁剪，而北牛津来的女士们，甚至是校工的妻子，由于在这场共同危险面前实现了人人平等而感到高兴，自由自在而喧哗地混杂在教师妻子们中间。我的搭档是一位可怕的、形容枯槁、脾气暴躁的老妇人，五十来岁，她说她经历了六次战争、两场革命，以及，她停顿了一下，“一场婚姻危机”，她补充说。我比以往任何时候都相信，这里已
286 经开始形成战时可怕的温情和亲密，有必要通过保留文明生活的标准来抵御。我想，我最好考虑一下让我父母撤离，也许送他们到海丁顿。谣言极为盛行，街上和所有地方的人都焦虑不安。

政府据说要来这里（这很不受欢迎），大学不会开学，人们准备着或者还不如说没准备好当难民。牛津的教师们被告知要坐着、等着，哪里也不要去，每个人都在忙着填表。不过制作防毒面具使人愉快地感到自己确乎具有生产能力，就好像是医生；在用力拉扯和整平厚重的橡皮带的时候，我有左拉式的各种情感；而在另一个角落，我的朋友奇尔弗

先生正在教一名从北牛津来的搅炉工[1]这个那个。我觉得挖矿和为人提供智力保障手段比以往任何时候都有必要——我想现在情感不会被触动了。我不能不把看完的书寄给你——我请求你不要在书中如此向我致谢[2]——因为它们构成了我的堡垒的一部分，很大程度上是教养我成长的要素（不包括狄德罗，补充一句），现在糅合了爱尔兰和鲍恩宅邸的经历，那家具和地方的特别样子，在那个特别时期，对特定时间的记忆，真材实料地形成了具体而完整的19世纪，让我永远也不会忘记。我确信我对鲍恩宅邸及属于它的一切的感情，远比和我所寻找的东西交织在一起的在某个地点（例如萨尔茨堡）的某种形式的快乐记忆，要真实得多也现实得多，对我所做的一切的影响也更大。你对赫尔岑本人是如何看的，我很感兴趣，想听你说，比如，你是否觉得他乏味。我对他有强烈的感情，而且不喜欢他那诗意的妻子，这样的感觉比我对现实中的人或是托尔斯泰笔下的人物的感觉还要持久。他特有的绅士风范、嘲讽、不卑劣的幻灭感、不夸张的修辞，我觉得难以名状地迷人。

莫里斯又编了几个新笑话（当被问到某种深奥问题时），“对于这种情况我总是要问问谁是佩诺老爸”[3]，还有一些别

[1] 牛津英语词典把这个职业定义为“为搅炼炉或是熔炉送入搅炼棒条的工人”。

[2] 9月30日她为“托尔斯泰的《童年》和《青年》[……]［谢尔盖·阿克萨科夫的］《一位俄罗斯绅士》[……］赫尔岑的回忆录、狄德罗一家、其他人[……]”而感谢伯林。

[3] 儒勒·弗朗索瓦·佩诺（1827—1916），佩诺父子酿酒企业的创立者，佩诺茴

的，这些笑话无疑帮助我们度过了这些烦恼的日子。在火车上特威兹穆尔勋爵和比利[1]阴郁、沉默地坐在车厢的斜对角和我同行。斯帕洛（这是个可怕的慢性毛病）发现在和平和荣誉之间做选择很困难。我告诉莫里斯关于丹尼斯顿的
287 事——梅纳德·凯［恩斯］的谈话[2]，它被很愉快地接受了，丹尼斯顿得到了分数，而凯恩斯什么也没有失去。哦，天哪。琐屑小事越来越多了，我相信，光是这些就会拯救我们。应对这样的形势和面对现实的企图注定会导致阴郁的虚伪。你何时回来，也许最好不要回来？我明天要**向北方**了。［……］[3]

插几句话[4]：你能否告诉汉弗莱，如果他在那儿，我现在也许可以不受打扰地待在牛津了：他最好过来，住一个晚上，如果牛津和巴克斯的轻骑什么的[5]没有把我的房间都占用掉。

我非常喜欢《向北方》：马基一点也不讨厌，甚至很有同情心，埃米琳，我以为，几乎令人深恶痛绝，但沃特斯夫人更可怕，更像童年的恐惧记忆导致的令人战栗的东西，比

香酒的酿造者。

[1] 约翰·巴肯和他的儿子威廉。

[2] 在罗伯特·斯基德尔斯基所著的三卷本凯恩斯传记中对此没有记录。

[3] 信件的其余部分遗失。

[4] 伯林这里的“插几句话”写在一张信纸的反面，因此无法认定它应该接在信的哪个位置。

[5] 牛津郡和白金汉郡轻骑兵，通常被称为奥克斯和巴克斯。

任何现实中或是想象中的人物都更讨厌，联想到她都令人无法忍受。关于塞西莉亚，如果可以[1]，我想另外写信。

1938年10月，伯林成为新学院研究员。

致伊丽莎白·鲍恩

[约1938年10月3日]

新学院

亲爱的伊丽莎白：

谢谢你的来信和你的书[2]，我现在正以最佳的早期布卢姆斯伯里传统读后者，坐在打包的箱子上，在混乱中，在一间奇特的猪肝色的房间里，房间里的陈设说不上是什么式样。今天早上，我对艾耶尔太太和俗艳的装饰爆发了突如其来的义愤，我的泄愤方式就是把她手下人做的所有矫揉造作的所谓雅致的胶合板撕开，露出原先丑陋的大理石和黄铜，288
现在我心满意足地认为这才代表19世纪真材实料的风格。我绝对喜欢丑陋的厚重石材甚于用那些漂亮轻薄的油漆把

[1] 马基，《向北方》中肥胖、过度自信、霸道的男主人公，伊丽莎白·鲍恩承认，他表面上是以莫里斯·鲍拉的个人风格和形象为原型的。女主人公埃米琳是受虐狂，塞西莉亚是她的嫂子，沃特斯夫人是书中强势且爱管闲事的小人物。

[2]《心之死》（1938年10月3日，戈兰茨出版），小说中美丽、热切、不快乐、有潜在的神经质性格的十六岁孤女鲍西亚·奎恩也许部分取材自伯林描述的雷切尔·沃克，虽然伯林不一定被深深打动。鲍西亚所迷恋的可恶的艾迪（没有姓氏），公开以戈伦韦·里斯（他威胁要起诉）为原型，而且这个人物和戈伦韦本人非常接近，包括他动不动就流眼泪的习惯。

一切都遮盖住的装修方法。你的小说掠夺了我夜晚的睡眠，它极其引人入胜，曾有一个夜晚我在近乎歇斯底里和极度兴奋的状态中读了《巴黎之屋》，我怀疑自己是否会再次经历《巴黎之屋》所带来的感受。我无法**阻止**院长请你来吃午饭，所以我想我们会在那儿见面。我想，你乘坐十一点十五分之前的火车是否可能？喝茶之前，我的客人将会到达，不过也许可以在我那新开辟的、阴冷潮湿却很不错的花园里散步，那里都是重要可靠的人物，种植的花木样子好像兰达夫主教。[1]艾耶尔一家明天将举家到访（还有斯图尔特），我不确知我会不会高兴地在那种局面中保持高贵的孤立。我在全灵学院的最后一晚非常多愁善感。罗斯先生说他不是德·比尔先生[2]的好朋友，他听说比尔先生如此温柔地询问过他的情况很吃惊。我们面对面地使用的普鲁斯特式的恶意至少提醒了我，必须保持水准，以免陷入我现在正在有意识地陷入的平庸和友善、粗俗的海洋。我已经买了福楼拜的书信，希望莫里斯是个很好的角色，不仅仅只是好而已。现在是凌晨一点十五分了，我要回到《心之死》中去。我们见面时，我会没完没了地跟你说这本书的。

爱你的

沙耶

[1] 一种大丽花。

[2] 伊斯蒙德·萨缪尔·德·比尔（1895—1990），出生于新西兰，历史学家与研究17世纪的专家。

伯林所认识的全灵学院的许多老一辈非纯理论的研究员在整个20世纪30年代支持绥靖政策，尤其是杰弗里·道森、莱昂内尔·柯蒂斯以及他们的圈子。如伯林所说，“他们不说‘希特勒万岁’”[1]；他们说抵制他是不可能成功的。“他们不和我们公开谈论息事宁人的观点，但他们带同情者到他们私密的房间中谈论这些看法。他们在那儿实际上召开了委员会会议。”牛津教师中的年青一代，几乎都强烈地反对希特勒、墨索里尼和佛朗哥，他们更激进。《慕尼黑协定》后来引发了复杂的反应，但伯林的态度毫不含糊：

> 自1933年起，我完全了解了纳粹恐怖，非常清楚。我知道它很独特、可怕，而且我没有一刻认为我们可以和它和平共处。我的父亲不像我这么认为。慕尼黑事件发生时，我的父亲就说了布鲁姆在巴黎说的话：羞愧、宽慰。感谢上帝，没有战争了。我感到愤怒、沮丧，因为慕尼黑而深感抑郁。这是一次完全的背叛。在牛津，人们以很有趣的方式分成不同阵营[……]在全灵学院，有许多公开的分歧。 289

[1] 迈克尔·伊格纳季耶夫采访伯林录音之八，下面的两段摘选文字亦出于此。

致门德尔·伯林

[1938年10月/11月]

寄自新学院

亲爱的爸爸：

谢谢你的来信。我在慢慢地安顿下来，不断地在我的房里做这样那样的改动。楼下墙壁的油漆尚未完工，楼上实际上已经完工了。妈妈可以星期三来，如果她愿意，下午三点最好，我会到月台接她，但是请她一**定**在月台上等我来，好吗？我今天要去银行了解一下我的财务状况，为你开出在布朗·希普利[1]兑付的支票而后寄给你：对吗？别的就没有什么新闻了。我真的在新地方很快乐：每个人都急着表现大方，即使是约瑟夫；在全灵学院，所有的老保守派都非常紧张，他们并不真的为张伯伦辩护。道森还是不敢现身。他们都想为殖民地而战。但他们不会的。我绝对相信有一天俄罗斯—斯拉夫集团会在欧洲形成，彻底消除德国的渗透。我心情很抑郁，所有人都感到挫败。请买下周的《观察家》，我同事哈德逊为它写了一篇关于巴勒斯坦的有趣文章。[2]

再会

沙耶

[1] 伦敦的商业银行。

[2] 在这期间，《观察家》上有两篇无署名的关于巴勒斯坦的文章："巴勒斯坦问题"，1938年10月21日，第641—642页；"巴勒斯坦僵局"，1938年11月11日，第797—798页。

在以后的岁月里，伯林鄙视自己当导师的能力，担心他的学生没有从他的教学中获益："我常常肢解他们说的东西，我并没有真正教给他们积极的信条。也许我使太多学生处于支离破碎的教学状态中，那是可能的。聪明的学生还不要紧，但是二三流的学生也许就学不到什么东西了。"[1]但是伯林在这个时期的一名学生，詹姆斯·道格拉斯[2]的回忆却对伯林十分称许，即使上伯林的辅导课也可能是令人激动的体验： 290

> 他是我所遇见的最才华横溢、最能激发学生的老师。他在新教学楼他的房间给我上辅导课。在那里，他有许多稀奇古怪的收藏，是他从街头小贩那里买来的，在那个时候，小贩们在摄政大街的人行道上卖东西。他还有一台很棒的留声机，配有一副用纸板手工做的喇叭，在当时相当于今天的高保真设备。当我把我的文章读给他听时，他会在房间里走来走去，玩弄着他的收藏：一只玩具牛会从倾斜的飞机上摔落下来——"我很抱歉！请继续"；留声机的喇叭里突然爆发出威尔第的旋律，因为他无意间把指针碰到了唱片上——"我很抱歉！请继续"；我习惯这一切之前，坚信他一个字也没有听进去。

[1] 迈克尔·伊格纳季耶夫采访伯林录音之五。
[2] 詹姆斯·亚历山大·托马斯·道格拉斯（1919—2004），1938—1941年就读于新学院PPE专业。

这样的念头的确要命。“在有个地方你说到……”——接着就是对我整个论述的追根究底的审查。辅导课结束时，我筋疲力尽，但也受到很大启发，激起了很大兴趣。[1]

致约翰·希尔顿

［1938年末？］[2]

新学院

亲爱的约翰：

你有一段时间没有来信或是显示出你存在的迹象了：除了对我缺乏骑士风度的议论，我这里尚未听到什么关于你的谣言。随函附件会提醒你一项讨论已久的安排。不过你的来信很重要，非常重要。我现在正忙着教一班伊顿公学的赛艇运动员不完全倒置[3]。每当不和谐的局面使我受不了时，我就进自己的卧室待一会儿，喝水，然后就恢复过来了。好古怪。

你的

291 以赛亚·伯林

[1] 来自詹姆斯·道格拉斯2003年5月28日发给编辑的一封电子邮件。
[2] 这封信被安排在这里，纯属猜测。
[3] 形式逻辑的一种现象。

致玛丽与门德尔·伯林

[1939年3月初]

新学院

亲爱的爸、妈：

1. 我现在以笔记形式写讲稿。

2. **请**把托斯卡尼尼的票寄给我。[1]我保证我最多只出让一两张票，交换我没有弄到的票，这样就会：(a) 一场音乐会一张票，(b) 其中大约有三场音乐会还有多余的票，我会立即寄还给你们。你们想不想要贝多芬的《庄严弥撒》的票？还是只要管弦乐队演出的票？你们会订购两张在阿尔伯特音乐厅(大约在6排8号)梅纽因[2]的票，或是三张,如果妈妈能去？（我有三张《庄严弥撒》的票。如果你们不需要，我就处理掉两张。）

我绝无新闻，如卡普兰德先生会说的那样。[3]在镇子上绝妙的传统主义的角落，我和艾廷豪森一家吃了饭，还念了

[1] 1939年5月，伦敦，在女王音乐厅，由托斯卡尼尼指挥BBC交响乐队演出一系列贝多芬作品；《庄严弥撒》在5月28日，最后一场音乐会上演奏。

[2] 小提琴家耶胡迪·梅纽因（1916—1996），伯林的远房表亲，1939年4月16日在皇家阿尔伯特音乐厅举行音乐会，募集大笔资金援助从德国和奥地利移民至巴勒斯坦的犹太妇女和儿童难民。

[3] 指刊于《纽约客》上的幽默短文合集，作者莱昂纳德·Q.罗斯（利奥·卡尔文·罗斯顿的笔名），当时广受欢迎，讲述发生在一所赴美移民就读的英文夜校的故事，以“伊曼·卡普兰德的教育”为题结集出版（伦敦，1937）。在作为练习而写的一封信中，卡普兰德，故事中的犹太主人公，写信给他的“兄弟”说“你一定要来纽约读采矿学校”（《了不起的卡普兰德先生》，第45页）。

祷告词[1]。要是他们不这么丑就好了，任何关于孩子[2]长相的念头都令我退缩。

我在安排一位本地阿拉伯人[3]的未来，我已经成为他的朋友。我感到很有把握，除了出于我喜爱他的缘故之外，这种慈善之举总有一天会结出某种美好的果实，我们的关系令人感动，他是一名叙利亚人，一位**长老会教友**！（传教士）有个冯·特罗特到了这里，不能说他诚实，不过他很迷人。

爱你们的

292 沙耶

致克里西达·伯纳姆·卡特

[1939 年 3 月中旬]

新学院

亲爱的克里西达：

我晚上过得很愉快，无法入睡的时间真的和你的一样长，我肯定。第二天一位有教养的阿拉伯长老会教友[4]来看我，还保证他很快会再次到访，并承诺如果我有钢琴，他就

[1] 这是指希伯来语的饭后谢恩祷告（《申命记》8章10节规定的），对严守教规的犹太家庭很重要。

[2] 戴维·理查德·艾廷豪森，沃特·艾廷豪森和他的妻子维拉（婚前姓席弗）的长子，1938年11月出生。

[3] 阿尔伯特·哈比卜·胡拉尼（1915—1993），1933—1936年就读于莫德林学院PPE专业，1937—1939年任贝鲁特美国大学讲师；1939—1945年任职于开罗外交部；1945—1946年任职于驻耶路撒冷和伦敦的阿拉伯办事处。

[4] 阿尔伯特·胡拉尼。

演奏美丽的萨奇尼[1]钢琴奏鸣曲，甚至同时可以吹奏萨奇尼更美丽的长笛曲。然后，如果我强烈请求，他会系统地演奏所有乐器独奏曲目，费什、波尔波拉还有老斯塔米茨：他觉得佩尔戈莱西被高估了，作为回报我将（a）寻找巴赫无伴奏小提琴奏鸣曲的音乐和艺术起源，它与科莱里以及一般的意大利人的作品是多么不同；(b）在他事业的各个方面帮助他。这我保证做到。一段荒唐的插曲第二天晚上发生了，几乎无法描述，[盖伊·] 布兰奇突然来了，要求留宿。瓦德汉姆的院长[2]问我们是否可以那晚十点造访，那时他将从学院举行的多慕斯餐会[3]回来。九点四十五分戴维·塞西尔和科尔德斯特里姆先生[4]来了，我们想大家可以一起去。路上戴维·C.试图向布兰奇描绘院长的房子，说（你得加上力度，等等）"它很像，很像，实际上很像一家特拉斯特酒店[5]，我是说客厅**尤其**像"。对此我描述得非常详细。我们进

[1] 安东尼奥·玛利亚·加斯帕洛·吉奥阿奇诺·萨奇尼（1730—1786），意大利作曲家。这封信中提到的其他作曲家是荷兰小提琴家威廉·德·费什（1687—1761）、意大利歌唱教师尼古拉·安东尼奥·波尔波拉（1686—1768）、波希米亚小提琴家和教师朱安·温泽尔·安东·斯塔米茨（1717—1757）、意大利作曲家乔瓦尼·巴蒂斯塔·佩尔戈莱西（1710—1736）和意大利小提琴家阿坎杰罗·科莱里（1653—1713）。

[2] 莫里斯·鲍拉。

[3] 为学院研究员举行的餐会，此次在3月第一周举行。

[4] 威廉·蒙吉斯·科尔德斯特里姆（1908—1987），画家。

[5] 特拉斯特公司拥有的酒店，该公司于1903年创立，旨在恢复旧式驿车旅馆的传统标准。（特拉斯特公司于1970年与福特公司兼并，成立特拉斯特豪斯—福特公司。）

了那所房子，一片黑暗，我们上到起居室，还是黑暗，有人开了灯。戴维扑到前面对布兰奇说："你现在**充分**明白我的意思了，是吗？"布兰奇咯咯直笑，表示同意，这里正像一家特拉斯特酒店（对我来说这是个新词）。我指着一件特别吓人的物件，说"瞧瞧这个"。此时，角落里一扇没人注意到的门上响起了隐约的敲门声，没有人真的注意到，但是谈
293 话停了下来。布兰奇刚开始重新说话，那如同鬼魅般的声音又响起来了，他朝前走去，还没等他碰到那扇门，它就一下子打开了，院长身穿无尾礼服出现了，怒气冲天，很吓人。接下来的一个小时是场噩梦。戴维表现得就像什么［也没有发生过］，若无其事地一次次挑起话头，却遭到一次又一次的反驳而哑口无言，科尔德斯特里姆先生显得惶惑而不自在，布兰奇坐立不安，我深受其苦。任何人说的一切都受到冷落，不复存在。十一点时，戴维起身说他必须走了，院长没有试图挽留他，而是对我和布兰奇说"你们不需要走"。我饱受可怕的踌躇不决的折磨，不知是否要和戴维团结一致[1]，后来我认为我还是怕瓦德汉姆的院长比怕别人更多一点，于是留了下来。随后，他变得轻松、可亲、快乐，只是有时候他的脸色沉下来，仿佛想起了悲伤的事。第二天，我的同事塞西尔疲惫不堪："十年的苦心经营之后，一切又全部瓦解、粉碎了；真的**太**可怕了：但是那时候他不

[1] 伯林此处原文为：se solidariser。

该在橱子里窥探和偷听：我想雷切尔得给他一份厚重的**礼物**，不过现在那礼物不可能是用于那座房子了，**是吗**？”他们的关系又回到最低点了，瓦德汉姆的［院长］看着他的时候，显得很生气、很憎恨他，我在默默地思索院长愤怒的缘由，因为他偷听了吗？因为躲在门后说的那个笑话？如果只是布兰奇和我就不要紧，他已经卸任的同事和盖尔芒特公爵夫人[1]说这个笑话就令人难堪了，而在科尔德斯特里姆面前，他是高贵的瓦德汉姆的［院长］，这样的笑话就令人无法容忍了。还是因为那个倒霉的词，“特拉斯特”？因为“正是我的意思”这句话暗示了深不可知的恶意？这个本埠小故事是否真需要一个严酷的背景？或者我传递了几乎是陀思妥耶夫斯基式的嗜杀成性的愤怒，而我们却在这样的愤怒中聊了一个小时，谈论槌球游戏之类的话题？狭窄的环境可怕地加强了一切，不过也许是真的加强了，而不仅仅是看上去加强了。我告诉你（对这类事情），当有教授问艾耶尔太太战争发生时她会怎么做，弗雷迪突然插话，颇为无意地说“勒内在汉普希尔那里有避难所”。这话从字面意思上理解是对的，却让告诉我这件事的人大声喘气、尴尬、假装在吞咽什么东西。我把你的手套还给你，还有一英镑，你真的应该提醒我这事，我是在［戴维·］华莱士的婚礼上借的。

[1] 普鲁斯特小说中的主人公之一，她和夏吕斯男爵之间有强烈的相互爱慕之情，也许伯林提及此人物是暗指戴维·塞西尔有意恭维莫里斯·鲍拉。

关于**托斯卡尼尼**：我有一张票，也许有两张5月3日（第一
294 场音乐会？）的票，你有第五和第六，或是第七和第八，或是第九交响乐的票吗？如果有，给我发电报好吗？（如果没有，就不用了。）你或是杰斯帕买了卡萨尔斯[1]的票吗？瓦雷里在这里做了一场令人愉快而干巴巴的讲座。[2]他说，语言就像架在悬崖峭壁之上的薄板，如果你迅速地跨过，什么也不会发生，而如果你在其中任何一块薄板上停下来，瞪视脚下的万丈深渊，你会感到眩晕，而那正是哲学家们所做的事情。

你的

沙耶

致道格拉斯·杰伊

[1939年？]

全灵学院

亲爱的道格拉斯：

关于酒店，有以下这些：1. 凯普·马丁酒店。[3]叶芝先

[1] 帕布罗·卡萨尔斯（1876—1973），西班牙大提琴家、指挥家、作曲家，佛朗哥政权的激烈反对者，1939年3月28日和伦敦交响乐团一起在皇家阿尔伯特音乐厅举行音乐会，为西班牙儿童募集善款，节目包括莫扎特、海顿、比才、埃尔加和德沃夏克的作品。

[2] 瓦雷里3月1日在牛津泰勒学院做了以巴希尔·扎哈洛夫爵士命名的讲座，题为“法兰西的诗歌和抽象思维”。

[3] 理想居住酒店，位于凯普·马丁，W.B.叶芝（原文第87页注1）1938年12月因为健康原因住在那里，1939年1月28日在那里去世。

生在那里去世，但赫伯特远比我更熟悉这家酒店。它此时也许关掉了，但如果没有，那它就是理想的地方，坐落在海边树木茂盛的起伏山丘之间，不太昂贵。2. 我想，是大都会酒店[1]，滨海博利厄，在蒙特卡罗和尼斯之间，食物超一流，不算贵得吓人。安静，英式，入住的多是退休的将军和女王的未婚侍女。我忘了它的确切名字了，在博利厄只有两家一流的酒店，一家是法式的，叫“预约”，一家是英式的，就是这家了。你可以通过它所属的伦敦高登酒店集团[2]找到。博利厄太小，带着切尔滕纳姆式的沉闷。你可以散步：(a) 沿着海边，走多远都可以直到蒙特卡罗或是尼斯；(b) 沿着图尔比阶地往上走，经过一排排房子和街道，直到你到达山顶，从上面远眺，景色尽收眼底，文雅的游客，还有星星点点的酒店。我曾住在那儿写书。酒店附近没有车辆的迹象，我知道的就是这些了。在蒙特卡罗有许多时髦的酒店，但你不会想了解它们。我建议住在博利厄，但作为一座奢华小镇，它本身很沉闷，公共汽车可以把你带到别的任何地方。门同是死亡之地，所有的酒店都一样地好或者一样地糟糕，每家都有六十年以上的历史；尼斯的布莱顿酒店，就其本 295
身而论，热闹而粗俗，非常之好。你和佩吉什么时候可能来

[1] 伯林把它和布莱顿酒店弄混了，他在博利厄住的是布里斯托酒店（见原文第261页）。
[2] 伦敦多切斯特酒店的所有者，多切斯特酒店于1931年开业。

牛津？戈伦韦已经令人疑心地缺席了。[1]

沙耶

伯林的书《卡尔·马克思》，在第二次世界大战爆发之后不久出版，迫使伯林以前在全灵学院的一些同事修正了他们对伯林的看法：

> 我曾遭受纯学术的资深研究员的严厉批评，因为他们认为我是个浪费时间的闲话篓子，永远也写不出什么，而且也浪费那些有可能写出什么的人的时间。我感到反对之声汹涌而来，不是来自政客们，他们对我很好，而是来自那些五十几岁的人——萨姆纳，后来成为院长，一个叫伍德沃德的人，著名的英国历史学家［……］G.N.克拉克，他成为剑桥瑞吉尔斯历史学讲席教授［……］他们看不出我可以安心工作，拿出成果。在头三四年，这是真的，而当我写出关于卡尔·马克思的书时，他们对我居然可以写出东西来感到震惊不已。[2]

[1] 1939年4月，戈伦韦·里斯加入了伦敦皇家地区炮兵部队，他的许多牛津朋友对此既惊奇又不赞成，他们不甚同情内维尔·张伯伦的保守政府，而戈伦韦的行动看起来是对张伯伦的支持。
[2] 迈克尔·伊格纳季耶夫采访伯林录音之五。

致 A.D. 林赛

巴利奥学院院长

1939 年 10 月 31 日

新学院

亲爱的院长：

谢谢你非常有启发性的来信[1]，要是我能在写这本书之前就读到你的信就好了（惭愧地说我甚至没有听说过马克思主义工人的知识特征）。[2]

我非常同意你说的。我同意（1）马克思根本就没有决心了解其他一切事物。知识是实现目的的手段，无论如何， 296
公正地追求真相是小资产阶级的幻想，而压倒其他理论家和意识形态的欲望是强大的，和对真相本身[3]的热爱不相容。

（2）马克思既不想要像边沁[4]（他所厌恶、畏惧的人）那样简单和纯概念性的社会单位，也不想使他的理论本身具有效率，无论它想要达到什么目的。我认为他真的不太在意动机：宇宙过程（其幻象，我完全同意，是他观点的核

[1] 所注日期为10月15日。伯林给林赛寄了一本他所写的关于卡尔·马克思的书，在回复中，林赛写道："我认为你有点既夸大了马克思的经验主义方面且降低他的预言性［……］没有人可以忽略在［……］马克思身上的激情，它不是，我高兴地说，纯粹的科学的激情。我感觉你有点回避这个问题［……］"

[2] 格特鲁德·赫尔姆斯，《马克思主义工人的知识特征和工人教育的问题》（图宾根，1926）。

[3] 伯林此处原文为：an sich。

[4] 杰里米·边沁（1748—1832），英国哲学家和社会改革家，他认为社会政策应该符合功利原则，因而提倡"最大多数的最大快乐"。

心，只不过他以为他已经科学地证明了它的存在）会实现某些目的，挫败另一些目的。这个过程被强加于我们，不可扭转：因此，就有了我们的目的。他仇恨笨拙者，但对宇宙过程可以达成的目的的误解正如无效率地行使手段一样致命和可鄙。目的可好可坏，行为可以是道德或不道德的，这完全取决于它们是否受到宇宙过程的助长和促进。这一切我都赞同，而且，如果我看上去不赞同，那只能是因为我没有在我的书中清楚有力地表达出这个意思。我依然不同意的是，我想，关于他的情感的性质。对无阶级社会的幻想、历史的进程等，在我看来这些似乎是形而上学而非宗教的：形而上学而且非道德。世界在他看来，是有序的，受到一个永不改变、不会重复的过程的控制，但社会是混乱的，充满愚蠢和欺负傻瓜的无赖。他不仅对此不赞同，他强烈地仇恨和厌恶这一切，在他看来，这是对人应有或终有一天会有的人性尊严的贬损，这在某种意义上是一种道德感情，但是建立在对人的所有物的骄傲之上，而非建立在对正义的热爱之上。在我看来，如果把马克思和那些真正为了道德激情而燃烧的人，如蒲鲁东[1]或马志尼或者甚至是卡莱尔相比，这表现得很强烈。他们很不一样，马志尼和卡莱尔有时候是在表演，使他们自身产生马克思身上从没有发生过的状态，他们是以

[1] 皮埃尔—约瑟夫·蒲鲁东（1809—1865），法国社会主义—无政府主义者，以在他的《何为财富》（巴黎，1840）的首段宣告“财富即是盗窃”而著名。

他们不可救药地为之献身的狂热理想观点攻击社会，不论历
史事实或是他们反对者的观点如何；而马克思在我看来本
身就因愚蠢、无序和自鸣得意的世界而饱受折磨，他将自己
的状况泛化，使其适用于人类，或者至少是工人阶级，工人
阶级成为他自身的投射，被视为拥有潜在的自由和权力，却 297
被可悲的、胸襟狭隘的小人所压制。而这，如果是道德激
情，在我看来与通常人们所说的那种是不同的，它是渗透性
的，但不是马克思著作中最有价值的东西，虽然就像所有的雄
辩那样，它能够而且已经在以不同于他的眼光阅读他的书的人
们当中激发了截然不同、更高尚、更深刻的感情。我为这样说
个没完而再一次道歉，但是我不能不说，希望你不要介意。

你诚挚的

以赛亚·伯林

基尔大学林赛档案L193

林赛11月6日回复了伯林这封信，还是或多或少地坚持自己的立场。

致玛丽·费希尔

1940年4月［18日］星期四

新学院

亲爱的玛丽：

我不可能说什么了。我的勤杂工今天早晨告诉我这件

事[1]，然后整个早上我们都没再说话。教师休息室里的谈话某种程度上是虚假的，谁也没有提及此事，很凶恶而且脾气恶劣的休·艾［伦］先生[2]压抑了其他人，除了莱格[3]，他在角落里低声谈论着安排。戴维不在这里，我只可能和他一个人说话。你的父亲是我面对面认识的唯一一位伟人，可以这么说，提起他我只可能这么说，而同事们会觉得我的话矫揉造作，是傲慢的社交辞令。为了和人说话，我也许该和史密斯[4]谈谈。我希望能受命写一份悼词[5]，发表在某份无名的刊物上，这样我就能静下心来，为自己勾勒出一个具体形象，好永远放在我的心中。哦，亲爱的，这听起来无限地浮夸和自私，可我希望表达的意思是，我觉得有必要为我多年以来积累所得、如今清晰地涌现出来、由突如其来的苦痛和挫伤带来的挚爱之情、深深的仰慕，以及感激等，找到可以依托的东西。对不起，我在堆砌词汇。希望你没有受到烦扰，哪
298 怕只是一小会儿。在某种意义上你一定考虑过这样的可能，但是我想，事情发生了，它们会产生影响，真实的影响，而先前的念头则不会这样。我道歉，我既笨拙又语焉不详，牛

[1] H.A.L.费希尔去世了。他在伦敦被货车撞上，几天后因伤重不治在医院去世。
[2] 休·珀西·艾伦爵士（1869—1946），1901—1918年担任新学院的风琴手，1908—1946年任研究员，1918—1946年任音乐希瑟讲席教授。
[3] 利奥波德·乔治·威克姆·莱格（1877—1962），1908—1948年任新学院研究员，历史学家。
[4] A.H.史密斯在费希尔去世之后任新学院代理院长。
[5] 伯林此处原文为：éloge。

津对人的影响是，人失去了直接表述或是直接感受的能力，不得不兜圈子，以期传达出那不幸因不够简单而未直接说出的话语的外表轮廓及未被描述的内容。如果你允许，我会在见到你的时候告诉你我会如何描绘令尊，告诉你我对他的感激。如果你不希望这样，我就不说。如果下周我在伦敦，我会给你打电话。如果不，你能否来牛津？我想使笔下的文字不那么呆头呆脑，并能传达出一些意义，但我做不到。我不明白，老是有人告诉我深重的苦难是什么，我总是在它的可能性与自己之间树起屏障，我只能希望你感受不到苦难，或是尽早不再感受到，我认为苦难不好，可我也教不了你什么。而且，那也许是一种肤浅的观点，却是我根据自己的直接体验得来的唯一认识。我最热烈地相信克制和结构的价值（如你的父亲确乎相信的一样，我想），以及必须在某种程度上建立常规[1]，使自己不可能出差池[2]，还有，单调比即使是最小的分裂都好。因此，极端自命不凡者不管出于何种理由保存价值观，都要好过那些极端的非自命不凡者。后者推翻一切，为了获得看到一两个劣等角色受到侮辱的快乐。我还相信，尽管不像以往那样相信，快乐、尊严、风度、文明生活的可能性，相信以激情追求的目的本身、未被不断的分析所歪曲的人际关系，以及我们所有共同的设想。除了我向

[1] 伯林此处原文为：enroutiner。
[2] 伯林此处原文为：dégringolades。

来爱说教的原因外，我不知道自己为什么要选择这么一个时候来做世俗的布道。我还相信你甚至比我更执着地坚守这一切，而我在一些情况下偶尔会背叛它们。

我无法说你的父亲是如何象征了这些信念，我在心中对他怀有神圣的敬意。无论和谁站在一起，他的才智总是出类拔萃。我又一次说不下去了，而如果我是在19世纪长大的人，我就可以接着说。如果我可以见到你，我也能说下去。同时，在我见你之前，即几天后或是任何时候，我
299 要，我想，继续我的日常工作，如果史密斯先生和博尔特先生[1]被政府免职（后者可能在我努力的范围内），那就剩下我和莱福特教授打理学院了。没有什么可以告诉你的。我和［……］一起吃饭。很令人感动，很温和，很圆满，但是太顺从了，就像是第二次婚姻[2]。根本就缺乏任何运动原理，这样的单一不是附加于欲望、希望、抱负之上，而是他们生活的核心。他们既不过多期望也不过多害怕。他们的性格很好，彬彬有礼，人们会觉得那就像田园诗一样，然而那不是。两者在某个折中点稳定下来［……］里德利一家不满得多也沮丧得多，但他们有方向，也更令人敬佩。我又说教了，所以还是停笔吧。如果你来牛津，能否说一声（或者来个电话）？我想我很快就要去伦敦。我会另外

[1] 戴维·罗伯特·博尔特（1910—1944），1935—1937年在新学院主修法律，1938—1944年任研究员、法学导师，1940年起担任学监。
[2] 伯林此处原文为：deuxièmes noces。

给你母亲写信。这封信很吓人，就是对我来说也是如此。抱歉。

爱你的

沙耶

星期五

史密斯先生希望劳合·乔治致悼词[1]，大家决定正式征求你和你母亲的意见。莱格先生有点担心，因为他也许会带上“政治倾向”。麦克卡鲁姆博士[2]和我认为，越有政治倾向越好。他会来吗？你本人会来参加这里举行的悼念仪式吗，即在下周星期四、星期五或是星期六，无论是在哪天？我想它会在两点十五分左右举行，你愿不愿意和我一起吃午饭，或者晚一点一起喝茶？你母亲是否会来吃午饭？对于到时如何安排，你一定要提提建议，我渴望见到你，莱福特教授适得其所了，他一周要参加两次悼念仪式。有人提议［H.W.B.］约瑟夫致悼词，他的悼词非常好，中规中矩，但在我看来他对你父亲的仰慕不够恰当，而且他对你父亲的了解不会超过普通公众对你父亲的理解，我认为这不够 300
好。无论怎样，他也许会致悼词，以充权宜，休［·艾伦］

[1] 有两个悼念仪式，但劳合·乔治都没有发言。4月23日在圣玛格丽特威斯敏斯特教堂举行的悼念会上，西瑞尔·加伯特发表了讲演。4月27日在学院教堂举行的葬礼上没有讲演。

[2] 罗纳德·布坎南·麦克卡鲁姆（1898—1973），历史学家，1925—1955年任彭布罗克学院研究员，1955—1967年成为院长；自由党权威人物。

爵士认为请P.马西森[1]也很得体，不过据说他的声音微弱无力。瓦德汉姆的院长渴望得到这份邀请，我无法对他说，除了其他因素，人们认为他的分量太轻，我想现在密谋很快就会开始了。我一点都不盼望这些事，我宁愿选任何人——赛顿—华生[2]、奥姆斯比—戈尔[3]，除了莫波里[4]谁都可以，据说莫波里笑起来，嘴巴张得像一座大教堂。你到的时候要告诉我。如果我没有听到你的消息，我会在周一或是周二打电话。

爱你的

沙耶

致莱迪丝·费希尔

星期四［1940年4月18日］

新学院

亲爱的费希尔太太：

这里的每一个人都真切而深刻地感到痛苦，校工们轻声走路，压低声音说话。至于我，您明白我的感受。我

[1] 珀西·尤文·马西森（1859—1946），古典学家、荣誉退休研究员，1939—1940年任新学院院长。

[2] 罗伯特·威廉·赛顿—华生（1879—1951），1898—1902年就读于新学院历史专业，1922—1945年任伦敦大学中欧历史马萨里克讲席教授。

[3] 奥姆斯比—戈尔（原文第177页注4），此时为哈勒奇勋爵，1904—1907年就读于新学院历史专业，自1936年起为学院荣誉研究员。

[4] 沃尔特·莫波里（1881—1974），1900—1903年就读于新学院古典学专业，1935—1949年任大学教育资助委员会主席。

仰慕院长，他的一生，他的著述，他所主张和支持的一切，对他的仰慕超过对我所认识的其他任何人。我完全忠诚于他，愿意在任何时候为他做任何事，而且感激他，您了解我有多么热忱地感激他，因为他在我非常需要的时候对我表达了善意，并间接地为我树立了生活和行为的标准，使他的牛津同龄人相形见绌。的确，我无法想象，还有什么能够再次在我的生命中占据院长住宅多年来所占据的位置。您和玛丽难道不能来继续住在那儿吗？目前反正没有别人住。我猜想，即使是您也不能充分了解，这所公寓不仅对您的朋友有着如此重要的意义，而且对所有人，牛津的教师、本科生们，对每一个人，都有多么重要的意义。它宽阔高大，它独特有趣，它多么热情好客。这个时期的结束对我有更多的含义——［我］希望它只说明我是多么不热衷政治，多么热爱家庭生活——比战争带来的变故对我有更多的含义。我想，我什么也不能做吗？我真的希望此时人们没有对您纠缠不休，没有让琐屑小事占满您的时间。如果现在有什么是我可以做的，或是在任
何时候任何地点以任何方式，如果您没有吩咐我做，我 301
真的会感到失落。他们在这里谈论邀请温切斯特的院长[1]为《牛津杂志》撰文[2]；还谈到问您是否愿意让劳合·乔治

[1] 哈罗德·特里弗·贝克阁下（1877—1960）。

[2]《牛津杂志》发表了“新学院院长”，P.E.马［西森］所写的对费希尔的赞赏性评论文章，1946年5月2日，第286—288页。

下周在教堂里讲话。我想他们中大多数人都迫切地想让他发言，不过他们会接受您提议的任何人，他们没有自己的主意。

我希望很快能够出版一本回忆录。我想乔治·特瑞福里安[1]能做这件事，或者也许这本回忆录应该是许多闻名遐迩者所写的回忆文章的合集。我不希望听起来过于自负，不过我的确热切地认为一卷回忆录很快就会出来了，这对当前形势很重要，为了纪念，也为了让公众舆论了解他的品德和理想，似乎没有人能有足够的表现力和足够的诚挚之心，宣称自己能够描绘出我们所深信不疑的、被告知为之而奋斗的心中形象，而院长正是这形象的最高贵化身。抱歉我是如此蹩脚，我的信总是写得很糟糕。

您永远的

沙耶·伯林

此时伯林的大多数朋友和同事都被征召入伍或是成为政府官员。伯林在出生时受伤的左臂软弱无力，他出身外籍，这些使得他不能以这两种方式在战争中效力，他为自己的边缘化而越来越感到沮丧。

[1] 乔治·麦考雷·特瑞福里安（1876—1962），1927—1940年任剑桥现代史瑞吉尔斯讲席教授；1940—1951年任剑桥三一学院院长；费希尔家的朋友。

致哈利法克斯勋爵[1]

1940 年 6 月 21 日

寄自全灵学院

亲爱的哈利法克斯勋爵：

我必须为在这样一个时刻打扰您而道歉，我希望您能够原谅我的烦扰。我是在院长的提议下给您写信的，我把提议书交到了莱昂内尔·柯蒂斯那里；他们都认为此事值得您的留意。简单地说，事情是这样的：我三十一岁，由于一只 302
有残疾的胳膊和其他缺陷，生理上不适合在军队效力，因此被划入征兵豁免范围，除了加入L.D.V.[2]之外，目前无事可做。我生于里加，接受英语和俄语的双语教育，的确，我具有双语背景。仅仅听我说话，任何俄罗斯人都不会想到我是一个外国人，我在英格兰就遇到过这样的俄罗斯人，并且和他们相处甚好。而且，由于在过去的十五年中，我一直在阅读苏联和流亡海外的俄罗斯人的报纸和书籍，对于俄罗斯事务我有相当细致的了解。我远非俄罗斯政治或是经济方面的专家，或者的确，我也不是研究任何国家的专家，因为我的兴趣主要集中于历史和文学方面。但由于我有如此广泛的阅读经历以及和人们交谈的经验，我想，我可以没有过多自以

[1] 爱德华·弗雷德里克·林德利·伍德（1881—1959），哈利法克斯伯爵一世，哈利法克斯子爵三世，欧尔文男爵一世；1938—1940 年任外交事务大臣，1941—1946 年任英国驻华盛顿大使。这封信看来并非就是寄出去的格式，不过也许是已经寄出的信件的草稿。
[2] 地方防卫志愿者组织（后来成为地方志愿军）。

为是地宣称自己对过去半个世纪的历史背景具备相当广泛和感性的了解。也许这算不上是真正的专业知识，我极其不愿夸大我的自荐词，但可以自信地说，俄罗斯，其机构和人民的现状，是仅次于我目前学术研究方向的最吸引我注意力的事。我因此以为，我也许能为国效力，不论力量多么微薄，或许我可以以半官方或是官方的身份去莫斯科，从事我们在那里的代表希望我做的任何事，例如，联系媒体或是此类的事情——我愿意做他们希望我完成的任何平凡小事，我甚至还曾经试图在莫斯科建立关系，而众所周知，在那里做这件事极其困难，但我愿意一试，在外省，我的口音、长相和爱好不会使我像外国人那样引人注目。在我看来，通过与文艺圈，尤其是莫斯科以外的文艺圈建立友善关系，我能做许多有用的、官方人员不容易做到的事。我以为，与极难接触到的政治圈相比，他们更好地体现了大众的情感状态。如果您可以给我一点时间和您面谈，不管时间多么短都好，我更希望能够当面向您阐述这些。我非常明白，在这个时候，这样的提议也许是不实际的，不过如果您可以挤出一点时间见我，我想我会比这封信更简明扼要地向您提出我的建议。我记得，年前在全灵学院的晚宴上，我曾经和您就这个话题交谈过，当时我是个资历很浅的研究员，因为自己新晋的身份而非常自满，也许说了许多胡言乱语，而您非常彬彬有礼，没有太在意我的鲁莽。我真的认为这是面对当前危机，我最
303 能报效国家的方式，于是我斗胆给您写信。我可以，当然，

一接到来自您的即便是最简短的通知，马上就到伦敦去。再次为占用了您的时间而向您道歉。我和H.A.L.费希尔太太谈及此事，她也提议给您写信，因为已故的新学院院长就在他去世之前还打算亲自写信给您，这正是费希尔太太给您去信的缘故，也许您已经收到了她的信。

您诚挚的

以赛亚·伯林

致玛丽安·法兰克福特

1940年6月23日

新学院

亲爱的玛丽安：

自从战争开始，我几乎每天，或者每两天，都打算给你写信。这变得越来越难了，从宣战的那一天起，曾经吸引我的私人关系和个人现实就被推到一边，甚至几乎被忘却了，起初取代这些关系和现实的事件发生得少而又少，后来又发生得太多。于是我陷入了，尽可能深地陷入了我学术生涯的日常责任之中。牛津的变化相对少一点：本科生比以往勤奋得多、严肃得多；在我现在批改的考卷上看不出一点战争焦虑的痕迹；莫里斯，低调地说，他还像以往一样说着笑话，重音也与从前一样。我想，他正在负责大约一百六十名邮局工作人员，所以我们的信件无论怎样都很安全。戴维·塞西尔还是跑进跑出，说话时嗓门就像一柳条箱被驮着经过田地的鸡。我们总体士气旺盛，只是我们的难民给我们投下了忧郁的阴影，我确实希望将他们集中在安全的地方，而不是允许他们表现得像温和的吸血鬼，从而减低我们的活力。发生在法兰西的事件转移了有些人的生活中心，例如伊丽莎白·卡梅伦，她显然是通过一座想象中的巴黎来确定自己的方位的。在闪电战[1]发生之前，牛津是唯一不受影响的地方，即使是现在，在教师休息室和街头，我想，它还是没有失去它令人钦佩的冷静和克制。布莱克韦尔那里挤满了人。你认为这是否太像法国大革命之前的旧秩序与伪罗马？我对和缓地陷入衰败的事物如此恐惧，即使是假冒的禁欲和坚忍在我看来也比什么都没有强些。有一两个怪人加入我们中间。伯纳斯勋爵，也许你认识，他是位著名而古怪的
304 百万富翁，他画画、写作，还创作不错的讽刺音乐剧。他来这里，因为他发现住在他那所巨大的房子里[2]，与画中的凤头鹦鹉和虎皮鹦鹉为伴，在战时过于抑郁孤寂了，他在莫里斯那儿住了短暂而不太快乐的一段时间，受到莫里斯的惊吓，之后，他在一个有钢琴的房间安顿下来，拜访我们所有的人，不得不让别人振奋他的情绪。他显然是我见过的最有天分的人（此时，我听到第一遍空袭警报而停笔了），不过

[1] 伯林此处原文为：Blitzkrieg。一种军事战术，依靠突袭、坦克和空地协作突破防线，快速突进敌方领土。德国人成功地利用这种方法入侵荷兰、比利时和法国。
[2] 法灵顿宅邸，伯克郡。

他极其奢侈，极为不适应当前这个时期，过得很悲惨。他，戴维·C.，几位阿斯奎斯和丘吉尔们，在牛津形成了某种上层阶级小团体，他们有点像薄伽丘那样聚会。莫里斯对此不以为然，但我很喜欢他们，享受着他们谈话中的独立性。弗雷迪是名成功而且独具一格的士兵，在威尔士卫兵部队服役，显而易见，他非常快活：他谈及他所在的团时，带着真正的集体荣誉感：鄙视愚钝而意志薄弱者，敬佩出色而有创造力的人：他看上去就像一名阿尔卑斯猎手[1]，而且，只要有机会，他一定会成为一名好兵，至少我是这么认为的。对于长期以来所追随的叛逆者与顽童之类的风格，他有点厌倦了，所以很享受没有预见到的对职责的服从。汉普希尔在等待着被征召入伍：三角恋情还在可怕地继续着，关于A.太太又有许多新丑闻了，不过人们不再在意了。[盖伊·] 奇尔弗博士（你记得他吗？）在食品部。莫里斯所在的学院禁止他成为一名飞机上的机枪手，于是他还留在这里。至于我，我不适合参军，只好为政府做点零工[2]，这是战争开始之时我已故的院长给我找的活儿——很庆幸他去世了，不然他会不喜欢这一切，无法忍受——所以我很闲散，和巴利奥的院长一起为哲学科主考。我和他建立了温和的友

[1] 伯林此处原文为：Chasseur Alpin，法国山地轻步兵，专门受训在阿尔卑斯山和比利牛斯山这样的山地地区作战。

[2] 伯林的一位朋友为他推荐的职位，是教育部的一个“很低的职位”。费希尔建议伯林不要接受，但当时伯林由于他的拉脱维亚出身，不可能得到这个职位。迈克尔·伊格纳季耶夫采访伯林录音之七。

谊。除了我和他彼此对对方所说的笑话都不感兴趣这一无可争辩的事实之外，我们相处甚好。亚当斯院长就像个农夫，他的草堆着火了，他却更聋，甚至更慈爱了。真的，自从离开全灵学院，我变得真正喜欢他了。我还见了谁？伍尔夫太太和魏茨曼博士。她是个如此天才而美貌的女人，我几乎不能用语言形容，见到她时我感到惊恐和仰慕，每次和她会面之前与之后我都颤抖不已。魏茨曼博士是位公众人物，他阴
305 郁地说自己将在集中营结束一生，最好是在巴勒斯坦。等他的阴郁心情过去，他就充满激情地谈论犹太人和他为巴勒斯坦制订的计划。他似乎很佩服美国一位叫做泽穆雷[1]的香蕉国王（泽穆雷？泽卡梅隆？泽麦克唐纳？我可以一直这样联想下去），他没能吸引我。我不知道为什么我不能被大众都认识的有魅力的人迷住，魏茨曼、戴斯蒙德、麦卡锡、哈罗德·尼克尔森，我真的不能。而且我发现他们的声音和他们雄辩的话语有点恶心。总的来说，我赞同人们对奥登、伊舍伍德、麦克尼斯的普遍谴责之声，他们已迁居美国。像有人说的，他们在招募左翼的军士，他们愉快地接受预言家、社会批评家、有良知的导演等角色。他们针对那些把自己锁在象牙塔里的人，热情而有效地布道。竟然采取这样的形式

[1] 1911年，塞缪尔·泽穆雷（1877—1961），即“香蕉人萨姆”，带领一群美国冒险家和投资者离开新奥尔良，占领了洪都拉斯，他在那里取得政权，成立了库亚梅尔水果公司，和波士顿联合水果公司（1938年他成为该公司总裁）一起建立了联合军队，把洪都拉斯变成了一个“香蕉共和国”。

进行生物体的自我保存是卑鄙的，使人无法相信他们的道德伤感。在这里，我的老朋友斯彭德先生就像一个悲剧性的自由派人物，不那么有灵感了，不过更加高贵了。我看不出任何人有离开的借口，除非直接为了他们所属政治机构的利益，直接得到他们所属政府的命令，或是因为他们在种族上或政治上过于暴露，而且末日已经到了。

我们并未处在分崩离析的边缘。政府没有派奥登去中国，或是去美国，个人的不满如今看来过于昭彰，无法以社会信条的形式遮掩，进行自我推广，获得更高的尊严和说服力。在个人事业中利用公共话题在我看来，对艺术家来说是糟糕而危险的行为，这样的做法已经产生了邓南遮[1]和戈培尔博士这样的人。个人的生存无疑是合理目的：当可以时，人就战斗，然后或是死去，或是逃亡。我不是名士兵，也当不了，在某些方面极度暴露，仅仅因为我是个犹太人而且写了关于马克思的书：我应该尽力避免自己被逮着：如果我可以怂恿美国的哪一家机构请我去，我会的。但是冷血的逃亡是可怕的，漠视一场结果将改变一切艺术和思想的冲突，是可耻而愚蠢的。

我感到我很暴烈，异乎寻常地关心民众。那也许是真实的改变。在许多地方，个人世界土崩瓦解了。我极其渴望在这伟大的历史进程中做点事情。我们会赢的，如果我们这里被你们和加拿大人变成了巨大的飞机场。如果我可以在这个

[1] 加布里埃尔·邓南遮（1863—1938），意大利诗人和法西斯分子。

过程中，或是在俄罗斯——因为我了解俄罗斯人也懂俄语，或是在某个方面以某种方式，帮点忙，我会很快乐。而且我
306 非常同意莫里斯对战死沙场[1]的渴望。唯一令人恐惧的是贝当[2]主义。拯救他们想要拯救的，这看来非常可鄙：我们的法兰西胆小鬼要回家歇息了。如果那样的情况发生在英格兰，我希望移民或是死去。目前还看不出有这样的迹象。如果战争很漫长，民族的复兴（在二十年迅速的衰败后急需如此）最后将很了不起，虽然社会结构被消耗和削弱了。与此同时，我无法说我是多么想见你和菲利克斯，想念和平的环境、文明的生活。也许如果我在军队里，我不会有如此强烈的感受，而会比较无忧无虑一点，因为有份职业。因此，我充满了渴望。由于我不能见到你们，我会通过以前我父亲手下的一位叫阿伦森[3]的经理转达我的问候，他要从芬兰途经我国，移民到美国去。他到的时候会给你打电话，不过你没有必要见他或是为他做任何事，他很厉害，完全能够照顾自己。我会尽快再给你写信。把我全部的爱都给菲利克斯，我想他正积极地从事着我们的事业。我想，你一年前还在这里，然而这一年似乎孤立在正常年份之外。我希望你非常幸福，非常健康。

307 沙耶

[1] 伯林此处原文为：mourir en combattant。
[2] 指亨利—菲利普·贝当元帅（1856—1951），第一次世界大战时法国的统帅，1934年任战争部长，1940—1944年担任通敌的维希政府首脑。他被判叛国罪，但他的死刑判决被减为无期徒刑。
[3] 塞缪尔·（穆利亚）·阿伦森，门德尔在芬兰的坑木企业的前经理。

纽　约

［英国驻纽约新闻处］主任[1]身边的济济人才中有一位星光耀眼的人物，他就是以赛亚·伯林先生。他1940年夏天来到华盛顿，对外的说法是，他将作为新闻专员被派往莫斯科，洛锡安勋爵[2]说服他留下来担任新闻顾问的咨询员职位。在杰拉德爵士的领导下，伯林先生负责处理与工会、犹太媒体和名人政要的关系。[3]但事实上，他的深邃智慧使他在更广阔的领域成为炙手可热的顾问。随后，伯林被巴特勒先生[4]调

[1] 杰拉德·坎贝尔爵士（1879—1964），1941—1942年任驻纽约英国新闻处主任。在1987年9月29日为尼古拉斯·卡尔的书《推销战争：第二次世界大战期间英国针对美国“中立”态度的战争宣传运动》（纽约和牛津，1995）所做的访谈中，伯林说到，虽然坎贝尔“人很好，但他的才智仅限于做漂亮空洞的餐后讲演”。
[2] 菲利普·亨利·科尔，洛锡安侯爵十一世（1882—1940），1939年8月起任英国驻华盛顿大使，直至他在1940年12月过早去世，在加强英美关系方面闻名遐迩。在这段叙述中惠勒—班纳特夸大了他在劝说伯林留下来这件事上所起的作用；的确，班纳特此段叙述总体来说虽然不是太可靠，但基本符合事实，不过，为体现二战刚刚结束时人们对伯林战时服务的评价，这里还是收入这段记述。
[3] 在接受卡尔的访谈时，伯林在犹太人和工会组织之外又加上了黑人和天主教徒，还提及“对少数团体的宣传”。英国新闻处的官方记录把伯林列为“专家”之一，“劳工和犹太利益”是他的职权范围，他的月薪是三百英镑（外交部371/30667，A /701/399/45，OEPCC/1126，附录B，示意图III）。
[4] 哈罗德·贝尔斯福德·巴特勒（1883—1951），1932—1938年任国际劳工组织干事；1939—1943年任纳菲尔德学院建院院长；1942—1946年任英国驻华盛顿使馆公使兼情报处负责人。

到大臣办公室，负责华盛顿的新闻事务，他负责所有调查事宜，尤其是编写每周的政治报告，由大使发往伦敦。

309 ——约翰·惠勒—班纳特，写于1946年[1]

[1] 引自《驻美英国新闻处的历史》，未出版打字稿（1946，纽约，英国新闻处），外交部文件第27—28页。约翰·惠勒（原文如此）·惠勒—班纳特*（1902—1975），1939—1940年在驻纽约英国情报图书馆任职；1940—1941年任驻纽约英国新闻处副主任；1941—1942年任驻美英国情报处主任特别助理；1942—1944年任驻美英国政治战争外交使团纽约办事处负责人；1944年任职于外交部情报部，1945年任副主任；1944—1945年任欧洲盟军最高统帅部顾问助理。

首次前往美国之时，伯林的战前牛津生活就基本结束了，接下来的这封信记录了这次旅行。虽然写这封信时，伯林还未在纽约安顿下来，但这里自然成为他翻开生活中的新一页的地方。

6月底，一位老朋友，盖伊·伯吉斯，突然出人意料地拜访了他。他认为盖伊很友好、风趣，虽然显然品德不够端 311
正，也不够稳定。后来，他回忆："我不仅不知道他是一名特工，还丝毫不怀疑他是共产党员，虽然大多数人都有此怀疑。"[1]他们以前见面通常长时间谈论书籍和人，从来不谈论政治；当伯吉斯变得越来越醉意醺醺时，伯林会保持清醒。

而这一次不同，伯吉斯宣称自己为情报部门工作，他的大人物朋友哈罗德·尼克尔森（当时是情报部的一位低级大臣）希望伯林成为英国派往莫斯科的新闻专员，"因为你懂俄语，而他们认为这也许有用"。虽然这个想法不够实际，而且伯吉斯的突然介入显然有悖常理，但伯林先生还是受到这个想法的吸引，先去见了哈罗德·尼克尔森，又见了外交部的格莱德温·杰伯[2]，两者之前都已经被说服让伯林从事所提议的这项工作。

经同意，伯林将去莫斯科，伯吉斯会和他同行，当然，

[1] 迈克尔·伊格纳季耶夫采访伯林录音之七，其他未做注解而引用的伯林说过的话均引自此，下文为1940年所做的提要也引自此。
[2]（赫伯特·迈尔斯）·格莱德温·杰伯（1900—1996），格莱德温男爵一世，1937—1940年任外交部常务次长私人秘书，1940—1942年任经济作战部助理大臣，1945年任联合国筹备委员会执行秘书，1946年任联合国代理秘书长。

这次旅行是伯吉斯本人怂恿的，他希望利用伯林作为他自己去苏联的掩护。这次旅行的目的也许是使伯吉斯与NKVD[1]（苏联秘密警察）见面，因为他们驻扎在伦敦的特工当年早些时候已被撤回，无法与其进行正常联系。

于是在7月1日，哈利法克斯勋爵签署了一份情报员护照，要求给予“以赛亚·伯林先生自由通行权，前往莫斯科，途经美国和日本，并返回伦敦，负责新闻报道”。他为伯吉斯签署了同样的护照。

事情发展之神速使伯林茫然，他越来越为自己被派遣的理由感到焦虑不安，伯林和伯吉斯乘火车去利物浦，他们将在那里登上“安东尼亚”号轮船。他后来如此形容自己最后一刻的恐惧：“我那时想，我必须告诉某个人我在做什么，因为我也许永远也不能回来了，必须有人知道这件事。”他想到了全灵学院的莱昂内尔·柯蒂斯。

> 于是我给他写了一封信：“亲爱的莱昂内尔，我并
> 312 不真正明白自己为什么要去，或者我要做什么，但是我认为我最好告诉你发生了什么。我们要去华盛顿，这样我可以获得乌曼斯基[2]给予的签证，我想如果有谁应该

[1] 即“苏联人民内务委员会”，1934—1943年是苏联秘密警察组织的名称；此前（1923—1934）它的名称是OGPU，即“[为与反间谍和反革命斗争的] 苏联国家政治保卫局”，后（1943—1946）成为NKGB，即“苏联人民国家安全委员会”。

[2] 康斯坦丁·阿列克桑德洛维奇·乌曼斯基（1903—1945），1938—1941年任苏

知道此事，那么这个人就是你。所发生的事，如果有必要，你可以告知政府成员。你是我所认识的最重要的政界人物了。”大意如此。

这封信被审查员拦截，柯蒂斯受到询问。“他害怕极了，很不高兴，”伯林记得，“认为我以某种方式连累了他，也许［有］预谋。我记得我后来见到他时，他对我抱怨此事，不过［……］当我在华盛顿成为重要人物时，他的看法突然改变了，还说我给他写信是一件多么聪明的事。如果有谁是趋炎附势的人，他就是一个。”

像以往一样，在写给父母的信中，伯林只字不提自己的忧虑。

致玛丽与门德尔·伯林

星期二［1940 年 7 月 9 日］

库纳德白星航运公司

亲爱的爸爸、妈妈：

我十分舒适、自信、快乐。我们船上满员了，当然，就刚吃过的一餐而言，食物很好。我会尽快和你们联络，你们知道，不会有一个星期左右那么久。由于我们的官方身份，

联驻美国大使，1943年5月起被委任为苏联驻墨西哥大使，直至于1945年1月的飞机失事中遇难。

启程很顺利。我注意到在我同行的伙伴中有（1）伯格纳小姐[1]和她的丈夫,(2)“隔壁的科恩”[2]！（至少我**想**那是他。就像我一样，在船启程之前他疯狂地写信。）我的旅伴完全在我的影响之下（虽然不是你们所抱怨的非常压抑的影响），我已经向他传达了罗斯柴尔德家的人对他的怀疑[3]，这样可以使他规矩一点。他办公室的电话是白厅8066（你们要写下来！），可以找他打听消息[4]。我得说，他们很善于安排他们的官员出境，整个流程顺畅无比。我想你们遇到危机时会
313 发现他们很有帮助；如果遇到危机，他们会和我们站在一边的。我几乎不需要再次向你们保证，我是多么注意自己的健康和举止，等等。如我所说，当我离开时，想到相对于你们我自己是如此幸运，这比别的任何事都使我感到压抑。我**非常**健康，**非常**开心。我爱你们俩。我们很快会再见面的，无论如何。

爱你们的

沙耶

[1] 伊丽莎白·伯格纳（1900—1986），女演员，与保罗·吉纳博士结婚。

[2] 约瑟夫·科恩，不列颠与殖民地家具公司联合总经理，卡文迪许家具公司联合副总经理。他原先住在汉普斯特的西斯大道26号，与门德尔·伯林以前的生意伙伴、住在27号的梅耶·比克是邻居。显然，他从这个地址搬走后，他的绰号保留了下来，用以区分他们熟人中其他同名的科恩，就像威尔士人称呼“挤牛奶的琼斯”等一样。

[3] 米利亚姆·罗斯柴尔德已经建议伯林慎重对待和伯吉斯的友谊；不过这里提到的也许是她的兄弟维克托，他当时在秘密情报部。

[4] 伯林此处原文为：renseignements。

致玛丽与门德尔·伯林

星期三［1940年7月10日］

库纳德白星航运公司

亲爱的爸、妈：

我们还没有动身。绝密。所有人都舒服地待在自己的监狱里。除了“隔壁的科恩”（我还是没有很确定是他，很活跃的一个人[1]），二十五位牛津教师的妻子，三位我刚刚在牛津出卷考过的加拿大人；和我同船舱的是一位舒勒教授[2]，我怀疑他是前奥地利驻罗马大使[3]，他是位马拉诺[4]犹太人，一度是维也纳社交圈的精英，是［伍尔夫·］哈尔彭曾经以为自己想娶的一位女孩的父亲或是叔叔。如果他是我说的那个人[5]，那么他就认识全灵学院的院长，而且是温和的哈布斯堡王朝的支持者，我们会知道是否是这么回事。目前我们彼此交谈还不多。不过，所有客舱服务员都有把握地说，船至少需要在海上迂回航行十四天，我们才能到达蒙特利尔。最后三天溯圣劳伦斯河而上的航程安全而且景色宜

[1] 伯林此处原文为：Очень подвижной。

[2] 理查德·舒勒博士（1870—1972），在第一次世界大战之前是奥地利商会常务次长；一战后他成为奥地利政府的经济总顾问；1934年任国际联盟奥地利公使；1938年底离开维也纳；1940—1952年任纽约社会研究新学院经济学教授。伯林对他的进一步评论见7月16日的信件，原文第317页。

[3] 舒勒事实上不是驻罗马大使，虽然他确实认识墨索里尼。

[4] 伯林此处原文为：marrano。指受到恐吓或是事实迫害，为避祸而表面上改信基督教的犹太人（或者穆斯林）；由此还指试图掩盖自己犹太身份的犹太人。

[5] 他正是。

人。伯格纳小姐长着雀斑，穿裤子，而且很丑。赫尔·吉纳，她的丈夫，非常喜欢她。两个人都是红头发。他看起来就像头猪，像施特雷泽曼[1]。我们一等舱的女士们（牛津教师的太太们住三等舱——我很快就要像女慈善家那样拜访贫民区了）如今非常时尚，男人们就有点土了。食物和水都很
314 好。伯吉斯先生承诺每天只喝半瓶葡萄酒，不喝烈酒。食物非常充足，令人惊叹，面包好吃得就像梦幻里的一样。我们船上有几位法国人，他们听着黎塞留[2]的故事，心情显然很复杂。我那件橡胶雨衣要么在（a）斯特兰区布什大厦的帕克·多福商店，我在那里买过钢笔，要么（b）在摄影师杰罗姆那里，也在斯特兰区，靠近蒂沃利，我想。我真的非常开心。

爱你们的

建议你们尽快转比如说一千英镑到百慕大[3]，看看这笔钱作用怎样，提一下J.G.福斯特的名字，或者少转一点。为什么不呢？

[1] 古斯塔夫·施特雷泽曼，德国魏玛共和国的总理（1923）与外交部长（1923，1924—1929）。

[2] 法国战舰，在非完全在役状态，1940年6月18日被迫撤往塞内加尔的达喀尔。

[3] 为了资助玛丽在里加的家人，见8月2日的信件，原文第325页。

致玛丽与门德尔·伯林

星期二［1940 年 7 月 16 日］

库纳德白星航运公司

亲爱的父母亲：

船上的日子虽然单调，但极其舒适宜人。明天我们到纽芬兰；星期四，魁北克；星期五，蒙特利尔。为了避开那些数不清的孩子们上岸制造的喧闹，我们也许在魁北克上岸，或者继续航行。一路过来，波澜不惊。我们船上挤满了人；船只在星期三开，行程缓慢而不确定。我们按照英国海军部的命令煞费苦心地蜿蜒前行。沿途有些深水炸弹也许已经或者还没有投在我们的航线上，没有人对此有把握。我的计划是让我的同伴[1]继续前进，如果他觉得时间比较紧迫，而我继续逗留，直到障碍完全清除，在大使馆做他们认为最合适的事，不论是什么。现在，我有这些熟人们做伴：

(1) 我很熟悉的三位牛津教师的妻子。总计有二十五加七十五个牛津教师的孩子。他们制造的噪声太可怕了。船上永远都有躁动不安的孩子在每件家具和装备的后面、上面、里面、上方、底下制造噪声。只有在晚七点之后才安宁下来，随后在甲板下遥远的地方，三等舱那里，再次爆发。我们一等舱的乘客与甲板下的底层世界宁静地隔绝了。可是对于那些母亲以及那些没有母亲在身边的孩子们，这样的状况

[1] 盖伊·伯吉斯。

真是地狱一般。牛津教师们的妻子有时上来和我一起打发晚上的时间，她们中有一位是［斯塔福·］克里普斯的秘书的姐姐，那人如今在莫斯科，是三等秘书。[1]我们聊着关于
315 世界和我们朋友的话题，非常平静。

（2）犹太人们。首先[2]是这些人："隔壁的科恩"、"隔壁的科恩太太"，还有莱维特[3]。公司整体迁离了。我和他们没有正式的关系。我们互相对视，洞悉一切，但没有相认。我怀疑他们是去加拿大的分公司。莱维特一言不发，非常阴沉，他的妻子去世了吗？科恩也不开心。他们晚上一起玩牌，不过很沉默，没有了以前的活力和热情，看不出一点肯辛顿宅邸的迹象。和他们形成强烈对比的是林肯先生和太太。[4]林肯太太**立即**就和我说话了，说她认识伯林太太，她是个非常聪明能干的女人，她是在戈尔德斯·格林马戏表演场碰见她的。他们的儿子艾许·林肯是文学硕士、律师、

[1] 约翰·莱欧瑟斯利·罗素（1914—1984），1939—1942年任驻莫斯科外交官，1942—1945年驻华盛顿，1945—1948年驻华沙。其姊卡米拉·乔治安娜（1912—1983）嫁给了作家兼记者克里斯托弗·休·塞克斯（1907—1986），塞克斯实际上并非牛津教师。
[2] 伯林此处原文为：imprimis。
[3] 约瑟夫·E.莱维特，不列颠与殖民地家具公司主席和联合总经理、卡文迪许家具公司联合副总经理。
[4] 鲁本和芳妮·林肯，弗（雷德曼）·艾许·林肯（1907—1998）的父母。弗（雷德曼）·艾许·林肯，1925—1928年就读于埃克塞特学院法律专业，1928—1929年攻读民法学士；战争期间在皇家海军志愿者预备队扫雷，后来成为出色的质检员。

犹太教饮食规定委员会[1]成员，他在牛津认得我，他们是这么说的。他们是一对非常亲切活泼的夫妇，你会喜欢有他们陪伴。首先，他们在三四个小时之内就把船上每个人的底细摸清了。科恩去哪里，哪一位是伊丽莎白·伯格纳的丈夫，哪一位是她的朋友，那位加拿大将军对船长说了什么，而船长又拒绝对他说什么，每个人身上都带了多少钱（我聪明地避开了盘查，他们有点疑惑和生气，我想，不过还没有对我绝望）。晚上他们那个角落活脱脱就是布朗德斯布里[2]的家庭旅馆。他曾经是个教士，知道我们所有朋友的秘史，例如，O.菲利普先生[3]的房子就在布莱顿旁的戈林那里，他何时离开，又为什么离开。埃尔斯利·蔡特林先生[4]上次战争时做过什么，他为什么会在纽约，后来为什么又到了中国。吉宁一家[5]在哪里。我认真读过他们家儿子写的关于犹太理想、送给虔信家庭阅读的装帧雅致的书，我还称赞

[1] 犹太教饮食规定委员会是犹太法律团体，规定犹太人能吃何种食物，以及这些食物应该如何烹饪和食用，符合这些标准的食物是“可食的”（与“犹太教饮食规定”词根相同）。

[2] 见原文第97页注4。

[3] 奥斯卡·菲利普（1887—1965），金属经纪人，住在芬克罗夫特大道，靠近霍里克罗夫特大道（见原文第4页）；从菲利普的房子可以看到伯林家，他成为玛丽·伯林的朋友。在战争开始时，他们一家离开伦敦搬到了西沃辛，靠近苏塞克斯的布莱顿。

[4] 埃尔斯利·蔡特林（1878—1959），反犹太复国主义者，曾在中国居住，是伦敦的一名律师，住在汉普斯特，是“契约之子”犹太组织伦敦分会的活跃分子。

[5] 来自伦敦西北部戈尔德斯山公园的吉宁一家在公园巷的格罗夫纳大厦拥有一家古玩店。

316 了它。[1]他们和其他一百名乘客吃“可食的”犹太餐，连声说好。多年来，他们每年都去美国，他们家有三个儿子在海军服役，老四在美国，他们是犹太复国主义者。我很喜欢时不时和他们聊一些闲话，他们试图把我介绍给一位从里加来的年轻女士（已婚的），我成功地躲开了。他们指出，她有一位完美的都柏林丈夫，就在船上，我什么也不用怕。但是我对芬克尔斯坦小姐[2]的事还记忆犹新，于是拒绝了。每天早上我都向林肯夫妇询问船上社交史的新闻（我想林肯先生是出身伦敦东区而又出生在这里的犹太人，一点也不愚蠢；林肯太太也不蠢，她过去在戈尔德斯·格林犹太会堂常坐在你旁边），他们确实是很让人喜欢的市民，虽然粗俗。最有趣的是我的同舱，舒勒博士，他的女儿曾经和哈尔彭订婚（我隐瞒了我了解此事的事实）。他在奥地利外交部待了四十年之久，签署过布列斯特—立托夫斯克与圣日耳曼的和平协议。[3]说起托洛茨基，他话语风趣。他们1907年在维也纳认识，后来在布列斯特—立托夫斯克再次见面，他还说起了埃

[1] F.艾许·林肯，《正统有意义吗?》（伦敦，1934）。
[2] 塔佳娜·芬克尔斯坦（1914—1974），来自里加，在伦敦大学学院学习三年（获得法学士学位）之后，1935年到圣体学院（攻读国际法学士学位），门德尔的商业伙伴迈耶·比克请伯林把她“介绍给一个品行好的朋友圈子，并且，只要有时间，就照顾她”：1935年10月9日信件。她的父亲后来被入侵里加的纳粹杀害。
[3] 根据《布列斯特—立托夫斯克条约》（1918年3月3日），奥地利和其他中欧势力把严苛的和平条款强加给了俄罗斯。但是《圣日耳曼条约》（1919年9月10日）导致了奥匈帝国的分裂。

伦索尔[1]、弗朗兹·约瑟夫[2]、陶尔斐斯[3]，等等。过去，他常来全灵学院找亚当斯，还认识洛锡安、墨索里尼、里宾特洛甫[4]等人。他几乎不能算是犹太人，除了像福劳·卡西尔[5]对［H.W.B.］约瑟夫说的那样，为了希特勒，也为了我。他在美国有个女儿，七十二岁了，无疑会待在那儿，一位典型的奥地利犹太裔，傲慢机敏、中规中矩的官员。

还有军官的妻子们，带着保姆和孩子，她们对他们不太好。还有几位领事官、伯格纳一家、几名士兵、回家的加拿大人（他们人最好）、一帮法国人、中国人，等等。我们的外交身份得到了船上侍者的特殊尊敬。我们现在完全没有危险了，这些个晚上都可能看见陆地。天气好极了，不过你们在收到这封信之前一定已经收到了我的电报。我打算去蒙特利尔（或是魁北克）—纽约—华盛顿，到大使馆报到，知道下一步做什么之后再给你们发电报。

还有就是关于我们在百慕大的朋友们的事。[6]我情绪高 317

[1] 埃罗伊斯·里奥波尔德·约翰·巴普蒂斯特，列克萨·冯·埃伦索尔伯爵（1854—1912），奥匈帝国外交官、外交部长（1906—1912）。

[2] 弗朗兹·约瑟夫（1830—1916），奥地利皇帝（1848—1916）与匈牙利国王（1867—1916）。

[3] 恩格尔伯特·陶尔斐斯（1892—1934），1932—1934年任奥地利总理。

[4] 约阿希姆·冯·里宾特洛甫（1893—1946），1933—1945年任德国外交部长。

[5] 也许是托尼·卡西尔，恩斯特的妻子（与表妹），或者也许是艾尔丝·卡西尔，恩斯特的堂兄弟、牛津出版商布鲁诺·卡西尔的妻子，以及布鲁诺的堂兄弟保罗·卡西尔的姐妹。

[6] 在这封信以及此后的信件中，令人困惑地提及的在西印度群岛的亲朋似乎是为了转移信件检查员的视线，使其不那么留意把门德尔的投资资金转移给玛丽娘

涨，对英格兰，对我们自己，对一切，都充满自信。我希望在纽约商船队队长那里找到阿伦森的地址。如果我待在华盛顿，我会发电报告诉你们地址，华盛顿特区，英国使馆，临时地址，约翰·福斯特转交。

爱你们的

沙耶

伯林和伯吉斯在魁北克下了船，往纽约进发，在那儿逗留了一个周末。伯吉斯找到了迈克尔·斯特雷特[1]，后发现他亦是剑桥间谍集团[2]的成员。伯林拜访了住在马萨诸塞州西斯的菲利克斯·法兰克福特，被介绍给莱因赫尔德·尼布尔[3]，后者提出要替伯林接触斯塔福·克里普斯爵士。当伯林和伯吉斯最后抵达华盛顿时，一封署名为英国大使洛锡

家这件也许有点特殊的事情。

[1] 迈克尔·惠特尼·斯特雷特（1916—2004），美国经济学家、作家、教师、自由主义事业坚定的支持者；1937—1938年及1940—1941年任美国国务院经济学家；1941—1943年及1948—1956年在他父母创办的自由主义期刊《新共和》当编辑。（1963年，他承认和剑桥间谍集团的联系，他1937年在剑桥念文学硕士期间，该间谍集团形成，他的供认导致了安东尼·布伦特的暴露。）

[2] 盖伊·伯吉斯、唐纳德·麦克莱恩和哈罗德·金·菲尔比在20世纪30年代初期在剑桥念本科时相遇。他们和安东尼·布伦特一样，被苏联人民内务委员部招募为间谍。伯吉斯和麦克莱恩后来为外交部工作，菲尔比与（战时的）布伦特为英国情报部门工作。多年来，他们为苏联提供高度敏感的情报，直至伯吉斯和麦克莱恩于1951年暴露。布伦特1979年身份被公开，他于1964年向英国当局秘密认罪。

[3] 莱因赫尔德·尼布尔教授（1892—1971），牧师，自1928年起任纽约联合神学院伦理学与神学研究生教育荣休教授。

安勋爵的加密电报寄到外交部格莱德温·杰伯手中，电报中的信息事实上来自伯林：

致格莱德温·杰伯

1940年7月24日［加密电报的普通文字打字稿］

［华盛顿特区英国大使馆］

这里的俄罗斯人出乎意料地合作。法兰克福特以及其他要人都很友好，准备慎重地帮我说情。俄罗斯的签证批下来了，但只有在大使正式要求任命新闻专员，并且得到莫斯科与伦敦的同意之后，我们才能出发。希望能够得到您的批准。

外交部371/24847，N6063/40/38[1]

此时，米利亚姆·罗斯柴尔德恰好在华盛顿，听到伯林将与伯吉斯同去莫斯科的计划，她感到十分惊惧。她对伯 318
吉斯一直看法不佳，她的密友约翰·福斯特和她一样对伯吉斯存有怀疑。在她的敦促下，福斯特催促大使馆办公处主任，德里克·霍耶·米勒[2]拦阻了伯吉斯的计划。霍耶·米勒同意根据情况提出意见。伯林似乎对这些策划一无所知，

[1] 下文1940年的前言中的引文亦来自此。

[2] 弗雷德里克·罗伯特·霍耶·米勒（1900—1989），英国驻华盛顿大使馆办公处处长、顾问；约翰·福斯特的亲戚；后（1961）成为因奇拉男爵一世。

并且，菲茨罗伊·麦克莱恩[1]7月27日答复洛锡安“我们并不希望伯林或是伯吉斯前往莫斯科。伯吉斯应该立即返回英国，伯林并未受聘于英王政府，可以做他认为合适的事”时，伯林大吃一惊。

致玛丽·费希尔

1940年7月30日

寄自华盛顿特区翠希广场2414号

亲爱的玛丽：

今天早上很高兴收到你的来信。我的旅行一切顺利，我们在船上，我把我想到的一切都写信告诉你。美国既是可预测的，又是不可预测的。开始时它似乎很熟悉，尤其是经过加拿大逐渐进入这个国家时，很快幻想就烟消云散了。主要的好处在于，所有人以及一切都很轻松，能让人感到舒适的东西一样不缺，一切都可以预见，食物也棒极了。火车很舒适，人可以坐飞机去任何地方。温度在94华氏度到99华氏度之间，不过即使是在有隔热设施的地方也有空调。人们性

[1] 菲茨罗伊·休·罗伊尔·麦克莱恩（1911—1996），外交官、士兵、下院议员、作家、历史学家；被普遍认为是伊恩·弗莱明创作詹姆斯·邦德的灵感来源；此时他在伦敦外交部的北方司；1943年跳伞降落至南斯拉夫，作为丘吉尔的私人特使与铁托会见；后（1957）成为敦康奈尔的麦克莱恩准男爵一世。

格外向、友好，要么是佩吉太太[1]（或是普拉斯科特太太[2]，或是任何美国籍牛津教师的妻子）那种类型，要么是布洛根[3]的类型，再就是张伯伦教授[4]那种类型。法兰克福特太太在这里看起来更单纯了，更直接地受周围环境影响。她无须多费力气就能理解我们的复杂体系，放松了，服从本能反 319
应。人们只能佩服她在牛津的非凡、敏锐的感知力，当意识到她——还有别的所有人——是如此不费力气地住在这里时。和我们相比，一切都换成了低速挡。单调的生活、流线型的机制及可预期性使一切运转得更快。然而，事实上无论是智力的能量还是神经质的干劲都是不需要的。我很明白为什么他们会对精密繁复的事物感到吃惊或是受伤，这在他们看来，是针对他们的简单行为方式而故意采取的复杂态度。纽约有些地方像巴黎右岸[5]，有些地方像现代德国城镇，无论从什么地方看都不像伦敦。它是座南方市镇，虽然有摩天大楼、室内生活等，只不过它的街道与露天广场都是室内的，和通常许多地方都不一样。新英格兰（波士顿我还没见过）也许像荷兰，别的城镇像瑞典等地方。也许有个别内向

[1] 凯瑟琳·伊丽莎白·佩吉，古典学家丹尼斯·佩吉（1932—1950年为基督教堂学院的研究学者、导师）的美国妻子。

[2] 伊迪斯·艾丽丝·普拉斯科特，H.H.普拉斯科特的加拿大妻子，普拉斯科特先生于1932—1960年任天文学萨维里安讲席教授及新学院研究员。

[3] 丹尼斯·威廉·布洛根（1900—1974），历史学家，1934—1939年任圣体学院研究员、导师，1939—1968年任剑桥大学政治科学教授。

[4] 也许是劳伦斯·亨利·张伯伦（1906—1989），政治科学助理教授。

[5] 位于塞纳河右岸的巴黎城区，即城市的北区。

的人、神秘的人，等等，但是没有社会性的神秘感，没有特别的、原则上不能以明确图示来表现的社会性迷宫，就像牛津、剑桥、布卢姆斯伯里，甚至我想，像爱丁堡那样。这很严重，这里完全没有盐、辣椒、芥末，等等。没有火花，至少我还没有遇到过，**一切**都是明确固定、清楚阐明的。如果你省略了什么没说，他们就会礼貌地坚持请你把话说完。由于无法用这么多言语来补充说明，于是经常性的误解，对虚情假意、势利傲慢、晦涩费解等的指控就注定要发生了。我怀疑亨利·詹姆斯之所以像他那样写作，是因为他徒劳无益地想把一切说明白，知道做不到，但还是饱尝可望而不可即之苦。对美国的主要指控是它极其单调乏味，康诺利先生[1]无疑是个例外。华盛顿很壮美，非常正式，绿树掩映着有白色立柱的1803年帕拉迪奥式建筑，街道（他们说是大道）非常宽阔，有其明白无误、毫不含糊的目的。人们矫揉造作、非常好客、彬彬有礼。外交官、记者、政治家构成主要阶层。我绝望地靠拢英国人，热切地渴望能够［回］家。英格兰比这里能够发现的最好的东西还要**无限**好。无疑这正是18世纪末对19世纪的看法。19世纪要处理更大的问题，鄙视18世纪，因为它在细节上花费过多的时间和精力，而看不见正在发生的事件的十分之九。我们理论上也赞同19

[1] 维拉德·康奈利（原文如此）（1888—1967），1925—1927年就读于新学院英文专业。

世纪对18世纪的看法，18世纪主要抱怨19世纪对非常细小的差异缺乏关注。更猛烈的扫荡在这儿，而不在英国，它更大胆，与事实所要求的更合拍（我敢说），可就是缺乏品位。如果一个人的眼睛习惯了小的暗部，局部视野是很单调的。不是对那些有宏观视野、能看见更大单元的国民而言。政治上，他们紧张不安，很害怕，不过我不相信他们能够迅速行动。政府几乎和战时状态一样，至少在心理上是如此。不列 320
颠取得的每一次胜利都得到大力宣传。我们在这里的宣传攻势做得很不好。一年以前，没有采取宣传政策也许可行，可如今这样的做法不再合适了。[1]法国、比利时、德国、意大利做得更好。我们必须派（1）斯文顿陆军少将[2]，（2）[哈罗德·] 拉斯基，(3) 陶尼先生[3]，(4) 也许是斯彭德先生，也许是加文先生[4]。前三位是法兰克福特选择的人，所以一定要跟别人说。他们都将比情报部的人能干**得多**。他们有听众群，上千万的学生崇拜拉斯基；我想，陶尼给《纽约时报》写了封信，反响很大；斯文顿会打动罗斯福的反对者；

[1] 这个评价预见了1940年8月的重大政策变化。由于美国不信任宣传，英国在战争开始的头几个月采取低调政策，依靠美国的舆论主导者来改变该国原有的孤立主义的不参战心态。法国沦陷了，人们意识到没有美国的支持，英国可能无法幸免，恰逢此时，美国计划给予盟军援助的意愿日益强烈。这封信后不久，英国就采取了更积极的宣传政策。另见原文第337页注2。

[2] 厄内斯特·（邓洛普）·斯文顿，陆军少将，1925—1939年任军事史齐切利讲席教授，全灵学院研究员。

[3] 理查德·亨利·陶尼（1880—1962），1931—1949年任伦敦大学经济史教授。

[4] 詹姆斯·路易斯·加文（1868—1947），1908—1942年担任《观察家》编辑。

洛锡安非常受欢迎，随和、和蔼可亲、活络、松散、敏捷、能干，是一位即席演讲者。洛锡安和福斯特做得很成功，使馆里的其他人就很傻了。

我自己的事进展比较慢，外交部既懒怠又不太积极，但我正在搜集火药，这周结束之前将要引爆。然后，我希望往鄂木斯克与托木斯克进发。我昨天见到了美国驻莫斯科大使，劳伦斯·A.斯坦哈特[1]，一位强硬、聪明、见多识广的犹太律师。他痛斥西兹[2]，因为西兹（a）既懒且蠢，（b）对他很冷淡。他是个不折不扣的亲英派，而且必须受点教化。如果你见到外交部的人，一定要告诉他们，克里普斯应该装腔作势地对他好一点，这很要紧。如果我到了，我会真正努力并自己搭建桥梁。他真的像他们在这里说的，因为受到的对待而暴跳如雷，而且他说了半个小时这些事，而后才开始谈我的事情。总体而言，这还好，亲英派的感情在中产阶级中存在，在深度上还没有得到充分的培养。即使是帕肯汉姆们，假使联合行动起来，也可能会唤起这样的感情。我待在这里无所事事，深感厌倦，缓慢谋划，缓慢行动，不过，我肯定事情只能按照这样的节奏发展。我担心我的母亲，虽然
321 在我离开的时候她曾非常勇敢，但我怕她随后要崩溃。[3]关

[1] 劳伦斯·阿道夫·斯坦哈特（1892—1950），1939—1941年任美国驻苏联大使，1942—1945年任驻土耳其大使，1945—1948年任驻捷克斯洛伐克大使，1948—1950年任驻加拿大大使（在飞机失事中丧生）。

[2] 威廉·西兹爵士（1882—1973），1939—1940年任英国驻苏联大使。

[3] 玛丽·伯林在她的日记里写道："沙［耶］7月11日走了，上帝帮帮我，哦，

于情感投资、权利、义务以及投资者的合适技巧的整个问题，对我来说十分晦涩难懂。我**知道**自己在杰罗姆拍的那些照片看上去很吓人。我不上相。因此，我自嘲地说，应该让妈妈了解这点，越早了解越好。

请向你母亲和史密斯先生转达我的问候。天晓得，向我打听新学院院长情况的洛锡安勋爵居然从未听说过史密斯先生。当地人对哈莱克[1]的看法毫不留情。这里的障碍排除专家希望希钦斯[2]能来，并认为约翰·莫德会喜欢这么做。琼［·莫德］很快就要有孩子了。福克夫人[3]和伊夫林·费尔普斯—布朗[4]看上去都很好。我很快会再写信。

爱你

沙耶

盖伊·伯［吉斯］今天启程回英格兰。英国外交部对我不太感兴趣，看来得自己找工作了。我不清楚自己在这方面可能有多么无能。

上帝!”

[1] 哈莱克勋爵是新学院的荣誉研究员。

[2] 威廉·莱昂内尔·希钦斯（1874—1940），1893—1897年就读于新学院古典学专业，米尔纳勋爵在南非的“改革启蒙运动”的成员，著名商人。

[3]（沃纳）·戴维·福克（1906—1991）的妻子。戴维·福克生于德国，是一位道德哲学家；1936—1938年就读于新学院PPE专业，1942—1950年任哲学导师（1950年移居澳大利亚，1959年移居美国）。

[4] 多萝西·伊夫林·莫斯坦·费尔普斯—布朗，新学院经济学家亨利·费尔普斯—布朗的妻子。

致玛丽和门德尔·伯林

1940年7月31日

华盛顿特区翠希广场2414号

亲爱的爸、妈：

我已安顿下来，而且生活优裕。约翰·福斯特对我盛情款待，让我与他同住在别人借给他的漂亮房子[1]里。每天，我同记者和罗斯福新政支持者们见面，从容计划着下一步的行程。盖伊·伯吉斯被召回国，他应该已经打电话给你们了。到里斯本的“快速帆船”[2]和从里斯本到英国的航空服务已经恢复正常，当然，价格昂贵。假如我不得已需要飞回

322 去，我得尽量用英镑支付。因此，你们可能会收到电报，要你们付钱给在伦敦的某个人。弗雷德·劳[3]和往常一样，总是和女人有扯不完的关系。他非常热情，主动提出我在纽约时，可以把酒店公寓让出一部分给我住（总的来说，比起与穆利亚[4]同住，更舒适也更自由）。他在菲利普兄弟公司[5]

[1] 奇怪的是，1998年我去看这所房子时，感觉它并不起眼，比不上同一条街上的其他房子，至于漂亮就更谈不上了。

[2] 因为有“大型帆船”一说，横穿大西洋的水上飞机被称为“快速帆船”(clippers)。

[3] 指弗雷德里克·所罗门·劳（1906—1956），伦敦金属材料交易商德比公司的年轻合伙人。由于工作的重要性质，战争时期未被征召入伍，而是来到美国积极开展贸易。他在伦敦时也很活跃。因为其母亲是玛丽·伯林的朋友（见原文第331页）而认识伯林。

[4] 即萨缪尔·阿伦森。

[5] 一家著名金属材料经纪公司，1909年由奥斯卡·菲利普以他自己和兄弟的名义创建，先是在英格兰，1914年迁移到纽约。

上班，该公司位于纽约松树街70号。他住的肖勒姆酒店在第55街。阿伦森夫妇住在百老汇附近一套小巧、舒适、价钱昂贵的公寓里。他抱怨说没有熟人关系，问我能否帮他与沃伯格家族[1]牵牵线。这种事，我当然不能做也不愿做。现在想来他该明白了。他白天黑夜不停地收听广播，疯了般地想念英国，完全没有必要也毫无来由。昨天，我见到美国驻苏联大使劳伦斯·斯坦哈特先生，此人非常有趣，是一位干练、实际的律师。他热情地鼓励我，并邀请我哪天刚好在附近时到他家吃饭。他属于那种活力充沛、干劲十足的犹太人，这类人总是能取得很大成就。他对俄国以及侨居俄国、绅士风度十足的英国同胞的看法，令人受益匪浅。他对工党政治家克里普斯满怀希望。维亚切斯拉夫·米哈伊洛维奇·莫洛托夫[2]今天要发表一个讲话，听听他会说些什么。妈妈一定会非常喜欢美国：这里的人性格开朗，充满活力，认定二乘二只能等于四，是非分明，不喜欢模棱两可、含沙射影。随处都可以吃到精美绝伦的食物。这里亲英情绪浓厚，但有些尚未得到充分利用。洛锡安勋爵和福斯特可谓大

[1] 美国著名金融世家，是英格丽·沃伯格及其父母的近亲。见原文第720—721页。

[2] 维亚切斯拉夫·米哈伊洛维奇·莫洛托夫，斯克里亚宾（1890—1986）的笔名，苏联政治家，斯大林的坚定支持者；1930—1941年任俄国人民委员会主席，1941—1942年任副主席（在斯大林本人接任政府领袖之后），1942—1946年任人民委员会第一副主席，1939—1946年任外交人民委员。1939年与纳粹德国就《莫洛托夫—里宾特洛甫和平条约》进行谈判。俗称为“莫洛托夫鸡尾酒”的粗制燃烧瓶（汽油弹）即以他的名字命名。

获成功。法兰克福特夫妇对我好极了，尽其所能为我介绍情况，不断鼓励我。他们认为，不管我是继续下段行程，还是打道回府，都还需要做大量的谈判工作。今天我同本·科恩[1]一起吃了午饭。他是罗斯福总统最亲近的新政顾问，整个国家的法律法规都由他起草。这是一位十分优秀的犹太后裔，为人实在、心胸开阔、性情爽直、诚实善良，百分之两
323 百的美国人。古德哈特[2]尚未回信，可能在度假吧。我把他弟弟的推荐信给他寄去了。我很顺利地拿到了签证，因此已经没有任何障碍。我会定期发电报。我身体状况**很好**，睡觉、吃东西、与人交谈都比在英国或其他地方好。就此。

爱你们

沙耶

英国大使洛锡安勋爵在8月1日又发来一封电报：

我在上一封电报[3]中曾经转述伯林先生的口信[……]说他已获得俄国签证的内容并不十分准确。

[1] 本雅明·维克托·科恩（1898—1983），律师、总统顾问（1933年起），罗斯福和杜鲁门政府的重要人物，罗斯福新政大部分法规的起草人；1934—1941年任国家电力政策委员会法律顾问助理；1941—1942年任美国大法官特别助理（处理公共事业控股公司诉讼）；1942—1943年任经济稳定办公室主任助理；1943—1945年任战争动员办公室法律顾问；1945—1947年任美国国务院法律顾问。
[2] 霍华德·莱曼·古德哈特（1885—1951），美国证券经纪人；其弟为阿瑟·莱曼·古德哈特（1891—1978），1931—1951年任牛津大学法学教授。
[3] 指给杰伯的电报，其中转述了伯林的口信，见原文第318页。

真实情况是这样的：在收到你的电报之前，我们咨询了苏联大使馆，问他们是否需要为伯吉斯准备外交签证，以便他能够携带相关文件继续前往莫斯科。他们回答说，已经接到指示，一旦收到我方准备的护照，他们不仅会为伯吉斯，也会为伯林提供外交签证。但迄今为止，我们尚未将伯林的护照送去苏联大使馆办理签证手续。伯吉斯今天返回英国，伯林则急于在一两个星期内前往莫斯科。他希望能够通过这里苏联大使馆的熟人关系得到肯定答复，一旦到了莫斯科不会被当作非法居留者遭到逮捕。他认为既然已经下达指示，为他提供外交签证，这本身就已说明问题。他这么想也理由充足。在前往莫斯科之前，他无论如何都有必要与克里普斯沟通一下。我会很高兴地等待通知，将伯林的护照交给苏联大使馆办理外交签证。没有我们的斡旋，似乎很难保证他们会为他办理普通签证。

致玛丽和门德尔·伯林

1940年8月2日

华盛顿特区翠希广场2414号

亲爱的爸、妈：

7月22日和7月25日的来信均已收到，两封信同时到达。我仍在华盛顿，很高兴你们一切都好。至于我，目前仍在耐心请求，希望大使馆同意延长我的行程。我想，这还需要一段时间。伯吉斯突然被召回国——他应该已经给你们打电话了，但是外交部的电报明确回答了英国驻美使馆的询问，说明我并非英国女王政府的官员，该做什么，我有自己的判断力。这正是我眼下在做的。

这里的英国人正想方设法，劝说美国人放弃一些驱逐舰，但总统大选却使这一努力付诸东流——因为害怕竞选对
324 手利用这点来做文章，而无法采取任何决定性措施。希特勒肯定也清楚这一点。但洛锡安和福斯特在此异常活跃，并享有极高声望，显然他们还大有可为。谢谢你们对牛津古典人文学科成绩报告单的处理。你们打发走《标准晚报》的做法让我感到如释重负。这不仅因为我不希望在那上面出什么风头，还因为我尚未被正式聘用，不论说什么都会极大地激怒外交部的官员，从而对我的任职心怀偏见。因此，千万别让他们找来。[1]我奇怪是谁给他们通的消息。暑热已经消退，天气舒适宜人。弗雷德·劳已经在纽约第55街的肖勒姆酒店安顿下来，他在那里无比盛情地招待我，因此在纽约时，我会在他的公寓套房里拥有一个床位，这比自己孤单一人要好多了。至于百慕大岛的事，有几点要注意：(1) 寄钱给我们家在那里的亲戚完全合法，但不可随意要回；(2) 巴特菲尔德银行[2]或许对他们来说资产投资过大，建议使用牙

[1] 他们大概是想采访伯林，了解他准备在苏联发挥什么作用。
[2] 百慕大主要银行之一，建于1858年。

买加银行，亲戚们可以很容易取到钱。不过目前最好暂时不寄，眼下他们在西印度群岛应该还过得去。尚未与古德哈特见面。我很好，每星期都会给你们写信。

爱你们

沙耶

8月3日，外交部的菲茨罗伊·麦克莱恩评论道，“伯林先生让人无法忍受”，并写了一封短信给洛锡安勋爵：“你不要再为伯林先生获得苏联签证帮什么忙了。我们已经通知他，不准备在莫斯科任用他。”

但是，伯林究竟在哪里可以更好地服务自己的国家，针对这一问题，他在美国新结交的朋友们却有不同想法。约翰·惠勒—班纳特在伯林抵达华盛顿的头天晚上就见过伯林，对他印象深刻。他后来回忆道，伯林“抵达美国不过四十八个小时，但他对美国总体局势的看法却好似他已经在这个国家生活了一辈子”。[1]在他们看来，伯林的加入，显然会有效充实英国在美的宣传力量，于是，惠勒—班纳特、奥博雷·摩根[2]与其他几个朋友一起对使馆施加压力，请求给伯林一份工作。而伯林本人则坚持要继续前往莫斯科，否

[1] 见约翰·惠勒—班纳特爵士的《特别关系：和平与战时的美国》（伦敦，1975），第87页。

[2] 奥博雷·尼尔·摩根*（1904—1985），1939—1940年在英国情报图书馆调查室任职；1940—1942年为英国新闻处工作（1941—1942年任英国情报处主任特别助理）；1942—1945年任英国情报处副主任和驻纽约英国情报处负责人。

325 则宁愿返回牛津。

致玛丽安·法兰克福特

星期一［1940 年 8 月 5 日］

华盛顿特区翠希广场 2414 号

亲爱的玛丽安：

我的事仍在办理，但进展缓慢。心情陡然变得极为沮丧。我所积蓄的浮力［原文如此］让我扬帆远航，从英国来到美国，但此时已消耗殆尽，不论是公事还是私事都乌云笼罩。约翰·福斯特不断提醒我们大家，说有关驱逐舰的形势确实非常严重，这五十艘美国驱逐舰事关生死存亡，能使局势完全改观。一旦德国入侵得逞，美国人会受到指责，要不是因为缺少这些驱逐舰，危险本来是可以避免的。而他们会理直气壮地反驳：原先并没有想到局势如此严重，都怪我们没有采取有力措施让他们充分了解，虽然约翰·约瑟夫·潘兴将军[1]或威廉·艾伦·怀特[2]告知过他们。大使馆已经尽力，但作为宣传机构，它既缺乏想象力也毫无才能，等等。我想这些应该直接告知电台评论员，但似乎没有人知

[1] 约翰·约瑟夫·潘兴（1860—1948），美国将军，第一次世界大战期间曾任美国远征军总司令。在8月4日的一次全国电台广播中，潘兴将军建议将五十艘老式驱逐舰交给英国。

[2] 威廉·艾伦·怀特（1868—1944），堪萨斯人，著名编辑，1940年任援助盟国捍卫美国委员会建会主席。该委员会的目标为鼓励向盟国提供“除战争之外的所有援助”。还有人认为，怀特向罗斯福总统建议任命法兰克福特为最高法院法官。

道具体该怎么做。

至于我的个人问题，英国外交部的态度开始变得冷淡起来，说他们从未说过需要我在莫斯科发挥什么作用的话，这与当时在伦敦交谈之后对我的期望截然不同。明天上午，我要见俄国大使。但就算俄方不设置任何障碍，还有克里普斯这一关需要打通，即便这关也顺利过了，伦敦还可能制造麻烦。他们似乎根本不在乎有人在为战争尽力，还要将自己的麻木不仁强加给英国使馆。我个人与使馆的关系十分友好，但我慢慢开始有了反英情绪，对自己受到的待遇有了抵触心理。法国人目前已处于全民溃逃的状况，逢人便骄傲地再三重复“我们是战败国”，似乎这是一种无上的荣誉，可以从中获得某种特权，并使拥有者免受攻击。这种状况令人作呕。不仅如此，他们还对奥兰[1]战役喋喋不休，没完没了地提起他们损失了一千四百个法国人。比利时人也好不到哪里去。大家都在安享其乐，过着自己的太平日子。唯有美国公民出于公正之心对此好奇并予以关注，进而义愤填膺。我
想，倘若我的秘密计划还像眼下这样蜗牛似的进展缓慢，倒 326
不如趁条件尚许可，坐上船返回英国更好。在英国虽然一样无计可施，至少环境熟悉，也不会有抛弃家人和同胞、独自在异国无所事事的负罪感。我这么做，家人也许会反对，国

[1] 位于阿尔及利亚海岸，1940年7月初，英国海军曾在此与法国舰队打过一仗，阻止他们被德国接管。

人无所谓，但至少可以结束这种悬浮在虚假氛围中的、异常痛苦的华盛顿外交生活。有人提出，如果赴俄计划失败，他们会为我在当地使馆安排一个职位。但除非要我做的事真正有意义，不管国内给我什么样的压力，我都无法想象自己能够满怀屈辱地接受。很抱歉我这样语无伦次，明天就会好了，我又会一如既往地冷静应对客观局势，不会这么软弱无力。尚未见到麦克利什[1]先生，因为他临时有急事需要出差十天。我最近参加了一个倒尽胃口、组织得一塌糊涂的外交野餐会。席间，我发表了一段讲话，狂热地为我深恶痛绝的法国著名金融世家罗斯柴尔德辩护。我还见到了克洛克先生[2]。此人真是个魔鬼式的人物，是落后保守、一无是处、虚伪无耻、让人浑身不舒服的下三烂[3]，是极端的绥靖主义者、大叛徒，是这块辉煌国土上秘密犹太成员的软骨头态度的典型代表。至于说美国，我尚未见到它的全貌。但就我在这个小地方的所见所闻，我感觉与欧洲人相比，这里到处是充满活力、诚实淳朴的人们：一切都明了清晰，如泛光灯照明般一览无余。在我看来，就他们所面临的环境和问题，在道德层面上他们似乎比我们强许多。例如，他们不惧怕发现道德重心在往哪个中心偏移，清楚什么才是最重要的，知

[1] 阿奇博尔德·麦克利什（1892—1982），美国诗人；1939—1944年任美国国会图书馆馆长，1941—1942年任资料统计部主任，1942—1943年任战争情报部副主任，1944—1945任公共文化关系助理国务卿。
[2] 阿瑟·克洛克（1886—1974），1932—1935年任《纽约时报》驻华盛顿记者。
[3] 伯林此处原文为：pourri。

道在特定环境下该干些什么。有时候，他们也许不会去干，
但很快这种不作为就会成为显而易见的背叛或欺骗。这里没
有那种一半真实一半自我欺骗的腐败风气，而整个欧洲，甚
至纳粹德国，都生活在这种风气之中，事情常常因此而变得
模糊不清，还使所有的行为动机变得一样莽撞冲动、缺乏深
思熟虑，从而显得不那么正当和无可非议。我本人也对这里
毫不含混的明晰态度感到几分惊讶，这里不存在什么理所当
然，一切都说明得清清楚楚，不存疑义。没有人把暗中的添
油加醋视为美味，一切都如其表象一般真实可信。有时候，
这个特点表现得过于淋漓尽致，但它却胜过英国和法国的曲
折微妙和躲躲闪闪。在美学层次上的确稍逊一筹，在道德层
次上却占据上风。它毁灭了艺术，却有助于生活、自由和追
求幸福。对18世纪最后的幸存者来说，19世纪一定也是如
此——这些耄耋老者亲眼看见和哀叹对他们举足轻重的一切
逐日逝去；而在19世纪的人看来，这些与那么多需要去做
的事情相比，可能只是无足轻重的琐事，日光下的阴暗角 327
落，本末倒置，主次颠倒。和你们相比，我们真是幽灵。我
明白了莫里斯为什么无法继续留在这里，尽管牛津给人带来
种种不快；也明白了究竟什么才适合弗雷迪，他对周围气
氛不太敏感，喜欢别人说一不二，是非分明。这里所有的一
切，不仅房屋、距离、财富，就连脸孔、思想和行为都是宽
大豪放、清晰悠闲、简明易懂的，虽然与多余和毫无意义的
（到目前为止）欧洲式的曲尽其妙相比，有时会显得有些无

聊和乏味。也许1840年的英国与法国或澳大利亚相比也是如此。我欣赏它，嫉妒它，甚至同情它，但又为其质朴所折服。没什么可为我们颓废的高雅精妙辩护的，这种高雅精妙或许可以为心怀不满的美国人消遣解闷，对我们创造的卡巴莱[1]歌舞表演也还不错，但从本质上来说是不好的，它败坏生命和国家，遗患无穷。早已连点缀的功能都已不复存在，就像西班牙式的礼仪。但我已经习惯欧洲了，对目前面对的全麦面粉餐尚不太熟悉。向菲利克斯和你姐姐转达我的问候，你姐姐还住在你那里吧（不在也一样向她问好）？希望与你早日见面。

你的

沙耶

关于男爵夫人[2]的几点补充：

前些天，我看到她的一张照片[3]，我的天，和旺根海姆老夫人[4]毫无相像之处，令人遗憾。惠勒—班纳特激情澎湃地为特罗特辩护，说他是优秀的欧洲人，等等。如此这般，我们怎么能赢得这场战争？看来威斯特里克[5]的工作真是做

[1] 伯林此处原文为：Kleinkunst。
[2] 英格丽·冯·威伦汉姆男爵夫人，格哈特·威斯特里克的秘书（见下注）。
[3] 附在信中。
[4] 路易丝，戈兹·冯·旺根海姆男爵夫人。
[5] 格哈特·阿罗伊斯·威斯特里克，单腿德国商务顾问、企业律师、高级纳粹党人和商业间谍。自1940年3月起驻美，致力于让美国生产的产品满足德国而不

到家了。我脑海中对克洛克先生的记忆挥之不去，你们怎么会培养了这么一位滑稽的绥靖派英国绅士？这么一个胆小、腐败、用心险恶的人？此话是否说得太重了？ 328

致斯塔福·克里普斯爵士[1]

1940年8月7日［加密电报的普通文字打字稿］

华盛顿特区翠希广场2414号

获悉尼布尔[2]的赞誉之词。我已抵达华盛顿，为加深英美之间的了解而来。如您认为合适，苏联政府又同意，英国会指定我为使馆专员特使。签证问题。莫斯科那边正等我过去，却因苏联大使馆受阻。已经通过非官方渠道询问苏联大使，如果申请合适的签证种类，并得到肯定答复，是否可能获准。会再联系。

外交部文件371/24847，N6063/40/38

菲茨罗伊·麦克莱恩在上面加了批注："伯林先生试图

是英国的战争需求。6月，威斯特里克的美国商务界同僚在位于纽约曼哈顿中城的华道夫—阿斯托利亚酒店为他举行了一场派对，庆祝法国被纳粹攻占。英国情报人员将此事告知了《纽约先驱论坛报》，该报很快将其公之于众。在美国联邦调查局掌握了情报，知道他是靠隐瞒残疾事实非法获取驾照时，威斯特里克被召回德国。

[1] 克里普斯已于6月抵达莫斯科。

[2] 他给克里普斯的解密电报（日期同样是8月7日）也在同一张纸上，内容如下："全灵学院充满自信的以赛亚·伯林已抵达此地，会大力佐助你，请务必予以重用。此人极为谨慎明智，才华出众，正是你需要的合适人选。菲利克斯与他私交甚密，对他赞不绝口。"

欺骗我们。我们最好电告斯塔福·克里普斯爵士。”

致玛丽和门德尔·伯林

[1940年] 8月8日

华盛顿特区翠希广场2414号

亲爱的爸、妈：

我目前的处境是这样的：俄国人似乎很乐意为我提供便利，但克里普斯爵士却听人摆布，改变了主意，认定他不再需要我。我会继续轻微给他施加压力，但照目前的情况来看，使馆的计划很可能化为泡影。如果这样的话，我就没有理由在华盛顿继续待下去了。这里的使馆也许会很乐意雇我做解码员，但为此留下来理由不够充足。不过有一点，你们也许还记得休·赛顿—华生[1]从贝尔格莱德发来
329 的新闻报道吧？柴尔斯[2]也到这里来了，在情报部工作，纽约的英国情报图书馆目前急需人手。他希望我明天（星期五）过去与他见面，因为我在联系犹太人方面可以发挥作

[1]（乔治）·休·尼克拉斯·赛顿—华生（1916—1984），罗伯特之子（原文第301页注1），1940—1941年服务于贝尔格莱德和布加勒斯特的英国公使馆；1946—1951年任伦敦大学学院政治学研究员和讲师。

[2] 斯蒂芬·罗福德·柴尔斯（1896—1943），先是在俄罗斯南部（1918—1920年负责反布尔什维克地区的经济重建工作）、日内瓦（1921—1926年及1929年之后负责国际联盟难民工作）和南美（1926—1929）工作；后来服务于日内瓦国际劳工组织；1939—1940年在贝尔格莱德外交部任职，1940年在巴黎短暂工作过一段时间；1940—1942年任职于驻华盛顿英国情报处使馆新闻办公室。1943年1月在从伊拉克飞往伊朗的途中因飞机失事罹难。

用。如果那里真的需要我，我或许会留下。因为在英国，我就连去地方防卫志愿者组织都不合适，任何政府部门也不行，到头来势必无所事事。因此如果他们需要我，我会留下，至少几个星期。明天我还将与霍华德·古德哈特初次见面，和英格丽［·沃伯格］一道吃饭。希望伯吉斯带去了我对你们的问候。这会儿，他应该回到国内了。针对赠送驱逐舰给英国一事，这里正展开激烈论战，大家都纠缠在各自的法律疑难问题或绥靖态度中无法自拔。但我们的事业无疑正在向前迈进。希望它最终获得成功。我一切都好，渴望回国。我并非真的喜欢美国。这里的英国人好比沙漠中的绿洲。一到纽约，我会（1）去查看你的猪鬃，应该已经办妥了；(2) 向弗雷德咨询，如何帮助在西印度群岛的亲戚们——他对英国官方规章制度的了解程度胜过使馆里那些自以为是的官员。另外，我在这里遇上了一位非常好的金融家，此人名叫斯托普福德[1]，曾在布拉格的伦希曼委员会[2]工作过。

爱你们

沙耶 330

[1] 罗伯特·杰米特·斯托普福德（1895—1978），银行家，1938年为以伦希曼为团长的赴捷克外交使团成员；1940—1943年任驻华盛顿英国使馆财政顾问；1943—1945年任职于国防部。

[2] 以伦希曼为团长的赴捷克外交使团（见原文第285页注5），目的是向捷克政府施加压力，后来导致慕尼黑事件。

致克里西达·里德利

1940年8月11日［明信片］

华盛顿特区翠希广场2414号

写地址时感觉很怪异[1]，因为又记不清地址了。我仍然在徒劳地艰难东行，无法告诉你搬动了哪些大山，总之事情不顺，但我相信最终肯定能在某个地方找到松散的接头，将这个结打开。否则，我很快就会灰溜溜地回去。希思科特·阿莫利夫人[2]（或许是加诺？）向你问好。我会向你和杰斯帕讲述我在华盛顿的生活，非常奇特。美国人倒是十分支持盟国，但又因不清楚情况，惊慌失措。我无法忍受——我是说可以忍受但却讨厌——待在这个地方，丢人现眼、沮丧恼火、孤单无助、不知身在何处。

你的

沙耶

致玛丽和门德尔·伯林

［1940年］8月12日星期一

纽约市肖勒姆酒店

亲爱的爸、妈：

已近夜里十二点半，我坐在宁静舒适的酒店客房里，悲

[1] 指通过她的父亲莫里斯·伯纳姆·卡特转交。

[2]（玛格丽特·伊雷娜）·加诺·希思科特·阿莫利阁下（1919—2002），沃尔登的霍华德男爵八世之女，1938年成为理查德·弗兰克·希思科特·阿莫利的妻子，阿莫利先生1939—1942年在华盛顿使馆工作。

哀地遥想你们，不知大家是否一切安好。就世界的状况而言，我自己的情况太好了。目前谈判到了这样一个阶段：俄国人似乎没有什么反对意见，障碍在S. 克里普斯爵士这里，他的理由是（1）没有住的地方（！）（2）没有适合我干的工作。与我付出的努力相比，这些理由听来未免令人恼火。我会继续跟他磨，同时这里也会有一些工作让我干，柴尔斯（赛顿—华生发来的快讯中提到过）是一个非常和善的人，他要我留在这里，帮他在英国情报图书馆做点事。确实，我可以在协调犹太人方面发挥些作用，让他们协助这个伟大事业。他们都非常热切——我忙着约见犹太复国主义者、反犹太复国主义者、工会组织，等等——他们迫不及待地想要助我们一臂之力，对自己的热情未能得到应有的重视颇有不满。因此，还是有可为之处。我还到纽约城附近的斯坦福德与威尔玛斯夫妇[1]共度了周末。威尔玛斯是劳的老朋友。劳是莫斯科和波兰罗兹皮货商艾廷贡[2]家族的成员，说俄语，人很好。下午，英格丽·沃伯格过来看我，在与犹太人打交道方面她帮了我许多忙。

[1] 查尔斯·科斯曼·威尔玛斯（1909—1980），伦敦人，一家比利时公司的总经理；与其波兰出生的妻子塞西尔·艾廷贡（1907—1999）在横穿大西洋的客轮“阿奎塔尼亚”号上初次相遇，当时她正与叔叔莫蒂·艾廷贡（见原文第336页注6）结束访俄之旅，一道回国。

[2] 艾廷贡家族企业几乎垄断了俄罗斯皮草出口业，在美国和数个欧洲国家均有分公司。西格蒙德·弗洛伊德的一位最亲近的同事是艾廷贡家族成员，一位苏联内务部将军，在此信写后没几天，组织暗杀了托洛茨基。

小劳夫人[1]目前在此地，据她说，老劳夫人[2]在蒙特利尔满腹牢骚，什么都看不惯，指指点点，话语尖刻。婆媳俩似乎关系不太好。阿瑟·劳[3]好像去北威尔士度假了，你们为什么不也去那里或是湖区玩玩？打听一下新学院福克博士的下落，他说他知道湖区有一家很好的酒店，并推荐我们去。我会在这里待到星期四，然后去华盛顿，到使馆交一份简短报告。福斯特已经来加利福尼亚度假，所以我会在使馆
331 的一位英国老同事那里借宿，他叫艾姆斯利[4]，邀请我过去，可能会待上几天。这样的话，从15日到19日之间，我的地址无法确定，不过寄到翠希广场2414号或者大使馆艾姆斯利，我均可收到。我真的无法再同阿伦森一起住了。尽管他一直邀请，范妮也确实很好客，但他们的房间不仅闷热吵闹，地方也太小，又有小孩。弗雷德·劳表现出极大的善意，从各方面给我忠告。明天我要去布朗·哈里曼银行[5]，还要同霍华德·古德哈特一起吃晚饭。另外要分别约见犹太复国主义和反犹太复国主义阵营的领袖们。[6]中饭和阿克

[1] 弗雷德·劳的妻子，乔汉娜（汉娜/娜提亚）·劳（约1911—1957）。
[2] 弗雷德·劳的母亲，凯瑟·劳。
[3] 弗雷德·劳的兄长，阿瑟·阿隆·劳（生于1898年）。
[4] 威廉·格雷·艾姆斯利（1885—1956），1939年起任驻华盛顿英国使馆荣誉使馆随员。
[5] 美国最大、历史最悠久的合作制银行。
[6] 所罗门·戈德曼拉比（1893—1953），1938—1940年任美国犹太复国组织领袖；或者所罗门·马库斯·斯特洛克（1874—1945），时任美国犹太人协会主席。

金[1]一起吃。亚博京斯基[2]的离世令人悲痛。他是一位丰富多彩、富有同情心的人，虽然就他的年龄而言，有点放荡不羁。有段时间没见菲利克斯了。伍尔夫夫人[3]让人感觉真好。至于我的两千英镑，随你们怎么处置好了——投资到你们乐意的地方，如果可以，请提及约翰作为推荐人。我还没空去游览世博会呢！

爱你们的

沙耶

我**渴望**回家的迫切程度难以言表。英伦是多么美丽的国家。支持英国的宣传活动在这里正如火如荼地展开。我无法相信他们认为自己能够不卷入这场战争。但宣传**必须**加强。

与此同时，欧洲发生的事件使伯林作为英国官员留在美国的争论更加激烈。以下是他自己的话：

之后，他们开始让我在华盛顿做一些与英国相关的

[1] 本杰明·阿克金（生于1904年），里加人，宪法律师、政治科学家，早期支持修正主义党，1936—1941年任新犹太复国组织政治部负责人，1945—1947年任政治顾问，美国犹太复国紧急委员会秘书。
[2] 弗拉基米尔·亚博京斯基（1880—1940），俄国犹太复国主义领袖，修正主义犹太复国运动奠基人。8月3日在美国去世，当时他正在视察贝塔组织，一个修正主义的犹太复国党青年组织。
[3] 伯林这里应该是重提弗吉尼亚·伍尔夫给他寄邀请函的事，他因为人在国外，无法接受邀请。

工作。我知道是什么原因。时间已是8月中旬，著名的不列颠之战已经爆发。他们肯定想，“嗨，德国人会赢，他们会入侵英国”，那样的话，如果我在国内，我会被捕，遭到严刑拷打，甚至被处死，因此必须救我。这话谁也没明说，但我很清楚，这才是秘而不宣的日程表。我很
332 感动，但无人提起此事。他们开始给我各种职位。[1]

致玛丽和门德尔·伯林

[1940年] 8月16日

华盛顿特区翠希广场2414号

寄自纽约第55街肖勒姆酒店

我亲爱的父母亲：

今天的晨报通篇报道了轰炸克罗伊登机场[2]等地的新闻。大家更相信英国的说法，而不是德国人的。

我的处境几乎没有改变。由英国使馆提议设立的新机构正在建立，他们希望把我充实进去，法兰克福特也表示同意，让我一边干一边等俄方做出决定。我怀疑他们这个决定永远做不出来。当然，这个话最好跟谁都别说，不论我在做什么，都最好保密，没必要跟伯吉斯说，也没必要向《标准

[1] 迈克尔·伊格纳季耶夫采访伯林录音之七。

[2] 克罗伊登机场是8月15日德军派出数量庞大的战机狂轰滥炸的目标之一。但德军在该行动中遭到重创，德军飞行员称其为“黑色星期四”。不久之后，德军又误把进攻的主要目标从军事设施转向伦敦，从而使英国皇家空军得以从损失中恢复元气。德军的这一错误最终决定了不列颠之战的败局。

晚报》透露，谁都不要说。只要人们一把消息传开，就必然会走样，引来官僚机构方面的麻烦。所以人们问起来，就说不知道，说我很少来信（事实上也确实如此）。威尔基先生[1]明天要发表总统“提名”演讲。之后，罗斯福在外交政策上可能会更加敢说敢干。目前他是过于沉默了。我住在纽约的肖勒姆酒店，因为以下几个原因：(1) 我必须有个地址；(2) 劳住在那里，他不在时，我可以用他房间，花费可以少一些。毫无疑问，这儿的生活昂贵无比，但总有善良的人让我时不时[2]与他们分享住所。昨天我和豪斯廷[3]通了电话：索菲不在家，度假去了。他十分和蔼可亲，对我热情洋溢，很想帮助我，并邀请我到海边同住。总之，是一位好心人。阿伦森不用说也是不断坚持让我和他一起住在纽约，但他的卧室太小，同时又十分闷热吵闹。再有，他打鼾的声音比我听到的任何人都大。但是，我会想方设法让自己去适应这些朋友。西奥多·加斯特[4]在这里，为美国犹太人协会工作，这是一个由富人组成的反犹太复国运动的组织。如果我留下来，会说服他们与我们合作。（珀尔兹韦格[5]预计在8

[1] 温德尔·刘易斯·威尔基（1892—1944），1940年共和党美国总统候选人，1944年重新提名候选人；反对新政，崇尚自由，赞成公民权利和国际主义。
[2] 伯林此处原文为：de temps en temps。
[3] 沃特·豪斯廷（1895—1968），在纽约成立了世博体育用品有限公司（现为体育用品有限公司）。其妻索菲于2002年去世，享年一百岁。
[4] 西奥多·赫泽·加斯特（1906—1992），犹太教、比较宗教学及民俗学专家。
[5] 莫里斯·L.珀尔兹韦格（1895—1985），英国战前自由主义犹太人运动领袖之一，曾在伦敦数家犹太教堂事奉；1936年为世界犹太大会创始人（英国区的首任

333 月底过来，我肯定会见到他。）和阿克金一道吃了午饭，他向你们问好。我觉得他把自己当成了亚博京斯基的继承人，此人是个小人，自负虚夸、虚伪做作、油滑偷巧，但绝非傻瓜。这里听不到里加[1]的消息，想来在伦敦也差不多。我应该想办法找到拉斯金夫妇[2]，但不知道他们的地址。也许可以通过威尔玛斯—艾廷贡夫人和皮草行的人打听。布朗·哈里曼银行的先生们都很有礼，答应提供所有鬃毛集装箱[3]的清单。他们说这应该是在保险范围内的。如果你们对清单有什么看法，或觉得有必要确认，请发电报给我，我会帮忙核对。不过也许没必要这么做。这些天我周旋于纽约和华盛顿之间。相信爸妈精神愉快。我非常好。

爱你们的

以赛亚·伯林

主席）；1942年提名纽约世界犹太大会国际关系部主任。

[1] 保存下来的最后一封寄自里加、给伯林父母的书信来自玛丽的父亲，日期为1940年8月8日，大约在苏维埃接管里加两个月后。他在信中说他们一切都好，信的结尾是这样写的："我亲爱的孩子们，请多保重，父亲在此祝你们一切都好，希望早日见到你们。"更早的一张明信片，日期为1940年1月9日，在寄往伦敦途中被德国哥尼斯堡的纳粹信件审查官盖上了德国鹰盾图案章，这是一个可怕的预示：1941年六七月间，德军全面占领里加，在短短几个月里，纳粹党屠杀了城里几乎所有的犹太人。

[2] 拉斯金一家，从事皮草生意的俄国移民。居住在伦敦芬奇利路大厦，但常到纽约出差。他们的儿子直接从俄国移民美国，还有一个女儿罗莎，战争期间来到纽约，父母去世后移民美国。这里指的应该是罗斯金夫妇。

[3] 可能是指运输鬃毛用的集装箱。

地址最好是写纽约第55街肖勒姆酒店，当然，翠希广场或英国大使馆也能转给我。

8月18日，英国外交部给斯塔福·克里普斯发了一封电报（相同内容也发给了华盛顿）："获悉伯林先生在从华盛顿发给您的电报中说，我们原则上同意他归为你的部下。真实情况并非如此。事实是，我们不断告知伯林，我们无意在莫斯科聘用他。"

这一插曲在1941年的伦敦引起一阵小小的骚动，特别是菲茨罗伊·麦克莱恩为此发表言论："如果早先征求我们的意见，我们一定会就（伯林先生）派驻莫斯科一事发表意见。"[1]大家询问不断。接着，在护照管理处[2]一位J.N.汤宁森上校[3]的要求下，护照签发下来了。麦克莱恩为此发表评 334
论："在我们尽力阻止伯林先生前往莫斯科的时候，汤宁森上校居然亲自派遣伯林前往那里，未免令人感觉奇怪。我确实认为应该征求我们北方司[4]的意见。了解D[5]究竟打算让伯林先生和伯吉斯先生在莫斯科做什么会是一件很有趣的

[1] 请看伯林9月15日给父母的信中对此的评论，原文第347页。
[2] 英国秘密情报局的代码。
[3] 显然是从皇家工兵部队借调的。
[4] 英国外交部负责斯堪的纳维亚地区、波罗的海地区、俄罗斯和阿富汗的部门。
[5]（爱德华）·休·（约翰·昆尔）·道尔顿（1887—1962），1940年7月他建立了特别行动执行委员会，将军情六处的D科（D为英文"毁灭"一词的缩写）合并其中（此举只是巧合，但再合适不过），后来该组织由劳伦斯·格兰特上校负责（伯林离开前见过他一面）。

事。”对此的回复是（发自J.M.艾迪斯[1]）：“汤宁森上校不过是代表上司[2]打了一个电话而已（幸好我听说如今这个问题已不存在）。他根本记不得那件事了。”整个事件就此告一段落。

致玛丽和门德尔·伯林

[1940年] 8月20日

纽约肖勒姆酒店

亲爱的爸、妈：

没什么事可向你们汇报。我的处境依旧，还是飘忽不定。可能过几天会发生变化，稳定下来。至于（布朗·）哈里曼银行，除了原先说过的，也没什么新的好谈。我们成天抱着收音机，不停地听：“虽然来晚了，最终还是来了。”[3]这话是坎波[4]就英国在一战时的表现说的，用于形容美国人也十分确切到位。法兰克福特极为和蔼可亲，此话可以形容这里的每个人。我现在已经能胜任各种外交事务，之前为我设置各种障碍的人们如今在工作中与我关系融洽。所有的非外交官们——洛锡安、福斯特，以及财务部、经济部、贸易部的成员，全都比那些喜剧小丑般的外交官们高效一千倍。他

[1] 约翰·曼斯菲尔德·艾迪斯（1914—1983），1933—1936年就读于基督教堂学院古典学专业；1938—1974年任外交官，后任驻老挝、菲律宾和中国大使。
[2] 所指不明。
[3] 伯林此处原文为：ils arrivent lentement mais enfin ils arrivent。
[4] 朱尔斯·马丁·坎波（1845—1935），法国外交官，1907—1914年任德国大使；1920—1922年任《凡尔赛条约》执行大使委员会主席。

们这里需要的只不过是第一次世界大战中瑞丁侯爵式[1]的经
济独裁——威尔弗雷德·格林[2]能做得很好。他们的办事效 335
率真是太低了。布力特[3]的演讲令人叫绝，激情洋溢，明显是为了消除人们因他从法国回来说的那番话而产生的疑虑。自然，会有主张美国不参加世界大战的呼声，诸如“战争贩子，叛徒坏子！”等呐喊，但效果肯定会超过林德伯格[4]。关于后者很奇特的一件事是，人们认为他实际上更喜欢法国而不是纳粹德国，只是过于高傲不愿承认罢了，害怕听起来仿佛在向对手让步。据说他的影响如今已消失殆尽，他的妻子[5]为此忧心忡忡但忠诚如故。总之，不论我走到哪里，到

[1] 卢夫斯·丹尼尔·伊萨克斯（1860—1935），瑞丁侯爵一世，1913—1921年任首席大法官，一战期间受雇执行政府特种任务，负责助战；1915年任驻美、英、法贷款使团团长；1917年任驻美特使；1918年任驻美高级专员兼大使。

[2] 威尔弗雷德·阿瑟·格林爵士（1883—1952），律师，分别于1907—1914年及1932—1952年任全灵学院研究员；1941年成为格林男爵一世；1937—1949年任上诉院保管案卷的法官。

[3] 威廉·克里斯蒂安·布力特（1891—1967），1933—1936年任美国驻苏联首位大使（后来猛烈抨击苏维埃）；1936—1941年任驻法国大使；1941—1942年任巡回大使；1942—1944年任海军部长特别助理；1944—1945年任自由法兰西陆军少校；与西格蒙德·弗洛伊德合作撰写了《美国第二十八任总统汤姆斯·伍德罗·威尔逊：心理研究》（伦敦，1937）。

[4] 查尔斯·奥古斯塔斯·林德伯格（1902—1974），飞行员、发明家、作家，1927年孤身连续飞行，第一次创造了人类无间断飞越大西洋的奇迹，从而在国际上一举成名。又因为1938年接受德国的勋章和在二战初期坚持孤立主义立场、反对美国参加反法西斯战争而引起广泛争议。他坚持美国保持中立立场的宣传（后来还作为反对援助盟国的美国第一委员会的主要发言人）还使他招致反犹指控。

[5] 安妮·斯宾塞·莫洛·（林德伯格）（1906—2001），作家、飞行员，德怀特·莫洛之女，奥博雷·摩根妻子的姐妹。1929年与林德伯格结婚，1932年他们的儿子遭绑架杀害。

处弥漫的都是亲英情绪，真是太好了。据朋友们说，主要的反英分子是爱尔兰人——卡德锡[1]等人。

据说珀尔兹韦格会来这里传达外交部的官方指示，是世界犹太人大会的纳胡姆·戈德曼[2]告诉我的。或许到时候你们可以告诉他你们的近况，还有是否打算留在伦敦。这样会比信件快，电报又写不了什么内容。之前曾向你们说过，我正在考虑豪斯廷邀请我去他家住的提议，他的和蔼可亲以及他愿意尽一切力量帮忙的许诺给我留下了深刻印象。昨天我遇见了皮货商莫蒂·艾廷贡[3]，一个十足的在美国的伦敦汉普斯特式俄罗斯犹太人。我得查出拉斯金一家的下落。一定记住给纽约写信。我**好得不能再好**。到目前为止，从英国来的消息十分令人振奋。[4]

爱你们的儿子

336 以赛亚·伯林

[1] 约翰·克莱伦斯·卡德锡（1887—1943），1937—1940年任美国驻爱尔兰公使。

[2] 犹太复国主义阵营的纳胡姆·戈德曼当时负责纽约犹太事务局工作。伯林后来为他写了传略"纳胡姆·戈德曼（1895—1982）：个人印象"，发表在威廉·弗朗科尔主编的《犹太事务综述，1983》（拉瑟福德/麦迪逊/提内克及伦敦/多伦多，1985），第238—243页。

[3] 莫蒂·艾廷贡（1885—1956），俄罗斯出生，大规模皮货批发商。

[4] 在日益激烈的不列颠之战中，德军在上周派出数量庞大的战机狂轰滥炸英国南部，但德军飞机遭受的损失超过英国皇家空军。写此信的当晚，丘吉尔在下议院发表了著名的致英国空军的贺词："在人类战争史上，从来也没有像这次一样，以少胜多，保护如此多的生命。"《温斯顿·S.丘吉尔演说全集：1897—1963》，罗伯特·罗兹·詹姆斯编（纽约，1974），卷六，第6266页。

致玛丽·费希尔

1940 年 8 月 21 日

纽约肖勒姆酒店

亲爱的玛丽：

我还是一样凄惨。不但没能以个人独特的（这里人都这么说）方式意气风发地报效祖国，反倒屈辱地被困在这儿，等待着日益确定的失望到来。此外，他们还坚持让我去英国情报图书馆干些杂事，我不好拒绝，但在我看来，这份差事根本不值得我坐在这儿孜孜以求。新来了一位柴尔斯先生，带着鼓舞士气的目的而来，由斯特朗萨兰勋爵[1]，佩思勋爵的儿子陪同，企图向目前寂静沉闷的观望态度[2]中注入一丝生机和活力。无论在什么地方，做事都存在障碍。因为无所事事，我开始试着在使馆和犹太人之间建立一些联系。他们可以也应该但目前尚未得到利用。美国人眼下已开始恐慌，他们如果充分相信我们，自然会全力以赴帮助我们，而不是患得患失、瞻前顾后。对我来说，以任何方式留在这里都好比噩梦。这里遇见的人们，甚至包括最友善的那些人，全都无一例外地丝毫不留任何欧洲生活的痕迹，哪怕是压抑的残留也荡然无存。它本来是起着一种背景的作用，人们身在其

[1] 约翰·戴维·德拉蒙德，斯特朗萨兰子爵（1907—2002），1940 年任情报部队陆军中尉，1942—1943 年任职于战争内阁办公室，1944—1945 年任职于工业部，1951 年成为佩思伯爵十七世。

[2] 指 1940 年夏天整个英国加强了战争宣传（原文第 321 页注 1）。

中，浑然不觉，一直到被迫从它身边离开，来到这个伟大广袤、阳光灿烂、人们开朗外向、一切都清晰易懂的国家。我带着伤感之心，对欧洲文明中哪怕最卑劣的代表人物也充满留恋。这种心情在艾耶尔夫人那里完全找不到共鸣。就连我一直敬慕、挚爱的法兰克福特夫人，在这里也失去一半的神秘色彩。我对罗斯福的敬仰与日俱增，特别是意识到他所面临的粗俗和愚钝。深切地喜爱美国人，而不是敬仰、尊重、欣赏和相信他们，在我看来，这意味着灵魂的缺失；提到对激情、洁净、勃勃生机和一种粗犷开放态度的热爱，对此，我心中突然涌上一股无名之火，别指望**我**会喜爱和欣赏。

我收到了父母的一封来信，信中斗志昂扬，对你赞不绝
337 口。一定告诉他们你收到了这封信，他们**会**高兴的。

我现在可以把我们所有的朋友[1]按照美国政治术语进行分类：莱福特、克里德博士、沃森博士、约瑟夫、邓得斯、玛斯特曼为坚定的共和党；史密斯、克里斯托弗、费尔普

[1] 这份名单中之前没有提到的人有：理查德·斯蒂芬·克里德（1898—1964），生理学家，1925—1960年任新学院研究员和导师；西德尼·沃森（1903—1991），1933—1938年任新学院风琴手，1938—1945年为温切斯特学院音乐硕士；约翰·塞西尔·玛斯特曼（1891—1977），历史学家，1919—1946年就读于基督教堂学院；（欧内斯特）·亨利·费尔普斯—布朗（1906—1994），经济学家，1930—1947年任新学院研究员；威廉明妮（“比拉”）·哈罗德（生于1911年），罗伊·哈罗德之妻；埃里克·塞西尔·约克（1901—1997），古典学家，1927—1969年任新学院研究员和导师；罗纳德·希姆（1903—1989），古代史学家，1929—1949年任三一学院研究员；沃尔特·詹姆斯·雷德芬·特纳（1889—1946），诗人、音乐和文学评论家，在联合广播委员会（由希尔达·马西森负责）与玛丽·费希尔共事，该委员会专门为各海外电台提供支持盟国的新闻。

斯—布朗属于左派共和党，1932年推选罗斯福上台，如今则倒向威尔基；你、我、巴利奥学院院长、莫里斯、比拉、盖伊、韦德—格里为罗斯福派和新政派；麦克卡鲁姆博士、约克、托尼、多兹、希姆、W.J.特纳属孤立主义派；詹妮弗、“小宝贝”则忙于各种与美国特色格格不入的活动。我不清楚自己还要在这里拖上多久，我孤独无助地只身待在酒店客房里，等着我的案件结束。我读了很多狄更斯的书，自我感觉就好比一个可笑的诉讼当事人，被各级法院折磨成一个邋遢搞笑的小丑。我恨不得马上回去，但又怕什么时候会突然被某种奇妙的神力点中，派往俄国。再说，尽管日子单调烦闷，我在这儿还是比在英国更有用处。记住多来信，没人来信会让我更觉孤独沮丧。报纸上一片喜人的亲英之声。他们崇拜胜利。倘若英国皇家空军继续如此辉煌，他们很快会坚决支持我们的。

向你母亲问好

沙耶

致谢拉·格兰特·达夫

1940年8月22日

纽约肖勒姆酒店

我想信件审查官会要求我这么写：发自I.伯林先生，东进途中，被官方进展缓慢的公文程序耽搁。我的天。

最最亲爱的谢拉：

我的处境扑朔迷离，十分悲惨。俄国人已差不多要被我的三寸不烂之舌打动，就连很难说话的大使也已被我明智的想法争取过来。美国国务院更是极尽全力。但使馆还是对我
338 不感兴趣，里面虽然不乏善良、能干的个人，但作为整体，那个地方陷入了官僚主义的泥潭不能自拔。程度之严重，就连巴洛夫[1]也要为之惊叹。洛锡安人确实很好，福斯特先生和兰博德[2]先生（他认识亚当），还有整个财政经济部门的人也都不错。刚刚结束了伦希曼外交使团捷克之行的斯托普福德先生也到了这里，为人可爱亲切。自从开战以来，这里经过精挑细选新增进来的人手个个都风趣、能干、精力充沛、事业成功。采购供应委员会看来运作顺利。唯一令人讨厌的是外交官。我们无法将英伦三岛的优秀人士吸引到英国外交部来。客气地说，我的不幸处境就是由外交部和斯塔［福·克里普斯］的消极态度造成的。因此也才会有我现在这种愤世嫉俗的观点。我仍在努力争取。纽约到处是像巴洛夫，像我，像你，像考雷特[3]式的人物。没有人长得像

[1] 托马斯·巴洛夫（1905—1985），经济学家，1938—1942年任职于国家经济研究院，1940—1955年任职于牛津统计局，后（1968）成为汉普斯特的巴洛夫男爵。
[2]（霍勒斯）·安东尼（·克劳德）·兰博德爵士*（1911—1983），1937—1942年任驻华盛顿外交官。
[3] 不清楚这一带污辱性的绰号指的是谁（“考雷特”是纳粹党恐怖机构的头目）。

希尔[1]或比利[2]或道格拉斯。佩吉属于普通人类型，但样子长得像德国人，文弱一些。赫伯特更像是中西部地区的人。我在华盛顿的外交圈子里度过了凄惨的两星期（法国人比较可怕，英国使馆里至少职员为人诚实、勇敢、可敬。他们的错误——差不多有五个人有类似错误——只是愚蠢和内部争斗。法国人则为人卑劣）。这座城市遍布着克拉克[3]式的人物，还不时地有拉方夫妇和拉萨姆夫妇[4]之类的人点缀。克里斯托弗属于稀有种类，几近绝迹。你我这种人在这里还算行，大家都习惯了我们各自的行事方式。你在这里为捷克人做事会比在伦敦更有前途，我是说真的。他们通常都十分富有，有钱有势，但缺少和英国人的交往渠道，虽然有扬·马沙利克[5]在此。你可以向惠勒—班纳特打听，如果他还在英

[1]（约翰·爱德华）·克里斯托弗·希尔（1912—2003），历史学家；1934—1938年任全灵学院研究员；1938—1965年任巴利奥学院研究员和历史导师，后（1965—1978）担任院长。

[2] 哈罗德·比利（1909—2001），1931—1935年就读于女王学院，主修历史；1939—1943年任职于国外研究与出版处；1943—1945年任职于英国外交部研究处。国外研究与出版处是巴利奥学院皇家国际事务研究院的分支机构，成立于1939年，负责人为阿诺德·汤因比（原文第491页注1），1943年迁往伦敦，与外交部的政治情报部合并，成为英国外交部研究处。

[3] 这里或许指的是A.C.克拉克。也可能是G.N.克拉克与肯尼斯·M.克拉克。

[4] 指罗伯特·乔治·达尔林普尔·拉方（1887—1972），历史学家，1939—1943年任职于国外研究与出版处；1943—1946年任职于英国外交部研究处。另一人为理查德·托马斯·埃德温·拉萨姆（1909—1943），1931—1933年为莫德林学院法律系罗兹奖学金获得者；1934—1943年任全灵学院研究员；1935—1941年任职于外交部；1942年在皇家空军服役，1943年被射中坠机。

[5] 扬·盖利格·马沙利克（1886—1948），托马斯·马沙利克之子；二战期间任捷克政府驻伦敦外交部长。

国，但他很快要到这里的英国情报图书馆工作。此人极为和善，平易近人，对大家都很好，是亚当·冯·特罗特的坚定支持者。英格丽［·沃伯格］正以她一贯的严肃作风，
339 脚踏实地地从事难民工作。她很想见你。我希望很快能前往东欧，但如果你真来了，我们或许还能聚聚，虽然这几乎不可能实现。说不可能，是因为俄方一旦反悔，我只能回去，除非这里强烈需要我留下，强烈到事实明摆着，与其在牛津一事无成，还不如在这里干点实事。当时我因为受不了华盛顿众人的善良好客，也不想同法兰克福特一家同住，才选择到纽约来，如今孤身一人住在酒店客房里，成天无所事事，百无聊赖，远离你、胡拉尼、卡特可夫[1]和我的家人，前途未卜，忧心忡忡。如果情况无法改观，这份凄惨真是难以弥补。我的惨状无以言表，人身安全也成了重负，受尽折磨。如果你身在我的处境中，一定也会有同感：宁愿无所事事，也不愿面对哪怕是最微弱的危险。我觉得这个国家太支持英国了，尽管爱尔兰人还存有敌对情绪，德国人及其报纸也会来些绝非愚蠢的活动。你会非常喜欢那些记者的。我忘了补充，继巴洛夫之后最常光顾各类娱乐场所的就是凯斯[2]了。他们俩成天流连于饭店、影院、广场、地铁和海滨。费歇

[1] 乔治·（格奥尔基·米哈伊洛维奇）·卡特可夫（1903—1985），1940—1946年任职于英国广播公司监听部；后（1959—1971）任牛津大学苏维埃研究院讲师，圣安东尼学院研究员。

[2] 赫伯特·摩根·罗格·凯斯（生于1913年），1934—1937年为巴利奥学院研究生（主修英国文学），1937/8—1946年任巴利奥学院研究员。

尔—威［廉斯］小姐越来越有波士顿人的做派，既反英又亲英。牛津上层社会的样子已经荡然无存，现在她身上一半是现代的伍尔沃斯百货店的气质，另一半则是古老的巴利奥学院的遗风。因此如果你来，一定会过得很开心，因为能做许多支持盟国的事，例如到捷克或英国的妇女俱乐部举办讲座等。只要你来，这些都很容易安排。

爱你的

沙耶

［在信封背后他写道］一定要来信，我会收到的。

伯林终于得到聘用，负责一项具体事务，虽然只是临时性的工作。他回忆道：

他们终于对我说："那么，你愿不愿意就为我们做一件事？""什么事？""整理美联社的所有快讯，看他们是否持反英立场，是否宣扬失败主义，和我们唱反调。我们认为他们是这样的。"我问："办公地点在哪里？""在驻纽约英国情报图书馆，负责人名叫安格斯·弗莱彻[1]。"我又问："要干多长时间？""可能要两到三星期。" 340

[1] 安格斯·萨默维尔·弗莱彻（1883—1960），1922—1928年任驻纽约英国情报图书馆副主任，1928—1941年任主任；1941年受封为爵士。

因为数量浩大，不仅仅那些从英国发来的新闻，还有发自法国、德国的，因为美联社在许多国家都设有分社。[……] 我担任了这项工作，并呈交了证明他们确实不够友好的报告，这正是他们想了解的。

致玛丽安·法兰克福特

星期五［1940 年 8 月 23 日］

纽约市西 55 街 33 号肖勒姆酒店

亲爱的玛丽安：

目前我已多少恢复元气，尽管这里的气候比起牛津更让我不适应。和你在电话中的交谈也让我心情大为愉快。我不知道这股高兴劲从何而来，或许是因为对我而言，与你交谈就像是这块巨大沙漠中的绿洲吧。我给勒内[1]打了电话，听到我的声音，她似乎很高兴，这是我们之间有生以来第一次或许也是最后一次。她说尚未收到我的信，很难受，催我赶快去看她。我打算明天就去。我还采访了英国情报图书馆。他们说我会见到一位板着脸的老板，极其霸道，什么在他看来都不顺眼。他的名字叫弗莱彻。只有这点说对了。不错，他是叫弗莱彻，却是个萎靡不振、愚蠢乏味，再加上忸怩作态的家伙，迫不及待地要和我谈伪哲学问题，诸如教育的最

[1] 因为害怕德国入侵，勒内·艾耶尔将孩子带到美国。弗雷迪则在桑德赫斯特的皇家军事学校受训，准备担任军官。

终目的，为什么斯大林[1]不是基督徒，甘地感化斯大林使其不侵略他人的可能性，等等。这类话题我知道是**那些**年长的政府官员们在他们认为是知识分子的人面前喜欢卖弄的，用来抬高自己。真是难为情，我和他谈得挺好，但确实想不通怎么会任命这样一个人来实施文化渗透的动态政策。和他一起的还有一位教授，名叫阿拉戴·尼科尔[2]，来自耶鲁大学，在伦敦时隐约听人提起过此人。他好像也属于英国情报图书馆，不断邀请我去纽黑文看他。他们两人都暗示我说，即将发生重大事件，局势危急，英国情报图书馆面临着重组，也就意味着混乱。我务必在周一前去报到。我不清楚他们言下之意是什么，但我一定会照办，也去看看局势究竟有多么严重。之后，我会去新米尔福德[3]。周一下午茶后或周二，选 341
个合适的时间，不论结果怎样我都会发电报。假如安排得太差，只是让我陷入官僚之气中，那么，即便有柴尔斯在——此人堪称新一代善于叫嚷的演说家和希腊神话中奥吉厄斯国王的牛棚清洁工的混合体，我也不会留下。但只要有机会真正做些有用的工作，特别是能够针对目前当地犹太人与英国人之间存在的愚蠢的巨大鸿沟，发挥桥梁的作用，那我就会

[1] 约瑟夫·维萨里奥诺维奇·斯大林，本姓朱加什维里（1879—1953），1922—1953年任苏联共产党中央总书记（后来成为事实上的苏联独裁者）。
[2]（约翰·兰姆赛）·阿拉戴·尼科尔（1894—1976），1942—1945年为英国驻华盛顿使馆人员；1945—1961年任伯明翰大学英语语言文学教授（专长为戏剧史研究）。
[3] 法兰克福特在康涅狄格的家。

考虑，或许我会暂时在这里待上两周左右。希望这些在周一能见分晓。我想在这些问题明朗之后去看你，而不是之前。因此我打算明天（周六）去纽黑文看勒内，然后在星期天回到纽约。她似乎已经在纽约找到了照看她孩子的人。对于自己该怎么办，我现在头脑一片混乱：我尚未完全绝望，还想继续努力说服冥顽不化的克里普斯，这一点周一或周二与菲利克斯见面时也要向他请教。我躺在床上，满怀荒唐的沮丧心情，猛然为自己一味地纠缠于个人道德危机而倍感羞耻，因为我所认识的每个人也许正在经历更加艰难的日子，这种意识使我难过到顶点。奥登先生不请自来，他奇特的观点也无法使事情有多少改观。我想，他之所以来，是受孤独以及麦克利什突然退出同盟所导致的犯罪感的驱使。因为他和我并不很熟，也不太喜欢我。我们的交谈拘谨做作，没有任何内容。第二天，我出门看了场电影，感觉才好过些。之后，我又和艺术家夏皮罗[1]先生度过了一个有趣的夜晚，同时也对自己在这种非常时刻还耽于享乐而深感内疚。我希望清楚自己应该做什么。勒内批评我胆小，不愿面对痛苦和伤脑筋的事情，看来她是说对了。确实，我这人只有感觉到绝大多数我所尊重的人都团结一致地和我站在一起、支持我时，才会感到快乐。而目前，我被隔离在这个同盟之外，因此才会表现出一些摇摆不定。一旦明确了方向，又有值得信赖的人

[1] 迈耶·夏皮罗*（1904—1996），哥伦比亚大学艺术史学家。

们以坚定的信念支撑我，我会从黑暗走向光明的。

爱你的

沙耶

致玛丽和门德尔·伯林

[1940年] 8月26日

纽约市西55街33号肖勒姆酒店

我亲爱的父母亲：

今天上午收到你们的电报，语气轻松乐观，令我大感宽慰。这里的报纸总是喜欢用骇人听闻的字眼大肆渲染。我知道自己不该去相信他们，但是这种累积效应很难避免。我正在催促俄国人，不管哪种决定都请尽早做出来。当然还有克里普斯需要去说服，诸如此类。与此同时，柴尔斯的机构尚未安排妥当，眼下也正等着点火启动。总之，一切都在波动当中。我今天咨询了有关巴特菲尔德银行的情况，填了表，还写了几个签名以备不时之需。我对希普利银行也有所了解。除非上面明确指示，它不会出面帮任何忙。今天，我同一位年轻的比利时银行家见了面，他名叫菲利普森[1]，娶了一位来自莫卡塔[2]家族的太太。他曾经在比利时军队和英比联军中服过役，之后叛逃，经历十分惊险刺激。他对几个不 342

[1] 指保罗·路易斯·菲利普森。

[2] 安·玛丽安·莫卡塔（生于1919年），来自银行世家。摩西·莫卡塔在1671年创办了莫卡塔金行，成为伦敦黄金交易市场最早的成员。

同殖民地国家的经济状况很感兴趣，例如，荷兰人比法国人富裕得多，两者根本无法比较；但其马提尼克银行却得依靠法兰西银行。关于现金还是投资、储藏钱财还是投资、听凯恩斯还是听其他经济学家的争战永无休止，唯有那些投资、抵押、按揭或组建社团的人才免受损失。这一点颇有指导、启迪作用。换作是我，在同样的处境下或许也会这么做。此地对诸如此类的问题有各种教导，但未必全是忠言。[1]英国人在这里名望很高，在金融、政治、道德和社会等方面都鹤立鸡群。美国人看来终于准备也为战争出一分力了。我仍在想方设法躲开与阿伦森同住，但为了不得罪他，很快我就会这么做。所有人都对我非常好，我身体健康，心情愉快。

爱你们的

沙耶

告诉玛丽·费［希尔］和其他人，我正在为向东欧进发不懈努力，结果怎样就看他们了。重重障碍真是令人寒心。

致玛丽安·法兰克福特

凌晨两点［1940年8月26日］

纽约市西55街33号肖勒姆酒店

亲爱的玛丽安：

343 很抱歉这页信纸如此脏，但它是我在夜里这个时候能找

[1] 这里删去了一句："但我认为你太谨慎了。"

到的唯一一张纸片。我的境况比过去任何时候都要糟糕。柴尔斯，就是那个希望我留下来的人，使自己和英国情报图书馆陷入是非之中，充满混乱和牢骚，而他原本是奉命前去进行改革的。他们给伦敦的电报被误译；与当地的联系每天都出问题。因此，他们请我至少等到星期五，等他们安顿好，决定好（抑或是我决定好？）再去。没办法，我想只有在纽约继续待到至少星期五上午了。那时我再去新米尔福德可以吗？如果事情在那之前解决了，甚至只要相对有个结果，至少弄清楚自己的职责，或者知道自己要干哪些事，那我就会早些去，周三或周四。这种混乱简直令我无言。一切过错都是因为人事部门效率低下，因为那些无精打采、懒惰涣散的老家伙。不是其他的。

勒内昨天来纽约了，和我待了几个小时。她很直率，无所不谈。她嘴里说着莫里斯，实际上是在指弗雷迪，并说她想回国，原因如下：

（1）她受不了耶鲁的气氛，不论是它的善意还是偏见都令她无法忍受。她觉得自己在那里活像在台上演戏。受不了被人问那么多有关英国的问题。她在那里还遇到了一些纳粹科学家。她听到了许多令人毛骨悚然的反犹言论，不敢对他们说她的丈夫哪怕是只有一半犹太人血统。另外就是经济问题。即便她添加了很多美化渲染的成分，还是可以明显看出她过得不好。对那种精致巧妙的欧洲式的高雅情调我也深表认同。那是一种伤感、怨恨和精致做工的结合体，与她如今所处的极端讲究实际的环境格格不入。但是，我得说，纽约比起伦敦更像是她的家乡，不过或许是我错了。

（2）然而，回国的真正原因是汉普希尔从部队发来的信件。他过得很不好，精神焦虑，几近崩溃，希望她能够回国。“性”，用她的话说，“可以管点用”。她相信弗雷迪不管在哪里都会过得很快活，他需要肉体而不是精神安慰，对后者他没有需求。显然她只是将他视为迷失在认真的世界里的玩偶。这个人过去欺骗了她，现在她不会再上当了。现在她把汉普希尔当成流经她家花园的涓涓细流，在这样一条小溪旁边可以生活一辈子。就为这个她想回国。下一艘康纳德游轮明天（星期二）起航，之后就没有从纽约出发的了，一直要到9月10日左右。她觉得从这里走比从加拿大走安全。或许是这样吧。她认为我应该留下，万一有什么事情发生，可以解救大家。我做不到这点，即便我能，也没有理由，她是知道的。她想和我一道旅行，我在受宠若惊的同时不免又
344 感到难过、沮丧。如果可能，星期三我会发电报给你们，代我向菲利克斯问好。

沙耶

勒内认为她的孩子们和雷伊镇[1]的那位太太——我记不得她的名字——在一起会很快乐。她一想到瓦莱丽不知哪天

[1] 纽约城郊威斯彻斯特县雷伊镇的戈德利夫妇收留了艾耶尔一家。

会脱口而出自己有两个爸爸就感到害怕。我曾经对朱利安[1]的美貌和瓦莱丽抱着他时表现出来的溺爱有过生动流畅、充满激情的描写。我想，如果有必要，她会很乐意让他们在美国像美国人那样长大成人。她希望你从未认为她想把孩子们扔给你，我安慰她说你头脑里从未有过这个想法。

我觉得科恩医生[2]给总统特使威尔基的信写得很好。可惜这里买不到罗斯福徽章。

我为柴尔斯先生写了三份备忘录并口述让人打出来，从打字效果看，人们会以为当地英国圈子里人人都是文盲。真令人扫兴。他们全都是共和党，崇拜罗杰·迈纳斯，对莫里斯闻所未闻。

致玛丽和门德尔·伯林

[1940 年] 9 月 3 日

纽约市西 85[3] 街 33 号肖勒姆酒店

亲爱的父母亲：

出于礼貌，我准备在阿伦森家里住上几天。信件等最好还是寄往肖勒姆酒店或华盛顿特区翠希广场2414号。这里是西85街250号，有点吵闹，离百老汇大街太近了，车辆

[1] 1939年1月出生，2004年在海啸中去世。斯图尔特·汉普希尔之子。

[2] 阿尔弗雷德·爱因斯坦·科恩（1879—1957），医生、科学家，文化兴趣广泛，与法兰克福特信件来往频繁。

[3] 这里应该是55；85是阿伦森家的门牌号。

的噪声不绝于耳。同霍华德·古德哈特又吃了一顿饭。他和我不是同一类人，有点势利。曾经招待过温莎公爵[1]的尤金·罗斯柴尔德[2]也在场，因为忙着写一本有关文艺复兴艺术家提香的书，看上去很疲倦又有些堕落（据美国报纸报道，他来时带了一整袋的珠宝，并声称值一百万美元）。我的处境是：柴尔斯希望聘用我（我是这么想的）作为使馆和当地犹太人的中间人。这项工作我认为自己可以做得很好。一旦他下达任命，此事几天内会见分晓，我会回英国一趟，
345 作短暂停留，见一些人，像劳埃德勋爵[3]、魏茨曼等，与牛津做些安排，然后再回来，最好是乘坐跨洋飞机。因为钱不够，想请你们在英国帮我付票款，至少是里斯本—英国的往返机票。从伦敦到纽约没问题，但从纽约到伦敦我就没把握了。我不知道有多少机会能够乘上“克莱尔”[4]号，它是前往爱尔兰的，乘客都是些比我重要的人物。当然，这些我得等到和柴尔斯把事情落实之后才办，他为人极好。目前我在英国情报图书馆工作，很有意思。我给哈罗德·尼克尔森寄了一份关于该机构的报告，他可能会奇怪我在从事些什么

[1]“前国王爱德华、现在的温莎公爵，应罗斯柴尔德家族的尤金男爵邀请，将在尤金男爵位于维也纳南边25英里处的恩泽菲城堡做客一段时间。”《曼彻斯特卫报》1936年12月14日第9版。

[2] 尤金·丹尼尔·德·罗斯柴尔德*，埃德蒙、詹姆斯和维克托·罗斯柴尔德的维也纳远房堂兄弟。

[3] 乔治·安布罗斯·劳埃德，多勒布兰的劳埃德男爵一世（1879—1941），1940—1941年任殖民地事务大臣。

[4] 跨洋飞机。

工作。你们可以通过电话本，给住在吉米·罗斯柴尔德家里的米利亚姆·罗斯柴尔德打个电话（一定要打），因为她似乎很关心我在做些什么，告诉她我手头的工作一结束，差不多就是你们接到信的时候，就立刻启程回国。这里普遍看好英国皇家空军的抵抗力量，舆论一边倒地支持我们。今天上午的新闻报道了（1）驱逐舰正派往英国，真令人高兴；[1]（2）关于组建一支犹太军队的消息。这是修正主义者们一直在煽动要成立的。但从报上看来，这个提法不是来自英国政府，而是来自伦敦一位名叫亚伯拉罕斯[2]的先生。他具备什么权威？是否想通过这个方式号召全民皆兵？但对美国，似乎有点不够成熟，有点准备不足。你们能否帮我打个电话给玛丽·费希尔（电话簿里，联合广播委员会）和克里斯托弗·考克斯（殖民部）？首先，告诉他们我打算很快就返回英国，另外问他们史密斯9月份是否在牛津，因为我得见他。我必须确认这里的安排肯定能兑现，这样才能在回来之后立刻投入工作。法兰克福特非常支持我的计划，认为我会有重要价值。希望你们收到了我有关贝塔姨妈的电报，如果可能的话，还是应该把她送去牙买加[3]，她在那里可以得到

[1] 9月2日，美国同意为英国提供50艘老式驱逐舰，交换为期99年的西印度群岛、百慕大和加拿大军事基地的租借权。
[2] 亚伯拉罕·亚伯拉罕斯（1887—1955），二战期间任伦敦持修正主义立场的新犹太复国主义组织政治处负责人，1940—1948年担任《犹太标准报》编辑。
[3] 不太清楚伯林是否在这里用牙买加作为代码指其他某个地方。总之，到头来贝塔和其他亲戚还是留在了里加，并在1941年遭纳粹杀害（见原文第334页注1）。

更好的照顾。阿伦森夫妇向你们问好，他们对当地生意人不专心做生意、缺乏吃苦精神以及坑蒙欺诈的行为颇感失望。似乎他们更喜欢英国。

爱你们的

以赛亚·伯林

346 劳到蒙特利尔去了两星期。他对我非常亲切，帮了不少忙。只要对他态度友好，不摆出恩赐的样子，他就是一个极好相处的人，尽管有点粗俗。

以赛亚·伯林对美联社快讯的分析，用惠勒—班纳特的话说，“是一份文笔熟练巧妙，富有敏锐洞察力，内容风趣的报告”。[1]这份精彩报告为继续讨论让伯林在美国获得一份长期职位起到了推动和促进作用。

致玛丽和门德尔·伯林

[1940年] 9月15日

纽约市西55街33号肖勒姆酒店

有时换成西85街250号（阿伦森家）

我亲爱的父母亲：

收到你们的信和电报，令我倍感喜悦和宽心，特别是发

[1] 见前引书（原文第325页注3）。

自海滨胜地兰迪德诺的那封。很高兴你们终于决定去了。路边的嘈杂声音一定很折磨人吧。你们是一直住在维多利亚路3号[1]，还是爸爸仍然时不时得去伦敦一趟？全部要靠电话联系吗？我收到哈里曼银行的信，称我是绝无仅有的大主顾，如果我需要做些什么，他们会很乐意委托布朗·西普利银行帮忙。我按照要求提出**什么也不做**，此事才没再提起。听说索伯尔[2]从马德里来这里了。但只要可能，我不想跟他联系，因为和他无话可说，也不想代表除了你们的哪位和他说什么。这个话题就此打住。这里的报纸出色地配合了伦敦轰炸事件，将其烘托到了不起的高度。不过今天打下一百七十架纳粹德国飞机的战绩确实令人惊叹。[3]直截了当地要求美国参战的呼声开始出现。我们正在开展的宣传还需要进一步加强。英国外交部目前采取了避重就轻的态度，好像他们从未想过派我去莫斯科。这意味着那里一定有人欺骗了我。不管怎么说，如果他们有意要对我能做的事情视而不见，我也无可奈何。我眼下的处境是：目前的庇护人柴尔斯是达夫·库珀派来重组使馆，对其进行改革的。我让菲利克斯请我们俩在纽约吃了早餐。此举提升了我在柴尔斯眼中的地位，并产生了如下效果：他执意要我为他工作；他将花上

[1] 伯林的父母在兰迪德诺度长假休养。

[2] 蒙特利尔的鲍里斯·索伯尔维茨与门德尔的伦敦贸易公司和海外贸易公司均有生意往来，公司在俄国的鬃毛交易上欠了他五千多英镑，11月还清。

[3] 那天派遣轰炸英国的飞机达一千架，这些飞机是其中的一部分；据报道，英国仅损失了二十七架。

347 十四到二十天时间，也就是从10号到10月1号，把新成立的新闻处带入正轨，这需要与伦敦发生大量电报往来。他愿意付一笔钱——差不多二百英镑——作为我离乡背井，来到这个无比昂贵的土地上的安家费。他提出一年给我五千美元。这个数我觉得合适。学院会付给我二百到三百英镑，剩下的我可以按普通方法从银行取。一定要确保钱足够支付我的行程。我之前说过了，我想回国逗留，然后才正式开始工作。当然前提是他同意我先把这里的工作安排好。菲利克斯对这个安排表示高度赞许，柴尔斯说因为我不是正式员工，必须把我的名字发电报给情报部。此事他会在9月25日左右连同预算要求一同办理。我希望他们不会从中作梗，不过这些人什么事都做得出来，不是没有先例。于是我满怀希望地暂时留在这里。胡拉尼、比利、玛丽·费希尔（她对我们霍里克罗夫特的人防工程非常满意）、戴维·塞西尔和马摩斯坦等都给我来了信，转达了你们的口信和问候，为的是让我开心，一个个全都像老到的宣传家。劳去蒙特利尔了（明天返回），我讨厌孤独，于是搬来和阿伦森一家住，付一点点房租——只有一小笔，这样比较好。和劳一起住的好处是，可以和他合住一个套间，房租分摊，这样省得多。我17日要去弗吉尼亚州三天，看一位记者朋友，他名叫约瑟夫·艾尔索普[1]，是总统的表兄弟，我认为总统会再次当选。

[1] 约瑟夫·赖特·艾尔索普*（1910—1989），报业辛迪加专栏作家。

威尔基完全靠不住，罗斯福才称得上英明绝伦。这里的犹太人相当棘手，但我希望为了英国政府的利益能够制服他们。请继续来信。

爱你们的

沙耶

顺便说说，我身体很好，这里的食物、凉快的天气以及英国情报图书馆有规律的作息时间都很适合我。这两个地址[1]我均可收到。我认识了一位来自布鲁塞尔的银行家，名叫菲利普森，人很不错，娶了位来自莫卡塔家族的太太。我和英国情报图书馆（位于纽约洛克菲勒广场50号）的同事相处融洽。

附言：阿伦森因为在这里缺乏信用记录，面对那么多可以与英国和南美开展的业务望洋兴叹，情绪低落。他发出的电报很少有回音，这让他感到有点受伤害。他们夫妇俩向 348
你们问好。

巴特菲尔德或是加拿大皇家银行，你们觉得怎么样？纽约是个粗俗的城市，非常乏味、无聊。

[1] 在原信中，这段附言在信头，还有一个箭头指向两个地址。

几件事汇报一下：(1) 目前我正在寻找罗斯金一家；(2) 不是感觉乏味，而是想家；(3) 明天送艾耶尔夫人坐船回英国。

致玛丽和门德尔·伯林

[1940年] 9月23日

华盛顿特区马萨诸塞大道2100号
费尔法克斯酒店

我亲爱的父母亲：

因为你们不在伦敦，所以没有理由不继续给你们写信。或许你们的信件要很长时间才能到达这里，不过你们还可以发电报——我不常发是因为条件不许可，而你们不存在这个问题。再就是，恕我直言，因为我这里发电报比你们那儿贵。我的固定地址是：纽约市西55街33号肖勒姆酒店，因为英国情报图书馆位于纽约。今天我到这里来见我的资助人柴尔斯。目前我的工作已大致有了着落，薪水是这样安排的：政府出一半，我自己解决一半（即新学院加上其他个人渠道筹集），总共为一千二百镑。这就很好了，而且工作也合我的心意。我现在的情况是，我会获准回英国一周或十天，然后直接回来开始工作。整个安排现在就等着情报部批准了，得他们同意才行。一旦他们首肯，我会在月底乘跨洋飞机回家一趟，争取和“克莱尔”号一道返回。今晚福斯特家里没有多余的房间，所以我住在酒店。信可以寄到纽约的肖勒姆酒店，或由使馆的福斯特转我收。最好寄往酒店，我在那里同弗雷德·劳合住一个套间。最近他母亲来纽约，她和法兰克福特夫人向你们问好。这里日子太单调，没什么日记好写。明天我会回到肖勒姆酒店，设法与拉斯金一家和豪斯廷取得联系。是我自己乐意这么做，并非为了你们的威望。我在阿伦森家住了十四天，因为便宜（一天付一美元）。他们装出不爱钱的样子，可照样还是要了。伦敦沉默的指指点点触怒了穆利亚，尽管奥瑟曼[1]给他写信安慰也无济于事。祖父的信我没有附上，因为信的主要内容不外是他们很好、你们怎么样，等等，其他便没什么内容。如果我乘跨洋飞机回来，我会让银行付款给位于爱丁堡干草市场7号的美国航运公司。从道德感出发，我觉得自己应该回去一周左右。

爱你们的

沙耶 349

致玛丽和门德尔·伯林

1940年10月5日星期天

纽约市西55街33号肖勒姆酒店

我最最亲爱的父母亲：

[1] 安娜·奥瑟曼，门德尔和玛丽的远房亲戚施内尔森家的表妹，嫁给扎马克·奥瑟曼，可能同时也是生意伙伴。这个时间他们住在伦敦，与伯林一家和萨姆诺夫一家来往甚密。

新年好[1]，感谢你们的来信和电报。它们带给我的喜悦无以言表。我在这里的工作基本已定，直属英国情报图书馆柴尔斯和弗莱彻两人领导，并在外交部和情报部间接管辖之下。收到一封哈罗德的来信，充满善意，告诉我为什么前往莫斯科不现实[2]，叮嘱我诸事都要信任柴尔斯。我正是这么做的。虽然我的道德感一如既往，我还是打算现在回国，原因如下：

1. 1月份更不容易，天气更冷，机翼上容易结冰，飞行更加困难；

2. 史密斯发来了电报（信中**无法**跟他们解释清楚。当然我还得让外交部通知他们一些事情），勉强同意等到1月份。但我在这里的工作正好是那段时间，到时新学院一定会因为我缺席而感到不快，可没办法，那个时间正是我最忙的时候。因此，我最好现在就全都安定下来，开始干活。在总统大选之后事情会更多。

因此我计划：

1. 让柴尔斯催问一下外交部和英国情报图书馆，或者请大使帮忙问问，他们是否准备立刻重新将我派出；

2. 让这里财务处的人通知英［国银］行，让你们或牛津银行向美国航运公司支付我的飞机票款。我想两次飞行都

[1] 见原文第96页注2。

[2] 在日期为9月9日的一封信上，尼克尔森声称，克里普斯反对额外增加人员编制以及格莱德温·杰伯从外交部调往经济事务部是外交部态度转变的原因。

经过葡萄牙，由里斯本往返，即搭乘纽约—里斯本—伦敦航班，然后再从伦敦到里斯本，之后乘跨洋飞机或美国客轮回纽约。目前航行显然要比1月份来得安全。这场战争会是一场持久战，美国很快会加盟进来，并有可能发起进攻。但这一切最早也要到11月5日总统大选之后。我这个分析想必你们一定也会认为不无道理。启程那天我肯定会发电报。在收到郑重其事、全面肯定我重要性的官方文件之前，我不会成行。

珀尔兹韦格已抵达这里，我一点都不喜欢他，但在纳胡姆·戈德曼的支持下，对他进行了气氛十分友好的采访。在犹太事务方面，我会始终寻求与中间人的合作，而不是敌 350
对。哈伊姆·魏茨曼显然暂时还不能来，部分原因是法国贵族们的挽留，或许也因为他的两个儿子正在参战，薇拉[1]不愿离开。索伯尔维茨[2]没来找我，我也乐得多一事不如少一事。我现在就固定住在这儿了，不是和阿伦森住，常伴其左右我可受不了。前段时间之所以和他住，一是为了省钱（不过还是付了钱，虽然不多，洗衣、吃饭全都包括在内，大概一天一美元）；二是为了不拂他的好意。和劳一起住这儿也很便宜，而且感觉舒服——他是一位朴实憨厚的人，过

[1] 薇拉·魏茨曼（1881—1966），哈伊姆·魏茨曼的妻子，儿科医生，1920年与丽贝卡·西弗（原文第416页注2）和其他人一道成立了国际犹太复国主义妇女组织（WIZO）。
[2] 见原文第347页注3。

去在我面前总感到自卑，但现在好了。他对伊卡[1]的死颇感伤心。你问我每天的时间是怎么度过的。早晨，我通常喝咖啡，吃点酸奶油[2]、面包卷、吐司什么的，九点半左右出发去位于洛克菲勒中心的英国情报图书馆上班，五个街区的距离，走路七分钟可到。在那里工作到午饭时间，然后与某个“工作”上的朋友，犹太新闻记者或能起作用的美国人，或者是同事，一道吃午餐。主任[3]很喜欢我，偶尔也会带我出去吃饭。点的菜是欧洲大陆风格的，我觉得很好吃。就战时而言，这种食物可以说是美味得有些过分了。回到办公室我继续工作到六点半左右。之后找人一起吃晚餐，若没有别人，就和劳一起上犹太餐馆，要么同西格尔[4]或波里雅科夫[5]或其他人一起吃。已经有段时间没见到霍华德·古德哈特了。他这人有点势利，又表现得过于愚笨，但我在走之前还是要见他一面。和豪斯廷夫妇吃了饭，向他们转告比克的问候，却被告知他已不在人世。那种沉默真是令人难堪。沃特很喜欢伯林先生，主动提出如果需要，可以借钱给我。他

[1] 一只狗？

[2] 伯林此处原文为：smetana。

[3] 阿兰·阿维斯·达德利（1907—1977），1930—1940年任驻纽约英国情报图书馆副主任，1940—1942年任驻纽约英国新闻处和英国情报处主任，1942—1949年任职外交部。

[4] 可能指路易斯·西格尔（1894—1964），美国犹太复国主义工人领袖，任世界犹太复国主义者组织和犹太机构领导人。

[5] 阿瑟·波里雅科夫（生于1909年），皮草富商，以赛亚·伯林在圣保罗学校的同学。

真是一个好人。索菲比较内向但很友好。沃特这个人完全可以信任，他比一般的富人要慷慨大方得多。我还拜访了罗斯金一家。里加的拉斯金夫妇[1]也在那里。我们一起度过了一个开心惬意的夜晚。维克托［·沃什诺克］给阿伦森寄来了一张明信片，说他很好，很安全，一家大小也都平安。这是第二次听到来自里加的消息。两位罗斯金太太对我都很亲切。晚上，我偶尔会去看电影。每两个星期或更长时间，我会去一趟华盛顿，住在福斯特家里，或者就是使馆里一位叫奥佩[2]的牛津教授家里（他娶了一位美国太太，战争爆发就到这里来了），要么就是其他朋友那里。我的一名葡萄牙学生也在纽约，准备为我介绍一些里斯本的情况，以防万一我得在里斯本等上一两天，需要人帮忙或消遣。［雅各布·］ 351
马沙克也十分和蔼可亲。我一点都不孤单。劳可能要去南非，这样我又得找个人合租房间，当然要找一个可靠熟悉的老朋友。

爱你们的

以赛亚·伯林

我想你们的办事处是在拉什家里，即老牌伦敦北方公

[1] 可能是伯林父母的朋友的兄弟及其太太；另见原文第334页注2。

[2] 雷德沃斯·奥佩（1900—1984），1931—1945年任莫德林学院研究员和经济学导师，1936—1946年任英国驻华盛顿使馆参赞兼经济顾问，1948年成为美国公民。

司[1]，对吧？这里的英国人以及我打过交道的犹太人都很善良，令我为之倾倒。唯有一些富人不那么好相处。

10月中旬，以赛亚·伯林启程回国，途经葡萄牙。

致玛丽和门德尔·伯林

1940年10月18日星期五

埃斯托利尔皇宫酒店

我亲爱的父母亲：

我已到达葡萄牙，乘跨洋飞机来的，现正等候转机伦敦。希望你们没有为我的胡作非为感到担心，真的没有必要——我确实**需要**回国一趟。不跟学院**开诚布公地彻底**安排清楚，我无法全心投入工作。我想我不会在伦敦逗留太长时间，我身上带着给外交部和情报部的信件，这些都要求我火速赶回。葡萄牙非常舒适宜人。这里到处是来自各国的难民，绝望地等候着有船将他们送到美国。[2]限额已经放开，例如，原先给拉脱维亚人的配额已满，现在放开后便有很多

[1] 以赛亚·伯林的父亲刚刚与莱昂内尔·沙利特合办了一家木材公司，就建在沙利特家原来的公司——伦敦及北方贸易公司摩基特办事处（已经坍塌）的旧址上。所罗门·拉什米利耶维奇同时在两家公司为其表兄莱昂内尔工作。

[2] 葡萄牙当时是中立国家，与同盟国相对比较友好。里斯本港是欧洲大陆唯一一个前往美洲的出发港。逃往美国的准难民们为了得到移民签证以及乘船费用，必须面临漫长且往往毫无结果的烦琐手续。尽管由于欧洲局势的影响，要求放开限制的压力日益增长，基于配额的美国移民法仍然复杂且限制严格（参见原文第362页注1）。

来自巴黎的拉脱维亚人迫不及待地守候在这里，每天去旅行社打听。我住的是豪华酒店，非常舒服：食物美味，观看各色各样的人也很有意思。俊美的面孔和漂亮的建筑在里斯本随处可见。这里的使馆因为接到了华盛顿关于我的电报，很客气，但无法肯定下一班飞机什么时候能来，或许要到下周四。豪斯廷夫妇**非常**聪明能干，完全可以依赖。我向他们转告了比克的问候，却被告知前不久［他］已离开人世。这 352
里一个从巴黎来的名叫罗森塔尔的人说认识你们。他是雷布先生的朋友，准备去美国。埃斯托利尔是一个海滨度假胜地，有各种游乐设施，距离里斯本仅个把小时的路程，比城里安静舒适得多。去见官员时我乘坐短途火车。我觉得这里最常听到的语言是波兰语。一到英国我会直接去牛津或兰迪德诺，要看到达地是哪里。我很好，甚至可以说心情愉快。我认识这里《每日电讯报》的记者和其他人，时间很好打发。我会在这里写一份有关美国局势的报告，以防情报部要我完成一份才让我走。

深爱你们的

以赛亚·伯林

我希望10月24日能够出发，但恐怕难以遂愿。从纽约与我同机[1]的英国大使洛锡安勋爵无法带我同行。不过和个

[1] 以赛亚·伯林出发时与洛锡安勋爵同乘一架飞机，后者赴伦敦参加磋商会议。

人乘客还是有所不同，我享受到了政府随员的航空优先服务。

你们能否立刻替我给牛津的史密斯（还有西85街250号的阿伦森）分别发电报，告诉他们我会在这里待到25日，不是我的错，而是飞机因天气恶劣延期。

致玛丽和门德尔·伯林

1940年10月19日星期六

埃斯托利尔皇宫酒店

亲爱的爸、妈：

[……] 收到此信后，请你们一定给我发一封电报，葡萄牙埃斯托利尔皇宫酒店，告诉我你们一切都好，儿子将感激不尽。这里电报很贵，我又没多少钱。我很好，根据葡萄牙的报刊报道，英国即将入侵，偶尔也刊登消息，披露聚积在这个豪华酒店的各国难民数量已达到惊人数字，让淳朴的葡萄牙人诧异不已。我希望很快就能与你们团聚。本来不想跟你们说我要回去的，知道你们会反对，但这一耽搁逼着我向你们透露实情。法兰克福特夫妇和其他人都赞同我回国一趟。我觉得自己的行为必须仿效凯撒之妻，洁身自爱，不该把正在发生的事情瞒住您二老。不论在美国的工作有多么重要，我都必须安排好回国一趟。祝好。给我发电报，写信也行。

让二老烦心却茁壮成长的

353 以赛亚·伯林

以赛亚·伯林终于搭上飞往英国的跨洋飞机，在英国西南部港市布里斯托尔着陆的时刻富有戏剧性。但对迄今为止一直远离战争危险因而深感内疚的以赛亚·伯林来说，却如释重负："我们到达时正赶上空袭，我简直欣喜若狂，觉得自己就是为之而来的。我感觉好多了［……］随后我乘火车从布里斯托尔抵达牛津，回到原先生活过的新学院，重新开始生活［……］没有人问我任何问题，我开始重执教鞭。"但这一昔日生活的回归并未持续多长时间：

之后，11月底，我接到英国情报部发来的一封信。信上写道，"亲爱的伯林先生，您的休假似乎超期了。能否请您解释目前在干什么？"我回信说，据我所知，情报部并未聘用我，也没有别的任何人聘用过我，因此我并不认为我有假期。信上是什么意思？他们说，"噢，是这样，我明白了。可能有什么地方弄错了。你能否到我们这里来一趟？"于是我心情愉快地去了伦敦的英国情报部。见到一位喝得有点醉醺醺的记者，他的名字我记不清了。他对我说，"瞧，你已经被派到驻纽约英国情报处工作了。""什么时候？""噢，三星期前。""可你们没有告诉我！""我以为我们跟你说了。"知道我为什么被任命吗？原因是在我整理撰写美联社快讯报告的那段时间里，遇到了两个对我产生好感的人：一个名叫奥博雷·摩根［……］另一个叫惠勒—班纳特。他们

> 俩都在英国情报图书馆工作。这个地方已经［……］变成某种宣传局。他们对我颇有好感，很是喜欢我，认为我能派上用场，并向情报部推荐我，让他们给我安排职位——他们两人希望我回去。真令人高兴，可是居然没有任何人向我透露过任何消息！[1]

致哈伊姆·魏茨曼

［1940年12月］

伦敦公园路多切斯特酒店

我一直在设法与您联系，但终归徒劳。他们在酒店里
354 找不到您，据说2.0号客房的电话号码[2]也出故障了。我［1月3日］星期五出发，走之前的晚上我会住在伯恩茅斯（皇家巴斯酒店），周二和周三在牛津。我会定期从那里给您电话。我的行程有可能被葡萄牙领事馆耽搁，他们对中转签证总是拖了又拖。倘若真是如此，我会尽量争取在走之前再去看您一次。上回您和劳埃德勋爵的会谈[3]，

[1] 这里的说法和以赛亚·伯林在前几封信中说的他一定要返回美国工作的话有明显出入。或许他给父母的信只是谈及一种尚未确定的安排，为了打消他们对他回到战事纷乱的英国的担心和恐惧。1941年1月3日致莫伊拉·加斯特的信（见原文第355页以下）对真实发生的情况做了合理的解释。
[2] 魏茨曼夫妇将多切斯特酒店的210套房作为他们战争期间在伦敦的固定住所。以赛亚·伯林的“2.0”可能是“210”的笔误。
[3] 劳埃德勋爵在9月13日与魏茨曼会面，转达英国政府的意见，同意于适当时机在英国军队内成立独立的犹太军队。长期以来，犹太事务局一直在促成此事，但受到英国首相内维尔·张伯伦的阻挠。1940年5月丘吉尔任首相后，对犹太复国事业表现出更多的同情。终于在9月份有了突破性进展，魏茨曼“隆重当选”：

还有上星期一与您促膝交谈的整个夜晚，那么精彩，那么趣味盎然，令我印象深刻，激动不已，难以用语言形容——唯一遗憾的是没能见到魏茨曼夫人，在这里，请转达我对她的挚爱之情。您能否在牛津给我发个信或电报，告诉我什么时候、什么地点您会在里斯本，我可以向谁打听您的行踪？非常感谢。不仅为此事，还为其他许多事情。

您的

沙耶·伯林

致莫伊拉·加斯特 [1]

1941年1月3日

伯恩茅斯皇家巴斯酒店

最最亲爱的“小宝贝”：

你完全有权表示抗议，我唯有满怀愧疚，情绪低落，伤心难过。有谁可曾告诉你我充满悲情的冒险经历？我曾

布兰奇·E.C.达格代尔语，见《高尔夫球棒：布兰奇·达格代尔日记，1936—1947》，N.A.罗斯编辑（伦敦，1973），第175页。但是这一协议不断引起争议，始终没有确定下来。劳埃德与魏茨曼在1940年末和1941年初又会谈过几次，专门讨论实施细节问题。魏茨曼的情绪也随着会谈的结果时阴时晴，喜怒不定。达格代尔日记没有记载这里提到的会面情况，但显然结果令人满意。后来，由于军队里和巴勒斯坦官方的不断反对，此事便一次次耽搁拖延。一直到1944年，犹太军团才得以成立（1946年解散）。

[1] 莫伊拉·林德的丈夫杰克·加斯特（生于1907年），律师，1938年成为共产主义运动活动家。

认为自己受命两个政府部门，可以作为新闻界的随员前往莫斯科（可以想象这种期待令我多么欣喜若狂——此事就连费希尔夫人也出了不少力）——在目前这个时候，或者也可以说在任何时候，没有一个地方比莫斯科更让人神往。除此之外，7月中旬牛津无所事事的生活更加深了我的苦恼。我迫不及待地想融入这场战争，任何方式都可以（你
355 还继续支持吗？也许改变态度了）。于是我以信使身份，背上挎包，毅然出发。在经历了惊心动魄的海上航行后，抵达华盛顿，却就此搁浅。既不召我回国，也不派我继续前行，只是让我等候，没有任何指示。美国是个极其乏味的地方，这一点无须多费笔墨。这里的居民没有灵魂，最多只有心脏。每个人都是那么干净彻底、不可救药地了无情趣，远远超过了"乏味"这个概念的内涵。他们充满内疚感，心神不宁，紧张恐慌，恬不知耻，而且糊涂愚蠢，大多令人难以忍受。过了两个星期后，我歇斯底里地向法兰克福特提出我要回国。随后官员们给我提供了各种与英国相关的工作，出于良心上的考虑，这些我都小心谨慎地拒绝了。后来，一个犹太人来找我。他让我做的事似乎现实得多，重要得多，更让人无法拒绝。我说我可以接受，但必须满足一千个条件，同时允许我返回英国，问问大家，看是否在英国有我可干的事。这时候，我有一种被人抛弃的感觉，愚蠢难堪，无所适从。于是我返回英国，却立刻遭到英国外交部和英国情报部的轮番袭击。情报部是个快

活、轻浮、缺乏工作效率的地方，里面全是些老朋友，去走走看看挺好，但很难给人留下什么印象。我很乐意成为其中一员，因为这里的官员一点不像公务员。正因为这里对效率要求不高，至少显得人情味十足。我很快成为某号人物，在标有“密级”标志的官方文件上签字，并让我即刻返回美国。我犹豫不决，一个劲地拖延以争取时间，但全都枉然。我越是提要求，他们答应得就越快。我不顾一切、想方设法在英国谋取一份工作，却一无所获。于是我现在重新出发，以“英国新闻处下属专家”身份，准备到纽约洛克菲勒广场30号上班。实在难以形容我目前这种可怕的悲惨处境。首先，我根本不想离开英国，这几个月是我一生中过得最开心的。其次，现在已确信无疑有我要做的工作，我无比崇拜的新偶像魏茨曼博士不断热切地怂恿我干。再次，每当在美国报纸上读到来自英国令人痛苦的消息，我就变得神经质起来，恨不得立刻返回英国。也因此在美国——你不会相信的——落下了多愁善感和神经质的美名。毫无疑问，就我个人而言，要想影响事态发展，不论是以多么微小的方式，唯一的途径就是通过莫斯科或是纽约。我当然更愿去莫斯科，可他们不让。看来俄国人倒无所谓，反而是白厅对此耿耿于怀。俄国人和犹太人是唯一和我有关联的公众主题。在纽约我还有另外两项工作，和犹太人无关，但其他任何人也都能干。我还必须在八百万左右的美国犹太人中建立起各色各样的关系网。其

中五百万是地道的犹太人，三百万是齐默恩那种的。[1]我非
356 常不开心。人人都说我责无旁贷应该去美国。只有莫里斯除外，他不愿我去。事实上我即将走马上任，从此要饱受折磨。目前唯一可以做的事是接受并遵从某个原则。我希望能够为赢得这场战争出一分力。这是我的唯一出路。但总的来说还是要请你为我祈祷。相信你能够感同身受。谢谢你寄来的孩子的照片，相信在你眼中他一定可爱如天使。终于，连我都有了韶华已逝、悔之莫及之感。换作是你，你会怎么做？亲爱的“小宝贝”，任何普普通通表示同情的只言片语都将令我感激涕零。希望能够立刻见到你。一生中我比已往任何时候都更接近飞灰般普普通通（这个词老是奇怪地冒出来）的消亡。

上帝保佑你

沙耶

任何时候有空就给我来信。你无法想象，人在被放逐之时信件能产生多么大的效果。一旦这里真的发生什么事情，无论是否责无旁贷，我都会立刻飞奔回国。我希望人不要这么死心塌地念念不忘自己的小天地和熟悉的景物。在三十一岁的时候迷失了方向，真是莫大的耻辱。收到戈伦韦的来

[1] 这里列举了阿尔弗雷德·齐默恩（原文第234页注2）。虽然出身犹太家庭，却培养了国际化视野，并不特别将关注焦点集中于犹太人的利益。

信，他（我还是这么喜欢搬弄鸡毛蒜皮的琐事）和一位叫莫里斯[1]的小姐结了婚。这位小姐酷爱爵士乐。另外，在部队服役的汉弗莱也寄了信来。克里斯托弗始终都在催促我去美国。向杰克问好。

以赛亚·伯林

门德尔在家庭回忆录中写道：

1941年1月1日，你前往伯恩茅斯，从那里乘飞机到里斯本，再从里斯本（坐船）去纽约。我们陪着你，因为气候原因，飞机一直无法起飞，一连有八九天我们都待在一起。你在那里不太开心［……］当然，充满危险的旅程也让我们忧心忡忡。你前往美国的决定非常明智而且合乎时宜。试想一下如果整个战争期间你都待在牛津，或者在某个政府部门担任一个不喜欢又无足轻重的职位，那样的话，你不仅会受到压制，还很有可能让你巨大的活力消耗殆尽，使你从内心里消沉枯萎，或许还会将你变成唯命是从的庸人。而现在，多亏了你的才华和个性，抓住了机遇，在美国得到了极大发展。你一定为政府做出了巨大贡献，或许你并没有为此得到赞扬和感谢，但这份贡献也是为你自己的。你拓展开阔了个

[1] 玛格丽特（“玛吉”）·艾温·莫里斯（1920—1976），1940年12月与戈伦韦·里斯结婚。

> 性，与更大更广的世界接触，不再局限于牛津狭小的学术圈子［……］使自信心得到极大加强。你获得了从政的知识，外交方面也得到锻炼，不会那么容易被人引入歧途，而许多学者却很容易受骗上当，过去是这样，现
> 357 在也还是如此。

致玛丽和门德尔·伯林

1941 年［1 月］[1]10 日下午两点三十分

葡萄牙阳光海岸[2]
埃斯托利尔皇宫酒店

亲爱的爸、妈：

蔚蓝的天空上飘着几朵白云，海面平静无波。我的船舱里只有两个人（与其他二十五个旅客不同），同住的是一名非常友好、为人实在的美国财经记者，同时也是英国一家公司的负责人，专门为私人企业和政府部门提供贸易统计数据。他名叫斯克里文，之前和我们同住在一家酒店。他熟悉半个美国，谈吐极为风趣。皇宫酒店将我当作久违的朋友般欢迎，给我安排了一间舒适的双人间，让我美美地睡了十四个小时。整个飞行一路颠簸，实在累得够呛。几乎每个人都

[1] 日期误为1941年12月10日。

[2] 该信写于“埃克斯坎宾”号客轮上，用的是酒店提供的信纸。就是在此次旅途中，伯林初遇并注意到他未来的妻子艾琳·斯特劳斯，她正从法国旅行归来。但写信时两人尚未相遇，向父母汇报整个航程的下封信中也没有提起她。

晕机了，究竟是吐掉好呢，还是强忍着不吐，为此大家还争论不休。想得到吗，这是我有生以来参与的最最恶心，但在当时的状况下，又不无智慧的讨论。我好容易才不失体面地脱身出来。飞机一着陆，呼吸到了新鲜空气，大家便顿时感觉神清气爽，真是神奇。我和斯克里文享受了一顿美餐（顺便说一句，[伊恩·] 鲍恩也认识他。应该是因为在统计方面兴趣相投吧），然后好好睡了一觉。第二天（昨天）过得相当愉快。里斯本是个可爱的城市，充满生气。泛美航空公司的作风还是一如既往，疏忽马虎，极不负责任，居然说什么要等3月份才会有航班，让我转搭国际运输公司的航班。即便如此，我还得另外支付四十美元，这简直无异于雪上加霜，让羞辱又多了伤害的成分。

听说轮船很舒服，但到纽约整个航程要八九天。我同使馆一位名叫英尼斯的官员吃了顿饭，不过幸好并不需要请使馆帮什么忙。一切都很顺利。我买了一套极其柔软舒适的法兰绒睡衣裤，很暖和。今天天气寒冷但晴朗无风，碧空万里。轮船在五六点出发。皇宫酒店蜂拥而至的难民数量并未减少，疲倦但满怀希望的面孔一如既往，每天照样围坐在英国或美国领［事］馆外面等候。卡迪什[1]还在此地，但住在里斯本主干道上一幢很气派的大房子里，家里有两个帮佣。

[1] 即卡迪什·门德列维奇·阿普特（移民后改名康斯坦丁·马克维奇·阿普特斯），门德尔的表兄。

他马上就要拿到美国签证。他的太太[1]打算在美国开办家庭
358 作坊，制作巧克力，她还让我品尝了一块样品。谁都认识他们。他们一点也不贫穷，待在这里就很好。可是卡迪什渴望在商界大展宏图，他将自己视为美国工业领袖，梦想着用商业巨头的魅力、天才以及坚强有力的逻辑征服整个美国。这是一片充满快乐的国土，离开它真有点不舍。英国在与意大利人的交战中取得的胜利在这里产生了深远影响：对意大利人的仇恨甚至超过了德国人。英国人的战绩全都以醒目的通栏标题在各种报刊上转载。希望美国的报刊也一样友好。

我**极**好，真诚热切地期待着投入我的工作、生活甚至这次旅程。我准备去买些好吃的干果在行程中吃，抵消一些旅途中不可避免的暴饮暴食和缺乏运动。如果有账单寄到新学院，请帮我支付。在美国我无法支付，也不希望布莱克韦尔书店认为我漏了支付这段时间的账单。常写信，写长信，寄到肖勒姆酒店或我办公室都行，告诉其他人也务必这么做。

希望你们与亚当斯夫妇的茶会开心愉快，也希望牛津和之前一样不受外界影响。我身体健康，精神愉快，寄上我对你们所有的爱。上帝保佑你们。

你们的

沙耶

[1] 拉希勒·阿普特，婚前姓别林基。

哈伊姆说他要走，15日吧。道声别，祝他旅途顺利，他会很高兴的。不过也不一定非得这么做。

以赛亚·伯林

致玛丽和门德尔·伯林

[1941年] 1月28日星期二

英国情报处

我亲爱的父母亲：

你们也许难以相信，我一到岗位就陷入没完没了的紧张忙乱之中。繁忙、焦虑、快活，冲劲十足，没个停歇。与过去八九月份学校放假，无聊漫长、心情阴郁的日子完全不同。到里斯本的空中飞行很不好受，碰到强风，机上除了我和美国朋友斯克里文，所有人都晕机了。在葡萄牙过了两天舒服自在的日子，从里斯本发去的信中都跟你们说了。接着便是在“埃克斯坎宾”号轮船上连续度过九天九夜。第一天好大的风啊，你们的儿子平生第一次晕船，晕了两个多小时，之后剩余的航程都过得很开心。同一艘船上什么人都有，三教九流，五花八门。有公爵夫人，还有许多流亡国外又被遣返回国的美国富人。一位从里斯本返回的胖乎乎的《纽约时报》记者，名叫弗里达·沃格尔，是来自日内 359
瓦的犹太姑娘，她坚持说自己是土耳其人，来自一个土耳其世家，把大家逗得不亦乐乎。这种航行基本是日复一日的重复，没有任何变化，我猛吃猛睡，据这里的人说，与10月份离开美国时相比，我的脸色好看多了。这里和华盛顿的所有同事都热烈欢迎我的到来。如今我在这里过得非常开心。身边的同事都特别善良，乐于相助。英国情报图书馆的老朋友们甚至为我设宴接风。华盛顿的菲利克斯·法兰克福特夫妇也非常亲切，热情款待了我。我甚至用俄语跟柴尔斯夫人[1]交谈。使馆突然开始重视我，邀请我和使馆各级成员共度了几个晚上。我还参加了华盛顿巴勒斯坦联合呼吁组织举办的午餐会，认识了斯蒂芬·怀斯[2]、利普斯基[3]，以及德·索拉·普尔夫人[4]（哈达沙组织领袖）。怀斯很讨人喜欢。尽管有时显得滑稽可笑、前后不一、变化无常、吵吵嚷嚷，给人靠不住的感觉，可他同时又是一个慷慨大方的人，宽宏大量，头脑聪明，精通世道，不仅富有勇气和想象力，同时还心地善良。利普斯基不值一提。德·索拉·普尔夫人温柔文静，性格恬美，所罗门夫人[5]式的女性，但更

[1] 之前名为拉丽莎·丘玛科夫（生于1903年左右），俄罗斯血统，1922年在保加利亚首都索非亚与斯蒂芬·罗福德·柴尔斯结婚。

[2] 斯蒂芬·塞缪尔·怀斯（1874—1949），改革派拉比、社会改革家、犹太复国运动领袖；1925—1949年任美国犹太代表大会主席。

[3] 路易斯·利普斯基（1876—1963），波兰出生的美国犹太复国运动领袖、新闻记者、作家；1922—1930年任犹太复国组织负责人。

[4] 塔玛·德·索拉·普尔（1890—1981），1939—1943年任美国妇女犹太复国主义组织哈达沙领袖，该组织成立于1912年，在募集资金方面力量强大。

[5] 弗劳拉·所罗门（1895—1984），俄国百万富翁格里高利·贝纳森之女，嫁给英国军官哈罗德·所罗门，定居伦敦，曾在耶路撒冷短期居留（1920—1924），其间丈夫因车祸终身跛足；犹太复国主义者，哈伊姆和薇拉·魏茨曼的朋友。1931年贝纳森破产之后，她加入玛莎百货连锁店，制订了员工福利计划。

能干，更有智慧，也更漂亮迷人。我与她相处甚好。

很快我会去拜访布兰代斯[1]，在这里，他被视为圣人加绅士，和犹太人贝尔福伯爵差不多，但更为优秀。他不断催促其他人与我联系，想必又是菲利克斯·法兰克福特的主意。我的下一个目标是那些百万富翁。我必须迅速穿遍美国犹太丛林，熟悉他们的社会生活。哈伊姆会过来，但还没到。听说他和布兰代斯不和，不过我在让相互嫉妒的朋友维持友谊方面可是个老手。要做的事情很多，我一切都好，忙碌却心甘情愿。我搬出来是因为肖勒姆酒店就其提供的设施而言有点太贵了——我需要的是一套提供勤杂服务的公寓房间。现在我住在西55街70号的德文酒店，离上班的地方仅两步之遥。这里不仅花钱少还更自在。刚下了一场大雪， 360
四周白茫茫一片，晶莹闪亮，就像在波罗的海国家。从我办公的44层楼向窗外望去，整个纽约尽在眼底，景色真是美不胜收。[2]这里的政治舆论，即亲英情绪，自我来之后迅速蔓延。犹太事务局的法律顾问伯纳德·约瑟夫[3]目前在这

[1] 路易·丹比兹·布兰代斯（1856—1941），犹太复国主义者，曾任美国最高法院法官（1916—1939），极具影响力。

[2] 第44层差不多在当时洛克菲勒中心大楼（洛克菲勒广场30号）的半中间位置，位于东面的第一和第二台阶之间。关于从英国情报处看到的景色在弗兰克·泰斯特尔思维特所撰《我们的战争，1938—1945》（剑桥，1997）中也有描述。

[3] 伯纳德（后改多夫）·约瑟夫（1899—1980），生于加拿大，律师、政治家和作家，1936—1945年任犹太事务局政治处法律顾问。

里，他从巴勒斯坦过来。据他说，德尔拜克将军[1]对在希腊执行任务的犹太空军非常赞赏。这真是令人振奋的消息。阿伦森一家近来不太好，先是他自己，然后是他太太，接着是孩子，轮流患上了流感，不过现在已经好了，只有小阿迪尔·阿伦森还有些发烧。范妮很可怜。他们已经坚强地放弃了希望，不以任何方式代表父亲开办什么企业。我已经成功地让他意识到，目前真正需要关注的事是落实A.R.P.[2]。至于生意，可以等战争结束以后。这个观点他已经接受。如果妈妈有空给范妮写信，她一定很高兴。目前她需要有人提供一些温情暖意。他们似乎很喜欢我，并没有流露出要剥削我的意思。伯纳德·约瑟夫博士讲了个有意思的笑话。在特拉维夫的一次空袭警报中，发现一个犹太人未进防空洞，空袭警报哨赶紧催他进去。那个犹太人反问道“为什么**我**要进去？我又不是特拉维夫人，我是耶路撒冷人”。他说，如果巴勒斯坦遭到进攻，会走芬兰反法西斯的路子，而不是像法国维希城，拱手相让。我相信确实会如此。

哈利法克斯在此受到隆重欢迎。[3]从威尔基[4]那里传来

[1] 约翰·亨利·德尔拜克（1894—1963），1940—1941年在希腊任英国空军指挥官。

[2] 防空措施（Air-Raid Precautions）。

[3] 12月12日洛锡安勋爵去世后（他得了尿毒症，身为基督教科学派的成员，他拒绝治疗），哈利法克斯勋爵于1月25日抵达，接替英国大使的职位。

[4] 罗斯福1940年11月重新当选美国总统后，威尔基作为竞选失败者，致力于联合整个美国，支持向英国增加军事援助的政策。他还全力支持罗斯福的租借计划（原文第367页注2），反对孤立主义。其间，他正为支持借贷计划出访英国。

的消息似乎不坏。总之，情况越来越好。我很快会再写信。

爱你们

沙耶

在纽约，以赛亚·伯林的第一个任务（很快便延伸开去）是争取美国社会中的一个重要群体——犹太人对英国的支持。他与美国的官方通信中，留存下来的最早信件是写给纽约州州长的。361

致赫伯特·亨利·莱曼[1]

1941年2月5日

英国情报处

亲爱的莱曼州长：

请允许我随信附上我朋友阿瑟·古德哈特为我的事写给您的一封信。此信是一个多月前我离开牛津时他给我的。我毫无思想准备地置身于这个崭新的世界里，不用说，内心充满了疑虑和困惑。假如您允许我就目前面临的问题向您请教，我将不胜感激。我知道，比起给一个急需教诲的年轻人提供忠告，您有许多更为重要的事情需要去关注。因此，能否请

[1] 赫伯特·亨利·莱曼阁下（1878—1963），银行家，1932—1942年任纽约州州长。后任联合国善后救济总署首任总干事（1943—1946）；该组织于1943年11月成立，旨在为被解放的地区提供援助。1935年纽伦堡法案通过后，莱曼强烈要求美国成倍增加给德国犹太人的年移民数量。罗斯福总统表示支持，但移民法仍保持不变。

您告知什么时候方便，让我把自己介绍给您，我将感谢不尽，当然，下星期的任何时间我都适合。给您添麻烦，非常抱歉。

您忠实的

以赛亚·伯林

致赫伯特·亨利·莱曼

1941年2月27日［打字稿］

英国情报处

亲爱的莱曼州长：

感谢您2月24日的回信，同时也感谢您随信附上的致各界知名人士的介绍信。这些人将对我的工作起到重要作用。我想是否可以利用这个机会，对见面时我没有说清楚的问题进一步做些解释——我们的主要目的，不论是整个机构还是我所在的部门，均为替英国收集情报。因此，我们急于消除任何目前围绕这个从一开始就表现出色的机构所流传的错误
362 看法，真实充分地呈现它。与此同时，我们也十分注意，不直接进行任何支持同盟国的宣传，或施加压力。那么做在任何情况下都会令人不快，对待犹太人则更是如此。

在此谨向您表示衷心感谢，感谢您腾出那么多宝贵时间陪我，并就我们讨论的问题给予指导——事实已经证明这些指导对我极具价值。再一次向您表示衷心感谢。

您忠实的

以赛亚·伯林

致玛丽和门德尔·伯林

[1941 年] 2 月某日，可能为 27 日

纽约西 55 街 70 号德文酒店

我亲爱的父母亲：

我一切均好，没有任何问题。见了许许多多人。这是一个奇怪的国度。生活呈现出光怪陆离的时尚一面，一切都靠人工提供——灯光、暖气、音乐、艺术、爱情，就像提供用水。尽管如此，这里的人头脑单纯、不精世故、反应迟钝、没有教养，仿佛乡野农夫，粗鲁多疑，同时又多愁善感、慷慨大方。不过你们肯定想了解我的生活。我住的客房宽敞暖和，空气通畅。九点半起床穿衣，在屋里喝完咖啡后去上班，途中吃早餐。工作到中午，之后通常出于工作原因约见某人，共进午餐。犹太人的生活充满嫉妒猜疑，和他们打交道必须小心翼翼。前天我见到了莱曼州长，温和善良，让人感觉十分舒服。他看上去就像一只小棕熊，坐在椅子上晃荡着两条腿。真诚、勇敢、慢条斯理、个性鲜明。我还见到了哈达沙领袖德·索拉·普尔夫人，为人极其和善，邀请我吃饭。这里有许多奇奇怪怪的伦敦人。其中，在一家酒店里上来搭讪的伊斯特里克[1]似乎是个不错的人，精明伶俐，讲

[1] 根据以赛亚·伯林在亚历山大和沙罗美·哈尔彭（原文第366页注3）传记中的记载，伊斯特里克是“一家犹太复国主义银行的总经理，当时名称为‘犹太区信托行’。30年代末，我认识了与伦敦犹太复国运动有关的伊斯特里克。他当时在纽约从事金融业”。

了不少有关他几个上司的趣事。我还参加了一个公开宴会，见到了吉尔德斯格姆[1]，伊斯特里克说他曾经在法庭上击败
363 过他。此人倒是很平易近人，但不太友善。利伯曼[2]人挺好，托人向我问好，并希望能和他的朋友一道为同盟国做些事。我和他吃过一次午饭，觉得此人可以作为朋友。施内尔森拉比[3]希望通过他的女婿拉沙格与我取得联系，并向我致意。阿普特一家已经抵达这里。不急着去看他们。别担心他们会在经济上或其他方面剥削我。阿伦森找不到工作，情绪低落，每天听二十五个小时收音机。豪斯廷夫妇非常友好。前些天我还拜访了布兰代斯，印象极为深刻：典型的清教徒，信仰狂热，令人望而生畏。八十四岁的高龄，在宗教界人人对他肃然起敬，特别是受到谴责的犹太富人。他说话和长相都像是一位反对派[4]圣人。沃伯格家族的爱德华·沃伯

[1] 皮埃尔·吉尔德斯格姆（1903—1981），马卡比世界联盟（国际犹太人体育组织）主席。与四年一次的世界马卡比运动会关系紧密。世界马卡比运动会为犹太运动员参加的赛事，在形式上和标准上都与奥运会类似。

[2] 此处可能指亚历山大·利伯曼（1912—1999），雕塑家、画家、电影制作人、作家，后（1962—1994）成为所有“旅行者”杂志的总编，包括《时尚》杂志。他和母亲于1921年从俄罗斯移民到伦敦，之后又在巴黎待了几年，1941年来到纽约。这期间，他的父亲西蒙·利伯曼（见原文第504页注1）为伯林父母的朋友，和门德尔·伯林一样不定期地从事木材业。

[3] 优素福·伊恰克·施内尔森（1880—1950），伯林家的远亲，第六代犹太教仪式派（路巴维切）拉比，即犹太教哈西德派中恰巴德教派领袖。其长女恰娜嫁给拉夫·瑟玛利亚胡·格瑞里，简称“拉沙格”。仪式派拉比们的名字来自小镇路巴维切（在维捷布斯克和斯摩棱斯克之间），那里是恰巴德教派长达一个多世纪的领地。该教派观点独特，将人类对神知识和对圣典的学术尊重与早期哈西德派推崇的情感狂热的祷告方式和宗教戒守结合起来。

[4] 原文为希伯来语，指“反对”哈西德派，强调犹太人精心研读律法《塔木德

格[1]是一位迷人、颓废的年轻人，整日陷于沉思默想，因作为犹太人的责任感备受折磨，自我做茧。迷茫的犹太富家子弟。言归正传，回到我的每日生活上。我工作到七点，吃饭，通常找人一块儿吃（仍是跟犹太社会名流一起）。有时吃完饭后继续工作。我的办公室漂亮安静，从44层望下去的景色美轮美奂，妙不可言。希望我此刻在伦敦。

沙耶

致门德尔·伯林

邮戳日期 1941 年 3 月 5 日［残缺信的结尾］

英国情报处

收到史密斯的一封信，说新学院无论如何都不会再付给我任何额外薪酬，并让我将您目前住房的低租金[2]视为补 364
偿。很好。他们说，如果这笔钱由您给我，我就不会再因为每年从您那里领取作为研究员补贴的三百英镑而假惺惺感到羞愧了。我已经申请在这里上同样的课，柴尔斯也已写信给

经》的必要性，反对哈西德派的狂热情感表现。该词后来通常用来指重学术、重理性、重分析、反神秘主义的立场。

[1] 爱德华·莫蒂默·莫里斯·沃伯格*（1908—1992），收藏家、艺术活动赞助人，英格丽·沃伯格的美国堂兄，菲利克斯·沃伯格的儿子，也即英格丽父亲弗里茨的侄子。

[2] 从1940年末到1945年初，以赛亚·伯林在新学院“新大楼”朝东的房间一直由门德尔住着。只在生意需要或轮到他值勤任空袭警报哨时才去伦敦。玛丽只能住在荷里维尔大街（“新大楼”就在其南侧）一家赫尔夫人开的家庭旅馆里，不过利用新学院的厨房为两人做饭。门德尔因为在战争期间多年患胆囊炎，不得不严格按规定控制饮食。

伦敦，推荐这门课程。希望1945年前能得到财政部或外交部或随便什么人的同意。一个名叫艾德尔鲍姆的宗教学犹太人讲师说他认识你，此人来自伦敦，目前正在这里设法延长出境签证[1]。这里的犹太人愚钝得很，一点都不比其他市民更了解欧洲，听起来确实奇怪，最最基本的常识都要用最最简单的语言一遍遍反复解释才行。我竭尽所能这么做了。我在哈达沙妇女协会里人气很旺，比在男性组织机构受欢迎得多。我和男人们相处是不错，但热情就谈不上了。战争一结束，我会心存感激、满怀宽慰地重新回到我的个人生活中。目前的工作虽然很累，但也十分有趣。美国的食物，特别是弗雷德劝我吃的那些，比以往任何东西都更适合我的胃口。

奉上所有的爱

以赛亚·伯林

致玛丽和门德尔·伯林

[1941年] 3月15日

华盛顿特区

卡尔弗特街与康涅狄格大道交会处

肖勒姆酒店

我亲爱的父母亲：

我再次来到华盛顿。城里非常拥挤，恰逢一个新的美术

[1] 战争期间离开英国要求办理此许可。

馆开馆——梅隆[1]的遗赠（大部分艺术品来自冬宫）。这是一个规格很高的艺术活动，酒店全都客满。你们就我的生活问了许多问题，我无法一一记住，简单说吧，我从早到晚都排得满满的。不停地接电话，还要应付好奇的访客，要做的事堆积如山。早上九点半起床，喝完咖啡，穿衣上班。途中我会拐进一家杂货店，买些东西：一杯咖啡、一根法兰克福香肠或一个三明治，再加一杯咖啡，有时则喝些番茄汁。 365
十点半开始工作，一直工作到下午一点。然后吃午饭，通常是和同一座楼里的同事一起，下午两点半继续工作。我的秘书[2]终于弄明白我说的每个字。了不起的胜利。下午茶时分，会给我们这些有英国身份的人供应茶点。美国人不喝茶。我通常工作到七点半。然后吃饭，还是跟人一块儿吃，之后如果能够找到机会不失礼貌地脱身，就再回去办会儿公。通常那里还会有三四个人，打字员和接待员都走了，大家愉快地交谈直至深夜。十二点半前我会上床睡觉。我从伍尔沃斯百货店买了全套的炊具和餐具，这样必要时我就可以自己烧饭吃了。总之，这里任何食品都可以做成罐头，应有尽有，特别干净卫生。目前我尚无机会培养经济独立的能

[1] 安德鲁·威廉·梅隆（1855—1937），美国律师、银行家、慈善家、艺术品收藏家，1920—1932年任美国财政部长，1932—1933年任驻英国美国大使。1930—1931年，他从位于列宁格勒的冬宫购买了二十一幅名画，由此引来对他奢侈铺张的批评之声；加上随后进行的税收调查，迫使他从财政部辞职。1937年，在他去世前不久，他捐赠了这批名画，成为今天华盛顿国家美术馆的主要藏品。
[2] 这期间由一位艾丽丝·B.欧文夫人担任。

力。劳回来了，我可能会请他与我合租一套公寓，就是一个小套间。这样比住酒店来得便宜而且舒适，还有种种其他好处。我尚未见到他本人，因为他去加拿大看母亲了，但听别人说，此次非洲罗德西亚之行让他晒得很黑，看上去十分威武。我身体一直以来都超好，听说爸爸患上流感我很难过（奇怪，我是怎么知道的？），幸亏现在好了。可怜的穆利亚情绪非常低落，我希望他能尽快找到工作。目前他似乎是在靠资本生活。我来这里是与英国使馆商量：约翰·福斯特（告诉卡路瑟丝小姐[1]）对他们越来越重要，我正在绞尽脑汁想着怎么把他从使馆挖出来，弄到英国新闻处来，我觉得他在这里能够发挥更大的作用。但使馆显然拿他当宝贝，不肯放手。在那里我遇到一位善良的老先生，亚历山大·哈尔彭[2]（我想他1917年曾经在俄罗斯的自由主义政府里任职），他是伦敦“贸易和农业劳工协会”[3]主席，到华盛

[1] 约翰·福斯特从前的家庭教师，福斯特父母离异后，是她将其抚养成人，之后她一直住在他家里，并终身得到他的照顾和赡养。

[2] 亚历山大·雅科夫列维奇·哈尔彭（约1879—1956），圣彼得堡人，律师，1917—1918年任临时政府书记助理，之后移民伦敦。战争期间，他在纽约加入左翼俄罗斯移民圈子，在那里为“（俄罗斯犹太人）贸易和农业劳工协会”（见下注）做了大量工作。他以认真的工作态度为掩护，没有人知道他的真实身份是英国特工，也就是说，在写这封信期间，他负责监听波士顿一家独立短波电台的各种外语广播。他的妻子沙罗美（1888—1982）是革命前圣彼得堡和两次世界大战之间巴黎文艺圈内人。见以赛亚·伯林的“亚历山大与沙罗美·哈尔彭”，刊于米哈依尔·帕尔霍莫维斯基主编的《海外俄罗斯文化中的犹太人：论文集、刊物、传记和杂文，卷一，1919—1939》（耶路撒冷，1992）一书。目前只在这个俄文集里出版了俄文翻译。

[3] 原文ORT为该组织俄文名称“Obshchestvo remeslennogo i zemledel’

顿来募集资金。我想，他一定是把美元交给英女王政府，英镑则留给英国的难民。不管怎么说，他是一位属于旧时代的人，高贵而有教养，是广大流放自由主义知识分子的朋友，包括莫里斯·巴林、本肯多夫家族[1]和里德利家族。尽管他 366
有点势利，也不无浅薄，但仍然不失为一位完好保留了旧时代优雅气息的高雅之士，精雕细琢，在纽约的沙漠里就好比一块绿洲。他不久就要回英国，现在正归心似箭。亲英的情绪在这里高涨无边，只要选择这个话题，任何人——甚至包括你们——即便口才再怎么不好，也能够稳操胜券。一提起英国，提起丘吉尔，提起伦敦，马上就会欢声雷动，群情沸腾。想想德国人在这块土地上花了多少金钱和精力[2]，看来收效甚微。真正的考验体现在美国对盟国的《借贷法案》[3]是否通过。当时，整个内阁、使馆、我们大家，以及所有正直明智的人，说实话都感觉到有点紧张。反对之声那么

cheskogo”的缩写。“（俄罗斯犹太人）贸易和农业劳工协会”，后更名为“劳工传播协会”。

[1] 杰斯帕·里德利的母亲娜塔丽（1887—1968）为亚历山大·康斯坦丁诺维奇·本肯多夫伯爵（1849—1917）的女儿，1903年起任俄罗斯驻伦敦大使，一直到去世。本肯多夫家族为侍从世家，长期服侍沙皇。娜塔丽的丈夫为老杰斯帕·里德利（1887—1951，1946年受封爵士）；其女凯瑟琳嫁给基尼尔·兰帕特。

[2] 参见原文第328页注5。

[3] 所谓借贷或租借，是指美国帮助盟国的一种方式，向盟国出租他们无力用现金支付的战争装备和物资。罗斯福于1940年提出借贷政策，1941年《借贷法案》获得通过。该法案允许还贷方式可以是“资金、财产，或任何其他总统认可的直接或间接的福利方式”。

嚣张，似乎充斥了报纸广播，随后惠勒[1]（此人真是个坏蛋）在参议院做了题为“罗斯柴尔德家族、萨松家族与沃伯格家族[2]”的讲话，把**那个话题**也扯了进来（普鲁斯特在某个场合是这么称呼的），借机大做文章。没成想，到头来罗斯福以绝对多数票大获全胜，英国举国上下顿时如释重负，庆祝，欢呼，其乐融融。回到我的个人生活。哈伊姆下星期会来这里，我肯定他的到来会令我们所有人的生活更加充满激情。我现在十分注意形象，作为英女王政府的代表，我将自己视为官方代表，循规蹈矩，而这些换作其他时候我是绝对不会恭维的，就连假惺惺都不会。我的头发经常修剪，西装熨得笔挺，皮鞋在街角热情的黑人手下被擦得锃亮。但从某种程度上说，我的夜晚都是在独特另类的犹太记者群中度过的。他们头发纷乱，举止仿佛是意第绪剧场里的二流演员，身穿绿色的家常宽松吸烟衫，或者是红色的和服，或二者混穿。但这些人确实精力充沛，浑身洋溢着一种生动风趣、尖锐敏捷，同时又朴实无华的过人智慧，这些在欧洲已基本消亡。和［雅各布·］马沙克吃了一顿午饭，他对离开英国不太开心。可他的工作非常明确具体，负责在大学生当中进

[1] 伯顿·肯多尔·惠勒（1882—1975），1923—1947年任蒙大拿州民主党参议员；分别于1935—1940年及1943—1946年间任州际商业委员会主席；早先支持罗斯福，后转为孤立主义领袖，强烈反对美国以任何形式卷入战争，并且公开批评借贷政策。

[2] 一个富裕并有影响的犹太商人家族，遍布于印度、中国和英国。该家族许多成员同时也是慈善家和研究希伯来文化的学者。

行亲英宣传，这个工作很有必要。这里有一个学生班级，情况就像在一战前的俄罗斯或在德国，立场比较偏向孤立主义，既精明又愚蠢。我很高兴自己不用教这个班级。他们怀疑公众舆论，在事实面前却表现得天真幼稚，不加批判地照 367
单全收。完全拧了。和牛津相比，哈佛简直就是沙漠。但我喜欢这里一些年轻美国人的蓬勃活力，他们不知疲倦，对生活充满热爱，还有他们巨大的胃口和孩子般的任性。尤其是那些有南欧血统的年轻人，都是头脑单纯的理想主义者，情感强烈、慷慨大方、充满生气。这样一群年轻人，只要他们肯让自己接受我们半球高雅品位的哪怕一点点熏陶和影响，而不是成天只会一股劲地喊叫，重复了再重复，把别人全当作傻瓜和聋子，一个崭新的世界将完全有望建立起来。

前些天我见到了布罗尼斯洛·胡伯曼[1]——之前告诉过你们了吗？非常特别的好人，唯一的麻烦是搞不清楚他究竟是在看你还是看你身旁的人。此人情感丰富，经常有一些高尚的见解。我第一次遇见他时，他正在跟西弗[2]吃饭。西弗似乎是来这里推销商品的，也许销路不太好，看上去不太开心。当时他带着读法律的女儿，小姑娘来自布鲁克林区，一个低级庸俗的地方，头发染成白金色，指甲涂成紫色，一副见钱

[1] 波兰小提琴家（1882—1947），十一岁起开始在各国巡回演出，公开反对纳粹对犹太音乐家的迫害，后成立巴勒斯坦交响乐团，聘请托斯卡尼尼为首任指挥；二战期间居住在美国。

[2] 伊斯雷尔·摩西·西弗（1899—1972），玛莎百货公司商人（该零售连锁店由其岳父创立）；慈善家、犹太复国主义者。

眼开的模样。再一次见到这位小提琴手，他正同阿瑟·罗里[1]吃午餐。罗里是一位非常善良、非常谦虚的犹太复国主义官员。父亲是黎巴嫩人，母亲来自瑞士的库尔迪加，又是一对罗斯金式联姻夫妻。他属于老派的库尔兰区[2]犹太人，在南非赚了些钱；她则是一位有教养的妇人，纤细温柔、多愁善感，可谓典型的传统白人女性，嫁给了一个可爱的北极熊。他们在南非居住了三四十年，但他还记得一些俄语。我猜想她肯定是一点不懂，不过希伯来语倒会一些，而且两人都是犹太复国主义者。我和胡伯曼用俄语交谈了几句。他说他学过，俄文是他的一门外语。想不到吧[3]，他仍然是一位爱国的波兰人，说自己最精华、最完美的艺术经历是在里加获得的，比在彼得堡或莱比锡获得的都多。我发现自己用于听音乐和参加音乐会的时间实在太少了——我们的老朋友伊斯特里克，就是那个最喜欢嚼舌头、飞短流长、搬弄朋友趣闻丑事的人，硬拽我去听霍洛维茨[4]的钢琴演奏会。因此你看，我现在是在一个“中立”的和平国度里，只要想起你们在英国黯淡沉闷的生活便无法忍受。我知道这种生活既不恐怖也不艰苦，但就是沉闷。随着每一位从英国返回的美国游客带回的故事，

[1] 阿瑟·罗里（1903—1978），南非律师，1933—1948年任伦敦犹太事务所政治书记（其间一段时间由哈伊姆·魏茨曼领导），二战期间为美国犹太复国运动积极分子。
[2] 北欧国家拉脱维亚的一个地区。
[3] 伯林此处原文为：figurez vous。
[4] 弗拉基米尔·霍洛维茨（1903—1989），乌克兰出生的钢琴艺术家（娶托斯卡尼尼的女儿旺达为妻）。几年之后，于1940年重新开始在美国举办钢琴演奏会。

这里对英国的信心与日俱增。本雅明·科恩是维南特[1]那里的老师，同时也是菲利克斯·法兰克福特的好朋友，我让他有 368
机会去牛津时，一定给你们打电话，转达我的问候。他是一个很好的人，不苟言笑，慢条斯理，但十分能干，身材魁梧，目前还是单身。你们还想知道些什么？我发现有一封给你们的信一直没写完，被我的秘书从一堆纸中间找出来（我还是不够整洁），因此我才说是写了一封信，但没寄出去。

爱你们的

以赛亚·伯林

致门德尔·伯林

1941年4月9日［明信片］

英国情报处

我认为丘吉尔先生郑重庄严［的］讲话[2]会令美国人加倍努力。如今他们已经渡过了道德上的卢比孔河，不会再回头。我身体很好，虽然工作繁忙。常常工作到凌晨一点，但早上就睡得稍微迟点。我无法形容多么喜欢读你们的来信。一定要继续来信。哈伊姆和菲利克斯两人虽然不和，但对我

[1] 约翰·吉尔伯特·维南特（1889—1947），教师、自由共和党政治家，1935—1940年任瑞士国际劳工组织助理干事，1941—1946年任驻伦敦美国大使。后自杀。
[2] 在他2月9日主要面对美国的广播讲话中，丘吉尔强调了英国急需“大量和持续的战争物资和各类技术装备”。这些根据《借贷法案》准备的物资，当时在国会中仍有争议。在讲话结尾，丘吉尔向罗斯福直接呼吁：“给我们工具，我们自然会把工作做好。”引自《温斯顿·S.丘吉尔演说全集》，卷六，第6350页。

都很好。生活很有趣，只可惜与你们相隔太远。

沙耶

能否让布莱克韦尔书店给我寄六本我自己写的那本书？

致玛丽和门德尔·伯林

［1941 年 4 月］28 日

英国情报处

我亲爱的父母亲：

最近去信少完全是因为工作中需要写太多东西，过于劳累和精力分散，使我无法坐下来好好写一封信。但我身体仍然很棒。没有感冒也没有头疼。据我所知，我和大家的关系，不论是长辈、晚辈或是朋友，都十分融洽。哈伊姆和菲利克斯两人让我的生活丰富多彩。在他们俩不愿直接进行沟
369 通的时候，我偶尔也扮演缓冲器的角色。这两位都是杰出伟大的好人，但各自都因为所处的显要地位，很在意自己的公众形象，不愿意向对方让步。前些天我见到了路易斯·金斯伯格[1]，犹太神学院[2]一位很可爱的教授，他出生于科夫诺

[1] 路易斯·金斯伯格（1873—1953），杰出的犹太学者，生于立陶宛的科夫诺市（即当今的考那斯市）；1899年移民美国，1900—1903年任《犹太百科全书》中希伯来语部分编辑（纽约/伦敦，1901—1906）；后半生在美国犹太神学院（见下注）任《塔木德经》教师；保守犹太教的杰出人物，致力于将民族价值观和宗教价值观相结合。他的主要著作《犹太人的传说》于1909—1938年间以六卷本陆续出版。

[2] 美国犹太神学院1886年成立于纽约，旨在保存历史上犹太教的相关知识和习俗。

市，《塔木德经》专家，写过一部很好的有关犹太人传说的书。此人学问非常精深，是一位饱学之士，但风度儒雅，谦逊温和。这位快乐的老先生，喜欢自己的工作和生活，乐在其中，甚至对自己那位可怕太太[1]的坏品质都视而不见。还有沙尔曼·肖肯[2]，耶路撒冷大学校长、出版商，一位真正有教养的人，喜欢诗歌，我和他相当投缘。在华盛顿，我见到了各界名流政要，都很有趣，一两个小时的匆匆见面便会在心里留下他们的身影，这些人物使历史事件回忆起来平添了许多生动色彩。读报纸时，这些人的笑貌会跃然眼前，声音在耳畔回响。美国是一块处于半野蛮状态的有趣国土。总统英明地治理着这个国家，正一步步使它走向文明。今天它还是童子军，明天就会成为护卫队。他能够准确判断公众情绪，从不会在阴谋诡计面前上当失算。民意调查表明，目前已有23%左右的民众支持美国全面参战，如果英国离不开美国的话——这在三个月前根本无法想象。只要他在任，我们就不必担心。我还同劳特帕齐特夫人[3]，那位剑桥法律教

[1] 阿戴尔·金斯伯格（1886—1980），婚前姓卡岑斯坦因，1908年在路易斯·金斯伯格去柏林途中与其订婚。这一消息使金斯伯格的红颜知己亨丽埃塔·索尔德（1860—1945）大为惊愕。索尔德是他大部分著作的翻译者，也是犹太神学院的第一位女生。她开始重新评价自己的生活，并最终于1912年成立了哈达沙妇女组织。

[2] 沙尔曼·肖肯（1877—1959），波兰出生的商人、出版商、艺术家、书籍收藏家，犹太复国运动积极分子，在柏林、特拉维夫和纽约成立出版社；1934年从柏林移居耶路撒冷，1940年移民美国；1934—1945年任耶路撒冷希伯来大学执行委员会主席。

[3] 拉切尔·劳特帕齐特，婚前姓斯坦伯格。

授[1]的太太一起吃了午饭，她撤离英国来到这里。真是一位非常可爱、巴勒斯坦味十足的女性，希望人将她牢记在心。我准备离开德文酒店再搬回肖勒姆酒店，就在对面，同一条街上，不仅是因为劳在那里，还因为那里上上下下更友好热情。我一搬过去就通知你们。约翰·福斯特很好，在这里特受欢迎。他在牛津的阿姨[2]似乎对他准备从纽约移居华盛顿
370 坐立不安，大惊小怪地给他发了好几封电报，把他弄得烦死了。看来这个阿姨非常关心他，但言行实在有点轻率。希望你们写信给美国大使馆的本·科恩，告诉他下次若有机会到牛津甚至伦敦，希望能去看他。他说话不多，不苟言笑，身材魁梧，是一位善良好心的出色人才。他虽然不善交谈，但和他待上一小会儿会让人很愉快。就说是我让你们去的。他是菲利克斯的好朋友。我尚未写信给胡拉尼或比利，但这周会写。目前只有戴维·塞西尔和玛丽·费希尔来过信。我对他们的思念与日俱增。鲍拉先生可能生气了，因为我在9月份曾对他的来信发牢骚。我已经写了一封热情洋溢的信给他。听说斯蒂芬·斯彭德又结婚[3]了。我和表兄康斯坦丁［康斯坦丁·阿普特夫妇］保持着一定距离，但也不太远。只要不过于信赖他，此人倒没什么害处。塞缪尔［·阿伦

[1] 赫施·劳特帕齐特（1897—1960），1938—1955年任剑桥大学惠威尔国际法讲座教授。
[2] 卡路瑟丝小姐（原文第366页注2），只是称呼上的阿姨，并非真正的亲戚。
[3] 妻子是娜塔莎·立特文（生于1919年），钢琴家、讲师、园艺家及作家。

森］有一个月没见到了。我非常忙，但很好，很快乐。

听说阿瑟·古德哈特准备到这里来看看。我会争取去见他一面。像他这样的人来得越多越好。

尚未见到A.索尔特先生，但他绝对干得十分出色。

致玛丽和门德尔·伯林

1941年5月17日

纽约西55街33号

英国新闻处

我亲爱的父母亲：

此刻究竟该给你们写些什么东西好呢？我的生活模式你们已经很清楚。每天的工作时间为上午十一点到下午一点，下午两点半到七点，晚上十点到十二点。你们的前一封来信很有意思，让我十分开心，特别是那些八卦新闻。立特文小姐（斯彭德新娶的太太）至少有一半的犹太血统，这是鲍拉先生在给我的一封信中说的。他还说，为什么斯彭德这么热衷于结婚？关于这场战争，鲍拉引用了［一位］剑桥教授夫人说的话，可谓精彩至极。这位夫人名叫弗雷德贡德·肖夫[1]，是玛丽·费希尔的亲戚。她是这么说的，“这场战争揭

[1] 弗雷德贡德·肖夫（1899—1949），诗人，玛丽·费希尔的大表妹，著名法学

露了所有外国人的本来面目”。

魏茨曼夫妇对我非常好，偶尔单独邀请我一人与他们共
371 进晚餐——这份荣幸当地不知多少人求之不得，然后带他夫人去电影院。走遍美国和加拿大把他累坏了，但他依然活力十足。他在电话里和某个我不认识的人交谈的情景非常滑稽。他一边甜蜜地微笑着，一边说："您**好**海涅曼先生，是啊，我们一定很快会见面的，见到您一定**很**高兴，我们一定好好安排……"然后在对方说话的时候转过脸对着我，小声却清晰地说"**钱**"，然后又转过去对着电话道："和您见面一定很愉快，您的女儿好吗？"等等诸如此类的话。我问他："这人有钱吗？"魏茨曼就会回答："太有钱了。是个糟糕的家伙，但绝对有钱。"两天前，我去了耶鲁大学，同一些很有学识但持孤立主义立场的学生进行了交谈，几番交锋后，他们突然才思枯竭、理屈词穷，开始一遍遍对我喊共产主义口号。明天我要去普林斯顿大学看望老朋友伊莱亚斯·洛厄，他是那儿的古文书学教授。[1]他答应带我去见爱因斯坦。[2]

教授弗雷德里克·威廉·梅特兰和弗罗伦斯·梅特兰（H.A.L.费希尔的姐姐）的女儿，拉尔夫·沃恩·威廉斯的侄女，他曾为她写的部分诗谱上曲子。她的丈夫杰拉德·弗兰克·肖夫（1887—1947）为国王学院的研究员及剑桥大学经济学院的高级讲师。

[1] 伊莱亚斯·艾弗里·洛厄（1879—1969），美国古文书学家，1913—1948年任牛津大学古文书学讲师和高级讲师，1936年起任普林斯顿大学高等研究院古文书学教授。

[2] 艾伯特·爱因斯坦（1879—1955），相对论发现者、犹太复国主义者，1933年

得知本·科恩经常去看你们，我非常高兴。介绍我认识他的艾尔索普（也可能是菲利克斯？）是《先驱论坛报》的“专栏作家”。他是总统的表兄弟，一个狂热的亲英派，聪慧、年轻、势利，还有点虚荣爱炫耀。他是我在华盛顿的固定主人。今天我同［阿瑟·］古德哈特与威尔弗雷德·格林一道吃了午饭。格林对英国大使馆随意应付他的简慢态度很是生气。约翰·福斯特单独会见了美国人。他抱怨说，其他人在这里没有任何人脉关系，弄糟了整个行程。他还说，上诉院保管案卷的法官是个重要人物，如果使馆没有认识到这点，应该有人向他们说明，诸如此类。为了安慰他，我带了两位脾气超好的同事请他吃饭，甜言蜜语，哄他高兴，并聊了些有关全灵学院的话题。希望他回去时心情能平静一点。他与众多国会议员的会谈大获成功，事实上是自洛锡安勋爵去世后最成功的一次。他抨击英国官员的方式让美国人感到很兴奋，这么做我觉得反而间接起到了有利于英国的良好效果。本周我要去朝拜凯恩斯和索尔特。日子就这么一天天过去。我一天工作十二小时，脸色好，觉也睡得好，什么也不想。

爱你们的

沙耶

起成为普林斯顿高等研究院终身成员，1921年获诺贝尔物理学奖。

以赛亚·伯林的家书有选择地记载了他在纽约的生活，字里行间透露出孤独之感。后来他回忆道：

> 我在纽约很不开心。经常独自站在洛克菲勒大楼的
> 372 第44层，俯视下面的大街，几次都有某种企图自杀的冲动。这些如小蚂蚁般挪动的人流，多一个少一个不会有任何区别。我觉得自己只是，一个数字，一个无足轻重的人，毫无个性可言。在华盛顿则感觉完全不同。

此外，由于注意到父母对他的身体健康特别敏感，伯林总是小心掩盖这方面的任何问题。玛丽和门德尔一直到好几个月后才得知伯林曾经住过院。下面这封信就是在他康复期间写的。

致玛丽和门德尔·伯林

[1941年] 7月31日星期日[1]

佛蒙特州南伦敦德里

我亲爱的父母亲：

这么久没给你们写信，我内心充满自责。无法形容目前的处境是多么不利于写信。每天尽是阅读和口授各类信件、文件，找人谈话，一天下来，筋疲力尽，完全写不了什么东

[1] 1941年的7月31日实为星期四。

西，最多只能是几行问候。不过你们说得对。一是情况不至于那么严重；二是随便写几个字也比什么都不写要好，哪怕是明信片呢，也胜过杳无音讯。我会改的。而且我会找出约翰·福斯特快速投递技巧的秘密。你们说想知道我生活的详细状况、个人交往等。我每天的生活想必你们已经了解，早上十点钟起床，夜里十二点或一点上床睡觉。十点半到办公室，阅读信件，打无数个电话，到一点左右。然后吃午饭，自己吃，大约半小时左右，或者跟"客户"或同事吃，两点半或两点四十五分回到办公室。继续采访、阅读文件，参加数不清的会议。我的工作范围已经扩大到相当规模。雷蒙·格拉姆·斯温[1]把我当成中东问题专家（胡拉尼听了或许会很不高兴），我一点也不感到吃惊，因为我和他唯一的 373
一次长谈，话题就集中在伊拉克暴乱。[2]而且，在他谈得兴起、对英国的前景颇为悲观的时候，是我——办公室里唯

[1] 雷蒙·格拉姆·斯温（1887—1968），1924—1934年任《费城公告报》和《纽约晚报》伦敦记者，电台评论员；1935—1945年任职BBC，是当时有影响的（反纳粹）电台评论员；1936—1945年和1942—1948年分别任职于美国相互广播公司和ABC广播公司。娶女权主义者贝蒂·格拉姆为妻，并采用了她的名字。

[2] 1930年伊拉克从英国获得独立后，英国仍保留其前往印度、埃及和巴勒斯坦的部队在伊拉克的中转权。同时伊拉克有义务在战争期间为英国提供援助，对英国开放，并保护从伊拉克北部油田通往地中海以色列港市海法的石油管道不受破坏。军队中的阿拉伯民族主义和对两个皇家空军基地继续留在伊拉克的敌视情绪，与现在巴格达的耶路撒冷前宗教领袖大穆夫提强烈的反英、反犹热忱结合起来，促使亲德、意、日轴心国的伊拉克首相拉希德·阿里·盖拉尼于1941年4月废黜了四岁的国王及其叔叔摄政王。在丘吉尔的坚持下，英国紧急调配军队和空中力量保护伊拉克的英国基地，并且赶在轴心国援兵抵达伊拉克之前，平息了暴乱，恢复了原来的政权。

——一个对中东局势还算有一点点了解的人——给了他信心，为他消除了顾虑。因为英国在伊拉克问题上表现出色，他对我的看法也大为提升。总共我们只见过一两次面，他是一位十分可爱的人，真诚严肃，情操高尚，脚踏实地，迫不及待地希望帮助所有正义事业，尽自己的一分力。在这方面，美国记者和电台广播评论员中的那批好人（最坏的那些则坏得无法想象，报道失真，危言耸听，尽写些低级粗俗、耸人听闻的玩意儿）拥有强烈的道德信仰，并公开表露出来。斯温、莫瑞尔[1]、多萝西·汤普森[2]（她参加了查尔斯的逾越节家宴[3]，是一个精力充沛、身心健旺的女人。她跟人说话就像是在集会上做报告，态度暴烈地反复灌输她的信条，其余人则一言不发，哈欠连天，就连多少已经习惯了她这种做派的查尔斯，也发现她是一道不可逾越的障碍。最后剩下的时间就以一种类似对话的形式被他们俩平分了。我们几个则干坐在一旁，根据脾性不同，要么被催眠一般，要么不知所措），还有一些其他人，他们都是慷慨激昂的反法西斯主义

[1] 埃德加·安塞尔·莫瑞尔（1892—1977），曾获普利策奖的外国记者。任职《芝加哥每日新闻报》，激烈反对纳粹（后来同样激烈地反对共产党）。因为所写报道，他被德国、意大利和苏维埃社会主义共和国驱逐出境；据传，戈培尔曾扬言要派专门的兵力抓捕莫瑞尔。美国加入战争后，他成为美国经济概况办公室副主任，主任为阿奇博尔德·麦克什。

[2] 多萝西·汤普森（1894—1961），作家、记者和电台广播员，公开表示反对纳粹；嫁给辛克莱·刘易斯。

[3] 哈伊姆·魏茨曼有时被称作查尔斯。逾越节家宴是犹太教庆祝逾越节的方式，在犹太年中非常重要。

战士，把自己视为献身正义事业的人，不是超然物外、事不关己的评论员，而是指引美国人民的宣道者和预言家。总统也持同样看法，他向这些人咨询，将他们称作道义和政治上的盟友，有时还促使他们说出他本人不能说的话。这批人的影响远远超过他们在英国的任何同行。或许加文在其鼎盛时期也曾产生过相类似的影响，J.A.斯彭德也是。但我对此怀有疑问。晚饭后我经常继续工作，从九点一直到子夜。因为这个时间四周很安静，没有电话铃声，可以不受打扰地看书写东西。我的同事也常常这么做。到了夜半时分，大家会聚在一起聊聊天，从天下大事到小道消息，无所不谈。十二点半各自散去。

我目前的工作除了犹太事务，还包括工会和其他特殊团
体。[1]他们为我配备了一个我几乎不认识的助理[2]，与一个叫 374
唐纳德·霍尔[3]的共同负责新闻处的一个部门，两人合作融洽。他性格随和，敏感聪慧，小说写得超烂，交往的也全是些蹩脚的小说写家。不过他是一个温柔并富有同情心的好人。总之，我喜欢与他共事。

你们问起我和上司们的关系。到目前为止，可以说关系极佳。你们在报纸上一定也都读到了，最近发生了太多的变动。G.坎贝尔爵士如今是我们的顶头上司（他不在的

[1] 特指摩门教、罗马天主教和黑人组织。

[2] J.阿兰·贾德森，后成为华盛顿的以赛亚·伯林班子中的研究员。

[3] 唐纳德·约翰·霍尔（生于1903年），旅行作家、小说家，1941年任驻纽约英国情报处主任助理，1945年任英国外交部国务大臣。

时候就由约翰·福斯特从华盛顿过来代理)。但所有这些变动、拉帮结派、官僚们之间明争暗斗，以及各类人事变迁，都一概触及不到我。在最近一次周期性的内部动荡中（平均一年要发生一次——作为总体安定和谐的嘉奖)，我可能得到提拔，在新的位置上，我可与相对于新闻处的G.坎贝尔勋爵办公室直接联系，新闻处目前是他负责协调的机构之一。但这一切既不会改变我的工作性质（非常有趣)，也不会影响我的住所（我会继续住在纽约)，更不会改变我的工资（还是九百英镑加自筹的三百英镑)。所以我并不太关心究竟此事能否变为现实。艾尔索普以美国官员的身份[1]被选派到印度，让我很是难过，我失去了一位朋友，却没有得到任何回报。在纽约，虽然出于工作需要，我认识了许多身份显赫也颇为风趣的重要人物，但还没有发现一个特别具有吸引力的。犹太人的世界分成几个阵营。一个阵营由出身高贵但虽生犹死的人组成。这批人为德国后裔，无聊乏味，虽然仁慈和善，喜欢炫耀，但缺乏勇气，不愿付诸行动；虽然有钱却不够慷慨，要么像塞缪尔［·阿伦森］那样乏味得要死，要么就像艾尔坎·艾德勒[2]，生性乖僻。就连本威茨都对他们缺乏公共精神感到失望。莱曼州长在他们中间出类拔萃，勇敢、真诚、精力充沛、坦率正直。剩下的全都是面貌丑恶、木乃伊式的人物。

[1] 约瑟夫·艾尔索普应征加入了美国海军。

[2] 艾尔坎·纳桑·艾德勒（1861—1946)，英国律师、图书收藏家、作家，前大拉比赫尔曼·艾德勒的儿子。

另外一个阵营充斥着生气勃勃的谋士。一些人很杰出，另一些则一般般。犹太复国主义者们活力充沛，目标也很明确，可是内部勾心斗角太厉害，同时也缺乏吸引年轻人加入他们队伍的技巧。美国的犹太人共有五百万，基本上由中低阶层人口组成，和捷克人差不多情况。他们在情感上支持犹太复国主义（我敢说至少有90%的人持赞成态度），但缺少领导，除非发生了与巴勒斯坦有关的公共事件或政策变更，促使他们为之兴奋或愤怒，平日里他们始终保持静止不动，只是在内心里往好处想，企盼一切顺利。很难让他们真正了解这场战争的意义，以及他们在其间的义务，因为他们最害怕被人指责为战争贩子。他们从个人利益出发，不愿考虑整个美国人的利益。如果将他们好好团结起来，加以正确引导，这些人会成为一支了不起的力量。 375

再有就是各类犹太工会。几个领导人——希尔曼[1]、杜宾斯基[2]等人都很好，也很勇敢顽强，可就是不清楚自己要的究竟是什么。他们把所有的赌注都投在罗斯福身上，万一他失败，或者民主党下台，他们的影响也会随之消失。

所有这些组织都非常支持英国，说起在巴勒斯坦遭到的不公平待遇，他们更多是带着悲切，而不是愤怒。倘若不是

[1] 西德尼·希尔曼（1887—1946），1914—1946年任美国服装与纺织业工人联合工会主席，罗斯福和新政强有力的支持者；1940—1942年任国防顾问委员会成员和生产管理办公室副总干事。

[2] 戴维·杜宾斯基（1892—1982），1932—1966年任国际妇女服装工人联合会主席。

来自外界的力量让他们回忆起这一切，他们已经准备将其淡忘。魏茨曼说，这些人对英国的态度就像一种失恋的情绪。

和这些人一起工作很有意思。魏茨曼和他的追随者的关系完全就像帕内尔[1]及其追随者——这些人一方面对他满怀怨恨，恨他目中无人，不把他们放在眼里，专横跋扈，高高在上，从头到脚透着一股傲慢劲儿，恨他在美国和英国统治者之间独特的地位；但另一方面，他们又知道自己离不开他。他们敬仰他，崇拜他，忍气吞下他所有的轻慢态度。他在美国各地发表了一系列精彩演说，基本上包括以下几个内容：(a) 盟军的胜利是各地犹太人的唯一希望，其他所有问题则应先搁置一边，暂缓考虑。(b) 即便英国获胜，欧洲犹太人的未来还是看不到光明，目前的现状无法改变。因此，要考虑其他方法和渠道。巴勒斯坦是唯一可以信赖的希望。(c) 抨击英国人有关巴勒斯坦的政策和绥靖主义等做法是愚蠢之举，尤其在目前状况下，简直无异于自杀。如今，英国代表着世界的良知。犹太人完全可以信任丘吉尔先生和罗斯福先生。

他有关 (b) 犹太人未来的演说激怒了德国难民，比如马克斯·沃伯格[2]，我和他一起吃过午餐，他是一位典型的霍亨索伦时代的犹太人[3]，无法忘怀与德国皇家的亲密往来，

[1] 见原文第222页注2。由于帕内尔在其追随者当中的巨大影响，有人称他为“爱尔兰的无冕之王”。他的事业因为1890年的离婚丑闻而葬送。

[2] 马克斯·沃伯格*（1867—1946），银行家，德国犹太人领袖，1938年移民美国；艾比、保罗、菲利克斯和弗里茨的兄弟，英格丽和爱德华的叔叔。

[3] 霍亨索伦皇帝统治时期，富裕的德国犹太居民享受到高度的社会安全感。这

他们都希望重新回到欧洲的舒适生活中去，将魏茨曼的悲观态度视为失败主义的危险论调。这里大部分的难民，不论是犹太人还是其他种族，在政治上都很盲目，对过去、现在和将来在他们身上已经发生、正在发生和即将发生什么一无所知。与他们所预想的相反情况往往会发生。我有生以来还从未见过如此不可救药的鸵鸟。魏茨曼这样取笑旧金山联邦俱乐部，“所有1.35亿美国居民都是乘坐着‘五月花’号客轮来到这个国家的，唯有犹太人除外。他们坐在‘诺曼底’号 376
和‘玛丽女王’号上拼命追赶，虽然快得多、大得多、装备好得多，却始终未能赶上，费多大劲也无济于事”。

回到我的个人生活。每三周左右我会到华盛顿出一趟差，每回总是在大使馆先办完正事，就去看全灵学院的同事，比如鲍勃·布兰德[1]，他现在是英国粮食外交使团团长，还有索尔特、安东尼·兰博德（现在是安东尼爵士了），他是使馆里我的同辈中最有才华的一位，还有约翰·福斯特，偶尔还包括肯尼斯、柴尔斯、一两个工会领导、本·科恩，我想他应该不会返回英国，还有菲利克斯夫妇。再就是在美国政府办公室做事的各类年轻官员，也有一两个年长些的。这些人精力十足，充满理想，坚信自己有能力改变这个世

里指仍然保留着这种安全感的犹太人。

[1] 罗伯特·亨利·布兰德（1878—1963），商业银行家、历史学家，分别于1901—1932年和1937—1963年任全灵学院研究员；1941—1944年任英国驻华盛顿粮食代表团团长；1944—1946年任英国皇家财政部驻华盛顿代表；1946年成为伊顿的布兰德勋爵一世。

界，而这在欧洲是难得一见的。过去我都是找约瑟夫·艾尔索普一起住；现在我则打游击，有时找过去的同事，约翰·斯帕洛上尉，他现在在这里任我们军事外交使团成员；或者去兰博德[1]家；偶尔出于情感原因，我会住在艾尔索普的房子里，现在是一位使馆人员在租用。他名叫艾姆斯利，非常好客，硬留我和他一起住。我最喜欢做的一件事是同来访的英国人交谈，他们全都异口同声，惊叹英国人士气如何高昂，和1月份我离开时一样；政府部门更加高效，各部门之间协调得也更好；还有就是对美国人参战态度的虚假印象。温特[2]说，英国给人的印象是，所有妇女都在日夜加班为英国军队赶制背包行装，男人们则迫切渴望上战场。可是我得说，虽然这里亲英情绪高涨，他们所说的离真实状况还是有很大距离。不论是美国总统还是我们这些驻美英国代表，前面都还有艰巨的工作要做。不过你们肯定更喜欢听我多说一点我的个人生活，但实在没什么可说的。下次我会努力多说些。

爱你们的

377 以赛亚

[1] 安东尼·兰博德的妻子是菲丽西蒂·安（1917—1984），婚前姓贝里。
[2]（弗兰克）·盖伊·阿瑟顿·温特（1910—1969），行政人员、历史学家、（后成为）记者；1928—1931年就读于奥里尔学院，主修PPE专业，后到柏林大学进修；1932—1936年任国际联盟研究秘书；1937—1940年获利华休研究奖学金；1940—1946年任职印度政府国外事务部；《印度与民主》（伦敦，1941）的作者（与乔治·舒斯特合作）。

致莉莲·夏皮罗[1]

[1941 年 8 月初]

斯塔特勒酒店[2]

但寄自西 55 街 33 号肖勒姆酒店

亲爱的夏皮罗夫人：

这么长时间没有去信，深表歉意。一回到纽约，就像进了桑拿浴室，整个人被一成不变的日常事务包裹起来，熬到凌晨才睡的昔日恶习重又拾起。目前我正深陷在曲折复杂的工党政治生活中，这对我而言既陌生又压抑——包括类似此次拜访“重要”人物的差旅。当年在你们家工作的快乐似乎已成为遥不可及的回忆。那时我真的非常快乐，不管你怎么看，我确实觉得自己在某种程度上令人讨厌，特别是在我康复期间情绪低落的时候，这一点还请您原谅。同时我还要向您表示深深的谢意。不知道怎样才是最好的物质[3]表达形式。我打算买一本亚历山大·赫尔岑的传记，这本书改变了我的生活，成为我学识和道德方面的参照指南。但寻遍纽约，也没能找到，似乎只有一些翻译得很蹩脚的章节。我还在继续寻找，一有就给您寄去。记忆最深的是户外野餐时玉米的喷香可口，还有就是厄尼斯特[4]在溪中岩石上玩耍的

[1] 莉莲·米尔格兰姆·夏皮罗（生于约1903年），儿科医生，梅耶·夏皮罗的妻子。

[2] 位于纽约州伊萨卡市康奈尔大学（酒店管理学院的一部分）。

[3] 伯林此处原文为：sachlich。

[4] 厄尼斯特和米利亚姆均为夏皮罗的孩子。

情景。向他和米利亚姆问好。渴望着和梅耶继续那天一早开始的讨论。很快我要去华盛顿待三个星期，9月会再与您联系。好羡慕梅耶天凉时穿的那件漂亮夹克。再一次表示感谢。

您的

以赛亚·伯林

内疚感纠缠着我。我是否应该留下点什么给你们那位善良的女佣？我很喜欢她。您替我做些补偿好吗？

尽管伯林的工作名义上包括保护黑人、天主教和摩门教等小团体的利益，他在纽约期间最主要的关注对象还是犹太人和有组织的工会。犹太人的世界他当然十分熟悉，而且他在英国就已经与其中的几位领袖见过面。偶尔他会在
378 对谁忠诚的问题上产生矛盾：一方面他对犹太复国主义表示同情；另一方面，作为英国官员他必须完成自己的职责。但总的来说，他努力做到对双方都保持忠诚。有组织的工会则不同：这是一个于他完全陌生的环境，他必须学会掌握其中政治方面的微妙之处，特别是不同工会组织之间的对立关系。它们中有的同情英国，也有的因为长期对不论是任何形式的帝国主义均抱反对态度，继续坚持孤立主义立场。

致玛丽·费希尔

1941 年 10 月 25 日

纽约肖勒姆酒店

亲爱的玛丽：

你保持沉默没有丝毫过错，因为我也一样。不过请相信我，在这里绝对比在英国遭到狂轰滥炸的时刻更加无法写信。就连临时挤出写一封信起码需要的三十分钟时间也做不到。一切都是人造的，由某种塑料制成，坚固耐用，却质量低劣，始终处于躁动不安的状态。我与大约两位年轻的美国新政派成员建立了适度的［原文如此］友谊，但这与欧洲平稳安定的背景格格不入，因为稳定与充满危险的生活风马牛不相及。［他们］很不真实。逢到去华盛顿，融入英国人中时，我会自艾自怜地产生如释重负的感觉，不过马上便会谴责自己，不该沉迷于这种情绪，并重新回到我工作所处的纷乱嘈杂的世界中来。克里斯托弗因为身上具备英国人的种种习性，很有可能干得更为出色。我佩服他们，佩服得五体投地，这是真心话。他们身上有用不完的精力，坚信靠自己的力量能够改变世界，除恶扬善，扭转乾坤。能量大得惊人。他们（美国人）效率低下，脑袋糊涂，野蛮迟钝（但神经质），缺乏深度。可从另一方面看，他们说话直截了当，虽然不乏原始直接的格杀搏斗，却充满了孩子般的幼稚天真，那种冷酷、粗野、生涩，无一不显露出惊人的稚气。民众中慷慨激昂的情绪，还有对高高在上但却软弱无能的老牌英国人的愤懑积怨，也全是以这种方式表达出来。我目前常和工党打交道，见过几位杰出的英国工会领袖，都是些久经沙场的约克郡暴徒，目光炯炯、穷凶极恶，但我与他们相处甚好，真是不可思议。今天有一些从英国劳工部来的公务员参加眼下在此举办的国际劳工组织大会。相比之下，我不得不承认，美国人更显得出类拔萃。我们那些人长得一副怪模样，枯燥无聊，比起清爽干净、始终面带笑容、热情欢迎的美国政府官员以及广场上的盛大奇观，比起那些剪着短
379 发、清洁卫生、充满自信的人群，不知低了多少档次。给人印象最深的是希腊和捷克的外交使团。（记得吗，有一次你父亲以为鲍拉先生要写一本关于捷克文学的书，因为读错了词，在祝贺他多才多艺的同时，说他题材显然太窄的事？）如果你见到莱福特，一定记得转达我的问候（他完全有理由心怀疑虑地接受），还有尼布尔夫人的问候，她曾经是他的学生，过去叫凯珀尔—康普顿[1]的小姐。她不论走到哪里都口不离牛津大学，但真正待在那里却又感觉不爽，这就是文明。罗伯特·霍尔夫人[2]让人受不了。我上次见到她是在

[1] 厄休拉·凯珀尔—康普顿·尼布尔（1907—1997），莱因赫尔德·尼布尔的妻子。

[2] 劳拉·玛格丽特·霍尔，婚前姓林弗特，1932—1968年是罗伯特·洛厄·霍尔（1901—1988）的妻子。霍尔先生1926—1947年任三一学院经济学讲师，1939—1946年任职供应部，1942—1944年为驻华盛顿英国原材料外交使团成员，1969年成为罗伯特霍尔男爵。

未婚妈妈义卖会[1]上。她在华盛顿工作，忸怩作态，傲慢无礼，举止粗俗，总是喜欢发表和别人意见相左的观点。她对拉姆齐·麦当劳一家忠心耿耿，弄得人家十分难堪。希姆[2]目前在哪里？土耳其吗？听说你的表妹也到了这里，柯勒律治司令官夫人[3]和斯帕洛一样是驻华盛顿英国联合外交使团成员。她看上去和蔼可亲，但我太紧张，不敢靠近她，因为她是英国人，我不能用美国方式向她致意，只要不受到某些正宗英国因素的干扰，这种方式我现在已经做得相当熟练，真是不好意思。司令官很受欢迎，在众人心目中，他是一位好人，包括法兰克福特也这么认为。费希尔夫人穿着白色缎子拖地长裙，失神落魄地赶来，向我们诉说有关伍尔夫夫人死讯的点点滴滴。我迫切地想返回英国，这种心情难以言表，就像我在给史密斯那封臭名昭著的信中所述，还有给威克姆·莱格、宾尼[4]、休［·艾伦］爵士的信也一样。可见这份心情多么迫切。你不能设法通过外交部来这里吗？或者

[1] 这些活动由莱迪丝·费希尔每年在新学院举办，当年曾经是人们的笑柄（费希尔夫人在1918年成立了未婚妈妈及子女全国委员会，现改名为单亲家庭全国委员会）。

[2] 罗纳德·希姆于1941—1942年作为英国使馆新闻随员派驻土耳其首都安卡拉。

[3] 罗莎蒙德·柯勒律治，玛丽·费希尔的堂妹，海军上将W.W.费希尔爵士（原文第427页注4）的女儿，理查德·杜克·柯勒律治（1905—1984）之妻，其夫后受封为奥特里·圣玛丽的柯勒律治男爵四世。她于5月加入驻华盛顿英国联合外交使团。

[4] 阿尔弗雷德·莫里斯·宾尼（1901—1986），1933—1944年任新学院工程学讲师。

协助效率不高的BBC？或者以其他方式？换作是我，我会想方设法也要办到。对我而言，只要每天把该做的工作安排妥当，一切也都能按部就班地完成好。而且你会在工作中发现，只要是在妇女群体当中，便存在巨大的可能性。和她们打交道的卡丽斯教授[1]，还有一位名叫M.沃尔特斯小姐[2]的
380 前萨莫维尔学院的学生，对此都深有体会——无知和势利达到极点，而你恰恰可以满足这两方面的需求。我觉得自己就像西比尔，为这封信深表歉意。真希望信中内容不是这么空洞无物。

沙耶

这封信恰恰**证明**在美国的确无法好好写信。

致玛丽和门德尔·伯林

1941年10月26日

纽约市肖勒姆酒店

我亲爱的父母亲：

不要责怪我。在这里写信真的很难。而且我确实连续寄

[1] 威妮弗雷德·克拉拉·卡丽斯（1875—1956），生理学家，1941—1943年任纽约英国情报处妇女部主任。

[2] 玛乔丽·沃尔特斯（1915—1989），1938—1940年为萨莫维尔学院研究生（1941年研究弗朗西斯·培根的博士），1941—1942年任职纽约英国情报处，1942—1945年任职伦敦英国情报部（美国司），1945—1949年任教育部负责人，1942年与帕特里克·林斯达爵士结婚。

了大约三张明信片。我的工作范围如今已扩大到工会和盟国相关事项，变得有意思多了。大家都对我很好。我现在已在纽约待了两个半星期——早出晚归，和弗雷德·劳只能在早晚见个面，还是我要求的，让他别一整天没跟人说话便独自上床睡觉——然后在华盛顿住了五六天。由于那里的酒店太吵，我就好好利用了使馆人员的热情好客，到他们那借宿。这些人当中，有使馆二秘A.兰博德爵士、三秘艾瑟林顿—史密斯[1]、约翰·福斯特（他在这里依然得到高度赞誉，尽管听说哈利法克斯勋爵不太喜欢他，在英国的名声也一败涂地），还有柴尔斯夫妇，他们喜欢我的程度超过我喜欢他们。我的生活实在没什么可说的。我那个愚蠢的秘书欧文太太一直对我忠心耿耿，却不知怎么突然歇斯底里[2]发作，觉得我在她背后眨眼取笑她说的某句话并提出辞职。当然没有被批准，现在她变得像奴隶一般顺从。就连对我不规律的坏习惯也不再生气了。我发现在美国政府部门的工作人员中，有一些年轻的美国知识分子，他们曾经是菲利克斯的学生，一个叫格雷厄姆[3]，一个叫普里查德[4]，还有一个叫劳

[1]（雷蒙德）·戈登·安东尼·艾瑟林顿—史密斯（生于1914年），1940—1942年在华盛顿从事外交工作。

[2] 伯林此处原文为：crise de nerfs。

[3] 菲利普·莱斯利·格雷厄姆（1915—1963），律师、记者、出版商，1941—1942年参与制订借贷计划，1942—1944年和1944—1945年参加美国陆军航空兵团，1944年任职美国情报部，1946年起接替其岳父尤金·梅耶负责出版《华盛顿邮报》。患躁狂型抑郁症多年后自杀。

[4] 爱德华（“爱德”）·普里查德*（“普里奇”，*原文如此*）（1915—1984），知名

尔[1]。这几个年轻人都非常出色，思想开明，性格可爱，和我持同样观点。如今我已将他们视为老朋友。像女主人一样的艾尔索普先生到中国去了。本·科恩的忧郁症越来越严
381 重，这在他已经司空见惯。目前他正向政府提出辞职，并希望有人拉他一把，将他拔出困境。但是没有人准备这么做。大家都忙得要死，还有些人自己都不开心，哪还有心情去管别人。玛丽安·法兰克福特很看不惯他这样放纵自己，沉沦于抑郁情绪不能自拔，对他很不客气。菲利克斯依然精力充沛，活动积极，有人写了一篇有关他的文章，口气很不友好，题目叫“菲利克斯·法兰克福特：保守派”。[2]问问鲍拉先生想不想寄一份给他，如果需要，我可以寄，只是

律师，1948年因在肯塔基波旁县将一只投票箱塞满而臭名远扬。该犯罪行为使他被捕入狱。

[1] 约瑟夫·路易斯·劳尔（1911—1992），律师，1939—1942年受聘于美国政府，1942—1945年加入美国陆军；后成为著名民权活动积极分子。

[2]“菲利克斯·法兰克福特：保守派”，作者为弗雷德·洛德尔（1907—1980），原姓洛德海姆，1939年起为耶鲁大学法律教授，1941年10月刊于《哈珀杂志》（第449—459页）；耶鲁大学和哈佛大学法学院之间学术观点长期存在分歧，法兰克福特属于哈佛派（自1939年他被任命担任最高法院法官以来，他的自由主义观点便远不如他对司法约束的忠诚表现得那么明显了）。洛德尔的朋友，来自耶鲁大学的法官道格拉斯和布莱克经常就他的法律、政治和个人立场问题提出批评。洛德尔是一位专门抨击律师、法律制度和法律语言的批评家，以口气严厉无情而闻名。他尖锐犀利、反传统的立场在以下这句话中得到典型体现：“几乎所有法律文本都存在两个谬误：一个是文体，一个是内容。我认为这一现象差不多覆盖了整个法律领域。”见“再见，法律评论”，《弗吉尼亚法律评论》第23卷（1936—1937），第1期（1936年11月），第38—45页，此话出自第38页。他尤其反对使用脚注，认为它是导致“思维凌乱、文笔笨拙和判断错误”（出处同上，第41页）的罪魁祸首。

千万不要让法兰克福特夫妇知道。这是一篇文思巧妙、不怀好意的文章，作者过去曾做过他的学生，而且特别要指出的是[1]，还是一位犹太人。犹太人仍然继续保持着这种谨小慎微和义愤填膺兼备的特点，这两种品质的结合是最不道义的。乌西斯金和布兰代斯的死讯令人悲痛。这两人都如岩石般坚定，充满自尊，是两颗不肯屈服的高傲灵魂。乌西斯金来自东欧，有权有势；布兰代斯则是波士顿的清教徒，滴酒不沾，对各种思潮都不感兴趣，极其单纯，只看重事实。全世界都敬仰和尊敬他们。菲利克斯的悼词有点过于充满维也纳情调，读悼词时很紧张，不太自然。我和法兰克福特夫妇的关系非常友好。玛丽安穿着白色丝绸裙子，来回穿行时优美的步态仿佛一位高贵典雅，同时又不乏神经质的女灶神维斯太[2]。哈达沙组织的普尔夫人邀请我去苏克棚[3]吃饭，并对艾德礼陆军少校[4]回复她邀请的粗暴态度很是不满。近期内我将邀请十二位犹太编辑与杰拉德·坎贝尔爵士共进午餐，他是我的上司，一个不错的人，同时也是

[1] 伯林此处原文为：ausgerechnet。

[2] 在古代罗马，维斯太贞女是女灶神维斯太神殿圣火的保护神；她们行使的职责被视为对罗马帝国的安全有举足轻重的作用。

[3] 一种临时搭盖的棚舍，用来庆祝犹太人的住棚节。该节日纪念从埃及放逐后犹太人四处流浪的生活。在住棚节期间的七天或更长时间里，庆祝节日的犹太人在苏克棚里进餐。

[4] 克莱门特·理查德·艾德礼（1883—1967），后（1955）受封为艾德礼伯爵一世，工党政治活动家，一战期间英国陆军少校；1935—1940年任反对党领袖，1940—1942年任掌玺大臣，1942—1945年任英国副首相，1945—1951年任首相。

一个亚伦式[1]性格十足的小人物。因为哈利法克斯也不像摩西，我们的生活还算平静。米利亚姆·罗斯柴尔德给我发了一封热情洋溢的新年贺电，别告诉卡路瑟丝小姐，她讨厌她。哈利法克斯夫妇现在和我们相距遥远，哈利法克斯正在担任的总督职位，距离英国人和美国人一样遥远。哈利法克
382 斯夫人在华盛顿地区颇受欢迎，而他则无人知晓，也没什么人喜欢。偶尔我会与他碰面，他还是那么英俊潇洒，但问题是他和公众之间似乎永远无法建立起沟通的桥梁。正式来说，我的“顾客”包括英国各工会领袖，他们真正由男子汉中的精英组成，在素质上远远超过当地人。在这群人当中，搭建桥梁似乎容易得多。这里人人都在打听哈罗德·拉斯基的消息，认为他是一个极其重要又危险的人物。我发现很难让他们相信他不过是个没有害处的夸大狂。明天会同金斯伯格教授一起吃饭，他是这个土地上杰出的犹太学者，一个性格可爱、学识渊博、开心乐天的“利塔维克”[2]。他有一位来自菲尔特[3]的太太，大嗓门，但头脑聪慧，像白雪般晶莹剔透。星期三和《圣路易斯邮报》的主编[4]吃饭；星期四与

[1] 在《圣经·旧约》中，亚伦是其兄摩西的喉舌，摩西为当时犹太民族的领导人。

[2] 该词经常用来指立陶宛犹太人；有时带有学术和理性的隐含义，因为立陶宛曾经是学术中心。

[3] 指巴伐利亚州的菲尔特。

[4] 可能指奥利弗·科比·波瓦特（1872—1945），《圣路易斯邮报》的主编。

韦伯斯特[1]吃饭，就是曾经在牛津被你们当作流浪乞丐的那位，还有陶尼，我们新来的工会杰出人物；星期五要和两位美国广播电台评论员吃饭。你们看，我的生活真是够多姿多彩的。收到伊斯特里克的精彩来信，很高兴你们喜欢本威茨。我没有给戴维、玛丽、莫里斯·B.写信，因为写信需要有一种平和宁静的氛围，既不太疲倦，也没有什么事赶着要做。而美国的文明，至少在纽约，无法提供这样一种氛围。我一切都好，充满活力。睡得好，吃得好，按时剪头发，每天刮胡须，近期打算去照张相。弗雷德向你们问好，他老觉得他弟弟在说他坏话。

爱你们

沙耶

致玛丽和门德尔·伯林

1941年11月18日

底特律布克—卡迪拉克酒店

我亲爱的父母亲：

由政府举办的产业工会联合会[2]的工会大会正在这里召

[1] 查尔斯·金斯利·韦伯斯特（1886—1961），1932—1953年任伦敦政治经济学院国际历史教授，1939—1941年任职国外研究与出版处，1941—1942年任驻纽约英国情报处主任；1943—1946年在外交部研究处工作。
[2] 产业工会联合会（1938年起使用该名称），原先为美国劳工联盟的一部分，1936年起成为独立组织，并开始与美国劳工联盟竞争；该组织的最初目标是联合钢铁、汽车制造业、电力、橡胶、玻璃、纺织及类似大规模生产企业的工人加入工会。

开，我是对此感兴趣的听众之一。美国工会界正处于原始粗糙却令人振奋的状态。我为自己处在一个能够记录下它
383 所发生的种种大事的位置而兴奋不已。国际劳工组织的卡特·古德里奇[1]告诉我说，在亚当斯的家里见到你们，外交部（和全灵学院）的罗杰·迈金斯[2]刚到美国来过，如果你们问起，他会告诉你们我的身体状况有多么好。我还见到了艾德礼，人很好，就是太害羞，缺乏热情。产业工会联合会外交使团的其他成员也见了，其中有几位身材高大威猛，可谓英国男子汉中标本式的人物。明天我会前往芝加哥，这个城市我去过——得找时间了解整个美国，而不只是纽约和华盛顿；之后回华盛顿。产业工会联合会今天上午通过了支持罗斯福外交政策的决议，真是激动人心。所有出生在德国，来自密尔沃基、威斯康星和明尼苏达州的代表都购买了英国战争救济处的“翘大拇指”徽章，卖给他们徽章的是一位其貌不扬的犹太人，他后来带我去一家“可食”犹太餐馆就餐。这是一个疯狂愚蠢的世界。我得赶紧走了，去见一位英国领事[3]，他说很想认识我。我一切都**特别**好。你们说K.克

[1] 卡特·古德里奇（1897—1971），1931—1963年任哥伦比亚大学经济学教授，1941年任驻伦敦美国大使馆特别助理；1936—1946年任产业工会联合会美国政府管理机构成员，1939—1945年任主席。
[2] 罗杰·梅勒·迈金斯（1904—1996），后（1964）受封为南安普敦洛登—谢菲尔德的谢菲尔德男爵一世；1925—1939年为全灵学院研究员；1942年任外交部参赞，1945年任职于华盛顿英国使馆（1945年5月任公使），1953—1956年任大使。
[3] 西瑞尔·修伯特·凯恩（1891—1959），英国外交官，1939—1943年任驻底特律英国领事，1943—1945年任总领事。

拉克生活在罪恶当中！一定是指肯尼思·贝尔吧！诽谤！

你们的

沙耶

致玛丽和门德尔·伯林

[1941年] 11月29日星期六

纽约市西55街33号

肖勒姆酒店

我亲爱的父母亲：

还能跟你们说些什么新鲜有趣的事呢？你们强加给我严格的限制。我未再收到你们的信。戴维·塞西尔现在信写得比你们勤得多，却“并不期待得到爱的回报”，这是斯宾诺沙解释知识分子对上帝至爱[1]的话。最近我走了几个地方。先是到了底特律，这是一座丑陋的大城市，拥有一百多万人口，不像英国工业小镇那样其貌不扬却不乏温馨舒适之感。产业工会联合会的大会正在那里召开，约翰·L.刘易 384
斯[2]的缺席引起极大关注。那里到处弥漫着亲英情绪，而共产主义者们居然还在不遗余力地试图强迫外交使团的剩余成

[1] 伯林此处原文为：amor intellectualis Dei。

[2] 约翰·勒维林·刘易斯（1880—1969），工会领袖，1920—1960年任美国联合矿工工会主席，1936—1940年为产业工会联合会（最早为委员会）首任主席。早年为共和党员，曾经连续两个任期支持罗斯福，但在第三个任期内开始反对他的主张（其中一部分原因是他认为罗斯福的外交政策过于干涉他国内政），并威胁说如果罗斯福再次当选，他将辞去产业工会联合会主席职务。

员转变态度，改持亲英立场，他们自己无论如何都会持该立场。那番景象十分滑稽可笑，卢梭称之为逼迫人们获得自由。[1]接着我去了芝加哥，这是一个奇特的城市。密歇根湖畔的景色十分壮观，宽阔的堤岸，摩天大楼的设计充满想象力，给人一种辽阔、曲折的感觉，以及汉萨同盟城市的富裕之感。在它后面，便是连绵数英里的丑陋喧闹的贫民窟，那里满是有轨电车、高架铁路、公共汽车、小汽车，以及川流不息、按部就班的人流，还有混乱的电子信号灯一闪一灭，刺人眼目——和这个地狱般的所在相比，星期六的基尔本商业大街[2]简直就是安谧的世外桃源。但是这里的人们比起东海岸那里的人，更加简朴，也更加慷慨大方、朴实敦厚——就像战前，比如1890年的老莫斯科和当时的圣彼得堡。这里人们愚昧无知却热情好客，它离大西洋、离欧洲、离战争相距上千英里，人口主要由**农民**组成——捷克人、波兰人和爱尔兰农民，带着典型农民语言的粗俗、清新和多姿多彩。一夜过后，我又重新回到庄重、华贵、刻板的华盛顿。我得上床睡觉了。

爱你们的

沙耶

[1] 见《社会契约论》（1762），卷一，第7章。
[2] 在伦敦西北部。

对不起，信纸有些**破**，现在是凌晨一点钟，找不到其他的。我的秘书欧文太太说，如果你们来，**一定**要和她一起住在布鲁克林区（布鲁克林区等于伦敦的斯坦福德山。[1]就像犹太人说的“随我来”）。

以赛亚·伯林在美国期间的大部分时间里，定期给父母发电报（通常每周一次），让他们放心，说他一切都好。对此他们基本上不愿相信。他极力想让他们相信的努力透着幽默和无可奈何。他一遍又一遍地反复用“健壮成长”这个词来说明他的状况，这也是以下这封电报的由来（信件检查官老是跟这个字过不去，认为它很可能是一个代码，从而常常导致电报延误）。

致玛丽和门德尔·伯林

1941 年 12 月 2 日［电报］

纽约

请提点建议，换一个意思相同的词，替代“健壮成长”＝伯林 385

以赛亚·伯林对罗斯福总统的景仰并未蒙蔽他的双眼，他看清总统不愿将美国军队卷入欧洲战争。他后来回忆道：

[1] 这两个区都居住着众多的犹太人口。

> 罗斯福的意图是要在这场战争中不战而胜。[……]他的意图是为英国提供物资装备，但并不真正宣战，这样美国的年轻人就不会丢掉性命，[……] 到头来，他就可以以中立国的地位，随心所欲地支配这个世界。[1]

12月7日，日本偷袭珍珠港，终于将美国卷入这场战争。至此，英国新闻处也完成了一个主要任务。

致玛丽和门德尔·伯林

1941 年 12 月 12 日［打字稿］

英国情报处

我亲爱的父母亲：

这封信充分展示了政府配备的荣耀。对多数收到我正式信函的人，这是我呈现自己的方式。我想，用这种方式给你们写一次信，也许会给你们带去一些小小的愉悦。真的很抱歉，最近给你们的信写得太少了，但我基本已经扔掉了用手写信的习惯，更喜欢口授的巨大享受。我现在已经能够得心应手地编写规范漂亮的官方文件，在这类信函中，浮夸的文字和拘谨生硬的公文文体，被我发挥到了极致。我看不出自己还有什么理由要重新回到自得安逸的个人生活中去。说实

[1] 迈克尔·伊格纳季耶夫采访伯林录音之二十。

话，这几天发生的大事[1]把大家震得晕头转向，感觉仿佛是一叶小舟，被一艘飞速前进的摩托艇牵引着——一个事件紧接着一个事件地频频发生。但是就我的观察，这些事件并不像1939年发生在英国的类似事件，没有对普通纽约人的生活产生那么大的影响。据说这同1917年美国加入一战时的纽约情景极其相像。在俄罗斯和利比亚的胜利[2]大快人心，美国如今意志坚定，万众一心。总统在实施国内政策方面的 386
天才真是无与伦比——他不仅聪慧开明，拥有极高的智商和情商，而且从不惧怕未来，在它来临时主动去驾驭它，这一点使他比起所有那些胆小、谨慎、持孤立主义态度的人，显得出类拔萃，拥有了极大优势。当然他们是看不惯他那种势不可挡的劲头的。丘吉尔在这里继续享有极高的人气。在应该是最近召开的一次会议上，一位挪威发言者的发言引来了阵阵掌声。他说，不论挪威在其他方面做了什么还是没做什么，至少因为受侵略[3]，成功地将丘吉尔先生推上首相宝座。这是整个战争中最令人庆幸，也是最为重要的事件。

现在来说说我的个人情况。我同时收到了你们从10月

[1] 12月8日，珍珠港事件的第二天，美国正式向日本宣战。同一天，日本开始入侵马来亚；12月10日，日军击沉了两艘英国船只，开始入侵菲律宾。12月11日，德国和意大利向美国宣战。

[2] 11月18日，英国在利比亚展开攻势（十字军行动）。12月5日至6日苏联发起声势浩大的反击行动，阻止并击退了德军向莫斯科的进攻。

[3] 盟军在阻止德国入侵挪威的战役中失败了，随后内维尔·张伯伦在1940年5月辞职，这些直接导致丘吉尔被任命为首相。

中旬到11月底发来的六封信，也就是说航空信可能跟海运平信一样不牢靠。我对鲍恩用如此愚蠢的方式让你们对我所谓的病情表示担忧深感不安。他自己成天疑神疑鬼，担心得这个病那个病，对各类疾病和医院感兴趣，实际上什么都不懂，自然喜欢在谈话中说这类话题，就好比一位恶俗老朽的家庭旅馆的店主。替我把这些话转告给他。事实是，我确实患上了窦炎，这事劳在7月底给你们的电报中已经说了。和往常一样，就是普通感冒引起的。一感到不舒服，我就以一种你们认为我绝不可能拥有的智慧，立刻前去医院就诊，并在那里的单人间里舒舒服服、没痛没痒地住了五天。很多人前来探病，还有机会看书，让我开心死了。这里的服务比起英国高效得多，有求必应。所有可以想象出来的技术都派上了用场：一个医生用电子射线扫描我的前额；另一位用纤细精巧的器具轻触我鼻孔，弄得我痒痒；第三位医生给我按摩；第四位则负责漱口。在如此这般闪电战术的包围下，我的身体以前所未有的速度很快恢复，转到佛蒙特州疗养，当时我在那里给你们写了信。然后就在华盛顿过了一段炎热但毫无痛苦的日子。此后，就再也没觉得哪里痛或不舒服了。不过我发现，时不时地来一番无病呻吟，声称自己不舒服个一两天，对逃开我避之不及的某些人穷追不舍的关注，倒是很有用处。这套伎俩我通常在星期天使用，因为周末我确实常常会睡得特别晚才起床。不想见的人中包括极其不可爱的鲍恩夫人，她不停地追在我后面，任何借口也聊胜于无。对这一点，最近抵达的陆军中尉阿尔弗雷德·J.艾耶尔也有同感。我知道，他的太太目前还在伦敦。而汉普希尔，听瓦德汉姆学院院长说，目前在西非的塞拉利昂[1]——两个男人都不在身边，她能干什么？我实在想象不出。她不是能过寂寞生活的人。很抱歉，这句话与伯纳斯勋爵的小说《远离疯狂的战争》中别人让我说的话惊人的相似。这本书刚刚到达此地。我郁闷地注意到我成为书中一个人物的至少部分原型，此人叫耶利哥先生。[2]一定要读读这本书。戴维·塞西尔会告诉你们其他人物是谁。毕竟这本书是献给他的。 387

很高兴你们见到了格林勋爵。他是一位真正出类拔萃的人物，看待人类的观点深刻尖锐。格罗斯特的主教[3]是一个邪恶的老家伙，对任何话题都有惊世骇俗的见解。但是很遗憾，我和他个人关系非常好，尤其喜欢听他对教会和普通信徒中的同事一针见血的评论。你们关于里斯太太的看法得到艾耶尔的证实，他用鲍拉博士的口气，也认为她起不了什么作用。我保证不会把关于菲利克斯·法兰克福特的那篇文章寄给他，我同意你们的观点，他不会充分或以对社会完全

[1] 在经过军事训练后，汉普希尔作为炮兵部队的一员，被派往塞拉利昂，负责组织输送当地入伍的新兵至缅甸。在那里，大量来自西非和东非的士兵组成英国军队的一支力量，试图阻止日本入侵（失败）并保卫通往印度的陆路（成功）。他于1942年初回到伦敦，在休·特雷弗—罗珀（1914—2003；1979年受封为格兰顿的达克勋爵）的鼓动下，加入了英国秘密情报局，也称军情六处。
[2] 至少可以说，伯纳斯小说（伦敦，1941）中的耶利哥先生明显是以以赛亚·伯林为原型的。
[3] 阿瑟·海德勒姆。

无害的方式好好利用那篇文章。

我并不觉得孤独，不过偶尔出于礼貌会对人这么说。为了不使人觉得我过于玩世不恭。我的确思乡心切，每过十天就想着返回英国与你们团聚。但真的一点也**不**孤独。要做的工作很多，在这个如今令我着迷的国度里，各类活动需要占用的时间远远超过我所拥有的时间。我答应你们冬天不再乘飞机。希望以下两人会向你们转达我的问候。(a) 彭布罗克学院的R.B.麦克卡卢姆教授，他途经美国去中国，但没去成，返回英国了。你们可以往彭布罗克学院给他打电话，询问我的情况，我没时间让他跟你们联系。(b) 另一个有可能与你们联系的是杰克·琼斯[1]，一个威尔士矿工兼小说家，我赞助他作为工会专家来此地演讲，获得巨大成功，效果胜过自贝尔福伯爵之后来访的任何一位英国人。他答应说给你们电话。一个很好的人，请他和戴维·塞西尔一起喝茶，
388 他们俩会一见如故的。我想你们一定参加了在院长家举办的万灵节宴会吧，那可是牛津城北居民最盛大的社交活动。等我理了头发后会尽快照张相寄回去，到时你们就可以看到我的生活确实没发生什么变化。向戴维和玛丽问好。

你们的

以赛亚·伯林

[1] 杰克·琼斯（1884—1970），威尔士工会领袖，代表英国新闻处访问美国。琼斯是英国共产党的奠基人之一，但一段时间后作为奥斯瓦德·莫斯利新党成员，成为自由党的支持者。他写的小说《赴宴》于1938年出版。

〈(c) 另外，我刚刚听说约翰·斯帕洛上校回国了。他一定会找时间回全灵学院。前不久我刚见到他。〉

以赛亚

致玛丽和门德尔·伯林

1942年1月2日［打字稿］

英国情报处

我亲爱的父母亲：

看到这么正式的地址，希望你们没有产生反感。它无疑会使整封信带上浓浓的维多利亚气息。我天性中的懒惰使我更愿意口授而不愿意花哪怕一点点力气拿笔在纸上写东西。你们可以从中得出结论，我的基本习性没有改变。

你们的来信不断给我莫大的快乐，让我为之兴奋不已，特别是那些家长里短和各种之前没听说过的趣闻逸事。伯林太太在格罗斯特主教耳边大声咆哮以及同格林勋爵侃侃而谈的情景我很容易就能想象出来，并为此忍俊不禁。收到玛丽·费希尔（为此请代我谢谢她）和理查德·佩尔斯的来信。我还遇见一个人，说是与你们二十五年前就认识，1908年左右失去了联系。他名叫德拉克，还说当年在世纪初的时候，曾经在华沙或是里加对现在的伯林太太献过殷勤。我感觉他人不错，温柔多情，很有学者风度，对年轻时代的记忆念念不忘。他在纽约犹太人办的报纸《犹太新闻晨报》[1]上看到我的名字时，激动万分，他好像是那里的编辑。我反复盘问，看他究竟对我们家了解多少，没想到他应答如流，想起了好多重要和不重要的细节，比如当年伯林太太
389 的美貌，关于这点他曾经对我的一个助理绘声绘色地描述过。这个助理从前与他共过事。你们记得他吗？他对遇见我似乎感到特别高兴，同时又极其害羞，除非我找他出来，就再也没出现过。我是准备要这么做。你们还想听些什么内幕新闻？

鲍恩太太，就是那个嫁给伊恩·鲍恩的护士，想起来了吧，也就是传播谣言，说我身体欠佳，害你们凭空担心了这么久的罪魁祸首，在纽黑文过得快活得很，显然一点都不急于回到之前与鲍恩先生单调乏味的生活中去。总体而言，这一对穷困潦倒的夫妻对生活充满仇视情绪。本不该这么说任何人的，但他们的情况确实如此。

艾耶尔先生过得似乎也很快活。他太太如今人在英国，不愿意来美国和他团聚，并要求把当初带到美国的孩子送回去。这让他觉得既没面子又为难。因为要想在返回英国的人当中找到愿意在整个海上航行中负责照看几个从两岁到四岁孩子的人，实在不是件容易事。但是，玛丽安（法兰克福特

[1]《犹太新闻晨报》于1901年创办，是一份意第绪语报纸，支持犹太复国主义，宣扬传统的犹太教价值观。以赛亚·伯林对犹太人的兴趣使他开始接触这家有影响的意第绪语报纸，并且为该报专门安排人将英国新闻处的材料翻译成意第绪语。

夫人）认为，艾耶尔太太绝对会想方设法找到这么个人的。她一点不想见弗雷迪，而他则恰恰相反，迫不及待想与她见面。我夹在两个人当中，只能扮演我时常扮演的大众朋友角色，小心翼翼，如履薄冰，两不得罪，左右逢源。看来我的脾性并未改变。

毋庸置疑，美国宣战改变了一切。尽管大机构的惯性以一种半自动的方式带着我们继续运转，我们显然不可能再继续发挥和过去相同的作用。一些人认为我们应该就此解散，另一些人则认为我们应该改变策略，各种意见都有。但有一点很肯定，那就是在英国和美国公众舆论机构之间要保留某种联络，这就好比一对正处在蜜月中的新人，蜜月结束后，婚姻实实在在的各个方面才会真正呈现出来，不管双方如何体谅和理解对方，还是会产生某种程度的摩擦和误解，只有周围的人才能帮助他们化解矛盾。谁也不知道这个观点能否得到上级的赏识，能的话又会以何种方式实行。

这期间，首相的来访[1]产生了神奇的效果。由于最初的战争冲击波和在远东遭受的惨败，美国正经历一段相对萧条的时期——1939年10月我们也曾有过类似的经历。在这样 390

[1] 丘吉尔于1941年12月22日抵美，由参谋长们陪同，参加开战后的第一次大会——“阿卡迪亚会议”。12月26日，他在国会发表讲话，19日至31日访问加拿大，12月30日在加拿大议会做了题为“有人做懦夫，有人做英雄”的演讲，1942年1月14日乘飞机回国。有关内容见《温斯顿·S.丘吉尔演说全集：1897—1963》，罗伯特·罗兹·詹姆斯编（纽约，1974），卷六，第6544页（原文第336页注7）。

一个时刻，丘吉尔的到来简直就像一针兴奋剂，效果难以用笔墨形容。他身穿一贯的海军制服，抽着派头十足的雪茄，看上去仿佛是他本人在舞台上的化身。不论是在言语还是行动上，他始终立于不败之地。只要他一出现，他的周围便立刻充满生机和活力，并向四面八方传播开来。你们也许已经听到他在国会的演讲，在内容和公众效果上都极具感染力。在加拿大的演讲也一样。总统和他显然颇为投缘，不论在私底下还是公开场合，两人互相欣赏，志趣相投。两人都喜欢充满活力和激情的生活，都喜欢使用自由奔放的表达方式，都具备敏锐的历史感。在充满戏剧色彩而又激动人心的历史背景下，他们敢说敢为，以清醒的头脑和正确的判断证明他们具有广阔的历史洞察力，并且将在一段相当长的时间内，在无数个舞台上大展宏图。在这样一个时代，当芸芸众生由于身在其中，大多对身边所发生事件的重要性无法理解，或即便理解，也只会目瞪口呆、不知所措的时候，我们身边至少有两个人胸怀未来，时刻准备迎接狂风巨浪的冲击，坚信自己能驾驭时代潮流的人，真可谓万幸。我相信，正是因为这种兼收并蓄的胸怀，这种认为生活所带来的一切都能够被吸收、消化、为我所用的态度，鼓舞了世界各国和民主人士。罗斯福和丘吉尔他们靠的不是高谈阔论，而是他们的坚强意志和过人胆略，而这些只能来自他们洞察全局、把握时机、从容不迫面对各种猖獗势力的才能。很奇怪，斯大林不会让我有这种感觉。或许同样强大，但整个给人一种乏味盲目的印象。

好好抒发了一通深刻思考之后，现在可以回到轻松一点的话题上来。恳求你们按要求支付所得税，可能还有新学院的膳宿费，应该不多，因为不包括租金，那部分钱说好是由未付给我的研究员津贴充抵的。我很好，健康、富足、繁忙、快乐、身兼数职、马不停蹄，和每个人都相处甚好，这是因为我始终缺少野心，就连最激烈的内部竞争对我也没有丝毫刺激作用，对此我一点也不感到遗憾。人一旦生来就是情感上的素食主义者，看到鲜血只会令他更加坚定信念，而不是动摇。好了，这些深刻道理[1]说够了。

爱你们的

以赛亚·伯林 391

致玛丽和门德尔·伯林

1942 年 2 月 14 日［打字稿］

英国情报处

我亲爱的爸、妈：

谢谢你们之前的两封来信，昨天又收到了第三封。在对更加有趣的话题展开讨论之前，先解决一些常规性的问题：

1. 我非常健康并继续保持着健康，这方面实在没有什么好再说的了。

[1] 伯林此处原文为：pensées approfondies。

2. 款项问题。

（a）你们能否与伦敦图书馆联系，不过也许不用，我好像记得很清楚，当时是说好了的，我在国外时停止付款。看来我得给银行寄一张通知，告知相关事项。

（b）学院的膳宿费。我想你们得继续支付他们要求的款项，但我确实认为不说别的，他们至少会替我交了保险费。不过我不想在这个问题上与学院起什么纠纷，我想你们也一样，因此最好还是由他们去。好，关于绅士风度就此打住。我会以你们的名义找一位律师，尽快与你们联系。总的来说，请把所有的账单按照你们觉得合适的方式处理。另外，请跟布莱克韦尔书店说一声，让他们给我寄罗汉·巴特勒关于国家社会主义起源[1]的那本书，还有伯纳斯的著作以及其他你们认为适合我阅读的书籍，另外再寄六本我自己写的书。你们建议我在美国再版这本书，我觉得目前不管从哪方面来说，都为时尚早。还是让我们保持耐心，等将来[2]再好好出一本众口称道的修订本，“增补了新的内容”，如同犹太人的祷告书[3]

[1] 即罗汉·道利尔·巴特勒的《国家社会主义的根源，1783—1933》（伦敦，1941）。罗汉·道利尔·巴特勒（1917—1996），哈罗德·巴特勒之子，1935—1938年就读于巴利奥学院历史专业，1938—1984年任全灵学院研究员。

[2] 第2版（共4版）于1948年和1949年分别在牛津和纽约的牛津大学出版社出版，但没有太大修改。

[3]《大英王国联合希伯来教会钦定每日祷告书》的新译本由塞蒙·辛格完成（伦敦，1890），是英格兰犹太人统一使用的祷告书，通常称之为“辛格版祷告书”。该书经过多次再版，一些仅为重印，但新版本通常都会宣称增加了内容，也即“增补了新的内容”。

常说的。

请代我向［莱迪丝·］费希尔夫人表示感谢，她的来信真让人高兴。不过到目前为止我一个字[1]都还没空看，这点你们没必要告诉她。等哪一天工作清闲，又没什么书报可读的时候，我会坐下来好好拜读。同时，我会尽量回一封信，让她觉得我已经读过信了。我还收到了戴维·塞西尔的信，非常有意思，代我表示感谢。他很想知道在目前新形势下，392
我的作用是否还像过去人们认为的那么重要。我自己也想知道。最近，思乡的愁绪不时地会袭上心头，越来越难以抗拒。当然，我们不断地被告知，目前我们所做的一切，不论是什么工作，都比以往更加不可或缺。保持英美两国在各个方面的和睦亲善关系至关重要，而要做到这点，只有在掌握情报、保证信息畅通的情况下才有可能。此话不错，但对久别故国的人来说，实在起不了什么安慰作用。

至于伯林先生生意的未来，我完全同意你的观点，在五十八岁的年龄就退休确实令人难以置信。爸爸说打算和加拿大搞木材出口，木材公司由以下这些人经营：包括未提名字的罗斯柴尔德家族和沃伯格家族的人（关于这些家族爸爸知道的不会比我少，参与的肯定都是些名列前茅的企业）；私人银行家本森先生（该银行的成员之一是我们在华盛顿的军事专员，他是一位很随和的人，交际广泛，但没什么天

[1] 她的文笔确实糟糕，不堪卒读。

赋。我对他了解不多，但约翰·福斯特和他很熟。此人名叫雷克斯[1]）；还有迈尔肯·斯图尔特爵士[2]，对他我完全不了解。我得说整个计划看来相当周密。我对您打破常规、求新求变的做法举双手赞成。哪怕这里预言家们的一致看法只有百分之一的正确性，与加拿大建立贸易联系，如同与西半球的其他国家一样，包括澳大利亚和新西兰，极有可能会带来很好的收益。但是，目前的海上航行切不可掉以轻心。如果我是爸爸您，我会等上一两个月，然后带着全体人马，万事俱备，整装出发。我想伯林太太一定急于陪伴您的左右。真希望这一计划能够顺利实现，那样我就可以在蒙特利尔见到你们，你们也可以来纽约看我，这种迫切心情不说你们也明白。另一方面，想到要再一次面临分别，简直让人无法忍受。我的未来去向目前有点模糊不清：可能去华盛顿，也可能返回英国。不管是哪种情况，我都打算请假回国一趟，哪怕只是短短一段时间。可怜的劳特帕齐特近来无比沮丧（他的太太也一样），眼巴巴地等着乘坐比较舒服的交通工具回国，但显然很难得到这种机会。与此同时，因为是四十四岁以下，他必须在美国报名服兵役，为此他寝食难安，不停地向我请教。我也没什么好主意，只能叫他斋戒祷告，希望有

[1] 雷克斯·林赛·本森（1889—1968），1941—1944年任驻华盛顿军事专员；英国情报特工，社会名流。
[2]（珀西）·迈尔肯·斯图尔特爵士（1872—1951），实业家，伦敦制砖公司董事长。

好的结果。我不用登记报名，因为我是英国官员，属于“英国总部的人”，使馆专门列出的名单上有我的名字。查尔斯好 393
像因为听到消息，说他在英国皇家空军的儿子失踪[1]，推迟了到达日期。我知道他非常疼爱这个儿子，因此他一定感到万分悲痛。很遗憾德拉克先生居然在1908年时向你们借过五十卢布。我再也没见到他，据我所知，他也没想要见我。他实在太害羞、太内向，不像是有胆有谋、能够如此轻而易举从你们那拿到钱的人。要么就是在谦卑畏缩的外表下，暗藏着狡猾奸诈、无德无行的本性，但我觉得极不可能。弗雷迪看来已经抵达南非，此刻毫无疑问正在同我们的殖民地公职人员开怀畅饮。我想念他，但显然未及我认为自己应该达到的程度。[2]

我的生活日复一日，平静无波。我想，你们的生活大致也是如此吧。总之，我实在不明白，人怎么能够长期在纽约生活，除非把自己封闭在某个社会、种族或知识分子的孤立小圈子里，在此过着完全相互隔绝的生活。在这座城市中，可以看到希腊人、亚美尼亚人、意大利人、德国人、匈牙利人、波兰人以及犹太人的文化完全不受周围环境影响——食物、餐馆里的墙纸、报纸、兴趣，整个从欧洲全盘

[1] 哈伊姆·魏茨曼的二儿子麦克尔·奥萨·魏茨曼（1916—1942）为英国皇家空军飞行员，2月11日在比斯开湾执行任务时失踪。儿子的死让魏茨曼深受打击，他的夫人薇拉始终没有从这一事件中恢复过来。
[2] 从这里开始打字稿换成了手写稿。

照搬过来，并没有被同化。这种情况只有在外部环境文明不够强大，或极为包容，不去强迫移民同化的地方，才有可能发生。

前些天，我去犹太法庭听了两场官司[1]，由戈德斯坦拉比[2]和奈尔法官[3]主持。这两人我都不太认识。很精彩的案件。一名犹太乞丐，蓄着长长的胡须和鬓角，一副来自1880年俄罗斯的模样，装着一条木头假腿走进法庭。他一本正经地控告：犹太医院里的医生当初要对他的腿施行截肢手术时，曾经信誓旦旦地保证，一定会将它埋到离他不太远的圣地底下。但是出于疏忽，那条腿被用其他方式处理掉了。待救世主耶稣弥赛亚来到，所有死去的人都会死而复生，得到拯救。手脚等各个肢体会重新组合安装，但被毁坏的肢体就永远丢失了。“我愿意用木制的假腿走五十年，”此人说，“一百年，甚至走两百年。但在永生里怎么办？”法官们显然被弄糊涂了，问他：“你希望法庭能为｛你｝你做
394 些什么？”“这正是**我**想知道的，法庭能为我**做**些什么？”乞丐回答。整件事确实令人唏嘘。正如此人所言，一个人不得不用一条腿走向永生，即便上了天堂也不会有人羡慕。现场没有人发笑，甚至没有人面带微笑，自始至终，法庭都被一

[1] 这种法庭（犹太宗教法庭）常用来听取宗教辩论。
[2] 伊斯雷尔·戈德斯坦（1896—1986），拉比，犹太复国运动领袖，1943—1961年任美国犹太复国运动组织主席。
[3] 塞缪尔·奈尔（1893—1949），1944—1948年任纽约最高法院法官。

种紧张肃穆的气氛笼罩着。法官宣布休庭，谁也不知道接下去会发生什么。这期间，那个乞丐（我想他有八九十岁的样子）始终一言不发，愁容满面。最后，法庭决定，只要把一个象征性的物件——他身体的一部分，一根头发或一个指甲，按照特定仪式掩埋起来，法庭便庄严宣布该物件为腿的替代品，发挥同样的作用。那么，全能的上帝就一定会认可纽约法庭做出的宣判，在需要时制造出一条腿来。乞丐心满意足，案件宣告结束。掩埋头发和指甲的仪式一定特别离奇古怪。

接下来的案件有关一个女人，她的小叔子不许她从婚姻誓言中解脱出来——事实上是一桩婚前协议[1]案。她坚持说，除非这个兄弟发慈悲，否则她死去丈夫的灵魂将永远面朝地下——所有犹太人对此笃信不疑，因此必须认真解决这个问题。试想，所有这些都发生在1942年的纽约，所有相关的人都以一种特别庄严肃穆的态度面对此事。真是有趣。我就用这种方法自娱自乐。我最近在读罗斯[2]为英国犹太人所做的篇幅浩大的祷文[3]，其目的是要让他们保持信念，洁身自好。不过老实说我并不觉得它怎么样。如果遵守犹太教

[1] 希伯来婚姻契约规定了新郎对新娘的义务，即拉比法中的婚前协议。它为离婚的女人或寡妇提供了经济保障，通常用阿拉姆语行文。

[2] 塞西尔·罗斯（1899—1970），1939—1964年任牛津大学后《圣经》时代犹太研究高级讲师，1936—1945年和1955—1956年任英国犹太历史学会主席。

[3] 可能指罗斯写的《英国犹太人史》（牛津，1941）以及/或者他在《犹太纪事报》上发表的文章。

义意味着要和塞西尔·罗斯保持永久联系，那么，我就太想放弃信仰了。近来我没去华盛顿，因此没见到菲利克斯夫妇。[1]从本质上来说，他是一位乐天、开朗、轻浮的20世纪初的维也纳人，乐善好施，当一名维也纳自由主义报刊编辑或者作为自由主义的哈布斯堡王朝政治家们的至交倒还称职，但绝不是一个锐志改革创新、带着清教徒色彩的新世界美国人，像布兰代斯那样。他不是一个伟人，却是一个好人。

艾耶尔夫妇的婚姻生活随着汉普希尔返回英国而再次变得复杂起来。她提出要求（a）要孩子；(b）要离婚。这对阿尔弗雷德·朱尔斯·艾耶尔的虚荣心和未来过上舒适生活的希望都是一个重击。至于S.阿伦森目前在做什么，只有天知道。我得找到拉斯金夫妇。最近除了我过去的恩人使
395 馆官员S.L.柴尔斯，没有人回英国。他在这里的表现很快就令他遭到众人的一致厌弃，就连我也发现自己无法再保护他了。实在没什么可写的了。我的生活乏善可陈。睡觉、吃饭、工作，诸如此类。我照了一张相，但实在太难看了，不好意思寄。你们清楚我多么爱面子。

爱你们的

以赛亚·伯林

[1] 指菲利克斯和玛丽安·法兰克福特。

致哈伊姆·魏茨曼[1]

1942 年 2 月 25 日［电报］

纽约

一直在等待确切消息，向你们表达我所有的爱与悲伤。坚信你们不会丧失希望。获悉你们近日有望抵美，感到由衷高兴。有没有什么需要我帮忙？我难以形容自己是多么迫切地想为你们尽力，尤其在此时此刻：以赛亚·伯林 396

[1] 他下榻在多切斯特酒店。

伯林书信集

Flourishing:
Letters 1928－1946

卷一

飞扬年华:1928—1946(下)

[英国] 以赛亚・伯林____著
[英国] 亨利・哈代____编
陈小慰　叶长缨____译
陈小慰____统校

译林出版社

图书在版编目（CIP）数据
伯林书信集（卷一），飞扬年华：1928—1946/（英）以赛亚·伯林（Isaiah Berlin）著；（英）亨利·哈代（Henry Hardy）编；陈小慰，叶长缨译．—南京：译林出版社，2020.8
（伯林文集）
书名原文：Flourishing: Letters 1928—1946
ISBN 978-7-5447-8291-3

I. ①伯… II. ①以… ②亨… ③陈… ④叶… III. ①伯林（Berlin, Isaiah 1909—1997）- 书信集 IV. ①B561.59

中国版本图书馆 CIP 数据核字（2020）第 079883 号

著作权合同登记号　图字：10-2017-472 号

For more information about Isaiah Berlin visit: http://Isaiah-berlin.wolfson.ox.ac.uk

伯林书信集（卷一），飞扬年华：1928—1946　［英国］以赛亚·伯林／著　陈小慰　叶长缨／译

责任编辑　陈　锐　许　昆
装帧设计　韦　枫
校　　对　蒋　燕
责任印制　单　莉

原文出版　Chatto & Windus, 2004
出版发行　译林出版社
地　　址　南京市湖南路 1 号 A 楼
邮　　箱　yilin@yilin.com
网　　址　www.yilin.com
市场热线　025-86633278
排　　版　南京展望文化发展有限公司
印　　刷　恒美印务（广州）有限公司
开　　本　850 毫米 ×1168 毫米　1/32
印　　张　44
插　　页　4
版　　次　2020 年 8 月第 1 版
印　　次　2020 年 8 月第 1 次印刷
书　　号　ISBN 978-7-5447-8291-3
定　　价　188.00 元

华盛顿

我的英国伙伴，
咱俩立场全然不一样；
他认为这场战争胜利属于他，
我则坚信属于我才理所应当。
为此两人争得不相上下，
却有一个憧憬两人一样：
等到活儿干完，
等到赢了这一战，
我们将隔海握手言观。

——欧文·伯林[1]

我希望能够为赢得这场战争尽一分力。

——以赛亚·伯林致莫伊拉·加斯特[2] 397

[1] 选自《我的英国伙伴》，为《从军歌》的英文版。欧文·伯林，原名伊斯雷尔·巴林（1888—1989），作曲家，生于俄罗斯，1893年移民美国。共写了九百多首歌曲，包括《上帝保佑美利坚》和《银色圣诞节》。还写了十九部音乐剧，其中爱国歌曲《从军歌》（1942）专门为鼓舞美国士气而作，由一家各种族士兵组成（欧文·伯林坚持这么做）的演出公司搬上舞台与银幕。该公司是第二次世界大战期间美国军队里唯一一家演出公司。公司所获的可观收入捐献给了军队紧急援助基金。

[2] 见1941年1月3日致莫伊拉·加斯特的信。

美国参战后，伯林向美国人宣传英国人的工作变得不重要了。反倒是帮助英国人了解美国人成了目前的急迫任务。伯林由于就他负责的特殊群体所写的相关调查报告十分得力，被派到驻华盛顿英国使馆负责使馆下属一个规模扩大了的政治舆论调查室。这个部门的主要任务为负责起草《每周政治报告》，这是白厅（英国政府）有关美国政治局势的一份主要官方简讯。这份文件原来只是对新闻媒体报道的常规性概要总结，而伯林则在其中注入了他通过广泛的个人关系网获得的大量内部消息。

致门德尔·伯林

1942年6月18日［明信片］

华盛顿特区马萨诸塞大道2500号

我的生活（千万别听麦吉奇小姐[1]的话）在过去一年中从未因为生病躺在床上中断过哪怕一天，如今却不得已要分成两半：四天在纽约，三天在驻华盛顿英国使馆。我只乘火车（飞机旅客太多），在两个城市里会见了众多各界人士，

[1]（玛丽·阿格尼斯）·克雷格·麦吉奇（1901—1991），经济作战部，1942—1944年任驻华盛顿英国使馆一秘，1944—1946年任联合国善后救济总署福利部主任；1944年与银行家欧文·舒勒（1909—1967，理查德·舒勒的堂兄弟）结婚，之后使用夫姓舒勒和舒勒—麦吉奇。她是第一位担任英国外交官的女性，并因此成为卡罗琳·贝尔一篇文章的主人公。这篇文章名为“穿裙子的外交官”，刊于1942年10月13日的《华盛顿邮报》。在一封致赫伯特·尼古拉斯的信中（1943年11月9—11日），伯林谈到她的骄人业绩，并称她为“了不起的女性！”。她与伯林父母关系很好，想必是同他们口头或写信说了有关伯林健康状况的话。

身心都在茁壮成长。我维持了查尔斯和菲利克斯之间的和平，真有趣。

爱你的

沙耶

1942年7月6日，弗雷德里克·霍耶·米勒从华盛顿给伦敦的内维尔·巴特勒[1]写了一封信，信中附上了“一篇由这里的一两位使馆人员写的文章，他们提出了各种观点，指出美国人有排斥英国人的倾向”。[2]但是他恳求巴特勒不要以为作者相信那些观点理由充足。那个月晚些时候截获的一 399
封信表明，作者实际上是以赛亚·伯林，在信中他被形容为“一个非常精明的犹太人，在驻美英国使馆宣传部门工作。[那篇文章]虽然流露出犹太人发现还有其他种族[原文如此]遭人反对而幸灾乐祸的心理，但目光敏锐，并且约有60%的内容准确无误，反映了事实”。

9月份，这篇文章被稍加整理，收入使馆编辑的一份针对美国的《邮政电报审查报告》。编者按是这样开头的：

过去两个月里从美利坚合众国发出的信件表明，尽

[1] 内维尔·蒙塔古·巴特勒（1893—1973），1940年任驻华盛顿英国使馆参赞，1940—1941年任公使，1941—1944年任外交部北美（后为美国）司负责人，1944—1947年任外交部助理副国务大臣。
[2] 外交部文件371/30656，A6681/60/45，该前言中的另一引言也出于此。

管许多美国人对英国和英国人民表现出明显的钦佩友好之情，也尽管他们反复表示，希望联合国能够更加紧密地团结起来，同心协力，共同击败轴心国，但目前在美国，仍然存在相当程度的对英国的敌意，具体什么来由又似乎说不上来。针对英国的批评五花八门，有时不乏自相矛盾之处，但主要集中在种族问题、历史遗留下来的政治偏见和普遍存在的无知。

接下来提到以赛亚·伯林列举的问题，但未提作者名字。“一位作者为此专门列举了种种表现，希望有助于大家对此提高认识……”之所以将其收入报告，是因为被截获的信件约有60%的内容准确无误。以下是文章原文的打字稿：

美国人反对英国人的种种方面

以下列举的条目均选自普遍持有的观点，大多没有充足的理由支持。列举顺序并不表明重要性大小。

1. 英国人拥护帝国主义。他们不信奉人生而平等的观点。英国殖民主义政策暴虐、愚蠢，效率低下，对土著人是一种侮辱，结果造成马来人和缅甸人明确表示不愿对其效忠，不像菲律宾人那样忠心耿耿。还造成印度对英国的虚假效忠，等等。

2. 英国等级制度刻板守旧。英国贵族为世袭制，而不是通过功绩或选举产生。英国人长期由封建地主统治，这些人要么剥削穷人、面目狰狞，要么就是腐朽没落的寄生虫，专门靠别人的辛勤劳动为生。

3. 英国人正在搞赤化。如今英国已经从一个封建反动派压迫未来社会主义产业工人的社会，转向土著赤色分子压 400
迫封建反动派的专制政权。两种方式都令人厌恶，与美国人的生活方式格格不入。

4. 英国身居高位的尽是些无能低效的人。这些人办事过于小心翼翼，对所有新思想、新理念均采取鄙视态度；还有那些充满戒备心理，有气无力，厌倦自己工作的老家伙们。

5. 三百五十万人处于战争状态中，而英国人却在自己的小岛上安坐不动。

6. 英国人向来让人觉得不堪一击，喜欢逃避退缩。他们时刻准备着英勇就义，却一点麻烦都不愿碰。日本人打到家门口了，他们还在新加坡悠闲自在地喝茶。英国官员不是极端保守分子就是一副没精打采的懒散样。

7. 租贷计划将美国搜刮一空，就为了给英国提供武器装备，但英国尚未付清他们的战争债务。英国人利用从美国进口的物资在拉丁美洲与美国竞争，可以说他们在养肥自己，而不是在努力赢得战争。他们更多的是在考虑战后面对美国自己所处的地位，而不是如何赢得这场战争。

8. 比起单纯、老实的美国人，英国人过于精明机敏。他们相信“权力均衡”，相信“分而治之”。实质上他们是在鼓励发动战争，只要这些战争能够保住他们裁决其他国家命运的地位。《凡尔赛条约》就是狡猾的英国外交手腕的典型例证。正是因为它，才导致了希特勒和所有其他恶魔的出现。英国的外交目的是要让世界分裂。

9. 美国外来民族倾向于认为英国人属于可恶的地主阶级国家，深受其害者只好跑到美国来寻找自由。这一观点自然出于爱尔兰人，但波兰人或斯洛伐克人也认为英国人类似于他们中欧地区的暴君。在原先的几个“统治”国当中，唯有英国幸存下来，而且相对来说毫发无损，奥地利人和俄国人不再可能成为轴心国的目标。

10. 反英情绪是美国主流爱国传统的组成部分。虽然反犹太教或反天主教也一样绝对是不光彩的事，是一种歧视的表现，但仇英心理却和其他一些特有的情绪十分搭调。例如人们公认，主张干涉国际事务者舒了一口气，因为自从珍珠港事件以来，他们可以再一次宣泄反英情绪，而不用站在敌人一边。仇英心理是美国精神强盛高涨的证明。

11. 在美的英国人高高在上，自以为是，还有他们那种无言的、通过一意孤行表达出来的唯我正确的态度，那种“入乡不随俗，一切照搬英国方式”的独尊作风。

12. 英国人说话不够直截了当。在美英国人往往喜欢用
401 谨慎和寡言代替机巧，对美国发言者的观点不会热情地表示同意与否，而只是用模棱两可的“很有意思”搪塞过去。对每个问题，他们都是双方（或多方）观点的职业预言家，这一点令各方均大感恼火，也因此给人一种印象：英国人对

任何问题都缺乏坚定、坦率、属于自己的信念。因此，他们总是显得轻浮和遮掩躲藏，一点都不正大光明。

13. 过分小心，唯恐踩到美国人的痛处而激怒他们，以及面对美国人的充沛精力所感到的不自在心理，使英国人陷入一种神经质的沉默寡言，这么做反过来也让美国人感到尴尬和不自在，使他们对英国人失去信任。因此，热诚开朗、性格外向的英国人比起性格细腻内向的那些更受欢迎。

14. 相比苏格兰、威尔士或任何其他粗野和乡气的口音，过于高雅的英格兰口音令人生厌。任何一个英国北部地区呼呼发出的颤舌音，也比字正腔圆、富有教养却透着虚伪做作的英格兰口音，来得悦耳动听。这一点极其重要，千万不可忽略。拿英国讲师来说，在没有证书的情况下，浓重的约克郡或兰开夏郡口音比任何别的素质都来得重要。这方面的偏好还包括浓重的伦敦东区土音。

15. **华盛顿**

由于过来的英国人相互求助举荐，造成目前众多英国人集中在华盛顿地区，这也引发了一定的排斥心理。相对各技术性外交使团，英国使馆的名声低得令人难以置信。人们普遍认为它势利傲慢，喜欢摆出一副屈尊俯就的模样。不仅如此，它还愚蠢迟钝、麻木不仁，是各种反动下流言论的滋生之地。在人们心目中，它聚积着为数众多、年迈衰老的外交官员，这批人根本无心与自己小圈子之外的事情发生任何联系，也不想了解。这种说法流传甚广，并在一定程度上得到各外交使团人员自己的肯定。一方面看到使馆人满为患，另一方面又实在看不出它究竟在起什么作用，他们理所当然地认为自己有权得到使馆持续不断的照顾。一旦他们与使馆的联系减少，自然就会怨声载道，批评使馆人员作风懒散势利。

16. 缺乏对英国工业成就和军事成就的深刻印象。这其中至少一部分是因为驻英美国新闻机构，尤其是《纽约时报》的新闻报道质量低劣、做表面文章。

17. 抨击英国人对美国人缺乏了解（伦敦根本就没有美国外交官）。维南特是人气很高的艺人，他就很不满美国在英国所做的宣传。

402 18. 美国亲英人士不受欢迎的个性。在人们心目中，他们是一群无所事事的有钱人，主要集中在东海岸地区。他们对英国人的喜爱被认为是巴结势利、缺乏美国精神的表现。

19. 到目前为止，美国人在这场战争中经受的苦难相对较小，这使他们在面对英国人时感到不太自在。这是处在备战状态的所谓“假战”或“静坐战”氛围的作用，这种氛围在美国仍然十分普遍。1940年5月之前，英国人和法国人在面对波兰人和挪威人时也有类似尴尬的感觉。

20. 英国官员在与中国人、犹太人等受侵害民族打交道时，表现出根本无法沟通的“石墙”态度。几乎没有一个英国高级官员对提交给他们解决的问题表现出或哪怕装出感兴趣的样子，努力加以理解。相反，他们脸上流露的是厌倦、是不耐烦，它所引起的抵触心理超过所提要求未能得到满足的失望。即便申诉得到了解决，怨愤情绪仍在心头。

21. 某些英国书籍和电影（尤其是电影《乘风破浪》[1]）表现了一种虚幻情绪，以及强烈的阶级意识，影响很坏。

22. 虽然中国人和印度人所占比重不大，却吸引了众多猎奇的目光，也使英国人在亚洲的形象暗淡无光。

23. 所有讨厌罗斯福总统的人也都讨厌英国人，因为觉得他们是总统喜欢的人。

外交部文件371/30656，A6681/60/45

8月初，以赛亚·伯林返回英国休假，同时向外交部和情报部做简要汇报。

致克里西达·里德利

1942年9月7日［手写明信片］

新学院

亲爱的克里西达：

在莫贝加[2]度过的夜晚和清晨感觉真是好极了，其中乐趣超过任何居有定所和没有流浪经历的人所能想象的。我靠

[1] 一部带有逃避现实倾向的战争片，由谢尔盖·诺本多夫执导，1941年11月首映。

[2] 指莫贝加公寓，坐落于伊普斯威奇镇，是克里西达的丈夫杰斯帕的父母杰斯帕和娜塔丽·里德利的家。

403 个人清醒的意识，感觉有必要回到我的底比斯[1]，加强各类防御措施，但更主要的是在一些地方与人们交谈。请转达我对里德利夫人的感谢，还有我认为整个过程未免太戒备森严了。再次重复对你的慎重邀请，请你给情报部打个电话好吗？

以赛亚·伯林

那晚和你分手后，我遇见了富尔弗德[2]。看起来是位非常好的牧师。提到英女王陛下时，他的声调都会改变，绝对真诚。

9月下旬以赛亚·伯林返回美国。途中在爱尔兰停留了一个星期，等待下一个航班。这期间，他患上了肺炎，但还是设法乘上了飞机。他患病的消息很快传到父母耳中。

那段时间里，你几次回英国，给我们带来了莫大喜悦，同时也让我们忧心忡忡，因为战争时期旅途奔波实在太危险了，1942年的情形更是如此。我想，是在

[1] 可能是将华盛顿与古希腊底比斯城相比，斯塔提乌斯在其叙事诗《底比斯》中描写了该城发生的你死我活的血腥残杀，后被索福克勒斯改编为剧本《安提戈涅》。
[2] 罗杰·托马斯·鲍德温·富尔弗德（1902—1983），自由主义政治家、记者，英国王室丛书作者，1937—1948年任伦敦国王学院兼职英语讲师，1940—1942年任战争部非军事助理，1942—1945年任空军大臣助理私人秘书。

接到你和往常一样语气欢快、告诉我们你已安抵纽约的电报之后吧，拉什打电话给我，让我去买一份《标准晚报》，上面有一些关于你的消息。他的语调悲伤凝重，我立马就去买了一份。上面有消息说，你病倒了，被直接从机场送到医院（此说后来证实与事实不太相符）。你的妈妈此时已经在帕丁顿车站准备乘车去牛津，我本来也要到那里与她会合一起去的，她被我紧急叫回伦敦住所，两人开始近乎疯狂地给你的上司——当时的情报部大臣——打电话探听情况。大约到了晚上十点，那边总算传来消息，说是一个叫托马斯[1]的先生到医院探望了你，你目前的状况好得不能再好。这条神圣无比的英语短语意味无穷，可以做任何解释。从中我们只获知了一条信息：你还活着，这就足够了。当时我灵机一动，突然想到，何不给魏茨曼博士发封电报问问？他那时正好在纽约。感谢他回了封那么贴心的电报安慰我们，令我们终生难忘。我们开始真的相信你已脱离危险。你本人也不断给我们发电报或写信宽慰我
们，将自己的病轻描淡写一笔带过。可是连续有十天半 404
个月，我们还是时刻处在极度焦虑和担心之中。你之所以染上肺炎，是因为住在香农酒店时夜里忘了关窗，住在那里是为了赶第二天飞往纽约的飞机。在我们为你担

[1] 见原文第411页注2。

心忧虑之时，我们也多次深感万幸，还好大轰炸时你不在伦敦，这是我们唯一的莫大安慰。特别是知道你在伦敦遭遇空袭时，从不躲到防空洞里，而是无畏地（或许也是愚蠢地）将自己暴露在一切危险之下。我们有时会在报上读到有关你的文章和评论，每次都让我们为你感到骄傲与自豪。这一点无可非议，为人父母的人都能理解。[1]

致门德尔·伯林

1942年10月1日［电报］

纽约哥顿酒店

健壮成长的以赛亚·伯林。于纽约，哥顿酒店。

10月2日，下面这篇报道出现在伦敦《标准晚报》中：

高空病

我听说以赛亚·伯林博士在纽约得了重病。在从英国乘飞机飞越大西洋返回后，他被送进了医院。据猜测可能是由于高空飞行引发了窦炎。

原籍俄国的伯林博士是牛津大学最知名的哲学家之

[1] 门德尔·伯林，《家庭回忆录》。

一。不久前他还曾担任克莱丽莎·丘吉尔小姐[1]的哲学课导师。他是目前三位在美的全灵学院研究员之一，另外两位是哈利法克斯勋爵和约翰·福斯特先生。福斯特先生是一位律师，目前在驻华盛顿英国使馆担任一秘。

情报部的会谈

伯林博士是驻华盛顿英国公使哈罗德·巴特勒先生的主要顾问之一。他曾多次到伦敦参加情报部召开的磋商会议。作为驻美英国情报处调查报告室的负责人，伯林博士负责定期撰写美国政治舆论分析报告并发往伦敦。 405

在后来的版本中，这篇报道有了一些改动。它是这样开头的："我听说牛津大学哲学家以赛亚·伯林博士乘飞机由英国抵达纽约。可能由于途中不适，飞机着陆后他去了医院。"似乎为了弥补先前报道的轻描淡写，改后的版本将以赛亚·伯林形容为"矮胖粗壮"，"是牛津大学的知名人物之一"，以及"他长了一颗知识分子的大脑袋，戴着厚厚的眼镜"。接下来这段是新增加的：

[1]（安妮）·克莱丽莎·丘吉尔（生于1920年），温斯顿·丘吉尔弟弟约翰·斯特兰吉·斯宾塞·丘吉尔（1880—1947）的女儿，后（1952）与安东尼·艾登（原文第431页注1）结婚。她并未正式修读哲学课，授课的也不是伯林，而只是在1939—1940年间由A.J.艾耶尔非正式地指导过，并通过他的关系，认识了伯林。

误会

尽管他是一位出色的交谈者，要理解伯林博士却不太容易。

昨晚抵达纽约的迪克西·泰格[1]小姐是一位美国记者，今天见面时她告诉我与伯林博士在华盛顿的一次会面。伯林博士滔滔不绝讲了几分钟，趁他停顿的当儿，迪克西·泰格小姐俯身向前道：

“对不起，我不会说法语。”[2]

致玛丽和门德尔·伯林

1942年10月2日星期五［手写明信片］

纽约东68街525号纽约市立医院

必须承认，像昨天那样给你们发电报，说自己“健壮成长”，也许不够明智，也没说真话。我确实是夸大其词了。在爱尔兰逗留等待飞机的那个星期，脑袋着了凉，等到达纽约，过去那个熟悉的、习以为常、不再可怕的窦炎症状就复发了。根据你们一贯的教导，我决定还是上医院为妙。这里的医院好比私人疗养院，有单独的病房和护士，当然价钱

[1] 迪克西·泰格（1905—1946），时任《纽约邮报》的驻外记者。

[2]《标准晚报》1942年10月2日第2版，“伦敦人日记”（未署名）。10月5日，他父亲给他寄了两份剪报，并在信上写道：“早些的那篇报道说你得了‘重病’，可以想象我们多么难过，接下来那篇报道程度就缓和多了。”

也绝不便宜。我想，惠勒—班纳特既然家财万贯又身体欠佳[1]，**一定**会有位好医生。于是第二天我就到这儿来了。在他主治医生豪泽的关照下，十分舒适地住进一间摆满鲜花的单人病房。没有疼痛，体温约38摄氏度（今天早晨37.7摄氏度，如同我在电报里所说的；下午37.4摄氏度）。那些花全是朋友送来的，大家都非常关心我，犹太老“客户”们蜂拥而至，不得不谢绝来访。菲利克斯夫妇派了他们的朋友阿尔弗雷德·科恩过来，让他写一份报告（鲍拉先生会告诉你们他是谁）；他告诉他们不用担心。查尔斯目前在山区疗养，我从这里出院后打算也去那里休养一段。《标准晚报》 406
又在胡说八道些什么？一定把剪报寄给我。从本质上来说，我还是健壮有力的。

以赛亚·伯林

F. 劳在我这儿，向你们问好。还有惠勒—班纳特。

我能想象出你们现在的心情。为了减轻你们的担心，我会设法给你们打个电话，不过肯定实现不了。明天会继续给你们写信。

[1] 他有血压不稳、疲乏无力和其他毛病。

致玛丽和门德尔·伯林

1942年10月5日星期一［手写明信片］

纽约市立医院

整个过程非常简单。我想从离家后星期一那天在爱尔兰等飞机开始（我是星期天离开的，你们应该记得），我就感觉不舒服了。窦炎开始发作，不过我睡得很香，胃口也好得惊人，消化顺畅，没有疼痛。但由于多次乘坐四处透风的公交车前往机场，每次都失望而归，炎症便老不见好。到我一星期前抵达纽约时，老毛病便又重犯了。我了解所有的症状，于是近乎习惯性地行动起来——找医生，体温下降——酒店里住了一夜，体温再次升高，简单咨询了非常和气**非常**善良的医生之后，便让弗雷德·劳（他很快要返回英国，我想是出于荣誉感[1]吧）陪着住进了这家医院宽敞、通风的病房，配备了特别护理。惠勒—班纳特、查尔斯和西德尼·伯恩斯坦[2]送了好多花来（伯恩斯坦是我们的电影导演。长得十分帅气，为人谦和，彬彬有礼。他在伦敦拥有好几家剧院，对我特别关切，送我到医院，又带来很多鲜花和书籍，有求必应）。他不久后将返回英国，希望会与你们联

[1] 伯林此处原文为：pour l'honneur。"出于荣誉感"之说或许是表明他并非因为胆小才来到美国。

[2] 西德尼·刘易斯·伯恩斯坦（1899—1993），反纳粹社会活动家，电影商人，与好莱坞和美国媒体均有联系；1940—1945年任英国情报部电影顾问；1942年任驻华盛顿英国使馆联络官；1942—1943年任北非盟军指挥部电影制作室主任；1943—1945年任盟国远征军最高统帅部电影制作室主任。

系。这期间，菲利克斯·法兰克福特、我的同事，还有巴特勒等不断前来问候，最后医生不得不中断我的一切对外交往。他认为我需要绝对休息。薇拉·魏茨曼写来一封热情洋溢的信，邀请我去他们目前所在的山间疗养院，说那里才能享受到绝对的安静。我准备下周去。周四我给你们发电报说我健壮有力，**一点不假**：体温已经恢复正常，正悠闲地躺在床上读钢琴家李斯特的生平传记。《标准晚报》一定是缺新闻了，居然拿我来凑数当题材。不管怎么说，写这篇报道的记者A. 库克[1]被同事骂得够呛，怪他让你们担心紧张。 407
没事干就喝点小酒（新鲜芳醇至极），我觉得一生中从来没有这么好过。每个人都对我关爱有加，生活充满乐趣。一定要写信给我，洛克菲勒中心30号英国情报处转我收即可。说说你们在伦敦的情况，以及怎么与情报部取得联系（他们给我发了一封充满同情的慰问电报）。得胜！光荣！我现在是外交部一等秘书啦！

爱你们的

沙耶

[1] 不是阿利斯泰尔·库克，据他回忆，《标准晚报》的艾里森经常利用两人名字上的相似，浑水摸鱼，从中得利。

致玛丽和门德尔·伯林

1942年10月7日［手写明信片］

纽约市立医院

我注意到，你们两人的电报在语气上存在微妙差别：门德尔·伯林焦虑不安并带有一丝怀疑（诸如“请告**实情**”，“是外科手术吗？”，等等），而玛丽则平静安详得多。实际上，医生并未对我的窦炎进行什么特殊的治疗，使用的基本上就是阿克兰德—霍布森[1]式的技术。等我离开这里（费用高得吓人，但除非被赶出去，我不会离开，因为实在太舒服了。另外我要尽量从情报部讨一些英镑来，作为新的人事任命下达前最后的请求），那时面临的问题是：我是去魏茨曼在纽约山里的疗养院，还是大胆说服惠勒—班纳特，让他到亚利桑那州去（那里地势高，僻静，气候温暖干爽），**或者**两个地方都去？无论如何，这次我会照这位出色医生的嘱咐去做。你们现在应该已经见到弗雷泽夫人[2]了。下一次最新消息会由西德尼·伯恩斯坦提供。告诉米利亚姆［·罗斯柴尔德］，让她往这儿给我写信。

爱你们

沙耶

[1] 指阿克兰德私人疗养院（原文第131页注1）和伯林的医生（原文第140页注5）。
[2] 所指不明。

致玛丽和门德尔·伯林

1942年10月16日［手写明信片］

纽约东68街525号纽约市立医院

很高兴收到你们的来信。首先让我回答以下问题：任何手术都无法根治窦炎，作用只是减轻严重炎症，但我并不 408
存在这种情况。我是用红外线治疗，不能根治，但可以保证短期内不出问题。让我说得更清楚一点。我知道自己在爱尔兰就病了，因为偶尔有发烧现象，但胃口依然极佳。如果在当时就把我的病情张扬出去，我就得躺在利默里克的医院里了。不知道你们对爱尔兰天主教会的医院了解多少。可以让考克斯（在我们那次出名的车祸后）告诉你们。总之，我宁愿继续旅程，并相信自己绝对正确。在美国根本就不存在什么私人疗养院，医院里全是像我这样的单人病房。我这里宽敞明亮，墙壁刷得雪白，满屋子的阳光和鲜花。（花是查尔斯、［惠勒—］班纳特、罗斯柴尔德夫妇，以及别的你们不认识的人送来的。还有我的前任秘书们送来的书籍。）今天我情况很好，体温36—36.6摄氏度，X光片没有再发现什么阴影，消化系统和胃口保持正常。医生强调的唯一一点是每次接完两个电话，我的脉搏就会加快十下，也就是说，人有点虚。他建议说，我在走之前这三四天内杜绝所有的访客和电话，但口气并不坚决。查尔斯打电话让我快点过去，他等得有点不耐烦了。谢谢寄来的剪报，我完全能够体会你们当时的心情。劳特帕齐特夫人很快会回国，走之前会来看我。

爱你们

沙耶

我曾几次突发奇想，考虑把妈妈弄到这里来——我不需要人看护，只是觉得很想这么做——可是冬天太冷了，过来不太合适。我会考虑在夏天做点什么，连续八个星期坐在里斯本未免太无聊了。

爱你们

沙耶

致玛丽和门德尔·伯林

1942年10月17日［手稿］

纽约市立医院

我亲爱的父母亲：

尽管所有的前任秘书都主动提出过来记录我的口授，但我认为亲笔信会让你们觉得更为真实。你们在信中说得很对，我确实是在一点一点地透露我的“病情”。至于主要原因，伯林夫人以她瓦德汉姆学院院长称之为“令人惊叹的洞察力”，猜得完全正确。虽然《标准晚报》因为不了解而称我的病为窦炎，但的确不是。真正的病因是周身疲劳。这不
409 是在英国待多久就能治愈的。牛津充满了乐趣，各类人等形形色色，各种书籍目不暇接，还有每天接连不断的电话，离

开它确实感觉无聊乏味。至于在爱尔兰的经历，当然非常奇特。如同我在上一张明信片里所说（希望你们全都收到了），当时除了原因不明的低烧，我的健康状况总体而言很好。只要能够避免，我可不想自投罗网，让自己和爱尔兰医院打什么交道。我想，此时乘跨洋飞机到纽约，比起要求获批回伦敦（因为一点点低烧就打道回府，未免显得太愚蠢可笑），乘同样的飞机+火车+无数的复杂情况+等待，并不会多一分危险。于是我就飞回来了。一到纽约，我便头脑清醒地意识到自己首先得上医院。肖勒姆酒店没有空房（居然如此对我这位老顾客。我大发了一通牢骚，把他们吓坏了），却引来了弗雷德·劳。当时我感到莫大的宽慰，因为我清楚，一旦最坏的情况发生，我还能依靠他的帮助。然后我心想，既然惠勒—班纳特（a）体弱多病，（b）家里又那么有钱，那么他一定有位好医生。果然如此。豪泽医生亲自到肖勒姆酒店对面的哥顿酒店（55街和第五大道交会处）来看我。哥顿酒店比肖勒姆酒店高级，房价也更高，但因为我外交官的身份，给我打了折。第二天上午，我的体温达到38.4摄氏度左右，于是我住进医院。美国没有私人疗养院，取而代之的都是医院里整齐划一的单人病房和护士，至少费用一样昂贵。西德尼·伯恩斯坦送我到了医院，他是我们的电影导演，不久后将回英国，希望到时他会去拜访你们。他非常机灵搞笑，举止高贵，有点花花公子的派头，但对我非常体贴关心。顺便我想到，得给情报部的速记员送件礼物，感谢她对我的悉心照顾。同时，在考虑送什么的时候，我也想到了你们，让伯恩斯坦的秘书给你们买一些小化妆品什么的，再给我们的朋友切斯特[1]买一包雪茄。当然，到时候你们得给这些东西付税钱。继续刚才的话题：医生给我开了磺胺嘧啶片剂，这是一种新药，大家对它的效力深信不疑。[2]它真的让体温降了下来。于是当时我发电报给你们，说我“健壮成长”，事实确实如此。或许是有点诡辩，可我能说什么？难道要我写“送进医院卧床不起，持续发烧原因不明”吗？但是，饶舌的《标准晚报》破坏了这一切。所有人都把关注
410 焦点集中在我身上，不光是查尔斯和薇拉［·魏茨曼］，他们正在位于纽约芬代尔大街（一个犹太人密集居住区。当财政部长亨利·摩根索[3]听说这是查尔斯的地址时，非常吃惊）的格罗辛格酒店[4]等候我回去，还有无数其他人：包括

[1] 可能指（丹尼尔）·诺曼·切斯特（1907—1986），1936—1945年任曼彻斯特大学公共管理学讲师，1940—1945年任职于战争内阁秘书处经济科；1945—1954年任纳菲尔德学院研究员，后（1954—1978）任院长。

[2] 抗菌的磺胺类药由格哈德·多马克在德国伍珀塔尔的I.G.法本化学实验室研发成功。磺胺类药能够有效抑制链球菌感染，于1935年投入市场。在盘尼西林出现（到20世纪40年代末才开始在普通大众中使用）之前，磺胺类药一直被视为首选特效药。多马克为此获得1939年诺贝尔医学奖。

[3] 小亨利·摩根索（1891—1967），1934—1945年任财政部长，持保守经济观点；经常与罗斯福起冲突，但二人始终保持朋友关系。

[4] 格罗辛格酒店1919年由奥地利移民詹尼·格罗辛格创办，以高质量的餐饮、娱乐健身设施以及地处乡村而著名。

我的同事［惠勒—］班纳特和托马斯[1]；摩根夫妇[2]一回到家就来看我；四位打字员捐出四美元给我买书（约有二十五本已经到达）；还有我的朋友盖伊·罗斯柴尔德[3]；伊林斯卡伯爵夫人[4]（弗劳拉·所罗门的设计师姐姐，嫁给波兰官员希科尔斯基[5]）做了特制的汤给我喝；菲利克斯寄了一本书；玛丽安写了一封很长的信，并答应说会多写信，也让我多给她写；劳特帕齐特夫人送来了鲜花，她很快就要回到剑桥乏味的丈夫身边，还有A.兰博德爵士——这两人都准备回国，到时都会给你们打电话；我的记者朋友艾尔索普从日本人的拘留所[6]释放回国后，也过来看我。还有数不清的其他人。虽然他们的来访让我很开心，而且我的热度两周以前已经恢复正常，但过多的访客和电话对一个身体虚弱的人还是不太合适。大约一周前，我的脉搏开始一分钟跳九十下，

[1] 本（杰明）·克鲁森·托马斯（1902—1975），律师；1939—1941年任新闻检查官；1941—1946年任职于纽约英国情报处金融地产部门；身高六英尺七英寸。

[2] 奥博雷·摩根和他的第二任妻子康（斯坦丝），两人在纽约的英国情报处调查科和英国新闻处工作。

[3] 盖伊·德·罗斯柴尔德*（生于1909年），法国银行家，因为不想当一个（用他自己的话）“贝当统治下的犹太人”，1941年10月与其妻阿历克斯来到纽约，加入自由法国组织，当时正等待命令到伦敦总部（原文第419页注3）。见他撰写的《命运弄人》（伦敦，1985），第272页。

[4] 伊林斯卡伯爵夫人即菲拉·贝纳森（1898—1977），纽约时装商店邦威·泰勒的时装设计师，与贾努兹·伊林斯基伯爵结婚。

[5] 乌拉迪斯拉夫·希科尔斯基（1881—1943），波兰政治家、将军，1939年离开波兰在国外建立军队，成为国外所有波兰军事力量的总司令，以及波兰流亡政府总理；总部设在伦敦。在直布罗陀因飞机失事身亡。

[6] 乔·艾尔索普从海军又转而参加了美国飞虎队，在香港遭日军逮捕，1942年8月作为交换战俘释放。

太快了。因此，我采取了一个前所未有的克己行动，切断了所有与外界的联系。不见访客，不打电话，这样坚持了五天。一切立刻全面改观。起床前后测脉搏，体温已经不需要再量，吃也完全正常，排骨、牛肉、鸡肉，每天喝大约两加仑果汁。采用的是一种所谓的沐浴休息疗法。我不需要夜间护理——妈妈的意思我完全清楚——但我睡得非常正常。从早晨八点到晚上八点，一整天我都有一位专门护士照顾。而且不用说走廊上还到处是护士，只要轻轻按铃，她们就会飞奔进来。还有一位身材魁梧的男护理员，他是灌肠专家，总是怂恿我来上一次，似乎它是一种违禁的快乐。他说他喜欢为病人灌肠，病人一点不觉痛苦，之后便一身轻松。我通常靠李子干与无花果，它们更起作用。

411 让我说一下每天的生活：病房是米黄色的，从十二楼看去，视野很远，整个纽约尽收眼底。屋内有两张粉色的扶手椅，还有摆满鲜花的桌子和一些小摆设。睡觉时我都戴着眼罩，清晨四周也静谧无声，但我通常在八点半左右醒来。醒来后拉铃。护士华莱士小姐会应声走进病房。（她模样长得有点土气，但干事麻利，体贴病人，为人朴素，是这里公认的最佳护士。她没受过什么教育，但心地善良，工作起来像钟表一样准时可靠。）(a) 她帮我洗脸、洗手、刷牙，(b) 让我吞下两粒维生素，可可味，说是对身体好，(c) 接着给我一杯热橙汁和 (d) 一份《纽约时报》，(e) 最后给我端来早餐。我通常吃一种叫沙麻里纳［原文如此］的东西，一两个鸡蛋，咖啡，一个烤苹果或几颗无花果，外加面包。这一番苦行修炼之后，我会休息二十到二十五分钟，这期间护士给我读一些内容粗俗的小报。然后煞有介事地递给我电子剃须刀，开始刮胡子。一切都做完后，我才起床，披一件衣服，靠在扶手椅上，一边休息，一边读书。如果有人来看我，我就接见他们。快中午的时候，医生会来查房，检查一番后告诉我身体恢复得很好。每隔一星期量一次血压，偶尔也拍窦道X光片。我的血成分和血压情况极佳。十二点十五分洗澡。前一段都用酒精洗，效果特好。一点钟吃午饭。午餐我吃得很多，有牛肉汤、薄鱼片、无数的青菜、脱脂乳，还有大量炖煮好的水果。两点钟午睡。四点钟醒来，一身大汗，感觉极爽。用科隆香水全身擦过后，再次起床，喝咖啡，吞维生素片。然后给华盛顿打电话，收集各种舆论情报。六点钟吃晚饭。喝很多汤，吃鱼或鸡肉、沙拉、水果。橙子和菠萝汁轮着喝。六点半，通常读书或与人下盘棋。七点半，再次洗脸，洗手，刷牙。七点四十五分我已经上床，床头堆满了书、收音机、橙汁、鼻炎喷雾，一盏电灯，防止鼻窦炎万一发作时使用（好在它几乎没发作过）。病房内收音机天线、拉铃绳，再加上电话线，纵横交错，给所有进来的人造成重重阻碍。此刻（大约九点），我正在听莫扎特的巴松管协奏曲，准备读贝蒙[1]写的一本关于侍者生活的滑稽小说入

[1] 路德维希·贝蒙（1898—1962），奥地利出生的美国作家。书名可能是《斯普

睡。还有什么能比这种生活更加惬意？约翰·福斯特来看过我，很感谢他。兰博德也千里迢迢从华盛顿赶来。约翰建议我限制访客，或者不要回答他们，只需充满智慧地点头即可，以保存体力。他总是这么搞笑。我可能会在这里再待一星期左右。就看自己感觉是否足够强壮。至少一个月内我不会回使馆。就此，很快会再写信。

爱你们

412 以赛亚·伯林

致玛丽和门德尔·伯林

[1942年] 10月23日星期五 [手稿]

纽约东68街525号单人病房

我亲爱的爸、妈：

听说你们（爸爸）10月15日的来信是由尼古拉斯[1]转交，通过外交公文袋[2]寄给我的。这封信我打算也采用这个路径，即通过外交公文袋由尼古拉斯转交给你们，看看结果

兰德酒店》（伦敦，1942）。

[1] 赫伯特·乔治·尼古拉斯*（1911—1998），1931—1935年就读于新学院古典学专业；1935—1937年任耶鲁大学现代历史联邦基金研究员；1938年任埃克塞特学院政治学讲师；1946—1951年任研究员。他在伦敦英国情报部美国司工作期间，是伯林的主要联系人，也是伯林向父母传递真假信息的渠道。据他说，掩盖伯林真实健康状况需要"无节制的一连串伪证"（致伯林的信，1943年5月14日）。

[2] 根据国际条约，通过往来于使馆与其政府之间外交公文袋寄送的物品可免于所在国的检查或干涉。虽然外交公文袋的作用是寄送官方文件，但在整个战争期间，从美国寄出的外交公文袋还用来为丘吉尔运送古巴雪茄。

如何。我总以为直达的航空信和明信片会到得很快，但在你们15日的来信中只字未提我自9月底以来给你们寄去的好几张明信片，全部都是用普通航空信寄去的。下封信中一定要记得告诉我这封信（星期六才能到华盛顿，也就是明天，10月24号）是在一张标着“24日星期六”的明信片之前还是之后到的。我会在英国政府邮件投递员将此信送达华盛顿的那一刻寄出明信片，也就是明天上午十一点。这些邮递员十分可靠，是众所周知的“安全助手”，但生活贫寒。不错，你们批评得很对，我确实没有告诉你们实话。不过，如果我能将窦炎发作的病情瞒着你们，我一定会这么做，这是**不用说的**。就像爸爸将消化系统的毛病瞒着我一样。当然到最后我还是会告诉你们一些情况，因为实在拖得太久了。我以为窦炎不外是三天发烧，加三天注意饮食就好[1]了。麻烦的是，除了轻微的气管炎（持续了一周左右），引起疾病的真正原因**并非**窦炎（不是很严重，和前几次差不多），而是周身疲劳。所以，等病好后四五天，我被查出来整个人处于虚弱状态，不适于工作，需要休息和静养。这种时候，假如我们家在美国有房子——不是住酒店——而是自己家，我想我会直接回家。或者在护理的陪同下到海边休假。但在当时那种情况下，我觉得，那位好医生也觉得——他的确是一个好医生——只要护士知道如何挡住访客，没有哪里比这里的病

[1] 伯林此处原文为：basta。在意大利（和西班牙）语中，该词意为“足够了”。

房更加安静。开始时我**希望**有人来看我。想到有那么多人准
413 备为远在异乡的我伸出援手，就让我感到说不出的温暖：盖
伊·罗斯柴尔德主动提出为我找一间绝对安静的房间；艾
尔索普也是；查尔斯就更不用说了。惠勒—班［纳特］到
目前还在打算和我一道去亚利桑那。但很显然，访客对我没
有好处。

正如我之前实话对你们说的，目前我的体温、消化等都已完全恢复正常。唯一不正常的是每次用力之后，比如洗澡或在阳光下散步，脉搏速度就会从每分钟七十二下加快到八十六甚至九十下。确实有许多人脉搏每分钟跳八十五下照常工作，自己也逐渐会慢下来，不过巴特勒让我别着急。（要是在牛津的时候他也对我这么说就好了！）我的日间护理更是一位严格遵守纪律的人，他让我实行严格的起居制度，谢绝**所有**访客，切断**一切**电话，一旦有急事，三言两语说完。这么做的结果是，目前脉搏在八十下左右，再过一段时间就会回到七十二下。医生告诉我想出院的话随时都可以，但这么做不太可取。当然也有人出院后病情并未加重。以上是我的近况，全是真话，绝无半点虚假。我不需要夜间护理，因为我睡得很香，没有必要。白天我有一个特护，早上八点到下午四点，最基本的护理时间，因为我需要有人帮我谢绝朋友来访，给我维生素片，清洗窦道，在我午睡时不让护士等人进来打扰。四点以后，这些事由普通护士们干，我想她们谁都可以做，但医生希望由专人向他汇报，所以我只好留下她。

要让你们真正信服，我想唯有靠亲眼见到我的人跟你们说了。你们还记得盖伊·奇尔弗吗？个子很高，棕色鬈发，也是大学老师的那位？记得他来过49号一次，并且肯定也来过牛津。他近期要回英国，隔上一段时间[1]都会来看望我。我会让他给你们打电话。在他返回科尔温湾的粮食部前，请他在伦敦喝个茶。我之所以夸医生好，是因为他什么事都不着急，希望我暂停工作一段时间，不要急于回去。他十分坚持这一点，准备亲自给巴特勒写信说明，对我就像朋友。收到尼古拉斯的信，说他去看了你们。这个人有点无足轻重——不能这么说，毕竟我这封信得通过他寄出去——只是他属于被侮辱[2]的那类人，有点心胸狭窄[3]。但我想可以在这里给他留个位置[4]，因此他目前非常肯干[5]。此刻收音机里正播放着歌剧《鲍里斯·戈都诺夫》。我刚吃完晚饭（现在是六点半），晚餐有奶油鸡白汤、维也纳炸肉排加芦笋尖、胡萝卜丝、酸卷心菜丝，最后这道是一种味道比较清淡的泡菜。然后是脱脂乳、一杯巧克力（喝咖啡**怕**睡不着。我在这里吃得很痛快，
但**极其**小心）、炖煮过的洋李干（不敢冒险）、一大团蔬菜沙 414
拉。有时候我甚至敢冒大不韪，吞下一大堆菠菜泥——groz，

[1] 伯林此处原文为：öfters。
[2] 伯林此处原文为：оскорбленные。陀思妥耶夫斯基的小说题目《被侮辱和被损害的》也使用了同一个词。
[3] 伯林此处原文为：мелочный。
[4] 伯林此处原文为：у меня есть место для него тут。
[5] 伯林此处原文为：временно очень преданн。

如果我没记错这个词。我**想**下个星期，不管什么医生不医生，我都得离开了。我觉得身体太好了，不能再待下去。非常感谢H.艾伦爵士给我的祝福，但我从来没有病得严重到要“挺过来”。希望《标准晚报》不再对我感兴趣。我不喜欢被人说成肥胖，有关迪克西·泰格的故事也完全是无中生有。但如果他们又说了什么，一定要把剪报寄给我。再有那种事的话，你们一定不会再相信我了。

爱你们

沙耶

希望你们能意识到，这封娓娓道来、想排除你们担心的信中所表现出来的精力，不可能出自一个身体虚弱的病人之手。难道你们不相信塔木德的逻辑推理方法[1]吗？说到这点，替我向拉什问好。

（昨天收到的明信片上日期有点怪，好像写着26日什么的。）

10月底伯林离开医院后，去了哈伊姆·魏茨曼那里。当时他也在养病，和夫人薇拉一起住在纽约州卡茨基尔山的格罗辛格酒店。伯林在此度过短暂康复期后回到纽约。

[1] 使用隐晦或诡辩的对比方法研究和解释《塔木德经》。

致玛丽和门德尔·伯林

1942年11月9日［手稿］

纽约哥顿酒店

我亲爱的爸、妈：

从这张精致的便条纸看，你们会以为，与在肖勒姆酒店的日子相比，我已经飞黄腾达。其实这家酒店和肖勒姆距离四百码左右（肖勒姆酒店是弗雷德·劳的最爱，这会儿他一定已经抵达英国，这里谁也不相信他**真的**会回去——我想他会听到一些不怀好意的话），对面是查尔斯住的圣瑞吉斯酒店，正好在两者之间，便于串门。圣瑞吉斯酒店和哥顿酒店都对外交官员打折（！）因此，仔细考虑之后，我想还是住在这里，条件好，又能负担得起。和查尔斯共度假期真是太棒了。他们住在山里一个风景秀丽的别墅式酒店里。酒店（老板是加利西亚移民）不肯收他任何费用，作为回报，查尔斯被迫与当地宗教界的重要人物进行了短暂会见。但是，当两 415
名哈达沙组织的妇女径自走进花园，唐突地走近查尔斯和他搭讪时，薇拉用她最最傲慢高贵的口气责问道："你们不识字吗？"（外面的围栏和大门上写着"私人住宅"。）并像赶猫一样将她们赶出门。她对资产阶级的仇恨有点走极端，但对下人则很好。她认为罗曼娜·古德曼[1]是个傻瓜，选择过这么

[1] 罗曼娜·古德曼，婚前姓曼茨克，英国犹太复国运动领袖保罗·古德曼（1875—1949）的妻子，国际犹太复国主义妇女组织创始人之一及主要成员。

普通的生活，品位如此平庸。（“想想看，罗曼娜住在乡下的家庭旅馆里，居然还说‘多么可爱的人，这些退休的印第安政府公务员’。想想她那副样子！”）她讨厌丽贝卡·西弗[1]，嫌恶艾德太太[2]，说她总让自己感觉说错或做错了什么事。她妹妹也来这里了，典型的俄罗斯人，同她姐姐与查尔斯结婚前一模一样：高雅、好交际，但不容易让人记住。查尔斯身体状况极佳，对非洲运动十分满意，显然已经从痛失爱子的悲伤中解脱出来。而薇拉则完全崩溃。心脏也好像受到影响，我在那里期间，大部分时间她都躺在床上，吃饭时也会黯然神伤，忍不住流泪。不抽烟，不打扑克，对我非常温柔体贴，无微不至。偶尔也会有朋友们前来探望，然后离开。你们一定想知道我究竟是怎么得的病，什么原因引起，还有我为什么想去亚利桑那州。我想，离开英国那会儿，虽然人有点累，身体状况还很好，之后就在爱尔兰受了寒。英国海外航空公司[3]不是一个称职的东道主，对自己的尊贵旅客漠不关心（旅客被三三两两安排在没有暖气的房间里过夜，而本来是很

[1] 丽贝卡·西弗（1890—1966），迈克尔·马克斯的女儿，创办玛莎百货连锁店，伊斯雷尔·西弗的妻子。他形容自己的太太和薇拉·魏茨曼是“不断相互攻击的终身朋友”，见伊斯雷尔·西弗，《回忆录》（伦敦，[1970]），第123页。国际犹太复国主义妇女组织于1920年由两人共同创立，她们的分歧部分也与该组织的运作有关。
[2] 伊迪斯·艾德，婚前姓洛（1872—1944），第一任丈夫为莱斯利·哈登—盖斯特，后与心理分析学家、英国犹太复国运动领袖（蒙塔古）·戴维·艾德（1865—1936）结婚；犹太复国主义妇女组织创立时期成员之一。
[3] 英国海外航空公司成立于1939年，为英国国有航空公司，后被英国航空公司兼并。

容易安排得更好一些的）。我知道情况不妙，因为第二天中午体温开始上升，等到第三天后，就成了规律性的发烧。我以为自己只是得了普通感冒，抵达纽约后，发现全身提不起劲来，于是去拍了X光片，服用了磺胺类药（药效确实惊人，干净彻底地消除了感染）。这些药使人感到乏力，但所有的链球菌、肺炎球菌，以及其他任何可能引发肺炎或胸膜炎或其他疾病的细菌，全都在瞬间一举歼灭。于是我在9月28日星期一到9月31日[1]星期四这几天度过了危险期。到了星期四，体温完全恢复正常，我当时充满喜悦的电报中至少这点是事实。医生说一周后，也就是10月7日我就能出院了。可到了那天，我的双腿感觉就像胶冻，软绵绵的，一点力气也没有，
脉搏加快到95下，体温不正常。于是我又继续住院，继续服 416
药，在那里又过了三个星期。每天清洗窦道，喝大量的牛奶和果汁。这期间，又因为发现每次打完电话，我的脉搏总会加快，于是那三个星期我过上了修士般的隐居生活，自觉自愿，没什么见人的欲望，反倒是非常享受疗养院的生活。目前我和查尔斯都已回到纽约。我去见了医生，他认为我没有必要再到亚利桑那州去（那里地势高，空气干燥，充满阳光。因为远离江河湖海，多山空旷，一年四季阳光普照，也没有风，非常舒服，是治疗各类窦炎的理想之地），不过至少在七到十天内不许回华盛顿，于是我老老实实待在这儿。查尔斯

[1] 应为10月1日。

希望我到他的酒店住（好监督我），但他夫人身体那么虚弱，随时需要人照顾，在那里我会感到压抑疲倦。兰博德今天恰好在纽约，很快要走，今晚我们一起吃饭。回去后他会在伦敦给你们打电话。我感觉身体棒极了，但为了让医生高兴，我会待到中午起床，晚上十点睡觉，每天出去散两次步，每次半小时，多喝水，多睡觉。明天我的朋友乔·艾尔索普会来这里吃饭，他也很快要作为美国官员出访英国。一旦这里的工作过于乏味，我自己很快也会回去。

爱你们

沙耶

这个星期最棘手的事是给哈利法克斯勋爵写信，对他儿子[1]的死表示悼念。我认识他儿子。薇拉遭受的打击也一样令人难以承受。

致玛丽和门德尔·伯林

1942年11月14日［手稿］

纽约哥顿酒店

我亲爱的爸、妈：

我依然住在这家酒店的豪华套房里。早上睡到很迟起

[1]（弗朗西斯·休）·彼特·科迪内·伍德（1916—1942），哈利法克斯三个儿子中的老二，女王的约克郡龙骑兵的少校，10月26日在埃及作战中牺牲。

来，晚上十点上床。谁见了我都说我脸色比8月份离开纽约时好看多了。我仍在蠢蠢欲动，想去亚利桑那州过上两个礼拜（也许去那里过圣诞），而不去意大利的阿马尔菲以及地中海地区。说实话，我的健康状况好极了，电子疗法效果已经显现，我的鼻窦目前暂时不会找任何麻烦。不过这里可以向你们解释一下X光显示的整个病情状况： 417

（1）炎症产生的原因是窦与窦，即鼻腔周围面颅骨的含气空腔（如眼睛上方的额窦和上颌窦）之间的孔道太窄，排水不畅，造成阻塞（即鼻腔黏膜炎）和分泌物堆积。（2）我的咽喉是链球菌的滋生地。任何人的咽喉都有链球菌，但我的数量太多了。

因此，为了消灭链球菌，我必须注射抗链球菌疫苗，可以保证至少七年内彻底歼灭链球菌。它不像磺胺类药物，只是消除感染和炎症，现在我已没有这些症状。而且防疫针不是大剂量地打一次，而是分三次，每隔一星期注射一次，每次很少剂量。纽约的医生名叫帕尔默（隶属纽约医院），非常通情达理，对我很和蔼。而且他在华盛顿有个朋友，也是当医生的，因此，必要时，如果我不想每一针都跑到纽约去打，他也可以告诉朋友具体步骤让他代劳。照例，医生问我想不想在鼻孔旁动一个手术，使孔道变宽，我拒绝了。这件事不急，我又没病，暂且等上一两年，看看还发不发作，到时再采取行动。另外我不太相信这个手术，目前为止我还没见到谁动了这种手术而真正根治的。我的主治医生——他名叫埃德温·T.豪泽，说我总体状况非常之好，谁也看不出我曾经住过医院。今天我和摩根夫妇一起吃了晚饭，他们一定要我到惠勒—班纳特那里去，住到他回来，差不多要到25号或26号。（他在纽约时和他们夫妇俩一起住过，眼下正在南方。查尔斯总是把“南”这个音读成“年”，觉得很滑稽。比克先生过去也老这么读，却并不觉得可笑。）我准备就这么做。那里和这里一样舒适，更便宜，况且摩根太太一定会让我过上不受干扰的安静生活。你们不认识她，因此没必要表示什么。为了感谢查尔斯夫人［薇拉·魏茨曼］邀请我去他们疗养院住，你们给她发了电报，但由于美国方面的信件审查，这封电报被延误了，审查员想知道谁是“以赛亚”。被告知此人是英国使馆一秘后，他们表达了歉意。因为爱子麦克尔失踪，查尔斯夫人目前几乎处于歇斯底里的状态——今天恰逢儿子生日，她泪流不止，身边围满了医生护士，查尔斯看上去倒精神抖擞，心情很好的样子。刚刚收到你们的电报，说弗雷德·西德尼[1]详细诉说了我的情况。如果你们见到弗雷德，告诉他我现在正把他那些无聊的书装在马口铁的盒子里，走到哪儿提到哪儿。托尼·兰博德应
418 该已经向你们问过好。还有我的朋友乔·艾尔索普，就是本·科恩跟你们提过的罗斯福的堂兄弟，当新闻记者的那

[1] 即弗雷德·劳和西德尼·伯恩斯坦，这里应为笔误或是考虑节省费用在电报里省去了“和”。

位，他很快要去伦敦。告诉我万灵节茶会的盛况。哈利法克斯勋爵在收到我吊唁他痛失爱子彼特的信后，回信向我表示感谢。我一丝不苟地认真照顾自己，成效显著。喝低因[1]咖啡，晚上睡得很好。

爱你们的

沙耶

我刚刚见到维克托·罗斯柴尔德。[2]他奉英女王政府之命来纽约出差两周。我没让他给你们打电话是因为我肯定他不会打，教养不够。但他很友好。

正如“序言”中所阐明，以赛亚·伯林大多数的“公务”信件在筛选时均被删去了。尽管如此，下面两封信（根据保存下来的形态判断，并未寄出）可以作为例证，说明盛行于使馆部门内部的勾心斗角，同时也展示一下要把伯林充满专业术语的书信传达给普通读者，需要做多么繁重的注释工作。

第一封信也可以作为以赛亚·伯林与他的牛津同事，在伦敦英国情报部工作的赫伯特·尼古拉斯之间大量“违禁”

[1] 不含咖啡因的咖啡（来自法语sans caffeine）。

[2] 这是艾琳·斯特劳斯第二次与伯林见面。伯林当时同维克托·罗斯柴尔德一起在他的纽约寓所里，正好她来拜访。她全神贯注倾听罗斯柴尔德说各种新闻，几乎完全没有注意到伯林的存在。

信件往来的例证。由伯林起草、签上哈利法克斯勋爵名字送出的官方快讯，集中了来自各种渠道的信息和经过整理的摘要报告，带有不同程度的保密性和可信度，其中许多不得不删去的内容便进入了伯林和尼古拉斯之间语气辛辣同时又晦涩费解的往来信件中。

这两封信写于英美盟军突袭摩洛哥和阿尔及利亚的“火炬行动”（11月8—11日）之后。

致赫伯特·尼古拉斯

1942年11月26日［手稿，未寄出］

纽约东70街158号

亲爱的赫伯特：

我仍处于半丧失战斗力的状态，因而无法就当地政要
419 们对戴高乐[1]的态度等展开调查。但有一点确定无疑：当地的戴高乐主义者们处于愤怒和沮丧这两种情绪的轮番袭击当中。在我看来，美国国务院针对他们的政策，是由厌恶他们（以及任何除了奥地利的自由运动）的A.A.伯尔[2]掌

[1] 夏尔·戴高乐将军（1890—1970），1940—1943年为流亡英国的自由法国运动领袖，被美国视为难以驾驭的麻烦制造者；1943—1944年任国民解放运动委员会主席；1944—1946年任法国临时政府总统，后任总理（1958—1959）和法兰西第五共和国首任总统（1959—1969）。

[2] 小阿道夫·奥古斯塔斯·伯尔（1895—1971），律师、经济学家、外交家，罗斯福“智囊团”成员。1938—1944年任美国副国务卿，1945—1946年出任美驻巴西大使，后成为肯尼迪总统顾问。以对他国，特别是英国的强烈厌恶而著名，1942年初曾企图压制英国的整个宣传计划。

控，似乎不是要加强对吉罗[1]将军或达尔朗海军上将[2]的支持，倒更像是要把整个法国完整的组织结构打散，让它们各自为政，陷入混乱，然后把打碎的各个部分重新组合，按照美国可以接受的结构形式，进行全新打造。换句话说，法国人目前统治着赤道非洲、马达加斯加和太平洋群岛，在理论上还包括叙利亚。这种格局会得到允许继续存在下去。达尔朗或者其他什么人，吉罗、赫里欧[3]，任何人，都将在美国掌控下治理北非和西非。罗伯特海军上将[4]会专门留下来负责管理马提尼克岛，可能还包括圭亚那，并直接与华盛顿打交道。没有中央集权，也没有一个反纳粹的效忠对象。戴高乐是否与吉罗达成共识变得无关紧要，因为美国国务院

[1] 亨利—奥诺雷·吉罗将军（1879—1949），法国第七军司令，法国投降后被德国作为战犯一直到1942年；“火炬行动”开始前被艾森豪威尔推选为未来法国军事将领，希望他能够说服北非的维希法国部队在盟军攻击时保持中立，但未成功。在达尔朗海军上将去世后，成为法属西非与北非的政府及军事领袖。后与戴高乐共同担任法国国民解放运动委员会主席一职，但为时很短，在智谋上很快不敌戴高乐。

[2] 让·路易·萨维尔·弗朗索瓦·达尔朗海军上将（1881—1942），1936—1940年任法国海军将领，之后任维希政府高级成员；1942年任北非法国部队总司令及最高专员。11月11日他向进攻法属西北非的英美盟军投降。尽管他以强烈反英著称，艾森豪威尔还是认为他是唯一能够保证法属西非对盟军攻占持中立或友好态度的人，遂任命其为法属北非政府和军事领袖。12月24日他遭年轻的反抗组织战士费尔南德·邦尼尔·德拉·夏贝尔暗杀。

[3] 爱德华·赫里欧（1872—1957），法国前总理，最早支持贝当政府，后遭维希当权者逮捕并交给德国人。

[4] 乔治·罗伯特海军上将（1875—1965），1939—1943年任马提尼克岛、圣皮埃尔和密克隆群岛、瓜地洛普和法属圭亚那高级专员。

420 认为，只要有诺格斯先生[1]、埃斯特瓦先生[2]、布瓦松先生[3]等戴高乐的死硬反对派存在，冲突摩擦、勾心斗角以及公开背叛便将继续下去。也就没有可能达成真正的共识，哪怕只是一种不加约束的共识。赫尔先生[4]和韦尔斯先生[5]用来支持他们这一显然是玩世不恭的机会主义论调的理由是，戴高乐或其他任何法国领导人都无法代表将来的法国（此话不错），如果现在就把一切固定下来作为对将来的担保，很可能到时无法收拾。要想既避免这点同时又能够支持盟军（尤其是支持美国。马提尼克岛和摩洛哥首都拉巴特仍在继续散布反英宣传内容，并未受到盟国的阻止），唯一的办法是让他们相互对立。你问为什么吉罗将军会获得扶持以反对戴高乐，此话也对也不对。实际上，对他欢呼叫好了一两天之后，美国国务院如今已经差不多将他遗弃了。当然，总统是这一切的幕后指使者，他起的作用比国务院大得多，国务院对欧洲问题很少有自己的看法。不过总统也只是运用了处理

[1] 奥古斯特·保罗·查尔斯·艾伯特·诺格斯将军（1871—1971），北非地区法国部队司令；1936—1942年任摩洛哥总督。

[2] 让—皮埃尔·埃斯特瓦海军上将（1880—1951），1940—1943年任突尼斯总督。

[3] 皮埃尔·弗朗索瓦·布瓦松（1893—1948），分别于1938—1939年、1940—1943年任法属西非总督，支持维希政府。

[4] 科德尔·赫尔（1871—1955），律师，民主党国会议员、参议员，1933—1944年任美国国务卿；在外交事务上提倡采取国际主义态度；二战后期致力于为战后时期建立一个新型国际组织。（经罗斯福提名）获1945年的诺贝尔和平奖，以表彰他在创立联合国方面做出的贡献。

[5] 萨姆纳·韦尔斯（1892—1961），外交家，1933—1937年任助理国务卿，1937—1943年任副国务卿（科德尔·赫尔的副手）。

国内政治斗争的常用方法——让双方同时存在，偶尔煽动他们相互斗斗，通过仲裁维持自己的势力和影响。（如：韦尔斯与华莱士[1]，纳尔逊[2]与萨默维尔[3]，麦克纳特[4]与赫西[5]和帕金斯[6]，埃尔默·戴维斯[7]与多诺万[8]，杰西·琼斯[9]与摩根索，等等。）奥地利军团（在妻子是奥地利人的赫尔、伯尔以及传闻还有法兰克福特三人的共同影响下创立）的领导人是极端反民主的大公们，主要组织者为温迪施—格雷茨[10]，他正用一种令人毛骨悚然的方式谈论贝奈斯[11]的未来。其目的显然是想在奥地利周边创立一个多瑙河联邦。据说，有 421
人问罗斯福，一旦捷克人发起抵抗，《大西洋宪章》[12]开始实

[1] 亨利·阿加德·华莱士（1888—1965），曾任美国农业部长，1940—1945年任美国副总统。

[2] 唐纳德·马尔·纳尔逊（1888—1959），1942—1944年任战时生产局主席（该机构成立于1942年1月，目的为调控国内经济）。

[3] 布雷恩·伯克·萨默维尔上将（1892—1955），1941年任战争部参谋长助理（代理）；1942年任后勤补给部队和陆军勤务部队总指挥。

[4] 保罗·沃利斯·麦克纳特（1891—1955），1941—1943年任国防、健康与福利事务办公室主任，1942—1945年任战争人力资源委员会主席。

[5] 刘易斯·布赖恩·赫西少将（1893—1977），1941—1946年任征兵署主任。

[6] 弗朗西丝·帕金斯（1882—1965），1933—1945年任劳工部部长。

[7] 埃尔默·霍姆斯·戴维斯（1890—1958），新闻记者，1939—1942年任哥伦比亚广播公司新闻分析员，1942—1945年任战时新闻局局长。

[8] 威廉（"野牛"）·约瑟夫·多诺万少将（1883—1959），律师，1942—1945年任战略服务处主任。

[9] 杰西·霍尔曼·琼斯（1874—1956），1940—1945年任商务部长。

[10] 温迪施—格雷茨贵族世家与前奥匈帝国的皇族有姻亲关系。

[11] 爱德华·贝奈斯（1884—1948），于1935—1938年和1945—1948年任捷克总统，当时正流亡伦敦。

[12] 1941年7月由罗斯福和丘吉尔签署，制定了对法西斯国家作战的目的和原则，成为战后维持世界秩序的基础。其中很重要的一条是所有民族享有自决权。

施，里面对自决权有明确规定，到时会怎么样。他的回答是，如果那样的话，入捷的美国军队将在那里驻守五年甚至十年，直到捷克人民了解为什么要这么做，并同意采取某种解决办法。把这一点应用到法国问题上，你就会同意我的看法，不可能不同意，即他们采取了同样的策略——分裂法国组织，目的是把仲裁权交到胜利者手上，最好是美国人。让奥地利与捷克人作对（他们正在蓄意制造矛盾——贝奈斯在罗斯福那里已经完全失宠），是他们在中欧地区玩的把戏。至于我们可爱的老爷外交部，从来不会预先考虑任何反对势力，特别是只要能够继续保住戴高乐和叙利亚便心满意足，任由北非和西非笼罩在暂时的美国影响之下。偶尔的冷落轻慢（比如麦克先生[1]有意推迟在直布罗陀露面，这事你一定知道）有助于加强合作的紧迫感。我承认自己带着一种与“国家”周刊[2]类似的讽刺笔调，但我真的忍不住生气，既为贝尔先生这样毫无防备地接受阻止法国团结在某个人或某件事周围的政策，也为我们表现出了极度软弱无能。在这方面，伦敦最好的消息来源渠道是我的老房东和老朋友A.兰博德爵士（克鲁克香克[3]认识他），但前提是他愿意谈。

[1]（威廉）· 亨利 · 布拉德肖 · 麦克（1894—1974），爱尔兰出生的外交官，1942—1943年任德怀特 · 艾森豪威尔将军（北非盟军总司令）手下的民政事务联络官。

[2]《纽约时事周刊》。

[3] 罗伯特（“罗宾”）· 詹姆斯 · 克鲁克香克（1898—1956），记者，1928—1936年任《新闻纪事》美国通讯记者；1936年任助理编辑（1948—1954年任编辑）；

他最近被增补调派到外交部法国司，因此这一有关美法政策的消息绝对真实。就个人而言，发挥最大影响力的当属在阿尔及尔的墨菲先生[1]。我见过他，他的观点是，要有计划有步骤地让魏刚[2]（或其他人）一方面与戴高乐作对，另一方面与赖伐尔[3]结仇，唯有如此，才能充分实现战后的可塑性，同时保证战争期间法国各个派别组织对美国的忠诚。下星期回到华盛顿后，我会设法收集详细情报。非常感谢转交附信。 422

你的

以赛亚·伯林

1941—1945年任英国情报部美国司司长，1941—1942年任英国驻美情报处副主任；"在他手下工作很愉快；办公室所有的人都很喜欢他"（根据尼古拉斯·卡尔对以赛亚·伯林的访谈，见原文第309页注1）。

[1] 罗伯特·丹尼尔·墨菲（1894—1978），美国自由情报官员，争端调停人、外交家及解决麻烦的能手。1941—1943年任罗斯福在北非的政治代表，为艾森豪威尔登陆北非专门建立了情报网络。

[2] 马克西姆·魏刚将军（1867—1965），1940年5月被任命为同盟国法军总司令；法国投降后，成为法属北非总代表和非洲法军司令。他公开表示反对轴心国，1941年11月在德国坚持下被免职。1942年被捕，关押在德国。1945年回到法国，因叛国罪遭逮捕及审判，后无罪释放。

[3] 皮埃尔·赖伐尔（1883—1945），1931—1932年和1935—1936年任法国总理（因为在阿比西尼亚问题上向意大利妥协而下台）；1940年和1942—1944年任维希政府总理；大力鼓吹与纳粹德国合作，与其合谋迫害和驱赶犹太人；1945年因叛国罪被处死。

致达夫妮·斯特雷特夫人[1]

1942年11月26日［手稿，未完成，未寄出］

纽约东70街158号

亲爱的达夫妮：

你的回信[2]让我深感沮丧。我们这里需要人手这点绝对真实，没有半点虚假捏造。考恩被铺天盖地的工作完全淹没，奥博雷则满口怨言，也在情理之中；贾德森是个很难共事的人，目前变得越来越失去控制。很欣赏你的来信，请一定向克里普斯、克兰伯恩[3]等解释，**请**他们尽快再派一个人来。克里普斯真的害怕一旦辞职会成为霍尔—别利沙[4]吗？他是否认为飞机制造部[5]会派他去美国，和华莱士共事，实

[1] 达夫妮·（玛格丽塔）·斯特雷特夫人*（1913—2003），美国出生的英国皇家空军成员惠特尼·威拉德·斯特雷特的妻子，与以赛亚·伯林在纽约的英国情报处共过事，此时她在伦敦英国情报部美国司任秘书。以赛亚·伯林非常喜欢她（她也喜欢伯林），对她的能力欣赏有加。遗憾的是，以赛亚·伯林给达夫妮·斯特雷特的大多数私人信件都没有保存下来（还好这封例外，根据外观来看，并未寄出）。

[2] 对以赛亚·伯林写信请求达夫妮·斯特雷特加入他在华盛顿的小组的回复。在很长一段时间内，他在给伦敦的赫伯特·尼古拉斯的许多信件中提到她有可能调动。其中一封信一再重复"达夫妮怎么样?"，此话作为以赛亚·伯林战争期间公务书信专辑的一个题目可谓恰如其分。

[3] 罗伯特·阿瑟·詹姆斯·加斯科涅—塞西尔，克兰伯恩子爵（1893—1972），1929—1941年任南多塞特郡工联主义下议院议员，1940年任财政部主计大臣；分别于1940—1942年和1943—1945年任自治领事务大臣；1942年任殖民地事务大臣；1942—1943年任掌玺大臣；1942—1945年任上议院领袖；后（1947）成为索尔兹伯里侯爵五世。

[4] 霍尔—别利沙因为在法国的军事政策于1940年1月辞职。

[5] The Ministry of Aircraft Production。

现他的夙愿？克兰伯恩准备去印度吗？奥利弗·斯坦利[1]又
是为什么？我想，汉密尔顿·阿姆斯特朗[2]对你给他的信一
定赞不绝口。这么看你作为政治评论员前途一片光明。罗 423
尼[3]给［哈罗德·］巴特勒的信如果寄出去的话，也不会拿
给什么人看。不过这并不奇怪，华盛顿这边目前正陷于一
种极度混乱的状况。约翰［·福斯特］在使馆的日子很不
好过，［戴维·］韦尔斯[4]开始与格拉伯先生[5]作对（“这个
年轻人妄自尊大，我得找机会报告给伦敦”等）。我们再一
次回到柴尔斯时代的旧日噩梦中。温诺克尔[6]投资选错了时
机，目前面临破产。韦尔斯给他找了份工作，担任对外联络
员，实际上就是被抬高地位的密探。每天坐在记者俱乐部的
酒吧里，见人就问：“我说，你听说过……吗？”调查活动本
身倒似乎没受什么影响：我采用了孤立主义政策，摆出一
副装傻的态度。格兰特·麦肯兹[7]什么都不干，就让他负责

[1] 奥利弗·弗雷德里克·乔治·斯坦利阁下（1896—1950），德比伯爵十七世之子，曾任多个政府职务，包括1940年任战争大臣，1942—1945年任殖民地事务大臣。

[2] 汉密尔顿（“汉姆”）·费希·阿姆斯特朗（1893—1973），曾任对外关系委员会主席，1928—1972年任该委员会刊物《外交事务》编辑。

[3] 指罗纳德·特利（1897—1976），1933—1945年任莱斯特郡哈伯勒区的保守党议员，1940—1943年任约翰·雷斯爵士（情报部）、阿尔弗雷德·达夫·库珀和布伦登·布莱肯的议会私人秘书。

[4] 驻华盛顿英国使馆官员。

[5] 肯尼斯·格拉伯，伦敦英国情报部。

[6] 杰克·温诺克尔（1913—1978），驻纽约英国情报处新闻部门的美国记者，写信期间在华盛顿工作。

[7] 英国驻华盛顿使馆官员。

提供咨询。总之，我制订了一套能够包治百病的计划，做好总体部署，让大家的注意力重新转向战争。我感觉像一个孤立的罗森曼[1]，注定要失败。巴特勒就像耶夫根耶维奇·利沃夫亲王[2]（俄国革命的第一任总理，开明、受人尊敬，但同时又茫然，年迈、无能，没什么价值）。我对罗宾拒绝成为他的克伦斯基[3]不感到奇怪。纽约这里运作得特别好：奥博雷再一次人气飙升，兴高采烈地期待着与韦尔斯较量一番，韦尔斯虽不如他重要，但值得干上一战。本［·托马斯］一切照旧。埃德蒙森太太[4]情绪忧郁，埃先生[5]则继续工作。如今的周日夜晚和过去已完全不同。下面说说大家关心的事项。

在说之前，我得补充一句，这封信的第一页[6]写好后在我大衣口袋的不知哪个角落躺了好些天，这期间发生了好些事。我去了华盛顿，并且如列宁先生[7]所说，“行动胜于写

[1] 萨缪尔·欧文·罗森曼（1896—1973），律师，1932—1943年任纽约最高法院法官；1943—1946年任罗斯福和杜鲁门总统的私人顾问及演讲稿撰写人。罗斯福称他为“玫瑰萨米”。

[2] 格奥尔基·耶夫根耶维奇·利沃夫（1861—1925），1917年俄国二月革命后的临时政府主席。

[3] 亚历山大·费多罗维奇·克伦斯基（1881—1970），1917年7月至10月继利沃夫任临时政府主席。

[4] 达西·埃德蒙森的夫人（见下注）。

[5]（乔治）·达西·埃德蒙森（1904—1976），驻纽约英国情报处情报科的负责人，1946年起任整个情报处负责人。

[6] 到上句结束。

[7] 原文为：M［onsieur］，以戏谑口吻用了法文外交用语“先生”一词。

信”。并不是说这两件事情我做了多少，而是一想到一件事就耽误了另一件事，结果一件都做不好。摩根—韦尔斯的第一轮较量已经在群情沸腾中结束——奥博雷在几乎无处不在的欢呼声中获得胜利。温诺克尔（此事最后会落入谁的手掌？看在上帝分上，千万小心！）在背后四处说华莱士坏话，人们对他极其反感，甚至包括麦吉奇小姐，这是大家完 424
全料想不到的。我们那位无足轻重的首席长官R.坎贝尔爵士[1]嚷嚷着支持罗宾，罗杰斯（希望你对此人闻所未闻[2]）正在为颠覆分子提供援助。奥博雷计划派一个小规模的远征部队去将乔利·杰克暂时解救出来，并继续开放第二战线。我的前线依然未受侵犯，虽然克劳福德上校的自杀消息使保罗[3]陷入持续性的歇斯底里。哦天哪。可别让这些破事败了你回国的兴致，还是让我赶紧安慰你一下，调查科可是个绝对安全的避风港，湛蓝的海水平静无波，风暴中心至少在三海里之外。我太累了，没办法再写下去。下一页信得稍等片刻。哦天哪。在法案通过前的那段时期[4]，我像狂热的信徒

[1] 罗纳德·伊恩·坎贝尔爵士（1890—1983），外交官，1939—1941年任驻贝尔格莱德英国公使，1941—1945年任驻美公使，1945—1946年任英国外交部助理政务次官，1946—1950年出任埃及大使。
[2] 我反正是闻所未闻。
[3] 保罗·斯各特·兰基内（1908—1983），此时在华盛顿为以赛亚·伯林工作（之前为驻纽约英国情报处调查科负责人），1944年离开加入路透社。
[4] 指1942年4月《外国代理人登记法案》获得通过前的那段时期。持孤立主义立场的副国务卿阿道夫·伯尔（原文第420页注1）曾提出议案，交立法通过，限制英国在美国的宣传活动并予以披露，但最终被罗斯福否决。获得通过的法案对英国利益予以了充分考虑。

一样义愤填膺，你一定知道（虽然我想不通为什么你一定知道）。我们似乎招进来一位可疑人物，他名叫戴维·科恩[1]，是J.福斯特和安格斯·麦克唐奈尔[2]的朋友，看着吧，此人一定会带来大麻烦。工资问题揭开了无数伤口，巴瑟斯特[3]四处游荡，发泄不满，说自己的法律建议最终会证明有用，说周围的气氛连他都觉得可怕，说最近的巴特勒计划是绥靖行为，说华莱士3月前会到布拉格，说他希望去加拿大，知道那里有一份工作可干。伦尼[4]断言，现在的情况不是瓷器店里来了一头驯服的母牛——他指的是杰［拉德·坎贝尔］爵士，而是来了头公牛，还可能没阉过，一动就会闯祸。只有里太太[5]看上去容光焕发，幸福地过着新生活，原先的你曾经让我对这种新生活心驰神往。笔从我无力的手上掉下去了，就此。

[1] 或许指美国作家戴维·刘易斯·科恩（1896—1960）？

[2] 安格斯·麦克唐奈尔（1881—1966），安特里姆伯爵七世之子，1941—1945年任驻华盛顿英国使馆专员。

[3] 莫里斯·爱德华·巴瑟斯特（生于1913年），国际法律师，分别于1941—1943年和1943—1946年任英国情报处及驻华盛顿英国使馆法律顾问；1946—1948年任驻联合国英国代表团法律成员。

[4] 约翰（"杰克"）·奥吉尔维·伦尼（1914—1981），1941年任职于驻纽约英国新闻处；1942—1946年任职于英国情报处；1946—1949年任职于外交部。后（1968）负责英国军情六局（海外秘密情报机构）。

[5]（玛格丽特）·赫曼妮·里（生于1911年），英国情报处职员，与勒内·迈克尔（1905—1971）开始新生活并于1946年结婚。勒内·迈克尔于1941—1945年任英国情报处新闻广播科主任。

以赛亚·伯林回到华盛顿后，开始了持续两年半一成不变的生活和工作。以下信件突出体现了他日复一日的常规生活。与之相反的是，他的朋友们证实，以赛亚·伯林具有一种非凡的能力：只要他一出现，就能使他周围原本沉闷的气氛活跃起来。以下是盖伊·德·罗斯柴尔德回忆在美国见到以赛亚·伯林的情景： 425

> 也许给我留下最深印象的人就是以赛亚·伯林[……]他与众不同的外表让人一见便难以忘怀：他独特的气场似乎弥漫在他的衣着上，奇妙的脸孔几乎就是一幅漫画像，集中体现了他的两个显著特点：睿智与俄籍犹太血统。[……]以赛亚当时是驻华盛顿英国使馆人员中地位举足轻重的一位。他对美国政治的秘密无所不知，在英美关系中起着不可估量的协助作用。他不仅杰出卓越，见解独到，而且富于机智，胆略过人，是一位名副其实的博学之士。对他的为人和他所做的一切，大家交口称赞，无不佩服，一致认为他是一个出类拔萃的人，令人倾倒和着迷。[1]

[1] 盖伊·德·罗斯柴尔德，见前引书《命运弄人》（原文第411页注4），第115—116页。

致玛丽和门德尔·伯林

1943年2月21日星期日［手稿］

华盛顿特区英国大使馆

发信人：以赛亚·伯林[1]（用英语行文，尽管听起来难以置信）

我亲爱的父母亲：

真想不通为什么会觉得给你们写信特别难，也许是因为实在太忙了，相比之下，**写信**就显得困难重重。加上我新来的秘书，一个人挺好效率又高的加拿大姑娘，不像在纽约时我那位美国遗孀[2]那样天天催着我给你们写信。再加上使馆气派威严，让人觉得不好把政府的宝贵时间浪费在个人私事上（希望信件审查官会把此话抄下来提供给我亲爱的情报部）。以下是我每天的生活：我在华盛顿仍住肖勒姆酒店，它与纽约的肖勒姆酒店不同，规模更大不说，而且富丽堂皇，非常舒适，只是房价有点昂贵，每天要六美元。使馆坐落在一个树木葱郁的地方，每天早晨我穿过公园到使馆
426 上班，在那里工作到晚上七点半左右。关于个人生活实在没什么可汇报的。很想念兰博德夫妇（有空给外交部法国司的A.兰博德打个电话，11月份他在我住院时和出院后来看

[1] 战争时期的许多信件都像这样在信封外写上姓名，以便信件审查官检查（这也是以赛亚·伯林在这段时期内签名时常常会将姓包括进去的原因）。由于后面括弧内插入的内容，我特意在这封信里加入了信封外的姓名。

[2] 指艾丽丝·欧文。

过我)。准备找个人合租房子或大间的公寓安顿下来。目前我暂时选择的对象叫爱德华·普里查德,胖墩墩的,是菲利克斯从前的美国学生。他大约二十八岁,肯塔基人,目前在白宫工作,是一个说话俏皮刻薄、充满理想主义色彩的年轻人(我会给你们寄一份《时代》周刊,里面有他和上司本·科恩的照片[1]),在性格脾气上与我很投缘。他喜欢交际,并且恐怕和我一样不爱整洁。因此,也许等盖伊·奇尔弗抵达这里参加食品外交使团(他很快就会离开英国。如果你们想通过尼古拉斯向他问好——我求之不得,万分感激,请告诉他顺便去趟食品外交使团,我想盖伊现在若不是仍在科尔温湾,一定就在食品外交使团),我会怂恿他和我一起合租,因为他非常整洁干净,井井有条,做事细致缜密。这里很难找到房子,而且房费高昂,上一次找的要三百五十美元,连一半我都付不起。此外,我通过情报部兑现了一张二百五十英镑的支票,支付生病费用。请帮我确认银行已经支付。至于新学院的膳宿费,我人在这里,根本无从知道哪笔收费合理,哪笔不合理,因此就付了吧,好像已经过了期限。我身体棒极了,针剂注射持续时间很短,似乎没觉得有什么副作用,倒是鼻窦炎很长时间没再找麻烦,不知是针剂起了作用,还是应该归功于这里规律有序的生活(这里的生

[1] 见《时代》周刊,1943年1月11号,第19页上刊有普里查德的照片,照得很好。

活比在充满干扰的纽约轻松得多）。杰克·史蒂文森[1]来了信，我非常高兴。相距千里，任何老朋友的情谊都格外令人感动。我会回信。请代我感谢戴维和玛丽的来信。我见到了玛丽［的］堂妹，那个叫罗莎蒙德还是罗莎琳·柯勒律治[2]的，威廉·费希尔海军上将[3]的女儿，一点不像玛丽，也不喜欢她。她勤奋、快活、聪明、办事稳妥，但说实话，算不上漂亮。至于工作，非常有趣，让我全身心投入其中。我现在发觉很难在情报部和外交部[4]布置的工作之间求得平衡，因为两个部门都要求我完成任务，而且两个部门都怀疑我在另一个部门投入了过多时间。不过我的顶头上司们对我的表现都还算满意。我终于和哈利法克斯夫妇一起吃了午饭，哈利法克斯先生非常亲切，一个不属于这个世纪的人，与现实相距遥远，带着一丝好奇看着自己周围的陌生环境。他夫人外表温柔恬美，一副顺从模样，但实际上非常坚忍刚强。一
427 个儿子牺牲、另一个儿子伤残[5]的严酷事实并没有在他们外表留下什么明显痕迹，充分表现出在公众环境中长大、献身

[1] 约翰·维尔·史蒂文森（1909—1973），1922—1928年在圣保罗学校与伯林同学，1928—1932年就读于（剑桥大学）耶稣学院古典学专业，英国情报部公务员。
[2] 罗莎蒙德（原文第380页注5）。
[3] 海军上将威廉·沃兹沃思·费希尔爵士（1875—1937），H.A.L.费希尔的弟弟。
[4] 以赛亚·伯林的《每周政治报告》为外交部所写，但严格来说，一直到1945年以前他都是英国情报部的人员，因此还要向他们汇报其他工作。
[5] 哈利法克斯的小儿子，理查德·弗雷德里克·伍德（1920—2002），在北非战役中失去了双腿；另一个儿子牺牲（原文第417页注1）。

于公众生活和责任的人特有的淡定冷静。这样反而使他在美国人当中人气大涨，受到更多爱戴。我和外交大臣坎贝尔爵士相处甚好，他有一半犹太血统，母亲是莱曼家族的成员，罗莎蒙德·L.的姑妈，一位可爱、害羞、爱好音乐的旧世界职业外交家。[1]［哈罗德·］巴特勒先生对我也很好，我和摩根以及惠勒—B.长期友好的合作关系仍在持续。因此你们可以想象我是多么心满意足。我用了很长时间恢复健康，一直到1月中旬才真正开始工作，现在一切都运转正常。收到伊达姨妈的一封信，信中没说什么，但收到信还是觉得高兴。梅耶·伯［林］拉比来这里了，前些天见了他们，说是伊萨克[2]如今在耶路撒冷的公共管理部工作，很开心，但希望能赚到更多钱，建立更多的“人脉”。是哪，谁不想呢。尼古拉斯[3]希望我特别要提一提，他和我共度的一晚和我写这封信绝非偶然。一定要常写信，不管我这里表现如何，记住背井离乡的人命运多么孤单悲凉。好羡慕莫尔·科洛思维特，他出发去莫斯科了。

爱你们的

以赛亚·伯林

麦吉奇小姐让我转达对你们及亚当斯夫妇的问候。

[1] 伯林此处原文为：de métier。

[2] 伊扎克·萨姆诺夫。

[3] 赫伯特·尼古拉斯1月到5月期间延长访问，待在纽约的英国情报部。

致玛丽和门德尔·伯林

1943年4月21日［手稿］

华盛顿特区英国大使馆

我亲爱的父母亲：

匆匆写上一封短信，庆祝两件事。(a) 逾越节[1]，(b) 我新买了钢笔。你们无法相信这小小的物件带来了多么巨大的不同。广告中的宣传没有半句虚假。写字成了一种诱惑，于是我就写了。是这样，今年的逾越节家宴[2]出现了一些严重复杂的社交问题。第一次家宴邀请我去的就有几家：(a) 魏
428 茨曼。(b) 他的事务总管，一个叫威斯戈尔[3]的，他为多萝西·汤普森、马克斯·莱因哈特[4]以及天知道还有谁举办了放荡吵闹的波希米亚式家宴。(c) 梅耶·伯林和女儿朱迪斯[5]。他从巴勒斯坦来到这里，准备去伦敦。他会告诉你们所有有关伊扎克等人的事。顺便提一句，明德尔先生[6]，就

[1] 4月19—20日。

[2] 指两次大型逾越节家宴庆祝活动，各家都尽可能多地邀请客人。

[3] 梅耶·伍尔夫·威斯戈尔（1894—1977），波兰出生的犹太复国主义者，1905年移民美国；曾担任图书和报刊编辑、戏剧制作人等；1921—1938年任美国犹太复国主义组织全国秘书；1940—1946年任巴勒斯坦犹太事务局美国署总干事；1943年美国犹太大会组织秘书；哈伊姆·魏茨曼在美国的私人政治代表。

[4] 马克斯·莱因哈特，原名马克西米利安·戈德曼（1873—1943），奥地利舞台制作人和导演，在20世纪初雄霸德国（及欧洲）影剧界，间接影响了德国和世界的电影业；1920年与雨果·冯·霍夫曼斯塔尔及理查德·斯特劳斯共同创办了每年一度的萨尔茨堡艺术节。

[5] 朱迪斯·伯林·利伯曼（1904—1978），教育家，希伯来中学校长，后任纽约舒拉米斯女校希伯来研究院院长；与研究《塔木德经》的学者扫罗·利伯曼结婚。

[6] 尼桑·明德尔博士（1912—1999），拉比、作家、翻译家和编辑，犹太和意第

是施内尔森拉比[1]的代理人，写信来问“你父亲门德尔”的地址。我尚未回信。如果回的话，我会请他把信寄给我，由我来转。否则各色各样的胡言乱语会跨越大洋。拉比的头脑有时也会犯糊涂。我们家族向来有想象力丰富的传统。(d) 哈达沙组织的索拉·普尔夫人。(e) 豪斯廷。第二次家宴邀请的人差不多，只是少了魏茨曼和豪斯廷。梅耶·伯林、普尔夫人、薇拉·魏茨曼几个人彼此间心存芥蒂。去一家就等于同时冒犯了另外两家。最后我还是决定留在华盛顿，把他们几家都闹个天翻地覆。在这一狂热欲望的支使下，我微服私访，秘密朝圣了魏茨曼夫妇。他们的家宴规模不大，气氛宁静轻柔。只有几位主人：一位名叫克拉玛斯基的犹太富商，来自德国汉堡（可以让弗雷德告诉你们他的情况），以及魏茨曼夫妇。我避开薇拉，把阿比·哈尔彭[2]的死讯告诉魏茨曼。我注意到，你们没跟我说此事。是某人的姐姐写信给这里的弟弟，才泄漏了这个消息。我深感震惊，差不多三个小时无法工作。他在世时活得就很精彩，但死得比活着时更出彩。可怜的乔迪亚[3]。两个孩子，未免太令人难以承受了。[4]他是该受点苦，但绝不应是这种结果。我得

绪故事传说的研究者，与后来的犹太教仪式派领袖们关系甚密。

[1] 优素福·伊恰克·施内尔森（原文第364页注2）。

[2] 伍尔夫·哈尔彭，芭芭拉·斯特雷奇的丈夫，在皇家空军志愿后备队服役期间于3月10日牺牲。

[3] 指伍尔夫·哈尔彭的父亲乔治·哈尔彭（原文第93页注3）。

[4] 可能是指哈尔彭夫妇的女儿伊卡·奥尔登之死。

写封信给芭芭拉，猜想她最近开始的新信仰此时此刻会对她大有帮助，因为我知道她一直都在以自己那种狂热的方式喜欢他。我也一样。他一生中有那么多时间与我相距咫尺，记忆全都与他交织在一起。我从来没有真正喜欢过他，可就是离不开他，就像人们对自己表兄弟的那种感觉，天经地义，觉得理所当然。我想还应该写封信给耶路撒冷。魏茨曼博士当时非常坚强，五秒钟内便默默接受了儿子的死讯。魏茨曼夫人就不行了，到现在仍然十分虚弱，唯一让她振作的办法是提起西弗太太，她立刻就会暴跳如雷，数落个不停。

说起我的同辈人，弗雷迪·艾耶尔（和他的孩子们）此
429 刻应该已经回到英国了，另外两个朋友瑞蒙德·冯·霍夫曼斯塔尔[1]和盖伊·德·罗斯柴尔德[2]想必也已抵达。罗斯柴尔德多半不会记得给你们打电话，但艾耶尔应该会。要是他忘了的话，寄一封短信到基督教堂学院给他。尼古拉斯也很快会回去，可以向你们证实我的身体一直都很好。第二次逾越节家宴由M.威斯戈尔先生主办，十分奇特怪异。参加者有：巴黎拉扎兹银行的安德鲁·梅耶[3]；盖伊·德·罗斯

[1] 瑞蒙德·冯·霍夫曼斯塔尔（1906—1974），奥地利诗人和戏剧家雨果·冯·霍夫曼斯塔尔之子，1943年任《时代》周刊驻伦敦记者。

[2] 他于3月份乘船来伦敦参加自由法国运动，途中在大西洋中部遇水雷翻船，幸免一死。

[3] 安德鲁·贝诺特·马修·梅耶（1898—1979），法国银行家，1940年前一直是巴黎拉扎兹银行的合伙人，当时在纽约分行，后来将该分行建设成为美国最主要的投资银行之一；他个人被誉为独立振兴战后美国经济的功臣。

柴尔德男爵夫人[1]；马克斯·莱因哈特和他的太太海伦·蒂米希[2]（我记得1935年时她坐在奥地利萨尔茨堡市大主教[3]的右边——真是巨大的变化）；一位支持新政、名叫亚历山大·萨克斯[4]的银行家（他在立陶宛出生，但连续几个小时不停地对我说他的真名叫塞卡斯，**实际上**来自葡萄牙；[5]他家**实际上**是贵族，等等。你还记得加斯特[6]**实际上**是卡斯特罗家族的吗？）；还有一些犹太复国主义者，靠好莱坞吃饭的人，普通犹太人[7]，加上使馆一秘伯林先生。整个气氛充满东方色彩，显得离奇怪诞。莱因哈特表现得非常老朽，主

[1] 阿历克斯·赫米内·珍尼特·罗斯柴尔德，婚前名为斯奇·德·科隆娜(1911—1982)，参见原文第715页。
[2] 海伦·蒂米希（1864—1974），奥地利女演员，莱因哈特的第二任妻子。
[3] 西吉斯蒙德·魏茨（1864—1941），以关心社会问题和公开反对纳粹而著名。
[4] 亚历山大·萨克斯（1893—1973），喜欢长篇大论的经济学家、银行家及自封的总统顾问，与物理学家利奥·西拉德联合写信，艾伯特·爱因斯坦签名，呼吁对核能进行研究和开发，并于1939年10月亲自将信呈交给罗斯福。
[5] 在人们心目中，西班牙或葡萄牙裔犹太人在社会地位方面往往比19世纪末和之后的东欧德裔犹太人更高一些。这种现象在英国特别突出，在美国也一样。早期来美的西班牙或葡萄牙裔犹太人常常会认为自己是美国犹太社会的“贵族”，特别是与东欧犹太人的后裔相比。东欧犹太人大量移民拥进美国和西欧，使这些国家的犹太社群在20世纪中叶迅速扩大。萨克斯所说的名字的葡萄牙拼法是Seixas(塞卡斯)，参看战后初期美国网球运动员维克托·塞卡斯。尽管他是1953年温布尔登单打冠军，但由于他的犹太出身，在获准进入纽约林山草地网球俱乐部时还是遇上重重阻力。他就像以下五行民谣所唱的：温布尔登冠军塞卡斯/表现得真是出类拔萃/以他惊人的奔跑速度/不断发球得分/看得我们一个劲地念叨：“塞卡斯好样的！”
[6] 摩西·加斯特（1856—1939），拉比、学者和犹太复国运动领袖；罗马尼亚出生，年轻时移民英国，成为西班牙/葡萄牙裔犹太人社会领袖；莫伊拉·林德为其儿媳。
[7] 伯林此处原文为：stam，在意第绪语中意为“普通的”。

人则仿佛在上演一出闹剧，他是一位波兰犹太教堂唱诗班领唱[1]的儿子。总之，整个活动奇妙怪诞。现在我得去拜见梅耶·伯林拉比（没必要惹他生气），准备语调谦卑地向他以
430 及塔玛·德·索拉·普尔夫人好好解释。这两位都是犹太复国运动的重要人物，必须和他们保持外交关系。我的工作依然充满乐趣，同事们都很亲切友善。巴特勒回英国了，我想他应该很满意我（可以说他完全没什么效率，也不知道我们大家各自在干些什么，一点不讨人喜欢，只是谁都不说罢了。但他对我很好）。艾登先生[2]的随行人员是一群乐天派，我和他们混得很熟，斯特兰[3]充满智慧，老喜欢考问我，就像一个能干的审问官。我各方面都好，准备暂时继续住在这家舒适也确实豪华的酒店里。再见，我真的很好。

爱你们的

以赛亚

近来我没见到任何老朋友，只有豪斯廷见过一次，他生意经营得很好，但没见到罗斯金、阿伦森和利伯曼他们。

[1] 伯林此处原文为：Chazan。

[2]（罗伯特）·安东尼·艾登，艾冯郡伯爵一世（1897—1977），保守党议员（1923—1957）；于1935—1938年和1940—1945年任外交事务大臣。

[3] 威廉·斯特兰爵士（1893—1978），1939年任助理副国务大臣；1943年任欧洲顾问委员会英国代表（个人级别为大使）；1945—1947年任蒙哥马利（德国总司令）的政治顾问。

拉克对处决奥特和埃利希[1]有什么看法？对米留可夫[2]的死（在艾克斯莱班）有没感到难过？他巧妙周旋在当地左右派论战之间，如鱼得水，不过那些争论**纯粹**是19世纪老掉牙的问题。这话可千万别跟他说。

致玛丽和门德尔·伯林

1943年5月4日

华盛顿特区英国大使馆

我亲爱的父母亲：

谢谢你们的电报。

克鲁克香克来信说，一些唯恐天下不乱的好事者大肆渲染，说我的身体状况类似于《茶花女》或《波希米亚人》的最后几幕，害得你们不寒而栗，真是太滑稽了。我向你们保证那完全是一派胡言，没有半句真话。

我一直没空去纽约见我们家的假表亲梅耶·伯林[3]，他 431
准备回英国，我准备在他走之前见他一面。

[1] 维克托·奥特（1890—1941），工程师；亨利·埃利希（1882—1941），记者、律师、反犹太复国主义社会党德美同盟会波兰领袖。他们于1939年德国侵略时逃出波兰，但被苏维埃逮捕，于1941年12月被处死。他们被处决的消息一直到1943年才公开披露。

[2] 巴维尔·尼古拉耶维奇·米留可夫（1859—1943），俄国自由主义者，1917年短期担任过临时政府外交部长，之后成为1905年成立的自由立宪民主党领袖（缩略形式为“Kadets”）；1918年11月离开俄罗斯前往西欧。

[3] 梅耶·伯林是以赛亚·伯林的姨父伊扎克·萨姆诺夫的远亲，但与以赛亚·伯林本人没有亲戚关系。

能否请你们替我买一本鲍拉先生〈(替我向他问好)〉的书[1]，通过外交部公文袋寄给我？简单写上“英国使馆，以赛亚·伯林，由公文袋转寄”即可。我实在想不通你们为什么不像卡路瑟丝小姐那样，通过这个渠道寄给我所有信件。最坏也就是被外交部的某个人拆开来看，和例行抽查没什么两样。另外还希望你们替我订两份杂志，一份是《新政治家》，另一份是《泰晤士报》，同样可以通过外交公文袋寄或直接寄——给出版社打电话，他们会告知具体怎么做。

[赫伯特·] 尼古拉斯会带给你们我的具体问候。

老珀西·贝克的小女儿换了新名字，给我写了封信，请我去看她。我可能会去。

爱你们

沙耶

〈我的身体和精神状态都超棒，千真万确。〉

刚刚收到你们的上封来信，里面有 [盖伊·] 温特透露的话。这么看来，真相终于浮出水面了。是的，我得承认得的是病毒性肺炎。但不曾经历过什么危险期，也不曾复发过。具体也没什么好说的，就是刚开始时，一直以为是窦炎，这是因为病毒性肺炎只有靠X光才能检查出来，靠听诊

[1]《象征主义的遗产》(伦敦，1943)，主要研究后象征主义诗歌。

器发现不了。磺胺类药没什么效果，我完全是靠自身的体力慢慢康复的。这也是我在医院住了那么久的原因。我得说所有了解实情的人都对这个话题讳莫如深，我也一样，虽然这里面包含了对你们的某种欺骗。约翰·福斯特的看法是，即使是现在，卡路瑟丝小姐也不该把真相透露给你们，不过我们又想，在伯林夫妇如此穷追不舍的审问下，到头来任谁都会把真相和盘托出的。情报部当然知道实情，因此表现得极为绅士。由于身体没有任何不适，那段时间可说是非常愉快。整整一个月躺在床上，不觉得疼痛，还受到无微不至的照顾，生活舒适，真是无比惬意。人若是避免不了要生病，那倒是个理想的方式。我注意到丘吉尔先生也得过同样的病。出院后的休假对我全面康复起到了很好的作用，后来再也没复发过（温特所说的复发纯粹出于想象，要么就是有一两次我因为他太无聊而以感冒为由没去看他而让他这么想的吧）。不过我会注意经常去信汇报我的身体状况。我睡眠充 432
足，星期天有一半时间都在床上，极为健康。

我希望知道谁是“史蒂文森”，居然说了我那么多好话。我实在想不出会是谁。[1]

实在没什么可说的了，哦对，我一定会争取在8月份休一次假，找个凉爽的山区好去处避避暑，因为这里的8月太热了。不过对我的影响并不是特别大——1940年、1941年

[1] 可能是威廉·史蒂文森，英国安全协调处主任（原文第436页注4）。

和1942年7月我都是在这里度过的，感觉还蛮舒服。

我的一位同事格雷厄姆·胡顿[1]可能会从牛津给你们打电话，他的姐夫埃文·德宾[2]在那里。他和尼古拉斯是死对头，相互威胁要把对方从船上扔下去，两人可能是同乘一条船来的吧。都说会跟我联系。

爱你们

沙耶

致W.G.S.亚当斯

新学院院长

1943年6月23日［副本］

华盛顿特区英国大使馆

亲爱的院长先生：

这么久没给您写信，希望您见谅。虽然事业充满乐趣，但从外表上看，我的总体生活十分平淡单调。如今我已成为围着使馆办公桌打转的老鼠，而且是最最枯燥乏味的那种，

[1]（戴维）·格雷厄姆·胡顿（1904—1988），经济学家、律师、作家，1933—1938年任《经济学家》助理编辑；1939—1945年任职于英国外交部和英国情报部；此时负责英国情报部的驻芝加哥分部。

[2] 埃文·弗兰克·莫特兰·德宾（1906—1948），经济学家、作家，1924—1927年就读于新学院动物学专业，1927—1929年修读PPE专业，1929年伦敦大学学院经济学里卡多奖学金获得者，1930—1947年任伦敦政治经济学院经济学讲师、高级讲师（1939年夏季学期还兼任新学院经济学讲师）；1940年任职战争内阁秘书处经济科；1942年任副首相（克莱门特·艾德礼）私人助理；后（1945）成为埃德蒙顿工党议员；在游泳时意外溺水身亡。

完全同文件卷宗和我作为其中一分子的职业公务员不可区分。至于说到整个局势，老实说，目前反孤立主义的浪潮十分高涨，就连最激烈的盟国反对者也见风使舵，多少改变了态度。这种形势不由得让人感觉，英美政治家们应该抓住时机，趁着太阳好，赶紧晒稻草。眼下的气氛比珍珠港事件发生后的任何时候都好［……］

您的诚挚的

以赛亚·伯林 433

致戴维·斯科特爵士[1]

外交部

1943年7月8日［副本］

华盛顿特区英国大使馆

来信迟迟未复，在此谨以诚惶诚恐之心，请求您的原谅。您的信到来之时，使馆正处于极度的喧嚣骚动之中。先是国务大臣[2]一行到访，紧接着首相又在众多东道主陪同下大驾光临，感觉使馆就像一座小城（简·奥斯丁语），一大群飞鸟聚集此地，扑打扑打翅膀又（根据各自的身份价值）往不同方向飞走了。即便在尊贵的客人们离开之后，我的

[1] 戴维·约翰·蒙塔古—道格拉斯—斯科特爵士（1887—1986），1911—1947年任职外交部，1938—1944年任副外交事务大臣助理，1944—1947年任副行政管理大臣。

[2] 安东尼·艾登。

同事中还有相当一部分人的心情无法平静，百感交集，公开和私下都表现出来。我曾经向R.坎贝尔爵士说过（他很喜欢和我讨论此类事情），整个使馆就像一所公学：使馆办事处好比总校区，校长实行遥控管理（或者说坎贝尔爵士是校长，H.伯爵为遥控院长）；威廉·海特[1]负责高年级，因为他精通拉丁文和希腊语，而且对学生们不抱幻想；迈克尔·赖特[2]好比学校的老校友，满腔热情地回到母校来担任舍监，这位年轻的新老师踌躇满志，勤恳高尚，立志不管出现什么情况都要干出一番成就；[J.W.] 罗素如同一位头脑机灵的调皮学生，在国外生活了太长时间，喜欢用意大利语（也可能是埃及古语）讲粗话，然后偷偷取笑舍监们，教授们尽管心存狐疑，无奈听不懂也拿他没辙；不过幸好有戈尔—布斯[3]，他不但自己已经获得高年级运动奖，还十分热心，因此完全可以依靠他急躁的强身派基督教精神，保证学校不陷入太多的沉思与遐想。但说到写作古雅的挽歌，他又比文质彬彬、慢条斯理的巴克莱[4]稍逊一筹。巴克莱过去常受欺负，一直到新舍监来后才予以阻止。接下来就是法语教师D.霍尔先生，常常被学生们无情地嘲笑，却的确是个极

[1] 威廉·古迪纳夫·海特（1906—1995），1930—1958年任外交官，1941—1944年驻华盛顿，后任驻俄国大使（1953—1957），新学院院长（1958—1976）。
[2] 迈克尔·罗伯特·赖特（1901—1976），外交官，1943—1946年驻华盛顿。
[3] 保罗·亨利·戈尔—布斯（1909—1984），外交官，1942—1945年驻华盛顿，后（1968—1969）负责外交事务处。
[4] 罗德里克·爱德华·巴克莱（1909—1996），外交官，1941—1944年驻华盛顿。

善良的好人，即使发现口袋里塞满了小白鼠，也尽量装出满不在乎的模样。当然还有福斯特和布莱克·泰勒[1]，两人父母都在印度，成熟老练，早已超过了待在学校的年龄。他们 434
喜欢捉弄人，眼睛滴溜溜地转，一不留神，就会在赖特先生的眼皮子底下溜出去到赛马场（虽然一次也没被抓住，但总有一天会的，到时候就会让高年级学生舍长巴克莱将他们痛打一顿，够他们受的）。

其他分校区就完全不同了，没这么精彩。当然，玛格温校区[2]安全、稳固，日久经年，总是获得相同但数量不太多的校级奖状，竞赛成绩不差但也不好。父母十分清楚可以期望从那里得到什么。诺埃尔·霍尔校区[3]遍布着拿奖学金的学生们，面色苍白、了无生气。人们都以为他们天分很高，但也鱼龙混杂。学生们拼命地死记硬背，但往往念不出什么名堂。鲍斯—莱昂校区[4]是新建的，规模不大，普遍认为这里的学生经过精心选拔，不过谁也说不清它今后会怎样。目前尚无突出表现，但老舍监们认为现在下定论为时尚早。至

[1] H.B.布莱克·泰勒。

[2] 约翰·霍尔·玛格温（1893—1951），1942—1948年任大臣，驻华盛顿英国使馆经济顾问。

[3] 诺埃尔·（弗雷德里克）·霍尔爵士（1902—1983），1935—1938年任伦敦大学学院政治经济学教授，1940年任经济作战部联合主任，1941—1943年任驻华盛顿英国使馆战争贸易发展大臣；后（1960—1973）任布雷齐诺斯学院院长。

[4] 戴维·鲍斯—莱昂爵士阁下（1902—1961），1940—1941年任职于经济作战部，1942—1944年任驻华盛顿英国使馆政治作战外交使团团长；伊丽莎白女王的兄弟。

于巴特勒校区[1]，着实是一个奇特之地，极不稳定，时常人心惶惶。因为说不清楚的违规行为，隔三岔五，就有学生被开除出校，要么就是当着全校学生的面惨遭痛打。所有人都关注它和它的名声。该校舍对现代生活采取让步态度，各种新学科在这里私下传授给学生，令老舍监们大摇其头。一些人认为这个学校太容易进来，缺乏身份和派头。单从个人看，那里的学生让人觉得真的都是些好孩子，其中一些甚至相当能干，但那里弥漫着一种奇怪的气氛，使一切都变得极不舒服，因此已经有过慎重考虑，要把它的一部分搬到总校区去，就等着把念军校预科的学生大批送往桑赫斯特军事学院，腾出些地方来。

关于应不应该给G.桑萨姆爵士[2]一个分校区的问题争论了很长时间，现在谁都不再期待有什么答案。每次有哪个总督下来，劳先生[3]或艾登先生，这个问题总会被提出来，也经过认真考虑，但就是没有结果——要是巴特勒那里的学生
435 能够安静一点，同样，要是诺埃尔·霍尔那边的学生没有

[1] 英国情报处，哈罗德·巴特勒任主任。

[2] 乔治·贝利·桑萨姆爵士（1883—1965），1940年从外交部门退休，1941—1942年任新加坡远东战争委员会成员，1942年被任命为驻华盛顿英国使馆顾问。他曾经负责过由情报部/情报处人员组成的委员会，成员包括以赛亚·伯林，专门考虑如何解决英帝国要求的在美宣传问题；委员会应该也讨论了是否给桑萨姆配备专门人员的事。

[3] 理查德·基斯顿·劳（1901—1980），前首相安德鲁·伯纳·劳之子，保守党议员；1940—1941年任战争部财政大臣，1941—1943年任外交部议会副大臣，1943—1945年任国务大臣，后（1954）受封北爱尔兰科尔伦郡伯爵一世。

被发现夹带答案在考试中作弊，或者玛格温校区能够表现得更突出些，或者鲍斯—莱昂那里能够把高质量展现出来，情况就不会是这样。

老校区一直遭人批判，对手主要来自其他学校，比如列威灵[1]学院和菲利普斯[2]学院，甚至包括专为从事海上贸易的船长的子女开办的索尔特免费学校[3]，以及史蒂文森先生[4]创办的声名狼藉的函授大学。虽然它的行为举止有点过时，它的学生一年到头戴着礼帽，一直只懂得用羽管笔，到最近才有所改变，而且在技术合作处的露营活动中，与其他学校见面时举止生硬，但毕竟它为国家的生存做出了应有的贡献，而且毫无疑问会永远效忠。

于是我们就这么继续运转着，完全不受来自外部巨大影响的左右，令人叹为观止。很抱歉我这么胡说八道，但这似乎是描述我们周围环境的最快捷的办法。

[1] 约翰·杰斯丁·列威灵上校（1893—1957），1945年受封阿普顿列威灵伯爵一世；1929—1945年任保守党议员，1942年任同业公会主席和飞机制造大臣，1942—1943年任驻华盛顿物资供应大臣，1943—1945年任食品大臣。
[2] 可能指威廉·菲利普斯（1878—1968），美国外交官；1936—1941年任驻意大利英国大使，1942年7—12月任驻伦敦战略情报处主任，1942年12月任总统在印度的私人代表，1943—1944年任驻伦敦艾森豪威尔参谋部政治军官（美国）。也可能暗指波士顿附近安多弗的菲利普斯学校，美国最古老的与企业合办的寄宿学校。
[3] 英国运输外交使团，团长为阿瑟·索尔特。
[4] 大概是指威廉·塞缪尔·史蒂文森（1896—1989），加拿大商人，发明家，1940年起负责后成为英国安全协调处的机构，总部设在纽约。战争期间负责建立在西方国家的英国谍报网络，用于协调英国与美国的情报工作和进行秘密宣传；其在英国安全协调处的电报挂号地址为“勇猛无畏”。

[……]

天哪！喋喋不休地写了这么多，即使您耐着性子读到这里[1]，也一定不会原谅我。不错，我的思乡之情无以言表，多么希望英国有适合我做的工作，那么我会立刻奔回去，不论那工作多么卑下！

约翰·福斯特很快就会到您身边，今后您的耳旁肯定
436 少不了小道消息。我的克里维[2]式的饶舌看来没有必要了。

你永远的

致达夫妮·斯特雷特夫人

美国司情报部

1943年7月19日［副本］

华盛顿特区英国大使馆

亲爱的达夫妮：

[……]

我的朋友魏茨曼目前在伦敦，因为我老在他面前对你赞不绝口，他希望能在伦敦逗留期间见你一面。他太太有点烦人，典型的俄国流亡者类型，由于在皇家空军服役的儿子牺牲而变得更加可怜和乏味，一个令人感伤、潦倒没落的势利眼。但魏茨曼却是个伟人，一位了不起的具有意大利传统

[1] 此段上面删去的部分是一大段时事评论，包括艾登和丘吉尔的来访。

[2] 托马斯·克里维（1768—1938），英国政治家，以日记闻名，内容多为互不相关的家长里短，颇具启发意义。

的19世纪人物，值得认识，至少也要见一次面。像他那样的人难得一见（加富尔［与］甘必大[1]也许和他有点相像）。不过如果你实在不想见，尽管拒绝，他若想见你应该会通过我提出。从外表上看，他就像一匹高贵而又充满悲剧色彩的骆驼，有点像列宁，声音亲切，对英国人充满热爱，这种爱，就如同霍普金斯先生[2]一样，在上层阶级中表现得格外强烈。

[……]

爱你

犹太复国主义在以赛亚·伯林的工作中只占据了很小一部分，因此他对英国和犹太民族的双重忠诚并不经常有机会受到考验。但是美国的犹太复国运动对英国施加的压力日益增大，引起了英国政府的关注。以赛亚·伯林的回忆录《战时华盛顿的犹太复国主义政治》[3]为以下信件中提到的大事提供了相关背景。 437

[1] 卡米洛·本索·迪·加富尔伯爵（1810—1861），意大利政治活动家和自由主义者，在创建意大利统一王国的过程中发挥了重要作用。莱昂·米歇尔·甘必大（1838—1882），法国政治活动家。

[2] 大概是指哈里·劳埃德·霍普金斯（1890—1946），1933—1945年任总统顾问，1940年起为罗斯福随从参谋；1938—1940年任商务部长，1941年起主管借贷计划。

[3] 见原文第663—693页。

致安格斯·马尔科姆[1]

外交部

1943年8月2日［副本］

华盛顿特区英国大使馆

亲爱的安格斯：

有件小事我得说清楚，虽然不一定针对你。但我心里充满了恶毒的怀疑，挥之不去。

前些天，美国国务院主管中东处的阿林[2]突然问威廉·海特是否认识一个叫伯林的人。他是拉比吗（别笑）？他是犹太复国主义者吗？他和魏茨曼来往密切吗？他解释说国务院读到了一份“文件”，里面报告了魏茨曼在美国的政治活动。威廉开始以为这不过是我的一封信被信件检查官截获，结果却发现并不是这么回事，因为（a）我并没有写信，（b）据阿林后来说，并不是检查官截获了什么信件，而是一份文件，他也没看到，是由“我们的人”，大概是伦敦这边的，拿给“他那边的人”看，里面详细描述了魏茨曼在这里的政治活动。关于拉比的线索让他们找到了与我同名（幸

[1] 安格斯·克里斯蒂安·爱德华·马尔科姆（1908—1971），1936—1938年驻马德里，1938—1942年驻华盛顿，1942—1944年任职于英国外交部北美司，1944—1947年驻罗马。

[2] 保罗·休米斯顿·阿林（1896—1949），外交官，1934—1942年任国务院中东事务处副主任，1942—1944年任主任；1944—1945年任中东和非洲事务部副主任。

好不是亲戚）、在巴勒斯坦和河岸路[1]声名狼藉的M.伯林拉比。此人是魏茨曼的死敌，是一位教权多数派。于是指示审查人员迅速开始查找，就我所知，此项调查目前有可能仍在进行。

从威廉处得知，他随后便开始为我全面洗刷罪名，说我（1）不是拉比。（2）没有写过任何有关魏茨曼的政治报告（事实是在你任上和之后，我写过好几份有关的纪要，专门呈送外交部，这点阿林不知道）。（3）不是国务院所理解的那种“政治上的犹太复国主义者”，至少，打个比方，在这方面我的倾向性不会比韦尔斯[2]先生更强。没有一个犹太复国主义者会承认我是一名忠实成员。（由于我坚决否认对即将出台的英美联合声明及其他一切知情，怀斯对我深感怀疑。他们认为威廉对他们的事业更具有同情心（如今魏茨曼已经离开这里，他的个人影响也随之消亡，我不确定是否情况已经改变）。我还没到对犹太复国主义者撒谎的地步，但 438
即便是隐瞒真相也令人不快。我希望联合声明尽早取消，事情赶快过去。）（4）我实际上是乔装打扮的牛津大学研究员。最后这一点显然非常关键，立即令人对我肃然起敬。这段插曲于是就这么结束了（本来就没什么大不了，只是有点怪怪的）。

[1] 位于曼哈顿。
[2] 萨姆纳·韦尔斯对犹太复国运动持同情态度。

可以想象我有多么愤怒。为了说服N.安杰尔爵士[1]不要去参加抗议集会和犹太军队组织[2]，我在电话上声嘶力竭，说得口干舌燥（最终成功说服了他。而美国人却没能说服伊克斯[3]或其他任何人）；由于联合声明的消息自白宫走漏了风声，并且（可能）以一种被歪曲的形式出现在7月30日《泰晤士报》发自开罗的苏兹贝格[4]快讯中，这里由此策划了一系列的阴谋活动，我如实向上汇报；我还极其热情友善地与各界阿拉伯人保持通信往来，而且总是以一种过度的、虚伪的官僚主义热情信誓旦旦，全然不顾这么做会让自己将来在天堂里无立足之地。即便如此，到头来却被扣上犹太复国主义的可怕罪名。我心里会怎么想？难道是你，有没可能是你（或你的某个同事）把我写的有关魏茨曼的（发给外交部的）、属于超级机密的纪要透露给了驻伦敦的美国人？

让我来告诉你（态度严厉地），我们这里的人（包括所

[1] 诺曼·安杰尔爵士，原名拉夫·诺曼·安杰尔·莱恩（1872—1967），报人、作家和国际关系学讲师，1928—1931年为工党议员；和平主义者，1933年获诺贝尔和平奖。1943年中，写了一篇文章支持犹太复国主义，提出如果提供足够好的条件，目前在巴勒斯坦的阿拉伯人会自愿迁移至其他阿拉伯地区。

[2] 来自巴勒斯坦的右翼柏格森组织，领导人为“彼特·柏格森”（西莱尔·库克），该组织竭力促成建立一支犹太军队，与盟军一起作战。但随着1942年欧洲犹太人即将被毁灭的说法传到美国，在几位有影响的美国犹太公众人物，其中包括伊克斯的支持下，该组织开始转向，致力于拯救欧洲犹太人。

[3] 哈罗德·勒克莱尔·伊克斯（1874—1952），新闻记者、律师、作家和政治活动家，1933—1946年任内政部长；坚定的自由主义者和活跃的新政派，以强烈抨击反犹浪潮、坚决支持拯救欧洲犹太人而著名。

[4] 赛勒斯·利奥·苏兹贝格（1912—1993），新闻记者，1940—1944年任《纽约时报》驻外通讯员，专门负责报道巴尔干地区、俄罗斯和中东地区的情况。

有的使馆人员）无一例外地认为，所有发给你们、留在你们档案袋里的东西不出三天，（a）就会首先传到每个驻伦敦的美国特工那里，（b）然后被他们通过海底电报重新传回这里，（c）之后会被伯尔先生看到，用极其有害的方式进行解读。在这样一个背景之下，你做的任何解释都会让我怀疑事实正好相反，当然你尽可以努力。（这里插上一句，有一帮人的看法蛮有道理，他们认为这种现象不足为奇，你们和美国驻伦敦大使馆关系如此密切，不可避免地要付出走漏消息的代价。所幸这种密切关系不是在美国国务院和这里的英国大使馆之间，这种代价完全值得。我相信他们看法正确。不过，不论事实如何，别让这件事小题大做。假如只是庸人自 439 扰，那么就完全没必要把它提升到什么高度，比如，弄到巴特勒先生那里。）

我个人至今最好的品行证明是卡坦尼先生[1]给我的。他是一位偏执极端的阿拉伯民族主义者，“犹太复国主义者”警告他说要提防我，因为我是一位众所周知的英国秘密情报局成员，两边出卖他们。那之后，卡坦尼先生［原文如此］的信件便如雪片般飞来。我肯定，他才是在为美国秘密情报局工作的同时，真正曾经受雇于英国秘密情报局。

但是，了解一下你们究竟向驻伦敦的美国人提供了多少

[1] 大概指弗朗西斯·A.卡坦尼，巴勒斯坦基督徒，他在4月份曾经就巴勒斯坦未来问题向安东尼·艾登递交了一份备忘录。

“有关犹太人的知识”[1]，还是会有用的。对这个话题讳莫如深只会束缚我们的手脚，失去应有的风度。

[……]

永远忠实于您的

以赛亚·伯林

致达夫妮·斯特雷特夫人

1943年8月4日［副本］

华盛顿特区英国大使馆

亲爱的达夫妮：

[……]

很高兴你见到了超级迷人的魏茨曼。我敢肯定你不会喜欢他的夫人。倒是有一点我很担心，他很可能会试图利用你来为其事业服务，即通过你与艾登先生取得联系。在任何情况下都不要让自己被如此利用。想到自己介入此类事情，扮演这个角色，我理应觉得羞愧和难过。犹太复国运动也许可敬可佩，但我恳求你不要让自己被人利用。如果他胆敢肆无忌惮地流露出这种意图——和所有伟人一样，他在这点上才华横溢——一定记住先搪塞他，然后抽身退出。

爱你

[1] 伯林此处原文为：Judenlehre。

致安格斯·马尔科姆

1943年8月9日［副本］

华盛顿特区英国大使馆

亲爱的安格斯：

在对自己的官僚主义进行了极其深刻的痛悔思过之后，同时又为贵司负责人[1]对本人所做的每周政治报告以及忍痛 440
删去后剩下的短小篇幅赞誉有加所感动，我觉得自己应该宣布撤回上封信中对你不无挖苦的过激之词。那些话当然是针对当地有关你可能是造成消息“泄露”给驻伦敦美国人的罪魁祸首的传言，但还是太过头了。在安德鲁·皮尔逊[2]关于犹太复国运动的上一个专栏见报后，显而易见是国务院扮演了更加差劲的角色。总之，整件事不值一提，更没必要去认真多想。将它抛之脑后吧。

随信附上一份报告，记录了一桩不同寻常的阴谋。就我所知，它与最终取消的针对巴勒斯坦的英美联合声明密切相关。我不认为自己掌握了所有证据，但至少展现了华盛顿犹太游说集团的基本活动规律，让人想起哈丁[3]和柯立芝[4]那

[1] 内维尔·巴特勒（原文第399页注2），北美司负责人。

[2] 安德鲁（“德鲁”）·拉塞尔·皮尔逊（1897—1969），报纸专栏记者，以写作具有轰动效应的调查报告闻名。

[3] 沃伦·加莫利尔·哈丁（1865—1923），1921—1923年任美国总统，以丑闻和生活糜烂腐败而闻名。

[4] 卡尔文·柯立芝（1872—1933），1921年任副总统；1923年哈丁去世后接任总统至1929年。

时的美好时光。在我看来，犹太复国运动采取的策略，不论在短期内收效多大，长此以往[1]十分危险。他们一定已经在某种程度上激怒了美国国务院；而且我能想象，总统极为不快。他们迟早得为此付出代价。用我特有的超然客观态度（你过去总觉得这点在我身上显得离奇古怪）进行判断，我得说，犹太复国主义的压力集团，虽然通过充分调动各方面因素，似乎能够对当权者和舆论施加足够的压力，使这样或那样即将采取的行动转变方向，但它却并未强大到能够使该策略持续下去，继续发挥作用。他们应该知道，更好的方法是通过说服，而不是通过粗暴的政治压力，因为采用后者必然会自食其果，无异于播种龙牙挑起纠纷（你应该明白我的意思）。从长远看这种报应会以某种方式降临到他们身上。目前国务院仇恨他们胜过仇恨共产主义分子，就像所有老牌的政治机构，国务院会坚持自己的立场，耐心地跟你磨，最后说不定就反败为胜。我不是说犹太复国主义者得不到多少他们想要的东西，而是想强调，假如他们停止蛊惑和过激行为（我似乎觉得，这种方法只有在事关重大民族利益的形势下才可能成功，但显然他们既不代表美国也不代表巴勒斯坦），而代之以仅仅通过有识之士与在英国和这里的政府官员进行秘密会晤，那么不仅可以更早得到想要的东西，还可以得到更多，并且也可以少给别人带来麻烦和损失。这番话

[1] 伯林此处原文为：à la longue。

我同N.戈德曼博士说过，他是我唯一经常联系，即差不多六星期见一次面的犹太复国主义者。但显然他没有好好听进去，只把它当作大英帝国为压制事态发展使用的惯用伎俩。等到有朝一日事态爆发，不论是巴勒斯坦发生起义或是其他什么原因，到时我会跟他们说当初已经告诫过他们了，虽然这只是不起作用的安慰。 441

与此同时，美国犹太复国主义组织的选举已经结束。对手双方之间的关系已经缓和下来。泼利·特格[1]告诉威廉[·海特]，虽然戈德斯坦希望讨好美国政府，只把攻击目标对准英女王政府，西尔弗[2]却主张对英美两国都不要留情。妥协的结果是，由戈德斯坦担任美国犹太复国主义组织主席，西尔弗（阿巴·西莱尔拉比）则出任紧急委员会的执行委员会主席，该委员会是货真价实的政治压力组织。

魏茨曼身在此地确实具有价值。他是非分明，并且相对牵制了在经济和政治方面真正具备实力的大型武装组织。

如果美国犹太大会举行（已经有些迹象表明它召开不了——请看另一封关于韦尔斯的去信[3]），其中犹太复国主

[1] 这个至今无法确认的人物可能是以赛亚·伯林打字员的杜撰，在原件上经过更正。
[2] 阿巴·西莱尔·西尔弗（1893—1963），立陶宛出生的改革派拉比，杰出的犹太复国运动活动家，美国犹太复国主义事务紧急委员会成员（1943年秋起任联合主席和执行委员会主席），主要靠他犹太复国运动迅猛发展，成为压力组织；能言善辩的演说家和多产作家。
[3] 见原文第443页。

义者占了92%的大多数，到时又没有魏茨曼参加，真有可能干出什么蠢事。同时，我们终于为芙瑞雅·史塔克[1]弄到了邀请函，这也许对制衡能起到一些作用。哦，天哪！两年半置身其中，我真的对这一切感到厌倦了！

为了助兴，这里给你讲一个小笑话。自由法国目前正在评论两位将军：捣蛋高和皮包骨格里奥[2]，并预测乔［·斯大林］叔叔会在“将军大清洗”中把两人的头砍掉，而把大多数自己人放进去，组成欧洲解放组织。你看看，我们用的是怎样一种挖苦讥讽的语气。据唐纳德·霍尔和杰克·惠勒—班纳特说，你们也全都是这种口气。我想一定是天气太热了。

再来信。

442 你的

致安格斯·马尔科姆

外交部

1943年8月9日［副本］

华盛顿特区英国大使馆

亲爱的安格斯：

英美联合声明（显然）最终已经取消，你本人，可能还

[1] 芙瑞雅·玛德琳·史塔克（1893—1993），旅行家和阿拉伯世界作家；战时致力于为英国政府开展政治宣传工作。邀请她来美是以赛亚·伯林的主意。

[2] 吉罗将军，见原文第420页注2；佩特罗·巴多格里奥（1871—1956），意大利军人和政治家，曾在墨索里尼7月下台后任总理。

包括东亚司[1]的人，或许都希望了解一些相关背景，以及犹太复国主义者在其中的鼓动作用。当然，我不可能知道所有幕后事实，但这里所写的情况是我和威廉［·海特］两人尽可能真实可靠地再现的。整个事件说起来会有点长，因为它绝对就像一个临床病例，再真实不过地反映出如今华盛顿的行事方式。

最初几轮谈判的来龙去脉你清楚。据我们所知，这个阶段没有走漏任何风声，一直到大约四星期前。犹太事务局的N.戈德曼博士7月初来找我，说他隐约听说在伦敦与中东穿梭来往的阿拉伯政治活动家们正在策划某件“令人不愉快”的事（具体他也不知道）。我回答说对此一无所知（是实话）。之后他好像又去找了韦尔斯。韦尔斯长期与犹太复国主义者打交道，据这里使馆的人说，在很多话题上似乎变得与司里的其他人都谈不大拢了，例如瑞典的难民安置问题等。韦尔斯好像是告诉他或是其他某个犹太复国运动特使，确实是考虑过针对巴勒斯坦问题出台一个官方声明，但他，指韦尔斯，认为此事尚不成熟，便借机打断了。根据戈德曼的说法，他答应会密切关注犹太复国主义事务，便就此搁下这个话题，只是交代他的朋友们注意事态发展。之后韦尔斯就去巴尔港[2]开始为期一个月的休假了。

[1] 该司负责“阿富汗、伊朗、伊拉克、沙特阿拉伯、叙利亚、黎巴嫩、也门以及与巴勒斯坦、外约旦和各阿拉伯小国家的外交关系”（《外交部名录》，1943）。
[2] 缅因州的沿海旅游胜地。

接着一段时间风平浪静，实际上几乎到联合声明定下来那天都没有发生任何事情。大约在那之前最多三天，再次有消息泄露出来[1]，同样还是隐隐约约的。这次据我分析，有可能是美国国务院（他们负责在这里发布声明）的时事处，他们把消息泄露给纽约的某家报纸或编辑，说有一份针对巴勒斯坦的文件即将出台。不过这点我完全不确定。总之，好
443 像正在暗中加紧工作，让新闻界做好准备，以支持的态度对声明予以重点报道，特别是在纽约这个犹太人极具影响力的地方。总之，犹太复国主义者从纽约某个报人那里得知，美国国务院有份声明即将出台（至此尚无人知晓英女王政府也参与其中，一直到很后来人们才知道），谴责犹太复国主义者在美国的游说行为。这个消息立刻引起轩然大波。怀斯被紧急派去面见总统，据说总统因为他是老威尔逊总统的同盟者而特别喜欢他。接着一封急件发往在巴尔港休假的韦尔斯，通知他在其离开期间，相继发生了一系列重大事件。据我所知，韦尔斯对此没有做出任何反应。毫无疑问，在这样一个非常时期，当人们不无道理地普遍认为，在他与霍尔先生及其所在国务院部门关系特别紧张的时候，能够逃开国务院的权力斗争，他是求之不得。总统几乎立刻便接见了怀斯。没有人知道确切过程。怀斯告诉他的部下说，总统让

[1] 是由以赛亚·伯林本人泄露的，晚年时他向为他写传的作家承认了此事。迈克尔·伊格纳季耶夫采访伯林录音之一一七至一一八。

他尽管放心，不会发布什么消息，尽管回家好了，让下面的人放宽心，整个事件完全是毫无根据的谣言。总统还告诉他，已经邀请伊本·绍德[1]或是他儿子访问华盛顿，这是第一次向我们透露这个消息，后经国务院证实，此事已在着手进行。他还对他说了霍斯金斯的使命。[2]起初犹太复国主义者闻之大为欣喜，接着，由于斯蒂芬·怀斯昏了头，将他与总统的见面经过到处说给人听，见一个人一种说法，内容完全不同，而且前后矛盾，于是犹太复国主义者们决定依靠自己的力量查个水落石出。在向不同亲信随从广泛咨询意见后，他们说服了萨缪尔·罗森曼，你知道他与总统关系十分密切，让他见机行事，小心打探一下。他带回来的说法显然大为不同：总统说怀斯确实打听过，回答是声明即将出台，是一份很好的声明，而且从犹太复国主义者的角度来看有益无害。之后他好像还给罗森曼看了与所有这些问题相关的文件，嘱咐他回去消除犹太人的顾虑。罗森曼的活动均向国务院的东亚司汇报了，也即华莱士·穆雷[3]他们。罗森曼按照总统指示的做了，不用说，他所汇报的即将发生的事

[1] 阿卜杜勒阿齐兹·伊本·绍德（1880—1953），1932—1953年任沙特阿拉伯国王。

[2] 哈罗德·B.霍斯金斯上校，纺织业高级官员，在贝鲁特出生，是罗斯福中东问题顾问之一，曾身负使命被派去证实（未果）伊本·绍德是否准备和魏茨曼讨论巴勒斯坦阿拉伯人的未来问题。

[3] 华莱士·史密斯·穆雷（1887—1965），外交家，1929—1942年主管美国务院中东事务部，1942—1943年任美国务院政治关系顾问，1944—1945年任中东及非洲事务办公室主任，1945—1946年任驻伊朗美国大使。

件，不仅没有消除犹太人的顾虑，反而是在犹太复国主义者圈子当中起到了揭露事实真相的作用。戈德曼赶紧来找我，问能否想点办法阻止联合声明发表。一直到此时，罗森曼才透露，英女王政府与此事也有关联。在这之前，他们完全蒙在鼓里，对整个内幕一无所知。罗森曼的消息使事情真正开
444 始闹大。之前他们只是心存疑虑，比平日警觉一点罢了。这应该是在声明准备正式发表的前一天。我想他告诉我的应该是事实，不过，如果罗森曼确切转述了总统态度，这应该不假，说明总统已经做出决定，不可改变了。我看不出还能做些什么。当然，骚动无济于事，只会激怒总统。在我看来，戈德曼颇为真诚地接受了我的意见，心情沉重地离开，去找华盛顿那些犹太官员们，诸如罗森曼、瓦格纳[1]的秘书、本·科恩、戴维·奈尔斯[2]等。他告诉我，所有这些人都对眼前局势充满忧虑。我想，这些犹太官员们的忧虑不是来自犹太复国运动本身，而是出于一种普遍的担心，即犹太复国主义者们最终不可避免会对结果发出抗议之声，随后便会掀起一场公开争论，参议员等人都会加入进来，最后势必损毁犹太人的公众形象，不论是否犹太复国主义者，都将一律处

[1] 罗伯特·费迪南德·瓦格纳（1877—1953），德国出生的律师和政治活动家；1927—1949年任民主党参议员，亲犹太复国主义的自由主义新政派，尤其致力于改善劳工工作条件。

[2] 戴维·K.奈尔斯（1892—1952），1942—1951年任总统行政事务助理，与霍普金斯同事，关系密切；自由主义活动家和人道主义者，反法西斯主义者，支持犹太复国运动。

于危险境地。人们会指责他们在如此生死攸关的危急时刻还在玩权力斗争。你一定看得很清楚，这种担心是整个事件的主要因素。假如声明按照原计划如期发布，也许一样会有表示抗议的示威游行，但不会有什么结果。虽然共和党可能会试图在这个问题上分裂犹太人的意见，为此他们大做宣传，但其近期目标应该能够达到——消除阿拉伯人对美国正在密谋与其作对的顾虑，同时还能加强犹太中间派的力量，抵抗这里肆无忌惮的游说活动——虽然要花一定的代价。我和威廉·海特都认为这是一个难得的好时机，任何拖延都会导致阴谋产生。因此，得知声明要推迟出台，以便让战争部严格审查，必要的话再予以加强，我们都有些沮丧。这一拖延更增加了焦虑不安，犹太复国主义者们开始静坐示威，大肆进行煽动抗议活动，随后是大规模的游说活动。这一事件的发生，显然是由于国务院或国务院里的某个人突然临阵退缩，不敢将声明只是作为一份单纯的政治文件发表，害怕会招来犹太人和自由主义者的强烈抨击，谴责他们讨好阿拉伯人，等等。你一定了解，达尔朗[1]海军上将引起的骚动在这里仍有余波，不管他们认为自己多么公正，对手力量多么薄弱，国务院都不想再经历一次类似的噩梦。他们在意大利问 445
题上小心翼翼就是由于今年年初因管闲事而吃了苦头，前车之鉴，后事之师。他们中间有些人可能害怕犹太复国主义问

[1] 见原文第419—423页，特别是第420页注3。

题会被威尔基和左翼出版社利用来作为一个小小的矛头攻击他们（赫尔先生对那些名不见经传的刊物上的批评敏感到几乎神经质的地步。只要《P.M.》[1]上登了什么文章，他就一定会大肆渲染，说“整个出版界都在跟我作对”），等等。于是他们写信给战争部，说需要的是军方在绝对保证安全的前提下，对这样一份声明提出具体清晰的要求。由于美国G2[2]一直逼着战争部打击犹太复国主义的过激行为，士兵们当然乐得一路绿灯放行。我不知道修订稿的内容是什么，但根据传言，它比初稿口气强硬得多——提到了不负责任的犹太人在巴勒斯坦举行暴动的可能性等，暗示这里的鼓动骚乱会危及在国外的美国士兵的生命。从策略上来看，这也许是美国国务院的一个自我保护的周全之策。但看来他们过于天真了，没有把华盛顿的习惯因素考虑进去。于是两个事件几乎紧接着发生了。正如你所知，摩根索自1941年3月份以来突然改变立场，当时你我两人还跟他论战了一番，此刻却完全变了样，不说无知，至少也是感情用事，开始对犹太复国运动持赞成态度。他一休假回来，就与犹太复国主义活动家们见了面，并告诉他们，他看了递交给白宫的相关文件，对其冷酷无情的语言（不清楚是一稿还是二稿）感到“十分震惊，无法以言语表达”；他会尽力阻止这一事件发生，另

[1] 以坦率直言为特点的纽约报纸（1940—1948），不效忠任何政党（最早也不登任何广告），但持反法西斯立场，支持罗斯福。
[2] 军事情报局（严格来说应为G-2）。

外还补充说，如果英女王政府急于维护巴勒斯坦安全，应该请美国政府派出更多的军队，而不是剥夺美国公民宪法规定的言论自由。美利坚合众国的历史上从未有过这种企图压制少数公民声音的先例，等等等等。

与此同时，与战争部公共关系室过往甚密的赫伯特·贝亚德·斯沃普[1]，按惯例读到了那份文件。斯沃普主张犹太人与所在社会同化，反对犹太复国运动，但他的反应似乎与罗森曼别无两样。根据斯沃普对菲利克斯·法兰克福特讲述的（法兰克福特已经彻底告别华盛顿，是事件结束以后从一个很远的城市打电话来对我说的），他提出了一个从他的立场来看颇为奇特的见解：如果巴勒斯坦的犹太人真的急于摆脱束缚，阿—犹冲突随时可能爆发，那么这份文件出台 446
便好比导火索，促使他们破釜沉舟。那样的话，犹太人不可避免地会遭到指责，因为他们导致了流血事件，给盟军的作战计划造成阻碍。到时候，对他们的反感浪潮将席卷整个在美的犹太人，不管是否犹太复国主义者均不能幸免。因此，首先得把事情不动声色地悄悄压下去。他去见了巴鲁克[2]，他在巴鲁克身边工作已长达四分之一个世纪还多。巴鲁克也认为在目前这种时刻发表任何针对犹太人的言论都会助

[1] 赫伯特·贝亚德·斯沃普（1882—1958），新闻记者、作家，1934—1945年任纽约赛马委员会主席，公共关系顾问，伯纳德·巴鲁克的密友和顾问。

[2] 伯纳德·曼尼斯·巴鲁克（1870—1965），金融家、总统顾问，1943—1945年任战争动员委员会顾问。

长美国的反犹太主义浪潮，这一点目前已经呈加剧趋势。对此他和不少人都深感忧虑。之后，斯沃普（根据他自己对约翰·福斯特说的）又说服了战争部副部长帕特森[1]，此人对这个问题或许没有自己的看法。斯沃普让他相信，从政治上来说，战争部没有必要“傻乎乎地充当出头之鸟”，为这种尚不确定的举动承担责任——犹太人会非常失望，而且肯定会引起一级政治骚动。若是国务院想找麻烦，让他们自己出面，不要把战争部扯进去。

同时，摩根索似乎说服了史汀生[2]，巴鲁克也和老朋友科德尔·赫尔进行了深谈（随着事件进入高潮，似乎越来越难以确保中间详细过程的绝对准确性）。总之，巴鲁克和摩根索两位先生（平日关系并不和睦）联合发起的夹击行动产生了效果。也许你已经知道，赫尔告诉大使阁下[3]，他一直就对发表这样一个声明是否明智充满疑虑（我相当怀疑这个说法）。如果史汀生不肯负责，他觉得从全局考虑还是就此罢手为好。经过就是这样。韦尔斯回来有几天了，正碰上事情草草收场，纵然他有心阻止也无力回天，更何况如果他与犹太复国主义者的会见传言有一点点属实，那他一定是反对联合声明出台的。不过总统似乎早先曾对罗森曼说过，

[1] 罗伯特·波特·帕特森（1891—1952），律师、法官，1940—1945年任战争部副部长，1945—1947年任部长。

[2] 亨利·刘易斯·史汀生（1867—1950），律师、共和党员，1940—1945年任战争部部长。

[3] 指英国驻美大使哈利法克斯勋爵。

“如果怀斯或威尔基不喜欢这份声明，我也无能为力。这场战争必须赢，而联合声明恰恰有利于实现这个目标”。这中间还有一段有趣的插曲：罗森曼受法兰克福特之命来找我，之前我们俩从未见过面。他告诉我他本人以及怀斯和总统的会谈，问我能否平息犹太复国主义者的抗议之声。我向他解释，如果仅仅以我的官位，我不可能有丝毫用处，无法对这些人产生任何影响。我唯一真正能说得上话的人是魏茨曼，可惜他目前不在此地。在我看来，罗森曼是一位通情达理、 447
头脑清醒的人，一心只想调解危机，但对整个问题的症结所在并不了解，因此感到十分为难。他的主要目的就是为总统平息华盛顿的混乱。我把谈话向威廉·海［特］做了汇报，他转告了国务院东亚司，那里说他们知道罗森曼在其中起作用并予以认可。

有件事我很好奇：在大使阁下离开的那天早晨，也就是整个事件终于由赫尔先生宣布落幕之时，德鲁·皮尔逊的专栏刊出了号称揭露这一事件全过程“内幕”的报道。除了一些明显的谬误外（你在8月9日收到的英国情报处调查报告做了大致的摘录[1]），例如扯进了赫尔利[2]和伯尔（请注意，对显而易见的我根本避而不谈），对怀斯在其间的作用进行

[1] H.G. 尼古拉斯编，《华盛顿快讯，1941—1945：来自英国大使馆的每周政治报告》，第235页。
[2] 帕特里克·杰·赫尔利（1883—1968），1942—1944年任罗斯福在许多其他国家的私人代表。

了虚构性的描写，等等，总体而言，报道内容基本属实，包括一些细节也确切无误。虽然大部分内容很可能由斯沃普提供，他是其定期消息来源，还有许多内容来自犹太复国主义者，但就我所知，至少有一点他们不知道，我是说皮尔逊提到的美国有关联合声明的建议开始时遭到英国外交部冷遇这件事。据我了解到的情况，此事仅限于英国和美国官员知道。皮尔逊从哪里得知的这个消息？这里没有人见过他，就我们所知，也没有谁同其他任何人谈过此事，除了和相关的美国官员。因此，他一定是从国务院，要么就是战争部或白宫渠道得来的消息。也许这是再明显不过的解释。我本人则倾向于认为透露消息给他的除了韦尔斯没有别人。理由如下：(1) 他们俩是至交；(2) 他最早是从某个犹太人那里得知的，此人设法将韦尔斯拉进来，因为他与犹太复国主义者长期保持着联系。皮尔逊关于国务院的报道中通常将韦尔斯作为光明力量的领袖，反对伯尔、华莱士·穆雷等“黑暗”势力，这些人总是作为亲法西斯的代表人物出现。这篇报道还是这一通常模式，只不过韦尔斯的名字被刻意拿掉了。你也许会认为这一切未免安排得过于奇巧，但我根据“宁取较难的读法”“自相矛盾的衍生或本质与其名称相反”[1]等原

[1] 伯林此处原文分别为：difficilior lectio和lucus a non lucendo，均为拉丁文。第一句为经文鉴别学用语，意为“较难解释的句子比清晰易明的句子可取”。根据这一原则，抄写错误往往表现为抄录者尝试简化或阐明难解的字句而不是相反。第二句因其中语义双关（“树林”和“光明”谐音，“树丛中”与“黑暗”谐音），无法完全翻译。大意为：树林之所以被称为光明，是因为它里面黑暗。这句话

则，坚持认为，若不是有人让皮尔逊不要提韦尔斯，他一定是会出现在这篇报道中的——犹太复国主义者在他们的谈话中不停地提及他的名字以示炫耀。韦尔斯本人就有足够的理由希望自己的名字不要出现在小道消息的专栏里。他与赫 448
尔不和的种种传言早已四处传开，很不好听，令他极不舒服。因此，他可能因为事先没有征求他的意见，一气之下对皮尔逊说他反对联合声明，还说英国方面从一开始也是这个态度，大家都反对，只有国务院那帮居心不良、凌驾于英女王政府之上的人要这么干，等等，并吩咐不要在报道中提他。以上是我精心分析做出的假设，我喜欢这么做或许是出于天生的倾向，习惯把华盛顿政治斗争视作萨尔杜式的通俗剧。[1]

还有一种更简单的看法：赫伯特·斯沃普（或者是战争部或白宫的什么人，但可能性不大）在流通过程中看到了文件，读到了维南特的电报，于是把此事告诉给了德鲁·皮尔逊。斯沃普也确实将一切都透露给了皮尔逊，因为皮尔逊的报道与史汀生最后拒绝帮忙不谋而合。一切皆有可能。不过整个事件几乎就像一个临床病例，真实反映出华盛顿的勾心斗角、华盛顿的压力以及华盛顿的轻率等，还反映出华盛

可被视为失败主义、自相矛盾的“词源”，用于形容某种事物名不副实。

[1] 维克托里安·萨尔杜（1831—1908），法国剧作家，剧作包括《托斯卡》，普契尼的歌剧据之改编。

顿的行事方式。在宣告失败的借贷白皮书事件[1]中也存在相同因素。对此我的态度是明智地表示反对，并且我要说，如果原先的联合声明如期发表，也许这一切都不会发生。

我有一种印象（从罗森曼那里间接获得），总统对这些来自犹太人的阻挠感到有点头疼——毕竟一旦犹太游说团体获得了胜利——根据他对罗森曼说的那些关于不管怀斯怎样、这场战争必须打赢的话，他迟早会对此事有他的说法，我猜想他对大使阁下提起过。不管摩根索在不在，目的只是为了安抚人心，我坚信，这么做绝对有好处。

这期间，头脑简单、既非犹太复国主义者也不属于任何其他派别的罗森曼又来到纽约，说服怀斯不再进行成立犹太军队的宣传，作为压制联合声明出台的补偿。怀斯不无道理地指出，他对主张成立犹太军队的那些人没有控制权，但表示会见机行事。这方面的谈判的进展并不确定。

犹太复国主义者断然否认他们与皮尔逊的报道有任何关系，说一切过于顺利地按照他们的意愿进行未必是什么好
449 事。我不知道该不该相信这种说法，但不管怎么说，此事没有再引起什么风波。据犹太复国主义者说，是主张成立犹太军队的那些人（他们一贯的替罪羊和托词）告诉皮尔逊

[1] 关于借贷计划，见原文第367页注2。为了化解美国方面的不满情绪，英国方面主动在1941年9月发布了白皮书，规定借贷物资不可用于出口。为此他们得到的唯一感谢是，美方专门成立了一个委员会负责监督英方是否实现了白皮书的承诺。

的。或许这个事件不值得展开深入调查，就像其他有充分根据、让国务院那帮人面孔气得发紫的报道一样。听说怀斯写了一封就事论事的信给赫尔先生，请他下次在征求他的意见之前，不要插手巴勒斯坦事务。毫不奇怪，赫尔先生尚未回信。人们对犹太复国主义越来越感到惊恐。

我不知道从这个事件中可以得出什么教训，唯有一点，犹太复国主义游说团体似乎力量强大，足以取得短暂的胜利。这个事实必须予以考虑。要说也真令人感到可悲，美国国务院的东亚司，你知道，过去对女王政府一直并不是太友好的，就这么一次好像是希望为我们做些什么，却又如此不光彩地以失败告终。这件事也不会令霍斯金斯的使命因此而轻松些，反倒显得完全无望了。

与此同时，美国犹太大会即将举行，就在这个月的月底。其中犹太复国主义者占了92%的大多数。戈德曼说他曾经问过华莱士·穆雷，“此时召开是否妥当”，穆雷回答说只要他们“机智周旋”，不会有反对意见。我不知道他们得靠多少机智才足以周旋得当，消除对阿拉伯人的影响，让其不会因为此事更加肯定犹太人准备建立犹太联邦，就我所知，地点计划设在约旦河两岸。根据《纽约时报》上苏兹贝格和其他记者的快讯，阿拉伯人有同样的计划，地点则选在开罗。如此一来我们有好戏看了。不管我对犹太复国主义者提出的某些目标多么同情和支持，我还是觉得抗议和骚乱只有害处，别无其他。很显然，韦尔斯告诉戈德曼，认为犹太大会是失策之举，经过周密计划后召开将更加糟糕。因此犹太复国主义者或许会推迟大会。他们特别急于取悦韦尔斯，在他们的心目中，他是一位可靠的同盟者。

还有两点：

1. 赛勒斯·苏兹贝格发给《纽约时报》的一份快讯上谈到即将出台一份针对巴勒斯坦未来的联合声明（《纽约时报》8月20日），并且引用了舍托克的话。这个消息激化了犹太复国主义者早已酝酿的情绪，导致怀斯为此致信《纽约时报》，抗议苏兹贝格"危言耸听的"文章。

2. 纽约犹太议员伊曼纽尔·塞勒[1]在8月12日发布了一则新闻通告，大声疾呼反对罗斯福先生计划出台的声明。当然，很有可能从那天起，塞勒就已经获得了情报，从巴鲁克、摩根索，到德鲁·皮尔逊等（或者是某个犹太复国主义者）。他还将新闻稿印了一份寄给大使阁下，认为苏兹贝
450 格的几篇文章明显是预备式的轰炸，其后是这场给犹太人带来巨大伤害的事件。

很抱歉这份报告如此冗长。不过它是我们掌握的唯一比较完整的事件经过，对希望了解美国外交政策有时是怎样形成的人来说具有启发借鉴意义。你完全可以相信，天主教徒和所有其他游说活动使用的都是完全一样的方法。不知道这

[1] 伊曼纽尔·塞勒（1888—1981），律师，1923—1973年任民主党议员，坚决的新政支持者和坚定的自由主义者。

件事伦敦的犹太复国主义者了解多少，似乎犹太事务局的洛克[1]发来的一封电报四天前就已到达这里的犹太复国主义者手中（经过一般的信件检查）。他在电报中说，从伦敦的“可靠渠道”得知，这里即将出台一份“声明”，让怀斯一定要知道。我想整个话题在不久的将来会在伟人们之间得到充分讨论，目前这件事不过是小溪中的水泡，很快就会在大事件的洪流中被人遗忘。

你的

致玛丽和门德尔·伯林

1943年8月16日

华盛顿特区英国大使馆

亲爱的爸、妈：

你们一定记得，我不知许诺了多少次，说会给你们写一封超长信。[2]可每次动手写时，篇幅却总是那么短小。于是我又重新开始，觉得你们理应得到一篇杰作。但是，由于杰作尚未产生，你们就暂且先读读这个吧。希望长度能够弥补质量的不足。

[1] 伯尔·洛克（1887—1982），犹太复国主义劳动党领导成员，党报编辑，1938年起任犹太事务局政治处负责人。

[2] 8月初，赫伯特·尼古拉斯曾经写信给以赛亚·伯林，说：“你父母亲酸溜溜地说，你可能还在不停地写，但他们宁愿收到一篇短小文章，也不要一部老也写不完的巨著。”在8月25日给尼古拉斯的信中，以赛亚·伯林报告说：“我终于给父母写了一封信。这封信是我生命中的里程碑。”

我想，你们主要是想了解我的总体生活状况，因为从形形色色前往英国的人那里，各种话你们听说了不少。首先，我坚定、诚实地告诉你们，我从未咳嗽（我注意到你们信中对此隐隐表现出担心）。肺炎有肺炎球菌和病毒性两种类型。第一种又分为大叶性肺炎和别的什么。对这第一种我完全不了解，或许它真的会留下后遗症，一辈子咳嗽都好不了。而我得的这种肺炎，很奇怪，在任何阶段都没有引发咳嗽，病情最严重的时候也不例外。有点痰，令人老想讨厌地吐出
451 来，但始终没有咳嗽。到了2月份前后就完全康复了。毫无疑问，温特先生是很可爱，但常常喜欢不着边际地胡思乱想。我的病情从未“复发”过，从那以后我再没感到不适。

你们还担心华盛顿天气太热。气温确实在80华氏度上徘徊，但由于包裹着空气流通的热带气候外衣，并不会让人觉得有那么难受。〈今天只有65华氏度，天气很好，非常舒服。〉唯一构成威胁的是空调——炎热的大太阳刚晒着，一下便走进冰凉的卧室。幸好我的卧室没安空调，过去没有，现在也没有，最多就用一个小电风扇吹吹，因此空调的凉爽以及随之而来的威胁均与我无缘。不过我不太怕热，倒是更怕冷些。1934年的耶路撒冷比华盛顿热多了。白天我会觉得热，但晚上睡得很沉。我发现自己天热时睡的时间更长（不穿衣服，打赤膊）。因此身体很好。

原先我打算8月中旬休假，到朋友兼上司奥博雷·摩根的小农场去待上一段时间。那个地方在华盛顿州西北部，离

这里大约三千英里，差不多是伦敦到沃洛格达[1]的距离。可以舒舒服服地乘火车去，到那里领略完全不同的景色，树林、山脉，以及与太平洋贸易紧密联系的巨大的工业前景。在经历了过度繁忙的社交生活之后，这正是我需要的。〈一些周刊不断地向我索要生平细节，我拒绝了，觉得从长远来看没有好处。还记得《标准晚报》[2]吗?〉我想在那里待个一星期左右，再慢悠悠地（还是乘火车）经加利福尼亚到新墨西哥和亚利桑那州。这些地方地势高，空气干燥，阳光灿烂，我住在舒服的酒店里，每处待上两三天，然后回到华盛顿。我仍然准备实行这一计划，和摩根夫妇一起出发，回来时与这里大使馆的一位秘书同行，他名叫约翰·罗素，到时可能正好从洛杉矶回来。而且他性情愉快，办事很有效率。可是，不管是摩根夫妇还是他都因为这里的工作无法脱身，提出要9月份走，我又不喜欢一个人走（你们清楚我多么讨厌孤独），因此只好提出等到9月份。7日左右出发，10月初回来。

今年好像没什么机会回伦敦，虽然尼古拉斯写信来怂恿我何不回去待上个把月。我会给他写信，告诉他只需情报部稍微施加一点压力——我不能每次都自己努力，只要他们发话，我会以最快的速度和最大的热情去做。

我目前追求的目标是争取让人派我去莫斯科，在那里待 452

[1] 俄罗斯城市，位于莫斯科北部约三百英里处。
[2] 见原文第405—406页。

上一两个月，以便对总体局势有“全局观”。当然如果实现的话得经过伦敦同意，我会设法找出令人信服的理由。美国驻莫斯科使馆正好有几个人我认识，比如像莫尔·科洛思维特，再没这么好的机会了。外交部和情报部应该抓住这个稍纵即逝的机会，但我有点怀疑他们是否肯出面，因此对这个计划不抱太大希望，只是说说让你们知道我为什么感兴趣。也许明年夏天比较合适。只能等着看了。〈别担心，目前这件事尚未开始。〉

说说我的生活：我不听你们的忠告，还是搬出了肖勒姆酒店，因为实际上我不太喜欢住酒店，尤其是豪华大酒店，一到晚上，就满是喝得醉醺醺的上校军官。过去我是住得很舒服，服务也很好，在我的周密安排下，一切都井井有条。但这些目前在华盛顿不大容易办到。我愿意的话，10月份可以再搬回去，又要引得大家妒忌了。目前我住的房子在乔治城，是安妮·弗里门特夫人[1]的房产。我来解释一下，乔治城是华盛顿最迷人的近郊地区，它的最高处就是英国大使馆。城里遍布小巧精美的粉红色房子，点缀着白色的门柱。到处是枝繁叶茂的大树，伸展开来的枝叶为炎炎夏日提供了宜人的浓荫。每逢星期天上午，教堂礼拜的钟声敲

[1] 安妮（—玛丽）·胡特·弗里门特（1910—2002），婚前姓杰克逊。作家、广播员、编辑、翻译、讲师及乔治城女主人；不断改变宗教信仰，从英国国教徒变为穆斯林，1943年起又变为天主教徒；1942—1945年任驻华盛顿英国使馆印度部研究助理；与澳洲科特斯泊伯爵三世之子克里斯托弗·伊夫林·弗里门特结婚。

响，黑人唱诗班放声歌唱，黑人们的孩子在街头尽情玩耍，典型的美国南部城市景象。这里远离华盛顿的政治纷争，牛津味十足，很令我喜欢，远远胜过富丽堂皇的城里生活。你们明白我的意思，应该清楚为什么我会被吸引。星期天的晚上，纵横交错的公园和黑人舒适安逸的生活节奏，使它拥有一种小城镇甚至小村庄才有的家的感觉，令人为之心动，许多白人因此而在这里建房安家。弗里门特夫人是谢拉·格兰特·达夫的侄女[1]〈听说她有一个孩子！〉[2]，受过良好教育，举止有点疯疯癫癫，丈夫是一位蹩脚画家，是某个贵族的子弟，住在英格兰。我在读本科时就认识她了。她常常会天真无邪地激情迸发，让许多人受不了。我对保持一点风度还是很在乎的，这类英国上流生活的回忆令人非常愉快。好了，接着往下说。她的房子有三间卧室，一个大客厅，外带一个花园。她作为母亲被疏散到这里，目前为印度事务总局工作。通常，她与孩子们住在这里。夏天孩子们都出门度假 453
了，剩下她一人，只好把自己关到地下室里，四周脏兮兮的，和防空洞差不多。不过她在身体上很能吃苦，说她并不在乎。楼上我住，前一段还包括我的朋友爱德华·普理查德。一位取了个怪名叫基赫拉的黑人女佣负责照顾我们的起居，现在就只侍候我一人。因此，我每天在床上吃早饭，这

[1] 安妮·弗里门特的母亲是谢拉·格兰特·达夫父亲的姐妹。
[2] 潘尼洛普·纽萨姆，经济学家。

在战争期间的肖勒姆酒店根本不可能办到。它对我意味着什么你们最清楚。普理查德深受菲利克斯的赏识，他身体肥胖，差不多有三百磅，充满活力，富于机智。他过去在华盛顿政府机关工作，尽管他块头肥硕，不久前还是被部队征去当兵，离开了。此人极其聪明搞笑，脾气又好，我和他相处特别和睦。不得已生活在这个国家，我决定要尽可能找一位像他这样善于表达、性格风趣的人，两人成为至交，把自己的命运与其紧密相连。可惜他要走了，无可奈何。弗里门特夫人与他关系相当紧张，她是一位性格放荡不羁、不受世俗陈规束缚的人，甚至有点过分到愚蠢的地步（虽然房子管理得井井有条），让他受不了。还有，她老是喜欢到我们房间来聊天，我因为认识她已经有十一年，不觉得有什么，反倒颇为喜欢，但普理查德就受不了了，一点都不掩饰他的反感。每次她在门口出现，带着有点傻气的微笑，轻声问“我能进来吗？”时，他就会大声叹气，失望地呻吟，双手盖住脸孔，做出极度厌恶和敌对的表情。真别扭。你们可以问问鲍拉博士对她的看法。我敢肯定他也一样对她深恶痛绝。我对像她这样头脑简单的小傻瓜从来就不会太过介意。但是，随着普理查德和弗里门特的关系日益剑拔弩张，我只好被迫另做安排，又找了一处没有他人干扰的房子。这所房子十分精美。同样在乔治城，位于山上，地势很高，夏天非常凉爽。房子不大（两间卧室，一间更衣室，单独隔开的餐厅和客厅，厨房和地下室），有中央空调，一侧可以遥看波托马克河，另一侧面对乔治城的公园。在华盛顿找房子谈何容易，更不要说小户型房子了。所以说真是幸运，这所房子因为住在里面的一位官员[1]不幸去世，才一下空了出来。接下 454
来的问题是帮佣。通过一位好心的政府工作人员帮忙，她名叫弗兰兹布劳夫人，我们找到了一位来自南卡罗来纳的女黑人，非常能干，是当地一位皮匠的妻子，基督复临安息日会教徒（据弗兰兹布劳夫人说，有宗教信仰的仆人最理想）。也就是说，她在星期天工作，而不是星期六。太好了。星期天正是需要有人照顾和关心的时候。她菜烧得很好，整天都待在屋里干活，是一位四十岁的可靠帮手，精明能干，洗衣服和炸鸡的本领特别高。我打算同老朋友盖伊·奇尔弗合租这套房子，知道吗，他已经决定不再找美国朋友，认为老朋友才最可靠。帮我理财的法兰克福特夫妇也大为赞同，他们本来就不赞成住在弗里门特夫人那里，说与一个红头发的女才子住在一座房子里不可能太平。我准备9月1日搬过去。还需要买一些家具——地毯和书架。我还认识周围邻居，其中之一是一位著名美国法官的女儿，这位法官也是法兰克福特的好朋友。所以一切都很顺利。我随时可以回肖勒姆去

[1] 8月16日给赫伯特·尼古拉斯的信中，以赛亚·伯林对此事有更为具体的描述："我准备搬进一所房子，谋杀的痕迹还留在地板上（没有丝毫夸张）。"根据弗里门特夫人的说法，以赛亚·伯林解决华盛顿著名的找房子难这一问题的办法是，"在英国使馆的一名秘书被情人谋杀之后，与警察同一时间到达出事的房子。每逢举行聚会，他都要在地板上原先留有血迹的地方洒上颜色鲜艳的红色钢笔水"。安妮·弗里门特，《最佳朋友》（伦敦，1971），第294页。

住。但我更喜欢居家的生活。由此你们又会想到婚姻问题上去。你们放心，任何只要有一点点感觉的人都知道，这个想法在这里完全没有可能。这个话题就说到此。

还能告诉你们些什么呢？我每天的日子规律有序，工作也一样。生活更像在牛津的日子，比起纽约的生活乏味宁静得多。黑人区所带来的乐趣早已消逝。这里既没有好听的音乐也没有充满趣味的交谈，一切都温柔平静地缓慢流逝着，这种节奏对人的身体和神经无疑都有巨大好处。

你们无须担心伊达的亲戚会来纠缠我。他们都在纽约，而我现在从不去那里，碰面的机会根本不存在。

很高兴你们对查尔斯有那样的评价。他是一位充满悲剧色彩的高尚之人，而他的夫人只是让人可怜——妈妈的分析真是一针见血。

紧张的社交生活节奏如今已经放慢，没有什么内容替代它。最近我见到的唯一有趣的人是一位天才作曲家，名叫尼古拉斯·纳博科夫[1]，前任自由立宪民主党领袖的堂兄弟，在附近一所学校教音乐。他活力充沛，很讨人喜欢，不激进也不落伍，只是一位老牌知识分子，拉什一定会很乐于见他。我和他谈音乐，谈俄罗斯，谈书，谈各种人，只要是我

[1] 尼古拉斯·纳博科夫（1903—1978），作曲家、作家、舞台总监；作家弗拉基米尔·纳博科夫的堂兄，其父弗拉基米尔·迪米特里耶维奇·纳博科夫为自由立宪民主党（原文第431页注4）领袖，1922年被俄罗斯君主主义者杀害。尼古拉斯后成为“文化自由大会”组织的秘书长。

感兴趣的无所不谈。

我准备马上给戴维和玛丽写信，聊一些他们早已知道的 455
事情，真没什么好写的。这里生活平静无波，没有一点历史背景。正如我告诉你的，回到英国，接触到欧洲，这里的一切便会像梦境一样消失得无影无踪。不过我还是会写。告诉玛丽和戴维（分别告诉他们）我同婚前姓费希尔的罗莎蒙德·柯勒律治聊了一晚上，谈到30年代初的事情时，她兴高采烈，眉飞色舞。〈(她似乎不太喜欢玛丽，但更不喜欢费希尔夫人。刻薄的姑娘。)〉

目前我对任何话题都没什么兴趣，以工作为乐。和同事们的关系非常和睦，真没什么不满意的。谁可曾想到我从一个牛津大学的哲学教师，一个平生只对音乐有热情的人，居然会变成一个热衷于美国政治斗争，忙于对最最不起眼的日常琐事进行记录的人？这一定是因为美国政治生活在性质上与个人紧密相关。机构发挥的作用远远比不上个人及个人之间的关系。这种模式和牛津如此相像，自然会吸引像我这样喜欢饶舌的人。事实上总统十分古怪，完全不像你们所想的那样。经过充分观察，我得出结论：尽管总统天性愉快、慷慨，言谈举止充满家底殷实的大地主所特有的雍容和气势，但他却有以下不足：(a) 极其冷漠；(b) 残忍无情；(c) 没有朋友；(d) 正日益成为妄自尊大的人，牵着我们的丘吉尔先生跑而不是相反。就整个世界而言，这种状况产生的结果也许不坏，因为他的动机正当，符合人道精神。但说到可以信任他，或者将他视为格来斯顿[1]式的人物，却大错特错了。他不喜欢富人，这点没错，但他也不喜欢穷人，不喜欢任何人。也许这样更好，但这并非他的一贯作风。他的夫人[2]在各方面都和他恰恰相反，感情用事，热情洋溢，激进的自由主义者，充满与生俱来的精明机智，这是丑陋之人往往会刻意培养的。

还能告诉你们些什么呢？阿伦森夫妇已经离开缅因州，去了北卡罗来纳，那里有木材可砍伐。很感谢他们给我写了信，邀请我去他们村里住一段时间。我尚未回信，不过可能
456 会在从西海岸休假归来的途中到他们那儿过一晚上，看看他们。我敢肯定乡村生活比起纽约绝对更适合他们。

我还打算去哈佛大学一趟，看看那里的哲学家们。不管怎么说，到了美国，却与自己学科领域的同行没有交流，实在是愚蠢的表现。

很遗憾地告诉你们，你们那个来自维尔纽斯或者是华沙的老朋友——好像叫戴维，就是那个三十年前认识妈妈的小个子[3]——他死了。这件事提醒我得写信给芭芭拉·哈尔

[1] 威廉·尤尔特·格来斯顿（1809—1898），1868—1894年四次担任自由党首相，反对土耳其对巴尔干群岛和亚美尼亚的压迫，以及爱尔兰土地持有阶级对农民的压榨；作为一个普通公民，曾试图挽救妓女，不让她们沦落街头。
[2] 安娜·埃莉诺·罗斯福（1884—1962），前总统西奥多·罗斯福的侄女，因此，也就是她丈夫富兰克林·德拉诺·罗斯福的远亲；报纸专栏记者，人道主义事业宣传活动家；1942年10—11月任罗斯福驻伦敦的私人特使；1946年为第一次联合国大会代表，后（1947—1951）任联合国人权委员会主席。
[3] 见原文第389页。

彭。虽不知该说些什么，但必须写。

若见到沃尔特·艾［廷豪森］[1]，跟他说他的朋友金[2]与我在同一座房子里合住了几个星期。他人很好，希望转达他的问候。

至于沃尔特·贝尔[3]，莱昂内尔［·柯蒂斯］见过他，人是不错，就是有点乏味，我曾想过与他共同建造一座房子，现在想想，幸好没这么做。他人是很不错，也很喜欢我，但若长期相处，他的无趣会把我烦死的。

约翰·福斯特准备在9月份回英国四个月。我认为这是个好主意。他可以利用这个机会决定自己更喜欢待在哪里。这里非常需要他，一旦他透露出准备回国，使馆上上下下，从大使到普通职员，全都会热情万分地请他立刻回来。他为大使提供的个人服务尤其高效，大使很需要。天知道，大使缺了他也许会感到失落的。毫无疑问，如果有谁在国外有功于他的国家，那便是约翰——他对自己工作的热爱使之效率更高，使他本人更受欢迎，也使英国在这座城市更受人们喜爱。他甚至进入了通常将任何英国人都拒之门外的恐英者的圈子。我想他会去看你们的。

约翰·惠勒—班纳特已经回去，说起你们俩时充满感

[1] 当时在布莱切利园密码中心工作。

[2] 可能指亚历山大·金（生于1900年），驻华盛顿英国科技外交使团团长，1943—1947年任驻华盛顿英国使馆科技专员。

[3] 沃尔特·凡考特·贝尔（1909—2004），英国外交官，分别于1935—1940年和1941—1942年任驻纽约代理副领事，1942—1945年任职伦敦外交部。

情。唐纳德·霍尔也一样。他们俩性格都极其温柔，两人都回了英国，真为他们高兴。约翰只是在那里待一段时间，霍尔可能就永久不回来了。唉，我也许可以穿得更讲究些的，不过这不能怪哪一位风情女子。[1]我盼望回国的心情十分迫切，会在给克鲁克香克的下封信中跟他说。并不指望会有什么效果——没有哪个部会喜欢变革——只是因为布莱肯[2]向
457 我问好，我想自己还是老老实实待在原先的位置好了。

我建立速度最快的一份友谊是和那个让我得了肺炎的人，一位名叫马修斯的海军指挥官，我在爱尔兰和他同住一间卧室，结果却是致命的。他是一位好人，现在永远都觉得对不住我了，所以急于在任何场合都讨我欢心。

我真的不知道对爸爸和他的生意提什么建议。在我看来，像以往一样，俄国和加拿大将依然是木材出口大国，他的俄国关系网依然存在。一旦英俄之间的通道好走了，他不能想办法以专家身份派往俄国吗？在伦敦的俄国代表中，没有可以就这个话题和他聊几句的人吗？不过也许现在考虑这些都还为时过早。

巴伯[3]有没有告诉你们他和我一起吃了午餐？

[1] 这里口气有点言不由衷。以赛亚·伯林曾经因为风情女子帕特里西娅·德·本德恩而遭到失恋的痛苦。（迈克尔·伊格纳季耶夫，《伯林传》，第111—112页）
[2] 布伦登·布莱肯（1901—1958），布莱肯子爵一世；保守党政治活动家和商人，丘吉尔的挚友和同盟，1940—1941年任其议会私人秘书；1941—1945年任情报大臣；1945年任海军大臣。
[3] 埃里克·阿瑟·巴伯（1888—1965），1913—1943年任埃克塞特学院研究员，

真的目前我没有更多可说的事了。我十分满足，健康，受到很好的照顾，生活井井有条，令人惊奇地整洁和有效率。

两件日常事务。你们有没有把鲍拉夫人的书寄给我，或是（通过我们英国使馆）寄来《新政治家》呢？至于给我写信的事，为什么你们不试试寄给我封好的信，投递地址写"华盛顿特区，英国大使馆，一等秘书以赛亚·伯林先生"，并在外面的信封上写"外交部，联络处"，在寄给我的第一封信中附上一张简短便条，说明你们认为这是寄信给在美国的我的正确部门地址。我认为如果你们这么做了，这些信过四五天就会到我手中。当然，也可以一直通过尼古拉斯把信寄给我，你们愿意经常这样做也行，我想他不会介意的。信件审查员的窥视的确限制了人的写信风格，书信成为排好的一盘盘铅字，而不是谈话，更不是低声的交谈。不管怎样，我打算按这种方法寄出我给你们的所有信件。

很久都没有见到拉斯金一家或是别的亲戚，完全不像住在伦敦或是牛津。

爱你们的

沙耶

〈这真是一封沉闷的信！也许妈妈会以她锐利的眼光看

古典学导师和讲师；1943—1956年任教区首席神父。

458 出来，这封信出自平和、波澜不惊、得益颇丰的平静生活。〉

致厄休拉·尼布尔

1943年8月16日［副本］

［华盛顿特区英国大使馆］

亲爱的厄休拉：

我真是太不像话了，居然一直没有回复你6月3日写的信，但我几乎无法向你描述我在过去八周的生活状况，炎热，不舒适，那特别居家的状态，大量无关事务，厌倦与天气导致的筋疲力尽。我已经有三个月没有离开华盛顿了，而且在9月之前也看不到自己有离开的机会。

我怀着最大的快乐读完了莱因赫尔德［·尼布尔］写的所有文章，我想你所知的关于英格兰的所有消息要比我所知的新得多；我和贝弗里奇[1]没有关系，我已经深陷案牍，这是一种忧郁的逃避主义，其意义可能被低估了。我没有和工人领袖或是知识分子谈过，很长一段时间以来，我只和官员打交道，看事情开始像隔着结霜的玻璃——轮廓模糊，事件之间彼此非常相似——我意识到这是典型的官员式的全景

[1] 威廉·亨利·贝弗里奇（1879—1963），1946年成为图戈尔男爵一世，1919—1937年任公务员、伦敦经济学院院长。他毕生都对解决贫困与失业问题充满热情，因而利用一个负责社会保障体系的常务委员会开展福利国家的宏伟蓝图（《社会保险与联合服务贝弗里奇报告书》，1942年11月发布）。1943年5月至8月，贝弗里奇和他的新娘（他的前秘书、他表亲的遗孀）在美国，他们此次旅行由纽约英国情报处组织。

图，已经全然不是愤世嫉俗的失败主义者的视野了。

看来，除非是在特殊情况下，你是永远不会到华盛顿来了？莱因赫尔德也不会吗？大约三个星期之前我试着给你打电话，被告知你已离开纽约，然后我终于放弃了。下周六或是周一我可能在那个城市，那样我一定会给你打电话。请一定原谅我隔了这么久才给你写信。

你的真诚的

以赛亚·伯林 459

致梅耶·夏皮罗

1943年8月16日［副本］

［华盛顿特区英国大使馆］

亲爱的梅耶：

我依然不在纽约，自从5月以来，或者也可能是4月，我就没有在那里一次待上超过几个小时的时间，从6月后就根本没有去了。但是，也许9月我会去那里，到时我会和你联系。隔了这么漫长的一段时间，我非常想见到你，这段时间我陷入最令人羞愧的常规性官僚工作之中，对文件和电话产生了源自懒散的热爱，任其成为自己与一直心向往之的各种体验之间的阻碍，为得到薪水而委身于此。

说到弗雷迪，我听说，在轮船失事之后（这个消息不太确定）他回到英国。他在伦敦起初显然很快乐，希望过上开心的生活，据牛津的经济学家罗伊·哈罗德报告，首先，弗雷迪希望住在伦敦，每晚去夜总会。我想，由于有人捣鬼，他几乎立即被迅速送去了黄金海岸或是西非的某个地方。[1]而把A.太太的所有丈夫[2]都发配到非洲西海岸，这是“理想的报应”（汉普希尔在塞拉利昂服役）。我非常为弗雷迪遗憾，因为不管怎样这都是令人愤恨的。我想他正像提线木偶一样被线拉回伦敦。

我还没有买到鲍拉博士的书，虽然菲利克斯·法兰克福特得到了，这真是令人疯狂的想法。我会设法从他那里把书弄来，然后寄给你。难道这里不能通过常规的渠道订购吗？

希望你的儿子没有忘记那位令人激动的指挥家——我正是希望自己被那样记住的。请向莉莲转达我的爱。

我想，你不会有机会来华盛顿吧？

你真诚的

以赛亚·伯林

伯林当时最亲近的助手，阿奇·麦肯兹[3]，后来记录了
460 伯林给华盛顿社交界的印象：

他打破了社交礼节的一切规定——经常忘记约会时

[1] 艾耶尔被委派到黄金海岸（今天的加纳）的阿克拉，他在那里待了九天，后来又被惩戒性召回并遭到扣押，因为他抱怨说那份工作根本不值得做。
[2] 即二者。
[3] 阿奇博尔德·罗伯特·克尔·麦肯兹（生于1915年），外交官，1943—1945年在华盛顿与伯林共事。

间或是地址——然而他依然是所有华盛顿女主人们最想邀请的客人之一。他是个才华横溢的交谈家，一个善于讲故事的人，机智但不辛辣，怀疑一切但不愤世嫉俗；善于恶作剧但毫无恶意；令人恼怒又使人消气，极其温和。[1]

下面这封信说明了邀请伯林吃晚餐存在的危险。

致玛丽亚·弗里亚斯

巴西大使馆

1943年8月26日［副本］

［华盛顿特区英国大使馆］

我害怕您永远都不想再和我说话了，或是一想起我就怀着强烈的憎恨，但是我向您保证，是一种特殊的不可抗力使我昨晚不能与您共进晚餐。这次经历令人感到十分羞辱，我几乎无法让自己向您描述。相信我，在8月25日星期三晚七点四十五分的时候，我郑重地出发了，心中满怀着对将要到来的巨大快乐的期待，我叫了一辆出租车，让它把我送到第35街1239号，结果很快就发现，那根本就不是您给我的地址，而且那个地方根本不存在。[2]就在那个时候，我犯下

[1] 阿奇·麦肯兹，《外交信念》（考克斯／伦敦，2002），第32页。
[2] 正确地址是31街1239号。

了第一个致命的失误，让送我去的出租车先走了，把我一个人留在了景色如画却荒无人烟的第35街，这里高悬于缓慢流动的波托马克河之上。我抓狂地想办法，给巴西大使馆打电话，没有答复，给巴西大使家打电话，没有答复，给新闻处打电话，报了你的名字，可是没能发现你存在的痕迹。然后我按照下面的顺序打电话：圭托·诺普[1]，没有人接。拉斯特科·佩特洛维奇[2]，他在家，但是只记得你住在O街的某个地方，却不能确切记起你的地址（这已经是晚上八点二十了，是我唯一不在现场的确凿证据），他让我去问艾拉·肯特，我给她打了电话，没有人接。我又给三四个人打了电话，他们要么不知道要么就没有接电话。此时已是八点三十五分，电话亭里面的热气难以形容。最后我给约翰·罗素打了电话，他认为或许能在白天乘车找到那个地方，但不知道地址，他又让我去问巴西外交官，名字我记不
461 得了，但是，无论怎样，电话本上没有他的号码，别的地方也没有。漆黑的绝望占据了我的心，我对自己说，绝对没有哪个人会因为这么愚蠢和屈辱的原因而不能赴晚餐之约。然而，我什么也做不了，所以在那晚后来的时间里我去找约翰·罗素寻求安慰，安静地对着他啜泣。

我真的无法说我对这乱七八糟的一切是多么的遗憾，我

[1] 圭托·诺普（生于1912年），法国雕刻家。
[2] 拉斯特科·佩特洛维奇（逝于1949年），塞尔维亚诗人。

想我是在日记本上错误地记下了你的地址，但我还是没有意识到自己错误的严重性，因为我还是不知道你住在哪里。可以想到却没有想到的唯一一个人是我的海军邻居，埃德·马修斯[1]，但我肯定，他就和每个人一样，在那个不可救药的八点半时已经出门了。天哪，我无法说我承受着怎样的心情。请相信我，原谅我，往大使馆给我打个电话——我必须忍受着强烈的折磨才能打电话。现在，如果我传达了一点点我的痛苦和负罪感，您就不会太责备我了。

你的

致A.科恩太太[2]

1943年8月31日［副本］

［华盛顿特区英国大使馆］

亲爱的科恩太太：

早该给您写信了，告诉您我过得多么愉快。很难表述华盛顿是怎样的一片“被占领土”，一切是如此紧密、紧张而密切，每个人都在监督每个人，所有地方既没有空气也没有光亮。纽约是“非占领土”的起点，你房子里的自由气氛，真的至少对您的一位访客有解放性的作用，而现在似乎很遥远了。华盛顿周围的光明开阔与它内部逼仄黑暗的对比真的

[1] 也许是把肺炎传染给他的马修斯中校（见原文第458页）。
[2] 阿尔弗雷德·E.科恩的妻子（原文第345页注3）。

令人印象深刻。我肯定，如果他们在达科他的某个地方处理国际关系，那一定会立即得到改善。我真的极其感激您提供给我的光明与食物。

随函附上我由于粗心而忘记给您的东西，希望不会太不合适。而且，我确实希望，当科恩先生或是您本人，或是您二位，下次到华盛顿时，不要忘了光临我已经得到的、不过要在我为我那黑肤女佣找到住处后才可以入住的那座小白房子——帮她找住处比为我自己办任何事都要困难得多，但是
462 由于各方面付出的巨大努力，以及延伸到康涅狄格和辛辛那提的触角，到9月初这个宏伟建筑便可入住了，应对国际政治问题甚至进行哲学研究对我的资源需求都比办这些事少得多。

我希望你们如我见到你们时那样健康安逸，我留恋地回想起那时的情景。

你们的

附言：你能否告诉法官[1]，约瑟夫·张伯伦阁下的第一次婚姻所生的女儿，名叫比阿特丽丝·玛丽，而他第二次婚姻所生的女儿也有一样令人印象深刻的别致名字，弗洛伦丝·艾达、卡罗琳·希尔达，还有伊索尔？简直是想象力的杰出成果。我记不起来这些是否解决了问题，或者相反，

[1] 菲利克斯·法兰克福特是科恩夫妇的挚友。

使问题更严重了。艾尔曼先生[1]，唉，无限期地离开了。

伯林

致达夫妮·斯特雷特

1943年9月4日［副本］

［华盛顿特区英国大使馆］

亲爱的达夫妮：

关于葛罗米柯先生[2]，匆匆说上几句：他是个很温和、很迟钝的人，在苏联学过经济学（也许还有工程学），是科学院或红色教授学院[3]经济系的负责人，但显然他在政治上的可靠度要高于经济才能。美国国务院认为他是个诚实的人，他担任人民外交委员部[4]美国处负责人时和他们有良好的关系。他很安静，守口如瓶而且严肃。我一年前遇见他时，我想他是个典型的“新人”，热切、沉闷、忠诚、极其拘谨、很有能力，是优秀而没有什么主动性的公务员，很 463
腼腆，谈不上有多政治化。他根本就不是当大使的材料，不

[1] 也许是菲利普·艾尔曼（生于1918年），1941—1943年任法兰克福特的律师助理，当时在美国国务院工作，1944—1961年继续担任司法部副部长的助手。

[2] 安德雷·安德烈维奇·葛罗米柯（1909—1989），1939年任人民外交委员部美国处负责人，1939—1943年任职于驻华盛顿苏联大使馆，1943—1946年任驻美国与古巴苏联大使（他的前任，马克西姆·李维诺夫因独立思想无法为斯大林所接受而被召回）；后来成为驻英国大使（1952—1953）和外交部长（1957—1985）；他在职业生涯中和九位美国总统打过交道。

[3] 葛罗米柯在明斯克学习农业经济学；1936—1939年，他在莫斯科任科学院经济学院的高级助理研究员，在莫斯科土木工程学院任政治经济学讲师。

[4] 伯林此处原文为俄语词音译“Narkomindel”，1946年该机构更名为外交部。

过，从另一个方面看，他没有像乌曼斯基和你的现任者古谢夫先生[1]那样的曾在苏联国家政治保卫局[2]工作的背景，他只是更像个严肃体面的校长，或是俄国地方学校的一个数学与几何绘图老师。他有一位略胖而邋遢的妻子[3]，两人过着平静的生活，他受到他的外国同事们的尊敬，把大量工作放手给他更引人注目的助手巴兹金和斐多托夫去做，斐多托夫是个才华横溢的人物。我记不得使馆里那个苏联国家政治保卫局人员的名字了，不过他实际上在幕后操纵一切。

你的

以赛亚·伯林

致保罗·戈尔—布斯

1943年9月4日［副本］

［华盛顿特区英国大使馆］

航空（民用）；战后

参见——伯林：GF522/165/43

[1] 费多尔·塔拉索维奇·古谢夫（约1905—1987），1943—1946年任驻伦敦苏联大使。

[2] 原文第312页注3。

[3] 莉迪亚·德米特里耶娃，婚前姓格林内维奇（生于约1913年），和葛罗米柯一样，她出身于明斯克附近的农民家庭，他们学生时代相识。葛罗米柯后来写到他们的恋爱经历："我就是无法忘了她……我被她的美丽、她的淳朴和其他难以名状的神奇品质征服了。"安德雷·安德烈维奇·葛罗米柯，《回忆录》，哈罗德·舒克曼译（伦敦，1989），第17页。

密件

戈尔—布斯先生：

关于伯尔我必须说他是个心怀叵测的聪明人，他被自己早期的学术成就永久性地冲昏了头脑。他是个奇怪的结合体，对极巧妙的现代行事方法具有典型的德国式激情（事实上他只有来自他父亲的一半德国血统），例如，崇拜沙赫特[1]与非正统经济学，相信新经济政策的不平衡预算，等等，因此是恼人的正统派帕斯沃尔斯基[2]最痛恨的对象。同时，他仇恨资本主义、帝国主义、自由主义，以及整个19世纪的遗产，怀念前工业文明时期，与他的妻子[3]一样忠于中世纪，因而他恐惧联合企业和股份企业。他是布兰代斯的学生，憎恨所有形式的“大型”私有化，支持一种罗马天主教式的国家控制（这在他而言取代了教会）之下的小业主模式的理想。在他看来，大英帝国曾经代表了他所仇视的一切——工业化、帝国主义剥 464

[1] 亚尔马·贺拉斯·格里利·沙赫特（1877—1970），德国银行家，1923—1930年任德国国家银行总裁，并且一直到1939年期间断断续续担任此职；1934—1937年任经济部部长；被纳粹怀疑密谋反对希特勒，在纽伦堡受审，但是被无罪释放。

[2] 列奥·帕斯沃尔斯基（1893—1953），生于俄国的经济学家，1936—1938年任国务卿特别助理，1939—1946年（为赫尔的演讲撰稿人），1941—1942年任国务院特别研究部负责人，敦巴顿橡树园与布雷顿森林会议顾问。

[3] 阿道夫·伯尔的妻子，比阿特丽丝·毕肖普·伯尔（1902—1993），柯特兰·菲尔德·毕肖普的女儿，精神病方面的社会工作者。

削、19世纪的自由主义、统一的基督教欧洲的障碍，诸如此类；在1940年至1941年，他相信英帝国在解体，而且认为这是件好事，并希望能够加速这个进程。他现在相信，英帝国也许能够幸存下来，依然保持强大。如今他已成为彻底的机会主义者，希望能和它建立好关系，因此对它的代表异乎寻常地温文有礼。据人们目前所知，伯尔很明智地准备和我们合作了，只要我们能够收敛一下我们的帝国主义贪欲，并且在仇视他也因此被他所仇视的美国大企业提出过分要求时向他提供支持。他非常虚荣，喜欢自己灵巧地编织出来的结构精细复杂的智力图式，很容易就陷入他所尊敬的有智力的外国人设下的恭维陷阱。他喜欢把自己看作半个梦想者、半个后台人物、一个霍尔斯坦[1]，认为自己终有一日会成为一个现代塔列朗[2]，总是为了最高层次的善而战斗，但不可避免地遭受误解，受到无知者的攻击，等等，他骄傲地宣称自己对北非政策负有全部和唯一的责任。他事实上是个夸大狂，需要别人的迎合。

以赛亚·伯林

[1] 弗里德里希·冯·霍尔斯坦（1837—1909），德国外交官，1878—1906年任德国外交部政治顾问，1890年俾斯麦下台后很有影响力。
[2] 夏尔·莫里斯·德·塔列朗—佩里戈（1754—1838），法国政治家和外交官，以在政治剧变中的幸存能力而著名。

致W.J.利宁[1]

旧金山英国情报处

1943年9月22日［副本］

［华盛顿特区英国大使馆］

亲爱的利宁：

我准备在一两个星期天之前，给你打电话实施恐吓，并打算在下个月到旧金山。我的日程安排是，9月26日离开纽约，27日到芝加哥，28日离开芝加哥，30日到达俄勒冈的 465
波特兰，在那里我将和奥博雷·摩根一直待到10月12日，13日乘火车到达你的城市（如果可以，一旦我知道了确切的时间，我会让你知道的）。能否辛苦你帮我订一个单人房间，住两个晚上，即10月13日与14日，找一家体面一点、去哪里都不会太远的酒店。

我计划10月15日离开旧金山，没有什么特别的安排，除了拜访你一下，和你深谈一番。我并不急于见到一系列要人，所以请一定不要为此事特别费心，不过如果有谁，你认为和他谈话会比较有益，尽管按照你的安排，我都可以。不过，我只要像一个睁大眼睛的游客那样看看海湾，就心满意足了，我不打算研究人，研究英美关系或是别的任何事。而且我真的害怕出席超过四五个的晚宴，所以请把我当作一个

[1] W.约翰·利宁，原先在芝加哥格雷厄姆·胡顿手下工作，1942年3月旧金山英国情报处设立时被提升负责该处的工作。

随意的过客，不要给你自己带来麻烦。如果你能有空在其中一个晚上和我一起吃饭，我会非常欢迎。

计划到达的确切时间我会再告诉你。

你的

以赛亚·伯林

致玛丽与门德尔·伯林

1943年9月26日［手稿］

纽约圣瑞吉斯

我亲爱的父母亲：

我正要离开去西部：摩根夫妇在那里有座农场，他们邀请我去那里，听起来棒极了。我的健康状况极佳，乘坐美国普尔曼特等卧车旅行非常舒适。我9月30日到那儿，途经芝加哥，要一直待到10月12日，然后去旧金山和洛杉矶（在好莱坞逗留一天——我要拜访哈珀·马克斯[1]，不过不要在牛津说这件事，在战时听起来太轻佻了），然后经过亚利桑那不紧不慢地到达新奥尔良，接着就回华盛顿了（11月2日）。如果我现在不看看美国，我就永远也不会看美国了，我这次旅行是把公事与娱乐相结合。你们会从三个人那里得到我的消息，他们是：(a) 对妈妈很忠心的麦吉奇小姐，

[1]（阿道夫）·阿瑟（“哈珀”）·马克斯（1888—1964），狂放的舞台与喜剧电影演员马克斯兄弟组中的老二；在他们的电影中哈珀的招牌形象是：演奏竖琴，追逐金发美女，到处制造混乱，从来不说话。

（b）唐纳德·霍尔夫妇（他已经成为理查德·劳的私人秘书），（c）约翰·福斯特，他要回去不超过四个月，我们都 466
希望如此，所以你们会听到足够的信息的。霍尔夫妇是非常可爱的一对，对我极好，真的喜欢我，我想，不过你们不要一直和人家谈我。我的新房子很漂亮，黑女佣**极其**能干，是个出色的厨子。我已经把新家描述过了，我想，是小小的、白色的、坐落在山坡上的房子（霍尔见过了），奇尔弗先生是个**非常**善于安慰人而且能干的"妻子"。我刚买了一些色彩艳丽而且便宜的印花棉布（外交官在离开前常常把它卖给另一个外交官）来装饰它，非常期待入住后的生活。你们有一段时间没有来信了，因为国际制裁吗？

我会从西海岸再给你们写信，没什么特别要说的了。生活之河平缓地流动，3月以来我甚至一点小感冒也没有染上（脱离困境了）。黑女佣洗衣服，熨烫衣服，做卫生，炸鸡很好吃。街道看上去像阿马尔菲的某个地方。我和同事的关系继续保持良好（我和一个叫约翰·罗素的同事一起从洛杉矶回来，他的效率确保了我们旅途的安排），我和理查德·劳会见了两个小时，和首相[1]握了手，他说（完全不知道他是和谁说话）：

[1] 在魁北克与富兰克林·罗斯福和加拿大首相麦肯兹·金会谈过后，丘吉尔9月的头十天在华盛顿。他的访问很受欢迎，包括在哈佛的一次成功讲演并获得荣誉学位。伯林（被派去给在白宫的丘吉尔本人送一份电报，因而得以见到丘吉尔：迈克尔·伊格纳季耶夫采访伯林录音之一二五）在9月12日的快讯中写道："丘吉尔先生在这里的出现、他对媒体的谈话、他在哈佛的演讲，以及如潮水般的大好战争捷报，令华盛顿非常振奋。"（《华盛顿快讯》，第244页）

“有趣的工作——接着干——继续——干下去。”按照适用于一切的鼓励原则——为生命的力量而欢呼。他穿着他的“连衣裤”，看上去就像从狄更斯小说里走出来的可爱老人。和这样的一个天才即便只有瞬间的接触，我也非常高兴（显然和你见到他的时候一样）。菲利克斯夫妇很好，她比以前瘦了白了，他就像一只快乐的蟋蟀一直叫啊叫，说着有意义无意义的话，活泼，有锐气，乐观。我真的很期待我的旅行，途中一定会尝试写写那种旅途书信[1]，不过我怀疑时间和空闲是否足够让我先在心里装满印象，然后用一两个小时把它们都写下来。你们知道，我讨厌写日记的主意，请向戴维和玛丽转达我的爱。弗雷德·R.想要我帮忙遣返凯瑟[2]以及他的妻儿，我看没什么希望，撤离的母亲们排队等候，要一年半之久才上得了船。

爱你们的

沙耶

467 我很抱歉这样结束我的信，我在等火车，你们知道我什么事都迟到。新年快乐[3]，赎罪日在俄勒冈波特兰——我想知道波特兰的神圣礼拜会[4]将是什么样子。

伯林

[1] 伯林此处原文为：Reisebriefe。

[2] 弗雷德·劳的母亲（原文第331页注4）。

[3] 伯林此处原文为希伯来文。

[4] 伯林此处原文为希伯来文，“kehila kedosha”的缩写，即在波特兰的犹太人的聚会或是犹太会堂的聚会。

伯林离开了华盛顿特区，从9月26日至11月2日旅行，包括在华盛顿州西北奥博雷·摩根的农场的休息以及对西部和南部诸州的考察。

致布兰奇·诺弗[1]

1943年11月22日［副本］

［华盛顿特区英国大使馆］

亲爱的诺弗太太：

谢谢您11月15日的来信，我恐怕并不知道戈兰兹先生所指的书究竟是哪一本，因为我最不喜欢动手写任何题目，只这么做过一次[2]，自己不太满意，就唯一写过的这本书来说，别人也不太满意。

我下个星期一，11月29日，也许会在纽约，通过英国情报处可以找得到我（环形路6—5100）。我将很高兴见到您，如果作为一个无用的潜在作者不是致命的障碍。

您诚挚的

以赛亚·伯林

[1] 布兰奇·沃尔夫·诺弗（1894—1966），担任她丈夫阿尔弗雷德·A.诺弗的出版公司的总裁，发现、鼓励并出版了许多之前在美国并不知名的作者的作品。

[2] 他指的是《卡尔·马克思》。

致玛丽与门德尔·伯林

1943年12月7日［手稿］

纽约圣瑞吉斯

亲爱的爸、妈：

你们抱怨我没有来信，一个原因是我现在每隔三四个月就换秘书，所以让她们速记我的私人信件与公函都不太容易。
468 让人一整天为我听写报告和官方信件之后，坐下来即使是给你们写封真正的信都很困难。这封信是在从纽约去华盛顿的火车上、在我们经过费城那段路程时写的（我现在**从来**不坐飞机，我讨厌它们，无论怎样，我太懒惰而做不来的要紧事又需要我去做）。我的房子是田园风格的。你们知道，置身于异域事物的海洋中，我喜欢使自己立足于稳定、熟悉而坚实的东西之上。格兰特·达夫小姐（现在是某位太太了[1]）写信说："有必要绕得这么远而结果却如此近吗？"说的是弗里门特太太（那位宗教神秘主义者）或是奇尔弗，答案是"有必要"。走得越远，就越需要"聚集点"[2]。那位宗教神秘主义者真的不算很糟糕，她是个淑女，虽然是个疯狂的淑女，比起任何国家的理智而粗鲁的女人，我更喜欢疯狂的英国淑女。这位宗教神秘主义者对我很忠心，坚持不懈地关照我。现在我住在一座可爱的小白房子里（我从西部回来就

[1] 1942—1952年，诺埃尔·弗朗西斯·纽萨姆的太太。

[2] 伯林此处原文为：d'appui。

搬过来了，那时约翰·福斯特已经走了），地处山上，俯瞰一条河，尽管如此，那里却干燥温暖（有中央供热系统，由瓦斯炉供暖）。盖伊·奇尔弗是非常可靠、忠诚而且友善的寓友，一位严厉而能干、勤奋而清洁的黑女佣照顾我们的日常起居，她是个清教徒式的以星期六为安息日的非犹太人[1]或是基督复临安息日会教友，这就是说，她星期五晚上停止工作（像别的一些人那样），星期天回来上班。问题是她的薪水。最初的方案是：一周十五美元（她负责洗衣、熨烫、缝补等），报酬低于这里的大多数女佣，另加五美元住宿费用和1.65美元电车交通费。我们现在安排她住在我们的房子里，可是她还是要求得到原先的二十一美元周薪——很不合理。如果我们拒绝，她就要走，她知道女佣不好找，而且她是通过我在辛辛那提的犹太熟人才找到的（！）这让我进退两难，简直是敲诈。我们只有得到基督复临安息日会牧师的外交支持才有可能降低她的周薪。因此需要细致的谈判。别的就很好了。我的衣服收拾得很整齐，虽然再有一套和伦敦1942年9月那件蓝色西服一样的会很好——不过我不是很急着要，我还可以穿一套相同式样的深棕法兰绒西服，不过真的不要紧。我很高兴查尔斯很好，我也从达［夫妮·］斯特雷特那里听到他的消息了，说的都是同样的事，不过在

[1] 伯林此处原文为：субботнича，这个俄语词系误用，在苏联时代，其意指在休息日义务从事志愿社会公益工作的女性。

我看来那相当疯狂。(a) 我太忙了，(b) 这样不好，(c) 我会成为所有人理所当然的怀疑对象，使事情变得更糟。你们记得海涅关于“不幸者”这个词的溯源吗？这个词源于示
469 路蔑·本·苏利沙代，他正好挡在平查斯的利矛与祭祀之间（《利未记》？）[1]，记得那个故事吗？嗯，那就是我的结局了。我想，这个主意算是她的，一点用处都没有。我收到瓦德汉姆学院院长写来的一封很有趣的信，以极大的热切与怨恨描绘约瑟夫的葬礼，并报告说伯林先生参加了，举止正派有礼，也就是说没有吐痰，等等。对于这一悲伤的事件我无法假装难过。莱特福一定非常激动。惠勒—班纳特很快就来了，他会打电话。你们那边和我们这边据说都遭受了流感侵袭，不过我没有受传染，一个喷嚏都没打，一声咳嗽也没有。我还有什么可以告诉你们的呢？你们可怜的崇拜者戴维——他名叫什么——那个小个子犹太作家，去世了。另一方面，法兰克福特夫妇，尤其是法兰克福特先生，活得欢蹦乱跳的。大家都很想念约翰·福斯特，从技术和人际两

[1] 示路蔑，苏利沙代的儿子，事实上只出现在《民数记》中（例如7：36），虽然在这段故事中（25：6—15）并未明显点到他的名字，德国诗人海因里希·海涅（1797—1856）在他的诗《杰胡达·本·哈勒维》中提出了这个词源阐释，见《海因里希·海涅之希伯来的旋律》，奥斯卡·瓦尔泽尔主编（莱比锡，1911—1920），卷三，第168—170页。要了解此复杂事情的背景，见S.S.普罗尔，《海涅的犹太喜剧：海涅对犹太人以及犹太文明的描述》（牛津，1983），第587—591页，以及（仅供勇气可嘉者）罗伯特·M.科普兰与纳森·苏斯金德，《赫兹的“以斯贴”：犹太—德语方言研究》（亚拉巴马，1976），第167—174页。

方面均如此。我有没有告诉过你们我收到米利亚姆·雷恩[1]（兰伊）阁下的电报，责备我没有更多注意她的行为？S.戈德伯格在这里，非常聪明大方。我的同事奥博雷·摩根在伦敦，如果你们想见见，就由情报部等转交。

爱你们的

沙耶

致S.N.伯尔曼[2]

1943年12月16日［副本］

［华盛顿］

亲爱的伯尔曼先生：

在离开纽约并返回的火车上我开始充满感激地给您写信，但是整个旅程遭遇了一连串灾难，我恰好弄丢了我的手稿。整个过程就像果戈理[3]与普鲁斯特[4]的小说情节的混合体，不过细节我就略去不提了，尤其是普鲁斯特的那类情况。如果上个星期六早上我赶上九点五十五分从华盛顿出发 470
的火车，一切也许就很顺利了。可是送我去火车站的汽车在

[1] 米利亚姆·罗斯柴尔德早在1943年已与乔治·雷恩（曾姓兰伊）结婚。
[2] 塞缪尔·纳撒尼尔·伯尔曼（1893—1973），剧作家、散文家，他的世俗喜剧在百老汇很成功；小提琴家贾沙·海菲兹的姻兄。
[3] 尼科莱·瓦西里耶维奇·果戈理（1809—1852），俄罗斯小说家、戏剧家，他的许多小说都讲述了小公务员遭受的奇特不幸。
[4] 普鲁斯特的主要作品，《追忆似水年华》，描述了对不可得而且不忠的女人的无望爱情。

距离联合车站没多远的时候后车轴丢了，而后它慢慢地在有点令人眩晕的车流中停了下来。我因此就上了十点的火车，如果它的行李车厢没有在费城与纽瓦克之间着火的话，本来也是可以及时把我送到纽约的，这不期之灾使得它停在了一片开阔的（而且，当然是景色壮美的）旷野之中，大约一个小时。我不断问为什么要把车停下来才能灭火，如果继续前进肯定也一样能够这么做啊，可是没人理睬我。我们三点二十分才到纽约，我在三点三十五分到达剧院，演出已经开始五十五分钟了。在售票处排着很长的队伍，人们缓慢而痛苦地购买3月、4月与5月的票，如果我的天性不同，我本会无视这一点的。结果，我温顺地排着队，轮到我的时候，两张票匆忙地塞进我的手心，表明我的伙伴[1]也没有来。之后，一连串更加复杂的不幸降临到我的头上，包括大量长途电话、解释、眼泪，等等。（这部分的叙述虽然不失真实，但也可以称其为非艺术的夸张。我对真相兴趣不大，打算略去不提。）

我听了歌剧《俄克拉何马》的后半部分，不过非常高兴。真的，即使与雷诺兹参议员[2]极为相似也不会破坏它分

[1] 几乎可以肯定是帕特里西娅·德·本德恩（原文第507页注3）。这也许是看完了《俄克拉何马》的演出之后的事情，伯林在他的酒店一夜无眠，饱受隔壁帕特里西娅·德·本德恩与她的法国和古巴混血情人雅克·阿布勒所发出的声音的折磨。

[2] 罗伯特·赖斯·雷诺兹（1884—1963），1932—1945年为北卡罗来纳州的古怪而炫耀的民主党参议员，孤立主义者，新经济政策的热情支持者。

毫。也许是由于在我心中保存的对欧洲经历的记忆，在我看来，演员们与他们所扮演的现实原型在相貌体征上的相似，使这一场幻梦强烈有力，使整个演出具有人们所说的非常令人信服的特质。简而言之，你想使我受到教导的愿望很成功地实现了，我对大西部的实际记忆完全被这更加生动而且更值得牢记的声音与景象所取代。演出一结束，我就想再听一次第二幕，无论怎样，只要有可能我会这么做的。我没有想到，自从《蝙蝠》[1]及此前的演出以来，表演诱发的情绪，和观众对那个地方、对他们自身真实与历史情感的记忆之间，竟可以有如此密切的关系。事实上，我也许比普通美 471
国人更深刻地因为大量想象的联系而感动——我肯定，当我回到我那与世隔绝的世界时，随着一年年光阴流逝，在我带走的、留在我心中的美国的最后画面里，它将越来越靠近画面的中心，这简短而生动的片段将萦绕在非常靠近中心的地方。因为这一切，我真的很感激你（不过你必须允许我把票钱付给你）。

很想知道你本人对这些是怎么想的，我想只有最迫切的需要才会把你带到华盛顿，我希望在不是太远的将来，让我在纽约见到你。

我的天，不过这真的是最痛苦而又最享受的一天，出于

[1] 伯林此处原文为：Die Fledermaus，轻歌剧，由小约翰·斯特劳斯作曲，卡尔·哈弗纳与里夏德·格内作词，以维也纳为背景，年代背景与该剧首演的1874年那个时期相仿。

许多理由，我将永远都不会忘记。非常感谢你，真的。

你诚挚的

以赛亚·伯林

致玛丽与门德尔·伯林

1944年1月31日

华盛顿特区英国大使馆

亲爱的父母亲：

我必须为自己这么久没有写信而道歉，尽管我似乎在做着许多无用而且没有必要的事情，可是却没有时间给个人生活。我将试着对你们几个月以来积累的种种问题一一做答复：

1. 伯林家的战后重建，关于这个问题你们已经打听[1]过了。对此我的看法是，像你们这样脾性的人，在乡下是不会找到一个具有活力的地方的。英国乡村的生活完全取决于（a）汽车，（b）对乡村的喜爱。由于你们二者都不具备，我经过深思熟虑，认为除了度周末的小屋或是类似的东西之外，乡村的那种生活很快会把你们闷坏的。另外，我对汉普斯特的房子还是不喜欢，所以我要建议在靠近伦敦市中心的地方买一处小房子，比如说在圣约翰林或者甚至是肯辛顿或是骑士桥（除非你们觉得太低端）或者是坎普顿山。我不相

[1] 伯林此处原文为：enquête。

信公寓这种东西，对私密性与独栋房子情有独钟，只要维护不是太困难——七个房间就够了，我想，我不知道如果卧室少于四间我们能否住得来。我还相信房产具有不可毁灭的价值，尤其是在战后，或者我们可以在去伦敦（还有牛津）比 472
较方便的地方找所房子（在GWR[1]沿线的小镇，另外在伦敦买个小套房），不过我坚信我们要有一所房子。

2. 你们也许想了解一下我在这里的生活方式。一切都进行得很好。房子远远坐落于一条奔腾的河流之上，充满浪漫气息。它很小，很好打理。黑女佣精力很充沛，干净，是虔诚的教徒（基督复临安息日会教友，这意味着她星期六不工作，星期天工作，还不吃猪肉），非常诚实，做一手好菜，显然对奇尔弗先生和我很忠心（我们分别是盖伊先生与伯林先生）。我们曾举行小型晚宴招待经过仔细挑选的客人（我们的饭桌顶多坐六个客人），一切都进展顺利。她每周要我们支付惊人的二十美元薪水，为此她给我们洗衣、熨烫，在房子里缝缝补补，我不能要求比这更好的生活了。在此之前我度过了饱受困扰的三个月，被偷盗和打劫——虽然最后我发现我全部的损失加起来大约只有七美元的现金，还有［赫伯特·］尼古拉斯好心带给我的一对袖口链扣——雇用了那些抢劫犯的弗里门特太太现在在英格兰，我与她以及她的神秘主义的联系告一段落了。

[1] 连接牛津与伦敦的大西线铁路。

3. 还有什么可以告诉你们的呢？我见到了许多官员，还和A. 克拉克·科尔爵士[1]度过了愉快的半个小时，他从莫斯科来看望我们，向我转达了莫尔·科洛思维特的问候。他问我何时能去莫斯科看他，我说“马上，今晚”。他问我有什么条件，我回答“没有，我准备好无条件投降了”。我不知道这些幽默轻松的话语是否有严肃的依据，但我一点也不反对去一趟莫斯科，只要不是太久，因为我认为，在莫斯科逗留之后也许会觉得它很沉闷。我希望你们像我一样喜欢苏联的新国歌[2]，它的确在节奏上比迄今为止的任何一首都更活泼。科洛思维特还通过一位返美外交官给我捎了一封信，向我描述他自己的枯燥生活。我不大觉得他是派驻新俄国的合适人选。

4. 我的伦敦之行有几个计划正在进行中，我被告知也许是在7月份可以回去待极短的时间，因为我不可或缺，等
473 等。我对此一点都不该抱怨，因为我的身体状况十分好，并渴望能回去哪怕两三个星期。克雷格·麦吉奇带来了你们的消息，我想，她刚刚得到一份在联合国善后救济总署担任福利主管的工作邀请，在那里她将与莱曼和索尔特共事，他们是乏味而有能力的人，完全对她的脾气，可以被她用甜言

[1] 阿奇博尔德·约翰·克尔·克拉克·科尔（1882—1951），1946年成为因弗切普尔男爵一世，外交官，怪人；1938—1942年任驻中国英国大使，1942—1946年任驻莫斯科大使，1946—1948年担任驻华盛顿大使。

[2]《牢不可破的联盟》（S.V. 米哈尔科夫与G.G. 艾耶尔—拉吉斯坦作词，A.V. 亚历山大罗夫作曲）取代了《国际歌》（欧仁·鲍狄埃作词，皮埃尔·狄盖特作曲）。

蜜语哄骗。我确信，她会出现在欧洲与东方的许多地方，带着流动厨房和温暖的被褥。她愉快地邀请我在她手下工作，必须承认，我想不出还有什么比这个工作更适合我的特殊天分了。如果你们能想象我，与比如说一个荷兰人、一个克罗地亚人和一个暹罗人一起，在德黑兰为波兰民族主义难民盖被子，那就是这份工作邀请在我心中激发的景象，我觉得这不太像是我做的事情。

6.[1] 福斯特有什么新闻？卡路瑟丝小姐呢？他是否还是下院议员？[2]他毫不犹豫地决定不再回来，使这里的每个人都很难过，因为他是活力和思想的重要来源。他似乎很忧郁，有点儿痛苦，也许因为他感到战争努力并不像理所应当的那样取决于他（最后一句不是重复，首先不是就鲍拉博士说的，他给我来了一封很好的信）。你们的刷子平安寄到了，我知道送刷子来的人见到了我健壮有力的样子，会把这一点告诉你们的。查尔斯给我发来一份电报，告诉我他那边有个人要过来了，还抱怨我不写信，我不写信是因为我感到自己受到官方环境对开放写信的束缚，我还知道，因为收信人的缘故而要写出完全没有危害的书信，还要抄送几份给无关的官员检查，这样写出来的信太虚假了，不能给人带来快乐。如果有机会见到他，希望能替我向他转达我的解释。

[1] 没有第5点。
[2] 1945年约翰·福斯特当选为柴郡的保守党下院议员。

7. 的确，至少在原则上，我可以拜访达［夫妮·斯特雷特］夫人了，不过鉴于她没有来访的迹象，你们可以提醒一下赫伯特，告诉他，大使怀着热情与好奇期待着她的到访。

8. 犹太问题当然将在这里严重爆发，我尽可能不牵扯其中，但没有成功，因为一切材料最终都会放到我的桌面上，我不得不上演外交歪曲的奇迹。简言之，我的生活像以往一样，平和，有规律，说很多话，听一点音乐，看几本书（谢谢你们寄来《新政治家》），一直都很盼着回家。所有人都极友善、可爱，而且有礼貌；这个国家无疑聚集了有史
474 以来为数最多的本质仁慈的人，不过留在这里的想法依然是梦魇。欧洲战争一结束，当天我可能就会发狂地设法回到牛津。

9. 我不能假装难过，约瑟夫先生去见他的祖先了，而且，他兄弟（通过你们传达的）让我写某种私人纪念祈祷文的请求，几乎让我感到难为情，我想我应该直接给他写信要一本书或是别的什么。请代我不仅向戴维和玛丽和费［希尔］太太以及莱昂爵士[1]问好，如果你们在学院的方院里碰到史密斯，也代我向他问好，还有向莱特福问好，我想，我将和他一起住。随着我年龄的增长，我日益倾向于息事宁人了，而且我发现，我对于不道德现象的愤怒也越来越没那么

[1] 莱昂·西蒙（1881—1965），1944年受封为骑士，汉普斯特的居民，公务员、犹太复国主义领袖与希伯来文专家；1935—1944年任邮政储蓄银行经理；1945—1946年为巴勒斯坦犹太人教育调查委员会成员。

强烈了。

真的，再没别的什么可写的了，一切都如此沉静而安宁。[1]

我真的希望你们都很健康，时不时有人来信说“你父亲吗，当然，好多了”，这甚至是我第一次得知你们身体状况不佳。[2]但是我满怀信心地认为你们身体健康。（我那天去了哈佛，非常美丽宁静，我和菲利克斯以及他的太太见了很多次，他们依然奇迹般地没有改变：他还是一个男孩，她还是沉思着，充满了无法实现的渴望，过着如梦境一般的生活。）今晚我和罗伯特·布兰德、我的全灵同事与我们食品救济机构的负责人一起吃饭，明天我将参加一个外交（波兰的！）招待会。

所以你们知道了，我的生活很充实，不过也很空虚。我偶尔会很抽象地想到结婚，我确信，如果我真的结婚，我（a）必须要坠入情网，（b）她可能拥有一切缺点——要么太老要么太年轻：一个穆斯林或是天主教徒：离婚四次，负债累累，有六个孩子，极其愚蠢，一只耳朵是聋的。我的天，也许拥有许多朋友、写长信、周末和别人一起度过、保持单身，才真是最好的。我心情非常平静满足，没有什么让我烦躁不安，如果我能在7月回家，我就别无他求了。寄去

[1] 这里以下的内容由打字改为手写。
[2] 见原文第364页注5。

所有的爱，我今年会见到你们的。

475 沙耶

致安格斯·马尔科姆
外交部北美司
1944年2月1日［副本］

华盛顿特区英国大使馆

亲爱的安格斯：

谢谢你上次的来信。有一两件事我想最好立即跟你说，把其他的闲言琐事留到周末，到时我会有一点空闲，会试着培养合适的西西里情绪[1]，到时我将写信告诉你一大堆怪事，此时我要说的是这些：

我们的老朋友，犹太电讯社的雅各布·兰道[2]，最近从墨西哥回来了（我怀疑，出于他所自称的反犹太复国主义情感，他在墨西哥试图为纳胡姆·戈德曼办事，在乌曼斯基那里试探他与戈德曼就犹太问题造访俄罗斯的可能性），他今天来看我说，目前在国会开会之前，这一解决方案表明美国国会认同向犹太移民开放巴勒斯坦，而且，现在看来，建立一个“民主犹太共同体”将在六周内获得参众两院的通过。

[1] 也许伯林准备接受相当于黑手党式的名誉毁谤。

[2] 雅各布·兰道（1892—1952），记者、出版商，1914年在海牙建立犹太电讯社（当时该机构名为犹太通信局），一家收集与发布犹太人消息的机构，1919年总部迁往伦敦，1922年迁往纽约。

布鲁姆[1]肯定不能在外交委员会阻止这件事，因为他在纽约的政治生命已经危在旦夕了，他确实可能推动此事。这件事得到麦克科米克[2]与马丁[3]的支持，将会在众议院并最终在参议院获得通过，然而，可以说，这是一个空洞的表示，无须美国人采取任何实质性的行动，在一般情况下将被移送到尘封的档案中，美国犹太人不会允许这样的事情发生，他们一定会宣称它是一部崭新的政治宪章，并在任何可能或不可能的场合引用它。国务院显然向犹太复国主义者保证过，它将保持“中立”，而且的确，很难看出他们还能做点别的什么，除了向支持他们的国会议员们询问，谁将提供肯定要用得到的刺刀，好让大量的犹太移民即使面对疯狂的阿拉伯抵抗力量也能强行拥入巴勒斯坦。这是像伯尔那样的人也许会做的事情，不过唯一能够阻止这件事的方法就是在国会引发争论，而国务院宁可怀疑这样的事，也不允许其发生，尤其是这样注定会导致犹太复国主义者的胜利。[4]后者正采取一切可能手段，彻底赢得所有的朋友站在自己一边，如他们在 476

[1] 索尔·布鲁姆（1870—1949），1923—1945年任纽约以犹太人为主的南布朗克斯区的民主党国会议员（1945—1949年任相邻地区的议员）；在伯林写这封信的时候，任外交委员会主席；1943年为讨论难民问题的百慕大会议美国代表，因为追随美国国务院的路线而没能更多敦促美国采取行动挽救欧洲犹太人而广受批评；曾是娱乐业的推进者，创造了“肚皮舞”一词。

[2] 也许是罗伯特·鲁特福德·麦克科米克（1880—1955），右翼《芝加哥论坛报》的主编与出版者，坚定的共和党。

[3] 小约瑟夫·威廉·马丁（1884—1968），共和党议员，其时为众议院少数派领袖。

[4] 这句话中的讹误无疑在打字正本中改正了。

这里说的那样，这是我可以向你保证的事。

美国犹太人协会隐约为整件事而烦恼，威廉和我已经试着让他们表达某种看法，不论多么非正式，只需对我们说，这样伦敦的某个人也许会知道解决问题需要在犹太人中获得怎样的支持。犹太人虽然在机构组织方面比较薄弱，但就个人而言却很有影响力。他们也许会制造出一些奇迹，不过我怀疑这样是否有利。同时，他们似乎已经给在伦敦的R.瓦利·科恩爵士[1]写信了，邀请他来访和他们会谈，但是迄今为止还没有收到任何答复，也许他是害怕因为某项反垄断诉讼而被司法部投进监狱。不管怎样，伦敦那位普洛斯考尔[2]的主意也许不错——犹太保守党与有产者们没有与他们同类的人可以交谈，我怀疑瓦利·科恩是否是合适人选，他看起来是个虚张声势、不受欢迎的人。塞缪尔勋爵怎么样？或者，他是老糊涂吗？瑞丁勋爵呢？或者，他是否受他妻子[3]影响过多？还是吉米·罗斯柴尔德[4]？或者，他是否过于执着于犹太复国主义了？如果你可以想到一个合

[1] 罗伯特·瓦利·科恩爵士（1877—1952），商人（在壳牌集团任职），领导在英国的犹太信徒，此时是反犹太复国主义者，联合犹太会堂（自1942年起成为伦敦非常有势力的德系犹太人圣会协会）的总负责人。
[2] 约瑟夫·梅耶·普洛斯考尔（1877—1971），律师，1923—1930年任纽约最高法院法官，纽约州长阿尔弗雷德·史密斯的长期朋友与顾问；在担任美国犹太人协会主席期间（1943—1949），他转而成为犹太复国主义者；1945年担任为成立联合国而召开的旧金山会议的美国代表团顾问。
[3] 艾娃·维奥莱特·蒙德，梅尔切特男爵一世的女儿。
[4] 坚定的犹太复国主义者詹姆斯·德·罗斯柴尔德（原文第245页注5）。

适的大人物，而且，如果你与比我们更高明的人在原则上赞成他（这也许真的能产生严肃影响），告诉我，我会把这样的想法放进人们心中，邀请将适时发出。兰道的看法是，国会决议（我想，它会对阿拉伯人有灾难性的影响，使可怜而可爱的史塔克小姐在她的中西部荒原世界发疯）需要过六周时间在两院通过，而魏茨曼可能只会泼点冷水，如果英国政府保证战后给他一些具体实在的东西，作为当前保持温和态度的代价。我从最近的电报中得到消息，我们不打算做什么，也不打算说什么，直至战争结束，如果是这样，这个提议显然是不现实的。虽然如此，情况就是这 477
样，不论好坏，也许这什么也不是。当然，你的判断是正确的，犹太人可能有能力在国会设阻，妨碍对委任托管权的任何改变，如果这的确需要说点什么，那就把要说的加入相关报告中。不过，如果我们打算固守，即使是对英国政府来说，这似乎也是过于缺乏想象力的政策，这样的危险不会发生，我也同意被迫选择巴勒斯坦国籍的威胁很空洞，不论它在优柔寡断者那里作为一个辩论的要点是多么有用。

你永远的

以赛亚·伯林

2月9日星期三发生了一桩事情，虽然伯林本人不在场，此事却为他带来了一生中最高的声望。这个故事有许多版本[1]，往往彼此矛盾，无疑以各种方式被添枝加叶了。这个故事是伯林自己讲述的：

丘吉尔夫人[2]对温斯顿说："欧文·伯林[3]在伦敦，他对我们很慷慨"——他给战争慈善团体捐了一大笔钱，我不知道她提到的是哪一家[4]——"如果你见到他，一定告诉他我们为此非常高兴。"

丘吉尔先生说："我想请他来吃午饭。"

她说："不，不，不，我不是这个意思，我的意思是，如果你在丘吉尔俱乐部见到他，"她说，"只要拍拍他的肩膀说，我们非常感激他。"

"我想请他吃午饭。"他说，可是她不明白为什么。

他说："不想太多人参加，小型午宴就可以了。"

478 于是，他来了，非常激动；在场的有首相、丘吉尔

[1] 例如，约翰·科尔维尔，《两个伯林的故事》，《时间的足印》第30章（伦敦，1984），第168—170页，以及《权力的界限：唐宁街日记，1939—1955》（伦敦，1985），第471—472页；迈克尔·弗里德兰，《欧文·伯林》（伦敦，1974），第220—221页；劳伦斯·伯格林，《当众人欢呼：欧文·伯林的一生》（伦敦，1990），第430—432页（来自弗里德兰的叙述，与之相似，但并不完全相同）。
[2] 克莱门汀·奥格维·丘吉尔（1885—1977），婚前姓霍兹尔，后（1965）成为斯宾塞·丘吉尔男爵夫人。
[3] 1943年11月欧文·伯林把他成功的音乐剧《这是军队》带到英国，该剧在伦敦首演，然后在各地巡演，2月6日为艾森豪威尔司令的演出使他印象深刻，艾森豪威尔立即安排所有海外美军观看该剧，于是在和丘吉尔共进午餐之后的几天，欧文·伯林和他的剧团开始了危险而艰苦的巡演，一直到1945年底，为北非、意大利、埃及、新几内亚与太平洋的美国驻军演出。
[4] 也许是红十字会俄国援助基金，克莱门汀·丘吉尔是该团体主席。

夫人、首相女儿玛丽[1]、政府的组织秘书、詹姆斯·斯图尔特[2]、两位秘书——科尔维尔[3]与马丁[4]，我想，大概就是这些人了[5]；他们每个人后来都告诉我所发生的事，我把这些版本混合在一起，于是就大致了解了当时所发生的事情。

丘吉尔太太没有说很多，因为她以为我也许很难为情，或是受到冒犯了，于是她有意降低事情的严重性，其他人却一点都不想这样。欧文·伯林坐在温斯顿·丘吉尔的旁边，他们的对话不多，彼此心灵没有发生碰撞，丘吉尔太太感到着急了，她说："你知道，温斯顿，我们应该对伯林先生非常感激，他对我们很慷慨。"

丘吉尔先生说："慷慨？对我们？我不明白。"

[1] 玛丽·丘吉尔（生于1922年），丘吉尔最小的女儿，后（1947）与克里斯托弗·索亚米斯（1987年成为索亚米斯勋爵）结婚。
[2] 詹姆斯·格雷·斯图尔特（1897—1971），后来成为芬德霍恩的斯图尔特子爵一世，1941—1945年任财政部联合政务次官与政府组织秘书。
[3] 约翰·鲁珀特·科尔维尔（1915—1987），1940—1941年和1943—1945年担任丘吉尔的助理私人秘书；1941—1944年为皇家空军志愿者预备队飞行员。
[4] 约翰·米勒·马丁（1904—1991），1940—1945年担任丘吉尔的私人秘书（1945年起为首席私人秘书）；不过马丁当日的日记中并没有提及此事。
[5] 别的叙述中提及，下列人员中的一部分或是全部都在场：陆军元帅阿兰·弗朗西斯·布鲁克（1883—1963），后（1946）成为阿兰布鲁克子爵一世，1941—1946年任帝国参谋部总参谋，1942—1946年任国王防空司令部司令；布鲁克的第二任妻子贝妮塔·布兰奇，霍拉斯·佩里爵士的女儿；辛西娅·科尔维尔（1884—1968），1923—1953年担任玛丽女王的寝室女侍，约翰·科尔维尔的母亲；（弗瑞达·伊瑟）·玛丽（"莫莉"）·蒙塔古—道格拉斯—斯科特，布克鲁奇与昆斯伯里的女公爵（1900—1993），婚前姓拉塞尔斯；以及朱丽叶·奥利弗·亨利（生于1917年）。

然后是一阵死寂，她从来没有听说过我，她没有理由听说过我。战争在继续，她不打算争论，丘吉尔对他说：“伯林先生，你认为，你最近为我们做的最重要的工作是什么？”

可怜的伯林显然不太理解这个人说的是什么，他踌躇了一会儿：“我不知道，应该是《银色圣诞节》吧，我想。”于是温斯顿说：“你是美国人吗？”——伯林有浓重的美国口音。

伯林说：“什么？怎么？怎么？是的。”

于是温斯顿再次转向伯林先生，并说：“你认为罗斯福今年会再次当选吗？”

欧文说：“嗯，过去我本人投了他一票，今年我不太肯定。”

这时丘吉尔先生变得很郁闷，他无法理解他在和谁说话，他仍然以为这是我，显然我的快讯有很强的连贯性，而眼前此人却是个白痴。最后他说：“伯林先生，你认为欧洲战争何时会结束？”

伯林先生说：“先生，我将永远都不会忘记这个时刻，当我回到我的国家，我会告诉我的孩子以及我孩子的孩子，在1944年的春天，大不列颠首相问我欧洲战争
479 争何时结束。”

温斯顿对此极为不悦，他真的或多或少发脾气了，站起身——午餐结束。

> 可怜的欧文·伯林回到萨瓦，他和亚历山大·科尔达爵士[1]住一个房间，他对科尔达说："你知道，丘吉尔先生是英格兰的或是全世界最伟大的人，不过我不明白是怎么回事。丘吉尔夫人很好，我可以一直和她交谈，和他，我不知道，有什么原因，有什么原因——我就是不明白。"

与此同时，约翰·科尔维尔透露，看来如此令人失望的午餐客人欧文·伯林先生，实际上是个写歌的，并非丘吉尔先生以为的那位写关于美国政界的有趣而又有洞见的调查报告的以赛亚·伯林先生。下面继续伯林的叙述：

> 温斯顿午餐后立即参加了内阁会议，带着极大的快乐把这个故事告诉大家。
>
> 他请我吃午餐之时，还是反对党一员，他的话大概是这样开头的："你们一定听说过一件非常失礼而我却很不幸犯下的错事。"[2]

这个小插曲并没有立即引起伯林的留意，然而对它的多

[1] 亚历山大·科尔达爵士（1893—1956），出生于匈牙利的英国电影制作人，在战时往来于伦敦与好莱坞之间。

[2] 来自为制作《荒岛唱片》与苏·劳利的访谈，1992年4月19日BBC广播四台播出；在播出版中删去的素材被保留还原了。亦见迈克尔·伊格纳季耶夫采访伯林录音之一二五至一二六。

次提及必然使其在日后成为一桩逸事。

致约瑟夫·艾尔索普

[1944年] 2月11日 [副本][1]

[华盛顿特区英国大使馆]

亲爱的乔：

当然我欠你一封信，而且已经很久了，不过我不能解释为什么从华盛顿给任何人写信是多么地艰难。我的生活充满了事件，在它们发生时看起来鲜活而重要，但很快就消退挥发殆尽，只在我的脑中留下杂乱的回响，没有可以穿越堆积如山的垃圾文件的通道，全面的疲惫感与第三维空间的缺失——一堆难以名状的体验——仅仅依据这样的体验我就可
480 能意味深长地写报告了。所以我将使自己局限于一种全面的记事，除非它突然中途停止，这对我来说总是会发生，在我说得太多的时候，突然就会出于彻底的尴尬而停下来。

我见到我们朋友写的一些东西，帕顿夫妇[2]，苏珊·玛丽告诉我你非凡的、英雄式的开拓故事，显然那是从扬曼

[1] 这份信稿副本上的空缺部分尤为多，打字员无法解释伯林的口述内容，打字正稿没有找到。

[2] 威廉·塞缪尔·帕顿（1909—1952），外交官，在驻伦敦美国大使馆任新闻专员直至1945年，1945—1952年为巴黎驻外机关事务局预备队军官，他的妻子苏珊·玛丽，婚前姓杰伊（生于1918年），后来成为约瑟夫·艾尔索普的妻子（1961—1975），是著名的作家与社交界女主人。

先生[1]那里慢慢搜集来的。我确信他们说的全是真的，并已经坚定地传播了总体印象，虽然没有具体事实，因为身在国外，我无从知道。我发现我和惠特尼军士[2]，现在是中尉了，相处甚欢，他是真正的旧世界的可爱人物，我还发现奇普·波伦[3]关于他近期旅行的谈话充满了智慧，而且我总是发现，即使他是在表达他那毫无同情之心的看法时也是[如此]。

我非常喜欢与A.克拉克·科尔爵士的会面，看来他似乎是扮演老年角色的最好演员——在十或十五年前他一定有点威尔莫特·刘易斯[4]的感觉，还有着二十五岁年轻人的坚定姿态，这显然是他扮演的角色。驻莫斯科大使馆和那位太有外交官风范的乔克·贝尔福[5]在一起，生活会是什么样啊。那是个彻底的疯子，还有莫尔·科洛思维特和约

[1] 小威廉·斯特灵·扬曼（1907—1994），新经济政策律师，托马斯·G.科科兰的搭档，为克莱尔·陈纳德将军与蒋介石提供帮助。

[2] 也许是约翰·海·惠特尼（1904—1982），商人与慈善家，后来成为驻英大使（1957—1961），《纽约先驱论坛报》出版者。

[3] 查尔斯（“奇普”）·尤斯提斯·波伦（1904—1974），伯林的挚友，美国外交官，苏联问题专家，后来成为驻苏联大使（1953—1957）与驻法大使（1962—1968）。

[4] 威尔莫特·哈桑特·刘易斯（1877—1950），记者，1920—1948年为《泰晤士报》驻华盛顿通讯员，驻外通讯员中的元老，华盛顿社交界名人。关于他的职业有这样的叙述：“我清楚地记得［……］我们曾为海斯亭斯的一位老夫人写文章，她非常喜爱自己的两只猫，除非我们写出来的东西能够比她的爱猫更为成功地吸引她。”克劳德·科克伯恩，《困难时刻：自传》（伦敦，1956），第189页。

[5] 约翰·贝尔福（1894—1983），外交官，1938—1941年为外交部美洲司负责人，1941—1943年驻里斯本英国大使馆，1943—1945年驻莫斯科（他懂俄语）大使馆，1945—1948年驻华盛顿大使馆。

翰·里德[1]，我甚至都还没有想到他们。贝尔福，古怪，可笑，他所在的外交部的人看到他穿着条纹裤，吐痰，拄着象牙把手的拐杖，戴圆顶高帽，骑自行车，活像爱德华·利尔所描绘的人物，“宽钩—弯钩”或是“当”[2]，人们经常看见他往后靠着椅背，双脚架在桌上，岌岌可危，事实上他的确后仰摔倒过（他在1940年到1941年间[3]是外交部北美司的负责人，真没想到，这很可以说明问题，不过他比继任
481 者内维尔·巴特勒更有魅力）。所有人心中留下的他最后的生动画面，是［他］站在外交部的桌上，周围围着六七个同事，依次大声喊道“拿破仑！”（贝尔福会默默地摇头）、“弗雷德里克”、“巴巴罗萨”（不是）、“亨利八世”（不是）、“俾斯麦”、“哥白尼”，等等。“你们都错了，”他说，“我是沉默的威廉。”科洛思维特先生，莫斯科使馆克拉克的一等秘书，是个长得像埃及人的唯美主义者，他的生活弥漫着1927年左右、魏玛德国感伤时刻的芬芳气息，我从在牛津的时候起就很熟悉他了，他是一个可爱、敏感、内心深处饱受纠结的人，小说家格兰威·威斯科特[4]的朋友，他很可

[1] 约翰·莱·里德（生于1910年），外交官，1941—1942年驻华盛顿，1942—1944年驻莫斯科，1944—1947年驻安卡拉。
[2] 在爱德华·李尔的胡诌诗中，“宽钩—弯钩”有一顶极为花哨的“海狸帽［……］一百零二英尺宽”，里面住得下各种动物，“当”则有一个发光的鼻子。
[3] 1938—1941年期间。
[4] 格兰威·威斯科特（1901—1987），美国小说家、短篇小说家、诗人、散文家，以小说《祖母们》（纽约，1927）而知名，该书在英国出版时更名为《家族画像》（伦敦，1927）。20世纪20年代住在巴黎，与移居海外的美国团体厮混，包括格特

能在哈佛，过于挑剔，像老处女一样拘谨，烦躁，朋友很少，对于寥寥几位朋友极为忠诚，梦想着得到辉煌荣耀，他的母亲是我见过的唯一真正有着水桶肚的人。约翰·里德也许见过她，里德是一个瘦削纤弱的意大利风格的人物，只有在布加勒斯特才感到快乐，他曾经用他的车送我从华盛顿的几座大桥底下经过，没命地叫喊，不时陷入不合适的反犹情绪，直到遭受我尖锐的批评……这样的一群人如何在莫斯科与A.科尔爵士共事，一会儿在这里加一撮盐，一会儿在那里撒点儿胡椒，无法想象。无疑，这就是为什么历史会以一些奇特的方式前进的原因了。科尔问我是否想和他一起去莫斯科，我对此提议表现热情，然而，我怀疑这是因为我受到了当地上司的压制所致，他们在选举年可怜巴巴地依恋着我，可怜的傻瓜们。

11月我去了哈佛，见到了你的朋友特德·斯宾塞[1]，我觉得他说得上是个沉思而且讨人喜欢的人，我发疯般地说话，结果我滔滔不绝的话语把他彻底压倒淹没了，但我很喜欢他，希望他来敦巴顿橡树园[2]时能够见到他。他热情地谈

鲁德·施泰因、厄内斯特·海明威与斯科特·菲茨杰拉德。海明威的小说《太阳照常升起》（纽约，1926）中的人物罗伯特·普伦蒂斯就是以他为原型的。

[1] 西奥多·斯宾塞（1902—1949），学者、诗人，1940—1946年任哈佛大学英语副教授。

[2] 一座建于19世纪的宅邸及花园，位于乔治城，罗伯特·伍兹·布里斯先生和夫人1940年捐赠给哈佛，此后该房产用于收藏专业性研究资料。在1944年（8月21日至10月7日），这里成为来自美、英、苏、中的代表起草建立国际组织，即后来的联合国的提案的所在地。

起你，后来我们讨论了两个小时的奥赛罗，他认识我所认识的剑桥与英格兰的每个人，我们默契而自在地畅谈。我对哈佛极其景仰，这里在我看来是唯一足够大也足够自豪、可以产生自成一体的强烈甚至霸道个性的学术机构。我想，如果我还留在美国，我只能在那儿生存下来，即使承受所有的狭
482 隘与偏见。我很喜欢波士顿，我想我喜欢橱窗里的书要甚于喜欢世间别的一切，当然要甚于任何自然物体。

不久之前我在美国本土长途旅行，一个人，去俄勒冈州与华盛顿州，那里一切都疯狂旺盛地生长，树林里的浣熊，河里的鱼（令我本人大吃一惊的是，我自己抓了几只，而且那不仅仅是普通的鱼，还有鲟鱼和［……］鲑鱼），就挨着正热火朝天地造船的凯瑟家的场院。[1]波特兰美术馆馆长在火车上认出我，在他印象中我是西盖蒂先生[2]，那位杰出的小提琴家的伴奏乐手，然而我不是，让他很痛苦——“我都明白了。”他说。显然我也许本可以成为他误以为的那个人，也许还要厉害一点，像黑格尔的信徒说的那样，真的［？］。我们整晚交谈，他告诉我波特兰生活的方方面面，富人是什么样子，在日本被打败之后一切变成了什么样子，的确如此，这里确实充满了贺拉斯·格里莱[3]的精神，我深受感

[1] 实业家亨利·J.凯瑟（1882—1967）在华盛顿州的温哥华有一处大型造船厂（与俄勒冈的波特兰隔着哥伦比亚河），在战时紧急状况下的造船计划中发挥了主要作用。
[2] 约瑟夫·西盖蒂（1892—1973），匈牙利出生的小提琴家，1940年定居美国。
[3] 贺拉斯·格里莱（1811—1872），《纽约论坛报》的创办者与主编、理想主义

染。旧金山就像那不勒斯，住满了本地人，与周围的环境相当疏离。洛杉矶很幽深很黑暗，我再也不想见到它了。我讨厌好莱坞，人们要么是［……］龌龊的，要么就热切地渴望成为别的什么人物，衰败的欧洲遗老以最密集的程度聚积在岩石区潮水潭。唯一令人舒服的念头是，既然所有这些人都集中在这里了，他们就不能在别的地方，这么想就感到宽慰了。在那里我找到了拉塞尔，去了大峡谷与新奥尔良。你回来的时候，我会告诉你我们在洛杉矶车站经历的有趣事情，那恰好表现出了我们二人的性格，这个故事太长，信里不好写，而且需要语调的抑扬与手势的变化，这些也无法诉诸文字。

新年那天我和毕尔太太[1]吃午饭，我见到了使馆的迈克尔·赖特先生与夫人（你见过他们吗？如果没有那就有个话题了）；芙瑞雅·史塔克小姐，著名的阿拉伯探索者，阿拉伯事业的倡导者（我依照不相容原则与她相处甚好）；阿道夫·伯尔先生与夫人；还有N.朗沃思太太[2]，我无法说我有 483

者、社会改革家，他一直倡导有组织地移民美国西部，1841年他建议他的读者们“把你们的脸转向大西部，在那里建立你们的家园并积累财富吧”。

[1] 玛丽·翠丝·奥加·毕尔（1880—1956），外交官特拉克斯顿·毕尔的遗孀；华盛顿的女主人，她以拥有位于拉斐特广场靠近白宫的历史建筑，以及为外交团举办一年一度的晚宴而著名。

[2] 艾丽丝·李·罗斯福·朗沃思（1884—1980），前共和党总统西奥多·罗斯福的女儿，尼古拉斯·朗沃思的遗孀；著名的华盛顿女主人，说话风趣，她生前一直是伯林的朋友。伯林说：“她是一流的有声望的贵妇［……］她希望被逗乐，因此喜欢聪明有趣、有活跃智力的人［……］以及那些让她体验强烈的生活荒诞感的人［……］她喜欢英雄主义、大胆无畏、权力、傲慢、毫不羞愧的野心、伟大

多么喜欢见到她——我把她的信念与伟大的凯瑟琳相类比，这带来了一连串大声叫嚷，为了使大家安定一点，于是就前文艺复兴时期画家进行了温和一些的对话，探讨他们是否会认为怀俄明是合适的作品背景。后来［……］大使走了，毕尔太太停下来叫我“以沙·伯林先生”，正要告辞的伯尔先生终于走近我，和我握手，严肃地评论道，他听说了关于我的许多许多事。在这样的场合我总是不知道说什么，只好结结巴巴地说我也许听说了更多关于他的事，显然这不奇怪，听到这话，他脸色似乎变苍白了，退到一边，低声地自言自语，抓住他妻子的手在她耳边说了什么，然后走了。我的同事们对他的新看法是，他充满魅力，很理智，对他们很仁慈，总体而言是个好官员。国务院的“重组”（恐怕，你会非常非常喜欢国务院的广播）似乎从他手中拿走了经济控制权，把吉米·邓恩[1]放在了常任副部长的位置上。总的来说对于这样的事我有很多话要跟你说，但我相信此刻会让你很厌烦，如果你在做具体事。

人物；她不喜欢含混不清、奴性屈从、墨守成规［……］因而喜欢蔑视自由主义者、不现实的慈善家等，并故意与他们作对。这为她赢得了激进的反动分子的名声（当然不是浪得虚名）。她相信精英，认为自己就是其中一员，不喜欢民主与普通人的美国理想，除了她父亲所接受的主张之外［……］她很聪明，确实是非常机智的谈话者——故意表现出不公正，但忠于并热爱她所喜欢的，毫不掩饰自己的好恶。对于她所不在乎的人，她毫无虚伪之意与安抚之心，毫无。”（致卡洛尔·菲尔森萨尔，1985年9月16日）

[1] 詹姆斯·克莱门特·邓恩（1890—1979），外交官，1937—1944年任政治关系顾问，1944—1946年任副国务卿。

共和党的地位很特殊，因为该党在我看来就像一个手里有一大笔零花钱的小男孩，他必须在一定期限之内或是在被没收之前把钱花完，于是他心情兴奋舒泰，在商店橱窗前漫无目标地闲逛，看见非常非常非常接近他想要得到然而又不是很想得到的东西，他备尝可望而不可得之苦，因为如果他等得太久，他也许会发现他想要得到的，可是手中却不再有 484
钱可花了。他们似乎不太想要杜威[1]，然而他们更不喜欢威尔基，布瑞克[2]或是塔夫特[3]也许不会获得选票。所以此时他们处于几欲癫狂的沮丧之中。

大法官人很好，非常好，我得说，这意味着法兰克福特太太特别有可能注意到一切的阴暗面。布莱克法官[4]与墨菲法官[5]突然在法庭上公开攻击他，指控他以私人道德取代法律，等等。在《华盛顿邮报》上有大幅头条（最后替韦

[1] 托马斯·埃德蒙德·杜威（1902—1971），律师，1935—1937年任纽约防止组织犯罪的特别检察官，1937—1940年任地区检察官，1942—1954年任纽约州州长；1940年共和党总统候选人提名竞选失败；1944年与1948年为共和党总统候选人。伯林形容他是“一个冷漠、狡猾、按部就班的小个子傀儡”，他评论说“即使是他最亲密的朋友也不认为他有信念或是有目标”（致H.G.尼古拉斯，1944年7月13日）。

[2] 约翰·威廉·布瑞克（1893—1986），律师，1939—1945年任俄亥俄州州长，1944年为共和党副总统候选人。

[3] 罗伯特·艾尔冯索·塔夫特（1889—1953），威廉·霍华德·塔夫特总统之子，律师，1939—1953年为共和党俄亥俄州参议员。

[4] 雨果·拉斐特·布莱克（1886—1971），律师；1927—1937年为亚拉巴马州参议员，支持新经济政策；1937—1971年任联邦最高法院法官；自由主义者、公民自由的保卫者，尽管早期曾是三K党成员，但更坚定地忠于宪法。

[5] 弗兰克·墨菲（1890—1949），律师，1936—1938年任密歇根州民主党州长，1939—1940年任司法部长，1940—1949年任联邦最高法院法官；民权，尤其是种族与宗教少数派权益的长期倡导者。

恩·科伊[1]弄到了职位，接替尚未退休的梅耶先生[2])，不过事情后来被淡忘了。当他被霍霍地磨着大刀的大个子印第安人包围时，大法官增添快乐气氛的能力十分出色，我想起了E.C.本特利先生的四行打油诗“卡尔·马克思/总是被鲨鱼包围/他痛苦地想念着它们/在他全神贯注地想着资本主义的时候”。[3]我想，是大法官不可摧毁的天真使他如此刀枪不入，我希望自己也有类似的无视危险的能力。那天我发现自己在一次晚宴中重重地踩在了阿瑟·克洛克的一个脚趾上，当时我没看清楚是谁，就急忙转身［说］我深感惶恐，十分抱歉。“你没有深感惶恐，十分抱歉，”他说，“你也许有点抱歉，我连这一点都有所怀疑，但说到惶恐，我敢肯定你是丝毫也没有的”，等等等等。此后，他平息了事端。因此你看，即使是身体攻击，即使是意外发生的身体攻击，显
485 然在他那一方不经思索地就给予了让步。

其他你认识的人都仍在你离开时他们所待的地方。经过军队中的特殊历练之后，普里查德状况极佳，他在军中待

[1]（阿尔伯特）·韦恩·科伊（1903—1957），1939—1941年任联邦安全局副局长，1941—1943年任总统特别助理和紧急事件管理处联络官，1942—1944年任预算局主任助理；1944—1947年任《华盛顿邮报》出版人助理。

[2] 尤金·梅耶（1875—1959），银行家，1933—1946年为《华盛顿邮报》编辑与出版人，凯·格雷厄姆的父亲。《华盛顿邮报》出版人一职由他的女婿菲利普·格雷厄姆接任。

[3] 埃德蒙·克莱里休·本特利（1875—1956），经典侦探小说《特伦特的最后案件》（伦敦，[1913]）的作者，克莱里休四行打油诗的首创者（见原文第5页注5）。这一首（来自《初学者的传记》，1905）内容如下：“卡尔·马克思/完全被他的鲨鱼包围了/可怜的生物认真地思念着他/而他却在攻击资本主义。”

了两三个月，就走后门以“过度肥胖”的借口（至少我是这么以为的）调离了。菲利普·格雷厄姆[1]据信将回到华盛顿，担任某一神秘职务。英美关系再一次引起所有人的严重关切，如今确实群情激昂。我倒认定，(a) 这不要紧，因为从根本上说，关于英国人，美国人所反对的是（1）他们是英国人，(2) 他们存在着，而英国人对于美国人的看法亦然，而对所有特性的反对就是理性化；(b) 这个问题不是政治问题，因为反孤立主义的姿态即便是在布瑞克的领导下也注定会产生，这是个经济问题，因为，我在美国所做的长途旅行中，发现每个与我交谈过的人（我和农民交谈过，你一定窃笑不已）都深深地相信一旦战争结束，我们就会着手进行快乐而残酷无情的“割喉”式竞争，大部分的“割喉”将发生在英国人与美国人之间，因为俄罗斯已经没有“喉”可以割了；他们好比是巨石一块。在我看来，一旦这样的情况发生，对谁都不好，只能通过召开许多十字军式的会议（1939年到1941年间所召开的那些）来敦促驱策，并执行由头脑清醒的法律文件起草者指定的非常简单而理智的方案，来避免如此局面发生。这样的事情目前看来太不可能了，基思·凯恩[2]与我时不时会谈及此事，互相把对方带入了令人

[1] 菲利普·格雷厄姆在宾夕法尼亚州的空军情报学校教学，但在伯林这封信写后不久他就加入了华盛顿的一个通过破译密码来解读信息的情报部门。

[2] 里奇蒙德·基思·凯恩（1900—1974），律师，1940—1942年任美国司法部长特别助理，1943—1945年任海军部长（当时为威廉·诺克斯，自1944年5月起为詹姆斯·福雷斯特——见下注）特别助理。

吃惊的郁闷之中。吉姆·福雷斯特[1]说，未来将是一场扑克游戏，在美国与苏联之间进行，只有非常富裕的玩家才允许加入——也许巴卡拉纸牌戏是更好的例子——这是真正的大事件，出于好意只让非常非常有钱的人（例如，英国就不是）参加，而一般人则不让加入，也许有影响力的圈子已经普遍感觉到这件大事的逼近了。重装上阵的美式炫耀，以及重装上阵的苏联，快乐地买进卖出并持有着未来日子的世界和平，其他人则调整自己，好适应这崭新的不必要的双子联盟，就是这样。我想奇普也感觉到这一点了。

486 至于你的敌人J.威利[2]，他到处说自己已经厌倦了第二次世界大战，现在是第三次世界大战令他感兴趣了，你可以想象，他认为战争将在谁与谁之间打响。他从来没有见过我，就突然向我的多位朋友痛斥我是个十分危险的人物，由于我所谓的亲俄倾向。我显然是被伊蕾娜[3]邀请吃晚饭的，我先是被试探，接着又被翻来倒去地研究，然后移交给了培根太太[4]，又被他们领回去，各种各样的人检验之后，最后

[1] 詹姆斯·文森特·福雷斯特（1892—1949），1940年8月至1944年5月，美国海军部副部长，负责采办与生产，1944年5月起成为海军部长，坚定的反共者。

[2] 约翰·库珀·威利（1893—1967），美国外交官，1938—1940年任驻拉脱维亚与爱沙尼亚的公使；1940—1944年任职于美国国务院。

[3] 威利的妻子，伊蕾娜·莫尼克，婚前姓巴鲁奇，据伯林说，她是波兰籍犹太伯爵夫人，主持白俄沙龙，伯林在那里遇见了国务院的俄罗斯问题专家（迈克尔·伊格纳季耶夫采访伯林录音之二十一）。

[4] 弗吉尼亚·穆雷·培根（1890—1980），共和党议员罗伯特·劳·培根的遗孀；与布里斯太太和毕尔太太一起，是主导华盛顿社交圈的三贵妇。

把我再次打包送回家。J.威利现在说我们基本上同意所有观点，与我的谈话在他看来几乎毫无价值，因为没有什么可以争论的——［一位］奇怪有趣的人物，连他自己的亲信都没有认真把他当一回事，他依据自己记下的有关与他交谈过的英国人的零碎笔记，或是温顺的外国人有关此类谈话的笔记而行动，每天下午五点坐在他自己家里，就像一个被流放的波雅尔贵族，昨天被送到他的国家，等着更光明的时代到来，怀着强烈的忧郁谈论这所有好人都堕落于其中的罪恶［时代］。然而我喜欢他，甚至还有他的妻子。对于萨维奇医生[1]我几乎讲不了多少，他目前正在《时代先驱报》[2]遭受猛烈攻击，该报纸指控古非参议员[3]不适当地施压试图把他送到加林格医院[4]。西西[5]似乎和她的医生有争吵，现在每天在她的报纸上对他口诛笔伐，这对所有善良的自由主义者来说是高尚的景象。

[1] 尤金·康斯坦丁·德·萨维奇（1903—1959），医生；生于俄罗斯，但在美国获得行医资格，并成为美国公民。

[2] 一家华盛顿报纸。在2月4日（第2版）发表的一篇文章中，暗示古非（见下注）失去了他的民主党参议员竞选委员会主席一职，因为他从1942年起就试图迫使任命尤金·萨维奇医生，他的门生，担任一个地区公共卫生机构的［工作］职位，这被《时代先驱报》曝光了。

[3] 约瑟夫·芬奇·古非（1870—1959），商人，之前被告发滥用政府资金，1935—1947年为宾夕法尼亚州民主党参议员，新经济政策的支持者，也支持政治赞助，认为这样在组织方面是有效率的。

[4] 华盛顿市立医院。

[5] 埃莉诺（西西）·梅德丽·帕特森（1884—1948），主流报业王朝的成员，小说家、社交界名人，激烈的孤立主义者，曾为《华盛顿先驱报》的编辑，1939年起为华盛顿《时代先驱报》的出版人。

你能否筹划着使自己去英格兰一趟，比如说在7月？那时我可能在那儿。我们应该建立一个杰出的联盟，巩固关

487 系，制造不可磨灭的印象。同时，布伦登［·布莱肯］整晚失眠，思考着“谁将是这次选举中的萨克威尔—韦斯特[1]？肯定不会是巴特勒吧？”如果你问我，很可能还是温斯顿他自己。奇普说翻译他的文字几乎是不可能的任务，首先是在莫斯科，当时英语翻译发现自己无法理解赫尔先生说的一个词，于是他就被引过去救急，然后只好将诸如“卓越愚昧的深度”之类的，译成轻快的俄语，好给乔叔叔听，真是太令人崩溃了，我能明白。

这个国家的一个有趣现象是，亲英情绪与亲俄情绪彼此成反比发展，如果对俄罗斯人好了，对英国人就差了，而且这种亲切度上升与下降的比率几乎完全一致。我现在已经反复验证过这一点，看来这是一个很站得住脚的社会学结论。

我收到托尼与菲丽西蒂［·兰博德］写来的两封亲切友善的信，对他们与M.N.太太[2]的关系有着截然相反的描述。

[1] 莱昂内尔·萨克威尔·萨克威尔—韦斯特（1827—1908），萨克威尔男爵二世，外交官，1881年被任命为驻美大使，受共和党诱骗，宣称在1888年大选中更偏向于重新选一位民主党的总统，于是很快被召回伦敦；维塔·萨克威尔—韦斯特的祖父。

[2] 芭芭拉·莫瑟·纳尼（逝于1965年），婚前姓蔡丝，乔治·约翰·查尔斯·莫瑟·纳尼（1912—1999）的美国妻子，1944年她成为兰斯道恩女侯爵八世（并改姓莫瑟·纳尼·佩蒂—菲茨莫里斯）。在伯林所指的1943年11月27日的信中，托尼·兰博德说她“在情报部工作（与达夫妮·斯特雷特关系密切而敌对）［……］

由此你可以看到，我依然坚决保持轻浮，轻浮的素质受到大使的欢迎，可是这里其他人都不喜欢，虽然如此，这一素质把我本性中严肃的一面局限于学术题目与私生活之中了。我现在知道，庄严与面对公众的严肃态度是处理公众事务至关重要的素质，千万不要相信还有其他什么别的。

3月底伯林被召回伦敦，与情报部门和外交部会谈。他超乎常规的返英之旅使他做出了一个决定，确立了以后的人生发展方向：

> 1944年我不得不乘坐轰炸机回英格兰。在那个时候，轰炸机没有密封增压，于是我们被告知必须吸氧，这就意味着我不能睡觉，因为入睡后可能会发生无意识地倒靠在氧气管上导致窒息的危险。没有灯光，因而也 488
> 不能阅读，于是我就只能做一件最可怕的事——不得不思考，而且我不得不在这架轰炸机上思考七到八个小时，从加拿大到英格兰。
>
> 我得出一个结论，我真正想要的是，在我生命终止的时候，我能比在生命开始的时候懂得更多；哲学是最

我们一起吃饭，参加晚宴，她像以往一样吸引人”；菲丽西蒂·兰博德的评论（也许没有这么称许）没有保存下来。她因一次射击事故而在苏格兰家中遇难，其时，这位兰斯道恩女侯爵被描述为“一位极有魅力的女性，成功的社交女主人。她一度在美国经营一家农场，她是一位高超射手，是前英国泥鸽射击比赛冠军”（《泰晤士报》1965年2月18日第14版）。

奇妙的学科，最大限度地耗费人的智力，人类天才在其中已经展示了它最重要的方面，取得最重要的成就，然而它不适合我。我并不真的迫切地想知道这些哲学问题的答案，而作为一个真正的哲学家必须具有这样的渴望。我没有彻夜不眠思考哲学谜题，虽然我很喜欢思考这些问题。另外，当我读书的时候，比如说阅读关于道德与社会的文章，像我总是会有所涉猎的19世纪俄国思想家们所写的——那些困扰他们的东西，那些他们提出的问题，确实会使我产生智力上的兴奋，而这，我认为，是长期探索一个抽象题目所必须具备的。

我于是对这些思想家的历史产生了极大兴趣，因为我觉得他们不仅与现代世界，而且与人类的普遍状况，都有关联；而且，当我回到英格兰，我告诉在牛津新学院——我是那里的研究员——颇感震惊的同事们，我并不真正希望继续研究哲学，但是希望能够转而成为思想史学家。我这个想法不是很受欢迎，因为在英格兰这不是一个很受鼓励的科目，彼时如此，如今依然。然而，我承诺在至少两三年内将继续教授哲学，他们就允许我这么做了，因为战争结束后同时返校的学生数量会很庞大，需要有资格的教师来给他们授课。

这样，到了1950年，我不再是专业的哲学家，而是尽可能地把自己的全部精力投入对19世纪俄国思想的研究中。[1]

伯林在英格兰期间一直很忙碌，一边与新学院商谈，向大臣们与同事介绍基本情况，另一方面他腾出时间在一次关于美国犹太复国主义的会议上发言，他的发言被狂热的犹太复国主义者布兰奇·“贝菲”·达格代尔形容为“傲慢，厌世，不像是犹太复国主义者说的话”。[2]

伯林5月中旬回到华盛顿之前，丘吉尔与两个伯林的故 489
事已经广为人知了。

致玛丽与门德尔·伯林

1944年5月16日

华盛顿特区英国大使馆

我亲爱的父母亲：

经过非常快捷舒适的渡海旅行，包括六小时坐在帆布躺椅上沐浴爱尔兰阳光，我已经到了，我不能想象有什么比这更舒适更理想的了。

我把忘了交给海关官员的配给票证簿寄回了，最好把它们悄悄送回牛津粮食处。我了解你们的性格，我不接受缺乏

[1] 引自1979年2月比利时广播电台播出的就《俄国思想家》和《概念与范畴》两书与弗兰斯·伯恩德斯进行访谈的英文原始版本，其荷兰译本在《大声思考》（巴森姆，1980）中以“哲学、历史与自由”为题出版，第171—190页，见其中的第179—180页。

[2] 见原文第682页。

全局眼光的建议，即最好的做法就是什么也不做，虽然那样什么事情也不会发生。

每个人都很友善，我的房子整洁有序，厨子脾气很好，总体而言一切都非常好。我周末去纽约，乘坐火车慢慢走，与我的朋友M.纳博科夫结伴而行，我和他共同探讨菲特[1]的诗歌。我在英格兰过得极为愉快，非常盼望九个月之后再次回去。

我现在必须给伍德沃德与史密斯写两封彬彬有礼的信。

爱你们的

以赛亚

〈我会请尼古拉斯帮我捎这封信，我**非常**健康，糟糕的事情**不会**发生两次。阳光下我坐在1942年染上肺炎的那个座位，真是太好了。〉

致W.S.G.亚当斯

新学院院长

1944年5月17日［副本］

华盛顿特区英国大使馆

亲爱的院长先生：

虽然我的行程十分迅速，恐怕还是没能追上索尔特，我

[1] 阿芬纳西·阿芬纳西耶维奇·菲特（1820—1892），俄罗斯抒情诗人与翻译家。

想，他现在与你在一起，可以做任何决定。

关于各个教授职位，旅途中又有两个名字出现在我的心中。一个是汤姆·马歇尔[1]，现在外交部政策研究处汤因 490
比[2]手下，根据所有人的看法，他是社会学的专家，具备非常罕见的感知力、原创力与洞察力。我几乎不认识他，不过我相信，汉弗莱·萨姆纳、汤因比、哈德逊[3]或是现在外交部政策研究处的任何人都会告诉你他的情况。他可能更适合在政治机构工作，不过，如果受到激发，他也许能成为杰出的政治与社会学理论家。我想到的另一个人——这回说的是军事史的职位，如果有缺——是我的朋友惠勒—班纳特，关于他为布列斯特—立托夫斯克与兴登堡[4]条约所做的出色工作，你无疑会了解。他目前在伦敦的政治战事执行委员会，并被列为（虽然这是秘密）夏洛茨维尔的弗吉尼亚大学新成立的学院的院长之一，他曾在那里担任过一段时间教授。他

[1] 托马斯·汉弗莱·马歇尔（1893—1981），社会学家；1939—1943年担任（设在巴利奥学院的）皇家国际事务研究院国外研究与出版处副主任及德国处负责人，1943—1944年任职于外交部政策研究处，1944—1950年任伦敦经济（与政治科学）学院社会科学系主任。

[2] 阿诺德·约瑟夫·汤因比（1889—1975），历史学家，1925—1955年任伦敦皇家国际事务研究院研究主任、国际史研究教授，1939—1943年任国外研究与出版处主任，1943—1946年任职于外交部政策研究处。

[3] 亨利·文森特·哈德逊（1906—1999），经济学家；1928—1935年为全灵学院研究员，1939—1941年担任情报部帝国司主任。

[4] 陆军元帅保罗·路德维希·汉斯·安东·冯·本内肯道夫·安德·冯·兴登堡（1847—1934），德国军人、政治家；一战期间已退休的兴登堡被重新启用，被任命为德军最高统帅；1925—1933年任德国总统。

是个很有吸引力、才华横溢的人，也许你会记得1942年夏天我带他来参加全灵学院的晚宴，当时他住在他那位在基督教堂学院的妹夫西顿[1]那里，他是权威的军事史学家，有深厚的文化背景。如果这件事成为议题，我的确希望能考虑一下他。他非常了解美国政治，如果他在牛津，很值得和他谈谈。通过外交部的政治情报处可以找到他，就在布什大厦的七层（布鲁斯·洛克哈特[2]手下）。

既然我已经开始滔滔不绝地说一串串名字了，我希望你不要觉得我太得寸进尺，如果我向你热情地推荐我的朋友鲍勃·胡克[3]，他是国务院伯尔的个人助手，非常友善，随时
491 都会来英格兰，可能这封信寄到的时候他已经在那儿了，他是战后欧洲国内运输委员会的成员，该委员会现正在伦敦集结。他说他只能在那里待一两个星期（我想通过美国大使馆可以找得到他）。我相信他会乐于造访牛津，哪怕短短一段时间，如果那样不会过于超出你的接待能力。他是个很友善的亲英分子，来自加利福尼亚，祖籍波士顿，并在那里长大，他和伯尔以及这里的其他人都很亲近，如果在

[1] 特瑞弗·布拉比·西顿（1886—1972），1920—1954年担任李博士解剖学高级讲师，基督教堂学院研究学者；与约翰·惠勒—班纳特的妹妹康斯坦丝·艾琳结婚。
[2] 罗伯特·（汉密尔顿）·布鲁斯·洛克哈特爵士（1887—1970），外交官、银行家、编辑、作家；1939—1940年任职外交部政治情报处，1940—1941年担任驻伦敦捷克临时政府英国代表；1941—1945年任外交部代理副国务大臣、政治战争执行委员会主任。
[3] 罗伯特·G.胡克，美国外交官、国务院伯尔的助手。

结束短期英国之行后他能够带着快乐的记忆离开，是很好的事。

估计你现在将见到特纳[1]了，我想，他将要成为耶鲁的历史教授，很快要从公职卸任，这是非常绝密的事情，我不禁想到你喜欢他的慷慨精神。阿奇·麦克利什已经回来了——看来，在所有人中，他与西蒙勋爵相处甚好——他还带回来了那个已经完全走样的故事，欧文·伯林先生被邀请吃午饭，因为他被错当成以赛亚·鲍曼教授[2]，而不是通常所说的那个人。

我真的很抱歉，没有见到亚当斯太太。我很感激，如果你能代为转达我的遗憾和歉意。我将每天浏览《泰晤士报》，寻找关于牛津选举的新闻，这样的消息远比这里我周围的那些短暂事件更深地镌刻在我心中。

最美好的祝福

你永远的

以赛亚·伯林

[1] 拉尔夫·埃德蒙德·特纳（1893—1964），美国文化史先驱人物，经济历史学家；1936—1941年任职于社会保障委员会，1942—1944年任职于美国国务院文化关系部，1944年被任命为耶鲁大学历史学教授。

[2] 以赛亚·鲍曼（1878—1950），自然地理学家，1943—1945年担任国务卿特别顾问；敦巴顿橡树园会议美国代表团（原文第482页注3）成员。关于午餐邀请见原文第478—480页。

致唐纳德·霍尔

外交部国务大臣办公室

1944年5月18日［副本］

华盛顿特区英国大使馆

亲爱的唐纳德：

我几乎不能相信，在令人难以置信的快速旅行之后，我在这里了。另一方面，我的同事奇迹般地几乎没有什么变化，使我相信我确实在这里了。我独自在伦敦经历了那么多
492 事情，而这里却什么也没有发生，很奇怪也很令人抑郁。每个见到的人，都为我离开了大约七个星期而表示了些许惊奇。他们说，这里没有什么可以作为时间流逝的标志。我唯一发现自身的改变就是突然对所有美国人产生了喜爱，我想，这是由于我发现，与在华盛顿连续待一年半时相比，重新见到他们时，他们是如此大方友好。我把你的问候转达给了霍斯金斯上校，他更加慈祥了，告诉我他曾用了两个月的时间试着“把我抓到手”，并很快邀请我吃了两顿饭。与我交谈的每个美国人似乎都比我的本国同事对我好上、聪明上十四倍。也许这是虚假的温柔感觉，是由自己很快就会永远离开他们的念头所致。不管怎样，结果是我产生了强烈的亲美情绪，一生中还从未有这样的感觉［……］

你永远的

以赛亚·伯林

致玛丽与门德尔·伯林
1944年6月2日

华盛顿特区英国大使馆

我亲爱的父母亲：

我真的异乎寻常地好。一回来就发现在爱尔兰与在这里的状况是多么不同，这是很好的事，就像发现如今与1942年是多么不同一样。我眼下有点忙碌，积压的工作还有很多，所以，这封信如果写得太短，还请你们原谅。

我的朋友亚历山大·雅科夫列维奇·哈尔彭也许会给你们打电话，或者亲自拜访。我不记得我是否和你们说起过他。他是个很有教养而且很高贵的老人，是1917年彼得格勒临时政府的第一书记，后来在伦敦成为律师，现在在这里为我们工作。他是我与惠勒—班纳特的挚友，是个非常可爱的老派傲慢的人，你可以和他说俄语或是英语。他的妻子甚至比他人还好，一个快乐的老格鲁吉亚公主，毫不做作，脾性极佳。

我的房子继续在有序的管理之中，我们的女佣抱怨我们没有给她生日礼物，我担心她贪心不足，虽然她理所当然地依恋奇尔弗与我。我依然坚持在12月或是1月回英格兰的打算，但谁也无法肯定。每个人都依然非常好、非常专心工作。

法兰克福特太太托我向你们表达问候，请向戴维·塞西尔转达我的爱，并代我向他道歉，因为我离开前不断打扰他。

爱你们的

493 以赛亚

〈随信附上我收集的很棒的照片，是去年夏天我从加利福尼亚到华盛顿的著名旅行中拍下的。伯林。

睡美人[1]系列是在卧铺车厢拍的，其中有一张是我的旅伴，约翰·罗素。

6月6日，我不会忘记我的生日与伟大事件的巧合。[2]〉

致芙瑞雅·史塔克

1944年6月12日［副本］

华盛顿特区英国大使馆

在你动身去英格兰之前，我真的不会见到你了吗？唉，在你和以瑟·赖特[3]一起去你的海岛之前，据悉那是在16日，我不能去纽约，虽然18日我会在纽约逗留一天。不过如果你们回来时途经纽约，或是因为任何别的原因在真正启程之前要在纽约逗留，请告诉我，我会安排在相应的日子去

[1] 伯林此处原文为：Спящая Красавица。

[2] D-Day登陆日是伯林三十五岁生日。

[3] 以瑟·乌苏拉·赖特，婚前姓朗，迈克尔的妻子。

纽约，如果我可以这么做，那是我最大的快乐。

伦敦是天堂，而牛津是第七层的天堂。我在自己的房间里住了四天，与塞西尔以及我们的朋友们（你会很高兴听到这个消息，伯纳斯勋爵已经为沙特阿拉伯写了一首国歌，并为他们接受，他在钢琴上为我弹奏了曲子）谈了一两次，我失去了任何看电报、快件、见要人等的欲望，的确，虽然我害怕这么说，实际上我开始失去对他们所处理的一切问题的兴趣。在这样的陶醉感消逝之前，我和我的学院订下了一个约定，我将在1月回来，安定下来过沉思的生活（这在我看来真的比我如今的生活充满了更多看得见摸得着、可感知可察觉的东西。当然政治与学术生活一样不真实，一样没有更深的爱，没有更强烈的恨，没有更神圣的原则）。

如果可以，我将按照你说的带上你，在意大利威尼斯你的房子那里好好转转，谁知道呢。不过某一天我们可以从那里一起进入圣地，虽然我还没有急着加入。那天我跟霍斯金斯上校说，我发现那个巨型大锅里面的配菜不对我的胃口，
我在它的边缘找到位置，时不时被它的蒸汽烘托而攀爬上 494
来，徒劳无功而又不太舒服。我想充满深情地告诉你，我在伦敦就那个话题与各种官员说的感恩话语——关于梅尔切特勋爵[1]如何为我提供了一个当救世主弥赛亚的工作机会（有

[1] 亨利·蒙德，梅尔切特男爵二世（1898—1949），商人，其时为犹太代理机构联合会主席。除了这份工作会把伯林带回巴勒斯坦的意思之外，“救世主”一词还有别的意思吗？

不错的经济保证)，以及关于伦敦眼中的美国。

我真的希望你会回信，并说16日以后的某个时间你会在纽约，我真的羡慕你们这么早就回去了，欧洲人可能比除了波士顿及其“周边”[1]之外的人更能够轻而易举地理解这个宏伟的国家，它充满活力，充满力量。

7月中旬至8月中旬，伯林休假一个月，远离华盛顿的日常事务与炎热天气。

致玛丽与门德尔·伯林

1944年8月9日［手稿］

寄自华盛顿特区英国大使馆

我最亲爱的父母亲：

我真的很好，在华盛顿刚果巨大热浪袭来之后，我听从了你们的建议，去了山区，不要到处跟人说这件事——在英格兰的人们很正当地认为现在还不是享受的时候。不过我听了四场很棒的莫扎特音乐会，塞吉·库塞维茨基[2]指挥，他是一位伪贵族，看上去120%像并且就是俄罗斯的“小个子犹太人”[3]，周围也都是这样的俄罗

[1] 伯林此处原文为：Umgebung。

[2] 塞吉（原姓谢尔盖·阿列克桑德洛维奇）·库塞维茨基（1874—1951），出生于俄国的美国指挥家；1924—1949年任波士顿交响乐团团长，1940年在马萨诸塞的坦格伍德创建伯克希尔音乐中心并担任主任。

[3] 伯林此处原文为：жидок，这是个贬损性的或是有亲切讽刺意味的俄文词语。

斯显贵，如作曲家鲁里埃[1]、保罗·甘斯伯格先生、他的 495
秘书赫什曼女士[2]、伦敦的弗拉基米尔·珀利亚科夫（“奥加”）[3]的妹妹，她和真正的伯林是亲戚[4]，所以是我们的准伪亲戚，所有人都俄罗斯味道十足，我进入了这样的氛围中，说着俄语（“伯林先生，您学识渊博，是世界性人物……您的俄罗斯视角非常有意思……”[5]），过得很开心。然后我去了普林斯顿（那里的哲学教授[6]是英国人）和哈佛，还与迷人、温柔、举手投足都很淑女[7]的阿历克斯·德·罗斯柴尔德在一起，她是盖伊的妻子，住在科德角式小屋里，那里很凉快，很舒服（音乐会也是如此）。我有一所小屋，有自己的黑佣，一切都很宁静，极其美丽。14号那天，唉，我回

[1] 阿瑟·文森特·鲁里埃（1892—1966），原名阿图尔·谢尔盖维奇·鲁耶，俄罗斯作曲家与音乐理论家，俄罗斯圣彼得堡先锋派运动成员；在十月革命之后，任公共教育部音乐处负责人；1922年离开苏联，主要在巴黎居住，直至1941年移民美国。

[2] 亨丽埃塔·利奥波多芙娜·赫什曼，婚前姓莱昂（1885—1970），莫斯科实业家、收藏家与艺术赞助人弗拉基米尔·欧西珀维奇·赫什曼（1867—1936）的遗孀，是画家瓦连京·谢洛夫（原文第594页注6）多幅画作中的模特。

[3] 弗拉基米尔·索罗莫诺维奇·珀利亚科夫（1910—1977），俄罗斯出生的作家，政治评论员，笔名“奥加”，《泰晤士报》的固定撰稿人。

[4] 梅耶·伯林拉比的家族，与伯林的姨妈是姻亲（原文第432页注1）；伯林的祖父多弗·波尔·祖克曼在童年时期被他的姨父老以赛亚·伯林收养之后，改姓伯林。

[5] 伯林此处原文为：Г-нь Берлинь, вы как то и эрудит и в мире бываете ... и русскйи вид очень интересно ...

[6] 瓦尔特·特伦斯·斯塔斯（1886—1967），出身英国军人家庭；1910—1932年在锡兰当公务员，业余时间研究哲学并撰写有关著述；1935—1955年任普林斯顿斯大学哲学斯图尔特讲席教授。

[7] 伯林此处原文为：jeder Zoll eine Lady。

到了华盛顿，不过这已经是在整整休了一个月的假之后了，所以我真的很好。欣德米特—舍恩贝格的笑话以及在爆破小组的拉什，我想都很不错。我还是打算12月到1月间回去，不过如果有困难，也许要再等一个月。R.劳含糊嘟哝了几句关于莫斯科的事，我请他和我认识的三位年轻的新政派一起吃饭，晚餐很尽兴。B.勋爵[1]来之前，我已经走了，这样更好，不会混淆我的忠诚情感。我期待着与韦伯斯特教授度过愉快时光，他是我们的世界组织的谈判者之一，本·科恩是美国那边的谈判者。奇尔弗9号回来了，15日起我们继续回到合租公寓。我不在的时候，我让摩根住在我那里，这样他付给我房钱。你们看见了，我真的比你们以为的更实际了，更实在了，即使我的指甲不是总那么干净。抱歉这封信很枯燥，不过我的确如此平静而满足，仿佛有海风吹遍我的全身。

沙耶

感谢莱特福寄来的甜豆，告诉他我爱他，也向史密斯、
496 科，还有玛丽问好。

[1] 在布伦登的命令之下，伯林在上一次回英格兰时，在比弗布鲁克家住了一周。在那次接触中，就像早先1942年的一次晚餐那样，伯林对比弗布鲁克的无礼十分厌恶；后来伯林形容他是“我见过的……最可恶的人”（迈克尔·伊格纳季耶夫采访伯林录音之二十一）。

致赫伯特·哈特

[1944年10月初，手稿] [1]

[华盛顿]

我亲爱的赫伯特：

当然你必须接受。我为什么提出在这个题目上半途而废呢？真的只是因为我无法发现任何令人信服的论据让我研究先验哲学，除了数理类型的；而且，我对［此］并不擅长，也不太感兴趣，用三十年来着手征服形而上学的谬误或是诸如此类的东西，太一无所获了。但既然你相信存在非经验主义的要素——不是我们所杜撰的，而是从这个客体本身所发现的——那么你直接的智力责任就是说明真相。逻辑手段是沉闷的，然而很容易学，如果你没有像H.W.B.J.［约瑟夫］那样总是对它发火，为了使自己具备接受对手挑战的能力，你也许必须抽出不知多少个月的时间，结果只是学会它。也许我们可以一起做这件事，因为我自己对此一直无所作为。然而，实证主义与过去一千五百年来〈的〉哲学对立，这是个令人绝望的问题，值得你甚至为之付出全部才智。你说你认为最有说服力的声音来自尤因[2]，那只是因为他是以略微梳理过的语言重复着我们一直接受的教导。同样的情况也适用于布罗德。可是在比方说艾耶尔与奥斯丁的激烈攻击

[1] 这封信被撕去或是蚀掉了一角：在这封信中〈〉=遗漏文字的还原。

[2] 阿尔弗雷德·西瑞尔·尤因（1899—1973），1931—1954年任剑桥大学道德科学讲师。

之下，你会承受不了，艾耶尔与奥斯丁将分别回到瓦德汉姆和莫德林学院，并将建立新的防线。对此，你会觉得很有意思，相信我。对新学院与牛津而言，没有什么比这样强有力的对抗更有益的了。你会很喜欢当牛津教师，你会比你预想的要更喜欢研究当地战后行政管理问题，因为它们很真切，为捍卫知识等的立场提供真正可能的平台，而现实的政治却不能做到这样。我相信，标准与掺假之间将有一场恶战。至于你不通拉丁文或是希腊文的问题，那算什么！把柏拉图与亚里士多德当作古文来讲授，再加上约瑟夫关于我们要念成
497 “某个贼”还是“谁是贼”[1]的谜题，这样的课越少越好。已经有许多哈迪、穆尔[2]、墨菲[3]、唐纳德·艾伦[4]、迈克尔·福斯特[5]、马克拉根[6]这样的人研究这些问题了。对你的约瑟夫，当一个史密斯是最令我满足的事（不要因为这样小小的

[1] 伯林此处原文为：κλεπτής τις与κλεπτη\ε τίς，这句话重音的变化会导致意义差别。

[2] 杰弗里·雷吉纳尔德·吉尔克里斯特·穆尔（1893—1979），1920—1947年任默顿学院研究员与哲学导师，1929—1937年任大学哲学讲师；1939—1945年任职于欧洲盟军最高统帅部，从事宣传工作；后（1947—1963）担任默顿学院院长。

[3] 也许是内维尔·理查德·墨菲（1870—1971），1919—1939年任哈特福学院研究员，哲学导师，1939—1959年担任院长。

[4] 唐纳德·詹姆斯·艾伦（1907—1978），1931—1947年任巴利奥学院研究员，古典学导师；1940—1945年任职于外交部；后（1957—1971）任格拉斯哥学院希腊语教授。

[5] 迈克尔·贝瑞斯福德·福斯特（1903—1959），1930—1948年为基督教堂学院研究学者，哲学导师。

[6] 威廉·高尔德·马克拉根（1903—1972），1930—1946年任奥里尔学院哲学讲师（1931年起为研究员），1940—1946年为皇家财政部临时公务员，1946—1969年任格拉斯哥学院道德哲学教授。

刺痛就暴跳到半空)。我想，史密斯将会当选院长[1]：他和我和你等于两个导师，如果允许我减少工作量为半个导师，这样我就可以用另外的一半时间研究历史（上帝，但我对自己的选择感到害怕，它几乎已经成为冷漠固执的坚持了)。我看不出**可能**会遭到什么反对。吸引你并使你发挥作用所需要的是：足够的智力活动的氛围，与艾耶尔、奥斯丁、汉茨，或许还有像麦克纳伯[2]这样的小角色？还有诺维尔·史密斯、麦金农[3]，除了赖尔与普莱斯以外，我想这点我可以担保。F.魏斯曼博士[4]会在那儿把我们所需要的一切技术教给我们。你怎么能犹豫呢？律师界唯一的意义，我本该想到的，就是名声与金钱。如果你对后者不太在意，你就一定要放弃它，因为它会自动并不可避免地导致灵魂的死亡。至于莫里斯·B.，〈那〉也是胡说八道（因为你实际上已经很清楚了)。他如今是〈一股〉得到了满足的势力：不太糟糕：很像1900年的意大利。现在还是回到我们的话题：道德问题，镜像在哪里〈的〉问题，物理学家在说什么，以及关〈于〉什么将总是真实的存在，并非类型理论是否把代数充分简化成了形式逻辑。还有，如果我的余生不想继续进行

[1] 这发生在10月11日。
[2] 唐纳德·麦克纳伯（原文第233页注6）。
[3] 唐纳德·麦金农（原文第233页注5）。
[4] 弗里德里希·魏斯曼（1896—1959），奥地利哲学家，维也纳学派成员；1937—1939年任剑桥大学道德科学讲师；1942年起为新学院终身成员，1946—1948年任科学与数学哲学讲师。

这样的探究，那是因为我认为自己对这个题目缺乏足够的激情，即有足够重要的话要说，有足够重要的东西要坚持，要为之奋斗。而你显然有这样的激情，因为最新的经验主义者也没有说服你，所以除非你说你任由真理被忽略，否则，为什么要迟疑不决呢？唯一会使你真正不喜欢的，可能就是教师休息室里将会有的乏味与痛苦，可是你是喜欢牛津和书籍的，我对此很清楚。到我12月或1月回来时，如果这一切还没有办妥——在奇平·坎［普］顿的生活及其他——你和简仍在两地之间奔波——我会很痛苦失望。我没有拍电报[1]，
498 因为说“是的是的当然接受”听起来会热切而傻气。关于这事就说到这里了。菲尔金[2]说你说斯帕洛失踪了，不会吧？马上写信告诉我这一切，我肯定克里斯托弗支持我的意见。

爱你的

以赛亚

11月7日富兰克林·罗斯福和他的竞选伙伴，副总统哈里·S.杜鲁门[3]击败托马斯·杜威和约翰·布瑞克，罗斯福

[1] H.L.A.H.提出要为伯林的回复电报付钱。
[2]（阿瑟）·埃利奥特·菲尔金（1892—1968），国际公务员，阿瑟·索尔特领导下的国际联盟秘书处经济部的成员；担任日内瓦（战时在华盛顿）中央鸦片理事会常务秘书长，负责建立国际非法麻醉品交易监督机构。
[3] 哈里·S.杜鲁门（1884—1972），农场主、男子服饰用品商，1935—1945年为密苏里州民主党参议员，为负责调查战争努力的杜鲁门委员会主席，1945年1月为副总统，1945年4月至1953年担任美国总统。（他名字中间的S不是缩写，而是他的祖父安德森·西普·杜鲁门与外祖父所罗门·扬的名字的折中。）

史无前例地赢得了第四个总统任期。

致达夫妮·斯特雷特夫人

1944年11月20日［副本］

华盛顿特区英国大使馆

亲爱的达夫妮：

我不能让竞选就这么过去而不指出我打算为自己大大记一功，因为我不仅预测了罗斯福的获胜，而且预测了共和党那边有争议的事情，对此你早在去年中就提出了怀疑。所有那些真正散播恐慌的人，尤其是那些真正的美国专家——格雷厄姆·胡［顿］与约翰［·惠勒］—班［纳特］——关于总统与国会之间的著名僵局的预言现在破灭了。如果像我认为的，凯普哈特[1]当选，而戴维斯[2]失败，孤立主义者就会在参议院赢得大约三十二张选票。我想政治国际主义看起来前途一片光明，而这个国家在经济国际主义方面看起来很灰暗。

现在我要说我的大选之夜了，它是以与大使共进晚餐开始的，作为一个进行政治报道并获取报酬的吟游诗人，我已

[1] 霍默·厄尔·凯普哈特（1897—1979），1945—1963年为印第安纳州孤立主义的共和党参议员。

[2] 詹姆斯·约翰·戴维斯（1873—1947），1921—1930年担任工党书记，威尔士出生的匹茨堡钢铁工人，1930—1945年为宾夕法尼亚州共和党参议员，1944年在大选中落败。

经与后者讲和了，他承认他高估了利普曼[1]对国会脾气的判
499 断，现在允许我全速前进，痛斥我们怯懦而优柔寡断的朋友和顾问。法兰克福特，感受到了我对沃尔特的情感，给了我一张他在1941年珍珠港事件之前的专栏的漂亮影印件，专栏中他提出限制美国的要求，因为美国军队永远都不能侵略欧洲大陆。很令人愉快而且舒服，我随函附上了这份影印件，让你也开心一下，你在某个关键时刻也可以拿它当作秘密武器。晚餐很古怪，因为有肯尼斯夫妇在。他很有魅力，非常聪明；而她似乎脑子里想到什么就说什么，还打断了哈［利法克斯］勋爵的话，后者正试图记录俄亥俄与密歇根的选举结果——我跟他讲过这两个州的重要性——而恰在那时，她说："您认为阿奇·麦克利什的早期诗作好于他的后期诗作吗？""嘘，莉迪亚[2]。"肯［尼斯］男爵说。她缄口不言，看起来有所克制了，并努力培养对收音机里发出的喧闹声音的认真兴趣，收音机里突然说："密西西比的选举报告：罗斯福，7500；杜威，66。""这很关键，"肯尼斯夫人说，"是吗？密西西比非常关键，它是支持罗斯福的，你支持罗斯福吗？我支持他。密西西比非常关键，这是个绝对多数，我很高兴。你高兴吗？你支持罗斯福吗？"等等，等

[1] 沃尔特·利普曼（1889—1974），政治记者、作者，1931—1962年为《纽约先驱论坛报》的国内联合专栏"今天与明天"写稿；他在漫长的职业生涯初期是自由主义者，后来更倾向于实用主义。
[2] 莉迪亚·凯恩斯，婚前姓洛波科娃（1892—1981），俄罗斯芭蕾舞演员、女演员。

等，等等。于是不得不让她再次缄口，她看起来一脸的痛苦和茫然。最后，坐在沙发上H.勋爵旁边，我坐在她的另一边，她以跟平常一样的大嗓门说道："他很了不起，这位大使，如此有魅力，如此智慧，如此友善。他以前在这里过得很糟糕，是吗？因为慕尼黑事件、绥靖政策，还有其他别的？不过他挺过来了，他们现在很爱戴他，不是吗？他有政治背景，对吧？你是否记得在1939年他比梅纳德还讨厌张伯伦，但哈利法克斯勋爵现在比他以前好多了，对吧？"我只能发出"嗯嗯"的声音，而哈利法克斯勋爵则找了个借口站起身，在房中四处走动，逗他的狗玩。然后有个电话打进来，他走过去和霍普金斯通话，霍普金斯约莫在十点四十五分向他报告，竞选已经十拿九稳了，正如总统之前在海德公园告诉他的。"见鬼，很好。"他，哈利法克斯勋爵，将立即致电温斯顿·丘吉尔，把消息告诉他。"我说'路易丝[1]怎样？'"H.勋爵对我们说，"他说，'噢，**她**很好，她**相当**好。'""他是不是有点醉了？"H.夫人问。"有点，"H.勋爵说，"我得说和以往一样。""教授对此有什么话要说？"K.夫人天真地问。我对被称为教授表示抗议。"我总是被称为教授。"K.勋爵说。不过我答道："从没有回报的侮辱我得不到乐趣。"

我拒绝同时也不想向你说任何关于大选的认真看法，大 500

[1] 路易丝·霍普金斯，婚前姓梅西，哈里·霍普金斯的第三任妻子。

选进展很顺利，令盖洛普博士[1]恐慌——罗珀如果没有临阵畏缩，他就会大获成功了，他依然试图坚称他确实有这样的感觉。在纽约州、伊利诺伊州、宾夕法尼亚州、马萨诸塞州、密苏里州等，总统得到的多数票确实最令人满意。有趣的是，瓦格纳参议员在纽约州领先于他，道格拉斯太太[2]（赢了戴[3]的那位胜者）在芝加哥领先于他，卢卡斯[4]也是。塔夫特也许被轻易地击败了（所谓的俄亥俄州投票作弊案引起了一些争议，但不会闹大）。凯普哈特绝对是个可怕的人，看起来是个真正的骗子，而施里科[5]很了不起。PAC[6]是新工党的开端吗？巴特勒与奥佩说是的，柯廷[7]说不是，我不知道。

你永远的

以赛亚·伯林

[1] 乔治·霍拉斯·盖洛普博士（1901—1984）与埃尔默·罗珀（1900—1971），民意调查先驱，二者预测了罗斯福的胜利，也许这里提到他们的名字是作为大使馆的业余预测者们的绰号。
[2] 海伦·盖哈根·道格拉斯（1900—1980），女演员、歌剧演唱家，1945—1951年任加利福尼亚民主党国会议员。
[3] 斯蒂芬·艾尔比昂·戴（1882—1950），律师，1941—1945年任伊利诺伊州共和党国会议员。
[4] 斯科特·维克·卢卡斯（1892—1968），律师，1939—1951年任伊利诺伊州民主党参议员。
[5] 亨利·弗雷德里克·施里科（1883—1966），1941—1945年和1949—1953年担任民主党印第安纳州州长。
[6] 产业工会联合会的政治行动委员会（原文第383页注5），1943年7月成立以支持罗斯福的连任竞选。
[7] 英国大使馆官员，负责贸易协会事宜。

致G.B.格伦迪

1944年11月23日

华盛顿特区英国大使馆

亲爱的格伦迪博士：

谢谢您10月21日的来信，以及您亲切的话语。我非常高兴地听说，您正在忙于您的《修昔底德》[1]的修订版。

我几乎没有听到关于牛津的任何消息，但很高兴得知A.H.史密斯，我一直非常喜欢并尊敬的人，被选为我们新学院的院长了。

至于我，我希望3月可以回家，回牛津，希望是永久性的。我已经为政府效力够多了，虽然我很喜欢这个经历，而且与那些必须上战场的同代人相比，我的战争经历无疑更有 501
趣，对此我当然感到羞愧。圣体学院的人中，在这里我能想到的只有戴维森[2]，他是一名少校，在英国联席参谋代表团工作，还有邓内特[3]，时不时从财政部那边过来。我生活得足够舒适，没有结婚，和我的朋友盖伊·奇尔弗合住一所房子，您也许记得他是女王学院的古代史导师，在这里他是

[1] 格伦迪的《修昔底德与其时代的历史》的第1卷于1911年面世；该书的第2版（几乎没有改动）以及有点推迟出版的第2卷于1948年一起出版。

[2] 约翰·阿姆斯特朗·戴维森（1906—1966），1925—1929年在圣体学院主修古典学，1939—1945年为柴郡军团少校，1943—1945年为华盛顿英国联席参谋代表团战争顾问团军事助理秘书长。

[3] 乔治·桑斯特·邓内特（1907—1984），1925—1929年就读于圣体学院古典学专业；1931—1946年为英国公务员，任职于财政部，1946—1947年任职于民用航空部。

很受尊敬的英国粮食外交使团专家。

至于我的官方职务，我很满意在华盛顿大使馆担任一等秘书的级别，并且我还是报告处的负责人，该处是情报办公室的一部分，由来自巴利奥学院与全灵学院的哈罗德·巴特勒领导（他一度是日内瓦国际劳工组织的负责人，后来担任纳菲尔德学院院长）——您一定认得他在BNC[1]任职的父亲。我所在的部门很快就会并入外交部，不过到那时我已经走了；目前它实质上是情报部的一个分支。这其实是一场牛津教师的战争——弗兰克斯[2]与莫德事实上控制着伦敦的总部，其他每个人都安排在战略位置上。总体而言，在我看来，我们的同行来运作这个机构并非坏事，这似乎已经永久性地颠覆了牛津人不切实际的恶名，没有谁极端官僚化，或者对士兵与普通公务员苛刻，虽然他们是带有不可摧毁的优越感伪装成临时政府官员的牛津教师。我谦卑地认为，如果您没有在1927年施展手段使我进入圣体学院，我现在不会身处这个位置说这些话，并在此向您致以最热烈的问候。

您诚挚的

502 以赛亚·伯林

[1] 牛津大学布雷齐诺斯学院。

[2] 奥利弗·舍维尔·弗兰克斯（1905—1992），1962年成为弗兰克斯男爵；1937—1945年任格拉斯哥学院道德哲学教授；1939—1946年为供应部公务员，1945—1946年任常务次长。

致阿兰·达德利
外交部
1944年12月5日［副本］

华盛顿特区英国大使馆

我亲爱的阿兰：

[……]

至于我，我计划3月底回家，回到新学院，几乎不在伦敦逗留，因为在那里我无事可做。这里有一些含糊的议论，关于让我留下来从事公共服务，据说我已经形成了不可救药的兴趣，可是迄今为止还没有什么具体进展，我看不出会有什么结果。领导这个团队的迈克尔·赖特认为我适合从事外交部的某项工作，他打算就此给D.斯科特爵士写信。这听起来很舒适很有吸引力，但我生性是个爱待在家里的人，而且不太确定是否有什么工作需要做（而没有事干会让我感到不安和不快），而牛津似乎非常具体（虽然我敢说，就像马戏团的老马，当呼吸到公众撒来的锯末时，我会发疯似的嘶叫，并使我的同事烦躁，就像新学院的已故院长，总是一成不变地以这句话作为他的开场白："当我在内阁的时候……"）。如果D.斯科特爵士对此无意说了什么，我会很好奇地想知道反应如何。压根儿就没有人（至少是在情报部，不过事实上根本就没有人）知道有关消息。我很高兴达沃尔[1]最后着陆

[1] 弗兰克·昂雷·达沃尔（1906—1987），1939—1945年担任情报部美国司副主

了——至少我希望是如此——在丹佛；杰［拉德］·坎［贝尔］爵士对此一点也不自在，如你想象得到的那样。我想，哈罗德·巴特勒已经聪明地婉拒了国务大臣给他的提议[1]，说这个提议不适合他的性格与年龄。布伦登［·布莱肯］据说正努力要把他变成伊顿的校长。我还是很喜欢我的工作（在外交部的权杖之下进行的，我希望，是自1月1日起。阿奇·麦肯兹会在临近圣诞节时拜访你）。在白宫我有两个新的消息来源，时不时在德鲁·皮尔逊之前获得独家新闻的念头，使我交替经历着快乐与羞愧的体验。我真的必须回归文明的习惯与现实的价值观，让那些小道消息就止于流言蜚语吧。

你永远的

503 以赛亚·伯林

致纽约客商店

1944年12月7日［副本］

［华盛顿特区英国大使馆］

亲爱的先生们：

请你们给华盛顿特区范尼斯街4624号的约翰·G.利夫

任，1945—1946年任驻丹佛英国领事（伯林在这封信中提到的就是此次任命），1946—1949年任驻华盛顿英国大使馆一等秘书；在伯林后来的回忆中，他是一个“漫画式自由主义者”（原文第309页注1中引用过的与尼古拉斯的访谈），达夫妮·斯特雷特觉得他如此让人无法忍受地乏味，他在场时她甚至忍不住打哈欠或是咯咯傻笑。

[1] 未找到。

太太寄去一顶阔边斯泰森毡帽（7¼号，浅灰色），我想价格大约十美元，我想要买的是最宽大的那一款。不胜感激。

如果你们能够告诉我准确价格，我会乐于立即给你们寄去支票。

你们真诚的

以赛亚·伯林

致玛丽与门德尔·伯林

1944年12月12日

华盛顿特区英国大使馆

我亲爱的父母亲：

对自己过度的沉默，我感到深深的惭愧，不过马上就要做出弥补了。这里一切都很宁静，我的家务事十分有序，身体也很好，我目前的计划是在3月底之前回去。

我真的很高兴史密斯当选，因为他是个非常和蔼与优秀的人，是我们的挚友。我收到他寄来的亲切的来信与电报，感谢我对他的祝贺，还有学院其他研究员谈论学院各种事务的来信。这边我的上司有点不太乐意让我彻底离开政府服务部门，不过我不知道关于把我留在某个职位上的各种模糊计划有什么具体的结果。我对此既不鼓励也不反对，不过我拒绝四处走动并等待这样的安排，仅仅为了得到拒绝他们的快乐。巴黎大使馆那边传来一条含糊的信息，想知道我是否愿意到那里去一段时间，可是我不认识法国人，也不特别喜欢他们，我认为在那里不会有什么好处。而且听起来这个提议很冷淡，没有快乐可言。

你们的朋友西蒙·利伯曼先生[1]写了一本很可爱的书

504 （俄文的），关于他与自列宁之后的早年苏联名人之间的交往，他就此询问过我的建议（关于英文翻译方面）。这本书对苏联早年木材组织有太多细节的描述，不过可能你们会对它有兴趣，我打算最近把这本书寄给你们。检查员可能会从第一页看到最后一页，不过我会尝试用外交公文袋装上这本书通过某位官员带给你们。

盖伊·德·罗斯柴尔德已经从巴黎来到这里，处理一些犹太事务，我希望从他那里听到维克托·R.的消息，维克托也在巴黎。米利亚姆据说心情很低落，我不知道她的胎儿有没有再次死产，如果确是如此，我就明白了。

至于我，我真的没有什么能够引起兴趣的消息。我很久没有去纽约了，不过上次在10月去的时候，我给拉斯金太太打了电话，他们的绯闻似乎和从前一样。我也许会去纽约过圣诞节，那样我就要好好找他们问问，了解所有人的消息，等我永久性地回家后就说给你们听。我想，你们的伯恩

[1] 西蒙·伊萨维奇·利伯曼（1881—1960？），在革命前是孟什维克，是俄国富裕的木材商人，为共产党政权工作，直到1926年离开苏联；他是亚历山大·利伯曼（原文第364页注1）的父亲，在亚历山大的讣告中，他被描绘成“一位享乐主义者，奢侈生活的热爱者［……］以其一尘不染的外表而著名”：《泰晤士报》1999年11月27日第24版。他的书为《东西与人：在苏联的建设中》［纽约，1944］，英文译名为《建设列宁的俄罗斯》（芝加哥，1945）。

茅斯方案[1]在我听来好极了，我深信温和一点的气候对你们大有好处，至于那里与牛津的距离，我想，大约仅需要三个小时，在我远涉大洋来到这里之后，这点距离在我看来不算什么了。阿普特一家突然又疯狂地追逐我了，而莉莉安娜，那个女孩，被他们送来华盛顿看我。在我看来，她令人难以置信地沉闷、乏味，哪儿都很令人尴尬。阿普特夫人（或者阿普特斯，如他们在这里自称的那样，忠于故国）[2]，显然有意要把她安排给我做伴，可怜的女孩一点儿也不喜欢我，我也不喜欢她，可是这对母女之间也许很虚伪。我目前已经成功地避免了与她父母会面，尽管收到他们发来的到纽约和他们一起住的恳切邀请——他们的生意似乎进展很好，像这里所有人在经济繁荣期一样——不过你们真的不需要警告我不要和他们走得更近。我自己能把这件事处理得足够好，即使这意味着我要有意地不断冷落他们。最近的一件令人难为情的事，是阿普特太太突然寄给我一盒袜子，为此我将不得不坚持付钱；我不知道要多少钱（袜子质量很好！），她会拒绝收钱的，我们可能要度过一些可怕的时光了，这一切都是喜剧性的调剂。

阿伦森夫妇似乎消失在北卡罗来纳州了，音讯全无，这样更好。我从近期来自她国家的访客那里收到了伊达的问

[1] 伯林的父母计划1月在那里度假。

[2] 一句奇怪的评论，因为在康斯坦丁·阿普特的家乡，拉脱维亚东南部的德文斯克，这个名字常见的拼法是“阿普特”。

505 候，他们一家似乎很好，很受周围人尊敬。

再说回阿普特们，所罗门[1]似乎在所有地方意外出现，阿富汗，他在恐怖的环境中报告了其他家庭成员的死讯；美国的阿普特们对以如此无情的方式把这样一条很令人不安的消息告诉他们感到很不高兴。我是从莉莉安娜的单独来访中知道这一切的，但愿这样的事不再发生。阿太太不快地打电话来，我编了一些理由向她解释为什么不能去纽约，真是很适意的事，恰逢阿小姐从她的新英格兰大学回来，而再次见到她将是多么令人愉快。我的天哪，亲戚朋友们都使我们变成了怎样的反面人物啊。

我和列纳顿[2]吃了顿愉快的午餐，他说，如果有业务机会，他会通知你，我猜想眼下这样的机会不太多，我期待着木材业将组成卡特尔联盟。下周我将见到老迈的丹[3]，俄罗斯社会民主党人，很久以前的旧时代遗老，从历史角度来说他也许很有趣，就要满九十岁了，据说还很有活力。

法兰克福特夫妇很好，他们要我向你们转达他们的爱，奇尔弗先生也是。在我最后回英格兰之前，我也许会，虽然这还很不确定，乘火车南下去墨西哥，只是为了看看那片壮

[1] 所罗门·门德列维奇·阿普特，康斯坦丁的兄弟（原文第358页注3）。

[2] 杰拉德·列纳顿（1896—1952），商人，1941—1946年任福伊·摩根公司董事长，家用木材制品部经理。

[3] 可能是费尔多·伊里奇·丹，原名费尔多·伊万诺维奇·古尔维奇（1871—1947），医生、孟什维克，1922年被驱逐出苏联，伯林或是他的打字员夸大了他的年龄。

丽的土地。我最后见到了货真价实的苏联外交官，他热情地邀请我，到了莫斯科一定要和他一起住。怪事发生了，大使馆鼓励我教化他，或许我会这么做，因为我们与他们的国家之间崭新而美丽的时代已经来临。问题是，他是犹太人吗？有一些明确的迹象，指向这个猜测，然而我不能肯定；他1906年出生在莫斯科，反方证据；他的名字是格洛莫夫[1]，反方证据；可是他的嗓音与举止，还有他的妻子，这些证据却指向了相反的结论。我早晚会知道真相的。〈不要向任何人提及此事。如果你们这么做了，这个可怜的人可能会遭罪。〉

哈利法克斯勋爵对我的离开得体地表示了难过，他依然对每个人说我和欧文·伯林的故事，有时候我不得不自己
跟别人说这个故事，有时候他乐于这么做。他那位失去双腿 506
的儿子人很友善。

我收到福克太太的来信，询问她丈夫在新学院前途如何，她认为身处华盛顿的我应该比身在牛津的她对这个问题更清楚，等等。不要对她提这件事，一定。我会以适当的模棱两可的方式回复她的盘问，而这就是我所能做到的一切了。我在道德上确信，她的丈夫，虽然人很好，也有能力，

[1] 阿纳托里·波里索维奇·格洛莫夫（生于1907年），真名阿纳托里·维尼亚米诺维奇·戈尔斯基，1944年9月起任驻华盛顿苏联大使馆一等秘书；苏联人民国家安全委员部驻华盛顿特工（代号瓦迪姆），由于他之前在伦敦待了四年，他还曾是剑桥间谍集团的控制者。如伯林所怀疑的，他是犹太人。

实际上将不会获得新学院的研究员席位[1]，不过我会试着温和地告诉她，或者，更好的办法是根本就不要对她说破此事，借口自己毫不知情。

约翰·福斯特[2]据说住在巴黎的一间舒适公寓里，我很想去那里看看他。既然我有法国人罗斯柴尔德这个关系，我去巴黎的时候料想会过得很舒服的。

真的，这封信越写越没有什么内容了，我得停笔了。我的感情生活波澜不惊，没有什么打扰我，我说的是真的。〈(我的“朋友”[3]六个月前就离开美国了。)〉这和1939年那次在牛津一个样。我不能真正为去世的博尔特先生[4]感到太难过，我不太认识他，他为人也不是太好。我收到玛丽·费希尔的一封来信，说他的妻子选择在院长公寓自杀是多么令人厌烦，那时候她才刚刚搬出去，这听起来很居心叵测，我得说。天哪，对于不认识的人，我是多么无情啊。听到杰斯帕·里德利阵亡[5]的消息我真的很痛心，到现在还是无法给克里西达[6]写一封得体的慰问信。我在战争时期过得太过舒

[1] 他没有得到这个位置：参见原文第322页注3。

[2] 此时他是一名公共服务机构的准将。

[3] 帕特里西娅·西比尔·道格拉斯夫人（1918—1991），昆斯伯里女侯爵十一世之女，因此也是阿尔弗雷德·道格拉斯勋爵（奥斯卡·王尔德的“波西”）的外孙女；其时与约翰·德·本德恩伯爵结婚，后者一从意大利战俘营获释，她和女儿就离开了位于马萨诸塞州坎布里奇的战时住所，回到英格兰。

[4] 戴维·博尔特，心脏虚弱，11月1日去世，仅三十四岁，他悲痛欲狂的妻子南希·帕特里西亚·诺拉·博尔特，二十三岁，两天后自杀。

[5] 1943年12月13日，意大利，当时他在国王皇家步枪部队服役，任中尉。

[6] 见原文第530—533页。

适安逸了，想到我能够很快见到你们，真好。〈抱歉这封信如此空洞，令你们愕然了，不过我真的**快**要回家了。

爱你们的

以赛亚

沙亚？

沙耶？

或是像有人提议的“夏尔”？

你们喜欢哪一个昵称？〉 507

致罗宾·克鲁克香克

1944年12月12日［副本］

华盛顿特区英国大使馆

亲爱的罗宾：

就是这个了。[1]按照分毫不差的规格，关于木材的类型，棺盖上肃穆的装饰浮雕图案，来订购自己的棺材，是最惬意的事情了。我觉得像莎拉·伯恩哈特[2]：再加上一个雏鹰，也许还有个西哈诺，然后是靠近门冬的小农场，一束发

[1] 也许是关于他的华盛顿工作的备忘录，为罗宾·克鲁克香克以及任何他的继任者写的？

[2] 莎拉·伯恩哈特，婚前名为亨丽埃塔—罗西尼·贝尔纳德（1844—1923），法国女演员、剧院经理。她在失去一条腿之后继续演戏，一直到老年；在她扮演过的众多著名角色中，有埃德蒙·罗斯丹的《西哈诺·德·贝热拉克》（《大鼻子情圣》）中的罗克珊，以及同一作者的《雏鹰》中的赖希施泰特公爵；她在南布列塔尼靠近门冬的地方有一处居所；在她众多的情人中有一位是亨利，利涅亲王，她与他育有一子。

黄的书信，一位上了年纪的女佣，她听得懂主人口中日渐含混而喋喋不休的话语，说起亲王本人常常亲自顺道来访的日子。

我忠诚的阿奇博尔德[1]将把城里所有的闲谈都告诉你，这不像我们年轻时候的样子，我希望他们都那么说。

你永远的

以赛亚·伯林

致安迪·罗根[2]

《纽约客》

1944年12月14日［副本］

［华盛顿特区英国大使馆］

亲爱的罗根先生：

谢谢您12月11日的来信。[3]无论如何，恐怕一直要到明年的某个时候我才能去纽约，那将是我在永久性地回到英格兰之前的告别之旅。不管怎样，在贵刊，一家我最热爱与仰慕的、非凡出众的刊物上，或是任何其他的公开出版物上，提到我的任何事，我都会深感痛苦，因为我对个人的公开宣传甚为恐惧（也许这不太理智），相对而言这方面我一

[1] 阿奇·麦肯兹。

[2] 安迪·罗根（女），婚前名为伊莎贝尔·安·罗根（1920—2000），记者。

[3] 要求采访伯林："在一些群体中，您正在成为一个传奇（我指的不是那桩了不起的欧文·伯林与丘吉尔的传奇故事），而我们这里是以对传奇刨根究底为特色的。"

直得以幸免，令我甚为宽慰，关于热爱与仰慕的话，我可以 508
向您保证，不是随意之语，除了把自己作为有新闻价值的题材贡献出来之外，如果我还可以做什么令编辑们高兴的事，任何时候我都会乐于做。

我从您的一位华盛顿的撰稿人那里得知，您只对纽约名人有兴趣，也许这一点就自动把我排除在人选之外了；我真诚地希望，我不太愿意依从您的非常令人愉快的提议，不是出于一时的谦逊，而是建立在深刻而不可动摇的信念之上，即这是对您宝贵时间与才智的不幸浪费。

您真诚的

以赛亚·伯林

致亨利·普莱斯

1944年12月18日［副本］

华盛顿特区英国大使馆

亲爱的亨利：

那天我给你发去了一封很长、我希望不至于太含混不清的电报，你关于哈特的信9日收到，因为它被寄到纽约了，这无疑是因为那是留在新学院官方手中的最后地址，不过，事实上自从1942年起，我就已经在华盛顿大使馆工作，我心存猜忌因而向有关部门隐瞒了这个事实。你说在12月中旬可能举行有关这个问题的会议。

现在，来谈谈这个话题本身：我已经认识赫伯特·哈特十二年了，真不知道说什么好。他是一个，如你所说，有着一流才能与哲学专业能力的人。在我看来，他的主要优势是：

（a）他有一颗总体而言善良、坚强、优秀的心灵，有清楚阐述讲解的能力。我依然记得他是乔维特学会的主席，当时他还是个本科生，一个优秀而可以信赖的库克·威尔森信徒。[1]自那时起他没有很好地坚持下来，因此非常自卑，对自己很没有信心。确实，我对即将发生的事略知一二，因为大约一两个月前，他本人就此事给我写过一封长信，请我保密。令他饱受折磨的事实是，他将永远都不会比尤因更
509 优秀，也不会持与尤因不同的见解，他自己意识到，这不是一种令人兴奋的心态，无疑，一个人如果发现自己与说外语的才华卓绝的知识分子们，加上一位才华略低于他们但是和他说同样语言的同胞为伴，就会产生这样的感觉，而这是令人备尝可望而不可即之苦的体验。虽然如此，即使出于这样的情况，他也不会比尤因更差，尤因有其独到之处，毕竟是不可轻视的。我感到新学院需要至少两位哲学家，其中一位，只要是在单纯的卓越思维能力与哲学“智力高度”（吉伯特·赖尔过去常常使用的说法）可及的范围之内，我们

[1] 约翰·库克·威尔森（1849—1915），1889—1915年任牛津大学逻辑学威克汉姆讲席教授，1901—1915年任新学院研究员；对在牛津教学中确立认识论实在论上颇具影响力。

就能从他身上获得一切。我根本不太了解乌姆森[1]，不过想象中他应该具备这一切特点，或者终有一日会具备这一切，而且，也许一两年后会出现同样具有如此天分的人。然而，只要文学与人文学科大致保持如今的模式，另外一位应该能够扎实地讲授柏拉图与亚里士多德、伦理学，可能还有形而上学，甚至政治学，并且大致提供传统课程的可靠背景。这样会取得平衡，而在这二者中，具备其中一个方面所需天赋者，鲜能兼具另一方面所需的天分，虽然肯定会有例外。现在我的看法是：如果我逐渐淡出全职哲学家的身份，或是正式的哲学家身份，也许顶替我职位的人选，比如说，可以在两三年内（或者更早，如果时机成熟）成为在认识论—逻辑学方面具备杰出修养的人，也就是说，一个与学院传统相称的、既能授课又能写作的人，这一点，我向您承认，赫伯特·哈特恰好符合，既没有高于也不低于这个要求。不过我确实认为，如果哈特愿意来，他将成为一位非常令人佩服的主科教师，而不是达到无人可及的高度或是身怀印第安人攀缘悬空绳索那样的绝技。我的意思并不是说，他仅仅只是层次高一点的唯命是从的政府工作人员，虽然我以为，即使是这样的人也不容藐视，他比这样的人要更加出色，他会成为一位弗兰克·哈迪，而不是资历与时代背景多么优越的长

[1] 詹姆斯·奥佩·乌姆森（生于1915年），1934—1938年就读于圣体学院古典学专业，1938—1939年为莫德林学院四年级半津贴学生，1939—1945年任研究员，1945—1946年任基督教堂学院讲师，1946—1955年为研究学者。

着络腮胡子的亚里士多德派。我确实赞同你所暗示的意思，即使你没有明说，即一个纯正的[1]哲学家是必不可少的，而不仅仅是一位非常聪明、对哲学有兴趣、擅长哲学并将其作为嗜好的人，不论他是多么吸引人。如果哈特愿意，首先，教授这些额外的逻辑科目，其次，不论怎样，掌握罗素“实证主义”语言，我相信他做这两件事都不会违背他自己的信念，我肯定，他会是学院在这个方向所能得到的最佳人选，如果院里愿意在战争结束与军队回来之前进行选举。

510 （b）当然，哈特会成为一位可敬的同事、学院导师，等等，他生来就有学监的庄严气质。我抱有怀疑的倒是，他是否会在大学里工作到退休，还有他是否会写出非常值得铭记的著述（我远没有这样的资格说如此鄙薄的话语，因为我自己也没有做到）。我不记得他曾经说过，要写一本反对艾耶尔的书，虽然他显然对写点关于或是反对艾耶尔学说的东西很着迷。已故的霍尔姆斯法官[2]有一次把好律师分为“剃刀”与“称手的厨房用刀”，无疑这样的分类省略了许多其他类型——铡刀（像塞西尔·拉德克里夫[3]）、剑尖锐利的

[1] 伯林此处原文为：pur sang。

[2] 小奥利弗·温德尔·霍尔姆斯（1841—1935），1902—1932年任美国最高法院法官，在理论上与实践上都是美国法律系统与宪法方面的杰出专家，以犀利与机智的观点而著名；他所写的视野开阔、文笔优美的文章一直特别适于引用。

[3] 伯林指的应该是西瑞尔·约翰·拉德克里夫（1899—1977），1922—1937年任全灵学院研究员，1962年受封拉德克里夫子爵一世，王室法律顾问团律师；1939—1945年任职于英国情报部，1941—1945年担任主任。

无刃轻剑（像约翰·斯帕洛），等等。在这样的分类下，赫伯特·哈特是一把修长的面包刀，他的所有作品将酷似尤因或是布罗德走过大街的坚实脚步，不会显现有新意、令人激动的东西，或是掺杂着令人不安的新鲜感的老东西，不论真实与否，也就是说，他的著述会有用处，成为教师中有活力的部分，而且绝对不容轻视，但没有原创性，也不受非常识的狂热的影响，而这在我看来是作为有影响的哲学家所必需的素质。我不是说他会成为口才出众的业余哲学爱好者（像达西神父[1]），或者仅仅是个值得敬重的政府工作人员；我们可以说，他至少和马博特[2]一样好，很可能还要好得多，不过他将身处牛津年轻一些的哲学家所构成的主流之外，作为一位非常可敬的人物，但既不是新潮流的领袖，也不是追随者。我的天，我好像是在为《牛津杂志》写讣告。

根据这些理由，我认为，我一刻也没有忘记您的正确主张（并十分赞同），这是一件很重要的事，学院的专业声誉将很大程度上取决于我们的选择——假如有一位犀利而有原创性的“现代主义”同事，哈特将是可以提供指导的最佳哲学导师，但在学院内要适当地［提供］全部人文学课程。我想，有一件事很确定：如果他认为他并未与时代潮流并肩

[1] 马丁·西瑞尔·达西牧师（1888—1976），耶稣会会士、哲学家、罗马天主教的主要辩护学专家（伊夫林·沃的告解神父），1932—1945年任牛津大学坎皮恩学院院长。

[2] 约翰·戴维·马博特（1898—1988），哲学家，1924—1963年任圣约翰学院研究员，1930—1963年任导师，后（1963—1969）担任院长。

而行，而是挣扎于一潭死水中与世隔绝，那么他将会是首先
511 坚持要离开我们的人。这些就是我给你发电报的理由，但我想，这么做并非是向您强调我做出如此选择的理由，而是对您提出问题的答复，而对于您的问题，我同意正确的答案应取决于：

（1）候选人对罗素语言的理解。我认为这不会使他发疯的，相反他会因此充分学习它。

（2）他在认识理论与相关逻辑理论方面有个人见解吗？我认为他有。那就是说，他持库克·威尔森派的观点，不是原创的，但也不像约瑟夫派那样是毁灭性的，虽然有点老派。即便如此，这些观点却得到有力的坚守与护卫。对奥斯丁理论进行足够的接触必能使他获得必要的训练。

（3）我不知道他在道德与形而上学方面的观点。

（4）他会写出好书好文章吗？我对写书很怀疑，不过，如果他坚持研究这个学科，他很有可能写出大加利[1]那个水平的文章，而且会大大高于莱尔德教授[2]所写文章的水平。

我的天，我说的是否有些道理？我想我准确地知道（如果我可以使用这样的词语）是什么在使你烦恼，一个年近

[1] 伊恩·加利（1907—1948），布莱斯·加利的兄长（不是长兄）（见原文第157页注3）；1926—1930年就读于埃克塞特学院古典学专业，1931—1941年任瓦德汉姆学院研究员、哲学讲师，后来进入行政部门。

[2] 约翰·莱尔德（1887—1946），1924—1946年任阿伯丁大学道德哲学瑞吉尔斯讲席教授；《道德概念研究》（伦敦，1935年）一书作者，该书第16章中，“善的比较”与伯林的多元主义有某种联系。

四十的人，将要开始对某个学科的探索，该领域的专业性与业余性的区别又如此之大，而且他还是一个入世甚久的人。如果他将是新学院唯一的哲学家，我会和您一样对此心怀疑虑。事实是，我想他的优点比他的缺点更加重要。无论如何，这个职位的候选人不能是一个维尔顿·卡尔[1]，也不能是一个克罗斯曼。我想我终于找到答案了，他应该是一个卡里特。我真的希望您能在此比喻的基础之上继续想象，一切经验主义的判断都有可能失误，然而把哈特与卡里特做类比似乎是最接近真实的。我想我不能做得更好了。也许他比我们现任院长更强硬（很高兴我做出那样的选择）。

我这封信太长、太漫无目的了，我确信，不能在会议上宣读。因而，如果信中所说有必要让塞西尔与韦德—格里，还有院长以及其他任何可能与此有关的人知道，您能否以其冗长的篇幅与私人性为由，只在会上代为传达信中大意？我将不胜感激。最好是如果有人问起，你就大致传达一下我这封信在您的意识中所留下的印象，不过如果您觉得应该直接援引信中原话，当然可以依照您所乐意的那样使用信中内容，只要这封信不至于传到候选人本人手中。

盖伊［·奇尔弗］很好，他向您致以问候，他对我们国家的经济关系以及食品的构成与影响了如指掌，这使我甚为 512

[1] 赫伯特·维尔顿·卡尔（1857—1931），自1918年起任伦敦大学国王学院哲学教授。

惊奇，因为我只关心更为轻松的政治问题。理查德·奇［尔弗］最近过来了，在他们二人之间，显示出对政治经济状况的熟悉，就是巴利奥学院院长本人[1]对此也会嫉妒的，他对此缺乏敏锐与热切，但却满怀政治激情。我希望3月份能回到您那里，这一次将是永久的回归，会带回一系列全新而陌生、可重现的典型形象。这些形象从我身边，从那个我们被告知其目的恰是为了使我们与盟国关系恶化的环境中直接收集而来，因为说到这些尤其令他们有这样的感觉。另外，我对外交文体有了一些了解，在某一方面它是更为充分的工具，为了表达出我们对外在世界不甚全面的了解，它是如此细致谨慎，态度模糊，同时又非常精准地达到情感与意动趋向需要达到的程度；所以我在这封信中，对你提出的关于哈特能否写出值得重视的著作的问题，不止一次地禁不住想说，不知道自己是不是应该提出，令这种猜测不会成真的情况也许不会出现，虽然我不太清楚，目前是否有足够理由认为，这种情况是否实际上一定有产生的可能，当然，也没有理由排除这种可能性。最好要想到，是否实际上采取了任何步骤，以应就所谈论的问题而言所能想到的形势发展。我这么说的意思是“没有”。

先生，我怀着极大的敬意，很荣幸能够成为您最谦卑与最顺从的奴仆。

以赛亚·伯林

[1] A.D.林赛。

致唐纳德·霍尔

外交部

1945年1月8日［副本］

华盛顿特区英国大使馆

我亲爱的唐纳德：

［……］

我本人对您所做的努力非常感激。我不知道去外交部本身是否有可能或是否合意，但即使是在外交部政策研究处待 513
上一个小时，这样的想法都让我忍受不了。我很了解它的成员与组织，它是自1940年以来，一个最不快乐的集体，在心高手低的［阿诺德·］汤［因比］的糟糕领导之下，成为外交部沉闷的基层，集合了一群不幸的心灰意懒者，其中当然不乏比其他人优秀得多的人，然而所有人都处于绝望的道德自卑感之中，他们是一群穴居人，在首领的号令之下颤抖，但另一方面又怀着牛津人的智力优越感，因此心中满是压抑的愤恨。我在伦敦的时候拜访过在俄罗斯处工作的朋友希尔[1]，那里不仅死气沉沉，而且我定然是无法给它带来活力的，因为它的领导者是以公开的，也许是它应得的轻蔑态度来对待它。所以我真的更愿意接受在牛津等待我的更乏味的工作，而不是在那个可怕的渊薮中腐朽。请一定不要觉得我挑剔得令人厌烦；1940年，我会做这份工作，因为当时

[1] 1945年克里斯托弗·希尔在外交部北方司的俄罗斯处工作。

全民总动员的气氛，也许以后我也会；可是在1945年，这是毫无意义的自轻自贱；他们也许对你说了这份工作是多么有影响的话，等等，我太清楚了，人们对外交部研究处是什么态度。如果我是像［阿兰·］达德利那样的专业人士，我想我会考虑这个提议；很幸运我不是他。所以，如果这件事被提出来，请一定跟他们说，我很感激这个提议，对此我深信不疑，可是我更希望不被当成这个职位的人选，虽然任何邀请都是对我莫大的恭维。“无生气的范畴跳起的超自然芭蕾。”[1]你是否真的见过我在那样的舞台上演出，和那样的团队一起？不过请不要认为我向您发出这样一封电报，是对您不抱感激之情；请不要因为我更喜欢待在我的南海小岛，和贫穷的奴隶们在甲板下一起生活，就把我想得太坏。我恳求您，不要把我说的这些嘲弄的话语传给您很容易受惊的同事们，不过自从1940年我为它做了一点小小的工作起，我就一直都受到汤因比先生治下机构的恐怖折磨。但愿是我对那些可敬的先生们（“几位我最好的朋友就在外交部研究处工作”）不够公正，不过只要稍微想到他们，我还是有点要

[1] 在伯林所写、迄今尚未出版的研究“物质”的早期论文中，伯林写道：“布拉德利在他所做的伟大演讲的总结语中宣称：‘这也许是由于我的形而上学理论中的一个失败，或是由于一直蒙蔽了我的双眼的肉体弱点，然而，存在与理解一样，这样的观点就像最乏味的唯物主义一样冷冰冰，如同鬼魅。’”“感官的帷幕是蒙蔽，是欺骗，假如它隐藏了无色彩的原子运动，不可触摸的抽象概念的谱线，或者无生气的范畴跳起的超自然芭蕾。虽然被迫得出这样的结论，可是我们却无法信奉它们。我们的原则也许是对的，可它们并非现实。”引自F.H.布拉德利《逻辑原则》（伦敦，1883），第533页［第3册，第2部分，第4章，第16节］。

呕吐的感觉。所以，我想，你［不］会吗？真的，真的吗？你一定不要这样把我给害了。

现在形势如此，阿奇·麦肯兹这个月要去伦敦，1月或是2月回来，这样我就能够在3月的时候回去。如果其他 514
事情一样，我理所当然将回到牛津，一点也不觉得悲伤心痛（这样的感受十分真切）。罗杰·迈金斯显然是受到赖特先生的怂恿，确实问过我是否反对他与外交部的某个人谈论我在图书馆工作的可能性。我说我不反对，如果这与我继续留在牛津在某种程度上相一致，我不反对在外交部从事半学术性的工作，如果我愿意，这样的工作就可以变成任何别的形式，而且不会把我变成过于令人鄙视的唯唯诺诺的政府工作人员，如果有这样的工作邀请，我会认真考虑的。可是，我想，如果您眼下不对任何人说这件事，可能会更好。我真怕为了如此无足轻重的事情还要动用私人关系，也不希望像J.W.惠［勒—］班［纳特］那样成为举世关注的目标，而此时我还有很好的事情等着我回家去做，不用因为渴望不惜一切代价留在公共部门工作而饱受折磨。所以如果这一切没有下文了，我不会介意的。以体面的收入在牛津（那里已经正式邀我回去了）过着诚实的生活，当然比绝望地挣扎在公共生活的外围要好。我相信您会同意的。

您永远的

以赛亚·伯林

致达夫妮·斯特雷特夫人

情报部

1945年1月10日［副本］

华盛顿特区英国大使馆

最亲爱的达夫妮：

［……］

请代我热切地感谢D.C.先生[1]，他向我提出了慷慨邀请，令我大为振奋，因为之前我接到D.霍尔低劣得多的秘密工作邀请，在外交部研究处，那个学术幽灵的阴森公墓，幽灵的骨骼嘎嘎吱吱，在那儿，格莱德温［·杰伯］的鞭子噼啪作响，还有塞克斯顿·韦伯斯特踢来几脚（我所说的请一个字都不要向任何人透露），我真的不认为自己应该沦落到那个地步。不管怎么说，我并非身无分文，也没有哭喊着要找一份工作，所以我打算相对有礼貌地婉言谢绝这份邀约，而像以往一样，只向你抱怨一番。至于在巴黎工作的提议，这很令人愉快，可是（a）我并不真懂法语，有一万个英国人法语说得和法国人一样好，（b）我是个不可救药的宣传人员，不喜欢在任何地方当新闻专
515 员，尤其在法国，我真的不理解这个地方，关系的运作另有上千个渠道，直接和伦敦联系的，直接和巴黎联系的，

[1] 达夫·库珀，当时是英国驻法国大使，邀请伯林赴巴黎任新闻专员（参见原文第504页及第519、538页）。

在老朋友之间，以各种方式，（c）我并不真正理解或是喜欢法国人，虽然我仰慕、尊敬并崇拜他们。这件事我只向一个人——坎贝尔爵士——咨询过意见，而他认为我不适合这个职位。

[……]

您永远的

以赛亚・伯林

致A.J.汤因比

外交部研究处

1945年1月11日［副本］

华盛顿特区英国大使馆

亲爱的汤因比：

非常感谢您12月28日的来信，对于信中内容我已经极其慎重地考虑过了。我知道，当然，政策研究处的工作是多么有价值，我还充分理解，它需要找到一位专家处理苏联方面的信息；而正是这一点使我担心自己是否是您需要的人选。我感到，真正对那个国家目前所发生的事件进行解释，甚至只依照在伦敦可以获取的相对不完全的证据，无论如何，这个人选都必须或多或少具备那个国家某方面的当代知识，而我自童年（1919）[1]起就离开了那里。虽然

[1] 他实际上是1920年离开的。

我懂他们的语言，对俄国事务一直很有兴趣，可是我不能宣称自己可以被视为任何一类研究俄国问题的专家，即使是在最有限的意义上，我现在也许应该被视为研究美国问题的专家。如果我能够提供有益的工作，我想应该允许我以某种职位先到那里住上几个月，然后才可以在伦敦开始工作。这一点，您或是外交部很可能会反对，另一种选择是把政治报告建立在纯书面材料的基础上，脱离任何形式的实地勘察，接受这类纯研究训练的人也许更适合您的目的。我已经向这里我的一两位上级咨询过此事，他们与我的看法相同。我希望您能原谅我，在您面前展开如此含糊的陈述。我这么做的原因是，我依旧茫然不知该如何回复您有趣而慷慨的提议，因此，如果您告诉我我上面的阐述在您看来是否恰当切题，我会不胜感激。我离开大使馆的主要原因，当然，与我的个人原因或工作性质无关：我确信，没有谁比我的经历更幸运，得到比我更好的待遇，得到同事们更多的信任；至于我的工作，它被证明是天下
516 最有意思的，使我得以接触信息，并且可以见到杰出领袖或历史重要人物，总体而言，这份工作使我一窥政治历史运动，对此我极其感激。我要离开，只是因为在美国住了四年，不管怎样，对有些人而言，是一个道德上令人精疲力竭的过程，因为我感到，写过了上百份的政治报告，我一定变得有点没劲了，需要换换气候与职业。我应该很乐于立即直接回到牛津，虽然我得向您承认，战争发生了转

折[1]，我也许还是感到很愧疚，因为我直至如今依然在过着非常安逸的战时生活，而我的同龄人正在从事那么危险的工作，有时更糟糕的是，我经历着一种最能摧毁灵魂的沉闷乏味的生活。

我确实希望，对您选择我承担责任如此重大的工作，不论它是否被证实适合于我，我已经深切表达了我的感激，因此，如果您能够允许我在收到您的回信之后，再说接受或是不接受这份邀请，我将不胜感激。自然，如果事情紧急，您认为您必须立即委任他人，如果您把我排除在人选之外，把这个职位交给另一个也许更恰当、更精通这个课题的研究者，我会非常理解您的决定。

您永远的

以赛亚·伯林

致安东尼·兰博德爵士

外交部

1945年1月11日［副本］

华盛顿特区英国大使馆

亲爱的托尼：

你好吗？我从弗雷迪·艾耶尔那里零碎听到关于你的

[1] 纳粹德国空军与地面部队在几个地区发动了几次猛烈进攻，实际上那是他们转向防御性作战之前所采取的最后的进攻性行动。

517 事，从罗杰·迈金斯那里听到关于你的事的更好版本，迈金斯对你的判断力、能力等非常称赞，我希望3月到伦敦，那时候就可以见到你和菲丽西蒂了。

同时，对马奎斯·柴尔斯[1]好一点，他很快会来，已经成为这里的一个重要人物了，芭芭拉·威斯[2]无疑会介绍你们认识。

我有很多八卦消息要和你交流，不过打算从与我个人利益有关的事开始，如果你能原谅我，因为我发现，很奇怪，无论何时当我的命运出现危机的时候，在1940年和1942年，你总是成为最令人满意的构筑我命运进程的设计师。事情是这样的：我之前曾宣布，我再不能忍受继续待在这里了（虽然每个人对我都很好，工作很有意思，还可以无限制地接触到文件与要人；可是我现在已经写了大约一百五十篇的政治报告，这显然不能再继续下去了）。我4月份在牛津的时候，感到牛津是多么令人愉快，并且希望直接［回］到那里，着手准备写一部关于欧洲1815—1948年之间历史

[1] 马奎斯·威廉·柴尔斯（1903—1990），《圣路易斯邮报》有影响力的记者，撰写“华盛顿召唤”专栏。联邦调查局窃听爱德华·普里查德的电话记录中显示，伯林与普里查德当年晚些时候一致认为，马奎斯·柴尔德是“一个十足的笨蛋，不过是个友善的笨蛋”：1945年7月9日，联邦调查局调查普里查德的“技术性日志”，引自特雷西·坎贝尔《光荣之外：小爱德华·F.普里查德的堕落与救赎》（莱克星顿，1998），第105页注11（在第296页）。

[2] 芭芭拉·威斯（1907—2003），英国记者，1940—1943年，为驻纽约英国新闻处与驻华盛顿英国大使馆工作；1944年7月起，为美联社做诺曼底登陆的后续报道，包括布雷斯特之围，她是首批前线女记者之一（虽然该篇报道使一位男同事受到赞扬）；当时她的衣服被盗，她致电美联社：“衣裙丢失，布雷斯特沦陷。”

的鸿篇巨制，这会让我的余生都有事好忙了（大约需要写二十五卷）。我显然需要做这类事情，这样我才会一直往前走，而且我认为，我越早着手越好，最好在所有政府工作人员告别战时的工作回家、把我淹没之前。另一方面，我确有负罪感，每个人都在各司其职，而我却要离开，回归愉快的牛津生活。因此，4月份在伦敦的时候，我和D.霍尔热切地谈过这一切，他说他会看看，然后告诉我。结果我收到他寄来的一封信，以及汤因比的来信，邀请我担任外交部研究处苏联部门的负责人。对于如此乏味的邀约我先是感到蒙受了极大的侮辱——菲丽西蒂会告诉你。政策研究处给我的印象是一间阴暗的地下室，挤满了被锁链束缚的教授，辛苦地编写着关于波斯尼亚的手册（与马克斯［·贝洛夫？］一起），这样的手册定期付印，没有什么人读它。我自己就无法通过读他们的政治报告或是专著而获得任何程度的收益或愉悦，这是因为，前者是写给美国人看的，所以无关痛痒、平淡无味，后者则是最糟糕的**学究式**研究。格莱德温·杰伯告诉 518
我，政策研究处曾经一直是个不愉快的集体，而且，在能力不足的汤因比的领导之下[1]，它在某种程度上现在依然如是，而且，据我本人的体会，我得说它是一条可怕的死胡同。所

[1] 在外交部自己的记载中，对它的研究处做此评论："汤因比的一些老同事批评他管理能力较弱，对待批评的态度过于敏感，不过无疑他工作兢兢业业，具有奉献精神。"罗伯特·A.朗迈尔与肯尼斯·C.沃克，《喧嚣世界的先驱——万国新闻解读：外交与联邦办公室研究分析处——历史》（伦敦，1995），第14页。

以我可能会拒绝这个邀约。我头脑中闪过一个念头，也许我会接受这份工作，条件是他们先让我去苏联，然后再回来，短期过后，产生性格上的不适应，而后再辞职，不过这样的想法一望而知就是欺骗。

与此同时，达夫·库珀邀请我去巴黎当新闻专员，这份工作本身就有难度，而且与我之所长并不相符（我已经拒绝了这份工作），而迈克尔·赖特似乎相信，我应该成为外交部的图书管理员。[1]后面的这个提议听起来合意得多，因为它与继续留在新学院与全灵学院并不矛盾，还可以写研究历史方面的著述，特别是由于战后图书馆接管了政策研究处的一些职能，而那些政府工作人员继续做着他们唯唯诺诺的工作，我可以往其他的工作内容中注入一点活力，为海外使馆提供更多的教育服务，等等。目前为止这只是赖特头脑中的念头，虽然他说他会给戴维·斯科特写信，可是我不喜欢问他写信了没有。罗尼·坎贝尔，他很快就要回家了，他说他会了解一下这件事。我真的不想表现出我在谋求外交部的职位，因为我的初衷，是4月份以后就可以在牛津教书，这已经很令我感到快乐与满足了，而且我的确看不出有什么理由不回牛津。同时，如果有什么有意思的事情可做（例如在北方司），我只打算干六个月或是稍长一点时间。D.霍尔说没有人会调离那儿，这样的想法不现实，政策研究处的工

[1] 1943年到1946年间，外交部的图书馆没有常任馆长。

作很有影响，有很大的权力，等等，这在我听来像是哄骗人的说辞。如果你能够巧妙地帮我就此事试探一下D.斯科特与/或罗迪[1]，并且不要让人看出这与我和汤因比的直接联络有什么关系，我会非常感激你的。我随信附上了给汤因比的信的副本，意在不把这扇门关死，不过你最好不要已经收到那封信了，而是从我这里由我本人给你去信，告诉你我的大致心态，以及对自身命运的思考。我原本已给汤因比去信，跟他说要不是因为我渴望完全离开公共服务领域，我不会离开我在华盛顿这边所从事的有意思且很现实的工作，并以此为由礼貌地回绝他的邀请——如果我这样的说法是真的。事实是，可以在最后退隐牛津之前，以在伦敦的某份有 519
趣的工作（罗尼·C.说过内阁秘书处）来结束我的战时职业，然后与外交部保持某种半学术的联系，这对我有极大的诱惑力。这样的想法我只对另外一个人说过——罗杰·迈金斯——他说等他回到伦敦，他会说说图书馆的事，并了解一下这份工作是否太乏味，如果确实如此，他建议我回绝它。不过他还要过三个月才能回去（直到乔克·贝尔福到华盛顿），所以他做不了什么。我还没有回复D.霍尔的信，短期内也不会回复，我更愿意给你写信，而不是给他写信，因为他虽然有优秀的品格，可是却有点儿笨拙，不太懂得行政集

[1] 罗德里克·巴克莱（原文第434页注6），伯林在华盛顿时的一位同事，现在在外交部人事部门戴维·斯科特的领导下。

团中的规则。如你会同意的那样，我处于一种尴尬的境地，更乐于被人争取，而不想主动求人，像德里克·霍耶·米勒曾通过你的请求努力要把我弄出纽约所采取的那种令人舒服的方式，结果就我所知，每个人都很开心。所以请一定帮我巧妙地打探一下，尽快让我知道，去汤因比那边工作是否如传闻的那样可怕，别的工作（例如去图书馆）看起来是否可行。如果我可以做图书馆或是汤因比那份工作，也许那会是一个体面的解决方案，尤其是假如我还可以去俄国，然后再回来为汤因比写一段时间的备忘录，然后去图书馆。如果你还能与G.杰伯谈谈，我将不胜感激，因为我与他关系不错，对于令人抑郁的混沌状态［原文如此］他是直言不讳的——在格莱德温噼啪作响的鞭子挥动之下振作［……］精神——就是最不愿给我仁慈的建议的人，也不希望看到我遭受那样的痛苦。

我是否要因为给你添这么多麻烦而向你道歉呢？我无法形容自己有多么渴望见到你，我肚子里装满了本埠八卦消息，而且积极介入了远在牛津的密谋，通过运用一系列庞杂手段，确保新学院选出了合适的院长。[1]如你所看到的，我变得狂妄了，无疑这是因为我突然可以接触到在这里的一些名人，英美两边的都有（在后者中，我的主要盟友是奇普·波伦，他现在是国务院与总统之间的联络人，认识他

[1] A.H.史密斯。

本身就很有意思了)。这也许不够谦逊，可是你一定知道，从像福斯特那样可以与所有人就所有问题进行无拘无束的交谈，而跌落到可鄙的研究者的暗坑之中，有多么令人难过？我知道，已经品尝过鲜血的滋味，我会很难适应素食的，现在我只想知道自己一天需要消耗多少鲜血。

你永远的

以赛亚·伯林 520

致安东尼·兰博德爵士

外交部

1945年1月24日［副本］

华盛顿特区英国大使馆

亲爱的托尼：

随信我附上了致汤因比教授的信。[1]如果D.霍尔想看的话，你是否愿意把信给他看看，要么就根本不要给他看？因为整件事自D.霍尔开始，我想，他有权知道有关此事的“pp.”[2]。不过最好什么也不要说。我认为哈［利法克斯］勋爵正打算讨人欢喜地施加压力让我继续在他那里工作，如果是这样，我不知道怎么办，也许在提出足够的条件后，我会

[1] 也许是1945年1月11日写给汤因比的信的副本，本拟附于同日所写致兰博德的信后一起寄出，但可能由于错误而遗漏了。

[2]“pp.”是国家服务机构使用的“先期文件”，即与待办理的事务有关的档案与文件的速记缩写字母。

[留下来]。不管怎样，什么都还没有发生。

我让奇普·波伦带给你一封信，他已经和H.霍普金斯一起去英国了，虽然他说和你很熟。你帮他做点什么是完全值得的，因为他不仅人很好很聪明，而且现在是个真正关键的人物，作为国务院与白宫之间的联络官，是极其稳健的下级官员，不论怎样，我觉得和他讨论共同感兴趣的话题十分愉快，获益甚多。我认为他对我们真心实意、十分友好，有的事不太容易跟高层谈，显然我们就可以跟他谈，而且一定可以经他巧妙地向高层传达。所以，除了你之外，如果外交部或是内阁秘书处还有谁足够聪明有眼光，那就是他了，这样的感情投资确实非常值得。他的总体理念，我也赞同，即俄国人对西欧没有具体计划，我们提出的任何东西他们都会认真考虑；他们会心怀疑虑，的确，但这是双方开展讨论的基础；然而，如果我们等他们先开口，或者逐步解决一切，他们的疑虑只会随着解决方案的增加而增加，而疑虑的积累将使我们不可能达成任何总体解决方案，如果你能明白我的意思。如果我说得太含糊了，那就不要管我说了什么，直接询问他的观点就好了。他还是对俄国相当敏感，像每个身处那个位置的人一样，尤其是与布力特在一起，不过他对总统提出的建立永久性联盟的“伟大设计”[1]很兴奋，认为

[1] 富兰克林·罗斯福的战后解决问题的计划包括各国共同建立一个新的国际组织，关键则有赖于苏联的合作，以期保证他战时对外政策的主要目标。

这样的冒险值得一试，因为没有别的选择，他准备很开明、很大胆。我们认为，在欧洲仅有共产主义左翼是值得支持的，［理查德·］劳先生也准备支持他们，只要他们不被称为NCO[1]，因为他不喜欢“左”，也不打算与非共产主义者结盟，尽管听过我们对非共产主义与反共产主义之间的深刻差异所做的一切解释。不管怎样，你本人一定要和C.B.好好谈谈。 521

我向你倾泻而去的大批信件现在可以告一段落了，请告诉菲丽西蒂我爱她。

你永远的

以赛亚·伯林

致玛丽与门德尔·伯林

1945年1月25日

华盛顿特区英国大使馆

我亲爱的父母亲：

收到你们两组来信，真是很好——一组是严肃的，因为我的沉默无言，另一组则快乐一些，因为我寄去了信。我非常理解我没有给你们写信时你们的情况，但是没有什么话可说时，我就无法写信，你们一定要原谅我长久的沉默，并且根据我发去的电报以及零散的赴英旅游者而猜测到，我真的

[1] 非共产主义组织。

身体棒极了。

现在我有许多事要报告：首先是严肃的事，然后是开心的事。我已经在巴尔的摩的约翰·霍普金斯医院，也许是这个国家最好的医院，找到一位医生，我认为他真的能够解决我的鼻窦毛病，他自己就饱尝了二十年窦炎之苦，最后治好了自己。他的建议是，我必须到他的医院住上一星期，每天接受治疗（无须手术），然后继续在巴尔的摩待两周，住在酒店里，每周接受三次治疗。虽然巴尔的摩距离华盛顿比瑞丁距离牛津更近，他理所当然地说如果我每次都坐火车来接受治疗，旅途劳累与风尘会抵消了治疗效果。他似乎提供了盘尼西林等药物，我对他很信任。我在巴尔的摩有
522 一位疯狂而富裕的朋友，叫加勒特太太[1]，一位前驻罗马大使的妻子，虽然在许多方面她是一位古怪的老妇人，但显然她是巴尔的摩的女王，住在一所大房子里，我在那儿住过，她对这位医生非常信任，对于看病这类事他很可靠（对美国富豪而言只有最好的才是足够好的）。所以我想，既然此事唯一涉及的风险就是钱的问题，在2月初，比如说6日或7

[1] 艾丽丝·沃德·加勒特（1877—1952），约翰·沃克·加勒特（1872—1942）的古怪遗孀，约翰·沃克·加勒特1929—1933年任美国驻意大利大使。加勒特夫妇是富有的收藏家、艺术赞助人，他们在巴尔的摩艾弗格林的宅邸有四十八个房间，有好几间图书室，还有一间私人影院。艾丽丝·加勒特因以女主人身份款待外交官、作家、艺术家与音乐家而闻名，她宅邸中许多杰出客人留宿过的那一部分取名“天才之翼”。加勒特夫妇没有子嗣，艾弗格林宅邸及其收藏遵遗嘱赠送给了约翰·霍普金斯大学。

日去巴尔的摩，到了月底才在那里现身，然后乘火车直下墨西哥，我的朋友摩根一家现在正在那里休养，住在前大使德怀特·莫洛[1]位于一座叫库埃纳瓦卡的宜人城镇的宅子里，距离墨西哥城一个半小时车程，他们的休养将总共持续两三个星期，然后接近3月底回去。〈我现在身体状况非常好，我想正处于最佳治疗时机，不能等到我精疲力竭的时候才治疗。〉

起初我打算在此之后立即永久性地回到英格兰，但是大使已经啪啪地挥动了手里鞭子，我因此决定，与其和他争论我是不是应该在美国工作到9月，如他所希望的那样，倒不如承诺一直工作到5月；到那时，我听说史密斯院长将会来这里（3月底），开展牛津对美国的考察之旅，我可以和他讨论回去的细节。这在我看来似乎是非常狡猾而明智的计划，不涉及原则问题的决定。

同时，虽然情况是这样，可是医院，还有昂贵的医生，也许要花一点钱；所以我可能会申请把一些英镑兑换成美元，你们能否往我在牛津银行的账户打入五百英镑。请一定不要忘了这件事。我把我的日程再说一遍：2月6日到13日，住在约翰·霍普金斯医院；13日到27日，在巴尔的摩的酒店住宿；2月27日到3月底，去库埃纳瓦卡旅行，

[1] 德怀特·惠特尼·莫洛（1873—1931），律师、银行家，1927—1930年是卡尔文·柯立芝总统时期成功的美国驻墨西哥大使，1930—1931年为共和党参议员，另见原文第540页注1。

然后回来。我们随时都等着惠勒—班纳特，也许他也会来墨西哥。

天知道我还有别的什么有关我的“严肃生活”的话题可以向你们叙述的了。我那天在大使馆晚餐时见到摩根索先生，他是极害羞的人，如果你看他超过两分钟，他就会自动脸红，求助地看着他的妻子。我见到他，是因为他要求见我，因为菲利克斯被证实在此事上有点不太积极（后来他表示歉意），于是他，摩根索，直接向大使请求召见我，我被告知随时“顺道去财务处拜访”。我怀疑这样泛泛的邀请是否应该真接受，不过我相信他确实是这个意思。他是阿瑟·古德哈特的叔叔或是表亲，我现在与古德哈特教授的关系极佳，他是一个傲慢的人，他上一次造访此地感到很满
523 意，认为我是个合适的好相处的人。

此时你们将已经见到我的得力助手阿奇·麦肯兹了，他会告诉你们我不仅确实健康而且看起来有多好，等等。

至于麦吉奇小姐的婚事，我只能觉得滑稽。她的丈夫是一个非常圆熟的机会主义者，一个奥地利犹太人或半犹太人，对英国银行家很有热情，对于一个如此年轻的人来说，他的热情太过，无法做到完全不关心。总之他们一起会发展成一家非常兴旺的公司：因为有如此之大的联合势力，上升的速度现在应该会加倍了。人们告诉我他们彼此疯狂地相爱，一切皆有可能，当然全灵院长已经被双方征服了。我对他们两人并非不喜欢，只是不希望他们过多进入我的生活，

我感到，他们对我亦是如此。

我收到玛丽和戴维寄来的两封很亲切的信，后一封尤为详细地叙述了博尔特先生与太太令人毛骨悚然的死亡。请代我向他们问好，告诉他们我对他们有多么感激，以及我会给他们写信。

至于接下来我还要在这里待多久，显然我要和大使好好地讨价还价一番，当他有一个吃苦耐劳、甘愿做牛做马的手下时，他是知道的；而且，不管怎样，我为什么要离开呢？我最近收到的鲜花来自一位［阿兰·］拉塞尔斯先生[1]，显然是国王的私人秘书，他对我发去的某一份电报甚为嘉许。我不知道他是哪一位，但是我怀疑自己一定表现得很保守，所以才能令这样的人感到愉快。请不要跟人说这件事，也不要打听，因为那样会让我很难为情。不过整个大使馆都以此为荣，我明白。可是我非常怀念过去的时光，决定今年早早地回去，现在我预计5月底之前还走不开。至于我的鼻窦炎，我确信，如果想让它得到治疗，最好就在这里做这件事，而不是在英格兰。在回去之前我还要定做几件衣服。

现在我们要谈些琐碎小事了（说到这些，我想布罗德茨基[2]也许会替我向你们捎去问候），我得把阿普特的滑稽故

[1] 阿兰·弗雷德里克·拉塞尔斯（1887—1981），1943—1952年担任乔治国王六世的私人秘书；弗朗西斯·唐纳森形容他是“具有贵族的血统与气质……是旧式‘权力结构’中十分典型的人物”:《爱德华八世》（伦敦，1974），第102页。很奇怪伯林没有听说过他。

[2] 塞里格·布罗德茨基（1888—1954），生于乌克兰的数学家，犹太复国主义者，

织在一起，令人讨厌的持续折磨，加上对她父母的这两种特质的痛苦认识以及由此产生的全面痛苦）。我宁愿与妈妈的女房东结婚。我想你们乐于听我叙述这可笑的插曲，因为它给我带来了很大的快乐。下个星期我也许会去纽约，我一定会去拜访豪斯廷夫妇，向他提到这一点。〈请不要对此担忧，我会处理这事。〉

我将要调到外交部，而且会因此离开尼古拉斯的管辖——这最好不要跟他说，他们似乎都对此有点愤恨，因为人们认为外交部那里更时髦，他们无疑以为我要攀高枝了。

眼下再没有别的事好说了，但这已经足够。请告诉史密斯我爱他，很高兴我很快会见到他。

〈给你们我所有的爱，也许再要经过两个月的离别（直到5月），但是那时，啊那时，就是幸福的团聚了。

以赛亚〉

致罗宾·克鲁克香克

1945年2月1日［副本］

华盛顿特区英国大使馆

亲爱的罗宾：

接到你发来的非常亲切而关怀的电报，询问我的健康，可以想象我的恐慌——想到我年迈的父母再次陷入沮丧恐惧的剧痛之中，《标准晚报》上最令人毛骨悚然地描述了这种可怕疾病[1]的细节，科学手段对它无能为力，而我却落入了它的魔爪，等等。事实是这样的：

你知道，我饱受令人讨厌的窦炎折磨，它使我不能上床睡觉，在我的头上压下大约二百［磅］的重量，削弱我的体力，使我无法集中注意力，行动变得懈怠，时好时坏。想到我3月就要回英国，我决定趁还在这个国家的时候彻底治好这个毛病，经过多方询问，我选择了约翰·霍普金斯医院，由于目前医院里人满为患，我入院的日子最后定在2月5日到26日，其间医生不会让我与外界接触。我想调整一下时间，不给阿奇造成太多不便，却发现不可能办到。实际 526
上，由于这令人不适的、越来越令人发疯却并不危险的疾病越来越频繁地发作，我已经不得不过着可怕的蛰居生活，我无法面对这种状况永远继续下去的前景。所以才有了那封给你的电报。不过我的状况一点也不危险。请一定把这封信给尼克[2]看；我已经把上面的话或多或少地写在给父母的信中了，仅仅略去了需要接受一个小手术的事实（这一定会把他们吓坏的），并且专门声明，愿上帝助我，我不用动手术。所以就可敬的伯林一家而言，那就是既定路线。

我现在得到消息，阿奇也许会按照要求的日期回来，我不清楚是在你手下还是在外交部的管辖之下——无论怎样

[1] 他指的是原文第405—406页所复制的那份报道。
[2] H.G.尼古拉斯。

都没有什么差别，因为一切，包括格兰特·麦肯兹，都是老样子。现在对后者的迫害是另一回事了；我们已经让我们最凶悍的救险者约翰·罗素来对付他，可是正如H.B.巴［特勒］正确地坚持的那样，没有什么会使他离开。

大使的威慑力很有效，我要留在这里一直到5月。当他得知，在伦敦并没有一份具体工作等着我，我离开的唯一动机就一定是对这里状况的不满，战壕里的士兵，更不要说他自己，无疑也一样对自己身处的环境不满。我真的不知道我能说什么来回应他，也许到了5月初我可以想到什么理由。我渴望回去，如果找得到足够的借口以应对像大使阁下那样的人对我毫无顾忌的道义攻击。也许那位无限聪明的新学院院长可以想出一个主意，他预计5月份会到这里。

我听到来自远方的报告，在［阿兰·］达德利—［西瑞尔·］拉德克里夫—布鲁斯·洛克哈特的战线上正进行着沉闷的战斗，而格拉伯在加入护卫队之前耐心等待着时机。我等着约翰·惠勒—班纳特告诉我们详情。

同时，我真的很遗憾不能邀请兰道，因为事关面子，我过去常常告诉他，如果他靠自己的力量过来，他会得到热烈的欢迎，可是没有。不过他本来会在巴勒斯坦前线为我们做非常有益的工作，因为他可以被廉价收买，没有原则，十分卖力，在我看来，对于英国政府有一种无法解释的耿耿忠诚（也许过去金钱方面的安排可以解释他的忠诚）。我因而惋惜，如此有用的一件工具，由于一般规则而被搁置一旁，虽然我们肯定能赢得战争，可以在和平中发出声音，我感到，527 正如温斯特勋爵[1]给《巴尔的摩太阳报》编辑写的信中所说的，深深感到挫败。温斯特勋爵也告诉欧文斯先生[2]，芭芭拉·沃德[3]，一位歇斯底里、幼稚的女孩，为著名的《经济学家》写社论，压根儿就不是克罗瑟[4]。无论怎样，虽然他们动摇了《经济学家》的声望，还是产生了很好的效果，现在，虽然可以谅解，但它还是被认为是一家鲜明的民族主义杂志了。

我希望罗森曼法官来的时候，人们对他会礼貌一点，他的使命是假的，他本人非常令人厌烦，而且还是个庸才，可是他对善意的反应很迅速，如果触怒了他，他会很令人头疼的。

伯林鼻部手术按计划在巴尔的摩的约翰·霍普金斯医院进行。

[1] 雷吉纳尔德·托马斯·赫伯特·弗莱彻·温斯特（1885—1961），政客（自1929年起为工党），1940—1941年担任英国海军大臣的政务次官，1945—1946年担任民航大臣，由艾德礼领导。
[2]（詹姆斯）·汉密尔顿·欧文斯（1888—1967），1938—1943年为《巴尔的摩太阳报》编辑，1943—1956年任《太阳报》主编。
[3] 芭芭拉·玛丽·沃德（1914—1981），后（1976）成为杰克森男爵夫人，发展经济学家、作家，时任《经济学家》编辑。
[4] 杰弗里·克罗瑟（1907—1972），1938—1956年任《经济学家》编辑；后来在战时把美国的一项调查引进该杂志，此调查旨在让非美国读者了解美国时事，但在美国本土获得了广大读者。

致玛丽与门德尔·伯林

1945年2月14日［手稿］

巴尔的摩约翰·霍普金斯医院

亲爱的父母亲：

没有比这更有福气的生活了。我没有生病，没有觉得疼痛，按计划舒适地生活（确实有点昂贵，可并不是太贵），早餐准时送到，我的生活很有规律，一切都很平静，看书，听收音机，没有电话打扰（我无法形容生活中如果没有电话打扰是多么宁静），没有客人，有也非常少——麦肯兹刚离开。他很惋惜没有见到你们，但是他有点尖锐地指出，由于我如此紧急地把他召回，他不得不缩短他在英国的逗留期。没错，这样他就可以顶替我在华盛顿的工作，而我就可以来这里接受治疗了，我选择这个时候是为了——不过这也许不能如愿——去墨西哥，摩根夫妇和惠勒—班纳特目前在那里。摩根1月初身体健康状况恶化，惠勒—班纳特也不太强健，他们都去了位于库埃纳瓦卡富有而显赫的“岳
528 母”[1]的庄园那里，距离墨西哥城大约一个小时车程，她的丈夫，德怀特·莫洛曾经是那里著名的美国大使。我相信我在那里会受到很好的接待，可是如果摩根打算在3月15日

[1] 伯林此处原文为：теща。伊丽莎白·里弗·莫洛，婚前姓卡特（1873—1955），曾为诗人。奥博雷·摩根先是与莫洛的长女伊丽莎白结婚，伊丽莎白1934年去世，然后他又与她的妹妹康斯坦丝结婚。另外一个女儿安，与查尔斯·林伯格结婚。

前后回来，而我不能早在3月1日之前就到那儿，那么此行是否值得？我想也许值得，如果我一路上都乘坐“卧室”列车[1]，非常舒适。那样的变化棒极了，气候对我的鼻窦很适宜，我会试着在那儿住到3月21日（即使摩根离开，我也要和惠勒—班纳特一起）。我也许永远都不会有机会再去墨西哥，每个人都说那里棒极了。现在我在这里接受珀尔沃特医生[2]（他一定是丹麦或是挪威血统）的治疗，每天要做的就是拜访他，他从我的鼻窦里取一点东西出来，往鼻子里喷喷并且摆弄各种注射剂，然后让我走，他说从拍摄的X光片看我（前额）的窦道与窦房本身[3]非常正常，罪恶的根源完全在左鼻孔内，我一直为它烦恼，是因为鼻内的鼻梁骨中部有一点扭曲，于是，而不是——是……并导致了左鼻孔内轻微的肿胀（斯诺曼[4]1932年就这么诊断了，但像以往一样，建议不要采取行动），而这处病灶可以经他的治疗去除：在疗程之后，一切就彻底根治了，我们会看到，治疗没有任何风险，显然我可以安宁地休息。至于我近期情况如何？令我吃惊的是，哈利法克斯勋爵突然反对我离开，理由是我现在的

[1] 普尔曼式卧车上的双铺包厢。
[2] 勒洛伊·马修·珀尔沃特（1924—1970），约翰·霍普金斯医院耳喉科副教授。
[3] 伯林此处原文为：an sich。
[4] 也许是雅各布·斯诺曼（1871？—1959），伯林家的全科医生，汉普斯特一位著名的家庭医生，割礼执行人，即接受过训练在犹太教仪式中执行割礼的犹太人（他最著名的病例就是威尔士王子查尔斯）；也许是他的儿子里奥纳多，也是医生，并可根据要求施行割礼。

工作比以前的好得多（他是从他的角度来看的，而不是从我的角度，但是让我们崇高地站在公共利益的一边吧），为什么我必须走呢？这大约是一种“稍安勿躁”[1]的观点。现在如果我在伦敦得到一份政府部门的工作，我可以辩解说，二者中间，伦敦的工作更为重要，不论看起来多么不合情理，多么不诚实。但事实上我已经拒绝了汤因比与库珀的邀请了，所以只有新学院那条路可以走，可是他们在秋季之前又并不真的需要我，尤其是他们现在有哈特（即使没有法克，这也很犹太化[2]）。于是我提议（之前我是否在信中已经告诉你们这一切了？）等史密斯到美国的时候——我听说他要
529 来？——让他与哈勋爵讨论此事如何解决。不知道我是否能够在4月25日去旧金山[3]——这可能需要一点手段，不过我会努力的——我被问到是否愿意从事媒体关系之类的工作；但愿上帝不要让这样的事发生；所有的纰漏都追究到新闻官员的身上，他们的主要工作就是什么也不说，并为他们的国家获取正面评论。这不是我的职业，所以无论如何直到5月初我都要留在这里，如你们希望的；然后我们再看看。我非常希望去莫斯科待上三四个月，做点工作。我得到消息，外交部正在探询此事的可能性。

[1] 伯林此处原文为：сиди и не рыпайся，俄罗斯俚语。
[2] 伯林此处原文为：verjudet。
[3] 4月底有一场国际会议在旧金山举行，旨在起草联合国宪章，并宣布联合国成立。

同时，我曾写信告诉你们布罗德茨基来看我了——他，以及他从圣地来的朋友们都来了，对我确切的职业与从事的工作甚为怀疑，英国人倾向于抵御我潜在的势利与贵族式傲慢，但所有人都无法拒绝面谈。我很喜欢这样。菲［利克斯］·法［兰克福特］一家很好，我也是。真的没有别的可写了。

给你们我全部的爱

沙耶

我提议通过外交部的公文袋来寄这封信，并贴上我这里附上的2½邮票。你们回信可否也照此方法办，不用附邮票，不要称呼我一等秘书，在信封上写上“华盛顿特区，英国大使馆，以赛亚·伯林先生”，在最上面写上“通过外交公文袋递送”，并把它寄到外交部公文袋室。看看会怎样，不过它还是会通过海上寄过来的。

以赛亚·伯林

致克里西达·里德利

1945年2月14日［手稿］

［寄自］华盛顿特区英国大使馆

亲爱的克里西达：

自从数月前收到你的来信，我就想给你写信了。虽然在某种意义上没有什么话好说，可是我无法不说什么。而且我，就像所有“泡泡”[1]的朋友们那样，虽然一直对此有所准备，却一直极为难过，至今依然如此。我从没有失去过所爱的人，甚至也没有失去过父母至亲，所以我真的不知道你的感受，也不会伪装。可是，在这方面我愿意做我认为你也
530 许会希望我做的任何事情，而我自己却不知道那应该是哪些事——写点什么——资助点什么——做点什么事，而不至于对你而言太少。[2]

我很清楚地了解，在我有生以来，还没有谁更令我喜欢，或者谁的友谊更令我重视，或者有谁令我感到比他更了不起、更令人兴奋。还［没］有谁，能像他那样，如我希望地与我交谈：他不仅理解我说的一切，而且我们的谈话是如此妙语如珠、令人惊叹，空气中也充满了各［种］神奇的力量，结绳魔法开始发生效力。可是，对此你所知更多，也许还认为这样的谈话有时候太多了，而别的什么又少了一点。对我，与他的心灵交流永远不觉得足够，我得说。当然，我的意思并非是说，在我看来他的主要特点仅仅是精湛的语言技巧、聪明才智、迂回曲折，等等。我的意思是，我真的仰慕他的这些品质，这些神奇的品质，这种直接体验，此前从未有别人踏足这个领域，在柏辽兹[3]或是E.T.A.霍夫曼[4]的

[1] 杰斯帕·里德利的外号，朋友们（尤其是伦敦朋友们）都这样称呼他。

[2] 后来，伯林把《刺猬与狐狸》一书题献给里德利。

[3] 例如，柏辽兹在他的《幻想交响乐》中有表现因鸦片而致幻的乐章“向着绞刑架前进”，以及“女巫集会”。

[4] 恩斯特·西奥多·阿玛多伊斯·霍夫曼（1778—1822），德国政府官员、小说

作品里才有。列举性格特点会有点荒唐，但如果别人没有写过，那么我乐意只是为了我自己，也要写一篇回忆录，再说还可以发表在《巴利奥报》或是别的什么报上。我的确感觉到自己几乎对他怀有狂热的崇拜，我为什么要隐瞒这样的感情呢？在某种程度上，我不愿意这么做，一方面是因为我认为自己写的每一个字都是恶劣的，而且一直如此，另一方面是由于这个缘故，我说的一切将会显得尤其华而不实，或是俗不可耐，不论我的感受是多么真切。因此，如果能够，请一定挫伤我提笔的积极性。不过我依然希望对你说，自亚历山大·赫尔岑以来，我还没有见到另外一个人像里德利那样，是对一切充满奇思妙想与炽热不朽情感的结合体（而他非常典型地写信告诉我，他爱上了赫尔岑，希望和他生一个孩子），他的确不是像他的父亲似乎惧怕的那样，属于颓废的一派，而是属于个体与文化方面最先进、不断进步、十分积极的时期（我开始变得自大傲慢，“恶劣”起来了，我得停止这么做）。不论是在牛津，还是在律师界，不论是从某种公众服务的必要性、老式的公共精神、俄罗斯式的道德感情方面看，还是从对他本人的地位、他所从事的工作以及他从事这份工作的原因的最令人痛苦的挑剔评判看，他的沮丧与挫败一点儿都不卑劣。在我看来，他的婚姻似乎使他更快

家、作曲家、怪诞神秘故事作家，奥芬巴赫根据霍夫曼所写的怪诞故事中的三篇而创作歌剧《霍夫曼的故事》。霍夫曼姓名中的第三个名字，原为威尔姆，他改为阿玛多伊斯，以纪念（沃尔夫冈·阿玛多伊斯）·莫扎特。

乐（也更理智），在那些以前并不这么认为的人眼中亦然，他的为人也更好了（他本来就异乎寻常地友善，我一直这么
531 认为）。如果他是尼金斯基[1]，可能跳得没有那么高，但却能跳得更远：而且，当我想到从美国回到英格兰之后的生活时，我认为他体现了美国这里如此可怕地缺少的东西。我们的相识具备了浪漫的元素：热烈的追求，双方都急于取悦对方，随之而来的起伏、高潮、低谷，大量的自我戏剧化和胡言乱语，只有在牛津这样的地方才有的细致的知识分子情感。然后一切尘埃落定，我认为你们二人都是就我所知最令人嫉妒与艳羡的，并热切地渴望结婚的，并（说教性地）认为令人激动的美德远比令人兴奋的邪恶好。并且，我相信，他死于雷区，是你所知的强烈挫折感引爆了地雷。这样的挫折感有时候触发最可怕的闪电，有时候只是引发半吞半吐的咕哝以及自我吞噬（自动的同类相食。当我见到你的时候，我必须告诉你，我曾经几乎也陷入了这样的绝境，真的，我自己）。当他处于那种状态时，他总是肯定要跳起来，经过他认为的仔细考量，最终决心跳越，从不会无所反应。危机发生时，总是有一种浪漫的、真正毫无虚假的浪漫的宿命

[1] 瓦茨拉夫·福米奇·尼金斯基（1888—1950），古董收藏家、俄罗斯芭蕾舞蹈家、舞蹈编导，因能轻而易举完成高跳而闻名。伯林曾如此定义天才："有时别人问我这个令人兴奋而又不甚精确的词，作为回答，我只能这么说：一次有人问舞蹈家尼金斯基他是如何能跳这么高的，据报道他的回答是，他看不出其中有什么大的问题，大多数人跳到空中就立即落下了。'你为什么要立即下落呢？落回地面之前稍稍在空中停留一会儿，为什么不这么做呢？'"《个人印象》，第217页。

论，拜伦主义，一种破釜沉舟的决心，最重要的是，这不沉重，不疲沓，不被吞没或闭上双眼。哦，亲爱的，我说的这一切是否了无头绪？我是否构建了虚伪的存在？我绝望地这么认为。然后，还有什么比对与音乐有关的一切的绝妙、纯粹、强烈的道德热情更美好、更珍贵呢？对他而言，高超的演奏是高深领悟力的顶峰，如流动的深水，细不可辨、狭窄深邃、奇妙而又优雅，直指人心，充满诗意。我不能再一直不停地说你所知的这些了，但是我以前从来没有说过这些，说完我如释重负。此时，我郁闷地坐在这里，我的上司承诺我可以在去年11月回国，然后是今年1月和3月，现在我还要在这里待到5月，也许还要更晚。不过我想不会那样，因为即使我扬扬自得，心平气和，现在还是很容易激动，如果被过多地压迫，我可能会平静地发疯，所以，虽然我的工作很有吸引力，我的同事很体贴亲切（唐纳德·麦克莱恩[1]非常非常好，我和他发生了争执，很有趣，然后我们和好了。我是愤愤不平的一方，总是如此。唉，虽然我不能真正原谅他，我还是很喜欢他），我再也不能忍受这里的生活。所以我不久就会回家，如果可以，我会给你打电话，也许你会来伦敦，或是去牛津，我也愿意给里德利太太写信，不过，你 532

[1] 唐纳德·麦克莱恩（1913—1983），克里西达·里德利的朋友，后来被发现是俄国间谍，其时是伯林在大使馆的同事。他们之间的争吵发生在一次晚宴上，麦克莱恩批评伯林与艾丽丝·罗斯福·朗沃思的友谊，理由是她持有“可怕观点”（迈克尔·伊格纳季耶夫采访伯林录音之七）。

知道我没有什么可说的，除了告诉她我一生都会想念“泡泡”，不断念叨他的无与伦比，让人们发疯（我想也包括让你发疯），这样也许里德利太太会原谅我，也许你也会，亲爱的克里西达，因为我写了这些愚蠢的话语，自己也不忍卒读（虽然它们难以理解，但那并不是问题）。我只能求你谅解，我住在医院里，顶着一个巨大的鼻子（更像果戈理的鼻子[1]，而不是像西哈诺的），状态很悲惨。你不会愿意来的，是吗？我指的是大使馆，因为我还有一份工作（年薪大约三千美元），我回家以后你可以顶替我。你可以和麦克莱恩一家住，你的孩子[2]会喜欢维生素，不过如果不喜欢，你就不要来了，我认为你会不喜欢，除非你在4月底之前告诉我有此意向。我想请你帮个忙——如果你出于某种原因不喜欢这个提议，不要犹豫不告诉我，我对自己的欲望没有什么信心——我非常想（a）要一张“泡泡”的照片，（b）一本有他用大字签名的书。[3]我希望自己能够庄重地向你表达：想到你，我心中是多么温暖与亲近。告诉里德利太太我爱她。

你的

沙耶

[1] 果戈理有一个长鼻子，写了一篇短篇小说《鼻子》，内容是一个人的鼻子抛弃了这个人，独自生活。萨维安·西哈诺·德·贝热拉克（1619—1655）的长鼻子在埃德蒙·罗斯丹的诗剧《西哈诺·德·贝热拉克》中变得不朽了。
[2] 亚当·尼古拉斯·里德利（生于1942年），经济学家、银行家。
[3] 杰斯帕·里德利写一手与众不同的大字。

你儿子长大以后，你**会**让我对你的儿子施加阴险的智力影响吗？你**不会**希望这样的影响过于理智、深思熟虑，对立于一切不负责任的行为与书呆子式的胡诌言论吧？

致赫伯特·哈特

陆军部

1945年2月23日

［寄自］华盛顿特区英国大使馆

亲爱的赫伯特：

我无法给你写信，因为我只能卧床，身患令人饱受折磨而又不至于危及生命的疾病（不是你所认为的那种疾病，无论哪一种都不是），不过我等不及要告诉你，听到这个消息我是多么兴奋，没有别人会告诉我这件事。[1]当然，你会无比强烈地、在所有方面立即认同学院生活，并在学生与教师之间形成著名的沟通桥梁，克罗斯曼墙头草式的沟通被证实 533
是如此的不忠，而我从来就没有试图自告奋勇承担这样的角色。本科生的生活就像是对你翻开的书本；你不要仅仅局限于和家境好或是长得好看的学生交往；事实上我预见到这是一个彼此迫害的领域，必将产生许多这样那样的扭曲的快乐。

至于工作，当然，我会试着把所有我一无所知或是深为

[1] 赫伯特·哈特受聘为新学院研究员，教授哲学。

痛恨的科目都移交给你；目前我什么也不知道了，所以你的领域是无限广阔的。但是我特别深深地讨厌〈不过这话一句都不要跟院长说〉柏拉图、道德学、伦理学（甚至康德）；所以你是否愿意至少把它们放入你的研究领域之内？否则学生们就无法接受相关教育了（不要告诉考克斯我写这封信的可怕语气与内容）。我不认为去拜访如今有点老态龙钟的莫尔与罗素有什么益处，不过我会把莫里斯·科恩[1]的著作寄给你，他是美国的约瑟夫，一样的令人发疯的性格，只是更圆滑，更新潮。你当然可以听同事的课，不过在多数情况下这是否令对方高兴值得怀疑。我会把你本系的［J.L.］奥斯丁少校找出来，迫使他和你谈谈。没有人比他更能全面唤醒内在的哲学力量，他很善辩，启发思维，令人疯狂，不过在哲学界的当代人中我最崇拜他（如果你能明白我的意思）。不要做蠢事，例如去亚里士多德学会，或是考虑普里查德[2]。看在上帝分上，读一点柏拉图与亚里士多德，至少了解一下伦理学的入门知识，否则我们就都完了。不过詹妮弗怎么办？两头跑？无法想象。我太理解她对牛津的感觉了，正如D.塞西尔曾说过，他还不知道他的未来命运，“把妻子带到牛津，就像是把妻子带到黄金海岸——一个殖民地”。

[1] 莫里斯·拉斐尔·科恩（1880—1947），生于俄罗斯的美国逻辑学家与哲学家，1912—1938年任纽约城市大学教授，后在芝加哥大学任教。
[2] 哈罗德·阿瑟·普里查德（1871—1947），牛津大学道德哲学怀特讲席教授，1928—1937年任圣体学院研究员。

一俟康复，我会给你写封头脑理智的信。

你永远的

以赛亚 534

致沃尔特·特纳

《画中不列颠》[1]

1945年2月23日［副本］

［巴尔的摩］

我亲爱的沃尔特：

虽然我爱你，不，不，不！如果我要为谁做这件事，我一定会为你的丛书效力，我很喜欢这套丛书，不过我的提议是，既不要写书，也不要写什么特稿，或是关于这个可怕话题的任何东西，它已经成为我公务思维的对象了，当然不可以继续侵蚀我的私人生活。也许情报部的H.G.尼古拉斯可以为你做这件事——他十分了解这个国家，更乐意写东西。可咨询的最佳人选是罗宾·克鲁克香克，情报部美国司主任，我希望你认识他，他很仁慈，没有官僚做派，而且很有

[1] 在二战期间与战后（1941—1950）科林斯出版的丛书，涵盖了英国历史、文化、生活、社会的各个方面，并形成英国宣传攻势的重要部分。这些书有漂亮的插图，配有由杰出撰稿人所写、长约三十页的文章，作者包括伊丽莎白·鲍恩（《英国小说家》，1942）、埃德蒙德·布伦登（《英国乡村》，1941）、戴维·塞西尔（《英国诗人》，1941）以及西尔维娅·林德（《英国儿童》，1942）。W.J.特纳（原文第338页注1）是这个系列的编辑，也是其中八册书的作者，包括《英国音乐》（1941）。也许他邀请伯林写一本关于美英关系方面的书（见1945年6月12日伯林又给特纳的信，见原文第579—580页）。

见地，或者也许格兰维尔—巴克[1]也行——我可以将你的信转寄往他在纽约的住址，这会儿我找不到那个地址。但无论如何，这件事都会做得很优雅，文学不会被忘记。

我还没有用上你热心写给施纳贝尔[2]的介绍信，不过我会用上的。他的演奏，根据在本地听众中产生的影响，是足够令人惊奇的，像以往一样气势恢宏——他的演奏极为出色。美国这里最受欢迎的作曲家是拉赫玛尼诺夫（所以他是在苏联，我明白。这是一个非常意味深长而又不怀好意的念头）。

你永远的

以赛亚·伯林

伯林结束治疗，与摩根夫妇和约翰·惠勒—班纳特在位
535 于墨西哥库埃纳瓦卡的卡萨·马纳那的莫洛别墅会合。悠闲自得的两个星期、灿烂的阳光、情投意合的伙伴，似乎强化了他的幽默感，后来惠勒—班纳特亲切而又恼怒地回忆道：

> 我们3月中旬打道回府，回各自的工作岗位。第一步，我们要乘坐四天的火车，直至密苏里圣路易斯。我们在得克萨斯的拉雷多穿越边境，进入美国，在那里遭

[1] 哈雷·格兰维尔—巴克（1877—1946），英国演员、制作人、导演、戏剧家与莎士比亚学者，著有《莎士比亚引言》（1927—1948）；战时多数时候居住在美国；为驻纽约英国情报处图书馆工作，在哈佛讲学。
[2] 阿特·施纳贝尔（1882—1951），出生于波兰的钢琴家与作曲家，为普及贝多芬先前未受到赞赏的钢琴作品做了大量工作（见原文第148页注3）。

遇了移民局与联邦调查局的警戒。虽然我们的证件完全符合规定，我们还是必须回答问卷，提供生活细节。

“你在哪里出生？”一位官员问以赛亚。“在里加。”他的回答出人意料。“那是哪儿？”对方疑虑地盘问。以赛亚那天有点恶作剧，“那是，”他十分精确地回答，“东波罗的海的港口。”“它属于哪个国家？”伯林以一种给落后班级上常识课的口吻答道：“它属于我的祖国拉脱维亚，我1909年在那儿出生时，拉脱维亚是俄罗斯帝国的一部分。然而，在第一次世界大战的时候，它和其他的波罗的海国家一起，依照《布列斯特—立托夫斯克条约》被德国吞并，然而，无疑如你记忆的那样，这只是非常短暂的时期。在巴黎和会上，这些国家的独立得到了承认，它们保持了这种愉快的状态，直到1940年被俄罗斯再次吞并。然而，1941年它们又被德国占领了。”“那么你是德国人？”联邦调查局的人打断他的话问道。“当然不是。”伯林掷地有声地回答。

关于拉脱维亚过去、现在与未来外交地位的讨论仍在继续，直至最后询问伯林的官员正确地提出问题：

“你是苏联公民吗？”“当然不是，”伯林傲然答道，“我是英王陛下的臣民，如果您看看我的护照，它正在您的手里，您就会了解我是英国外交部的官员。”［……］在我的日记里，我注意到我们在拉雷多的停留长达十小时，我认为这样的延误很大程度上是伯林的幽默感所致。[1]

致戴维·斯科特爵士

1945年3月23日［副本］

华盛顿特区英国大使馆

私人机密信函

亲爱的戴维爵士：

非常感谢您2月22日的来信，它很迟才送到我手里，而
536 当时我由于接受一个小手术而暂时没有工作。我担心，由于我们似乎只在我住院的时候才有通信联系，您也许会以为我是个不可救药的疑病症患者。我承认，在这些了不起的医疗机构里，住在雪白的病房里，享受绝妙的个人空间，远离世事，对身处这个被泛光灯照亮的国家的人而言既是种放松又是个奇迹，但不能否认，在别的时候我也热爱这个世界，而且，恐怕我还热爱血肉。不是对魔鬼的热爱——在这个干净清洁、人们性格充满阳光的国家里，看不到他存在的任何迹象。你要远至墨西哥（像我那样）才会找到他。

我为我的这些闲扯道歉。我真正想要说的是，我能向您充分保证，在回国之前，我没法做任何事，而且，我希望在给汤因比的信中，估计他给您看过我的信了，我没有渴望为他做

[1] 约翰·惠勒—班纳特，《特别关系：和平时期与战争时期的美国》（伦敦，1975），第197页。

事的意思；自然，我尽可能使去信彬彬有礼，因为从他的角度来看，不管怎样，他对我的邀请都是合适慷慨的；但是在您看来，以及在私底下，可以说，在1940年，甚至在1942年与1944年，陷入不见天日的洞穴、成为饱受压抑的教授们中的一个，如此前景对我不是太有吸引力。在这儿，与我谈过此事的每个人似乎都对研究处那种虽生犹死的氛围持有更悲观的看法；也许，我已经品尝了太多鲜血的味道——如果这么稀薄的汁液也可以被称为血液——参与过真正的政治交流，我已经不能轻松适应如此隐蔽压抑的生活了。也许我对它的看法并不公平，但在我眼中，现在正在那里工作的我最热爱的同事们，在1944年不是为避难而沉迷于远离世事的学究式研究，就是在格莱德温的简短命令之下变得惶惶不可终日；也许老办公楼[1]对所有在里面办公的人都产生了影响，或者只是我太目中无人了；但无论是国务大臣，还是我咨询过的任何一个人对这个议题都不甚称许。如果我打算脱离行政事务，我更乐意彻底远离，也就是回到牛津。另一方面，当其他人依然还在这里埋头苦干时，我却要重新过上悠闲自在的生活，这当然使我心中充满了负罪感。所以，我不知该怎么办。我很［不］愿意太过挑剔，可根本上我主要的难题就是如何离开这里。哈伯爵得到我即将离开的消息之后，11月没有什么引人注意的反应，突然，

[1] 在大圣所，威斯敏斯特教堂对面，1943年夏天，外交部政策研究处作为外交部的新部门成立，搬到那里办公，并将大部分工作人员从牛津迁至伦敦。

在2月他似乎开始对此有些抱怨了。他还没有和我谈及此事，但是我从迈克尔·赖特那儿得知，他看不出我有离开的理由，并提议，如果我有焦躁不安的表示，就“用大铁锤”，这是他
537 的原话，把我敲在工作机器上，不留一点商量余地。这听起来很恐怖。由于他和我最近都不在，和新学院院长的会面尚未进行。他的理由在我看来很简单，他无疑是把我看作一匹能够完成某种规定任务的役马，而且他看不出有何必要打乱这样的工作日程。我担心，在院长阴森森的书房里面谈时，他将严厉地看着我，质问我是否打算在这个时候离开岗位。如果我在伦敦或是别的什么地方获得政府工作，我至少可以使这份工作显得比我目前在这里所从事的极其外围的活动更重要一千倍；可是既然没有这样的一份工作在等着我，即使我受过牛津最虚伪的辩证逻辑的训练，也觉得坚持说我在牛津的紧迫职责比我在这里所从事的任何工作都重要，至少可以说是很难为情的。因而，为了避开面谈，避开大铁锤，等等，我已经软弱地同意留在这里直至5月底，可这个问题只是被搁置到了那个时候。除非我有一个合理的借口离开，我不太清楚，除了争吵之外，我如何才能离开？而我生性又不善争吵。您那边可否提供任何机会，使我有一个比较体面的理由离开这里，或是，不论怎样，可以让我在近期（我希望是非常近期地）回一趟伦敦，如果能够得到这样的机会，为您效忠的我将不胜感激，不胜解脱。

附言：给您增添如此负担，我真的深感抱歉；除了成

为汤因比手下的穴居人之外，我得到的另外一份工作邀请迁回来自达夫·库珀，但由于这份工作涉及巴黎“公共关系”，我感到自己无法胜任，所以谢绝了，但这次我是怀着真诚表达的感激回绝的。我真心希望你会把这当作是发自深渊[1]的悲鸣。如果您能为我搭建哪怕是临时性的桥梁，或者是阶梯，无论它是多么摇摇欲坠，只要可以引导我走向外面的世界，尤其是回到伦敦，我将永远感激，并且会登上它，不论它是多么岌岌可危。我相信我现在正式地归属您的管理了，因而毫不犹豫地服从您的安排与您智慧的指引。

3月26日伯林参加了约翰·惠勒—班纳特在位于夏洛茨维尔的弗吉尼亚大学举行的婚礼。[2] 538

致玛丽与门德尔·伯林

1945年4月4日

华盛顿特区英国大使馆

我亲爱的父母亲：

这是一种新型短信。我非常健康，必须承认医学的疗效。“非手术的手术”的精确性，见面以后我会向你们描述

[1] 伯林此处原文为：vox clamantis—de profundis，典出《圣经》的《约拿书》与《诗篇》第130章。
[2] 与鲁斯·哈里森·瑞舍结婚。

的。此外，墨西哥之行很成功，见到D.H.劳伦斯[1]笔下陌生、荒凉、拘谨、充满了残忍与某种野蛮想象的国度，令我非常高兴，不过我不希望再去那儿了。莫洛太太对我很好，我要写信给她表示感谢。

我谋划着6月份回来，要么是永久性的，要么是一次旅行，我会告诉你们更多关于我墨西哥之行的见闻。史密斯没有什么表示，不过鲍拉博士寄来一封非常有意思的信，他对哈特的入选非常不高兴，也和我一样不喜欢萨姆纳在全灵学院当选。[2]他是一个很沉闷的人，虽然像埃尔·格列柯的肖像人物一样好看。大使显然不愿意让我走，外交部神秘地暗示希望和我讨论这个或是那个问题，一切要到我回伦敦才会明朗。

请向戴维和玛丽转达我的爱。我很高兴你们去了伯恩茅斯。我期待着查尔斯这个月的到访。上一次与豪斯廷的沟通，如我信中对你们所说的那样，取得了十分满意的效果。

没有别的什么可以告诉你们了，除了我的健康状况，希望你们如我一样健康。我肯定，在夏天结束之前我会见到你们，通过某种方法。我不会去旧金山，因为这里需要有人一直写政治报告。总的来说，我很高兴这样，因为现在那边的

[1] 戴（维）·赫（伯特）·劳伦斯（1885—1930），20世纪20年代曾在墨西哥住过一段时间，他在1926年所写的小说《羽蛇》是对墨西哥与阿兹特克文明的生动再现。

[2] 接替亚当斯。

接待条件很糟糕，三个人一个房间，而且这个场合的意义似乎不太像曾经预言的那样重大。所以当被问及是否愿意前往，我先是犹豫了一下，然后就婉言谢绝了。我相信从各方面看，安静地待在这里——尤其是如果我将在夏天看望你们——比我毫无目的、精疲力竭地去那里待上六个星期要好得多。

我只能再次说，我觉得自己身体非常好，精神也很好，现在没有什么可以让我担忧的。再见。

以赛亚 539

致伊丽莎白·莫洛

1945年4月4日［副本］

［华盛顿特区英国大使馆］

亲爱的莫洛太太：

我动手写这封信并很快意识到，虽然手写的书信比任何印刷或是打字的书信都更友好，更真诚，可是手写书信也有严重缺陷，它不可读，或者至少是不可破译的，因为，如果说我的话语很令人费解，那么我的书写比我的话语还要更难懂。所以我求助于一种更为现代、不过我还是认为不很亲切且更为呆板的方式，来对您说我是多么深切地感激在卡萨·马纳那您那里逗留的两个星期。[1]我抵达您那里的时

[1] 他们位于库埃纳瓦卡的宅邸（坐落在一条后来以德怀特·莫洛的名字命名的街道旁）包括莫洛夫妇建立的一所精美的民间艺术收藏馆，现在那里是一家专做墨西哥特色菜的饭店。

候，疲惫不堪，如果没有在库埃纳瓦卡度过对我而言美妙而又极为宁静的日子，我也许依然精神萎靡。我只希望我没有耗尽他人的精力，恐怕我的确说得太多。[1]不过奥博雷和约翰，虽然也许是主要的受害者，现在看起来似乎可以起床活动了；我出席了在夏洛茨维尔举行的婚礼，那是一场豪气冲天的婚礼，将来宾卷入势不可挡的、南方式的热情好客之中；也许那真的不错。

我回来的时候对墨西哥与墨西哥人充满了纠结的情感——他们比我预想的更黑更暴烈，真正的中世纪野蛮与迷信，比我在华盛顿遇见的其他如阳光般快活的拉丁裔美国人有更丰富的气质与更隐秘的内心。墨西哥的土壤显然很肥沃，能够生长出最茂盛的植物，可是人们脸上的表情令我害怕，我可以尊敬他们，崇拜他们，可是置身于他们之中我从不觉得自在。卡萨·马纳那的生活多么明快而文明；哦，那读书与畅谈的快乐，无须一直怀着负罪感，担忧自己遗漏了那些堆积于案牍之上不忍卒读的官方报告。我真的永远对您充满感激。

540 我还在读哈耶克博士写的那本可怕的书[2]，我听说，他

[1] 约翰·惠勒—班纳特如此回忆，“我们坐在花园里，或闲聊，或争论，或只是静默地待在一起［……］，然而以赛亚一来［……］就没有那样的静默沉思了”，见前引书（原文第536页注1），第196页。

[2] 弗里德里希·奥古斯特·冯·哈耶克（1899—1992），出生于奥地利的经济学家，以保守观点与对凯恩斯福利国家概念的批评而闻名，1931—1950年任伦敦经济学院经济科学与统计学教授；后（1974）与贡纳尔·米达尔共获诺贝尔经济学

现在人在纽约，而且令他的维也纳导师冯·米瑟斯博士[1]心生妒意，后者只是过时人物，仅此而已，他过去一直是《纽约时报》社论专栏中亨利·哈兹利特[2]的那些反动文章背后的主要影响人物。冯·哈耶克博士与冯·米瑟斯博士正为了赢得哈兹利特先生的灵魂而竞争，二人之间由此萌生了强烈的妒忌。

同时，发生了一件可怕的事：我写了一篇简短而尖刻的短文，是关于哈耶克博士的书、其影响以及它如何被《读者文摘》利用，还有斯克里普斯·霍华德的文件[3]，等等，结果却发现H.巴特勒先生把这本书连同所有对它的赞扬与钦佩一起引进英国情报处图书馆，并向这儿的每个人推荐。唉，我担心这个事实让奥博雷太快活了，可怜的巴特勒先生，在最近的全灵学院院长选举中，恐怕他为了这个职位而渴望地叹息。我们听说，甚至都没有人提到他的名字。而且，他也不会去旧金山。不过，他没有A.麦克利什的麻烦，后者悲伤地问我，如果秘密协议一直在酝酿之中，那么他所

奖。哈耶克的《通往奴役之路》（伦敦与芝加哥，1944）其时刚刚在《读者文摘》上发表了浓缩版。

[1] 路德维希·埃德勒·冯·米瑟斯（1881—1973），奥地利—美国自由市场经济学家，1913—1938年在维也纳任教（哈耶克当时是他的学生），二战期间他在纽约大学任教。

[2] 亨利·斯图尔特·哈兹利特（1894—1993），作家、记者、自由市场经济学的倡导者，受到路德维希·冯·米瑟斯与弗里德里希·哈耶克的影响，并在《纽约时报》上发表对哈耶克的《通往奴役之路》一书的评论文章（1934—1946年，他为该报撰写社评和评论）。

[3]《华盛顿快讯》，第534—535页。

宣布的直言待人的新政策会有什么结果。我告诉他，我认为他的一个职责是教育公众理解有些谈判是需要保密的，然而他显然感到这不是诗人与讲坛的职责，也许他是对的。

再次非常感谢你，我希望在我最后回英格兰之前，我们可以见个面。

你永远的

以赛亚·伯林

致赫伯特·尼古拉斯

1945年4月4日

华盛顿特区英国大使馆

亲爱的赫伯特：

也许药真的很管用，因为毫无疑问我觉得好多了。我企图拒绝承认这样的感觉，但是无可否认我更加享受外面的世界了，而内心世界仍像以往一样贫瘠。你寄来的所有亲切的
541 书信都令我非常感动，尤其是罗宾那了不起的杰作，先是送给奥博雷，然后又送给了我，我要另外给他回信。我的父母，似乎也不那么歇斯底里了，不再需要我如此残忍地让你编造那些赤裸裸的谎言，使你深感良心不安。所以，一切都好了。

我不会去旧金山，因为那里已经有阿奇（依照外交部的要求），而这里需要有人不断发出政治报告，此地的混乱形势足以证明继续驻留人员专司此事的必要性。我与大使阁下

进行了第二次面谈，他骑上了更加高大的道德之马，大谈荣誉、良知、责任，等等。然而，我决定，如果可以在夏天的时候回去一趟，我就会回来。如果这个要求被拒绝，我就重返牛津，一去不回了。全灵学院的机构似乎完全一团糟了，沉闷的萨姆纳的领导，智力迟钝的阿林顿，大学学院那个一点聪明不了多少的怀尔德，还有耶稣学院的非国籍化[1]，试图任命E.H.卡尔为俄语教授的疯狂努力，新学院布洛克先生暗淡无光的形象[2]，等等。我想，是时候回去了，为理性而奋斗，你认为呢？

至于我们这边，科尔达考察团一行人至今没有抵达的迹象，他们的名字没有出现在即将到港的船只乘客名单上。如果他们是10号动身的，那么他们人在哪里？即使是一只充气阀子也该到了吧。

这里的勾心斗角越来越疯狂了：利特尔顿[3]与卢埃林两位先生说，没人和他们讨论粮食问题；伯恩斯先生[4]甚至就

[1] 关于阿林顿、怀尔德与“耶稣学院的非国籍化”，见原文第694页。
[2] 阿兰·路易斯·查尔斯·布洛克（1914—2004），后（1976）成为利菲尔德的布洛克男爵，历史学家，1945—1952年任新学院研究员、学监、历史学导师。伯林后来修正了这个也许是根据不充分的直接证据所做的非典型性错误判断。
[3] 奥利弗·利特尔顿（1893—1972），后（1954）成为山多斯子爵一世；1940—1954年任保守党下院议员，1940—1941年任贸易委员会主席，1942—1945年任生产大臣。
[4] 詹姆斯·弗朗西斯·伯恩斯（1879—1972），有影响的律师与政治家，1931—1941年为民主党参议员，1941—1942年任最高法院助理法官，1942—1943年任经济稳定处主任，1943—1945年任战争筹备处（负责监督国内战争筹备工作的中央机构）主任，1945—1947年任国务卿。

在他们的眼皮底下突然被打发走了，只留下可靠、仁慈而又对情况一无所知的文森[1]。美国人先是要求得到联合国大会
542 的三张选票，然后又说他们不想要了。[2]至少可以这么说，人们对苏联忧心忡忡。布思比先生[3]在为反对布雷顿森林会议[4]而奔走游说，并宣称不管怎样已经暂时把它扼杀了。他是不是比弗[5]派来的职业杀手？他说："我不会让你们这该死的大使馆把我变成殉难者与替罪羊。"谁的替罪羊？他自己的吗？他真的干了好些破坏活动。有他在的确令人兴奋，而且令人开心，无论是他的手段还是动机，他都毫不隐瞒。如果他不是这样一个赤裸裸的挑拨离间者，我可能会很喜欢他的，尽管他既粗鄙又没教养，就因为他长得像约翰·L.刘易斯，只不过是刘易斯的可笑的变体。

[1] 弗雷德里克·莫尔·文森（1890—1953），1942—1943年任紧急上诉法院首席法官，1943—1945年任经济稳定处与战争筹备处主任；后（1946—1953）任美国最高法院首席大法官。
[2] 2月4日至12日，富兰克林·罗斯福、丘吉尔与斯大林在克里米亚半岛的雅尔塔会晤，商谈最后阶段对德、日的作战方案，以及战后美、英、苏的势力范围划分。在这次会议上，罗斯福与丘吉尔同意乌克兰与白俄罗斯为联合国大会的会员，这样就给了苏联集团三张选票（而不是苏联所要求的十六张选票）。罗斯福保留为美国再获得两张选票的权利，但他没有行使这个权利。
[3] 罗伯特·约翰·格雷汉姆·布思比（1900—1986），后（1958）成为巴肯与拉特瑞海德的布思比男爵，1924—1958年为保守党下院议员。
[4] 1944年在新罕布什尔布雷顿森林举行的联合国货币金融会议，商讨战后世界金融格局安排，会议决定成立国际货币基金组织与国际复兴开发银行，正式批准该协议的国家达到所需数量之后，这两个机构在1946年开始运作。
[5] 比弗布鲁克勋爵。

里兹戴尔先生[1]来这里了，除了与费迪·库恩[2]在一起之外，他没有承担什么特别职责，似乎是库恩邀请了他。我不能想象这样两个软弱的人的组合能够产生出什么结果。留一副大胡子的奥博雷相比要强悍些，即便在这会儿，不用说也肯定在教训里兹戴尔。罗杰·迈金斯的到来让这个大使馆总体士气大不一样了。冷漠无情是有极限的，而赖特先生轻易地达到了这个极限。

就你关于通讯的详细询问，纽约那边会给你寄剪报，而我这边会以一贯的佯装传球的手法发给你大使馆寄给外交部的普通报告副本，加上所有电报——电报极少——也许有交换。同时，尼科尔告诉我，你提供了某些商业通讯，大使馆觉得很有价值，关于这个题目一年要花费一百美元，你请我们尝试寻找其他客户，例如邮局，一起来分担费用，而财政部那边就此还没有任何答复，所以我想在那方面目前尚无可为之处。

哈耶克教授已到此地；《读者文摘》和斯克里普斯·霍华德等大肆鼓吹他的书，这一点正被人利用来反对我们。巴特勒先生对它赞不绝口，把它引进英国情报处图书馆，在此我不说你也知道。关于旧金山会议，情报处图书馆一筹莫

[1] 威廉·里兹戴尔（1890—1957），1941—1953年任外交部新闻处负责人。

[2] 小费迪南德·库恩（1905—1978），1925—1940年任《纽约时报》记者，1937—1939年为驻伦敦首席通讯员，1940—1942年任财务大臣助理，1943—1945年任战争情报部英国部负责人以及海外部副主任。

展。我认为罗宾不来是邪恶之举，并且告诉俄国人，这是对他们不派莫洛托夫过来的报复。俄国人有些糊涂了，但无疑
543 会将此事报告莫斯科，而他们的反击会适时出现在《战争与工人阶级》杂志[1]上。

麦克利什先生郁郁寡欢，急于了解民众对他的坦率新政的看法。然而，总统似乎安抚了他一番，于是他就像家猫，又呜呜地转悲为喜了。如果总统去世[2]或是退休了，美国的外交政策会由杜鲁门与斯特蒂纽斯[3]来打理吗？我的信就以这有趣的口气结束吧，我会很快再次写信的。

你永远的

以赛亚·伯林

致戴维·斯科特爵士

1945年4月4日［副本］

华盛顿特区英国大使馆

刚刚和大使面谈了，觉得有必要将此事告诉您。他让人来把我找过去，说他听到传言，说我想离开，然后他说对此甚为遗憾，等等，说对于这个念头，我应该深入地拷问自己的良心，审视自己的责任感，并进行一次最深刻与彻底的自

[1] 一份莫斯科的双周刊，1945年更名为《新时代》。
[2] 富兰克林·罗斯福两周内去世。
[3] 小爱德华·赖利·斯特蒂纽斯（1900—1949），1939—1941年任战争资源委员会主席，1941—1943年任租借管理人、总统特别助理，1943—1944年任副国务卿，1944—1945年任国务卿，1945—1946年任驻联合国美国代表。

我反省。倘若如此扪心自问的结果显示出我还是有责任要离开，那么他就与我再次讨论这个问题，最好是在旧金山会议之后。一段时间以来，我［一直?］怀疑这一次他要驱策着一匹道德的高头大马冲着我过来了，而我却不知如何应对。我在想，留在这里，一直到比如说旧金山会议结束（因为无论如何，按照合约我都得待到5月底），然后去伦敦，哪怕只是短暂逗留，根据可能在伦敦听到的主张或是提议，考虑一下自己的未来，并保证回到美国，结束在使馆的工作，然后在深秋时节，不论是否再回牛津，都永久性地返回英国，不再回来了。不知这对我是不是上策。我不希望自发地设计出这样一条航线作为我这方面的计划，因为我刚刚去过约翰·霍普金斯医院住院治病，还休了两个星期的假，显然这边希望我能连续待上一段时间，或者如果我能安抚自己的良心，就永远地离开。可是一旦我是被召回伦敦的——我现在已经正式调到大使馆了，所属的部门是外交部——那么就另当别论了，我想这边不会有什么反对意见。假如您心有灵犀，也许可以安排此事，我就可以与赴旧金山开会的代表团 544
一起返回英国，不管他们准备何时返回、如何返回，都无所谓。如果这样的要求给您的上一封来信施加了过多负担[1]，请多加原谅。但是如果能安排我在夏天短时间回伦敦一趟，我将不胜感激。

[1] 即增添太多麻烦。

这边我只与罗杰·迈金斯讨论过此事，他认为这是个好主意，并同意最好由伦敦发出这样的召回指令。我确实希望汤因比没有对我寄予过多希望，对于这个杰出而敏感的人，我感到良心饱受谴责。

你永远的

致达夫妮·斯特雷特夫人

1945年4月9日［副本］

华盛顿特区英国大使馆

亲爱的达夫妮：

天空又是蔚蓝的了，阳光灿烂。我指的是我的个人世界，尤其是关于你的部门与我之间饱受困扰的关系。尼克寄来一封甜蜜的信，罗宾寄来两幅画作，加上你自身忠贞可靠的品质，所有这一切，促成了这一巨大变化。我又爱上了你们大家。无独有偶，说到罗宾，你最好不要把我说的告诉他，他似乎一直在慷慨地派发涂了蜜糖的蛋糕，因为格雷厄姆·胡顿、本［·托马斯］、奥博雷，还有天知道除了我之外还有谁，都收到了他悦人的颂词，格雷厄姆已经对此展开了全面调查，你带头带来了美好感觉的浪潮，使一切都充满愉悦和乐趣。虽然上面的话具有反讽意味，效果无疑不错。即使是格雷厄姆，虽然宣称不需要这样的小恩小惠，私底下还是大感受用的。对他而言，心怀感激的政府颁发的小巧而讨喜的勋章依然是受欢迎的礼物，不过我怀疑大臣是否同意。[1]

我的手术以及随后在墨西哥度过的假期都很令人满意。鼻窦的不适感已经被我鼻子里某个隐秘部位的特殊感觉所取代，不过这样的取代是值得的。至于我的返回计划，被你说中了。大使再一次派人把我叫去，骑上道德的高头大马，说我们可以在5月中旬再次讨论这个问题。当然我可以果断地终止工作关系回英国去；但我更愿意使用罗 545
宾的巧计，在夏天请假回伦敦，然后也许就不回来了，或是只回来逗留一个月，收拾行李后便永远离开。像我现在这样，我觉得，自己就是外交部的奴隶（对我的安排，他们给了最神秘的暗示，却就是不肯透露哪怕一点点具体消息。对此我并不好奇，因为我不打算接受他们的任何提议，不管它们有多么诱人），我私底下给戴维·斯科特爵士写信，请他把我召回伦敦，至少在这个夏天的某个时候可以谈谈。我唯一的希望就维系于此了。如果6月之前没有任何动静，我想自己就不管怎样都要走了。倘若每月一次请求回家，他们一定会厌倦这样的消耗战。如果你可以设法让某个人正式召我回去，我就太高兴了。我显然必须留在这里，直到旧金山会议结束，否则，阿奇不在，他去了旧金山，这里就没人写政治报告了，但到5月底，一切就会结束。

[1] 在1946年新年嘉奖名单上，胡顿获得了英国新工党政府颁发的英帝国勋章。

布思比先生的独特身影从我的生活轨道上一闪而过。他不做好事，比弗显然是派他来此破坏布雷顿森林会议的，而他宣称已经得手。不能否认，我发现和他一起度过的夜晚很愉快而且令人兴奋，虽然他本人无疑是最寡廉鲜耻的无赖，总是滋生事端。他给我寄来他的演讲代理人所发布的关于他的报道，说他的文字才华可与莎士比亚或是《圣经》争辉。说句他的好话，他了解自己究竟是什么人，总是毫不犹豫地亮出所有底牌。对他，大使本应采取强硬措施的，但据他自己说，特别是B.先生也这么说，采取的却是既紧张又友好的态度。结果，B.先生走了，认为无论自己在华盛顿或是旧金山——在旧金山他将代表《世界新闻》—— 泄露多少秘密，真实存在的与凭空制造的秘密，可怕的事也不会因而在他身上发生。奥佩自然对他的邪恶活动感到惊慌，美国财政部的哈里·怀特博士[1]也是如此。

与此同时，接下来的一片巨大乌云与殖民地托管治理有关。公众普遍认为，我们反对解放殖民与托管体系，也许这种看法是对的，［奥利弗·］斯坦利上校最近的访问很大程度上加深了这样的印象。美国人当然相信托管体制是朝着正确方向迈出的一步，而我们，虽然多次讨论过地区自治问题，给人们的印象却是我们并不这么想。如今政府各部门之

[1] 哈里·德克斯特·怀特（1892—1948），凯恩斯派经济学家；1934—1946年在美国财政部任职，1945—1946年任部长助理，1946—1947年担任国际货币基金组织（首任）美国执行干事；被指控为共产党间谍，对此他发誓否认。

间争执激烈，各自都想扩充自己的地盘，而国务院则想实行国际化。而我们是不可能从自由主义者与侵略主义者之间的争吵中得到什么益处的，因为他们双方在这个问题上无论如何都反对我们。此外，像以往一样，我们似乎没有自己的方 546
针路线，只是坚持我们已经拥有的东西并做些补充，而这么做一点儿都不会得到支持。其他各部门似乎认为殖民部对此态度恶劣，或许他们的确如此。

美国的三张选票被炒得沸沸扬扬。斯特蒂纽斯似乎在暗示，此事是在雅尔塔在伯恩斯先生与弗林先生[1]的建议下进行的；[2]伯恩斯不满地声辩，他在讨论此事的前一天就离开了雅尔塔，因而与此无关，等等。从没有哪一次会议像这样在对结果的极度悲观之中酝酿召开。我不明白，为什么这些自治领的抗议之声，甚至不比作为英国女王政府的驯服跟班时的抗议声更响些。为什么就没有人在同盟国投票统计数据的支持下，壮着胆站出来发出呐喊？

还有什么可以告诉你？最近太多的好人遇难了——可怜的特温迪曼[3]真的是个非常友善的人，他身后留下几无保

[1] 爱德华·约瑟夫·弗林（1891/2—1953），律师，富兰克林·罗斯福的密友，新经济政策的支持者，人称“布朗克斯老大”，1929—1939年任纽约州州务卿，1940—1942年任全美民主党主席。

[2] 见原文第542页注6。

[3] 也许是爱德华·特温迪曼（约1888—1945），查塔姆群岛公民，3月27日死亡，被英联邦战时治丧委员会列入“海上空难”死亡名单。

障的妻儿；鲍勃·布兰德的儿子[1]，我见过他，人很大方：鲍勃本人的状态糟糕透了。还有，你是否认识在雅典的戴维·华莱士[2]？我非常喜欢他，并让《纽约时报》的塞德维克先生[3]向他致以最动人的颂词，塞德维克先生已经从雅典回来，心中燃烧着亲英的热情。他热切地为利珀[4]辩护，认为我们没有犯错[5]，只有凯西犯了错[6]，他对凯西颇不以为然，
547 正到处发表反对国民解放阵线[7]的演说，他似乎很有把握，

[1]（罗伯特）·詹姆斯·布兰德（1923—1945），冷溪卫队上尉，3月30日在德国阵亡。这是鲍勃·布兰德几年内再次经历的巨大悲剧，1937年他的妻子菲丽丝（南希·阿斯特的姐姐）去世。

[2] 1944年8月17日去世。

[3] 亚历山大·卡梅隆·塞德维克（1901—1996），1925年起任《纽约时报》记者；该报驻雅典的特约通讯员，他与他的雅典妻子定居在那里。

[4] 雷吉纳尔德（“雷克斯”）·怀尔迪格·艾伦·利珀（1888—1968），生于澳大利亚的外交官，外交部新闻处与政治情报处的前负责人，1940—1941年任英国特别行动处宣传部负责人；自1941年8月政治作战处成立起至1943年在执行委员会任职；1943—1944年任希腊政府驻开罗大使，1944—1946年任驻雅典大使，1946—1948年任驻阿根廷大使。

[5] 在德国占领期间，希腊共产党形成了抵抗运动的主要力量，与此同时展开了反对非共产党派别的内战。德国军队1944年10月的撤离使国家联合政府从流亡地返回雅典，一起返回的还有一支英国军队分遣队。首相吉奥乔斯·帕潘德里欧（1888—1968）迅即号召共产党军队解除武装，遭到对方反对，并在11月导致了共产党国民解放军（见原文第548页注1）与政府之间进行的第一阶段希腊内战，英国支持希腊政府；虽然战事发生地仅限于雅典，但是这次冲突十分猛烈，成千上万的人因此死亡。

[6] 可能是威廉·约瑟夫·凯西（1913—1987），美国律师，其时在伦敦负责由美国战略情报局在欧洲占领区（包括希腊）进行的秘密行动，美国战略情报局是中央情报局的前身，凯西后来（1981—1987）任局长。当时美国战略情报局的名声并不好，部分原因是它一直未能与其他组织取得联系。

[7] 即“Ethnikon Apeleftherotikon Metopon”，希腊抵抗运动力量；五个社会主义政党联合组成的共产主义右翼控制的游击组织国民解放军。

认为一旦通邮，此地的希腊餐馆老板就会知道他们在希腊的亲友境遇如何，这样我们的股票就会反弹。也许吧。塞德维克先生因为那些记者人品不好，而且行事方式不当，对他们也是极度反感。我自然要赞同地点头，并热情地和他握手。

旧金山真的变得越发古怪了。不仅每一家政治机构、每一个政治压力集团、每一个欧洲政党与古怪发疯的机构都打算派遣代表团去那里，而且，仅仅靠一百四十名英国官员、一百六十名法国官员、二百八十名美国官员是无法让事情改观的。另外，朗沃思太太与毕尔太太在旧金山开放了一处宅邸作为官方沙龙，在那里以各种速度交换谣言。虽然斯特蒂纽斯勇敢无畏地努力支持一个正在衰退的市场，总体气氛却神经兮兮。不过，牛津的教员们来了，我必须见他们。

给你许多的爱

以赛亚·伯林

附言：还有一件事，需要借助您最高超的外交手腕和深谋远虑。关于玛丽·库克[1]：在与每个人建立了和平关系的基础上，现在该您的部门负责与英国情报处的调查室一起来制订一个权宜之计了。想起我这么做的时候，我已不再是你们中的一员了（哈!），在这件事上我没有正式权力，只能

[1] 玛丽·门罗·库克（生于1907年），美国侨民；1941—1944年任驻纽约英国新闻处（调查室）初级助理，1944—1945年任驻纽约英国情报处调查室助理主任（1945年11月辞职）。

以个人身份向您讲述如下情况：显然一位英国公民是不可能成为纽约那个部门的负责人的。玛丽·库克充分意识到(或者这有所夸张)，伦敦方面怀疑她与其说是英国人民的特工，不如说是美国共和党人的喉舌。然而，如果您想令她以及她手下的那帮小朋友们听话，显然她还是那个部门能力最强的人，因此必须做到下面两件事之一：要么解雇她，要么让她了解到这么一个事实，就是她实际上是受到信任与喜爱
548 的，否则她就会像目前这样牢骚满腹。一方面，尼克抱怨调查工作正每况愈下，对所报告的事实的获取方法不正确，也许他没有说错。另一方面，据玛丽说，她意识到，寄给尼克的那些彬彬有礼的信函得到的唯一答复仅是些口气不无暴躁的电文，抱怨这件或那件事办得不好。我对双方都很同情，或许，您也是如此。显然她是已经尽力了，而科恩对此情况甚为了解，他不可能忘记尼克来此访问时说到的国际紧张局势，特别还谈到在此领域为英国情报处工作的美国人的问题。玛丽·库克显然是由于这样的经历而蒙受创伤，我建议的方式是，美国人确实继续为我们做这份工作，既然这不可避免，我们的态度最好就是，严格以他们所提供情报的质量而不是来源为评判依据。当然，每当听到来自纽约那边的指责，都会令您感到真实的怨恨与不满，但除非伦敦肯定派人过来取代玛丽，倒不如最终确认玛丽的位置，提升她为调查室负责人，这未尝不是一件好事，而且，得到确认之后，她与您所在部门的某个人之间就会展开友好而无拘束的联络，

不论这个人是您还是尼克。如果您那边可以给情报处调查室送去一些免费的奶油，说几句好话，并且，每一次严厉的批评都附带上几朵玫瑰花，奇迹肯定会发生的。这只是我这个老好人的建议，而我自己现在也正被安抚着。不过我肯定您通晓局势，也许您可以和罗宾谈谈此事，或许他会主动找尼克做妥善安排。虽然我不太喜欢扮演调停人的角色，但由尼克来做或许很好，我不想显得对此不加赞赏。我认为这是最棘手的一个外交案例，而不可否认，您有无限的能力。所以此事就交给您了。罗宾发自伦敦的定期报告说，在伦敦眼中调查科的工作也许是英国情报处最有价值的部分了——为了使其更有效率，电影、展览或是其他任何事都值得牺牲；这么说只是为了让奥博雷烦躁不已，因为其中暗示了对他价值体系的批评。所以，如果我是您，我要么把门关上，要么就敞开大门，即，要么解雇玛丽，派一位英国特工过来，要么就表示出对她的高度信任。您本人对此是怎么想的？理想的方案是，尼克本人愿意写一封信，极力赞扬调查室做出的哪怕是最不值得赞扬的工作努力，并同时附上有关变动的建议。不过我知道，要伦敦这么做有多难，因此，如果需要我通过巧妙渠道，让上面了解哪些改革是人们希望得到的，同时在调查室目前框架之内又是可能实现的，我会乐于执行这样的使命。还有什么比这更合情合理、令人满意的吗？ 549

各国外交人员为了起草联合国宪章而召开会议，聚集在旧金山，而伯林终于不得不失望地留在华盛顿，这时他得到一个极具诱惑力的提议，令他兴高采烈。伯林是这样回忆的：

> 那时，克拉克·科尔，驻莫斯科英国大使，很古怪的一个人，[……] 取道华盛顿去旧金山，他是被召去那里的——作为随行人员中的一员。我们一起吃午餐。出于某种原因他从美国人那里听说了我，所以我[被] 大使哈利法克斯邀请共进午餐，与他见面。我坐在他旁边，闲聊着，相处甚欢，然后他说："瞧，我听说你的俄语说得和俄国人一样好，事实上你就是俄国人。[……] 我的使馆里没有谁能说很好的俄语。你是否愿意过来为我工作一段时间？我想没有什么比这更好的了。我来看看能否办妥此事。"[1]

致玛丽与门德尔·伯林

1945年5月5日［手稿］

华盛顿特区英国大使馆

我亲爱的父母亲：

为什么不行呢？我是说为什么不要去莫斯科？A.克拉克·科尔爵士，有魅力，充满机智，很聪明，很能说动人。

[1] 迈克尔·伊格纳季耶夫采访伯林录音之二十一。

他的大臣，J.贝尔福先生，刚到这里顶替R.坎贝尔爵士的大臣一职，贝尔福在莫斯科待了两年，向我描述出一幅非常吸引人的图景。我去莫斯科的工作安排总共只有三四个月。按照计划，我7月离开这里，8月初到牛津，9月初动身，在莫斯科待上9月的后半月，10月、11月、12月、1月的前半月，在1月（底）回到新学院，重回我的宁静生活。这是一个不能错失的机会吧？我渴望去那里有多久了？俄国人这么快就能办妥外交签证[1]吗？我在那里可以和贴心好友，即科洛思维特在一起，当然会比和陌生人在一起好得多——莫斯科之行的魅力巨大无比。我现在处于最佳健康状态（如史密斯已经告诉你们的那样），我的鼻子再也没有异物感了，目前为止我一点鼻炎的烦恼都没有，除了有一次患上了普通的感冒，两天就好了，所以我真的比不知多久以来要觉得好多了。我对华盛顿烦透了厌倦极了，如你们所知，立即停止这样来回奔波不太合适，所以取道莫斯科做最后一圈兜风再正确不过。 550

7月和8月见到你们时，将和你们详细叙述此事的来龙去脉，那时候我将回到英国，并希望这次买的是Inecto 3号[2]。但我会一如既往地坚持自己的看法（看到这里，你们

[1] 1945年4月23日，N.柯尼科夫致驻莫斯科英国大使馆的弗兰克·罗伯茨的信中说道，应阿奇博尔德·克拉克·科尔爵士2月20日致苏联外交人民委员V.M.莫洛托夫的信中要求，驻伦敦苏联大使馆“按照指示为以赛亚·伯林先生颁发签证”。
[2] Inecto公司出售的一种产品，该公司批发化妆品，尤其是染发与护发产品；自从二十四岁头发变成灰色起，玛丽·伯林就开始染发。

会长长地叹口气），克拉克·科尔说没有人愿意在那儿待上三四个月，而新学院似乎真的需要我，所以只要我不在那儿待得太久，看起来这会是个好主意。也许，我还能去彼得格勒看看，或者随便什么如今在列宁格勒还可以看得到的遗迹——取道奥斯塔什科夫、安德烈亚波尔，托罗佩茨……如果此行能够享受“外交”待遇，应该不会错过这些地方。[1]

我见到了你们的科尔诺先生[2]，他友善大方、彬彬有礼。为了怀旧，明天我将同雷伯·亚非[3]一起吃晚饭，我将和他谈论他青年时期的俄文诗歌——柯达谢维奇[4]、勃洛克、布瑞乌索夫[5]，甚至还有一位现在在纽约名叫勃留克[6]的人（告诉拉什）。还有什么要说的呢？我坚持不懈地结交本地的苏

[1] 圣彼得堡在1914年更名为彼得格勒，原来的名字被认为太德国化；1924年，又更名为列宁格勒。奥斯塔什科夫、安德烈亚波尔与托罗佩茨是位于俄罗斯莫斯科西北特维尔地区的小镇，这些地方都在通往列宁格勒的铁路沿线。在迁居彼得格勒之前，伯林一家曾在安德烈亚波尔度过短暂时光（1915—1916）。

[2] 埃里克·科尔诺，原名埃里希·科尔诺（1893—1980），生于奥地利的伦敦沃尔堡的银行家（其企业最初叫“新贸易公司”，他是创始董事之一），他与伯林父母有交往，后来与伯林有来往。

[3] 雷伯·亚非（1876—1948），俄罗斯犹太复国主义领袖、作家、诗人，1920年移民巴勒斯坦。

[4] 弗拉迪斯拉夫·费里茨阿诺维奇·柯达谢维奇（1886—1939），诗人、文学评论家，1922年移民柏林，1927年之后诗作较少。

[5] 瓦莱里·雅科夫列维奇·布瑞乌索夫（1873—1924），象征主义诗人中的领军人物，评论家、文学学者。

[6] 也许是戴维·戴维多维奇·勃留克（1882—1967），未来主义诗人，1922年定居美国。

联一等秘书[1]（问题是：他是我们中的一员吗？[2]他妻子一定是的。晚餐后他说“嗯，你吃饱了吗？”[3]还递给我一支雪茄（“你喜欢古巴人吗？”[4]），雪茄里面掉出一只白色小虫。“你怎么啦？呃？那么你不喜欢它了？”[5]），显然难度**很大**，与“外国人”以及像我这样也许是“有用的消息来源”的人多打交道是我得到的指令。马上[6]，我要上床睡觉了。那天我见到罗莎·拉斯金，她还是很亲切，渴望回去；她妈妈身体不太好；她的叔叔[7]说就他所知已经没有什么人留在里加了，但所有从耶路撒冷回到（旧金山）的人都说伊莰与伊达很好。

还有什么可以告诉你们的？等我的箱子都打好包，通过 551
海路托运（我乘飞机）之后，盖伊·奇尔弗和我要分割财产，到时候会展开大量的经济活动——关于所有权的经济纠纷，例如半张地毯等。我打算把床单、毯子，以及一切可洗的东西都带回家。我刚在米德兰银行兑现了一百五十镑的支票，支付我最近的“手术”以及赴墨西哥度假的费用。我还要兑付相同数量的现金，在离开之前买些衣服，等等，因为

[1] 阿纳托里·戈尔斯基，化名格洛莫夫（见原文第506页注4）。
[2] 伯林此处原文为：ex nostris，意即“犹太人”。
[3] 伯林此处原文为：ну наелись？
[4] 伯林此处原文为：вы кубинские любите？
[5] 伯林此处原文为：чего вы так смотрите？ а？ ненравит'ся。
[6] 伯林此处原文为：A bientôt。
[7] 也许是她父亲的兄弟。

我已经衣衫褴褛了（在伦敦爸爸的裁缝那里做的那两套西装穿回去显得太粗俗了，这里则穿什么都没人在意）。

如果有什么东西我可以带的，立即写信告诉我，否则我就不会带了。通过外交部给我寄信，我这里的地址是（“通过外交公文袋转交”）。我非常期盼｛着｝回家，回到你们身边，与你们长谈。等我回去，在向外交部（现在他们是我的主人了）报到之前我会至少花一个星期时间去牛津微服私访，然后也许取道巴黎、开罗、耶路撒冷、德黑兰、第比利斯，最后去莫斯科！那将太棒了！[1]

爱你们的

以赛亚

致赫伯特·尼古拉斯

1945年5月8日[2]

华盛顿特区英国大使馆

私人信函

亲爱的赫伯特：

谢谢你寄来的两封极为有趣、令我眼界大开的信。如果我能有你信中所说的一半健康，我就很高兴了（上帝，约翰·惠勒—班纳特的婚礼，那位新娘……）。可我虽然没有

[1] 伯林此处原文为：chudno budet。
[2] 欧洲胜利日。

生病，但身体似乎也不比过去的三十年更好或更糟。我生活中最新发生的事，就是我肯定会在7月底或是8月的第一个星期回到英格兰，9月份我会去莫斯科，在那里待三至四个月，厌世但非常值得一交的A.克拉克·科尔爵士成功地把我引诱过去了（他的手段简单而又不可抗拒，途经华盛顿赴旧金山时，在我面前挥动签证）。1月底我就会永久性地回到牛津，这件事对史密斯而言是板上钉钉了，他也很高兴。我也许会把普里查德带回来，让他做一个变态的新学院法律导师，但还不要把这件事告诉别人。我极为高兴，显而易 552
见的事发生了，而埃克塞特学院终于侥幸击中目标了[1]（柯格西尔[2]告诉我的）。我不明白他们为什么摇摆不定这么久；我想埃克塞特的高级教师休息室将蓬荜生辉；我不知道校决策机构是否有如此大的权力，这样的权力应该留给三巨头的（基督教堂学院、巴利奥学院、新学院）。你认为莫德林学院是法国吗？[3]

至于旧金山会议，我没有什么真正的小道消息可以跟你说。确实，我希望被派到那儿去，因为在华盛顿听到的消息

[1] 他们给予了赫伯特·尼古拉斯研究员职位。

[2] 内维尔·亨利·肯达尔·埃尔默·柯格西尔（1899—1980），1925—1957年任埃克塞特学院研究员与英国文学导师。

[3] 借用了雅尔塔会议的典故，法国没有受邀出席此次会议。据2月11日致外交部的快讯，“戴高乐宣布，直至法国有机会平等地参与讨论，雅尔塔会议的任何决定才对法国有约束力，他还要求法国对莱茵河起始点区域拥有支配权，这些话被某些团体人士认为很讨厌、很不合理”（《华盛顿快讯》，第513页）。

比你们在伦敦听到的多不了多少。但是对我的上司们来说似乎不是这样，所以我就在这儿了。因此，如你所建议的那样，我要把注意力放在杜鲁门身上。我的上一份快讯作为简报，被认为口气太过激烈了，所以我随信把它寄给了你。总而言之，那些非法寄送的报告[1]基本停止了，因为这种安排已经被发现，而且有人已在私底下对我个人做出一种无声而有力的表态。然而，我最好时不时还得继续这么做，也就是在特别有趣的事情没有传达到位时（这样的特殊报告将作为一封致O.萨金特爵士[2]的信发出）。由于走漏了一些关于斯特蒂纽斯的消息（对此他大发雷霆，严厉追究那个行动方案的确切日期，这个日期只能来自（a）伦敦，（b）我的简报草稿中未包括的部分），我认为在这个特殊问题上最好不要坚持立场，但我不会让你仅限于知道官方情报资料。关于白宫的真相是，虽然杜鲁门确实很真诚、可敬（“我知道他很可敬，”伊克斯先生在罗斯福先生去世的那天[3]晚上也这么说，“可是就想不出什么别的修饰词吗？”），而且是带有中西部地方习气的自由主义者，是美国退伍军人中最好的一类，出人意料地讲求实用，活泼，干脆，能够与艾登和利特尔顿这样的人好好相处，但是，整个事件如此微妙，就像荷

[1] 未经审查的伯林官方政治报告，以隐蔽方式寄往伦敦。
[2] 欧尔姆·加顿·萨金特（1884—1962），1926年任外交部顾问，1939年任外交部代理副国务大臣，绰号“莫利”。
[3] 4月12日。

兰室内画一样，所有这些美德都不足以应对这次大危机，这
是真正的危机，之前从未出现过，单靠一般规则无法解决。
杜鲁门的偏好，只适用于那些体面而又不会令人害怕的从事
单调乏味工作的应声虫。他也许会赶走爱德华［·斯特蒂纽
斯］，因为他在外交政策方面一定需要依靠某个人，但关于
伯恩斯已经有一些谣传了。“你会当总统吗，还是他？”所 553
以那会是像哈奇参议员[1]或是巴克利参议员[2],或是某个关系
好而好的程度又极为有限的密友。那不会是像柯立芝这样的
人，因为杜鲁门真诚地希望帮助小人物而且讨厌财团，他不
喜欢纳尔逊·洛克菲勒[3]（后者具备其祖父全部的残酷无情
与其父的圆通，我们可怜、疯狂的哈多[4]完全心甘情愿地受
他摆布）。但这样的状态将保持在很低的水平，而且没有多
大意思。我给你和达夫妮写信说过是什么使他和惠勒关系密
切，看起来不再如此了；惠勒与克洛克在公开场合对他很
有礼貌，私底下形容他只是一个“平庸乏味的政治家”。“也
许我本该在妓院里弹钢琴，而不是当美国总统”，他亲切地

[1] 卡尔·艾特伍德·哈奇（1889—1963），1933—1949年任新墨西哥州民主党参议员。

[2] 阿尔本·威廉·巴克利（1877—1956），1927—1948年任肯塔基州参议员，1937—1947年任参议院多数派领袖，1948—1952年任副总统；著名演说家。

[3] 纳尔逊·阿尔德里奇·洛克菲勒（1908—1979），标准石油的创立者老约翰·D.洛克菲勒的孙子，慈善家小约翰·D.洛克菲勒的儿子；1940—1944年任美洲事务协调人，后（1974—1977）任杰拉尔德·福特公司副总裁。

[4] 罗伯特·亨利·哈多（1895—1963），1942年任职于外交部，担任顾问；1944年任职于驻华盛顿英国大使馆。

对我的一个朋友如此说，不过《新共和》[1]的欧文·布兰特[2]（不要和《圣路易斯邮报》的皮特·布兰特[3]弄混了），一位更老式的迪里亚德[4]，带着拉弗雷特[5]而不是诺里斯[6]的记忆，对他很欣赏，认为他是热情的自由主义者，但比新经济政策派更讲道理。你可以做出你的判断。

我很快会再次给你写信，不期待你的回复了，期待着8月份在牛津与你进行大讨论的真切感受。

你永远的

[代签]

附言：谣传中前参议员施韦伦巴赫法官[7]的任命很典型，几年前施在华盛顿州的牛奶场或是养鱼场或是别的什么

[1] 自由主义杂志，维拉德与多萝西·斯特雷特1914年创办：见原文第318页注1。
[2] 欧文·牛顿·布兰特（1885—1976），报纸编辑与作者，1945年任《芝加哥太阳报》驻外特约通讯员。
[3] 雷蒙德·皮特·布兰特（1896—1974），1934—1961年任《圣路易斯邮报》华盛顿分社社长。
[4] 欧文·迪里亚德（1904—2002），《圣路易斯邮报》的主要社论撰写者，专攻公民自由与基本法。
[5] 可能是老罗伯特·马里翁·拉弗雷特（1855—1925），进步改革斗士，1906—1925年任威斯康星州参议员，在国内问题方面终生都是自由主义者，但是强烈的孤立主义者，反对托管制与腐败，是争取税制改革与工人权利的运动家；他的儿子小罗伯特·马里翁·拉弗雷特（1895—1953），孤立主义者与热忱的新政派，1925—1947年继任其父的参议员一职，看来这里提到的拉弗雷特指的不是他。
[6] 乔治·威廉·诺里斯（1861—1944），1913—1943年任内布拉斯加州共和党参议员，田纳西河流域管理局“之父”，联邦电力项目与农场救援措施的倡导者。
[7] 刘易斯·B.施韦伦巴赫（1894—1948），1935—1941年任华盛顿州民主党参议员，1940—1945年任联邦法官，1945—1948年任劳工部长。

方面陷入了某些麻烦，他亲工会，反孤立主义，一个很好的 554
西北部激进派，但本人不太诚实，也没有什么思想水平，他与杜鲁门一起是后座议员，坚定、乏味而妥帖地为进步立法投票，对当地机器相当忠诚，对“法兰克福特们与图格维尔[1]们”抱有怀疑。

[附件]

总　统

虽然对新统治集团的总体质量与前景做出长期估计还为时尚早，但其轮廓正趋明朗可辨。对于总统，各方勉强认可其公开言论与执政动作是诚实、坚定和迅速的，并将忠实地继续推行其前任所提出的坚定的总体路线。而且，他和国会（还有媒体）的关系显然比罗斯福先生更好，尤其是在罗斯福先生的上两个任期。他还显示了支持可能会遭受公众任意攻击的个人与机构的倾向，态度清晰而坦率，而罗斯福先生往往没能表现出这一点，罗斯福更喜欢让各个机构利用毫无外援的资源为自己的前沿部门辩护，而白宫只给予较少的公开支持。这样一来他对其诋毁者的公开叱责吸引了按惯例本是由饱受责骂的普莱斯行政部门（不管怎么说都是效率最低

[1] 雷克斯福特·盖伊·图格维尔（1891—1979），经济学家，罗斯福“顾问班子”成员，1938—1940年任纽约城市规划委员会主席，1941—1946年任波多黎各总督。

的美联邦机构）来承受的攻讦；他让谣言不攻自破，这个谣言就是顽固的麦克凯勒参议员[1]（杜鲁门非常巧妙地把他迎进内阁）领导的“南方极端保守分子”通过拒绝批准著名的戴维·利连索尔主席[2]担任田纳西河流域管理局局长，将最终成功消灭或严重削弱管理局。在麦克凯勒参议员与田纳西州的斯图尔特参议员[3]造访杜鲁门表达抗议之后，他迅速
555 地宣布了对得到公正崇敬的利连索尔的重新任命，而该提名会比罗斯福时期更容易在参议院获得通过。人们还期待，对杜鲁门身为参议员时十分感兴趣的其他国内机构，他能够表现得同样坚定。尽管他与国会之间有着温情脉脉的关系，他已经流露出不愿被人利用的态度，对把农业工人排除于军队之外的企图，毅然行使其否决权。他以直截了当的方式驳斥了仓促草率的和平谣言，不经意间就赢得了公众与媒体的欢心。

这幅图景不那么乐观的一面，就是华盛顿总体执政水平也许会不可避免地下降。由新总统挑选组成的私人班底在名声上无可指摘，可是却有点迟钝、带有地方习气。他的首席

[1] 肯尼斯·道格斯（“汤姆”）·麦克凯勒（1869—1957），1917—1953年任右翼民主党参议员。

[2] 戴维·利连索尔（1899—1981），律师、模范公务员，1933—1946年任田纳西河流域管理局局长，1946—1950年任原子能委员会主席。

[3] 阿瑟·托马斯（“汤姆”）·斯图尔特（1892—1972），律师（1925年有一起著名的诉讼案，田纳西州的一位小学教师因为教授进化理论而被审判，他是这起诉讼的公诉人），1939—1949年任田纳西州民主党参议员。

行政助理麦金姆[1]（一位老“战友”，上一场战争中在杜鲁门所在的美国炮兵部队129团的炮兵连服役），一个耿直而平凡的密苏里保险商，在杜鲁门参加副总统竞选期间或多或少充当了他的保镖。他的私人助理马修·康奈利[2]（见2769号政治报告[3]），本人毫无个性，但无疑是足够称职的秘书；杜鲁门的军事助手沃恩[4]，也是他炮兵连的战友（这一干人马被《时代周刊》嘲讽为“密友政府”）。民主党的老大哈尼根[5]，如今升任邮政部长这一传统职位（该职位自1932年起固定由罗马天主教徒、爱尔兰裔、民主党主席担任），哈尼根替埃德温·鲍雷[6]——圆滑的石油巨子、民主党的理财

[1] 爱德华·丹尼尔·麦金姆（1895—1969），奥马哈保险经理，一战中与杜鲁门是战友，此后是他的亲密朋友，1944年陪伴杜鲁门参加副总统竞选，但是担任他自称的“首席行政助理”一职时间仅仅两个月。

[2] 马修·J.康奈利（1907—1976），1945—1953年任杜鲁门的约会秘书，他还是杜鲁门的牌友；据《华盛顿快讯》第547页的描述，他是“一个温和的罗马天主教徒，来自马萨诸塞，明显具有中庸风格”；后（1956）因共谋欺诈政府而被判有罪。

[3] 4月21日的快讯，《华盛顿快讯》，第544—549页。伯林所引的编号与政治报告并无专门关联，该号码是从华盛顿英国大使馆发出的电报的编号。

[4] 哈里·霍金斯·沃恩将军（1893—1981），杜鲁门的老友，1945—1953年任杜鲁门的军事助手，后来因行为不当而受到批评，包括因接受送给政府官员的冰箱而遭到质疑。此事发生之后，钢琴家与幽默家维克托·波吉曾经在他的音乐会上宣布：“我的下一首演奏曲目是贝多芬的经典作品《深冻协奏曲》，哈里·S.贝多芬的作品。［停顿］你们会注意到节拍——沃恩二，沃恩二。”罗伯特·H.法瑞尔，《哈里·S.杜鲁门：一生》（哥伦比亚/伦敦，1994），第361页。

[5] 罗伯特·埃梅特·哈尼根（1903—1949），1944—1949年任民主党全国委员会主席，为把杜鲁门列入候选名单出了很大的力；1945—1947年任邮政管理局局长。

[6] 埃德温·文德尔·鲍雷（1903—1981），加利福尼亚石油大王，1944—1945年任民主党全国委员会财务主管，1945—1947年任赔偿委员会美国代表。

家——弄到了赔偿委员会美国代表的职务；剩下的两项重要
556 任命都给了密苏里人——施奈德[1]担任联邦贷款行政官，罗斯[2]担任新闻秘书长。这些新禄蠹，从最好的方面来说，是可敬而有声望的庸才。杜鲁门先生任命的班底似乎不外乎像施奈德这样的人，不会令人兴奋，但是倒也诚实，自由主义者们挑不出其中有什么毛病，或是像鲍雷那样的民主党资助人，行为纯正，虽无可耻之举，却已遭遇了大量严厉批评。杜鲁门从密苏里政界寻找人选“取代”米利根[3]——他旧时资助人彭德加斯特[4]的起诉者，他还有可能任命他的密苏里老友与竞争对手、孤立主义者钱普·克拉克[5]担任报酬颇丰的联邦职务，人们对此兴趣平平。

然而，比总体而言虽然微小[6]且不能振奋人心，却无可

[1] 约翰·韦斯利·施奈德（1895—1985），银行家，保守派，1945年任联邦贷款管理局负责人，1945—1946年任战争动员与恢复局局长，1946—1953年任财政部长。

[2] 查尔斯·格里菲斯·罗斯（1885—1950），杜鲁门的同学；1918—1934年任《圣路易斯邮报》驻华盛顿首席特约通讯员，1934—1945年担任编辑；1945—1950年担任杜鲁门的新闻秘书与机要顾问。

[3] 莫里斯·莫顿·米利根（1884—1959），1934—1940年任密苏里西部地区联邦地区检察官，1939年成功起诉托马斯·彭德加斯特腐败案，1940年在美国参议员竞选中被杜鲁门击败。

[4] 托马斯·约瑟夫·彭德加斯特（约1870—1945），密苏里州堪萨斯城民主党领袖，也许是他那一代民主党人中最有权力的领袖人物；1911年起积极从政，1932—1938年在该州居统治地位；1934年支持杜鲁门竞选参议员；1934年因逃税入狱。

[5] 乔尔·班纳特（“钱普”）·克拉克（1890—1954），1933—1945年任密苏里州民主党参议员，1944年在竞选提名连任中落败。

[6] 伯林此处原文为：kleinmalerei。

指责的前述情况更为严重的是，在外交事务的应对方面，现
在依然充满不确定性。无须到利普曼开展密集的反斯特蒂纽
斯运动的程度，人们就会意识到并且迟早会相信新总统需要
一位拥有足够经验与权威，对国会、对公众也对总统自己有
影响力的国务卿。霍普金斯是没有什么大用处的，他正在华
盛顿家中休养，而伯恩斯依然是这个职位最受喜爱的人选。
虽然相比斯特蒂纽斯，伯恩斯在国会与国民中更有影响力，
而且有担任参议员并去过雅尔塔的经历，可是在外交事务上
他却算不上有深广的直接经验。所以，虽然新总统的人品显
然很正直，而且对国际事务的总体看法很合理，还受到像参
议员哈奇与巴克利这样真诚的国际事务专家的良好影响，可
是随之而来会有一段时期，说不上真的放任自流或是漠然，
但无论怎样都缺乏已故总统那样的巨大决心与充沛精力。如
果史汀生先生年轻十岁，他也许是这个职位的合适人选。实 557
际上，我们可能将经历错失的机会与疏忽的行为，与其说这
是由于对罗斯福政策的刻意更改，不如说这是因为政治天分
与在外交领域热情坚持的目标——承诺对国际事务产生显著
影响——曾相互结合，现在这种结合已不再有了。这个国家
当然还是充满了支持世界合作的情绪。而现在主要弱点不在
于公众舆论，甚至也不在参议院，而是在于这样一个事实，
即美国行政当局，虽然有很好的态度，但缺乏足够足够的人
与见解，来应对时代的苛刻要求。同时，不论未来如何，我
们没有理由抱怨杜鲁门先生处理日常问题的路线。目前为

止，他的方式是坚定、果敢而且迅速的。

致莫尔·科洛思维特

1945年5月12日［副本］

［华盛顿特区英国大使馆］

亲爱的莫尔：

我是在匆忙之中给你写信，因为希望这封信能跟着你的大使公文包裹一起走。我要说的只是，我怀着强烈的迫切心情期待着9月初到莫斯科（或者，根据A.克拉克·科尔爵士的意见8月底到，只要看看两种方案哪一个更可行，就采用哪一个，而且，我去得越早越好）。如你所知，我已经像《三姐妹》中主人公那样一直在唱着“到莫斯科去，到莫斯科去”[1]，天知道我这样唱了多久，我也许夸大了莫斯科之行令人兴奋的程度。我抵达时，将充分装备飞机上允许我携带的、维持文明生活所需的一切资源（希望如此）。杀虫剂、制鞋用的皮革、海豹皮帽，还有一些只有上帝才知道的东西，但如果除了博尔顿先生跟我说的那些常规物品之外，你认为还有什么东西特别需要我带去的，一定要写信告诉我。我预计7月底离开此地。我和新学院谈判过，和他们讨价还价，让他们允许我无论如何在莫斯科待到1月中旬，这个要

[1] 在契诃夫1904年首次发表的小说《三姐妹》中，普罗佐罗夫姐妹奥尔加、玛莎和伊琳娜，以及她们的兄弟安德烈，渴望逃离俄罗斯外省市镇的沉闷生活，重返莫斯科——他们童年时的家园。

求似乎十拿九稳了。你要做好准备，一旦我在8月31日左右突然自某地消失[1]，你得想方设法搬家。

有件事你会感兴趣，大约在四周前的一次广播中，恶名昭著的德鲁·皮尔逊先生说，波兰政府委员会的谈判破裂 558
了，很大程度上是由于A.克拉克·科尔爵士患病无法工作，谈判因而由著名的反苏外交官P.M.科洛思维特负责，他于是不遗余力地往这项工程里掺沙子。波伦与我想给你发一封祝贺电报，因为皮尔逊先生给人戴上的刑枷是对在这个国家所能找寻得到的美德的最高赞美。最后我们觉得还是不要给你发电报了，不过你还是名垂青史了，你的档案也许受到了特别认真的调查。

我最近身体不是太好，因为染上了一种古怪的流感而几度卧床，不过A.克拉克·科尔爵士告诉我，这在莫斯科是不允许的，你们那里运转得更加严格，根本就不会考虑肉体的虚弱。我的父母无疑是从你那里获知我调动的消息的，于是打电报问我“莫斯科之旅是否非常必要”，这是在英格兰与美国多处张贴的海报上的一句话[2]。在他们看来，苏联无疑是伤寒症与砰男孩[3]的混合物（依你那位埃尔德里奇先生的看法，那是多么美妙的东西）。尽管如此，我还是对这一

[1] 伯林此处原文为：spurlos。

[2]“你的旅行真有必要吗？”

[3] 热门音乐剧《砰男孩在这儿》，1916年在伦敦阿尔罕布拉剧院上演，次年上演《砰男孩在那儿》，1918年上演《砰男孩在百老汇》。

切极为期待。

给你许多的爱，如果需要带什么东西，一定告诉我。在离开之前我会设法看望你的家人。

你的

致克里斯托弗·考克斯

1945年5月14日

华盛顿特区英国大使馆

亲爱的克里斯托弗：

唉，众神的黄昏竞赛与抽奖分别在胜利日前三天与美联日[1]前两天举行。我适时做了补充，但是认为不值得把文件寄回，因为现在我发现每一项记录都已经被事实证明是没有根据的（除了赫斯[2]，他是明显的目标）。有两种选择，一是表明对任何未来发展完全没有预测能力（由于我不论如何都将离开这个机构，所以对我没有过多伤害），二是肆无忌惮的欺骗，就连你都会怀疑我是否具有这种欺骗能力，在这两
559 种选择之间，我决定什么也不做。如果你愿意我为你在这儿花上一枚美丽的六便士，务必告诉我你想要什么，我发誓会带回一件价值相当的物品。我不知道迈克尔·赖特是不是处理了我提供给他的一份报告；经过一番争论之后，人们

[1] 1945年5月7日得名美联日，当日美联社在胜利日正式宣告和平之前的一天泄露了欧洲战争的结束（《华盛顿快讯》第558、562页）。
[2] 见原文第694页。

决定不把这份报告转交给在旧金山的大使。

同时，由于被指（正如我们总在政府文件中所说）缺乏变革思想或意图，你的部门正遭受这里的许多谴责，并由于我们在托管权问题上遭遇的麻烦而蒙受对此不满的英国官员的严厉责备。尽管那样，我还是继续阐明我对充满青春活力的CO好战分子与外交部倦怠屈从的未老先衰者之间所做的不受欢迎的比较，而这依然会激发令人快意的强烈反应。我在加紧活动，期望在7月就能彻底离开这一切。8月你是否在英格兰？诚心希望并相信你会在那里。我将在牛津逗留一个月，然后离开三四个月，去你知道的那个地方（如果你不知道是哪里，就去问新学院院长。也请你一定问问他，我申请做一年法学导师的事怎样了。他是个了不起的人）。

我听说你的兄弟戴维[1]在这儿，但不知道他在哪里，是什么职位。的确，我以为他会过来见我，却是一个完全不相干的人打电话过来，说他是“罗素海军中尉”[2]。几分钟后，一个矮个子走进来，微笑着，坐在椅子上，一语不发。经我一再要求，他出示了一张字条，上面写着：“兹介绍我的儿子，法律界知名人士安伯利勋爵。虽然他是我的儿子，我认

[1]（安东尼）· 戴维 · 马切尔 · 考克斯（1913—1994），中世纪史学家；1937—1939年任全灵学院研究员，1939—1980年任大学学院研究员与讲师；狂热的登山家，战争期间的多数时候都在加拿大、黎巴嫩与威尔士担任军队山区作战教员。

[2] 约翰 · 康拉德 · 罗素（1921—1987），后（1970）成为罗素伯爵四世，伯特兰 · 罗素之子；精神分裂症患者，二十八九岁之后病情日益严重。

为他很讨人喜欢。罗素。”而你的兄弟从来就没有露过面，如果他还是不出现，我会向大学学院的新院长提出正式抗议（对于那所学院发生的事情我真的感到震惊）。巴利奥学院似乎继续沿着传说中的加大拉大陡坡往下滚，而且速度比以往更快了。这位院长看来是多么可怕的灾难啊。我不指望你比我更喜欢全灵学院［对萨姆纳］举行的选举，那都是面子在起作用，毫无疑问，我当然更偏向汉考克[1]，但奇怪的是，聚集在这里的全是全灵学院的官僚们——哈利法克斯、布兰德也这么认为，或者，他们是这么说的。不过我一直喋喋不休，必须马上停口了。

你为什么不在我永远离开之前，来此地一趟呢？从你那
560 里过来的官员们越多越好，与美国人谈论殖民地教育一定是很好的理由，鉴于他们将专门为此派遣代表团奔赴英联邦及帝国。只要你吩咐一声，我会作为最后的下意识之举，把它作为神圣遗产留给M.赖特，务必在今年结束之前让你到达这边。显然我必须停笔了。

你永远的

沙耶

新学院档案

[1]（威廉）·基思·汉考克（1898—1988），历史学家，全灵学院首位澳大利亚研究员（1924—1930），1944—1949年任全灵学院经济史齐切利讲席教授。

致兰伯特男爵夫人[1]

1945年5月28日［副本］

［华盛顿特区英国大使馆］

亲爱的［汉西?］：

非常感谢您令我享受了充实而丰富的超级周末。我几乎不记得，在此之前自己是否也曾亲眼见到这么多各色各样的人同时出现，带给我如此丰富而生动的印象，留下大量令人兴奋而又来不及消化吸收的素材，我得在华盛顿花上几个小时甚至几日，在记忆里对它一一整理归档。我只是希望我这个客人不至于太令人讨厌，没有令你们精疲力竭——沃克夫妇[2]在我看来无精打采的，他们星期四与我一起吃的晚饭，我们都平静地早早上床睡觉了，心中充满着感激的回忆。

下次我在纽约的时候，即下星期二，如果可以，我将给您打电话再次感谢您。

您诚挚的

以赛亚·伯林

[1] 乔安娜·冯·瑞宁豪斯·兰伯特男爵夫人（朋友称她为“汉西”）（1899—1960），出生于奥地利。第二任丈夫亨利·兰伯特男爵（1887—1933）的遗孀。男爵拥有兰伯特商业银行，他们住在银行楼上，面朝位于玛尼克斯大道24号的布鲁塞尔皇宫。在战争前夕男爵夫人和她三个年幼的孩子逃到美国，大多时候租住在纽约的一间公寓，也许就是伯林度周末的地方。她还在弗吉尼亚买下了一处农场（在那里人们叫她“珍妮”），作为投资，并将其现代化了；从华盛顿来的朋友有时去那里拜访她。战后她回到布鲁塞尔。

[2] 约翰·沃克（1906—1995），1939—1956年任华盛顿国家美术馆总馆长，后（1956—1969）任董事，他的妻子是玛格丽特（·格温德伦·玛丽）夫人（1905—1987），婚前姓德鲁蒙德，珀斯伯爵十六世之女。

附言：我想我落下了我的新院长慷慨题赠给我的一首

561 苏联新国歌[1]。如果可以，我在纽约时会要回它，它显然有很高的情感价值。

附附言：马金斯基真的是里海地区可汗的儿子吗？[2]我觉得那可太帅了。

附附言：阿里吉[3]从多德卡尼斯[4]给我发电报。我应该回复吗？我没有回复。

[1] 见原文第473页注3。

[2]“马金斯基”是南阿塞拜疆巴库可汗统治家族的姓氏，巴库（现位于伊朗西北）是南阿塞拜疆的首府，距离里海二百五十英里。也许伯林所指的是亚历山大·马金斯基可汗（亲王）(1902—1988)，或是他的弟弟吉里尔·马金斯基可汗(1910—1991)。他们的父亲帕夏保罗·马金斯基可汗（1862—1934）在1920年前后移民法国，直至1922年巴库可汗统治被废止之前，严格意义上说他可能还是可汗。

[3] 阿里吉·迪普拉拉科斯（1912—2002)，1945年12月与约翰·罗素结婚（原文第315页注4)；她曾与保罗—路易·维勒司令（1893—1993）结婚，维勒是法国战斗英雄、实业家、慈善事业与艺术品的资助人。

[4] 位于爱琴海、土耳其西海岸外的群岛，包括罗兹、科斯与卡帕索斯；1912年之前属于奥斯曼帝国，之后归属意大利，后（1943—1945）由德国人掌管；伯林写这封信的三周前，多德卡尼斯群岛已经被移交给英国军队控制，直至1947年该群岛被割让给希腊。

致R.文内尔

1945年5月28日［副本］

［华盛顿特区英国大使馆］

亲爱的文内尔先生：

在两三个星期之前我们在电话中谈过话，当时我因为您寄来的特制鞋样而向您致谢，您非常友善地告诉我，我在最后离开这个国家之前可以再次向您申请，可以再要一个同样的鞋样。因为您的善意，我现在是一双崭新鞋子的快乐所有人，不过我担心，由于我要去的地方是寒冷的莫斯科，人们告诉我去那里要自己带上制鞋所需的皮革，更不要说鞋子了，仅靠一双新鞋几乎不能帮助我度过那里可怕的酷寒天气，而在无鞋可买的伦敦我也没有希望能够对此做出什么补救。一直都没有远见的我，在美国的整整四年只买了一双鞋，所以我的情况比较严峻。因此，如果您能够再给我寄来两份鞋样，我会十分感激——我已经如我所承诺的，在祈祷时想起您。我保证我将加倍感激您的慷慨赠予。

随函附上我那本3号配给证的最后残留部分。

您诚挚的

以赛亚・伯林 562

致克里斯托弗·希尔

1945年5月29日［副本］

华盛顿特区英国大使馆

亲爱的克里斯托弗：

我有好多话要对你说，然而只有一部分能够压缩进这封信中。所以我会试图好好梳理一下要说的话，好让这封信出人意料地简短。

(1) 我将正式拜访你，和沃纳先生[1]与杰弗里·威尔森[2]以及你本人谈论我意料之外的苏联之行，此行是A.克拉克·科尔爵士在我不知情的情况下安排的，并在事后得到了我热烈的赞同。我不太清楚自己为什么要去莫斯科，到了那里也不知道自己该做什么，我也不知道我将是什么身份、什么待遇，等等。不过我期待等我见到你时，你的部门会把这一切都准备好了。和俄国相比，这里的形势非常好，从旧金山发去的电报中你不大会发现这一点，因为我的同事一直勤奋地往电文里充实细节，而你的一位同事则一直在给电文削骨去肉，因而你从官方渠道获知的信息相对而言不会太多。对这个话题如果你有好奇心，等我到了，我会努力把这里，尤其是国务院与白宫，发生的事情告诉你。在纽约，

[1] 克里斯托弗·弗雷德里克·沃纳（1895—1957），外交官，时任外交部北方司主任，负责苏联。

[2] 杰弗里·马斯特曼·威尔森（生于1910年），在北方司供职，克里斯托弗·希尔的同事，为克里斯托弗·沃纳工作。

"舆论制造圈"的情状好比面对进攻性特别强的追求者而畏缩的少女，也就是一种既想逃离又想拒绝也想屈服的混杂心情，结果就像是精神分裂患者表现出来的症状。我正忙着开展一项深入细致的运动，向我所熟悉的一些人证明，与俄国发生战争的愿望只能导致两种结果中的一种：(a) 美国打败俄国；(b) 俄国打败美国。对于后者，他们自己就能够明白那是他们不愿看见的，但是我发现要向他们证明前者可能导致的可怕后果却不那么容易。虽然如此，每天我还是能够稳定地取得一点进步。在杜克罗先生攻击了白劳德之后[1]，共产党的媒体中流露出惊慌，不过我想你对此很了解。

(2) 我们这里现在来了各类密使，如多兹与调查斯拉夫语言教学情况的高尔顿小姐[2]等。牛津选择的考诺瓦罗夫[3]在我看来似乎有点令人郁闷。我个人与他并不相识，但一直认为他主要是对俄罗斯社会历史与经济有平庸而二流的兴趣，除非必须，对俄罗斯语言和文学并无兴趣，也许我这么 563

[1] 雅克·杜克罗（1896—1975），法国共产党代理书记，撰文批评美国共产党总书记厄尔·拉塞尔·白劳德（1891—1973）的"修正主义"。白劳德后来被开除出党，之后美国共产党采取了更加强硬的立场。

[2] 多萝西·高尔顿（1901—1992），1928—1932年任贝尔纳·佩尔斯的秘书（见下注），1932—1961年任伦敦大学斯拉夫与东欧研究所行政秘书；1945年访问美国与加拿大，在那里做关于斯拉夫语研究的报告。

[3] 谢尔盖·阿列克桑德洛维奇·考诺瓦罗夫（1899—1982），出生于俄罗斯的经济学家与政治科学家；1929—1945年任伯明翰大学俄语教授，1931—1940年任伯明翰俄罗斯经济状况研究机构的刊物《备忘录》的编辑，1930—1945年任牛津大学斯拉夫语研究讲师，1945—1967年任俄罗斯语教授。

看是错的。他显然比悲惨的斯特鲁维[1]好，但那也不是说他就好很多。然而木已成舟，占据我头脑的念头是，如果要在英格兰做一点俄罗斯研究，一些出色的人才必须得到理解与接受，使他们成为欧洲大陆的朝圣中心。这样的人迄今为止我只发现一位——罗曼·雅各布森[2]。你也许还记得他那个相貌愚蠢的弟弟[3]，在皇家国际事务所查塔姆中心和贝尔纳·佩尔斯爵士[4]的家里见过的。他这个弟弟也在这里，在国会图书馆工作，虽然不是很有才华，但至少具备专业能力，比老朽的白色卫兵[5]强，虽然那些白色卫兵应该监管国

[1] 格雷伯·佩特洛维奇·斯特鲁维（1898—1985），出生于俄罗斯的文学史家、翻译家、评论家与诗人，1932—1943年任伦敦大学斯拉夫与东欧研究所俄罗斯文学讲师，1943—1946年任高级讲师。
[2] 罗曼·欧西珀维奇·雅各布森（1896—1982），俄罗斯裔美国语言学家、文学评论家与文学史家；1920年离开俄国，1933—1939年在捷克教书，1939—1941年在斯堪的纳维亚；1941年定居美国；1942—1946年在纽约任法国—比利时流亡大学普通语言学教授。
[3] 谢尔盖·欧西珀维奇·雅可布森（他没有像他哥哥那样把自己的名字改为英语化的“雅各布森”）（1901—1979），生于俄罗斯，俄国革命之后迁居德国，后（1933）去英格兰，在那里成为伦敦大学斯拉夫与东欧研究所图书馆员及荣誉讲师；战争初期他为英国情报部翻译俄语广播；1941—1971年任国会图书馆斯拉夫历史及语言的专家。
[4] 贝尔纳·佩尔斯爵士（1867—1949），理查德·佩尔斯的父亲；杰出的俄罗斯历史学家；1919—1936年任伦敦大学俄罗斯历史、语言与文学教授，1922—1939年任伦敦大学斯拉夫与东欧研究所主任；历久不衰的经典著作《俄罗斯历史》（伦敦，1926）的作者；大多数时间住在俄罗斯，1931年出版《我的俄罗斯回忆录》；1939—1940年任国外研究与出版处（原文第339页注5）苏联部负责人。
[5] 国会图书馆丰富的俄罗斯藏书的核心部分，是1906年从西伯利亚伏特加酒制造商根纳季·瓦希里耶维奇·尤丁（1840—1912）手中购买的八万本藏书，而后在20世纪30年代从苏联政府手中购买的书籍又极大地丰富了馆藏。伯林写这封信的时候，人们对于这部分藏书的发展记录所保持的缄默引人注目。它的保管人包

会图书馆庞大的俄罗斯藏书。然而目前这批在俄罗斯本土之外最大的收藏品却没有收入目录，其中最好的部分还放在没有打开的正在腐烂的板条箱里，这种状况令人吃惊。那些在一位温驯而忧郁的牧师辅助下的白色卫兵们，其实就是一群 564 法西斯野兽，假如真有这样的种群存在。不过，还是说回罗曼·雅各布森，据所知的那些有才能者的看法，他是俄罗斯本土之外最伟大的斯拉夫语言文化研究专家，高尔顿小姐似乎也支持这样的观点。我对专业斯拉夫研究一无所知，不过无疑他是最出色的人物，显而易见是一心一意的学者，能够把兴趣注入对北萨哈林[1]某个有两百多人的部族的抒情诗传统（虽只靠口头相传但充满民族特征）的讨论中。在我看来他对18世纪至19世纪的普通文学甚为精熟，而且1918年之前显然与每个莫斯科人都关系良好，我知道，他是在那之后不久就离开了，他曾经是住在布拉格的流亡者，还娶了一位捷克妻子。我认为他与苏联的关系并不糟糕。我想，也许伯明翰大学会给他提供教授之职，或者，虽然这听起来有点荒唐——考诺瓦罗夫也许要聘他担任自己的语言学助理，因为他对自己所任教职所要求的俄语方面的知识背景一无所知。我们的状况将会是这样，一个雇佣文人理论上领导着一位享有国际声誉的学者，不过，这个问题也许可以解决。我

括在1918—1920年俄罗斯内战中与布尔什维克作战的混杂部队中的幸存者，常被称为白卫军。

[1] 俄罗斯最东端的省份，包括库页岛与千岛群岛。

把这一切都写信告诉你，以备你去牛津并见到任何与此有关者时需要——汉弗莱、萨姆纳或是随便哪个人。所有英国大学似乎目前都反对任用难民、流亡者等。我能看出来，如果他们是打上了政治标签的人，可能会遭到反对，不过既然研究这个课题的英国学者极为缺乏，而且美国人那边又没有很好的人选（西蒙斯先生[1]是最好的，B. 佩尔斯爵士对他极为信赖，但其实他不是很有价值，相信我），所以那样的反对长久不了。不论雅各布森去哪里，他必将吸引其他才智出众的人来辅助他，如果开办暑期学校之类，以及大张旗鼓地开展俄国研究，他很轻易就能成为他们中最有可能得奖的小狗。所以如果可以，你一定要为他做一些宣传。我几乎不认识他，但是这个独特人物给我的印象极深。我要让多兹和他吃午饭，高尔顿小姐已经是他的狂热皈依者了。我相信，目前需要做的，就是阻止英国大学选用本埠平庸之徒；否则我们将永远不能摆脱困境。我也无法夸大那些牛津选举人的愚蠢，他们直接给苏联候选人写信，而不是通过相关渠道。不过那又是一个很长的故事了。

565 （3）斯图尔特·汉普希尔让我苦恼，他告诉我他从你

[1] 厄内斯特·约瑟夫·西蒙斯（1903—1972），俄罗斯专家、文学史家、文学评论家，1936—1939年在哈佛大学、1941—1946年在康奈尔大学、1946—1958年在哥伦比亚大学任教；出版作品包括受到高度重视的传记《列夫·托尔斯泰》（波士顿，1945—1946）。伯林后来把“赫尔岑与巴枯宁论个人自由”（《俄国思想家》一书再次收入）给了西蒙斯主编的书《俄国与苏联思想的延续与变化》（坎布里奇，马萨诸塞，1955）。

的院长那里收到一封信，说他不是巴利奥学院需要的类型，我原以为他正是巴利奥学院所需要的。不过，你了解你的院长，不需要我冲着你咆哮唾骂他。我听说对汉普希尔的主要反对理由是，（a）他是个记者，（b）不善“交际”。我不知道牛津还有没有别的研究员职位，但汉普希尔说他想去外交部或是类似地方看看。等我回到英格兰，我会和D.斯科特爵士谈他的事，他是很好的人，可以对他说真话。否则我不知道我能做什么。在我看来，牛津最大的遗憾就是让汉普希尔走了，全灵学院似乎明显急着要打发他走。如果你有机会，也许可以向萨姆纳提一提他，看看萨姆纳是如何想的。等到了伦敦我可能还会因为这个问题而麻烦你。

（4）我相信，我没有抓住机会顶替布里格迪埃·斯凯夫[1]在汤因比教授部门的职位，你不会认为我古怪的。我不知道该如何仔细措辞，而不致冒犯汤因比，然而还是清楚地表明，我宁愿失业或是挨饿，也不想置身于我在1944年所发现的、包围着你们所有人的气氛中工作。他们告诉我，需要我“在东欧前线进行调停与起草文件的工作”。在我这边，这听起来愚蠢得令人难以置信。我不知道伦敦那边是怎么看的。我刚刚读完一篇专栏文章，得知乌库里基将军[2]是个非常大胆的人，遭到我

[1] 布里格迪埃·埃里克·欧曼尼·斯凯夫（1884—1956），1934—1937年任驻莫斯科使馆武官，1941—1944年任职于外交部研究处苏联室。

[2] 利奥波德·乌库里基少将（1898—1946？），波兰本国部队领导人，苏联政权在1945年提出与之会谈、随后又逮捕的波兰十六位领导人之一。6月在莫斯科举行了有名无实的公审之后，他们被判处长期监禁。乌库里基的刑期是十年，但是

们与俄罗斯人不光彩的对待（文章是一个不错的左翼新政派写的），与该文一起的还有一篇苏兹贝格先生写的漂亮文章，告诉我卢布林[1]背后真正掌握实权的是索尔·阿姆斯特丹，亦以阿姆斯特丹斯基与索尔斯基等名字而为人所知。他在1917年是犹太复国主义者，1919年是共产主义者，与拉德克[2]生于同一个村庄，也许一生下来就被抛弃了，自1941年起他开始在波兰活动。和通常情况一样，人们描述他是一个小个子，不引人注目，头发灰白，诸如此类。这样的老队伍成员越来越少了，他们中没有人写回忆录。你是否认为，我可以问问，在莫斯科的时候能否见他？我们两个的名字放在一起很合适，而且我们可以快乐地怀念1917年犹太复国主义的年代。我必须停笔了。

你永远的

566 以赛亚·伯林

致斯图尔特·汉普希尔

1945年6月6日［副本］

华盛顿特区英国大使馆

亲爱的斯图尔特：

你不会期待我没完没了地说我对院长的所作所为有何看

他在1946年死亡，也许是被处决了。

[1] 当地在1944年建立了有共产主义倾向的临时政府，与伦敦的波兰政府对抗，

[2] 卡尔·伯恩加多维奇·拉德克（1885—约1939），原姓索伯尔松，波兰籍犹太人，革命者，出生于奥地利波兰（现在是乌克兰的里维夫）的伦姆伯格（是一座城市，不是村庄），1937年被捕，判处十年监禁。

法。不过我不认为巴利奥学院的举动必定影响到你在牛津的未来。我的思绪习惯性地转到了新学院，明年我本人将继续在那里工作，已经向他们承诺，无论如何，在转入别的研究领域之前都会教一两年的哲学，但是我不认为你会愿意接受全灵学院提出的类似［伊恩·］鲍恩那样的条件[1]，因为那样的生活是不稳定的，也不够有尊严。当然，如果他们在全灵学院给你提供一个适当的研究员位置，情况就大不相同了，在那种情况之下，也许要对新学院做点什么。关于这一点你只能从萨姆纳那边了解了，我以为，如果那就是条件，我想你应该向他挑战，毫不犹豫。

至于去政府部门当公务员，D.斯科特爵士是提供所有这类任命的来源，在他手下还有艾弗·马莱特[2]与一些职位更低的小人物，我认识其中几个。这方面我可以起一点作用，我想。我已经向艾什顿—格瓦特金[3]提起此事，他并不直接负责，但是他与领导核心有一定关系，他说到了斯科特和马莱特。我很了解斯科特（我相信，他现在是副大臣或是类似职位的人了），我与他保持着相当友好的通信，他希望我接受一份工作，而我也许是过于激烈地拒绝了他。7月份

[1] 伊恩·鲍恩当时是布雷齐诺斯学院的讲师，但也许可以接触全灵学院的人。

[2] 威廉·艾弗·马莱特（1900—1988），外交部顾问；1945年任外交部人事处负责人，分管他的工作的次长就是戴维·斯科特爵士。

[3] 弗兰克·特里劳尼·阿瑟·艾什顿—格瓦特金（1889—1976），1944年任职外交部，皇家使团的高级督察，官阶相当于大臣；以约翰·帕里斯的笔名创作冒险小说。

我会在伦敦，到时候，如果你吩咐，我就和他谈谈，我也会和劳谈谈，如果你希望我这么做，他对这样的事通常没有太多的影响力，但是有他的帮助也许对事情会有辅助作用。

我认为哈罗德·尼克尔森一点忙都帮不上——我也许错了——不过我相信，你我对他的看法正是所有人对他的看法，即，不论怎样，他的话都没有什么内在影响力。我一点都不认识艾登，和他说过两次话，不过我想现在认识他了，几个月前我从情报部那艘正在沉没的船上调到了那个部门，
567 于是认识了几位所谓的高级官员。所以，如果真的需要，那就让我做点事情。为此我还会在牛津四处忙碌地活动一番，既然我想你可以直到大约9月才拿定主意，那时候我将再度离开，这一回我是去莫斯科，虽然此行应该略为保密。

我对别的政府部门一无所知。我也觉得达夫·库珀没有什么用处，不过我在这边和罗杰·迈金斯谈过，他询问了你的婚姻状况，我让他放心，他说他会给马莱特与巴克利先生（我们的同龄人）写信，巴克利来自剑桥，看起来不起眼，但是斯文、温和而且精明。迈金斯打算告诉他们，他们在全灵学院的经历都很出色——贝克特[1]、赖利、奥尼尔还有他自己就是例证——仅凭列举这些名字，他就急于得出好的结论。然而，想要进入那个部门工作，他们就会比较留意

[1]（威廉）·埃里克·贝克特（1896—1966），律师，1921—1928年任全灵学院研究员，1925—1953年任外交部法律顾问。

你所期望的结婚对象的背景、政治品质等，你会觉得这样的刨根问底令人不适，并因此感到恼怒。我还会给新学院的史密斯写信。我想你该和赖尔谈谈，或者如果你更喜欢让我来做这件事，不急的话，那就等我回来。我本该认为，作为讲席教授，他和普莱斯应该能够直截了当地向基督教堂学院或是奥里尔学院说清楚（别人告诉我马克拉根不会回来了，但我不知道此事真实性如何，不过接下来还有罗斯顶缺）。

如果你的政治信念真的变得立场分明了，而且充满热情，外交部那里可能会让你很疯狂很沮丧，除了外交部——那里的好处和坏处一样多，财政部也是一个真正有影响力的地方，而且真的有趣。那里比较显眼的人似乎是（a）迈纳斯[1]，他一定能够做点什么，尤其是在莫里斯的胁迫之下，（b）E.布里吉斯[2]，那里的新领导，出于坚定不渝的党内团结精神，他一定会办这件事的，（c）丹尼斯·里克特[3]，虽然他不是其中成员，但我肯定他能够通过一点私人关系帮你说话，最后还有（d）爱德华·普莱费尔[4]，我认识他，盖伊·奇尔弗也认识他，他是年轻人中最有能力、最可信的。

[1] 罗杰·迈纳斯在1940年被任命为财政部临时主管。
[2] 爱德华·布里吉斯（1892—1969），1920—1927年及1954—1968年任全灵学院研究员；1919—1938年任职于财政部，1938—1946年任内阁秘书长，1945—1956年任财政部常务秘书长。
[3] 丹尼斯·赫伯特·弗莱彻·里克特（1907—1997），1929—1949年任全灵学院研究员，1943—1945年任奥利弗·利特尔顿（生产大臣）的首席私人秘书，1945年任约翰·安德森（财政大臣）的私人助理。
[4] 爱德华·怀尔德·普莱费尔（1909—1999），1934—1946年任职于财政部。

568 还有凯恩斯勋爵，我和他不太熟，不能与他要诡计，但通过罗伊或者斯帕洛或是别的什么人去找他，他应该不是不可接触的。这些人比哈罗德都更有影响力，尤其是凯恩斯，他喜欢聪明的年轻人，而外交部就不能说像他一样了。

我觉得有趣，看见［克里斯托弗·］希尔现在在北方司，和杰弗里·威尔森[1]共同负责“苏联与波罗的海诸国”，杰弗里·威尔森曾经是克里普斯的秘书。他们必将创造出一座与周围环境色彩大不相同的意识形态岛屿。[2]

至于我自己，在某种程度上我强烈盼望能返回牛津，我的思乡之情比以往任何时候更甚了。丘吉尔先生说，假设做感到不适的事可能比做觉得宜人的事更正确，那么我们对自己职责的了解就比对自己的兴趣与行为的了解更加清晰。我一直任由我这儿的上司，A.克拉克·科尔爵士和外交部把我往这边拉、那边拉，唯一的条件是在1946年初永远地回到牛津。现在有一个计划要派我去莫斯科，然后回华盛顿，最后回牛津。我已经表示很不愿再回到美国（撰写“精雕细琢的”快讯，它一直指导着英国政策的走向，并在此后多年

[1] 威尔森以前曾受委派到驻莫斯科英国大使馆，在克里普斯手下工作。

[2] 希尔是马克思主义者、共产党员（直至1957年），威尔森在1930年曾任牛津大学劳动俱乐部主席，所以虽说在外交部他的政治观点不像希尔的那样与其他人格格不入，但他也会比他的同事更左派一点。（关于希尔在战时从事的事业，有许多猜测，而他本人对此从未公开评论过，例如，他是否是特别行动处成员，在他死后，有种说法说他是苏联的“鼹鼠”。）

成为伍德沃德[1]的研究对象），不过还是让他们为此打架吧，而不是让我自己在这个过程中流血。我渴望着无论怎样在8月的时候会见到你。

你永远的

致阿利克·史密斯

新学院院长

1945年6月6日［副本］

华盛顿特区英国大使馆

亲爱的院长：

我写此信只是为了让您先了解事情的背景，如果外交部研究此事，他们可能会与您联系。在您离开美国之时，一切似乎都妥善安排了。我们的新大臣，乔克·贝尔福从莫斯科回来，不久就开始因为要把我留下而焦虑不安了，认为我不可缺少的旧时错觉使他苦恼不已，而他手下一些头脑更为简单的同事们则已经因此而惶惶不安了，相信我，这样的看法无论怎样都是没有充分的依据的。经过多次往来交涉，给旧 569
金山的哈利法克斯勋爵发电报，等等等等，他们决定致电伦敦，提议批准我去莫斯科，像最初计划的那样，而那边还是要求莫斯科之行后我还得要回到这里，即在12月（就是说，9月我从伦敦去莫斯科，10月、11月和12月的前半月待在

[1] E.L.伍德沃德1939年被召回外交部，研究英国外交政策史。

那里），然后回到这里一直待到1946年1月，“履行特殊职责”。伦敦—莫斯科、莫斯科—伦敦、从伦敦再回到华盛顿的确切日期还是有点灵活性的，但总体安排则将在1946年4月全部结束，我提出，我不妨永远离开牛津，并要求获得养老金。对于这个计划我没有表示出任何热情，于是被适时教导了一番，说我把我自己，或者往最好的方面说，把学院与大学的利益，置于我身为男人与公民的明确责任之前了——这里是世界上最重要的英国大使馆，而我却要在英、美、苏关系的关键时刻离开这艘航船，而我又身怀独一无二的资质，等等等等。我一再询问他们，在我回来的几个月里他们究竟打算让我做什么，结果是（a）我将免于行使每日起草文件等例行职责，并将担任“总顾问”，处理一些被认为届时将很严重迫切的问题，（b）由于行使该职责的必要性也许将无限期延续，并且到了1946年4月1日还不会终止，有一份特殊的工作还得我做，即撰写拉斯基所谓的“精雕细琢”的快讯，阐述在过去的五六年中美国在对英、苏关系中所采取的外交政策，让事实还原其本来面目，从而，当伦敦的急躁官员们面对美国政策的突然转向或是愚钝之举而有着火危险时，我的快讯可以起到纠偏作用。这样的快讯是非常了不起的，是所有官员们会一直提及并引用的，通过追踪美国政策的历程，它将使官员们保持冷静，并且，希望快讯中相互矛盾的零星片语不会令他们不满。我不能否认，写这样的文件是有必要的，而且不论由谁来写，这个人都应该在美国而不是在伦敦，因为明智的做法就是与美国杰出人士，官方与非官方的，就所写文件包含的问题进行非常不正式的私人化的交谈，既然作者已经刚巧和这样的人有私密的关系，这样，也许一个在美国待了三四年的人只需要两个月的时间就可以写出所需的五六十页的文章，而不是完成研究这个题目无疑需要的三册书的篇幅。说这些的时候我零散地发了一些牢骚，我成了新大臣（老资格的新学院人，他安慰我）的囚犯，而我的牢骚遭到漠视，他们滔滔不绝地诉求着，想让我好受一点。

假如外交部或学院觉得这不是特别好，我将解除职责， 570
根据安排在2月份平静地返回。当面对不同职责之间的冲突时（请罗斯与普里查德原谅愚见）[1]，我只能把决定权交给更高的权威，并遵守巨人们之间交战的结果。我想只是让您了解这就是预期的情况，情况——当然不是上面提到的关于快讯的那部分——并未全部上报给外交部，因而，请您最好对此保守秘密。至于上面提到的关于快讯的那一部分为什么没有告诉外交部，我不太清楚，除非是让伦敦了解情况的必要性，在这边看起来也许要比在伦敦更为明显，而他们只是还不愿因此冒着受到伦敦尖刻反驳的风险。这个计划看起来没有害处。

[1] 罗斯与普里查德都讨论过不言自明的职责间的冲突是否真实，并提出解决这类问题的方法；但把顺从政治权威当作摆脱这类冲突的途径，他们对此是否反对，并不特别清楚。

我收到瓦德汉姆学院院长有趣的来信，抱怨如果另一个（爱德华·）普里查德来了，“他将（a）不懂英国法，又（b）是个美国人”。对此我倒并不在意，我想您也是如此，如果您能说一两句话，说您还是想要他来，我会很高兴的。

我还收到可怜的斯图尔特·汉普希尔的多封来信，他是一位值得景仰的哲学家，由于他对是否在新学院兼职教书等事的想法，巴利奥学院拒绝了他。关于这一点，我又一次想到，是没有什么空缺职位给我们了，可还是那句话，一旦有空缺，希望您能告诉我，我将感激不尽。最后是关于兰伯特男爵[1]的，他是不拿奖学金的自费生候选人，我最近写信告诉过您他的事。请原谅我就像一位高级导师般对待您——只要最潦草的便条就足够了。愿您的身体极其强健，愿A.科尔达爵士[2]身体也好，并源源不断地提供丰富的供应。

您永远的

〈请对此高度保密，最好阅后销毁，理论上私人是不允
571 许获知这些消息的；但是您必须了解事情的进展，否则我
的计划看起来就太神秘了。〉

[1] 莱昂·让·古斯塔夫·塞缪尔·兰伯特男爵（1928—1987），已故亨利·兰伯特男爵与乔安娜·兰伯特男爵夫人（原文第561页注1）之子，1946年春季—夏季学期在新学院（经伯林提议）就读，没有取得学位（但在1949年他得到日内瓦大学政治与经济科学学位证书；之后，先是成为兰伯特银行合伙人，而后又成为该银行行长）。

[2] 无法解释伯林此处为何提及科尔达。

致莫里斯·鲍拉

1945年6月7日［副本］

华盛顿特区英国大使馆

亲爱的莫里斯：

谢谢你的来信，它带给我极大的享受。你可以想象得到，在四周一片单调急促的跑步声中，听到真正的人声，我会有怎样的感动。你已经见到盖伊了，因此已经听说了所有本地谣言，不过我还是会试图探究你的同事哈特[1]（相对于我的同事哈特）的新抱负将引领他走向何处。两个哈特应该尽快聚在一起，看看谁能淘汰谁——他们有某些共同的品质。

这件事你会有兴趣听的，你的朋友芬利[2]被任命为哈佛的全职讲席教授。我的朋友奎因教授[3]，曾在维也纳遇见弗雷迪，很喜欢他，奎因几乎与芬利一样出色，他可以一口气谈上八个小时的哲学，令听者如沐春风，获益良多。他在海军部供职，我们在夜晚谈论逻辑实证主义。你一定看到了——不过也许你没有看到，我还是随信附上了——埃德

[1] 威廉·欧格登·哈特（1903—1977），律师，1926—1946年任瓦德汉姆学院研究员与导师；1944—1946年任驻华盛顿英国商业运输外交使团团长。

[2] 小约翰·休斯顿·芬利（1904—1995），美国古典学者，1942—1976年在哈佛任教，1942—1974年任艾略特讲席教授；很有影响并广受欢迎的教师与导师。

[3] 威拉德·范·奥尔曼·奎因（1908—2000），美国一流哲学家与逻辑学家；1936—1942年和1945—1978年在哈佛任教；1942—1945年在华盛顿担任海军情报官员。

蒙·威尔逊[1]关于英格兰的绝妙文章，开头语气甜蜜，接着便像以往一样突然变得尖酸了。

你写的关于沃尔特·惠特曼[2]与怀特—梅尔维尔[3]的文章我读来觉得很真诚——唉，但即使是在某些方面聪明如威尔森先生的人，也显然没有粲然的才智迸发。当得知英格兰有人能够引用葡萄牙诗歌，纽约的葡萄牙人兴奋非常，他们立即确认了与威尔森对话者的身份，即新大臣乔克·贝尔
572 福。事实证明，打消这样的错觉，我是颇起作用的。贝尔福是个有魅力的人，相当疯狂（虽然不是本质上的疯狂），他的俄语说得很不错，在莫斯科见过帕斯捷尔纳克[4]，他已经创作完诗篇的最后一卷，很吸引人（对此下面我还有更多评

[1] 埃德蒙·威尔逊（1895—1972），美国一流文学评论家、散文家、社会评论家，为《新共和》与《纽约客》撰写文章，著述涉及广泛领域。伯林提到他发表在1945年6月2日《纽约客》第42—57页上的文章“自由记者：写在战争结束时的伦敦随笔”，该文“经修订并扩充后”以“写在战争结束时的伦敦随笔”为题收入威尔逊的《没有贝德克的欧洲：速写，在意大利、希腊与英国的废墟之间》（纽约，1947）一书中。

[2] 沃尔特·惠特曼（1819—1892），美国诗人，以诗集《草叶集》（1855年首度出版，在其后多次再版中由惠特曼一再修订补充）闻名；他摒弃文学与社会惯例，以自由诗体与口语写作，常常以迄今仍被认为不适合诗歌的主题（例如生理之爱）创作诗歌。

[3] 乔治·约翰·怀特—梅尔维尔（1821—1878），英国浪漫主义小说家，以对运动，尤其是猎狐活动的描写而闻名；作为自愿者参加克里米亚战争，在土耳其非正规骑兵中担任上校；死于一次狩猎意外。

[4] 鲍里斯·莱奥尼多维奇·帕斯捷尔纳克（1890—1960），获得诺贝尔文学奖的苏联作家，著有《日瓦戈医生》（1957）。曾学习音乐（也作曲）与哲学，后来转向诗歌写作，1914年出版首部诗集《云雾中的双子星座》。自20世纪30年代中期他一直遭受官方攻击，并停止发表诗歌，转而从事翻译。在死后恢复了部分名誉，但《日瓦戈医生》直到1989年才在苏联出版。

论），他是首位来到此地的充满文学热情的文明人，无论是对俄罗斯、德国，还是法国的文学，等等，帕斯捷尔纳克的民族性中有某种重要而迄今无人仿效过的异族个性，贝尔福把这仿效得惟妙惟肖。

我从未听说过丘柯夫斯基[1]，不过对另外一个人，马沙克[2]，倒是很熟悉，他是天才的儿童诗作者，虽然不像楚科夫斯基那么好；我完全可以想象得到，［雷蒙德·］莫蒂默先生评论他们的作品是“迷人的小装饰”。

我的计划有点吓人。我本已确认去年11月回牛津，在高压之下我留到了3月，接着是更大的压力，然后我留到了5月。后来克拉克·科尔——一个富有魅力的人，总想在他的职员中搞点恶作剧，和俄国人关系也很好——向我提供了签证，那是以很棒的条件从莫洛托夫[3]手中得到的；于是我受到苏联人的邀请，参加他们庆祝“全面胜利”的活动，手续已经办妥。我将在7月底先回到牛津（我想，伯林一家现在已经离开了），9月去“苏莲”，至多在那里逗留两到三个月。然后他们计划让我回到美国，写一份鸿篇巨

[1] 科尼·伊万诺维奇·丘柯夫斯基（尼古拉·瓦西里耶维奇·科尼丘柯夫的笔名）（1882—1969），文学评论家、翻译家、儿童文学作家，自1918年起任彼得格勒/列宁格勒世界文学出版社英美文学部主任；1939年起在佩里德尔基诺作家聚居区居住。

[2] 萨姆伊尔·雅科夫列维奇·马沙克（1887—1964），诗人、散文家、儿童文学作家，1924年起担任列宁格勒国家出版社儿童部主任。

[3] 莫洛托夫1945年4月3日的来信与相关文件一起收入外交部181/1000号档案。

制的快讯，内容涵盖一切，并在各项问题上永远指导外交部的前进方向，不过我想我可以让这个计划泡汤。总的来说，我正在强烈恳求他们把我放了，可是他们中与我友善者认为我不可或缺，而其余的人中又有一半认为我极聪明，这种不可或缺感源于对专业人士进行的智力活动的异常恐惧。为了逃避十六个波兰人的命运[1]，我打算依附强大的艾什顿—格瓦特金，他可能会去那些地方旅行，我做他的口译员。

至于普里查德，我还是认为这是个好主意：法律不是
573 一个科目，而他十分了解美国法，而且，毕竟古德哈特去剑桥时不认识别人。他比以前瘦多了，不再那么像戴维森[2]，虽然他现在和莫洛托夫出奇地相像，尤其是当他戴上菲利克斯的夹鼻眼镜的时候。如果他将成为来自肯塔基的参议员，并且在一点也不遥远的未来在急需之时把我们大家从当地法西斯主义者手中拯救出来，那么他必定在还没有往后退之前就先撤回欧洲了。他会在牛津交到朋友，也会树立敌人，他不会久留，但会往我那间可怕的教师休息室里注入所需的血液。诚然，他会是一个美国人，但毕竟普莱斯与普拉斯克

[1] 原文第566页注2。
[2] 也许是J.A.戴维森（原文第502页注1）。

特[1]也一样，对此没有人在意。他一定会给那群讨厌家伙[2]捣乱的，那里会欢迎这样的帮手，不论来自何方。他是个很快活而且神经质的人物，总是给我造成很大的麻烦，所以我有责任鼓励他去牛津。他不会和C.K.艾伦[3]或者柯蒂斯或者萨姆纳相处好的，莱福特也应付不了他，罗伊可以告诉你他的英勇事迹。

我听说罗伊现在是议会候选人，他肯定必须作为我们大学的候选人与叛徒索尔特竞争吗[4]？索尔特的行动在这里不是很受赞同，因为人们认为他这么做只是为了能够说明他在内阁待过，而且人们大多认为他这么做是因为他那难以形容的妻子伊瑟。[5]

阿赫玛托娃[6]住在列宁格勒，很难联系上，因为她是旧

[1] 普莱斯只是半个美国人，他的母亲是美籍。哈利·海姆利·普拉斯克特（1893—1980），1932—1960年任新学院天文学萨维里安讲席教授、研究员，1936年为英国皇家学会会员，为航空制造部进行航空试验；他实际上是加拿大人。

[2] 副本中原文为“sxxxts”，也许是“shits”：这是鲍拉最喜欢的标志性轻蔑用语。

[3] 卡勒顿·坎普·艾伦（1887—1966），澳大利亚人，1929—1931年任牛津法理学讲席教授，1931—1952年任罗兹慈善基金理事会牛津秘书长与罗兹慈善基金监管人。

[4] 在7月5日的普选中，阿瑟·索尔特再度当选为牛津大学选区的下院议员，他自1937年起担任这个职位，直至1950年牛津大学的议员席位被撤销。他实际上并不在内阁，但1945年5月至7月期间他有丘吉尔的临时代理政府的内阁头衔，即兰开斯特公爵领地大臣。也许这里所说的背叛指的是他与托利党交好。

[5] 1940年，年近六十岁时，索尔特与伊瑟·玛瑟·布拉德（逝于1969年）结婚，伊瑟婚前姓巴格，是索尔特的前同事阿瑟·布拉德的遗孀。索尔特太太生于美国，拥有游历世界的非凡经历，在华盛顿有一所房子，与美国政府的许多要人相熟。

[6] 安娜·阿赫玛托娃，安娜·安德蕾耶芙娜·戈连科（1889—1966），杰出的俄

574 时代的幸存者，虽然不能确切地说是法西斯野兽的幸存者。

你写的关于但丁与卡蒙斯的新书[1]这里还买不到，当然，菲利克斯对此书很了解。葡萄牙大使德·比安奇先生[2]、他的妻子斯基德尔斯基太太，还有他的新闻专员小P.P.邦·德·苏萨·珀恩斯对此事都很兴奋。他的朋友亚历山大·伯克[3]，你会记得他是已故的圣人特罗特的朋友，他出现在华盛顿，是《芝加哥商业杂志》的特约通讯员，发表了一些极不恰当的有害情绪，诸如毁灭德国，以及对德国市民的惨无人道的轰炸等，他的母亲在集中营待过一些时候，但这个事实不足以弥补他所流露出的情绪。请注意我所说的话，新的好德国人也许比相应时期那些老的坏德国人糟糕得多。

达夫·库珀真的表现得就像一个勇敢的好人，他显然是一个值得敬仰的大使。看起来有点可惜的是，他的大臣，那

罗斯诗人，国民偶像，因顽强地经历了斯大林迫害并创作出苏联时代最美的诗歌而受到尊敬。俄国革命之前她是一位阿克梅派诗人，1922年在她的诗集《主的1921年》出版后，她被归类为“资产阶级”而遭到谴责。在斯大林统治时期她作为诗人而被正式流放，但她活了下来并出版了她最伟大的作品，组诗《安魂曲》（写于1935—1940年），该组诗是为她与其他人所经历的大清洗的苦难而写的个人自白。据伯林在《个人印象》一书中所述，在访问苏联期间，伯林与阿赫玛托娃的相遇对二人而言都有深刻意义，而（奇怪的是）伯林写此书提及这段经历时的口吻，仿佛他不知道阿赫玛托娃依然在世。

[1]《从维吉尔到弥尔顿》（伦敦，1945），但丁并不是书中所涉主题。路易斯·瓦兹·德·卡蒙斯（约1524—1580），葡萄牙诗人，他所写的史诗《卢济塔尼亚人之歌》歌颂了葡萄牙的历史。

[2] 若昂·A.德·比安奇博士，时任驻美国葡萄牙大使。

[3]（罗伯特）·亚历山大·赫伯特·伯克，1934—1937年在圣体学院学习。

个你不喜欢的人，会在他的午餐会上露面的——至少那是我的猜测——只要能够让首相不得不向将军[1]道歉。

玛丽安和菲利克斯的关系略有改善，星期天午餐会时她对他不再那么粗鲁了。她很抱歉，她告诉了你我是社交名人，并同意，她将收敛一些她的恶意。她是一个很好的女人，肯定是这里最端庄大方的面孔。

詹姆斯·蒲柏—汉尼西[2]很喜欢美国，特别是南方，还有伯兰特[3]的儿子（我有一封伯兰特的来信，这样介绍他，“法律界知名人士安伯利勋爵。虽然他是我的儿子，我认为他很讨人喜欢”），是这儿军队中比较古怪的成员之一。饶有趣味的麦克道格尔[4]几乎要令普拉诺埃[5]失去他的飞机了，结果在某些营区很不受信任。

你是否认识威廉·克拉克[6]，之前在奥里尔学院的那 575
位？他声称认识你，他在争取基督教堂学院的奖学金，是个有能力的人，不过品性不是太好。他强烈要求我接受芝加哥

[1] 戴高乐。

[2]（理查德）·詹姆斯·阿瑟·蒲柏—汉尼西（1916—1974），英国作家，以传记作品而闻名；战时在英国情报机构工作；1943—1945年被委派到华盛顿工作。

[3] 伯兰特·罗素，相关故事参见原文第560页。

[4] 未确认。“饶有趣味”是新学院数学家哈代首创用来形容迷人的年轻男子的。

[5] 莫里斯·普拉诺埃（1897—1974），古典学者，1936—1956年任布雷齐诺斯学院副院长；他从未结婚。

[6] 威廉·唐纳森·克拉克（1916—1985），记者、公务员、作家，1935—1938年就读于奥里尔学院历史专业，1938年起在芝加哥大学任讲师，1941—1945年供职于芝加哥英国情报处，1945—1946年任华盛顿英国大使馆新闻专员，后（1950—1955）任《观察家》的外交通讯员。

大学的一份工作，而我不想接受，对他我不能说什么敌意的话。他称呼院长为劳先生[1]，而不是劳牧师，因此感到不安，不过我已经安慰过他了。

你对海伊特[2]的宽厚我深感痛惜，因为无论在哪里他都会制造麻烦，而且相信我，他绝非朋友，在对老朋友的忠诚度上他仅次于克罗斯曼。他的妻子虽然令人难以忍受，但她所有的缺点加起来，也不如他危险。

现在我们要说说汉茨（汉普希尔）的严重情况。当然[巴利奥学院的] 院长会那么做，而且他正是学院没落的缘由，要布里格男孩[3]还是不要布里格男孩。我已经给史密斯写信说了汉茨的事，但是不抱太大希望，因为我想全灵学院并不是那么在乎要根据那些条件把他留下来，而且如果真是那样，那么他的身份就和鲍恩类似，而他本人是很不喜欢那样的。他已经到了这个人生时期，必须成为全职研究员，从事一项工作，博得同事的信任，而不是身处不稳定的位置。可是我在给史密斯的信中没有这么说，而是热情地推荐他。

[1] 约翰·劳牧师（1899—1960），1939—1959年任基督教堂学院院长。
[2] 吉尔伯特·阿瑟·海伊特（1906—1978），英国古典学者（1951年加入美国国籍），1932—1938年任圣约翰学院研究员与导师，1938—1950年任哥伦比亚大学希腊语与拉丁语教授；1941—1943年为驻美国与加拿大的使团成员，1943—1946年加入英军；与小说家海伦·麦金尼斯（1907—1985）结婚。
[3] 埃德加·特里弗（“比尔”）·威廉斯（1912—1995），1931—1934年就读于默顿学院历史专业，1934—1935年任哈姆斯沃思高级学者，1937—1939年任初级研究员；1939—1945年在部队服役（成为蒙哥马利的首席情报官，准将级军衔）；1945—1980年任巴利奥学院研究员，1947—1952年任政治与历史导师。

另一方面，只要我在那儿，而哈特继续在那个职位上，就没有第三位研究员的位置。像卡特林[1]，我是怎么说奥里尔学院的？我听说马克拉根不回去了。我想罗斯是障碍。基督教堂学院怎么样？女王学院呢，像以往一样继续吗？如果女王学院不要汉茨，那么让史密斯接纳他就几乎不可能了。所要做的是防止他走上麦基弗[2]那条可怕的下坡路，而且，不管怎样，一旦又有职位空缺，史密斯还是会对麦金农忠心耿耿。如果麦金农跟着梅格斯进了巴利奥学院，恐怕汉茨将不会考虑基布尔学院的空缺。他告诉我他想去外交部，还想结婚。反对理由是（a）他超龄了，不能参加外交部考试，（b）他说他所持的政治观点很不适合外交部，（c）那个女人。[3]外交部排斥有通奸经历的人，不过他们也许可能接纳 576
这样的人，只要他们确定对方不会在这个方面继续惹麻烦。我能否保证这一点呢？是的，我会保证的，可是这么做我的良心是否安宁？不安宁。这就是一个违背自己的良心而履行责任的例子，罗斯以及那些情操高尚的剑桥同事们对此例会感兴趣。我于是让迈金斯给外交部写信，推荐汉茨，即使他

[1] 乔治·爱德华·戈登·卡特林（1896—1979），政治理论家、记者，1924—1935年任康奈尔大学政治学教授，作家维拉·布里坦的丈夫，政治家谢利·威廉斯的父亲。
[2] 阿瑟·米尔尼·麦基弗（生于1905年），1924—1928年就读于新学院古典学专业（两门学科获优等成绩，获约翰·洛克奖［原文第22页注3］），在多个学院任教但是没有全职职位。
[3] 勒内·艾耶尔。

们不接受他，对他或他们也没有伤害，我自己没有采取任何行动，直至回来，到时候我会听取各方面的建议。实际上汉茨的真正位置在莫德林学院，这要等到威尔顿[1]最后在那里出现，并且奥斯丁把他当作自己的同事。然而，如果有什么是我在这儿所能做的，我会像他们说的那样，很乐意效劳。我已经给汉茨写了信，告诉他外交部的情况，我都找了什么人。他问哈罗德·尼克尔森或是达夫·库珀是否可以帮忙，但这两人在正统派眼里很糟糕，只能帮倒忙。像赖尔就有影响得多，虽然西尔维斯特［·盖茨］也许会和劳先生谈谈，亨利·摩斯[2]会和格莱德温谈谈。

我的日程表上的下一项是俄语教职。虽然毫无疑问，考诺瓦罗夫是个很不错的好人，你对汉茨的看法对他也适用，他对俄语及俄罗斯文学所知甚少。他的研究领域是一些不重要的俄罗斯人所持的温和的社会与经济观点（历史上并无知名的俄罗斯经济学家或是哲学家）。然而，事已成定局，我们必须重新建构。如果有谁在牛津认真地做一点俄罗斯研究，那真的会是很好的一件事，如果考诺瓦罗夫能谦虚得当，并准备聘请比他更优秀的人，那么这样的研究还是做得起来的。萨姆纳的方针是必须聘请英国血统的人，在我看来这显然很荒唐，因为在哪里都找不到符合这样条件的胜任

[1] 托马斯·杜沃·威尔顿（1896—1958），自1923年起任莫德林学院研究员与哲学导师。
[2] 见原文第694页。

人选——康奈尔大学的西蒙斯不过是平庸的旅伴，至于英国本土，不论是俄国人还是英国人方面，事实已经不言自明了。不过，我在纽约发现了一位罗曼·雅各布森，他那位愚笨的弟弟有段时间曾在B.佩尔斯爵士的部门工作，显然人们同意这样的看法，即雅各布森是在世的最好的斯拉夫语言文化研究专家，他的俄文译著《伊戈尔远征记》[1]的确是一流的。显然他是最出色的语文学家，而且他还认识1917年的所有未来主义者，对科勒尼科夫[2]的评价尤其高。他显然是某种天才，几乎不像弗兰克尔。伦敦的几所大学似乎有意邀请弗纳茨基教授[3]担任俄国史教授，他非常胜任这个职 577
位，雅各布森认为与他联合就能满足他在英格兰从事研究的一切所需，我强烈地相信，无论在哪里，他都会吸引海外的学术群星来拜谒他的神殿，并自动地缔造出文化与光明的中心。相信在伯明翰大学有个空缺，曼彻斯特大学也有。聘用外来移民不好的老论断很荒谬——他起初在布拉格，后来，由于是犹太人，他和捷克农民出身的妻子一起逃到瑞典、挪威等地，然后又到了哥伦比亚。他与苏联的关系不坏，而且

[1] 伯林此处原文为：*Slovo o polku Igoreve*，中世纪俄罗斯史诗，有多个译本，如《伊戈尔远征记》等。

[2] 维克托·弗拉基米洛维奇（“维里米尔”）·科勒尼科夫（1885—1922），俄罗斯诗人与语言理论家，俄国革命之前立体未来派的领袖。

[3] 乔治（格奥尔基）·弗拉基米洛维奇·弗纳茨基（1885—1973），生于俄罗斯的历史学家，1927年移民美国，1927—1946年任耶鲁大学教授级合作研究者，1946—1956年任俄国史教授；以他的《俄国史》（纽黑文，1929）而闻名。

他也不是法西斯野兽。我试图使多兹对他产生兴趣，多兹在这里对远东语言进行某种伪考察，但是多兹肯定地对他说，纯研究将来在牛津不会得到赞同，那里只是鼓励有利于社会的研究课题，而这让雅各布森很是沮丧。库页岛的一个小部落现在只剩两千五百人，没有书面文字，但拥有世界上最美好的爱的形象，当（以俄语）引用该部落的抒情诗时，确实是他状态最好的时候。他抱怨说，国会图书馆里有关他研究领域的全部文献都放在柳条箱里面，那些老朽的白色卫兵连箱子上结的蛛网都不打扫，麦克利什先生想让这些白色卫兵退休，但是没有成功，而他们的首要性格就是无论何时何地都仇视所有文献资料，他的这些抱怨很正确。也许雅各布森将在伯明翰得到安抚，那里还有亲切的巴赫金[1]，但是如果考诺瓦罗夫可以花费归他个人支配、用于聘请助手的奢侈的一千二百镑中的一部分（可能是八百镑），来雇雅各布森，再花三百镑请一位来自女王学院的莱明[2]研究员，然后再花一百镑用于专业开销，也许可以出一点成果，而我们将是真正的受益人。所以你一定要深思此事，否则考诺瓦罗夫可能会雇用一些比他还要平庸的人，整件事就玩完了，那你就得给《泰晤士报》写更多的信，讨论丹提斯[3]的事。萨姆纳，

[1] 结果雅各布森从未在英格兰担任任何学术职位。尼古拉·米哈伊洛维奇·巴赫金（1894—1950）当时在伯明翰大学语言学系教授俄语语音学。

[2] 伯林此处原文为：Laming，读作“Lamming”。

[3] 乔治·查尔斯·丹提斯男爵（1812—1895），俄罗斯骑兵队军官，1837年1月27日在被指与普希金的妻子有私情之后，与诗人普希金决斗，决斗中普希金受到

我想他现在不可避免地要介入所有这些事了，他只认识另一位愚蠢的（谢尔盖·）雅可布森，或是把他错认为其兄了，所以绝不会允许他把他硬拖进来转移注意力。我，以及我周围的朋友们，认为可以在牛津办一个时间较长的暑期学校或是类似的形式，不一定非参加不可，但是如果愿意就可以参加，周围还有各种斯塔克小姐之类的人，在欧洲斯拉夫光芒 578
的笼罩之下，我认为（你不这么认为吗？）那是很令人感到享受的，尤其是俄国人会派遣某个人来宣讲新生活，而他们不可避免地会那么做的。

我已经见过了你的朋友普罗科什先生[1]，看上去像一个非常友善大方的奥地利人；他的作品在我看来是无聊的伪作；然而，他还是比凯斯特勒[2]好，虽然我们这里有人认为后者是当代最伟大的。我还见到了亨利·詹姆斯[3]，他的性格很友善，但是不怎么有个性，对于他的父亲和他的叔叔，他说不出什么令人感兴趣的话，他崇拜首相和斯缪茨将

致命伤，两天后去世。

[1] 弗雷德里克·普罗科什（1908—1989），美国小说家与诗人，他的作品中的异域主题与背景取材于他游历世界各地的经历。

[2] 阿瑟·凯斯特勒（1905—1983），出生于匈牙利的英国小说家、记者、社会哲学家；20世纪30年代柏林有影响的共产主义记者，西班牙内战中被佛朗哥军队监禁，1940年又被法国政府短暂监禁过，后来迁居英格兰；他的代表作为《中午的黑暗》（伦敦，1940），小说表明了他因斯大林的大清洗运动而与共产主义决裂。

[3] 亨利·詹姆斯（1879—1947），心理学家与哲学家威廉·詹姆斯（1842—1910）之子，小说家亨利·詹姆斯（1843—1916）的侄儿。

军[1]，但很遗憾斯缪茨对户外管道过度沉迷。[2]乔治·鲁布利先生[3]也来了，他是已故的费希尔院长的翻版，我说的他一个字都没有听懂，但是自始至终都保持安静。詹姆斯先生说他听说过关于你的许多事，一直想结识你，并向你致以最热情的问候，他很有教养，不像我们这个年龄的美国人。

真有趣，克里斯托弗·希尔现在在外交部的苏联司。我确实无法与欧尔姆·萨金特爵士的看法一致。

你永远的

以赛亚·伯林

致沃尔特·特纳

《画中不列颠》

1945年6月12日［副本］

华盛顿特区英国大使馆

亲爱的沃尔特：

579 我想我终于找到合适的人了。恐怕，指望我尽职是无益的，不论这个职责多么神圣，因为今年夏天我不会在伦敦逗

[1] 扬·克里斯蒂安·斯缪茨（1870—1950），南非军人与政治家；1933—1939年任南非联合政府司法部长，1939—1948年任首相；他广受尊敬，战时主要在伦敦，对政府决策很有影响力；1941年成为英军名誉陆军元帅；他是唯一一个在两次世界大战结束后签署和平条约的人，积极参与促成联合国的成立。

[2] 也许指的是斯缪茨广为人知的强悍体魄。

[3] 乔治·鲁布利（1868—1957），律师，伍德罗·威尔逊及罗斯福的顾问，罗斯福1938年任命他担任政府间难民安置委员会主席。

留很久。我要到明年才休息，我肯定那样对你来说太迟了，而且无论怎样我都是最不适合这个任务的人，虽然你与克鲁克香克为了这个任务不怀好意地恭维了我，在有关事实的事务方面，我是不可救药的半吊子，只适合做闲谈专栏。我所指的人是威廉·D.克拉克，他是情报部芝加哥办事处的负责人助理，专业的历史学家，现正在争取牛津的研究员职位，他是这么告诉我的：芝加哥大学已经聘请他在某个时间写一部关于英美关系的完整历史。他的脑子里已经有全部大纲了，他擅长清晰理智、适当活泼、简练精辟的风格，并且，他喜欢做这件事。目前他在这儿（华盛顿），通过“华盛顿特区西北五区，纽约大道1336号，英国情报处”这个地址，就可以联系得到他。我想他真的是你想要的合适人选，会向你提供足量稿件。

同时，我刚听完海菲兹与霍洛维茨的独奏音乐会回来，和维吉尔·汤普森[1]一起吃午饭。其中最令人满意的是汤普森，他是罕有的几个对音乐有话可说，而且又能充满感情，说得既有气度又有新意，并说出真谛的人之一。海菲兹的独奏真可怕：他对巴赫与贝多芬都很厌倦，只有当前者有一定难度时他才兴奋起来，这时候他就会有点活跃，向自己与你展现他的能力。至于霍洛维茨，他很轰动，他是帕格尼尼

[1] 维吉尔·汤普森（1896—1989），美国作曲家、指挥家与音乐评论家（1940—1954年为《纽约先驱论坛报》撰稿）。

的最后一个仍然在世的传人，他的伟大价值就是作为真正的乐器演奏名家体现出来的一贯价值。他带给听众的体验完全不是真正关乎音乐或是艺术的，他就像是一位杂技演员或是赛车手那样，使听众目眩神迷。你会有这样的感觉，如果你再给他一万元绿钞（我想是这么个词儿），他会演奏得更快，更清晰，就像一台动力强劲的发动机。所以，他对待美妙音乐的方式是种亵渎，而且非常空洞，而李斯特与普罗科菲耶夫则是令人震撼、精彩绝伦的。

我希望8月的时候回去，到时候可以见到你。

你永远的

以赛亚·伯林

580 6月中旬，终于，在会期的最后两周，伯林被召至旧金山，协助奇普·波伦审查《联合国宪章》的俄文版。阿奇·麦肯兹自始至终都在那里，担任被伯林拒绝的新闻官的角色，他清楚记得当时会议气氛积极乐观，这与华盛顿和伦敦对苏联意图的深深预感形成对比：

> 当时的乐观情绪相当惊人。我认为是与会代表相聚产生的混合情绪，他们有成百上千人，来自众多依然处于战争状态的国家，那里依然停电，实行食物配给；然后他们突然发现自己身处旧金山，享受着美国人的慷慨款待与加利福尼亚的阳光，眼前是战争明显已接近结束

的事实，这一切产生出了巨大的快乐。[……]

所以这是一次非凡的会议，也许我们太乐观了。我们并没有面对全部的事实，因为就是在那时——我们在旧金山的时候，波兰危机[1]爆发，还有东欧的其他问题。丘吉尔给杜鲁门写了那封信，我们在旧金山对此并不知道，但那封信说，“我担心铁幕已在欧洲徐徐降下。”[2]

致玛丽与门德尔·伯林

1945年6月26日［手稿］

旧金山联合国国际组织会议

我亲爱的父母亲：

我在这里极为舒适地度过了十天，做一份我的出身使我有特殊资格承担的工作。这里的情形**充满了**幽默，以后我会向你们描述——我不会为**任何事**而错过它的。现在我取道纽约回华盛顿，6月29日会到那儿。我计划在7月25日到30日前后离开美国，我愿意坐船，那样更好，更安静、更悠闲，还可以携带行李。我很高兴你们喜欢纳博科夫，他是正

[1] 关于波兰的未来政府（见原文第566页注3）。在长期谈判之后，卢布林临时政府的领导人建立了国民统一政府，美国与英国撤销了对伦敦流亡政府的承认。

[2] 与威廉·鲍威尔的访谈，1985年5月31日（联合国档案，口述历史部分）。在5月12日致杜鲁门的电报中，丘吉尔说：“一道铁幕在他们的前线降下，我们不知道铁幕背后发生了什么。”（参见原文第623页注3）。

在消失中的俄罗斯知识分子类型[1]，因为幸存下来而值得享
581 受一切。我一定会带上（a）全部的毯子、床单等，（b）父亲的护颈与衬衫，（c）母亲的美容用品、康［斯坦丁］希望我作为礼物带给她的袜子，以及其他人也许会希望我捎去的任何别的东西。关于我的下一步旅行安排，我们有空的时候再谈论，不过你们猜得很对，我的心另有所想，而以目前的情况（这在那个国家至关重要，十分典型——完美典范：根据他们在这儿的行为我看出来了），这件事放到以后未必可行，我的健康状况很好。因为我很快就会见到你们了，所以现在就不多说了。我想你们会发现我已经变得明智，无论是在私底下还是众人面前时，所以没有理由对我有什么不满。也许在这儿见过我的比利会见到你们，告诉你们我有多好。鲍恩—温特当时的信息是错误的，我不明白为什么你们要将其当作标准。我没有请我朋友把一切都告诉你们，他们只是有选择地告诉你们，我只是请他们与你们**联系**。

爱你们的

沙耶

伯林计划返回英格兰的时间和方式被另一个有趣的提议所推翻。这一次事情的结局不太令人满意，他后来是这样描述的：

[1] 在俄语中，“聪明的”一词指“知识阶层成员”。

在从旧金山返回的途中，波伦先生与哈利法克斯搭乘同一架飞机。他告诉哈利法克斯，我是唯一一个真正理解美国人对俄罗斯的看法以及其他许多事的人，在波茨坦会议[1]上我作为联络人会起到无价的作用。所以当我回到华盛顿时，哈利法克斯说："这是个很好的主意，我来看看能做些什么。"

然后我突然收到外交部的调令，说我将在波茨坦担任艾登的口译？这是我唯一可以去波茨坦的方法，我愉快地接受了。随后我染上了极其可怕的流感，躺在床上，发着高烧，我想："坏了，我真的能去吗？我想我去不了，真的。"医生来看我，然后哈利法克斯来到我的床前并说："瞧，你一定要去，如果你不去，我们永远都不知道那里发生了什么，永远没有人告诉我们。我们需要你去，当英国大使馆的密探。"

我明白他的意思，于是我收拾行装，带上大量抗生素，被送上飞机飞回伦敦；美国司的头头[2]，以及一个 582
叫戴维·斯科特的人，和我面谈［……］交代这个交代那个，告诉我要去哪里；我将回到外交部，次日会给我备齐所需的某些文件。

[1] 该会议1945年7月17日至8月2日在波茨坦（靠近柏林）举行，杜鲁门、斯大林与丘吉尔（会议中被艾德礼代替，后者是新首相）讨论了施加给德国的和平条件。

[2] 菲利普·梅因沃林·布罗米德（1893—1977），1945年担任自1941年起命名为"北美司"的部门负责人。

于是第二天我去了。回想起来我当时住在里兹酒店；我第二天去了，戴维·斯科特，一位非常亲切的人说："很抱歉，恐怕你去不了波茨坦了。"[1]

威廉·海特回忆伯林的失望：

我将作为代表团秘书参加波茨坦会议，以赛亚本来也应该去，一天以赛亚出现在门口［……］拳头在空中挥舞，艾登不让他加入波茨坦代表团，理由是"我不能让以赛亚在那里到处闲聊"。[2]

由于失望，伯林甚至打算取消他的莫斯科之行：

我给克拉克·科尔写信说："外交部不想让我去波茨坦，也许我根本就不可信任，最好我也别去莫斯科了。"科尔回信说："别傻了，飞机9月4日起飞。"[3]

所以当波茨坦会议召开时，伯林留在伦敦，与尚未痊愈的流感做斗争，帕特里西娅·德·本德恩看望了住在汉普斯特家中的伯林。7月26日，伯林住在帕特里西娅的乡间别

[1] 迈克尔·伊格纳季耶夫采访伯林录音之二十一。
[2] 1994年4月28日访谈迈克尔·伊格纳季耶夫。
[3] 迈克尔·伊格纳季耶夫采访伯林录音之二十一。

墅，在那里他们庆祝工党在之前三周举行的大选中宣告获胜[1]。不久，原子弹投掷在广岛与长崎，日本战败紧随其后。

在动身去莫斯科前，伯林意外地被召至比弗布鲁克勋爵的平层大宅中，后者向他提供了一份工作，每周为《标准晚报》撰写政论文章。令比弗布鲁克勋爵大为意外而且不快的是伯林立即拒绝了他，理由是“我确实不是一个好记者，而且我觉得这份工作很不好做，我想它并不适合我”。[2] 583

致亨利·卢斯[3]

时代公司

1945年8月12日［电报］

新学院

鉴于我在以后数月所从事职业的性质，恳求您在出版物中不提及我的名字，直至我12月返回华盛顿，我将不胜感激。可否视此为您对我纯粹的私人关照？致以最热切的问候。

以赛亚·伯林

时代公司档案

[1] 大选直到在海外服役的军队的投票计数之后才知道结果。

[2] 迈克尔·伊格纳季耶夫采访伯林录音之二十一。

[3] 亨利·罗宾逊·卢斯（1898—1967），坚定的共和党人，自1923年起任《时代》周刊（以及其他杂志）的出版人，并担任主编直至1964年。

卢斯8月13日回电：**“乐于执行您的提议，不过该报道在上周的刊物中已经刊出。十分令人愉悦。你是否依然希望隐去姓名。致以全部问候亨利·卢斯。”**这份十分令人愉悦的报道如下：

以赛亚·伯林

以赛亚·伯林曾发表看法，认为华盛顿不是一座城市：“它更像大选时期一座巨大的临时总部……华盛顿就像是一个临时宿营地。”

在华盛顿这片临时宿营地住了三年之后，衣衫凌乱、水桶身材、口才极佳的以赛亚·伯林在上周离开了英国大使馆的同事，返回伦敦。作为使馆的一等秘书之一，他在某段时期为英国官方提供信息，促使其了解当今美国，他所做的比其他任何人都多。

黑皮肤、黑头发的伯林，主要工作是整理他在无止境的晚宴与鸡尾酒会上收集而来的信息，撰写关于美国形势的每周报告。女主人与宾客们被他所做的对世界及伟人的牛津风格的评论所吸引；报告撰写者伯林则被他所知道的一切所吸引。他闪耀着机智光芒的叙述成为英国决策人“必读”的文字。温斯顿·丘吉尔曾款待欧文·伯林午餐，却不知道此人非彼人，并非那位在那些发自华盛顿的引人入胜的报告下面签上名字的“以赛亚·伯林”。

伯林是里加木材商人的儿子，年幼时移民至英国， 584
大部分成年时间都在牛津或是靠近牛津的地方度过，能
说英语、德语、法语，是研究卡尔·马克思、希腊哲学、
俄罗斯文学与音乐、美国国会与政治的权威。他是大使
馆中为数不多的预见到英国工党选举胜利的人之一。[1] 585

[1]《时代》周刊，1945年8月13日；©1945时代公司，经允许再次印刷。

莫斯科

你在停战后不久抵家，期待被派往波茨坦。然而艾登先生干预了此事，你被排除在代表团之外。你很失望，和我们一起度过了几个月，然后去莫斯科待了四个月——我想，那是你过得很开心的一段时间。你在许多方面的好奇心可以得到满足了。你有机会见到我的兄弟姐妹以及他们的家人，一切都很新鲜，很不一样。你对俄罗斯事务、他们的文学与文化活动的了解因而清晰明了，我想这次访问、你在那儿得到的书籍、你产生的兴趣，在很大程度上是你专注于旧时代俄罗斯思想与文学的原因，并最终使你于1949年在哈佛做了有关这些主题的讲座。

——门德尔·伯林，《家庭回忆录》

9月初伯林动身去苏联，他首先飞抵柏林：

你无法在街上行走，因为铺路石损毁了。德国人就像受了惊吓的老鼠一样四处跑动，看上去卑微而惊恐；我们入住的酒店里，服务生在每个人面前颤抖，送东西来时也瑟瑟发抖。我从未见过这么多恐惧的人。在那里我遇见了现在的安南勋爵[1]、我的老朋友戈伦韦·里斯，还有其他英国情报部的人，因为有一处为英国人服务的自助食堂，我们都在那儿吃饭［……］这是疯狂的奇观，德国人惊恐失措，像受惊的小动物一样四处乱跑——人们背上背着东西，衣衫不整，扛着包裹。[2]

然后出发去莫斯科，这是伯林自1920年离开后首次访问莫斯科，离开时伯林十一岁，莫斯科对他而言很新鲜。从实物受损程度看，莫斯科似乎不像柏林或伦敦那样在战时遭受了那么多苦难。

它没有被轰炸过，我没有看见受损的建筑。街道很

[1] 诺埃尔·吉洛伊·安南（1916—2000），1965年成为安南男爵；1940—1944年任职于战时内阁会议处与军事情报部；1944—1946年任职于战争部法国与德国处；1945—1946年担任英国指挥委员会政治部总参谋部一等军官；1944—1956年任剑桥国王学院研究员；后（1956—1966）任院长。

[2] 迈克尔·伊格纳季耶夫采访伯林录音之二十一，此题注中的其他引文亦出于此。

> 脏，在某种程度上，居民衣衫褴褛。商店里没有商品；唯一令人有兴趣的商店是二手书店，你可以在那里淘到宝贝，尤其是由于在战争中死了许多人，于是他们的藏书就进了这些书店。布尔什维克在迅速发展，尤其是要做给外国人看，不过不管怎么说，剧院仍在营业，而且座无虚席［……］
>
> 到了1945年一切都已恢复［……］被恢复了［……］从苏联军队开始在海外作战开始［……］我想如果你读那时人们写的回忆录，你也会发现这一点。从任何方面看你都不会有一座被毁城市的印象，不像伦敦。我觉得它从来没有被轰炸过，没有经历过严重的轰炸，奴隶式的劳动使它快速恢复。

斯大林对俄罗斯社会的伤害要大得多。即使是在大使馆的公寓里与科洛思维特和埃迪·汤姆金斯[1]在一起，也让伯林体验到偏执与多疑，这些是当时苏联生活的特性，因为本地职员是为内务人民委员部工作的，所以他出去的时候有人
589 跟踪：

> 第三天我想了解一下我父亲的亲戚住在哪里。

[1] 爱德华·埃米尔·汤姆金斯（生于1915年），自1944年起担任驻莫斯科英国大使馆二等秘书。

[……] 于是就去公用电话亭，在那里支付两个卢布就可以得到地址。没有电话簿，都被毁掉了 [……]。你报上名字，付给他们卢布，他们在文件中查找，然后告诉你。于是我说，“伯林教授”，他研究膳食学，“列奥·鲍里索维奇·伯林教授”。[1]但是他们没有立即给我他的地址，[我必须] 等两个小时后再去。显然我被某个不怀好意的人跟踪，这显然使我不能只受到普通的接待。然而两个小时后我还是心不在焉地再去那里，他们把地址给了我 [……] 我回到住处，口袋里放着一张写有他们的名字与地址的小登记卡。第二天我得了感冒，两天都没有起床，等我起来时，一切东西都在，除了那张小纸片，它不见了。

伯林寄回家的信没怎么提到这些压力，显然既是因为担心信件被拦截，也是因为将让父母担心的事尽量略去不提是他的一贯做法。而他们也忽视了一些重要事件，例如伯林在他到达莫斯科后不久，首次拜访了鲍里斯·帕斯捷尔纳克，当时他住在佩里德尔基诺作家聚居区。

[1] 列奥·伯林，在和平时期是莫斯科大学的膳食学教授，门德尔的兄弟。他和家人与其他兄弟（也许是列奥的双胞胎兄弟塞缪尔）及其家人共住一间公寓。

致玛丽与门德尔·伯林

[1945年9月] 13日星期四 [手稿]

[莫斯科英国大使馆]

我亲爱的父母亲：

这封信写得极其匆忙，因为寄信的包裹今晚送走，他们告诉我，下一次要等到八天以后。我在位于阿尔巴特大街上的桌布胡同（附近是现在叫作尤里查·沃洛夫斯卡沃的地方）[1]，莫尔的公寓里，住得很舒服。吃的食物比我近两三年来吃的都好，生活简单而宁静。看见的景象，听见的声音（即使是闻到的气味），都充满怀旧气息，令人感动。不知道我是否会停留得如预计的那样久，不过如今我过得很愉快。

每个人对我都很友善。我可以向你们保证，我现在非常小心，举止谨慎得体。告诉拉什我还没有找到机会，也不大可能找到机会，在凌晨三点时外出散步。关于我的莫斯科印象就留到我们见面以后再说吧。

590 爱你们的

沙耶

[1] 莫斯科中心的阿巴茨卡亚区，那里的咖啡店与露天展览过去是、现在依然是艺术家、作家和诗人最喜欢去的地方。“沃洛夫斯卡沃”是俄国革命之前的名称“沃洛夫斯卡哥”的演绎：当时那条街叫尤里查·沃洛夫斯卡戈。

致玛丽与门德尔·伯林

[1945年] 9月19日星期四 [手稿]

莫斯科英国大使馆

我亲爱的父母亲：

我上个星期给你们写信了。没有进展，除了以下这些：

(1) 我在这里吃得比在美国或是英国好多了，食物烹饪美味，外交官的待遇很好。

(2) 在“穆查特”[1]上演的《费奥多尔》[2]无论从哪个方面来看都很壮观，《叶甫盖尼·奥涅金》也是，值得看的戏剧与歌剧为数众多。

(3) 我没有失去看望列奥的希望，我想我知道怎么办。

(4) 每个人都很亲切、友善，我被一切吸引了，尤其是在街道与剧院中的交谈。我忘了还有这样的感情与表达的存在。详情回头再说。我真的身体很好，每天睡到上午十一点。(我听见女佣弗洛西娅说："是的，他睡得很熟，很熟。我一定不可以叫醒他，如果有谁在十一点之前叫醒他，他会大发雷霆。一点都不像个英国人，是吗？"[3]) 还有，想象一

[1] “穆查特”（Mkhat）是“莫斯科艺术剧院”（Moskovsky Khudozhestvennyi Teatr）的字母缩写。

[2] 阿列克谢·托尔斯泰（1817—1875）创作的剧本，1868年出版。

[3] 伯林此处原文为：да он спит крепко—крепко. будить его совсем мне невозможно—очень сердит бывает ежели его до одинадцати будят. Совсем не Англичанин?

下吧，**每天**都洗热水澡。

爱你们的

沙耶

致玛丽与门德尔·伯林

[1945年] 9月25日 [手稿]

莫斯科英国大使馆

我亲爱的父母亲：

真的没有什么可以跟你们说的。格瓦特金出发去华沙与柏林了，我希望，他回来时会给你们打电话。我明天会试试给你们挂电话。我仍然处于兴致勃勃的阶段，**一切**都值得看。我依然打算待到11月，然后也许会从水路回家，即走列宁格勒—斯德哥尔摩—英格兰的路线，因为我还从来没有去过瑞典。好计划，是吗？你们有没有给我写信？如果有，
591 我还没有收到。如果你们通过外交部寄信，那么通过北方司（布莱姆罗或是潘弗雷）[1]确认我的名字是否在"外交公文袋"上会比较有效果。否则信件可能会在外交部丢失。爸爸什么时候去德国[2]？去了没有？如果去了，如果我知道怎么找到他，我可以很容易就从这儿给他打电话。这儿的食物等

[1] 托马斯·布莱姆罗（1915—1995），6月从莫斯科大使馆被调往伦敦外交部北方司（负责苏联与波罗的海各国），他的同事包括战时在军队中服役、刚刚进入外交部的约翰·劳伦斯·潘弗雷（生于1916年）。

[2] 门德尔·伯林9月到11月在靠近德国明登的巴特恩豪森，他的身份是英国政府成立的了解开发德国森林资源以供英国所需的委员会的成员。

还是很**可口**，蘑菇汤和皮罗吉[1]尤其好。等我回去，有很多事可以告诉你们。

爱你们的

沙耶

我真的非常健康，比在美国或是英格兰时都好得多，这一定是受了青年人与早早用餐的影响。

致玛丽·伯林

[1945年9月] 28日星期五［手稿］

莫斯科英国大使馆

亲爱的妈妈：

信写得很匆忙。我把照片忘在家里了，不过下一次会放进公文袋里寄去。另外，我还是没有收到您的信，所以我的结论是您也许没有写对地址，或是外交部把它们弄丢了。我的看法是您照下面这么写，不过莫尔会具体告诉您。

送莫斯科外交公文袋

以赛亚·伯林先生

外交部等

[1] 小馅饼，通常很开胃。

列奥是陆军中校（军医）。不过什么也别说，等我回去，不要告诉爸爸。他在德国的地址**是**什么？我**非常**好，不过打算把一切都留到回去，然后再说啊说啊。生活非常有趣，我很喜欢在电话里跟您说话。我什么也不需要，莫尔会告诉您。但愿我能想到说什么，很多的爱，给每一个人都送上爱。

592 沙耶

致玛丽·伯林

1945年10月11日［手稿］

莫斯科英国大使馆

亲爱的妈妈：

我真的非常好。我寄了一张照片，原本是因为外交用途而拍的，不过那是在我抵达这里的第二天，今天我看上去的确健壮有力，一天的感冒或别的什么毛病都没有得。食物、天气等极为适合我，所以我也许直到11月底才回去，因为我显然必须等到大使回来，我不知道，别人也不知道，他（或是莫尔）什么时候能回来。

我收到你的两封信和爸爸的两封信，最后一封发自巴特恩豪森。我试图往那儿给他发电报，但这个做法不可行。我实际上每天晚上都去剧院看戏或是听歌剧，晚上十一点在家里喝热罗宋汤，十一点半上床睡觉。一切都如此令人兴奋和惬意，我心中充满了各种印象和观感，喷薄欲出了。请把我随信寄去的附件[1]先放在一边，注意不要动它，等我回去，我会跟你解释这是谁的，是什么事。

我希望得到许可在11月的某个时候去列宁格勒，据说那里更容易买到书，在我看来，这儿的外国人在我到达现场之前已经把东西一扫而光了。我的同事对我非常友好，与我同住的人，爱德华·汤姆金斯尤其迷人，待人周到。每天早上我和女佣都有喜剧的对话。一切都很棒，令人高兴。哦，对于我生命中这充实的几个星期，等我回去时，有多少话要说啊。像以往一样星期三之前我会试着打电话，如果那时候没有，那就星期三之后。请告诉牛津人我爱他们，尤其是院长。

爱你的

沙耶

致玛丽与门德尔·伯林

1945年10月24日［手稿］

莫斯科英国大使馆

我亲爱的父母亲：

没有什么具体的事情可说的。我真的很健康，天气也是好，在我看来，棒极了。我需要向你们描述那嘎吱作响的积雪、那教堂的穹顶、那冰凉空气、农夫、皮帽、街上行人的 593
俄语口音，远处红军列队行进时的歌声吗？一切几乎就像

[1] 鲍里斯·帕斯捷尔纳克的《日瓦戈医生》头几章的手稿。

是俗套的列宾[1]笔下的《冬季莫斯科》[2]的深情图示，或是类似的（你们知道俄罗斯人喜欢的画面："蹒跚而行的女人"[3]或是"冰雪爷爷"[4]，一个蹒跚而行的妇人或是脸颊通红的农夫）。我太喜欢了。11月9日我去了列宁格勒。据说那里的科学家比莫斯科的更优秀，尤其是在医学界，他们的头把交椅由双胞胎兄弟中的一个占据，他四十九岁，兄弟俩和《哈吉·穆拉特》的作者[5]同姓，都很亲切。

特列季亚科夫画廊里都是列宾、谢洛夫的作品，瓦斯涅佐夫[6]的作品也充满了伤感的回忆，但是作为艺术[7]，这真的太可怕了。有一位夫人被谢洛夫画了七次——一位赫什曼太太，我记得去年在波士顿看过，是库赛维茨基的女友。[8]一切都很奇怪。当然取道瑞典的路线是走陆路的，不是坐飞机，然后我想去哥德堡或者哥本哈根，从那里转海路，但是

[1] 伊里亚·叶菲莫维奇·列宾（1844—1930），著名画家及院士，代表作有《伏尔加河上的纤夫》（1873）、《伊凡雷帝杀子》（1885）。
[2] 伯林此处原文为：Zimnyaya Moskva。
[3] 伯林此处原文为：spotyknoolas'，此为口语用法，严格用法的俄文词应该是spotknulas'。
[4] 伯林此处原文为：dyed Moroz，即圣诞老人。
[5]《哈吉·穆拉特》是列夫·托尔斯泰的短篇小说；伯林在这里使用非常笨拙的暗语，指的是他的叔叔列奥·伯林，塞缪尔的双胞胎兄弟。
[6] 瓦连京·阿历克桑德洛维奇·谢洛夫（1865—1911），俄国革命之前很受敬仰的社会肖像画家；维克托·米哈伊洛维奇·瓦斯涅佐夫（1848—1926），画家，以描绘历史题材的油画而著名（深受俄罗斯民间传说影响），例如《伊戈尔王子与迫罗辅基人的决战之后》。
[7] 伯林此处原文为：kunst。
[8] 伯林此处原文为：amie。

我还要再看看。奇尔弗打电话来问房子怎么办，他11月走。我说我不想一个人住，他最好把我的东西装到箱子里存放好，等我回华盛顿停留六个星期时，我会住酒店。我享受着在这里度过的每一分钟，比任何一个我遇见的人都更喜欢这里。很高兴你们身体都很好。我会想办法再打电话。

爱你们的

沙耶

虽然伯林在家信中没有提及他在莫斯科的工作情况，弗兰克·罗伯茨给外交部的报告填补了这方面的空白。例如，罗伯茨记叙了伯林10月30日出席了一次俄国人举行的晚餐会，参加者主要包括职业作家和他们的妻子，还有战时未复员的军官的妻子，餐会上普遍的看法是“英格兰的工党胜利使得它与苏联的关系糟糕多了，比丘吉尔能允许的程度更糟。一个孟什维克的政府总是讨厌的”。[1]另外一份这样的 594
报告概括了11月7日伯林与一位苏联官员的对话。他们的讨论再次激起俄罗斯人对丘吉尔的崇拜。这位官员评论道：

> 1941年时丘吉尔先生比德国人聪明得多，他“在希特勒背后捅了一刀”。据说，普遍的看法是，丘吉尔先生向赫斯表达的意见是，一旦希特勒进攻俄罗斯，英国会“停

[1] 10月30日致克里斯托弗·沃纳的信，外交部371/47858，N15507/18/38。

下来休息”；[……] 然而丘吉尔先生成功地使希特勒与苏联纠缠在了一起，于是打破承诺，并表现出了非凡的天才，而俄罗斯人是首先意识到这一点的。伯林恰当地解释了情况并非如此，然而当时的气氛恰恰就像是一位英国官员告诉中西部的美国商人，澳大利亚不是殖民地。这些俄罗斯人抬起眉毛，有礼貌地不再继续坚持他们的观点 [……] 餐会上于是继续讨论利用旁门左道（“布拉特”）[1] 弄到剧院入场券以及别的。在这方面他们向伯林提供了很多方便。[2]

致玛丽与门德尔·伯林

[1945年] 11月10日星期六

莫斯科英国大使馆

我的亲人们：

写信只是要告诉你们，9号我**去不了**列宁格勒，因为火车被预定了，要在政府招待会（唉，我没有接到邀请，礼服[3] 白准备了）之后把克林姆林宫的客人送走，所以我13号才去，也就是星期一，很期待。**这里**有最好的医生，在莫斯科，不是在列宁格勒。不论怎样，我非常健康，见到了我一直都想见到的，而且所见比所愿更多，我打算接受妈妈的建

[1] 利用回扣与走后门的方法获得没有权位者不能买到的奢侈品，这在苏联时期及以后都很盛行。

[2] 1945年11月10日致克里斯托弗·沃纳的信，外交部371/47925，N16432/627/38。

[3] 伯林此处原文为：Neville’s frac。

议，不匆匆忙忙，因为我不可能很快再来这里。**一切**都令人新奇。我只能等回去以后再说了。我买了库普林的缺了半本的《亚玛》[1]，1912年涅瓦版（马克思）[2]，所以战时与战后的内容没有包括进去，但这部分内容不多。这需要四百五十卢布，相当于九英镑。托尔斯泰很难弄，因为纪念版有九十六 595
卷，现只出了三十卷。我会试着把它们集全。最早的版本售价极高（我们的在利奥马[3]那里）。如果有什么你们特别想要的，快点通过外交部的公文袋寄信来（经过审查程序的信件要七个星期才能到达）告诉我，我会尽力的。我的计划是买到普希金、托尔斯泰、契诃夫、勃洛克，也许还有一个好版本的屠格涅夫。但是你们喜欢什么？妈妈说到画册，这里只有谢洛夫、列宾等人的画集，价格很贵，因为俄罗斯人**真的**喜欢他们。他们在伦敦更便宜，相信我。这里不昂贵的只有沃特加，还有一点鱼子酱，我打算买了带回去。食物与生活方面在我看来很**合意**。给你们我全部的爱。我真的很快乐。科尔先生回来了，他对我**极好**。莫尔很快就到。

沙耶 596

·
·

[1] 亚历山大·伊万诺维奇·库普林（1870—1938），俄罗斯小说家、短篇小说作家，他最著名的作品包括《亚玛》（《火坑》），一部耗时数年（1908—1915）写成的关于妓女的小说，追求轰动效果，这解释了伯林为什么只得到小说的一部分。库普林的创造力在他1919年移民巴黎之后消减了，1937年他返回俄罗斯。

[2] 涅瓦出版社；伯林大概知道他们的马克思的版本。

[3] 门德尔的另一位在世的兄弟所罗门·伯林。

列宁格勒

我被冰封在恐惧中很久了，
最好请奏一支巴赫的恰空舞曲，
乐曲之后将走进一个男人，
他不会成为我深爱的丈夫
但我们共同完成的作品，我与他
将惊扰20世纪
我误以为
他是神秘的赠予，
是最痛苦的命运。
他将来到喷泉屋我这里
品饮新年的美酒
在这个有雾的夜晚他将姗姗来迟。
他将记得主显节的前夜，
窗前的枫树，婚礼的蜡烛
诗篇在世间飞逝……
但这不是第一朵丁香花
不是戒指，不是甜蜜的祈求——
他带来的是死亡。

——安娜·阿赫玛托娃[1]

[1] 她的《没有主人公的叙事诗》的“第三与最后”的题献词，写于1956年1月5日（主显节前夜），距离她与伯林上一次相遇十周年：《安娜·阿赫玛托娃诗全集》，第547页，朱迪斯·海姆舍米埃译，罗伯塔·里德编，第2版（波士顿，马萨诸塞/爱丁堡，1994）。

关于伯林苏联之行的后半部分，似乎没有信件保留下来。这段空白一部分由他本人向外交部叙述的11月13日至20日对列宁格勒的历史性寻访填补，当时距德军结束列宁格勒围困不足两年[1]。下面是他的旅伴，英国文化委员会官员布伦达·特里普[2]在这次考察中所写的日记，它为伯林生动的备忘录[3]提供了背景。

1945年11月12日，星期一

整天时间都在想我们是否将去列宁格勒。最后，四点十五分行程定了下来。火车五点出发。以赛亚·伯林

[1] 德国人封锁了列宁格勒，人们通常称它为“900日之围”，事实上封锁持续了872天，从1941年9月8日到1944年1月27日。德国对俄国的侵略，代号为“巴巴罗萨行动”。在1941年6月已经开始，三个月不到，纳粹的军队就兵临列宁格勒城下，切断了它与苏联其他地区的联系，并且在北方芬兰军队的协助下，完全包围了城市。经受了持续的地面及空中轰炸、日益绝望的匮乏、一切基本设施的瘫痪，以及异乎寻常的严寒（1941—1942），列宁格勒人表现出了非凡的勇气与决心。在这次战役中有多少人死亡，各方数字不一，伯林引用的数字远低于实际数字；真正的数字接近一百万，而战前人口是三百万。大多数人死于饥饿，成千上万的人死于严寒、伤寒的流行以及其他疾病，还有的直接死于德军轰炸。如果没有结冰的拉多加湖上的“冰路”，使得有限的物资得以运入城中，并撤离了一些病人及老幼，这次灾难原本会更严重；到了夏季，供给通过驳船运过拉多加湖。1943年红军打破了部分封锁，条件有所改善，但是直到1944年1月德军才从外围被彻底驱退，列宁格勒得以解放。1945年这座城市因在被围时所表现出的英雄气概而被授予列宁勋章，苏联的最高国家奖章。

[2] 布伦达·穆里埃尔·霍华德·特里普（1906—2004），英国文化委员会驻苏联代表（负责安排就非军事科学文献与苏联科学院的交流），由于当时英国文化委员会能在苏联行使职能，她曾是外交部的文化专员，持有外交官身份。

[3] 见原文第601—612页。

在大都会酒店[1]把我找来。[我正]戴着帕纳斯太太[2]的皮帽，穿着自己的厚重大衣。天很冷，但是火车车厢里温暖而舒适。我们先是聊了好一阵，然后吃晚饭，合乎情理地早早入睡了。伯林睡上铺，我睡下铺。有一张珍贵的照片，他穿着睡袍，手里的杂志从床边落下，就像睡在婴儿车里的孩子。

1945年11月13日，星期二：列宁格勒

599 上午十点到达列宁格勒。身着虎皮的本地导游来接我们，并且引我们上了车，驶向阿斯托利亚酒店。[3]我们的两间房相邻，在二楼，很舒服，就是太冷。没有热水。喝过咖啡后，我们出门寻访，沿着莫伊卡运河去找以赛亚的出生地[4]。空气清冷但阳光很好。列宁格勒看上去美极了。

[1] 布尔什维克剧院对面的酒店，距离克里姆林宫五分钟路程，在20世纪40年代该酒店是英国大使馆新闻处成员的住地。
[2] 波兰籍犹太人生化学家雅各布·帕纳斯（1884—1949）的妻子。在1941年纳粹占领利沃夫后（随后成千上万的犹太人被德国人与乌克兰民族主义者屠杀），苏联给许多杰出的波兰人提供了安全通道，因此帕纳斯夫妇当时在莫斯科。帕纳斯当选为苏联科学院院士，但后来被捕，死于狱中。
[3] 大革命前后列宁格勒最上档次的酒店之一，据说希特勒曾计划德国打下列宁格勒后在此举行庆功会。
[4] 这是误解：以赛亚·伯林出生在里加，但1916—1920年生活在彼得格勒（即列宁格勒），在瓦西里耶夫斯基岛待了两年，然后又到安格列斯基河畔，它的北端支流与莫伊卡运河相接，汇入涅瓦河。

11月14日，星期三［及之后几天］

第二天天气更好。白色的冰霜衬托着灿烂阳光，大块大块的坚冰堆积在涅瓦河边，河中央是清澈的水流。新上了油漆的大型公共建筑物在阳光下熠熠闪光。后来下了雪，雪融化后天气将辉煌的景色一扫而光，但这座城市还是一样美丽，一样高贵，一样雄伟庄严，只是显得有点冷酷无情，没有丝毫仁慈和怜悯。

晚上我们去剧院看戏，第一天看的是芭蕾舞剧《睡美人》，又看了几场电影，随后两人分手，我独自到丰坦卡河边的剧院看《李尔王》，然后去看望安娜·阿赫玛托娃，或者待在住处，早早上床睡觉。后来伦道夫·丘吉尔[1]过来，两人在隐士庐博物馆[2]度过了一个糟糕透顶的上午，冻得半死。后来他又和我们一道观看了芭蕾舞《加雅涅》[3]，表现得相当讨人喜欢。接下来几天我们都睡到很晚起床，白天就去买点书，沿着寒冷、

[1] 伦道夫·弗雷德里克·爱德华·斯宾塞·丘吉尔（1911—1968），作家、新闻记者，保守党政治活动家，战争时期情报官员，前首相温斯顿·丘吉尔的独子。温斯顿·丘吉尔在7月份的英国大选中失利下台。

[2] 国家隐士庐（艾尔米塔什）博物馆，由叶卡捷琳娜大帝建于1764年，是当今世界最伟大的艺术博物馆之一，以西欧油画藏品著称。这些艺术品收藏在涅瓦河堤岸上相互连接的建筑群里，其中以冬宫最为著名，还有小隐士庐、旧隐士庐和新隐士庐等。“隐士庐”一词意为“远离尘世、身心放松的地方”，在17世纪和18世纪欧洲自然风景园的创建中十分盛行。1941年德国入侵后，隐士庐博物馆的工作人员夜以继日紧急将上百万件珍贵藏品打包转移，剩下的藏在地下室和地窖里。大部分藏品幸免于难。

[3] 见原文第603页注4。

冰冻、积雪开始消融的街道艰难跋涉。这里的电车太差了，比莫斯科的还要糟糕。

[……]

我和以赛亚有过几次愉快交谈，不过大部分时间他的谈话内容都过于博学高深，我只能保持沉默。他发现我乏味无知，我却蛮喜欢他。他过于智慧了，很难与他有任何真正的交流。他对事物的理解过于依赖理智，而不是情感。他与其他人，至少与女性的关系十分微妙，停留在精神层面，富有刺激性。他本人没有太多热情，从来没有触摸过某个人，或挽过某个人的胳膊，或者看
600 上去从容自在，态度友好。他让我感到敬畏，觉得自卑，觉得自己不行，这主要是因为他不会仅仅因为我的缘故而有兴趣来见我。有一次我们谈到不幸人的幸福[……]我认为他实际上非常害羞，正因如此，才滔滔不绝说个不停加以掩盖。到后来，我们之间的交谈达到了颇为融洽的程度，但我认为进一步会面不存在任何基础，我完全跟不上他的谈话。

11月21日，星期三

上午十一点回到莫斯科，拎着四个大箱子，以及大约九包书。幸亏使馆派车来接我们。

一直到三十五年后，以赛亚·伯林才把记忆中与俄罗

斯作家们的会面经过记录下来。[1]不过当时他写过两份正式报告。[2]任期结束后，他编写了一份篇幅很长的备忘录，专门汇报俄罗斯文化界的总体情况。[3]他还根据在小时候生活过的地方列宁格勒的亲眼所见，写了一篇充满个人色彩的报告。他对11月15日至16日（大概日期）与阿赫玛托娃的会面有意轻描淡写，甚至做了些微篡改。但几个星期后他赋予这次会面的意义以及这次会面的结果出现在致驻莫斯科英国代理大使弗兰克·罗伯茨的感谢信[4]以及后来的报告中。发自列宁格勒的报告如下[5]。

火车离开了莫斯科，准点抵达列宁格勒。车厢座位周围，我们并未见到任何明显像内务人民委员部特工的人。去列宁格勒的路上没有供应食物；回来时提供了三明治[6]，价

[1] 见《个人印象》中的“1945年和1956年两次会见俄罗斯作家”一节。
[2] 来自弗兰克·罗伯茨的一封信（1942年11月25日致C.F.A.沃纳，外交部文件，371/47925，N16819/627/38）概述了以赛亚·伯林的另一份报告，有关他与列宁格勒“一颗苏联冉冉升起的新星”之间的谈话。这位作家宣称，“天性善良的俄罗斯人，觉得很难对他们罪有应得的敌人产生仇恨［……］对年轻英俊、一头金发、躺在雪地里死去的德国士兵充满钦佩之情”。
[3]“斯大林政权下的俄罗斯艺术”，《纽约书评》，2000年10月19日，第54—63页（有删节）；后在以赛亚·伯林《苏联的心灵：共产主义时代的俄国文化》中全文收入。
[4] 见原文第619页。
[5] 该文原件收于档案馆，外交部文件371/56724，N375/24/38。这一经过粗略编辑的版本最先刊登于《泰晤士报文学副刊》，2001年3月23日，第13—15页，标题为“访列宁格勒纪实”。
[6] 伯林此处原文为：belegte Broetchen。

格和往常一样高得惊人。倒是来回路上警卫茶壶里的茶水源源不断，让我们喝了个够。大家相互之间彬彬有礼，很守规矩。没有喝得醉醺醺的苏维埃军官前来搭讪。

列宁格勒市中心几乎完全看不出遭到破坏的痕迹，众人关注的公共建筑的恢复和修缮工作已基本完成；一座座建
601 筑在清冽的寒风中傲然挺立，显得壮丽辉煌。公共塑像和纪念碑又重新耸立在人们面前，隐士庐博物馆已经开放（除西班牙、法国和英国展室之外），听说正在布置德国展室，很快就要对外开放，显然大部分藏品是从德累斯顿和柏林运来的油画。有人对德累斯顿的油画全部被莫斯科扣留表示忌妒，但这似乎是必然的结果。

街上的人流外表上比莫斯科人更寒酸、更潦倒、更瘦弱。毫无疑问，这主要是近三年的封锁和围困带来的后遗症，它充塞着人们的记忆，大家谈之色变。也有可能是因为列宁格勒这里见不到几个农民，举目望去，尽是些疲惫潦倒、无精打采的旧时代知识分子，或者是那些人让人产生这个印象。他们身上破旧的衣衫在刺骨的风雪中飘动着，比起穿在外表粗犷、生活条件优越一些的莫斯科市民身上，显得更加褴褛凄惨。这里的街道比莫斯科更加空旷清静，涅夫斯基（主干道）除外，它有时会像莫斯科的猎人之路大街一样热闹非凡。无轨电车密密麻麻，水泄不通，这一点在苏维埃共和国随处可见。至于有轨电车，外表十分可笑，好似一只残疾的巨大黄蜂慢慢爬行，身上挤满藤壶似的人类，其中一些被上下车

的人流挤得几乎要倒下去，一边高声诅咒，骂骂咧咧，一边努力挣扎着，重新站稳脚跟，不知什么时候又会被挤倒。因此，有轨电车简直就是令人恐怖的死亡陷阱，我个人深有体会。即便在凌晨四点半和清晨七点半，车上也是座无虚席。

据说多数乘车人都是从列宁格勒附近地区每天进城来的，还有就是因为住房问题。虽说不像莫斯科那么尖锐，却也十分严重。不过再怎么说，这里的房子，至少是我采访的那些作家的住房比他们莫斯科的同行的住所要气派得多，也空荡得多。气派是因为总体而言，列宁格勒属于建设得比较好的城市，不像莫斯科那么小家子气；空荡则是因为听人说很多家具——其中一些非常古老华丽，在封锁期间都被当作燃料烧掉了，要想早日替换也不太可能。至今在列宁格勒，燃料明显还是非常短缺，就连阿斯托利亚酒店也存在供暖不足的问题，至于隐士庐之类的公共博物馆和美术馆就更不用提了。特里普小姐发现，在一个科研所的图书馆里，根本就没有供应暖气，现有的一点热气来自两个小房间里临时凑合的小炉子，是图书馆员每天早上起来自己生的火。根据特里普小姐的所见所闻，这里的个人如果想得到生炉子用的木头，必须用面包配额交换，或是用其他能够在市场上出售的东西。比起莫斯科，这里的物价低得多（尽管传言恰恰 602
相反），从信托商店[1]出售的地毯和大钢琴，以及二手书籍

[1] 专门为党内显贵和官员出售进口商品的高级商店。

（大约是莫斯科价格的三分之一），到瓦西里耶夫斯基岛市场里的胡萝卜和葵花籽都是如此。

至于列宁格勒周边地区，听说沙皇村（苏联国际旅行社的多数导游称它为“普希金镇”）和彼得宫都还是一片废墟，加特契纳也仍是一座空城。通往巴甫洛夫斯克的道路遭受了极大破坏，看来去那里很难。至少我个人前往那里的提议很不现实：“火车几乎不行，路途又远”，虽说与沙皇村相距仅有几英里。女诗人薇拉·英培尔[1]后来说，巴甫洛夫斯克的皇宫目前正在抓紧修复，新年前会完工。至于我提出的参观奥拉宁巴姆的建议就更少人附和了，我只好作罢。

尽管国际旅行社的女导游对演出质量颇有微词，我还是到马林斯基剧院观看了《伊凡·苏萨宁》。[2]剧院内部已经恢复了传统的蓝色和金黄色调。演员的歌唱和表演都十分蹩脚，比莫斯科大剧院的更糟。乐队还将曲目称为“为沙皇献身”，坐在我身旁的红军官员对此好一番讽刺挖苦。但是，列宁格勒的芭蕾舞表演却十分精彩。我同特里普小姐一起去

[1] 薇拉·米哈伊洛夫娜·英培尔（1890—1972），苏联诗人、短篇小说作家、新闻记者，列宁格勒围城战役的幸存者，1945年因叙事诗《普尔科沃子午线》（1942—1946）获斯大林奖章。

[2]《伊凡·苏萨宁》是原先的剧名，后来该歌剧作曲家格林卡将其更名为《为沙皇献身》，以纪念沙皇尼古拉一世，他曾参加了1836年该剧在圣彼得堡的首次排演；大革命之后，该剧恢复了原名。马林斯基剧院（又名基洛夫剧院）是上演歌剧和芭蕾舞剧的著名场所，以沙皇皇后马利亚·亚历山德罗芙娜的名字命名，于1860年建成开放，上演过格林卡的《为沙皇献身》；剧院内部为蓝色和金黄色，在围城战役中遭到破坏，伯林来访前得以修复。

看了《睡美人》，还有与特里普小姐和伦道夫·丘吉尔一起去看了《加雅涅》[1]，《加雅涅》由亚美尼亚著名作曲家阿拉姆·哈恰图良创作，两部剧都远远好过一般的莫斯科演出，尤其是《加雅涅》，虽然内容只是非常普通的正统“苏联集体农场年轻人”的道德剧，却因为穿插了高加索和里海的民族舞蹈而变得充满生机。舞蹈家们个个精神饱满，舞技非凡。这与俄罗斯现如今舞台上十分常见、就连柴可夫斯基芭蕾舞剧也不能幸免的死气沉沉的华丽景象和固定机械的熟练舞步恰成鲜明对比。也难怪现在列宁格勒会将这点专门提出来，认为自己的艺术活动成就辉煌。 603

列宁格勒弥漫着一种自尊心受伤的情绪。这座冷俊堂皇的城市曾经是古老的国都，心高气傲，目空一切，如今却被莫斯科的机会主义暴发户们视为过时落伍，只能用毫不客气却底气不足的不屑态度予以回应。比起莫斯科，这里的人看上去生活更加贫穷，更加缺少关怀。作家们给人的印象是，生活都不太富裕，外表和整个语气比起他们的莫斯科同行显得沉重得多，也更儒雅、消沉得多。但从另一方面来看，就政治上而言，这里的生活似乎要轻松得多。[2]至少我能肯

[1]《加雅涅》是一出典型的社会主义现实主义舞剧。苏联现实主义文学常常被讽刺为“小伙子遇见拖拉机手”的类型；伯林的记述没有提及这一主题，旨在从通常严酷平淡的苏联现实生活中挖掘富有田园和浪漫色彩的一面。该芭蕾舞剧于1945年首演，剧情发生在亚美尼亚的集体农庄。

[2] 因为列宁格勒市政府的相对自治权，为此斯大林在1949—1950年“列宁格勒事件”中采取了清洗政策。

定，在列宁格勒没有人跟踪我，与苏维埃市民的交流沟通也不像在莫斯科那么艰难。在允许我与作家们见面交谈的三个漫长的夜晚里，偶尔也有两人之间的面对面私下交谈，其中有位最最胆小的人告诉我说，他在莫斯科必须小心翼翼不与外国人接触，要特别谨慎，而在其他地方则没有必要，比如在列宁格勒。我能与这些作家见面，主要是通过涅夫斯基作家书店经理的帮助，此人成熟老练，值得在这里提上几句。[1]

根纳季·莫伊谢耶维奇·拉克林个子不高，身材瘦小，是一位个性快活、略微秃顶的红头发犹太人。他喜欢说话，精明机灵，和蔼可亲，极其热情。此人也许是苏维埃共和国里消息最为灵通、拥有读者最多、最有魄力的图书发行商。虽然像其他国有书店的经理一样，他并没有从图书销售中获得法定的佣金，用他的说法是，完全靠国家给的工资生活，但他推销图书的兴趣和热情至少和西方国家的任何书商一样迫切。身为列宁格勒两家影响最大的书店的经理，他是城里图书价格的官方独裁者，定价多少由他说了算。他还有办法在很短时间内从别的书店把书调来，因此能够比我所知道的别家书商更好地服务顾客。19世纪的一些著名书商往往既是出版商，又是发行商，同时还是文学艺术的赞助人，受到这些前辈的影响，他的内心一直隐隐怀着带有几分浪漫色彩

[1] 基本上可以确定拉克林为苏联内务人民委员部（后来的克格勃）特工。

的文学志向——他自己的书店就建在著名的斯米尔金[1]书店的旧址上，还把书店的一个房间改造成为作家们和受欢迎的来访者聚会的场所。我和特里普小姐荣幸地被邀请经常光临这间书屋。在这里，我不仅能够在舒适的环境下选购书籍， 604
这在莫斯科绝对享受不到，而且还结识了好几位文学界的知名人士，像左琴科[2]、阿赫玛托娃、奥尔洛夫[3]、杜丁[4]等。每次我去那里，房间里总有三四个人在，艺术家、学者或作家佯装在书架上找书，但很少见他们拿书离开，与其说他们是来买书，倒不如说他们在寒冷的冬日到这间温暖的书屋来会见朋友的心情更加迫切。在这个小小的沙龙里，谈话轻松自由，话题涉及文学、学术甚至政治。也是通过一个在这里认识的人，我得以登门拜访一位文学界名流[5]，在她家，还见到了列宁格勒知识界的其他人士。拉克林本人也积极参与

[1] 亚历山大·菲利波维奇·斯米尔金（1795—1857），列宁格勒出版商兼书商，以出版物水准高、为人忠厚慷慨、精力充沛而闻名，为俄罗斯商业图书贸易的发展做出了突出贡献。

[2] 米哈依尔·左琴科（1895—1958），苏联著名讽刺作家，以20世纪20年代发表的幽默短篇著名。因为拒绝遵从社会主义现实主义写作规范而冒犯了苏联政府的权威人士。当时对文学作品的要求是：所有的艺术表达都必须采用现实主义手法，体现英雄主义和乐观主义，描写社会主义在创造美好生活方面取得的各项成就。1946年，他与安娜·阿赫玛托娃一道成为苏共对文学界持不同政见人士迫害的对象。在受人排斥和贫困潦倒的境遇中凄惨过世。

[3] 弗拉基米尔·尼科拉耶维奇·奥尔洛夫（1908—1996），文学批评家，是亚历山大·勃洛克诗歌专家，编辑了其选集。

[4] 米哈依尔·亚历克桑德罗维奇·杜丁（生于1916年），士兵诗人、战时新闻记者、战后从未引起争议的艺术家、苏联斯大林主义者，他所写的循规蹈矩的说教诗歌使他在作家协会平步青云。

[5] 安娜·阿赫玛托娃。

这些交谈，不过显然他的顾客们并没有把他当作知识界同行来看待，而是将他视为一个特别能干的文学总管（他确实是这样一个角色），完全值得大家去巴结讨好。他的作用就好比列宁格勒的费加罗，机敏智慧，无所不能，从购买剧院入场券、安排讲座、举办每月一次的文学晚餐，到通报情况、传播小道消息，全方位地提供各种无微不至的服务。这些都给生活增加了情趣，使之变得惬意和容易忍受。

拉克林曾经以感激愉快的口气提起，他在莫斯科时经常受到劳伦斯先生和瑞韦先生[1]的盛情款待，看起来他很愿意同英国使馆人员继续保持这种联系。他还不无自豪地谈起，1942年以来向英国和美国官员和新闻记者成功地推销了多少本书。对此话题他确实表现出某种程度的社交敏感，在扬扬得意的同时，也痛恨地提起一位英国新闻记者，说此人在最近出版的一本书中对他进行了贬毁，他认为这么做极其无礼，缺乏公正。他说计划在莫斯科开一家有五个图书室的书店，其中一间专门提供给外国艺术家，这样他们就可以到书店来，每个图书室都走走看看，或许会遇见一些杰出的莫斯
605 科人，彼此间志趣相投。他似乎完全没有意识到这样一个促进外国人和莫斯科居民交往的项目在实施过程中可能遇到的困难。的确，对莫斯科与外国人的隔离程度缺乏认识的状

[1] 约翰·瓦尔德马·劳伦斯（1907—1999），新闻专员，俄文版《英国盟友报》编辑；乔治·瑞韦（1907—1976），俄语翻译。

况，在与我交谈的大多数列宁格勒作家中也同样存在。

伦道夫·丘吉尔提出希望去看看“苏联人家里面的情况”，这个愿望在莫斯科没有实现，所以我就去请求拉克林先生——他正好感冒躺在床上，问他是否介意让丘吉尔先生采访一下，谈谈被围困期间的经历，他很感兴趣。拉克林似乎很赞同这个建议，于是我和丘吉尔先生在11月16日下午三点左右前去拜访他。拉克林躺在床上，但谈起自己和封锁期间的经历时，眉飞色舞，话语中流露出抑制不住的兴奋。对丘吉尔先生问的所有问题，都显得胸有成竹，应答如流。之后，他太太招待我们吃了一顿丰盛的晚餐，有伏特加酒，还有鱼和鸡肉。他住的公寓远离涅夫斯基大街，有三间屋子，房子不大而且光线很差，但装修得还蛮舒适，大致像伦敦市中心克拉肯韦尔或伊斯灵顿公寓的样子，只不过房间里空荡得多，就放了些俄罗斯常见的19世纪80年代和90年代笨重的德国家具，没有任何小古玩之类的装饰性摆设。拉克林谈到列宁格勒被封锁期间，百姓仅靠一百二十五克面包的最高定额度日，没有任何其他食品；谈到当时因为很多家庭有人死亡和被疏散，他收购了大量书籍，但来买书的顾客往往因为吃不饱，没有力气扛走大部头的著作，只能挑选一些薄书，要么就是小说或史书中掉落的章节，沿着冰冻的道路，分散着提回去。他还谈到当时埋葬死人如何困难等一些恐怖细节，并且绘声绘色地讲述了木工糨糊的味道，因为当时他曾经用冷水把它稀释后当汤喝。

尽管传到莫斯科的消息是，民众一致认为列宁格勒的救星是波普可夫[1]，而不是日丹诺夫[2]，拉克林向我们证实，多数观点还是认为比起其他人来，日丹诺夫在鼓舞民众士气方面发挥了更大作用。他说，要不是日丹诺夫派出的护送队帮
606 助民众穿过冰冻的拉多加湖，他拉克林老母亲的性命肯定早就没了，可她却奇迹般地活了下来。在那段时期，老人和孩子成百上千地死去，人们个个都向我们证实，单是死于饥饿的人就大约有二十万到三十万。[3]在光顾拉克林书店的顾客当中，有几位是他引以为豪的，像莫洛托夫、贝利亚[4]（苏联秘密警察的头目）、最高主教阿列克谢[5]，以及列宁格勒的拉比。这位拉比说他本人就经常参加列宁格勒中央犹太会堂举行的各种仪式。通常那里人都很多，那年还从乌克兰的敖德萨请来了一位特别好的唱诗班“领唱者”。拉克林还说希

[1] 彼特·S.波普可夫作为列宁格勒市委第一书记（相当于列宁格勒市长），负责保证拉多加湖两岸的供给线畅通，组织食物配给并负责作家们的疏散工作。斯大林早就因列宁格勒市政府掌有的权力感到受到威胁，同时忌妒波普可夫被视为当地英雄的地位，后在“列宁格勒事件”中将其清算，一起遭到清洗的还有列宁格勒战时市政府的大多数官员。

[2] 安德烈·阿列克桑德洛维奇·日丹诺夫（1896—1948），苏联政府及共产党官员，1934年任列宁格勒共产党书记，在德国围困期间，作为该市政治首脑，有力并富有成效地承担了抵抗封锁的任务；斯大林的亲密战友，后领导了战后针对苏联艺术家、作家和作曲家的清洗运动。在此次运动中，阿赫玛托娃和左琴科被清洗出了苏联作家协会。

[3] 这个数字偏低，见原文第599页注1。

[4] 见原文第694页。

[5] 列宁格勒市主教阿列克谢，原名谢尔盖·弗拉基米洛维奇·施曼斯基（1877—1970），1945年2月当选为主教。斯大林于1943年正式重新设立了俄罗斯正教会。

望有一天有机会被邀请到英国，去看看“真正”的书店是如何经营的。最后，他送了一本有关列宁格勒的书给丘吉尔先生本人，又送了一本1912年出版、纪念拿破仑1812年撤退的书给温斯顿·丘吉尔先生，因为他儿子之前说过，丘吉尔是拿破仑相关纪念品的狂热收藏者。

拉克林有关围困时期的令人痛心的讲述得到了其他人的有力证实。批评家奥尔洛夫告诉我，那个时期出生的孩子几乎无一幸存下来。他自己能够活下来，是因为享受到了专门发给知识分子的特别定量供应，比如他和拉克林，他们在配给方案中被列为“二级作家”（“一级”和“一流”作家相对比较富裕）。真正靠专用飞机越过德国封锁线疏散到莫斯科，后来又送到乌兹别克斯坦首都塔什干的仅有短篇小说家左琴科和女诗人阿赫玛托娃，是斯大林直接下的命令。两人起初都不愿离开，但最终还是向权势低了头。据他们和奥尔洛夫说，大多数朋友都在围困时期死去了，因为他们只是无足轻重的普通市民，缺少了性命攸关的食物和燃料，几乎就等于被判了死刑。其中一人甚至说，在他个人看来，列宁格勒现在就是一个墓地。有人告诉特里普小姐，经历过大封锁的人常常会因为营养不良发生间歇性眩晕，整体健康状况大幅下降，除非增加营养，否则在接下去几年里死亡率肯定会上升，但增加营养看来完全没有可能。

所有与我交谈的作家都渴望得到英国原版书籍，说通过

沃克斯[1]特别难买到，因为这个机构效率低下，办事障碍重
607 重。他们还暗示了弄到书的种种办法。我们详尽地讨论了英国文学和美国文学，四个作家中我与三位进行了深谈，谈到了普利斯特利先生最近的俄罗斯之行及他在作家俱乐部的演讲。[2]他们坚持说，普利斯特利先生称不上是一位作家，尽管他有娴熟高超的写作技巧。他们觉得难以相信他在英国真的会被公认为是最伟大的作家之一，继承了文学巨匠狄更斯的衣钵，虽然他自己说这是人们对他的评价。他们觉得他本人倒是很亲切友善，可是很奇怪，在为莫斯科《文学报》撰写的文章中，谈到英国文学的现状时，他怎么会把他同时代的人全都指摘了个遍，赞扬的极少，整篇文章从头到尾都在传达一个信息，即这些人的后期作品无一例外都在倒退，而开始时有些还表现出很有希望的势头。其中一位最后甚至直

[1] VOKS，苏联对外文化协会的俄文缩写。
[2] 10月中旬，普利斯特利结束对俄罗斯的六星期访问。此前一个月伯林曾经在莫斯科参加了“纪念《英国盟友报》创刊三周年晚宴”，罗伯特·斯特恩在1947年12月8日的《巴勒斯坦邮报》第4版上写道，“这是一份由英国使馆新闻处创办的俄文版周报”，“宴会在共产国际大街上仿摩尔式加巴洛克式的大楼里宽敞的白色与金色沙龙内举行。这座大楼离克里姆林宫的红墙不远，是分配给英国使馆新闻处的，我当时在那里任职。J.B.普利斯特利当时正作为苏联政府邀请的客人在俄罗斯巡回演讲，是当晚唯一发言者。壁画和飞檐上多毛的森林之神和裸体的仙女（九英尺高）饥肠辘辘地俯视着下面六道菜的大餐，同时还有伏特加和香槟。在场有许多俄罗斯名流，像这样经过官方认可，同意苏联居民接受外国人款待的场合十分少有。在我这桌，有索菲娅·托尔斯泰夫人，列夫·托尔斯泰的孙女；以赛亚·伯林，牛津大学全灵学院和新学院的研究员，当时任职于英国使馆；还有普罗科菲耶夫夫人，那个著名作曲家的太太［……］”。这一活动应该是在如今名为“友谊宾馆”的大厅里举行，斯特恩的描写有些许夸张（不过之后那间大厅便经过整修）。至少仙女们（如今）都穿上了衣服。

截了当地质问，英王陛下的政府为什么会选择普利斯特利先生作为代表英国的文学大使，作为剧作家，无论从思想上还是艺术上他的成就都没有那么重要（他的小说也不是那么广为人知）。我力图解释普利斯特利先生的俄罗斯之行是苏联对外文化协会邀请安排的，而不是英王陛下的政府的决定，但无论是在列宁格勒还是莫斯科，人们均对此表示怀疑。在莫斯科，普利斯特利先生对英国社会秩序的抨击似乎并没有给人留下什么印象，反倒是和以上极其类似的评论时有耳闻，尤其是在知名作家中间。

关于俄罗斯的生活条件以及我与列宁格勒作家们的通信往来问题，我和他们之间有过一两次开诚布公的交谈。他们告诉我，没听说有什么四十岁以下特别有才华的俄罗斯作家，虽然他们中有许多人对文学满腔热情、全力以赴，十分刻苦勤奋。目前的“路线”是关注苏联的边远地区，诸如西伯利亚或塔吉克斯坦。让年轻人尽早接受教育，提高公民意 608
识，是抚育即将出现、更加优秀的新一代有才华作家的必要之举。虽然这么做要经过很长时间才能见效，但至少目前整个宣传导向是鼓励作家们进行相关创作，于是出现了一大批假冒的古体抒情诗、伪民谣、伪史诗、公文体诗词等。这些粗制滥造之作把那些原始纯朴或带有中古之风的民族本来独有的东西和原创性都排挤掉了。尽管如此，他们自豪地向我宣称，真是万幸，列宁格勒的文学刊物并没有被这个梦魇纠缠，不像莫斯科的文学周报，里面充斥着上述内容，不过他们破例地特别青睐格鲁吉亚和亚美尼亚文学，那里面不乏真正的天才作品。就他们自身而言，不论“在莫斯科”流行什么样的时尚，走什么样的路线，他们都不会为拥有普希金和勃洛克、波德莱尔和凡尔哈伦[1]的文学传统感到羞愧，也不会拿他们去交换任何乌兹别克斯坦或阿塞拜疆的诗歌宝藏。

他们谈到按照战前所了解的“欧洲”标准教育孩子的种种困难。不过听他们说，尽管困难重重，比起莫斯科还是要好多了，因为这里在国立学校以外受过良好教育的人数比其他任何地方都多。这里的孩子也因此受到更多文明气氛的熏陶，不至于变成标准化的技术专家——包括在文学领域，否则他们必将面临这种危险。这里人经常谈论“人道主义价值”，以及与“美国风气”和“蒙昧野蛮”等当今公认的主要危险相对的大众文化。的确，从我个人与一位刚从柏林回来、父亲多年前遭到清洗的年轻苏联红军战士[2]的几次会面经历来看，我敢说他至少是一位有教养的人，博学多才，思想独立，甚至有点过于讲究，几乎到了知识分子式的怪癖地步。牛津和剑桥的本科生中就有一些类似的高智商知识分子，备受同学敬仰。不过我想他这种情况是个例外，或许列宁格勒相比苏联的其他地方确实有所不同。种种迹象表明，刚才说到的年轻人读过普鲁斯特和乔伊斯的原著（虽然他一

[1] 爱弥尔・凡尔哈伦（1855—1916），比利时诗人。
[2] 列夫・尼古拉耶维奇・古米廖夫（1912—1992），阿赫玛托娃之子，与前夫尼古拉・斯捷潘诺维奇・古米廖夫（1886—1921）所生。

直待在苏联）。我相信这是事实，同时也不可能仅从一个惊人案例便推而广之，妄下结论。

我小心翼翼地与新结识的作家们接触，尽量遵守他们必须遵守的政治分寸，避免卷入麻烦。他们说共产党员和非共
产党员的区别依然划分得十分清楚。在党的主要好处是能够 609
享受到较好的物质条件，因为国家出版公司和文学期刊通常都会向可以信赖的党员大量约稿，不利之处则在必须尽职尽责，绞尽脑汁完成大量毫无生气的政府宣传文字，而且经常得写，要求的篇幅又长得吓人（人们说这些话时，语气轻缓，闪烁其词，但想要表达的意思却十分清楚，不会有错）。当我问起他们对诸如作家协会[1]主席、诗人吉洪诺夫[2]这样忠诚的共产党员有何看法时，他们的回答是：他是“老板”，不好随便议论。我得到的总体印象是，对苏联作家作品的实际质量，很少人抱有真正的幻想。这方面的口头评价相当开诚布公，但难以见诸出版文字。因此，打个比方，每个人似乎都理所当然地认为，鲍里斯·帕斯捷尔纳克是位

[1] 1932年，苏共中央委员会解散了当时所有的文学团体，成立了统一的作家联盟。目的在于强制贯彻社会主义现实主义的新教条。不属于该联盟的作家几乎没有可能发表自己的作品。相反，许多平庸的雇佣文人因为成了作家联盟的官员而事业发达，并享受到随之而来的种种福利待遇，例如乡间别墅、假期、配备司机的轿车，以及前面提到的出售外国商品的专卖店的购物证（原文第603页注1）。

[2] 尼古拉·塞蒙诺维奇·吉洪诺夫（1896—1979），早期苏维埃时期革命浪漫主义民谣作家。他的诗歌创作逐渐被作家联盟文学官员的职责挤到次要地位。他曾因宣传工作出色以及表现狭隘爱国主义的战争诗歌获得三枚斯大林奖章。

天才诗人，而西蒙诺夫[1]则是一位巧言善辩的新闻记者，仅此而已。

我了解到，这里作家外出的可能性相当有限。比如，没有作家联盟主席或者党委书记的正式邀请，作家们不可自行前往莫斯科。当然有时可以通过间接方式获得，但这么做既丢面子，同时也困难重重，根本无法经常为之。作家们迫切地想了解外国作家的情况，特别是理查德·奥尔丁顿[2]和约翰·多斯·帕索斯[3]。严肃英语作家中，海明威是读者面最广的一位，而在英国作家中，则要数克罗宁博士[4]，尽管品位高雅之士着实认为他的确是比一般人优秀得多，却是个多少带点商业气味的作家。对英语文学的认可明显取决于被接
610 受的翻译作品，还有小部分取决于苏联对外文化协会允许为普通读者提供哪些外语作品。其结果有时便显得十分怪异荒唐。例如，弗吉尼亚·伍尔夫和E.M.福斯特的名字（在普

[1] 康斯坦丁·米哈伊洛维奇·西蒙诺夫（1915—1979），苏联诗人、剧作家、小说家，擅长写爱情诗和爱国散文；二战期间任战地记者；写作出版了战争期间最受欢迎的小说之一《日日夜夜》（1944），以及大量没有特色的说教式宣传戏剧；后（1946—1954）主编刊物《新世界》并成为作家联盟的领袖人物。

[2] 理查德·奥尔丁顿（1892—1962），原姓爱德华·戈德弗里，英国作家，包括埃兹拉·庞德在内的意象派诗人团体成员之一；他深受第一次世界大战当兵经历的影响，这一点在其诗歌集《战争意象》和小说处女作《英雄之死》（伦敦，1929）中有充分反映。多部著作被译为俄语。

[3] 约翰·（罗德里格）·多斯·帕索斯（1896—1970），美国小说家。写作了多部有影响的实验小说，抨击美国社会的虚伪和物欲横流。其中最具影响的代表作为《曼哈顿中转站》（纽约，伦敦，1925）及《美国》三部曲（伦敦，1930—1936）。

[4] A.J.克罗宁的社会现实主义，代表作《群星俯瞰》（1935）在俄国广受欢迎。

利斯特利的文章中提到）没有人知道，但梅逊[1]、格林伍德[2]和奥尔德里奇[3]却无人不晓。外国图书要从莫斯科获得，但即便在那里也很难买到。如果能想到什么办法提供英语国家充满想象力的文学作品，他们将感激不尽。安娜·阿赫玛托娃尤其感到高兴，因为《都柏林评论》发表了一篇评论她诗文的文章，而且一篇有关其作品的博士论文已被博洛尼亚大学接受通过。两位作者都与她建立了通信联系。

列宁格勒作家中声名显赫的那些均享有豪华住所，居住在舍列梅捷夫[4]家族古老的喷泉屋内。这是一座荷兰风格的建筑，位于丰坦卡河畔，普希金经常光顾此地——实际上，

[1] 阿尔弗雷德·爱德华·伍德雷·梅逊（1865—1948），英国小说家，当过短时间的演员，自由党议员，战时情报特工人员；他擅长写探险小说和侦探小说，探险小说的代表作《四根羽毛》（伦敦，1902），后被亚历山大·科达拍成电影；其侦探小说的主人公哈纳德探长家喻户晓。

[2] 沃尔特·格林伍德（1903—1974），英国工人小说作家，十三岁辍学；失业期间写作了《施舍的爱》（伦敦，1933），故事讲述了大萧条时期英格兰北部一个工业小镇的生活，该小说在商业上大获成功，并一直被视为其代表作。

[3] 詹姆斯·哈罗德·爱德华·奥尔德里奇（生于1918年），马克思主义小说家，新闻记者，澳大利亚籍，自1938年起主要居住在伦敦。二战期间任战地记者，其间出版战地小说《光荣的战斗》（波士顿，1942）以及《海鹰》（伦敦，1944）；其作品译本在俄罗斯广为流传，后（1972）被授予列宁奖章。

[4] 舍列梅捷夫家族，著名的艺术赞助商，沙皇俄国时代最富有也最具影响的贵族家庭。其在丰坦卡运河边（因此而得名）的豪华住宅初建于1712年，后来经过多次重建，18世纪40年代在原址上盖了一座更为富丽堂皇的住宅，1918年连同屋内一切陈设全部捐献给了苏维埃国家。阿赫玛托娃住在（1926—1956）大楼一侧的一套公寓里（如今成为纪念她生活工作的展览馆），因为当时她是艺术史家兼评论家尼古拉·蒲宁（她的第三任丈夫）的妻子（后离婚），他也住在那儿。一些苏联作家联盟的成员住在里特伊尼路（苏联秘密警察总部）斜对面舍列梅捷夫家族拥有的其他住宅里，并不像伯林以为的那样，都住在喷泉屋大楼里。

他最著名的肖像就是在这座大宅的晨室里完成的。这座18世纪末建筑的前门是精美的铁栅栏，一个个大门环绕一座很大的四方院子，院子里树木茂密。沿着门内狭窄的楼梯拾级而上，就是一间间建造精美的住房，屋顶很高，光线充足。但是食物和燃料的问题依然突出，因此，我在那里见到的作家并不能说有什么真正的享受，他们的生活的确还需要为柴米油盐操心。我不无伤感地心想，他们希望列宁格勒早日发展成为与外界沟通的海港，只是为了获取更多的信息，更多
611 的外国人士或许也会因此到这座城市来，使他们能够与世界接触。对与外界隔离这点，他们似乎特别有感受。他们告诉我说，我本人在此进行的访问，虽然是通过一位书店的熟人安排的，颇为公开，却是自1917年以来第一次有外国人来访，毫不夸张，而且我有一种印象，最好不要把此事四处张扬。和我交谈的作家们说他们如饥似渴地阅读俄文版的《英国盟友报》，那里面所有提到俄罗斯文学成就的内容，诸如书评等，都得到他们的极端青睐。

在列宁格勒，我没有发现丝毫仇外的迹象，而在莫斯科却能明显感觉出来，就连一些最开明的知识分子心里也存有这种情绪，更不要说政府官员之类的人了。列宁格勒一直将自己视为睁眼看西方的知识与艺术生活的家园，从某种程度来说至今依然如此。不论是文学刊物的作家，还是剧院里的演员，或者是我去买书的那七八家书店的职员们，包括电车和公共汽车上的旅客，比起生活安逸却显得有点粗野和少教

养的莫斯科同胞，这些人似乎在礼貌和受教育程度上都略胜一筹。如果这种感觉正确，我们在这块土地上所撒下的任何种子，都会比在苏联的任何其他地方更好地生根发芽。至于说一些考虑是否实际，比如是否有可能在列宁格勒建立一个英国领事馆？这不用说是另外一个实际问题，但无论如何，这里和外界的交往肯定会像目前表现出来的一样相对比较容易和随意。目前流通的自由在很大程度上可以说恰恰是因为这里没有外国机构和国家的常驻代表，从而使监控进入阿斯托利亚酒店旋转门的住客的工作变得轻而易举，那个门一次只能容一人出入，可谓插翅难逃（很奇怪，感觉倒蛮舒服）。当局也因此可以少操一些心。 612

华盛顿（再访）

从未有哪个城市如此毫无来由地这般看重自己。[1]

我现在知道，庄严与面对公众的严肃态度是处理公众事务至关重要的素质，千万不要相信还有其他什么别的。[2]

[1] 以赛亚·伯林论华盛顿，致勒内·詹宁，1943年3月30日（本书信集未收入）。
[2] 以赛亚·伯林致约瑟夫·艾尔索普，1944年2月11日；见原文第488页。

以赛亚·伯林1月初终于离开苏联。临行前，他再次来到列宁格勒，与安娜·阿赫玛托娃见面告别，然后取道芬兰和瑞典（他在那里听说自己在新年荣誉册上被授予不列颠帝国高级勋章）回国。接着很快又到巴黎逗留，帕特里西娅·德·本德恩和她的丈夫生活在那里。之后伯林在英国逗留。2月初，在“可恶地错过了信件”[1]之后，他回到华盛顿。

致戴维·阿斯特[2]

1946年2月18日［副本］

华盛顿特区英国大使馆

就我们在电话中谈到的为《观察家》提供驻美记者问题，我认真进行了思考，并与罗宾·克鲁克香克进行了交谈，现将建议陈述如下：

有三个人选可以考虑，各人条件大相径庭，但依我的观点都完全符合我们的录用标准。首先是年轻一代时事评论员中最最出色的一位，即小约瑟夫·W.艾尔索普，目前他正在美国从事新闻写作。在我看来，他是美国最为出类拔萃的新闻记者，只有李普曼可与之并驾齐驱，这一点无可争议，

[1] 指1946年3月4日玛丽·伯林的来信。

[2]（弗朗西斯）·戴维·（兰霍恩）·阿斯特阁下（1912—2001），阿斯特子爵二世及其妻南希之子；1940—1945年服务于皇家海军陆战队；1946—1948年任《观察家》驻外编辑，后（1948—1975）任编辑。

他的许多同辈（他大约三十五六岁）也都抱相同看法。你应该知道，他过去一直与一个叫金特纳[1]的人合作，为《纽约先驱论坛报》每周出三个专栏。消息来源全都特别可靠，因为他是罗斯福总统的堂兄弟，与华盛顿领导层的大多数成员保持着朋友关系，至少也是可以轻松往来的社交关系。他目前与自己的兄弟斯图尔特·艾尔索普[2]一起出这个专栏。由于他仍然像过去一样喜欢款待各界人士，而且出手慷慨大方，是一位众口皆碑的好主人，加上他的才智和文学天赋似乎并未因为战时服役经历而变得迟钝，他当时在驻中国重庆
615 的陈纳德将军[3]身边扮演着类似政治副官的角色，因此，他的专栏在我看来仍然和过去一样具有高度责任感，主持得相当出色。我相信，他一定会愿意每星期为我们提供一篇稿子。而且，因为他消息灵通，加上极有教养，这篇稿子的质量必将在任何其他报刊普通记者的水准之上。如果发挥得好，至少可以与处于最佳状态的威尔莫特·刘易斯不相上下。唯一的欠缺是他不会如你所愿完全归属于你，因为他的

[1] 罗伯特·埃德蒙斯·金特纳（1909—1980），新闻记者、电视经理人、财经报道员；1933—1937年任职《纽约先驱论坛报》，1937—1941年任专栏作家，与约瑟夫·艾尔索普共同撰写经报业辛迪加出售给多家报纸的华盛顿政治专栏“首都阅兵式”；自1944年开始在广播业大获成功。

[2] 斯图尔特·乔汉纳·奥利弗·艾尔索普（1914—1974），政治新闻记者，1946—1958年与其兄约瑟夫一道为《纽约先驱论坛报》撰写经报业辛迪加出售给多家报纸的“就事论事”专栏；相比之下，斯图尔特的思想更为自由。

[3] 克莱尔·李·陈纳德将军（约1890—1958），1937—1941年任蒋介石发展中国空军的顾问，1941—1942年创立中国空军美国志愿抗日援华航空大队“飞虎队”。约瑟夫·艾尔索普于1943—1944年在中国任陈纳德的部下。

专栏已经被全美大约四十家报纸转载；其次，我肯定他不希望替代目前这位记者[1]，他的专栏就发表在此人所在的报纸上，而且依我推测，他不会愿意铤而走险，破坏与此人目前的良好关系。这件事我当然尚未跟他提起，实际上跟这里的任何其他人都不曾说过。但既然你特别注重文风、实质内容和信息来源，我相信艾尔索普绝对是无与伦比的人选。

假如你更乐意找一位英国人，而且是完全属于《观察家》麾下的通讯记者，还有两个人选可以考虑。第一位是威廉·克拉克，目前在我们使馆工作。他是牛津的学弟，我们毕业以后进来的，好像是在奥里尔学院，之后到芝加哥当访问学者。你可以去看看他佚名发表在《新政治家》上的一些文章，那些有关萨姆纳·韦尔斯[2]和李普曼（《美国的战争目的》）[3]的书评，我认为都是上佳之作。在这里所有找得到的英国人当中，他是最佳人选，因为他文笔娴熟犀利，是美国事务的权威评论员。我看他已经决定不当牛津的讲师，虽然过去有段时间这曾是他期待从事的职业（他是历史学家），而是转向去当《大英百科全书》的欧洲史编辑，该项

[1] 所指不明。

[2] 世界数据中心，《萨姆纳·韦尔斯的世界》，评萨姆纳·韦尔斯的《决策之时》（纽约和伦敦，1944），《新政治家》1944年11月18日，第340—341页；不能说完全佚名，注有姓名首字母（在文章结尾处）。

[3] 沃尔特·李普曼《美国的战争目的》（伦敦，1944）的书评似乎不是发表在《新政治家》上，在其他报刊我也未发现克拉克写的该书书评。

目由马歇尔·菲尔德百货公司[1]和芝加哥大学以某种方式共同管理。他过去在芝加哥英国情报处格雷厄姆·胡顿手下任副职。罗宾·克鲁克香克可能也认识他。但我的确是毫不犹豫地推荐他作为一流记者的人选，他博学多才、精细准确，是一位才华横溢、精力充沛的知识分子，名副其实，远
616 远胜过目前在这里工作的那批英国通讯记者。此事我也尚未和他提起。如果你想与他联系，可直接通过使馆或我。我会很乐意帮忙。

我还可以向你推荐我从前的学生，帕特里克·诺维尔—史密斯。他从新学院毕业后，1937年又去了哈佛当访问学者，对美国有广泛了解，做事十分得力。他已从部队服役回来，目前牛津正在考虑他申请的几个哲学研究员职位。我想，他会很愿意回到美国，这个国家显然对他具有吸引力。他过去虽不曾涉足新闻业，但我认为他属于那类能力出众的英国公学的学生，会尽其所能努力学习工作，不可能低于某个水准。我无法确切说明他会写出什么样的报道，但至少可以保证，他的报道将言之有据、目光敏锐、严肃认真、文笔优美。你可以在伦敦对他进行面试，他就住在他父亲家里（我想，最早的诺文·史密斯家族[2]与国际联盟联合会应该

[1] 该百货连锁店以其创立者、绸缎尼龙纺织品大亨马歇尔·菲尔德（1804—1906）名字命名。他最早的店在芝加哥，建于1885—1887年，当时在世界上规模最大。

[2] 诺文·（查尔斯）·史密斯（1871—1961），1909—1927年任谢伯恩学校的校长，1939—1946年任世界公民教育协会委员会主席。

有关系，牛津电话簿里能找到他家地址）。

我觉得这三个人都是一流人才，各有所长。其中，唯有乔·艾尔索普已经享有牢不可破的声誉。的确，我实在想不通为什么一些英国日报不转载艾尔索普的专栏作为有关美国的评论——不论是普通读者大众还是英国内阁成员，读这个就足够了，没什么必要再读其他东西。他在不同场合先后与大多数驻华盛顿英国使馆人员建立了很深的交情，外交部的托尼·兰博德或是霍耶·米勒可以告诉你有关他个人的全部情况。

我能想到的都写在这里了。希望提供了你所需要的信息。

致以最良好的祝愿

致比弗布鲁克勋爵

1946年2月19日［副本］

华盛顿特区英国大使馆

感谢你热情洋溢的来信。[1]本来我是可以更早回信的，不过您的来信在我离开苏联一两天后才到达莫斯科。对自己在那个了不起的国家度过的四个月时间，我丝毫不感到后悔。每一个日子都有非同寻常的独到之处，在火车上和公车

[1] 信中日期为1月3日，祝贺伯林获得不列颠帝国高级勋章。信的开头写道："在过去的一段日子里，当坏消息纷至沓来之时，我知道，至少可以从外交部寄来的某个发自华盛顿的每周快讯中获得乐趣和有用信息。"

617 内的交谈是在地球上的任何别处都不可能听到的。

我不会在这块丰饶之地停留太久，4月1日我会重新穿上讲袍，正好是愚人节。

再一次感谢你恭敬有礼的来信，以及你对我的所有好意。

致弗兰克·罗伯茨

1946年2月20日［副本］

华盛顿特区英国大使馆

亲爱的弗兰克：

应该向你表示感谢的事有很多，但首先要提的还是最急迫的。衷心感谢你寄来我关于俄罗斯作家的杂乱无章的讲话稿[1]，在我看来，变成冷冰冰的铅字后，比起在莫斯科，如今，这篇丛林一样的东西显得更加隐晦莫测了。

要说的急事是，你在附信中说寄来了两份，但乔克［·贝尔福］收到一份是寄给他本人的，我这封信里也只有一份。是这样吗？由于这份文件的性质，你一定非常清楚为什么我如此急切地向你核实。如果只寄来一份，也足够了，要是他们这里想要更多，可以就地复制，可一旦有一份真的丢失了……对X，Y，Z命运的种种可怕猜测就会接踵

[1] 见原文第601页注3，以及第630页伯林对哈里曼说的话。该备忘录曾被印刷下发。

而来！

说到这里，就不免要对某些从苏联访问归来的人表现出的不负责任和粗心大意感到伤心。抵达伦敦后，我发现《新闻纪事》在一个有关我的闲话栏目上，说我有一位近亲，此人是“苏联高层的专职医生”[1]，尽管此话极不准确，但它所说的已足以伤害到我可怜的亲戚。[2]因为这篇报道肯定会被
苏联使馆秘密送往莫斯科，任何收到的官员都会被迫采取某 618
种行动，这一点你比我更加清楚，仅仅就为了逃脱玩忽职守的罪名。噢天，真不知道这位记者是怎么获得这个线索的，我和他素昧平生，从未见过他或对他有所耳闻。明显是从外交部的什么人那里探听来的。真让人郁闷。

接下来说点开心事。你为我们做的事数不胜数，真是万分感谢。我很清楚，一批特使带着并不成熟的使命前来造访，会给井然有序的政府机构造成多么大的麻烦；而使馆若是不失礼貌地随意招待一下又是多么轻而易举，而你们却如此周到悉心。特别是对你陪我在莫斯科度过的愉快日子，我从心底里表示感激。希望我能想些什么方法，以某种具

[1] 1月3日《新闻纪事》大事记中一篇有关以赛亚·伯林获得不列颠帝国高级勋章的文章，《丘吉尔先生和拉格泰姆乐王》（第3页），伊恩·麦凯声称，“他的近亲是莫斯科苏共的卫生官员”。

[2] 列奥·伯林1952年被捕，罪名是他属于一个英国间谍组织，其中大概也包括伯林和门德尔。他遭到逼问和严刑拷打，一直到他“招供”。斯大林死后被释放，但不久即因为在街上看见曾经审问拷打过他的人而心脏病突发死亡。

体形式表现出来。这里，再次热情邀请你和塞拉[1]来牛津游玩，自4月1日（愚人节？）开始，我会重新回到那里。除此之外，实在想不出其他别的办法。不过若有什么我可以在这里替你办的，请一定告诉我，我会对自己有机会为你效劳而感到万分欣喜。

我的旅途平静无波，唯有一点收获，通过与那位列宁格勒的女诗人不断磨嘴皮子，她终于答应为我写一首关于夜半交谈的新诗[2]，我想，这就是我身上发生的最最令人兴奋的事了。没什么其他大事。一直到了芬兰边界，我和一位美国人一起过境［……］，他是美国驻莫斯科使馆的临时职员。检查我们证件的是一位派头十足的强悍女士，当地海关官员的负责人。她在检查我的护照时，表现出充分的官方礼节：目光视而不见，但嘴里说希望与我简短正式地谈一下。我站起身，向她鞠了一躬，她也严肃地回鞠了一躬，然后两人同时坐下。她开口道，外国官员离开苏联时，很重要的一点是，走之前须将自己所有的印刷品先通过一遍检查，这是苏联的规定。没有这么做的话，过边境时就需要仔细搜查。一些在外国官员看来并无大碍的材料，按照苏联法律，海关人员必须没收，那么就有可能需要交出来。有时候，外国官员对此无法理解，便会发生激烈争吵，如此一来，就会在两国

[1] 弗兰克·罗伯茨的夫人塞莱斯特·莱拉·比阿特丽丝·罗伯茨，婚前姓帕莎（1906—1990）。
[2] 该诗为组诗《五点》的第二首。

代表之间挑起不必要的争端，尤其若他们代表的是伟大而友
好的英苏两国，就更令人感到遗憾。为了避免此类令人不快
的摩擦发生，有必要让英国官员在离开苏联之前，先请莫斯 619
科的审查官对物品进行检查。她知道，让他们把所有书和文
章拿到相关苏联机关极为不便——对此她毫不怀疑，因此在
此郑重建议，假如我们，即英国大使馆，同意邀请苏联审查
官到辖区来检查，并将那些准备带出去的印刷品当场打包，
贴上封条，苏联政府不会反对这样的便利安排。苏联审查官
可以每两周上门一次，也可按照我们的需求更经常一些（就
像理发师，我想。或许这个工作可以分派给理发师来干，但
他们的顶头上司绝对得是一家）。不管怎样，我还是运用我
最最华丽的官方语言，感谢她这番交流沟通，并允诺一定会
尽快把她说的转达给使馆。她说我是她很长时间以来在这列
火车上有幸见到的最高级别的官员（原文如此），很高兴能
与我就这样一个过去给他们带来了许多麻烦的话题友好交换
意见。她希望我的转达能够使情况改观，消除目前不断加深
的误解（我猜想不久前布拉德[1]或者贝纳姆或者是其他人一
定与她起过冲突），使两国梦寐以求的和谐友好不受任何干
扰。整个场景十分令人感动，而且相当有趣，对我的美国同

[1] 里德·（威廉）·布拉德爵士（1885—1976），英国外交官，1946年任驻德黑兰大使，之前为驻莫斯科（1930）和列宁格勒（1931—1934）领事。布拉德在这段时期的日记后由儿子和儿媳出版，书名为《斯大林的俄国内部：里德·布拉德日记，1930—1934》，主编：朱利安和玛格丽特·布拉德（查尔伯里，2000）。

伴是如此，对同在车厢里的两位俄国少校和列队守候在车厢外的三位海关官员也不例外。我们握手后她转身离开，三位海关官员随即开始仔细搜查我美国同伴的行李，边边角角全不放过。他们拿出照相机（后来又放回去），又拿出除了莫斯科报纸之外的其他所有俄国报纸，比如《塔什干真理报》等，这是他带去给加利福尼亚胡佛图书馆[1]的。他们这么做，显然是因为有规定，除了“中央机关报”，任何其他报纸都禁止带出苏维埃社会主义共和国联盟。美国同伴通过我的翻译，对此表示强烈抗议，但终归枉然。接着，我先前那位朋友，负责整列火车的强悍女士重新出现在我们面前，那模样就是在说，“你看，这就是不遵守规定的后果”。她用流利的英语，口气冰冷地向我的美国同伴指出，在法律上他是站不住脚的。随后充满戏剧色彩地指着我说，就因为我带的东西合乎规范，处境就和他完全不同。此举造成了［］英美两国的不和，不过她刚一走，不费吹灰之力，这种不快便
620 烟消云散了。不管怎么说，他人不错，是一位转而信奉自由主义的前法西斯分子，在列宁格勒我借了一些钱给他后，到斯德哥尔摩他也借给了我一些，因此我们之间一直保持着晴空万里的良好关系。那位女士所说的在使馆辖区预先进行审

[1] 赫伯特·胡佛（1874—1964）为美国前总统，他于1920年在加利福尼亚州的斯坦福大学建立了胡佛大学图书馆和档案室，旨在收集和存放有关二战时期冲突和政治运动的重要资料，特别是报纸等时效性强、缺乏永久性的资料；他希望通过建立战争档案推动和平进程。

查的话有一定道理，反正我现在是把这个意见正式转达给你了。

除此之外，就没有什么值得一提的事了，不过斯德哥尔摩真是不堪入目，无奇不有，而巴黎（得到允许后我去了那里[1]）则像一个墓地——清洁、美丽、空旷、寂静，让人觉得有一种可怕的压抑感。[……]

回到美国，我发现与7月份离开时相比，一切都发生了巨大变化。当时大幅飙升的杜鲁门股票，现在跌得很低。没有了罗斯福总统过去常常遭受的沸腾民愤，取而代之的是一种可怕的冰冷无情，一种因为幻想破灭而对核心政治及白宫那位茫然不知所措的可怜人采取的玩世不恭、随意接受的态度。有人认为伯恩斯过分妥协，但除了同事“影子”[2]，使馆里谁都不认为他是反英分子，虽然贝文[3]显然令他极不痛快。哈利法克斯勋爵对此类事见解相当敏锐，说在伯恩斯面前，人们会感到事物以一种模糊不清的方式在他周围游动，什么都不明确，但只要你待他像一位友善的参议员，假定他不太清楚其部门在做些什么，假装亲切地与他坦诚交谈，他很快就会软化，达成和解；假如你要求他达到标准，他就会坚持己见。

[1] 去看望帕特里西娅·德·本德恩。
[2] 应该是使馆某个成员的外号，借用一个长期播放的美国广播剧《影子》。该剧塑造了一位神出鬼没的英雄，利用自己的隐身术捍卫法律和社会秩序。
[3] 欧内斯特·贝文（1881—1951），工党政治活动家，1921—1940年任运输及普通工人工会总干事，1940—1945年任劳工大臣，1945—1951年任外交大臣。

美国国务院似乎处于士气十分低落的状态，主要原因是缺乏联系和相互接触，一方面是在伯恩斯、[本·] 科恩和
621 艾奇逊[1]之间，另一方面是在部门专家之间。杜勃鲁[2]对土耳其、波斯等国[3]的局势忧心忡忡，但又觉得不好把自己的担心直接捅到上面。比尔·布力特问我土耳其人是否认为英国人应该站在他们一边。我回答说不清楚英女王政府怎么考虑，但就我个人观点，我认为应该如此。[4]听了我的话他也以个人立场向我保证，美国人在这个问题上会支持我们。布力特如今已不是政府官员，也没有多少人信任他，但我认为，他所说的话今天看来甚至比两周前更加真实。

斯大林的讲话[5]令所有人都感到震惊。所有风向标式的

[1] 狄恩·古登汉姆·艾奇逊（1893—1971），律师，1919—1921年任大法官路易·布兰代斯的秘书，1933年任财政部副部长，1941—1945年任助理国务卿，1945—1947年任副国务卿。

[2] 埃尔布里吉·杜勃鲁（1903—1997），美国外交官，1944年布雷顿森林会议代表，1944—1946年负责美国务院东欧部。

[3] 土耳其和波斯（伊朗）被西方大国视为抵制共产党影响进一步扩大的重要屏障。1946年间，苏联在该地区的野心引起了越来越多的推测和关注。有关土耳其的关键问题是苏联要求修改1936年签订的《蒙特勒公约》，根据此公约，土耳其对具有战略意义和经济意义的两个主要海峡，博斯普鲁斯海峡与达达尼尔海峡，享有管辖权。苏联要求修改为两国共同管辖。而苏联拒绝从伊朗撤军则在西方引起了进一步恐慌。自1941年起，苏联就和英国一起联合占领了伊朗，基于以下共识：战争结束六个月内撤出伊朗。这一问题在1月份召开的联合国会议上被摆上桌面，苏联军队最终在5月份撤离，但前提条件是，伊朗给予苏联特别优惠的石油特许权。

[4] 在写这封信的当天，英国议会进行了为期两天的有关外交政策的辩论。其间，贝文表达了与苏联保持长期友好关系的愿望，与此同时，也表明了自己的立场（专门提到修改《蒙特勒公约》一事），不希望土耳其成为苏联的卫星国。

[5] 2月9日，在莫斯科大剧院，斯大林发表了一个震惊西方大国的讲话，讲话申

人物，如李普曼、斯温、夏伊勒[1]等，尽管之前都在讲调解斡旋，并老是触犯我们，说我们放纵帝国主义，现在则转变态度，要么像李普曼那样，提出要采取坚定立场与苏联面对面较量，例如，通过获得地中海东岸的领土，防止俄国向的黎波里进发等手段，整个口气十分强硬；要么至少也是持批评态度，谴责苏联又一次使他们的希望破灭，说不定最后不可避免地需要与英国结成同盟，共同捍卫西方世界。在我看来，所有这些都是好现象，乔叔叔近来口无遮拦的发言似乎帮了我们一个大忙。虽然目前他们还是急于避免表现出“支持大英帝国”的态度，仅仅是步我们后尘，但一旦靠他们自己看清局势，即在土耳其或中国发生的一切，正在使他们的切身利益遭受威胁，他们必定会以极其有效的方式做出反应。我想，我们的企图太明显了，不大可能对他们产生直接影响。乔·戴维斯[2]甚至写信给英国国王陛下，希望知道 622
为什么大家不能围着桌子坐下来好好谈谈，消除根本分歧，

明要坚定捍卫苏联制度，坚决反对国际资本主义，其中包括以下主张：“纵观世界，资本主义的发展道路并不顺利平坦，相反，充满了危机与战争灾难。”针对这篇讲话，美国国务院请乔治·凯南提交当前苏联外交政策的分析报告；该报告即为著名的“长篇电报”（见原文第623页注2）。这份报告为双方此后近乎偏执的相互猜疑定下了基调，成为冷战期间美苏关系的重要特点。

[1] 威廉·劳伦斯·夏伊勒（1904—1993），作家、新闻记者、广播员，《芝加哥论坛报》、环球新闻服务社、哥伦比亚广播公司的驻外记者，以二战之前和二战期间发自柏林的报道以及后来的《第三帝国的兴亡》（纽约和伦敦，1960）闻名。

[2] 约瑟夫·爱德华·戴维斯（1876—1958），律师兼外交家，1936—1938年任驻苏联大使，对苏表现出天真的同情心；1938—1939年任驻比利时大使及驻卢森堡公使；1942—1946年任美国总统战时救济管理局主席。

本着互让的原则，解决各自的起码安全需求。

杜鲁门在这个问题上完全置身事外，把它全部扔给伯恩斯和参议员们。范登伯格[1]参议员告诉一位我认识的美国陆军准将说，他认为德国的军政府十分荒谬，应该撤军，但这里的国务院和战争部都不同意这一［观点］。国务院专家们，比如奇普和他所有的朋友，均和乔治·凯南[2]以及所有你在莫斯科认识的人持完全相同的观点，在这点上我们大家不存在根本分歧。只要贝文或某个人能够在个人关系上稍微相互亲近一些——就像温斯顿和伯恩斯这个周末在佛罗里达所表现的那样[3]，那么，很多不必要的猜疑和摩擦都可以消除。

[1] 阿瑟·亨德里克·范登伯格（1884—1951），律师、报纸编辑、出版家，1928—1951年任密歇根州共和党参议员，曾经为孤立主义领袖人物，1945年转变立场，支持创立联合国。1945年旧金山联合国会议代表，1946年参加联合国大会。

[2] 乔治·弗罗斯特·凯南（1904—2005），苏联问题专家、政治分析家、外交家，时任美驻莫斯科代办，以提出针对苏联扩张的遏制政策而著名。2月22日，凯南向美国国务院的伯恩斯发了一份八千字的电报，即所谓的“长篇电报”，提出在目前苏联对西方采取的政策之下，不可能会有“永久的和平共存”。这封电报后来成为冷战时期最有影响的文献之一，公开发表在《美国外交关系：1946》卷六：《东欧与苏联》（华盛顿特区，1969），第696—709页；以上引言出自第697页。

[3] 丘吉尔1945年大选失败后，自1月份起便一直住在美国。之前的周末他与詹姆斯·伯恩斯以及伯纳德·巴鲁克一起在佛罗里达州度过，讨论的内容之一为丘吉尔的讲话，他受杜鲁门总统邀请，准备于3月5日在密苏里州富尔顿发表演讲。这一次讲话成为丘吉尔政治生涯中最著名同时也是最有争议的演讲。在讲话中，他再次使用了（见原文第581页注2）“铁幕”，该词后来成为对冷战的经典隐喻，称它已经降落至整个欧洲。提出“各英语民族同胞手足般的联合”是面对共产主义威胁、维护世界和平民主的唯一途径：见前引书（原文第336页注7），卷七，第7290、7289页。尽管这一演讲在那些迫切希望与斯大林保持战时同盟关系的人士（美国国内和国外都有）当中招来了反对意见，而且他们对丘吉尔“手足般的联合”之说中隐含的帝国主义色彩也表示怀疑，它仍被认为就像凯南的“长篇电报”一样，明确表示了对苏联动机越来越不信任的态度，揭开了冷战的序幕。

与此同时，我还有一种感觉，中东地区的局势和巴尔
干地区正在不可避免地形成铁托[1]—米哈伊洛维奇的模式：
[……] 农民、心怀不满的知识分子、道德败坏的土地拥有 623
者、士兵和牧师将共同形成一股不满浪潮，开始时只是处于“原始”状态，随后就被一小撮果断坚定、铁面无私的共产主义者所掌控。绝大多数人属于中间派，必须在两者之间择一，要么拥护名声扫地的过气右派，要么追随冷酷无情的左派极端主义分子，但基本上都是倒向左派，因为显而易见，右倾没有可能。而我们则和以往一样夹在当中，忙着给亲切友善、有时甚至表现得高尚正派的人士或者是八字脚的自由主义中心撑腰，苏联则在一旁从中牟利。我知道，英国外交部已经制订了计划，给予中东地区少许［援助?］，可是财政部却说我们没有钱，现有的资金必须满足其他需求，包括英王国、英殖民地国家、英国与老客户国家的往来贸易，以及支付负债，等等。那样的话，历史给予我们的区区几年时间（这么说是因为中东地区目前尚未像巴尔干地区那样分崩离析，俄国人也还没有向它提供什么物质福利），就会在对

[1] 约瑟普·布罗兹·铁托（1892—1980），原名约瑟普·布罗兹，共产主义运动政治活动家，生于克罗地亚。历任南斯拉夫总理（1945—1953）和南斯拉夫总统（1953—1980）；在轴心国侵略占领南斯拉夫（1941）之后，领导共产党人反对纳粹统治，但同时也反对（在最初的合作不顺利之后）南斯拉夫武装部队切特尼克。该部队为保皇党地下游击队，主要由塞尔维亚人组成，领导人为陆军军官德拉戈柳布（“德拉扎”）·米哈伊洛维奇（1893—1946）。盟军起初支持米哈伊洛维奇，在获知切特尼克与轴心国力量联手后，转为支持更强有力的抵抗力量领袖铁托。1946年米哈伊洛维奇被共产党人活捉，并以叛国罪处以死刑。

英国“友邦”例行公事般的支持中耗费殆尽，而它们是注定要在经济力量和社会力量下消亡的。

我不能继续写了，再写下去就像在为这个显而易见的话题布道传教或者写备忘录了，不过我的确觉得，除非能够利用美国资源在中东地区宣传新政，为他们提供一个又好又快地发展的途径，使之胜过联合王国目前所能提供给它的任何东西，否则他们一定能够看穿我们的立场。不管怎么说，保持距离的做法——在土耳其或波斯的“非［……］”——不可能长时期无限地抵制他们的推动力量，而目前我们似乎又缺乏积极有效的想法。或许A.C.科［尔］爵士[1]有办法激发这里人们的想象力，想出一些好点子来。

我已向迈克尔［·赖特?］以及乔克和罗杰·迈金斯转达你的问候，他们也都向你问好，特别是外交部的罗杰。他们全都充满热情地谈到你，我感觉他们在不远的将来会在伦敦需要你，因为他们不想让这个机器全面崩溃。

希望你们的新任大使[2]能够小心谨慎地熟悉情况，对所见所闻信以为真。有你和乔治·波尔索弗[3]在那里，相信没有哪个大使可以偏离明显的事实太远，如果可以这么形容事实的话——在俄国，事实确实很明显。

[1] 他刚从驻莫斯科英国使馆调到驻华盛顿使馆任大使，接替哈利法克斯。
[2] 莫里斯·德拉蒙德·皮特森爵士（1889—1952），原为驻土耳其英国大使，1月份到莫斯科接替阿奇博尔德·克拉克·科尔。
[3] 乔治·亨利·波尔索弗（1910—1990），1943—1947年任驻莫斯科英国使馆一秘。

那里发生的一切在这里显得是那么的遥远和不真实。美国人成天忧心忡忡，不断担心战争什么时候会再次降临。在我4月回牛津与大学同事们重聚之前，请一定给我一封有趣 624
的快信。我还是非常非常想知道那里对加拿大逮捕那些间谍[1]反应如何，使馆里的其他人也一样。

再一次感谢你的多方关照，感谢你居然还记得我希望于夏天回去这事，代我向塞拉问好。希望接下来几天能够给莫尔跟爱德华［·汤姆金斯］分别写封信。

致安格斯·马尔科姆

1946年2月20日［副本］

华盛顿特区英国大使馆

收到你的来信非常高兴。我对意大利仍旧充满激情澎湃的回忆。对这个国家，我感觉自己像德国人一样怀着复杂的感情，既有思乡渴望[2]，又有少年般的热忱。的确，尽管那里的居民不可信赖，我还是坚信自己能够生活得非常快乐，远远胜过在法国之类的地方，我崇拜那里的一切，却几乎没

[1] 2月15日，加拿大当局逮捕了几位苏联间谍嫌疑人，后来又逮捕了一些人，总共三十九名间谍嫌疑人，其中十八人被判有罪，包括一位加拿大议员和英国核科学家阿兰·纳恩·梅。随后在1945年9月发生了驻渥太华苏联使馆密码员兼特工人员伊戈尔·高曾科的叛逃事件。高曾科出逃时携带的文件表明，在加拿大有一个大苏联间谍网。这个发现震惊了西方各国政府，之前他们对莫斯科间谍机构究竟有多大规模一无所知。
[2] 伯林此处原文为：sehnsucht。

有一样东西让我喜欢。

不过，总体而言，我一下子吸收了太多东西，有点目不暇接，处于迷乱恍惚的状态。先是华盛顿，然后是伦敦，后来又到了柏林，然后是莫斯科、斯德哥尔摩，再到巴黎，然后又回到伦敦、华盛顿。莫斯科听起来沉闷无趣，却是个了不起的地方，要看到其精华之处，必须具备以下条件：(a) 住下来；(b) 通晓俄语，以了解大街上和公交车里的居民都在谈论些什么。唉，我无法摆脱似是而非的类比，不过在我眼中，苏联就像一所制度严苛的英国公学，好比惠灵顿公学。它不是一座监狱，也不是一间劳教所，因为这在某种程度上取决于生活在其中的居民的感受。他们觉得自己受到了骇人听闻的限制，但确切说又不像监狱犯人。不过别的一切都恰如学校。这个学校划分为不同的部分，各部分之间未经特别许可，不能有太多交往；学生们饥寒交迫，但学校里的学生全都是这么过来的，对此已司空见惯。他们可能不喜欢这样，但早已将其视为学校生活的一部分。他们以学校的显赫实力和威望为荣，列宁就好比阿诺德博士[1]，对学校
625 教育提出新理念（好似拉格比公学）。

报刊恰如校刊，说到底，终归不会去议论校长或老师

[1] 托马斯·阿诺德博士（1795—1842），英国教育家、历史学家；1815—1819年任牛津奥里尔学院研究员；1828—1842年任拉格比公学校长，开始一系列创新；1841—1842年兼任牛津近代史钦定讲座教授。阿诺德改变了拉格比公学的地位：他的改革措施为各地纷纷效法，他对英国圣公会自由派的信奉影响了数代英国公学的风气。

们，更别提抨击了。内容仅限于报道打赢的赛事、学校发生的重要事件、野外协会最近组织的快乐出游活动，等等，偶尔也会来一些温文尔雅的“自我批评”，如上星期的《鸽之翼》唱得不够好，虽然男低音不算太差，还是得采取措施改进男高音部分，在苏联报刊上，的确能够偶尔看到一些负面新闻，例如整整三车厢的复员军人被扔在敖德萨和罗斯托夫之间没人理睬，竟然被活活冻死，绝不能允许此类事件再次发生。

马克思主义就好比一所宗教学校。晨祷只有在最最恶劣的天气才允许暂时中断。对大多数学生而言，它或许并不具有什么特别重要的意义，而且他们可能也不喜欢这个仪式，不过一旦突然取消，他们会有失落感，觉得失去了威望，感到空虚，思想跟不上其他学校。一切都受到禁止，能够得到特批，出去逍遥一两个晚上，那是大家梦寐以求并羡慕不已的。

政治斗争不折不扣就像校园中的性话题——除非是用最保守的语言，否则绝对禁谈。但每个人又都在暗中偷偷谈论。一旦被逮个正着，不仅会遭到惩罚，而且巴不得遭到惩罚。正是惩罚的威胁使类似的禁果变得格外刺激诱人。

学生们并非狂热地坚信学校的教条，很大程度上他们只是想当然地照单全收，默默遵从。对循规蹈矩的大多数人来说，生活确实可以忍受，但对古怪敏感的人却是地狱，最惨的时候甚至会被学校开除。由于这种结果只发生在性质极端恶劣的犯罪事件中，人们历来对此缄口不谈，连提起都觉得可怕，只有一些胆大包天的男生敢私下悄悄谈论。

诸如此类。按照这个模式，可以利用任何其他熟悉的比喻不断类比下去。关于他们的［……］和承诺，并没有什么特别的神秘之处。至于那个无休止的问题“他们究竟要走到哪里才会停止?”，恰当的回答是“在他们被别人阻止的地方”。目前他们的飞机正粗野莽撞地俯冲下来，只要前面有一处严重障碍，他们就会戛然而止，无可奈何地停下。

他们对大英帝国的态度在我看来就像对待风湿病，对德
626 国战争则像斑疹伤寒——高烧，死亡恐惧感，行将灭亡的危机，然后缓慢恢复，一切都那么充满戏剧性，那么恐怖可怕，这期间，其他的病痛会被暂时忘记。而英国，则好比日久经年的慢性疾病：每天到了下午，左膝盖和左小腿就会疲劳、酸痛，没有痛苦到要卧床休息。这个病也许难以治愈，让人烦心不已，却不太会导致真正严重的危机，除非并发症爆发。

我无意把给你的信写成一篇政治报告，虽然这显然已经成为一个强迫性的习惯，要想摆脱还不太容易。不管怎么说，我在这儿的时间仅剩几个星期，做完扫尾工作，4月1日愚人节，就要重新回到学术圈子里，仿佛从来没有存在过任何政治问题，范登伯格参议员也不曾是什么万众瞩目的焦点。这最后一次重回牛津，我无法形容自己的喜悦心情，它还是那么令我神往，没有国会，没有犹太复国运动，没有公

文，不需要谨小慎微地对待几乎一切事情。而以上这些让人必须将自己防护起来，但愿不会这样。我4月份回去，那时，或是那段时间你正好休假，会回国吧。一定来牛津，我保证会让你从现在可怕纷杂的生活中解脱出来。在这种生活中，面对粗俗龌龊和胆大妄为之徒的突击战术，体面高尚和谨慎细致的好人只会屡屡败北。

这里的局势确实已经沦落到哈丁[1]政权时的境况。这一点即使是已经对此有所预测的人也很难相信果真会发生，不过我不能再喋喋不休地谈国事了。我是见到了巴黎，但感觉是笼罩在不祥的气息当中，没有生气，空旷清冷；柏林则是一片苍白虚弱的景象。乔·艾尔索普让我们大家都来悲切哀悼一个注定要灭亡的世界。如果这样的话，我宁愿选择相对安乐死的牛津。

请尽快来看我。

致苏珊·玛丽·帕顿

1946年2月26日［副本］

华盛顿特区英国大使馆

亲爱的苏珊·玛丽：

在巴黎没见到你，让我感到万分遗憾。由于他们语气肯定地告诉我，比尔也不在那里——他们说了你们俩一起离

[1] 见原文第441页注3。

开的确切日期和模样，也有可能全部是杜撰——反正我在三十六个多小时的逗留中没有见到他。无法形容我对此感到多么难过和沮丧。我想不出还有谁会被一些十分奇特又可笑的事逗得那样乐不可支，它们让我不无开心地出尽洋相。而
627 且，巴黎似乎让我感到害怕——那么寒冷，异常地干净空旷，比我看到的任何城市都更加美丽，胜过列宁格勒，说不上这意味着什么，但过于空旷，死气沉沉，就像一具美丽精致的尸体。这个比喻十分丑恶又毫无新意，但我想不出别的比喻。

多么希望能够向你述说英国使馆非同一般的状况，或许等到我3月底或4月初永久返回英国——如我所愿回到牛津，你会经过英国，或者我再有机会重访巴黎，那时我就可以好好跟你说说令我无比开心的伦敦之旅。那次旅行经由法国迪耶普和美国纽黑文，同行的有黛安娜·库珀夫人。在英国沿海的火车卧车上吃早午餐[1]的时刻令人难忘（不过别跟她说这个）。

这里的一切都发生了天翻地覆的变化，我感觉自己就像美国作家欧文笔下的瑞普·凡·温克尔，成了时代的落伍者。不需要乔每天来一遍遍地重复灭亡，灭亡，灭亡——就像皮考克小说中[2]的那位年老绅士，他老是从花园的窗户进

[1] 列车员要她出示车票，不知她没有还是找不到，便带着几分傲慢如实相告，希望放她一马。两人起了争吵，但到最后，他实在说不过她，只好认输。

[2]《噩梦修道院》（1818），作者托马斯·拉夫·皮考克（1785—1866）。年老绅

来，嘴里说“魔鬼气愤的下到你们那里去了”，然后再飘忽出去。7月份还受到万人拥戴的总统，如今似乎成了一个不足道的可怜虫；一切仿佛都落败到一种伪常态，没有了疯狂的20世纪20年代的锐气，极端缺乏责任感，取而代之的是一种死气沉沉、麻木不仁的清醒状态，靠这样那样怀旧的回忆打发日子（如在伊夫林·沃的上一部小说[1]中所表现的。我觉得这本书开头非常精彩，结尾却粗俗不堪）。相信沃尔特·李普曼很快就会追随克莱尔·卢斯[2]，加入罗马教会，我甚至能看到阿瑟·克洛克最后的忏悔，我一定不愿意成为那个接受他进入任何信仰中心的牧师。

[……] 因此，你可以了解目前的氛围多么令我失望沮丧。要不是为了我亲爱的主人波伦夫妇[3]，我一定会把这种郁闷和不满的情绪散播到英王陛下旅居海外的子民当中。 628

请给我写信，3月底之前就寄这里；之后寄牛津大学新学院。非常希望见到你们俩。

士指的是“糟透了”先生，一位“相信千年至福的摩尼教信徒”。他一有机会就念叨《圣经》“启示录”第12章里的告诫：“地与海的居民有祸了，因为魔鬼气愤的下到你们那里去了。”伯林讲述的类似片段在全书中不断出现，例如在第5章：“他们的谈话因为‘糟透了’先生重新出现而被打断，他一身是泥，站在门前，嘴里喃喃道‘魔鬼下到你们那里去了！’，随后便消失了。”

[1]《旧地重游》（伦敦，1945）。

[2] 克莱尔·布思·卢斯（1903—1987），编辑、剧作家、政治活动家、新闻记者、外交家，是出版商亨利·卢斯的妻子，1943—1947年任共和党议员，后（1953—1956）任驻意大利美国大使。1946年成为罗马天主教徒。

[3] 奇普·波伦于1935年与埃维斯·霍华德·泰耶尔（1912—1981）结婚。

致玛丽和门德尔·伯林

1946年3月5日［副本］

［华盛顿特区］

亲爱的爸、妈：

很抱歉，一直没给你们写信[1]，不过真的没有什么可说的。到了之后我得开政治课，个人生活细节方面目前空白。

我希望能够乘“玛丽女王”号客轮于4月7日从纽约出发，按照这个时间到牛津有些迟了，但还不算太晚。很难买到衬衫，白色的就更难，但我会尽力。其他物品都已经办妥，请尽管放心，一切都在精心掌控之下。到目前为止，我成功地避开了阿普特堂兄，也许会在临走前给他打个电话，仅此而已。

对了，有一个我们的准亲戚神情古怪地向我打听，他名叫西蒙，说我有一位祖母名叫瑞夫卡，我一口否认了这个说法。[2]除此之外，就再没什么有趣的事可以向你们禀告了。

目前我和波伦夫妇一起住，生活在安宁和满足之中。

爱你们

[1] 在一封与此信交错的信中（日期为3月4日），玛丽·伯林埋怨他从离开英国后一封信都没给家里写过（因此也不知道他即将回国），并扬言“不准再写你那些闲聊杂谈，先好好给我们写封信吧”。

[2] 此举过于草率。这位准亲戚很可能是西蒙·金斯伯格，以赛亚·伯林的姨婆瑞夫卡·弗拉德金第二次婚姻生的儿子，因此为伊扎克·萨德同母异父的弟弟。

致阿维里尔·哈里曼[1]

1946年3月26日［副本］

华盛顿特区英国大使馆

可恶的奇普，谨慎到这种地步，居然将你新任命的消息瞒着我，不漏半点口风，让我完全蒙在鼓里，一无所知，到了消息几乎要公布时才知道。许多享有特权的观察家，诸如 629 新闻记者们，早已捷足先登，获取了这一价值连城、鼓舞人心的消息。不用说也清楚，在我看来，这是一件多么了不起的好事，对英美两国多么幸运——而且，千真万确，对莫斯科也是，尽管我怀疑他们是否会跟我们一样用相同的眼光看待此事。原谅我这么说，我敢肯定，你自己也一定知道，在所有可能做美国代表的人中，既对当前重大问题拥有理解力，同时又对那些可能对俄国和英国，当然更包括美国的未来产生重大影响的各种因素和人物具有洞察力的，可以说你是唯一一位。希望你能够长期担任这个职位，这样对方方面面都有益处，皆大欢喜。听到这个消息，这里个个兴高采烈，没有一点反对之声。

附言：随信附上一篇有关俄罗斯文学等的报告，文字冗长，写得也不好，是弗兰克·罗伯茨要我转交给你的。我

[1] 威廉·阿维里尔·哈里曼（1891—1986），商人、政治活动家、外交家，与新政和民主党关系密切，1941—1943年任驻伦敦租借计划协调员，1943—1946年任驻苏联美国大使，1946年4—10月任驻英国大使，1946—1948年任美国商务部长。

怀疑那里面是否有任何具有新意或吸引人的内容，这里只有乔克·贝尔福读过，在外交部我怀疑有谁会愿意去读。之所以列为机密文件是因为这样一份东西一旦被“他们”知道，就可能对里面提到的信息提供者产生众所周知的后果。麻烦你到时通过外交部公文包寄回给我，地址是牛津大学新学院。在那里幽深的一隅，我会带着怀旧却毫不后悔的思绪，回想起这个我认为不可能再被召回的世界。

真心希望为你这份举足轻重的任务送去最美好的祝福。对它的重要性，你比许多委派这个任务给你的人都更加清楚。

两周后，以赛亚·伯林回到牛津，开始了自己的战后
630 工作。

附　录

论自由

人们自称自由，却处处受缚，这一点在目前这个世纪，比在过去任何时候都更加真实。[1]

一

“自由”和“束缚”这两个词，绝不是从物质世界中转而运用到美学和伦理学领域的一对隐喻，恰恰相反，“奴役”与“自由”这两个词，始终存在于伦理学和美学当中，存在于神学和艺术当中，是我们形成对事物看法的本质要素。在任何一个人类活动领域，都可以找到相同的对立，就像一道巨大的裂痕将长期积累下来的整个人类经验一分为二，形成不可调和的两极。掌握自由的这一特点至关重要。

要理解这一对立的普遍性，需要有宽广、清晰的客观洞察力，摆脱了所有纯粹对某一地区或某一民族的效忠之心。因此，直到希腊在政治上处于被奴役地位，西方国家才发现了普

[1] 该命题为1928年圣保罗学校特鲁罗奖作文大赛的题目。以赛亚·伯林的参赛作文，“蒙许可”对现已丢失的原稿“有所删节”后刊登在校刊上：“特鲁罗奖作文大赛（1928）”，《辩论家》，第10期（1928年11月），第3页，以及第11期（1929年6月），第22页（另一个版本将这句话作为标题）。写这篇文章时，以赛亚·伯林十八岁。

遍意义上自由的真正本质。禁欲的斯多葛派是最早提出并宣传这一对孪生原理的欧洲人，从那时起，它们就一直是形成所有西方自由观念的基础。这些原理是宙斯从东方的闪米特人那里带来的，但在两千多年的时间里，西方却一直将它们据为己有，声称是他们的东西。这些原理断言：上帝或者是宇宙有意识地倾向于建立一个理想的美好国度，人类的最高自由体现为与这一目的自我认同：个人目的与宇宙目的的认同度越高，就离至善的理想越近，也就越自由。因为他解放了自己的灵魂。

这个观点属于道德家的立场，与政治家或经济学家的宇宙论格格不入。这样我们面前便出现了一个巨大的差别，道德奴隶和经济奴隶的差别。在进行进一步研究之前，首先必须弄清这个问题。

道德家认为，一个人与另一个人以仆主关系站在一起，也仍然可以说拥有完全意义上的自由。而经济学家，其研究领域完全在于所谓的“环境”，不可能认为一个服侍别人而
631 不是自己，或自己的投射与扩展（例如，他的家人或城市或国家，或是笼统而言的人类）的人，拥有任何意义上的自由。

现代经济世界与古代的差别不是程度或种类上的，况且在缺乏共同点的新事物和旧事物之间进行比较几乎没有可能。例如，我们可以说工厂使那些如果没有工厂本来可以自由的人成了奴隶，因为在前工业时代的世界里，根本就没有工厂。从这点上设想，我们的祖先应该比较自由。同样，我们也可以说，封建农奴制在我们这个社会不复存在，那么，

我们的时代似乎更为自由。显然，在这种情况下，任何比较一个事物与另一个事物优劣的企图都是徒劳的，得出的是虚假的结论，因为封建制度和工厂制度缺乏任何真实有效的可比性。然而，在伦理学领域从未发生过任何革命运动，能够像工业革命那样对整个人类产生重大影响。真与善，正义与勇气，从根本上来说，对今天的桑塔亚纳教授与对莎士比亚和苏格拉底，是相同的概念。在此我们斗胆宣称，自由，这个毫无疑问在道德科学领域不可或缺的要素，在从古至今思想家们的脑海中，所呈现的形象大致相同：当柏拉图说到“真正自由的人方为君子”[1]时，他所说的“真正自由”并非指他那个时代的民主派，而是解放了的、苏格拉底式的精神。对这种“真正自由”，塞万提斯予以赞美颂扬，卢梭进行鼓吹宣传，马志尼则力图通过无数的文章、传单和演讲提出。至此，我们发现了一个共同的基础，在此之上可以进行数据比较，虽然生活方式已经改变，生活本身的素材，以及对其价值的理解，在新旧世界都异乎寻常地相似。

二

人类文化历史上任何一次伟大的解放运动，都是以各社

[1] 此处伯林原文为希腊文：ὄντως ἐλεύθερός τε καὶ καλὸς κἀγαθός。在柏拉图著作或别处均找不到此话出处。

会阶层人士巨大的热情迸发为开端的。这是一种带着瓦茨—
邓顿称之为“奇观再现”的心情，对身边发现的自然物质所
拥有的热情。或许用“重新发现一致”这个名称更为准确。
这些人所看到的，不是一个全新世界，而是综合了各部分的
整体，以及各部分相互之间以及与整体之间的关系和比例。
因此，这些伟大的时代之子的作品，从来没有一部仅对某一
种孤立的品质大书特书。不论是美还是自由或是神圣之力，
632 都从未被吹捧夸大到失调的地步，凌驾于其他同类品质之
上。这么做就违背了造物的宇宙观与和谐观。没有人比列奥
纳多·达芬奇或伊拉斯谟更自由，但他们从不曾对自由有
过多的溢美之词，这是因为一旦把自由置于万物之上，对它
展开孜孜不倦的追求，便将失去自由。

历史似乎表明：每一个伟大的创造性时代之后，都会出现一个阶段，在这个时期里，人们沉浸于对伟大的遗产进行细致入微的审视、区分、分门别类、贴上标签，却由于对无数被认为是独立存在的微观事物给予了太多关注，而忽视了整体和宏观宇宙。于是便因为在一株株单独的树木中所感受的高雅情趣，而忽略了整片树林。虽然世界不会因此在组成部分上有所改变，却失去了那个使它们成为有机整体、给予它们共同生命和目的的东西。学者们的研究会变得越来越精致，精致得毫无价值，因为一旦各种成分组成一个有机整体的事实被人遗忘，它们的真实本质就无法被人理解。最典型的是过去那个时代（18世纪）的人们，他们自认为在自

由和进步的道路上不断前进，却不知他们越是对生活细节观察得细致入微，就越是被这些琐事牢牢束缚。他们不再把生活视为可以加以塑造的材料，而是被生活所支配、所塑造。如此便会产生反作用。不管卢梭曾经犯了多么大的错，他凭借他那个时代之前的整个人类经验的权威，提出："归根结底，谬误和奴役同出一辙；唯有回归自然，才能发现自由与真理。"[1]

究竟我们的时代是否在遭受19世纪亚历山大诗行的余殃，如果真是如此，它所受的束缚又有哪些症状和特点，这些都需要我们进行认真思考。

三

> 奢华、安逸、快乐、愉悦、新的自由、新的发现、赞扬、奉承，一旦忘记了旅途的目标，忘记了辛劳的目的，我们在人生旅途中所享受的这一切，将全部失去意义。
>
> ——爱默生[2]

历史并不走直线，而是沿折线前进。这些折线长度各不

[1] 很显然这是一个推论而不是直接引言。卢梭关于奴役的完整讨论见《社会契约论》，卷1，第4章。

[2] 实际上出自R.埃利斯·罗伯茨，《生活作为原料》（伦敦，1928）[小册子，收入珀西·迪尔默编辑的丛书《肯定：现代世界中的上帝》]，第17页。

相同，实质也不尽一样。不过，假如我们对这些折线相交的点进行审视，往往可以发现，它们之间存在着明显的、实实
633 在在的相似之处。如果我们试着透过自己所处的时代，看到它下面垂直的那些层面，便可窥探到18世纪，以及3世纪的罗马社会，还可以窥探到公元前3世纪的亚历山大文化。这种比较不应过于严苛，但这些时期和我们所处的时代在以下这点上极其相似，即奴役精神和习俗的普世存在。

习俗本身并不一定意味着奴役，在很大程度上，它是人类恐惧缺乏秩序的无政府主义状态而出自本能的法规。无政府主义和自由风马牛不相及，就好比和暴政相距甚远一样。在这方面，习俗往往是内心自由的捍卫者。在外部设立一道宽容平等的纪律，是为了让内心享有完全的反叛空间。只要人们清楚，遵从习俗只是一种礼仪，一种大众礼节，这种遵从就不会对任何人造成伤害。据我们判断，这在16世纪的欧洲，在希腊的雅典文化复兴时期，在巴勒斯坦基督教诞生前后的两个世纪里都是如此。也就是说，在很大程度上，人们只是无意识地遵从习俗，并未多加注意。叛逆者如乔达诺·布鲁诺、欧里庇得斯、圣保罗等，猛烈地冲击了当时的道德基础，却明显地遵守了当时的习俗。例如，欧里庇得斯加强了雅典戏剧的高度程式化；圣保罗则一生守法。之所以如此，是因为他们的叛逆行为发生的时代，是一个从根本上来说自由的时代；人们不惧怕在脸上表现出不切实际的理想，不管这个理想多么浩大和包罗万象。只有当这种宏

伟理想从他们脸上消失、学识和道德视野变窄、内心丧失了自由时，具体的习俗才会失去和谐，变为一种惯性；而且，由于失去了与社会内在活动的所有和谐，习俗变得毫无意义，停滞不前，不再是捍卫自由的栅栏，而是突出了个人权威。于是，这个工具开始被视为宝贝。之后，叛逆者们高声反对它。因为至此，习俗乃是为人类的奴役张目，就像从前为人类自由张目一样。这种反对习俗专制的呼声，无疑是一种文化病态的体现；它意味着人类不仅与自己失去和谐，与周围环境也不再和谐。他们顺从这些环境，却理解不了在他们自身之间、他们与环境之间以及与共同最终目标之间所存在的真正关系，顺从只是因为不这么做的话就会死亡。而缺少了最终目的，他们的存在从本质上就变得十分短暂，被生活玩弄于股掌之间，可怜巴巴地盲目顺从，就为了能够苟且多活一日。为获得物质存在而进行的挣扎淹没了所有其他的欲望与旨趣，于是，人类便如同动物一样，生存的欲望成了主要动机。而这正是奴隶根深蒂固的特点。

18世纪遭受了这一退化，但我们所处的时代似乎要经受一个更加致命的倒退。洛克和牛顿提出的理论在斯宾塞和 634
赫胥黎那里得到了深化和发展；好歹在自然神论中，18世纪还保留了全体共同目的影子。而现代理性主义的体系连这点影子都清除掉了。我们时代的唯物主义哲学家热衷于将有目的的、自由的协调摒弃于这个世界之外，不留丝毫痕迹；同时还热衷于打破所有可能存在的幻想，让人们除了纯粹的具体物质，在任何方面都否认宇宙是一个有机整体，而认定它是一部机器。心理学家们强化了这种奴役的告白。一方面是弗洛伊德，另一方面是柏格森（他在其他方面很少表示赞同），两人都坚持认为，有意识的人类活动在很大程度上由无意识的影响决定，而这种影响是在无意识或下意识状态中吸收的印象所产生的结果。人类通常很难或根本无法掌控自己的潜意识，因此，除了被外部环境支配，似乎还存在某种内部机制，为人们暗暗服从。而生物学家们根据孟德尔遗传定律，强调不可抗拒的遗传因素，则使这种机制更加专制暴虐。奴隶又被捆上了一道枷锁。

这一机械宇宙观表达了人类有史以来最胆大、最无情的自我蔑视。因此毫不令人惊讶，没有人会探究它的前提以及从中得出的理性结论；因为勇气不是一种奴性品质，而进行这种冷酷无情、不仅仅是病态的内省，需要具备有悖常态的高度勇气。因此，当人们面对暴虐的宇宙景象时，它远比敌意更为可怕，更难以觉察，许多受它奴役的人们会选择以厌倦的态度将它彻底忘记，就像奴隶必然会做的那样，只要能闭上眼睛，沉浸在所谓的精神陶醉状态中干自己的活，便心满意足，别无他求。或者是，由于完全摆脱了对外部世界的意识，他们心目中设想出了更加和谐的存在，或者说，哪怕不和谐，至少也是可以感知，并赋予了有机生命的存在。第一种人开创了神智学神秘主义的浪潮，目前正在席卷整个世界；第二种人则主要通过艺术表达自己，他们继承了浪漫主义作家的传统（因为摒弃尘世而享有自由），在许多印象派、未来派、立体派和象征派艺术家的作品当中，创造了貌似自由的扭曲形象。这两种逃避现实的方式，一种通过宗教，一种通过艺术，很快就会成为他们的束缚。这种在普通人性范围之外对自由的渴求是人类倒退、精神世界黯淡无光的最为可悲的证据之一。这一点并非没有改观，例如凡·高与罗丹，他们自觉地反抗周围环境中的奴役现象；但伟人们，甚至伟大的反叛者们，如果是在自由时代，不管他们怎样远远胜过平民百姓，也仍然是普通人的崇高化身；而若是在受奴役时代，这些人则显得怪异和孤立，仿佛来自另一个时代。 635

我们不想暗示说，神秘主义或任何可以称作“出世”的东西，本身就是腐败的象征，就是时代的奴隶。任何时代，都有与时代精神失去和谐的人，这些人创立了自己的世界。也不是说他们在那个时代的代表人物当中就是最不受敬仰的；德国就以迈斯特·埃克哈特为荣；浪漫主义诗人威廉·布莱克则是英国的骄傲。导致倒退的往往是那种始料不及、以迅猛之势泛滥、从根本上反社会的现象。当许多人发现外面的世界不适于工作，而且充满压迫、虚假，了无生气（机械），我们便可得出结论，他们所处的境地正是拉丁诗人所哀叹的：“为了生存而失去生活的理由。”[1] 本来由他们来塑

[1] 尤维纳利斯，《讽刺诗集》卷八，第83页。伯林此处原文为：Proter vitam vivendi perdere causas。

造的物质，现在反过来塑造他们，征服他们。因为他们忘记了生命短暂的具体物质环境和不朽的精神价值之间的显著区别，也就忘记了定义自由人的术语，开始将他们的头衔，那些只适用于奴役概念的头衔，套用到古老的自由学说上去；于是，那些真正自由的神秘主义者对生活、对空间和时间所持有的虚幻信念，在他们手中，便被任意用来侵害精神，殊不知正是靠这种精神，外部世界才被认定为非现实存在。于是，当今的共产主义者求助于柏拉图，却不愿去领会柏拉图的真意，即柏拉图希望看到的是这样一个社会，每个成员在精神上都高度进步，无须通过物质独立来表明自己的个体性，并且能够为了公共福祉，全心全意、无怨无悔地牺牲这样的自由——自由的外壳。这才是苦修派教徒的理想，也是中世纪僧侣阶层的理想。这是一种放之四海皆准的人类精神自由的典范。现代共产主义者却恰恰相反，强调物质或经济生活的绝对和唯一重要性，强调为社会牺牲其独立，明确表示个人主义最好彻底根除，一切都必须立即加以具体化和国有化。

所谓的“两极相通”[1],仅仅存在于文字当中。不论是柏拉图、犹太人，还是基督教共产主义均否认具体自由，赞颂精神世界；而现代经济共产主义则将精神世界降低到完全依赖于具体自由，然后谴责个人的精神自由。在这点上共产

[1] 谚语。伯林此处原文为：Les extrêmes se touchent。

主义与非政治形式的奴役不同。它的确是在自觉地将习俗视为珍宝而不是工具，并且睁大双眼盯着它的枷锁，将枷锁提升为理想。而其他奴役主义，正如我们所力图证明的，则竭 636
力对枷锁视而不见。

世界划分为两大阵营。一边是为了实现实质上的集体主义国家而工作的人，不管他们是俄罗斯共产主义者，还是美国实业家，抑或是意大利法西斯主义者，他们的主要特点都是平等和非人格性；他们必须反对个人自由，因为在一个**机械的**世界里，它是一种破坏性的力量，产生离心力；由于人们无法打碎身上的枷锁，只能对之顶礼膜拜。另一边则是不惜一切代价也要坚守住个人精神自我的人，即便它意味着完全放弃他们作为任何人类政治组织的公民的权利，并且执意对自己的真实处境视而不见。通过不断对自己说自己实际上是自由之人，他们成功地说服了自己，相信身上的锁链即便不是完全不复存在，也不过是附带之物，无关紧要。只要不采取任何行动，不追求任何重要理想，保持静止不动，这些枷锁就会逐渐松弛，直至完全感觉不到它们的存在。因此，让我们静坐不动，使自己慢慢昏睡，或许可以梦见自由而感到快乐。这两大阵营截然不同，却有一个共同特点，那就是两者都身负枷锁，受其束缚。“自由，”亚里士多德说，“是奴役与放纵这两个极端之间的中庸。”[1]奴役，是人或环境从

[1] 似乎又是一个推论。出自《政治学》，5—9，1310a25—36。

外部强加的暴政形成的结果；而放纵，则是对内心的恐惧和欲望强加的暴政的屈从。两者都否认内在或外在永恒标准的存在。这两种力量的相互争斗，压制了在它们之间的更大一部分文明世界。而在它们的冲突中，是否会诞生新的统一和自由，在我们的时代，是否会发生人类精神新的复兴，谁也无法预测。因为分裂破坏的力量总是消亡缓慢。至于说最终的结果则毫无疑问，否则诗歌或宗教中的真理将不复存在。否认这一点就等于认为人类所积累的内在经验只是一个空虚的幻影，并使它在世界上的整个存在变得毫无价值。

637 以赛亚·门德尔·伯林

为费伯出版社写的报告

以赛亚·伯林为费伯出版社写的报告[1]以附录形式集中整理在此，而没有按照时间顺序放在正文中。原因已在“序言”第xxv页说明。

致杰弗里·费伯

1932年1月4日［手稿］

霍里克罗夫特大道49号

亲爱的费伯先生：

首先我必须向您致歉，拖了这么久才给您回信。您的秘书大约两周前给我寄来了《资本主义的终结》[2]一书，并转告说您希望我读一下，对其是否值得译为英文版谈谈自己的看法。此书引起了我极大兴趣，经过仔细阅读，很高兴能有机会就其说几句话。不过我得承认两点不足，这两点不足必

[1] 我有意将以赛亚·伯林的报告处理为学术著作的形式。也就是说，不做详尽的注解，因为相比给书信加注释，这么做更容易被指为笨拙。

[2] 伯林此处用的是原书名“Das Ende des Kapitalismus”。该书作者为（费迪南）·弗里德里希·齐默尔曼（1898—1967），1931年以笔名“费迪南·弗里德”在德国耶拿出版。此书后被费伯出版社拒绝，没有译成英文出版。伯林的报告得到了二十一先令的稿费。弗里德为德国专门报道经济事务的新闻记者和作家，20世纪20年代末和30年代初与《行为》杂志关系密切，这是当时一份阐释纳粹政治的有影响的刊物。同时他还是德国党卫军成员。

将有损我发表的任何意见的价值：一是我的德语不够精通，可能体会不到所有难以觉察的细微差别；再就是我对社会学的了解肤浅。这两点必须请您予以考虑，对我做出的任何结论狠狠打个折扣。承认了这些，我才能问心无愧地开始评论。

这本书给我的第一印象，也是最强烈的印象是，这是一部充满活力、一本正经但又不是太过谨慎小心的小册子。有人告诉我，费迪南·弗里德不是某个人的名字，而是一个带有知识分子性质的文人团体，他们赞同纳粹政治，轮流在《行为》这家民族主义刊物上发表文章。我不知道这是否真实，但若果真如此，一切疑问便迎刃而解了。它解释了为什么书里有那么多前后矛盾的地方，尤其是在核心问题上明显自相矛盾，谁读了都会生气。一方面，在诸如个人主义的灭亡、大规模生产、集体主义等问题上，无条件
638 地全盘接受马克思—桑巴特式的前提，从中自然演绎出以下结论，即既然集体主义终将到来，将托拉斯集体主义转化为生产资料国有制是解决公平和效率的最好办法。所有这些不外就是正统的德国社会民主党的马克思主义，无论在内容还是表达形式上都没有什么独到或惊人之处。另一方面，人们又会意外地读到与此截然不同的笔调，例如，突然迸发的充满个性色彩的思乡愁绪；对所有大规模生产和有组织劳动的深恶痛绝的批评；有关中世纪浪漫主义的讨论，所用辞藻令人想到文思枯竭时的切斯特顿；还有那些对昔日

时光充满伤感的怀念：例如厨房用具不是出自标准化生产的产品，而是工匠大师们用爱心手工制造而成，然后由同样充满爱心的家庭主妇买回家去。而如今这些都已不复存在。诸如此类，这些全都是资本主义企业制度的错，是罪魁祸首。

对切斯特顿或威廉·莫里斯的浪漫主义描写，显然人们尽可以产生共鸣，但在一本旨在对一个病态世界进行科学分析的专著里，此类装腔作势的夸夸其谈显然会降低所谈话题的价值。而在长长一段冷静、现实的有关马克思主义的论述之后，居然会出现这种文字，更是人们始料未及。那样的铺垫可以让人对后面的内容产生各种期待，但绝不会是多愁善感的文字。不过一旦这里存在真假荷马问题，一旦这本书果真出自不同写手，只是在表面上统一了一下口气——如对大型企业等的同仇敌忾，也就很好理解了。

相对于这样一个严重缺陷，有一点倒是可圈可点，那就是，书中关于目前德国真实经济地位的描述可谓一流水平——至少在我看来是如此，不过可能我孤陋寡闻也难说。这段描述清晰、简练，虽然或许有点过于戏剧性，但在这样一部显而易见充满热情又争议极大、不够严肃又缺乏权威性的著作当中，倒算不上是什么错。偶尔引用的数字让我觉得可疑，但我同样无法证明它们有错，因为我不清楚它们的来源。如果这些数字正确，将非常具有说服力。

该书的另一个缺陷是，作者提出的论点常常极为狭隘。

书中连篇累牍地追溯了各大企业后裔子孙拥有的财富，提供了大量细节和人名，这些对德国之外的读者不会产生丝毫吸引力。即便对有才智的德国人而言，这部分内容一定也显得缺乏变化，几乎就像城市闲聊栏目。如果这部书要译成英语，我建议，对这部分内容需进行特别处理。

这本书显然是写给德国人看的，而不是给整个世界看
639 的：对资本主义灭亡的探讨仅限于德国。因此，“德国资本主义的终结”这个书名会恰当得多。

这本书的经济学在我看来有点简单粗糙，但如前所述，我不是非常够格的评判者。显然作者或者说作者们对某些运作，如国际信贷等，缺乏深入的了解，对题材的复杂性及其所需要的专业知识感到畏惧，于是采用了一种以假乱真、浅入浅出的处理，既方便了作者，也方便了读者，却严重歪曲了事实。同样，作者对迷宫一样令人费解的外汇问题缺乏把握，并且认定德国无力进行赔偿，再加上缺乏理性的国家主义精神，作家们只好在中欧关税同盟[1]中寻找解决方法，这种方法会给世界其他国家造成巨大的关税壁垒。他们的观点是，只要与债权国断绝了所有经济关系，就可以不再依赖它们，也就可以免责拒付所有债务。否则，德国将遭受迦太基的命运。

我想，那些数字、那些涉及具体经济理论的论点，以及

[1] 伯林此处原文为：Zollverein。

提出[1]的解决方法，在任何一位权威的经济学家面前，都将不堪一击。但是（这是我想说的最重要的一点），这绝不是反对出版该书英文版的决定性理由。因为它的优势和重要性表现在其他不同方面。它是我读到的唯一一部充分表达了目前德国中产阶级心态的著作，在阐述普通德国知识分子的信仰方面，更强烈、更具典型性，而在希特勒主义中这些人的伤害和愤怒被放大了。作为对知识的贡献和科学预测，这本书毫无价值，不错，它文思清楚，也不乏敏锐，但缺乏独特性，在任何方面都谈不上出色。然而，作为一份心理学文献，作为大众层次上情感和信念的表达，这本书却具有极其重要的意义。许多情感和信念或许建立在错误的基础上，即便如此，这些错误也流传极广，因而不乏“重要性”。每一位具有自我意识的德国人都会在某种程度上感受到这些错误。当今在德国看到的许多现象，也都与它们有关，例如，对自由主义的失望和蔑视，表现在如退伍士兵联盟[2]和天主教信仰复兴中的反理性思潮以及独裁主义的滋长，等等等等。别的书写过也翻译过，像沙赫特的书、艾因齐格对法 640
国政策的控诉，还有温德姆·刘易斯的《希特勒》。[3]但所

[1] 伯林此处原文为：offerred，年轻时伯林常常错误地双写字母；参看原文第12页注2。
[2] 伯林此处原文为：Stahlhelm，即退伍士兵联盟。
[3] 亚尔马·沙赫特，《赔偿的终结：战争带来的经济后果》（伦敦，1931）；保罗·艾因齐格，《世界经济危机，1929—1931》（伦敦，1931）；温德姆·刘易斯，《希特勒》（伦敦，1931）。

有这些书都是出自个人之手，总的来说，表达的只是个人观点。最后提到的那本《希特勒》，依我看简直愚蠢至极：什么也没阐述清楚，却被作者用作借口，特别起劲地、不着边际地大喊大叫。其他两本书很有见地，却是出自专家之手。但是，这本书与其他书的不同之处恰恰在于，它是写给大众看的，作者与受众的直觉和论点基本处在同一层次上。这使得它成为特别有趣的文献，适合社会学家、讲究实际的政治活动家以及理解力强的读者阅读。

如果这本书要在英国出版，我谨提出如下建议：(1) 最好删减或修改那些过于详尽地描写家族企业的内容，其中一些即便在德国也不一定有人知道。这类带有私人色彩的信息，保留下来只会使外国读者迷惑，使他们失去阅读兴趣。(2) 最好加上一篇英文序言，目的是消除可能招来的非难，否则经济学家中会有许多潜在的批评者对此书发起攻击，因为它太不堪一击了；序言应该指出此书的重要意义在于它的**代表性**，清楚、有力地展现了在德国上层人士当中亲纳粹情绪的知识甚至情感基础。但有一点至关重要，千万要避免（对这点我感受强烈，但我不是一个出色的经济学家，无法为自己的观点进行有力辩解）把这本书宣传成社会学剖析方面的杰作。它涉及面广，但缺少深度，个别地方甚至明显十分浅薄。

综上所述，我认为这本书还是值得出版。从它大众化的写法，以及书中热切激昂的语气，想必会在相对具有知识的群体当中找到广泛的读者。而目前显然正是出版的绝好时机，一来因为喜欢此类书的大众日益增多，另一方面则由于这本书兴趣点短暂，不具有长久生命力。

您的秘书提到，有好几位德国批评家对此书给予了高度评价。老实说，我听到后很是吃惊。作为德国人称赞此书，他们的态度可以理解，好比爱国者总是迫不及待地让大家听到他们表达不满情绪。但作为评论家为此书叫好，就有点难以理解了。书中知识的不足对任何一位中等知识水平的人都可谓一目了然，除非他被感情蒙蔽了双眼。书中我能够发现的唯一一个新颖观点是（我相信，实际上并非如此）：资本 641
主义依赖个体企业的扩张；扩张则依赖发明。伟大发明的时代如今显然已经过去（最后这点不言而喻），资本主义无法再发展壮大，因此注定要灭亡。这是该书的中心论点，我希望指出，作为对世事的敏锐感悟，这个例子至少表面上看来并不正确。缺乏理解力还表现在书中对施宾格勒充满敬意的描述。他和这本书的作者，以及当今德国许多涉足文化哲学的人一样，常常只是减弱和降低了格奥尔格·齐美尔著作的价值，虽然他们都承认他所产生的影响。他是一位真正伟大的人，他那些精彩著作直到今天，也仍然比模仿他的那些后来者的更值得译为英语。这话有点扯远了，我向您道歉。

在结束这封过于冗长的回信之前，我想扼要重述一下：首先，我必须重申自己缺少专家资格这一点，然后才提供以下意见供您参考：

倘若这本书的观念不那么褊狭，而是思想开阔；倘若它只是讨论德国问题，其他国家只是作为背景和类比；倘若不是对它过分要求；倘若宣传时突出它是唯一充分传达了隐藏在德国国家主义运动后面的愤怒之情和真正唯心主义的英语译著，唯一揭示了纳粹主义广阔的知识分子背景的著作——这一点至少对外国读者而言，往往被其他更加抢眼的因素所掩盖，诸如仇外、反犹情结，以及广义上的暴民政治，它是纳粹党所有公开行动的共同特点——这部书还表现了为什么德国国家主义者会变成国家**社会主义**，而不是法西斯主义或拉普运动或任何资产阶级保守运动，那么，这本书将具有翻译价值，而且会很容易找到一个合适的市场。我想这些话已足以用来推荐任何书籍。

希望这封信及时抵达，对您能有些用处。

衷心希望下学期能有机会与您在牛津再见。

您诚挚的

642 以赛亚·伯林

致费伯出版社

1932年1月15日［手稿］

未标明地点

关于鲁道夫·阿恩海姆《作为艺术的电影》的报告（柏林，恩斯特·罗沃特出版社）[1]

[1] 1932年以德语出版，1958年英文版《作为艺术的电影》由费伯出版社出版。

我在《泰晤士报文学副刊》上读到了这本书的评论。[1]在我看来，尽管文章赞不绝口，却并未对这本书的优点予以足够充分的赞美，另一方面，对它的缺点也只字未提。而后面这点，虽然瑕不掩瑜，却客观存在，应该予以指出。

如《泰晤士报文学副刊》所说，这本书的确是一本好书。但远不止如此。它是一个富有成果的尝试，从各种视角讨论电影，探索各种不同成分并力图找到它们之间的相互联系，这些成分往往被人们分割开来对待，以致歪曲变形。它是一部呕心沥血之作，作者显然拥有知识分子的正直感和责任心，促使他审视所有切入点和途径，虽然这中间有些是他个人不太喜欢的；同时对人们提出的反对观点提供理由充分、数据准确的阐述和反驳，即便对最最平庸老套、无知愚蠢的批评意见也是如此。换作其他评论家，常常根本不屑解释，甚至不屑反驳。这种论述方式的深度和广度使这本书具备了作为评论著作的独特价值。

书的开头和接下来相当长一段篇幅分析了电影制作的技术设备：每一种手法的重要性不仅通过它与导演希望产生的真实效果之间的关系加以展现，同时还充分论证说明为什么会产生这种效果，解释电影美学目的中哪些因素需要这种效果、这种手法，而不是其他。这种处理方式的结果是，在任何有关电影的书籍中都必不可少，往往被视为“必要的恶”

[1]“电影艺术”，《泰晤士报文学副刊》，1931年12月31日，1052期。

而无可奈何地收入，并任由其枯燥乏味到极点的技术说明文字，在这本书中变为对电影组成要素的趣味盎然的剖析，这个过程进行得如此机智、巧妙，常常充满刺激，使看过电影却对其一无所知，但极其敏感并富有理解力的读者从中受益。在这方面，这本书做得可谓无懈可击：整个阐述如行云流水，轻松愉快；虽没有新鲜独特的观点，也不见惊世骇俗
643 的言论，但整篇东西就是让人感到与众不同（至少对我是如此）。它以引人入胜的方式，一点点地展现在读者面前，每一页都充满了活力与智慧，吸引人不停地读下去，绝非不由自主、信马由缰，而是极力想深入这一有趣的探讨中间。我不想造成这样的印象，即它只是一位有知识的半吊子艺术家以嬉戏的态度在舞文弄墨。它压根不是克莱夫·贝尔式的：作者展示器皿的方式十分吸引人，但这些器皿即便随意摆放，仅靠自身所具有的价值也足以令人赞赏不已。我在这里只是想表达一种愉悦之情：终于看到长期以来一直梦寐以求、希望能够发现的东西以如此智慧巧妙却又如此轻松愉快的方式丰富地呈现在我们面前，真是由衷感到高兴。相信大家也都有同感。

我不知道有关电影评论的书籍的读者面有多广。如果面不大——我猜想应该相对较窄，很大程度上要归咎于目前市场提供的相关英文书籍。我所见到的只有保罗·罗萨、勒祖恩小姐和普多夫金[1]的书。前两位作家的书缺乏智慧。罗萨

[1] 保罗·罗萨，《电影今昔：电影艺术综述》（伦敦，1930）以及/或者《赛璐

是一位面很窄的专业作家，文笔笨拙，就连面对他自己那个范围狭小、技术型脑袋的专家圈子都显得条理不够清晰。勒祖恩小姐写过一本面向大众的书，但它并未将电影作为一门艺术来探讨，而只是一个她喜欢的电影的目录，加上一些吸引她的理由。它充其量只是一部评论文集，并未试图客观地将文章联系起来，并未在对某一现象总体本质进行分析、描述和评价的基础上，将文章作为说明该现象在不同阶段的表现的例证呈现出来。这本书结果必然平淡无奇，不会给人留下深刻印象。至于普多夫金的书，内容只涉及俄罗斯影片。虽然文笔优美，充满令人感兴趣的话题，英文版却实在拙劣透顶，读过它的人谁也不会体会到原著的优秀。这让我想到翻译问题。这一点对《作为艺术的电影》极为重要。此书写得极好，在我看来，一定会受到读者的热捧，但这在很大程度上取决于翻译处理。德文这种语言，虽然偶尔会出现无法避免的冗长现象，还是以轻快活泼著称。它的魅力和敏锐在很大程度上来自恰到好处的比喻和形容词语，这些在言语乏味的译者笔下，轻易就会被扼杀殆尽。那样的话，这部在同类著作中堪称最佳的外语书籍，便将注定命运乖蹇。它不像多数有关美学理论的德国书籍那样，将大块大块的篇幅用于沉思默想，而是充满了活力。作者没有将这个题材视为有待

珞胶片：今日电影》（伦敦等，1931）；C.A.勒祖恩，《电影艺术》（伦敦，1931）；V.I.普多夫金《论电影技巧》（伦敦，1929）。

644 解剖的尸体，而是看作一个热点问题，其实质必须迅速有力地牢牢把握。没有最终答案，随着每个新模式的出现，答案也在不断改变。然而，一个合格的译者，不会被德文明显笨拙的长句弄昏头脑，将其生搬硬套进英文（德文词句具备自己特有的冗长节奏和音律，在英文中无法再现）。相反，在我看来，他会努力译出一部深受知识界和有知识的大众欢迎的成功之作。我这里要再次申明，这本书的风格问题和小说翻译一样重要。

作者以极大的决心圆满完成了自己制定的目标：当他对某个他认为重要的问题发起抨击时，他总能说服读者，让他们认识到问题的重要性；当他讽刺时，他的讥讽一针见血，而他的机智既尖酸刻薄又风趣盎然。他对普通商业电影（他称这类电影为“批量生产的电影”）的伦理学和社会学的检验，以及对这些影片的制片商们所信奉的价值观的审视，在动机上都十分严肃，但表现得十分有趣搞笑。书中的整个这一部分，实际上在其他地方也一样，不断重复出现强烈的社会主义倾向。这在一部讨论美学的著作当中不是特别令人赏心悦目，但在德国目前的状态下，任何作品都不可能完全脱离政治或社会而存在；况且他的许多政治旁白在我看来，都可作为他所讨论的话题的佐证，绝非无缘无故。

这本书的确十分冗长，但在这一领域，英国急需出版一本好书，而且作者的热情与活力使人很快就能读完，因此很难讲这是一个缺点。对手段如何与目的相适应的分析贯穿始终（这是全书的主要内容），对此作者功力深厚，得心应手。此外，书中充满一种内在的“客观”精神，对作者表达的每一个观点，都有系统的旁征博引加以说明。这必然会为读者大众带来不少阅读上的轻松快意。至少在这个国家，他们已经受够了水平值得怀疑的批评家们不加论证地表达个人意见的评论文章。

只有两处不足我想说说，它们对出版这本书的好处不会产生任何不利影响：

第一点相对不太重要，主要是它忽略了电影史上几个典型的发展时期，例如，法国现实主义影片、剪影片，等等。不过，这本书已经够厚的了，对此再吹毛求疵未免荒谬。

第二点纯属个人看法，那些比我更有资格对此发表评论
的人可能不会赞同。我觉得在一本如此包罗万象、如此急于 645
在做进一步说明和填补具体细节之前首先建立电影艺术理论基础框架的著作当中，作者应该首先阐述自己对美学以及所有艺术的总体见解，然后，在指出他个人认为电影艺术在整体框架中所处位置的基础上，才开始详尽阐述自己的具体论点。阿恩海姆先生明显摒弃了这种方法，打定主意不要任何理论假设，发现什么就记录什么。这种研究方法纯粹是心理学的，纯粹是经验式和实用的。对我而言，这似乎根本办不到：很明显，每个理论家都会提出这样或那样的理论，不论多么含糊不清或笼统概括：“纯”心理学的途径只是幻想。倘若作者说明自己的前提，而不是断言根本不存在什么前

提，让他自己去间接发现，这本书将会更有裨益，也会使这本书在结构上更为完美。

但这只是我的个人看法，或许和这篇报告风马牛不相及。

从英国人的角度来看，还有一些小缺点，诸如书中在举例说明时，过于倾向使用德国案例。不过，德国电影业确实制作出了大量优秀作品，因此，总的来说，处理问题时比较偏向德国无可厚非。另外，全书仅有一幅插图。对此，作者的理由是，一方面相关的插图很难获得，另一方面，艺术刊物上此类插图比比皆是，对那些想看插图的人来说，总之不缺；为了插图而插图毫无意义；人们都说，我们这个时代，对图片和插图病态的狂热无处不在，泛滥成灾。对此类乌合之众的热情，作者拒绝去迎合。显而易见，他完全有理由认为（我认为他一定这么想），那些真正对电影艺术感兴趣的人，到了这个阶段，不会再需要插图；而那些没有插图就不会读此类书的人对这个题目绝不会有真正的兴趣，反正也不会去读这本书。

最后，我想重复一遍我对此书的总体印象：很适合阅读，目光敏锐，充满智慧，有启发意义。书中到处可见令人兴奋的理论观点，判断客观公正；就德国书籍而言，特别要提出的是，它完全摆脱了另有企图或贩卖作者自己的拿手理论之嫌。作者具有高度理解力，见多识广，为和他一样的非专业人士读者奉献这本书。书中完全没有生涩难懂的术语，全书风格轻快高扬，唯有敏感、娴熟、精通英语的译者能够传神。一旦满足了最后这个条件，此书一定会有极好市场，特此强烈推荐出版。

以赛亚·伯林 646

致费伯出版社

1932年11月21日［门德尔·伯林手稿，以赛亚·伯林添加了一些内容］

霍里克罗夫特大道49号

报告

《工资与劳工政策》，作者：休·盖茨凯尔与I.德宾[1]

以赛亚·伯林 撰

因为生病，我恐怕自己读这本书时的精力不够集中。加上不是一位专业经济学家，从这点上看，我无法确信自己能够做出什么重要判断。

我觉得这是一本极具可读性的书。语言虽不过于专业，但也不流于通俗。为了让读者能够理解，书中介绍了一些必要的基本经济知识。用清晰易懂、令人信服的表现方式，反驳了劳工政府或工会组织通过提高工资逐步建立社会主义的

[1] 实际上为埃文·德宾（原文第433页注2）；显然此书没有出版。

政策，也可以说反驳了任何一种渐进主义政策。全书分为三个部分。在第一部分中，盖茨凯尔先生从纯经济理论的立场，回顾了各种论述资本与工资关系的理论，以及工资与价格水平的涨落可能带来的影响——这部分论述清晰，没有什么显著的独创性，与其他合格的经济学教科书没什么两样。在这部分里，实际上全书都存在这种情况，马克思主义被过于轻描淡写地一笔带过。考虑到对马克思主义存在众多不同解读，我觉得作者似乎在太多方面过于想当然了。第二部分由德宾先生撰写，他对目前有关工资、储蓄、投资和购买力之间关系的理论进行了考察，不是从理论立场出发，而是为了看清资本主义制度是否真像人们常说的那样，从内部开始腐烂，已经到了垂死阶段。结论是并非如此。除非采取措施将它消灭，它不会自行消亡，相反，还能健健康康地活上好多年。

书的第三部分（没有具体说明由谁撰写），作者试图证明，只有靠来一场社会变革（虽然强调了困难性），才能在英国建立社会主义。这部分似乎论据不够充足，整个不如前两部分令人印象深刻。前两部分说理公允，不偏不倚，倾向社会主义的态度明朗公开，而且完全摆脱了宣扬社会主义时
647 事评论员的传统说教方式。

从个人角度来说，这本书很吸引我。由此推断，也会吸引像我这样的人，这样的人在大学校园里一定有不少。另一方面，由于我对当前经济论著读得很少，不了解类似的著作

已经出版了多少。这部书最吸引人的一点是，作者态度鲜明地始终坚持自己的观点，即他们所说的社会主义是建立在对平等以及纠正社会不公正现象本身的信仰的基础上，因此，他们无意对事实歪曲锻造，以展示在社会主义制度下，工人的生活水平就一定会立刻提高。相反，他们推理论证了可能事实并非如此，并讨论了这一推论可能在广大群众中不得人心，而新世界的创立需要他们的支持。仅这一个例子就足以说明这部著作与一般社会主义宣传读物实有天壤之别。

从出版商的角度出发，我想，必须承认它的读者群不可能很大。这本书是由社会主义者写给社会主义者看的，作者想当然地预设了社会主义的大前提，并对该前提的真实性深信不疑。倘若此书的经济学无懈可击，在我眼中当然如此——重申一遍我不是专家——大学里激进的经济学教授们会买它的，并会怂恿他们的学生也买。这种情况也会发生在社会主义教育学院，以及分散各地、对此问题抱有兴趣的个体读者。影响此书广泛发行的一个不利因素是，无论是它的题材还是语言，都需要读者有一定的知识水平，显然这是普通百姓不会拥有的。它不是一本极具独创性或特别有深度的书，但清晰可信、文风明快、前后一致，坚守自己的目标和信念。特别是这本书有一个与众不同的特点：它迫切希望消除所有在大众心目中误以为是社会主义理论、实则是可疑的或根本毫不相干的教条。虽然它们好像使社会主义变得更加富有吸引力，这类掺假却破坏了真正社会主义信条的纯洁性。这一颇有经济学家托尼之风的特点，我认为，本身就是值得出版的理由。此外，就我所见，它显然还具有科学价值。

尽管这本书仅对知识分子和受过教育的劳工具有吸引力，我认为出版它不会亏本，虽然也许只能做到保本。批评家们一定会用尊敬的口吻评价这本书，即便它引起热烈的批评。希望我没有离题太多，我对经济学的确所知甚少。这本书让我高兴，它的结论在我看来不管用哪种社会主义理论假设检验，似乎都站得住脚。它很可能对许多喜欢它的读者产生这样的效果：意识到自己根本不是也不可能成为社会主义
648 活动家。在我看来，这似乎是一本书所能产生的极佳效果。

致费伯出版社

[1937年1月7日[1]之前，手稿]

未标明地点

关于J.O.威斯登所作《思辨哲学的变形》[2]的报告。

我仔细阅读过这部书的手稿，以及附在其中的几封书信，写信人是H.H.普莱斯及朗文出版社的审稿人（从内部证据看，不大可能还是普莱斯）。我很欣赏前者的观点，但

[1] 此为用于办公室传阅的打字稿的日期。
[2] 1947年由开罗阿尔玛里夫出版社出版。

对后者却不敢苟同。这本书没有什么独特见解，作者也不是哲学方面的一流学者。另外我没有发现存在这个命题（参见普莱斯）。也许我应该将书的内容概要地介绍一下。它分为三个不同部分。第一部分鸟瞰式地快速回顾了现代哲学史，从笛卡尔一直到19世纪的唯心主义者。第二部分讨论了源自莫尔、罗素及所谓“维也纳学派”的哲学分析学说。根据作者的观点，这是适用于哲学的唯一可能的方法。第三部分威斯登本人认为是他对哲学问题最主要的贡献。他在这部分提出了一个心理假设，用来解释以下问题：形而上学家们虽然不断在发表一些毫无意义的假定，这确乎是事实，但显而易见，不论是过去还是现在，他们所说的对其他形而上学家们甚至外行人都是明白易懂的。借助弗洛伊德的技术对早已离世的作者的性格进行心理分析的假设，书中只是大致描述了一下，并未做详细探讨。作者认为，如果这项技术得以完善并加以应用，我们就能准确判断，构成形而上学主要部分的胡言乱语显示出什么样的身体与精神状态：意义的幻象会出现，因为胡言乱语事实上的确能够成功地向他人间接传达有关其作者心态方面的信息。这一点很像姿势，甚至温度计读数，对那些对此类事情敏感或精于解读此类现象的人可能产生的效果（这是我的例子）。关于命题就说到此。

有一点我感觉非说不可。尽管我很赞同威斯登的观点，也很希望真理能够获得胜利，但我确实认为这本书没有什么特别突出的优点。它好过已经出版的普通的哲学书籍：作者

至少没有混淆概念，表达也不隐晦生涩：他清楚自己心目
649 中的哲学是什么，自己寻求的答案又是什么，但他始终未能很好地厘清头绪，得出结论性的意见。如果这篇论文（目前它仅［是］一篇论文）作为申请研究员职位的论文提交，这一点必须予以非常认真的考虑。整个论文风格轻松明快，没有丝毫装腔作势。我肯定，自己从未读到过，也不大可能会读到比它更轻快活泼的哲学著作。这一点非常令人兴奋，会促使读者在轻松宜人、与新闻报道相仿但又全然不落俗套的笔调中，一页页不停地读下去。这本书即使对外行读者也不至于太过困难。但能引起他们多少兴趣我不知道。通俗哲学著作会有市场，这一点乔德的书[1]已经证明。但我怀疑这本书是否能占领这个市场，即使改变书名也无济于事。不过，我想，这倒是它的可取之处。

关于书的第一部分，现代哲学的简史综述，虽然不乏发人深思的论点，却过于简洁、用典过多，外行读起来困难，专家读起来又觉深度不够。第二部分好得多。相对其他部分，这部分的篇幅能再大一些就更好。任何从专业角度评论这本书的人都有理由提出以下批评：作者对许多问题没有深入进去。莫尔、约翰·威斯登（作者的堂兄，作者常常引用他的成果）和维也纳学派采用的分析方法不同，他们在目的上的差别究竟有多大？到什么地步的分析才属于纯形式

[1] 可能指《哲学指南》（伦敦，1936）。

的？提出仅与词义有关又是什么意思？等等。光回答这是分析家们的惯例似乎远远不够。

有关心理中心的部分趣味盎然。可以说它是全书最生动有趣的部分，读来不会有丝毫沉闷之感。关于直接表达事实和利用征兆来表达的区别不是新见解，即使在英国哲学界也不算新鲜，但再次强调也没什么害处。对这点，公正的评论家们会再次注意到，威斯登夸大了它的成效。断然地指出绝对唯心主义者的形而上学表现出他们遭受了性压迫等，说说容易，但就连最有经验的心理分析家恐怕也无法将《现象与实在》中每个“形而上学的”句子翻译为关于其作者布拉德利的有意义的句子。这似乎很可疑。

但我还是希望看到此书出版，虽然我更愿意由别人来承担推荐此书的责任。这本书的总体质量差不多可以打βα[1]。 650
很显然，这部作品出自一位非常年轻的作者之手，他富有才华与活力，对在他面前豁然揭示了哲学真实本质的新学说充满热情。这便是我根据现有证据，对作者所做的“心理中心”的分析。这对之前只是以高尔夫球爱好者著名的作者来说，当然是一个了不起的成就。不过，此书绝非划时代的杰作，甚至不能说特别有独到见解。如果要出版（和普莱斯一样，我希望有出版社出版），而且作者还愿意不厌其烦地重

[1] 即BA，指二等与一等的混合，二等的比重更多一些。关于用希腊字母给学术成果打分的完整说明，见原文第93页注1。

写一遍，那么，我建议他可以大大增加第二部分的篇幅，并在第三部分为他主张的办法提供具体例证（同时在分析时明确说明在形而上学和诗学之间究竟存在什么差别。他提到有一点不同，但未点明）。最后修改，甚至删去第一部分。如果做到这样，我会毫不犹豫地将此书推荐给你或其他出版公司。按照现状，我的推荐会带有相当程度的困惑与不安。不过，既然都点出来了，而且我相信瑕不掩瑜，在一定意义上，我准备推荐此书出版。希望这份材料能够保密，我将不胜感激。

以赛亚·伯林

想必是费伯请伯林增加一些推荐文字，以下是伯林的回信。

致费伯出版社

[1937年4月27日[1]之前，手稿]

全灵学院

《思辨哲学的变形》

关于威斯登先生的书：

在我看来，整个第一部分对专门从事哲学研究的人来说

[1] 此信在费伯一封日期为1937年4月27日的信中提到过。

过于肤浅，而对普通读者却又过于引经据典。不错，对一个比较生僻的题材有必要包含类似于历史介绍的内容，论述二元论的章节是引言部分写得最好的，或许可以整合到一起，不再作为专题论文，而是作为其他部分和章节的界定性引言，权当一个在相当熟悉的领域必不可少的慢跑。威斯登先生说要感谢都柏林学院的那一节，作为令人兴奋的哲学新闻来读无与伦比，但在一部严肃著作里却显得过于轻佻，不值得收入。我认为，作者真正要承担的任务是，阐明“分析”究竟意味着什么，并考察如何应用。这部分不仅要扩充，还要改进目前说服力不够的地方，例如，它必须清楚说明什么 651
是“分析”；说明各类分析学家们，如莫尔、维特根斯坦、维也纳学派、波兰学派、美国学派等（a）在具体做些什么，（b）他们说他们在做什么；他们之间的差异，以及他们从各自不同的目的出发走出了多远；最后，给出分析成败的具体例证，将它们所体现的各类分析分门别类，探讨它们在取代较为传统的哲学方法方面的确切意义。

关于分析这个主题、它的本质和价值，目前在学术界讨论得很多。出版了太多肤浅甚至误导读者的读物，例如乔德及其他评论家广为流传的作品，因此，任何新的阐述都必须尽可能做到毫不含糊，彻底深入，这一点至关重要。我相信得天独厚、聆听过莫尔和维特根斯坦教诲的威斯登先生，极具资格担此重任。但他必须牢记在心，完成这个任务需要负起什么样的责任，并对以上问题给出自己清晰的回答：与其说给出的答案必须正确，不如说它们应该显得真实、完整、有效，能够解决问题。这部分如果写好了，那么在我看来，整本书不论对专业评论家还是普通读者都将收到同样的效果。

至于第三部分，如果要保留，绝不能原样不变。目前，它是一个教条主义命题的扩充版本，这个命题认为，任何未能通过分析家的意义测试的内容，都实实在在没有意义，尽管它表明{其}说话人的情感状态。这种说法不一定正确。它没有根据，只可能毫无必要地激怒布拉德利的读者们，起不到启迪开导他们的作用。

为了具有说服力，威斯登先生必须表明，心理中心派如何开展一项具体研究，例如，从黑格尔或后来的怀特海的著作中取出一段话，首先提出可论证的假设，假定这段无意义的话是某种心态的表达或副产品：当然，它也表达了那些认为这段话似乎深刻揭示了实在本质的人们的心态。除非在这些方面提供具体例证，否则整篇论文会让人感觉只是一部教条主义的作品，充满自相矛盾之处。尽管它可能真实，也要有充足的论据加以支撑。假如作者不准备这么做，我认为他应该大刀阔斧地删减最后一部分，着重强调主要论点：区分形而上学与诗歌或是痛苦的呐喊或弦乐四重奏（事实上
652 它们都是能够向他人传达“情感状态的征兆”），清楚地表明书的这部分只是一个初步建议，而不是完全成熟的理论。

假如这一切都做到了，作者又为我们提供了一个有关

“分析”这个争论不休的话题的全新分析，那么，这本书一定会引起大家的关注。否则，它将有四面楚歌的风险：旧世界的专业哲学家，认为作者对这一主题的处理过于轻率的分析家；缺乏相关知识指导并因此困惑不解的大众；最后，别忘了还有愤怒的牛津古典人文学科的老学究们，他们专门为评论刊物和星期日报写书评，这些人往往是消息最不灵通又最容易被激怒的。既然威斯登先生已经选择了自己的立场，我们就应该促使他好好将自己武装起来，刀枪不入，让那些无能者好好瞧瞧，并将他们吓跑。

我衷心希望这本书在经过好好修改之后，能够出版并引起轰动：没有理由不这么想，如果这么做了，它从各方面看都是很出色的。正如我自始至终强调的，这在更大程度上取决于作者对待这项任务的耐心，而不是能力，在能力方面，他显然绰绰有余。 653

华盛顿快讯

为H.G.尼古拉斯编《华盛顿快讯，1941—1945：来自英国大使馆的每周政治报告》(伦敦，1981：韦登菲尔德与尼科尔森出版社；芝加哥，1981：芝加哥大学出版社）写的序。

这部集子由多篇快讯组成，经赫伯特·尼古拉斯教授筛选、编辑和注释后出版。在1941年到1945年二战期间，这些快讯由驻华盛顿英国大使发往伦敦英国外交部，后来被称为每周政治报告，目的是为外交大臣及外交部人员提供信息，让他们了解美国对事关英美关系的重大问题的观点和舆论的变化情况。这些报告后来流传开来，其他大臣（包括首相）以及相当数量的英国海内外官员也都能读到。我写这个序的唯一资格是，1942年春，我被临时调往驻华盛顿英国使馆，负责为每周报告撰写初稿。

读者们可能会不解，为什么要把这项特殊的工作委派给我。人们会想，特殊工作，尤其是在关键时期的特殊工作，理应由经过特殊训练的专家来完成。对这个令人费解的事实，不知道我的解释是否能让这些人感到满足。我这个情况当然是英国在战争时期任命临时官员方式的一个生动例证。

我做这份工作的资历不是太突出。我在牛津大学与美国同行和学生的友好相处中获得了一些印象，而且我长期不间断地热衷于阅读美国期刊，这在当时的英国或许不太多见，尤其是在学术界。我阅读的美国期刊包括《纽约客》和《时代》周刊，《时代》周刊从我1928年到牛津的第一个学期就开始读了。除了这两点之外，我对美国并没有什么专门了解。至少我从未去过那里，也没想过去那里。加上总体来说，我对国际事务，特别是英美关系，也没有什么专门知识或了解。1940年夏，我当时还在牛津教哲学，先是尼克尔森先生（后受封为哈罗德爵士），然后是情报部的政务次官，问我是否会考虑去莫斯科任英国使馆新闻专员。外交部参与此类任命的格莱德温·杰伯先生（后受封为格莱德温勋爵）跟我说，鉴于我的俄语知识以及我对俄罗斯文化的兴趣，我在 654
驻莫斯科英国使馆能发挥作用。我接受了。并受命经由美国和日本前往俄国首都。等我到了华盛顿——那里本应是我前往莫斯科的第一站，却得到英国使馆的通知，告诉我驻苏联英国大使斯塔福·克里普斯爵士给伦敦来了一封信，说他那里不需要我的效劳，当时那里新闻专员所能做的工作（当时是《纳粹—苏联协定》最黑暗的时期）已经有人在做，我去完全多余。如此一来，外交部便不要求我继续前行。当问起希望我做些什么时，他们的回答是，我的下一步计划与他们丝毫无关。我在驻华盛顿英国使馆的一些朋友尽可能婉转地将这些情况告诉了我，并且，我非常确定，很大程度上正是因为他们的提议，新闻参赞斯蒂芬·柴尔斯先生才提出为我在正好人手短缺的使馆里安排一份工作。我对他的好意和信任表示了感谢，但回答说在那种情况下，我宁愿返回英国。他又问我是否同意至少待上六七个星期，负责对美联社驻英国的记者发回的报道进行分析并写出报告。那些报道似乎透露出这样一个信息，在法国沦陷之后，英国也开始有了某种程度的消极沮丧甚至失败主义的情绪。但这些说法并没有充分的事实根据，其中一些似乎正在对美国公众舆论产生有害影响，而这个国家的善意和物资正是我们所急需的。我同意接受这个任务，条件是结束后允许我回国。在驻纽约英国情报图书馆的办公室里，我阅读了大量美国报纸，在规定期限内交出了一份报告。这份报告在极大程度上加深了使馆对我的初步印象。它产生的结果是，后来他们告诉我，英国政府就此问题向美联社高级官员提出了正式抗议。至于效果如何我不得而知。

秋季学期开始，我回到了牛津，重新开始了新学院的教学工作。11月底，我收到英国情报部发来的一封信，通知说我探亲假已经超期，要我回驻纽约英国情报处工作。我说我并未承担任何政府职务，只是一位认真教书的大学讲师。接着又来了一封信，这期间我才明白，由于那份美联社报告写得出色，同时又有一两个我过去认识、身居高位的美国人推荐，我已经被任命到英国情报处一个新组建的办公室
655 工作，负责提供美国报刊电台关于英国作战情况的报道。这

个新部门的负责人是阿兰·达德利，两位能干的主任分别为约翰·惠勒—班纳特和奥博雷·摩根（具体见约翰·惠勒—班纳特爵士已出版的回忆录《特别关系》）。情报处以及情报部美国司的每个人似乎都听说了我的任命，唯有我本人蒙在鼓里。这是提供给我的唯一一个战争时期的政府职位，我开心地接受下来，1941 年的大部分时间我便以情报官员的身份在纽约工作。任务主要是把英国作战动态提供给各家社会团体和宗教组织创办的报纸和其他媒体，例如工会组织、犹太人组织及一些小规模的基督教派别。情报处一个最主要的作用是，提供有关报纸、电台和其他通讯媒体报道的综述报告，反映整个美国公众舆论。这份报告被伦敦情报部撰写宣传资料的官员们视为必不可少的参考，尤其是可以用来抵制严重伤害英国的报道，对在美国从事这类工作的英国官员们也一样重要。在工作当中，我主要撰写报告，反映各团体组织对公众关心的一般问题，尤其是对英国的态度。在研究他们观点的基础上（我还会见认识了他们中的一些代表人物），尽可能对这些公开和私下表现出来的态度对整个美国舆论产生的影响做出评估。我特别关注各类工会组织及其领袖的态度。其中最主要的有两派，一是美国劳工联合会，与英国工会联盟关系紧密，它的强大对手是产业劳工组织，当时出于多种原因对英国不太友好。顺便提一句，后来我得知，正是我工作中的这个部分引起了驻华盛顿英国使馆官员们的注意，并且在珍珠港事件之后，我再一次表示希望返回英国（因为我的大多数美国“客户”此时已经开始坚决支持英国和这场战争）时，促使他们要求将我调往华盛顿，负责政情报告。

每周政治报告的起草工作早些年是交给派驻华盛顿的英国外交使团的年轻成员完成的。他们在完成正常工作后，有空暇才从事这份工作。但是，一旦美国参战，有关部门便认识到，有必要就美国状况提供更为详尽的情报，这项工作又至少需要一两个专职人员，奉命对美国国会、政府和公众的
656 舆论以及整个美国，特别是华盛顿的个人和组织对舆论产生的影响进行分析和解读。

在战时的华盛顿，英国活动范围大大扩展，使馆创建特别调研部门只是其中微小的一部分。当时组建了许多新的外交使团，分别代表财政部、供应部、粮食部、飞机制造部、政治与经济作战部、情报部和其他部门；几乎伦敦的每一个部都以各种形式，在华盛顿或纽约设有代表处。这些英国外交使团，有些与相关的美国部门建立了联络关系，独立开展工作；另一些使团的作用决定了它们与使馆关系密切，于是建立了相关的新部门，大家都明白只是临时性的。对这些新部门的建立，以及其他一些有悖传统的做法，例如，增加了一个劳工专员（R.H.陶尼教授是第一位被委以此任的人，一点也不开心），外交部均以值得称道的容忍态度默默接受，这种情形很像传统的公学接受开设“现代科目”的需求，明知不可阻挡，便只好听之任之，不做无谓的苛责。一

战期间英国便开始侵入美国，但规模不大。结果是1940年代初，英国在美国首都建立了事实上的短期微型白厅，它与美国政府各相关部门的关系，很大程度上取决于英美两国官员之间建立的私人关系。这些新的战时附设机构的助手们，是伦敦各个部成功说服外交部分派到驻美英国使馆之下的，就像被放逐到一个仓促建成、摇摇欲坠的临时木板房，它尽管难看不雅，却有自己的特色：那里的气氛随意融洽，与官邸或大使手下工作人员之间死板拘谨、充满威严的氛围恰成对照。这点对每周政治报告及我所在部门的其他报告颇为轻松自如的散文风格或许产生了一定影响。

撰写这些报告的调研部门有三位成员。每周政治报告的素材一部分来自纽约那边为伦敦情报部准备的有关美国报刊的调研。此外，我们还参考驻美各主要机构提交给领事处的报告，以及英国情报处驻纽约和其他各大城市的报告。还有一个重要渠道就是，经常与密切关注华盛顿局势的消息灵通人士交换信息，他们包括官员、政治活动家、新闻记者、外交官等。再就是依靠驻美英国使馆和外交使团人员在日常工
作中获取的信息。然后，根据我们对相关个人的性格、社会 657
交往、观点、效忠对象、方针政策、兴趣、态度及个人情感，以及美国政府部门、政治社会群体与运动等方面日益增多的了解，对所有这些材料做出评价。我们的工作不是秘密，就像任何一位称职的驻外通讯记者的工作，只是这些报告有一些以密码传递，而且流传的圈子小而精罢了。一些调

研报告针对外交部提出的具体要求而做，这类要求通常以特别快讯的形式给予回复，不属于每周政治报告系列，因此在这里没有收入。

我觉得，在战争时期的华盛顿，与国家安全无关的事情不存在那么多机密，这点与伦敦完全不同。就连美国官方社会也比老式的、缺乏社会流动的国家里要松散得多，开放得多。毫无疑问，其中一部分原因是比例很大的非专业人士——商人、律师、社会福利工作者、大学教师及其他人等——来到华盛顿为政府工作，不只是在战争期间，或是临近战争之前的“准备期”（像英国那样），而是从1933年实行新政时便开始了。

这里的情况与英国不同，战争并未使美国的正常生活有多大改变。的确，这也是我所在部门的主要工作之一，即向一切以战争为中心、一切服从战争需求的国内政府传达，美国的情况与英国不同。这里的政治生活和经济生活大致和以往一样，这一事实，尤其是源自新政时期甚至更早的一些个人和权力集团之间相互施加压力和相互厮杀的现象，仍然是这个国家的一大特点，这些都会对战争产生影响，特别是当这一点通过国会态度表现出来的时候。伦敦对这一点向来认识不足，在这方面，美国国会和英国议会截然不同。

我和同事曾与一些人谈论过公众所关心的问题，大部分人都了解我们的工作。我们也不打算对任何人隐瞒这点。那些在国务院或白宫工作、和我一起讨论普遍感兴趣话题的美国官员，并未特别交代有什么内容希望瞒着英国政府，我也不想他们这么做。我不是新闻记者，不追求什么独家新闻。另一方面，由于他们不受所谓机密的约束，常常就能无拘无束地畅所欲言。这点不用说在新闻记者和根本不用考虑安全问题的其他人身上表现得更为突出。此类交谈十分有益于大家交流思想，建立友谊。这种友谊经历了战火的考验一直保持下来，成为我永恒的快乐源泉和持久的兴趣爱好。他们确实让我了解到更多有关美国的情况，远远胜过报纸或官方文 658
件或任何其他出版物给予我的。这些人都是战时在华盛顿政府各部门任职的律师、银行家和大学教师，以及工会领袖、政治活动家、作家、新闻记者和各行各业的公众人物，与他们的交谈乃至私人关系为我打开了一扇扇窗户，那里的视野远比报纸政治栏目或对外电报、快讯提供的信息所展现的要宽阔得多。他们为我提供了（被错误地称为）“背景”知识，这是了解任何国家或社会必须拥有的。在下面这些事情上达成了某种互惠互利：美国官员偶尔会希望英国政府对美国不想正式表达的情感、态度，甚至具体政策，自己去体察和了解，以免引起反作用或反驳意见，导致两国关系在一些微妙棘手的谈判领域内复杂化。我们编的快讯可以为这类非正式沟通提供一个渠道，无需任何人对任何事表态。有时这么做的确能够在促进理解和消除误会上发挥作用。正是因为有这些私人交往，我很快了解到，华盛顿的政治比起白厅，不仅更加公开，而且更重私人关系，更不具有机构特征。美国国务院确实具备机构特性以及连贯性，工作人员说话或发表意见，不会说是代表某个官员的个人想法，而会称其为“国务院”的态度；美国财政部基本也是这种情况。但是，许多重要机构却并非如此：如果你问一位华盛顿政府官员他做什么工作，他很可能会回答“我替伊克斯先生（或福雷斯特先生，或内尔森先生）工作”，而不是“我在联邦政府内政部（或海军部或战时生产局）工作”。在我看来，势力强大、管辖政府各部门的负责人之间的关系，以及“为他们”工作的各部门官员之间的关系（以及他们与各位新闻记者的关系），远比已经确立的部门之间的关系来得重要。这种认识对理解英国文官们，在某些程度上还包括英国大臣们的思维与运作方式不可或缺。有时我会纳闷，不知如今这方面情况是否有所改变，不过我已有三十多年与政府或现行政策没有任何联系，实在说不上来。

有一些美国舆论倾向，尤其是华盛顿的舆论倾向，是外交部，自然也包括情报部，特别感兴趣的。这就是为什么他们比较频繁地收集这些快讯的原因（还包括我这个部门最初
659 负责的常规季度报告和特别报告等）。其中的话题包括：借贷（及“反借贷”）；孤立主义和太平洋优先主义；美国扩张主义的野心；英国殖民地政策，尤其是在印度和远东地区、中国香港和新加坡、中东地区，特别是巴勒斯坦地区等。所有这些在美国都会受到传统、尖锐、条理周密的批评。其他还有像美国石油、民航、外贸政策以及战后计划等

话题。偶尔，我们必须解答一些其他客户通过外交部提出的问题，这些客户包括内阁、殖民部、后勤部、英国广播公司，等等，回答时要注意反映和英国有直接关系的美国部门与伦敦同类部门之间存在的某些差异；特别要阐述和解释清楚各个政治和经济组织之间不断形成和重新形成的利益联盟；老的战前势力集团之间出现的紧张关系；意识形态方面的差异将人们分为两派：一些人是新政拥护者，看重社会目标与政策，另一些人认为目前当务之急是紧急调配所有资源为战争服务；再有就是权力中心的相应变化、领导人们之间关系的相应变化，以及由这些过程决定、在整个各方力量的联盟中发生的相应变化。

外交部偶尔会提意见，说提供的情报远远超过它想知道的。不是指报告不简洁，而是涉及的话题过多，枝蔓过繁。这往往会引起轻微不满，并以不动声色的方式表现出来，比如借口密码部门劳累过度，希望减轻他们负担等。情报部则胃口大得多，希望我们提供的精神养料多多益善。一旦服从外交部的指令，写出来的报告内容少一些，丹尼斯·布洛根立刻就会叫苦连天。这位研究美国问题的老前辈当时是英国广播公司北美处的顾问，他将每周政治报告比作阿里阿德涅的线团，帮助他穿过美国权力斗争的迷宫。没有它，在英国根本无法对这个复杂领域做出正确认识。但是，我们的主人是外交部，不能将它的希望置之不理。因此，后来我们就减少了报告内容，有些我们认为应该或值得报告的也不再往上写了。余下来的材料有些便进了我和赫伯特·尼古拉斯（情报部美国司）的私人信件，有时可能比官方电报的内容更多几分趣味。当然，读懂它们或许需要对美国政治局势较为了解，而大多数每周政治报告的读者不一定拥有这么多相关知识。

不过，不能由此断言传阅这些电报的官员大多喜欢对电
660 报内容横加指责，恰恰相反，我们得到许多鼓励，私下也听到许多赞扬之声。现在回想起来（免不了会发现一些在观察、判断和重点方面本来可以避免的错误，有些纯粹是评价深度不够），我觉得许多赞扬话有点过奖了。

现在来说说快讯本身。这本书里的大部分快讯，初稿由我撰写，但绝不是全部。有相当长的一段时间我人在伦敦，再者偶尔我也会休上一两个星期假，有时会因为生病或被派去参加特别使团视察各英国领事馆或参加会议没去上班；遇到这些时候，快讯就由A.R.K.麦肯兹先生、阿兰·贾德森先生撰写，偶尔还包括保罗·斯各特·兰基内先生。[1]他们个个目光敏锐，技法娴熟。我只负责撰写快讯的初稿。这些快讯本身必须经过重重审查关卡：很自然，我得谨慎小心，

[1] 据我努力回想，我离开华盛顿的时间包括：1942年6月回英国，一直到1943年1月下旬；1943年9月26日至11月2日；1944年3月18日至5月16日，及7月15日至8月4日；1945年2月9日至4月4日。1945年最后两周我在旧金山开会。1945年7月我离开华盛顿到驻莫斯科英国使馆，1946年回来了一段时间，差不多就是这部集子里所收的快讯结束之时。（伯林回忆并不完全准确：见“年表”，他的活动均有据可依。）

任何出于疏忽透露出来的情报，只要认为有可能使重要人物的感情受到困扰，而这些人物又需要我们采取明智的态度与其保持友好关系，就必须删除或做彻底修改。因此，快讯中相对缺乏个性化的人物特写，或是有关人物职业和出身的交代，很大原因是外交部并不急需此类小品；给我们的感觉是那种东西最好只出现在由特派情报员递送的绝密报告中，不能包含在电报里。一些情报不可避免地会泄露出去，虽然这些快讯不包含任何真正机密的内容，使馆还是希望不要因为报告而让对有关事件、态度或人物的评论传到美国当事人耳中，那样有时难免会引起愠怒。除了类似的自我审查，我写的初稿有时被改头换面。记得我都是在星期四下午把稿子送去给外交使团的团长过目。他往往会把稿子分成几部分给相关的官员审阅，看他们是否会提出有什么地方需要删除或修改，或者提出具体修改意见。外交大臣，尤其是大使（他是所有这些信息的官方来源），常常会增加或去掉某些内容。类似以下这样的句子“此条新闻经科德尔·赫尔在与我的谈话中亲口证实……”显然不会出自我的笔下。已故迈
克尔·赖特爵士曾任事务部主任，他特别喜欢大刀阔斧地 661
删减、修改，并在报告中增加内容。尽管如此，我愿为本书中的绝大部分快讯负责。在经过了这许多年后，我已经记不太清楚我自己或使馆的其他人究竟删去或改动了哪些内容；倒是与尼古拉斯教授尚存的来往信件偶尔会让我想起这点。

许多年之后，重新读到自己参与编写的文献，是一种特

别奇特的经历。你会意识到，从长远来看，自己确实没有认清某个观点或某个事态发展相对而言重要与否。这种意识如此频繁袭来而令人坐立难安，是一种十分令人压抑的体验。但它的确让人无比清晰地回忆起当时发生的事件给人的感受。这部集子如果能够帮助感兴趣的读者再现当年的政治局势，在如今显得无比遥远的那些年代中，那曾经是战争期间在华盛顿为英国政府效劳的一批忠臣所熟悉的场景，那么，
662 此书便已对帮助人们重建过去尽到了一分力量。

战时华盛顿的犹太复国主义政治

个人往事片段

这篇文章是基于伯林1972年在耶路撒冷首次雅各布·赫佐格纪念讲座上的讲稿。

一

我经常和朋友雅各布·赫佐格讨论历史之网的错综复杂。危险无处不在：例如，在试图预见未来的过程中，人们往往习惯从当今以及不远的过去过于机械地进行外推；对一些不可预料的偶然因素，特别是对个人性格和个人行为对公共事件的影响，没有予以充分考虑，而这些因素至少在短时间内，有可能颠覆完全合理的期望，也有可能摧毁表面看上去稳健牢靠、被人广为接受的假定，有时它们就像建立在流沙之上，一触即溃。我们，指我和雅各布·赫佐格，过去经常讨论心理构造不同的领袖们对重大事件产生的相关影响：例如，有人信念坚定，甚至狂热，他们专注于自己的目标，充耳不闻别人的忠告，不顾危险、无所畏惧地全力向前；有人小心谨慎，有判断力，成熟稳健，对超越普遍认可的道德边界有一种出自本能的反感，他们富有仁慈之心，拥有实践智慧，不相信夸张的态度；这两类人完全不同，好比西蒙·巴·吉奥拉与约哈南·本·撒该。我这里准备谈的情形——我个人熟悉的有关战时英国—犹太复国主义者—美国之间关系的小小一角——在我看来，说明了此类因素的相互作用。不过，在开始讨论这些问题之前，首先必须对我个人的资历做一番简单说明。

二

成年之后，我几乎一生都在从事学术工作。之所以说几乎而不是整个，是因为1940年夏，我得到牛津学院的准许，接受了英国情报部提供的一个战时职位。我作为“专家”被派到纽约新建立的英国情报处工作。我的“专长”（对此我之前毫无准备）包括尽力游说美国的一些“少数”团体——
663 例如，工会组织、犹太人报刊、一些小规模的新教宗派——在出版物当中报道一些英国作战的信息，抵制其中一些团体强烈的反英情绪或孤立主义倾向。天主教、黑人以及其他群体创办的美国报刊则由其他人负责。

我的任务不是太困难，因为我的大多数“客户”当中，普遍存在反纳粹情绪，这一点毋庸置疑。美国劳工联合会，因为与英国工会联盟关系密切，十分清楚自己的立场。它的主要对手产业劳工组织是由半熟练产业工人组成的庞大组织，对英国不太友好。其中部分原因是它与美国劳工联合会存在竞争关系，与英国及其盟国缺少交往；另外也因为它受到共产主义和孤立主义影响，在苏联遭到进攻之前，这些影响往往交织在一起。至于犹太人报刊，当时态度已经十分明朗，公开热情地支持英国。这场战争使大多数在美国的犹太人，特别是出自东欧的犹太人，开始支持犹太复国主义。1939年颁布的英国白皮书对在阿拉伯巴勒斯坦定居的犹太人横加谴责，这在美国犹太人社会中激起了广泛的失落和愤怒情绪。尽管如此，宣战的消息以及英国在1940年的英勇表现，在美国引起亲英和挺英的大浪潮。这一点，出于显而易见的原因，在犹太社会表现得最为强烈。即便巴勒斯坦当局采取了种种禁止移民的措施，而且运送难民的船只"斯特鲁玛"号遭遇了可怕的劫难事件——就连殖民部的一些官员都为此感到耻辱，犹太复国主义活动家们还是基本上停止了对英国政府的攻击，唯有建立犹太军队的宣传仍在继续。对此倡议，修正主义者和他们的同盟满腔热情地极力鼓吹，他们中既有犹太人也有宽容开明的非犹太人支持者。1941年底，这项计划基本上被英国政府否决，不仅激进分子，就连温和派对此都深感失望。伦敦给他们的理由冠冕堂皇——装备不足，但谁也不会受骗上当，相信这个话。这么做明显是出于政治原因——害怕得罪阿拉伯人，这才是症结所在。但是，现在和1914年到1917年的情况不同，美国犹太人差不多一致支持英国：说差不多是因为不可避免会有一些犹太个人和组织唯恐自己在外人眼中像战争贩子，或害怕被人指责将自己的小团体利益置于美国的国家目标之上。其中一些人便成为孤立主义组织的成员，这中间有一小部分颇为知名的犹太富商，他们面对其他犹太人时不免会感到尴尬，这种情形一直到珍珠港事件后才逐渐消失。除了这些人，还有一些人数不多的犹太马克思主义组织。他们把这场战争看成两个帝国主义国家的战争，其结果如何，对富于献身精神的国际主义者来说，在道义上无关紧要，更不会成为推动革命形
664 势的力量，至少从理论上说是这样。他们中的一些人，当然不是全部，在苏联遭到进攻后转变了立场。

在这些方面给我教导的几个主要人物来自完全不同的世界。一个是令人尊敬、极有天分的意第绪语新闻记者。他名叫贾德·泰勒，帮助我熟悉意第绪语报刊。另一位我只见过两次面，是著名的最高法院法官路易·D.布兰代斯，当时正处于他漫长一生的最后一个年头。他用独特的道德魅力和清晰的语言，向我详细说明了美国犹太人社会的群体生态学。“不要搞错，”他说，“犹太社会的绝大多数人站在我们一边［即犹太复国主义者］。他们不会大量移居国外，但他们知道，要想在其他刚从欧洲移民过来、忠心耿耿的美国公民面前抬起头，自己必须在某个地方占有多数，建立自己的国家。他们清楚这点。其中有些人虽然愚昧无知，但他们会认识到这点，并全力支持在巴勒斯坦的实验。遗憾的是，大多数犹太人不太富有，在政治上也不像天主教会那么组织严密，因此他们对美国政策的影响可能不大；事实上，我认

为他们不可能在那方面大有作为，唯有尽力而为，把自己的情感、希望和恐惧都奉献给‘这个运动’[他称之为犹太复国主义]。它很像第一次世界大战前的英国劳工运动，只是不一定会取得同样圆满的结果。”（当然，我不敢保证这里和他的原话毫无出入，因为我没记日记，不过我的确因为菲利克斯·法兰克福特的缘故记下了我们交谈的内容，他希望我告诉他布兰代斯都说了些什么。虽然笔记丢失，但毕竟做过记录，主要内容都印在我的脑海里。）

布兰代斯接着又说，谈到资金和影响，这些都属于犹太人当中的富商和杰出的政治活动家，其中一些在他看来愚昧无知、充满偏见，简直到了不可救药的地步。但是，他们最害怕的还是让人会觉得他们想按照犹太人所希望的方向，撼动美国政策的大船。即便如此，他们中间还是有一些善良勇敢的人。例如，菲利克斯·法兰克福特、本·科恩；还有亨利·摩根索，他为人大方热心，与他酷爱虚荣、心胸狭窄的父亲完全不同；就连伯纳德·巴鲁克也可以成为逆境中的朋友。然而，布兰代斯认为，犹太复国主义的宣传家们太过平庸，在政治上很无能。他们只会大声吵吵，但缺乏判断力，消耗别人的时间和耐心时却毫不吝惜。这些人中的大多数对犹太复国主义事业成事不足，败事有余。布兰代斯满怀深情地谈到为人正派的中下层阶级和贫苦犹太人，虽然他们对某些事并不了解，却始终心怀善意，他能感觉到他们对那些权贵显要们的行为持藐视态度。这是一种根深蒂固 665

的信念。他告诉我不用去理会那帮人——他们的胆小懦弱使他们不敢轻举妄动，没必要把他们放在心上。具体名字他没说，但了解当时美国政治舞台的任何人都清楚这顶帽子适合谁戴。

在这之前或之后我从未遇到过任何别的人，像他这样拥有如此纯粹、炽热的道德感，如此富有尊严和人格魅力，如此具备坚定不移但又带有几分讥讽意味的现实感。它能穿透所有虚假不实之词，直逼铁一般的事实，不论事实多么烦琐。大法官的一举一动似乎都超然物外，就像一位坚定不移地求真务实的人，不讲人情。不过有时候，真相也会从他的眼皮底下逃脱。我想，就是因为他，至少部分原因要归咎于他，我才会有那种错误认识，以为五百万美国犹太人终究不会对美国政策有什么影响；犹太社会中唯一可能对美国产生影响的是杰出卓越的个人，即像他这样有地位有身份的人，他把主要希望寄托在这些人身上。这或许不是什么严重错误，因为到最后这些领袖们和大众的观点不谋而合。但英国政府方面却因此犯下了一些大错，而且造成英国和美国亲阿拉伯的官员们对他们采取了毫不妥协的态度。1941年的局势发生了巨大变化，一直到战争结束都在不断变化。从那之后，情况发生了戏剧性的改变，完全出乎我的预料，想必对其他人也是如此，甚至包括魏茨曼以及那些与他观点相似的人，在非正式场合，我同他们交往颇深，并自认为是他们中的一员。

1942年，我被调到驻华盛顿英国使馆，从事一项完全不同的工作，即报告整个美国，尤其是华盛顿政治舞台的情况。我要做的实质上就是作为政治观察家，或驻外记者承担的工作，只是有些方面不同，比如我写的稿子可能在经过使馆不同层次的官员（包括大使本人）审阅的过程中被修改或更正，然后签上大使的名字送出；另外，至少从理论上讲，这些报告属于机密；再有就是我的读者仅限于伦敦和其他地方的英国政府官员。就我记忆所及，在这些报告中，犹太复国主义活动的内容所占比例极小，因为它们完全处于边缘地带，不在整个美国或华盛顿舆论的中心。在使馆眼里，犹太复国主义者最好不过是令人难堪的盟军；最坏也只是一个小小的政治麻烦。一直到1943年至1944年间犹太复国主义运动日益激烈之前，英国都没拿它太当回事：既不鼓励，666
也不防御，就连犹太复国主义者对英国政策发起猛烈抨击时，英国也无动于衷。我对这些事件当然深感兴趣。从学生时代起，我就一直同情和支持犹太复国主义。因此，当我在挚友和牛津同事莫里斯·鲍拉的回忆录中读到，在他看来，在战前的那些年里，我赞成犹太复国主义的观点，是我所有政治信仰中最突出的特点，对此说法我毫不惊讶。

过去我常常和感兴趣的人讨论犹太复国主义。虽然不乏令人信服的推理，我恐怕自己还是没能让别人改变立场。战前我在牛津曾经教过的一个美国学生后来成为美国国务院里态度激进的反犹太复国主义官员；我的努力在我的老朋友哈罗德·比利爵士那里似乎也收效甚微。他对这个问题的立场众所周知，不论是我还是查尔斯·韦伯斯特爵士都无法让他有半点动摇。我第一次见到魏茨曼是在1938年，他对我形成自己的观点起到了很大作用。他的现实主义态度，他的稳健温和，以及他的政治天才，使他高居于我所认识的其他政治活动家之上。我一直对他忠心耿耿，直到他生命结束。我始终坚持他的原则和观点，至今仍未改变。在华盛顿，他和他的追随者们似乎立刻便成为我眼中最有远见、最令人印象深刻的犹太复国主义者。一些左派或右派的激进分子，出于仇恨或一时冲动，往往喜欢鼓吹冷酷激进的政策。同那些人我根本没法谈到一块儿。他们似乎将满足自己的情感需要置于他们所支持的事业目标之上。这些激进分子把稳健温和视为胆小懦弱，稳健派也不甘示弱，认为这些人全是疯子。每个试图克服艰难险阻、促进巨大变革的运动或许都是这种情形吧。我清楚自己的立场。依我看来，激进派的政治活动是在公正仍然有望获胜之时绝望的政治斗争。我认为他们的目标完全是乌托邦式的，所采取的方法令人惊骇，极有可能导致狂热分子希望的结果。我过去是、现在也仍然是对一切都表示怀疑的不可救药的自由主义者，一位有坚定信仰的渐进主义者。正因为如此，魏茨曼的观点显然会吸引我。

我在使馆没有什么行政职务，在那里的工作也不牵涉任何犹太复国主义政治活动。我从未与犹太复国主义的朋友或熟人谈起我的工作，公道地说，他们也从未让我说明我的工作的性质，虽然这不是什么秘密；他们也没有让我提供什么机密情报。就连魏茨曼，在与我关系最为密切的时候，也从未试图在这方面利用我。我是战争时期英国政府的工作人员，他不想难为我；摩西·夏里特、戴维·本—古里安或其他我在美国认识的犹太复国主义领袖们也一样。他们当然 667
会谈起巴勒斯坦和犹太复国主义，会谈起他们的希望和恐惧。虽然双方偶尔都会触及必须小心谨慎的边缘地带，但谁都不会超越界限。他们不会透露自己的秘密，也不希望我透露我的秘密。在英国或美国同事面前，我不会特意掩盖自己的观点，并常常站在魏茨曼的立场，与使馆、白宫和国务院的朋友争论如何解决犹太人问题；他们对我的观点似乎一点都不感到惊讶，说实在话，这些观点在他们看来非常自然，虽然他们往往并不赞同。他们就像英国大使哈利法克斯勋爵一样，对此话题不太感兴趣；而且和他一样，他们也认为这个运动可能会带来麻烦，但对英美关系没有根本影响。外交部并不支持犹太复国主义者，此时已经决定要为更有实力的阿拉伯撑腰。好在这点上，大家不必观点一致。因此，打个比方，战争期间身为艾登首席私人秘书的奥利弗·哈维（塔斯博的哈维勋爵），始终都支持犹太复国主义，并一直是魏茨曼的私交好友。另外还有三四位其他官员，也都对犹太人在巴勒斯坦的抱负表示态度温和的同情与支持。至于在华盛顿的美国国务院，负责近东事务的所有官员全都对犹太复国主义事业持敌对态度。在其他美国官员中，就我所知，也没有一个是支持的；而他们中我的朋友就更不用说了，根本一点支持的迹象都没有。他们只是认为，犹太复国主义根本就是愚蠢的想法，是面对阿拉伯人难以动摇、无法消融的敌对态度所设想的乌托邦。而“政治”官员的态度则各有不同：萨姆纳·韦尔斯被犹太复国主义者视为朋友，艾奇逊据说持反对态度，并与老朋友菲利克斯·法兰克福特约好再也不谈这个话题，每天早晨他们俩总是结伴步行到市中心；阿道夫·伯尔像对所有事情一样，态度暧昧，模棱两可；科德尔·赫尔给人的感觉是，除非迫不得已，否则对外交事务几乎没什么兴趣，而且总是跟随总统的立场。至于说总统本人，不知是出于政治原因还是个人原因，显然希望给人这样一种印象：至少是让他的一些犹太人顾问和来访的犹太人看到，他是支持犹太复国主义者实现自己目标的。持这种态度的还有其他一两位白宫官员。在这方面，国务院和白宫过去（也许现在还是如此）确实在一定程度上存在不同态度，至少在灵活度上不同。

英国使馆的行政官员从他们在国务院的同行和其他有工作来往的美国官员那里，获取了许多有关美国态度的情报。因此，出于可以理解的原因，我觉得，他们在对美国在各领域的政策做出评估的过程中，有时可能会过分高估从这些官
668 方渠道所获印象的价值。可是，任何一位政治活动家或新闻记者都知道，同时起作用的还有其他许多影响因素，个人的和局部的，来自院外活动集团和压力团体，还有公众情感的

种种迹象。而我的职能之一就是通过使馆，让这些因素引起国内政府的重视。在这张网当中，其中一股线——虽然不是非常重要——便是美国广大犹太人社会的态度。到了1942年，随着美国加入战争，针对英国有关巴勒斯坦的政策，犹太复国主义活动以及被犹太复国主义激发的抨击活动开始越来越频繁，越来越猛烈起来。英国不同意建立犹太军队，加上在巴勒斯坦的执行官们越来越严格地执行白皮书政策，都使这股情绪更加激化。我记得一次在公共场合，魏茨曼发表了一个强烈的、典型的演讲，反对这种骚动情绪。当时，他在皇家空军服役的儿子刚刚为女王捐躯。他说，在这样一个时刻，给丘吉尔的英国抹黑有失正派；攻击英国不是一个自尊的运动应有的行为。唯有盟军，也就是英国取得胜利，才能拯救犹太复国主义事业：必须停止攻击英国，这是基本问题。至于说二十万犹太志愿者组成犹太国家军队，他指出，完全不现实，是一个有害并充满危险的白日梦，作为一个标志、一面旗帜，一万五到两万人是目前可行的最大数目。他表示，只要他还在领导这一运动，就绝不会与英国破裂。没有英国，犹太复国运动注定会失败。至于阿拉伯人，只要他们明确表明态度，他已经准备好与他们谈判。目前似乎只是犹太人在代表他们说话，要让他们自己说，这样犹太人和阿拉伯人才能够相互对话。莫因勋爵曾经指责魏茨曼，说他在伦敦的公开批评给英国政府招来了麻烦；这一指责极为荒谬；在美国对英国展开攻击很恶劣，而且效果会适得其反。

可以在伦敦或耶路撒冷这么做，但就是不能在纽约。

这些直截了当的意见和观点并未在魏茨曼的听众当中收到良好反响。就像之前和之后常常发生的那样，他被指责为英国狂，软弱无力的“议会政治”，以犹太复国运动为代价，姑息讨好他的英国朋友。但是他的威望深远，地位并没有因此而动摇。那段时间里我常常与他见面，现在仍很清楚地记得他的想法。他的立场建立在某种几乎无人可以公开置疑的认识上。首先，他认为取得这场与希特勒之战的胜利是高于一切的目标，这一点不容争辩。即使丘吉尔政府的政策有失公正或存在错误，在这个关键时刻，不论是在美国或是
669 其他地方，谁也没有道德权利——尤其是犹太人，帮助英国政府的敌人。依他看，等到战争结束，英国肯定还是中东地区的统治力量，当时谁又不相信这一点呢。犹太复国主义的前途和犹太人定居点的未来，它能否生存，取决于英国及其善意：如果关系真的破裂，对犹太人的希望将是致命一击。这一切不是没有可能，白皮书上就说得很清楚：外交部已经扼杀了均等分治的计划，如果需要，也会扼杀犹太复国运动。但英国外交部不能决定一切，现在的首相是温斯顿·丘吉尔，他对犹太复国主义的同情和支持过去和现在一样发自内心。犹太复国主义者在议会和内阁里都有一些具备影响力的朋友，尤其是在战争内阁，那里占支配地位的不是外交部的亲阿拉伯派或反犹太复国主义者，像列奥·艾默里、阿奇博尔德·辛克莱、达夫·库珀，在一定程度上还包括奥

利弗·斯坦利、斯缪茨、劳工大臣们（艾德礼反犹太复国主义立场之坚决，当时尚无人知道；贝文的作用到后来才显现）。用不负责任的攻击来激怒英国人的情感，以此与在美国的英国批评者结成不光彩的联盟，这么做不仅背离道德，而且有失理智。

当时，魏茨曼很赞成建立犹太国家的想法。他在《外交事务》上撰写的著名文章清楚地表明了这一点。但他认为，这样一个国家要想在政治上或实际运作上真正生存下来，必须与某一大国建立紧密联系：它需要这种联系保障自身最起码的安全，否则可能会被阿拉伯人及其盟军打败。别指望美国会成为这一保护力量。它绝不愿意为一个在传统上与之没有任何联系的地区承担责任，并且会反对任何此类建议，就像在第一次世界大战之后所做的那样。此外，魏茨曼也不希望美国代替英国充当保护国：美国政策太不稳定，太容易受内部压力影响；美国高层领导人当中反犹力量太多。那么他还能找谁？英国人可能会被迫抛弃犹太人，这并非完全不可能。但犹太人不能让这种事发生，这么做无异于自杀。

在我看来，这些想法始终支配着魏茨曼的基本思路，一直到战争结束。另外还加上许多个人因素。他的确喜欢并钦佩英国人，欣赏他们勇气和稳健兼备的性格，以及国内政坛的文明儒雅之风，远远胜过喜欢其他任何民族的性格和生活。犹太人从英国人那里可以比从其他社会学到更多的东西。与英帝国建立联系，即便存在明显的弊病，即便战争年代在巴勒斯坦问题上英国与犹太人的关系也时时让人痛苦，但对犹太人这样一个政治上缺乏经验、难以驾驭、顽固不化的民族来说，仍然是一个理想的结果。至于白皮书，正如丘吉尔在对它毫不容情的批判中所指出，只是一个临时性的偏
670 差和错误行为，一个在惊慌失措之时采取的绝望行动。它会终止的。犹太人将在英国人的协助下，在巴勒斯坦建立一个国家，否则根本不可能。英国人需要犹太人的天才和技能，虽然他们似乎尚未意识到这点。但随着时间流逝，魏茨曼相信，他们会意识到这点的。至于犹太人，他们更需要英国人。谩骂诅咒英国人，一些犹太复国主义者似乎乐在其中，殊不知这根本就是他们无力消受的奢侈，不论从道德上还是政治上都是如此。魏茨曼有意将自己视为英国的臣民，相信与英国交往会带来好处。他告诉哈利法克斯勋爵，自己与美国政治活动家举行任何正式会谈，都会让勋爵知悉内容。英国政府对此报以颇为勉强的赞赏态度。它知道他的目的和所有犹太复国主义者一样，但他采用的方法和手段却完全不同，让人不能不佩服。于是，英国政治家们开始信任他，视他为心腹，与他详细讨论分治方案，并且只与他单独一人会晤。至于美国，根据魏茨曼的观点，犹太复国主义者理所当然应该使用一切合法手段，尽力朝对自己有利的方向对美国施加影响，特别是采用由他创造的、十分有效的“耐心外交”方法，即游说政府和立法机构中的头面人物。游行、请愿、决议、在报刊上请各界名流联合签名进行宣传、情绪激

昂的抨击性演说和痛骂——所有这些可能会让犹太人觉得开心解气，但终究感动不了华盛顿。我肯定，魏茨曼整个战争期间都抱着这种想法。这使他既不同于以阿巴·西莱尔·西尔弗拉比为代表的守旧派，也不同于修正主义者和他们的原伊尔根犹太复国主义右翼组织同盟。与其他犹太复国主义组织的激进分子相比，他的立场也过于温和。但他不是别人，是魏茨曼，他是那个时代公认的最伟大的犹太人代表人物，任何事都不能没有他的参与。他坚持自己的立场，绝不疏远丘吉尔和英国内阁的亲犹太复国主义者，不厌其烦地游说有责任感的人士。正因为如此，英国政府赞同犹太人在巴勒斯坦建国的《贝尔福宣言》才得以发表。魏茨曼的经验和个人性格，他的道德与政治信念，使这成为他发挥作用的唯一途径。他身边的合作伙伴都支持他这么做——精明能干的纳胡姆·戈德曼忠心耿耿地与他并肩作战；还有路易斯·利普斯基；梅耶·威斯戈尔为他起草了大量报告，并在各犹太复国主义组织中充当他的使节；就连斯蒂芬·怀斯都出于对这位伟大领袖的尊重，把天性中原有的盛气收敛了许多。

必须承认，魏茨曼的论点在我看来似乎无可辩驳。赢得战争显然是大家共同的最高目标。在同盟国中挑拨离间既愚蠢又不义。犹太人问题，不管怎么说，都与英国有关。一旦战争结束，丘吉尔和罗斯福都不会出卖犹太民族事业。美国在任何情况下都不可能替代英国。激进分子们的策略——包

671 括采取激烈抗议（大规模的恐怖行为尚未听说）、提一些办不到的要求，是不负责任的行为。希特勒已经在家门口，这么做无异于疯狂和自取失败。至于美国的犹太人舆论，即便在政治上组织良好，全心全意支持在巴勒斯坦建立犹太国家，终究不会成为华盛顿的主流。罗斯福是大多数犹太选民心中的偶像；选票在选举年的确很重要——比如在1944年，但数量并未多到能够决定美国主要政策的地步。1940年他们对波兰人或波希米亚人的情感不予理睬就是证明。犹太复国主义事业究竟能否像印度或爱尔兰那样，影响美国舆论，这一点尚不可确定；到那时为止——我是指1942年到1943年，英国的批评者和敌人并未利用这根棍子来揍英国人。魏茨曼显然是对的：唯有靠渐进式的政治手段[1]，即施特雷泽曼在为魏玛德国制定外交政策时提出的渐进主义，这才是一个比天主教皇拥有的队伍人数还少的运动的唯一希望。一些在政治上有影响力的美国犹太人也是这种想法。他们虽然没有参加犹太复国运动，但总是给予它力所能及的帮助，像摩根索、法兰克福特、本·科恩、赫伯特·莱曼及罗森曼法官等等。正是出于这点考虑，而不是由于胆小懦弱，或者害怕所谓双重效忠的幽灵缠绕心头，他们才会在一些肆无忌惮的犹太复国运动领袖们过分狂热或是无视真相，或是违反惯例，做出政治上有失体面的行为使美国政府难堪之时，采取

[1] 伯林此处原文为：Erfüllungspolitik。

退避策略。支持犹太复国运动的美国犹太官员对此深有同感。我清楚记得，在华盛顿发生臭名昭著的拉比游行示威时，他们当时的反应。被此类哗众取宠的闹剧气得发怒的，绝不只有罗斯福。

根据1942年到1944年的种种证据，即便到现在，我也认为这是一种合理的立场。至于后来发生了什么事件，改变了这一状况，并导致魏茨曼失去势力，这个谜只能留给未知同时也是不可知的将来。但是，有一点不容置疑，根据这些后来发生的事件，可以证明，我们大家认为理所当然的假定，以及由此做出的种种推论，都是错误的；或者说，在一定意义上，魏茨曼错了，而本—古里安对各种力量的理解更到位。

1941年12月的一个星期天，我与本—古里安进行了一
次有趣的长谈。谈得那么久，那么兴致勃勃，等我们从午餐
桌上起身离开时，已经过了下午五点。一直到那时，我才从
出租车司机口中得知，日军袭击珍珠港的消息刚刚在几个小
时前公布。我没有留下与一些著名巴勒斯坦的犹太领袖们的
交谈记录——这些人包括戴维·本—古里安、摩西·夏里
特、依里亚胡·伊拉特等，只能依赖我根本靠不住的记忆。
我的感觉是，本—古里安一样也认为与英国建立关系是不可
避免的，并且十分有利。但他和魏茨曼在好些方面截然不 672
同：虽然他十分钦佩丘吉尔（主要不是因为他赞同犹太复
国主义，而是因为他所拥有的高度勇气，像铁托和戴高乐一

样，面对巨大机遇，敢于挺身而出，迎接挑战)，但他不信任君王们，也不信任丘吉尔或罗斯福或任何其他温和派领袖或政党或国家。他认为，巴勒斯坦的犹太人能够靠自己击退不可避免的阿拉伯人的进攻，至少暂时可以。他对美国犹太人的支持充满信心。广大的犹太百姓——不是指犹太领袖，那些人在他眼中都是没有信心和缺乏个性的人——只要激起他们对独立国家的想象，就会成为勇敢、得力的盟军，胜过魏茨曼可能成功游说或蛊惑的权势强大的政客们。

本—古里安说这些话时，语气短促、急速、富有爆发力，不时地用沉默来强调说过的话。而他停顿时的沉默甚至更为有力，是一种全神贯注的沉思般的沉默，仿佛当时支配他的那种启示式的所见超出了他的表达能力。他认为，必须在各地调动犹太人的舆论，特别是在美国，这样就足够了。假如真正到了危急关头，巴勒斯坦的犹太居民就会像1940年的英国人那样，知道如何奋起抗争，捍卫自己的权利。外交手腕，即魏茨曼诉诸历史和理性的耐心呼吁，已是过时武器；世界各地的政治家们听听无妨但不会采取任何行动。我力图和他争辩：美国犹太人，即便不是复国主义者，都赞同移民巴勒斯坦，既是出于理想的动机，也是一种有意识或无意识的自我保护方法。他们知道国会绝对不可能为犹太难民打开美国的大门；在他们看来，不去做这种要求不是胆小，只是一种现实主义的态度。可是要建立犹太国家，能够召集起多少人来支持？在整个美国犹太人口中，全心全意的复国主义者只是少数。一旦美国政府，特别是罗斯福总统宣布（这么做对他们来说轻而易举），为了犹太民族所追求的目标，而与英国或阿拉伯人或两者争吵不和，不利于美国国家利益，说犹太复国运动的压力使美国在外交政策方面处于极为难堪的境地，他们一定会畏缩不前。因为他们不想被人唾骂，说他们妨碍了美国政府，特别是那位伟大总统的政策，他们中间有许多人极其钦佩这位总统，在某些情况下，甚至对他个人忠心耿耿。本—古里安挥挥手否定了这个说法。让魏茨曼继续讨好罗斯福和萨姆纳·韦尔斯去吧，到头来这些人，甚至包括丘吉尔、斯缪茨和艾默里等久经考验的朋友，都不可避免地会以自己国家的利益为重；不可能在任何情况下都帮助犹太人，与之患难与共。小风小浪时也许还会助一臂之力，大风大浪时就别指望了。犹太人只有靠自己，只有靠在美国和巴勒斯坦的犹太大众的力量，才可能奋起捍卫自己，到头来犹太复国运动也只有靠他们自己。673
我辩解道，美国的犹太复国主义者过高估计了在美犹太人影响美国外交政策的力量。过分依赖于此，然后失败，它所招致的灾难将使整个犹太复国运动倒退一代人。我们就这样针锋相对，来回辩论；根据战争年代的种种证据，我的论点似乎并没有不合理之处，即便到现在也是如此。但事实证明它是错了。本—古里安相信大众力量的论点，结果证明是有理由的。但改变整个局势的转折点仍然看不见，至少对我是如此。

我现在了解了本—古里安的想法。1942年通过的《比尔特莫决议》成为一句对犹太人具有巨大感召力的口号，也是在美国犹太舆论中间开始广泛宣传犹太复国运动的第一步，并在美国犹太大会上达到高潮。魏茨曼是这一切的总设计师。虽然对《比尔特莫决议》有关建立犹太国家的要求有很多种解释，但真正抨击它的只是一些反犹太复国运动的小规模团体。本—古里安将它解释为“最高纲领”，在我看来无异于乌托邦：但是整个过程证明他的强烈信念在政治上并没有错。可在当时它是那么缺乏现实感，就像犹太复国运动创始人西奥多·赫茨尔在四十多年前所说的那番富有远见的话一样。

与此同时，隆美尔军团在北非的失败似乎使巴勒斯坦摆脱了迫在眉睫的危险。到了1943年，盟军步步推进，英国不再被围困。美国犹太复国主义者抨击英国政策的力度不断加大。犹太复国主义者在集会上、报纸宣传中、各种人道主义和政治团体通过的决议里，总之在各种场合，斥责和痛骂之声日益高涨，这使英国当局越来越恼；这还只是坚定地反对犹太复国主义的人，至于历来持反犹态度的国务院近东部就更不用说了。那些人坚持认为，这么做迟早会让阿拉伯人感到不安，从而危害盟军进行的这场战争以及美国和阿拉伯的友好政策。他们甚至试图让英国首相和美国总统发布联合声明，堵住犹太复国主义者的嘴巴，不让他们公开发表观点。那份声明宣称，在中东地区建立定居点的想法必须等到战争结束，在那之前，任何政治上的要求都无异于火上浇油，给已经严重不安的局势上添乱——简而言之，就是让犹太复国主义者闭上嘴巴。与此同时，一段时间以来，在华盛顿知名犹太人士当中，赞成犹太复国运动的情绪明显高涨；不论他们对建立犹太国家有什么看法，总之大家联合起来，一起反对白皮书，希望增加巴勒斯坦的犹太移民人数。这一点犹太人和阿拉伯人都明白是症结所在。准备围绕这些问题发表联合声明的计划，被他们中的一些人提前得知[1]，后来该计划遭到封杀，让一些英国和美国官员十分恼火。据传闻，是亨利·摩根索、菲利克斯·法兰克福特和伯纳 674 德·巴鲁克所为。美国有那么多压力集团，却单单谴责犹太人，他们对此深感气愤，才从中干预，制止了这一计划。

回想起来，我曾经试图向使馆上级传递这样一个信息，即犹太复国运动在结交朋友和影响华盛顿的官员们。在美国政府上层人士中，越来越多的人对犹太复国主义构想表示支持，不管国务院的那帮官员会怎么想。老一辈的新政派政府官员中，一些人甚至异想天开，想到百万犹太移民，只要有足够的资金支持，有精力和技术，想方设法，通过在巴勒斯坦改造湿地，以及将干旱贫瘠的土地变为良田等途径，有望从社会上和经济上改变整个中东地区。一些大胆周密、规模宏大的计划，包括治理约旦河、引入水栽法、开发南部内盖

[1] 原文第443页注3。

夫地区等，都有助于进一步开展更大范围的水利灌溉、电气化及森林再造，同时还能开创许多新兴产业，为那个地区的所有人民创造更美好的新生活。在个人层面上，萨姆纳·韦尔斯让每个来见他的犹太复国主义者都留下这样的印象，即他同情并支持他们的政治目标。爱德华·斯特蒂纽斯也一样，他也许的确无足轻重，但多少反映了在对待犹太人问题上，美国统治阶层开明并越来越宽容的态度。魏茨曼对此也有同感。他一次次清楚表明，已经准备好与阿拉伯人谈判，只要英美外交为此铺平道路，并且明确表态，犹太人一些最低限度的要求无须讨论。他认为伊本·绍德可能会乐意帮忙（结果证明这完全是错觉），一旦阿拉伯人感觉到英国并不是坚决站在他们一边，也会愿意做一些合情合理的让步。那时，魏茨曼一定已经听说了英国内阁的一个委员会正在讨论新的巴勒斯坦分治计划。我记得他曾经问过我，白皮书有没有可能废除。当时我并没有像他那样听到任何有关重新划分的风声（他没有对我提起），于是回答说我没有看到英国政府有什么要改变巴勒斯坦政策的迹象。那时他明显不太相信内阁的讨论，到了1943年年中，他显得非常失意，情绪低落。我感觉只要麦克迈克尔政府继续统治，他整个人就显得潦倒失意。在他看来，英国与巴勒斯坦犹太人的关系正变得比以往任何时候都更加紧张，更加剑拔弩张。二十年前，他与赫伯特·塞缪尔便存在分歧，如今却叹息那时的美好时光不复再来。

关于犹太复国运动的进展，我从朋友纳胡姆·戈德曼 675
那里得到的印象乐观得多。这段时间里我常与他见面，这位精明而有教养的朋友时不时会告诉我一些犹太复国主义者的希望和态度，我再把这些信息尽量传递给同事们。倒不是透露什么机密，只是他的见解[1]十分吸引我。他当时是华盛顿犹太事务局的一个代表，除了我，还经常与两三位使馆官员见面。他待人友好，感情奔放，性格善良，加上颇有魏茨曼之风的见解，使他在他们眼中，比动辄电闪雷鸣、面目狰狞的克利夫兰的西尔弗拉比可爱得多。他们个人并不认识这位拉比，但他偶尔会要求会见哈利法克斯勋爵。我本人也一样对戈德曼讲述的内容和令人振奋的语气十分着迷，记得他的说话口气的确有一种令人无法抗拒的感染力。我记得自己曾经力图向同事描述一种鲜明对比：一方面是即便最温和的犹太复国主义者，比如他的合作者们，在华盛顿听到赞许鼓励之声后所表现的欢欣鼓舞的心情；另一方面则是英国政府的拖延战术，这是我们所有使馆人员必须要表现、外交使团人员必须要贯彻的。在我看来，这是基于一种继续对现实局势置若罔闻的态度。犹太复国主义者心里很清楚，即使他们从外交部或各使馆得不到多少满足，仍然有丘吉尔这位坚定的朋友；虽然他目前因为全身心专注于赢得这场战争，可能帮不上大忙，但他从来不掩饰自己的观点。据说，每次

[1] 伯林此处原文为：tours d’horizon。

当一些惊愕不已的内阁大臣们责备他讲话不够慎重，不该对一些来宾——包括捷克斯洛伐克的外交部长扬·马沙利克，或斯缪茨，甚至魏茨曼本人——公开流露支持犹太复国主义的态度时，他总是立即否认，然后以他特有的风格加上一句："我当然根本没说过这种话，他也没有权利转述这种话，不过老实说我心里的确是这么想的。"这类趣闻经常传到我们耳中。因此，我们判断，罗斯福总统也一样，一定也对那位伟大的、受人尊重的老共和党政治家和《华盛顿邮报》出版商尤金·梅耶说过，丘吉尔和过去一样不赞成白皮书，罗斯福本人也是这个态度；他希望犹太人更加信任他——他会帮助他们渡过难关，并在战后让阿拉伯人与他们言归于好。那时，魏茨曼的副官们已经听说英国内阁的一个委员会正在讨论新的巴勒斯坦分治计划，斯缪茨和艾默里以及一些劳工大臣，甚至在一定程度上也包括殖民大臣奥利弗·斯坦利，都很赞同在巴勒斯坦划分犹太自治区的想法。外交部或许会对这个想法嗤之以鼻，但犹太复国主义者相信丘吉尔
676 不会允许经过内阁和议会通过的计划再次遭到破坏，就像均等分治方案的命运一样。我的同事们，虽然我不时会让他们注意这些事实，至少在谈话中，但他们觉得这些问题无关紧要，并不太感兴趣。的确，在其他大事件频频发生的背景下，它或许真的好像算不了什么。我不知道对犹太复国运动深恶痛绝（总体而言）的外交部到底怎么想的。就像所有国家的外交部一样，他们似乎只关心如何平息激烈情绪，回避

尴尬问题，等待内阁做出迟迟不来的决定；与此同时，小心翼翼，防止言行失检，一旦捅出娄子，则力图消除后果。

在犹太复国主义者中间，不可避免地存在分歧。魏茨曼和夏里特与本—古里安就经常意见不合。有时甚至关系相当紧张。西尔弗去见哈利法克斯，却不告诉怀斯和戈德曼在他那里到底讨论了什么，他们也很不高兴（不过任何了解哈利法克斯勋爵的人都能肯定，对一个他认为无关紧要或靠不住的想法，不会做出哪怕一点点重要的表态）。夏里特常常语气刻薄地批评美国犹太人情感淡漠，尽管犹太复国主义者有专职的官方代表，仍然没有在美国犹太人身上收到充分的效果，他们对英国或美国官员中他们的敌人策划的反对犹太复国主义抱负的阴谋，似乎毫无觉察。在我看来，我的同事们根本不关注1943年到1944年间华盛顿和其他各地的政要们对犹太复国主义抱负日益加大的支持态度。政府中**亲阿拉伯**的小集团不可能再大行其道；韦尔斯、斯特蒂纽斯、维南特（当时他是驻伦敦大使），也许（据说是这样，但没有任何真实证据）甚至包括总统私人顾问哈里·霍普金斯，都对国务院华莱士·穆雷和其他怀有同样心态的**亲阿拉伯**官员们的观点和活动持不赞成态度。从具体数量来看，参议员、国会议员及其他名人并未发表或通过很多支持犹太复国运动和反对白皮书的讲话或决议，可是，即便他们只是表现出一些善意，无需其他，便往往能够阻止官员们做得太过分，因为他们害怕在国会或报刊上受到指名道姓的攻击。

伦敦也出现了一些支持犹太复国主义的迹象。据说丘吉尔本人就曾亲自对魏茨曼说过，他不久就会“在巴勒斯坦的馅饼上挖一块大梅干”给他，而且参加会谈的艾德礼并未表示异议，虽然他的确对美国过多的犹太压力感到不满。我们还听说艾默里曾向魏茨曼确认，一个新的分治方案——甚至比原先那个均等分治提案更受犹太人欢迎——已经成熟，很快就会由内阁呈送给他，诸如此类。不错，犹太复国主义者的抗议行动，特别是被海外不负责任的激进分子怂恿激发的行动——其中一部分激进分子来自巴勒斯坦——据说的确很
677 让罗斯福总统恼火，特别是他们动员了共和党的反对力量来跟他这届政府的政策唱反调。此外，就连本来很友好的政要，如斯特蒂纽斯，似乎也同意了英国军事当局的看法，认为美国支持犹太复国主义的决议可能造成让阿拉伯人不安的后果，这很危险。的确，西尔弗到处跟人说斯特蒂纽斯叫他把马勒住些，别跑得太快，起码等到盟军对欧洲发起进攻。但这仍然只是什么时候允许扬鞭快跑的问题，而不是能不能跑的问题。这些传言，以及根据这些传言做出的推断虽然令人颇为怀疑，但即便它们是来自乐观的犹太复国主义领袖们过分乐观的判断，也多少说明了他们在外交上的进步。然而，巴勒斯坦并不处于关注的焦点，没有必要把这些传言当真。我的工作是呈现整体美国公众舆论状况，各方面都要反映。我发现，在描写华盛顿权力斗争时，有时使用一些讽刺挖苦（偶尔还可以带点不客气）的口气非常具有吸引力，特

别是在描写名人政要的时候。这种风格很受大家欢迎，个别一本正经、完全没有幽默感的上司除外。尽管如此，在实质内容方面，我始终认真求实，做到尽职尽责。

三

从1943年到1944年，魏茨曼对美国犹太复国主义者尖锐激烈的宣传活动越来越感到不满。分别代表民主党和共和党的怀斯和西尔弗极尽渲染夸张的喧嚣之声日益升级，特别是西尔弗，在魏茨曼看来，这不仅于事无补，还只会使在伦敦的施压和游说工作更加困难：它甚至激怒了伦敦赞同犹太复国主义的朋友们，对他们的政策起不到丝毫效果。比如摩西·夏里特，就关切地注意到这些策略对美国公共舆论没有什么影响。虽然赞同犹太复国主义的新闻记者如埃德加·安塞尔·莫瑞尔、多萝西·汤普森等写了大量文章，另外在《纽约时报》和《读者文摘》上也有批评者和反对犹太复国运动者写的反击文章，公众舆论依然对这一问题不感兴趣。犹太复国主义者的抗议行为只是进一步加深了英国和犹太人之间的隔阂。魏茨曼认为这是一个危险的，甚至可以说致命的倾向。我记得曾与西尔弗谈过这点。我问他，是否认为对英国政策的这些抨击不会适得其反？攻击过分激烈，到了激怒对手的地步，却又无法令他改变政策，这种攻击有何用处？无效的制裁能起到什么作用？他是否认为如果罗斯 678

福在1944年第四次连任美国总统，还会像目前表现出来的那么友好？我不记得西尔弗当时是怎么回答的：我想他关心的主要是如何保持美国犹太复国运动的势头。至于与英国的关系他留给别人去考虑。毫无疑问，英国会优先考虑自己的国家利益——直言无害，尤其是在如此精妙和有抵抗力的有机体内。这点我同意，就像常常同意魏茨曼说的话一样。美国犹太复国主义者不用害怕美国的反犹太复国主义集团，他们只是一群虚弱无力的老鼠，企图在犹太复国主义大猫的脖子上挂铃。可是，如果美国政府清楚表明不准备在犹太人问题上与英国翻脸，难道大多数美国犹太人真的准备公开站出来反对自己的政府吗？

我始终对此表示怀疑。在我看来，巴勒斯坦问题与印度问题或更早一些的爱尔兰问题不同，它一开始在美国政治中并非关键问题。一些人将此归因于犹太人社会中有影响力的团体，说他们胆小懦弱，不可救药；另一些人则认为，导致这一现象的是美国广泛的反犹力量；还有一些人认为，与阿拉伯在石油和其他大企业等方面保持友好关系涉及在中东地区的利害，因此也对政府和公共媒体产生了影响；再有就是归因于随之而来的恐惧，害怕一旦美国干涉世界那一地区的事务，它就可能，或者说被迫派出军队实施抵抗反阿拉伯力量的政策，这是任何一个美国人都绝不会拥护的。不论出于什么原因，总之在我眼中这是事实。1944年初，我开始相信，西尔弗、纽曼等犹太复国运动领袖们过高估计了犹太人，特别是犹太复国主义者在美国的政治影响力。在这里，人们尽可以邀请政治家和宗教领袖及知名开明人士签署信函和请愿书，发起决议，在公共集会上发表演说等，以这种方式阻止政府部门中一些反对势力的反犹太复国主义言论，但这些活动效果有限。那时候，很少有政治方面的民意测验，但是报刊上的调查、英国理事馆和其他部门官员撰写的报告、旅游杂记、参议员们对本国民众情绪私下随意发表的见解，以及整个华盛顿各处听到的议论，似乎都在表明：1944年间的美国公众舆论，总体而言，并不太关注犹太复国运动，虽然表面情况恰恰相反。就美国人的总体反应而言，我认为，外交部没什么可担心的。犹太社会内部的舆论当然另当别论。就战争时期的局势判断，至今我仍然相信这个印象准确无误，虽然这一观点中隐含的某些内容最终证明有点误导。总之，我相信它的正确性，并四处宣传，不分 679
时机、不分场合、不分对象，不论是私下还是公开，不论是犹太人还是非犹太人、犹太复国主义者还是非犹太复国主义者，当时还是后来。

1944年夏初时节我在伦敦。当时美国的许多犹太复国主义组织对英国发动了一系列抨击，甚至可以说是一场持久不息的谩骂攻击运动。英国报刊调查，或许还有一些英国通信记者如实报道了这一情况，引起伦敦政府部门的极大恼怒，其中最为在意的倒不是关心中东局势的部门，而是负责英美关系的部门。于是，思想开明、绝非反犹太复国主义的官员们在勇气感的驱使下，积极开展有关工作。如果说存在正义战争，那么这显然是所有战争中最为合理正当的：他们努力证明，盟军的胜利关乎犹太人的利益，这一点至关重要；盟军之间的不和只会损害大家的共同事业，甚至可能拖延胜利日的到来；此外，一些犹太复国主义者的指控虚假不实，对英国是很大的侮辱。在伦敦的美国人，包括官员和新闻记者，纷纷表示，只要英国人决定对美国的报刊和广播发起反攻，他们会予以支持并提供具体帮助，因为他们认为，仅仅靠自我辩护不够有力。他们不愿直接参与和美国犹太人的公开战争，但提供这些帮助就已经很不错了。一些中东地区的美国观察家发回报道，称犹太巴勒斯坦已经成为军事化的、近乎极权主义的集中营。还有一些美国新闻记者和官员，尤其是在开罗的那些，他们本来就拥护阿拉伯事业，将犹太人视为该地区的干扰因素。这些人同情英国所处的困境，必定会出面反击这种只能称为反英犹太复国主义攻击的行为。在美国犹太人当中，难道没有同情支持这一行动的反犹太复国主义者，或至少也是非犹太复国主义者吗？对此我有什么看法？

我理解正派、爱国的英国人的情感，其中一些人对白皮书深感羞愧，如同对慕尼黑事件一样。在他们心目中，英国正处于为自己的生命而战，同样也为犹太人的生命而战的关键时刻，犹太人本来应该是最不可能诋毁英国声誉的人。至于犹太复国主义者，要不是英国，他们的事业将完全没有政治现实感：人们这样问我，不论他们多么仇恨白皮书，怎么能够如此口无遮拦？因为，倘若不是英国，巴勒斯坦早就落入纳粹分子的手中了。我记得自己当时解释说，就美国的公众舆论而言，他们对巴勒斯坦问题的兴趣远远低于对印度、远东，或对帝国主义、英国的阶级结构、欧洲的未来发展的兴趣。依我看来，联合起来，发动一场反对犹太复国主义的运动起不到帮助英国的作用。非犹太人的舆论不需要它；至于犹太人，只要白皮书继续生效，广大美国犹太人 680
就会继续毫不宽容地抵制英国对巴勒斯坦的政策。且不论他们各自对建立犹太国家有何个人看法、怎么考虑，只要涉及移民问题，他们就会毫不犹豫地团结起来，不管报纸广播说什么都不会分开。只要巴勒斯坦政策没有改变，他们与英国之间的鸿沟便不可逾越。就连非犹太复国主义的犹太人都不会去阻挡这股赞成犹太复国主义的洪流，哪怕仅仅是出于害怕被人指责对自己的同胞缺乏感情或不够忠诚。在移民问题上，除自我利益保护因素以外，大多数美国犹太人充分表达了自己深切诚挚的犹太情结。对美国新闻记者的报道，一些人可能确实会担心，因为报道中提到受到严苛训练的犹太人定居点组织，还说他们正在组成秘密地下军队准备对抗英国和阿拉伯人，等等。但是，对整个白皮书政策的同仇敌忾激励了所有人。假如英国政府坚持它的立场，就别指望广大敢说敢言的美国犹太人能够平息激烈情绪。假如政府的计划是要建立一个永久以阿拉伯人为主的巴勒斯坦国家，要想在美国捍卫它，只能靠不断派遣特使，英国人或者阿拉伯人或者其他什么人，在有影响力的地区为反犹太复国主义辩护，但肯定每到一处，都会与犹太人发生争执——所有犹太人，除了顽固不化的反犹太复国主义分子，这些人尽可以忽略不计。不过，只要它准备朝着赞成犹太复国主义的方向有所改变（如在伦敦和别处不断传来的消息所透露出的），只要它希望美国在这方面予以支持，它就有任务要完成。美国一般舆论或许持中立态度，但那里不乏地位很高、极具威望的犹太政要和知名人士，特别是在华盛顿，而且对白宫和国会都具有相当的影响力。如果新的计划确实公平，能够满足犹太复国主义者的最低要求，这些人士可以发挥很大作用，防止英国政府与美国犹太复国主义者公开不和。假如英国政府根本对华盛顿局势不予考虑，便出台新计划，那么，要是它又没有满足他们的正式纲领，美国犹太复国主义者一定会奋起抵制，就像抵制1936年到1937年间的均等分治方案一样。那样的话，该计划就会存在真正的危险。也就是说，虽然它最后也许会满足犹太复国主义者的基本要求，却可能就此陷入一种可怕的相互指责的动荡状态。犹太人一样会失去英国，不仅如此，双方还将为此遭受不必要的麻烦和痛苦。但是这项计划出台之前，如果非正式地征求过那些品德高尚的人的意见，像财政大臣亨利·摩根索、最高法院法官菲利克斯·法兰克福特、纽约州赫伯特·莱曼州长，还有本杰明·科恩，这些人曾经帮忙起草过原先的巴勒斯坦托管

协议，以及另外一些有社会地位、受人尊敬的犹太人；如果这项计划得到他们的赞许甚至只是默认，那么犹太人的舆 681
论，或者说犹太复国主义者当中稳健派的舆论，出于对这些经常与魏茨曼保持联系并且接受了他的立场的杰出人物的尊重，至少会从一开始对新计划予以赞许。我提到的这些人在我看来，在白宫、国会和内阁中具有极高的影响力，能够左右美国的公众舆论，他们的力量远远胜过全美国所有犹太复国主义组织或支持犹太复国主义的组织。如果这些人肯站出来，也许会达成稳健派认为可以接受的解决方案：到那时，被孤立的只剩下最激进和坚决不妥协的犹太复国主义者和反犹太复国主义者。这将避免英国和犹太人之间产生破坏性的冲突，缓和伦敦日益加重的烦恼和愤怒情绪。因为那里正在打一场在他们看来纯粹是由谎言和诽谤构成的战役，而这场战役旨在向一个正在与犹太人的死敌决战的国家发起攻击。而且，不管愿意不愿意，既然英国和犹太人都注定要并肩走过巴勒斯坦（这是老魏茨曼的论点），这也能使这一错综复杂、有时令人痛苦的进程变得容易轻松一些。往这方面发展，在我看来，对英国和犹太复国主义都极为有利。单单依靠美国或其他国家的犹太兵团通过施加一定程度的压力，让美国政府压倒英国的反对意见，从而在整个巴勒斯坦建立犹太主权国家，在我看来这是一种危险的幻想。

我记得曾经在伦敦召开的一次会议上专门谈到过，美国犹太复国主义力量表面强大，实则不然。那次会议的主办人是谁我忘了，就连具体日期恐怕也记不得了。如今能想起来的只有听众中包括贝尔福的侄女，她名叫布兰奇·达格代尔，是位传记作家，也是一位狂热的著名犹太复国主义者。后来，别人告诉我（具体是谁我也忘了），她形容我的讲话“傲慢，厌世，不像是犹太复国主义者说的话”。毫不夸张地说，这些刻薄话令我深感吃惊。前两个形容词或许还情有可原，在谈到美国犹太复国运动过分依赖一些靠不住的同盟时，我分析了它们的动机和本质，当时的态度可能有点蔑视，引起她的不满。可是，说我“说话口气一点也不像犹太复国主义者”却触及了我的痛处。我的目的是想就犹太复国主义的影响做一个实际的对比：一方面是整个美国的大致状况，另一方面是华盛顿和纽约的犹太社会和犹太圈子的情况。我的观点与犹太复国主义、犹太人和非犹太人的那些久经考验的朋友们完全相同，诸如菲利克斯·法兰克福特、霍勒斯·卡伦、莱因赫尔德·尼布尔和查尔斯·韦伯斯特（战时有一段时间他在纽约）等。再有，不论我说的话对错
682 与否，里面都包含了我对犹太复国运动命运的深切关心，而不是相反。我把自己的委屈对刘易斯·纳米尔说了，他是布兰奇·达格代尔的挚友之一。他说我所讲的与他的印象不谋而合，尤其是，我好像记得，在提到华盛顿犹太复国主义激进分子哗众取宠的滑稽行为和他们的道德水准效果恰好相反这一点上，他说他同意我的分析，并认为令达格代尔夫人吃惊的是我过于讽刺挖苦、不带感情的超然态度。毫无疑

问，纳米尔用充满个性色彩的语言总结说，四年的使馆生活确实容易使人个性丧失、感情僵化。纳米尔似乎话中有话，意味深长。他向来如此。无论如何，除了1947年参加了在巴黎召开的为时一周的马歇尔计划大会外，我再没有为政府工作过，而是带着轻松安宁的心情回归到个人生活。

我坚持认为，仅仅靠对美国政府施加压力，而不做任何努力，不尝试与同情犹太复国运动目标和理解犹太人所处困境的人进行谈判商议，注定要遭受失败。任何想在参议院获得通过的支持犹太复国运动的决议，如果其中真的包含什么锋芒，必定会遭到罗斯福总统政府的阻挠。到了1944年末，实际情况的确如此。马歇尔将军和国务卿赫尔就曾在国会否决了一项强烈支持犹太复国主义的决议。美国犹太复国主义组织也曾遭到激烈抵制，这都暴露了其传统策略的低效无能。在我看来，唯有回归魏茨曼，开展平静耐心的谈判，才是唯一富有建设性的选择。

我不想让人觉得我在这段时期，或任何其他时期，在英国和犹太复国主义的关系中发挥过任何作用。我不曾起过任何作用。只是偶尔同政治活动家、行政官员和政府顾问等见面，有时会聊起巴勒斯坦问题。一些杰出人物，例如克兰伯恩勋爵、斯塔福·克里普斯爵士、列奥·艾默里、梅纳德·凯恩斯、威廉·巴特希尔爵士（当时在殖民部），还有乔伊特勋爵（时任战后计划负责人），都很好奇，倘若“更改”白皮书内容（只有艾默里说过彻底废除），新的版本是否就不会遭到阿拉伯人和犹太人的反对？如果这样，新政策有没有可能比旧的更糟？魏茨曼如果接受，美国的“激进分子”会不会将他轰下台？对这些问题我无法给予明确回答。我会强调魏茨曼在整个犹太世界中独特的地位，特别是在美国；并且认为，只要他能够不失尊严地同意考虑某个计划，至少可以建立起对话的基础，目前恰恰缺乏这样一个基础，在对话的过程中，他的影响力或许能占优势。他们必须期待最好的结果。但我必须声明，我是英国官员，不是犹太复国运动的核心人物；如果他们是认真的，应该找别人，比如一个有足够社会地位、深受犹太复国主义者尊敬的英国犹太
683 人，像摩根索和法兰克福特那样的，他们既同情和支持犹太复国运动，又是彻底的亲英派，他们的观点显然富有价值。就我所知，我的建议没有任何人接受。事情就这么继续着，或者说停滞不前，和以往别无两样。

这些交谈和想法都基于我自己的假定，其中一些比较客观，很多人都表示赞同，但其他的显然流于主观。两方面我都想说说。首先我必须设法再现当时的心态，尽量避免事后聪明的歪曲性影响。对英国发自内心的忠诚当然表现在我的态度中，毫无疑问，即使我不是政府官员也一样。此外，在所有考虑中，这场战争的最终目的始终高于一切。白皮书是一份极不公正的文件，它导致了极不人道的残暴行为。没有犹太人对此表示怀疑。不论是国家利益还是亲阿拉伯人的情感都不能成为单方面放弃托管权的理由。这项决定似乎等于

在广大无家可归的犹太人生死攸关的时刻，熄灭了他们最后一线希望之光。我无法指望我的同事们，不管他们多么慷慨仁慈，能够完全理解犹太人面对世界在令人难以置信的大规模血腥屠杀面前表现出来的麻木不仁时那种充满绝望的痛苦心理；在这种情况下，巴勒斯坦当局对贯彻白皮书限制犹太移民政策的热情简直无异于穷凶极恶，令人毛骨悚然。然而，1940年，却是英国独自挺身而出，勇敢地面对希特勒，并且单枪匹马，靠自己挽救了我们大家的生命；她的事业是正义的事业，她的战争是整个人类反击有史以来最为凶狠残暴的敌人的战争；不论她有什么缺点——她的巴勒斯坦政策的确是为求一时之便而做出的不光彩行为——也绝不应该受到被激怒的美国犹太人如此无休止、不分青红皂白地大肆谩骂。在我看来，犹太复国主义同胞们开展的这场持续不断的损贬诋毁行动特别有失公正，而且极不负责，愚昧无知，效果适得其反，很可能只会引发愤怒和发自愤怒的愚蠢行为。

之所以提到这些主观感觉，是因为我毫不怀疑它们会影响我对局势的判断；我不希望自称为冷静客观的榜样。但是，即便主观反应能够多少解释这样或那样的预测或政策，只有靠魏茨曼及其追随者所做的假设中包含的客观判断才能证明这些预测或政策的合理性。其中有四点特别重要。首先，只有在法国力量被极大削弱、丧失统治地位的情况下，英国才能继续成为中东地区的统治力量。而美国，不论经济

野心有多大，都不可能有实力在一个远离其传统影响范围的
684 地区取代英国的政治职责，更不要说军事职责了。苏联根本不用考虑。因此，巴勒斯坦犹太定居点的未来，以及更加可行的犹太国家的未来，都与英国的未来紧密相连。对此本—古里安和魏茨曼都一样赞同。在这点上，亚博京斯基也持相同观点。

其次，与英国的联系不仅是一种必然，也是众望所归。犹太定居点的实际安全，肯定需要保护，以提防它的阿拉伯近邻。由于历史的原因，这位近邻不太可能对定居点的创立持赞成态度。而倘若是建立犹太国家（或者是联邦，美国的犹太复国主义者喜欢这么称呼），情况就更是如此；它所需要的政治和经济援助，仅靠它自己，甚至加上犹太复国运动的支持，都无能为力。此外，魏茨曼和那些与他持同样观点的人，都希望能够既往不咎，捐弃前嫌；希望英国像过去一样，继续施加文明政治的影响，帮助一个不太具备冷静判断力或政治智慧，而且未能免除激烈党派纷争的社会；虽然两次世界大战期间，犹太人和巴勒斯坦英国人之间的关系非常尴尬，有时甚至令人很不愉快，但对双方而言，他们的合作却至关重要，不论是对英帝国的利益，还是对犹太人的民族生存。不错，殖民部（包括外交部）的官员们往往认为，巴勒斯坦的犹太人目中无人，妄自尊大，喜欢大声嚷嚷，易怒易躁，神经质，喜欢拉帮结派，爱搞歪门邪道，举止粗鲁，忘恩负义，瞧不起他们的阿拉伯邻居，极难对付，令人

讨厌透顶。反过来，犹太人则认为英国总督们傲慢自大，行为冷漠，对人势利，自命不凡，误认为英国的政策对阿拉伯人不公，对此深怀内疚。他们公开偏袒阿拉伯人，认为他们可怜无助，是邪恶的犹太人的受害者。对犹太人，他们则毫不掩饰自己的厌恶之情。这就是为什么每当巴勒斯坦的阿拉伯人对犹太人发起残忍攻击的时候，托管政府总是对阿拉伯侵略者做出让步，却惩罚受害者，就因为他们是犹太人，这一点令犹太人深感痛恨。白皮书便是这一政策日积月累达到的顶点。彼此之间存在的这些成见似乎很难让人看到未来能够进行有效合作的希望。尽管如此，合作还是要继续，因为实际上别无选择；所谓饥不择食。按照魏茨曼的观点，与英国结盟的好处就在于别无选择，这使它成为犹太复国运动不可缺少的基础。我认为本—古里安也会接受这种观点，虽然热情可能不那么高涨。

再次，人们认为，实际上战争期间大家都这么认为（包 685
括斯大林），战争结束以后，丘吉尔会继续执政，进入希腊历史上伯里克利式的全盛时期。即使不是永远，至少也会有一段时间。他是犹太复国运动全天下最强大最忠实的朋友。在他的领导下，犹太人最终会获得自己的民族家园。外交部会反对，但内阁和议会将表示出公正友好的态度——比美国国会或罗斯福要可靠得多。

最后，人们认为，至少魏茨曼的追随者都这么认为，单靠忍耐的外交手腕便可产生效果，就像在过去一样。动员犹太大众，不论多么成功，只能作为谈判的辅助手段，绝不能代替谈判。因为此类声势浩大的集体压力行为根本起不到影响美国的作用，更不要说英国，让他们对传统目标产生动摇。至于美国犹太人的选票，不管组织得多么严密，甚至有来自开明人士在人道主义感情上的支持，靠它自己终究还是战胜不了石油利益的诱惑和其他大财团的游说集团。没有政府支持，犹太复国运动或许会继续下去并逐渐增强实力，但很难强大到能够实现最起码目标的地步。使用恐怖主义暴力手段的可能性，据我所知，当时尚未进入犹太复国运动领袖们的思维。

我认为这些是魏茨曼构建其政策的主要客观前提。这些假设引起了来自左派和右派的异议，最后一条本—古里安也不完全同意；但是，犹太复国运动的稳健派核心组织，特别是美国之外的组织，却不无道理地认为，魏茨曼的观点体现了为人广泛接受的政治现实观；因此，只有在这个基础上，才能建立起有效框架，为古老的犹太人问题提供公平持久的政治解决方案。虽然我对犹太复国主义事务考虑得很多，但它毕竟在我的职务视野中只占据了很小的一个部分。偶尔会有持犹太复国主义观点的朋友问我，白皮书政策还会持续多久，对此我不抱乐观态度。反过来，英国官员也想知道（虽然这种情况很少发生），美国犹太复国主义势力究竟强大到何种地步，我会回答它在华盛顿政界产生的影响比国务院愿意看到或希望相信的要大。它是代表犹太人舆论的唯一正面力量，并逐渐发挥支配作用。我就用这种办法，设法应对来自两方面的询问者，令他们无比扫兴。

我的英国和美国同事很少有人对犹太事务有兴趣，在他们面前，我想，自己必须保持原来的样子：一个稳健的魏茨曼追随者，一个坚信英国和犹太复国主义者能够建立友好关系的人。对美国犹太复国主义者，起码对他们中的狂热分子，我则必须表现出自己是一位妥协派，一位一心只关注如何捍卫自己国家、使其免受敌对势力进攻的英国官员，愚蠢 686
地认为一旦英国与犹太复国运动完全决裂，犹太复国主义事业就会毁灭，那么，能够为犹太人提供自治权，包括即使不能享有完全主权但很可能开放移民的解决方案，也比正面冲突好。这一点也不算歪曲我的立场。我把这些话对犹太复国主义领导层中的朋友说了，我觉得他们并不认为我完全错误。西尔弗没有提出异议。他信仰对抗策略，认为应该迫使美国政府抵抗英国而不仅仅是白皮书，要持续不断地抵抗，直到在整个西巴勒斯坦建立犹太国家。我认为这是自杀性的狂热行为。马察达不是胜利。

在接下来的两三年里，发生的各种事件粉碎了必须与英国建立特殊关系的信念所依赖的种种设想。目光比我锐利的人们究竟对所发生一切的根源洞察有多深，我不知道。总之，历史舞台发生了戏剧性的快速转变，就我所知，没有谁预言过，甚至也没有谁曾经预见，转眼之间，那些希望与英国保持友好关系的人们的想法，如魏茨曼和他的追随者，似乎就变得陈腐过时，毫不重要了。但即使到现在，时过境迁，我依然认为，虽然我们的预测被后来的事件证明是错误的，由此制定的政策却正确无误，是那些激烈批评该政策的人误会了。假如魏茨曼同意参与某个有可能导致与英国公开决裂的政策，我相信，它将不可避免地导致与美国政府的冲突。那么，犹太复国运动在战后时期为此付出的代价将十分惨重。正是因为怀斯和戈德曼在魏茨曼鼓励下对美国政府采取了相对温和的方针，尤其是在1943年到1946年，才为杜鲁门总统的政策铺平了道路。魏茨曼也许为他对英国人的信心付出了太大的个人代价，因为在这个问题上，他失去了无可争议的领导地位；但他挽救了整个犹太复国运动。当时假如没有他和他的政策，由于情况所迫而引起不可避免的双方实力的较量，很可能会对犹太事业造成不可弥补的损失。魏茨曼经历过辉煌时期，就像本—古里安也有风光的时候；两人都不可或缺。没有魏茨曼战时的那些政策，以色列国便几乎不可能出现。他在1944年的立场，当时我就完全赞同，至今在我眼中仍然光荣正确，可敬可佩。现在我还是回过来，谈谈改变了一切的那些事件。

四

1944年末，莫因勋爵在埃及遭利凯组织，即西方称作
687 斯特恩组织的成员暗杀。他是首相的老私交，为此首相心情

极其难过，甚至可以说愤怒。在一次对下议院的讲话中，他用严厉、恐吓的语言对犹太复国主义者诉诸恐怖手段的行为进行了抨击。但是，我相信，内阁委员会继续在讨论分治方案。只有首相才能最终通过一项激进的新计划。但是丘吉尔似乎因为莫因勋爵被暗杀而有意疏远、拒绝会见魏茨曼，并将注意力从整个犹太问题上转移开去。几个月后，那时已经是1945年，他态度简慢地通知魏茨曼说，战争结束前不会做出任何决定。不会出台任何声明，也不会暗示有何结果。就丘吉尔来说，整件事就这么暂时搁浅了。在我看来，这是整个局势的重要转折点。

除此之外，在雅尔塔会议上，巴勒斯坦问题似乎在罗斯福和斯大林之间稍稍提了提，两人的讨论没有记录。此后不久，罗斯福会见了伊本·绍德国王，对他留下了深刻印象。他说，有关巴勒斯坦，他从这次短暂的见面中获得的知识比前几年的加起来还多。据说，在会面之后，他甚至还跟斯蒂芬·怀斯说过支持犹太复国主义的话。看来，政治事变或许真会让这个反复无常的大人物改变想法。至少他说的话，在某种程度上让人感觉如此。然而，他的私人随行当中一位我很熟悉的成员却十分清楚，与阿拉伯国王的谈话已经将罗斯福急剧地转到强烈反对犹太复国主义的方向。即便犹太复国主义者曾经得到过他的支持，从那以后也失去他了。丘吉尔退缩不前，罗斯福又满怀阿拉伯情结，犹太复国运动的前景直转而下。

之后不久，罗斯福总统去世。几个月后的旧金山会议没有达成任何有关犹太复国主义的决议，之后，丘吉尔在英国大选中失败。犹太复国主义者本来希望能够从工党那里得到更多的支持，借此平台夯实超级犹太复国主义的基础，但这个希望很快便被无情地破碎了。艾德礼沉默寡言，不太说话，许多年来一直都是犹太复国主义冷酷的反对派（虽然这点到他执政之后才清楚地表现出来）。欧内斯特·贝文对犹太复国主义者的要求及态度越来越恼火；克里普斯根本谈不上是朋友；道尔顿满脑袋想着其他事情；整个工党内阁没有一个人愿意或有能力站出来勇敢抵制这些当权者。即使罗斯福还活着，面对伦敦如此激烈的情绪，恐怕也无法逼着他们解决这一问题，最多只会故伎重演，用含糊其词的泛泛而谈逃避责任，同时巧施手腕，不让美国犹太人的情绪过于沸腾。在美国犹太人心目中，犹太复国主义已逐渐成为唯一一个号召力堪与罗斯福个性魅力相媲美的事业。一旦他流露出不愿支持犹太复国主义理想，将会极大扰乱犹太人的情
688 绪，并可能导致美国犹太社会的分裂。

此外，还有三个现象在我看来改变了整个事件进程。首先是那些目睹了德国和波兰死亡营的人的体验。在达豪集中营、贝尔森集中营或奥斯维辛集中营的所见所闻，给他们留下了无法形容的恐怖印象。被杀害的犹太人的数字与日俱增，使他们的犹太同胞不寒而栗；但他们还是抽出时间，潜心思考人类良知。很难相信这些数字是真的；两千万或更

多的俄国人死亡，谁知道战争中交战的双方还有多少人丧失了生命？极端破坏和蹂躏整个世界想象力的不是那些数字，而是亲眼看到集中营里那些已经死去和即将死去的人们，看到照片和影片中那些骷髅和瘦骨嶙峋的尸体、肚子鼓起的孩子，以及人类拥有的财富被践踏得稀烂的凄惨景象。一股夹杂着恐惧、怜悯和愤怒的巨大人类情感浪潮顿时席卷了整个地球。这种情感甚至比在抵抗运动中受到严刑拷打并惨遭杀害的烈士们引发的感动来得更深沉。对难民，对无家可归的人，尤其是对犹太人，对他们绝望地寻求一个永久家园，从而不至于被人像牲畜一般随意驱赶，或是在他们居住的地方被充满敌意的居民赶尽杀绝的同情之心——替他们感到愤怒并对他们产生关爱热情——一时间无处不在，特别是在纳粹曾经占领过的欧洲国家居民当中，但在美国和其他地方也一样高涨。虽然它与贝文和他的官员们擦肩而过，却在一段时间内改变了英国的公众舆论倾向。1945年到1946年间英国政府否决了英美委员会关于移民问题的提案，令自由主义者深感失望；贝文不加掩饰地怀疑杜鲁门总统支持该提案是出于玩世不恭的动机，这种说法令总统大为恼火。打开通向巴勒斯坦之门，挽救大屠杀的幸存者，似乎是为一个大冤案昭雪的最起码的开端。在法国和意大利（以及其他从纳粹统治下解放出来的国家），许多非犹太人单纯出于与惨遭欺压的受害者的团结之情，怀抱同情之心，为非法犹太移民提供帮助。贝文及其顾问们过高地估计了自己的力量，终于激起人们对其政策的强烈反对。要不是他们蛮不讲理，本来不至于如此。“出埃及”号客轮事件激怒了全世界，但是把难民交还给德国的决定不过是以最为臭名昭著的方式表达了他们的一贯态度。这是导致1948年联合国决议的事件之一。外交部完全低估了战后那些年里愤怒的自由开明之士的情感力量和内涵。阿拉伯问题并未在缺乏竞争对手的情况下得到单方面处理；尽管阿拉伯代表在纽约成功湖以及世界各地的首都提出抗议，但犹太人所受的冤屈，尤其是移民问题如此
689 抢眼，与它比起来，任何其他问题都显得微不足道了。在改变整个局势的未预见突发因素当中，死亡集中营和贝文反对犹太复国主义的拙劣行为是其中的两个。还有一个因素就是在巴勒斯坦本国犹太恐怖主义的兴起。自由民主国家从本质上来说，不可能产生长时期持续不断的反恐行为，这点上与专制国家不同。这就是为什么此类事总是发生在巴勒斯坦、塞浦路斯、肯尼亚、巴达维亚（雅加达的旧称）、阿尔及利亚的缘故。犹太国家军事组织、斯特恩武装部队甚至防卫队的行动所导致的噩梦感，显然在英国放弃巴勒斯坦的决定中是一个即便不起决定作用，却也实际存在的因素。

这里我扼要重述一下。丘吉尔因为莫因勋爵遭暗杀内心产生怨恨，英国内阁的分治方案被束之高阁，一直到战争结束。丘吉尔大权旁落。巴勒斯坦的恐怖主义大大减少了所有合作的可能性。纳粹死亡营的恐怖景象改变了美国人以及全世界的舆论。艾德礼和贝文全面实施白皮书政策，规定任何

新方案的出台都必须以阿拉伯人同意为前提，就此关上了所有面向犹太人的大门。这一举动让犹太复国主义组织的稳健派一夜间变为激进分子。到了1947年，我们大家：魏茨曼和西尔弗、法兰克福特和伊曼纽尔·纽曼、戈德曼和本—古里安，以及那些左派和右派——更确切地说，每一位对犹太复国运动哪怕只有一丝丝同情的犹太人——已经成为一个团结一致的整体。1946年，工党政府断然否定美国同意十万犹太难民进入巴勒斯坦的提案，这不可避免地引发了人们对工党政府政策的全面抵制。身强力大的古犹太人领袖参孙，在迫不得已的情况下，痛苦地将整个非利士人的神殿摧毁，压死了自己和压迫者：我记得这是魏茨曼在极度绝望之时对我说过的话。或许如孟德斯鸠所言，缺乏普遍诱因，微小的变化无法带来大的改变。但是，同样地，这些偶然发生的不起眼诱因，只要时机成熟，也可能导致局势剧变。我所认识的人当中，谁也不曾在1944年预见到欧内斯特·贝文和哈里·杜鲁门在以色列国诞生中所起的作用。要不是因为贝文的一意孤行、杜鲁门个人的善意以及他们的主要顾问在政治上做出的错误估计，整个结果可能就大不相同。这甚至可以说是我讲述的整个事件的主要寓意。

大家如今都明白是杜鲁门总统拯救了犹太事业。选票在他的决定中可能会起到一定作用，但是，最初他并未对犹太复国主义表现出明显的支持态度，而且那么长时间未见他有任何表示，又到那么晚才采取行动，这些都说明有关他改变

看法是为了争取犹太人选票的猜测站不住脚。杜鲁门雷厉风行、迅速决断的能力，以及与那位伟大前任事事总想八面玲
690 珑、谁也不得罪的做法截然不同的作风，贯穿了他的一生：在战时负责杜鲁门委员会期间，有关原子弹、马歇尔计划、朝鲜战争、召回麦克阿瑟将军等种种决定，杜鲁门都是只要认定正确路线，便下定决心，毫不犹豫地付诸行动。在巴勒斯坦问题上，他认定道义在“那位老博士”（他总是这么称呼魏茨曼）这边，而不是其对手。他认为他关于犹太国家，关于内盖夫，关于犹太人是什么样的人、他们需要的是什么的想法都有道理。这一点起了决定性作用，使整个局势发生逆转。新总统对犹太复国主义运动的这位老资格领袖产生了发自内心的钦佩之情，不顾自己身边幕僚们的种种反对，坚决予他以支持。这是魏茨曼所做的最后一个伟大贡献，或许与他三十年前巧用计谋，为自己的人民做出的贡献一样伟大。

到了这时，我的另一个强烈疑虑——那个令达格代尔夫人大为震惊的看法——在事实面前被证明毫无根据。美国犹太人口如此壮大，如此团结，如此勇敢，是我原先怎么也想不到的。战时犹太复国主义的宣传对整个公众舆论也许产生不了很大的影响，但确实让人开始关注美国犹太人。即便在美国势力很大的政治领袖们，如詹姆斯·福雷斯特、马歇尔将军、狄恩·艾奇逊及其他总统信任的顾问的反对下，也始终没有动摇。在这点上，事实证明，本—古里安的直觉

相当准确。正是靠美国犹太大众的热情以及犹太人定居点自身的严明纪律和实力，而不是靠我过去始终坚信的与英国结盟，才起了决定性作用，营造了合适的氛围，促使巴勒斯坦委员会成立，英国重新评价其战略地位并抛弃巴勒斯坦；促使联合国为此投票通过，赢得1948年之战的胜利。

可是，假如莫因勋爵没有被害，假如丘吉尔战后继续当政，假如英国提出一项新方案被犹太复国主义者接受，至少被魏茨曼及核心成员接受，并于1945年实施，假如英联邦为新国家充当保护伞，阿拉伯国家是否会对获得胜利的英国发起进攻？犹太国家军事组织是否会试图发动内战，本—古里安是否会加以阻止？这样的事态发展是否能够避免流很多血，能够防止很多痛苦，尤其是以色列国家必须日日经受的困扰处境？反过来，或许也可以问下述这些是否可能发生：本—古里安会不会起德瓦勒拉的作用而魏茨曼充当格里菲斯，或是起马志尼的作用而魏茨曼充当加富尔，而且只会更加成功？摩西的身后是否一定要有约书亚式继任？我不知道。我同样不知道假如艾德礼接受了英美委员会1946年的建议，以色列国家能否诞生；或者如果诞生，它是否会成 691
为英联邦的一员；即便联系纽带松散，必定还是会出现在国防、财政和外交政策上失去独立性的问题；这种情况能够持续下去，或是结束（比如在西非），而不引起叛乱吗？假如果真如此，阿拉伯人会不会默认英国人的这一行为，就像魏茨曼过去一直认为的那样？一个民族能否靠他人施舍诞生，或者在这个具体事例中（用摩西·赫斯的话），靠他人施舍从坟墓中崛起？以色列国是否将它的生命力归功于这样一个事实：它靠自己的努力，靠自己的英雄与烈士们的鲜血赢得了独立？到头来，结果是否圆满？

这些也许是无聊的思索。但这未曾实现的各种可能，却正是我和雅各布·赫佐格经常在闲暇时分长时间讨论的话题。我记得，他也一样认为现实所发生的一切并非必然。只要英国外交部和美国国务院少一点盲目，就能更好地理解犹太民族的特殊地位，它所经受的折磨和巨大痛苦没有任何其他民族可以相比；它的道德要求似乎在可怕的大屠杀之夜后那个短暂的黎明才为所有国家所认可；假如情况果真如此——实际上在当时那种背景和氛围下，这种推测并没有显得太不现实——那么，事情的结果是否会对大家都更有利？但一切都已不可改变。我所讲述的1942年到1945年的希望和恐惧如今只是一份历史记忆。魏茨曼的追随者们——那些核心成员，我自己也算得上其中一个——他们的信念和政策是否真的犹如昙花一现，建立在流沙之上，这点现在要由历史学家们来评说。一位著名的英国大主教曾经说过，“事物和行动是现在的样子，结果则将是未来的样子：既然如此，我们为什么希望被欺骗呢？”[1]魏茨曼，还有追随他的我们，

[1] 约瑟夫·巴特勒，《在罗尔斯教堂的十五篇布道词》（伦敦，1726），第7篇，第136页（第16节）。

是否都被欺骗了？那些与他意见相左的人，如本—古里安和那些激进主义分子，他们的预言是否属于自我实现？也就是说，他们本身就是导致他们所预言的结果发生的决定性因素？倘若如此，是否这就是所有预言的本质？与其说是客观预测，倒不如说是表达了一种面对世界的积极态度，致力于大变革的献身精神？比起超然物外的旁观者，这些致力于此的人们是否更清楚、更深刻地看到了未来的景象？对这些问题，我无法提供答案。我努力做的，只是把战争期间在英国和美国政策的背景下，以及战后两年内整个局势发生令人难以置信的巨大变化的情况下，我自己对犹太复国主义者所持态度的印象同大家分享。

从许多方面来看，犹太人是一个独特而非凡的民族，重 692
要原因是他们的历史与绝大多数深受追捧的著名历史因果理论相抵触。我、赫佐格和以色列教育部长扎尔曼·阿兰三人过去每次见面，总喜欢讨论这个问题。在任教育部长的朋友去世之后，我们仍在继续探讨这些话题，并带着挚爱和敬仰之心追忆老朋友。如今，连雅各布也去和他的先父们相聚了，剩下我一人，以赞美之心[1]，在此颂扬和追忆我的朋友雅各布·赫佐格。

雅各布（雅可夫）·赫佐格（1927—1972），拉比、法

[1] 伯林此处原文为：zikhrono livrakha。

律专家、学者、以色列驻加拿大大使，以色列四任首相顾问。一位（爱尔兰，之后巴勒斯坦/以色列）大拉比之子，一位未来以色列总统的兄弟。在伯林的记忆当中，他有“冷静、敏锐和强有力的大脑，纯洁、热情的心灵，高尚的品格以及淳朴、安宁的道德观。所有天性敏感的人，在面对公众生活中的问题时，迟早都会引发内心冲突。是这些品质给了
693 他力量与保护”。[1]

[1] 摘自《雅可夫·赫佐格：颂词》，以上演讲稿公开发表版本的序（耶路撒冷，1972），第3—6页，在第3页；收入米莎·卢维奇主编，《独自生活的民族：雅可夫·赫佐格演讲文集》（伦敦，1995），第14—15页，在第14页。

补　注

以下注释（后来增加或之前误置的信息）找不到合适的位置放入，但前文相关词条均已标明与此处参照。（页码为原书页码，见本书边码）

第89页　约翰·盖尔韦·福斯特*（1904—1982），律师兼史学家；1924—1982年任全灵学院研究员，1939—1943年任驻华盛顿英国使馆法律顾问，后任欧洲盟军最高统帅部法律顾问；1945—1974年任柴郡诺斯威奇保守党议员。

第159页　该唱片中的曲子（题为“音乐组曲”，奥迪安（Odeon）公司166.015号，10英寸每分钟78转速光盘）由法国幽默作家、严肃作曲家贝托夫（其真名为迈克尔—莫里斯·列维）（1883—1965）创作、演唱，并由他自己钢琴伴奏。伯林将《恐惧、悲伤、在劫难逃》误记为瓦格纳所作。其他经贝托夫改编的作曲家有马斯内、德彪西、雷纳尔多·哈恩和罗西尼。

第200页　爱德华·哈雷特·卡尔（1892—1982），历史学家兼国际关系学者；1916—1936年任职于英国外交部，1936—1947年任威尔士阿伯里斯特威斯大学学院国际关系威尔森讲席教授；战时为《泰晤士报》撰写报道领导人的文章。主张英国与其他强国结盟；进而在20世纪30年代支持绥靖政策，但后来转为拥护苏联。

第222页　亨利·路德维希·亨德森（1880—1963），古典学家，1905—1945年任新学院研究员兼教师。1963—1964年新学院年鉴(第2—3页)上有关他的讣文值得一读。其中一句为：“作为一名古典学者，他属于一个早已消亡的时代，在那个时代，学生的句法错误或韵律错误被视为道德败坏的体现。”

第542页　吉尔斯·阿林顿（1914—1956），西瑞尔·阿林顿之子；1944—1956年任大学学院历史讲师，1945年任学监。他是20世纪40年代和50年代大学学院生活的中心，前首相哈罗德·威尔逊和夫人玛丽曾以他的名字将他们的儿子起名为吉尔斯。

约翰·赫伯特·塞弗恩·怀尔德（1904—1992），1933—1945年任大学学院牧师兼研究员，1945—1951年任院长，1951—1973年任达勒姆学院学监。1940年，一名精神错乱的本科生用一把借来的来复枪，从主方院他的房间里向午饭后走出大楼的人群扫射。那天上午这些人早餐时刚与他进行过激烈辩论。一名学生身亡，另有两名受伤。怀尔德勇敢地走上楼梯，面对行凶者。所幸那名本科生自愿投降。战争期间，作为唯一一名没有主动参战的年轻研究员（他心脏不好），怀尔德使学院得以维持下来。阿林顿与怀尔德两人在学术上都不是特别出色（如伯林所言），却在认识他们的人心目中留下了极好的印象。大学体系很大程度上得益于他们这些身兼牧师职责的人。

所谓“耶稣学院的非国籍化”，伯林指1944年弗里德雷克·奥吉尔维爵士当选院长一事，他是苏格兰人，与该大学忠于威尔士的传统相背。

第559页　鲁道夫·赫斯（1894—1987），纳粹党中希特勒的副手，1941年5月空降至英格兰，自作主张企图充当说客，让英国和德国议和，以共同反对苏联。余生被关押。

第577页　大概指亨利·圣劳伦斯·贝福特·摩斯（1896—1960），新学院毕业生，著有《中世纪的诞生：395—814》（牛津，1935）。

第607页　拉夫连季·巴夫洛维奇·贝利亚（1899—1953），1934年起任苏共中央委员会成员，1938—1953年任苏联秘密警察（NKVD）及后来各种警察组织的头目。1941年任副总理，1946年起任政治局成员，冷酷无情，是苏维埃共和国的实权人物之一。
694 斯大林去世之后，在激烈的权力斗争中失败并遭处决。

年表：1909—1946

塞琳娜·摩尔　詹妮弗·霍姆斯 汇编

1909年6月6日	出生于里加阿尔伯特街，父母为门德尔和玛丽。
1915年6月（六岁）	为躲避德国对里加附近地区的进攻，全家迁至俄罗斯普斯科夫地区的安德烈亚波尔。
1917年初	举家移居彼得格勒。
2月（七岁）	社会民主党革命爆发，伯林目睹了一次暴力行为，终生留下抹不去的记忆。
10月（八岁）	布尔什维克革命。
1920年10月（十一岁）	全家搬回里加。
1921年2月20日	以赛亚·伯林和玛丽抵达英国与门德尔团聚
3月	进入瑟比顿的阿兰德尔豪斯学校。
12月（十二岁）	在瑟比顿住了几处公寓后，伯林和父母搬进肯辛顿王宫酒店，准备自己买房。
1922年1月5日	伯林夫妇买下伦敦西14区西肯辛顿上艾迪逊花园33号。
6月（十三岁）	被圣保罗学校录取，但未通过奖学金考试。
9月	进入圣保罗学校。
1927年春（十七岁）	参加牛津大学巴利奥学院考试，未获通过。
7月（十八岁）	参加并通过古典学高级证书考试（相当于A级），副科为英国文学。
12月15日	获推选参加牛津大学基督圣体学院入学考试。

1928年5月1日　伯林一家再次住进肯辛顿王宫酒店，有时也回家住。

7月（十九岁）　重新参加相同学科的高级证书考试，在拉丁语和希腊语科目中获得优秀；获圣保罗学校古典人文课程成绩毕业展奖。

7月26日　一篇英语文章获圣保罗学校校长奖及奖
695 章，同时获英语文学巴特沃斯奖。《泰晤士报》对此予以公告。

10月1日　伯林一家迁至伦敦西北3区霍里克罗夫特大道49号。

10月　以奖学金获得者身份进入牛津大学圣体学院，研读古典人文学科课程（通过第一道难关即牛津大学普通文学士学位第一次考试之后，这一课程较通常的优等文学士学位第一次考试要容易些，之所以这样选择，是因为他在语言方面较弱）。

12月　通过普通文学士学位的第一次考试。

1929年1月　开始修读古典人文学科课程。

8月（二十岁）　在德累斯顿（听说了发生在巴勒斯坦希布伦的屠杀犹太人的事件）。

1930年8月（二十一岁）　与斯蒂芬·斯彭德、迈克尔·科雷及沃特·艾廷豪森同游萨尔茨堡艺术节。

1931年7月　获古典文学课程一等学位成绩。

8月　与斯彭德前往萨尔茨堡。

9月　成为《曼彻斯特卫报》记者一事在讨论中。

10月　开始修读PPE（哲学、政治学和经济学）专业，在圣约翰街与斯彭德和另外两名学生合租了一所房子。

11月	与西德尼·布登共同获得精神哲学学科约翰·洛克奖学金；获海夫奖学金。该奖学金为圣体学院设立，专门授予在学士学位毕业考试中表现出色的学生。	
1932年6月（二十三岁）	在荷兰，等候参加PPE课程口试；仅一年后获该课程一等学位。	
7月	与弗兰克·哈迪前往萨尔茨堡。	
10月	在新学院任职，担任哲学讲师。	
11月3日	通过选拔考试，获得全灵学院研究员一职，成为首位获此职位的犹太人；不久因过度兴奋患病返回家中。	
12月— **1933年**1月	与父母一道在阿马尔菲休养了一段时间后返回牛津，继续在新学院和全灵学院分别从事教学和研究员工作。	
6月下旬— 7月初（二十四岁）	与玛丽·费希尔、莫伊拉·林德和克里斯托弗·考克斯一起驾车游南爱尔兰；一行人在位于科克郡的鲍恩宅邸拜访了伊丽莎白·鲍恩。	
7月	与门德尔同游乐图凯巴黎海滩；与西勒、莫伊拉·林德、罗伊·哈罗德、哈罗德的母亲弗朗西丝、托马斯·霍奇金和泰迪·霍奇金（后来加入）一同游览意大利（波托菲诺、加尔达湖、博尔扎诺等地）。	696
8月初	先抵奥地利因斯布鲁克，再到马里昂巴德，然后到萨尔茨堡，在那里与霍奇金兄弟会合。	
8月下旬	与戈伦韦·里斯、谢拉·格兰特·达夫结伴前往鲁塞尼亚。	
9月5—10日	作为新学院男生九人读书小组的一员，前往法国阿尔卑斯山厄克特的一处乡村木屋	

		别墅；至此结束行程返回伦敦。
	10月	在萨莫维尔学院导师的要求下，开始教雷切尔（“小费”）·沃克。
	11月	在H.A.L.费希尔的请求下，开始撰写有关卡尔·马克思的书。
	11月30日	受邀参加新学院院长寓所举行的晚宴，结识弗吉尼亚·伍尔夫。
1934年	3月	与汉弗莱和玛德琳·豪斯在德文郡度过一周。
	6月22日（二十五岁）	参加新学院纪念奠基者晚宴。
	7月	与克里斯托弗·考克斯、玛丽·费希尔、莫伊拉·林德结伴游览爱尔兰（贝尔法斯特、多尼戈尔郡、戈尔韦郡）；在德罗伊特维奇的一家酒店短暂拜访玛丽。
	8月	与父母同往布莱顿；随后到意大利维罗纳，从那里出发，与托尼·安德鲁斯逗留萨尔茨堡（瞒着父母，事后他们才知道）；到达时，大多数朋友均已离开萨尔茨堡；从那里前往威尼斯。
	9月	与约翰·福斯特结伴继续前行，经埃及前往巴勒斯坦待了一个月。
1935年	4月	与盖伊·奇尔弗同行前往巴黎看望雷切尔（“小费”）·沃克；几人陪玛丽·费希尔看歌剧。
	6月（二十六岁）	与克里斯托弗·考克斯、玛丽·费希尔和莫伊拉·林德结伴重游爱尔兰。
	7月	回到牛津，聚精会神写《卡尔·马克思》。
	8月	因扁桃体周脓肿，住进牛津阿克兰德医院；之后前往萨尔茨堡参加聚会，聚会成员有：玛丽·费希尔、莫伊拉·林德及理

		查德·佩尔斯；斯彭德与萨莉·格雷夫斯后加入；克里斯托弗·考克斯也准备来；其间去听了托斯卡尼尼演奏著名的贝多芬《费德里奥》；继续前行，游览奥地利蒂罗尔的阿亨湖。
	9月	在伦敦动物园遇见雷切尔·沃克，二人之间进行了决定性的交谈。 697
1936年	3月	在法国尼斯，与玛丽和门德尔共度逾越节，其间继续写《卡尔·马克思》。
	8月5日（二十七岁）	就1936年心理学研究现状，向全灵学院院长提交了一份备忘录[1]，原因是学院刚刚设立了社会人类学教授一职，正在考虑任命一位心理学家；继续废寝忘食地撰写《卡尔·马克思》。
	8月26日	与斯图尔特·汉普希尔和考恩·奥尼尔前往爱尔兰游玩两周，9月初鲍恩宅邸举行了周末家庭招待会，招待会上发生了许多事情；至此此行结束。
	9月8—15日	与斯彭德一起待在坎伯兰郡凯希克湖区的一个农场。
	10月11日	回到牛津，举办了一场规模盛大的午餐会，席间斯彭德遇见萨莫维尔学院的研究生伊内兹·珀恩（二人于12月15日结婚）。
1937年	2月下旬	患流感并发症，在疗养院住了一个月。
	4月	与父母前往意大利，游览了梅拉诺、维琴察和威尼斯等地，首次参观了米兰的斯卡拉歌剧院。

[1] 见原文第187页注1。

	7月（二十八岁）	只身下榻布莱顿的大都会酒店，写《卡尔·马克思》。
	8月	与斯图尔特·汉普希尔和伊丽莎白·鲍恩同游萨尔茨堡；本年度行人中多了弗朗西斯·格雷厄姆—哈里森、杰斯珀·里德利，以及克里西达·伯纳姆·卡特、萨莉·奇尔弗、理查德和詹妮特·佩尔斯。
	9月	回家途中前往巴黎。
1938年	1月	与玛丽和门德尔前往法国里维埃拉，“以狂猛的速度”[1]写作《卡尔·马克思》。
	8月（二十九岁）	只身下榻福克斯通大都会酒店，“四天时间里从手稿中删去了三万字”[2]。
	8月/9月	与克里斯托弗·考克斯、玛丽·费希尔、莫伊拉·林德结伴游览爱尔兰戈尔韦郡；在都柏林谢尔本酒店度过一夜，在那里，他见到“叶芝先生正在大厅一角对一位年轻女性吟诗”[3]，之后前往鲍恩宅邸，在那里完成了《卡尔·马克思》手稿。
698	9月底	搬出全灵学院，进入新学院，辞去一年前考取的任期七年的全灵学院研究员一职。
	10月26日	正式当选新学院研究员。
1939年	秋（三十岁）	《卡尔·马克思》在英国由桑顿·巴特沃斯出版社出版。
1940年	6月中旬（三十一岁）	因为会说俄语，开始为英国外交部服务。
	6月下旬	盖伊·伯吉斯前来拜访，说外交部希望伯林成为驻莫斯科新闻专员。

[1] 见原文第262页。
[2] 见原文第276页。
[3] 见原文第277页。

7月1日	拿到外交部特使护照，准备经由美国和日本前往莫斯科，然后回到伦敦。
7月10日	与盖伊·伯吉斯乘坐“安东尼亚”号客轮驶往美国。
7月18日	在魁北克靠岸，在纽约过完周末后前往华盛顿。
7月27日	伦敦外交部召回伯吉斯，否认在莫斯科有适合伯林的工作。
8月	连续几周被迫无所事事地等候，与此同时想方设法获得批准前往莫斯科。
9月	承担驻纽约英国情报图书馆布置的任务，撰写关于美联社快讯的分析报告；私底下开始酝酿他在美国可能的长期角色。
10月中旬	乘坐跨洋飞机，经里斯本返回英国，在当地延误了近一周时间。
11月	回到牛津，重新开始教学工作。
11月下旬	收到情报部来信，通知他已经派驻纽约工作，未见他按时报到。
1941年1月初	回纽约，先是乘飞机抵达里斯本，然后坐船。
1月	被任命为“英国新闻处下属专家”[1]，到纽约洛克菲勒广场30号第44层工作（不久后英国新闻处即合并到新成立的英国情报处）；他的工作主要是向一些特殊群体宣传英国的立场，起初是犹太人、工会组织

[1] 见原文第356页。

			和黑人，后来又增加到各类宗教组织。
699		6月下旬（三十二岁）	因窦炎住院治疗。
		7月	在佛蒙特州休养康复。
		8月	在华盛顿逗留三周。
		11月中旬	在底特律参加工会大会，之后前往芝加哥。
	1942年初		在宴会上初遇帕特里西娅·德·本德恩。
		春季	被任命负责驻华盛顿英国使馆下属的政治舆论调查室，每周时间一分为二，在纽约和华盛顿之间奔波，这种情况一直持续至7月。
		8月初（三十三岁）	回到英国休假，同时汇报工作。
		8—9月	在伦敦和牛津休假。
		9月下旬	返回美国途中，在爱尔兰延误了一周时间，患病，但仍继续行程；抵达纽约的第二天住院。
		10月	在纽约市立医院治疗“窦炎”（实为病毒性肺炎）；被正式任命为外交官，担任一秘。
		11月初	在纽约州附近卡茨基尔山脉的格罗辛格酒店与魏茨曼会合，短暂休养了一段时间。
	1943年	1月	回到华盛顿。
		6月（三十四岁）	离开肖勒姆酒店，搬进乔治城一所租来的房子里，与爱德华·普理查德合租至8月。
		9月	搬进另一套出租房，地点仍在乔治城，与盖伊·奇尔弗合租。
		9月26日—11月2日	休假：经芝加哥前往奥博雷·摩根在华盛顿州的农场，在此逗留了两周，随后经旧金山开始漫长的旅程，游览了洛杉矶、大峡谷、亚利桑那州、新墨西哥州、得克萨斯州与新奥尔良。
		11月	访问哈佛大学。

1944年2月9日	欧文·伯林抵达英国，丘吉尔误以为他是伯林，在唐宁街10号的午宴上不断盘问。
3月下旬—5月中旬	再次回国，在新学院待了四天，协商将哲学科目改为思想史；另在伦敦逗留，与唐纳德·霍尔及外交部其他人员交谈。
7月中旬—8月中旬（三十五岁）	在美国休假，住在山间，到普林斯顿大学和哈佛大学做短暂访问，拜访住在科德角式小屋里的朋友阿历克斯·德·罗斯柴尔德。
1945年初	由情报部正式调往外交部。 700
1月	阿诺德·汤因比提议让他担任外交部研究处俄国室负责人，遭拒绝；达夫·库珀为他提供的驻巴黎新闻专员一职也被拒绝。
2月初至月底	在马里兰州巴尔的摩待了三星期，在约翰·霍普金斯医院接受窦炎治疗。
3月初至中旬	在墨西哥库埃纳瓦卡逗留两星期，“完全休息”[1]；3月23日回到华盛顿继续工作，商谈回英国一趟的计划。
5月	听到消息，有望实现长期向往的莫斯科之旅，将在秋季成行，为期三至四个月。
6月下旬（三十六岁）	前往旧金山，参加为期两个月的联合国宪章起草及颁布大会最后两周的会议。
7月初—9月初	无望参加波茨坦会议，提前回到英国；在伦敦和牛津两地待了几周；比弗布鲁克勋爵好意让他为《标准晚报》定期撰写专栏，遭拒绝。
9月初	途经柏林至莫斯科，作为临时一秘借调至英国使馆。

[1] 见原文第523页。

	9月中旬	参加英国盟军晚宴，结识J.B.普利斯特利和一些俄国作家。
	9月下旬	前往莫斯科郊外的佩里德尔基诺探望帕斯捷尔纳克。
	9月底？	秘密拜访列奥·伯林及其他亲戚。
	11月13日	抵达列宁格勒。
	11月15/16日左右	初访安娜·阿赫玛托娃（分两次）。
	11月21日	回到莫斯科。
1946年	1月1日	在新年荣誉册上被授予不列颠帝国高级勋章。
	1月5日	第二次拜访安娜·阿赫玛托娃。
	1月6日	离开列宁格勒，经芬兰和斯德哥尔摩前往英国。
	1月15/16日？	途经巴黎，探望帕特里西娅·德·本德恩。
	2月初	回到华盛顿。
	3月31日	驻华盛顿英国使馆一秘任期结束。
	4月7日	乘“玛丽女王”号客轮从纽约启程，返回英国和牛津。

701

重要人物生平

以下简介包括一些与伯林相关的重要人物或经常提及的人物，主要为提供信息之用，不适于放入脚注。这些增补注释涉及的人名在正文脚注及总索引中首次出现时用星号在姓氏旁加注标示，如伯林*。此部分涉及的人物和在脚注中一样，一般仅限于本卷书信涉及的时期。

亚当斯，（威廉）·乔治·斯图尔特（1874—1966），1912—1933年任牛津大学政治理论与制度格拉斯顿讲席教授。全灵学院研究员（1910—1933）、院长（1933—1945）。1908年与缪里尔·莱恩结婚。在伯林记忆中，他“人特别好［……］就像一位老农，天性善良，彬彬有礼”[1]；根据哈利·哈德逊的说法，他“在世界观上持折中主义态度，从不把不同观点视为异己”[2]。

艾尔索普，约瑟夫·赖特（1910—1989），康涅狄格州贵族，“年轻的波士顿高雅人士”[3]。罗斯福家族亲戚。1932—1937年任《纽约先驱论坛报》新闻记者，后任报业辛迪加专栏作家。1940—1941年参加海军；后转入美国志愿抗日援华航空大队（飞虎队）陈纳德将军麾下，在香港被捕。1942年8月通过俘虏交换被释放；1942年12月任访华借贷外交使团团长，1943—1945年在空军第14军团（中国）服役，再一次成为陈纳德将军部下。之后他重操旧业，继续担任专栏作家和政治评论员。与他人共同创作了《168天》（1938）、《总统身边的人》

[1] 迈克尔·伊格纳季耶夫采访伯林录音之二十。
[2] http://www.athelstane.co.uk/hvhodson/hvhbiogr/hvhbiogr.txt，2003年10月21日访问。
[3] 伯林对华盛顿同行说的话，1943年11月9日。

（1939）、《美国白皮书：美国外交史和第二次世界大战》（1940）等。

奥斯丁，约翰·兰索（1911—1960），1933—1935年任全灵学院研究员，1935—1952年任莫德林学院研究员兼哲学导师（1952—1960年任道德哲学教授和圣体学院研究员）。《个人印象》中对其有详细描写；迈克尔·伊格纳季耶夫访谈时，伯林曾补充道：“除了凯恩斯，他是我认识的人当中最聪明的。过去我们不太熟。[……] 后来成了好朋友。他为人十分诚恳，但也很爱面子，[……] 做事严谨，天性极为善良。我认为他令人钦佩。能够真正沉入学问当中；对自己永远持怀疑态度。”[1]

艾耶尔，阿尔弗雷德（“弗雷迪”）·朱尔斯（1910—1989），1928—1932年就读于基督教堂学院古典学专业；1932—1935年任基督教堂学院哲学讲师，1935—1944年为研究学者；1944—1946年任瓦德汉姆学院研究员；后成为伦敦大学心灵与逻辑哲学格罗特讲席教授（1946—1959），逻辑学威克姆讲席教授及牛津大学新学院研究
703 员（1959—1978）。1932年与（格雷丝·伊莎贝尔·）勒内·里斯（1909—1980）结婚（1942年离婚）。伯林后来曾评价道，艾耶尔“英文极其漂亮，简洁利落，没有冗言，我认为是自密尔以来的最佳英语哲学散文风格。一生中从来没有自己的想法”[2]。写作出版《语言、真理与逻辑》（1936）、《经验知识的基础》（1940）。

伯林，以赛亚［·门德列维奇］（1909—1997），1922—1928年就读于伦敦圣保罗学校；1928—1931年就读于圣体学院古典人文学专业，1931—1932年学习PPE（哲学、政治学和经济学）课程；1932—1938年获全灵学院奖学金；1932—1938年任新学院哲学讲师，

[1] 迈克尔·伊格纳季耶夫采访伯林录音之四。
[2] 出处同上。

1938—1950 年任研究员；1941—1942 年二战时在纽约为英国情报部效力；1942—1946 年在华盛顿英国大使馆任职；1945 年 9 月—1946 年 1 月在莫斯科英国使馆任职。写作出版《卡尔·马克思》。

伯林，（玛莎）·玛丽（约 1880—1974），婚前姓沃什诺克（“沃尔夫森”），伯林母亲，是其丈夫门德尔的嫡亲表姐妹，不过根据儿子的说法，“母亲比我父亲低一个社会阶层”[1]。在伯林的描述里，母亲“充满幽默感，性格坚强，精力充沛，富有想象力。她真正想要的是一个情人[2]，却与一个乏味、正派、友善的丈夫结了婚，令她感到无比失落[……]［她］是一个毫不妥协、绝不让步的犹太民族主义者，性格如此，不容许丝毫反犹太主义的存在”[3]。虽然她飞扬跋扈的性格和过于俭省的习惯令伯林为之气恼，她去世时，伯林还是发自内心地坦言母亲对他产生的巨大影响：

> 我固执己见的习性常常令莫里斯感到不快，这一秉性来自我母亲（她**非常**喜欢莫里斯）[……]无疑，由于离乡背井、流亡在外，她对基本价值观的审视就变得格外苛刻：乔治[·威登菲尔德]爵士、戈伦韦和伯吉斯在她那里根本就是不堪一击；拉什米利耶维奇铁石心肠；肖勒姆爱慕虚荣而且妒忌心强；赫伯特她觉得可怜；你（斯图尔特·汉普希尔）则出色通过（弗雷迪也同样被抨击得晕头转向）：她充满活力，对自己的将来有各种各样的幻想，对易卜生、汉姆生、D.H.劳伦斯、高尔基的《在底层》、威尔第、卡门等意气风发、充分表现自我的作品如痴如醉。她喜欢莫里斯，厌恶那些横竖看不惯别人的人。他们没有丝毫粗犷奔放的活力，只会装腔作势，刻薄地指责别人。[……]我的犹太人情结[……]

[1] 迈克尔·伊格纳季耶夫采访伯林录音之二。
[2] “不错，他爱她至死不渝；但她却并非如此。”迈克尔·伊格纳季耶夫采访伯林录音之二十二。
[3] 迈克尔·伊格纳季耶夫采访伯林录音之二。

想必承袭于她和她所在的世界以及俄国——犹太文化之根，是她的遗传：父亲身上完全找不到那些禀性。[1]

伯林，门德尔［·鲍里索维奇］(1884—1953)，木材和鬃毛商人，伯林父亲。在以赛亚·伯林的记忆当中，这位“亲英狂”[2] 的父亲
704 “可爱、天真［……］十分有趣，属于永远长不大的那种人”[3]。他“非常能干”但“十分胆小怕事［……］从未赚过大钱，因为做事没有心计，没有脾气，又缺乏开创精神，那些富有魄力的犹太商人并不看好他，虽然其中一些人他确实认识。他本可以成为一名出色的公务员。脑袋聪明，但过于胆小，做任何事都小心谨慎，危险事绝对不做。因此他总是过着小康的生活——算不上养尊处优，至少舒心自在，衣食不愁”。[4] 不过在玛丽·班纳特的记忆中，门德尔却是完全不同的另外一个形象：“性格坚定，令人钦佩”，“带着一种严肃感”，她能够想象他“穿着高筒套靴，四处奔走采买林木的样子”。[5]

鲍恩，伊丽莎白·多罗西亚·科尔(1899—1973)，小说家和短篇小说作家，爱尔兰科克郡鲍恩宅邸的女主人，1938 年伯林在鲍恩宅邸完成了《卡尔·马克思》的修订工作；1923 年嫁给艾伦·查尔斯·卡梅伦(1893—1952)。伯林形容她是“了不起的谈话对象，才智过人，充满同情心，可爱有趣，容易相处［……］她信基督，有宗教信仰，喜欢男人，喜欢说笑话，支持保守党，希望人们充满阳刚之气，严肃对待生活，反对和平主义者、素食主义者以及诸如此类的倾向［……］她喜欢刀锋相见”[6]。尽管在 30 年代，他在信中对她的

[1] 致斯图尔特·汉普希尔，1974 年 2 月 23 日。
[2] 迈克尔·伊格纳季耶夫采访伯林录音之四。
[3] 迈克尔·伊格纳季耶夫采访伯林录音之二十二。
[4] 迈克尔·伊格纳季耶夫采访伯林录音之二。
[5] 根据对迈克尔·伊格纳季耶夫的访谈，1994 年 2 月 1 日。
[6] 迈克尔·伊格纳季耶夫采访伯林录音之十三。

小说给予高度赞赏，后来却发现她写的书“缺乏可读性”[1]。主要作品有：《旅店》(1927)，《最后一个九月》(1929)、《亲朋好友》(1931)、《向北方》(1932)、《猫跳》(1934)、《巴黎之屋》(1935)、《心之死》(1938)、《鲍恩宅邸》(1942)、《七个冬季》(1943) 等。

鲍拉，(塞西尔)·莫里斯 (1898—1971)，1918—1922 年就读于牛津新学院古典学专业；1922—1938 年任瓦德汉姆学院研究员和导师，1938—1970 年任院长。后成为诗歌教授 (1946—1951) 和牛津大学校长 (1951—1954)。鲍拉去世后，伯林形容他为“我们青年时代的杰出解放者”，并且回忆道：

> 我年轻时，他给了我很大帮助——他在牛津广受瞩目，人人都把他挂在嘴上。父母们想到他可能给自己孩子产生坏影响就心惊胆战，虽然他一向代表积极的主旋律和正面形象。他那断断续续大声说话的独特风格[……]却是内心恐惧、缺乏安全感的表现。和他接触久了就会发现，他非常和蔼，令人动心，古道热肠，富有献身精神。但在幼年时代，一定受到了某种创伤，因而在情感上，一生中一直都偏向偷猎者，虽然在正式场合的确站在猎场看守人一边。正是这一特性使他最终仍然成为大家的朋友与同盟——
> 他从未真正加入华而不实的体制——多数派。他始终支持他称之 705
> 为“邪恶势力”的群体，即被麻木不仁、“沉默不言的大多数”视为异端的少数派。[2]

在给诺埃尔·安南的信中，伯林回忆起鲍拉摇摆不定的性格时写道：

[1] 出处同上。
[2] 致罗兰·伯顿—穆勒，1971 年 7 月 19 日。

[他]能够此刻对某个人说雪莱昏聩糊涂，写的诗干巴乏味，五分钟后又去跟另一个人说（比如戴维·塞西尔），雪莱是最高贵的英语诗人。很显然，这么做对他毫发无损，不过是有嘴无心、一时的心血来潮罢了，纯属游戏：他很容易因诗歌、绘画和人物而陶醉，瞬息而逝的波峰也会让他赞不绝口，对小心翼翼算计别人则恨之入骨[……]但是**诚实**这个词在他那里是一个毫无意义的概念。他总是信口开河，任意扯谎，这么做的理由林林总总：或是为了占上风；或是为了给生活添色加彩；或是为了羞辱对手；或是为了帮助朋友；或是为了摆脱困境。但同时又胆战心惊，害怕被人揭穿。[1]

《个人印象》中对其有详细描写。主要作品有《〈伊利亚特〉的传统与构思》(1930)、《希腊抒情诗歌》(1936)、《象征主义的遗产》(1943)、《索福克勒斯悲剧》(1944)、《从维吉尔到弥尔顿》(1945)、《创新实验》(1945)。

塞西尔，(爱德华·克里斯蒂安)·戴维·(加斯科涅)勋爵(1902—1986)，1924—1930年任瓦德汉姆学院研究员，1939—1969年任新学院研究员，后成为英国文学戈德史密斯讲席教授(1948—1969)。1932年与著名文学批评家戴斯蒙德·麦卡锡之女雷切尔·玛丽·V. 麦卡锡结婚（原文第124页注1)。《个人印象》第二版中对其有详细描写。在伯林笔下，他“智慧过人，充满魅力，想象力丰富，是一位很好的谈话对象[……]一位持怀疑态度的保守党”，同时又十分爱国，“强烈反对平等主义”，“十分敏感”，但“一点也不感情用事，绝不会自作多情”。[2] 主要作品有：《困鹿》(1929)、《沃尔特·司各特爵士》(1933)、《维多利亚早期小说家》(1934)、《简·奥斯丁》

[1] 致诺埃尔·安南，1973年8月31日。
[2] 迈克尔·伊格纳季耶夫采访伯林录音之十五。

(1935)、《墨尔本青年》(1939)、《小说家哈代》(1943)。

奇尔弗，盖伊·爱德华·法夸尔（1910—1982），1932—1934 年就读于默顿学院古典学专业；1934—1963 年任女王学院研究员和讲师；1940—1945 年任职食品部；1943—1945 年任英国驻华盛顿粮食外交使团成员；与伯林同租一房；在伯林记忆中，他"道德感极强，对不知羞耻或是非不分的暧昧行为总是发自内心地义愤填膺，从道德上予以谴责"，同时他还仇恨反动势力和罗马天主教。伯林认为他"本质上是一个公务员，倘若让他来写人人称道的罗马史，很可能会是另外一个样子"，"他威武豪侠，富有魅力［……］彬彬有礼，温柔亲切，(有）一颗文雅高尚的心灵"。[1]

考克斯，克里斯托弗·威廉·马切尔（1899—1982），古代史学家，"活泼、有趣、敏感，极好的伙伴，出类拔萃的人物"[2]；1926—1970 年任新学院研究员，1931 年任代理院长，1934—1936 年任学监；英埃苏丹教育干事；1937—1939 年任苏丹首都喀土穆大学格登学院院长；1940—1961 年任殖民地事务大臣教育顾问。 706

克罗斯曼，理查德·霍华德·斯塔福（1907—1974），1926—1930 年就读于新学院古典学专业，1930—1937 年任研究员和导师；1938—1955 年任《新政治家》杂志助理编辑；1934—1940 年任牛津市政会工党组织领袖；后成为工党政治家。1932 年与艾丽卡·苏珊娜·格吕克（1906—1979，婚前姓兰兹伯格；前两任丈夫分别为特奥·西蒙和古斯塔夫·阿洛伊斯·朱利叶斯·格吕克）结婚（大约在 1935 年离婚）；1937 年再婚，妻子为伊内兹（"伊内兹塔"/"兹塔"）·希尔塔·贝克（1900—1952）（婚前姓戴维斯，前夫为约

[1] 致玛丽·瓦诺克，1982 年 10 月 14 日。
[2] 迈克尔·伊格纳季耶夫采访伯林录音之五。

翰·兰达尔·贝克)。伯林后来回忆道:“他没有什么真正的信仰,什么也阻拦不了他。在政治观点上,他左翼激进,持纳粹立场,这点令我反感 [……] 他反对资本主义——发自内心——憎恨公务员制度,对所谓的体面行为和传统价值深恶痛绝 [……] 他希望看到的景象是年轻人引吭高歌,粗鲁的学生手挽着手,开怀畅饮啤酒 [……] 点着火把,举行拥护纳粹的游行,(他有) 强烈的纳粹主义倾向 [……] 热衷权力,仇视温和、开明、善良、和蔼。这些无一不激怒他。”[1] 主要作品有《今日柏拉图》(1937)、《苏格拉底》(1938)、《统治与被统治者》(1939)、《我们怎样被统治着》(1939)。

科洛思维特,(庞森比)·莫尔 (1907—1989),1926—1930 年就读于圣体学院古典学专业;1931—1932 年任牛津大学女王学院初级研究员;1932 年起在外交部任职 (1932—1934 年在外交部综合司任职,1934—1937 年驻巴格达,1937—1943 年任职外交部东亚司,1943—1946 年驻莫斯科,1946—1947 年驻马德里)。根据伯林的说法,他是“一个臭名昭著的同性恋者”[2],同时也是“一位了不起的朋友”[3]。

费希尔,赫伯特·艾伯特·劳伦斯 (1865—1940),历史学家、政治活动家;1916—1926 年任下院议员,1916—1922 年任教育委员会主席,1920—1922 年任国际联盟代表,1937 年获英国功绩勋章,1925—1940 年任新学院院长。在伯林记忆中,他“总体而言,对大学持极端怀疑的态度,完全超然物外 [……] 总抱着那么点冷嘲热讽的态度 [……] 智慧超人,高高在上。[……] 对可以称为知识价值和学术价值的东西深信不疑,不喜欢平庸”[4]。主要著作包括:《中世纪帝国》(1898)、《英国史:从亨利七世登基到亨利八世去世 (1485—

[1] 迈克尔·伊格纳季耶夫采访伯林录音之五。
[2] 对布赖恩·哈里森的访谈,1992 年 10 月 19 日。
[3] 迈克尔·伊格纳季耶夫采访伯林录音之二十一。
[4] 对布赖恩·哈里森的访谈,1988 年 4 月 25 日。

1547)》(1906)、《拿破仑的政治体系》、《欧洲的共和传统》(1911)、《历史政治研究》(1920)、《欧洲史》(1935)、《英国与欧洲》(1936)、《往日大事记》(1939)。

费希尔，莱迪丝（1875—1956），婚前姓伊尔伯特，历史学家兼经济学家；1899 年嫁给 H.A.L. 费希尔（参见相关词条）；未婚妈妈及其子女全国委员会创始人和主席（1918—1955）；丈夫过世后，她被新学院聘请继续管理学院院长住宅[1]，当时许多从伦敦疏散出来的高级教员借住在此，一直到选出新的院长。著作包括：《收入与支出：经济学 707
入门》(1922)、《公民：管理国家与地方事务之道简述》(1927)、《母亲与家庭》(1932)、《家庭主妇与市政厅：地方议会与公共事务管理委员会职责简述》(1934)，《在英国生活与工作》(1934)、《英国与欧洲史指南，从最早到现在》(1935)、《二十一年：1918—1939》[未婚妈妈及其子女全国委员会发展史]（1939）。

费希尔，玛丽·利蒂希亚·萨默维尔（1913—2005），H.A.L. 与莱迪丝·费希尔（参见相关词条）之女，1931—1935 年就读于萨莫维尔学院古典学专业（最后一年住在新学院院长住宅里）；1940—1941 年任职联合广播委员会（她形容其为“一个前方组织，将录音材料输入德国”[2]）；1941—1945 年在英国广播公司负责播放录音节目；1945—1956 年任职殖民部。1955 年与约翰·班纳特结婚；后成为圣希尔达女子学校校长（1965—1980）。

福斯特，约翰·盖尔韦（1904—1982），律师；1924—1982 年任全灵学院研究员，1939—1943 年任英国驻华盛顿使馆一秘；1939—

[1] 这一说法由玛丽·班纳特提议。她在给编辑的信中说（2003 年 10 月 23 日）：我认为“管理学院院长住宅”还包括了诸如排队采购蛋糕提供给本科生等杂事，占用的时间和精力不亚于管理和督促女佣们。
[2] 出处同上（原文第 705 页注 2）。

1943 年任华盛顿英国使馆法律顾问，后任欧洲盟军最高统帅部法律顾问；1945—1974 年任保守党下院议员。伯林曾向迈克尔·伊格纳季耶夫这样描述他：

> 约翰·福斯特［……］是一名（英国大使馆）法律顾问，曾经是我所在学院的研究员；他性格极其随和，出类拔萃，但也十分古怪［……］他的心灵自由奔放，缺少某些人类的特性，仁慈善良，幽默有趣，谈不上是冒险家，但充满活力，妙趣横生。不明白人们为何要写诗，不明白文字为何要如此可笑地组合在一起；他一生中从未读过一部小说，因为他不想阅读与现实不符的虚假言论，在他看来，有史书和报纸足矣，没必要去读那些东西。还有，他无法想象在没有电话的世界中生活。他不抽烟，也不喝酒，一起上床的女人无以计数，在这点上，20 世纪无人可与其匹敌。绝对属于乱交。我认为，他根本不懂"爱"这个词的含义。就像一只非常可爱的狗，喜欢闹着玩，恰恰就是缺乏人类灵魂。他富有感情，神经系统健全，头脑敏捷，特别善良。是一个纯粹的功利主义加实用主义者。他信仰将人类享乐扩大到极致，信奉利他主义，但对他而言，快乐仅仅意味着肉体的欢悦。他非常乐于支持医药研究，就因为它能够减轻痛苦。可是，［……］不知为什么，他似乎觉得，对马耳他社会改革运动斗士的研究是一种疯狂行为，没有丝毫价值。不过，既然这些人乐此不疲，他也不想加以阻止，因为快乐无罪，他们在这些可笑的方式中得到欢愉。他的至交好友都是一些在布鲁克林声名暧昧的犹太律师［……］。[1]

法兰克福特，菲利克斯（1882—1965），生于维也纳，1914—1939 年任哈佛大学行政法贝尔纳讲席教授，1933—1934 年任牛津乔治·伊斯特曼客座教授。1939—1962 年任美国联邦最高法院大法官。

[1] 迈克尔·伊格纳季耶夫采访伯林录音之二十。

因为出生在意大利的无政府主义者尼古拉·萨科与巴特洛米欧·万兹提的案件申诉而闻名，尽管申诉不成功。此二人1921年被控谋杀罪和抢劫罪，案件引起争议，但两人还是在1927年被判处死刑。支持罗斯福总统和新政，信仰自由主义。但法兰克福特坚持认为，制定法律是为了立法，而不是为了审判，因而在其他拥护加大法庭干预的自由主义者当中陷入孤立。著作包括：《尼古拉·萨科与巴特洛米欧·万兹提之案》(1927)、《大法官霍姆斯先生与宪法》(1927)、《公众及其政府》(1930)、《马歇尔、坦尼和威特制定的商务条款》(1937)、《大法官霍姆斯先生与联邦最高法院》(1938)、《法律与政治：菲利克斯·法兰克福特文摘，1913—1938》(1939，阿奇博尔德·麦克利什与E.F.普理查德主编)。 708

法兰克福特，玛丽安·A.(1890—1975)，婚前姓丹曼，长老会牧师之女。1919年嫁给菲利克斯·法兰克福特（参见相关词条）。合作编辑了《萨科与万兹提书信集》(1928)，并在其夫去世后编辑了他在法学专业之外的作品。法兰克福特的传记作家利弗·贝克如此形容这对夫妻："两人性格完全不同，却恰好互为补充。她的保守突出了他的奔放，而他的宽容正与她的严苛相对。他喜欢法律，而她则对文学情有独钟。"[1]《纽约时报》[2]撰文回忆道："有时候，她能以机智巧妙的方式，挫败丈夫的傲气，这一点无人不晓。"谈到丈夫作为公众演说家的不足，她曾经这样评价："菲利克斯的演讲仅有两个缺点：跑题，然后再回到正题上来。"

格兰特·达夫，谢拉(1913—2004)，1931—1934年就读于圣保罗女子学校和玛格丽特夫人学院PPE专业（在牛津大学通过朋友戈伦韦·里斯结识伯林，见相关词条）；后任驻德国和捷克斯洛伐克外国

[1] 利弗·贝克，《菲利克斯·法兰克福特》(纽约，[1969])，第89页。
[2] 1975年6月11日，第46版。

通讯记者；1939—1941 年供职于对外研究和新闻处；1941—1944 年在英国广播公司对外机构工作。有过两次婚姻：(1) 1942—1952 年，丈夫为诺埃尔·弗朗西斯·纽瑟姆，(2) 迈克尔·索科洛夫（结婚前他将名字改为索科洛夫·格兰特），两人从 1952 年开始一起生活至 1998 年索科洛夫去世。著作包括《德国与捷克：对欧洲和平的威胁》(1937)、《欧洲和捷克》(1938)、《德国保护国：纳粹统治下的捷克人》(1942)。

汉普希尔，斯图尔特·牛顿（1914—2004），1933—1936 年就读于巴利奥学院古典学专业，1936—1940 年任全灵学院研究员，哲学家；1936—1939 年任女王学院哲学讲师；1940—1945 年从事军事情报工作；1945 年任外交部国务大臣私人助理。后任伦敦大学学院哲学讲师（1949—1959），伦敦大学心灵与逻辑哲学格罗特讲席教授（1960—1963），普林斯顿大学哲学教授（1963—1970），瓦德汉姆学院院长（1970—1984）。1961 年与勒内·艾耶尔结婚。

哈迪，威廉·弗朗西斯（“弗兰克”）·罗斯（1902—1990），1926—1950 年任牛津大学基督圣体学院研究员和哲学导师，1950—1969 年任院长；1938 年与伊索贝尔·麦考利结婚。作品包括：《柏拉图研究》(1936)、《亚里士多德的伦理理论》(1968)。伯林对他评价如下：

> 我有一位了不起的导师——孜孜不倦，恨不得把全部知识都
> 教给学生——特别机敏、谦虚、目光锐利——谁也别想在他面前
> 玩弄什么说辞，任何巧言善辩，即便不怀恶意，只要没有条理清
> 709 楚地把意思表达明白，哪怕只是只言片语，他也绝不放过。很少
> 表扬我们；但公正善良［……］对我帮助很大。他父亲是一位古
> 典学学者。他本人也是，有一个兄弟［科林］。上学期间他在巴利
> 奥学院获得了无数奖项。谦虚、害羞、颇为压抑，他是苏格兰人，
> 来自爱丁堡，一口浓重的苏格兰口音。写了一些著作，关于柏拉

图和亚里士多德的，反应平平。精通希腊语，但这位导师极为严谨，做事非常细致缜密，一清二楚；从不羞辱学生，只是予以更正；对你说："这不可能正确，因为你这么说，但哪一点能够说明呢？这点不对，你看，这么说对不对……？"整个过程轻声细语，但又斩钉截铁，不容分说。我认识的人中没有其他人能够像他这样。这一点在我身上产生了深刻影响：清晰明了也因此成了我十分看重的品质，始终孜孜以求。人尽可以浅薄，尽可以没有深度，但晦涩难解加上虚假做作，句子里［**扼腕**］倘若同时存在这两样东西，在我看来简直就是丑恶。过去如此，现在还是一样。[1]

这一说法得到J.O.厄姆森的响应，他在一篇有关哈迪从基督圣体学院院长一职退休的文章中写道：

哈迪先生在任导师期间，培养出了许多一流哲学家，数量远远超过其他导师，这说明他的教学方法极为成功；但他习惯于问一些有见地的问题，而不是传授知识或者宣传自己的观点。很少有人了解他究竟持何种观点。一篇文章若是以断然的口气开头，提出某种含糊笼统的论断，在他那里总会引来一声低沉却充满痛苦的呻吟。他会让学生说明，表达的是什么意思，根据是什么，怎么来应对这样和那样的质疑。[2]

哈罗德，（亨利）·罗伊·福布斯（1900—1978），经济学家，1924—1967年任牛津基督教堂学院研究员。其母为小说家兼画家弗朗西丝·哈罗德，婚前姓福布斯—罗伯逊（1866—1956）。她对情感殚精竭虑的追求和忧郁心理使自己沦为受害者；1938年与威廉明妮（"比拉"）·玛格丽特·伊夫·克雷斯韦尔（生于1911年）结婚。据说南

[1] 迈克尔·伊格纳季耶夫采访伯林录音之五。
[2] J.O.厄姆森，《哈迪院长：1950—1969》，《鹈鹕记》，第1期（米迦勒节，1969），第4页。

希·米特福德以她为原型，塑造了《天涯追爱》和《爱在寒冬》中冷静、理性的范妮·洛根这个人物。在1929年或1930年左右，伯林在基督教堂学院经他们共同的朋友莫里斯·鲍拉和约翰·斯帕洛介绍与他认识，当时他还是个本科生。著有作品：《国际经济学》(1933)、《贸易循环》(1936)。

哈特，赫伯特·莱昂内尔·阿道弗斯（1907—1992），1926—1929年就读于新学院古典学专业，1932—1940年任大法官法庭律师，1940—1945年任职战争部；1941年与詹妮弗·威廉斯（参见相关词条）结婚；后任牛津大学法学教授（1952—1968）及布雷齐诺斯学院院长（1973—1978）。

哈特，詹妮弗：见威廉斯，詹妮弗。

霍奇金，托马斯·莱昂内尔（1910—1982），1928—1932年就读
710 于巴利奥学院古典学专业，1933年在莫德林学院读研究生，1932年12月26日到1933年7月24日在巴勒斯坦从事考古研究；1934年5月至1936年夏任巴勒斯坦行政机构助理秘书；1937—1939年任坎伯兰郡之友失业委员会教育官员；1939—1945年任牛津大学课程委员会北斯塔福德郡教学部主任；1945—1952年任牛津大学对外开放课程委员会秘书及巴利奥学院研究员。在伯林记忆中，他"持左翼立场，多愁善感，本土意识很强"，"秘密共产党人，[……] 彻头彻尾的反犹太复国主义者"。[1]

豪斯，（阿瑟）·汉弗莱（1908—1955），1925—1930年就读于哈特福学院历史专业；1930—1931年在雷普顿学校任教师；1931—1932年任瓦德汉姆学院研究员兼英语讲师；1931—1932年任英格兰教会执

[1] 迈克尔·伊格纳季耶夫采访伯林录音之十。

事，后弃教还俗；1933—1935年任埃克塞特大学学院古典学特别助理讲师；1933年同玛德琳·伊迪斯·丘奇（1903—1978）结婚；1936年任加尔各答院长学院英语教授；1937年任加尔各答大学英语教授；1940年任利物浦威廉·诺布尔奖研究员。伯林形容他为“皮肤黝黑，身材魁梧，眉毛很低，令人望而生畏；说话语速缓慢，经过深思熟虑才说出口来［……］天性多疑［……］我对这位朋友忠心耿耿；但是［……］他天性充满激情，也任其自由表现，不想加以控制”[1]。著有《狄更斯的世界》（1941）。

哈钦森，杰里米·尼古拉斯·圣约翰（生于1915年），律师，其母为玛丽·巴恩斯·哈钦森，姐姐是维克托·罗斯柴尔德的第一任妻子芭芭拉；1933—1936年就读于莫德林学院PPE专业（在博蒙特街与斯图尔特·汉普希尔和本·尼克尔森同住）。1937年获哈姆斯沃思法律奖，1939年成为高级律师；1940年与佩吉·阿什克罗夫特结婚（1966年离婚），后进入王室法律顾问团（1961），成为鲁林顿的哈钦森男爵（1978）。

杰伊，道格拉斯·帕特里克·托马斯（1907—1996），经济学家及政治活动家；1930—1937年任全灵学院研究员；1933年与玛格丽特（“佩吉”）·克里斯蒂安·加内特结婚（1972年离婚）；1929—1940年任新闻记者（《泰晤士报》1929—1933，《经济学家》1933—1937，《每日先驱报》1937—1940）；1940—1943年任职供应部；1943—1945年任职贸易部；1945—1946年任首相私人助理；后成为工党政治活动家，巴特西的杰伊男爵（1987）。谭姆·戴利埃尔在为杰伊写讣告[2]之前，曾致电伯林，征求他的意见，并在讣文中引用了伯林对杰伊的描述，称他“极具个性，行为怪僻，性格倔强”。同时还引用了伯林在

[1] 致莫伊拉·加斯特，1982年1月。
[2]《独立报》1996年3月6日第18版。

长期相处中观察得出的评论“道格拉斯常常显得荒谬可笑，对任何事都表现得极其狂热。一旦下定决心，什么也无法改变他的观点。他有一些固定习惯，谁也无法撼动丝毫”。后来，在致杰伊遗孀（他的第二任妻子玛丽）的一封信中[1]，伯林以最美好的措辞，高度赞扬了杰伊的才华、成就及性格，同时对戴利埃尔文章中的话做了解释。说他同戴利埃尔谈了“很长时间。他引用的那些话，很遗憾，确实是我说的，但是，如果脱离整个上下文，断章取义，将这些话与我对杰伊的敬意
711 和爱戴割裂开来，那些话就显得吹毛求疵、过于苛刻了。他的确在某些方面有点狂热和个性张扬，但在他品格中占主导地位的是风趣与高尚，相比之下，那些只是瑕疵，微不足道”。作品有：《关于社会主义》(1937)、《谁来为战争与和平买单》(1941)。

莱曼，罗莎蒙德·尼娜（1901—1990），小说家，1928 年嫁给沃根·菲利普阁下（1944 年离婚）；1936 年 9 月与伯林和斯图尔特·汉普希尔一同拜访伊丽莎白·鲍恩，在鲍恩宅邸做客（其间开始与戈伦韦·里斯产生暧昧；之后两人保持同居关系，一直到 1940 年里斯结婚）。作品包括：《含糊其词》(1927)、《华尔兹之邀》(1932)，以及《街上的天气》(1936)。

林德，莫伊拉（Maire 读作“Moira”；外号“小宝贝”，“Baby Junior”）(1912—1990)，父亲罗伯茨，母亲西尔维娅，两人均为作家和爱尔兰民族主义者。姐姐为西勒（Sigle/Sheila）；整个 30 年代年轻人圈中的共同朋友；先在圣保罗学校学习；1930—1934 年为牛津大学古典学专业走读生，第一年与约阿希姆夫妇同住，玛丽·费希尔就读萨莫维尔学院后，她住进新学院院长住宅，代替费希尔成为家中的女儿。毕业后，担任威廉·海涅曼出版公司特约审稿人近五十个年头；1938 年与杰克·加斯特（生于 1907 年）结婚。她曾是伯林的学

[1] 致杰伊夫人，1996 年 3 月 8 日。

生（学习古典人文学科课程），在学期间，与克里斯托弗·考克斯一道组织策划，偕同伯林和玛丽·费希尔几个，开始了一系列前往爱尔兰的暑期度假活动（1933，1934，1935，1938）。她和姐姐长相不太一样，但都美貌异常，而且两人均为共产党员。西勒先加入（也更为狂热，但不够持久[1]）。“小宝贝”后期对共产主义产生怀疑，但并未正式与之决裂，而是致力于和平运动，通过频繁组织果子酱制作活动，为她认为有意义的事业募集资金。托尼·吉福德在悼念她的讣文中写道：“在这个世界上，她孜孜以求的品质充分体现在她给予家人、朋友和邻居的一切当中——慷慨、娴静以及对他人的爱与关心。”[2]

林德，西勒（Sigle/Sheila，发音相同；在出生证上拼写为 Sighle）（1910—1976），1929—1930 年就读于萨莫维尔学院化学和生物学专业，四个学期后辍学（忙于跳舞）；莫伊拉（见相关词条）的姐姐；在维克托·戈兰茨出版公司工作（与维克托·戈兰茨建立了密切的工作关系，随着二战爆发，两人因持不同政见而关系破裂）；1939 年嫁给彼得·惠勒。玛丽·班纳特形容她为“说话滔滔不绝，风趣开朗，为人公正”。[3]

摩根，奥博雷·尼尔（1904—1985），威尔士人，卡迪夫的戴维·摩根百货商店创始人之孙，1939—1940 年在英国情报图书馆调查室任职；1940—1942 年为英国新闻处工作（1941—1942 年任英国情报处主任特别助理）；1942—1945 年任英国情报处副主任和驻纽约英国情报处负责人。1932 年与第一任妻子伊丽莎白·里夫·莫洛（1904—1934）结婚，莫洛为美国驻墨西哥前大使德怀特·莫洛的长 712
女，后（1937）又与莫洛之妹康斯坦丝·卡特·莫洛（1913—1995）结婚。约翰·惠勒—班纳特形容他为“无所畏惧，积极进取，富有想

[1] 1956 年匈牙利革命遭到镇压后退党。
[2]《卫报》1990 年 10 月 1 日第 37 版。
[3] 出处同上（原文第 705 页注 2）。

象力，必要时能够做到果断无情”，与此同时，“热情、忠诚，绝对值得依赖”。并对他做出的贡献赞不绝口，称他“讲究实干，对炫耀浮夸的作风，不论是官方还是非官方的，一律嗤之以鼻。他不畏困难，勇往直前，二战爆发之际，为在美国建立一个更加高效的英国宣传机构做出了不懈努力”。[1] 伯林也进一步肯定了这一说法，称战争期间，不论名义上由谁来管理英国驻美宣传机构，摩根和惠勒—班纳特都是“无处不在的幕后强大力量”[2]。

尼古拉斯，赫伯特·乔治（1911—1998），1931—1935 年就读于新学院古典学专业；1935—1937 年任耶鲁大学现代历史联邦基金研究员；1938 年任埃克塞特学院政治学讲师；1946—1951 年任研究员。后任新学院美国历史与制度罗兹讲席教授兼研究员（1969—1978）。达夫妮·斯特雷特在给伯林的信中写道，“令人遗憾，他滑稽诙谐的散文风格常常给人一种挑剔苛刻、讥讽嘲笑的印象，而实际上他只是为了滑稽搞笑［……］他的文字及有时不无尖刻的语言是他唯一的自卫武器，用来掩盖内心错综复杂的自卑感（尤其在与你的关系中），以及一颗极其善良的心灵”[3]。

尼克尔森，（莱昂内尔）·本（尼迪克特）（1914—1978），艺术史学家；父母分别为哈罗德·尼克尔森和维塔·萨克威尔—韦斯特，1933—1936 年就读于巴利奥学院历史专业；1939—1947 年任国王画像副总管；战争期间在情报部队服务；自 1947 年起任《伯灵顿杂志》编辑。

普莱斯，亨利·哈勃雷（1899—1984），1924—1935 年任三一学院研究员兼哲学讲师；1935—1959 年成为逻辑学威克汉姆讲席教授，

[1]《特别关系》（原文第 325 页注 3），第 75 页。
[2] 出处同上（原文第 309 页注 1）。
[3] 致伯林，1945 年 2 月 27 日。

同时担任新学院研究员；1939—1940 年任心理研究协会会长。著有：《感知》(1932)、《休谟的外部世界理论》(1940)。

普里查德（“普里奇”），爱德（华）·弗雷特韦尔（1915—1984），哈佛大学毕业生，杰出新政律师，1943 年夏曾短暂在华盛顿与伯林合租过住房；为罗斯福政府研究战时经济；因 1948 年在肯塔基波旁县选举舞弊而于 1949 年被捕入狱；后成为高等教育界出类拔萃的人物。

里斯，（摩根）·戈伦韦（1909—1979），新闻记者、作家；在完成第一年 PPE 课程后，1928—1931 年到新学院改修历史学；1931—1946 年任全灵学院研究员。后获埃斯泰茨奖学金（1951—1954），慕尼黑事件后，加入英国本土防卫义勇军，并成为驻法国和德国的参谋；1940 年与玛格丽特（“玛吉”）·艾温·莫里斯结婚，后任位于阿伯里斯特维斯的威尔士大学学院负责人（1953—1957）。左翼人士盖 713
伊·伯吉斯的朋友，一段时期内因同情共产党而引发争议；根据克里斯托弗·安德鲁和瓦西里·米特罗欣[1]的描述，里斯由伯吉斯介绍加入共产党，并拥有自己的代码；可同时参见詹妮·里斯为其父写的传记：《寻找无名之辈》[2]。在伯林的回忆中，里斯“相貌英俊，充满魅力，喜欢捣蛋却令人开心；聪明，随和，是一位了不起的朋友”[3]。著有：《夏日洪水》(1932)、《分隔他们的桥梁》(1937)。

里德利，杰斯帕·莫里斯·亚历山大（在伦敦的朋友们称他为“泡泡”）(1913—1943)，父亲为银行家，名字也叫杰斯帕·里德利，母亲姓本肯多夫；在巴利奥学院读本科生，是斯图尔特·汉普希尔的朋友；1939 年与（海伦·劳拉·）克里西达·伯纳姆·卡特（1917—

[1]《克格勃绝密档案》(伦敦，1999)，第 104—105 页和第 111—112 页。
[2] 伦敦，1994。
[3] 迈克尔·伊格纳季耶夫采访伯林录音之十三。

1998）结婚；在意大利作战时阵亡。他和伯林的主要纽带是音乐。伯林的《刺猬与狐狸》就是题献给他以表达纪念的。见菲利普·汤因比《反目：30年代的艾斯蒙德·罗米利与杰斯帕·里德利小传》（伦敦，1954）。

罗斯柴尔德家族。拿破仑战争时期，住在法兰克福犹太人聚居区的商业银行家梅耶·阿姆谢尔·罗斯柴尔德（1743—1812）的五个儿子，使整个家族进入欧洲金融家的行列。其中三个儿子分别在国外定居，建立了罗斯柴尔德金融王朝，遍布伦敦、维也纳和巴黎等地。通过紧密的业务联系和家族成员间近亲结婚，建立起一个庞大的金融网络。本卷书信集中出现的各分支成员有：

英国分支

（莱昂内尔）·**瓦尔特**·罗斯柴尔德（1868—1937），1915年受封罗斯柴尔德男爵二世，梅耶·阿姆谢尔的长孙；其弟为：

（纳撒尼尔）·**查尔斯**·罗斯柴尔德（1877—1923），其妻为洛丝卡·冯·沃塞姆斯坦（1870—1940），在彼特伯勒附近的埃斯坦·沃德生活；他们的长女为：

米利亚姆·路易莎·罗斯柴尔德（1908—2005），昆虫学家和环境保护主义者，1943年与乔治·亨利·雷恩结婚（原姓兰伊）（1957年离婚）；其弟为：

（纳撒尼尔·梅耶）·**维克托**·罗斯柴尔德（1910—1990），1937年受封为罗斯柴尔德男爵三世；动物学家；1935—1939年剑桥大学三一学院研究员；1939—1945年加入情报部队；1933年与芭芭拉·朱迪丝·哈钦森（1911—1989）结婚（1946年离婚），芭芭拉之母为玛丽·巴恩斯·哈钦森，妹妹为杰里米（见相关词条）（芭芭拉后来相继与雷克斯·华纳和尼科·吉卡结婚）。

奥地利分支

尤金·丹尼尔·德·罗斯柴尔德（1884—1976），士兵兼艺术鉴赏家，梅耶·阿姆谢尔的曾孙。

法国分支

盖伊·爱德华·阿尔方斯·保罗·德·罗斯柴尔德（生于1909年），梅耶·阿姆谢尔的曾孙；银行家；1941年离开法国赴美（在法国沦陷之前，曾在法国军队服役，获得英勇十字勋章）；加入1943年 714
戴高乐在伦敦领导的自由法国运动；1937年与阿历克斯·赫米内·珍尼特·斯奇·德·科隆娜结婚（1956年离婚）。

埃德蒙·詹姆斯·德·罗斯柴尔德男爵（1845—1954），梅耶·阿姆谢尔的孙子，在巴勒斯坦建立了犹太农业人口定居计划，其子为：

詹姆斯（"吉米"）·阿芒·埃德蒙·德·罗斯柴尔德（1878—1957），定居英国；1929—1945伊利岛自由党下院议员；1945年任供给部联合政务次官；在白金汉郡的瓦德斯东庄园生活；狂热的犹太复国主义者。

兰博德，（霍勒斯）·安东尼·（克劳德）爵士（1911—1983），外交官，1935—1937年任职外交部，1937—1942年驻华盛顿，1942—1944年调任常驻公使，1944年任职于盟军总部地中海司令部；1944—1947年任职外交部。1937年与菲丽西蒂·安·贝里（1917—1984）结婚（1974年离婚）。对于菲丽西蒂，伯林承认，"我有点爱上她了[……]在她丈夫跟华盛顿的另一个女人远走高飞以后，我作为寄膳宿者，和他们生活了一段时间——常常得安慰这位被抛弃的妻子"[1]。

索尔特，（詹姆斯）·阿瑟爵士（1881—1975），1934—1944年任全灵学院政治理论与制度格莱斯顿讲席教授兼研究员，1937—1950年任牛津大学（独立）下院议员，1941—1943年任英国驻华盛顿航运外

[1] 迈克尔·伊格纳季耶夫采访伯林录音之十二。

交使团团长，后（1953）受封吉林顿的索尔特男爵一世。1940年结婚，妻子为伊索·玛瑟·布拉德，婚前姓巴格（1883—1969）。在哈利·哈德逊的回忆中，他“精通世故，做事谨慎，有条不紊（他年龄很大才结婚。美国妻子为了满足自己的完美秩序感，大动干戈，把他在全灵学院屋子里所有的书全都重新进行摆放，他那种听之任之、无可奈何的沮丧模样，至今我记忆犹新）。作为训练有素的公务员，他脚踏实地，办事沉稳”。[1] 主要作品包括：《联合航运管制：一项国际管理实验》（1921）、《世界经济危机与出路》（1932）、《重振，再次努力》（1932）、《世界萧条期的政治方面》（1932）、《欧洲合众国及其他》（1933）、《现代机械化及其对社会结构的影响》（1933）、《有序社会的框架》（1933）、《中国与萧条：三个月访华印象记》（1934）、《世界贸易及未来》（1936）、《双重政策》（1939）。

夏皮罗，迈耶（1904—1996），艺术史家，博闻广识，善于启发和鼓励学生，对罗马式雕塑以及19世纪末和20世纪初的艺术情有独钟；出生于立陶宛，孩提时代移民美国；在哥伦比亚大学美术和考古学系任教，1928—1936年任讲师，1936—1946年任助理教授，1946—1952年任副教授；其间他还在其他学校任教，包括纽约大学（1932—1936），社会研究新学院（1936—1952）；1928年结婚，妻子为儿科医生莉莲·米尔格兰姆（生于约1903年）。《纽约时报》曾撰文：

715 在他眼中，所有的形式，不论是学校还是各种知识体系，都是相互联系、相互依赖的。就他而言，一生中都在探索和传播它们之间的内在联系。他所面对的读者，不仅有业内行家，也包括普通知识大众。[……] 纽约将他造就成一位受欢迎的人，为他炽热敏捷的智慧提供养分，使他得以用惊人的速度和深度掌握一门

[1] 出处同上（原文第703页注2）。

又一门学科，在这点上，本世纪几乎无人可比。[1]

史密斯，阿利克·哈尔福德（1883—1958），1906—1919 年任职苏格兰事务部，1914—1944 年任新学院研究员及哲学导师，1940—1944 年任执行院长，1944—1958 年任院长。1954—1957 年任牛津大学校长。在罗伊·哈罗德的回忆中，“他的独创性与人文精神，哲学思想与乐天态度，学者的严谨和审美品位，这些都完美地结合在一起”[2]。E.C. 约克形容史密斯为“心思细腻绵柔，实践智慧特别丰富”，“对美术鉴赏充满热情，目光敏锐［……］毫无架子，像个大男孩，彬彬有礼，极为可爱”。[3] 约翰·斯帕洛回忆道：“他是一位充满争议的人物［……］这么说是因为他喜战好斗，在战斗中他无私无畏，不知疲倦。并且有充足理由不知羞耻，不顾体面。［……］他对学院的热爱，如同他身上的其他方面一样，就事论事，不带任何感情色彩，淡泊无私，不考虑退路。”[4] 著有：《论知识》（1942）。

斯帕洛，约翰·汉柏里·安格斯（1906—1992），古典学家、律师、多产评论家、同性恋者；1929—1952 年任全灵学院研究员，后任全灵学院院长（1952—1977）。1941—1950 年任职陆军部（华盛顿特区，1941 年 2—12 月）。引用伯林的话：

> 他灵活机智，喜欢冷嘲热讽，充满魅力。不单这些，他还才华横溢，出类拔萃，在道德和肉体上勇敢无畏，思想独立，

[1]《纽约时报》1996 年 3 月 4 日第 A1，D10 版。
[2] 刊登在《牛津杂志》上的讣文，1958 年 11 月 6 日，第 78 页。
[3] 埃（里克）·（塞西尔）·约克（原文第 338 页注 1），发表在《牛津杂志》上的讣文，1958 年 12 月，第 70 页。
[4]“1958 年 7 月 4 日全灵学院院长约翰·斯帕洛在大学校友聚会的发言摘要（九天后史密斯去世）”，该讲话刊登于“由新学院院长和研究员指导出版的颂词集”《阿利克·哈尔福德·史密斯，1883—1958，学者、研究员、新学院院长及牛津大学校长》[牛津，无日期]，第 5—10 页，在第 5 页和第 10 页上。

> 所有这一切在我的所见所闻中十分独特。[……]从某种意义上说，大学是他奉献一生的地方，在那里，他的主要成就在于，用他了不起的聪明才智、独特的个人风格以及卓越才华，阻止现有状态发生任何改变。他有一些交情甚笃的朋友，不多，但十分真诚，彼此友情维持了整整一生。与此同时，他也有一些势不两立的仇敌，尤其是在全灵学院的同事当中，那些人自然也是以牙还牙，以怨相报。不过，最关键的是他的性生活，不仅占据了他生活的主要位置，同时也深刻影响了他对生活、对人、对文学、对政治的态度[……]众所周知，他很容易厌倦，喜欢与活力、机智、魅力为伍，最崇尚青春，对价值、美德和献身学术的严谨态度厌倦不已。他的价值观十分世俗化——尊敬
> 716 政治家、政客、法官和银行家胜过尊敬大学教师。他希望别人景仰他，逗他开心。对他而言，人际关系远比学术关系来得重要。[1]

著有：《维吉尔的半行和反复》（牛津，1931）、《理智与诗歌：当代诗歌的意义》（1934）。

斯彭德，斯蒂芬·哈罗德（1909—1995），诗人、评论家，1927—1930 年就读于牛津大学 PPE 专业。1939—1941 年与人合作编辑《地平线》，1941—1944 年任消防员。后与人合作编辑《面对面》（1953—1967）。1936 年第一次婚姻（1941 年离婚），对象为阿格尼斯（“伊内兹”）·珀恩（1913—1976）；第二次婚姻在 1941 年，对象为娜塔莎·立特文（生于 1919 年）。以赛亚·伯林的终身朋友。在伯林回忆中，“他性格迷人，英俊潇洒，十分友好[……]天真大方[……]我们认识时，我一年级，他二年级，我们很快成为好朋友，经常结伴去住处附近的汉普斯特西斯公园散步。[……]当时他写得一手好诗，

[1] 致约翰·劳，1989 年 2 月 27 日。

后来几年也是。[……] 他是一位出色的批评家，直言不讳，极有穿透力 [……] 他和评论对象之间没有隔阂。[……] 和我们大家一样，他也持左派观点，但不教条，也不善分析 [……] 泛同情化，在思想感情上对一切都表示赞同。”[1] 著作包括：《诗二十首》(1930)、《诗选》(1933)、《维也纳》(1934)、《毁灭性元素》(1935)、《燃烧的仙人掌》(1936)、《从自由主义前进》(1937)、《法官的审判》(1938)、《献给西班牙的诗》(1939)、《静止中心》(1939)、《废墟与憧憬》(1942)、《生活与诗人》(1942)、《公民在战争中及战争后》(1945)。

斯特雷特，达夫妮·玛格丽塔夫人（1913—2003），婚前姓芬奇—哈顿，父亲为第十四世温切尔西伯爵（凯伦·布里克森的情人丹尼斯·芬奇—哈顿的兄弟），嫁给美国出生的英国皇家空军成员惠特尼·威拉德·斯特雷特，因此而成为迈克尔·惠特尼·斯特雷特（原文第 318 页注 1）的嫂子。与以赛亚·伯林在纽约的英国情报处共过事，其时她在伦敦英国情报部美国司任秘书。以赛亚·伯林非常喜欢她（她也一样），对她的能力欣赏有加；此外，正如她在 1943 年 8 月 14 日致伯林的一封信中对自己轻描淡写的形容，“我还算看得过去”。显而易见，两人都十分珍视相互之间的通信往来。遗憾的是，以赛亚·伯林给达夫妮·斯特雷特的大多数私人信件都没有保存下来（还好 1942 年 11 月 26 日的这封信[2]是个例外，根据外观来看，并未寄出）；但是，斯特雷特给伯林写的信件大多数都保留了下来，是他私人文件中极其珍贵的来函——正如她在 1943 年 7 月 20 日的来信中所言：“给你写信，我似乎总是在用心灵跟你说话。”

特罗特·楚·索茨，亚当·冯（1909—1944），在德国拿到国际法博士学位后，1931—1933 年就读于巴利奥学院 PPE 专业（罗兹奖

[1] 迈克尔·伊格纳季耶夫采访伯林录音之九。
[2] 见原文第 423 页。

学金获得者）；1937—1939 年访美（两次）和访华[1]；1940 年加入德国外交部，利用自己的职位获取对反对派的支持；1944 年因在密谋刺杀希特勒的行动（“七月阴谋”）中所起的主要作用暴露，被希特勒逮捕，并于 1944 年 8 月 26 日遭杀害。1940 年与克莱丽塔·梯芬巴切尔
717 （生于 1917 年）结婚。伯林对冯·特罗特的看法有点含糊不清（与戴维·阿斯特、黛安娜·霍普金森及其他人不同）。他曾经在 1986 年写过以下赞许话语：

> 30年代初，我和亚当·冯·特罗特非常熟悉。当时他是罗兹奖学金获得者，而我是研究生，之后才去了全灵学院。我们在巴利奥学院吃午饭时初次见面，聊到后来他建议说下午一起去散散步。我们几乎立刻成了朋友。他身上有种格外迷人的魅力，内心思想和言谈举止出类拔萃，特别潇洒。他说话机智幽默，和他相处，任何时候都会给人带来无尽快乐。我完全为之倾倒。他在历史和文化方面的知识极其渊博，胜过牛津的许多朋友；在谈话中，不时会引经据典，提到席勒、黑格尔、克莱斯特、歌德——当时在学PPE课程的学生当中，这些名字并不常挂在嘴上——他在我心里引发了对这些思想家的兴趣，此后这种兴趣一直陪伴着我。奇怪的是，在我记忆中，除了偶尔一两次例外，不论是当时还是后来，他从未跟我谈论过当代政治。显然，他对其他朋友并非如此。1931—1933年，在我眼里，他开心快活，无忧无虑，总是精力充沛。即便希特勒得势后，他也没有跟我谈过政治。一旦我提起这个话头，他总是扯开去，把内容转到有趣的、一般化的历史探讨中。
>
> 1933年，他有一段时间返回德国，之后又回到牛津。哲学家R.G.科林伍德为他举办了欢迎派对。大家全都围着他，七嘴八舌，向他询问德国的情况。他只简单回答了一句，“我的国家已病入膏肓”，就再没说其他了（据我的记忆确实如此）。我得到的印象是，

[1] 伯林曾对尼古拉斯·卡尔（原文第 309 页注 1）说，1939 年特罗特曾访美，被委派到太平洋关系研究所，但谁也不清楚他在那里从事些什么工作。

他看到欧洲正在发生巨大变革，一种致命的、突如其来的历史转变，这种变故无法归入普通的范畴，它凶险邪恶，令人恐怖，但也许在他看来，这种情形根本是像我这样被笼罩在宁静舒适、完全以自我为中心的牛津世界中的普通学者所无法理解的。

那以后，我很少见到他。记得当时发生了一件事。在他回德国定居之后，他写了一封信给《曼彻斯特卫报》，这封信有点令我失望。信是回应《曼彻斯特卫报》刊登的一份驻德国记者发来的报道，作者为F.A.沃伊特。他在报道中说，德国法庭审判中明显压制犹太人。我记得，亚当否认了这点，说在他担任律师的卡赛尔法庭上，事实并非如此。我对他的话信以为真，但又不无纳闷，这里明显的暗示，即压迫犹太人的现象并不像人们普遍认为的那样严重，根本站不住脚，他究竟出于什么原因要发表这样一封信呢？显然是他的一位朋友把我的感受跟他说了，他给我来了一封信，口气责备，并且在接下来一次来牛津时，对我说，尽管他理 718
解我对犹太人的感受和同情，他在信中所写的一切全是事实，有必要表达出来。不管怎么说，我们继续着朋友关系。我托他带了封信给哈佛大学的菲利克斯·法兰克福特教授，他拜访了菲利克斯，并给他留下了美好印象，就像给我们大家一样。那之后，我再没见到他，一直到1938年，他作为汉弗莱·萨姆纳邀请的客人，在全灵学院吃饭。当时是他唯一一次主动对我谈起政治话题。他说，除非英国和法国奋起反抗希特勒，否则战争必将爆发，希特勒会获得胜利。我问他应该怎么做，他回答：“必须围困和阻止德国。应该尽早这么做。不能让德国的扩张行为得逞。”此后，我再也没有见到他。

1939年他最后一次访英，也许是明智之举吧，没有与我联系。全灵学院的院长亚当斯博士告诉我说，他收到亚当的一封信，说一旦发生战争，他或许会觉得有义务在自己国家的军队中战斗；但我始终没有见到这封信。我还听说，亚当对其他人，或许还远不止那些人说起过，他在德国的朋友们如何做出努力，希望避免这场战争。但不知为什么，这方面的内容，他对我只字未提。也许他怀疑我不够谨慎小心，或是认为我对他没有什么政治用处，他这么想也没有错。总之，他从未向我透露过任何秘密。因此，我一直没有机会通过直接的渠道，了解30年代中期之后，在中国、德国或是美国，他在想些什么或做些什么。我们之间关系熟稔亲近、随意友好，但谈不上密切。战争爆发之后，直到1941年，我听到的任何有关他的消息都来自约翰·惠勒—班纳特，即便如此，也为数甚少。亚当反纳粹的态度我一直很清楚，但至于他有什么具体的政治想法、行动、志向和希望，我一点也不了解。我对他所冒的风险也一无所知，最后他为之惨烈牺牲。戴维·阿斯特是他在英国最亲近的朋友，或许还有其他人，对此事会有更多了解。

一些研究者曾给我来信，询问有关亚当·冯·特罗特的生活和政治活动，我实在无法为他们提供什么具体信息，只能说，他是一个勇敢高尚的人，一个情感强烈的爱国主义者，一个远离卑鄙可耻行为的人。他为了捍卫心目中本国同胞的切身利益，为了全世界正派人士的切身利益，奉献了自己的一生。

沃克，雷切尔（“小费”）（1913—1992），1931—1934年就读于萨莫维尔学院PPE专业，伯林的学生和亲密朋友，1935年曾希望与伯林结婚；后来罹患精神疾病。玛丽·班纳特写道：

小费特别聪明，活泼可爱。穿着打扮无懈可击，一直都是朋友圈里的焦点。她是骑马纵狗打猎的高手——既晓得T.S.艾略特，也知道音乐剧《杰洛克斯》——是她领着我们了解了毕加索和斯特劳斯的华尔兹，让我们笑得喘不过气来。在当伯林学生的时候，他们俩相互触动心弦，这点谁都看得分明。起初，她很可能没有看出来，在很大程度上，伯林的举止和对待任何一个聪明并有几分姿色的年轻女性没有两样，她错以为伯林仅对她另眼相待。毫
719 无疑问，她觉得伯林爱上了她，并且很有可能认为，仅仅是因为他的犹太人身份和截然不同的家庭背景——她家属于传统的英国

上层中产阶层——阻止他继续向前。她离开牛津去巴黎读哲学的那年（在那里，她差一点接受了一位哲学家［巴黎高等师范大学的让·卡瓦耶］的火热进攻，他后来被德国人枪杀），她得出结论，伯林正是她想嫁的人。那一年，以及紧随其后的一段时间里，她精神变得越来越错乱，几年后，被迫住进精神病院，一直到去世。

小费本人在给朋友芭芭拉·斯坦克里夫的信中提到过此事，该信邮戳为 1935 年 3 月 25 日，伯林从这种关系中脱身的前几个月。她在信中写道：

> 上次在无比兴奋的情绪当中，我曾挥笔给你去了一信。如今兴奋之情已经减弱。因为直到卡瓦耶先生向我求婚，我才猛然意识到，他不是我真正想要的。我不知道。他比我聪明，比我强壮，比我纯洁。我崇拜他，爱他；但他过于严苛，过于讲究精确，把我身上所有被沙耶激发出来的才气都给吓跑了，包括横扫欧洲的人文精神、唐璜、布达佩斯、艾略特、画家埃尔·格列柯等——贵族之风席卷通往蓝色多瑙河的大理石台阶。是的，所有这些东西我都无法割断。沙耶两星期后会同盖伊·奇尔弗过来，玛丽会伴着我们。我要挥动扫帚，旋转起来，把他们俩全都赶出去……自由自在地待着。天赋在我心中，为了让它燃烧，我愿一人独处。

华莱士，戴维·约翰（1914—1944），其父为保守党议员领袖尤安·华莱士；1933—1936 年就读于巴利奥学院古典学专业，1939 年和普鲁丹斯·梅杰结婚，在希腊被流弹射中阵亡。华莱士长期在雅典居住，曾经穿越巴尔干半岛、希腊和土耳其，遍访考古遗址拍摄照片资料；他曾作为陆军少校加入英国特别行动处；在以观察员身份派往第十希腊分队时阵亡；人们为他竖起了一座纪念碑，上面刻着这样几行字（译文）：“这里埋葬着一位英国人，戴维·华莱士少校，他与游击队的战友们一起，安睡在此［……］希腊的土地为能向这位英雄提供安身之处而感到荣耀。”

沃伯格家族。来自德国汉堡的沃伯格金融世家，因为五兄弟的成就而举世闻名。

艾比·沃伯格（1866—1929）拒绝进入金融业，后成为一位影响深远的艺术史家。

马克斯·沃伯格（1867—1946），沃伯格家族银行领头羊，德国汉堡犹太人领袖，1938年被迫移民美国。

保罗·沃伯格（1868—1932）与**菲利克斯**·沃伯格（1871—1937），均为银行家，妻子均为美国人并移民美国；保罗成为建立联邦储备委员会的主要推动力量；菲利克斯为其岳父的库恩罗布公司工作，并逐渐投身于慈善基金募集工作（尤其是针对犹太人的慈善活动）。

720 **弗里茨**·沃伯格（1879—1962）1938年前一直在德国汉堡的家族银行中工作，德国银行业发生清除犹太人事件后移居瑞典，在以色列去世。

沃伯格家族下一代有：

爱德华·莫蒂默·莫里斯·沃伯格（1908—1992），菲利克斯·沃伯格的儿子，著名艺术鉴赏家。父亲去世后，继续举办慈善活动。

英格丽·沃伯格—斯宾纳里（1910—2000），弗里茨的女儿，1932年在牛津学习，遇见伯林；1936年赴美，在难民组织里积极工作，1941年嫁给维尼埃罗·斯宾纳里，并于战后在意大利定居。

弗雷德里克·约翰·沃伯格（1898—1981），左翼出版家，属于很早就在英国立足的沃伯格家族的一支远房亲戚（是五兄弟隔三代的堂兄弟的儿子）；1922—1935年在劳特利奇父子教育出版公司工作（1931—1935年任联合执行编辑）；1936年，与罗杰·森豪斯一起购买了马丁·塞克公司，1936—1971年任马丁·塞克与沃伯格出版公司董事长，出版了乔治·奥威尔的多部著作，包括《动物农场》（1945）；1933年结婚，第二任妻子为帕米拉·德·贝尤（1905—1978），是位

服装设计师兼画家，她丈夫的一位同事这样形容她，“极富风韵，热心并无拘无束”[1]。

魏茨曼，哈伊姆（1874—1952），化学家，政治活动家；分别于1921—1931年、1935—1946年任世界犹太复国主义组织和犹太事务局主席；1932—1950年任耶路撒冷希伯来大学理事会主席；1949年成为以色列开国总统。1906年与薇拉·查兹曼（1881—1966）结婚。《个人印象》中对其有描写。据伯林回忆：

> 魏茨曼是一个调情高手。只要他想抓住人们的注意力，就一定能够办到［……］。他是犹太复国主义运动领袖，才智超人，极为风趣，是典型的政治家。他是一位伟人，强大有力，说话风趣盎然。亲切友好不是他的性格——他后来和我关系密切——但欢快、有趣，不一本正经，对权术和勾心斗角表现出愤世嫉俗的态度，绝对谈不上和善；一旦他不需要哪个人，会一脚将他踢到臭水沟里，就像温斯顿·丘吉尔。

惠勒—班纳特，约翰·惠勒（原文如此）（1902—1975），1939—1940年任职驻纽约英国情报图书馆；1940—1941年任驻纽约英国新闻处副主任；1941—1942年任驻美英国情报处主任特别助理；1942—1944年任驻美英国政治战争外交使团纽约办事处负责人；1944年任职外交部情报处，1945年任副主任；1944—1945年任欧洲盟军最高统帅部英国政治顾问助理。健康状况不佳，常常因劳累而病情加重。1945年与鲁斯·哈里森·里舍结婚。他的讣文由伯林起草，登载在《泰晤士报》上。里面对他的战时服务有以下评价：

> 他是英国情报部举足轻重的三雄之一，肩负着修理长期处于

[1] 戴维·法拉尔，《沃伯格家族》（伦敦，1975），第233页。

721 和平时期的纽约英国情报机器的任务，并与A.N.摩根和阿兰·达德利一起在纽约建立了英国情报处，该机构在第二次世界大战期间发挥了巨大作用，促使美国舆论逐渐演变，发生了质的变化。[……] 1942年，他开始担任英国驻美政治战争机构代表，后又任政治情报部门副主任和欧洲顾问。战争结束前的最后一年，他任职欧洲盟军最高统帅部政治顾问部门，并于1946年被委派参加英国审判团，赴纽伦堡战犯审判庭。他坚信这些审判绝对公正，导致他与一些反纳粹的德国老朋友产生分歧。同年，他被派担任缴获的德国外交部档案英语主编，并被外交部长期聘任为此类出版物的总顾问。[1]

著作包括：《裁军僵局》(1934)，《兴登堡：木头太阳神》(1936)、《布列斯特—立托夫斯克：遗忘的和平，1918年3月》(1938)、《布列斯特—立托夫斯克条约与德国东欧政策》(1939)。

威廉斯，詹妮弗·玛格丽特（1914—2005），1932—1935年就读于萨莫维尔学院历史专业，1936—1947年任公务员；1941年与赫伯特(H.L.A.)·哈特结婚，是伯林一生的亲密朋友。她父亲为约翰·费切尔·威廉斯，后两个名中间没有连字符，但许多人将“费切尔”认作是他家族姓氏的一部分；因此詹妮弗有时也被称作“费切尔—威廉斯小姐”（以及类似的名称）。1934年她在H.A.L.费希尔家中与伯林初次见面认识。由于申请公务员年龄必须达到二十二岁，她在牛津大学一直待到1936年，之后才参加考试，成绩优异。1936年认识赫伯特·哈特，两人从1937年起开始同居（通常不允许已婚女性担任公务员），1941年经特许与其结婚。更多信息见其自传《别再问我》（伦
722 敦，1998）。本卷书信集即题献给她。

[1]《泰晤士报》，1975年12月10日，第19版。

索　引

道格拉斯·马修斯　汇编

（词条后数字为原书页码，见本书边码）

通信人索引

下列姓名按字母顺序排列，详细信息见“总索引”。

- C -

- D -

- E -

- F -

- G -

- H -

- J -

- K -

- L -

- M -

- N -

总索引

姓名前面的星号表示收入“重要人物生平”。伯林著作直接出现在标题底下，其他人著作出现在作者名字底下。年表未收入索引。

- B -

- C -

- D -

- E -

- F -

- G -

- H -

- I -

-J-

- K -

- L -

- M -

- N -

- O -

- P -

- Q -

- R -

- S -

- T -

- U -

- V -

- W -

- Y -

- Z -

雅典娜的猫头鹰在薄暮降临时才会起飞。

——G. W. F. 黑格尔

译后记

以赛亚·伯林是20世纪最杰出的思想家之一，直至今天仍然是普遍关注和探讨的焦点。他的许多重要思想以及记录这些思想的著述，通过译林出版社译介，在我国读者中产生了积极影响。自2001年以赛亚·伯林的《俄国思想家》翻译引进到中国，十年来，《伯林谈话录》《自由及其背叛》《反潮流》《自由论》《现实感》《浪漫主义的根源》《扭曲的人性之材》《苏联的心灵》等伯林作品陆续由译林出版。《伯林书信集》则是伯林别具一格、异彩纷呈的书信大成。我们很荣幸也很高兴能够通过自己的译笔，努力为国内读者呈现一个全新的、生活中的、多角度的伯林。

以赛亚·伯林的书信，不仅揭示了他的思想发展脉络和睿智见解，还充分体现出他乐于兼收并蓄的出众才华、特立独行的性格特点，以及优美自然的洗练文笔。本卷书信集集中反映了他年轻时代多姿多彩的视角及其奔放乐观的性格：他是一个好伙伴，一个杰出的谈话高手，一个真正快乐的人，一个热爱多彩生活的人。他的信很少干巴巴地探讨学问；比起思想和事件，他更多时候是在写人——人是他最感兴趣的对象。

本卷书信集收录了伯林从十八岁到三十七岁近二十年间

的书信。从就读伦敦的圣保罗学校到进入牛津大学开始学者生涯，从第二次世界大战期间被英国政府派驻华盛顿和纽约担任外交职务，到战后前往莫斯科一偿夙愿，再到重回牛津任教，伯林极富个人魅力和传奇色彩，处于事业和身心的“飞扬年华”。这样一种丰富多彩、涉猎广泛的经历，加上大量的旁征博引，使得其书信极富深度和广度，给译者带来的翻译难度也显而易见。

全书由陈小慰和叶长缨合译。除征信启事、序言、对以赛亚·伯林的个人印象、伦敦、华盛顿（再访）、论自由、为费伯出版社写的报告、华盛顿快讯、战时华盛顿的犹太复国主义政治、补注、年表、重要人物生平等部分由陈小慰单独翻译外，其他主体部分，包括家谱、牛津、纽约、华盛顿、莫斯科、列宁格勒、索引等由陈小慰、叶长缨合作翻译。陈小慰还负责全书的统稿和审校修订工作。

由于本书篇幅浩大、细节繁复，加上译者知识有限，虽已经过反复推敲审读，肯定还存在失误之处，敬请专家、学者和读者指正。

陈小慰

2011年12月于榕城